ケースブック 刑事証拠法

髙野 隆 編著

現代人文社

- 第1章 証明の必要性
- 第2章 証明の手続
- 第3章 関連性
- 第4章 性格証拠
- 第5章 科学的証拠・専門家証言
- 第6章 証人尋問
- 第7章 伝聞
- 第8章 自白
- 第9章 排除法則
- 第10章 挙証責任・証明の程度

はしがき

　本書は法科大学院における刑事証拠法の授業のための教材として編集された。本書は学生が通読して授業に参加し教室で教員の指導のもとで議論を展開するための素材を提供するものである。

　法科大学院における刑事証拠法の授業の目的は、学生に、具体的な刑事事件を巡って、弁護人、検察官あるいは裁判官として、当該事件がはらむ問題を発見し、問題を解決するための議論を説得的に行う能力を身につけさせることである。そこには「正解」などというものはない。当事者主義の訴訟においては、弁護人と検察官は、依頼人や社会のために最善の議論を説得的に展開することが要求される。裁判官は双方の議論を開かれた心で聞き、正義と公正に根ざした判断を下し、それを説得的に説明しなければならない。

　刑事証拠法ほど「理論と実務の架橋」が必要な科目はない。実務家は、法廷に提出されようとしている証拠について、その場でその許容性に関する意見を述べ、判断をしなければならないことが多い。「調査して後ほど意見を述べる」などとは言っていられない。そんなことを言っているうちに、証人の証言は終わってしまう。具体的な状況に応じた適切なプロフェッショナル・ジャッジメントを瞬時に行なうためには、理論に習熟し、瞬時に事案の分析を行うことができなければならない。本書の目標はこのような技能を備えた実務家を養成することである。

　わが国には「証拠法」という法典はない。刑事訴訟法には証拠法に関する条文がいくつかあるが、それらは極めて簡略なものである。刑訴法は実務において発生する問題領域の一部しかカバーしていない。さらにわが制定法は、明文をもって判例——第1次的に最高裁判所の判例、第2次的に大審院または高等裁判所の判例——に拘束力を認めている（刑訴法405条3号）。したがって、問題解決のためには、まず判例を知り、そのルールを目の前の問題に適用することの可否を検討しなければならない。法というものは進化すべきものである。したがって、判例も進化しなければならない。これらのことを達成するためには、法律家が判例の規範を導く論理やポリシーを分析し批判する能力を持たなければならない。

　判例を分析し批判するための証拠法の理論の多くは英米のコモン・ローに由来する。わが国の判例は自らの法理の根拠を詳しく説明していないことが多い。そのために、判例が適用されるべき問題状況の限界が判然としないこともよくある。わが国の裁判例や実務における証拠法の運用を理解し分析するためには、コモン・ローを理解しなければならない。その一つの方法として、コモン・ロー上のルールの主要部分を法典化したアメリカ連邦証拠規則を参照することは極めて有用である。

　本書には、まず、実務家が必ず知っておかなければならない判例を網羅している。「判例」とは言えないが、普通に行われている実例も取り上げた。また、最高裁、大審院、高裁の判例ではないが（したがって刑訴法上の「判例」ではないが）、理論的に検討の価値がある地方裁判所の判例もいくつか掲載した。実務家の議論に役立ちそうな文献の抜粋、英米の裁判例や証拠規則なども収録した。また、憲法や刑訴法の条文が制定された経過や証拠法上のルールを説明するため

の「ノート」も必要に応じて配置した。そして、これらの素材を読む際に思考を深めるのを助けるために、随所に「質問」を挿入した。各章の末尾には、学生自身がその章の議論をどこまで理解したかをテストするための「問題」を付け加えた。

　本書はあくまでも教室で教師と学生が双方向の議論を行うための素材である。いわゆるソクラティック・メソッドのためのケースブックとして利用されることを念頭に置いている。あらかじめ学生に範囲を指定して読ませて、教室では主として学生に設問を回答させるという授業を行なう。学生自身が自ら事案を分析し、結論を見出すという作業を行うことを通じて、証拠法の理論とその実際への適用の仕方についての基本的な事項を体得することが本書の最終目標である。

　判例を議論するときのポイントはだいたい次のようなものではないか、と私は考えている。

　（1）事実——何が重要な事実であり何が重要な事実ではないかを選別することは法律家の基本的な技能である。

　（2）論点——事件が裁判官に解決を迫っている問題は何か。その判例は何について判断したのか。

　（3）判旨——判例が論点について判断した内容。判例が創造したルール。

　（4）根拠（理由付け）——どのような理由付けでその結論に至ったのか。

　（5）傍論——論点に直接関係していないが、裁判所が判断の過程で触れている論点とその結論。

　教室ではこのような観点から学生と議論することにしている。この議論を通じて、学生は判例のルールと根拠、その限界を学ぶことになる。さらに、日本の判例の中には、ただ結論だけ述べて理由付けをしていないものが多いこと、必ずしも事件の解決に必要ではない事項について裁判所が職権判断をしていることが多いことなどに気がつく。このようなことに気がつくことは、証拠法の議論をする実務家にとって重要なことである。

2008年10月
髙野隆

謝辞

　本書は早稲田大学法科大学院で「刑事証拠法」の授業を行うために私が用意した教材をほぼそのまま1冊にまとめたものである。4年間の教員生活のなかでこの教材が多少なりとも中身のあるものに進化したのだとすれば、それは教室で私の相手をしてくれた学生諸君のおかげである。判例や文献の検索や印刷などの秘書的な仕事はすべて早稲田大学リーガル・クリニック職員の清水健司氏にお願いした。早稲田大学修了者（現司法修習生）の永井康之君には判例の選定やネーミングについて貴重な助言をいただいた。掲載したアメリカ連邦最高裁の判例のいくつかは同じく修了者の岩佐政憲君との共訳である。修了者の竹内彰志君にはすべての校正とサイト・チェックをお願いした。そして、現代人文社編集部の北井大輔氏には長い間おつきあいをいただいたうえ、終盤にはタイトなスケジュールの中で細かな編集作業をしていただいた。文献の収録に当たっては、著者・原著出版社の皆さまにご快諾いただいた。

　これらすべての方々に感謝を申し上げる。勿論、本書の内容に関する責任はすべて私にある。

2008年10月
髙野隆

＊本書中、特に著者名・訳者名が明記されていない部分は、編著者が執筆・翻訳したものである。
＊［　］で囲んだ部分は、編著者による注釈・補足である。

ケースブック刑事証拠法 総目次

はしがき……2
謝辞……4
細目次……8

第1章 証明の必要性……27

Ⅰ 証明の必要性……30
Ⅱ 「厳格な証明」と「自由な証明」……50
Ⅲ 問題……60

第2章 証明の手続……63

Ⅰ 冒頭陳述……66
Ⅱ 証拠調べ請求……72
Ⅲ 証拠決定……86
Ⅳ 証拠の取調べ……92
Ⅴ 問題……98

第3章 関連性……101

Ⅰ 関連性とは何か……103
Ⅱ 証拠の真正・同一性……110
Ⅲ 問題……132

第4章

性格証拠 135

- Ⅰ 性格証拠の法理 137
- Ⅱ 故意・知情・動機・計画 144
- Ⅲ 犯人の同一性 147
- Ⅳ 情状としての別罪 157
- Ⅴ 問題 172

第5章

科学的証拠・専門家証言 175

- Ⅰ 科学的証拠・専門家証言の許容性基準 177
- Ⅱ ポリグラフ 197
- Ⅲ 犬の臭気選別 202
- Ⅳ 問題 226

第6章

証人尋問 229

- Ⅰ 交互尋問 231
- Ⅱ 宣誓 263
- Ⅲ 公開・立会い・反対尋問・対決 266
- Ⅳ 証人適格・証言能力 297
- Ⅴ 秘匿特権・証言拒絶権 311
- Ⅵ 問題 320

第7章

伝聞 323

- Ⅰ 伝聞とは何か 325
- Ⅱ 憲法と伝聞法則 352
- Ⅲ 伝聞例外 371
- Ⅳ 同意 425
- Ⅴ 供述書類の非伝聞的利用 432
- Ⅵ 問題 439

第8章
自白 443
- Ⅰ 黙秘権と取調べ受忍義務 446
- Ⅱ 違法拘禁と自白の証拠能力 474
- Ⅲ 取調べ手続の違法と自白の証拠能力 526
- Ⅳ 自白の任意性 535
- Ⅴ 補強法則 554
- Ⅵ 取調べ状況についての証明 597
- Ⅶ 問題 610

第9章
排除法則 613
- Ⅰ 排除法則の趣旨 615
- Ⅱ 先行手続の違法・「毒樹の果実」法理 625
- Ⅲ 違法捜査と証拠収集の因果関係・「不可避的発見」の例外 642
- Ⅳ 排除法則と同意 645
- Ⅴ 申立適格 656
- Ⅵ 問題 661

第10章
挙証責任・証明の程度 663
- Ⅰ 犯罪事実 665
- Ⅱ 積極的抗弁事実 682
- Ⅲ 訴訟法上の事実 694

ケースブック
刑事証拠法
細目次

第1章
証明の必要性……27

I 証明の必要性……30

1 公知の事実……30
判　例　最3小決昭41・6・10刑集20-5-365（「40キロ制限は公知の事実」事件）……30
判　例　東京高判平10・12・25東京高刑時報49-1＝12-89（「子供の歩く速度は公知の事実」事件）……31
質問 1-1　ある道路に最高速度制限に関する道路標識が設置されている事実は「公知の事実」か。……31
質問 1-2　日本人の子供の歩く速度は時速何キロか。……31

2 裁判所に顕著な事実……32
判　例　最3小判昭30・9・13刑集9-10-2059（ペイ事件）……32
質問 1-3　ペイ事件判決がヘロインが塩酸ヂアセチルモルヒネであることは「裁判所に顕著」と言っている「裁判所」とは、誰を指しているのか。……33
質問 1-4　審理を担当する裁判官がそれまで一度も麻薬取締法事件を扱ったことがない場合でも、ヘロインが塩酸ヂアセチルモルヒネであることは「裁判所に顕著」と言えるか。……33
判　例　東京高判昭62・1・28判時1228-136（宇都宮病院事件）……33
質問 1-5　上記判決が言う「上訴審による審査に支障をきたす」とはどのような事態を指しているのか。……35
質問 1-6　裁判官が担当する事件について、訴訟手続とは関係なく知った事実を裁判の基礎とすることは許されるか。訴訟手続外で重要な事実を知ってしまった裁判官はどうすべきか。……35
文　献　森野俊彦「『現場』が好き――足でかせぐ事実審理」日本裁判官ネットワーク『裁判官は訴える！――私たちの大疑問』（講談社、1999年）35、36〜42頁……36
ノート　裁判所による確知（judicial notice）……38
文　献　エドムンド・モーガン『証拠法の基本問題（上）』（法務資料第349号）（法務大臣官房調査課、1957年）9〜14頁……38

3 争いのない事実……41
質問 1-7　民事訴訟における「争点」は証拠による証明が必要な事項を意味する。したがって「争点整理」は証明が必要な事項を整理する意味がある。これに対して、刑事裁判では当事者が争わない事項についても証明の必要があるといわれる。だとすれば、事件の争点を整理することにどんな意味があるのか。……41

　　　　文　献：杉田宗久「合意書面を活用した『動かしがたい事実』の形成——裁判員制度の導入を見据えて」『小林充先生・佐藤文哉先生古稀祝賀刑事裁判論集（下）』（判例タイムズ社、2006年）661、677〜691頁……41
　　　　質問 1-8　ある事実について被告人が争っていないという事実（公判における態度）を1つの資料としてその事実を認定することは許されるか。……47
　4　立法事実……48
　　　　判　例：東京地決日付不詳（同判昭59・8・29の判決前決定）判タ534-106（東京指紋押捺拒否事件）……48
　　　　判　例：福岡高判昭60・2・5判タ554-301（戸別訪問事件）……49

II 「厳格な証明」と「自由な証明」……50

　1　訴訟法上の事実……50
　　　　判　例：最1小決昭58・12・19刑集37-10-1753（水海道誘拐事件）……50
　　　　判　例：最2小判昭28・10・9刑集7-10-1904（「適当な調査」事件）……53
　　　　質問 1-9　この事件の第一審は自白の任意性についてどのような「適当な調査」を行ったのか。……55
　　　　質問 1-10　自白の内容が真実であることや詳細であることは、それが任意になされたことを推認させるか。……55
　2　情状に関する事実……56
　　　　判　例：最2小判昭24・2・22刑集3-2-221（豊作なのに闇米事件）……56
　　　　判　例：最2小決昭27・12・27刑集6-12-1481（前科調書あと出し事件）……58

III 問題……60

　　　　問題 1-1　大隈通り……60
　　　　問題 1-2　月齢……60
　　　　問題 1-3　告訴状……60
　　　　問題 1-4　取調経過一覧表……60
　　　　問題 1-5　嘆願書……60

第2章 証明の手続……63

I 冒頭陳述……66

　　　　判　例：大阪高判昭63・9・29判時1314-152（冒陳なし事件）……66
　　　　質問 2-1　「証拠調べ冒頭の段階における冒頭陳述の欠缺が被告人の防禦に著しい不利益をもたらした」と言えるのはどんな場合か。……67
　　　　質問 2-2　冒陳なし事件は、検察官冒頭陳述は「裁判所による証拠の採否等の訴訟指揮の適切な運営、被告人の側の適切な防禦態勢の樹立を図ることを目的とするもの」としたが、公判前整理手続に付された事件や裁判員が参加する事件における冒頭陳述の目的はこれと同じで良いか。異なるとしたらどのような点が異なるのか。……68
　　　　質問 2-3　同事件で弁護人の冒頭陳述が先行していることに問題はないか。……68

　　　　判　例：東京高判昭 35・4・21 高刑集 13-4-271（強姦前歴冒陳事件）………68
　　　　判　例：最 3 小決昭 58・11・29 裁判集刑 232-995（冒陳で余罪事件）………69
　　　　　　質問 2-4　起訴状に同種前科を記載することは違法とされる（最大判昭 27・3・5 刑集 6-3-351）。冒頭陳述で前科に言及するのと起訴状に書くのとでどう違うのか。………70
　　　　　　質問 2-5　前科や非行歴を「情状」として主張しているのか、訴因を立証するつもりで主張しているのかは、どのように識別するのか。………70
　　　　　　質問 2-6　現在までの実務では検察官冒頭陳述のはじめに「被告人の身上経歴」を掲げ、前科前歴があれば必ずそれに言及するのが普通であるが、平成 17 年改正刑事訴訟規則 198 条の 3 はこの実務に変容をもたらすべきか。………71
　　　　　　質問 2-7　前科や非行歴を冒頭陳述に含めることの是非について、裁判員裁判の場合と職業裁判官のみの裁判とで取扱いを異にすることは合理的か。………71

II　証拠調べ請求 ………72
1　証拠調べ請求の方式 ………72
　　　ノート：「証拠等関係カード」の起源………72
2　職権証拠調べの義務・証拠提出を促す義務 ………77
　　　判　例：最 1 小判昭 33・2・13 刑集 12-2-218（証拠請求失念事件）………77
3　立証趣旨の「拘束力」 ………81
　　　判　例：最 3 小決昭 28・2・17 刑集 7-2-237（弾劾証拠で事実認定事件）………81
　　　判　例：福岡高判昭 27・6・4 高刑特報 19-96（情状証拠で事実認定事件）………81
　　　判　例：東京高判昭 27・11・15 高刑集 5-12-2201（「お願い」事件）………83
　　　　　質問 2-8　情状証拠で事実認定事件判決と「お願い」事件判決とは矛盾するか。………85
　　　　　質問 2-9　被告人から被害者とされる人物にあてて示談を懇願する手紙は被告人の犯罪を立証する証拠として証拠能力があるか。………85

III　証拠決定 ………86
　　　判　例：最大判昭 23・7・29 刑集 2-9-1045（被害者証人申請却下事件）………86
　　　判　例：福岡高判平 5・4・15 判時 1461-159（反対尋問のための証人申請事件）………89

IV　証拠の取調べ ………92
　　　判　例：最 2 小決昭 29・6・29 裁判集刑 96-335（「要旨の告知は適法」事件）………92
　　　　　質問 2-10　採用した全ての証拠書類について朗読を省略し、あるいは簡略な要旨の告知をさせるに止めておいて、法廷外でそれを精読することによって心証形成をすることは適法か。………93
　　　判　例：最 3 小判昭 27・5・6 刑集 6-5-736（展示かそれとも朗読か事件）………93
　　　　　質問 2-11　旧刑訴法は証拠物の取調方法について「裁判長之ヲ被告人ニ示スヘシ」と定めていた（341 条 1 項）。現行刑訴法は誰に示すかを明示していない（306 条）。誰に示したら良いか。………95
　　　判　例：最 1 小決昭 35・3・24 刑集 14-4-462（録音テープ証拠採用事件）………95

V　問題 ………98
　　　　問題 2-1　錆びた包丁………98
　　　　問題 2-2　再現ビデオ………98
　　　　問題 2-3　目撃証人………98

第3章
関連性·······101

I 関連性とは何か·······103

- **法　令**：連邦証拠規則401：「関連性ある証拠」の定義·······103
- **法　令**：連邦証拠規則402：関連性ある証拠は一般に許容され、関連性のない証拠は許容されない·······103
- **法　令**：連邦証拠規則403：偏見、混乱または時間の浪費を理由とする、関連性ある証拠の排除·······103
- **ノート**：日本法における「関連性」概念·······104
- **ノート**：自然的関連性と法律的関連性·······105
- **判　例**：水戸地下妻支判平10・10・20判時1664-157（「尿は別々」事件）·······106
  - **質問3-1** この事件で「源を同じくする」とはどのような事態を指すのか。·······107
- **証人尋問**：さいたま地方裁判所平成12年（わ）第529号等殺人等被告事件·······108
  - **質問3-2** 裁判長が弁護人の尋問に関連性を認めたのはなぜか。·······109

II 証拠の真正・同一性·······110

- **判　例**：仙台地判昭59・7・11判時1127-34（松山事件再審無罪判決）·······110
  - **質問3-3** この判決は掛布団の襟当てやその血液型鑑定書の証拠能力を認めたのか、否定したのか。·······125
  - **質問3-4** この判決は「掛布団は一体、常雄宅から古川警察署に運ばれた後、いつ、どこでどのように保管され、移動したのか、県警察本部に掛布団が運ばれた日は正しくは12月の何日であったか、石垣が撮影した写真のネガの日付はいつか、平塚鑑定が重ねて行われた真の意味（併せて平塚伺案の朱書きの真の意味）など」について捜査訴追側に「釈明義務」「証拠提出責任」があると言うが、その根拠は何か。·······125
- **判　例**：浦和地判平3・12・10判タ778-102（尿すり替え事件）·······125
- **ノート**：保管の連鎖（chain of custody）の証明·······127
- **判　例**：さいたま地判平14・10・1判時1841-21（本庄保険金殺人事件第一審判決）·······128
  - **質問3-5** 証拠の関連性（自然的関連性）の証明は訴訟上の事実の立証であるから、自由な証明で足り、証明の程度も一応存在するという程度で足りるという見解は正しいか。·······131
  - **質問3-6** 偽造証拠あるいは同一性のない証拠であることが明白な場合は証拠能力を欠くが、疑が残るという程度では証拠能力は否定されず、信用性の問題であるという見解は正しいか。·······131

III 問題·······132

- **問題3-1** 鑑定書·······132

第4章 性格証拠 ……… 135

Ⅰ 性格証拠の法理 ……… 137

- **法　令**：連邦証拠規則404：性格証拠は行動を証明する証拠としては許容されない；その例外；別罪 ……… 137
- **法　令**：連邦証拠規則405：性格を証明する方法 ……… 138
  - **質問 4-1** 人の性格をその人がそれに沿った行動をしたことを証明する目的のための証拠とすることが許されないのはなぜか。……… 138
  - **質問 4-2** 特定の犯罪や行為によって行為者の性格を証明することが原則として許されないのはなぜか。……… 138
  - **質問 4-3** 習慣は性格と区別できるか。習慣によって特定の行為を証明することは許されるか。……… 138
  - **質問 4-4** 連邦証拠規則は被告人が提出する性格証拠とそれに反論するための性格証拠を許容しているが、それはなぜか。……… 138
- **判　例**：和歌山地決平13・10・10判タ1122-132（和歌山毒カレー事件Ⅱ）……… 138
  - **質問 4-5** この決定が言う「必要性がない」という意味は、最大判昭23・7・29刑集2-9-1045が言う「不必要と思われる証人」と同じ意味か。……… 141
- **判　例**：大判昭4・11・16刑集8-568（「凶暴ナル性行」事件）……… 141
  - **質問 4-6** 和歌山毒カレー事件Ⅱ決定と「凶暴ナル性行」事件判決は矛盾するか。……… 143

Ⅱ 故意・知情・動機・計画 ……… 144

- **判　例**：最3小決昭41・11・22刑集20-9-1035（「福祉促進運動趣意書」事件）……… 144

Ⅲ 犯人の同一性 ……… 147

- **判　例**：静岡地判昭40・4・22下刑集7-4-623（東海4号連続スリ事件）……… 147
- **判　例**：水戸地下妻支判平4・2・27判時1413-35（下妻支部連続強姦事件）……… 149
  - **質問 4-7** この判決は同種前科を被告人が犯人である証拠として掲げているが、これは正しいか。……… 153
- **判　例**：和歌山地決平12・12・20判タ1098-101（和歌山毒カレー事件Ⅰ）……… 153
  - **質問 4-8** 別罪によって犯人の同一性を立証することが許される理由は何か。……… 155
  - **質問 4-9** 別罪による犯人の同一性の立証が許されるのは、別罪と訴因との間にどの程度の類似性があることが必要か。他の情況証拠の存在はこの要請に差異をもたらすか。……… 155
- **ノート**：「性犯罪の例外」……… 156

Ⅳ 情状としての別罪 ……… 157

- **判　例**：最3小判昭28・5・12刑集7-5-981（京都市警察官暴行事件）……… 157
- **判　例**：最大判昭41・7・13刑集20-6-609（足立郵便局事件）……… 166
- **判　例**：最大判昭42・7・5刑集21-6-748（京橋郵便局事件）……… 169
  - **質問 4-10** 別罪の証拠が、①情状の立証、②訴因の立証、③別罪を処罰する、のいずれを目的としているのかを識別するにはどうしたらよいか。判決文の書き方だけを参照することに問題はないか。……… 171

V 問題·················172
- 問題 4-1 幼女誘拐殺人事件·········172
- 問題 4-2 おしゃれな失業者·········172
- 問題 4-3 短気な検察官·········173

第5章
科学的証拠・専門家証言·········175

I 科学的証拠・専門家証言の許容性基準·········177

- 判例：ドーバート対メレル・ダウ薬品会社（Daubert v. Merrell Dow Pharmaceuticals, Inc. 509 U.S. 579（1993））·········177
- 判例：東京高判平 8・5・9 高刑集 49-2-181（足利事件控訴審判決）·········185
- 判例：最 2 小決平 12・7・17 刑集 54-6-550（足利事件上告審決定）·········195
  - 質問 5-1 鑑定資料が全量消費されるなどして追試が不可能な鑑定結果に証拠能力を認めるべきか。鑑定人が意図的に追試を困難にしたかどうかで結論を分けるべきか。·········195
  - 質問 5-2 足利事件控訴審判決は、福島鑑定を被告人有罪の証拠として採用したのか。·········195
  - 質問 5-3 いわゆる「プロファイリング」（精神科医あるいは犯罪心理学者による犯人像についての鑑定意見）を証拠として許容できるか。·········195
  - 質問 5-4 科学的証拠や専門家証言の許容性の基準は、事実認定者が職業裁判官である場合と素人である場合あるいはその双方である場合とで異なるべきか。·········196

II ポリグラフ·········197

- 判例：広島高判昭 56・7・10 判タ 450-157（サンダルとポリグラフ事件）·········197
  - 質問 5-5 体調不良あるいは精神状態が不安定な者に対してなされたポリグラフ検査結果の証拠能力を認めるべきか。不適切な質問がなされた場合はどうか。·········201
  - 質問 5-6 ポリグラフ検査の陽性反応が顕著であっても「せいぜい被験者の自白の信用性を高めたり、否認供述の信用性を低め、弾劾するものにすぎないと解され、それだけで犯罪事実を証明するものではないと考えるのが相当」というのは正しいか。·········201

III 犬の臭気選別·········202

- 判例：最 1 小決昭 62・3・3 刑集 41-2-60（警察犬カール事件）·········202
- 判例：京都地判平 10・10・22 判時 1685-126（極楽院放火事件一審判決）·········202
- 判例：大阪高判平 13・9・28 臭気選別事件弁護団編『臭気選別と刑事裁判 イヌ神話の崩壊』96 頁（現代人文社、2002 年）（極楽院放火事件控訴審判決）·········218
  - 質問 5-7 人の臭気が万人不同かつ終生不変であることが証明されないのに、犬の臭気選別結果に証拠能力を認めるのは正しいか。·········225
  - 質問 5-8 臭気の管理や対象臭・誘惑臭の作成方法に疑問がある場合や「カン

ニング」や「クレバー・ハンス現象」が認められる場合に、犬の臭気選別結果に証拠能力を認めるのは正しいか。………**225**

IV 問題………**226**

- **問題 5-1** 太郎の臭気選別………**226**
- **問題 5-2** プロファイリング………**226**
- **問題 5-3** マダム高山の事件簿………**226**
- **問題 5-4** 神判………**227**

第6章 証人尋問………**229**

I 交互尋問………**231**

1 概観………**232**
- 証人尋問：浦和地裁平成2年（わ）第452号強姦致傷等被告事件………**232**
- 証人尋問：浦和地裁平成3年（わ）第208号業務上過失致死被告事件………**238**

2 書面の朗読・提示………**245**
- 判例：東京高判昭36・6・15東京高刑時報12-6-102（調書朗読事件）………**245**
- 判例：東京高判昭40・7・29下刑集7-7-1352（メモ事前閲読事件）………**245**
- 判例：大阪高判昭58・2・22判時1091-150（調書事前朗読事件）………**246**
  - **質問 6-1** メモ事前閲読事件の事案で、証人となった警察官に「記憶喚起のために」当該警察官が作成した捜査報告書を示して尋問することは許されるか。尋問中に示すのと、尋問前に示すのとで違いがあるか。………**248**
  - **質問 6-2** 証人の記憶が曖昧な部分について証人の記憶を喚起するために必要であるとして書面の提示の許可（刑訴規則199条の11第1項）を求められた裁判長は、どのような点を考慮して許否を決定すべきか。………**248**
  - **質問 6-3** 反対尋問の際に、証人が法廷外でなした自己矛盾供述を朗読して尋問することは許されるか。………**248**
  - **質問 6-4** 反対尋問の際に、証人の警察官調書の中にある自己矛盾供述を証人に示して尋問することができるか。また、示すに当たって裁判長の許可を求める必要があるか。………**248**

3 「回復した現在の記憶」と「過去の記憶の記録」………**249**
- 文献：髙野隆「証人尋問における書面や物の利用」日本弁護士連合会編『法廷弁護技術』（日本評論社、2007年）137、152～159頁………**249**
- 法令：連邦証拠規則612：記憶喚起のために使用された書面………**253**
  - **質問 6-5** 催眠術によってよみがえった記憶に基づいて証言することは許されるか。………**254**

4 意見・推測………**255**
- 判例：最大判昭24・6・13刑集3-7-1039（「骨子において相違はない」事件）………**255**
- 判例：最2小判昭26・3・30刑集5-4-731（「強盗の自白をした印象」事件）………**257**
- 判例：最3小判昭29・3・2裁判集刑93-59（「ワイセツな感想」事件）………**259**
  - **質問 6-6** 意見と推測はちがうか。………**260**
  - **質問 6-7** 証人が意見や推測を述べられないのはなぜか。………**260**
- 証人尋問：さいたま地裁平成12年（わ）第748号等殺人等被告事件………**260**
  - **質問 6-8** 上の例で「証言の基礎がない」という異議の法令上の根拠は何か。………**262**

Ⅱ 宣誓 ... **263**
- 判　例：大判大 13・7・12 刑集 3-571（「宣誓なき証言」事件）... **263**
- 質問 6-9　複数の証人を横に並ばせて、声を揃えて宣誓書を同時に朗読させる方式で宣誓をすることは適法か。... **265**

Ⅲ 公開・立会い・反対尋問・対決 ... **266**

1　期日外尋問 ... **266**
- 判　例：最大判昭 25・3・15 刑集 4-3-371（刑務所尋問事件）... **266**
- 判　例：最 3 小決昭 43・6・25 刑集 22-6-552（信濃川岸証人尋問事件）... **267**
- 判　例：東京高判平 6・2・10 判タ 854-299（「横須賀は組員が多い」事件）... **270**
- 質問 6-10　この判決が「横須賀は組員が多い」といった証人の不安を理由とする期日外尋問の決定を適法としたことは正しいか。... **272**

2　公判前の証人尋問 ... **273**
- 判　例：最大判昭 27・6・18 刑集 6-6-800（公判前尋問事件）... **273**
- 判　例：最 2 小判昭 35・12・16 刑集 14-14-1947（「後から反対尋問」事件）... **274**
- 質問 6-11　公判前尋問事件の判断と「後から反対尋問」事件の判断とは矛盾するか。... **277**
- 質問 6-12　「後から反対尋問」事件で奥野健一裁判官が述べている「疑にした証言部分について、被告人側に反対尋問の機会が十分与えられている」場合とはどのような場合か。証人が公判廷で公判前尋問で述べたことと異なる証言をした場合に、従前証言に対して十分な反対尋問をすることができるか。... **278**
- 質問 6-13　被告人と弁護人の立会いなしに公判前の証人尋問が行われ、かつ、公判廷では当該証人に対する尋問が行われなかった場合（例えば証人が死亡したり、国外に滞在している場合）に、刑訴法 321 条 1 項 1 号に基づいてその証言調書を証拠に採用することは許されるか。... **278**

3　被告人の退廷 ... **279**
- 判　例：最大判昭 25・3・15 刑集 4-3-355（女工強姦事件）... **279**

4　傍聴人の退廷 ... **283**
- 判　例：最 2 小決昭 35・7・11 裁判集刑 134-425（警察官退廷事件）... **283**

5　遮へい措置・ビデオリンク ... **287**
- 判　例：最 1 小判平 17・4・14 刑集 59-3-259（一宮強姦事件）... **287**
- 判　例：コイ対アイオワ（Coy v. Iowa, 487 U.S. 1012 (1988)）... **289**
- 質問 6-14　日本国憲法 37 条 2 項は合衆国憲法第 6 修正と同様に「対決権」を保障しているか。... **292**
- 質問 6-15　刑訴法が規定する遮へい措置やビデオリンク実施の要件はどのようは方法で認定されるべきか。全く証拠を取り調べずに検察官や証人の要請だけに基づいて遮へい措置やビデオリンクを実施することは許されるか。... **292**
- 質問 6-16　遮へい措置やビデオリンクの措置に対して異議申立てができるか。... **293**
- 質問 6-17　法律上の要件が存在しなかったにも関わらず、遮へい措置ないしビデオリンクによってなされた証言は証拠能力があるか。遮へい措置等を施して証人尋問を実施した後になって、要件がないことが分かった場合、裁判所はどうするべきか。... **293**

6　犯罪被害者等の匿名化 ... **294**
- 文　献：「証言女性に非難の手紙」（日本経済新聞 2005 年 5 月 12 日夕刊）... **294**
- 法　令：犯罪被害者等の権利利益の保護を図るための刑事訴訟法等の一部を改正する法律（平成 19 年 6 月 27 日法律第 95 号）... **294**

Ⅳ 証人適格・証言能力 ... **297**

1　精神障害者 ... **299**

　　　　判　例：最3小判昭23・12・24刑集2-24-1883（分裂病証人事件）……299
　2　幼児………300
　　　　判　例：最2小判昭23・4・17刑集2-4-364（子ども証人事件）……300
　　　　判　例：京都地判昭42・9・28下刑集9-9-1214（「ぼうずのおっちゃん」事件）……300
　　　　ノート：幼児の証言の信用性とその確保……302
　3　裁判官・裁判員・弁護人・検察官……304
　　　　判　例：東京高判昭27・6・26高刑集5-9-1467（検察官証人事件）……304
　　　　判　例：大判昭2・10・4刑集6-367（特別弁護人証人事件）……305
　　　　　質問6-18　被告人を取調べ起訴した検事がその事件の公判を担当することに問題はないか。……305
　　　　法　令：ABA法律家職務模範規則3.7：証人となる法律家（Rule 3.7, ABA Model Rules of Professional Conduct）……305
　4　被告人………307
　　　　判　例：大決大15・9・13刑集5-407（共同被告人証人事件・戦前編）……307
　　　　判　例：名古屋高判昭26・4・5高刑特報27-71（共同被告人証人事件・戦後編）……308
　　　　　質問6-19　弁論を併合したまま共同被告人を証人として尋問するのと、弁論を分離して証人尋問するのとで、証人となる被告人の権利保障の面で実質的にどのような違いがあるか。……308
　　　　判　例：最1小決昭31・12・13刑集10-12-1629（分離して証人尋問事件）……308
　　　　　質問6-20　被告人を他事件の証人として尋問してその証言調書を証拠採用するのと、被告人を自身の公判で証人尋問するのとで、どのような実質的な違いがあるか。……309
　　　　　質問6-21　被告人自身が黙秘権を放棄して宣誓の上で証言することを希望する場合に、これを認めない法令上の根拠は何か。……309
　　　　　質問6-22　被告人が公判廷で供述する場合に、「被告人」として供述するのと、「証人」として供述するのとで、その証拠価値に違いがあるか。……309
　　　　ノート：被告人自ら証言する権利（アメリカ法）……309

V　秘匿特権・証言拒絶権……311

　1　職務秘密……311
　　　　判　例：最大判昭27・8・6刑集6-8-974（石井記者事件）……311
　　　　判　例：最3小決平18・10・3民集60-8-2647（NHK記者事件）……314
　　　　　質問6-23　記者の取材源秘匿の可否について民事訴訟と刑事訴訟とで区別されるべきか。……317
　　　　　質問6-24　報道機関に所属していない個人が著作のための取材をしたことに関して取材源の秘匿ができるか。……317
　2　自己負罪拒否特権……318
　　　　判　例：最3小決昭28・9・1刑集7-9-1796（「偽証罪の虞があるから証言拒否」事件）……318

VI　問題……320

　　　　問題6-1　「見張り」……320
　　　　問題6-2　ちかん裁判……321

第7章
伝聞······323

I　伝聞とは何か······325
1　なぜ伝聞は許容されないのか······325
　文　献：マコーミック『証拠法（第5版）』第245節（McCormick on Evidence, 5th ed., §245（1999））······325
　文　献：トライブ「三角形で考える伝聞」（Laurence H. Tribe, Triangulating Hearsay, 87 HARV. L. REV. 957 (1974), pp958-969.）······327

2　伝聞かどうか······330
　法　令：連邦証拠規則801（a）（b）（c）：供述、供述者、伝聞······330
　判　例：最2小判昭30・12・9刑集9-13-2699（米子強姦致死事件）······330
　　質問7-1　原判決が米原証言を「伝聞証拠であるとするのは当らない」と言ったのはなぜか。最高裁がその判断を退けて「伝聞証拠であることは明らかである」と言ったのはなぜか。······333
　判　例：最1小判昭38・10・17刑集17-10-1795（白鳥事件上告審判決）······333
　　質問7-2　最高裁は、志水検察官調書、高安証言、佐藤証言については、原供述者（被告人）から聞いた事実が真実であることではなく、原供述者がそのような内容の「発言をしたこと」が要証事実であるとしているが、それはなぜか。······337
　　質問7-3　最高裁は、他方で、迫平証言などについては原供述者の発言する事実が真実であること（佐藤博が白鳥課長を殺害した事実）を要証事実であるとしている。なぜここでは「発言したこと」を要証事実とすることができないのか。そもそも、要証事実が「発言したこと」なのか「発言の内容が真実であること」なのかを判断する指標は何か。······337

3　自白・不利益事実の承認······338
　　質問7-4　被告人の自白を内容とする供述調書あるいは第三者の法廷証言は伝聞証拠か。刑訴法322条1項や324条1項は「伝聞例外」規定か。······338
　法　令：連邦証拠規則801（d）（2）：相手方当事者の自認······338
　　質問7-5　なぜ「相手方当事者の自認」は伝聞ではないのか。······338
　判　例：最2小決昭32・9・30刑集11-9-2403（船舶放火詐欺事件）······338
　　質問7-6　殺人事件の裁判で「自分も犯行に加わったが、主犯はAだ」という被告人の手紙を、被告人自身が刑訴法322条1項に基づいて証拠請求することができるか（浦和地決昭58・5・25判時1097-160参照）。······340
　ノート：「相手方の自認」と「利益に反する供述」······340

4　精神状態の供述······342
　判　例：東京高判昭58・1・27判タ496-163（山谷手配師襲撃事件）······342
　　質問7-7　山谷手配師襲撃事件が、久留メモの証拠能力を認めるには「最終的に共犯者全員の共謀の意思の合致するところとして確認されたものであること」が必要であるとしたのはなぜか。······344
　　質問7-8　人の意思、計画を記載した文書は、その意思や計画を立証する証拠としては伝聞証拠ではない（「伝聞禁止の法則の適用はない」）というのは正しいか。······344
　法　令：連邦証拠規則803：伝聞例外　供述者の召喚不能がなくとも認められるもの······344
　　質問7-9　山谷手配師襲撃事件で、問題のメモの立証趣旨が次のいずれであるかによって結論に差が生じるか──①「襲撃計画の存在」、②「9月25日ころに共謀が成立したこと」、③「襲撃が行われたこと」。······345
　文　献：光藤景皎「伝聞概念について」同『刑事証拠法の新展開』（成文堂、2001年）248～263頁······345

II 憲法と伝聞法則 352
- 判 例：最大判昭 23・11・5 刑集 2-12-1479（証人却下違憲判決）……353
- 判 例：最大判昭 24・5・18 刑集 3-6-789（検事聴取書合憲判決）……355
- 判 例：クロフォード対ワシントン（Crawford v. Washington, 541 U.S. 36 (2004)）
……357

III 伝聞例外 371

1 裁判官面前調書（321 条 1 項 1 号）……371
- 判 例：最 3 小判昭 57・12・17 刑集 36-12-1022（被告人質問調書事件）……371
- 質問 7-10 被告人と弁護人に立ち会いの機会を与えずに行われた公判前証人尋問調書を刑訴法 321 条 1 項 1 号で証拠採用して良いか。公判前尋問事件（本書 273 頁）との関係をどう考えるべきか。……373
- 質問 7-11 別事件の被告人を証人申請したところ、その証人が黙秘権を行使して証人喚問に応じなかった場合（あるいは召喚に応じたが、全ての質問への答を拒んだ場合）に、刑訴法 321 条 1 項 1 号によって当該別事件の被告人質問調書を証拠として採用することは許されるか。……374
- 質問 7-12 法は証拠能力を認める要件として「供述者の署名若しくは押印のあるもの」であることを要求している（321 条 1 項柱書）が、裁判官面前調書（同項 1 号）の場合もこれは要求されるか（刑訴規則 38 条 6 項、39 条 2 項、45 条 1 項、52 条の 5 第 1 項、52 条の 15 第 2 項参照）。……374

2 検察官調書（利用不能）（321 条 1 項 2 号前段）……375
- 判 例：最大判昭 27・4・9 刑集 6-4-584（妻が証言拒絶事件）……375
- 判 例：最 3 小判平 7・6・20 刑集 49-6-741（タイ人管理売春事件）……377
- 質問 7-13 「収容」以外の方法で不法残留外国人の公判廷への出頭を確保する方法はないか。……380
- 質問 7-14 検察官が第 1 回公判前の証人尋問を行おうとする際の「現行法制上、困難な問題」（大野補足意見）とは何か。平成 16 年法律 62 号による改正後の刑訴法 227 条によって、退去強制が予想される者について証人尋問請求をすることは可能か。……380
- 判 例：バーバー対ページ（Barber v. Page, 390 U.S. 719 (1968)）……380

3 検察官調書（自己矛盾）（321 条 1 項 2 号後段）……383
- 判 例：最 2 小決昭 58・6・30 刑集 37-5-592（「証言→調書→証言」事件）……383
- 判 例：最 3 小判昭 30・1・11 刑集 9-1-14（受供与者検察官調書事件）……385
- 判 例：札幌地判平 15・2・27 判タ 1143-122（拓銀特別背任事件一審判決）……386
- 判 例：大阪高判平 10・12・9 判タ 1063-272（「仰山いますね」事件）……389
- 質問 7-15 公判証言に現れていない事項が検察官調書に現れている場合、「相反性」があると言えるか。……390
- 質問 7-16 公判証言よりも検察官調書の供述を「信用すべき特別の情況」とは、結局、何だろうか。……390
- 質問 7-17 裁判所が「特信情況がある」と言って検察官調書を証拠として採用しながら、判決文のなかでその供述を信用できないと言って排斥するのは自己矛盾か。……391
- 質問 7-18 弁護人の面前でなされた供述を録取した書面を検察官調書と同様の条件で証拠とすることができるか。公証人作成の宣誓供述書（公証人法 58 条の 2）はどうか。……391
- 質問 7-19 いわゆる「共犯者の自白」を刑訴法 321 条 1 項 2 号で証拠採用することに問題はないか。……391
- 法 令：連邦証拠規則 801 (d) (1)：証人の従前供述……391
- 法 令：連邦証拠規則 804 (b) (3)：利益に反する供述……391

4 検証調書・実況見分調書（321 条 3 項）……392
- 判 例：最 1 小判昭 35・9・8 刑集 14-11-1437（実況見分調書事件）……392
- 質問 7-20 弁護人またはその補助者が作成した実況見分調書を 321 条 3 項と同等の条件で証拠とすることはできるか。……393

|判　例|：大阪高判昭 63・9・29 判タ 694-183（「やらせ実況見分」事件）……**393**
|判　例|：大判昭 8・7・6 大審院刑集 12-1135（自宅放火事件）……**394**
|判　例|：最 2 小判昭 36・5・26 刑集 15-5-893（「指示説明は実況見分の一部」事件）……**395**
|判　例|：最 2 小決平 17・9・27 刑集 59-7-753（ちかん再現事件）……**398**

質問 7-21 参考人や被告人が「被害再現（犯行再現）」をした状況を記録した実況見分調書や写真撮影報告書の要証事実が実質的にも「被害再現状況（犯行再現状況）」と認められる場合があるか。あるとすればどのような場合か。……**400**

質問 7-22 プロの裁判官は立証趣旨に応じて心証をコントロールすることができ、「再現状況」という立証趣旨で採用した証拠で「再現された犯罪の存在」について心証をとってしまうことはない、という意見は正しいか。……**400**

質問 7-23 被告人の再現状況を撮影した写真について、供述者である被告人の署名押印がなくても刑訴法 322 条が適用されうるというのは正しいか。……**400**

5　業務記録（323 条 2 号）……**401**
|判　例|：浦和地判平元・10・3 判時 1337-150（留置人出入簿事件）……**401**

6　特に信用すべき情況の下に作成された書面（323 条 3 号）……**403**
|判　例|：最 3 小判昭 31・3・27 刑集 10-3-387（「タンスの中のメモ」事件）……**403**

質問 7-24 刑訴法 321 条 1 項 3 号の「特に信用すべき情況」と 323 条 3 号の「特に信用すべき情況」とは同じなのか異なるのか。……**405**

|判　例|：東京地決昭 53・6・29 判時 893-8（ロッキード事件児玉・小佐野ルート証拠決定）……**405**

質問 7-25 「個人的な心覚え」と「業務上の記載」とで記載の信用性に差異を設ける理由は何か。それは正しいか。……**408**

7　過去の記憶の記録……**409**
|文　献|髙野隆「証人尋問における書面や物の利用」日本弁護士連合会編『法廷弁護技術』（日本評論社、2007 年）137、152 〜 159 頁……**409**
|法　令|連邦証拠規則 803（5）：記録された記憶……**409**

質問 7-26 日本法において「記録された記憶」を伝聞例外として許容することはできるか。できるとすればどの条文が根拠となるか。……**409**

質問 7-27 「記録された記憶」として許容される証拠について、連邦証拠規則が「朗読することができるが、……裁判所に提出することができない」としているのはなぜか。……**409**

8　その他の供述録取書面（321 条 1 項 3 号）……**410**
|判　例|：最大判平 7・2・22 刑集 49-2-1（ロッキード事件丸紅ルート上告審判決）……**410**
|判　例|：最 2 小決平 12・10・31 刑集 54-8-735（角川コカイン密輸事件上告審判決）……**414**

質問 7-28 逮捕状が発行されている人物を逮捕しないまま出国させ、その滞在国で被告人や弁護人の立ち会いなしに宣誓供述書を作成することは、供述不能状態を「殊更利用しようとした」場合（タイ人管理売春事件〔本書 377 頁〕）と言えるか。……**421**

9　再伝聞の場合……**422**
|法　令|連邦証拠規則 805：伝聞中の伝聞……**422**
|判　例|：最 3 小判昭 32・1・22 刑集 11-1-103（「検事調書の中の伝聞」事件）……**422**

Ⅳ　同意……**425**

|判　例|：最 1 小決昭 53・6・28 刑集 32-4-724（退廷命令で同意擬制事件）……**425**
|判　例|：最 2 小判昭 27・12・19 刑集 6-11-1329（「被告人は否認・弁護人は自認」事件）……**427**
|判　例|：大阪高判平 8・11・27 判時 1603-151（同意で否認台無し事件）……**429**
|判　例|：福岡高判平 10・2・5 判時 1642-157（否認と同意は矛盾せず事件）……**430**

V 供述書類の非伝聞的利用 ... 432
1 供述の「証明力を争うため」の証拠（328条）... 432
- 判例：最2小判昭43・10・25刑集22-11-961（八海事件第2次上告審判決）... 432
- 判例：東京高判昭54・2・7判時940-138（「公には出さない」事件）... 432
- 判例：大阪高判平2・10・9判タ765-266（証明力増強証拠事件）... 433

2 「供述経過」の立証 ... 435
- 判例：東京地判平16・5・28判時1873-3（ゼネコン汚職事件鹿島ルート第一審判決）... 435
- 質問7-29 捜査官の作成した供述録取書を「供述経過」を立証趣旨として証拠請求することは「非供述証拠としての請求」であるという理解は正しいか。... 438

VI 問題 ... 439
- 問題7-1 次の証拠は伝聞証拠か ... 439
- 問題7-2 実況見分調書 ... 439
- 問題7-3 忘れっぽい証人 ... 440
- 問題7-4 フィリピンパブ傷害事件 ... 440
- 問題7-5 リバーサイドホテルⅠ ... 441
- 問題7-6 リバーサイドホテルⅡ ... 441

第8章 自白 ... 443

I 黙秘権と取調べ受忍義務 ... 446
1 取調べ受忍義務 ... 447
- 判例：最大判平11・3・24民集53-3-514（接見指定合憲判決）... 447
- 判例：ミランダ対アリゾナ（Miranda v. Arizona, 384 U.S. 436 (1966)）... 448
- ノート：刑訴法198条1項但書の立法過程 ... 457
- 質問8-1 接見指定合憲判決は「身体の拘束を受けている被疑者に取調べのために出頭し、滞留する義務があると解することが、直ちに被疑者からその意思に反して供述することを拒否する自由を奪うことを意味するものでないことは明らかである」と言った。他方、ミランダ判決は「身柄拘束下の取調手続それ自体に個人の抵抗の意思を弱め供述を強要する強制的圧力が内在する」と言った。どちらが正しいか。... 458

2 余罪と取調べ受忍義務 ... 459
- 判例：浦和地判平2・10・12判時1376-24（三郷放火事件）... 459
- 判例：大阪高判昭59・4・19高刑集37-1-98（神戸まつり事件）... 464
- 質問8-2 三郷放火事件と神戸まつり事件はいずれも身柄拘束中の余罪取調べの範囲や方法の限界について判断したものであるが、その判断基準は異なる。どのように異なるのか。いずれの基準が優れているか。... 467

3 起訴後の取調べ ... 468
- 判例：福岡地判平15・6・24判タ1143-192（「取り分けた覚せい剤」事件）... 468
- 質問8-3 「取り分けた覚せい剤」事件は第1回公判の前か後かを判断基準の1つとしているが、これは正しいか。... 470
- 質問8-4 「取り分けた覚せい剤」事件は弁護人が取調べに同意したにもかかわらず、証拠能力がないとして証拠排除したが、この判断は正しいか。... 470
- 判例：大阪高判昭43・12・9判時574-83（退去権不告知調書排除事件）... 470

質問8-5 出頭拒否権・退去権を告知する必要性について、起訴前の任意取調べの場合と起訴後の取調べとで差異を設ける理由はあるか。……**472**

判 例：東京地決昭 50・1・29 判時 766-25（弁護人不立会い調書却下事件）……**473**

質問8-6 「公訴の提起によって、被告人は訴訟の当事者としての主体的な地位にたつ」という理解は正しいか。起訴される前の被疑者は「訴訟の当事者」ではないのか。……**473**

II 違法拘禁と自白の証拠能力 ……**474**

1 不当に長く拘禁された後の自白 ……**474**

判 例：最大判昭 23・7・19 刑集 2-8-944（控訴審自白事件II）……**474**

判 例：最大判昭 23・6・23 刑集 2-7-715（控訴審自白事件I）……**476**

質問8-7 不当に長い抑留拘禁後の自白が証拠排除されるのはなぜか。……**478**

質問8-8 罪証隠滅や逃亡を「疑うに足りる相当な理由」（刑訴法 60 条 1 項 2 号、3 号、89 条 4 号）がないにもかかわらず、被疑者・被告人を拘禁した後になされた自白は証拠排除されるべきか。……**478**

ノート：「不当に長い抑留」とは何か……**478**

2 違法拘禁と自白の証拠能力との関係 ……**480**

判 例：最 1 小判昭 25・9・21 刑集 4-9-1751（「勾留状はあるのか」事件）……**480**

判 例：東京高判昭 60・4・30 判タ 555-330（「のぞき」誤認逮捕事件）……**481**

3 別件逮捕・勾留 ……**484**

判 例：最 2 小決昭 52・8・9 刑集 31-5-821（狭山事件）……**484**

判 例：浦和地判平 2・10・12 判時 1376-24（三郷放火事件）……**486**

判 例：東京地決平 12・11・13 判タ 1067-283（千駄木強盗事件）……**489**

質問8-9 三郷放火事件による違法な別件逮捕勾留の基準と千駄木強盗事件による基準はどう違うか。いずれの基準が妥当か。……**503**

質問8-10 千駄木強盗事件は旅券不携帯の被疑事実による逮捕・勾留の理由と必要性を認めているが、その判断は正しいか。……**504**

質問8-11 同事件は旅券不携帯による身柄拘束中に判明した偽造公文書行使の事実による再逮捕・勾留の理由と必要性も認めているが、この判断は正しいか。……**504**

質問8-12 他の証拠の積み重ねにより違法取調べの影響が「希薄化」するというのは正しいか。……**504**

判 例：最 3 小判昭 58・7・12 刑集 37-6-791（神戸三角関係放火事件）……**504**

質問8-13 任意性に疑いのある自白を勾留裁判官の前で繰り返す場合と任意性はあるが違法逮捕中の自白を勾留裁判官の前で繰り返す場合とで、取扱いを異にする理由は何か。それは正しいか。……**515**

4 宿泊を伴う取調べ ……**516**

判 例：最 2 小決昭 59・2・29 刑集 38-3-479（高輪グリーンマンション事件）……**516**

判 例：東京高判平 14・9・4 判時 1808-144（ロザール事件）……**520**

III 取調べ手続の違法と自白の証拠能力 ……**526**

1 黙秘権の告知 ……**526**

判 例：最 3 小判昭 25・11・21 刑集 4-11-2359（黙秘権不告知事件）……**526**

質問8-14 黙秘権（憲法 38 条 1 項）をどのような方法で保障するかは立法政策の問題である（接見指定合憲判決〔本書 447 頁〕）というのは正しいか。……**527**

判 例：浦和地判平 3・3・25 判タ 760-261（いわき覚せい剤事件）……**527**

質問8-15 黙秘権や弁護権の不告知あるいは不十分な告知を理由として、直ちに（供述の任意性の問題を検討するまでもなく）、自白の証拠能力を否定することはできるか。……**531**

2　調書の読み聞かせ ……532
判　例：最3小決昭28・1・27刑集7-1-64（読み聞け省略事件）………532

Ⅳ　自白の任意性 ……535

1　徹夜の取調べ ……537
判　例：最3小決平1・7・4刑集43-7-581（徹夜取調べ事件）………537
質問 8-16 被疑事実の重大性を考慮して自白の任意性の有無を判断することは正しいか。………540

2　手錠をしたままの自白 ……541
判　例：最2小判昭38・9・13刑集17-8-1703（両手錠事件）………541
判　例：最2小決昭52・8・9刑集31-5-821（狭山事件）………542

3　約束による自白 ……543
判　例：最2小判昭41・7・1刑集20-6-537（検事の伝言事件）………543
質問 8-17 約束による自白といわゆる「司法取引」「答弁取引」とはどう違うのか。………544
質問 8-18 わが国において「司法取引」「答弁取引」を制度として認めることは妥当か。どのような内容の制度なら良いか。………544
判　例：ブレイディ対合衆国（Brady v. United States, 397 U.S. 742 (1970)）………544

4　偽計による自白 ……546
判　例：最大判昭45・11・25刑集24-12-1670（切り違い尋問事件）………546

5　反復自白 ……548
判　例：最2小判昭32・7・19刑集11-7-1882（八丈島事件）………548
判　例：浦和地判平3・3・25判タ760-261（いわき覚せい剤事件）………551

Ⅴ　補強法則 ……554

1　公判廷における自白 ……554
判　例：最大判昭23・7・29刑集2-9-1012（ヤミ米事件）………554
ノート：刑訴法319条2項、3項の制定過程………567

2　補強の範囲 ……569
判　例：最1小判昭24・4・7刑集3-4-489（贓物故買事件）………569
判　例：最3小判昭24・7・19刑集3-8-1348（「被害届と自白で有罪」事件）………570
判　例：最1小判昭42・12・21刑集21-10-1476（無免許運転事件）………571

3　共犯者の自白 ……573
判　例：最大判昭24・5・18刑集3-6-734（「ハーフ・プルーフ」判決）………573
判　例：最大判昭33・5・28刑集12-8-1718（練馬事件）………578
判　例：最1小判昭51・2・19刑集30-1-25（「共犯者の自白調書で有罪」事件）………580
判　例：最1小判昭51・10・28刑集30-9-1859（「3人の共犯者が自白」事件）………582
法　令：連邦証拠規則801（d）（1）：証人の従前供述………585
法　令：連邦証拠規則804（b）（3）：伝聞例外；供述者が利用不能の場合；利益に反する供述………585
文　献：小早川義則『共犯者の自白』（成文堂、1990年）297〜318頁………586

Ⅵ　取調べ状況についての証明 ……597
文　献：本江威憙「取調べの録音・録画記録制度について」判タ1116-4（2003年）6〜8頁………597
文　献：デイビッド・T・ジョンソン（指宿信・岩川直子訳）「風向きを知るのにお天気キャスターは要らない——日本における取調べ録音/録画について合衆国と韓国から学ぶこと」法と心理5-1-57（2006年）58〜72頁………600

VII 問題 ────── 610
　　問題 8-1　日系ブラジル人殺人事件Ⅰ ────── 610

第9章
排除法則 ────── 613

Ⅰ　排除法則の趣旨 ────── 615
　　文　献：井上正仁『刑事訴訟における証拠排除』（弘文堂、1985年）7～13頁 ────── 615
　　判　例：最3小判昭24・12・13 裁判集刑15-349（匕首事件） ────── 618
　　判　例：最1小判昭53・9・7 刑集32-6-1672（大阪覚せい剤事件） ────── 619
　　　質問 9-1　大阪覚せい剤事件が設定した排除法則は憲法上のルールなのか、刑訴法上のルールなのか。それともそれ以外のルールなのか。 ────── 624
　　　質問 9-2　証拠排除をもたらす場合を「重大な違法」に限定する理由は何か。それ──違法捜査を通常の違法と重大な違法に二分すること──は適切か。 ────── 624
　　　質問 9-3　「令状主義の精神」とは関係のない違法捜査──弁護人との接見妨害、黙秘権侵害、おとり捜査など──の結果得られた証拠についても排除法則は適用されるか。適用の要件に差異はあるか。 ────── 624
　　　質問 9-4　証拠物ではなく供述証拠についても排除法則は適用があるか。適用の要件や範囲に違いがあるか。 ────── 624
　　　質問 9-5　ロザール事件控訴審判決（本書520頁）が排除法則を自白に適用するにあたり、「違法が重大であり、違法捜査抑制の見地から証拠能力を付与するのが相当でない」かどうかを基準としたことは、正しいか。 ────── 624

Ⅱ　先行手続の違法・「毒樹の果実」法理 ────── 625
　　判　例：最2小判昭61・4・25 刑集40-3-215（「枕許に警察官」事件） ────── 625
　　判　例：最2小判平15・2・14 刑集57-2-121（大津覚せい事件） ────── 628
　　　質問 9-6　違法逮捕を利用して得られた尿の鑑定書はその後の捜索差押決定の証拠として使用できるのか。また、そのような鑑定書に基づいて発付された捜索差押許可状は適法なものと言えるか。 ────── 630
　　　質問 9-7　違法捜査が先行していても、その後の捜査が司法審査を経て発付された令状に基づいてなされたのであれば、適法となるという考え方は正しいか。 ────── 630
　　　質問 9-8　大津覚せい剤事件で、発付済みの窃盗を被疑事実とする捜索差押許可状の執行のみによって覚せい剤を発見し押収することはできたか。これができたかどうかは、結論に影響を与えるか。 ────── 631
　　　質問 9-9　大津覚せい剤事件で、警察官が逮捕状を携行せずに被告人を逮捕した事実を正直に逮捕状や捜査報告書に記載し、証言でもその点を認めていたとしたら、結論に差異を生じさせるべきか。 ────── 631
　　判　例：大阪高判昭52・6・28 刑裁月報9-5・6-334（杉本町派出所爆破事件） ────── 631
　　　質問 9-10　杉本町派出所爆破事件の設定した基準は、「枕許に警察官」事件の「同一目的」「直接利用」基準や大津覚せい剤事件がいう「密接な関連性」基準とはどう違うのか。 ────── 641
　　　質問 9-11　杉本町派出所爆破事件が行った不任意自白の分類は正しいか。それは、不任意自白に基づいて発見された証拠の排除基準の設定に役立っているか。 ────── 641
　　　質問 9-12　大阪高裁判決が言う「新たなパイプ」論の正当化根拠は何か。それは排除法則の趣旨と整合するか。 ────── 641

Ⅲ 違法捜査と証拠収集の因果関係・「不可避的発見」の例外 ... 642

判 例：札幌高判昭 58・12・26 刑裁月報 15-11・12-1219（「桐の木箱」事件）……… 642
質問 9-13 上記事件で捜査官が逮捕の際に被告人の寝ていた布団の枕もとの木箱の蓋を開けることは適法か。……… 644
質問 9-14 「不可避的発見」の例外が認められる理由は何か。……… 644

Ⅳ 排除法則と同意 ... 645

判 例：最大判昭 36・6・7 刑集 15-6-915（早すぎた捜索事件）……… 645
判 例：大阪高判昭 60・7・18 刑裁月報 17-7・8-653（兵庫ホテル事件）……… 651
質問 9-15 被告人の同意と排除法則との関係について、兵庫ホテル事件の考え方は早すぎた捜索事件の法廷意見や各裁判官の意見とどう違うか。……… 655
質問 9-16 違法な手続で取得された事実を知らなかったために、弁護人が証拠の取調べに同意してしまった場合はどうか。知らなかった原因によって差異があるか。……… 655

Ⅴ 申立適格 ... 656

判 例：東京地決昭 55・3・26 判時 968-27（日テレニュースビデオ事件）……… 656
質問 9-17 東京地裁が被告人には取材の自由等に基づく証拠排除申立ての権限がないといいながら、「司法の廉直性を維持し、司法に対する国民の信頼を確保する必要がある場合には」職権で証拠排除できる場合がある、と言っているのは正しいか。……… 659
判 例：東京高判昭 59・4・27 高刑集 37-2-153（ロッキード事件小佐野ルート二審判決）……… 659
質問 9-18 単なる供述拒否権侵害の場合と、「著しく不公正な方法によって右特権を失わせた場合」とで、主張適格に差異を設ける理由は何か。……… 660

Ⅵ 問題 ... 661

問題 9-1 日系ブラジル人殺人事件Ⅱ……… 661

第 10 章 挙証責任・証明の程度 ... 663

Ⅰ 犯罪事実 ... 665

判 例：最 1 小判昭 48・12・13 判時 725-104（長坂町放火事件）……… 665
判 例：最 1 小決平 19・10・16 刑集 61-7-667（高松郵便爆弾事件）……… 676
質問 10-1 長坂町放火事件は重大な事実誤認（刑訴法 411 条 3 号）を理由に原判決を破棄しているが、この破棄理由は正しいか。次の判例と対比せよ：最判昭 45・7・31 刑集 24-7-597、最判昭 57・1・28 刑集 36-1-67、最判昭 59・4・24 刑集 38-6-2196。……… 678

質問 10-2　最高裁が言う「反対事実の存在の可能性を許さないほどの確実性を志向したうえでの『犯罪の証明は十分』であるという確信的な判断」という証明基準は、「合理的な疑いを超える証明」の基準と同じか。………678

質問 10-3　「合理的な疑いを超える証明」の基準は憲法の要請か。例えば、犯罪事実の証明は「証拠の優越」の程度で良いと法律で定めることは許されるか。………678

判　例：ウィンシップ判決（In re Winship, 397 U.S. 354 (1970)）………678

質問 10-4　「合理的な疑いを超える」程度の証明とは何か。法律を学んだことのない素人にもわかるように説明せよ。………679

文　献：裁判員法 39 条の説明例（2007 年 5 月 23 日最高裁規則制定諮問委員会議事録参考資料）………679

判　例：ケイジ対ルイジアナ（Cage v. Louisiana, 498 U.S. 39 (1990)）………680

質問 10-5　裁判員が参加する刑事裁判において、裁判官が評議室の中で裁判員に対して「合理的な疑いを超える証明」の意味について、合議によって判断を示し（裁判員法 66 条 3 項）あるいは説明すること（同条 5 項）に問題はないか。………681

質問 10-6　多数決による有罪判決を認めることは「合理的な疑いを超える証明」の基準の要請に違反するか。………681

質問 10-7　上訴裁判所が事実誤認を理由に無罪判決を破棄することは「合理的な疑いを超える証明」のルールに反するか。………681

II　積極的抗弁事実　682

判　例：最 2 小判平 20・4・25 裁判所時報 1458-21（北区塗装店主傷害致死事件）………682

質問 10-8　「統合失調症に罹患していた可能性があるが、確定診断はできない」という精神科医の鑑定書しかない場合に、無罪判決を言い渡すことができるか。………688

質問 10-9　被告人を診察した精神科医が「総合失調症に罹患していたため心神喪失の状態にあった」との鑑定意見を提出した場合に、裁判官や裁判員が完全責任能力を肯定することは許されるか。………688

判　例：東京高判昭 28・2・21 高刑集 6-4-367 [上告棄却：最判昭 30・12・9 刑集 9-13-2633]（「インチキブンヤの話」事件）………688

判　例：最大判昭 44・6・25 刑集 23-7-975（「和歌山時事」事件）………690

質問 10-10　①「真実性の証明責任は被告人にあるが、被告人が真実と信じたことに相当の理由があるときは故意が阻却され無罪」という考え方と、②被告人には真実性の証明責任はないが、証拠提出の責任があるという考え方、あるいは、③被告人には真実性の証明責任があるが、その程度は、検察官の犯罪事実証明責任（合理的な疑いを超える証明）よりも軽いものであり、「証拠の優越」の程度で足りるという考え方とは実質的にはどう違うのか。………692

質問 10-11　被告人による真実性の証明にも伝聞法則の適用があると考えるべきか。………692

判　例：広島高岡山支判昭 28・11・10 [上告棄却：最 3 小決昭 30・11・8 刑集 9-12-2382]（大人びた少女事件）………692

質問 10-12　児童福祉法 60 条 4 項は児童の年齢を知らなかったことについて、「過失がないこと」の挙証責任を被告人に負わせたのか。過失の挙証責任を検察官に負わせたのか。………693

III　訴訟法上の事実　694

文　献：石井一正『刑事実務証拠法（第 4 版）』（判例タイムズ社、2007 年）100 〜 102 頁………694

文　献：全国裁判官懇話会「自白の任意性をめぐる諸問題」判例時報 1310-5（1989 年）9 〜 12 頁………695

文　献：木谷明『刑事裁判の心』（法律文化社、2004 年）57 〜 59 頁………699

質問 10-13　証拠排除の要件としての「令状主義の精神を没却するような重大

な違法があり、これを証拠として許容することが、将来における違法な捜査の抑制の見地からして相当でないと認められる場合」であるか否かについての挙証責任は検察官側にあるのか、被告人側にあるのか。その証明の程度はどの程度である必要があるか。………**701**

証明の必要性

第 1 章

「事実の認定は、証拠による」と法律は定めている（刑訴法317条）。なんの証拠もなしに犯罪者と決めつけることは許されない。しかし、ここで要求される「証拠」とはなんだろうか。昔、「神判」（ordeal）と呼ばれる裁判があった。被告人に熱湯の中に手を入れさせたり、熱した鉄を掴ませたりして、それでも火傷をしなければ無罪とされた。重石をつけて冷水の中に投げ込まれても溺れなければ無罪であった。当時の社会通念を前提とすれば、造物主たる神は被告人の有罪・無罪を知っており、神判の方法で神の認識を知ることができるのである。したがって、熱湯や熱鉄や冷水に対する被告人の反応は神意の重要な徴表なのであって、それは正しく「証拠による事実の認定」そのものと言えた。しかし、現代人の理性にとっては、火傷したり溺れたりすることは有罪の「証拠」とは言えないだろう。煮えたぎる湯釜の中にある宝石を火傷を負わずに取れたのは被告人の手の皮がとりわけ厚かったからか、神判の前に特殊な油を手に塗っていたからに過ぎない。重石をつけて冷水の中に放り込まれても浮かび上がれることが免罪の条件だと言うのでは、泳ぎの不得手な人には希望がない。それらは現代の証拠法にとっては関連性のない証拠である。

　明治のはじめ、わが国の刑事裁判では「凡ソ罪ヲ断ズルハ口供結案［自白］ニ拠ル」とされていた（明治6年改定律令318条）。そして、自白を得るために幾つかの種類の拷問を行うことが認められていた。この制度の背後には、有罪の人間の中にはなかなか正直に罪を告白しない者がいるので自白に向けて一定の圧力を加える必要があるが、その反面、無実の人は肉体や精神を多少痛めつけられたくらいで虚偽の自白をするはずはないという社会通念がある。要するに、真犯人は自白するが無実の者は自白しない程度の拷問があり、その圧力に屈して自白したということは有罪の「証拠」なのである。しかし、現代のわれわれの感覚からすれば、このような制度の下では、鉄の肉体と精神力を持った犯罪者は罪を免れ、小心者や正直者は損をすることになり、裁判の結論は真実からかけ離れたものになる可能性が高いと思われる。

　現代のわが国の法は、拷問や脅迫、不当に長い抑留や拘禁の後の自白など任意性に疑いのある自白を「証拠とすることができない」としている（憲法38条2項、刑訴法319条1項）。しかし、現実に目を転じると、長時間の取調べの結果獲得された自白を裁判所が「証拠」として採用して有罪を認定している例はたくさんある[1]。その中には、後に上訴審や再審で被告人の無罪が確定したケースもある[2]。現代日本の司法が、「拷問」を否定しながらも、真犯人と無辜を識別する「圧力」装置の存在を否定してはいないことは明らかである。この圧力装置と中世の神判で用いられた熱湯や熱鉄との違いはどこにあるのだろうか。

　「事実の認定は、証拠による」。それが現代の法である。しかし、すべての「事実」を認定するのにいちいち証拠を取調べなければならないとしたら、裁判はとても煩雑なものになってしまうに違いない。太陽が東から昇り西に沈むことを認定するのに証拠が必要だろうか。太平洋戦争で日本が降伏した日が1945年8月15日であることを証明する「証拠」とはなんだろうか。最終弁論

注1）　最高裁判所は、夜を徹して22時間余り続けられた取調べを「社会通念上任意捜査として許容される限度を逸脱したものであったとまでは断ずることができず、その際になされた被告人の自白の任意性に疑いを生じさせるようなものであったとも認められない」とした。最3小決平元・7・4刑集43-7-581、587。

注2）　死刑確定囚が再審で無罪になった事例として、免田事件（熊本地八代支判昭58・7・15判時1090-21）、財田川事件（高松地判昭59・3・12判時1107-75）、松山事件（仙台地判昭59・7・11判時1127-34）、島田事件（静岡地判平元・1・31判時1316-21）がある。いずれのケースでも、被告人は長時間の取調べの末に自白しているが、裁判所はその自白を「証拠」として採用している。

でシェイクスピアを引用するためにシェイクスピア全集の1冊を証拠として請求しなければならないというのは煩わしい。現在の科学の水準に照らして広く知られた明白な事実や歴史的に著名な事実（公知の事実）はいちいち証拠に拠らなくても認定できるといわなければならない。また、公知とは言えなくとも、事実認定者である裁判所にとって明白な事実については、証拠は要らないというのが判例である。

　その限界はどこにあるのだろうか。次の事実を認定するのに証拠は必要だろうか——2007年11月30日現在のドルと円の交換レート：その日の東京の日没時刻：ある時期における法務大臣は誰か：人間の記憶というものは移ろい易いという事実：同種の事件での量刑の傾向：サウジアラビアの殺人罪の法定刑。

　「事実の認定は、証拠による」。先に指摘したように、ここにいう「証拠」は時代によって異なりうる。そしてさらに、「事実」との関係で「証拠」の範囲も変動しうる。証拠による事実認定が必要であるとしても、必要とされる証拠の厳格さは、認定される事実の重要度に応じて緩急があって良いとされる。判例はこの問題を「厳格な証明」と「自由な証明」の区別として論じている。

　「厳格な証明」というのは「刑訴の規定により証拠能力が認められ、かつ、公判廷における適法な証拠調を経た証拠による証明を意味する」（最1小判昭38・10・17刑集17-10-1795、1817［白鳥事件上告審判決］）。訴因の存否に関する事実について厳格な証明が必要なことについては争いがない。最高裁判所の判例によれば、共謀共同正犯における「共謀」や「謀議」は「罪となるべき事実」にほかならないから、これを認めるためには厳格な証明によらなければならない（最大判昭33・5・28刑集12-8-1718、1723［練馬事件上告審判決］、最大判昭34・8・10刑集13-9-1419、1443［松川事件第1次上告審判決］）。

　これに対して「自由な証明」の定義は一義的ではない。要するに、法が要求する証拠能力の要件と証拠調べ手続の要件のいずれかあるいはその双方を厳密には満たしていない証拠による証明ということである。

I 証明の必要性

1 公知の事実

判 例

最3小決昭41・6・10刑集20-5-365（「40キロ制限は公知の事実」事件）

　弁護人市来八郎、同佐川晶彦の上告趣意中憲法31条違反をいう点は、実質は単なる訴訟法違反の主張であり（東京都内においては、東京都道路交通規則——原判決の法令適用欄に東京都道路規則とあるのは誤記と認める——6条により、原則として普通自動車の最高速度が40キロメートル毎時と定められており、右規制が東京都公安委員会の設置する道路標識によって行われていることは、公知の事実ということができるから、その認定につき、必ずしも証拠を要しないと解すべきである。）、その余は、事実誤認の主張であって、刑訴法405条の上告理由に当らない。

　また、記録を調べても、同411条を適用すべきものとは認められない。

　よって、同414条、386条1項3号により、裁判官全員一致の意見で、主文のとおり決定する。

　（裁判長裁判官　下村三郎、裁判官　五鬼上堅磐、裁判官　横田正俊、裁判官　柏原語六、裁判官　田中二郎）

弁護人市来八郎、同佐川晶彦の上告趣意

＊＊＊

　三、原判決は、適条において、東京都道路規則なる法令を適用している。然るに東京都道路規則なる法令は存在しない。従って原判決は、存在しない法令を適用したものであって、憲法第31条の適正手続に違反している。これが原判決が憲法第31条に違反する第二の理由である。

　四、原判決は、「（前略）東京都公安委員会が道路標識によって、最高速度を40キロメートル毎

時と定めた（後略）」と判示しているが、原審並びに第一審において取調べた証拠の中には、最高速度を40キロメートル毎時と定めた道路標識については何ら触れるものがない。何処にある道路標識なのか確立するよすがすらない。然るに原判決は道路標識の存在を認定しており、従って何ら証拠に基かず判示したものであって、証拠裁判主義は、憲法第31条適正手続の内容をなすことは明白であるから、原判決は憲法第31条に違反している。これが憲法第31条違反の第三の理由である。

判　例

東京高判平10・12・25東京高刑時報49-1＝12-89（「子供の歩く速度は公知の事実」事件）

［業務上過失致死被告事件。判例集からは事案の詳細は不明］

論旨は、要するに、原判決は、被害者の歩く速さにつき、交通実務研究会編著の図解交通資料集に科警研交通部編「道路交通管理の技術的基礎知識」によるとして記載されている資料によってこれを認定しているが、右資料は原審において証拠として取調べがなされたものではないのに、原審はこれを事実認定の資料に供しており、判決に影響を及ぼすことの明らかな訴訟手続の法令違反があるというのである。

しかしながら、子供の歩く速度については、日常の経験的事実として公知の事実に属すると解されるから、これを証拠に基づかないで認定することも許されるところ、原判決が公刊されている資料に基づいて判示しているからといって、訴訟手続の法令違反があるということはできない。論旨は理由がない。

（裁判長裁判官　佐藤文哉、裁判官　川上拓一、裁判官　波床昌則）

> **質問1-1**
> ある道路に最高速度制限に関する道路標識[3]が設置されている事実は「公知の事実」か。

> **質問1-2**
> 日本人の子供の歩く速度は時速何キロか。

注3）「道路標識」とは道路の交通に関し、規制又は指示を表示する標示板をいう（道交法2条1項15号）。道路標識と道路標示（路面に描かれた規制又は指示。同項16号）をあわせて「道路標識等」という（同項4号）。最高速度違反は、「道路標識等によりその最高速度が指定されている道路」において、それを超える速度で進行することである（道交法22条、118条1項1号）。

2　裁判所に顕著な事実

> **判　例**

最3小判昭30・9・13刑集9-10-2059（ペイ事件）

　弁護人池田和夫、同伊東清重の上告趣意は、被告人が本件において譲り渡しまたは譲り受けた麻薬が塩酸ヂアセチルモルヒネであることについては、被告人が第一審公判においてこれを自認するに止まり、これを補強する証拠は存しないから、原判決は被告人の自白を唯一の証拠として有罪の事実を認定したものであって、憲法38条3項に違反すると主張する。しかし、第一審判決は被告人の公判廷または公判廷外の自白の外多くの補強証拠を挙げ、これらを綜合して判示塩酸ヂアセチルモルヒネ（通称ヘロインまたはペー）の譲渡または譲受の事実を認定しているのである。そして被告人の自白と右補強証拠と相待って、被告人が麻薬たるヘロインを取引した事実を認め得ることは、原判決の判示するとおりであるから、ただヘロインが塩酸ヂアセチルモルヒネを指すことについてのみ被告人の自供以外に証拠が挙げられていないからといって、憲法38条3項に違反するものでないことは、当裁判所大法廷判例（昭和23年（れ）第77号、同24年5月18日判決、刑集3巻6号734頁）の趣旨に徴し明らかであるのみならず、通称ヘロインが塩酸ヂアセチルモルヒネを指すものであることについては、裁判所に顕著であって必ずしも証拠による認定を要しないものということができる（昭和28年（あ）第675号、同29年12月24日第2小法廷判決、刑集8巻13号2348頁参照）。されば所論違憲の主張は採るを得ない。また記録を調べても本件につき刑訴411条を適用すべきものとは認められない。

　よって同408条により裁判官全員一致の意見で主文のとおり判決する。

　（裁判長裁判官　河村又介、裁判官　島保、裁判官　小林俊三、裁判官　本村善太郎）

弁護人池田和夫、同伊東清重の上告趣意

　原判決は被告人の自白を被告人に不利益な唯一の証拠として有罪を認定したものであって憲法第38条第3項に違反する違法がある。

　原審判決は其理由論旨第一点の判断に於て結局弁護人の主張を斥け第一審判決を維持し「原審判決の証拠中所論医師原田貢名義の鑑定書、証人西山幸一郎の原審公判供述、同人名義の鑑定書によっては本件麻薬が原判決認定のように塩酸ヂアセチルモルヒネ（通称ヘロイン）であることを認めるに足りないことは所論のとおりである。しかし被告人は原審公判廷において本件麻薬が塩酸ヂアセチルモルヒネ（通称ヘロイン）であることはこれを認めているのであって、原判決はこの供述を証拠に引用しているのみならず原判決引用の証拠中内藤正市の司法警察員に対する第3回第4回供述調書司法巡査に対する第5回供述調書の謄本に依れば本件はペイと称する麻薬であることを認めうるのであり且つ原判決引用の其の余の証拠によればペイはヘロインの別名称であることも十分認定しうるのである。而してヘロインが塩酸ヂアセチルモルヒネの通称であることは顕著な事実である。」と判示している。

然し乍ら本件の麻薬が塩酸ヂアセチルモルヒネであるとするのは被告人の第一審公判に於ける供述のみに止り之を直接に裏書きする補強証拠は存在しないのである。成る程内藤正市の司法警察員に対する第3回第4回供述調書、司法巡査に対する第5回供述調書謄本に依れば、本件はペイと称する麻薬であることが認められ又其他の第一審判決引用の証拠に依って本件麻薬がペイと称するものであることは略々認められるが果して右ペイなるものが直ちに必ず塩酸ヂアセチルモルヒネであると断定するのは著しく条理に反するところである。そうすると前示の内藤正市乃至は其他の第一審判決の各証拠中本件の麻薬がペイと称するものであるとのことはペイと塩酸ヂアセチルモルヒネとが全く無関係な概念であることからして右第一審公判に於る被告人の本件麻薬は塩酸ヂアセチルモルヒネであるとの供述の補強証拠とはなり得ないところであると言はなければならない。

　然るに原審判決が被告人の第一審公判に於ける本件麻薬が塩酸ヂアセチルモルヒネである旨の供述を取り之が補強証拠となり得ない内藤正市其他の本件麻薬がペイと称する旨の各証拠を補強証拠として羅列して本件を塩酸ヂアセチルモルヒネの売買である事実を認定したのは畢竟するに被告人に不利な唯一の証拠である被告人の自白を以て有罪を認定したものであって憲法第38条第3項に違反するものであると思料するのである。

質問1－3
　ペイ事件判決がヘロインが塩酸ヂアセチルモルヒネであることは「裁判所に顕著」と言っている「裁判所」とは、誰を指しているのか。

質問1－4
　審理を担当する裁判官がそれまで一度も麻薬取締法事件を扱ったことがない場合でも、ヘロインが塩酸ヂアセチルモルヒネであることは「裁判所に顕著」と言えるか。

判　例

東京高判昭62・1・28判時1228-136（宇都宮病院事件）

［精神病院の病院長が無資格者に各種検査をさせ、入院患者に「作業療法」と称してカルテの整理等をさせ、准看護師に死体解剖をさせた等として診療放射線技師及び診療エックス線技師法違反等の罪で起訴された。1審有罪。被告人控訴］

　三　訴訟手続の法令違反をいう主張について

　所論は、原判示全事実につき、原判決は、量刑の理由中で、「看護職員の一部の者が、患者の1名に対し執拗かつ激烈な暴行を加え、死に至らしめ、他の1名にも暴行を加えたとして起訴されていることは、当裁判所に顕著な事実である。もとより右事案は別件として審理中であり、その内容についてここで詳しく言及すべき限りではないが、右事件の被告人らは、死亡の結果との

因果関係を争ってはいるが、暴行の事実自体はこれを認めているのである。病人を預り治療すべき病院として、まことにあるまじき一大汚点である。」、「単に道義的責任といって済まされる問題ではなく、少くとも監督責任として重大であり、本件においても右の限度で量刑上重要な要素として考慮せざるを得ない。」などと判示しているが、これは、他の裁判所が審理していた事件の実体的な審理内容を、証拠もないのに直ちに本件の量刑資料として用いたものであるところ、このような他事件の実体的な審理内容を裁判所に顕著な事実であるとして証明を要しないと解することはできず、原判決は、著しく被告人の防禦権を奪い、ひいては裁判を受ける権利を害するものとして、憲法31条、32条、刑訴法317条に違反する、また、仮に、右傷害致死、暴行事件の審理内容が裁判所に顕著であり、証明を要しない事項であるとしても、原判決はこれらの事件を量刑上重要な要素として考慮するとしているのであるから、実質上これらの事件につき被告人を処罰したと同じことになり、これは起訴されていない事件を起訴事実と同様に重く処罰したことになるので、憲法31条、32条、37条、39条、刑訴法317条に違反する、そして、これらの違法は、いずれも、判決に影響を及ぼすことが明らかである、というのである。

　よって判断するに、原判決は、量刑の理由において宇都宮病院における作業療法なるものの実態について考察し、これによると被告人の患者一般に対する人格無視の姿勢が顕著にうかがわれるとしたうえ、被告人の右姿勢は看護職員に反映し、人手不足や職員個人の資質とあいまって職員間で患者に対する人間愛の視点がともすれば等閑に付され、患者は危険で扱い難いという視点ばかりが強調され、これが本件記録中にも散見される、度重なる患者に対する暴行事件の原因となり、患者が日ごろ職員に対し畏怖感を抱くという異常な状況が生じたとし、そのいわば頂点に位する事例であるとして所論傷害致死、暴行事件に言及し、同病院の看護職員の一部の者が患者の1名に対し執拗かつ激烈な暴行を加えて死に至らしめ、他の1名にも暴行を加えたとして起訴されていること（このことは裁判上顕著な事実であるとする。）、同事件の被告人らは、死亡の結果との因果関係を争っているものの暴行の事実自体はこれを認めていること、この事件は、病人を預り治療すべき病院としてまことにあるまじき一大汚点であること、これらの職員の暴行に関しては、被告人は、単に道義的責任を負うばかりでなく重大な監督責任を負うこと、本件においては右の限度で（監督責任を負う限度で、の意と解される。）量刑上重要な要素として考慮せざるをえないこと等を肯認、判示したことが明らかである。

　以上によると、原判決は、単に本件記録の証拠中でも散見されるとされる度重なる暴行事件に関する被告人の監督責任を肯認したにとどまるものでなく、前示のように執拗かつ激烈な暴行による傷害致死及び暴行各事件が起訴されるに至ったことが裁判所に顕著な事実であるとしたほか、特段の証拠による証明なくして、右起訴にかかる態様の暴行行為自体が存したことは否定できない趣旨を示していることが判文上明らかであり、その前提に立って、これは宇都宮病院にとって一大汚点（不祥事）であることを認定し、これらを主たる根拠として、職員に関する被告人の監督責任が重大である旨を肯認したものと認めざるをえない。

　しかしながら、以上のうち右各事件が起訴されたこと自体を除くその余の事実（起訴された態様の暴行行為が存在したこと等の事実）は、いまだなんら証明を要しない程公知となっているも

のとは認め難いうえ、これが原裁判所に顕著であるとしてなんらの証明を要しないと解することは、被告人の防禦や上訴審による審査に支障をきたすことに照らして、相当でなく、結局、これらの事実は本件審理手続において証拠により証明される必要のある事実であると認められるから、原裁判所が証拠による証明なくしてこれを認定し、被告人が重大な監督責任を負うことの根拠とし、量刑上重要な要素として認定評価したことは、刑訴法317条の法意に照らして許されないものと解せざるをえない。

したがって、原判決には、右の点において訴訟手続に法令の違反があり、原判決が右事実を量刑上重要な要素として考慮に入れたことは前示のとおりであるから、右違法は判決に影響を及ぼすことが明らかである。

よって、論旨は右の点において理由があり、原判決は、その余の論旨について判断するまでもなく、破棄を免れない。

四 そこで、刑訴法397条1項、379条により原判決を破棄し、同法400条但書により、被告事件につきさらに判決をする。

原判決がその挙示する証拠により適法に認定した各罪となるべき事実にその挙示する法令を適用（刑種の選択、併合罪処理を含む。）し、処断刑期及び金額の範囲内で、後示諸般の情状を考慮し、被告人を懲役8月及び罰金30万円に処し、刑法18条により、右罰金を完納することができないときは、金5000円を1日に換算した期間被告人を労役場に留置することとする。

＊　＊　＊

（裁判長裁判官　岡田光了、裁判官　礒邉衛、裁判官　坂井智）

> **質問1−5**
> 上記判決が言う「上訴審による審査に支障をきたす」とはどのような事態を指しているのか。

> **質問1−6**
> 裁判官が担当する事件について、訴訟手続とは関係なく知った事実を裁判の基礎とすることは許されるか。訴訟手続外で重要な事実を知ってしまった裁判官はどうすべきか。

文　献

森野俊彦「『現場』が好き——足でかせぐ事実審理」日本裁判官ネットワーク『裁判官は訴える！——私たちの大疑問』（講談社、1999年）35、36～42頁

　［境界確定訴訟、通行権確認訴訟といった、隣人同士が争う相隣関係訴訟といわれる事件］では、当事者から係争現場の写真や地図が証拠として出されることが多いが、それだけではなかなか頭に入らない。現場に出かけて行って検証なり、現場での尋問を行ったりすればいいのだが、そうすると結構時間がとられて他の事件の審理に影響するし、ちょっと見る程度で足りるのにわざわざ1期日それにあてるというのがわりかし面倒なのである。

　こうした理由で、現場に行く必要を感じつつ行けないまま、したがって、必ずしも現場の状況を十分に把握しないまま、審理を行い、判決までしてしまう例がないではない。私は、これまでの裁判官生活のうち20年近く民事裁判に携わってきたが、こうした訴訟に遭遇するたび隔靴掻痒というか、もどかしい気持ちをもち続けてきた。

＊　＊　＊

　転機は、突然にやってきた。堺市の中南部にある裁判官官舎から堺市の中心にある裁判所まで、電車で行っても30分、自転車でも同じくらいかかるので、健康法をかねて、雨の日以外は自転車通勤を心がけた。堺市は自転車の街、その街にふさわしいではないか。天気のよい日、身体にあたる風は爽快だし、踏むペダルも軽い。思わず、

　　みどりの風も　さわやかに　にぎるハンドル　心も軽く

と、口ずさんでしまう。小坂一也が唄っていた『青春サイクリング』（田中喜久子作詞、古賀政男作曲）だ。といっても、昭和32～33年ころにはやった歌だから、今の若い人は知らないかもしれない。

　そうした自転車通勤の道すがら、ある路地の横を通り過ぎたとき、どこかで見た覚えのある場面が目の前に現れた。なんだ、ちょうど今かかっている境界確定訴訟のまさに現場ではないか。さっそく自転車から降りて事実上の検証をしてみた。一見、記録から読みとっていた現場には違いないのだ（それゆえ「既視感」が生じたわけだ）が、落ち着いて眺めると、描いていたイメージとかなり違うのである。そういう印象をいったん抱くと、これまで写真や図面だけで読みとっていたことが果たして正確かどうか心配になってきた。そこで、できる限り現場に行ってみようという気になったのである。

＊　＊　＊

　土曜、日曜日の天気のいい日、自転車に乗ってはいろんな現場に出かけた。また通勤経路上少しの遠回りで行けるところは、平日の勤務日、早めに出て、出勤途中に見る。もっともこの場合よく確かめて行かないと、近くまで行きながら目的場所にたどりつけないことがあり、右往左往した挙げ句、開廷時刻に遅刻しそうになって必死でペダルを漕ぐということもあった。

　だんだん慣れてくると、距離を延ばすことに抵抗はなく、原則として現場を見ることに少しでも意味があるという事件であれば、頑張って全部見ようという気になってきた。もっとも、堺支

部が管轄する地域はそれほど広くなく、官舎からもっとも遠い柏原市東部や河内長野市南部でも片道2時間で行けるので、物理的に不可能ではない。

　かなり遠くまで出かけるときは、ほとんど、サイクリング気分である。休日の朝早く、家人が起き出す前に朝食をすますと、寝ぼけ眼の家内に小声で「行ってきます」と声をかけて出発である。東に向かって1時間近く走ると、大阪府でも田園地帯といってよいところに出る。まさに「サイクリング、サイクリング、ヤッホー、ヤッホー」という感じだ。遠くうっすらと見えていた大阪、奈良の府県境の山が、やがてその山肌をくっきりさせてくると、ちょっと遠くまで来すぎたかな、同じ道のりを漕いで帰るのはしんどいなと少し心配になるが、そう思うまもなく、目指す紛争現場に到着した。

　土地境界争いの現場である。こういう場合、紛争の当事者に会うと面倒なことになるので、誰も付近にいないのが望ましい。こんなときにかぎって、老人が所在なげにたたずんでいて、自転車でうろうろしている私をうさんくさそうに見る。せっかく遠くまできたのだから、簡単にあきらめることはできない。老人がいなくなったすきに、手早く検証をすませるのだが、結構気をつかうのである。

　検証といっても、原則として公道から見る程度で、邸宅や建造物侵入はもってのほかである。でも付近住民が通行を許されていると思えそうな路地は通ってみる。路地にはいらないと、境界はなかなか分からない。「猛犬注意」などのステッカーが張ってあるところでは、いささか躊躇するが、そんなのは「脅し」だろうと近づくと、犬にとびつかれそうになりびっくり仰天、外回りの営業マンの苦労が思わずしのばれたりする。

＊　＊　＊

　私の検証は、右のとおり、あくまで健康法をかねての、プライヴェイトな作業なのだが、ここで問題がないではない。裁判を巡る言葉の一つに「私知（ドイツ語でプリヴァート・ヴィッセンという）を禁ず」というのがあって、裁判では、裁判官が職務を離れて個人的に仕入れた情報を事実認定の基礎にしてはならないとされている。

＊　＊　＊

　裁判によかれと思っても、個人的にした検証のことを内緒にしておくのは問題だし、公明さに欠けていることには違いない。私は、次の弁論期日ないし和解期日に、当事者や代理人の弁護士に、「実は先日現場に行ってきました。思ったより狭い土地ですね」といった形で、検証してきたことを報告し、抱いた印象を率直に伝える。代理人弁護士の中には、現場を見ていない人が結構多く、先を越された感じで、恥ずかしそうに微苦笑したりする。

　裁判官のなかには、こうした形でわざわざ現場を見に行くことは問題だとする人もないではない。「わざわざ」と思うから問題なのであって、私は「たまたま」通りすがりに「現場」にぶちあたったのだからいいではないか、ということにしている。いつも通る道の近くに紛争現場がある場合、それを無視することは、かえっておかしいのではと思っている。

　私は、こうして好きな自転車を乗り回して、堺市内外の現場を見てまわった。堺市は、先にも触れたとおり、自転車が特産品で、中心部にある大仙公園には自転車博物館があるほど、自転車

となじみがある街なので、私はこの自転車で行う検証を自ら「サイクル検証」と名付けることにした。

ノート

裁判所による確知（judicial notice）

　英米の訴訟手続には judicial notice（裁判所による確知。次の文献では「職権認知」と訳されている）という手続がある。当事者の申立てまたは職権で、証拠調べによらずに裁判所が一定の事実について争う余地のない事実であることを宣言し、その旨を陪審に告げる手続である。その対象となるのは、（1）裁判所の管轄区域内で一般に知られている事実、又は（2）正確性に疑問の余地のない資料によって正確かつ容易に示すことができる事実であって、合理的な争いの対象となりえない事実である。裁判官は裁判所による確知を認めたときはそのことを陪審に告げなければならず、当事者にはその相当性について審問を求める権利が保障される（連邦証拠規則201）。

文献

エドムンド・モーガン『証拠法の基本問題（上）』（法務資料第349号）（法務大臣官房調査課、1957年）9～14頁

事実問題——周知の事実 Matters of Facts — Notorious Facts

　裁判官は、争いの対象とするには愚かなほど周知な一般化された知識や特殊な事実についての立証命題を職権認知しなければならない。この意味における「周知」とは、一般に広く知られ真実として受け入れられていることを意味する。ある事実を裁判所が職権認知するということは裁判官の私的知識というものと別のものだということを指摘することは殆ど必要あるまい。裁判官の私的知識を、争われている事実の証拠の代りに用いることは、破棄理由となる。

　もし裁判が合理的な手続であるべきならば、裁判官は、一般化された知識と特殊事実についての知識 information の両方からなる一般的な知識の蓄積を彼の装備の一部として持っていなければならない。そしてそれは、すくなくとも社会において相当程度の知識人と見られる人々のもつ知識と同程度のものでなければならない。裁判官はさらにこの知識を公判にあらわれる事柄に関係づけ［ママ］、通常の推論過程に従ってそれからものごとを推断する能力をもたなければならない。同様のことは、陪審についてやや低い程度で当てはまる。すなわち、通常陪審の知識のたくわえは、裁判官のそれよりかなりすくないであろうが、しかし、それは裁判官の説示によって補足されうるものである。通常、裁判官は、陪審員に実際人としての彼等の経験を働かせ、すべての人が通常もち合わせている知識と経験に照らして証拠を検討すること以上のことを求めることはない。いくつかの州においては、裁判官は、陪審員に、陪審員自身の特別の経験や知識を用いてもよいという印象を与えないように、その発言のいいまわしに留意しなければならないとさ

れている。

　米国法律協会のモデルコード（標準証拠法典）第801条は、一般化された知識の周知な命題を職権により認知することを裁判官に要求している。第802条は周知の特殊事実を職権認知することを許しており、第803条は、適当な請求があった場合には職権認知すべきことを要求している。右のような請求が必要かどうかは、周知性の程度と審理中の事件の情況如何による。かかる法則の適用にある程度の融通性があり、それは特定の事項を争いうるか否かに関して合理的に争うことが許される場合において、その許される範囲に融通性があるのと類似している。これに関連して、特別な事実が１つの社会においては争う余地がないとみられるほどよく知られておりながら、他の社会においてはそれを知るものが殆どなくそのためその事実について証明を要求するのがもっともだと考えられる場合もありうる、ということを記憶すべきである。例えば、サンフランシスコの裁判において、サンフランシスコ市の第20ストリートと第23ストリートの間のミッション・ストリートに接する地区は、主に商業用の建物によって占められているということの証明を要求することは、馬鹿げたことであろうが、しかし、ニューヨーク市においては、そのような事実の証明は通常必要とされるのである。

事実問題——即時に論証できる事実 Facts Capable of Immediate Demonstration
　裁判官は特殊な事実及び一般化された知識の諸定理について自発的に職権認知をすることが許され、また相当な請求があるときは職権認知をしなければならない。このように職権認知さるべき事実または命題は、裁判官によって容易に入手しうる議論の余地がないほど正確な資料を参照することによって、即座に、かつ、正確に論証できるものであることを要する。あるいはWigmoreの表現に従えば、それは「希望があればただちに、かつ、疑の余地のない論証をすることができるので何人も聡明な相手方の面前で裁判所に嘘をおしつけようなどとは考えない程度のものであることを要する」。論争を決定する権能をもつ法廷で、当事者の議論の余地のないことの争いを許すことは馬鹿げたことである。しかし裁判所が多分に当事者の提出する事実に依存する制度の下では、訴訟が行われる状況いかんによっては、長い調査によってはじめて争いの余地のないことがわかるであろうというような事項は通常の当事者訴訟の方式によって調査した方がよい場合があろう。それゆえに論証の資料は、疑なく正確であり容易に入手しうるものであるべしとの制限が生れる。特定事実に関し、この原則がもっともひんぱんに適用されるのは、過去の日が何曜日かという事実、特定の場所における特定日の日の出および日の入りの時刻のような天文学上の事実および裁判所がその機関であるところの政府に関する事実である。これらのうち後者は、裁判官が政府の役人として彼自身の政府の内部的事柄に関して知っているにちがいない事柄という項目に含めて分類されている。しかし、職権認知の原則は、立法および行政機関の職員あるいは他の司法官憲と裁判官との関係がどうかということ［と］は論理的な関連がないようである。けれども特に同一の出来事または行為から生じた同じ１個または数個の事件のすべての段階については当事者の請求により裁判所が同一裁判所の記録について職権認知しなければならぬということは明白な常識のように思われる。Wigmoreは、これさえ現代の裁判官にあまりに

大きな負担を負わせすぎるものと考えている。しかし同一裁判所の記録上知られることが議論の余地のあるものであるとか、またその資料を弁護人の援助をもってしても法廷に提出することが困難であるということは、馬鹿げたことと思われる。もちろん、裁判官は、弁護人が必要な調査をすることを求めることはできるが、しかし資料が提出されたときまたは裁判官自身の努力によって見出されたときには、それらを使用する手続は、職権認知の手続によるべきであって、証拠の提出に適用される手続によるべきではない。裁判官は、彼の裁判所の職員および他の裁判所の主たる職員が何人であるかということと、その任命期間について職権認知をなすべきである。しかし、それがどこまで職権認知事項となるかにつき限界を画することは困難である。

　職権認知事項の範囲が右の他いわゆる政治的事実についてどこまで及ぶかは、法域の異るに応じて変化する。合衆国による正式の承認との関連において、外国政府の地位は職権認知されなければならないことについては、異論がない。大部分の裁判所は、比較的重要な行政官吏が何人であるか、およびその任命期間、公の執行行為、各種の公の選挙の時と場所、行政下部区域の所在と境界またはこれに類するものを職権認知している。この分野の判決の間に明白なくいちがいのあることは、資料の状態が種々であり、また資料を裁判所が入手する可能性の状態も異るので、むしろ当然のことであろう。

　一般化された知識に関しても、判例は右と同様の態度を示している。註釈者は、すべての誠実な専門家が召喚され、証言を求められた場合には一致して認めるであろうが、しかしまだ教養のある裁判官にさえ一般的に知られていない科学的真実を多くの裁判所が職権認知することを渋っているということについて、しばしば遺憾の意を表している。例えば、子供の血液型と両親の血液型との間の関係についての科学的真実は、証明の対象とされ、アメリカではごく最近まで職権認知事項ではなかった。これに関連して記憶すべきことは、知的なそして相当教育のある素人にまだ充分に知られていない科学的真実の立証の資料は、手に入りやすいものではないことがあり、かりに手に入りやすいものであっても素人にはわかりにくい形態をとっていることがあるということである。そして、このような場合に、その科学的真実を利用せんとする当事者に対し、証明の通常の手続で事実認定者にそれを知らしめるよう要求することは、全く公正なことである。訴訟は、真実発見のための科学的調査ではなく、訴訟当事者間の争いの基礎を判断し、その解決に到達する手続であるということを忘れてはならない。

3　争いのない事実

　民事訴訟では当事者が自白した事実や争わない事実は証明を要しないとされている（民訴法179条、159条）。これに対して刑事訴訟では、たとえ被告人が訴因の全部を認めていても検察官はそれを証拠で証明する必要があるとされている（刑訴法319条2項、同条3項）。検察官と被告人が事実関係について合意した場合でも、なお、当事者はその内容を争うことができるとされている（同327条後段）。

　他方で、法は、被告人が訴因について有罪を認めたときは、重罪事件の場合を除き、裁判所が簡易公判手続の決定を行い、証拠調べに関する法の適用を回避して「適当と認める方法」によって証拠調べを行うことを認めている（同291条の2、307条の2）。また、被告人に異議がないときは略式手続によって（公判手続を省略して）、罰金等の刑を言い渡すことができる（同461条以下）。さらに、平成16年改正刑訴法は、一定の軽微な自白事件について、検察官の申立てによる「即決裁判手続」（同350条の8以下）を創設し、その場合は伝聞排除法則が回避されることを認めた（同350条の12）。しかし、いずれにしても、著しく簡略化されたものとは言え、「証拠による証明」が行われていると観念されている（検察官は裁判所に証拠書類を提出し、裁判官はその内容を点検して事実認定を行うことになっている）。

　刑訴規則は第1回公判期日前に当事者間の話し合いを通じて「争点を明らかにする」ことが必要であるとしている（刑訴規則178条の6第3項1号）。平成16年改正刑訴法は、裁判所が「充実した公判の審理を継続的、計画的かつ迅速に行うため必要があると認めるとき」（刑訴法316条の2第1項。裁判員裁判では必要的である。裁判員法49条）は、公判前整理手続を行うこととし、「事件の争点を整理すること」が必要であるとしている（同316条の5第3号）。

> **質問1-7**
> 　民事訴訟における「争点」は証拠による証明が必要な事項を意味する。したがって「争点整理」は証明が必要な事項を整理する意味がある。これに対して、刑事裁判では当事者が争わない事項についても証明の必要があるといわれる。だとすれば、事件の争点を整理することにどんな意味があるのか。

文　献

杉田宗久「合意書面を活用した『動かしがたい事実』の形成——裁判員制度の導入を見据えて」『小林充先生・佐藤文哉先生古稀祝賀刑事裁判論集（下）』（判例タイムズ社、2006年）661、677～691頁
　四　合意書面の活用

　　　　　　　　　　＊　＊　＊

2　刑訴327条の立法過程

＊＊＊

　まず、合意書面を定めた刑訴327条がどのような立法経過をたどって成立するに至ったのかを見ると、現行刑訴法の制定過程に関する資料・論文によれば、同条は、旧刑事訴訟法や日本側の改正案に由来する規定ではなく、アメリカから直輸入されたものであることが分かる。すなわち、同条は、現行刑訴法の長い制定過程の中でもその最終段階において、いわゆる日本側の刑事訴訟法改正第9次案（最終案、第2次政府案）がGHQに提出された後、GHQ側が同案について検討を加えた結果をまとめて提示したいわゆる「プロブレム・シート」の第5問及び第10問の第1次修正案と第2次修正案においてその骨組みが初めて登場し、その後日本側とGHQとの短期間の集中的な協議（conference）を経て、右GHQ側の提案がほぼそのまま現行法に採り入れられるに至ったのである。右「プロブレム・シート」の最終案である第2次修正案の該当箇所の原文と私の試訳は次のとおりである。

「F　Use of Stipulations

When agreed to by both the defendant (or his counsel) and the procurator, written stipulations as to the contents of any written document, or the substance of any testimony which would be rendered if the witness were to appear in court, may be used as evidence by the court. This stipulation will not prejudice the right of defendant, procurator or court to challenge the truthfulness of the facts contained in the stipulation.」

（F　スティピュレーションの使用

被告人（又は弁護人）と検察官の双方が合意したときは、文書の内容又は証人として法廷に出頭すればしたであろう供述の内容に関する合意書面（written stipulations）を裁判所は証拠として使用することができる。この合意は、被告人、検察官又は裁判官が合意に含まれる事実の真実性を争う権利を損なうものではない。）

　これを刑訴327条と対比してみれば明らかなとおり、同条は、前記「プロブレム・シート」中のアメリカ側の提案をほぼそのまま条文化したにすぎない。この段階で、アメリカの訴訟実務で用いられているスティピュレーション（Stipulation）がそのまま我が国に導入されるに至ったのである。

3　アメリカにおけるスティピュレーションの利用状況

　それでは、同条の母法国であるアメリカにおいてスティピュレーションはどの程度利用され、かつ、どのように運用されているのであろうか。連邦と州、また州でも法域によってその取扱いが異なる可能性があるが、筆者の知り得たアメリカでの一般的な利用状況は、以下のとおりである。

（1）スティピュレーションの意義・方式等

　スティピュレーションは、一般に「訴訟上の合意」のことを意味する。民事・刑事を問わず、訴訟手続又はトライアルに付随する事項について、両当事者の訴訟代理人によってなされる合意を指すようである。

スティピュレーションをなし得る時期には制約がなく、プリトライアルの段階でもトライアルの段階でも行われることがある。

また、スティピュレーションの方式についても特に制限がなく、トライアル段階で口頭で行うことも可能であるが、一般的には、書面（Written Stipulation）により行われることが多い。

（２）スティピュレーションの法的根拠・効力

刑事関係では、連邦刑訴規則23条（b）項で、12名未満の陪審員により評決がなされるべきことについて当事者が合意する場合の合意につき「Stipulate」「Stipulation」という言葉が用いられているが、それ以外には、連邦刑訴規則や連邦証拠規則、また調査可能な州の法律・規則には、スティピュレーションに関する規定がなく、後述の事実や証拠に関するスティピュレーションは、実務上の運用として認められてきたようである（そもそも司法取引で罪体や量刑（訴訟の結論）について当事者間で合意ができるのであるから、スティピュレーションで実体上又は手続上の合意ができるのも、いわば大は小を兼ねるという感覚で受け止められているようである。）。その上で、連邦裁判所の判例は、当事者間の事実・証拠に関する合意は当事者を拘束する手続上の効力がある（もっとも、裁判所はかかる合意を無視して事実を認定する裁量を有する。）としている。連邦裁判所は、裁判の公正性・妥当性を害さない範囲では当事者主義の原則に従って当事者間での事実や証拠についての合意を許容し、当該合意を行った当事者間での拘束力を認めるという発想に立っているものと思われる。

（３）スティピュレーションの諸類型とその利用状況

連邦や州によってスティピュレーションの利用状況は様々だが、刑事関係で比較的多用されているのは、①事実に関するスティピュレーション（Fact Stipulation, Stipulation of Fact）、②証拠・証言に関するスティピュレーション（Evidentiary Stipulation, Stipulation of Evidence, Testimony Stipulation）、③証拠能力に関するスティピュレーション、④陪審員選任手続における陪審義務の免除についてのスティピュレーションなどである。

このうち、特に多用されているは①と②のスティピュレーションである。

まず、①の事実に関するスティピュレーションは、証拠上明らかな事実であり、被告人が争う意思のないもの、例えば、犯行場所、犯行時刻等や、薬物事犯において薬物性の認識を争っている事案における当該粉末が違法な薬物であるという事実や争いのない客観的事実経過などについて用いられることが多い。次に示すのは、偽造小切手をめぐる経済事犯において、客観的な資金の流れについて事実に関するスティピュレーションを行い、これを一枚の用紙に図示した実例である［掲載省略］。

事実に関するスティピュレーションが行われたときは、それ自体が争いのない事実（Stipulated Fact）となり、他に立証を要しないことになる。

他方、②の証拠・証言に関するスティピュレーションは、特定の証拠や証人の供述の代わりに用いられるものである。①との違いは、例えば被告人の指紋が現場で発見されたことを証明しようとする場合、指紋を発見した捜査官の証言について合意すればTestimony Stipulationとなるが、指紋が現場にあったという事実自体を合意する場合にはFact Stipulationとなる。次に示す

のは、薬物事件において、資格のある鑑定人が適式に鑑定を行い、その鑑定書の内容が真実であるとする旨の証言内容についてスティピュレーションを行ったものである［掲載省略］。

（4）スティピュレーションの取調べ方法等

スティピュレーションが書面化されている場合には、それが陪審の前で朗読され、また、既に紹介した資金の流れ図のようにスティピュレーションの内容が図や一覧表にまとめられている場合にはモニタやスクリーンに映写されるのが一般であり、州によっては、しばしばその書面が陪審員にも交付されるようである。

4　刑訴327条の規定する合意書面の可能性

以上見たような刑訴法327条の立法経過やその母法国たるアメリカにおけるスティピュレーションの利用の現状を踏まえて、同条の規定する合意書面の在り方や可能性について若干検討したい。

まず、同条は、明確に書面によるスティピュレーションのみを許容していることから、アメリカの実務におけるような口頭によるスティピュレーションが認められないことは明らかである（それゆえ、同条のスティピュレーションは、これまで「合意書」「協議書」又は「合意書面」と称されてきた。）。

次に、同条の下ではどのような類型のスティピュレーションが許容されるのか。少なくとも、同条が手続関係に関するそれを認めていないことは、その文言上明らかである。問題は、実体形成に直接寄与するスティピュレーションとして、どのような類型のものが許容されるのかである。アメリカの実務では、事実に関するスティピュレーション（Fact Stipulation, Stipulation of Fact）と証拠・証言に関するスティピュレーション（Evidentiary Stipulation, Stipulation of Evidence, Testimony Stipulation）の二類型が存在することは既述のとおりであるので、ここでも、各類型ごとにその許容性を検討しよう。

（1）証拠・証言に関する合意書面の許容性

同条が、個々の文書又は証言内容についての合意書面を作成することを許容していることは、その文言上も明白である。同条がもともと想定していた合意書面がこの類型であることは、前述の「プロブレム・シート」をめぐるGHQ側の回答からも窺い知ることができる。

我が国において、これまで数少ないながらも作成されてきた合意書面の大半はこの類型である。例えば、①離島で裁判所外の証人尋問を実施するに当たり、裁判官が事故により出席できなかったため、検察官と弁護人が書記官の面前でその証人の取調べを行って調書を作成し、これを証拠とすることに当事者双方が合意したという事例、②選挙に際し、被告人が同一機会に多数の有権者に対して飲食供与したという公職選挙法違反事件において、饗応の事実自体は争いがなく、その趣旨のみが争われている場合に、各受饗応者ごとに、選挙権があること、会合に出席したこと、饗応の内容、会合の順序・模様につき記載した合意書面が作成された事例、③計算関係の複雑な詐欺事件について、関係者の供述調書が全部不同意になったため300名余りの証人尋問をすることになったが、不同意の理由は複雑な取引の計算関係そのものではなく、これと不可分になっている取引前後における会話の内容にあったことから、訴訟関係人との打合せの上、検察官に不同

意となった供述調書中から取引関係の部分を抜粋させた上、これを合意書面として取調べ、以後の証人尋問はこれを前提に行ったという事例、④株式売買等をめぐる複雑困難な詐欺事件において、被告人らの所属する会社の従業員であった者の供述内容、具体的にはその者の地位、同社の特殊な営業形態とこれに対するその者の認識、その者が各被害者に対して行った起訴状記載の発言文言等につき合意書面が作成された事例、などがある。

　以上見た例からも明らかなとおり、この類型は、これまで、どちらかというと無用の証人尋問を回避したり、予想される証言のうち争いのない部分をピックアップして尋問自体を省力化しようというような効率性を主眼として利用されてきたように思われる。裁判員の負担軽減と争点中心の集中的審理の必要性に鑑みても、この点は、今後ともこれまで以上に重視されるべきであることは言うまでもない。ただ、それだけではなく、これからは、裁判員の理解を促進する意味から、原証拠のうち本当に必要な部分をより分かりやすく説明した証拠を作るという観点からも、この類型の合意書面を活用の余地を検討していく必要があるように思われる。技術的・専門的色彩の強い客観的証拠によって客観的事実を形成する場合には、特に強くその点を指摘できるであろう。

＊　＊　＊

（２）事実に関する合意書面の許容性

　合意書面を利用して、民事訴訟におけるように、証拠とは関係なく事実そのものについて合意し、当該合意事項について証明の対象から除外するということについては、これまで否定的な見解が多数を占めてきた。確かに、刑訴327条の文理からしてもそのような解釈を採り得ないことは明らかである。その意味から、アメリカにおける事実に関するスティピュレーションと同様の効力を日本の合意書面に認めることは困難であろう。

　ただそれ以上に、(a) その内容が当事者双方の共有する（証拠開示しあった）証拠に基礎を置くものであること、そして、(b) 当該合意書面についても証明力を争う余地があることの2点の留保の下に、当事者双方が、アメリカにおける Fact Stipulation 同様、端的に事実について合意した合意書面を作成する余地まで前記多数説が否定しているのかについては、必ずしも判然としない。

　私は、これを肯定してもよいと考える。その理由は以下のとおりである。（1）まず第一に、刑訴327条の母法国であるアメリカでは、このような形態の合意書面が頻繁に作成・利用されていることは前述のとおりであるが、このように利用度の高い類型を——その効力面は別として——同条が殊更に除外したような立法経過は存在しないように思われる。（2）しかも、1通の合意書面に、複数の文書、数名の予想される供述内容を記載することができることは多数説も認めるところであって、この複数証拠の記載は、必ずしも各証拠ごとでなくともよく、時系列順又は項目別に整理して記載することも——その依拠した証拠を個々的に明記する限り——可能であると解されるが、そうであるとすれば、これは事実に関する合意書面の記載とほとんど変わりがなく（個々的に根拠となる証拠を記載するかどうかの違いだけである。）、事実に関する合意書面が先述の（a）の留保を満たしている限り、個々の証拠の注記がそれほど決定的に重要であると

は思われない。(3) そして何より、分かりやすさという観点からすると、個々の証拠ごとに別々にまとめられた多数の合意書面を並べて（あるいは、1通の合意書面の中の各証拠ごとの記載を見比べて）頭の中でこれを整理・統合し理解するより、最初から、「動かし難い事実」、殊に一致事実［多数の証拠が一致して示す事実］や争いのない事実が時系列順に又は項目別に系統的に整理されて記載された合意書面の方［が］はるかに理解しやすいのは当然である。(4) それだけでなく、一致事実に関しては複数の証拠の中から生じてくるものであるだけに、これを証拠ごとに記載したのでは重複が多くなるばかりで、かえってわかりにくいであろう。(5) そして、以上述べたような見地から、事実に関する合意書面を認めたとしても、前記(a)(b)のような留保が付されている限り、特段の弊害は想定されないし、アメリカにおいても、調査の限りでは、事実に関するスティピュレーションにより特に弊害が生じたというような報告もないようである。(6) さらに、現在の実務でも、多数の捜査関係書類や供述調書の内容を取りまとめた上、その捜査官の見解を述べた総括捜査報告書や、租税刑事事件において、商業帳簿等の原始証拠に基づいて勘定科目ごとにその金額、根拠等の判断を記載し、各勘定科目の算定根拠や内訳を明らかにした国税査察官調査書を同意書証として取調べることがあるが、この種の証拠が同意書証としては許容されるが、合意書面としては許容されないという理由はないように思われる。

そして、右で述べたような類型は、「事実に関する合意書面」とは言っても、前記2つの留保を付する限り、所詮は証拠・証言に関する合意書面の延長線上あるいは亜型にすぎないのであるが（その意味から、この類型は「証拠総合型の合意書面」と言い換えることもできよう。）、それでもなおこの類型を認めることに抵抗があるというのであれば、前述したように、個々の証拠上の根拠を逐一付記した形で時系列又は項目別の合意書面を作成すればよいのである。

これまでの実務でも、少数ながら、この類型（根拠となる証拠を逐一付記した場合を含む。）の合意書面は作成されてきたようである。私の知り得たものとしては、例えば、①多数の被害者を出した列車事故の事件で、個別的な被害状況、受傷の部位程度、被害弁償の内容などを合意書面にまとめた事例、②自白の任意性、信用性の判断のため、取調官の証人尋問や被告人質問の際、その補助資料とするため、取調べの日時、調書作成の有無等を記載した取調経過一覧表を合意書面として使用した事例、③租税刑事事件において、膨大な量の査察官調査書や原始証拠の取調べに代えて、勘定科目別のほ脱所得金額に関する内訳明細をまとめた合意書面が作成された事例、④事案複雑な詐欺事件において、被告人の身上・経歴等、被告人の経営会社の概要等、本件で問題となっている同社の特定の事業内容とその交渉経過、取引の詳細のうち争いのない部分、共犯者とされる多数の者の経歴等、被害会社からの受領金の使途、被告人の捜査段階での供述要旨につき合意書面が作成された（なお、同書面には作成根拠となった個々の証拠の注記がない代わりに、対応する検察官作成の冒頭陳述要旨の該当部分の番号が個別に付記されている。）事例、⑤暴力団組長を被告人とする銃砲刀剣類所持等取締法違反事件において、(a) 当該暴力団組織の概要、人的構成に関する合意書面、(b) 特定の対立暴力団相互間におけるけん銃発砲等による襲撃事件に関する合意書面がそれぞれ作成された事例などがある。

> **質問1-8**
>
> 　ある事実について被告人が争っていないという事実（公判における態度）を1つの資料としてその事実を認定することは許されるか。

4 立法事実

判 例

東京地決日付不詳（同判昭59・8・29の判決前決定）判タ534-106（東京指紋押捺拒否事件）

　証人田中常雄〔法務省入国管理局長〕、同亀井靖嘉〔同局前登録課長〕の取調請求却下決定に対する異議申立てにつき

　〔主文〕

　本件各異議申立をいずれも棄却する。

　理由は左記のとおり。

　〔記〕

　一　弁護人の本件各異議申立の趣旨は、裁判所が証人田中常雄及び亀井靖嘉の各尋問を求める弁護人の証拠調請求をいずれも却下したのは、被告人の防禦権の侵害であり違法であるから、右各却下決定を取消し、右両名を証人として採用し尋問する旨決定されたいというのである。

　二　そこで、検討するのに、右両名の証人尋問を求める弁護人からの請求は、本件公訴事実に罰条として適用されるべき外国人登録法の規定が憲法に適合するかどうかについての判断の基礎となる法社会学的事実（いわゆる立法事実）に関し供述を求めるためのものであると窺われるところ、適用法条である外国人登録法の規定が憲法に適合するかどうかは法の正当な適用を職責とする裁判所が自らの責任において判断すべき事項であり、その資料もまた、裁判所が必要とする範囲で独自に収集、調査すべきものであるから、その資料の収集は本来事実認定のための手続である証人尋問手続によって行なうべきものではない。ただ、本件においても、これまで右のいわゆる立法事実に関し意見を述べる者2名を証人として尋問しているが、これはその意見を聴くについて証人尋問という手続を借りたにすぎず、鑑定人尋問の方法によることは別として、これらの者の論文、意見書等が存すれば、弁護人らにおいてこれを参考資料として提出するだけでも十分ということができる。

　してみると、田中及び亀井の両名については証人尋問手続によることに対し検察官に強い異議がある以上、右のような性格を異にする証人尋問手続を借りてこれらの者に供述させるということは、弁護人の掲げる尋問事項に照らしても、不適当というほかなく、かつ、法務省入国管理局長作成の「外国人登録法上の指紋押なつ制度について」と題する書面により弁護人らが右両名の者を証人として尋問することを通じて明らかにしたいと求めた事項についても一応の資料が法廷に顕出されていることにも照らし、結局、右両証人の証拠調請求は必要性がないことに帰する。したがって、弁護人の証拠調請求を却下した各決定になんら違法な点はない。

　三　よって、本件各異議申立は理由がないから、刑事訴訟法309条3項、刑事訴訟規則205条の5により、主文のとおり決定する。

　（裁判長裁判官　松本時夫、裁判官　角田進、裁判官　鎌田豊彦）

判　例

福岡高判昭60・2・5判タ554-301（戸別訪問事件）

［公職選挙法違反事件。戸別訪問禁止の合憲性が争点。証拠によらずに立法事実を認定したことを控訴趣意の1つとして掲げた。］

そこで所論にかんがみ検討するに、先ず、記録及び原裁判所において取調べられた証拠に基づかないで憲法適合性を判断している訴訟手続面の誤りを言う点については、国会の定める選挙制度に関する規制立法の合憲性の判断にあたつては、いわゆる立法事実が考慮されて判断が合理的な基礎の上に立つものであることが必要であるが、右立法事実は立法府が立法の資料として収集、認定する事実と同質のものであり、証拠により認定されるべき過去に1回限り起つた特定の事実である司法事実と異なり、法律問題としてその判断の過程で司法認知しうるものであるうえ、公職選挙法における戸別訪問の禁止及び文書頒布の制限についてのいわゆる立法事実に関しては既に累次の判断や諸文献等があり、これらによりいわゆる立法事実は充分認知しうるから原判決に憲法判断の訴訟手続面において所論のような誤りと不当性があるとはいえない。

＊　＊　＊

（裁判長裁判官　吉田治正、裁判官　井野三郎、裁判官　坂井宰）

II 「厳格な証明」と「自由な証明」

1　訴訟法上の事実

判　例

最 1 小決昭58・12・19刑集37-10-1753（水海道誘拐事件）

　弁護人梓沢和幸の上告趣意のうち、第二の三は憲法38条2項違反をいうが、記録によれば、所論の指摘する被告人の司法警察員に対する供述調書は、任意性のある供述を録取したものと認められるから、所論は前提を欠き、第二の五は判例違反をいうが、所論引用の判例は事案を異にして本件に適切でなく、その余は、憲法31条、37条1項、2項違反をいう点を含め、実質は、単なる法令違反、事実誤認の主張であって、いずれも刑訴法405条の上告理由にあたらない。

　なお、原審が刑訴法323条3号に該当する書面として取り調べた水海道電報電話局長作成にかかる取手警察署長宛昭和57年5月11日付回答書は、弁護人申請にかかる送付嘱託の対象物（守谷局0393番の加入電話へ架電された電話についての逆探知資料）は存在しないという事実を立証趣旨とするものであって、原審が右逆探知資料の送付嘱託を行うことの当否又は右逆探知に関する証人申請の採否等を判断するための資料にすぎないところ、右のような訴訟法的事実については、いわゆる自由な証明で足りるから、右回答書が刑訴法323条3号の書面に該当すると否とにかかわらず、これを取り調べた原審の措置に違法はないというべきである。また記録を調べても、第一審判決の事実認定を肯認した原判決に誤りがあるとは認められない。

　よって、同法414条、386条1項3号、刑法21条により、裁判官全員一致の意見で、主文のとおり決定する。

　（裁判長裁判官　角田禮次郎、裁判官　藤崎萬里、裁判官　中村治朗、裁判官　谷口正孝、裁判官　和田誠一）

弁護人梓沢和幸の上告趣意

＊＊＊

第二、上告理由

＊＊＊

四、原判決は憲法37条2項に違反する。——捜査関係事項照会書に対する回答書採用の違憲性

＊＊＊

（二）原審が法323条3号の書面とした捜査関係事項照会回答書の特信状況の欠除について

1　原審が法323条3号の書面であるとした日本電信電話公社水海道電信電話局長中村千之作成の書面は、東京高等裁判所昭和56年（う）第829号の身代金目的拐取、監禁、拐取者身代金要求事件に関し、茨城県取手警察署長の捜査関係事項照会書への回答書である。

右文書による照会事項と回答事項は次のとおりである。

照会事項

昭和54年2月27日午前11時16分頃茨城県北相馬郡守谷町大字守谷甲619番地菅谷朝一宅加入電話守谷8－0393へ架電された電話につき逆探知したか否かについての資料中、逆探知をしたことを証明する障害記録テープが貴局に保管されていますか

回答事項

前記の加入電話への逆探知に関する資料はありません。

ところで、右の回答に至る経過をみると、回答書面の内容の真正を担保する客観的条件がないことがわかる。

2　この事件は身代金目的による拐取、拐取者身代金要求事件である。被拐取者が生還していないうちに犯人が電話で身代金要求をしたのだから逆探知が行なわれたであろうことはまず常識といえる。この事件は昭和54年2月26日に発生した事件で比較的最近の事件であり、逆探知が行なわれたとの新聞報道もあった。

3　逆探知結果が正確に法廷に顕出されることは被告人が無実であることの証明につながる。

逆探知の結果についての報道

2月28日付常陽新聞は逆探知の結果犯人からの電話は水海道局からかかつたと報道した。3月1日付朝日新聞夕刊には2月27日午前11時16分ころ犯人からかかった電話について逆探知を行なった結果「隣接の水海道局管内からのものであることを確認した」との報道がある。

被告人は水海道局番の電話からは絶対に電話できない場所にいたことは原判決も認めており証拠上も不動の事実である。

従って逆探知の有無、結果は被告人にとって重要な要証事実であった。そこで弁護側は逆探知の結果を記載した捜査記録の開示を求め、その前提として検察官にその存否について釈明を求めたのである（控訴審第2回公判調書2丁）。

これに対して検察官ははじめ、控訴審第1回公判期日に陳述した答弁書第7項1で2月27日11時16分の電話を「逆探知した事跡なく」と述べていたが、のちにこれを第2回公判期日において撤回し、2月27日11時16分の電話の「逆探知をした」と正式に認めた（同公判期日調書5丁）。

4　裁判官を愚弄する電話局長の回答

　右のやりとりの後、控訴審は職権で水海道電報電話局長に対して、昭和57年3月8日付で㋐逆探知をしたことの有無㋑もししたのであればその方法、どこからかかったか判明したか否か、記録・報告書の有無の諸点についての照会をした。それに対する回答は同年3月18日付でなされてきたがそれによれば、㋐については着信側当事者の同意が、㋑については通信をした両当事者の同意が必要との理由により答えかねる、というものであった。

　しかし、右の回答のうち特に㋑の点に関しては裁判所を愚弄するものである。すなわち誘拐事件の逆探知については犯人の同意が得られるはずがないのであって、右の論理によれば逆探知結果について捜査機関にそれを通知して犯人を割り出すという通常行なわれる捜査（これについては裁判官の令状の制度すらない）さえ不可能となるはずである。ところが逆探知をしたこと自体、すでに検察官が認めており、同電話局長が捜査機関にはその結果を通知していたことは確実である。捜査機関には逆探知結果を通知しながら裁判官からの照会に対しては、犯人の同意も必要だなどという論理を用いて答えない同電話局長の態度は、著しく裁判官を愚弄するものであり、背後に逆探知結果が証拠として採用されることを不利益と感じる捜査機関からの示唆があったのではないかとの疑いを拭いきれないのである。

5　電話局次長は電話局内部の報告書、稟議書が存在し裁判官の嘱託があれば答えると語っていた

　申立人らは昭和57年2月19日に水海道電話局を訪問し同局の寒河江次長に面接した結果、逆探知のシステムについて説明を受けた際、逆探知をしたのであれば電話局内部に局長あての逆探知結果についての報告書、外部に回答して良いかの稟議書があるはずだ、昭和54年頃のものなら保存されているはずだと答え、裁判所の嘱託があれば逆探知した電話加入者すなわち菅谷朝一の承諾がなくても答えると語った。

　それにも拘らず、同電話局長は4で述べたように裁判官の照会に対して奇妙な論理を用いて答えなかった。しかも今回の同電話局長の回答書中には、「前記の加入電話への逆探知に関する資料はありません」とあるが、これも局内部の報告書、稟議書の存在を肯定していた次長発言と矛盾している。

　もっとも、右の回答中「前記の」がどこにかかる言葉なのか明らかでない。「前記の」が「資料はありません」にかかるというのであれば、資料とは照会事項中の「障害記録テープ」をさしていることになり、障害記録テープはないが他の資料ならあるの意ともとれるのである。もしそうであるならば、本文書は「逆探知資料はない」との立証趣旨を何ら証明していない文書となり、特信状況を論ずる以前に採用されてはならないものである。次に「前記の」が「加入電話」かまたは「逆探知」にかかるというのであれば、資料は全くないという意味となり前記次長発言と矛盾してくることとなり、本回答書の作成過程の信用性は大きく動揺する。いずれにしても、照会事項の不明確さとあいまって、いかようにも受け取れる内容の文書、それ自体としてはほとんど何ものをも証明していないことになるのであり、これを法323条3号の特信文書ということはとうていできないことはいうまでもない。少なくとも文書作成者に対して回答文書の意味、回答の

経過、従前の回答との自己矛盾、裁判所に回答を拒否したのになぜ捜査機関に答えたのかなど、被告人が反対尋問をする権利が保障されなければならない。

また、右の諸点について裁判所が採用にあたって吟味をしなければならない。

6　控訴審の検察官が地元警察署長を通じてとりよせた文書

本文書は、控訴審の審理の最終段階で前記4に述べた裁判官を愚弄する内容の電話局長の回答があった後に控訴審検察官からその必要を認めて地元警察署長を通じて取り寄せられた文書だという点で、いかにも急造文書であり、その作成状況に重要な疑問を抱かざるを得ない。すなわち、本文書は昭和57年5月6日付の茨城県取手警察署長の照会に対して、昭和57年5月11日付で水海道電話局長が回答したものである。本年5月11日といえば、〔控訴審の〕最終弁論の期日として指定されていた5月13日のわずか2日前であり、しかも本文書が証拠申請されたのは、最終弁論期日の当日であった。かように本件文書は控訴審むけに検察官により取り寄せられた文書であることは明らかである。

従来検察官は、電話局長に対する裁判所の照会にあたっても「その必要なし」との意見を述べ、電話局長の裁判所を愚弄する回答に接して、弁護人が再度の照会の必要を主張したことに対しても「不必要」との意見を述べていた。しかしその一方で自ら取手警察署長を介して電話局長の回答をとりよせていたのである。

裁判所による照会は「不必要」であり、自分が警察署長を介してする文書取り寄せは「必要」であるとの事情がそこには介在していたと判断せざるを得ない。

また前述したように本件文書は照会事項のあいまいさに伴って回答事項の意味が多義的に受け取れる内容となっており、かかる詐欺的な照会事項を作成する必要が捜査機関側に存在すると断じざるを得ない。以上の事情からすれば、本件文書の作成過程につき特信状況は全く存在しない。

7　この文書を証拠として申請した検察官の意図は、逆探知結果に関する資料はないと電話局長に言わしめることで、被告人と犯人との同一性を否定するきわめて有力な証拠を（逆探知結果）公判廷に顕出させまいとすることにあることは明らかである。

しかしながら、前記のように右電話局長の回答は、その作成経過において特信性につき重大な疑問があるばかりか、積極的に虚偽であるとの疑念がもたれるものである。

かかる性質の文書の特信性を安易に認めることで、被告人の無実を証明できる道を断ち切ってしまうことこそ、憲法37条2項、法320条の厳に禁ずるところなのである。

以上により、原判決は憲法37条2項前段に違反するものとして破棄されるべきである。

判　例

最2小判昭28・10・9刑集7-10-1904（「適当な調査」事件）

弁護人岡照太の上告趣意〔につ〕いて。

記録によれば、第一審第3回公判期日において検察官が、被告人に対する検察官の第2回供述調書の取調べを請求したのに対し、被告人及び弁護人は、右は、検事の威嚇にもとづく供述調書

で証拠能力がないと思考［ママ］するからこれを証拠とすることに異議があると述べたこと、裁判官は右異議にかかわらずこれにつき証拠調べを施行したこと、第一審判決は右供述調書を有罪事実認定の証拠としたことは明らかであるが、右調書の任意性について、第一審裁判所が特段の証拠調をした形跡のないことも所論のとおりである。

　所論はかくのごとき場合、右供述の任意性について検事の立証を待たずして、その供述調書を証拠とすることは憲法38条、刑訴319条に違反するというのであるが、右のごとき供述調書の任意性を被告人が争ったからといって、必ず検察官をして、その供述の任意性について立証せしめなければならないものでなく、裁判所が適当の方法によって、調査の結果その任意性について心証を得た以上これを証拠とすることは妨げないのであり、これが調査の方法についても格別の制限はなく、また、その調査の事実を必ず調書に記載しなければならないものではない。かつ、当該供述調書における供述者の署名、捺印のみならずその記載内容すなわちその供述調書にあらわれた供述の内容それ自体もまたこれが調査の一資料たるを失わないものと云わなければならない。

　原判決の説示するところも、要するに同供述調書の内容を検討しても何ら任意性を疑わしめるかどもなく、その他本件記録並に第一審において取調べた証拠に現われた事実関係からみても、右供述の任意性に疑念を挟むような点のないことを指摘し、第一審は右任意性について、適当な調査の結果、右供述調書に証拠能力ありとしてこれを証拠に採ったのであって、特に検察官をして此点について立証せしめなかったからといって所論のような違法ありとすることはできないとの判断を示したものであって、右の判断を以て所論のように違法であるとすることのできないことは勿論である。（昭和22年（れ）第253号昭和23年7月14日大法廷判決参照）

　また記録を精査しても刑訴411条を適用すべきものとは認められない。

　よって同408条により主文のとおり判決する。

　この判決は、裁判官全員一致の意見である。

　（裁判長裁判官　霜山精一、裁判官　栗山茂、裁判官　小谷勝重、裁判官　藤田八郎、裁判官　谷村唯一郎）

弁護人岡照太の上告趣意
　一、原判決は憲法に違反し又法令の解釈を誤った違法がある。被告人の自白の供述調書は任意にされたものでない時は証拠とする事のできないことは、憲法第38条、刑事訴訟法第319条によって明らかである。従って右疑のある［自白］供述調書は裁判上採用される資格、即ち証拠能力がなく、仮に自白が真実に一致した処があるにしても、斯様な資格のない証拠は罪証の資料に出来ないことは勿論、公判廷に証拠として提出し記録に編綴する事は裁判官に予断を抱かしむる惧があるから違法である。
　二、本件第一審裁判所は第3回公判に於て、検事が取調の請求をした被告人安田若翰に対する検事第2回供述調書は被告人が検事より脅迫されて述べたもので任意性がないから、其の取調に異議の申立をしたが裁判所は検事より任意に供述したものであるとの立証を俟たずして之を受理した。加之、第一審は此の違法の手続によりて受理した此の自白供述調書を有罪の資料にしたの

である。

　三、依って原審に於ける控訴趣意書第二点（１）に於て其の違法を難詰したのであるが、原審裁判所は本件記録並びに原審に於て取調べた証拠に表わされている事実に徴する時は任意でないことは認め難く、却って右供述調書の内容を検討すれば逐一当時の事情を供述しており、少しも強要によりなされた供述とは認められないとして、原審控訴趣意書による主張を排斥せられたものである。

　四、（１）原審は第一審裁判所が任意性に付き争いあり、且其の証拠調請求に異議を申立てた被告人の自白の供述調書を、検事の立証を俟たずして受理した違法を認容したのは、憲法38条、刑訴319条に違反している。

　（２）原審が検事の立証がないのに自ら右供述調書の任意性を肯定するに、漠然と本件記録並びに原審に於て取調べた証拠に表われている事実によれば任意性を認め得るが如き判示をして居るが、憲法は人権擁護の原則の確定を叫んで居る今日、斯様な曖昧な説示方法で之を排斥し得るものでなく、刑訴第335条により其の任意性を認むる証拠標目を指示せねばならぬものである。加之、原審のいう本件記録及び原審に於て取調べた証拠の中には何等任意性に関する証拠は片鱗も表われて居らぬものである。然るに斯かる曖昧で糊塗する如き説示方法を採らゝことは無責任であり、証拠の資格がない証拠を採用している違法は免れぬものである。

　（３）尚原審判決は、右供述調書の内容を検討すれば逐一詳細に当時の事情を供述して居り、少しも強要によりなされた供述とは認められないと判示して居る。これ全く重要な事項に付き法令の解釈を誤って居るものである。右は採用せられた証拠の価値の問題で、任意性があるか否かとは別で、仮令真実に合致するとしても任意に供述したものでなければ証拠能力なく、之を証拠に採ることは出来ないものである。

　右の次第で原審が被告人に対する検事の第２回供述調書の内容に記載せられた事実より判断して任意性を認めたことは、違法を重ねるものである。

質問1-9
　この事件の第一審は自白の任意性についてどのような「適当な調査」を行ったのか。

質問1-10
　自白の内容が真実であることや詳細であることは、それが任意になされたことを推認させるか。

2　情状に関する事実

判　例

最2小判昭24・2・22刑集3-2-221（豊作なのに闇米事件）

弁護人鍛冶利一の上告趣意第一点について。

　刑の執行を猶予すべき情状の有無に関する理由は判決にその判断を示すことを要する事項ではなく、またその証拠理由を示す必要もないところであるが、刑の執行を猶予すべき情状の有無と雖も、必ず適法なる証拠にもとずいて、判断しなければならぬことは所論のとおりである。ただこの情状に属する事項の判断については、犯罪を構成する事実に関する判断と異り、必ずしも刑事訴訟法に定められた一定の法式［ママ］に従い証拠調を経た証拠にのみよる必要はない。たとえば公判において旧刑事訴訟法第340条[4]の手続を履践しない上申書の類のごときものでも、これを採って、或は被告人の素行性格等を認め、或は被害弁償の事実を認定して、これを、刑の執行を猶予すべき情状ありや否やの判断に資することは毫も差しつかえないところである。原判決がこの点に関し「執行猶予を言渡さない理由に関する説明が、刑事訴訟法上適法な証拠を伴わない判断を包含しているとしても、これを以て、その判決を破毀すべき理由にはならない。」と説示したのは、その措辞において、明確を欠く憾みはないとはいえないけれども、その趣意とするところは前段説明するところと同旨であって、その「刑事訴訟法上、適法な証拠云々」というのは、同法に制定せられた特段な証拠調を経ない証拠でも採ることができるという意味に解するのが適当である。従って、所論のごとく、原判決は証拠によらないで事実を認定することを是認した違法ありとの主張はあたらない。翻って、第二審判決が被告人に対して刑の執行を猶予しないことを相当とする情状として判示したところについてみるに、判決にその情状を認定した証拠上の説明を缺くのであるから第二審裁判所がいかなる証拠にもとずいてどの事実を認めたものであるかこれを詳にし得ないけれども、右情状に関する事実は一件記録上これを認定し得られないものではなく、また経験則に反して事実を認定した証跡もない。所論第二審判決が「当時、食糧事情は豊作によって、漸次好転しつつあって云々」と判示した点についても、同裁判所は、被告人所在の地方事情についてその公知の事実にもとずいて、右のごとき判断をしたものと解するのが相当であって、これをもって、証拠なくして判断をしたものということはできない。要するに論旨は原判決の趣旨を正解しないでこれを論難するに帰着するのであって、その所論のごとき憲法違反の点につき判断するまでもなく、これを再上告適法の理由とすることはできない。

*　*　*

　以上本件上告は理由がないから刑訴施行法第2条旧刑訴法第446条に従い主文のとおり判決する。

　右は全裁判官一致の意見である。

（裁判長裁判官　霜山精一、裁判官　栗山茂、裁判官　小谷勝重、裁判官　藤田八郎）

注4）　編者注：証拠書類の朗読についての規定である。

弁護人鍛冶利一の上告趣意

　第一点　原判決は弁護人林昌司の上告論旨並に弁護人佐藤達夫、同鍛冶利一の上告論旨第四点、第五点に対し「しかし刑の執行を猶予すべき情状の有無に関する理由は判決にその判断を示すことを要する事項ではなくこれを判示した場合にもその証拠理由を示す必要はないものであるから、執行猶予を言渡さない理由に関する説明が、刑事訴訟法上適法な証拠を伴わない判断を包含しているとしても、これを以てその判決を破毀すべき理由にはならない。そして、このことは執行猶予の言渡が判決主文に記載せられる事項になっているということによって論結に差異を来すものではない。」としてこれを排斥したがこれは憲法が刑事手続における基本的人権保障の為め堅持する証拠裁判の原則を否定するものである。

　（１）凡そ裁判は証拠に基づいて事実を確定し之に対して法律の適用が為されなければならない。証拠によらず事実を確定するのであればそれは裁判官の擅断であって裁判ではない。刑事訴訟法第336条[5]が事実の認定は証拠に依るべき旨を規定したのも此当然の原則を闡明したものである。而して事実の認定は証拠によらねばならないということとこれを裁判書に明示すべきであるか否かとは別箇の問題である。有罪の裁判をするには「罪となるべき事実及証拠により之を認めたる理由を説明」すべきものとし（刑訴360条第１項）[6]たのはそれが被告人を犯罪者であると裁断し刑罰を科するものであって人権に重大な関係があるので最少限度の要件として罪となるべき事実及び証拠により之を認めた理由を明示すべきものとしたのである。故に裁判書には右以外の事項でも其事件に応して［ママ］明示するのを相当とするものを記載し被告人及び一般国民をして其裁判に納得せしめる努力が為さるべきであり其判断を示したからには其れは正しいものでなければならない。即ち判示事実の認定は証拠によるべきであり其事実を認定することが証拠との対照上経験の法則と論理の法則に従ひ合理的であることを要し判決書に明示することを要しないからと云って証拠資料に反したり証拠によらず事実を認定することは許されないのである。憲法第37条第２項が「刑事被告人はすべての証人に対して審問する機会を充分に与へられ、又、公費で自己のために強制的手続により証人を求める権利を有する」旨又第38条に於て「強制、拷問若しくは脅迫による自白又は不当に長く抑留若しくは拘禁された後の自白はこれを証拠とすることができない」こと「何人も、自己に不利益な唯一の証拠が本人の自白である場合には、有罪とされ、又は刑罰を科せられない」旨を規定したのも刑事事件が公平な裁判の公開法廷に於て審理を進められ総ての事実は公開法廷に於て取調べた証拠に基づいて認定せらるることを前提としたものに外ならない。従て証拠に基づかず或は証拠に反して事実を認定することは是等憲法の条項に違反するものと云はねばならない。刑の執行を猶予すべき情状の有無に関する理由は判決にその判断を示すことを要する事項ではなくその証拠理由を示す必要のないこと原審の云う通りであるがそれは単に判決書にその理由を明示する必要がないと云ふに止まり其の理由たる事実は証拠によって認定しなければならないし必要と認めたときはこれを理由に明示すべきである。本件に於ても第２審は執行を猶予すべき情状の有無に付判断を示すのを相当と認め佐藤昇に付ては執行を猶予するを相当とする理由を又上告人に付ては執行猶予を言渡さない理由を判示したのであって然るに上告人に執行猶予を言渡さない理由として判示した事実は証拠に反し或は証拠によら

注５）　編者注：旧刑訴法336条「事実ノ認定ハ証拠ニ依ル」。
注６）　編者注：現行刑訴法は「証拠により之を認めたる理由」の「説明」を要求していない（335条１項）。

ない認定である（其詳細は前記上告論旨の通りである）ところ原審は「執行猶予を言渡さない理由に関する説明が刑事訴訟法上適法な証拠を伴わない判断を包含しているとしてもこれを以て原判決を破毀すべき理由にはならない」とした。しかし執行猶予を言渡さない理由たる事実と雖も裁判官は証拠に基づいて之を認定しなければならないのであるから此点に関する判示が証拠によらず或は之に反するときは証拠裁判の原則に反するものとして是正せらるべきは当然である。原審は判決に理由を示さないでもよろしいと云ふことと其判断は仮令明示されない場合でも証拠に基く適正な判断であることを要し従て其理由を明示した以上其判断が証拠裁判の原則に反して居れば是正せらるべきであり其為めにこそ上告制度が存するのであることを忘れたものと云はねばならない。判決中に判断を示さなくてもよいのであるから其判断を示した場合それが証拠を伴はないものであっても違法ではないとした原判決は証拠裁判の原則に反するものであり憲法第37条第2項同第38条第2、3項に違反する。

（2）又憲法第31条は何人も法律の定める手続によらなければ刑罰を科せられないことを保障して居り吾人は法律の適正な手続に従ひ審判せらるべきであって刑事事件の裁判は証拠に基づいて事実を認定し此事実に対し刑の量定が為さるべきもので証拠裁判たることを基本原則とするのであるから執行猶予を言渡さない理由を判示しそれが証拠を伴はない判断であっても差支ないと云ふのは証拠裁判の原則を否定するものであって適正な法の手続による裁判を奪ふものに外ならず原判決は憲法第31条に違反する。

判　例

最2小決昭27・12・27刑集6-12-1481（前科調書あと出し事件）

　弁護人久埜茂の上告趣意は、原判決に憲法違反ありと云うがその実質は刑訴手続の違法を主張するに過ぎず（所論の資料は単なる量刑判断に用いたものであって罪となるべき事実認定の証拠ではないから厳格な証拠調手続を履践することを要しない）、刑訴405条の上告理由に当らない。また記録を調べても同411条を適用すべきものとは認められない。

　よって同414条、386条1項3号、181条〔、〕刑法21条により裁判官全員一致の意見で主文のとおり決定する。

　（裁判長裁判官　霜山精一、裁判官　栗山茂、裁判官　小谷勝重、裁判官　藤田八郎、裁判官　谷村唯一郎）

弁護人久埜茂の上告趣意
　一、原判決は被告人が昭和24年5月23日名古屋地方裁判所岡崎支部に於て窃盗罪により懲役10月執行猶予4年の言渡を受けたることを其の判決理由に採証し本件被告に執行猶予の言渡を為すは相当ならずと云うも右前科事実は名古屋高等裁判所に於て本件公判結審後に於て名古屋高等検察庁より送付にかかる指紋に基く前科調書により認定したるものにして公判に於て適法なる証拠決定手続を経たるものに非ず依って刑事訴訟法第404条により控訴審に準用せらるる刑事訴訟法

第317条、同第299条及び同第308条に違反し従って憲法第31条違反である。

　二、刑事訴訟法第293条、刑事訴訟規則第211条及び刑事訴訟法第308条は控訴審にも準用せられ控訴審に於ても被告人又は弁護人には公判手続の最終に陳述する機会を与うべく又裁判所は被告人又は弁護人に対し証拠の証明力を争うために必要とする適当な機会を与えなければならないのに不拘原審に於て刑の量定並に執行猶予の許否に重大関係ある前記前科事実を採証しながら（而も前記判決は本件被告人と本籍地並に氏名を異にする旭九十九名義のものであるに不拘直ちに氏名及び本籍地を欺称したりと認定した）弁論再開の手続を採らず従って被告人にも弁護人にも之に関する陳述の機会を与えず双方とも不出頭の侭直ちに判決の言渡を為したるは上記刑事訴訟法規に違反し且つ不法に弁護権を制限したもので憲法第31条に違反し且つ憲法第37条第3項の趣旨を没却するものである。

　三、憲法第37条は刑事事件に於て被告人は公開裁判を受くる権利を保障し又同第82条は裁判の対審及び判決は公開法廷でこれを行うことを規定す、然るに本件の如き量刑に重大関係ある新事実が何等特殊の理由なくして公開法廷に提出せられずして決定せられ判決の理由に供せらるるは上記憲法の規定に違反するものである。

III 問題

問題1−1 大隈通り
「大隈通り」は一方通行規制されているという事実は証拠によらずに認定してよいか。

問題1−2 月齢
平成18年4月1日の月齢は2.7（大潮）であることは証拠によらずに認定できるか。

問題1−3 告訴状
強姦被告事件の公判で検察官は「告訴の事実」を立証趣旨として被害者とされる女性が作成した告訴状を証拠請求した。弁護人は不同意の意見を述べた。検察官はどうすべきか。それに対して弁護人はどうすべきか。あなたが裁判官だとしてどのような裁定をするか。

問題1−4 取調経過一覧表
殺人事件の被告人の自白調書の任意性が争われている。検察官は、被告人の取調べを担当した警察官が取調べの経過を記載した一覧表──日時・取調べ時間・取調べテーマを一覧表にしたもの──の証拠調べ請求をしたが、弁護人は同意しなかった。この書類を証拠として採用する方法はあるか。

問題1−5 嘆願書
ある夫婦が家庭内暴力の激しい思春期の長男を殺してしまったという事件の公判で、弁護人は近隣住民や被告人夫婦の会社の同僚ら数百人が署名した減刑を求める嘆願書

を量刑に関する証拠として請求した。検察官は同意しなかった。この書類を証拠として採用してよいか。

証明の手続

第 2 章

現在行われている平均的な証明の手続の進行は次のようなものである。公判開始前に証拠調べの申請や決定がなされることはなく、その段階では検察官と弁護人との間で——裁判所の関与はなしに——相互に取調べ請求予定の証拠の閲覧の機会を与えたり意見を知らせたりという事前準備が行われるだけである（刑訴規則178条の6）。第1回公判期日の冒頭に検察官の起訴状朗読と被告人・弁護人の意見陳述（刑訴法291条）が行われる。それに続いて、検察官は冒頭陳述を行い「証拠により証明すべき事実」を明らかにして（同法296条本文）、その事実を証明するのに必要な証拠の取調べを請求する（同法298条1項）。弁護人は冒頭陳述をする法的な義務はなく、弁護側がそれを希望し裁判所が許可したときに行われる（刑訴規則198条1項）。検察官の証拠調べ請求に対して弁護人が意見を述べ、裁判所が証拠調べの範囲等を決める（刑訴法297条）。検察官ははじめに証拠書類の取調べをする場合がほとんどであり、そのうち弁護人が取調べに同意したもの（同法326条）がまず取調べられ、検察官は弁護人が取調べに同意しなかった証拠書類の供述者をあらためて証人申請する。通常、第1回公判期日は1時間程度の開廷時間しか予定しておらず、弁護人が取調べに同意した証拠書類を取調べ、同意しなかった証拠書類に代えて検察官が請求した証人のうち裁判所が採用を決定した証人を次回期日に取調べることを決めて閉廷する。

　第2回公判期日は、通常1ヶ月以上先に指定され、その期日に最初の証人を尋問する。その後も概ね1ヶ月ごとに期日が指定されてその期日に主として証人尋問が行われるという経過を辿る。検察官は公判が進んだあとでさらに証拠調べ請求をすることがあるし、そのような申請も比較的緩やかに認められている。弁護側の証拠調べは検察官側の立証が一通り終わった後になされる（起訴の数年後に弁護側立証がはじまるということもある）が、検察官請求証拠の取調べが行われている間に弁護側証拠の取調べが行われることもある。立証テーマごとに検察・弁護双方の証人申請がなされるという場合もある。こうして数年かけて証拠調べが終わると、検察官と弁護人の最終弁論を聞いて（同法293条）、訴訟は終結を迎える。裁判官は証言速記録や証拠書類の束である事件記録を読んで判決書を書くことになる。公判期日開始後に裁判官が交代することもめずらしくない。

　裁判の迅速化に関する法律（平成15年7月16日法律107号）は、第一審の訴訟手続を「2年以内のできるだけ短い期間」に終局させることを目標とすることを定めた（同法2条1項）。平成16年改正刑事訴訟法は公判前整理手続を創設した。裁判所が「充実した公判の審理を継続的、計画的かつ迅速に行うため必要がある」と認めて公判前整理手続に付する決定をした事件（刑訴法316条の2第1項）においては、検察官・弁護人双方の証拠調べ請求と裁判所によるその採否の決定は公判が開始される前に公判前整理手続のなかで行われ（同法316条の5）、公判前整理手続が終わった後に証拠調べ請求をすることは原則として許されない（同法316条の32）。公判前整理手続が公開されるべきかどうかについて法の定めはない。現実には非公開で行われている[1]。

　公判前整理手続が行われた事件では検察官だけではなく、弁護側も事実上法律上の主張があるときには、検察官の冒頭陳述に続いて冒頭陳述を行わなければならない（同法316条の30）。前述のように、検察・弁護双方が取調べを請求した証拠のうち何を取調べるかは、公判が開始される

注1）　訴訟の帰趨に重大な影響を与える証拠（例えば自白）の採否をめぐる手続が非公開でなされることは被告人の公開裁判を受ける権利（憲法37条1項）の保障や裁判公開原則（同法82条）からも問題である。大阪弁護士会裁判員制度実施大阪本部編『コンメンタール公判前整理手続』（現代人文社、2005年）15〜16頁（「被告人または弁護人の強い要望があれば、公判前整理手続を公開することを拒んではならない」「裁判の帰趨に重大な影響を与えるかもしれない手続は、できる限り公判期日において行うようにする」）。

前に決定されている。公判期日はこれらの証拠を順次取調べることに費やされる。平成16年改正刑事訴訟法は、審理の迅速化を図るために、「審理に2日以上を要する事件については、できる限り、連日開廷し、継続して審理を行わなければならない」とした（刑訴法281条の6第1項）。しかし、この規定は「訓示規定」[2]とされ、実際のところ、公判前整理手続が行われた事件でも連日開廷が行われる事件は、皆無ではないがほとんどなく、せいぜい1週間に1、2回終日の審理が行われるに過ぎない。

　裁判員が参加する裁判では必ず公判前整理手続が行われなければならない（裁判員法49条）。裁判官、検察官及び弁護人は裁判員のために「審理を迅速で分かりやすいものとすることに努めなければならない」（同法51条）。検察官と弁護人は「裁判員が審理の内容を踏まえて自らの意見を形成できるよう、裁判員に分かりやすい立証及び弁論を行うように努めなければならない」（裁判員規則40条）。法51条や規則40条は裁判官や法律家の具体的な義務を定めたというよりは、一般的な心構えを定めたものにすぎず、その意味ではやはり「訓示規定」に過ぎないと言える。しかし、真の意味での「連日開廷」を含む「迅速で分かりやすい」審理の実現は、裁判員制度を成功に導く鍵である。

注2）　野沢太三法務大臣の答弁、第159回国会衆議院法務委員会議録10号11頁（平成16年4月6日）。本条は、昭和26年の刑事訴訟規則の改正で制定された規則179条の2をそのまま刑訴法の条文にしたものである。最高裁判所の判例は、この規則の規定について「裁判所が公判廷において鮮明な心証を形成することができるよう能う限り連日開廷すべき旨を定めた訴訟進行に関する訓示規程に他ならない」と判示したことがある。最1小判昭37・3・22刑集16-3-291、294。

I 冒頭陳述

> ## 判　例
>
> **大阪高判昭63・9・29判時1314-152（冒陳なし事件）**

控訴趣意第１点の１について

　論旨は、要するに、原裁判所は、検察官の冒頭陳述のないままに審理を進め、判決に至っているのであるが、被告事件の通常の審理に際しては冒頭陳述はこれを省略し得ないものであり、殊に、単純な自白事件ではなく、被告人が犯行を否認している上、被告人を犯人とする直接証拠が希薄であり、そのため検察官において多くの供述調書や証拠物の取調請求をしている本件の場合にあっては、これら証拠によって証明すべき事実を冒頭陳述によって明らかにすることは、被告人の防禦の観点からはもとより、裁判所の訴訟指揮の適切な運用の観点からしても不可欠と考えられるのに、冒頭陳述のないままに判決をした原審訴訟手続には判決に影響を及ぼすことの明らかな法令違反がある、というのである。

　そこで、案ずるに、本件記録によると、本件起訴事実は、甲野スポーツ株式会社（以下「甲野スポーツ」という。）に勤務していた被告人が、奈良乙川カントリークラブ（以下「奈良乙川」という。）の退会者に対し入会金を返還するため、同会社資金課課員から合計104通の小切手の交付を受け、これを同会社のため預かり保管中、自己の用途に供する目的で、架空名義の預金口座に入金して横領した、というものであって昭和52年８月17日に、まず合計７通の小切手の横領の事実につき公訴が提起され、次いで翌53年２月２日に、残余の合計97通の小切手横領の事実の追起訴がなされていること、本件の審理は、昭和52年９月29日の第１回公判期日から昭和61年４月21日の判決宣告日に至るまで、合計76回の公判が開かれており、そのうち第３回公判期日までは最初の起訴事実についての審理が行われ、第４回公判期日に追起訴事実の審理が併合されて、以後全部の事実について併合の上審理されていること、証拠調べの冒頭の段階における検察官に

よる冒頭陳述は行われていないが、第42回公判（昭和57年5月14日開廷）において、検察官が、「証拠説明書要旨及び冒頭陳述書要旨（補充）」と題する書面によって、本件横領小切手と振替伝票、退会者に対する支払状況等との相互関係に関する証拠説明と新たに立証すべき事実の陳述をなし、さらに、第49回公判（昭和57年12月17日開廷）において、「冒頭陳述書（補充）」と題する書面によって、新たに立証すべき事実の陳述を行なっていること、なお、第23回公判（昭和55年7月11日）に弁護人による冒頭陳述が行われており、これによると、弁護人は、検察官が立証を意図している事実を自ら挙げ、これに対する反証事実を詳細に陳述していること、以上の事実が認められる。

　ところで、刑事訴訟法296条本文は、「証拠調のはじめに、検察官は、証拠により証明すべき事実を明らかにしなければならない。」と規定している。この規定は、証拠調べの開始に先立って、検察官において事件の概要及び立証の方針の詳細を明らかにすることにより、裁判所に対しては心証をとる対象を、被告人に対しては防禦の具体的な対象を、それぞれ明らかにして、裁判所による証拠の採否等の訴訟指揮の適切な運営、被告人の側の適切な防禦態勢の樹立を図ることを目的とするものであって、通常の公判手続においては同条の手続を履践することが必要と解されるのであって、殊に、上記認定のような本件事案の内容に照らすと、本件につき証拠調の冒頭の段階で検察官による冒頭陳述の行われなかったことは違法といわざるを得ない。

　しかしながら、本件の審理に際しては、被告人が小切手受領の事実自体を否認していた上、小切手入金先の架空名義の預金口座の開設者ないしは小切手入金人が不明であったため、被告人に小切手を交付したという資金課係員らの証人調べの外に、被告人に対する小切手交付の事実を立証することなどのため、退会稟議書、振替伝票、メモ等の多数の証拠物の取調べがなされているところ、これら個々の証拠についてはそれぞれ立証趣旨が明らかにされている上、前記のとおり、審理の中間の段階においてではあるけれども、検察官によって、これら証拠の証拠説明という形で、本件小切手と振替伝票等の証拠物との相関関係が明らかにされており、また、その時点で新たに立証を必要とした事実については、これを明らかにしていること、また、被告人側においても、検察官の立証の意図を十分にとらえ、これに対して防禦活動をしていることが記録上認められるのであって、これらによると、証拠調べ冒頭の段階における冒頭陳述の欠缺が被告人の防禦に著しい不利益をもたらしたとまではいい難いのであって、上記の違法は判決に影響を及ぼすものではない、と解すべきである。論旨は理由がない。

＊　＊　＊

（裁判長裁判官　尾鼻輝次、裁判官　岡次郎）

> **質問2-1**
> 「証拠調べ冒頭の段階における冒頭陳述の欠缺が被告人の防禦に著しい不利益をもたらした」と言えるのはどんな場合か。

> **質問2−2**
> 冒陳なし事件は、検察官冒頭陳述は「裁判所による証拠の採否等の訴訟指揮の適切な運営、被告人の側の適切な防禦態勢の樹立を図ることを目的とするもの」としたが、公判前整理手続に付された事件や裁判員が参加する事件における冒頭陳述の目的はこれと同じで良いか。異なるとしたらどのような点が異なるのか。

> **質問2−3**
> 同事件で弁護人の冒頭陳述が先行していることに問題はないか。

判 例

東京高判昭35・4・21高刑集13-4-271（強姦前歴冒陳事件）

　論旨第一点について、
　所論は、検察官は原審証拠調の冒頭において冒頭陳述要旨と題する書面を提出し、これに基き、その第1項において、被告人に本件と同種の非行歴があるとして「強姦罪によって東北中等少年院に収容された」ものである旨、又その第5項において、「被害者は旅館から逃げだし直ちに所轄警察署に届出た」旨陳述しているけれども、暴行脅迫によって婦女を姦淫したことを起訴事実とし、しかも被告人がその強姦なる点を否認している本件において、被告人に強姦の非行歴の存することを冒頭において明らかにすることは、正しく予断排除の原則に反し、又前記の「直ちに」との記載は証拠により証明しえない事実に基いた陳述であるから、刑事訴訟法第296条但書に違反するものであり、これらの違法は、検察官が弁護人の異議申立後裁判所の指示に従って前記第1項の部分を削除し、同第5項の部分は「一旦勤務先の坂場方に戻った後直ちに」と訂正したことによっては治癒されないのみならず、一度このような予断又は偏見を持つに至った原裁判所は憲法第37条第1項にいう公平な裁判所ということはできず、従ってその訴訟手続は同法条項に違反するものである、と主張する。よって按ずるに、原審第1回公判期日において、検察官が冒頭陳述要旨と題する書面に基いて所論のような陳述をしたことは記録上明白であるが、所論陳述中第1項の部分は、検察官が、被告人には家庭裁判所において強姦罪により中等少年院に送致の決定を受けた事実あることを本件の情状を立証する意図の下に陳述したものと解するのを相当とするところ、刑事訴訟法第296条の規定する検察官が証拠調のはじめに証拠により証明すべき事実を明らかにするいわゆる冒頭陳述の手続は、起訴状の場合とは異り既に証拠調の段階に入っているのであるから、一切の予断の排除を要求しているものではない。のみならず証拠により証明すべき事実は、単に罪となるべき事実だけに限るわけではなく、情状に関する事項も当然これに含まれるものと解すべきである。検察官が冒頭陳述において前記のような非行歴を情状立証のため明らかにしたからといって証拠とすることができず、又は証拠としてその取調を請求する意思のない資料に基いて陳述したものでないことが記録上明らかな本件において、これを目して直

ちに同法第296条但書に違反するものということはできない。又所論陳述中第5項の部分は、被害者が本件被害後直ちに警察署に届出たか、一旦勤務先に戻った後直ちに警察署に届出たかに関するもので仮りに右の相違は本件被告人の行為が強姦であるか和姦であるかを決するに影響があるとしても、検察官が証拠により証明すべき事実を、「被害後直ちに」とあったのを「被害後一旦勤務先に戻った後直ちに」と訂正し、その訂正された事実が証明される以上裁判官の心証は、訂正された事実について形成される筈であるから、仮りに「被害後直ちに警察署に届出をした」事実は、検察官手持の証拠ではこれを証明することができないものであったとしても、前示のように訂正がされた以上、裁判所に偏見又は予断を生ぜしめる虞はなくその瑕疵は治癒されたものというべきである。してみれば、所論検察官の冒頭陳述は同法第296条但書に違反することはなく、又原裁判所に不当な偏見又は予断を与えるものでもないから原審の審理判決を目して憲法第37条第1項にいう公平な裁判所の裁判でないということはできない。論旨は理由がない。

* * *

（裁判長判事　岩田誠、判事　渡辺辰吉、判事　司波実）

判　例

最3小決昭58・11・29裁判集刑232-995（冒陳で余罪事件）

　［弁護人小野山宗敬の上告趣意］第三点のうち、原判決が検察官の冒頭陳述について判断した点の判例違反をいう点は、所論引用の判例は本件と事案を異にし適切でなく、原判決が余罪を処罰する趣旨で量刑をしたとして判例違反をいう点は、原判決が所論主張の余罪をも処罰する趣旨で量刑したものでないことは判文上明らかであるから、所論は前提を欠き、その余は単なる法令違反の主張であり（検察官の冒頭陳述中の所論指摘の部分は、本件の場合、冒頭陳述として相当ではないが、これをもって判決に影響を及ぼすべき法令違反ということはできない。）、同第四点は、量刑不当の主張であって、いずれも刑訴法405条の上告理由にあたらない。

　よって、同法414条、386条1項3号、181条1項但書、刑法21条により、裁判官全員一致の意見で、主文のとおり決定する。

（裁判長裁判官　木戸口久治、裁判官　横井大三、裁判官　伊藤正己、裁判官　安岡満彦）

弁護人小野山宗敬の上告趣意

* * *

　第三点　原判決は、刑事訴訟法256条6項の解釈について判例違反があり、原判決は破棄されなければならない。

　（理由）検察官が冒頭諫述において、昇仙峡グリーンライン殺人事件を論じたという事実は、予断排除の原則違反と、余罪が量刑の資料に考慮された疑いがある。この殺人事件は、検察官が証拠として取調を請求する意思もなく、まず刑事訴訟法296条の予断排除の原則に反する違法な手続であり、これが判決に影響を及ぼすことが明らかであるから原審の判決は破棄を免れない。

次に余罪が量刑の資料に考慮された疑いというのは、判例によれば余罪は余罪として認定し、犯罪の動機、情状など量刑の資料に考慮することは違法でないが、余罪をも罰する意思で量刑の資料に認定する意思で量刑に考慮すれば違法であるとするが、原審はこれについて「そして、右事項は、本件控訴事実〔ママ〕とは関連性がないうえ、情状立証としても意味がないばかりか、かえって裁判所に対し本件公訴事実の認定につき偏見または予断を与えるおそれがあるから、右事項の陳述は、検察官の冒頭陳述としては必ずしも相当であるとは認めがたいといわなければならない。」としてその不当性を確認したが、それに止まり、この冒頭陳述が第一審裁判官の頭の中へこびりついて、迷宮入りをした殺人事件で一旦自白までしていたが死体が発見できないので起訴されなかった男だということが認識せられていたという事実は覆うべくもなく、前の事件で処罰できなかったら今度の事件で一緒に処罰してやれということで、懲役18年ということにならなかったという保障はないということである。けだし、わが国の訴訟制度では事実認定のプロセスと、刑期の決定のプロセスとの間に画然とした区別がないから、事実認定のプロセスにおいて、情状として、被告の好ましくない生活態度と逮捕歴とが混然一体となって、無意識的に刑期が論ぜられた疑いは免れない。

　この冒頭練述が判決に影響を及ぼしたというのは、そのことである。これに対して原審は、「しかし、右の検察官の陳述に対しては、原審（甲府地方裁判所）において、弁護人、被告人から何ら異議が述べられていないのであるから、検察官の右陳述が、原判決に影響を及ぼすことが明らかな訴訟手続の法令違反であるとまでは認められない。」という判断をしているが、これは「被告人は既に２度処罰を受けた者であるが」という前科を記載した起訴状を無効とした最高裁判所判決昭和27年３月５日の判例に違反する。

　けだし、被告人に法律的な知識がないのは当然だが、弁護人といえども見落としということはあるので、上級審で救済することが必要である。そうでなければ被告人が不当に不利益を受けるからである。従って訴訟制度上の形式論はともかくとして、第一審、第二審の裁判官の頭の中に、被告人の前記逮捕歴が残っていたという事実は、考慮されなければなるまい。

> **質問2－4**
> 　起訴状に同種前科を記載することは違法とされる（最大判昭27・3・5刑集6-3-351）。冒頭陳述で前科に言及するのと起訴状に書くのとでどう違うのか。

> **質問2－5**
> 　前科や非行歴を「情状」として主張しているのか、訴因を立証するつもりで主張しているのかは、どのように識別するのか。

質問2−6

　現在までの実務では検察官冒頭陳述のはじめに「被告人の身上経歴」を掲げ、前科前歴があれば必ずそれに言及するのが普通であるが、平成17年改正刑事訴訟規則198条の3はこの実務に変容をもたらすべきか。

質問2−7

　前科や非行歴を冒頭陳述に含めることの是非について、裁判員裁判の場合と職業裁判官のみの裁判とで取扱いを異にすることは合理的か。

II 証拠調べ請求

1 証拠調べ請求の方式

参考条文

刑訴法298条〜302条、刑訴規則188条〜193条

ノート

「証拠等関係カード」の起源

　現行刑事訴訟法は「公判調書には、裁判所の規則の定めるところにより、公判期日における審判に関する重要な事項を記載しなければならない」とした（同法48条2項）。しかし、最高裁判所が制定した刑事訴訟規則（昭和23年12月1日最高裁判所規則32号）は、旧刑訴法60条にならって公判調書には「一切の訴訟手続」を記載しなければならないとした（昭和23年刑訴規則44条1項）。「一切の訴訟手続」といっても、英米のコート・リポーターのように公判廷で裁判官や訴訟関係人が語った言葉を逐語的に記録する訳ではなく、書記官がその要旨を摘録するだけであった。それでも手続の全過程がほぼ網羅的に記録されていた。しかし、これについては、裁判所書記官の負担が過重でありかえって不正確な記載をもたらすという批判があった（最高裁判所事務総局『刑事訴訟規則の一部を改正する規則説明書』（昭和27年3月刑事裁判資料63号）15〜16頁）。そこで、昭和26年に刑訴規則が改正され、公判調書の記載事項が限定され、かつ、記載も簡略化されることになった（刑訴規則44条、44条の2、52条の2など）。

　この改正にともなって、最高裁事務総局は「公判調書に関する改正規則の運用の方策」を定め、「簡易化された公判調書のひな型」を発表した。そのひな型によれば、「公判調書（手続）」には

「証拠調」として「別紙証拠関係カード記載のとおり」とのみ記載され、調書が引用する「証拠関係カード」には、「証拠の標目及び立証趣旨」「意見又は異議の申立て」「結果」などの欄を設けた表があり、様々な略号を用いてそこに記入する仕組みになっていた（同前、74頁以下）。この方式が改良を重ねながら今日の「証拠等関係カード」になったのである[3]。

　このように、証拠等関係カードはもともとは書記官の作成する公判調書の一部であったが、検察官が同じ書式を用いて証拠調請求をし、書記官はそれを記録に編綴することで労力を省くことができた。最近に至って、裁判所は弁護人にも同じ書式を使って証拠請求することを奨励するようになり、現在では多くの弁護人がこれを用いている。

　公判前整理手続では、証拠調請求、これに対する意見の提出、そして、証拠の採否決定まで行うことができる（刑訴法316条の5）。裁判所書記官は、公判前整理手続調書を作成しなければならないが（同法316条の12第2項、刑訴規則217条の14）、この調書も「証拠等関係カード」を引用して作成される。したがって、検察官や弁護人はこのカードを使用して証拠調請求をするのが普通である。

注3）　昭和51年の最高裁事務総長と刑事局長の通達（「証拠等関係カードの様式等について」「証拠等関係カードの記載要領について」）によって今日の証拠等関係カードのスタイルが確立した。その後、書式がＡ4横書きに変更した際に新しい通達（平12・8・28刑2第277号事務総長通達「証拠等関係カードの様式等について」）が出され、今日に至る。

証拠等関係カード

請求者等　検察官							平成　年（　）第　号	
		証　拠　等　関　係　カ　ー　ド　（甲）						
		(このカードは、公判期日または準備手続期日においてされた事項については、各期日の調書と一体となるものである。)						
番号	標　目 〔供述者・作成年月日、住居・尋問時間等〕 立　証　趣　旨 （公訴事実の別）	請求 期 日	意　見		結　果		取調順序	備　考 編てつ箇所
			期日		期日			
21	酒力 〔(巡)村澤　健　ほか1名 17・8・17〕 被告人の飲酒検知結果							
22	員 〔　　　　　　　　17・8・25〕 被告人の勤務状況及び犯行前の状況等							
23	報（スイカカードの利用履歴について） 〔(員)及川　茂 17・9・2〕 被告人の犯行前の行動							
24	員 〔　　　　　　　　17・8・29〕 被告人の犯行前の行動等							
25	資料入手捜査報告書 〔(員)工藤　拓 17・8・25〕 同上							

（被告人1名用）

（被告人　　　　）

略　語　表

1、2…	第1回公判、第2回公判……〔「期日」欄のみ〕		緊　逮	緊急逮捕手続書
準	準備手続		現　逮	現行犯人逮捕手続書
準1、準2…	第1回準備手続、第2回準備手続…		捜	捜索調書
※1、※2…	証拠等関係カード（続）「※」欄の番号1、2……の記載に続く		押	差押調書
決　定	証拠調べをする旨の決定		捜　押	捜索差押調書
済	取調べ済み		任	任意提出書
裁	裁判官に対する供述調書		領	領置調書
検	検察官に対する供述調書		仮　還	仮還付請書
検　取	検察官事務取扱検察事務官に対する供述調書		還	還付請書
事	検察事務官に対する供述調書		害	被害届、被害てん末書、被害始末書、被害上申書
員	司法警察員に対する供述調書		追　害	追加被害届、追加被害てん末書、追加被害始末書、追加被害上申書
巡	司法巡査に対する供述調書		答	答申書
麻	麻薬取締官に対する供述調書		質	質取てん末書、質取始末書、質受始末書、質取上申書、質受上申書
大	大蔵事務官に対する質問てん末書		買	買受始末書、買受上申書
財	財務事務官に対する質問てん末書		始　末	始末書
郵	郵政監察官に対する供述調書		害　確	被害品確認書、被害確認書
海	海上保安官に対する供述調書		放　棄	所有権放棄書
弁　録	弁解録取書		返　還	協議返還書
逆　送	家庭裁判所の検察官に対する送致決定書		上	上申書
告　訴	告訴状		報	捜査報告書、捜査状況報告書、捜査復命書
告　調	告訴調書		発　見	遺留品発見報告書、置去品発見報告書
告　発	告発状、告発書		現　認	犯罪事実現認報告書
自　首	自首調書		写　報	写真撮影報告書、現場写真撮影報告書
通　逮	通常逮捕手続書		交　原	交通事件原票

交原（報）	交通事件原票中の捜査報告書部分		前　歴	前歴照会（回答）書
交原（供）	交通事件原票中の供述書部分		犯　歴	犯罪経歴回答書、犯罪経歴電話照会回答書
検　調	検証調書		外　調	外国人登録（出入国）記録調査書
実	実況見分調書		判	判決書謄本、判決書抄本、調書判決謄本、調書判決抄本
捜　照	捜査関係事項照会回答書、捜査関係事項照会書、捜査関係事項回答書		決	決定書謄本、決定書抄本
免　照	運転免許等の有無に関する照会結果書、運転免許等の有無に関する照会回答書、運転免許調査結果報告書		略	略式命令謄本、略式命令抄本
速　力	速度違反認知カード		示	示談書、和解書
選　権	選挙権の有無に関する照会回答書		受	受領書、受領証、領収書、領収証、受取書、受取証
診	診断書		現　受	現金書留受領証、現金書留引受証
治　照	交通事故受傷者の病状照会について、交通事故負傷者の治療状況照会、診療状況照会回答書、治療状況照会回答書		振　受	振込金兼手数料受領書、振込金受領書
検　視	検視調書		寄　附	贖罪寄附を受けたことの証明
死	死亡診断書、死体検案書		嘆	嘆願書
酒　力	酒酔い酒気帯び鑑識カード		（謄）	謄本
鑑　嘱	鑑定嘱託書		（抄）	抄本
鑑	鑑定書		（検）	検察官
電話	電話聴取書、電話報告書		（検取）	検察官事務取扱検察事務官
身	身上照会回答書、身上調査照会回答書、身上調査票、身上調査回答		（事）	検察事務官
戸	戸籍謄本、戸籍抄本、戸籍（全部・一部・個人）事項証明書		（員）	司法警察員
戸　附	戸籍の附票の写し		（巡）	司法巡査
登　記	不動産登記簿謄本、不動産登記簿抄本、登記（全部・一部）事項証明書		（大）	大蔵事務官
商登記	商業登記簿謄本、商業登記簿抄本、登記（全部・一部）事項証明書		（財）	財務事務官
指	指紋照会回答票、指紋照会回答票、指紋照会通知書、指紋照会回答、指紋照会回答、指紋照会回答書		（被）	被告人
現　指	現場指紋による被疑者確認回答書、現場指紋等確認報告書			
氏　照	氏名照会回答書、氏名照会票、氏名照会記録書			
前科	前科調書、前科照会（回答）書、前科照会書回答			

2　職権証拠調べの義務・証拠提出を促す義務

判　例

最1小判昭33・2・13刑集12-2-218（証拠請求失念事件）

　弁護人桃井鉎次の上告趣意および上告受理申立理由について。

　わが刑事訴訟法上裁判所は、原則として、職権で証拠調をしなければならない義務又は検察官に対して立証を促がさなければならない義務があるものということはできない。しかし、原判決の説示するがごとく、本件のように被告事件と被告人の共犯者又は必要的共犯の関係に立つ他の共同被告人に対する事件とがしばしば併合又は分離されながら同一裁判所の審理を受けた上、他の事件につき有罪の判決を言い渡され、その有罪判決の証拠となった判示多数の供述調書が他の被告事件の証拠として提出されたが、検察官の不注意によって被告事件に対してはこれを証拠として提出することを遺脱したことが明白なような場合には、裁判所は少くとも検察官に対しその提出を促がす義務あるものと解するを相当とする。従って、被告事件につきかかる立証を促がすことなく、直ちに公訴事実を認めるに足る十分な証拠がないとして無罪を言い渡したときは、審理不尽に基く理由の不備又は事実の誤認があって、その不備又は誤認が判決に影響を及ぼすことが明らかであるとしなければならない。されば、原判決は、結局正当であって、所論違憲の主張はその前提を欠き、その余の主張はその理由がなく、すべて、採ることができない。

　よって、刑訴414条、396条に従い、主文のとおり判決する。

　この判決は、真野裁判官の反対意見を除くほか、他の裁判官の全員一致の意見によるものである。

　本件に対する裁判官真野毅の意見はつぎのとおりである。

　職権をもって調査すると、原判決は、第一審における事件の繋属関係、事件の内容および審理の経過にかんがみるときは、なお検察官より提出あって然るべき重要な証拠のあることが予想されるのに、第一審が進んで検察官に立証を促がすことなく、その証拠を取り調べないで、直ちに犯罪の証明がないとして、被告人に無罪の言渡をしたのは、刑訴法1条の精神を無視したもので、判決に影響を及ぼすべき審理不尽の違法があるとして、第一審判決を破棄したのである。

　現行刑訴法は、当事者主義を本体とし、これに職権主義を加味したものである。刑訴298条1項において、"検察官、被告人又は弁護人は、証拠調を請求することができる"と定めたのは、証拠調における当事者主義の本体を明らかにしたものであり、同2項において、"裁判所は、必要と認めるときは、職権で証拠調をすることができる"と定めたのは、証拠調において職権主義が補充的に加味され得ることを明らかにしたものであると解するを相当とする。すなわち、第2項の規定は、裁判所が必要と認めるときは、職権で証拠調をすることができる旨を定めたに過ぎないものであって、職務として証拠調をしなければならない旨を定めたものと解することはできない（判例集9巻10号2105頁参照[4]）。そして、刑訴1条の規定が存在するからといって、別異

注4）　編者注：最1小判昭30・9・29刑集9-10-2105（第一審が法定刑を超えた刑を科した違法があっても、控訴趣意書にその主張がない以上、控訴審が職権調査をせず右違法を看過しても、法令に違反したとはいえない）。

の解釈によらなければならぬというものではない。それ故、原判決が所論の事由に基き第一審判決に審理不尽の違法があるとしたのは、判決に影響を及ぼすべき法令の違反があるに帰着し、原判決を破棄しなければ著しく正義に反すると認められるから、上告は理由あるに帰し刑訴411条1号を適用して原判決を破棄するを相当とする。そこで、訴訟記録および事実審において取り調べた証拠によって、被告人の公訴事実の各共謀事実は、これを認めるに足る十分な証拠がないので、被告人に対しては刑訴336条により無罪の言渡をすべきである。

（裁判長裁判官　真野毅、裁判官　斎藤悠輔、裁判官　入江俊郎、裁判官　下飯坂潤夫）

弁護人桃井鉎次の上告趣意

　第一点　原判決には憲法第31条に違反する違法な点があり破棄せらるべきものと信ずる。
　憲法第31条は何人も法律の定める手続によらなければその生命もしくは自由を奪われ又はその他の刑罰を科せられない旨を規定している。ここにいう「法律の定める手続によらなければ」とは旧憲法の「法律によるに非ずして」と同意義であって、刑事訴訟法の規定に違反して被告人がその生命もしくは自由を奪われたり或はその他の刑罰を科せられる様な場合も当然憲法第31条違反に含まれる事は多言を要しないところである。今本件についてこれをみるに、原判決は『案ずるに刑事訴訟法第298条第2項には「裁判所は必要と認めるときは職権で証拠調をすることができる。」との規定があって該規定が、裁判所に対し場合によっては職権で証拠調をなすべき義務を認めたものと解することは、必らずしも妥当であるとは考えられないが、しかし裁判所は実体的真実発見の為には、被告事件が裁判をなすに熟するまで審理を尽すべき義務があると解すべきことは、刑事訴訟法第1条の精神に照し、けだし疑を容れないところであると考えられる。そこで本件についてこれをみるに被告人高倉に対して提出されなかった前掲各供述調書の供述者である右明石賢三は、被告人高倉に対する公訴事実（二）の共犯者であり、同高橋成典、坂本政美、小島敏夫はいづれも同公訴事実（一）において、同被告人と必要的共犯の関係に立つものであり、それぞれ併合又は分離されながら、同一裁判所の審理を受けた上、前示各供述調書を証拠として有罪の判決を言渡されたものであることは、一件記録を通じて明らかであるから前掲分離前の原審相被告人らの被告事件の係属している事実、その事件の内容、前示各供述調書が、それら事件の証拠として提出されている事実等は、全部原裁判所に顕著なところであるといわなければならない。してみれば、原裁判所としては、被告人高倉に対する本件公訴事実の有無を判断するにあたり、たとえ原審検察官が不注意によって右の各証拠を提出しなかったものであったとしても直ちに犯罪の証明がないとして無罪の言渡をすることなく、よろしく検察官に対して、立証を促し、被告事件に重大な関係のあるこれら各証拠についても十分に審理を尽した上で、判断を下すべきであったといわなければならない。然るに原裁判所は、あえてその挙に出なかったものであるから、原審の訴訟手続には、この点について審理不尽の違法があるものというべく、而して、前示各証拠の取調をすることによって、公訴事実の有無の判定に相違の生ずることのあり得べきことは当然であって、右の違法は判決に影響を及ぼすことが明らかであるから、被告人高倉に対する原判決は、この点に於て到底破棄を免れない。検察官の所論は、結局は右審理不尽の点において

理由があることに帰する。（中略）被告人高倉柾寿に対しては、爾余の論旨に対する判断を省略し、同法第397条、第379条に則り、同被告人に対する原判決を破棄した上、同法第400条本文前段に従い同被告人に対する本件を、原裁判所である横浜地方裁判所に差し戻すこととし……』と説示しているが、原審の理由とするところは正当見解ではない。即ち、原判決は、第一審判決には訴訟手続に法令の違反があってその違反が、判決に影響を及ぼす事が明らかであるとしているが原判決理由からは、一体第一審裁判所の如何なる点に法令違反があるとするのか全く了解に苦しまざるをえないのである。

＊＊＊

抑々刑事訴訟法の如何なる条項にも違反する事がないのに拘らず、審理不尽の違法があるという事は到底考えられないところといはなければならない。されば、原判決は本件第一審裁判所が、刑事訴訟法第298条第2項に違反して審理を尽さなかったというのか、それとも刑事訴訟法第1条に違反して審理を尽さなかったというのであらうか。この点について、原審は明確ではないが後者の如く説示し、だた漠然と審理不尽の違法があるとしているが如くに見える。そこで右刑訴法第298条第2項並びに第1条の規定について次に検討を加えよう。刑訴法第298条第2項は「裁判所は必要と認めるときは、職権で証拠調をすることができる」と規定しているにとどまり「しなければならない」とは規定していないのである。即ち「することができる」という形で訴訟法に規定されている場合には、文字どおり、訴訟法においては「することができる」というにとどまり「しなければならない」という意味とは異るのであって前者の意味はその内容をもって、職権即ち権限を法律が認めているにすぎないのである。もし右の「することができる」というのもすべて訴訟法上の義務であり、したがって、職権による証拠調をなすことが妥当であるにも拘らず、それをしなかった場合も、その違背は刑訴法第298条第2項の法令違反であるとするならば、これは直接には、文理にも反するのみならず「しなければならない」という規定と全く同意義となってしまうからである。しかのみならず第一審裁判所は刑訴法第321条第1項第2号後段の書面と雖も但書に該当しないものは之を証拠調する要なく、況んや検察官の提出せざる書面に付きその点までも吟味して立証を促すということは不可能を強いるという外なく、如何に刑訴法第1条の精神からするも公平なる裁判所に、その義務ありと解することは到底出来ない所である。

次に刑訴法第1条について検討するに、右条項は、刑訴法を解釈適用並びに、訴訟手続を法律にしたがって運用するに当り則るべき大綱を示した注意的規定にすぎないのであって、刑訴法の他の条項の解釈が、刑訴法第1条の精神より、かくなされなければならないという事あるは格別、直接訴訟手続が刑訴法第1条に違反するということはありえないところである。したがって刑訴法第1条違反なりとして訴訟手続に法令違背があるというが如きは、凡そ刑訴法第1条の規定の位置づけ、並びに解釈を誤ること甚だしいものといわなければならない。以上述べきたったところからすれば、本件第一審裁判所の訴訟手続には、如何なる点からするも、法令違背と目さるべきものはないのであって、原審が何らよるべき法律条文の根拠なく漠然と第一審裁判所の訴訟手続には、審理不尽の違法があるとして、被告人に対し、言渡された第一審裁判所の無罪の判決を破棄し、第一審裁判所に被告人に対する本件を差し戻した事は、何ら法律の定める手続によらな

いで被告人の精神的、肉体的、即ち有形無形の各種自由を奪い、ひいては被告人を法律の定める手続によらないで刑罰を科するという危険にさらす事になるのであって、原審判決は明らかに憲法第31条の規定に違反するものというべきである。よって原審判決は破棄せらるべきものと信ずる。

＊　＊　＊

3　立証趣旨の「拘束力」

判　例

最3小決昭28・2・17刑集7-2-237（弾劾証拠で事実認定事件）

　弁護人橘川光子の上告趣意について。
　所論は事実誤認又は単なる法令違反の主張であって、適法な上告理由とならない。（なお第一審判決は守屋邦夫の司法警察員に対する第1、2回各供述調書を有罪の証拠としているが、右は所論のとおり被告人において証拠とすることに同意しなかった書類であって、検察官は同公判廷における証人守屋邦夫の供述に対しその信憑力を争う為の証拠として刑訴328条に基いて提出したものである。従って、第一審判決がこれを有罪判決の直接の証拠としたことは違法であるが、右証拠を除外してその余の第一審判決挙示の証拠のみによっても被告人に対する判示犯罪事実は優にこれを認定しうるのであるから、右の違法は刑訴411条に該当しないものというべきである。）
　また記録を精査しても他に同条に該当する事由はない。
　よって、同414条、386条1項3号により全裁判官一致の意見で主文のとおり決定する。
　（裁判長裁判官　井上登、裁判官　島保、裁判官　河村又介、裁判官　小林俊三、裁判官　本村善太郎）

弁護人橘川光子の上告趣意
　被告人は原審に於て第一審判決は被告人が守屋邦夫と共謀の上昭和25年12月12日夜、宮城県名取郡岩沼町字東桑原41番地同人の実父守屋源吉方倉庫から、同人所有の玄米3俵及び大麦1俵を窃取したと認定したのは事実誤認であると主張したのに対し、原判決は事実誤認でないと判断しているけれども、第一審判決挙示の証拠によるも、被告人が玄米3俵の外に大麦1俵を窃取したことを認めることができないのみならず被告人が守屋邦夫と共謀の上玄米3俵を窃取したことを認め得る証拠中司法警察官の作成にかゝる守屋邦夫の第1、2回各供述調書は被告人において同意しなかった証拠である。然るに原判決はこれを看過して被告人の主張を排斥したのは違法である。

判　例

福岡高判昭27・6・4高刑特報19-96（情状証拠で事実認定事件）

　記録を調査すると、原審第1回公判調査［調書］によれば原審共同被告人沖佐内、同河村清久に対する窃盗等被告事件と被告人に対する贓物故買被告事件とを併合審理し各被告人の公訴事実及び情状についての証拠調の後、検察官の請求により被告人に対する贓物故買被告事件を分離する旨の決定をし、次に被告人に対する第2回公判調書によると、検察官の請求により、右沖佐内、

河村清久を証人として尋問した後、被告人に対する贓物故買被告事件と右両名に対する窃盗等被告事件とを併合審理する旨の決定をし、更に右沖及び河村に対する第2回公判調書によれば同人等に対する窃盗等被告事件と被告人に対する贓物故買被告事件を併合審理し、検察官は全被告人等の情状関係について立証すると述べ、一、検察官に対する河村清久の供述調書、一、検察官に対する沖佐内の弁解録取書、一、検察官に対する同人の供述調書及びその他の書類につき取調の請求をし、又被告人並びに右沖及び河村の3名に対する第3回公判調書によれば、検察官及び弁護人は立証すべき事実の陳述、証拠の取調の請求［，］これに対する相手方の意見の陳述はこれまでの公判調書記載のとおり陳述しこれ迄の公判調書中の証人大山三郎、沖佐内、河村清久の証言部分の取調を請求し立証趣旨を述べた弁護人は前回検察官請求の証拠の取調べに異議なく各書類は証拠とすることに同意する旨述べた、検察官は右書類を順次朗読して裁判所に提出したことを認めることができる。そして、右沖佐内、及び河村清久が証人として被告人に対する第2回公判期日においてなした各供述は検察官が前記のごとく情状に関する立証として取調を請求した、一、検察官に対する河村清久の供述調書、一、検察官に対する沖佐内の弁解録取書、一、検察官に対する同人の供述調書中の各供述と被告人の本件贓物についての知情に関する点において実質的に異っていることを看取することができるのであるが、記録上、右沖及び河村の検察官に対する各供述調書について、検察官において、刑事訴訟法第300条の規定により同法第321条第1項第2号後段の書面として取調べの請求をした形跡は全く認められないのであるから、右各供述調書は前掲公判調書記載のとおり検察官においては被告人及び原審共同被告人沖佐内同川村清久の情状に関する事実の証拠として取調の請求をし、各被告人の弁護人においてその趣旨の下に証拠とすることに同意したものといわなければならない。さすればかような供述調書は情状に関する事実についてのみ証拠能力を附与されたものに過ぎないであるから、これを以て罪となるべき事実を認定する資料とすることは許容さるべきものではない。けだし、若し、情状に関する事実の証拠とすることに同意した書面又は供述を以て、なお且つ、罪となるべき事実を認定することができるものとせんか、被告人は情状に関する事実の証拠とすることに同意したるの故を以て、刑事訴訟法第326条により同法第321条乃至第325条所定の条件乃至は任意性若しくはその調査につき何等顧慮されることなくして罪となるべき事実を認定されると共に検察官においてこれ等の証拠につき罪となるべき事実のため証拠調の請求したとすれば被告人においてなし得べき意見、弁解乃至は異議申立の機会をも剥奪する等被告に不利益を招来する結果となるからである。原判決は検察官において、情状のみの立証として取調の請求をし被告人の弁護人においてその趣旨の下に証拠とすることに同意した前掲一、検察官に対する沖佐内の弁解録取書、及び第1回供述調書、一、検察官に対する川村清久の第1回供述調書をその他挙示の証拠と綜合して原判示事実を認定しているのであるが、右各供述調書を以て罪となるべき事実を認定することのできないことは前説示のとおりで、しかも右各供述調書を除外した原判決挙示の証拠によっては原判示事実を認定することはできないので、原判決は採証上の法則に違背し、延いては事実を誤認したもので、右の違法が判決に影響を及ぼすことが明らかであるから、原判決中被告人に関する部分は刑事訴訟法第397条により破棄を免れない。論旨は理由がある。

判 例

東京高判昭27・11・15高刑集 5 -12-2201（「お願い」事件）

　論旨第二点について。
　原判決の挙示する証拠のうち被告人作成の内山誠一宛「お願い」と題する書面の控は原審第3回公判期日に弁護人からその取調を請求したものであって、右の証拠と証明すべき事実との関係（いわゆる立証趣旨）は公判調書の記載からは明らかでないが、該書面の内容と当時の被告人側の主張とを対比してみれば、所論のように被告人の情状を立証するために取調を求めたものと推測するのが相当である。論旨は、かくのごとく情状を証するための証拠をもって罪となるべき事実を認定することは違法であると主張し、その1つの論拠として、罪となるべき事実についてはいわゆる厳格な証明を必要とするのに反しそれ以外の事実についてはその必要がないということを挙げている。しかしながら、論旨の引用する右の原則は、情状に関する事実のように罪となるべき事実以外の事実については、証拠能力がありかつ適法な証拠調を経た証拠以外のなんらかの証拠によってもこれを認定することができるということを意味するだけであって、そのことから直ちに、情状に関して取り調べられた証拠はすべて罪となるべき事実認定の資料としてはならない、という結論は出てこない。かかる証拠であっても、それが証拠能力を有しかつ適法な証拠調を経たものであれば、これによって罪となるべき事実を認定しても、前述した原則との関係だけからいえば、少しも差支えないのである。
　次に、論旨は立証趣旨という点からしても右の証拠を罪となるべき事実認定の資料に供することは許されないと主張する。これは、ことばをかえていえば、裁判所は証拠の立証趣旨に拘束されるかという問題にほかならない。そこで、この点につき考究するのに、極端な当事者主義の原則を貫ぬくならばあるいは論旨の結論を正当なりとしなければならないかもしれないがわが刑事訴訟法は周知のごとく当事者主義をかなり強く採り入れてはいるもののなお職権による証拠調の制度を認めていること等からしても当事者主義のみに徹底しているものとは考えられない。そのような点を併せ考えると、刑事訴訟規則第189条が証拠調の請求にあたり証拠と証明すべき事実との関係（立証趣旨）を明らかにすることを要求しているのは、さしあたり裁判所がその請求の採否の決定をするについてはその参考とするためであると解すべきであって（このことは同条第4項に立証趣旨を明らかにしない証拠調の請求を却下することができる旨の規定があることからも窺うことができる。）立証趣旨なるものにそれ以上の強い効力を認めることは、法の精神とするところではないと解するのを妥当とする。いいかえれば、ある証拠調を請求した者は、その証拠が立証趣旨に従って自己の側に有利に判断されることある反面、いやしくもこれが採用された限り自己の不利益にも使用されることのあるのを予期すべきものなのであって、この解釈は、あたかも被告人の公判廷における任意の供述が自己の不利益な証拠ともなりうること（刑事訴訟規則第197条第1項参照）とも照応するのである。ただ、強いていえば、次の2点には注意する必要があるであろう。第1は、当事者が証拠を刑事訴訟法第328条のいわゆる反証として提出した場合で、この場合は証拠調の請求者が自らその証拠能力を限定したことになるから、これをもっ

て完全な証拠能力あるものとして罪となるべき事実を認定することは許されない。第2には、いわゆる伝聞法則との関係において、立証趣意のいかんによりその書証に対する同意の意味が異なる場合があり、また証人に対する反対尋問の範囲に相違を生ずることが考えられるので、それらの場合に証明すべき事実との関係で証拠能力の認められないことがありうる。しかし、これらはいずれも証拠能力の問題に帰着するのであって、厳密にいうと裁判所が当事者の立証趣旨に拘束されたということはないのである。ところで、本件においては、前記「お願い」と題する書面は、もとより弁護人がいわゆる反証として提出したものではない。また、右の書面を証拠とすることに検察官が同意したのは、なんら留保を附せず無条件に同意しているのであるから、同意との関係において証拠能力を欠くともいえないわけであって、以上説明したところからすれば、右の書証はその立証趣旨のいかんにかかわらず、被告人の罪となるべき事実認定の資料とすることになんら妨がないというべきであるから、原判決がこれを証拠として挙示したことは別段違法の点はなく、論旨は理由がない。

＊　＊　＊

（裁判長裁判官　大塚今比古、裁判官　山田要治、裁判官　中野次雄）

［弁護人の控訴趣意］

　原審訴訟記録に依れば、本件犯罪事実を認定するに当り、弁護人小川徳次郎提出に係る「お願い」と題する書面を証拠に採用したこと明かである。而して、該書面は、第3回公判期日に於て、罪となるべき事実に対する各証拠の取調べられた後に被告人の情状を証するため提出されたこと記録に徴して明かである。然るに原判決は、之を罪となるべき事実に対する証拠として採用しているのである。そもそも、刑事訴訟法に於ては、罪となるべき事実と、之以外の事実とは、明かに区別され、罪となるべき事実は、厳格たる証拠（証拠能力ある証拠）に依り厳格なる取調べの方法に従って認定されることを要するも、罪となるべき事実以外の事実は厳格なる証拠により厳格なる取調べの方法に従わずして之を認めることを得となすこと、刑事訴訟法の本質及び刑訴第317条の解釈として、判例、通説の一致して認めるところである。その理由は奈辺にあるか、蓋し、刑事においては被告人の人権に関係するところ大であり、犯罪の成否に関する証拠に一定の法的規制をなし、裁判官の証拠価値に対する自由心証を客観的に制約せんとするものである。従って、斯る制約なき証拠を以て犯罪事実を認定するは刑事訴訟法第317条に反して明かに違法である。

　今、本件を見るに、原審弁護人小川徳次郎は被告人の情状を証する為、被告人作成の「お願い」と題する書面を証拠として提出し検察官は之に同意し、裁判官は証拠調べをしたのであるが、その手続形式に於ては犯罪事実に対する書面の取調べと異るところがない。然し乍ら前述の通り、罪となるべき事実の証拠と、然らざるものとは、証拠能力に重大なる差異あるものにして右の「お願い」と題する書面は、被告人が刑事上の訴追を受け、被害金を弁償して、罪を軽からしめんとしたるも、被害者が之を受取らざるため、止むなく受領を乞う為、被害者に出したる書面で、被告人が示談に誠意を尽していること、従って、犯罪後の情状を有利に立証せんとするものなる

こと客観的に明かであり、斯る証拠は罪となるべき事実の証拠としては、証拠能力なきこと明かである。従って之を犯罪事実認定の用に供したことは明に違法である。

右は同書面の性質より来たるものであるが、立証趣旨の点よりするも、右書面は情状を立証する趣旨なること明白にして、刑事訴訟法の本質及び被告人の人権擁護のため、情状を証する趣旨の証拠は、之を以って罪となるべき事実を認定し得ざるものと解すべきが故に明かに違法である。

＊　＊　＊

> **質問2−8**
> 情状証拠で事実認定事件判決と「お願い」事件判決とは矛盾するか。

> **質問2−9**
> 被告人から被害者とされる人物にあてて示談を懇願する手紙は被告人の犯罪を立証する証拠として証拠能力があるか。

III 証拠決定

判　例

最大判昭23・7・29刑集2-9-1045（被害者証人申請却下事件）

　被告人両名弁護人森西隆恒上告趣意第三点について。
　刑事裁判における証人の喚問は、被告人にとっても又検察官にとっても重要な関心事であることは言うを待たないが、さればといって被告人又は弁護人からした証人申請に基きすべての証人を喚問し不必要と思われる証人までをも悉く訊問しなければならぬという訳のものではなく、裁判所は当該事件の裁判をなすに必要適切な証人を喚問すればそれでよいものと言うべきである。そして、いかなる証人が当該事件の裁判に必要適切であるか否か、従って証人申請の採否は、各具体的事件の性格、環境、属性、その他諸般の事情を深く斟酌して、当該裁判所が決定すべき事柄である。しかし、裁判所は、証人申請の採否について自由裁量を許されていると言っても主観的な専制ないし独断に陥ることは固より許され難いところであり、実験則に反するに至ればここに不法を招来することとなるのである。そこで、憲法第37条第2項の趣旨もまた上述するところと相背馳するものではない。同条からして直ちに所論のように、不正不当の理由に基かざる限り弁護人の申請した証人はすべて裁判所が喚問すべき義務があると論定し去ることは、当を得たものと言うことができない。証人の採否はどこまでも前述のごとく事案に必要適切であるか否かの自由裁量によって当該裁判所が決定すべき事柄である。さて、本件において原裁判所は弁護人から申請のあった証人中村隆幸について申請を却下したのであるが、つぶさに本件の具体的性質、環境その他諸般の事情を斟酌すれば、該証人の喚問は必ずしも裁判に必要適切なものでないと認めても実験則に反するところはないから、右却下は何等の違法を生ずることがない。論旨は、それゆえに理由なきものである。

上告趣意第三点に対する裁判官齋藤悠輔の意見は次のとおりである。

憲法第37条第2項によれば、刑事被告人は、すべての証人に対して審問する機会を充分に与えられ、又、公費で自己のために強制的手続により証人を求める基本的な権利を有する。しかし国民は憲法の保障する自由及び権利を濫用してはならないのであって、常に公共の福祉のためにこれを利用する責任を負うことも同第12条の明定するところである。されば被告人の権利を尊重すると共に公共の福祉を維持する裁判所は訴訟手続において被告人の証人に対する審問若しくは証人を求める被告人の権利行使にして、不当であり若しくは不必要であると認めるときは憲法上これを拒否することを得るものと言わなければならぬ。そして裁判所は証拠の取捨、判断については法令その他実験則に反せざる限り良心に従い諸般の事情に応じ独立、自由に決定すべきものであり、しかも本件においては所論証人の外記録上すでに他に適当な証拠があることを認め得るから所論証人を不必要として却下したからと言って何等実験則に反したものでもなく、原審には所論の違法はない。

上告趣意第三点に対する裁判官沢田竹治郎の意見は次のとおりである。

しかし、証人の喚問は裁判上確定すべき事実の認定の証拠を得るためにすることで、いかなる者を証人として喚問するか否かは事実認定の資料としてその者の供述が必要であるか否かで決すべきであり、その必要があるか否かの判断はこれを決する者の自由裁量に一任さるべきであり、これを決する者は裁判所であるという訴訟法上の原則を前提とするときは、いわゆる当事者の証人喚問の申請権は、厳格にいうと、申請によって裁判所にその証人を喚問する義務とか拘束を発生せしめるものではなく、単にその証人を喚問するかどうかを、決定する義務を発生するにとゞまるものといわなければならぬ。もとより裁判所が証人を喚問するか否かを決定するのはその自由裁量によるべきだといったとて、その裁量は恣意の意味でなく、経験則に反してはならぬという制限に服するものであることは、いうまでもない。又裁判所が証人を喚問すると決定したからには、裁判所は自らした決定という処分によってその証人を喚問すべき拘束を受けることとなる筋合であるのは理の当然である。そこで日本国憲法特にその第37条第2項の規定が、この意味においての証人喚問を決定する裁判所の権限を、裁判所から奪って当事者殊に被告人に与へるとか、決定するについて裁判所の裁量に制限を加える趣旨のものだと解することは、同条項の文詞からもその他の規定の文詞からも困難である。又条理からいっても不必要な証人の喚問は、迅速な裁判の障害となるし、当事者には不必要な訴訟費用の負担を来たすし、証人には無意味に出頭、宣誓、供述の義務が課せられることとなるのは必定であるし、裁判所の裁量は経験則に反しない限り、その自由を原則とするのが当然であるから、証人喚問の申請を決定することは、喚問する必要があるか否かを、最も適切に、最も公正に判断することのできる地位にある裁判所の自由裁量による判断に、これを委ねるのが当然であって、当事者殊に犯罪の嫌疑をかけられている被告人の判断に委ねるべきではないといえるから、日本国憲法が、いかに基本的人権の尊重保護に真剣であるからといったとて、この条理を否定し、抹殺し去らねばならぬという理由を発見することができない。従って日本国憲法第37条第2項の規定は、被告人の証人喚問の申請についての規定

ではなく、既に裁判所が証人として喚問することに決した証人に対して被告人が審問する権利又は強制手続を請求する権利を宣言し保障する趣旨の規定と解すべきである。されば同項の規定を引用して、証人の喚問を申請することは、憲法により保障せられた国民の権利であって、その申請が不正不当の理由に基かぬ限り、裁判所は弁護人が申請した証人を喚問すべき義務がある、との論旨は当を得ない。故に弁護人の証人喚問の申請を原審が却下したからといって、原判決には憲法違反の不法ありとの所論は理由がない。又本件事案の骨子は比較的単純で、しかも、犯行は公衆の前で行われたものであり、被害者の他に、犯行の目撃者乃至関係人もあって、それ等の者の供述書のあることは一件記録で明らかなところであるから、原審が被害者を証人として喚問する必要はないと判断して、所論の証人申請を却下しても、実験則に反する違法を生ずるとはいえない。されば被害者を喚問しないでした判決だからといって原判決には審理不尽の違法ありとの所論は筋違いである。論旨は理由がない。

*　*　*

この判決は、理由に関する少数意見を除き裁判官全員の一致した意見である。

（裁判長裁判官　三淵忠彦、裁判官　塚崎直義、裁判官　長谷川太一郎、裁判官　沢田竹治郎、裁判官　霜山精一、裁判官　井上登、裁判官　栗山茂、裁判官　真野毅、裁判官　庄野理一、裁判官　小谷勝重、裁判官　島保、裁判官　齋藤悠輔、裁判官　藤田八郎、裁判官　岩松三郎）

弁護人森西隆恒上告趣意
　第三　弁護人は本件の真相を明にする為被害者中村を証人として喚問することを申請したるに拘らず原裁判所は正当の理由なく其の申請を却下した。之は明に憲法第37条違反である。証人の喚問を申請することは憲法に依り保証せられた国民の権利である。従て其の申請が不正不当の理由に基かざる限り即ち権利の濫用にあらざる限り裁判所は弁護人が申請した証人を喚問すべき義務があるのである。唯裁判所が主観的に不必要と認めたからとて其の申請を拒否すべきでない。裁判所が事件に付予断を抱く事は止むを得ざることがあるが其の予断を以て証人の申請を却下すべきでない。前記憲法第37条第2項に依り国民に与へられた証人喚問を求むる権利は従来の刑事訴訟法に於ける夫れの如く其の採否を裁判所の宏凡なる自由裁量に委したものではない。而して被害者中村は本件事実認定の上に於て最も重要な証人であつて其の事は本件記録に依り明瞭である。被告人等は本件犯罪事実を否認して居るのであるが本件の真相を一番よく知つて居るものは被告人両名と被害者中村である。従て弁護人が被害者中村を証人として喚問することを申請したのは当然且正当であつて裁判所は単に他の証拠に依て犯罪事実を認定する事が出来るからとの理由で弁護人の証拠申請を却下することは出来ないのである。素より証人の証言を信用すると否とは裁判所の自由であるが兎に角弁護人が証人の喚問を申請した以上裁判所は一応其の証人を喚問し其の証言を勘考した上で犯罪事実を認定すべき義務があるのである。原判決は判示犯罪事実を認定し其の証拠説明に酒田一二に対する検察事務官聴取書を引用しながら事件に最も関係が深く且事件の真相を酒田以上に委しく知つて居る筈の中村の聴取書を引用しなかつたが之は何故であるか中村の供述が措信することが出来ない為であるか若し中村の供述が措信することが出来ない

とすれば之と殆んど同趣旨の供述をして居る酒田の供述も亦措信することが出来ない筈である。原裁判所は前記の如く弁護人が被害者中村を証人として喚問することを申請したのに拘らず之を却下した為日本憲法の施行に伴ふ刑事訴訟法の応急的措置に関する法律第12条第1項[5]に制縛され中村の聴取書を証拠に引用しなかつたものに過ぎなかつたものと思ふ。若し右法条に制縛されなかつたならば原裁判所は恐らく中村の聴取書を証拠説明に引用したであろうと思はれる。要するに原裁判所は形式上は中村の聴取書を証拠説明に引用して居ないが実質上は右聴取書に基いて原判示の如き事実を認定したものと思料せられるのである。原裁判所の斯くの如き態度が国民の権利を尊重して居る新憲法下の日本に於て果して妥当なる行為として認容することが出来るであろうか。若し裁判所の右の如き行為が妥当として認容出来るならば被告人若しくは弁護人は1人か2人の証人の喚問を希望する場合に於ても（実際其の1人か2人の証人を訊問すれば事件の真相を把握することが出来る場合でも）被告人に不利益な供述をして居るものは全部証人として喚問することを申請し夫れ等の者の供述を録取した書類を裁判所が証拠に引用することを制縛せざるを得ないことになる。神聖なる法廷に於て被告人又は弁護人が斯くの如き所謂法廷戦術を採らざるべからざることは果して法律が予想して居ることであろうか。何人も消極に解すべきことと信ずる。以上の様な理由で原裁判所が弁護人の証拠申請を却下して中村を証人として喚問しなかつた事は憲法違反であると同時に審理不尽の違法があるものと信ずる。仍て原判決の破毀を求むる次第である。

判　例

福岡高判平5・4・15判時1461-159（反対尋問のための証人申請事件）

　所論は多岐にわたるが、要するに、一　本件［道交法違反（制限速度違反）事件］は、必要的弁護事件ではないが、被告人が原審第2回公判期日において犯罪事実の存否を争うことを明らかにしたのであるから、実質的な当事者主義と適正手続きの保障の趣旨にかんがみ、原裁判所は、職権により国選弁護人を選任したうえ審理をなすべきであったのに、私選弁護人が選任されるまでの間、国選弁護人を選任しないまま審理（特に、違反を現認した警察官2名の証人尋問）をした違法があり、二　私選弁護人選任後に、弁護人より右警察官2名の証人尋問請求をしたのに対し、原裁判所は、これを却下し、弁護人からの却下決定に対する異議も採用しなかったが、かかる措置は、本件犯罪事実の成否の立証に必要不可欠な、現認警察官2名の証言に対して、弁護人による反対尋問を認めず、実質的弁護権の保障を奪った違法があり、三　原裁判所は、弁護人が新たに村上安範、伊藤清司の証人尋問を請求したのに対し、村上証人につき、これを却下し、弁護人の異議申立をもいれず、伊藤証人については、検察官からも証人申請がなされたことから、双方申請として採用したが、同証人が召喚された期日に出頭しなかったところ、直ちに証拠決定を取消し、弁護人からの異議申立もいれなかったが、右村上証人は、本件違反現場において、被告人運転の車両を追い上げ進行していった別の車両を目撃した者であり、右伊藤証人は、被告人運転車両を違反現場で直接目撃した第三者であって、いずれも、被告人の反証にとって重要な証

注5）　編者注：刑訴応急措置法12条1項「証人その他の者（被告人を除く。）の供述を録取した書類又はこれに代わるべき書類は、被告人の請求があるときは、その供述者又は作成者を公判期日において訊問する機会を被告人に与えなければ、これを証拠とすることができない。但し、その機会を与えることができず、又は著しく困難な場合には、裁判所は、これらの書類についての制限及び被告人の憲法上の権利を適当に考慮して、これを証拠とすることができる。」

人であるのに、両証人を採用しなかった措置は、刑事被告人に対し証人尋問請求権を保障した憲法37条2項に違反する違法なものであり、以上は判決に影響を及ぼすことが明らかな訴訟手続の法令違反に当たるので、原判決は破棄を免れない、というのである。

　まず、原審における審理の経過について検討する。記録によれば、被告人は、平成3年4月16日、道路交通法違反の事実（法定速度を超える93キロメートル毎時の速度で普通貨物自動車を運転進行したという速度違反）により検挙され、同年12月27日、右事実により原裁判所（鳥栖簡易裁判所）に公訴を提起されたが、被告人は同月30日付で同裁判所に対して弁護人選任に関する回答書を提出し、弁護人の必要はない旨答えていること、そこで原裁判所は、弁護人のないまま、平成4年2月5日に第1回公判期日、同月26日に第2回公判期日を開いたが、同期日において、被告人は被告事件について、運転したことは間違いないが、その時の速度は93キロメートル毎時ではなく75キロメートル毎時位であったと陳述したこと、同年4月9日の第3回、同年5月14日の第4回各公判期日において、警察官3名（保利博重、古賀武則外1名）の証人尋問が行われたが、その後同年6月10日付で弁護士玉井勝利を弁護人とする旨の弁護人選任届が提出されたこと、同年7月2日の第5回公判期日において、被告人質問が行われたほか、弁護人より前記保利、古賀の両名の警察官及び村上安範、伊藤清司の証人尋問を申請したところ、同年8月6日の第6回公判期日において、原裁判所は伊藤の証人申請のみを採用しその余の証人申請をいずれも却下し、弁護人から証人保利、古賀の両名については弁護人の反対尋問が行われていないので却下決定に異議がある旨申立があったが、この異議を採用せず、被告人質問を行ったこと、同月20日付で検察官からも伊藤の証人申請があったことから次回に双方申請として取り調べる旨採用決定をしたが、同年10月1日の第7回公判期日に同証人が出頭しなかったため、原裁判所はその採用を取り消して却下したうえ、被告人質問を行ったこと、同年11月5日の第8回公判期日において、検察官の論告、弁護人の弁論及び被告人の最終陳述が行われ、弁護人の弁論中において本件控訴趣意と同趣旨の主張がなされたが、そのまま結審し、同月12日の第9回公判期日において、原判決が宣告されたことが明らかである。

　そこで、第一に、国選弁護人不選任の違法の主張について考える。被告人は、本件速度違反の事実につき、93キロメートルの速度違反をしたのは被告人車ではなく他車であるのに、取締りに当たった警察官が違反車両を混同誤認した旨述べて、検挙の当初から争っているのであるから、原裁判所としては事案の内容にかんがみ被告人に訴訟上の防禦を十分行わせるため、国選弁護人の選任を考慮するのが相当であったということができる。しかし、本件においては、後に私選弁護人が選任されて審理に関与しているのであるから、原裁判所が国選弁護人を選任しなかったからといって、これが直ちに判決に影響を及ぼすべき訴訟手続の法令違反に当たるということはできない。

　次に、弁護人による反対尋問を認めず、実質的弁護権の保障を奪った違法がある旨の主張について、判断を加える。

　当事者から証拠調べの請求がなされた場合において、裁判所は、そのすべてを取り調べなければならないものではなく、各具体的事件の特質、審理の経過、その他諸般の事情を深く斟酌し、

いかなる証拠が当該事件の裁判に必要適切かを判断して、証拠の申請の採否を決定すれば足りるのである。しかし、証拠の採否が裁判所の裁量に委ねられているからといって、まったく自由な裁量に委ねられていると解するのは相当でなく、事案の真相解明に必要かつ十分な審理を尽くすとの観点から、被告人の防禦権行使にも配慮して、公正かつ適切に行うべきである。これを本件についてみるに、弁護人が申請した証人保利博重、同古賀武則の両名は、いずれも本件現場において速度違反の取締まりに当たった警察官で、保利証人は測定現認係として、古賀証人は現認停止係として、それぞれ本件違反を現認したものであるところ、保利証人は第3回公判期日において、古賀証人は第4回公判期日において、それぞれ検察官申請の証人として既に尋問が終了していたものであるが、右各期日とも弁護人が選任されておらず、弁護人による反対尋問が実施されていなかったことから、原審弁護人はその選任後である第5回公判期日において反対尋問を行う必要があるとして右両名の証人申請に及んだものであることが明らかである。しかして、本件は、被告人運転の車両の速度の正確性、とりわけ他車との誤認の有無が争点なのであるから、犯罪立証の枢要をなす、違反を現認した警察官に対する証人尋問手続においては、被告人側からも適切な反対尋問をなさしめることが、事案の真相解明のためのみに止まらず、被告人に対し適切な防禦の機会を与えるという適正手続保障のためにも必要不可欠なものである。そうすると、原裁判所が弁護人の前記証人申請を却下し、両証人に対する弁護人による反対尋問の機会を与えないまま判決をしたのは、必要かつ十分な審理を尽くさない違法があるというほかなく、判決に影響を及ぼすことが明らかな訴訟手続の法令違反があるというべきである。（もっとも、右保利、古賀両名に対する証人尋問が実施された各公判期日において、ともに、被告人本人による反対尋問がなされ、続いて裁判官による補充尋問がなされたうえ、その証人尋問を終了しているものであることが記録上明らかであるが、本件事案にかんがみ、これによって被告人に十分防禦の機会が与えられ、審理が十分尽くされているということは到底できない。）したがって、その余の点について判断するまでもなく、原判決は失当として破棄を免れない。論旨は理由がある。

　よって、本件においては原裁判所において更に審理を尽くすのが相当であるから、刑事訴訟法400条本文に従い、本件を原裁判所である鳥栖簡易裁判所に差し戻すこととし、主文のとおり判決する。

　（裁判長裁判官　金澤英一、裁判官　川崎貞夫、裁判官　長谷川憲一）

IV 証拠の取調べ

　刑事被告人には「公開裁判」を受ける権利がある（憲法37条1項）。したがって、公判期日における証拠の取調べは「公判廷」で行わなければならない（刑訴法282条1項）。公判廷は原則として裁判所またはその支部で開かれる（裁判所法69条）。証拠の「取調」（刑訴法282条1項）とは、公判廷にいるすべての人——裁判員、裁判官、裁判所書記官、検察官、被告人、弁護人のほか、傍聴人も含まれる——が採用された証拠の内容を知り、理解するために行われる作業である。刑訴法は人証について「尋問」（同法143条）、証拠書類について「朗読」（同法305条）、証拠物について展示（同法306条）という方法を定めている。しかし、現代において証拠のタイプはこれらに限られない。そこで新しいタイプの証拠について、どのような方法が、法廷にいる人々がその内容を認識し理解するのに適した方法なのかが問われる。

判　例

最2小決昭29・6・19裁判集刑96-335（「要旨の告知は適法」事件）
　弁護人船内正一の上告趣意第一点について。
＊　＊　＊
　（二）第一審第1回公判調書に、検察官は右各書証の要旨を告げて被告人及び弁護人に示して裁判官に提出したと記載されているのは（記録16丁）、刑訴規則203条の2の規定に従って記載されたものと認められるが、右規則の規定は、所論のように法律の規定を規則で変更したものではなく、刑訴305条の定める証拠書類に対する証拠調の方式を合目的的に簡易化したにとどまるものと解されるから、違憲論は前提を欠き採るを得ない（論旨に刑訴310条と記載してあるのは刑訴305条の誤記と認められる）。
＊　＊　＊

よって同414条386条1項3号により主文のとおり決定する。
（裁判長裁判官　霜山精一、裁判官　栗山茂、裁判官　小谷勝重、裁判官　谷村唯一郎）

弁護人船内正一の上告趣意
　第一点（控訴趣意書第一点に關するもの）
＊　＊　＊
　又第一審第1回公判に於て右書証の取調べに当り裁判官は其の朗読に代えて要示を告げることに付訴訟関係人の意見を聴かずして書証の要旨を告げることにしたのは違法である。尤も被告人及び岡田弁護人が取調べの順序方法について意見はないと述べた旨の記載があるが右の意見を聴くとは朗読に依るか要旨を告げるに止めるか具体的に之を明示して意見を聴き之に付関係人の意見を徴する必要あるものである。然らざれば法規あるとも之を省略して取調が行はれ遂には法の趣旨を没却するに至るから之は厳格に施行せられねばならない。
　而して刑事訴訟規則第203条の2は刑事訴訟法第310条の規定に違反するものである。なんとなれば刑事訴訟法に依り定められ、刑訴法上重要な証拠調べの手続を規則に依り変更したものである［。］規則に依り制定せられるべきものは刑訴法にない補充的なものであって、法律の規定を規則に依り変更するが如きは憲法違反であり我が法制上許さるべきことでないが右規則は無効と言はざるを得ないし刑訴法上の証拠の取調べは朗読することを要し朗読せざる証拠調は証拠調の手続を履践したものとは言へない。刑事訴訟法は口頭弁論を以って根幹して居り重要な手続は総て口頭弁論に依るを要し書証は朗読せられて初めて現刑訴法の立法趣旨に合致するものであるから其の手続を変更するが如きは法の根本精神に反するものであるからである。

> **質問2-10**
> 　採用した全ての証拠書類について朗読を省略し、あるいは簡略な要旨の告知をさせるに止めておいて、法廷外でそれを精読することによって心証形成をすることは適法か。

判　例

最3小判昭27・5・6刑集6-5-736（展示かそれとも朗読か事件）
　被告人天野健太郎弁護人小泉英一の上告趣意は後記書面のとおりである。
　同第一点について。
　所論は、原判決が引用している「司法警察員の天野健太郎に対する第1回供述調書中同人の供述記載」が、その性質上証拠書類でなく証拠物であるから、これを展示することを要するにかかわらず、第一審の公判調書によれば、単に他の書面と共に順次朗読した旨の記載はあるが展示したとの記載はないから、適法な証拠調がなかったことに帰し、刑訴335条に違反するという理由

を前提として、原判決が憲法31条に違反すると主張するのであるが、これは実質において原判決の刑訴違反を主張するのであって、405条の上告理由にあたらない。且つ所論の証拠となった書面が、証拠書類（刑訴305条）であるか又は証拠物たる書面（306条307条）であるかの区別は、その書面の内容のみが証拠となるか（前者）、又は書面そのものの存在又は、状態等が証拠となるか（後者）によるのであって、その書面の作成された人、場所又は手続等によるのではない。（例えば誣告罪において虚偽の事実を記載した申告状の如き、その書面の存在そのものが証拠となると同時に如何なる事項が記載されてあるかが証拠となるのであって、かかる書面が刑訴307条の書面であり、ただ書面の内容を証明する目的を有する書面は証拠書類である。）従って所論のように、裁判官の面前における供述を記載した書面のみが証拠書類であるとはいえない。この意味において、本件の場合原審が、司法警察員の天野健太郎に対する供述調書を証拠書類としたことは、なんら違法でなく、また刑訴335条違反もない。論旨はこの点において理由がない。

＊＊＊

よって刑訴408条に従い裁判官島保の留保意見を除き、全裁判官一致の意見をもって主文のとおり判決する。
［島意見は省略］
（裁判長裁判官　井上登、裁判官　島保、裁判官　河村又介、裁判官　小林俊三、裁判官　本村善太郎）

弁護人小泉英一の上告趣意
　第一点　原判決は虚無の証拠によりて事実を認定し、刑事訴訟法第335条に違反し、判決に影響を及ぼすこと明らかであって、従って憲法第31条に違反する。原判決認定の事実は「被告人天野健太郎は法定の除外事由がなく且地方長官の許可を受けないで昭和20年6月15日から同22年4月17日頃までの間前橋市神明町12番地の自宅で軍用であった14年式拳銃1挺及びその実弾40発を所持したものである」とし、その証拠として「司法警察員の天野健太郎に対する第1回供述調書中同人の供述記載」を引用して居る。然るに第一審第1回公判調書によれば、検事の提出した被告人に対する司法警察員作成、第1回供述調書は単に検事が其の他の書面と共に順次朗読した旨の記載はあるが展示したとの記載は存しない。司法警察員作成の供述調書は元来証拠物であって証拠書類ではない。新刑事訴訟法は旧法と異り証拠書類とは、その成立が明らかであってその内容のみが問題となるものでなくてはならない。故に、証拠書類とは裁判官の面前に於ける供述を記載されたもののみがこれに該当する。それ以外の供述に代えた書面や供述を録取した書面は、皆証拠物であることは学説の一致した見解である（例、団藤教授、新刑事訴訟法綱要改訂版150頁、268頁）。して見れば前掲書面は展示されて居ないから、適法なる証拠調があったものとは云えない。即ち証拠としては無効である。これを以て事実認定の証拠としたことは畢竟虚無の証拠によりて事実を認定したものであって、刑事訴訟法第335条に違反し、従って憲法第31条に違反する。

> **質問2−11**
>
> 　旧刑訴法は証拠物の取調方法について「裁判長之ヲ被告人ニ示スヘシ」と定めていた（341条１項）。現行刑訴法は誰に示すかを明示していない（306条）。誰に示したらよいか。

判　例

最１小決昭35・3・24刑集14-4-462（録音テープ証拠採用事件）

　弁護人長崎祐三の上告趣意第一点及び弁護人吉田太郎の上告趣意第一点について。
　所論は違憲をいうが、その実質は単なる訴訟法違反であって、刑訴405条の上告理由に当らない。（所論録音についての原判決の説示は結局当裁判所もこれを正当と認める。要するに所論録音は本人不知の間になされ、従って、何等本人の表現の自由を侵害したといえないこというまでもない適法な証拠であって、記録によれば、第１審裁判所はその用法に従って、証拠調をしたことが明らかであるから右録音の存在及びその内容を証拠に採用したことに所論の違法ありというを得ない。なお、本件では、右録音の存在、内容を除外しても判示犯罪事実を肯認することができること明らかであるから、判決に影響を及ぼすべき法令違反ともいえない。）

＊　＊　＊

　よって、同414条、386条１項３号により裁判官全員一致の意見で主文のとおり決定する。
　（裁判長裁判官　下飯坂潤夫、裁判官　斎藤悠輔、裁判官　入江俊郎、裁判官　高木常七）

＊　＊　＊

弁護人吉田太郎の上告趣意

＊　＊　＊

第一、憲法第31条違反について
　一、第一審判決は罪となるべき事実の第一として被告人が昭和33年11月21日午前１時頃佐賀市馬責馬場32番地先路上において折柄夜間警邏をしていた佐賀県巡査山田重己及同巡査部長山口公の両名がスクーターを無免許運転して同所にさしかかった被告人の使用人木須文男に対し無許可運転の疑あるものとして職務質問中右山田巡査らに対し右木須の無許可運転については寛大に取り計われたき旨申入れたがこれを聞き容れられなかったのを憤激し右山田、山口両警察官に対し「無免許運転は罰金1500円払えばよいではないか、調べるなら調べろ、そのかわりお前達はこの辺を歩くな、私服の時只酒を飲むな無免許で検挙して只酒を飲むつもりだろう、お前達は俺たちの税金で暮しているではないか」などと怒号しながら、相次いで同人等の胸ぐらをつかみ、或は肩や手を同人等の身体に当ててこれを押し退らせるなどの暴行を加え、もって右警察官両名の職務の執行を妨害した旨を認定し右判示事実の証拠として被告人及び前記山口巡査部長、山田巡査等の関係調書を採用した外押収に係る録音テープ１巻の存在及びその録音内容を採用したので

あります。これに対し弁護人は右録音テープの証拠調の方法が証拠物としてなされたのか証拠書類に準ずるものとしてなされたのか不分明である点を指摘し右録音テープを証拠として採用することは違法であるとして控訴いたしましたが原審判決は之に対し「録音テープの証拠調の方法としては録音テープの存在自体を証拠とする場合は別としてその内容を証拠とする場合には之を再生してなすものと解するを相当とするものであるところ原審第1回公判調書の記載によれば本件録音テープは同公判廷において証拠調がなされたが如何なる方法によりなされたかは明らかにされていないためその証拠調の方法に瑕疵があったかどうかはにわかに断じ難いけれどもその証拠調の方法については被告人弁護人より何等の異議申立もなく且つ原審第5回公判調書の記載によれば同公判廷において右録音テープは再生されその際被告人はその内容につき詳細説明しているのであるから仮りに第1回公判廷における本件録音テープの証拠調の方法に瑕疵があったとしても右瑕疵は已に治癒されたものと解すべきであるよって訴訟手続の違反を主張する論旨は理由がない」と判示しております。

　然しながら弁護人は到底右判示には承服し難いのであります。

　（イ）原審判決は第1回公判廷において本件録音テープが如何なる方法で証拠調されたか明らかでない旨判示し更らに仮りに右証拠調の方法に瑕疵があったとしても第5回公判廷において右録音テープが再生されその際被告人はその内容につき詳細説明しているから第1回公判廷における証拠調の瑕疵は治癒された旨判示するのであるが第1回公判廷において本件録音テープが他の証拠物たるジヤンバー、カッターシヤツと共に展示され証拠物としての取調がなされたに止まりその内容が再生されなかったことは第1回公判調書の記載には第5回公判調書と異り本件録音テープにつき再生した旨の記載がないことから判断しても明白であって判示の如く如何なる方法で証拠調されたか明らかでないとは謂い得ないのであります。果して然らば右第1回公判廷における証拠調の方法の瑕疵は原判決が謂うように被告人、弁護人から何等の異議申立をなさなかったこと並に原審第5回公判調書に録音テープが再生されたことの記載とその内容について被告人が詳細説明している（公判調書の記載によれば詳細な説明は何等していない）こととによって治癒するものであるか否かが論点となる訳であるが被告人、弁護人からの異議の有無によって証拠調の適法性が左右される謂われのないことは自明の理であるから原審第5回公判調書の記載を検討するのに右調書によれば本件録音テープは検察官により再生された旨の記載があるのみであって再生された内容について証拠としての取調がなされた旨の記載はないのであります。原審判決では更にこの点に関連して前記の如く第5回公判廷において右録音テープが再生された際被告人はその内容につき詳細説明している旨判示するのであるが第5回公判廷における被告人の供述は決して右録音テープの再生内容について詳細な説明をしていないのみか却って裁判官の質問も断片的でこれに対する被告人の答弁も亦至極簡単になされているに過ぎず録音内容の極く僅少の部分についてのみ説明されているのであります。而も再生内容の如何なる部分を証拠として取調べたのか第5回公判調書からは到底これを知ることは出来ないのであります。然るに原判決は右の如き第1回、第5回公判調書の記載をもって本件録音テープを証拠物としてのみならず右テープの内容をも適法に取調べがなされたものとして証拠にこれを採用しているのであるから全く訴訟手

続に違反するものと謂わざるを得ないのであります。

（ロ）原審判決は本件録音テープが再生されて適法に証拠調がなされた場合にはこれを証拠とするも何等差支えないとの建前を執っているのであるが本件の如き被告人本人の言辞を録音したテープを証拠とすることは憲法第21条に違反するものであります。即ち国民は憲法第21条によって言論の自由を保障されているところであって本件の如く一件記録に徴し明白なように被告人本人が何等周知しない不知の間に録音されたテープを被告人に対する有罪判決の証拠に採用することは国民の言論其の他一切の表現の自由を保障した憲法第21条に違背するものと謂うべく証拠調の適法不適法以前の問題と思料されるのであります。

二、以上のように録音テープの証拠調べの方法を誤って訴訟手続に違背したり証拠とすること自体憲法第21条に違反する本件録音テープを証拠として採用した原審判決は結局憲法第31条に違反することは明らかであり且つ本件録音テープを証拠として採用しないときは判決に影響を及ぼすことも自ら明白であるから刑事訴訟法第410条に則り原判決は破棄せらるべきものと思料致します。

V 問題

問題2-1　錆びた包丁

　刺身包丁で刺し殺したという殺人事件の公判。検察官は冒頭陳述の中で、「被告人はこの包丁で山田さんを一突きしました。」と述べて、証拠物として取調べが予定されている——公判前整理手続で採用が決定している——血の跡が生々しく残る刺身包丁を裁判所に示した。このような冒頭陳述は許されるか。

問題2-2　再現ビデオ

　殺人事件の公判の冒頭、検察官は立ち上がり、「検察官が証拠により証明しようとする事実は次のとおりです。どうぞご覧ください」と述べた。すると、法廷の照明が暗くなり、スクリーンに映像が映し出された。それは、役者を使って事件を再構成したビデオだった。このような冒頭陳述は許されるか。

問題2-3　目撃証人

　検察側証人として出廷した証人Wは、被告人Dが山田さんを包丁でその腹の上辺りを刺すのを見たと証言した。Wが捜査段階で警察の取調べを受けたときには「Dが包丁を持って山田さんに突っかかって行ったのは見ましたが、包丁が刺さるところは見ていません」と供述しており、その旨の供述調書にサインしていた。弁護人はこの警察官調書全文を刑訴法328条に基づいて取調べ請求した。検察官は法廷で「同意する」と述べ、裁判所は証拠採用した。
　裁判所は、この警察官調書の記載のその余の記載部分がWの法廷証言とほとんど一致していることから、Wの証言は「包丁で刺すのを目撃した」という部分を除い

てその前後の目撃状況に関する部分の信憑性は高いと認定することができるか。

第3章 関連性

関連性（relevancy）は証拠法のもっとも基本的なコンセプトの1つである。それは一見単純で明白なもののように見える。しかし、「事件に関係あるかないか」というような単純な概念ではなく、けっこう奥が深い。また、関連性という考え方は、証拠法のさまざまなルールの基礎となっている。性格証拠や科学的証拠など、証拠法のルールの多くは関連性分析の応用問題と言っても良い。

　英米のコモンローでは「関連性のない証拠は許容されない（証拠能力を欠く）」という法則が確立している。アメリカ連邦証拠規則は明文でこのルールを定めている。しかし、わが国の制定法はこれを定めていない。そこで関連性は証拠能力の要件なのか、いわゆる「証拠調の必要性」を考える一要素に過ぎないのではないかということが一応議論されている。

　本章では関連性の基本問題とその応用の1つである証拠の真正・同一性の問題を取り上げる。

I 関連性とは何か

法令

連邦証拠規則401：「関連性のある証拠」の定義

「関連性のある証拠」とは、その証拠がない場合と比較して、訴訟の帰趨に影響するいかなる事実についても、その存在の蓋然性を高めあるいは低める傾向を持つ証拠のことである。

法令

連邦証拠規則402：関連性ある証拠は一般に許容され、関連性のない証拠は許容されない

合衆国憲法、議会の制定法、本規則、又は制定法上の根拠に従って最高裁判所が設定したその他の規則が異なる定めをしないかぎり、全ての関連性ある証拠は許容される。関連性のない証拠は許容されない。

法令

連邦証拠規則403：偏見、混乱または時間の浪費を理由とする、関連性ある証拠の排除

たとえ関連性が認められても、その証拠価値が、不公正な偏見、争点の混乱、または陪審を誤導する危険によって、若しくは、不当な遅滞、時間の浪費、または重複的な証拠の不必要な提出の弊害への考慮によって、実質的に凌駕されるときは、その証拠を排除することができる。

ノート

日本法における「関連性」概念

　わが国の法律には、関連性の定義を定めた規定もないし、関連性のない証拠を排除する旨の規定もない。関連性は証拠能力の問題ではなく、証拠調べ請求に対する裁判所の合理的裁量の問題であるという見解もある（団藤重光『刑事訴訟法綱要〈第7版〉』〔創文社、1967年〕215、247頁）。しかし、刑訴法295条1項が「事件に関係のない事項」にわたる尋問や陳述を制限できることを定め、刑訴規則189条が証拠調べ請求について「証拠と証明すべき事実との関係を具体的に明示」することを要求し、これに違反する証拠請求を却下できるとしていることなどから、関連性を証拠能力の要件と考えるのが一般的である（江家義男『刑事証拠法の基礎理論〈改訂版〉』〔有斐閣、1952年〕238頁、青木英五郎「証拠能力の制限に関するその他の問題」団藤重光編『法律実務講座刑事編（第9巻）』〔有斐閣、1956年〕1961、1990頁）。最高裁判所の判例も「犯行の状況等を撮影したいわゆる現場写真は、非供述証拠に属し、当該写真自体又はその他の証拠により**事件との関連性を認めうる限り証拠能力を具備するものであ**[る]」と言って、関連性を証拠能力の要件と考えているようである（最2小決昭59・12・21刑集38-12-3071、3074頁［新宿騒擾事件］。強調は引用者）。

　刑事訴訟法317条は「事実の認定は、証拠による」と定めている。いわゆる証拠裁判主義を定めたこの規定は、**合理的に考えて裁判の結果に影響を及ぼす事実の成否に何らの影響も与えないような事柄によって事実を認定することは許されない**というルールを定めたものと考えることができる（だから、熱鉄によって火傷したことは罪を犯した証拠とはならない）。そうだとすれば、ここで「証拠」というのは「関連性のある証拠」のことであり、同条は関連性の法則を定めた規定とみることができるだろう（熱鉄によって火傷を負ったという事実は関連性のない証拠なので、被告人を有罪とする証拠として許容されない）。

　偏見、混乱、時間の浪費を理由とする証拠の排除についてはどうか。これらの規制は陪審制に伴う危険に対処しようとしたものであって、陪審制を採らないわが国には当てはまらないという考え方もかつてはあったが、現在ではこれらの問題を「法律的関連性」と呼んで証拠能力の問題と考えるのが一般的である（これに対して本来の意味の関連性を「自然的（論理的）関連性」と呼んでいる。例えば、光藤景皎『口述刑事訴訟法（中）』〔成文堂、1992年〕140～150頁）。刑訴法295条は「既にした尋問若しくは陳述と重複する」尋問や陳述を制限できると言い、256条6項や296条但書きは、裁判官に対して予断や偏見を生じさせる事項を提示することを禁止している。また、刑訴規則は当事者間の打合せや公判準備手続を通じて「事件の争点」を明らかにすることを要求している（規則178条の6第3項第1号。平成16年改正刑訴法は「争点及び証拠の整理手続」を新設した。316条の2～32）。これらは偏見、混乱、時間の浪費を理由とする証拠排除を前提とした規定であるということもできるだろう。

ノート

自然的関連性と法律的関連性

連邦証拠規則の定義にしたがって「自然的関連性」と「法律的関連性」の内容を確認しておこう。

自然的関連性の内容は次の2つに分解することができる（連邦証拠規則401）。

① **実質性**（materiality）[1]：その証拠によって証明しようとする事実が訴訟の帰趨に影響を与えること。

② **証拠価値**（probative value）[2]：その証拠がない場合と比較して証明しようとする事実の存在の可能性を高めあるいは低める傾向をもつこと。

「訴訟の帰趨に影響を与える事実」（実質性のある事実）というのは、訴訟の論点（issue）となっている事柄に影響を与える事実のことである。例えば、訴因が傷害致死であるのに、被告人が殺意を持っていたことを証明する証拠を提出することはできない。事実の性質は様々でありえる。訴因となっている犯罪事実の存否に直接影響を与える事実はもちろんのこと、犯罪事実の存否に関する証拠の許容性や信憑性に影響を与える事実なども含まれる。その選別は一般的抽象的に論じられることではなく、具体的な事案のなかで判断されるべきであろう。

証拠価値があるというのは、その証拠がない場合と比較して、その事実の存否の可能性が少しでも変動するということである。例えば、被告人が隣人を殴ったという訴因で起訴されたとしよう。被告人は温和な人柄で決して暴力を振るわないという評判がある場合は、そのような評判がない場合と比較して、隣人に暴力を振るった可能性が低い。したがって証拠価値があるということになる。ある証拠（E）によってある仮説（H）が成り立つ可能性（P）が、その証拠がない場合と比較して高いか低いかいずれかの場合——$P(H|E)>P(H)$または$P(H|E)<P(H)$——は証拠価値があるということになる。これに対して、両者に差がない場合——$P(H|E)=P(H)$——は証拠価値がないということである。

実質性と証拠価値がある証拠は許容され、いずれかの要件を満たさない証拠は許容されないというのが原則である（連邦証拠規則402）。

しかし、この要件を満たす証拠であっても許容されないことがある。これが法律的関連性の問題である。法律的関連性は証拠のコスト―利益分析である。自然的関連性がある証拠であっても、その証拠価値よりもそれが裁判の適正な運営に対して与えるコストが大きい場合は、許容されない。連邦証拠規則はそのようなコストとして、不公正な偏見、争点の混乱、誤導の危険、不当な遅滞、時間の浪費、重複的な証拠の不必要な提出をあげている（連邦証拠規則403）。例えば、傷害で起訴された被告人に殺人で刑務所に行った前科があるとしよう。このような前科があるような人はさしたる理由なしに人を傷つけるに違いない、あるいは、一度殺人で刑務所に行った人なら今回傷害で有罪になっても人生に大した影響はないだろうと考える人はさほど珍しくない。しかし、そのような予断によって前科のある人がない人よりも少ない証拠で有罪となるのは正義に

注1）「重要性」と訳す人もいる。しかし、立証のテーマが訴訟の結果に影響を与えるかどうかという意味ではなく、証拠調べをする必要性があるかどうか（証拠能力があっても証拠調べの必要性のない証拠は却下してよいとされる）という意味で「重要性」が論じられることがあるので（例えば、石井一正『刑事実務証拠法〈第3版〉』〔判例タイムズ社、2003年〕243～246頁。重複証拠などは「重要性がない」とされる。同書244頁）、それとの混同を避けるためにも「実質性」という用語を用いることにした。

注2）これを「狭義の関連性」という場合もある。

反する。もう1つ例を挙げよう。幼女殺害事件で、被告人は無罪を主張しているが、少女が殺害された事実やその死因、身元などは争っていない。その場合に、いたいけな幼女の生前の写真と殺人現場の写真や解剖写真などを証拠として採用することは、重複立証であり時間の浪費であると同時に事実認定者の感情をかき立てて誤導する危険性がある。

　このように証拠の採否を決定する裁判官は、証拠価値とそのコストの分析をしなければならない。いわゆる性格証拠や科学的証拠のようにこの分析の方法がある程度確立しており、ルール化されているものもあるが、そうでない場合も多い。証明しようとする事実の重大性、他のよりコストの小さい証拠の存在、警告的な説示の有効性など、さまざまな不確定要素があり、裁量の幅があることは否定できない。しかし、裁量を誤れば許容性のない証拠を採用した違法を犯すことになる。これまでは職業裁判官が事実認定を行っているということでこの分析は非常に緩やかに行われてきたが、素人が事実認定を行う裁判員裁判ではこの分析・判断を適格に行うことが裁判官の重要な役割であり、かつ、裁判の公正と信頼を保つ鍵となるだろう。

判　例

水戸地下妻支判平10・10・20判時1664-157（「尿は別々」事件）

　一　本件公訴事実は、「被告人は、法定の除外事由がないのに、平成8年12月10日ころ、千葉県野田市所在の甲野商店のコンテナ内において、覚せい剤であるフェニルメチルアミノプロパン若干量を自己の身体に注射し、もって、覚せい剤を使用した。」というものである。

　二　検察官は、本件公訴事実の立証のため、被告人の尿の鑑定結果である鑑定書（甲3—証拠等関係カードにおける検察官請求証拠の番号である。以下同じ。）を取調請求したが、当裁判所は、平成9年10月28日付決定書記載のとおり、右鑑定書は違法収集証拠排除の法理により証拠能力を欠くとして、その取調請求を却下した。

　三　さらに、検察官は、本件公訴事実の立証のため、A子の尿の鑑定結果である鑑定書謄本（甲17。以下「本件鑑定書」という。）を取調請求し、本件鑑定書は、本件公訴事実にかかる被告人の覚せい剤使用事実との間に十分な関連性を有していると主張する。

　四　そこで、以下、検察官の右主張について検討する。

　1　第9回公判調書中の証人A子の供述部分、A子に対する覚せい剤取締法違反被告事件の第1回公判調書中の被告人の供述部分（乙16）及び被告人の当公判廷における供述によれば、被告人とA子は、平成8年12月10日ころ、千葉県野田市所在の甲野商店のコンテナ内において、まず、A子が被告人から覚せい剤を含有する水溶液を注射してもらって、覚せい剤を使用した後、被告人が自ら注射行為に及んでいることが認められる。

　そして、A子は前記第9回公判において、同人が被告人から注射してもらった際、注射器に入っていた水溶液を全部注射してもらっており、その後被告人が水溶液を作っているのを見ていない旨述べている。

　また、前記乙16によれば、被告人は、A子に注射する前に、覚せい剤の結晶を水に溶かして水

溶液を作ったが、その際、1回で2人分を作った旨述べているのに対し、当公判廷においては、被告人は、覚せい剤の密売人から買ったストローに入った覚せい剤水溶液2本のうち、1本をA子に注射し、もう1本を自ら注射した旨を述べている。

　2　ところで、A子の尿の鑑定結果である本件鑑定書が、被告人の使用した物質が覚せい剤であるという事実に対して関連性を有するものであるというためには、A子の尿から検出された覚せい剤と源を同じくする覚せい剤を、被告人が使用したということが認められることが必要である。

　しかしながら、A子の前記供述によっては、これを認めることはできない。次に、被告人の前記各供述のうち、乙16によれば、1回で2人分の水溶液を作り、その一部分をA子に注射し、その残りを被告人が注射したというのであるから、A子の尿から検出された覚せい剤と源を同じくする覚せい剤を、被告人が使用したということがいえるとも考えられる。しかし、被告人は、前記のとおり、当公判廷では異なった供述をしており、当公判廷と異なった供述をした理由として、被告人は、A子に対する覚せい剤取締法違反被告事件に証人として証言した際には、自分がA子に注射してやったということを証言しなくてはならないということばかりに注意がいってしまい、その他のことは、尋問の流れに沿って答えてしまった旨述べているところ、被告人がその理由として述べるところを不合理とまでいうことはできない。したがって、被告人が1回で2人分の水溶液を作り、その一部分をA子に注射し、その残りを被告人が注射した旨の被告人の供述の信用性は疑わしいといわざるを得ない。また、被告人の当公判廷での供述によっては、被告人が、A子の尿から検出された覚せい剤と源を同じくする覚せい剤を使用したということを認めることは困難である。

　したがって、以上の証拠からは、本件鑑定書は、被告人の使用した物質が覚せい剤であるという事実に対して関連性を有するということはできず、他に右関連性を認めるに足りる証拠はない。

　3　以上により、当裁判所は、本件鑑定書は要証事実に対して関連性を有するものとは認められず、証拠として用いることはできないと考え、その取調請求を却下した。

　五　そうすると、被告人は、当公判廷において、本件公訴事実について自白しているが、本件公訴事実において被告人が使用したとされる覚せい剤が、覚せい剤取締法2条にいう覚せい剤であることについて、補強証拠がないことになる。

　六　以上のとおりであり、結局、本件公訴事実については、犯罪の証明がないことになるから、刑事訴訟法336条により、被告人に対し無罪の言渡をすることとし、主文のとおり判決する。

　（裁判官　浦野真美子）

質問3-1
　この事件で「源を同じくする」とはどのような事態を指すのか。

証人尋問

さいたま地裁平成12年（わ）第529号等殺人等被告事件

　［被告人八木茂に対する殺人等被告事件。証人は警察官。彼は、主尋問において、八木茂の指示により八ヶ岳山麓に自生するトリカブトを採取したと自供した武まゆみが、警察官を先導してトリカブト自生地に案内したと証言した。弁護人の反対尋問］

　弁護人（山本宜成）　証人は、高校を卒業するまでは、ずっと大分県にいらしたんですか。
　証人　はい、そのとおりです。
　弁護人　今回、平成12年7月14日の捜査に参加した警察官の中に、長野県出身の方はいませんか。
　証人　大分県ですか。
　弁護人　いや、長野県です。
　証人　長野県はいないと思います。
　弁護人　山登りをする人はいるんじゃないですか。
　証人　ちょっと分かりません。
　弁護人　証人はどうですか。
　証人　全然やりません。
　弁護人　捜査に参加した人の中に、植物に詳しい人はいるのですか。
　証人　多分、いないと思いますが、ちょっと詳細は分かりません。
　弁護人　参加した警察官の中に、トリカブト博士と言われてた人はいませんか。
　証人　トリカブト博士ですか。
　弁護人　はい。
　証人　その時点では、そういう名の、呼ばれてる人はおりません。
　弁護人　後になって言われた人はいるのですか。
　検察官（星景子）　異議があります。関連性が不明です。
　弁護人（山本）　関連性はあります。もし、理由を説明するんであれば、証人は退席していただきたいと思います。
　裁判長　じゃ、ちょっと退席して下さい。
　（証人退廷）
　裁判長　関連性の説明をしてください。
　弁護人（山本）　武まゆみさんが作成されたノートの中に、武まゆみさん自身が、捜査員の中にトリカブト博士と称する人物がいたと述べておりますので、このときに同行していた可能性があるのではないかということで、それを明らかにするためです。
　裁判長　じゃ、呼んで下さい。
　（証人入廷）
　裁判長　異議は棄却します。

弁護人（山本）　じゃ、改めてお尋ねしますが、後に聞いたことでも結構ですが、捜査に参加した警察官の中に、トリカブト博士と言われる人がいたのではないですか。
　証人　捜査部のほうへ従事しておりましたので、最後のほうに、伝聞ですが、貫田警視のことを言っているというふうに聞いた覚えがあります。

> **質問3－2**
> 裁判長が弁護人の尋問に関連性を認めたのはなぜか。

II 証拠の真正・同一性

　覚せい剤自己使用事件で検察官が「被告人の尿から覚せい剤が検出された事実」を立証趣旨として、科学捜査研究所所属技術吏員の鑑定書を証拠請求したとしよう。鑑定資料とされた尿が実は被告人の提出した物ではなく、あるいは、被告人の提出した尿に第三者のそれを混ぜた物だったとしたらどうだろうか。検察官請求の鑑定書には関連性があるだろうか。その証拠によって「被告人が覚せい剤を使用した」という主要事実の蓋然性が高まることはありえないので、その尿やそれを鑑定資料とした鑑定書には関連性がなく、したがって証拠能力はないということになりそうである（石井一正『刑事実務証拠法（第4版）』〔判例タイムズ社、2007年〕210頁）。

　そうすると、ある証拠が関連性ある証拠だというためには、その証拠が提出者の主張するもの（上の例で言えば、被告人の尿であること）に他ならないことを証明する必要があるということになるのか（光藤景皎『口述刑事訴訟法（中）』〔成文堂、1992年〕141頁）。そうではなく、同一性が否定されないかぎり関連性が認められる（偽造の疑いというだけでは証拠能力は否定されない）のか（石井・前掲書210～211頁）。また、仮に真正・同一性の証明が関連性＝証拠能力の要件だとして、それはどのような証拠でどの程度の証明が必要なのか。これらの問題についてわが国の法律は明文で答えてはいないし、判例も明確ではない。実際上は、真正や同一性が疑われる証拠について証拠能力の存否を明言しないまま、その信憑性を否定するという例が多いようである。

判　例

仙台地判昭59・7・11判時1127-34（松山事件再審無罪判決）
　　第四　掛布団の襟当てに付着した血痕群
　　一　付着した斑痕群について

掛布団及びその襟当ては、昭和30年12月8日付古川警察署司法警察員巡査部長佐藤健三作成の捜索差押調書（以下これを「本件差押調書」という。）によれば、同日被告人の兄齋藤常雄方より、事件当時被告人が使用していたと認定されて押収され、東北大学医学部法医学教室鑑定人三木敏行の鑑定に付されたもので同鑑定人作成の昭和32年3月23日付鑑定書（以下これを「三木鑑定書」又は「三木鑑定」という。）によれば、その概況は次のとおりである。

　掛布団は、長さ約170.5センチメートル、幅約130.5センチメートル、厚さ約5.5センチメートルの大きさのもので、表側面は更紗模様、裏側面はぶどう茶色で、いずれも木綿地である。掛布団には白木綿の襟当てがしてあり、左右径は約126センチメートル、頭足径は表側面が約27センチメートル、裏側面（体に接する側）は約37センチメートルある。

　襟当てには斑痕が多数付着しており、多くは赤褐色で色調には濃淡の種々の程度のものがあり、布地のごく表面にのみ薄くあるものから、裏面にまでしみ通るものもあり、形は不規則形のものが多く、飛沫状を呈するものはない。斑痕は、襟当て表側面に35群、裏側面には51群に及び、各斑痕群は、1個ないし数個の微細な斑痕によって構成されており、それらの付着の位置、大きさ、形態・形状、色彩、色調、襟当て裏へのしみ通りの有無などについては別紙第3—1「襟当てに付着した斑痕群一覧表」と同第3—2「斑痕群一覧表添付図」（三木鑑定書の添付図を転記し、表側面及び裏側面を併せて1枚の布片に見立てた形にしたもの。仰向けに寝て布団を正しく被った場合に、寝ている人の右側又は左側をそれぞれ襟当ての右側又は左側と、寝ている人の頭側又は足側をそれぞれ襟当ての上方又は下方と呼称する。）のとおりである。

　二　血痕群の血液型鑑定について

　三木鑑定書によれば、付着した斑痕群のうち表側面「リ」「ヌ」、裏側面「つ」「ま」は血痕ではないが、その他のものは人血と鑑定され、この三木鑑定及び確定審第一審鑑定人古畑種基作成の昭和32年7月17日付鑑定書（以下これを「古畑鑑定」という。）によれば、襟当てに付着した人血液型は、それが1名に由来するときはA型、2名以上に由来するときはA型又はA型とO型が混在したものと考えられるとされているところ、被害者側の血液型は忠兵衛がO型、嘉子、雄一、淑子がいずれもA型と認められ（確定審第一審鑑定人三木敏行作成の昭和31年12月13日付、同月14日付、同村上次男作成の同年5月2日付、同月31日付各鑑定書）、他方、被告人側の血液型は、被告人及び弟彰、妹幸子、征子がいずれもB型、祖母きさ、母ヒデ、兄常雄とその妻美代子、弟勝、妹恵子がいずれもO型と認められる（確定審第一審証人三木敏行の昭和32年4月30日付尋問調書、古畑鑑定）。以上から、三木鑑定は、「本件の4名の被害者のうち、小原忠兵衛のみの血液が付着したことは否定しうる。他の3名の嘉子、雄一、淑子のうち1名の血液が付着した可能性、4名の被害者のうちのどの2名ないし3名又は4名のすべての血液が付着した可能性はあると思われる。」としている。

＊＊＊

　以上のとおり、三木、古畑鑑定を総合すると、襟当てにA型の人血痕が付着していたことが認められるが、この血痕は、被告人その他これを使用する可能性の存する家族に由来するものではなく、被害者らの血液型に一致するものである。

三　血痕群の付着状況と付着原因について

　検察官は、掛布団の襟当てに付着した血痕群は、被告人が本件犯行によって返り血を頭に浴び、頭を洗わないままその２、３時間後に帰宅して寝たという被告人の行動から、頭髪ないし手指を介して二次的、三次的に襟当てに付着した、と主張する。血液型鑑定の結果は前記のとおりであり、被害者らの血液が被告人を介して付着した可能性を科学的に証明してはいるが、それでは血痕群が犯行当日の朝の被告人の右行動に由来するといえるかどうかについて、付着状況（別紙第３－１、２）をつぶさに検討するに、次のような問題点がある。

　まず第一に、付着状況から付着の原因を推測することが困難であり、右主張のような原因から血痕が生じたと認めるのは不自然なことである。

　付着状況に関して、三木鑑定は、「表側、裏側の個々の血痕はいずれも小さく、不規則形で、金平糖状、飛沫状あるいは感嘆符状を示すものはない。したがって動脈から噴出したり滴下して生じたものでないと推測され、少量の血液を擦りつけたり、微量の血液をおし当てたり、又は軽く接触して生じたと考えるのが妥当であろう。」としつつ、「襟当て全体として、血痕の状態からどのようにして付着したかを具体的に指摘することは困難であった。」としている。証人三木敏行の昭和40年12月２日付証人尋問調書によると、襟当てに二次的に付着した場合どういう方法でおし当てたり、あるいはこすりつけたことが想定されるかについて、「私もそれはかなり考えたが、どのようにして付いたのかを具体的に指摘することはその当時考えても困難であったが今になって考えてみると更に困難である。」と述べ、

　弁護人・問　頭髪に付着した血が更にこすりつけたり、おし当てたり…したため、このような付着状況は生じ得るか。

　答　そういう可能性はあると思います。そういうふうにしてもできると思います。ただそれは抽象的にそういえるだけであって、具体的な問題になりますと、髪の毛の長さ、付着の時間とかいろいろおこってまいりますから、抽象的に可能性があるということはいえると思います。

　問　鑑定書には、（血痕群が）真中と両端の間が少しあいて……（と記載されているが）

　答　やはり（襟当ての）中央では疎でということが書いてございまして、全体としてどうしてできたか私もわからなかったんでございます。私の鑑定書には、頭からこすりつけ、頭というのを指定したところはない。頭の髪の毛からということは書いていない。

　問　頭髪から付かなくともいいんですね。

　答　いいと思います。

　と述べ、頭髪を介して二次的に付着した具体的な可能性については終始積極的には証言していないのである。ところで、同人は、三木意見書において、右の血痕群について、「仮に毛髪に付着した血液が二次的に襟当てに付着し、更に手指を介して三次的に付着したと考える場合、極めて適切な機序であると考えられる。」と述べているが、これは同人の従来の立場を一挙にくつがえし、しかもこれについて何ら説得的な説明を加えていないものであるから、右の意見はただちに採用できない。

　古畑鑑定によれば、血痕群が「具体的にどのような状態で付いたものか明らかにすることは極

めて難しい。」としつつ、「強いて説明すると、血液がある物体、例えば人の頭髪などにつき、それが二次的に触れたためできたとも考えられる。」と記述している。しかし、証人古畑種基の前記証人尋問調書によれば、同証人は、「どういうふうにしてついたかというのを無理に考えてみれば、なにか寝ている人が頭の中に血が付いて、それで布団を被るとか、頭をかくとかしたときであったら付く可能性はあるという、一つの可能性を言っただけで、こうだと申し上げているわけではない。返り血のようなものではないように思われる、ということです。鑑定書の『強いて説明すると云々』は可能性の一つを書いたので、これは省略してよろしいんです。どうして付いたか確かなことはわからないという趣旨です。」と供述している。

当再審証人木村康は、さきに三木鑑定をもとに襟当て血痕の復元を試みたものであるが、付着原因について、「真っすぐ布団を被って行儀良く寝ていた場合には、その場だけその頭髪のところが付着した極く狭い範囲だけ付着する。ところが頭髪を左右にこすりつけた場合には、頭のついたところの範囲に付くが、表側のところまでは普通付かない。実際の襟当てに付いていた散在の仕方は表の方にも満遍なく特定の偏りなく付いているが、そういうことから考えると、どうもあの布団を被ってそれで頭をこすったという動作によってできるものでなかろう。」と供述している。

以上の法医専門家の鑑定ないし証言は、襟当てに付着した血痕の機序について、それが頭髪を介して二次的又は三次的に付着したことによるという可能性についてむしろ消極的な見解を示していると考えられる。

第二に血痕の付き方に重要な矛盾が見られることである。

前記の木村証言を引用するまでもなく、血の付いた頭髪のまま掛布団を被って寝たとするならば、頭と接触する掛布団の裏側面の方の頭と接触する部分に血痕が付くはずであって、表側面に付くことは通常起り得ることではない。ところが表側面にも、別紙第3—1、第3—2に記載したように、「リ」「ヌ」を除く33群もの血痕が上下、左右に満遍なく（但し中央は疎である。）付着している。かような多数の血痕群が全面的に付くということは、検察官の主張する被告人の行動と矛盾する。前記三木証人尋問調書においても、同証人はこの理由を尋ねられ、「布団を裏返しにしないという前提をとらなければわからない。」と供述しているのである。

それでは、手指を介して、表側面に三次的に付着したと考え得るであろうか。血痕の付着状況を精査すると、表側面と裏側面との付着のし方の矛盾はますます増大する。濃く大粒の血痕及び微少ながら赤褐色の濃いものは殆ど表側面に散在し、その右側四半分（「イ」〜「レ」）に集中し、布地裏へしみ通るものも多い＊＊＊。

これに対し、裏側面では、殆どすべて薄く又は淡い微少痕で占められ、豌豆大、麻実大級のものはない。濃いものとしては「ろ´」一群と比較的濃いものとして「を」(b)（蚤刺大）があげられるほか、「に」（小麻実大）、「ほ」（半粟粒大）、「ふ」(a)、「る」(a)(b)は裏面の方が表面より濃いか粒が大きい。以上のうち「る」(a)(b)と「ふ」(a)は襟当て下縁の反転しめくれたところに付着しているが、「に」「ほ」は縫い付けられた襟当ての布地の裏面の方から付着されたことになるという、救いがたい矛盾を露呈している。

第三に、襟当てに多数の血痕が付着しながら、掛布団の本体、敷布などに血痕の付着がないことに疑問があることである。

　右のように掛布団の襟当てには多数の血痕が付着し、それは辺縁部はもとより、裏面へしみ通るほど濃いものも存するというのに掛布団本体にはその付着が認められていない。三木鑑定によれば、「襟当てに近い所では特に綿密に観察を試みたが、血痕様斑痕の存在は認められなかった。グアヤック検査、化学発光検査の成績は陰性であり血痕の存在は証明されない。」とされ、敷布（掛布団と同時に押収されたもの）についても、「グアヤック試験、化学発光試験、ヘモクロモーゲン試験、抗人グロビン沈降素反応はすべて陰性であり、敷布には血痕の存在を立証し得ない。」とされている。掛布団については、古畑鑑定においても「布団（襟当て付）の主として襟当て部分に限って血痕が付着し」と記載され、後記平塚静夫の掛布団鑑定においても、掛布団の裏面には血痕の付着証明がなかったとされている。

　検察官は、これを不自然なものではないと主張するが、その主張する機序からすれば常識的には起り得ない事象であるから、そのゆえんを論証すべきであった。現に、三木敏行は、前記証人尋問調書で「当時どうして襟当てだけに（血痕が）付いておって、外の部分に見つからないんだろうかと不審に思い、襟当て以外の布団本体を更によく見たが見つからなかった。」と供述しているのである。

　また、頭髪を動かしたことにより、襟当てに血痕が付着するならば、その場合枕カバー及び敷布にも当然血液が付着すると考えられる（船尾忠孝の昭和36年11月18日付鑑定書）ところ、右のように敷布については血痕の付着は立証されず、枕カバー等については、当時捜索された形跡もない。

　以上のように、襟当てに付着した血痕群は、その付着状況から推認し得るはずの付着原因、機序を容易に説明し得ないのみならず、その付着のし方に関しては重要な矛盾や疑問がみられるのである。少くとも、被って寝たはずの掛布団の襟当てに血痕が付着したとするならば、裏側面より表側面の方に濃くまた大粒のものが多かったり、裏側面の布地にあべこべに付着していたことは矛盾であり、血痕が襟当てにのみ付着して掛布団本体や敷布などに付着したとは認められないのは何故かという疑問が生じるはずであって、これらの点は掛布団から取り外された襟当てに血痕が付着した、という想定でもとらない限り、容易に解消されないのである。このような血痕の付着状況にまつわる不自然、矛盾、疑問は、この血痕がそもそも検察官の主張するような機会、機序によって生じたであろうかということに対し重大な疑問を抱かせ、ひいてはこの物証それ自体の真正さに合理的な疑いをさしはさむ余地を与えるものである。

　四　押収当時襟当てに多数の血痕群が付着していたか
　1　捜査員の証言について
　古川警察署佐藤巡査部長によって作成された本件差押調書には3枚の白黒写真が添付され、その1枚目は押入の全景を写した写真（以下これを「押入の写真」という。）、2枚目は敷布団を三つ折りにした上に敷布を拡げた写真（以下これを「敷布の写真」という。）、3枚目は掛布団の襟当ての一部を大写しにした写真（以下これを「襟当ての写真」ともいう。）であって、襟当ての

写真には1個の斑点が丸印で囲まれ、矢印で血痕と朱書されており、別紙第3—3はこれを写真製版したものである。

確定審第一審第23回公判（昭和32年9月7日）調書中証人佐藤健三の供述部分、同証人の昭和40年11月25日付証人尋問調書によると、「同人は古川警察署の上司亀井警部の命令で本件捜索差押に赴き、押入の中の布団は幸夫のものかと尋ねたところ、おばあさんが確かにそうだ、と言った。襟当てには血痕が付いていた。何か所か忘れたが相当か所付着していた。襟当ての写真ではわからないような血痕があまたあったことは事実でこの写真は一番大きい血痕に焦点を合わせて撮ったものと思う。写真は宮城県警察本部鑑識課の菅原警部補に撮らせた。写真の丸印と血痕の朱書は同証人が書き入れたものである。掛布団と敷布を風呂敷に包み、古川警察署の自動車で同署へ運んだが、その物件を同署のどこに置いたかは記憶にない。」と供述している。右証人尋問調書では、目撃した血痕の数などについては、「なんでも真中にちょっと大きなのが1つ、全部に米粒かごま粒大というのが相当部分に付着していたのが認められ、その他もやもやしたもの……血痕のようなすれているものが認められたのです。」と証言しているが、抽象的で、三木鑑定にあらわれた多数の血痕群の、それも表側面右側に大きなものが集っていたという特徴的なことなどには触れられていない。

菅原利雄の昭和40年9月23日付、同年11月25日付証人尋問調書によると、同人は、当時宮城県警察本部刑事部鑑識課現場係の警部補で、本件掛布団その他証拠物件の保管を担当し、以前には法医理科、写真などの技術指導を受けた者と認められる。そして、同人は、昭和30年12月8日午前中古川警察署に寄ってから常雄宅に行き、同日午後2時20分から午後3時までに行われた掛布団等の押収現場において、佐藤巡査部長に頼まれて、鑑識課のローライコードカメラ（6×6サイズ）に12枚撮りフイルムの入ったもので、それまで同人が出張先で写した残りのフイルムで4コマほど写し、その3枚が本件差押調書添付の写真であと1枚は人を入れたところを写したという。同人は前記9月23日付証人尋問調書で付着状況につき、「付着していた面積については言えませんが、きたないという意味ではなく、何度も洗って汚れたという白布に肉眼で見える非常に小さい黒っぽい褐色の薄ばんだようなものがある面積に1つだけでなく見取れました。」と供述し、数条の流れが交錯するわん曲の点線を描いて見せている。しかし、三木鑑定書によると右のような状況は襟当ての表側面及び裏側面のいずれにも見られない上、三木鑑定書によると斑痕の多くは赤褐色で濃いものや豌豆大、麻実大のものも含まれていたはずであるのに、右証言では、斑痕が黒っぽい褐色の薄ばんだようなものと表現されるに止まっている。更に、

　弁護人・問　目立って大きな点はなかったか。
　答　比較的よく目立つ汚れみたいなものがあったように思いますが。
　問　いくつ位あったか。
　答　それはわたしが書いたような点々に比べるとまるっきり少い数でした。
　問　この写真（襟当ての写真）を見ると、このようなものを出そうという気持はあったのか。
　答　接写レンズがあればそれで撮影が出来たのですが、なかったものですから、可能な限り撮ろうということで撮ったのです。

問　写真は点を撮るつもりではなかったか。
　答　始めから点を写そうとは思っていませんでした。
と供述しているが、ここでも赤褐色の血痕（後記のとおり写真の点は「ヲ」（a）と思われるのである。）の目撃証言はない。更に11月25日付証人尋問調書では、
　弁護人・問　襟当てについて写真を撮ったそのあとで、詳しくどのような状態にあったとか観察したことはありませんでしたか。
　答　それはですね。監査とかそのような立場にあるものですから、たとえば液体についてもこういう風にしたらこんな風につくじゃないかとそれを前提として考えますから……確認はしませんがそんなことで見たのではないかと思います。
　問　三木先生に渡す前にその布団を見ていますか。
　答　それ以外にはありません。時間がなかったものですから。
　問　この前、襟当てに血痕付着状況を紙に書きましたが、それは布団を写真に撮る時見た感じで書いたのですか。
　答　それもありますが、その外にも……。
　裁判長・問　その外にもとはなんですか。
　答　三木先生に渡す時に見た時、前に見た時の感じはこんなような状態でございます、位のことは言ったんではないかと思います。
　問　その時見た感じでそれに基づいて書いたというのですか。
　答　そうです。それから現場で見た時に考えたことによってでございます。
と供述しているが、右状況は、三木鑑定にあらわれた血痕の付着状況にそぐわないように思われる。
　同人は、押収した掛布団及び敷布については翌12月9日本件についての実況見分をすませた後古川警察署に立ち寄り、それを持って仙台市内の東北大学の法医学教室に行き三木助教授にこれを手渡した旨三木鑑定書の記載にそう供述をし、前示のとおりそれ以外布団は見ていないと証言している。しかしながら後述するように掛布団及び敷布は一旦宮城県警察本部鑑識課に運ばれたことは動かしがたい事実であり、菅原警部補もこれに関与していたことも明らかなところであって、右菅原証言にはかかる重要事項についての証言が回避されている。
　2　現場写真のネガの紛失について
　ところで、菅原警部補は、現場で写真を撮ったという12月8日に古川警察署でそのフイルムを現像したと述べる一方、そのネガを紛失した、と言う。前記9月23日付証人尋問調書によると、「（この写真のネガは）私としては佐藤巡査部長に渡したと思いますがわかりません。」「ネガの保管は撮影袋に入れて鑑識課の箱に年代別に入れて保管しておくが、どこで保管したか全然記憶がない。古川署の方にやったと思う。」と述べているが、佐藤巡査部長の証言には古川署にネガが送付された事情は見当たらない。更に、同警部補は、「ネガは家へ持って帰ることはない。」「時にはネガをバラ半紙に包んでおくこともありますので、そのようにして自分の机に入れて置いたのかもわかりません。ただ鑑識課のネガ袋に入れたことは全然なかったと思います。」と述べ、

裁判長・問　どうして鑑識課の箱に入れなかったのか。なにか理由でもあったのか。

答　一般的にはフイルムを鑑識課の写真係に渡してそこで現像し、ベタ焼をして事件名とか年月日を記入して箱に入れて保管するはずですが、本件の場合は現像焼付をわたしがして鑑識課にさせなかったわけです。それでネガも佐藤部長に渡したかその他の書類と一緒になってしまったのか、それで鑑識課の箱に入っていないと思います。

問　本件のネガは事件関係のものだから、一般的には県警本部鑑識課に引き継ぐべきだと思われるがどうか。

答　それが自分の落度でした。しかしどこかから出て来るものと思いますが。

と述べた上、「わたしとしましては、昭和35年に転勤命令を受けた際にネガ袋に入れないで事務机に入れて置いたのを他の物と一括整理処分したのではないかと思います。これが一番考えられることです。」とも証言している。以上の証言内容は、鑑識課員の、それも物証の保管の責にある者の発言としてはとうてい納得できるものではなく、ネガの「紛失」が作為的になされたか又は重大な懈怠に基づいたとの疑惑を抱かせるものである。けだし、本件は県警本部をあげての組織捜査が行われた重大事案であったこと、本件関係の写真のネガはすべて鑑識課に長年にわたり保管、保存されていることは関係者の証言によっても確かめられており、現に当時鑑識課員であった石垣秀男も20年余を経た後においてもすみやかに襟当てを写した写真のネガフイルムを引き出しているのであり、このようなネガを軽々に「紛失」するということはあり得べきことではないからである。

そこで捜査内部ではどのように処理されたかを検討するに、昭和40年7月3日付司法警察員八島孝作成の古川署長宛「写真原板保管の有無について報告」と題する書面によれば、「菅原利雄が掛布団撮影に使用したカメラは県警鑑識課所有のもので、現像焼付は鑑識課において処理し、写真のみ当署に送付されたものであるから原板は鑑識課において保存されたものと思料される。」というもので、古川署にネガが渡されたとは認めがたい。また、同年9月20日付宮城県警察本部長より仙台高等裁判所第一刑事部裁判長宛右同様の回答書によれば、「県本部において撮影した写真原板は事件ごとに一括して当本部鑑識課において保管しているのであるが、調査した結果該当の写真原板を発見できず、古川警察署写真係担当者について再度調査するも発見するに至らないので、該原板は正規に保管される以前に紛失したものと思われる。なお、事件捜査にかかわる写真原板は、照会の原板を除く外は所定の保管により当課に保管されている。」とされ、結局ネガの紛失の原因については、その責任を持つべき県警本部側によっても解明されていない。

このネガの紛失は、一連の差押写真ことに襟当ての写真にまつわる疑問点と写真撮影の時期、場所など写真証拠の価値評価に欠かすことのできない事項を客観的に解明することを阻み、襟当て血痕群の成立の真正の証明を困難にしているのである。

3　襟当ての写真には血痕が写っているか

弁護人は、「本件襟当ての複製を用いて本件差押調書添付の襟当ての写真（以下これを「差押写真」ともいう。）と同一条件で写真撮影したところ、多数の血痕が写ったのに、右の襟当ての写真には「血痕」として矢印で指示された斑痕が一点のみしか写っていない。これは本件捜索差

押当時襟当てには三木鑑定時のような80数群もの血痕が付着していなかったことを示すものである。」と主張する。右疑問点は再審請求審で弁護人より提起され、検察官に襟当ての写真のネガを提出するよう求めたのに対し、検察官はこれに応じなかった経緯が窺われる。

そこで、当裁判所は、三木鑑定書の斑痕の状況とその付属写真等を参照しつつ、襟当ての写真について詳細に観察を試みたところ、次のような結果を得た。

［差押調書添付の襟当ての写真と三木鑑定書付属写真の血痕付着状況を逐一対照する。］

＊　＊　＊

したがって、襟当ての写真に写された襟当ては三木鑑定に付されたものと同一物であり、少なくとも、「ヲ」の（a）、「よ」、「ホ」の（a）、「ロ」の5個の斑痕が付着していたと判断されるのであり、更に、写って然るべき他の3個の斑痕が見えないことについても相当の理由が考えられることを考慮すると、右写真撮影時にはすでに鑑定時の斑痕付着状況にあった蓋然性が高いといわなければならない。そうすると、差押写真に関する弁護人の右主張はくつがえされるように思われる。

4　襟当ての写真の成立について

しかしながら、襟当ての写真が差押調書に添付されているからといって、それが本件捜索差押当時常雄宅で撮影されたものとは速断できない。この写真がどこで焼付けられ、どのように送付されたかについての佐藤巡査部長や菅原警部補らの証言はやや曖昧である。それのみならず、撮影者菅原警部補は、押収当時常雄宅で写した4枚の写真の中の3枚が本件差押調書に添付された旨証言しているが、この証人は、掛布団等の保管、移動の重要事項について証言を回避している上、肝心の写真のネガを「紛失」したと称している者である。右証言については、その証人の属性や立場などを考慮した上でその信用性の有無を決しなければならないのであって、たやすくこれを信用することはできない。

ところで調書添付の3枚の写真のうち1枚目の押入の写真は別として、2枚目の敷布の写真は被写体に光がスポットされており、菅原の前記11月25日付証人尋問調書によると、これは自然光線を利用したのではなく電光をスポットして写した写真であるというが、果して常雄宅でスポット撮影がなされたのであろうかについても同証人は、「スポットされて写された写真です。それが何かと言われても今はわかりません。」と供述するに止まっている。

次に、襟当ての写真については、写真の右斜め方向から光線が入っているが、この点に関し、同証人は、「日光か電灯かわかりませんがこれは斜光線です。」と述べ、「露出をたっぷりかけて斜光線を使って撮った。」とも証言している。しかし、果して当時、常雄宅の日光の入り込む位置があったのか、また、斜光線用の電灯をどのように用いたのか等について具体的な供述はない。この写真は、前記の検討からも明らかなように、襟当ての血痕を写すのに最も良い部分を撮影の対象としていると思われ、この写真の撮影者は襟当て全体を観察し、血痕群の位置、大きさ、濃さなどを念頭においたと推測されるが、常雄宅で果してかかる作業が行われたとすれば、立会人の常雄らにはどうして血痕が示されなかったのか、菅原証言の斑痕目撃が三木鑑定書とあまりにも食い違うのは何故かなど様々な疑問が生じて来る。

以上によると、襟当て写真については、被写体の同一性の点はともかく、その成立、すなわち真の撮影者、撮影時期と場所に関しては疑問が存するところ、捜査員らの証言は軽々に信用することができず、立会人その他信頼できる第三者の証言もなく、撮影の機会と場所の手がかりを客観的に証明し得る一連のネガフイルムも「紛失」されたとして提出されない以上、右疑問は払拭されないことに帰し、右写真をもって押収当時すでに襟当てに多数血痕群が存していたとはたやすく認定できない。

　五　掛布団の保管、移動並びに二重鑑定をめぐる問題について
　1　三木鑑定の経過について
　三木鑑定書の記載内容、証人三木敏行の昭和40年12月2日付証人尋問調書（以下これを「三木証言」という。）、証人菅原利雄の前掲各証人尋問調書、三木敏行から仙台地方検察庁古川支部検察官宛の昭和30年12月10日付、同月26日付各電話聴取書、同月12日付勾留状その他関係証拠によれば、掛布団の押収から三木鑑定が証拠として提出されるに至るまでの経過は次のとおりと認められる。

　①　掛布団は前示のとおり昭和30年12月8日常雄宅より敷布と共に押収され、菅原利雄の供述によれば、同人が翌9日古川警察署より掛布団、敷布及び下駄を風呂敷に包み、東北大学法医学教室の三木敏行助教授にこれを渡した。

　②　三木助教授は古川警察署長の鑑定嘱託により、鑑定処分許可状に基づき、右同日、これらの物件について、血痕、人血付着の有無、血液型、付着状況と時期等6項目にわたる鑑定事項を受諾した。

　③　同月12日襟当ての血液付着検査が行われた（鑑定書記載による。）。

　④　同月20日検察官から布団の血液型検出、鑑定人の結論を得るまで数日を要することを理由とする被疑者齋藤幸夫に対する勾留延長請求（認容）がなされた。

　⑤　右同日付で三木敏行から検察官宛に「さきに鑑定嘱託された布団の血液型検出についてその結論を得るまで以後4、5日を要する。」旨の電話連絡があった。

　⑥　同月26日付で三木敏行から検察官宛に、「齋藤幸夫が使用せる布団に付着せる血液については目下鑑定中なるも、結果の見透しについては次のとおりの見込みである。容疑者齋藤幸夫のものではない。被害者4名の血液型なりと見るも矛盾しない。」旨の電話連絡があった。

　⑦　同月30日被告人は仙台地方裁判所古川支部に起訴された。

　⑧　昭和32年3月23日付で三木鑑定書が作成された。鑑定所要日数は昭和30年12月9日より昭和31年1月15日までの38日間と昭和32年3月2日より同月23日までの21日間の合計59日間である（三木鑑定書記載による。）。

　⑨　昭和32年3月23日（確定審第一審第16回公判）に検察官申請により三木鑑定書等が提出され、同年5月9日（同審第18回公判）に三木鑑定書取調済となった。

　以上の経過が認められるところ、菅原利雄の証言によれば、①のとおり、掛布団及び敷布は昭和30年12月9日三木助教授に渡され、三木もこれを受け取ってから鑑定終了までの間掛布団を他に持ち出したことはなかったというのである。

しかしながら、以上の鑑定経過には、若干の修正すべき点が存する。すなわち、以下に述べるように、(一)掛布団と敷布とは同月中宮城県警察本部鑑識課に運ばれていたこと、(二)同課技師平塚静夫が、鑑定嘱託に基づいて同月22日と23日に掛布団について行った旨の鑑定書が存したことにより、前記①ないし⑥の経過は修正されなければならないのである。
　2　平塚鑑定の経緯について
　まず、写真12葉（昭和51年4月21日付検察官請求証拠調請求書添付）とそのネガフイルム12コマ（昭和58年押第19号の5）、裁判所書記官佐々木忠司作成の報告書並びに証人石垣秀男の昭和51年6月7日付証人尋問調書によって検討するに、12枚の写真は「松山殺人事件」「理化物件」「フトン」と表示のネガ袋に入っており、昭和年月日の日付欄には30　12　13とペン書きで記入され、そのうち「13」が鉛筆の横線で消されて「22」の数字が記入されている。
　12枚の写真（25冊784丁以下、以下丁数順）は、2枚続き6組のネガを焼付けたもので、①床上の掛布団表全景、外1枚（人脳様のもの）、②床上の掛布団全景裏、同表、③床上の敷布全景、同上、④ブロックにかけられた掛布団襟当て大写し左側、同右側、⑤ブロックにかけられた掛布団襟当て大写し左側、同右側、⑥市街地の写真、ブロックにかけられた敷布となっており、いずれも直射日光の屋外（①の1枚を除く。）写真である。右のうち、④、⑤のネガ4コマを全紙版陽画に引伸した前記佐々木報告書によれば、襟当て表側面及び裏側面に、その位置、形状が三木鑑定に符合するような相当数の斑痕が写し出されている。
　石垣証言によれば、これらの写真（前記1枚を除く。）は、当時宮城県警察本部鑑識課写真係であった同人が、昭和30年12月中の晴天の日に同県警察本部屋上でローライコードカメラに12枚撮りフイルムを入れて撮影したものと認められるが、ネガ袋の日について、同証人は、それが写真撮影の日かフイルムを整理した日か数字の意味の記憶はない、というのであり、撮影日は12月22日（鉛筆書きの日）か13日（ペン書きで抹消された日）とも思われるが、それ以外の日であった可能性も否定できない。石垣証人は、これを午前中撮影した写真であると供述しているが、⑥の市街地の写真は冬の午後の風景である（屋上から仙台市街地の北西を対象とし、近郊の山を遠望し、陽光の影は画面の左から右へ走っている。）ことからして、これは12月中の午後、晴天で床面に敷布等を置き得る日であることが推察される。
　次に、証人鈴木隆の昭和51年6月7日付証人尋問調書によれば、「本件掛布団は午後3時か3時半頃県警本部鑑識課の理化学実験室に持ち込まれ、同課の化学担当をしていた同証人のほか、刑事部長佐藤寅之助、鑑識課長髙橋秋夫、現場係の菅原利雄らが部屋に入り、ルーペでかわるがわる布団を見た。」という。そして、「布団の白い襟当てには点々と血痕様のものが付着しているのを見た。」とし、「布団は勤務時間の午後5時の時点では片付いていた。石垣秀男はさきの屋上の写真に関し、布団を持ち込んだとき、これは室内で（撮るには）ちょっと無理で屋外で撮るにしても暗いから今日はだめだということは話したことがあると言っていた。」旨供述している。
　以上によれば、掛布団と敷布は宮城県警察本部鑑識課に運ばれ、鑑識課員らによって午後3時ないし3時半過ぎ頃から午後5時頃までの間に点検され、その翌日以降晴天の日の午後に石垣秀男によって前記の写真が撮影されたと認められる。

関係証拠によれば、右点検の際同課技師平塚静夫も立会していたと認められるところ、平塚静夫の昭和51年5月24日付証人尋問調書、平塚静夫作成の昭和30年12月28日付鑑定書（以下本項ではこれを「平塚鑑定」又は「平塚鑑定書」という。）、同人作成の「伺案鑑定結果の回答について」と題するペン書き書面（以下これを「平塚伺案」という。）、その他関係証拠によれば、次の事実が認められる。

　平塚鑑定書は、古川警察署長の昭和30年12月22日付鑑定嘱託書（宮古鑑第1652号）に基づくもので、鑑定嘱託事項は掛布団についてさきの三木鑑定と同一であるが、鑑定した事項は、掛布団の裏面に人血が付着しているか否か、付着しているとすればその血液型、その他参考事項について、というのであり、「布団裏の黒褐色の汚斑の各部についてベンチジン検査、ルミノール検査を行ったが、汚斑はいずれも陰性であり、掛布団の裏には人血が付着していない。」との結果が示され、鑑定は同月22日着手し、同月23日終了した旨記載され、前記②の掛布団の全景裏、同表と同一ネガによるものと思われる写真が添付されている。

　右鑑定について、平塚静夫は、前記証言で、「この掛布団を鑑定して大学の三木研究室に回した。鑑定は掛布団の裏側に限り、襟当てを除いた布団本体についてなした趣旨である。これを肉眼的に検査したが、直感的に斑痕は非常に少ないという感じをもった。襟当てには10個以下しかついていなかったし、大きいものとしても小豆大か米粒大位のもので、そういうものが若干ついているなという感じであった。その鑑定の時、襟当てが部分的に切り抜かれていたということは一切ない。それは断言できる。布団に限らず右事件の物の管理は菅原利雄が中心になっていたように思われる。添付写真についても、通常は鑑定者が写真係を頼んでスケールを入れて撮るのが例であるのに、あの事件に関する限り、平塚らは単なる鑑定だけであり、その物件の保管は菅原が主体になって動いており、この布団の処理については一般的なやり方とは違いがあるような感じであった。」と述べ、鑑定時における襟当ての血痕等に関し、

　弁護人・問　布団の表で右下方のしみがあったというような記憶なのか。

　答　それがございます。裏についてはくわしくは見ておりませんのでわかりかねますが一応は見たんです。ただルーペを使っていちいちずっと見ているわけでは決してございませんで、私の経験では大体見当がつくんです。それで見ておって、ああ血痕ないな、これは大学へ頼まなくちゃだめだと、こういう感じを持ちました。

　問　肉眼検査の段階で、いわゆる血痕と目してすぐ鑑定に入るべきしろ物は着いていないと。

　答　着いていないというよりも血痕かどうかわからないけれども、色の着いたものはあったんですね。

　と述べ、終始斑痕らしいものは10個以下であって、多数の血痕群は見ていなかった旨の供述をし、

　問　80数群の（血痕が）着いているなんていうことについては見落すはずがないと（証言段階以前に弁護人に）述べていたけれども、（証言段階で）よみがえった記憶の関係でいうと、（斑痕が）10個以下というふうな記憶ははっきりしているのでしょうか。

　答　それは目にふれる部分ですね。それから細かいものがあったと聞いておりますのでね。

問　だから聞いているんですが。
　答　三木さんの鑑定書の中に50数個というようなことが記載されておりますね。すくなくともわれわれとしては、そんな数のものがあるということはですね。ほんとうのことを言って夢にも思わなかったんです。ただ感じとして大きいのだけ数個あるなといいますか、そういうみかたをしかしておらないんです。
　問　それであなたがあとで80数群のしみが着いていたということを、三木さんの鑑定書に出ているということをあとでほかから聞いて、夢にも思わなかったと。
　答　実際驚いたんです。
　と述べている。これより先に平塚静夫は昭和46年6月25日付証人尋問調書で、「布団は当時高橋秋夫と刑事部の佐藤寅之助がそれを鑑識課の実験室に持って来た。布団を肉眼的に見たがちょっとわからない気がした。見ただけではどこに付いているか全然わからない状況だった。当時三木助教授に聞いたが、血液は少いということを話していた。」旨供述しているが、右調書で平塚は「敷布団」を検査したと述べているが、これは掛布団の記憶違いと推察される。ここでも平塚は肉眼で見ても血痕の付着を視認し得なかったと受け止められる趣旨の供述をしているのである。
　3　三木、平塚の二重鑑定をめぐって
　以上によれば、12月9日に三木鑑定に付せられたはずの掛布団は、12月中に県警察本部鑑識課に運ばれたことは動かしがたいものとなり、更に同月22日平塚鑑定に付せられ、平塚鑑定人は、その鑑定した時には三木鑑定にいう肉眼で視認可能な多数の血痕群があるとは夢にも思わなかったと証言していることが明らかとなった。そこでこのように錯綜する証拠と事実関係はどのように解決されるべきであろうか。
　まず、三木鑑定が行われていたのに、重ねて平塚鑑定が二重に行われた理由と必要性については、これを詳らかにする証拠はないが平塚鑑定書の原案で平塚技師自身の起草になる平塚伺案には、朱ペンで「この鑑定書は東北大学法医学教室三木助教授の依頼により作成したものである。」との書き込み記載があり、これは平塚技師の手になるものと認められる。その趣旨についても三木、平塚ら関係者の供述を含め、これを詳らかにする証拠はないが、平塚伺案には、係長、課長、部長、本部長の決裁印が押捺されており、捜査業務上の内部文書としての形式と体裁を整えており、右朱書の信用性を否定すべき特段の事情も認められない。そうすると、三木鑑定に付された掛布団は三木鑑定以後、三木の依頼により平塚鑑定に付せられたと推論することは一応可能である。
　次に平塚鑑定が行われた日については、鑑定嘱託と鑑定書記載により12月22日に着手し、23日に終了したと一応認め得るものの、この日付の記載に関する平塚の証言（昭和51年5月24日）はやや曖昧であること、掛布団等が県警察本部鑑識課に運び込まれたのは22日の可能性もある（ネガ袋鉛筆書きの日）が、13日の可能性もある（ネガ袋ペン書き抹消日）こと、昭和30年12月22日付の平塚鑑定嘱託書（25冊、前示宮古鑑第1652号）にはその受付スタンプの日付印の昭和「31」年のゴム印が、「30」とペン書きで、12月「24」日のペン字が「21」をペン字で改ざんしたようなあとが残されているなど内部処理手続に若干の疑わしい点が窺われるが、さりとて、鑑定書の

日付記載が虚偽であったことを断定するに足りる資料もなく、また、それが右のように疑わしいとしても、検察官の主張するように12月8日ではあり得ないことは、後述のとおりである。

そうすると、平塚鑑定は、少なくとも三木鑑定に付されたとされる日の昭和30年12月9日以後の、13日又は22日若しくはそれ以外の日であるとの蓋然性があり（13日、22日がより高い。）、その際には襟当てには、三木鑑定書にいう多数の血痕群は付着しておらず（平塚証言）、したがって右血痕群はそれ以後付着されたとの推論を容れることは証拠上可能である。

この推論は、略弁護人の主張にそうものであるが、この立場によると、平塚鑑定時には襟当ての切り取りは全くなかったのに、三木鑑定において、12月12日に血液検査（襟当ての切り取り）が行われたことと矛盾するに至る。しかし、三木証人は、昭和40年12月2日付尋問調書で、「12月9日に（掛布団等を）おそらく受け取ったと思うが、日付のずれはあるかも知れない。」「鑑定嘱託書の日付と鑑定資料を受け取る日は、時として数日間ずれることがある。」と述べ、昭和54年1月20日付尋問調書で「血痕付着の切り取りは12月12日よりもっと後であった。検査の内容からいうと、12日までに全部終わらしていることは無理だったと思う。この検査は表の記載だけでもかなり時間がかかった。」と述べているところからして、切り取り検査は12日以後であったと認められるから、平塚鑑定と必ずしも矛盾するものではない。

もっとも、以上の推論は、前記県警察本部屋上の写真、石垣証言、平塚鑑定、平塚証言等を軸としているが、これがより高度の蓋然性を有すると言い得るためには、掛布団は一体、常雄宅から古川警察署に運ばれた後、いつ、どこでどのように保管され、移動したのか、県警察本部に掛布団が運ばれた日は正しくは12月の何日であったか、石垣が撮影した写真のネガの日付はいつか、平塚鑑定が重ねて行われた真の意味（併せて平塚伺案の朱書きの真の意味）などが明確にされる必要があろう。しかしこれらの点が不明瞭、不明確であるのは、これらの点について証拠保全をし、釈明義務のあるはずの捜査員側がその義務を懈怠し、若しくはその後その真相解明に当たっても終始消極的な姿勢をとり続けていること（現に石垣の撮影した写真や平塚鑑定書などは確定審の事実審公判に提出されず、かかる二重鑑定が行われたこと自体再審請求審を通じ、長年にわたって事実上秘匿されたにひとしい状態に置かれていたのである。）に由るものといわざるを得ない。むしろこれらの諸点を含め、錯綜する二重鑑定等の問題については、本来証拠提出責任を負うべき検察官において、これを釈明若しくは解明し、前記推論の不合理性を指摘すべきではなかろうか。

この点について、検察官は以下のように主張する。「襟当て付の掛布団は、昭和30年12月8日午後2時20分から午後3時の間に被告人方で押収された後、同日夕刻宮城県警察本部鑑識課に持ち込まれ、刑事部長佐藤寅之助、平塚技師、同課員ら数名の者が検査し、血痕様斑痕が多数認められたので三木助教授に鑑定依頼をすることとし、同日平塚技師が令状なしに掛布団の裏面本体についてベンチジン、ルミノール検査をし、同夜はこれを鑑識課で保管した。翌9日午前中県警本部庁舎屋上でこれを写真撮影し（石垣秀男の写真）、その日のうちに菅原警部補が三木助教授に届けた。」という。そして、平塚鑑定書の作成が12月22日、23日の両日行われたような記載になっていることについては、「平塚が12月8日に鑑定処分許可状なしに検査を実施したため、鑑

定許可状を得た後である22日と23日の両日にわたって検査をしたかのごとき鑑定書を作成したものと推認される。」というのである。

しかしながら、まず、掛布団が12月8日に押収先の常雄宅から宮城県警察本部鑑識課に持ち込まれたという証拠はどこにもない。前記のように、佐藤巡査部長は古川警察署の上司亀井警部の命令により押収し、同日は古川警察署に持ち帰ったと証言し、同行した菅原警部補もその日は古川署に寄ったと証言しているのである。仮りに12月8日の押収当日に掛布団が県警察本部鑑識課に運ばれたとするならば、一体誰が何故に直接搬入したのか、また、鈴木隆の証言によれば、掛布団は午後3時か3時半頃に鑑識課に持ち込まれ、午後5時までには片付いていたというのであるから、時間的に考えても検察官の推論は成り立たないのではないか、まして8日夜はこれが鑑識課で保管されたなどという証拠はないのではないかなどの疑問が提起され、かえって収拾がつかなくなるように思われる。更に、9日午前中に県警察本部屋上で掛布団と敷布の写真撮影が行われたとの主張の具体的な根拠がないのみならず、右写真が午後の撮影にかかるものであることは、前示のとおり客観的に争いようのない事実なのである。そして、仙台管区気象台長作成の昭和58年11月11日付気象資料照会回答書によって、検察官の主張する昭和30年12月9日と、石垣証言並びに写真ネガ袋の記載によって撮影された可能性のある同月13日（抹消された日）及び同月22日（鉛筆書きの日）のそれぞれについて仙台市の気象状況を検討すると、

（1）12月9日は、晴れ時々雪の天気で、午前は7～8時0.2mm、8～9時0.6mmの降水量を伴う雪、11時、13時、16時にも雪が記録され、この日は屋上の床面や壁面に掛布団や敷布を置いて撮影するのにふさわしくない日である。

（2）同月13日は、終日快晴の天気で降水量の全く記録されなかった日である。

（3）同月22日は、午前8、9時は雨で0.0mmの降水量、10時、11時晴、12時曇、13時～15時晴、16時曇である。

以上によれば、屋上で12月中の午後撮影可能であったのは右の3日間のうち、9日を除く、(2)、(3)の各ネガ袋記載日であったということができ、検察官の主張はこの点からも否定的に解される。

また、平塚が12月8日に掛布団を令状なしに検査し、後日鑑定処分許可状を得て日付を仮装した旨の主張も全く証拠に基づかない推論（かような捜査内部の例外的処理事情は推論ではなく、本証によって裏付けるべきである。）である。掛布団が12月8日に持ち込まれたという前提がそもそも根拠を欠き、むしろ成立しない公算が大であることに加え、前示平塚静夫の証言によってもこのような事情を窺うことができないのである。

以上のとおりで検察官の推論は根拠を欠き採用できない。この推論は三木鑑定の記載を絶対視し、掛布団が12月9日に三木助教授の教室に運び込まれた後三木鑑定書作成までの間門外不出であった、という仮定の上に組み立てられたものと思料される。しかし、証拠は相対的に評価されなければならないのであって、前示のように掛布団等が12月9日以後に宮城県警察本部に持ち込まれたこと、平塚鑑定が行われたことは客観的な事実であり、これらを三木鑑定の記載にそわないからという安易な推論で一蹴することは許されないのである。

4 まとめ

以上によると、掛布団は、昭和30年12月8日に押収された後、その保管、移動状況が不明確であり、同月9日に嘱託されたはずの三木鑑定とは別途に、宮城県警察本部鑑識課に運び込まれ、平塚技師の鑑定に付されたことは動かしがたいところ、その日は同月22日又は13日頃であり、かつ、平塚鑑定の時点では、襟当てには三木鑑定にいう多数の血痕群は付着していなかった、との推論はこれを容れる余地がある。この推論を否定し、又はもろもろの疑問を解明するに足りる検察官の主張、立証は不十分であるといわざるを得ない。

＊＊＊

七 まとめ

三木鑑定は、掛布団の襟当てに付着した血痕群の血液型が被告人方家族のそれとは一致せず、被害者らのそれと一致することを証明したが、他方、右鑑定によれば、その付着状況の点から、血痕群が被告人の行動を介して生じたとするにはあまりにも不自然、不合理な付着状況が認められるのである。そして、右物証については、押収、保管、移動並びに鑑定経過に若干の疑義がみとめられ、そのことが押収当時果して襟当てに右の血痕群が付着していたであろうかにつき払拭できない疑問と、押収以後に血痕群が付着したとの推論を証拠上容れる余地とが残されているのであり、これらにかんがみると、本物証は、これをもって有罪証明に価値のある証拠とすることはできない。

＊＊＊

（裁判長裁判官　小島建彦、裁判官　片山俊雄、裁判官　加藤謙一）

質問3-3

　この判決は掛布団の襟当てやその血液型鑑定書の証拠能力を認めたのか、否定したのか。

質問3-4

　この判決は「掛布団は一体、常雄宅から古川警察署に運ばれた後、いつ、どこでどのように保管され、移動したのか、県警察本部に掛布団が運ばれた日は正しくは12月の何日であったか、石垣が撮影した写真のネガの日付はいつか、平塚鑑定が重ねて行われた真の意味（併せて平塚伺案の朱書きの真の意味）など」について捜査訴追側に「釈明義務」「証拠提出責任」があると言うが、その根拠は何か。

判　例

浦和地判平3・12・10判タ778-102（尿すり替え事件）

〔覚せい剤自己使用事件。被告人は捜査公判を通じて覚せい剤使用の事実を否認し、警察署内

の便所で尿を容器に入れて警察官に渡した後、警察官が他人の尿を混入したに違いないと主張した。裁判所は、本件採尿手続には、①被告人から受け取った容器から尿を取り分ける作業を、わざわざ被告人に背を向けて行なった②取り分けた尿をまた採尿容器に戻したと捜査官は言うが、これは客観的に疑いを招き易い行為と言うべきであるにもかかわらず、その説明を被告人にしていない③その直後の予試験を被告人の面前で行なわず、別室で行ない、その結果を被告人に告げなかったなどの問題点があったことを指摘した。その上で、当時の警察署の尿の管理が杜撰であり、採取した被疑者の尿が補導室の床に何日間も放置されたりしており、他人の尿を捜査員が入手する可能性があったこと、当時の捜査官らには、違法行為をしてでも被告人を罪に陥れたいという気持ちに駆られても不思議はないという事情もあったこと、捜査官の証言には客観的な証拠と抵触する部分があるなど必ずしもその証言に全幅の信頼をおけないこと、などを詳細に認定して、「自己の尿に他人の尿を混入されたという被告人の供述を排斥するに足りる確実な証拠を見出すことができない」とした。〕

* * *

もちろん、右のようにいうことは、本件において、警察官による違法行為が行われたことが確実であるとか、その疑いが極めて強いということまでを意味するものではない。当裁判所としても、検察官と同様、いやしくも現職の警察官により、このような重大な犯罪行為が行われるというようなことはあり得ないものと信じたい。しかし、現職の警察官といえども、その置かれた状況の如何によっては、法律上許されない違法行為に走ることがあり得ることは経験の教えるところであるから、「いやしくも警察官がかかる違法行為に出ることはあり得ない」という前提に立脚して、証拠の評価を行うのは、正しい採証の態度ではないというべきであろう。そして、前述したとおり、覚せい剤被疑者からの採尿手続は、それが覚せい剤自己使用罪の有罪立証の決め手となる物的証拠を獲得する重要な手続であるのに、複数の警察官と孤立無援の被疑者だけしかいない密室内で行われるため、被疑者（被告人）側がその適法性を争うことは事実上容易ではないこと、他方、捜査官に手続の厳守を求めその過程を確実な客観的証拠により記録化しておくことを求めることは、捜査官に対し過当な負担を強いるものではないと認められることなどからすると、採尿手続等に関して生じた疑問点については、捜査官に対し、ある程度厳しい評価がされてもやむを得ないというべきである。そして右のような立場から本件について検討すると、本件採尿手続等に関しては、捜査官側の少なくとも著しく杜撰・不手際な措置が多数重なり、違法行為の存在を否定する捜査官の証言に全幅の信頼を置き難い状況が現出されているというべきであって、取調べ済みの全証拠をもってしても、被告人の供述するような警察官の違法行為が介在した合理的な疑いは、未だ払拭されていないというべきである。

* * *

（裁判官　木谷明）

ノート

保管の連鎖（chain of custody）の証明

　アメリカ連邦証拠規則104（b）は、ある事実を条件として証拠の関連性が認められる場合には、「その条件を満たすことを充分に示す証拠が提出されることによって、あるいはその証拠の提出を条件に」問題の証拠を許容すべきことを定めている。そして、同規則901（a）は、証拠の真正・同一性が認められることを条件として証拠が許容される場合を次のように規制している。

　　　証拠が許容される前提条件としての真正または同一性は、当該物件が、その提出者
　　　が主張する物であると認定するのに充分な証拠によって満足される。

　証拠の真正の証明には2通りの方法があるとされている。1つは、当該物件に固有の特徴がある場合である。例えば、現場にあった被告人のネームが入ったジャケットのような物の場合には、それを発見した者が証拠物を指示して「私がそのときそこで発見した物と同じである」と証言するだけで、真正の証明は十分であるとされる。もう1つは、物それ自体に固有の特徴がないとしても、発見収集の際に、その物自体に目印や符号を付した場合——例えば、犯行現場にあったナイフを発見押収した警察官がそのときにナイフの柄に自分のイニシャルと日付をつけた場合——は、その印を付した人物が法廷で「確かに発見した時にこの符号を付した。この物は私が符号を付した物である」と証言することで真正の証明ができる。しかし、これらのいずれにもあたらない場合には、証拠申請者は、「保管の連鎖」（chain of custody）を証明しなければならない（光藤景皎『口述刑事訴訟法（中）』〔成文堂、1992年〕141頁；同『刑事証拠法の新展開』〔成文堂、2001年〕、9～10頁；McCormick on Evidence, 5th ed, 1999, §213）。すなわち、この場合、証拠請求者は、証拠物の発見時から公判のときまで、あるいは、その物が鑑定に付されるまでの期間について、その物がすりかえられたり、改ざんされることなく同一性を保った状態であったことを、途切れることなく証明しなければならないのである。

　厳密に言えば、物件に固有のユニークな特徴がある場合でも保管の連鎖の証明が必要となる場合がある。1つは、証人がそのユニークな特徴を証言できなかった場合であり、もう1つは、その物件が鑑定に付された場合である——この場合、単に物件が同一であるというだけでは不充分であり、発見時から鑑定までの間にその「状態」が保たれていたかどうかが問題だからである。例えば、前出のナイフの設例で、ナイフを発見した警察官がそれにしるしをつけて、そのことを法廷で証言してナイフ自体の同一性が証明されたとしても、そのナイフに付着した人血ようのものの鑑定結果を証拠とするためには、単にナイフが同一であるというだけでは足りず、発見されたときと同じ状態で鑑定に付されたことが明らかにされなければならないのである。これらの場合には、やはり保管の連鎖の証明が必要であるとされる（Edward J. Imwinkelried, The Method of Attacking Scientific Evidence, 3d ed., (Lexis Law Publishing, 1997) §3-2 (a)）。

　証人は自ら直接体験した事実しか証言することはできず、他人の体験を伝聞に基づいて証言し

たり、意見を述べることは許されない。したがって、保管の連鎖を証明するためには、物件の収集の時から公判時または鑑定時までにその物件の保管を担当した者全員を証人喚問し、各証人に、（1）いつ誰からその物を託されたか、（2）物の同一性を保持するためにどのような措置をとったか、（3）自分が保管中には、その物について、改ざん、すりかえ等が起らなかったこと、そして、（4）いつ誰にその物を交付したか、を順次証言させなければならない（Christopher B. Muller & Laird C. Kirkpatrick, Federal Evidence, 2d ed., Vol.5 (Lawyers Cooperative, 1994), p.62.）。この連鎖が途切れたり、あるいは、証言において同一性について重大な疑問が提起されたときは、真正の証明がなかったことになり、証拠は排除される（id., p.63）。

　保管に関わった者全員の証言が必ずしも必要とされない場合もある。例えば、現場に遺留された物件を自ら採取した捜査官が、それを封筒に入れ、ラベルを貼ったうえ、封筒に封緘を貼って閉じた状態でこれを研究所の秘書に渡したと証言し、次に分析を行なった技術者が、その秘書から封筒を受け取り、その際に封緘は破棄されていなかったと証言した場合には、捜査官と技術者の中間に位置した秘書を証人喚問しなくても、その物件の同一性の証明は十分であるとされる（Imwinkelried, supra, §3-2 (c)）。

判例

さいたま地判平14・10・1判時1841-21（本庄保険金殺人事件第一審判決）

［保険金目的で被害者に致死量を超えるトリカブトを食べさせて殺害したとされる事件。死体解剖を行った医科大学で5年間ホルマリン保存されていたという臓器からトリカブトの成分であるアコニチン系アルカロイドの加水分解物質が発見されたという鑑定結果の証拠能力と信用性が争われた。］

第七　その他の証拠

　弁護人は、佐藤の死因は溺死であるとし、①佐藤の肺及び腎臓から利根川に生息する特異な珪藻類が検出されたといういわゆるプランクトン検査の結果は、佐藤が利根川で溺死したことを示す決定的な証拠である、②佐藤の遺体を解剖し、死因等を鑑定した齋藤一之医師は、佐藤の死因は不明であり溺死であるとは断定できないと鑑定し、その旨当公判廷で証言したが、佐藤の遺体が発見された時点では死因は溺死であると断定していたのであって、その後マスコミ報道などの影響を受けてその意見を変えたものであり、齋藤鑑定は信用できない、③佐藤の臓器からアコニチン系アルカロイドが検出されたとする科捜研の鑑定は資料の同一性についての証明がなされておらず、鑑定の結果にも疑問があるので信用できない上、仮に鑑定結果が信用できるものであるとしても、検出されたアコニチン系アルカロイドはごく微量であり、佐藤が生前に致死量以上のトリカブトを摂取していなかったことを示している、④佐藤の頭髪からトリカブト成分が検出されたとする中原雄二の行った鑑定も、同様に資料の同一性についての証明がなされておらず、鑑定の結果にも疑問があるので信用できない上、仮に鑑定結果が信用できるものであるとしても、被告人らの殺人の実行行為としてのトリカブト投与を裏付けるものではない、などと主張してい

る。そこで、以下検討する。

*　*　*

三　佐藤の臓器の鑑定結果

1　次に、佐藤の臓器から検出された物質に関する弁護人の主張を検討するに、科捜研所属の技術吏員宮口一、同関根均及び同山口晃志作成の平成13年5月14日付け鑑定書等によれば、捜査官が同12年7月に美濃戸高原別荘地内において採取してきたトリカブトの葉及び根についてのアコニチン、メサコニチン、ヒパコニチン、ジェサコニチン及びそれらの分解物の有無、含有量を鑑定した結果、トリカブトの比較的大きめの根を乾燥させたもの（乾燥させた結果、重量は乾燥前の約0.48グラムに対し、乾燥後は0.11グラムとなっており、重量比は100対22.9となる。）1グラム当たりから、約0.186ミリグラムのアコニチン、約0.705ミリグラムのメサコニチン、約0.050ミリグラム以下のヒパコニチン、ベンゾイルメサコニン、13－デオキシメサコニチンが検出されたことが認められる。そして、武の証言及び実況見分調書（甲63号証）によれば、武が同7年6月3日に佐藤に食べさせたトリカブトは、同6年8月ころに美濃戸高原別荘地内において採取してきて冷凍庫に保管していたトリカブトのうち大きめの根を刻んだもので乾燥前の状態にあったものと考えられ、その重量は約6.1グラムであったことが認められる。したがって、このとき佐藤が摂取したアコニチン系アルカロイドの量は、前記の重量比に従って換算すると、アコニチン約0.260ミリグラム、メサコニチン約0.985ミリグラム及び微量のヒパコニチン、ベンゾイルメサコニン、13－デオキシメサコニチンと推定される。そして、トリカブト毒について研究している東北大学医学部教授水柿道直作成の捜査関係事項照会回答書及び同人の当公判廷における証言によれば、トリカブトは、根などに含まれるアコニチン、メサコニチン、ヒパコニチン、ジェサコニチン等のアコニチン系アルカロイドが強い毒性を発現するのであり、その致死量は、通常人（体重50ないし60キログラム）において、アコニチン類1ないし2ミリグラムとする見解が多くの文献等において述べられていて学界の定説となっていることが認められる。そうすると、前記認定の佐藤のアコニチン、メサコニチン、ヒパコニチン等の合計推定摂取量1.245ミリグラム以上というのは、当時の佐藤の健康状態、体重等をも加味すれば十分に致死量に達していると認められる。

2　これに対し、弁護人は、我が国におけるトリカブト摂取による死亡例等からすると、メサコニチンの致死量は4ミリグラム以上と推定され、また、水柿が引用する外国の文献においても、人における致死量は「純粋薬物で多分2ミリグラム」あるいは「1ないし6ミリグラムあるいはそれ以上」とされているのであるから、水柿の見解は不当で信用できないものである旨主張する。然し、弁護人の挙げる死亡例については、そこから検出計測された摂取量は致死量以上の数値を示しているにすぎず、それをもって致死量となし得ないのは当然であり、胃洗浄により一命をとりとめた例についても、摂取されたアコニチン類は未だ血管内に吸収されていない可能性があるから、この例から致死量を推測することもできないというべきである。また、外国の文献における「純粋薬物で多分2ミリグラム」とか「1ないし6ミリグラムあるいはそれ以上」などの記載は、水柿の見解よりやや多めの印象を与えるものであることは確かであるが、曖昧さを含んだ表

現からすれば、未だ水柿の見解と相反するものとまではいえない。水柿の見解には格別不自然なところはなく、トリカブト毒を研究している専門家の見解として十分に尊重すべきであり、弁護人の主張は根拠がないことに帰する。

3 次に、水柿の捜査関係事項照会回答書及び同人の証言によれば、人の体内に摂取されたアコニチン類は加水分解による脱エステル化反応によりベンゾイルアコニン類に変化し、加水分解が更に進むとアコニン類に変化するが、ベンゾイルアコニン類からアコニン類への変化は起き難く、アコニン類に変化した後は加水分解は起こらない、例えばアコニチンは、ベンゾイルアコニン、アコニンへと加水分解により変化するが、別系統のベンゾイルメサコニン等に変化することはない、脱エステル化反応には非酵素型と酵素型があるが、非酵素型の加水分解は強酸やアルカリによって加速され、また温度が高いほど加速される、アコニチン類を人工的に合成する手法については未だ報告はなく、動物の生体内で合成することも不可能であると考えられる、植物においてアコニチン類の含有が報告されているのはトリカブト属に限られていることがそれぞれ認められるところ、科捜研所属の技術吏員宮口一及び同関根均作成の鑑定書によれば、佐藤の遺体の肝臓から組織1グラム当たり0.1ナノグラム未満ベンゾイルアコニン及び組織1グラム当たり0.26ナノグラムのベンゾイルメサコニンが、腎臓から組織1グラム当たり0.1ナノグラム未満のベンゾイルアコニン及び組織1グラム当たり0.20ナノグラムのベンゾイルメサコニンが、肺から組織1グラム当たり0.1ナノグラム未満ベンゾイルアコニン及び組織1グラム当たり0.22ナノグラムのベンゾイルメサコニンが、それぞれ検出されたが、いずれの臓器からも、測定限界値である1グラム当たり0.1ナノグラム以上のアコニチン、メサコニチンなどのアコニチン類及びアコニン、メサコニンなどのアコニン類は検出されなかったことが認められる。そして、前記水柿回答書及び同人の証言によれば、死後半日くらいは各臓器にある酸素により加水分解が進み、死亡後腐敗が進むと繁殖する菌の持つ加水分解酵素が働くことが考えられること、腐敗した臓器は弱アルカリ状態にあった可能性が高いこと、他のトリカブト死亡例における分析結果等に照らすと、ホルマリン浸漬により、臓器内にあったアコニチン類及びその加水分解物はそのほとんどがホルマリン水溶液に浸出し、わずかにベンゾイルアコニン類が残る傾向にあることが認められる。

以上によれば、佐藤の臓器からベンゾイルアコニン及びベンゾイルメサコニンが検出されたという事実は、佐藤が生前にトリカブトに含有されているアコニチン類を身体内に摂取したことを示していると認められ、その摂取の時期が死亡直前であったとしてもそれと矛盾することはないといえる。

4 これに対し、弁護人は、①宮口及び関根が行った前記鑑定について、宮口らが鑑定した臓器が佐藤の臓器であることの証明がなされておらず、別人の臓器を鑑定した疑いが残る、②鑑定書に、鑑定資料が汚染されていないことを示すデータ（ブランクテスト・データ[3]）が添付されていない以上、資料が汚染されていた可能性を否定できない、③定性分析の判断基準が極めて主観的で曖昧である、などと主張し、その信用性を強く非難している。

しかしながら、①齋藤証言、同人作成の任意提出書、領置調書、鑑定嘱託書及び宮口証言等によれば、宮口らが鑑定の対象とした臓器が、外観、重量（一部誤記があったことは認められるも

注3） 編者注：分析器に触媒だけ入れて特異なピークが現れていないことを確認するテスト。このテストの結果、ピークが現れる場合は以前に行った資料の痕跡が残っていること（これを「キャリー・オーバー」と言う）を示しており、機器の洗浄が必要になる。

のの）等に照らしても、齋藤のもとにあった佐藤の臓器であることは優に認められるところであって、この間に臓器がすり替えられたとか細工が加えられたとかの同一性を疑わせる事情は特段見出すことができない。臓器の保管、移転に関わった者全員の証言によって「保管の連鎖」が証明されなければ同一性を認めることができないとする弁護人の主張は独自の見解であって採用できないものというほかない。②鑑定書にブランクテスト・データが添付されていないのは弁護人指摘のとおりであるが、宮口証言等によれば本件の鑑定を実施する過程においてブランクテストを行っていることは明白であり、このテストで汚染が確認されれば、そもそも鑑定自体が成り立たないものであって、鑑定書自体にこれに関するデータが添付されていないからといって、そのことから直ちにその鑑定書の信用性が否定されるというものではない。③弁護人の主張は、別の不純物のピークを示している可能性があるものを当該物質のピークであるかのように判断し、ひいては当該臓器に含まれている物質の有無に関する判断を誤っているというものである。しかしながら、前記各鑑定書及び宮口証言によれば、含有物質の判定は、保持時間のピークが一致するかどうかだけではなく、ピーク時におけるスペクトルの比較も行い、特徴的なフラグメントがあるかないかの観察もした上でなされていることが認められる。したがって、主観的で曖昧な判断で物質の存否が決せられているものでないことは明らかであるから、弁護人の主張は失当である。

* * *

（裁判長裁判官　若原正樹、裁判官　大澤廣、裁判官　田中邦治）
［編者注：氏名表記を一部変更した。］

質問3-5
証拠の関連性（自然的関連性）の証明は訴訟上の事実の立証であるから、自由な証明で足り、証明の程度も一応存在するという程度で足りるという見解は正しいか。

質問3-6
偽造証拠あるいは同一性のない証拠であることが**明白な場合**は証拠能力を欠くが、**疑が残る**という程度では証拠能力は否定されず、信用性の問題であるという見解は正しいか。

III 問題

問題3−1 鑑定書

　高橋健太郎は殺人の訴因で起訴された。起訴状記載の公訴事実は次のとおりである。「被告人は、平成19年1月19日午前0時ころ、S県早稲田郡西早稲田町2丁目12番9号所在の西早稲田公園において、殺意をもって、山田太郎（当26年）を鉄パイプでその頭部を強打するなどの暴行を加え、そのころ同所において、同人を頭部挫傷、硬膜下血腫などの傷害により死亡させ殺害したものである。」

　検察官は、被告人の作業着とそれが発見された経緯を説明した西早稲田警察署捜査1課西田光一巡査部長作成の捜査報告書、そして、その作業着に人血が付着しておりその血液型およびDNA型が山田太郎のものと一致した旨のS県警科学捜査研究所技術職員東山節子の鑑定書を証拠請求した。弁護人は、作業着の取調べに異議を述べ、西田巡査部長の捜査報告書についても、東山技官の鑑定書についても「取調べに同意しない」との意見を述べた。そこで、西田と東山の証人尋問が実施された。

　西田は次のように証言した。「平成19年3月10日高橋健太郎を通常逮捕するのと同時に、S地裁裁判官が発付した捜索差押許可状に基づいて、高橋方の捜索を実施した。その際に、同人宅の2階押入れからこの作業着を発見し差し押さえた。作業着には米粒大の瘢痕が2、3ヶ所あったので、その写真をとり、捜査報告書を作成した。作業着は家庭用の半透明ビニール袋にいれ、袋にマジックで日付と押収品目録の番号（「H19・3・10・No.9」）を記入して、鑑識課長に渡した。」

　東山は次のように証言した。「私は、大学院で生物化学の修士課程を修了し、S県警科学捜査研究所（科捜研）に技術職員として採用され、以来、血液型鑑定やDNA型鑑定を1000件以上行っている。平成19年3月17日に、西早稲田警察署長から科捜研所長あての同日付鑑定嘱託書とともに、ビニール袋に入った作業着を受け取った。作

業着は誰から受け取ったか忘れたが、西早稲田署の鑑識課の職員であったことは間違いない。ビニール袋には「H19・3・10・No.9」と記載があった。作業着には大豆大の人血様の瘢痕が16ヶ所あったので、そのすべてから資料を採取して、ABO式血液型検査とMCT118型およびHLADa型DNA検査を行った。その結果、鑑定資料の血液型とDNA型は全て同一であり、かつ、山田太郎の血液型及びDNA型と一致した。一連の経過と判定結果を鑑定書に正確に記載した。鑑定が終了したのは平成19年4月16日であり、鑑定書と科捜研所長の送付書を添えて、鑑定資料は翌4月17日に西早稲田警察署に返却した。」

この段階で、検察官は東山節子作成の鑑定書を刑訴法321条4項に該当する書面であるとして証拠請求してきた。

（1）この請求に対して弁護人はどのような意見を述べるべきか。その骨子を5行以内で述べよ。

（2）弁護人の意見に対して検察官はどう反論すべきか。その骨子を5行以内で述べよ。

（3）あなたが裁判官だとしたら、どう裁定するか。その結論と理由を述べよ。

第4章 性格証拠

日常生活のなかでわれわれは人の性格とその行動の関係を結びつけて考えている。そのことの有効性を深刻に考えることはまずない。「あいつならやりかねないね」とか「まさか、あの人があんなことをするなんてね」とか。結婚、就職、取引など人生における重大な決断において「人の性格」は重要な判断要素となる。むしろそれが最優先される。「こういう人と暮らすときっと苦労するだろう」「彼のような人にこのポストは任せられない」。

　ところが、刑事裁判における事実認定では性格は原則として排除される。性格を立証するために過去における行動——例えば類似の犯罪——を証明することも原則として禁止される。それは何故なのだろうか。これも「司法における非常識」の1つなのだろうか。あるいは、法曹の叡智なのだろうか。

　過去の行動によって性格以外の事実を立証することは一般に許されている。しかし、行動は性格と結びついていることが多い。そのために、その行動によって何が立証されようとしているのかを判断することは必ずしも容易ではない。

I 性格証拠の法理

法 令

連邦証拠規則404：性格証拠は行動を証明する証拠としては許容されない；その例外；別罪

(a) 性格証拠一般

　人の性格又はその特性の証拠は、個別の機会に彼がそれに沿った行動をしたことを証明する目的のためには、許容されない。但し、次の場合を除く。

　（1）被告人の性格

　　被告人が提出する彼の性格特性に関する証拠、又は、検察官がそれに反駁するために提出する証拠

　（2）被害者の性格

　　被告人が提出する犯罪被害者の性格特性に関する証拠、又は、検察官がそれに反駁するために提出する証拠、若しくは、殺人事件において、被害者がはじめに攻撃したとの証拠に反駁するために、検察官が提出する、被害者が温和な性格だったことを示す証拠

　（3）証人の性格

　　本規則607、608及び609が規定する、証人の性格に関する証拠

(b) 別の罪・不法行為・行為

　別の罪、不法行為又は行為の証拠は、人がそれに沿った行動をしたことを示すために、その人の性格を証明する目的のためには許容されない。但し、動機、機会、意図、準備、計画、知識、同一性又は過誤や偶然の不存在を証明するなど、他の目的のためには許容することができる。

法　令

連邦証拠規則405：性格を証明する方法

（a）評判または意見

　人の性格又は性格の特徴の証拠が許容される全ての場合において、その証明は、評判に関する証言または意見の形式による証言によってなされる。反対尋問においては、関連する個別の行動について問うことが許される。

（b）個別の行動

　人の性格又は性格の特徴が訴追、請求又は防禦の必須の要素である場合には、その人の個別の行動によってそれを証明することも許される。

> **質問4－1**
> 　人の性格を、その人がそれに沿った行動をしたことを証明する目的のための証拠とすることが許されないのはなぜか。

> **質問4－2**
> 　特定の犯罪や行為によって行為者の性格を証明することが原則として許されないのはなぜか。

> **質問4－3**
> 　習慣は性格と区別できるか。習慣によって特定の行為を証明することは許されるか。

> **質問4－4**
> 　連邦証拠規則は被告人が提出する性格証拠とそれに反論するための性格証拠を許容しているが、それはなぜか。

判　例

和歌山地決平13・10・10判タ1122-132（和歌山毒カレー事件Ⅱ）

主文

　1　検察官請求の証人J₆を採用し、平成13年10月26日午前10時の公判期日において取り調べる。

　2　証人J₆の証人尋問に関し、「被告人がJ生命に勤務していた際に同僚に対し種々の嫌がらせをしていた状況等（甲173号証関係）」を立証趣旨とする尋問を許可しない。

理由

　第1　検察官は、被告人がJ生命に勤務していた際に同僚に対し種々の嫌がらせをしていた状

況等（甲173号証関係）及び被告人が甲山太郎に少しずつ薬を飲ませて同人を殺すつもりであるなどと繰り返し言っていたこと等（甲174号証関係）を立証趣旨として、J₆（以下「本件証人」という。）の証人尋問を請求する。その理由とするところは、検察官は、「被告人が平成10年12月29日付け起訴にかかる殺人等被告事件（以下「本件殺人等事件」という。）を引き起こした内心的な原因の一つは、被告人が夏祭り当日正午前ころ、カレー鍋等の見張りをするために千葉方カーポートに赴いた際、同所に居合わせた他の主婦らの対応ぶりがあからさまに自分を疎外するものと受け止め、同女らに反感を抱いて、激高したことにある」と主張し、検察官としては、「常識を兼ね備えた人格者を判断の基準に考えた場合には、このような主婦同士の確執が多数の死傷者をもたらした本件殺人等事件の内心的な原因となるか疑問なしとしないので、十分な立証をするためには、被告人が常識を兼ね備えた人格者ではないこと、すなわち、上記のような主婦同士の確執による激高から、本件殺人等事件の様な重大な犯行を敢行することのあり得る人間であることを立証することが必要かつ重要である」というものである。

これに対して、弁護人は、上記甲173号証関係の立証趣旨（以下「本件立証趣旨」という。）で尋問することは、悪性格の立証そのものであり、要証事実と自然的及び法的関連性のない事実であるから立証は許されないと主張する。

第2　判断

1　本件殺人等事件においては、その動機の有無、内容が争点の一つとなっているところ、検察官が本件立証趣旨で予定している尋問は、被告人の激高性や非常識な人物像に関するものであり、いわゆる悪性格の立証といえる。そこでそのような悪性格の立証が許されるかを検討する。

（1）本件殺人等事件が、年少者を含めて地域住民が集う自治会主催の夏祭りの際に、その夏祭り会場で作られたカレーに亜砒酸が混入され、地域住民に多数の死傷者が出たとされる特異な事件である上、被告人が、事件当日の行動を含めて一切供述をしていないことから、検察官としては、種々の間接事実を積み重ねる立証を行っている。そして、検察官は、本件での性格立証は、あくまでも他の証拠により認められる被告人の犯人性を前提に、被告人が本件殺人事件を引き起こした内心の原因を明らかにするための間接事実の一つである旨主張しており、動機が人の内心の事情であることや、本件殺人等事件の上記特異性等に鑑みれば、検察官の動機の立証が、被告人の性格的側面に立ち入ることは許されないものではなく、むしろ必要な場合であると一応考えられる。

しかしながら、悪性格の立証については、そのような悪性格が要証事実を合理的に推認させる証明力の程度に幅が大きいことや、偏見や憶測を生んで事実認定を誤らせる危険が内在することに加え、動機の有無、内容が、事実上、犯人性の立証につながる側面も否定できないことから、性格立証の必要性やその具体的範囲については、より慎重な検討が必要である。

（2）そこで上記のような性格立証の持つ証明力の程度や危険性等を考慮に入れ、本件立証趣旨での本件証人尋問が許されるかを、審理状況に照らして以下具体的に検討する。

ア　検察官が、本件立証趣旨で本件証人尋問により具体的に立証しようとする事実関係＊＊＊は、本件証人が、被告人から「気に入らない同僚に、夜、いたずら電話をする」旨聞いたことが

あること、本件証人にも夜中に無言のいたずら電話がかかってきたことがあり、それが被告人からであろうと思っていること、同僚のIDカードを捨てたことがあると被告人から聞いたことがあること、現実にIDカードを紛失した同僚が複数いること、同僚の仕事上の重要書類であるビルを被告人がシュレッダーにかけている場面を見たことがあること及び本件証人として被告人の内心を推測して述べる意見等である。

イ　まず、検察官が立証しようとする上記事実関係は、被告人の性格的側面や常識に欠ける面の立証として意味がないわけではないが、本件殺人等事件の特異性を考えれば、上記で立証される非常識さ等が、本件殺人等事件を引き起こした内心的原因と有意的に結びつくかははなはだ疑問であり、検察官がこれまで立証しようとしてきた他の動機関係の事実に比し、有意的な関連性が乏しいといわざるを得ない。

次に、上記事実関係は、被告人がJ生命に勤務していた時代の同僚に対する嫌がらせという一定の時期に限定された極めてエピソード的なものである上、これまでの審理経過等に照らせば、被告人の悪性格については、今後の立証は一応予定されていないのである。そうであれば、その言動の背景にまでさかのぼって分析することは難しく、結局は、ある特定の時期の被告人の非常識な側面に関する単発のエピソード的な事実関係が数点立証されるだけ、すなわち、必ずしもその性格の実像を反映しない危険性のあるつまみ食い的な立証となるおそれが大であり、このような立証を許すことは、事実認定に供する意味合いが低いばかりか、不当な証拠評価をするのではないかとの疑念を生むだけといわざるを得ない。

さらに、本件殺人等事件を含む本件各事件の審理は、裁判所が命じた各種亜砒酸の異同識別鑑定及び被告人質問を除けば、検察官、弁護人とも主要な立証、反証をほぼ終えようとしている段階となっている。

ウ　以上を総合考慮すれば、本件立証趣旨での本件証人尋問は、上記のとおり、有意的な関連性に乏しいもので、事実認定に対する影響力が乏しく、また性格の実像を反映しない危険性のあるつまみ食い的なものになってしまうおそれがある上、この悪性格の立証を許した場合には、不相当に反対尋問の範囲を広げ、弁護人にもこれに対する積極的な反証を許さざるを得なくなるなど、現在の審理状況からすれば訴訟経済上の大きな問題がある。したがって、現在の審理状況にも照らせば、本件立証趣旨での本件証人尋問は、その必要性に疑問があるばかりか、むしろ弊害の方が大きいというべきである。

（3）以上のとおりであって、本件証人についての本件立証趣旨（甲173号証関係）での尋問は必要性がないからこれを認めず、甲174号証関係の立証趣旨で本件証人尋問を行うものとする。

2　よって、主文のとおり決定する。
（裁判長裁判官　小川育央、裁判官　遠藤邦彦、裁判官　安田大二郎）

> **質問4−5**
>
> この決定が言う「必要性がない」という意味は、最大判昭23・7・29刑集2−9−1045が言う「不必要と思われる証人」と同じ意味か。

判　例

大判昭4・11・16刑集8−568（「凶暴ナル性行」事件）

事實

　　第二審判決ハ左記事實ヲ認定シ刑法第二百四十九條ヲ適用シ被告人ヲ懲役十月ニ處スル旨ノ宣告ヲ爲シタリ

　　被告人數一ハ常ニ配下ヲ擁シテ暴威ヲ逞フシ工事請負入札場ニ出入シテハ其ノ威力ヲ以テ入札關係人ヨリ金員ヲ強要シ痛ク世人ニ畏怖嫌厭セラレ居リ被告人三治ハ被告人數一方ニ寄食シ其ノ乾兒ノ如ク看ラレ居ル者ナルカ

　　第一昭和三年七月九日愛媛縣東宇和郡玉津村役場ニ於テ同村小學校建築工事指名入札ノ施行セラルルニ當リ被告人數一ハ同入札者ノ一人赤松庄太郎ヨリ該工事ヲ同人ニ落札スル様盡力セラレタキ旨依頼サレタルヲ奇貨トシ該入札關係人ヲ脅迫シ金員ヲ強要センコトヲ決シ被告人三治ハ數一ノ意圖ヲ察シ之ニ加擔共謀シ同日被告人數一ハ三治外配下數名ヲ引連レ同村役場ニ隣接セル飲食店ニ赴キ同家二階ニ昇リ同所ニ居合セタル當日ノ入札者同縣北宇和郡吉田町三好佐助外數名ノ入札關係者ニ對シ先ツ「土木請負業一若興業部中畑數一」ナル名刺ヲ通シ自分ハ甞テ喧嘩シタルコトモアリ又人ヲ斬リタルコトモアリ場合ニ依リテハ警察ヲ向フニ廻シテモ引ケヲ取ラヌ入札ニ妨害カ入リテハナラヌト思ヒ參リタルカ何ントカ考ヘ吳レタキ旨威壓的言辭ヲ弄シ被告人三治ハ「コンナ百姓ノ様ナ者ヲ相手ニシテモ仕方カナイ少シ痛イ目ニ逢ハセテヤラネハ判ラヌ奴タ」ト不穩ノ言動ニ出テ佐助等ニ對シ暗ニ金錢ヲ強要シ之ニ應セサレハ同人等ノ身體ニ危害ヲ加ヘントスルカ如キ態度ヲ示シ以テ佐助等ヲ畏怖セシメタルカ當日ノ入札ハ被告人等ノ來場ニ依リ支障ヲ來タシ延期セラルルコトトナルヤ被告人數一ハ佐助ニ對シ其ノ畏怖シ居レルニ乘シ「次ノ入札日ヲ知ラセ又此ノ入札ニハ三百圓ヲ辨當代トシテ落札者ヨリ出スコトニナリ居レル樣子ナルカ其ノ半分百五拾圓ハ俺ニ吳レ殘百五拾圓ハ預ケ置ケ」ト暴言ヲ吐キタル上自動車賃晝食代トシテ金參拾圓ヲ貸シ吳レト申入レ依テ同人ヨリ貸借名義ノ下ニ該金額ヲ前記飲食店ニテ受取リテ恐喝領得シ

　　　　　　　　　　　　　　　＊　＊　＊

［同種の恐喝行為を数回にわたって繰り返した。］

　　而シテ被告人數一ノ前示恐喝同未遂被告人三治ノ恐喝ハ何レモ犯意繼續ニ出テタルモノトス

　　第二審判決ハ先ツ證據説明ノ冒頭ニ於テ「判示中畑數一平原時造カ判示ノ如キ性行經歷ヲ有スルモノナルコト」ニ付證人六名ノ豫審調書ノ内容ヲ示シ之ヲ綜合シテ認定ヲナシタル後右第二ノ二ノ事實認定ノ理由トシテ證人二人ノ豫審調書被告人ノ公廷供述及診斷書ノ記載ヲ揭ケテ「之ヲ

綜合シ前記認定ニ係ル中畑數一平原時造ノ性行經歷ヲ參酌シ之ヲ認定」スル旨ヲ説明セリ

理由

　辯護人井上源一上告趣意書第一原判決ハ判示冐頭事實即チ上告人カ常ニ配下ヲ擁シテ暴威ヲ逞フシ工事請負入札場ニ出入シテハ其ノ威力ヲ以テ入札關係人ヨリ金員ヲ強要シ痛ク世人ニ畏怖嫌厭セラレ居リ被告三次ハ被告人數一方ニ寄食シ其ノ乾兒ノ如ク看ラレ居ルモノナリト云フ事實ニ對スル證據トシテ證人高月市郎右衞門赤松庄太郎松影萬太郎ニ對スル各豫審調書ヲ援用シタリ思フニ原判決カ事爰ニ出テタルハ之ヲ以テ本件被告事件總論的證據トナサントスルモノナルコトハ判決書二四頁末行ニ於テ前記認定ニ係ル被告人數一平原時造ノ判示性行經歷ヲ參照シテ之ヲ認定シ云々トアルニヨリテ明瞭ナリ如此被告人ノ性行經歷等カ斷罪ノ資料トシテノ證據トナリ得ルモノナリヤ吾人ノ信スル處ニヨレハ犯罪ノ認定ハ其ノ具體的事實ニヨラサルヘカラス被告人ノ性行經歷等ハ抽象的事實ニシテ如此ハ刑ノ量定ニ關シテハ別トシテ斷罪ノ證據トナルモノニアラサルナリ如何ニ暴論ヲ爲ス論者ト雖具體的事實ニ關スル證據カ全然欠缺セル場合ニ被告人ノ性行經歷ノミヲ以テ斷罪ノ資料トナシテ可ナリト云フ者ハアラサルヘシ故ニ性行經歷ハ獨立シテ證據トナリ得サルモノナルコトハ明々白々一點ノ疑ヒノ存セサルナリ若シ如此許セハ其ノ危險云フヘカラサルノミナラス不條理之ヨリ甚シキモノアラサルヘシ獨立シテ斷罪ノ證據トナリ得サルモノハ亦他ノ證據ト相俟テ從タル證據トナリ得サルモノト云ハサルヘカラス何トナレハ法律ハ證據ノ主從ヲ認メサルノミナラス危險又ハ不條理ノ點ニ於テ只程度ノ問題ニ外ナラサレハナリ然ルニ原判決ハ被告人ノ素行經歷ト具體的事實トニ因果關係ヲ與ヘテ斷罪ノ資料ニ供シタルモノニシテ法則ニ違背シタルモノナリ故ニ判決全部ニ對シテ破毀ヲ免レサルモノナリト云フニ在リ

　〇因テ按スルニ犯人ノ性行經歷ハ之ニ依據シテ其ノ者ノ犯罪行爲ヲ認定スルノ資料ト爲スヲ許スヘキモノニアラス然レトモ之ハ其ノ性行經歷ト犯罪行爲トノ間ニ何等交渉スル所ナキカ爲ニ外ナラサルヤ勿論ナリ但シ犯人ノ性行經歷ト犯罪行爲トカ交渉スル場合ニ在リテハ決シテ敍上一般普通ノ事理ニ拘ハルヘキモノニアラスシテ其ノ犯罪ト交渉ヲ有スル限度ニ於テ證據ニ依リ認定セラルル性行經歷モ之ヲ亦當該犯罪認定ノ資料ト爲スヲ妨ケス原判決ノ確定シタル事實ニ依レハ「被告人數一ハ常ニ配下ヲ擁シテ暴威ヲ逞フシ工事請負入札場ニ出入シテハ其ノ威力ヲ以テ入札關係人ヨリ金員ヲ強要シ痛ク世人ニ畏怖嫌厭セラレ居ルカ（中略）第二被告人數一ハ昭和三年九月十九日愛媛縣北宇和郡好藤村役場ニテ同村小學校建築工事請負入札アルヲ聞知スルヤ入札關係人ヲ脅迫シ金員ヲ強要スル目的ヲ以テ配下數名ヲ引連レ同村大字内深田今門宗治方ニ到リ同家ニ來合セタル被告人數一同樣暴威ヲ振ヒ屢々入札場ニ出入シテ金錢ヲ強要シ居タル榎本事平原時造及其ノ乾兒等ト共謀シ（中略）（二）當日ノ入札者一同談合ヲ爲スニ當リ指名入札者古谷兵馬ハ第一順位ノ落札者ニ協定セラレ談合金名義ノ下ニ金五百參拾圓ヲ提出スルコトト爲リ居タルカ該入札ノ保證金調達ニ遅レ入札ヲ棄權スルニ至リ爲ニ談合金額僅少ナル前記二宮重保ヲ落札者ト定ムルコトト爲リ被告人等ノ分配額減少シタルヲ以テ茲ニ被告人數一及平原時造ハ當時居合セタル第一審相被告人森惠等ト共謀シ右入札後古谷兵馬ヲ前記今門宗治方ニ呼寄セ被告人等ノ世間周知ノ兇暴ナル性行ト被告人等集團ノ威力トヲ藉リ之ニ應セサレハ如何ナル危害ヲモ加ヘカネマシキ氣勢ヲ示シ其ノ申出金額五百參拾圓ト二宮重保カ提供シタル金參百九拾圓トノ差額百四拾圓ノ交

付方ヲ迫リタルモ古谷ニ於テ應セサリシ爲其ノ目的ヲ遂ケサリシモノナリ」ト云フニ在リテ被告人數一及平原時造ノ性行經歷カ敍上犯罪行爲ト交渉スル所アルヲ以テ原判決ノ如ク證據ニ依リ認定シタル右性行經歷ヲ他ノ證據ト綜合シテ本件犯罪事實ヲ認メタルハ相當ニシテ毫モ違法ニ非ス論旨理由ナシ（其ノ他ノ上告論旨及判決理由ハ之ヲ省略ス）

> **質問4－6**
> 和歌山毒カレー事件Ⅱ決定と「凶暴ナル性行」事件判決は矛盾するか。

II 故意・知情・動機・計画

判 例

最3小決昭41・11・22刑集20-9-1035（「福祉促進運動趣意書」事件）

　弁護人荻原静夫の上告趣意第一は、判例違反をいうが、所論引用の判例は、すべて事案を異にし本件に適切でなく、その余は、単なる訴訟法違反の主張であり（犯罪の客観的要素が他の証拠によって認められる本件事案の下において、被告人の詐欺の故意の如き犯罪の主観的要素を、被告人の同種前科の内容によって認定した原判決に所論の違法は認められない）、同第二は、事実誤認の主張であって、いずれも刑訴法405条の上告理由に当らない。

　また、記録を調べても、同411条を適用すべきものとは認められない。

　よって、同414条、386条1項3号、181条1項但書、刑法21条により、裁判官全員一致の意見で、主文のとおり決定する。

　（裁判長裁判官　田中二郎、裁判官　五鬼上堅磐、裁判官　柏原語六、裁判官　下村三郎）

弁護人荻原静夫の上告趣意

　第一、第一審判決および原判決は、大審院の判例と相反する判断をなし、結局、証拠排除の法則または採証の法則に違反したものであって、破棄を免れない。

　一、第一審判決は、被告人の本件詐欺の故意の認定に、被告人が行った他の類似犯罪（その調書判決）を証拠として採用し、更に、原判決は、「被告人自身昭和38年9月19日神戸地方裁判所で本件と同様手段による詐欺罪により懲役刑に処せられ現在なお執行猶予中の身であり、本件犯行もその態様に照し詐欺罪を構成するものであるとの認識があったと思われる」と判示して第一審の判決を支持した。

　しかしながら、公訴事実に関する被告人の有罪の証明として、被告人が行った他の犯罪を証拠

とすることは、たとえそれが同一性質のものであったとしても許容されないと解すべきである。

若し、これが許容されるとすれば、その性質上その行為は、被告人の生活の長期間にわたりうるのであるから、被告人がそれを反駁することは極めて困難であるのみならず、公訴事実に対する不当な偏見を生ぜしめる危険が存在するといわなければならない。

二、仮に、その許容性が認められるとしても、元来前科は、被告人が、かつて犯罪により刑罰に処せられたという過去における被告人の性行の一端を示すに止りその後に生じた犯罪事実と何等干渉するところがないのであるから、被告人に前科があるという事実が証明された場合においても、その事実は公訴の目的である犯罪行為の成立を断定するには適さないものである。

従って、かかる前科を採って犯罪事実証明の資料に供した場合は、採証の法則に違反するといわなければならない。しかして、右趣旨は、大審院昭和2年（れ）第832号同年9月3日判決（法律新聞2750号9頁、判例彙報38巻下刑277頁）および大審院昭和14年（れ）54号、同年3月25日判決（判決全集6輯14号43頁）の明示するところである。

果してそうだとすれば、第一審判決および原判決は、大審院の判例と相反する判断をなし、証拠排除または採証の法則に違反したものであるというべきである。

第二、第一審判決および原判決には、判決に影響を及ぼすべき重大な事実の誤認があり、破棄しなければ著しく正義に反する。

一、第一審判決は、被告人が生活費に窮した結果、募金名下に寄附金を集めて右に充当しようと企て、本件各金融機関の各被用者に対し、真実社会福祉事業に使用する意思もまたその能力もないのに「身寄のない老人に対する福祉促進運動趣意書」と称する書面および賛助芳名簿を示し、右被用者らをその旨誤信させて社会福祉援護のための寄附金名下に現金を騙取したものであると認定し、また原判決も同様の判示をして被告人の欺罔行為を認定した。

しかしながら、原判決が欺罔手段に用いたとする前記趣意書には、社会福祉向上促進を図るため、叶わざることのない日連正宗の大御本尊様に祈念して、その成就を図るから、御寄附をその運動資金の一端に加えて欲しい旨の記載と同時に被告人が大御本尊様に祈念して達成された実例として、池田首相の退陣、佐田の山の横綱昇進等の記載があり、右趣意書を一見すれば、被告人の金員を求める趣旨が自己の祈念に対する賛助の意味であることは洵に明らかであるといわなければならなない［ママ］。

しかして、被告人は、本件各金融機関の被用者に対して、前記趣意書を［「］見て頂いて御賛同が得られますならばお願いいたします」と述べてその賛同を得ようとしたものである。（記録560丁）

従って、前記趣意書を呈示し、賛助を求める被告人の行為は、ある意味で狂信的と思われる宗教家の善意ある祈念に対するなにがしかの御布施を求める行為であると認めるのが相当であって、第一審判決および原判決の認定の如き、社会福祉事業に対する募金行為であるとはとうていこれを認めることはできない。

しかも、被告人の本件各行為が前記趣意書の記載内容に副って行われたものであることは、被告人の法廷に於ける一貫したつぎの如き弁明によって明らかである。

私は、日連正宗に帰依しておりますので、その大御本尊様の仏力、法力によって老人施設の待遇福祉向上促進を計ることを祈念し、仏様に対する勤行唱題の行をすることによって達成させるつもりでありましたので、丁度禅坊主の托鉢に似た気持で御布施を頂戴したものです。(記録8丁、39丁、40丁、49丁、1532丁、1552丁)

　尤も、本件金員を交付した者は、いずれも、司法警察員に対し、社会福祉事業に対する寄附金のつもりで本件金員を被告人に対し交付したものであって、被告人が自己の生活費に充てる趣旨であれば交付しなかった旨供述しているけれども、その供述を録取した調書は、すべて形式、内容共に画一的であり且つ本件金員交付の動機にいたってはほとんど同文の記載がなされておるため、金員交付の心情を具体的且つ明確に知ることが困難であるけれども、少くともその記載通りの供述としての信用性は極めてうすいというべきである。

　むしろ、一般社会人の常識を以って、前記趣意書の記載を一見すれば、(特にその体験実例の記載を見れば)被告人が自己の祈念という宗教活動に対する御布施を求めていると認識するのが当然であって、所謂寄附金の募金行為と認識するのは不自然であるといわなければならない。

＊　＊　＊

　二、次に、第一審判決および原判決は、前記認定の欺罔行為を前提として、これに対応する欺罔の意思を認定しているけれども、すでに述べた通り、その欺罔行為が存在しない以上その意思もなかったと認めるのが相当である。

　原判決は、被告人の一貫して変らない否認の供述に対し、同種前科の存在、生活に困窮していた事情から動機が存在すること、犯行の手段として実在しない会の名称を用いたこと及び被告人自身自己の行為の違法性を認めていることを挙げて、その犯意は十分認められると断定した。

　しかしながら、同種前科を以て公訴事実を認定することは先に主張したとおり違法であって許されないし、また生活に窮していたからこそ、被告人は、他人の軽侮に甘じて御布施を求めて歩いたのであって、右の事情は詐欺罪の動機に当然なるものではない。更に社会福祉援護会は、原判決も指摘する通り、被告人が本件行為を実行する以前に創設し、実際に老人援助の活動を行ったことのあるものであって、(記録80丁、81丁)被告人自身老人に対しいたわりの心情が厚いことは記録上も明らかであって、被告人が本件行為を行うにあたってこれに藉口するために使用した実在しない会であるとは断言できない。

＊　＊　＊

III 犯人の同一性

判 例

静岡地判昭40・4・22下刑集7-4-623（東海4号連続スリ事件）

（罪となるべき事実）

　被告人宮川明彦、同斉藤信幸両名は、外数名の者と共謀の上、

　第一、昭和39年4月9日午後3時42分ころ、東海道線磐田駅停車中の上り準急東海4号の7号車後部デッキにおいて、乗客山崎実着用のオーバー右内ポケットから同人所有の現金600円位及び名刺、紙片等6枚位在中の鹿革製二つ折財布1個（財布の価格500円）位をスリ取り窃取した

　第二、同日午後4時14分ころ、前記準急東海4号の9号車後部デッキにおいて、乗客岡本祐吉を取り囲み、被告人宮川明彦において、右岡本の背広上衣右内ポケットから金品をすり取ろうとして、同ポケットに手を差しのべ、それに手を入れたが、警察官に発見阻止されたためその目的を遂げなかった

　ものである。

＊　＊　＊

（有罪認定の理由）

　本件記録に現われた各証拠によると、判示犯行の当時、いわゆる常磐グループと称するスリ集団が三島市を根城にして活動し、被告人宮川、同斉藤等は、右集団と行動を共にしていたものであるところ、被告人等は昭和39年4月8日名古屋市に到り、同所に1泊後、翌9日、名古屋駅にて沼津駅までの乗車券を購入して名古屋駅発午前10時42分の上り普通列車に乗車したが、同日午後0時15分頃、豊橋駅には途中下車して準急券（押第125号の2、5）を購入し、午後3時5分同駅発上り準急東海4号に乗り換え、午後3時40分頃、磐田駅にて一旦ホームに降りて前方7号車後部デッキに乗り移り、判示第一の窃盗をなし、ひき続き右列車に乗車し、午後3時50分頃、

掛川駅にて、再びホームに降りて前方9号車後部デッキに乗り移り、判示第二の窃盗をなした際、被告人等をスリ犯として尾行していた警察官酒井猛等に現行犯として逮捕されたものであるが、被告人等は本件犯罪事実（共謀の在存［ママ］、内容及び実行行為等）のすべてを否認して争うので附言するに、判示第二の窃盗未遂の事実は、現行犯人逮捕という事情もあって、前記証拠、特に証人酒井猛、飯田守、天野伊三の各証言及び被告人等に対する現行犯人逮捕手続書等により、被告人等の犯行であることを認める証明十分であるところ、判示第一の窃盗の事実については、直接証拠がなく、被害者である山崎実は公判廷で、昭和39年4月9日午後3時42分頃、列車が磐田駅を発車する際に、30才前後の男数名が、ドヤドヤと乗り込んで来て、7号車後部デッキにいた自分を強く押して倒しそうにした、その時にオーバー右内ポケットから現金600円位と名刺紙片等（押第125号の7、8、9、10、11）在中の財布をスリ取られたように思う旨を証言しているが、被告人等が右数名の中にいたかどうか知らないし、誰に財布をスラれたか明らかでない旨を証言し、また警察官天野伊三等が、判示第二の窃盗未遂の犯行により、被告人等を現行犯逮捕した際、その現場に判示第一の窃盗の被害者山崎実所有の前記名刺等が落ちていたのを発見した事実のみであり、しかも、誰がこれを現場に捨てたかどうかという点は明らかでないから、これ等の情況証拠だけからでは、判示第一の窃盗の事実を認めるにつき、証明に十分でないとも考えられる。しかし、ひるがえって、更に審究すると、右第一の窃盗の事実は、判示第二の窃盗未遂の事実と時間的にも、場所的にも共に接着し、その犯行の方法と態様も同類であって、両罪事実は互に密接かつ一連の関係にあるものと見られるから、そうであれば、判示第二の窃盗未遂の事実が証明された場合には、この事実は、判示第一の窃盗の事実との関係において、同事実の存在を必然的に推理する蓋然性があり、右窃盗の事実も被告人等の犯行であるとする関連性が認められるし、またそれは情況証拠として、高い証明価値があるものとして許容することができるのである。勿論、一般的には、窃盗犯人が、以前に他の窃盗をした事実があるということは、起訴にかかる窃盗も、その人の犯行であるとすることは、刑事司法上の政策及び公正の立場から排除されなければならないが、この他の犯罪証拠排斥の原則は、前述の通り、両犯行が密接に連結して相互に補足する関係にある本件の場合には適用がないのである。

　思うに、刑事裁判における犯罪事実の認定においては、証拠が適法なものであるならば、証拠を評価し、かつそれから推理するについては、一定不動の法則というものはないのであって、事件の個々の性格、特色に応じて常識と叡智によって秤量判定しなければならないところ、近時スリ窃盗による被害が多発しているにもかかわらず、この種の犯罪は、現行犯逮捕による以外には犯人の発見は困難であり、しかも、組織的、計画的集団犯罪事件において、被告人等は、通常、犯罪事実を否認するから、自白の獲得は、他の一般事件に比し困難である実清に鑑みると、斯る事件の裁判に当っては、実体的真実を発見し、公共の福祉を維持する重要な使命を具現するために、犯罪事実の証明の有無の判断と証拠の価値の秤量とにつき単に被告人等の供述の些細な矛盾不統一に拘泥することなく、よろしく事件の有つ特色を考慮し、直接証拠は勿論、あらゆる情状証拠を活用して、その心証を形成しなければならないのであり、またいわゆる疑わしきは被告人の利益に解するという刑事裁判上の実践はあるとしても、軽軽るしく、これが隠れ蓑に逃避して

はならないのである。

　要するに、本件列車内の集団スリという本件事件の特殊的性格に対応して、前記各証拠をあれこれ総合して考えると判示全事実はすべてその証明があるというべきである。

＊　＊　＊

（裁判官　相原宏）

判　例

水戸地下妻支判平4・2・27判時1413-35（下妻支部連続強姦事件）

（犯罪事実）

　第一　被告人は、平成3年2月11日午後9時5分ころ、茨城県猿島郡三和町《番地略》所在のA（当時66歳）方居宅において、同人に対し、背後から左手でその襟首を掴み、右手で所携の文化包丁1丁（刃体の長さ約15.7センチメートルで、包丁の柄の部分にプラスチック製湯かき棒の柄の部分をビニールテープで巻きつけたもの、平成3年押第7号の3）をその喉元に突きつけ、「金を出せ。金を出さないと命はないぞ。早く出せ。」などと申し向け、さらに、B（当時29歳）に対し、「金を出せ。出さないとじいちゃんの命はないぞ。」などと申し向けてそれぞれ脅迫し、右両名の反抗を抑圧した上、Bから、同人が管理する現金6万6000円を差し出させて強取したが、その際、右両名と取っ組み合いとなり、右両名に対し、文化包丁を持った手を振り回すなどの暴行を加え、よって、右暴行により、Bに対し、加療約1週間を要する顔面打撲、左前額部挫創の傷害を負わせた。

　第二　被告人は、業務その他正当な理由による場合でないのに、前記日時、場所において、前記文化包丁1丁を携帯した。

　第三　被告人は、平成3年1月26日午前1時ころ、茨城県猿島郡総和町《番地略》所在のC方南側車庫において、同所に駐車中の同人所有の普通乗用自動車に取り付けてあった同人管理のナンバープレート（土浦Xち〇〇〇〇）2枚（平成3年押第7号の1、2は、被告人においてその登録番号を改ざんしたもの）及び同人所有のエンジンオイル1缶（時価約1200円相当）を窃取した。

　第四　被告人は、平成2年11月28日午後10時ころ、東京都八王子市宇津木町《番地略》先所在のD方駐車場において、同所に駐車中のE所有の普通乗用自動車に取り付けてあった同人管理のナンバープレート（八王子Xや・〇〇〇）2枚を窃取した。

　第五　被告人は、平成3年1月22日午後7時30分ころ、栃木県佐野市韮川町578番地所在の佐野市営火葬場西方約200メートル付近の路上において、自分の運転する普通乗用自動車のクラクションを鳴らすなどして、F子（当時23歳）が運転する軽四輪乗用自動車を停車させ、いきなり同車両の運転席に乗り込み、同女の頸部を両手で絞めつけるなどの暴行を加えながら、「よくも笑ったな。」などと因縁をつけた上、「死ね。殺されたいのか。抵抗したら殺す。」などと強い口調で脅迫し、同女の衣服を無理やり剥ぎ取って全裸にし、同女を右車両の後部座席の床に押し込

めるなどの暴行を加えた上、同日午後8時10分ころ、同車両を運転して同市同町594番地付近の空き地まで同女を連行し、同所に駐車した右車両の中で、「言うことを聞かないと殺すぞ。逆らったりすると、俺はナイフを持っているぞ。」などと申し向けて同女を脅迫し、同女の反抗を抑圧して、強いて同女を姦淫したが、その際、右暴行により、同女に対し、加療約1週間を要する頸部、顎部及び左膝部圧痕の傷害を負わせた。

　第六　被告人は、平成3年1月29日午後10時ころ、栃木県小山市大字白鳥654番地付近路上において、自分の運転する普通乗用自動車の前照灯を何回も点滅するなどして、G子（当時22歳）運転の普通乗用自動車を停車させ、いきなり同車両の運転席に乗り込んで、同女の頸部を両手で絞めつけるなどの暴行を加えながら、「抵抗したら、俺はナイフを持っている。」などと強い口調で脅迫し、さらに、運転席の背もたれと一緒に同女を後ろに押し倒して同女の上にまたがり、片手で同女の頸部を締めながら、同車両を運転して同市大字白鳥564番地付近の農道まで同女を連行し、同所に駐車した右車両の中で、同女の衣服を無理やり剥ぎ取って全裸にするなどの暴行を加え、同女の反抗を抑圧して、強いて同女を姦淫したが、その際、右暴行により、同女に対し、全治1週間を要する頸部挫傷の傷害を負わせた。

＊　＊　＊

（補足説明）
　第一　弁護人は、第五及び第六の事実について、被告人による犯行ではない旨主張し、被告人も犯行を全面的に否定する供述をしているので、若干の補足説明をする。
　第二　第五の事実（F子に対する強姦致傷）について
　一　犯人の特徴について
　1　被害者F子は、捜査官に対する供述調書及び公判廷において、犯人と約1時間50分にわたって接触していたが、被害当時、犯人の車両の前照灯や犯行現場付近に設置されていた工事用の回転灯の明かり、あるいは犯人が使ったライターの炎等により、運転席に乗車していた犯人の人相が助手席から識別できる状況にあり、犯人の顔の輪郭、目付き、口もと、頭髪の状況等が、かつらを装着したときの被告人のそれと酷似しており、犯人は被告人に間違いない旨供述し、また、H子は、捜査官に対する供述調書及び公判廷において、犯行当日の午後7時50分ころ、佐野市営火葬場西方約200メートル付近の道路を乗用車で通行したが、普通乗用自動車と軽四輪乗用自動車が前照灯を点灯したまま路上に前後して駐車しているのを見て何となく不審に思い、同日午後8時5分ころ、再度同所を通りかかった際、前と同じ状態で駐車したままの各車両の様子を窺いながら、そのすぐ脇を徐行して通過しようとしたところ、軽四輪乗用自動車内において、男が後部方向を向いてうつ伏せのような状態でいるのが見え、さらにその男の左腕の脇から女の手のようなものが見えたので、最初はアベックかとも思ったが、視線が合った瞬間の男の目付きの鋭さや顔全体の表情、その場の状況から通常のアベックとは思えず、いっそう不審に思った。その男は、濃紺あるいは灰色がかった作業服かジャケットを着ていたが、目と顔の輪郭から、被告人に間違いない旨供述している。
　2　関係証拠によれば、犯行当日ころ、犯行現場付近道路において、舗装工事が行われており、

危険防止のため、工事用の回転灯が設置されており、犯行現場付近は相当程度明るかったこと、犯行現場において、Ｆ子の目撃状況を再現したところ、点灯させたままの車両の前照灯や、車内で着火したライターの炎等によって、助手席から運転席に乗車している者の顔を確認することができたこと、Ｈ子の目撃状況は、Ｆ子が捜査段階で供述している被害状況と概ね符合していること、犯行現場において、Ｈ子の目撃状況を再現したところ、普通自動車の前照灯や前記工事用の回転灯の明かりで、車内にいる者の人相が識別できたこと、被告人方から、紺色の作業服が発見されたこと、Ｆ子は、事件後、警察署で保管中の被告人の写真と他の男の写真14枚とを混ぜた写真面割帳を示され、一覧してすぐ被告人の写真を摘出し、犯人が被告人と同一人物であることを確認している上、いわゆる面通しにより、見た瞬間に、被告人が犯人であると断定していること、Ｈ子も、事件後間もなく、右写真面割帳を示されて躊躇なく被告人の写真を選び出し、目撃した男が被告人と同一人物であることを確認し、かつ、面通しによってもその同一性を確認していること、被告人は、日頃から、就寝時以外はかつらを装着しており、判示第一の犯行当時もかつらを携帯していたことが認められ、これによれば、Ｆ子及びＨ子の右各供述は、いずれも信用性が高い。

　二　犯行に使用された車両について

　１　Ｆ子は、捜査官に対する供述調書において、犯人の車両は、前照灯の形が真四角で、排気量1800ccから2000cc位の車であり、八王子ナンバーで、４桁のナンバーのうち左から２桁目が「０」である旨供述しており、Ｈ子は、捜査官に対する供述調書及び公判廷において、前記不審車両を目撃した際、普通乗用自動車のナンバープレートが「八王子」の「００００」であることを記憶し、帰宅するとすぐにそのナンバーを家計簿に記載しておいた旨各供述している。また、Ｉは、捜査官に対し、本件犯行当日の午後８時45分ころ、車で前記火葬場付近道路を通行した際、前照灯をつけたまま駐車している白色の普通乗用自動車１台を目撃したが、その車名、型式は、日産ブルーバードＵ11型であった旨、Ｊ子は、捜査官に対し、本件犯行当日の午後９時20分ころ、同所において、同様の状態で駐車中の古い型の白色日産ブルーバートを目撃した旨それぞれ供述している。

　２　関係証拠によれば、被告人は、平成２年12月25日、埼玉県秩父郡吉田町のＫ商会ことＫから、白色日産ブルーバード（登録番号・熊谷Ｘね００００、型式・Ｅ─Ｕ11、総排気量・1800cc、以下「被告人車両」ともいう。）を代金22万円で購入し、以後平成３年２月８日までの間、同車両を使用していたこと、被告人は、平成２年11月18日東京都八王子市でナンバープレート「八王子Ｘや・０００」（第四事実の被害品）を窃取し、平成３年１月中旬ころ秩父山中において右ナンバープレートの「０」の数字の前の「・」を「０」に書き替え、「八王子Ｘや００００」と改ざんし、その後さらにこれを「八王子Ｘや００００」と改ざんして所持していたこと、登録されている自動車のうち、「八王子」の「００００」のナンバープレートを取り付けた車両は全部で42台あるが、そのうち白色日産ブルーバートＵ11型のものは存在しないこと、Ｈ子の家計簿に目撃車両のナンバーとして「００００（八王子）」と明瞭に記載されていること、Ｉは、日産車の部品製造会社に勤務しており、日産車の車名と型式等を正確に識別することができること、Ｊ子

も、かつて自動車販売会社に勤務していたことがあって自動車に興味があり、車名等に詳しいこと、I、J子の両名は、犯行の翌日、現場付近で検問していた警察官に対しても前記供述内容と同旨の目撃状況を告げていることがそれぞれ認められ、これらによれば、犯人の車両を目撃した者らの右各供述はいずれも信用性が高く、犯行に使用された車両は、被告人車両であると認めるのが相当である。

　三　犯人の遺留物について
　1　関係証拠によれば、犯行現場に遺留された犯人の煙草の吸殻に被告人と同じ血液型（ABO式）の唾液が付着していたこと、F子の車両助手席シートカバー及びF子の膣内等から精液が検出されたが、その精液の血液型（ABO式）及びDNA型（MCT118型、TNN24型、CMM101型、HLADQα型）と被告人から採取した血液のそれとを対照すると、いずれも同型であり、右精液と同じ血液型及びDNA型を示す日本人の出現頻度は、1600万人に1人という確率であることがそれぞれ認められる。

　2　関係証拠によれば、犯人は、犯行後、所携の針金でF子の両手親指を後ろ手に緊縛して逃走しているが、被告人車両内から、F子を緊縛したものと同種の針金が発見され、F子を緊縛した針金の切断面は、被告人車両内にあったプライヤーによって生じうることが認められる。

　四　犯行の手口について
　関係証拠によれば、被告人の前々刑（昭和55年11月11日前橋地方裁判所桐生支部判決）及び前刑（昭和60年12月10日浦和地方裁判所熊谷支部判決）の強姦の犯行の手口は、いずれも自動車を運転している女性を追尾した上、クラクションを鳴らすなどして停車させて因縁をつけ、暴行脅迫を加えてその車両に乗り込み、人気のない場所に連行し、女性を全裸にして強姦するというものであり、さらに前刑の強姦においては、被害者を所携の針金で後ろ手に緊縛していることが認められ、いずれも本件犯行の手口と酷似している。

　五　以上の認定判断及び前掲各証拠によれば、本件犯行は被告人によるものであることが認められ、犯行を否定する被告人の公判供述は信用することができない。

　第三　第六の事実（G子に対する強姦致傷）について
　一　犯人の特徴について
　1　被害者G子は、捜査官に対する供述調書及び公判廷において、犯人と約1時間にわたって接触していたが、犯人の顔をいろいろな角度から目撃しており、また、犯行当夜は月が出ていたので、月明かりによってある程度見通しがきいた上、車両の室内灯がしばらく点灯したままになっていた時間もあったことや、犯人が数回煙草を吸った際、その度ごとに煙草の明かりでさらによく見えることがあったことなどから、犯人の人相が識別できる状況にあり、犯人の顔の輪郭、目の大きさ、額の広さ、頭髪の状況等が、かつらを装着した被告人に酷似しており、犯人は被告人に間違いない、犯人は、胸にポケットが2つついた紺色作業服を着て茶色っぽい靴を履いていた旨各供述している。

　2　関係証拠によれば、犯行現場において、犯行当時のG子の目撃状況を再現したところ、車両の室内灯や着火した煙草を吸った際の明かりで犯人の顔の輪郭を確認することができたこと、

G子は、事件後間もなく、警察署で保管中の被告人の写真と他の男の写真9枚とを混ぜた写真面割台帳作成報告書を示され、被告人の写真を摘出して、犯人が被告人と同一人物であることを確認し、さらに、面通しによっても、見た瞬間に被告人を犯人であると断定していること、被告人方から、胸にポケットが2つついた紺色作業服（前記第二の一の2の紺色作業服と同一のもの）及び茶色の靴が発見され、G子がこれらを示されて犯人が身に付けていた物と酷似していることを確認していることがそれぞれ認められ、これらによれば、G子の右各供述は信用性が高い。

　3　なお、G子は、被害届及び告訴状において、犯人の顔の輪郭について丸顔と記載し、後に取調べや公判廷においては、面長の顔と供述しているが、G子が、顔の輪郭以外に、犯人の特徴と被告人のそれと類似している点をいくつか指摘していることや、前記のとおり、面通しの際に被告人が犯人であると明確に識別しえたことなどを考慮すると、右のような齟齬は、G子の供述の信用性に影響を及ぼさない。

　二　犯行に使用された車両について
　G子は、犯人の車両は、2000cc位の白っぽい古い型の車であった旨供述しているところ、被告人車両は、前記第二の二の2のとおりであるから、G子の供述は、これと符合する。

　三　犯人の遺留物及び犯行の手口について
　1　関係証拠によれば、G子の車両内で犯人が使用したちり紙から精液が検出されたが、その精液の血液型（ABO式）及びDNA型（MCT118型、TNN24型、CMM101型、HLADQα型）と、被告人から採取した血液のそれとを対照すると、いずれも同型であり、右精液と同じ血液型及びDNA型を示す日本人の出現頻度は、7000万人に1人という確率であることが認められる。

　2　前記第二の四と同様、被告人の前科中の強姦の犯行の手口が本件犯行と酷似している（但し、針金を使用している点は除く。）。

　四　以上の認定判断及び前掲各証拠によれば、本件犯行は被告人によるものであることが認められ、犯行を否定する被告人の公判供述は信用することができない。

（裁判長裁判長　市川頼明、裁判官　川島利夫、裁判官　岸日出夫）

> **質問4－7**
> この判決は同種前科を被告人が犯人である証拠として掲げているが、これは正しいか。

判　例

和歌山地決平12・12・20判タ1098-101（和歌山毒カレー事件Ⅰ）

主文
　検察官請求の証人Ａを採用し、平成13年1月11日午前10時の公判期日において取り調べる。
理由

一　検察官は、①昭和62年当時の被告人夫婦とＢとの関係、②Ａが昭和63年５月に中江病院のＣの病室で食事をして腹部症状を発生した経緯、③被告人のＣに関する言動及び被告人方でのマージャン開催状況等、④被告人が平成９年10月にＡに無断で同人を被保険者とする簡易保険契約を結んでいたこと、⑤Ｄに体調不良が生じ死亡した経過、⑥本件殺人被告事件後の被告人夫婦の言動等を立証するため、Ａの証人尋問を請求し、弁護人は右②及び⑤については類似事実によって公訴事実を立証するものであるばかりか、検察官の立証しようとしている類似性の程度は「被告人が疑わしい」という程度のものであるから違法であり、右④及び⑥については、関連性の疑問があるとともに伝聞供述を求めるものであって違法であるとして、その部分の証人尋問請求を却下すべきであると主張する。

二　②及び⑤について

１　検察官は、②及び⑤の事実によって、本件殺人未遂被告事件の被告人の犯人性を立証しようというのであるが、右殺人未遂被告事件は、保険金取得目的で被告人が砒素を混入した食べ物を被害者に提供して殺害しようとしたという事案であるところ、②及び⑤の事実は、被告人により多額の保険を掛けられている被告人の周辺者が砒素中毒にり患したとされる点で右被告事件と類似する事実である。したがって、検察官の右立証は、起訴されていない類似事実によって起訴にかかる犯罪事実を立証しようとするものであるから、そのような立証は、原則として許されないものである。

しかしながら、類似事実による犯罪事実の立証は、一切許されないものではなく、特殊な手口等により犯罪事実の犯人と被告人との同一性を証明する場合や、犯罪事実についての目的、動機等の主観的要件を証明する場合には、事案の特殊性や審理の状況に鑑み、例外的に認められる場合もあると解される。

もとより、類似事実による犯罪事実の立証が原則として禁止されるのは、このような証拠が自然的関連性はあるものの、類型的に裁判所に対して不当な予断偏見を与え、誤った心証を形成させる危険があるからであり、またこのような立証を検察官に許すことが、争点を混乱させ審理を遅延させたり、被告人に不意打ちを与える危険があるとの理由によるのであるから、例外的にそのような立証を認めるか否かの判断は、そのような目的に反しないか慎重な検討が必要となる。

２　そこで検討するに、本件殺人未遂被告事件は、保険金取得目的で被告人が砒素を混入した食べ物を被害者に提供して殺害しようとしたという事案であるところ、犯行態様が極めて特異であるばかりか、昭和62年から平成９年にかけての同種の目的・態様の事件が４件も起訴されている事案であること、不正な保険金取得が半ば継続的にされていたと主張されている事案であること、事案の性格上、直接証拠が得にくく検察官としては必然的に間接事実の積み重ねによらざるを得ない類型の事案であること、被告人が現時点においても詳細な供述をしておらず、検察官としては事件の前後あるいは周辺の間接事実を立証することで被告人の犯人性を立証せざるを得ない事案であること等の特徴を持つ事案である。そしてこれまでの審理で、殺人被告事件では検察官の主たる立証が終わり、殺人未遂被告事件では、捜査段階から自らが被害者となったとされる事件についても黙秘しているＣを除く２名、３件分の被害者の証人尋問が終わり、今後は、殺人

未遂の被害者等の砒素中毒に関する医師の証人尋問が予定されている段階であり、また詐欺被告事件では証拠関係の多くが同意となっている。

　このような特徴を持つ本件において、検察官は、態様や目的が類似若しくは共通し昭和60年から昭和63年にかけて発生した②及び⑤を立証し、他の立証ともあいまって、本件殺人未遂被告事件の犯人性等を立証しようというのであるが、⑤はCや被告人の周辺の者が砒素中毒で死亡したことにより被告人らが多額の保険金を取得した最初の事案とされており、また②は、⑤の後、昭和62年のBに対する殺人未遂事件を経て、昭和63年にCが砒素中毒になった際に、Cの病室で被告人から提供されたとする食事をCと一緒にし、砒素中毒にり患したとされる事実であるから、いずれの事実も、被告人の犯人性を種々の間接事実の立証によらざるを得ない本件殺人未遂被告事件においては、関連性を有する事実といわざるを得ない。

　また、②や⑤等の類似事実の立証と訴訟経済や被告人の不意打ちの関係を検討するに、②や⑤等の類似事実は、検察官が冒頭陳述で述べ、当初から立証予定であることを明らかにしている事実であるから、この類似事実の立証を許すことが被告人の不意打ちになるとは考えにくい。またこれまでの審理経過に照らすと、現時点は、右類似事実の立証を許すのに不適当な時期ではなく、またどの程度の証拠調べが必要となるかは想定できることから、それらの立証により、事案の重大性と比較しても不当なほどの審理の遅延をきたすものとは考えられず、また弁護側の反証がそれほど困難になるとも考えられない。

　3　以上の検討によれば、②や⑤の立証は、類似事実による犯罪事実の立証が、例外的に許される場合といわざるを得ない。なお、類似事実による犯罪事実の立証を許すことと、当該類似事実がどの程度犯罪事実を推認させる証明力を有するかは別個の問題であって、後者は、立証された間接事実の評価の問題として、類似事実の立証後に慎重に検討されるべき問題であり、弁護人が主張する類似性の程度等の問題は、この場面において検討すべきものと考える。

＊　＊　＊

（裁判長裁判官　小川育央、裁判官　遠藤邦彦、裁判官　安田大二郎）

> **質問4－8**
> 　別罪によって犯人の同一性を立証することが許される理由は何か。

> **質問4－9**
> 　別罪による犯人の同一性の立証が許されるのは、別罪と訴因との間にどの程度の類似性があることが必要か。他の情況証拠の存在はこの要請に差異をもたらすか。

ノート

「性犯罪の例外」

　歌手のマイケル・ジャクソンは2004年12月に14歳未満の少年に対するわいせつ行為など10個の訴因によってカリフォルニア州サンタ・マリアの上級裁判所に起訴された。2005年3月から6月にかけて140人あまりの証人尋問が行われ、同月14日全ての訴因についてジャクソンは無罪評決を受けた。

　この裁判の直接の訴因は、2003年に彼の農場（ネバーランド）で近所に住む13歳の少年に性的な行為をしたり、ワインを飲ませたというものであるが、法廷では、検察・弁護双方の証人が次々に登場して、ジャクソンが過去に少年に性的な行為をしたことがあった・なかったという証言を繰り広げた。例えば、「ホーム・アローン」のマコーレー・カルキンが9歳のときに（裁判の15年前）ネバーランドでジャクソンに陰部を触られているのを見たと元従業員が証言し、カルキンがこれを否定する証言をするなどしている。

　こうしたことが起こっているのは、最近連邦と一部の州で、性犯罪（刑事）やセクシャル・ハラスメント（民事）を立証するために、被告の過去の性的行為を証拠とすることを認める証拠法の改正が行われたことによる。

　「1994年暴力犯罪と法執行法」によって改正された連邦証拠規則は次のようなものである。

　　連邦証拠規則413（a）：被告人が性的暴行の罪（offense of sexual assault）で訴追されている刑事事件においては、被告人が他の性的暴行を犯したことの証拠は許容され、関連する如何なる事柄に関しても考慮されうる。

　　同414（a）：被告人が児童に対する性的虐待の罪（offense of child molestation）で訴追されている刑事事件においては、被告人が他に児童に対する性的虐待を犯したことの証拠は許容され、関連する如何なる事柄に関しても考慮されうる。

　マイケル・ジャクソン裁判が行われたカリフォルニア州では1995年に証拠法典が改正された。

　　証拠法典1108項（a）：被告人が性的犯罪（sexual offense）で訴追されている刑事事件においては、被告人が他の性的犯罪を犯したことの証拠は、第352項によって不許容とされないかぎり第1101項によって不許容とされることはない。

　こうしてアメリカでは、伝統的な性格証拠禁止ルールに大きな例外が作られたわけである。このような立法は必要か。また、賢明か。「性犯罪」「児童に対する性的虐待の罪」などと他の一般犯罪を区別する根拠はあるのか。証拠法典を持たない日本法の解釈はどうあるべきか。

IV 情状としての別罪

　実務上量刑の資料として前科や前歴（逮捕歴）さらには公的な記録に登場しない余罪が証拠請求されることがしばしばある。性格証拠の法理からすると、これらの別罪を現に訴追されている訴因を証明する証拠として採用することは——例外的に許容される場合をのぞいて——許されない。また、別罪を処罰する趣旨の証拠とすることは不告不理（憲法31条、刑訴法256条）、二重の危険禁止（憲法39条）などに違反することになる。しかし、わが国の刑事裁判では、訴因の認定のための証拠調べと量刑のためのそれとが截然と区別されておらず、実際に提出された別罪の証拠が果たして量刑の資料としてのみ利用され、それ以外の目的に利用されなかったと言えるのかは、実際上微妙である。しかし、この区別の指標が曖昧で実務上機能し得ないのだとすると、証拠法の原則も機能しなくなり、刑事訴追に関する憲法上の保障も危うくなる。

判　例

最3小判昭28・5・12刑集7-5-981（京都市警警察官暴行事件）
　弁護人前堀政幸の上告趣意（後記）第一点について。
　記録に基き第一審公判調書を検討するに、第一審裁判所は、第2回公判において、本件公訴事実に直接関係のある尾田清一郎外4名の証人を尋問し、検察官提出の診断書その他の証拠書類を取調べ、第3回公判において、更に前川常夫外1名の証人尋問をなし、検察官から更に物証並びに書証の提出があった後、所論証人石橋茂の尋問請求が所論の如き立証趣旨の下になされたのに対し、第4回公判において右請求を却下しているのである。ところが第一審裁判所は、その後当事者双方の提出申請にかゝる証拠や証人の取調をなしたる後、第9回公判において、検察官が、先きに、被告人に有利な証言をなした、被告人の下僚若しくは上司である。［ママ］福岡叛治、小椋毅等の供述の証明力を争い、被告人に暴行の習癖のあることを立証するため、刑訴328条に

基き反証として、石橋茂及び広部博の各検察官に対する供述調書の取調を請求したのに対し、弁護人検察官双方の所論の如き応酬があった後、右の如き取調請求は、刑訴328条の趣旨に合致しないものとして、これを却下したところ、検察官は一転して、右石橋、広部の両名の証人尋問を、反証としてでなく、被告人に暴行の習癖のあることの情状についての立証として請求するに至り、これに対し、弁護人の反対意見の開陳があったが、第一審裁判所は、その採否を留保したまゝ、被告人尋問をなし、所論の如き問答を重ねた後、右両証人の尋問請求を情状に関するものとして許容し、その証拠決定に対する弁護人の異議を斥け、第10回公判において、右両証人を尋問し、同人等は被告人が同人等をかつて被疑者として取調べた際自白を強要して暴行を加えた旨を供述しているのである。そして弁護人から右証人尋問中になされた所論の如き証拠調に関する異議の申立に対し、同裁判所は、所論の如く「この証人尋問は被告人の情状に関する証拠調である。裁判所は要証事実に関する証拠調は既に終了したものと考えているので被告人の性格に関する立証を許したのであって弁護人主張の予断を抱かしめる虞はない」とし、英米法に触れた後、これと異なる我が国の法制下においては、要証事実に関する証拠調の次に随時情状に関する証拠調をすることができるから、被告人に不利益なものを先にすると利益なものを先にするとを問わない。従って本証人尋問及び弁護人から被告人の善い性格又は利益な情状についての立証は当然許されるものであるとの見解を表明し、弁護人の右異議の申立を却下しているのである。

　以上の経過に徴し、所論の是非を仔細に検討してみても前記の如き第一審裁判所の措置が所論の如く、予断又は偏見に基く不公平なものであるとは到底認めることはできない。しかも前記公判の経過に照し明かなる如く、第一審裁判所は、当事者双方に、要証事実に関する立証を一応尽さしめた後に、検察官の申請にかかる所論の証人を、情状に関するものとして尋問しているのであって、同裁判所も説示する如く、いわば要証事実に関する証拠調を終了し、量刑に関する諸般の情状を調査する手続上の段階において、右の如き証人尋問がなされたということができるのである。そして、所論証人尋問が、被告人に暴行の習癖のあることを立証せんとするにあったとしても、それは勿論本件公訴事実の立証の為のものでなく、量刑に関する情状に関するものと認むべきであり、かかる証人尋問を、かかる手続上の段階において制限すべきいわれはないから、第一審の右の如き公判手続に所論の如き訴訟法の違反があるということはできない。この点に関する原判決の説示は総て正当である。してみれば所論違憲の主張は、その前提を欠くこととなるから、論旨は採用するを得ないのである。

＊　＊　＊

　その他記録を調べても、刑訴411条を適用して原判決を破棄するに足る事由を発見するを得ない。

　よって同408条により裁判官全員一致の意見で主文のとおり判決する。

（裁判長裁判官　井上登、裁判官　島保、裁判官　河村又介、裁判官　小林俊三、裁判官　本村善太郎）

弁護人前堀政幸の上告趣意

第一点　原判決は公訴事実に関係のない所謂類似事実につき証拠調をなし、因てその証拠調の結果被告人の「悪い性格」に関する取調をなし、以て国民たる被告人の個人としての尊厳を犯し、且つ予断又は偏見を懐くに至ったか、若しくは少くとも予断又は偏見を懐くに至ったとの疑を解くことのできない立場に陥ったがため、正に公平な裁判所ではなくなった原裁判所が言渡した判決であるから、被告人は「公平な裁判所」の裁判を受けることができなかったものであり、仍て原判決は憲法第37条第1項が「すべて刑事々件においては、被告人は、公平な裁判所の迅速な公開裁判を受ける権利を有する。」と定めた規定に違反し、且つ憲法第13条が「すべて国民は、個人として尊重される。」と定めた規定を犯した判決として、破棄せらるべきものである。即ち本件公訴事実は「被告人は京都市警察局刑事部捜査第一課盗犯係巡査部長であるが、昭和24年3月29日午後8時頃同警察局少年課室内で、窃盗の容疑で緊急逮捕した尾田清一郎当42年を取調べるに際し、同人の頭髪を掴んで引張り、或は手拳にて同人の左眼を殴打し、因て同人の左眼窩部に治療1週間位を要する打撲傷を負わしめたものである。」と謂うのであって、これが立証のため許さるべき証拠調の範囲は、正に右の昭和24年3月29日に於ける被告人の行為、それもその日京都市警察局少年課室内に於ける被告人の行為に関係のある事項に限らるべきであり、且つ右公訴事実の認否につき裁判所に偏見又は予断を生ぜしめる虞のない事項に限らるべきものであったのである。このことは、刑事訴訟法第297条及び同第296条の各規定によっても明白である。即ち同法第297条の規定は「裁判所は、検察官及び被告人又は弁護人の意見を聴き、証拠調の範囲［ママ］順序及び方法を定めることができる。」（第1項）、「裁判所は［ママ］適当と認めるときは、何時でも、検察官及び被告人又は弁護人の意見を聴き、第1項の規定により定めた証拠調の範囲、順序又は方法を変更することができる。」（第3項）と定め、証拠調の範囲、順序又は方法の決定は裁判所の専権に属するものであることを明らかにしておるのである。然し右の法意は決して証拠調に関する決定は裁判所の専断に委ねられておる趣旨でないのであって、憲法第37条第1項の規定に謂う如く「公平なる裁判所たる」の実を失わないよう、又「迅速なる裁判」を行い得るよう適当に判断せられ、且つ執行せられなければならないものであることは、右憲法の規定に照して論議の余地なきところである。従って、裁判所は証拠調の範囲、順序及び方法に関する決定をなすに当っては、裁判所に偏見又は予断を生ぜしめる虞のあるような証拠調や、裁判の遅延を来さしめる虞のあるような証拠調を避けなければならないのである。又同様に裁判所は証拠調に関する決定をなすにつき、検察官及び被告人又は弁護人の意見を聴くに当っても、裁判所の偏見又は予断を生ぜしめる虞のある陳述や、裁判の遅延を来さしめる虞のあるような陳述を抑制し禁止しなければならないのである。又刑事訴訟法第296条の規定が検察官に対し「証拠調のはじめに、検察官は、証拠により証明すべき事実を明らかにしなければならない。」と定めて、所謂冒頭陳述を義務付けながらも注意深く「但し、証拠とすることができず、又証拠としてその取調を請求する意思のない資料に基いて、裁判所に事件について偏見又は予断を生ぜしめる虞のある事項を述べることはできない。」と定めておるのは、証拠調に関する検察官の不当な陳述によって、偏見や予断やに禍せられる虞のない「公平な裁判所」を実現し維持せんとする法意の現われであるが、裁判所に偏見や予断を生ぜしめる虞のある訴訟行為を抑制禁止すべきは、何もこの所謂検察

官の冒頭陳述に限られるものではないのであって、同法条の規定は法が「公平な裁判所」を実現し維持せんと努力する顕著な例示的規定たるに止るのである。さればこそ、同法第294条の規定が「公判期日における訴訟の指揮は［ママ］裁判所が之れを行う。」と定め、又同法第295条が「裁判長は、訴訟関係人のする尋問又は陳述が既にした尋問若しくは陳述と重複するとき、又は事件に関係のない事項にわたるとき、［ママ］その他相当でないときは、証拠［ママ］関係人の本質的な権利を害しない限り、これを制限することができる。訴訟関係人の被告人に対する供述を求める行為についても同様である。」と定めて、以て裁判所が強力なる訴訟指揮を権［ママ］有つものであることを明らかにするとともに、公平なるべき裁判所が、自らこの強力なる訴訟指揮権を行使し、以て訴訟関係人がなすことあるべき「相当でない」尋問又は陳述を抑制禁止し、因て自ら公平な裁判所たることの実を具現維持し得るよう努めしめんとしておるのである。而して茲に謂う「「相当でない」尋問又は陳述」とは、右法条が例示しておる「重複する事項」、「事件に関係のない事項」は勿論のこと、誘導又は誤導にわたる事項、裁判所に偏見又は予断を生ぜしめる事項等についての尋問又は陳述を含むものであることは、言を俟つまでもないのである。そしてこの重複尋問、関連性ない陳述の抑制禁止は、訴訟の遅延を防止して、憲法第37条第1項に謂う「迅速な裁判」を実現するために要請せられるものであり、誘導乃至誤導尋問や、偏見又は予断を生ぜしめる虞のある陳述の抑制禁止は、誤判のない裁判に対する国民の信頼に応うべく、憲法の同法条に謂う「公平なる裁判所」を具現し、維持するために要求せられるものである。従って若し、刑事訴訟法第295条の規定の立言に「……これを制限することができる。」とあるのを根拠として、裁判所は「不相当な」尋問や陳述を制限する権能を与えられておるだけであって、それを制限する義務を負わされたものではないと解したり、或は又、同法第297条の規定は証拠調の範囲、順序及び方法を決定し、又その決定を変更する権能を専ら裁判所に賦与したのであるから、たとえ不相当な証拠調と雖も之をなすと否とは専ら裁判所の自由に決定し得るところであると解するとせば、それは正に関係法令殊に基本法たる憲法第37条第1項の法意に悖るの甚しきものと謂わねばならないのである。

　仍て叙上の法理によれば、刑事々件の訴訟において、証拠調の請求に関し、立証趣旨などとして裁判所に偏見又は予断を生ぜしめる虞のある陳述がなされんとしたときには、裁判所はその陳述を制限すべき義務を負うし又左様な証拠調の請求はこれを制限し却下して、自ら「公平な裁判所」たるの実を維持しなければならないのである。況んや訴訟関係人が異議を述べたときにおいておやである。然るに第一審裁判所は、第3回公判に於て検察官が、証人石橋茂の尋問を請求するにあたり、立証趣旨として「石橋証人は被告が昭和24年4月3日頃石橋を市警本部で取調べたことがあり、そのとき被告は同人を自白強要のため殴打したことがあるから、被告にそのような習癖があることを立証する。」というが如き、本件公訴事実に関係がないのみならず、却って裁判所に偏見又は予断を生ぜしめる虞のある陳述をなすのを制限しなかったのである。（第一審第3回公判調書末段証拠申請の項参照）これに対し第一審弁護人は、その証拠調の請求は違法であるとの意見を述べ、結局同裁判所は第4回公判において右証拠調の請求を却下したのであった。（前同第4回公判調書末段証拠決定の項参照）斯くして不幸にも第一審裁判所が被告人の公訴事

実の認否に関して、被告人が他にも公訴事実と類似の行為をなしたものであるかの偏見、又は予断を抱かしめる陳述を防止することができなかったとは謂え、猶その証拠調を行うことによって、更に同じ偏見又は予断を深からしめ、強からしめることを防止することができたのである。然るに意外にも同じ第一審裁判所の第9回公判に於て、検察官が石橋茂及び広部博の検察官に対する各供述調書の証拠調を請求し、その立証趣旨として「これまで当法廷で証人として供述した福岡叛治、小椋毅、四方克巳、広瀬秀夫、大江守、梅原昇太郎等は、それぞれ被告人の下僚又は上司である関係上被告人を庇護する立場にあって、同人等の供述は信憑性が薄い。石橋や広部は尾田清一郎が被告人に取調を受けた直後矢張り被告人の取調を受けたものであるが、尾田と同様被告に殴打せられたことがあるので、被告人は被疑者の取調に当っては暴行を加えるという習癖があることを証するため、刑事訴訟法第328条により右証人等の証明力を争うため反証として右供述調書の取調を請求する。」と述べたのである。（第9回公判調書参照）それに対し主任弁護人前堀政幸から異議を述べ「石橋や広部がこれによって被告からたとえ殴られた事が立証されるとしても、之によって被告が尾田を殴らなかったとの右証人等の証言の反証に供せらるべき性質のものではない。」、「被告人の性質と右証人の証言の信憑性とは無関係である。」と陳べたのである。（前同公判調書参照）つまり検察官は名を反証取調の請求に藉り、その実既に第4回公判において却下せられたところの「裁判所に事件について偏見又は予断を生ぜしめる虞のある」事実を陳述し、且つその事実の立証のための証拠調を請求したのであるが、弁護人はそれらの証拠が反証たるの関連性を欠如しておることを指摘して、その証拠調に反対したのである。之に対し検察官は重ねて「石橋広部が被告から殴られたとの事実と本件とは物理的な関係はないが、被告の性癖として本件の起った直後同様のことが繰返されているのであって、当公判廷における前述の証人の供述は、真実と相違しておるので、反証として取調を求めたのである。」と述べて（前回［ママ］公判調書参照）その主張を譲らず、その間被告人が捜査官としての被疑者の取調に当り、被疑者を殴打する習癖を有することの陳述を繰返し頻りに被告人の悪い性格を論じ、以て本件公訴事実につき裁判所に偏見又は予断を生ぜしむる虞のある事態を出来せしめたのである。然るに第一審裁判所は、検察官が斯かる不当の陳述をなすことを何等制限せず、唯わずかに弁護人の主張を容れ「検察官の書面の取調請求は刑事訴訟法第328条の趣旨に合致しない。」として、これが証拠調の請求を却下したに止まったのである。そのため検察官はいよいよその真意を露呈し、今度は露骨に「反証ではなく被告人の暴行を加える習癖があることを立証するために」との立証趣旨を明示して、被告人から別の機会に被疑者として取調べられておるとき、被告人に殴打せられた被害者だということで、証人石橋茂と同広部博との尋問を請求するに至ったのである。（前同公判調書参照）之に対し主任弁護人は、この立証方法は所謂類似事実を立証せんとするものであって、現に基本事実たる公訴事実そのものが争われておるときに、被告人の習癖を立証すると称して類似事実を立証せんとするのは、裁判所に偏見又は予断を生ぜしめんとするものであるのみならず、要証事実たる本件公訴事実と関係ない事項にも亙るとして、これが証拠調に反対し、又特に弁護人佐伯千仭も英米法では検察官申請の趣旨の如く、被告人がほかにも同様のことを繰返しておるからということを以て、或る事実の有無を審問中に他の類似事実の立証を申請することは

許されない。日本刑事訴訟法は勿論日本の法令として適用され運用されるのではあるが、明らかに英米法を採り入れて居る日本刑事訴訟法の適用乃至運用としては、その英米法を採り入れた根本精神を無視すべきではない。斯かる証拠調は刑事訴訟法の根本精神に反するから却下すべきものである旨主張したのである。（前同公判調書参照）因て、第一審裁判所も亦漸く検察官に対し「検察官申請の証人は本件犯罪の成否に関する立証趣旨であるかどうか」につき釈明を求めるに至り、検察官は語を濁し「被告人に前科があるということを立証することは許されていると思われるから、同じ考えであると被告が同様のことを繰返して居ることを立証することは許されて居ると思う。但しこれについて判例は出ていないが、要するに情状或は情況についての証人申請である。」と釈明した。（前回［ママ］公判調書参照）仍て佐伯弁護人は「当面の公訴事実について、審問中の事実が確定せられぬ間に類似事実を捉え、証拠申請することは前の証拠の補強証拠である。此の場合は前科を立証することと性質が違うから許さるべきではない。」と述べ、主任弁護人も亦同趣旨の意見を述べたのである。（前同公判調書参照）斯くの如く、弁護人は検察官が情状又は状況に関する証拠調であると語を濁して請求する証拠調が、所謂類似事実の証拠調であって、本件被告事件と関係ない事項であるばかりか、却って本件要証事実につき裁判所に偏見又は予断を生ぜしめる虞の顕著なものある旨を強く主張したのであったのである。然し叙上の陳述を重ねたため、不幸にして第一審裁判所をして本件被告事件に関し偏見又は予断を生ぜしめるに至ったことは極めて顕著であったのである。その証左に同裁判所は叙上の論議結論を与えることを留保した上、自ら被告人に質問をなし、その質問の中で、『問「被告は石橋茂、広部弘を知っておるか。」答「知っています。広部が自転車を盗みそれを石橋が故買をしたという事件で私が調べたことがあります。」問「石橋や広部に暴行を加えたことがあるか。」答「殴ったりした事はありません。当時両名に私が暴行したということについて新聞紙は報道しましたが、私は新聞社を相手取って名誉毀損の告訴をしました。」』との問答をなしておるのである。（前同公判調書末段参照）加之次で第一審裁判所は、決定を留保していた前示証拠調の請求に対し「情状に関しての証拠として」之を許容するの決定をなしたのである。この証拠決定こそ洵に奇怪事と謂う外なかったので、主任弁護人からこの証拠決定に対して直ちに異議を述べたところ、第一審裁判所は「石橋、広部両証人は情状に関する証人として最後に取調べるのであるから、差支えないと解しておる。」との理由を以て弁護人の右異議を却下したのである。（前回［ママ］公判調書末段末尾参照）而して第一審裁判所は、右証拠決定に基きその第10回公判に於て石橋茂及び広部博を証人として尋問し、同証人等は夫れ夫れ被告人がかつて同証人等を被疑者として取調の際、自白を強要して同証人等に暴行を加えた旨の供述をしたのである。（第10回公判調書参照）然し石橋証人に対する検察官の尋問並びに同証人の供述が現実に進められるうちにその立証せんとする事実が、要するに被告人が司法警察職員として被疑者を取調べるに際り、自白を強要して被疑者に暴行する性癖を持つこと、つまり「類似事実」という本件公訴事実と関係のない事実を立証して被告人の悪い性格を証明し、以て現に被告人が争いつつある本件公訴事実の有無につき、同裁判所をして偏見又は予断を生ぜしめ、以て裁判官の自由心証上本件公訴事実の要証事実の存否の証明に影響を与えることの歴然たる事項であることが判明したので、主任弁護人は「証人石橋茂の尋問は

本件犯情に関する立証として裁判所が許可せられたものであるが、今までに検察官がなされた尋問に徴すれば、犯情ということの意義について裁判所、検察官及び弁護人等の間に理解の相違するものがあるように感じる。そこで弁護人側の見解を述べて裁判所の御考慮を求めたい。

　凡そ刑事法令において「犯情［］」という用語はないけれども、これを犯罪の情状と解すべきであると考える。よって犯情と言えば、当該被告事件で犯罪事実とせられているものについての情状であると解すべきは、多く異論のないところと考える。刑事法令中「情状」と言う用語は、刑の執行猶予の規定である刑法第25条、酌量軽減を規定した刑法第66条、起訴猶予の規定をした刑事訴訟法第248条等に散見するところであって、いずれも当該被告人の利益のために情状を考えているのである。経済統制罰則中に情状により刑を併科する旨の規定があるのは、恐らく被告人の不利益をいっておると思われるが、この点に関してはしばらく論議を避けるとして、要するに被告人側が被告人の良い性格を立証しない限り、その反証としての悪い性格の立証を許すべきでないことは、人権尊重の根本義に照し誤りないところであると思う。尤も法令は累犯の事実を悪い性格の立証のために許容しているが、これは法令が定めておるからであると思う。斯くて現に行われつつある本証人の尋問の如きは、被告人の悪い性格を立証せんとするものであって、禁止せらるべきものであり、殊に本尋問は被告事件の犯罪事実とは何の関係もないのであって、所謂関連性のない証拠調である。被告人の性格は刑事訴訟法第248条によって情状と並び評価せられることになっているが、それ自体は情状ではないのである。今仮りに同法条と刑法とにおいては、それぞれ情状の意義を異にし、刑法第25条、第66条でいう「情状」は「犯人の性格」を含むものと解しても、それは被告人の利益にのみ考慮すべきものであることは、同規定自体で明らかになっておるのである。従って、本件被告事件の犯罪事実に関係のない事実によって、被告人の悪い性格を立証することは許さるべきではないと信ずる。本尋問を継続するとは、犯情とか情状とかいう言葉の下に、その実いわゆる類似事実を立証して要証事実の立証に役立たしめんとするものであり、また少くとも裁判所をして予断を抱かしめる虞れがあるということができる。被告人が本件被害者の身体に外力を加えた事実を明らかに肯定しながら、その所為の意味を争うときにのみ情況証拠としての類似事実の立証が許さるべきであると思う。現在は左様な立証段階ではないから、いずれにしても本証人にかかる尋問は証拠法則に反するものであり、それ故に抑制せらるべきであり、排除せらるべきであると考える。検察官に於かれても［「］同証人は須らく拋棄の申立をせられ度い。」と述べて、その証拠調に対し異議を申立てたのである。（前同公判調書参照）之に対し検察官は「情状に関しての証拠申請は、公訴事実が真実であるという前提の下になされるのであって、その前提となる事と右に対しての判断は裁判所においてなされたのである。検察官としては本件公訴を維持し審判を求める以上、さきになした証人申請は維持し拋棄しない。」との意見を述べた。（前同公判調書）而して第一審裁判所は「この証人尋問は被告の情状に関する証拠調である。裁判所は要証事実に関する証拠調は既に終了したものと考えているので、被告人の性格に関する立証を許したのであって、弁護人主張の予断を抱かしめる虞はない。英米法においては有罪の言渡と科刑の言渡を区別し、有罪の言渡があって初めて情状に関する証拠調を行うことになっているが、我が国においては左様な規定がないので、裁判所としては要証事実

に関する証拠調の次に随時情状に関する証拠調をすることが出来る。しかもその取調の順序については英米法の如き厳格な証拠法がないから、被告人に不利益なものを先にすると利益なものを先にするとを問わない。従って本証人尋問及び弁護人より、被告人の善い性格又は利益な情状証拠の立証は当然許されるものである。」として、弁護人の右異議の申立を却下したのである。（前同公判調書参照）ところが冒頭に既述の如く、裁判所が証拠調の範囲、順序及び方法を決定し又その決定を変更する専権を有つことは固より当然であるとは謂え、その専権は決して放恣専擅の権限を認められたわけではなく、『事件に関係のない事項』や『裁判所に事件につき偏見や予断を生ぜしめる虞があって「相当でない」事項』については陳述さえも許してはならないのであり、況んや左様な事項を立証するための証拠調を許してはならないことは、刑事訴訟法が公判に於ける審理の方法につき明らかにしておる根本精神であり、証拠調の鉄則であるのである。この法の根本精神乃至鉄則は、なされる証拠調が情状に関するものなると否とに関係なく貫徹せられなければならないものである。

＊　＊　＊

　第一審裁判所は要証事実の立証のための証拠調としては違法な証拠調であっても、所謂「情状の立証」のためならば、先には違法とせられたその同じ証拠調（従って内容も当然同じであると予想せられる）が、適法な証拠調となると理解しておるのである。然しこのような見解によれば、証拠によって立証せんとする事実であれば、結果においてその立証が成功すると否とに拘らず、苟くもそれが「情状に関する立証である」と名付けられるときは、如何なる事実についても証拠調の請求として陳述せられることが合法となり、更に進んで、その証拠調がなされることも亦合法となるのである。成る程前述の如く、要証事実の立証と情状の立証とはそれ自体として、それの区別が存在し得ることは理解できることであり、情状の立証を一般的には拒否し非合法とすべき理由はないであろう。然し事が特別の場合ともなれば、そこには左様な一般論は通用しなくなるのである。例えば本件における如く、被告人が、警察官として取調中の被疑者を殴打したことの証明が問題とせられておるときに、被告人が別の機会にも同様の行為をなした（即ち類似事実）か否かを論議し、又は証明するときは、裁判所をして被告人が左様な暴行の習癖を有することの証明＝之は所謂「悪い性格」の証明であるが、之をもし情状の証明と謂い得るのならば、正にその情状の証明＝ともなろうけれども、同時に左様な習癖を有つ被告人は、その習癖の故に正に本件公訴事実中の要証事実たる暴行をもなしたるべしとの判断に至らしむべき虞、即ち偏見又は予断を生ぜしめるのである。所謂自由な心証によってのみ事の判断に到達する外ない人間の思考が、右様な危険に陥ることを免れないのは、吾人の日常の経験によってこれを肯定せざるを得ないのであるが、茲にこそ人間は結局人間たるに止まり、人間の叡智と雖も亦絶対ではないとする人間の謙虚さが要求せられるのである。斯る場合吾人は「要証事実の証明」と「情状の証明」とを観念上区別することはできるにしても、現実に被告人の「他の機会に於ける暴行」なる事実を捉えて、吾人が果してそれを被告人の「悪い性格」とか「情状」とかの立証のみに役立てて決して、被告人について問題となっている当面の要証事実たる暴行事実の証明にまで役立てないなどということはできないことなのである。万一にも左様なことが可能であるとか、左様な区別を

なし得たと信ずるものがあるとすれば、それこそ神の領域を犯して憚らない者の妄念だと謂うべきであろう。人間を単なる人間たるに止まらしめ、決して神の領域を犯さしめないために、多年の経験を積み重ねて来た英米の証拠法理（印度証拠法がそれを成文化しておる）において、一定の厳格な条件的制約の下においてのみ所謂類似事実を「情況証拠」とすることを許し乍ら原則としては、類似事実の取調を許容していないのは、人間としての裁判所をして万一の偏見又は予断をも抱かしめないための人間的叡智からの配慮であって、これをしも単なる比較法的な事実としてのみ採るべきではなく人間が人間を裁くための総ての裁判における万国人共通の証拠法理として採るべきである。

＊ ＊ ＊

　第一審裁判所は、一面要証事実の証明につきては偏見又は予断を生ぜしめる虞があり、他面情状の証明について役立つ見込のある「同一事実」についての証拠調が「情状の証明」のためになされるという宣言をなすことによって、自らが偏見又は予断を抱くに至る虞なきことを被告人に保障し得るものだと理解しておるように思われる。殊に第一審裁判所は、自ら要証事実に関する立証段階を終えたことを宣言することによって、要証事実について如何に偏見又は予断を導入する危険ある証拠調と雖も、それを情状の証明として之をなすことができると理解しているようである。成る程英米法廷におけるが如く、陪審員によって要証事実に関する総ての事実認定が行われ、因って犯罪事実の存否が確認せられたる法制の下においては、事実認定についての陪審員の答申を境として偏見又は予断を導入する虞のある段階は終了するのであるから、その後所謂量刑に関係のある事実はそれが如何なる事実であっても、それについて証拠調をすることによって、事実の認定に影響を及ぼす虞はないのである。然し同一裁判所が要証事実についての判断と、所謂情状についての判断を兼ね行うが如き我が法制の下にあっては、かりに言葉の上で要証事実の立証段階と所謂情状の立証段階を区別して見ても、現実に要証事実につき偏見又は予断を導入する虞のある、情状の立証が要証事実の立証に影響を及ぼさずに済むことはあり得ないのである。従って、むしろ我が法制下においては、たとえ或る事実の証明が情状の証明に役立つと考えられる場合でも、若しその「或る事実」が要証事実の証明につき偏見又は予断を生ぜしめる虞のあるものである限り、常にその「或る事実」についての証拠調は違法のものとせられ、排斥せられなければならないのである。而して所謂「類似事実」は正に右に謂う「或る事実」に該ることの顕著なものであり、我が刑事訴訟法制下に於てこれが証拠調は許さるべきではないのである。

＊ ＊ ＊

　若し英米法制下にあって、陪審員を前にして類似事実の証拠調が許されないのは、陪審員が裁判についての素人であるからである。之に反し専門の裁判官によって事実の認定をなす我が法制下に於ては、要証事実乃至情状に関し類似事実についての証拠調をなすとも、要証の事実につき偏見又は予断を導入する虞はないから、これが証拠調をなすと否、或はこれが証拠調を審理のどの段階においてなすかは、専ら裁判所の専権に属するとの説をなすものがありとすれば、それこそ神を僭称する驕慢者の言であって、凡そ裁判が偏見と予断に陥り易い人間によってなされておることを忘れたものと謂わねばならないのである。

＊　＊　＊

　仍て＊＊＊同判決は破棄せらるべきであったのである。然るに原判決は、右理由を以て第一審判決の破棄を求めた被告人の控訴を斥け「原審公判調書を調査すると所論の証人は原審第9回公判において検察官より情状の立証としてその取調を請求し、原審裁判所も亦情状に関する証拠として採用し、原審第10回公判でこれらの証人の尋問をしているのである。しかし裁判所が事件を審理した上、公訴事実の有無につき心証を得て有罪の判決をしようという手続上の段階に達すれば、更に進んで裁判官自ら適切な量刑をするために諸般の情状すなはち犯人の性格、年齢及び境遇、犯罪の軽重、及び情状並びに犯罪後の情況（刑事訴訟法第248条参照）等を調査しなければならない。従って情況の調査について、裁判所は当事者の主張立証に拘束されることなく、その必要とする事項を全てについて審理すべきであって、刑事訴訟法はかかる事項の審理について制限を設けていないのである。本件については原審裁判所は偶々検察官から被告人の性格について証拠調の請求がなされたので、これを採用し、本来の情状調査の任務を果したにすぎないのである。原審の訴訟手続には少しも違法はない。所論は独自の見解である。」としたのである。

　斯くして原判決に示された見解は、曩に分析摘示した第一審裁判所の見解と殆んど差異なきことを知るのである。

＊　＊　＊

判　例

最大判昭41・7・13刑集20-6-609（足立郵便局事件）

　弁護人鈴木稔の上告趣意第一点について。

　刑事裁判において、起訴された犯罪事実のほかに、起訴されていない犯罪事実をいわゆる余罪として認定し、実質上これを処罰する趣旨で量刑の資料に考慮し、これがため被告人を重く処罰することは許されないものと解すべきである。けだし、右のいわゆる余罪は、公訴事実として起訴されていない犯罪事実であるにかかわらず、右の趣旨でこれを認定考慮することは、刑事訴訟法の基本原理である不告不理の原則に反し、憲法31条にいう、法律に定める手続によらずして刑罰を科することになるのみならず、刑訴法317条に定める証拠裁判主義に反し、かつ、自白と補強証拠に関する憲法38条3項、刑訴法319条2項、3項の制約を免れることとなるおそれがあり、さらにその余罪が後日起訴されないという保障は法律上ないのであるから、若しその余罪について起訴され有罪の判決を受けた場合は、既に量刑上責任を問われた事実について再び刑事上の責任を問われることになり、憲法39条にも反することになるからである。

　しかし、他面刑事裁判における量刑は、被告人の性格、経歴および犯罪の動機、目的、方法等すべての事情を考慮して、裁判所が法定刑の範囲内において、適当に決定すべきものであるから、その量刑のための一情状として、いわゆる余罪をも考慮することは、必ずしも禁ぜられるところではない（もとより、これを考慮する程度は、個々の事案ごとに合理的に検討して必要な限度にとどめるべきであり、従ってその点の証拠調にあたっても、みだりに必要な限度を越えることのないよう注意しなければならない。）。このように量刑の一情状として余罪を考慮するのは、犯罪

事実として余罪を認定して、これを処罰しようとするものではないから、これについて公訴の提起を必要とするものではない。余罪を単に被告人の性格、経歴および犯罪の動機、目的、方法等の情状を推知するための資料として考慮することは、犯罪事実として認定し、これを処罰する趣旨で刑を重くするのとは異なるから、事実審裁判所としては、両者を混淆することのないよう慎重に留意すべきは当然である。

　本件についてこれを見るに、原判決に「被告人が本件以前にも約6ヶ月間多数回にわたり同様な犯行をかさね、それによって得た金員を飲酒、小使銭、生活費等に使用したことを考慮すれば、云々」と判示していることは、所論のとおりである。しかし、右判示は、余罪である窃盗の回数およびその窃取した金額を具体的に判示していないのみならず、犯罪の成立自体に関係のない窃取金員の使途について比較的詳細に判示しているなど、その他前後の判文とも併せ熟読するときは、右は本件起訴にかかる窃盗の動機、目的および被告人の性格等を推知する一情状として考慮したものであって、余罪を犯罪事実として認定し、これを処罰する趣旨で重く量刑したものではないと解するのが相当である。従って、所論違憲の主張は前提を欠き採るを得ない。

＊＊＊

　この判決は、裁判官横田喜三郎、同奥野健一、同横田正俊、同草鹿浅之介、同城戸芳彦、同田中二郎の意見があるほか、裁判官全員一致の意見によるものである。

　裁判官横田喜三郎、同奥野健一、同横田正俊、同草鹿浅之介、同城戸芳彦、同田中二郎の意見は、次のとおりである。

　刑事裁判において、起訴された犯罪事実のほかに、起訴されていない犯罪事実をいわゆる余罪として認定し、実質上これを処罰する趣旨で量刑の資料に考慮し、これがため被告人を重く処罰することは許されないものと解すべきこと、他面刑事裁判における量刑は、被告人の性格、経歴および犯罪の動機、目的、方法等すべての事情を考慮して、裁判所が法定刑の範囲内において、適当に決定すべきものであるから、その量刑のための一情状として、いわゆる余罪をも考慮することは、必ずしも禁ぜられるところではないことは、多数意見のいうとおりである。

　本件についてこれを見るに、原判決は、所論のいうように「被告人が本件以前にも約6ヶ月間多数回にわたり同様な犯行をかさね、それによって得た金員を飲酒、小使銭、生活費等に使用したことを考慮すれば、云々」と判示している。この判示は、検察官の控訴趣意中、余罪についての主張に答えて、「記録を精査し、かつ、当審における事実取調の結果を参酌し、これらに現われた本件犯行の罪質、態様、動機、被告人の年令、性行、経歴、家庭の事情、犯罪後の情況、本件犯行の社会的影響等量刑の資料となるべき諸般の情状を総合考察し……犯情が極めて悪質であり、その社会および被害者等に及ぼす影響が所論のとおり大きいものであるばかりでなく、」との判示に引き続いてなされているのであり、既に量刑の資料となるべき諸般の情状を総合考察した後に、右余罪事実を判示したものであるし、「同様な犯行をかさね」と断定している原判文より見て、右余罪の判示は、本件公訴事実の外に余罪の事実を認定し、これによって、特に重く量刑したものと認められる。然るに、右余罪については公訴の提起のないことは、もとより明らか

であって、憲法31条に反するばかりでなく、右余罪の事実中には被告人の自供のみによって認定したものもあること記録上明らかであるから、同38条3項にも反するものといわざるを得ない（また、後日余罪について起訴された場合には、同39条違反の問題が生ずるであろう。）。

しかし、本件犯行の態様自体に照らし、原審の量刑は、右余罪事実を除外しても、なお、不当とは認められず。〔ママ〕右違憲は、判決に影響を及ぼさないことが明らかであるから、原判決を破棄する理由とはならない。

（裁判長裁判官　横田喜三郎、裁判官　入江俊郎、裁判官　奥野健一、裁判官　五鬼上堅磐、裁判官　横田正俊、裁判官　草鹿浅之介、裁判官　長部謹吾、裁判官　城戸芳彦、裁判官　石田和外、裁判官　柏原語六、裁判官　田中二郎、裁判官　松田二郎、裁判官　岩田誠、裁判官　下村三郎）

弁護人鈴木稔の上告趣意

原判決は、第一審判決が起訴状記載の公訴事実を全部認めた上被告人を懲役1年6月に処し情状に鑑み5年間刑の執行を猶予したことに対する検察官の量刑不当の控訴につき、『……本件犯行の罪質、態様、動機、被告人の年令、性行、経歴、家庭の事情、犯罪後の情況、本件犯行の社会的影響等量刑の資料となるべき諸般の情状を総合考察し、殊に、本件犯行が、郵便局員で、配達業務に従事していた被告人が、計画的に、他の配達員の区分棚から現金封入の切手の通信販売業等を営む新生スタンプ社宛の普通通常郵便物を窃取したものであり、その動機においても同情の余地のないものであって、犯情が極めて悪質であり、その社会および被害者等に及ぼす影響が所論のとおり大きいものであるばかりでなく、被告人が本件以前にも約6ヶ月間多数回にわたり同様な犯行をかさね、それによって得た金員を飲酒、小使銭、生活費等に使用したことを考慮すれば、被告人がこれまで何らの非行歴を有しないこと、本件犯行が直ちに監督者に発覚したため被害品全部が返されたこと、被告人が、本件以前の犯行にかかる被害金として金80,000円を弁償したこと、懲戒免職の処分を受けたこと等答弁書の所論が指摘する被告人に有利な諸般の情状を斟酌しても、被告人に対しては実刑をもってのぞむことが相当であると思料され、従って、被告人に対し懲役刑の執行を猶予した原判決の量刑は不当に軽いということに帰するから、論旨は理由がある。』として、これを認容し第一審判決を破棄し、被告人を懲役10月の実刑に処した。

しかしながら、原判決には次に述べる違法があるので、速やかに破棄さるべきである。

第一点　原判決は、憲法第31条及び第39条に違反した違法がある。

一、本件「公訴事実」、従ってこれを認容した第一審判決の「罪となるべき事実」は、「被告人は東京都足立区千住中居町63番地足立郵便局第一集配課に勤務し、郵便配達事務に従事していたものであるが、昭和39年6月17日午前8時頃右郵便局内において別紙犯罪一覧表記載のとおり同局々長藤松七五三雄の保管にかかる田中富美雄差出、新生スタンプ社宛普通々常郵便物1通他3通（現金合計1万1600円、郵便切手合計75円及び注文書4通在中）を窃取したものである」というのであって、これのみに限られる。

この事実は被告人の自供するところであるし、しかも、足立郵便局庁舎の玄関で現行犯逮捕せ

られて（従って実質的には未遂である）いるところからしても争いない事実である。

　二、ところが、検察官の控訴の理由は、右事実のほか被告人は「昭和38年12月20日頃から同39年6月16日までの間、回数にして約81回、通数にして約394通、金額にして約8万円の多数回、多額にのぼり窃盗したもの」で、これは、「その犯行の計画性、反覆性、巧妙さ、またそれによって蒙った多数関係者の損害困惑はまことに測り知れないものがある」（控訴趣意書6頁等）として、終始「6ケ月間の長期にわたり、繰り返し取扱郵便物を窃盗したうえ、在中の諸文書等は破棄していた」（同4頁）という事実の態様、動機、金員の使途、結果等々を論難しており、控訴理由全体の趣旨はこれに終始し、これにつきている。

　これは、あたかも、検察官が余罪を追起訴しそれについての論告を控訴審で行っているかの如き感がある。公訴事実についてはほとんど触れず、いわば余罪と目さるべき事実を追起訴もせずあたかも公訴事実の一部であるかの如く主張し且つそれについての処罰を要求しているのであって、かかる主張は断じて許さるべきでない。

　これは例えば、10円のキャラメル1個を窃盗し現行犯逮捕せられ起訴された被告人について、100万円の窃盗被疑事実があり、或は殺人の被疑事実があるからといって、それを起訴もせずに10円窃盗の量刑につき参酌するという名目の許に実質上処罰を求めているに等しい。

＊　＊　＊

判　例

最大判昭42・7・5刑集21-6-748（京橋郵便局事件）

　弁護人野口恵三の上告趣意第一点について。

　刑事裁判において、起訴された犯罪事実のほかに、起訴されていない犯罪事実をいわゆる余罪として認定し、実質上これを処罰する趣旨で量刑の資料に考慮し、これがため被告人を重く処罰することが、不告不理の原則に反し、憲法31条に違反するのみならず、自白に補強証拠を必要とする憲法38条3項の制約を免れることとなるおそれがあって、許されないことは、すでに当裁判所の判例（昭和40年（あ）第878号同41年7月13日大法廷判決、刑集20巻6号609頁）とするところである。（もっとも、刑事裁判における量刑は、被告人の性格、経歴および犯罪の動機、目的、方法等すべての事情を考慮して、裁判所が法定刑の範囲内において、適当に決定すべきものであるから、その量刑のための一情状として、いわゆる余罪をも考慮することは、必ずしも禁ぜられるところでないと解すべきことも、前記判例の示すところである。）

　ところで、本件について、これを見るに、第一審判決は、「被告人が郵政監察官及び検察官に対し供述するところによれば、被告人は本件と同様宿直勤務の機会を利用して既に昭和37年5月ごろから130回ぐらいに約3000通の郵便物を窃取し、そのうち現金の封入してあったものが約1400通でその金額は合計約66万円に、郵便切手の封入してあったものが約1000通でその金額は合計約23万円に達しているというのである。被告人は、当公判廷においては、犯行の始期は昭和37年5月ごろではなくて昭和38年5月ごろからであり、窃取した現金は合計20万円ぐらい、郵便切手は合計4、5万円ぐらいのものであると弁解しているのであるが、」被告人の前記弁解は措信

し難く、むしろ、「郵政監察官及び検察官に対し供述したところが真実に略々近いものである」とし、「これによれば、被告人の犯行は、その期間、回数、被害数額等のいずれの点よりしても、この種の犯行としては他に余り例を見ない程度のものであったことは否定できないことであり、事件の性質上量刑にあたって、この事実を考慮に入れない訳にはいかない。」と断定しているのであって、この判示は、本件公訴事実のほかに、起訴されていない犯罪事実をいわゆる余罪として認定し、これをも実質上処罰する趣旨のもとに、被告人に重い刑を科したものと認めざるを得ない。したがって、第一審判決は、前示のとおり、憲法31条に違反するのみでなく、右余罪の事実中には、被告人の郵政監察官および検察官に対する自供のみによって認定したものもあることは記録上明らかであるから、その実質において自己に不利益な唯一の証拠が本人の自白であるのにこれに刑罰を科したこととなり、同38条3項にも違反するものといわざるを得ない。

そうすると、原判決は、この点を理由として第一審判決を破棄すべきであったにかかわらずこれを破棄することなく、右判示を目して、たんに本件起訴にかかる「被告人の本件犯行が一回きりの偶発的なものかあるいは反覆性のある計画的なものかどうか等に関する本件犯行の罪質ないし性格を判別する資料として利用する」趣旨に出たにすぎないものと解すべきであるとして、「証拠の裏づけのないため訴追することができない不確実な事実を量刑上の資料とした違法がある」旨の被告人側の主張を斥けたことは、第一審判決の違憲を看過し、これを認容したもので、結局において、憲法38条3項に違反する判断をしたことに帰着する。

しかしながら、原判決は、結論においては、第一審判決の量刑は重きに失するとして、これを破棄し、改めて被告人を懲役10月に処しているのであって、その際、余罪を犯罪事実として認定しこれを処罰する趣旨をも含めて量刑したものでないことは、原判文上明らかであるから、右憲法違反は、刑訴法410条1項但書にいう判決に影響を及ぼさないことが明らかな場合にあたり、原判決を破棄する理由とはならない。

* * *

よって、同法410条1項但書、414条、396条により、裁判官全員一致の意見で、主文のとおり判決する。

（裁判長裁判官　横田正俊　裁判官　入江俊郎　裁判官　奥野健一　裁判官　草鹿浅之介　裁判官　長部謹吾　裁判官　城戸芳彦　裁判官　石田和外　裁判官　柏原語六　裁判官　田中二郎　裁判官　松田二郎　裁判官　岩田誠　裁判官　下村三郎　裁判官　色川幸太郎　裁判官　大隈健一郎　裁判官　松本正雄）

弁護人野口恵三の上告趣意

第一点　原判決は、憲法第38条の条規に違反して刑罰を科した違法があるので破棄は免れない。

本件公訴事実は、被告人が昭和39年11月21日、普通郵便物29通（在中現金計7,880円及切手684円分）を窃取したことの単一事実であり、その財産被害法益の額は1万円に満たない金額である。然るに第一審判決は、本件に対する量刑上の理由として、被告人が本件公訴事実以外に何回も同種犯行を行ない、その窃取金額は合計89万円に及ぶ旨の事実を参酌して、被告人に対する科刑は

当然重かるべき旨を判示し、懲役1年2月の刑を言渡している。

しかしながら、右判決が量刑の資料として引用したものは、被告人に対する郵政監察官等の自白調書（他の配達員が窃取した分まで強引に抱き合わされたもの）あるのみである。すなわち、これら捜査官の調書記載の事実は、ただ被告人の自白のみであって、もとよりこれを証明すべき証拠なきため、当然その訴追が見合わされたものであり、万一、検察官がこれらの事実を本件の余罪事実として起訴するも、何らこれを裏づける証拠なきため逐一無罪の言渡をうくべき証拠不明の事実である。よって、弁護人は控訴趣意書第二点において、この点の違法を指摘したが、原判決はこれに対し、次のごとく判示してこの違法を看過した。

すなわち「……右のような訴訟上有罪として証明されていない行為をそれ自体犯罪行為があったものとして量刑上の資料とすることが適当でないことはいうまでもないところであるが、被告人の前記のような持出し行為を、被告人の本件犯行が一回きりの偶発的なものか、あるいは反覆性のある計画的なものかどうか等に関する本件犯行の罪責ないし性格を判別する資料として利用することができることはもちろんであって、原判決が量刑事情として説示しているところも、つまるところ、右のような趣旨に出たものと解するのが相当である。原判決が証拠の裏づけがないため訴追することができない不確実な事実を量刑上の資料としたとする弁護人の主張は採用し難い……」と。

しかしながら、憲法第38条の第3項ならびに同条項全般の趣旨に照らして、かかる判示は到底承認しえない妄論である。

* * *

質問4-10
別罪の証拠が、①情状の立証、②訴因の立証、③別罪を処罰する、のいずれを目的としているのかを識別するにはどうしたらよいか。判決文の書き方だけを参照することに問題はないか。

V 問題

問題4−1　幼女誘拐殺人事件

　加藤一郎は、10歳の少女を誘拐して強姦したうえ彼女の首を紐で絞めて窒息死させて殺害し、その死体を川に捨てたという強姦殺人、死体遺棄の罪で起訴された。加藤は全く身に覚えがないとして無罪を主張している。検察官は次の証拠の取調べを請求した。

　（１）加藤の部屋から女性の裸体や男女の性交場面を写した写真雑誌50冊と同様のポルノビデオ40本が押収され、そのうち雑誌15冊とビデオ10本は幼児ポルノであったという検証調書。

　（２）各種の心理テストや問診の結果、被告人は成人女性と正常なコミュニケーションができず、代償性の幼児性愛ともいうべき性的倒錯が認められるという精神科医師の鑑定書。

　（３）事件の15年前に加藤が10歳の少女にわいせつ行為をしたとして有罪判決を受けたことを示す前科調書と判決謄本。

　これらの書類の証拠能力を論ぜよ。

問題4−2　おしゃれな失業者

　被告人は「ジュエリー・タカノ西早稲田店」から、時計、宝石など時価800万円相当の品物を盗んだという窃盗の罪で起訴された。検察官は店のショーケースから被告人の指紋が検出されたこと、被告人が事件の半年前から失業中だったことを示す証拠を提出し、これらは採用された。続いて検察官は、被告人が事件の3日後に逮捕された際に身につけていた金のネックレスとロレックスの腕時計、そして、その価格が約500万円であることを示す鑑定書を証拠請求した。検察官は、今後、このネックレス

と時計が事件の翌日に「都の西北時計店」で盗まれた品物であること、被害にあった2店舗は同じ町内にあり、いずれの事件もあらかじめ警報装置の電線を切断し、ショーケースの底板に穴を開けて品物を抜き取るという手口の犯行だったことを立証する予定であると述べた。なお、被告人は「都の西北時計店」の事件については起訴されていない。また、被告人はいずれの事件についても犯行を否認している。

この証拠請求に対する弁護人の異議の理由とそれに対する検察官の反論をそれぞれ150字以内で述べよ。あなたが裁判官だとして、異議をどう裁定するか。結論とその理由を述べよ（字数制限なし）。

問題4－3　短気な検察官

殺人事件。知人の女性の首を絞めて殺害したとして逮捕された山田健太郎は容疑を否認していた。勾留15日目、山田は加藤浩検事の取調べを受け自白した。「いままで嘘をついていました。私が花子さんの首を絞めて殺したことは間違いありません」という調書に山田はサインした。起訴後山田は自白を撤回して再び「自分はやっていない」と主張した。加藤検事が作った自白調書については「検事さんは、私の言うことをちっとも聞いてくれず、机を叩いたり『ふざけるなよ。そんな言い分が通るわけないだろう』などと何度も怒鳴りました。『やりました』といわない限りいつまでもそんな取調べが続きそうだったので、仕方なく自白しました」と説明した。山田の弁護人は、別の事件で加藤検事が被疑者を怒鳴りつけて自白を強要したとしてその自白調書を証拠排除した裁判所の決定書の謄本を証拠として請求した。

この決定書謄本に証拠能力は認められるか。

科学的証拠・専門家証言

第5章

交差点で交通事故を目撃した人は誰であれ、見たまま聞いたままを証言できる。その瞬間の信号機を実際に見たのであれば、どちら側の信号機の色が緑色だったのかを証言する資格がある。

　被告人が白い粉末を持っているのを目撃した人は、「山田は白い粉末を持っていた」と証言することはできる。けれども、その白い粉末が覚せい剤だったかどうか証言することはできない。なぜなら、白い粉を「目撃」しただけではそれが覚せい剤かどうか判断することは不可能であり、したがって、それは「意見」（刑訴規則199条の13第2項3号）であり、「実験した事実により推測した事項」（刑訴法156条1項）とは言えないからである。

　けれども、科学捜査研究所の技官が、その粉末を水で溶かし水酸化ナトリウム溶液を加えてpH11〜12のアルカリ性として、エーテルで抽出し、エーテル層に少量の酢酸を加えて蒸発させ、その残渣を酢酸エチルに溶かして充てん剤に注入して、ガスクロマトグラフィーという分析器に掛けて、分析器の画面に現れたガスクロマトグラムのピークの保持時間が、塩酸フェニルメチルアミノプロパンの標準品のピークの保持時間と比べてみて同じであることを確認すると、彼女は「その粉末は覚せい剤である」という意見を法廷で述べることができる。

　両者の違いを一言で言うと、白い粉末の目撃者の意見はその粉末が覚せい剤かどうかについて証拠価値（probative value）がなく、したがって関連性がないのに対して、科捜研技官の意見は証拠価値があり、関連性があるということになる。この証拠価値を支える要素は何であるか。それを考えるのが今回のテーマである。

　覚せい剤と科捜研の技官の場合にはあまり議論の余地がない。しかし、現実の法廷では科学的証拠・専門家証言の関連性が議論されることは珍しくない。どのような資格のある人が意見を述べることができる「専門家」なのであろうか。その人はどのような場合に専門家としての意見を述べることが許されるのだろうか。次のような例はどうだろうか。

　殺人現場となった路上に赤い瘢痕が付着した数十本の毛髪が落ちていた。その毛髪を見つけたのは付近の床屋の店主だった。店主は検察側の証人として証言台に立ち、毛髪を発見したいきさつを証言した。検察官が尋ねた。

　「あなたが見つけた毛はどの部分の毛だと思いますか。」

　弁護人が即座に立ち上がった。

　「異議があります。証人には意見を述べる資格がありません。」

　あなたが裁判官だったらどのような裁定をするだろうか。

　床屋の店主は毛髪の専門家だろうか。彼女は毛髪の部位やその持ち主の性別について意見を述べる資格があるのだろうか。

I 科学的証拠・専門家証言の許容性基準

判　例

ドーバート対メレル・ダウ薬品会社　Daubert v. Merrell Dow Pharmaceuticals, Inc. 509 U.S. 579 (1993)

　ブラックマン判事が当裁判所の意見を告げた。

　本件においてわれわれは、連邦の公判で専門家による科学的な証言を採用する基準を設定することを求められている。

I

　上告人ジェイソン・ドーバートとエリック・シューラーは未成年の子どもであり、出生時に深刻な障害を負った。彼らとその親は、被上告人が販売している吐き気止め処方薬ベンデクティンを母親が摂取したことが出生時障害の原因であると主張して、被上告人をカリフォルニア州の裁判所に訴えた。被上告人による州籍相違の申立て[1]によって、事件は連邦裁判所に移送された。

　広汎なディスカバリー手続の後、被上告人は、ベンデクティンはヒトの出生時障害の原因となることはなく、上告人はそれが原因であることを示す証拠能力のある如何なる証拠も提出することができないと主張して、請求棄却の略式判決を申し立てた。申立ての根拠として被上告人は、医師にして疫学者であり、かつ、様々な化学物質に接触することの危険性について広く信頼されている専門家の１人であるスティーブン・H・ラムの宣誓供述書を提出した[2]。ラム博士は、ベンデクティンとヒトの出生時障害に関する全ての論文――13万人以上の患者についてなされ、出版された30を超える研究論文――をレビューしたと言う。ベンデクティンがヒトのテラトゲン

　注１)　編者注：異なる州民の間の民事訴訟については連邦裁判所にも管轄権があり（合衆国憲法３条２節(2)）、州裁判所に提起された事件を被告の申立てによって連邦裁判所に移送できる。
　注２)　原文注：ラム博士は、医学修士及び博士号をサザン・カリフォルニア大学から受けた。彼は、全米健康統計センターの出生時障害疫学のコンサルタントを勤めるほか、様々な化学物質や生物に接触することによる危険の程度について多数の論文を出版している。

（胎児の奇形の原因となりうる物質）であることを示す研究はなかった。ラム博士は、このレビューに基づいて、妊娠最初の3ヶ月間に母体がベンデクティンを用いることが、ヒトの出生時障害をもたらす危険要素となることが示されたことは一度もないと結論した。

上告人は、ベンデクティンについてこれまでに出版された記録がこのようなものであることについては、全く争っていない。その代わり彼らは、被上告人の略式判決の申立てに答えて、8人の専門家による証言を申請した。いずれの専門家も信頼に値する経歴をもっている[3]。これらの専門家は、ベンデクティンは出生時障害の原因となりうると結論している。彼らの結論は、ベンデクティンと奇形との関連を示すインビトロ（試験管内）及びインビボ（生体内）の実験、ベンデクティンと出生時障害の原因となることが知られている他の物質の構造の類似性を示唆する化学構造に関する薬学研究、そして、過去に出版された疫学的（人間統計学的）研究に対する「再検討」を根拠としている。

連邦地裁は被上告人の略式判決の申立てを認めた。同裁判所は、科学的証拠が許容されるのは、その依拠する原理が「当該分野において一般的に承認されていることが充分に確立している」ときにおいてのみであると述べた。同裁判所は上告人の証拠はこの基準を満たしていないと結論した。ベンデクティンに関する膨大な疫学的データに照らすと、疫学的証拠に基づかない専門家の意見は、因果関係を立証する証拠として許容できない、と裁判所は判示した。したがって、上告人が依拠する細胞や動物を用いた研究、化学構造の分析は、それだけでは因果関係について陪審が合理的に議論すべき論点を浮上させることはできない。その薬物と出生時障害との関係を否定する出版済みの研究が用いたデータに対する再評価に基づいてなされた上告人の疫学分析は、出版されておらずまたピア・レビューの対象にもされていないので、証拠能力はないとされた。

合衆国第9巡回区控訴裁判所は原判決を承認した。同裁判所は、フライ対合衆国 Frye v. United States, 293 F. 1013, 1014 (1926) を引用して、科学技術に依拠する専門家の意見は、その技術が関連する科学者のコミュニティにおいて信頼に値するものとして「一般的に承認されている」（"generally accepted"）のでないかぎり、許容されないと述べた。「その分野において認知された手法からかなり」外れた方法論に基づく専門家の意見は「信頼できる技術として一般的に承認されていると言うことはできない」と同裁判所は宣言した。

同裁判所は、ベンデクティンの危険性を検討した他の控訴裁判所が、出版されておらず、また、ピア・レビューの対象にもなっていない、疫学研究の再評価を許容するのを拒否していることを強調する。それらの裁判所は、未出版の再評価は、「元の既出版研究が、全て科学者のコミュニティにおける充分な検証を経ているうえ、［被上告人の］立場を支持するうえでもつ大きな重みに照らすならば、とりわけ問題を含むと言わなければならない」という。再評価はその分野における他の研究者によって検証、点検されたときにはじめて科学者のコミュニティにおいて一般的に承認されたと言えると述べて、控訴裁判所は、上告人の再評価を「出版されておらず、通常のピア・レビューの対象にもなっておらず、訴訟で利用することのみを目的としてなされたものである」として、拒絶した。同裁判所は、上告人の提出する証拠はベンデクティンが彼らの障害を

注3） 原文注：例えば、シャナ・ヘレン・スワンは、カリフォルニア大学で生物統計学の修士号を、カリフォルニア大学バークレー校で統計学の博士号をそれぞれ取得し、カリフォルニア州健康サービス局で出生時障害の原因を突き止める部局の責任者を務めるほか、世界保健機関、全米食品医薬品局そして全米保健研究所のコンサルタントとして働いている。スチュワート・A・ニューマンは、科学修士号と同博士号をそれぞれコロンビア大学とシカゴ大学で取得し、現在はニューヨーク・メディカル・カレッジの教授であり、10年以上にわたって化学物質が四肢の発達に与える影響を研究している。他の専門家の経歴もこれらと同様のものである。

もたらしたという専門家証言を許容する根拠としては不十分であり、したがって、上告人が公判において因果関係を証明する責任を果すことは不可能であると結論した。

専門家証言を許容するための適切な基準について裁判所の間に鋭い見解の対立があることに照らして、われわれは本件の上告受理を認めた。

Ⅱ
A

フライ事件がそれを公式化して以来70年にわたって、「一般的承認」（"general acceptance"）テストは、公判において新しい科学的証拠の許容性を決定するための支配的な基準であり続けてきた。その後批判的な見解が増えてきたにもかかわらず、このルールは、第9巡回区を含む多数派の裁判所において維持されてきた。

フライテストの起源は、ポリグラフの粗略な先駆けと言うべき、収縮期血圧を利用した嘘発見器に由来する証拠の許容性を検討した、短い、先例の引用もない1923年の判決にある。のちに名高い（多分悪名高い）一節となった箇所において、コロンビア特別区控訴裁判所は、問題の機械とその仕組みを描写して、こう宣言した。

> 科学的な原理や発見が実験段階と実演段階との間の一線を越えるのは何時なのかを定義するのは困難である。このうす暗がりの空間のどこかに、その原理の証拠力は見出されるべきである。そして、裁判所は良く知られた原理や発見から導き出された専門家証言を許容するためでさえ長い道のりを行かねばならないのであって、**その証言へと導くものは、それが所属する特定の分野において一般的な承認を得たものであることが充分に確立されている必要があるのである。**（強調を付加した）

その嘘発見器は「その発見、開発、実験によって導き出された証言を裁判所が受け入れるのを正当化するほどに、生理学や心理学の専門家の間でその地位や科学的認知を充分に獲得しているとは言い難い」ので、その結果である証拠は許容性がないとされたのである。

フライテストの価値については大いに論争された。その適切な射程や適用に関する研究は夥しい数にのぼる。しかしながら、上告人の攻撃はその内容に向けられたものではなく、そのルールが依然として権威を持ち続けている点に向けられている。フライテストは連邦証拠規則の採択によって取って代わられたのだと彼らは訴えているのである。われわれは同意する。

われわれは議会が制定した連邦証拠規則を、われわれがほかの制定法を解釈するのと同じように解釈する。規則402は基本線としてこう規定している。

> 合衆国憲法、議会の制定法、本規則、又は制定法上の根拠に従って最高裁判所が設定したその他の規則が異なる定めをしないかぎり、全ての関連性ある証拠は許容される。関連性のない証拠は許容されない。

「関連性ある証拠」は「その証拠がない場合と比較して、訴訟の帰趨に影響するいかなる事実についても、その存在の蓋然性を高めあるいは低める傾向を持つ証拠のことである。」と定義されている（規則401）。このように、関連性に関する規則の基本的な基準はリベラルなものである。
　フライはもちろん規則よりも半世紀前の先例である。合衆国対エイベル United States v. Abel, 469 U.S. 45 (1984) で、われわれは証拠規則を解釈する際における背景としてのコモンローのもつ適切さについて検討した。われわれは規則が領域全体を支配していることを認めたが、議会への報告者であったクリアリー教授の言葉を引用して、それでもなおコモンローが規則を解釈する際の補助となりうることを説明した。

　　　原則として、連邦証拠規則の下ではコモンロー上の証拠法は残存しない。「……他
　　の定めがないかぎり、全ての関連性ある証拠は許容される。」もちろん、現実には、
　　コモンローの知識の体系は存在し続ける。委託された権限を行使する際の補助の源泉
　　としてやや変容した形でではあるが。

　エイベル事件では、われわれは問題となったコモンロー上の規範が規則402が定める許容性の一般的要件と全く矛盾がないことを見出し、そして、規則の起草者がそれまでのルールを変更する意図があったとは考えられないとした。反対に、ボアジェイリー対合衆国 Bourjaily v. United States, 483 U.S. 171 (1987) では、当裁判所は、コモンローにある特殊な理論を規則の中に発見できなかったので、それが変更されたと判示したのである。
　さて、本件ではまさに争点について語っている具体的な規則の定めがある。専門家証言を規制する規則702は次のように規定する。

　　　科学的、技術的またはその他の特殊な知識が、事実認定者をして証拠を理解しま
　　たは事実上の争点を判断するのを助ける場合には、その知識、技能、経験、訓練または
　　教育によって専門家としての資格を　認められる証人は、それに関して意見またはそ
　　の他の形式で証言することができる。

　この規則の文言のなかに、許容性の絶対的な条件として「一般的承認」を要求するものは何もない。被上告人も、規則702あるいは規則全体が「一般的承認」の基準を取り込む意図を持っていることを明示するものを提出しえなかった。起草過程においてフライに言及するものは何もない。そして、厳格な「一般的承認」の要請は、連邦証拠規則の「リベラルな方向性」や「『意見』証言に対する伝統的な障壁を緩和しようとする一般的な傾向」と相容れないように見える。規則の許容的な傾向と専門家証言に関する個別の規則を採択しながらそれが「一般的承認」に言及していないことに照らせば、規則がフライを何らかの意味で模倣したと主張するのは説得的ではない。その厳格な基準は、連邦証拠規則には存在せずかつそれと相容れないものであって、連邦の公判では適用され得ないものである。

B

　フライテストが証拠規則によって排除されたということは、科学的証拠と称するものの許容性について規則自身が何等の限界も設けていないということを意味するのではない。また、公判裁判官がそのような証拠をスクリーニングすることが許されないという訳でもない。それどころか、規則の下では、公判裁判官は許容された全ての科学的証言や科学的証拠が関連性があるのみならず、信頼できるものであることをも確保しなければならないのである。

　この職責の第一の拠りどころは規則702であり、それは、専門家が証言できる主題や理論について一定の規制を加えることを明らかに考えている。「科学的、技術的またはその他の特殊な知識が、事実認定者をして証拠を理解しまたは事実上の争点を判断するのを助ける場合には」専門家は「それに関して証言することができる」。専門家証言の主題は「科学的……知識」でなければならない。「科学的」という形容詞は、科学の方法と手続に裏打ちされていることを示唆している。同様に「知識」という言葉は、主観的な信念や根拠のない推測を超えるものを含意している。この言葉は、「一群の知られている事実、そのような事実から推論されあるいは充分な根拠（good grounds）に基づいて真実として受け入れられた一群の観念に適用される」。Webster's Third New International Dictionary 1252 (1986). もちろん、科学的証言の主題は確実なものとして「知られている」必要があるというのは不合理であろう。むしろ、科学というものには確実性などないのである。例えば、アミカス・キューリエ[4]であるニコラス・ブローバーゲンほかの準備書面9頁（「科学者は、決して不変の『真実』と思うところを主張するのではない。彼らは、現象を最も良く説明しうる、新しい、臨時の理論を探求する努力をしているのである。」）、同じく全米科学推進協会ほかの準備書面7～8頁（「科学とはこの宇宙についての百科全書的知識のことではない。それは、この世界についての理論的な説明を提案し、それをより洗練されたものにする**プロセス**であり、それは絶え間ない検証と洗練の対象であり続ける」（強調は原文））を見よ。しかしながら、「科学的知識」としての資格を得るためには、その推論や主張が科学的な方法によって得られたものでなければならない。提案された証言は、有効性の根拠——すなわち、既知のものに基づく「充分な根拠」（"good grounds"）——によって支えられていなければならない。要するに、専門家証言が「科学的知識」に関するものでなければならないという要件は、証拠上の信頼性に関する1つの基準を設定するのである[5]。

　規則702はさらにその証拠または証言が「事実認定者をして証拠を理解しまたは事実上の争点を判断するのを助ける場合」であることを要求している。この条件はまず関連性を意味する。「事件のいかなる争点とも関係しない専門家証言は、関連性がない、すなわち役に立たない。」＊＊＊例えば、月の満ち欠けの研究は特定の夜が暗かったかどうかについて科学的に有効な「知識」を提供するだろうし、その夜の暗さが争点であるならば、その知識は事実認定者を助けるだろう。けれども、特定の夜に満月であったという証拠は（その関係を支持する信頼できる根拠がないならば）、ある個人がその夜異常な行動をとったかどうかを事実認定者が判断する手助けと

注4）　編者注：Amicus Curiae（法廷の友）。事件の結果に一定の利害関係のある個人や団体は、裁判所に意見書を提出することができる。
注5）　原文注：科学者は通常「有効性」（その原理はそれが導き出す現象を支持しているか？）と「信頼性」（その原理の応用は恒常的な結果を生み出すか？）とを区別している。「正確性、有効性そして信頼性という用語の間の違いは、雌鳥の一蹴り以上のものではない」かもしれないが、ここでのわれわれの用法は証拠上の信頼性（evidentiary reliability）すなわち真実性（trustworthiness）のことである。＊＊＊科学的証拠が関係する場合には、証拠上の信頼性は科学上の有効性に基づくものといえよう。

はならないだろう。規則702の「役立ち」基準は、関連する事実審査との間に科学的に有効な関係があることを許容性の前提条件としている。

　規則702が以上のような要件を定めたことは驚くに当たらない。通常の証人と違って（規則701参照[6]）、専門家は、自己の直接の知識や観察に拠らないものをも含む、広い範囲の意見を提供することが許されている（規則702、703参照[7]）。直接の知識を必要とする通常のルール——「最も信頼できる情報源」へのコモンローのこだわりを示す「最も広く行き渡った表現」としてのルール——に対するこの例外は、専門家の意見というものはその専門分野における彼の知識や経験に信頼の基礎を置いているということを前提にしているのである。

C

　専門家による科学的証言の申出を受けた公判裁判官は、まず、規則104（a）[8]に従って、その専門家は、（1）科学的知識を証言するために申請されたのかどうか、そして、（2）その知識は事実認定者が争点となっている事実を理解あるいは判断するのを手助けするものかどうか、を決定しなければならない。そのためには、その証言の基礎となる理由付けや方法論が科学的に有効なものかどうか、そして、その理由付けや方法論は問題となっている事実に適切に応用できるかどうか、について予備的な評価をしなければならない。連邦裁判官がこの評価をする能力を持っていることについてわれわれには自信がある。この調査は多くの要素を含んでおり、個別具体的なチェックリストやテストを用意しておくことはできないであろう。しかし、一般的な考え方を示すことは適切である。

　ある理論や技術が事実認定者を手助けする科学知識であるかどうかを決定する際の鍵となる問いは、それはテストされうるか（されたか）、である。「現代における科学的方法論は、仮説を作り出し、それをテストすることによってその仮説が歪曲されうるかどうかを調べることに基礎をおいている。この方法論こそ、科学をほかの人間的研究の分野と区別するものなのである。」Green, Expert Witnesses and Sufficiency of Evidence in Toxic Substances Litigation: The Legacy of Agent Orange and Bendectin Litigation, 86 Nw. U. L. Rev. 643 (1992), 645. 以下の文献も見よ。C. Hempel, Philosophy of Natural Science 49 (1966)（「科学的説明を構成する言説は、実証的なテストが可能なものでなければならない。」）; K. Popper, Conjecture and Refutations: The Growth of Scientific Knowledge 37 (5th ed. 1989)（「ある理論が科学上のものであることを示す指標は、その歪曲可能性、あるいは反論可能性、あるいはまたテストの可能性である。」）（強調は削除した）

注6）　編者注：連邦証拠規則701
　　　「素人証人による意見証言　証人が専門家として証言していないときには、意見または推測にあたる彼の証言は、(a)その証人の認知によって合理的に根拠づけられ、かつ、(b)彼の証言を明確に理解しまたは争点となっている事実の判断に役立つ範囲に限定される。」
注7）　編者注：連邦証拠規則703
　　　「専門家の意見証言の根拠　個別事件において専門家がその意見や推測の根拠とする事実やデータは、審理のときまたは審理の前に彼が認知しまたは彼に知らされたものでよい。その問題につき意見や推測を形成するうえでその分野の専門家が合理的に信頼するタイプに属するものである限り、根拠とされた事実やデータは証拠として許容されるものである必要はない。」
注8）　原文注：規則104（a）は次のように規定している。「証人となる人の資格、証言拒絶権の存在又は証拠の許容性に関する予備的問題は、(b)項の規定［条件付に証拠を許容する場合に関する規定］に従って、裁判所が決定しなければならない。この決定をするに際しては、証言拒絶権に関するものを除いて、証拠規則に拘束されない。」この問題は証拠の優越の程度に立証されなければならない。See, Bourjaily v. United States, 483 U.S. 171 (1987).

もう1つの適切な検討事項は、その理論や技術がピア・レビューされあるいは出版されているかである。出版（それはピア・レビューの一要素に過ぎない）は、許容性の必須条件というわけではない。それは必ずしも信頼性と相関している訳ではない。また、ときには、充分な根拠があるが革新的な理論がいまだに出版されていないということもある。さらに言えば、ある種の定理は、あまりに特殊であり、あるいはあまりに新しいために、あるいはあまりにも関心が狭く限られているために、出版されない。しかし、科学者のコミュニティで点検されることは「良い科学」の要素である。そのひとつの理由は、それによって方法論上の実質的な欠陥が発見される可能性が高まるからである。ピア・レビューの対象たる紀要に掲載された（あるいはされなかった）という事実は、ある意見が前提とする技術や方法論の科学的有効性を判定する上で、決定的とは言えないまでも、適切な考慮要素である。

　これらに加えて、科学的技法が問題となるときには、通常、裁判所は、既知のあるいは起こりえる過誤の率や、その技法の適用をコントロールする基準の存在とその維持について検討するべきである。

　最後に、この問題の検討において、「一般的承認」は依然として考慮に値する。「信頼性の評価は、関連する科学者コミュニティが明示的に識別できることや、そのコミュニティ内における受容の程度が明示的に決定できること、を判断要素として受け入れるとは言え、それらを常に要請するというわけではない。」広範囲の承認は、証拠を許容するうえで1つの重要な要素であり、「そのコミュニティ内でわずかの支持しか得られない技術」は、疑念の目で見られて当然だと言える。

　規則702が予定する調査が柔軟なものであることをわれわれは強調したい。その全般的な主題は、提案された証言の基礎にある原理の科学的な有効性——したがってまた、証拠上の関連性と信頼性とである。その焦点は、もちろん、原理と方法論にのみ向けられるべきであって、それがもたらす結論に向けられるべきではない。

　規則702の下で専門家の科学的証言の申請を審査する全過程を通じて、裁判官は、他の関連する規則についても留意しなければならない。規則703は、通常は許容されない伝聞に依拠する専門家の意見でも許容されること認めているが、それはその依拠する事実やデータが「その主題について当該分野の専門家が意見や推論をするときに合理的に依拠するタイプに属する」ものである場合にのみ許されるのである。規則706は、裁判所がその裁量によって職権で専門家の援助を受けることを認めている。最後に、規則403は、「その証拠価値が、不公正な偏見、争点の混乱、または陪審を誤導する危険……によって、実質的に凌駕されるときは」関連性ある証拠を排除することを認めている。ウェインスタイン判事はこう説明している。「専門家証言は、パワフルであると同時に非常にミスリーディングでもありえる。なぜなら、それを評価することが難しいからである。この危険があるがゆえに、規則403の下で証拠価値に対する偏見の可能性を審査する裁判官は、素人の証人に対するときと比べて専門家に対するときはより多くのコントロールをしようとするのである。」

Ⅲ

　本件の当事者とアミカスたちの二種類の憂慮について手短にコメントをして終えることにしたい。被上告人は、証拠採用のための絶対的条件としての「一般的承認」を捨て去ってしまうと、馬鹿げたそして不条理な似非科学の主張に陪審が惑わされるという「やりたい放題」がもたらされると心配している。この点について言えば、被上告人は陪審の能力と当事者主義のシステム一般の能力とについて悲観的に過ぎるようにわれわれには見える。熱心な反対尋問、反証の提出、証明責任についての注意深い説示は、信頼がおけないが許容性のある証拠を攻撃するための伝統的かつ適切な方法である。加えて、その立場を支持する証拠があまりにも不十分であり、合理的な陪審がその立場を真実らしいと結論することがあり得ないと公判裁判所が判断したときには、裁判所は指示評決をし（連邦民事訴訟規則50（a））、あるいは略式判決の申立てを認めることができる（同規則56）。譲歩の余地のない「一般的承認」テストの下での全面的排除によるのではなく、これらの伝統的な装置による方が、科学的証言の基礎が規則702の基準に適合することを確保する、より適切な措置というべきである。

　上告人は、そしてより強い意味でそのアミカスたちは、別の憂慮を表明している。彼らは、裁判官によるスクリーニングの役割を承認して彼らが「無効な」証拠を排除することを認めると、科学において拘束的かつ抑圧的な正統派なるものを認め、真実の探求に敵対することを許すことにつながると言う。開かれた論争が法的分析においても科学的分析においても必須の部分をなすというのは真実である。けれども、法廷における真実の探求と実験室における真実の探求との間には、重大な違いがある。科学の結論は永遠に再検討の対象となる。これに反して、法は紛争を終局的にかつ迅速に解決しなければならない。科学的な企図は様々な仮説を広い範囲で考慮することで前進する。というのは、誤ちは究極的にはそれが過ちであることを明らかにされ、そのこと自体が１つの前進だからである。しかしながら、過去の一連の出来事に関して——しばしば重大な結果をもたらすとは言え——迅速な、終局的かつ拘束力ある法的判断に到達するという企図においては、誤りに見える推測は殆ど用いられない。実際のところ、裁判官の果すべきゲート・キーパーとしての役割は、それがどんなに柔軟なものであっても、時として真正の洞察と革新を陪審が学ぶ機会を妨げてしまうことが避けられないことをわれわれは認める。それでもなお、それは、宇宙の完全なる理解のためではなく、法的紛争の個別的解決を目指して作られた証拠規則が打ち出した均衡なのである。

Ⅳ

　要約すると、「一般的承認」は連邦証拠規則の下で科学的証拠を許容する必要条件とは言えないが、同規則とりわけ規則702は、公判裁判官に対して専門家証言が信頼するに足る基礎を持ち、かつ、当面する課題にとって関連性があることを確保する職責を課している。科学的に有効な原理に基づく関連性ある証拠はこの要請を満たすであろう。

　連邦地裁と同控訴裁判所の審査は殆ど全面的に「一般的承認」に焦点を当てたものであり、出版と他の裁判所の判断を尺度とするものであった。したがって、控訴裁判所の判決は取消され、

本件はこの意見に従ってさらに審理されるために差し戻される。
以上のとおり判決する。

判　例

東京高判平8・5・9高刑集49-2-181（足利事件控訴審判決）

　本件控訴の趣意は、弁護人佐藤博史、同神山啓史、同岡慎一、同上本忠雄が連名で提出した控訴趣意書及び弁護人佐藤博史提出の控訴趣意書訂正申立書に、これに対する答弁は検察官淡路竹男提出の答弁書に、それぞれ記載されているとおりであるからこれらを引用する。
第一　DNA型鑑定に関する論旨について
一　理由齟齬の主張について
　所論は、要するに、原判決が、本件DNA型鑑定が依拠している警察庁科学警察研究所（以下、科警研という。）の合成酵素連鎖反応（PCR）を応用する（以下、PCR法という。）MCT118部位のDNA型判定の方法（以下、単にMCT118法ともいう。）は、信頼性の点で未だ一般的に承認されているとは言えないことを認めながら、その証拠能力を肯定しているのは、理由齟齬の違法があるというのである。
　しかしながら、原判決は、MCT118法によるDNAの型鑑定はその信頼性が社会一般に完全に承認されているとまではいえないが、科学的根拠に基づいており、専門的な知識と技術及び経験を持った者により、適切な方法によって行われる場合には信頼性があり証拠能力を持つとの前提に立ち、本件DNA型鑑定の証拠能力が肯定される所以を説示しているのであり、理由に齟齬があるとは認められない。論旨は理由がない。
二　訴訟手続の法令違反、事実誤認の主張について
　所論は、要するに、原判決は、証拠能力を欠くDNA型鑑定に大きく依拠しているから、判決に影響を及ぼす訴訟手続の法令違反があり、その証拠評価を誤り、事実誤認を犯した、というのである。
　そこで、所論にかんがみ順次検討を加える。
1　本件DNA型判定の鑑定結果の証拠許容性
　（1）所論とその検討
　　a　DNA型鑑定の原理とその手法の妥当性
　所論は、科学的方法を用いた鑑定が刑事裁判で証拠能力を認められるためには、その基礎原理が、専門分野で一般的に承認を受けたものであり、かつ、その手法ないし技法が妥当であることが必要であるが、DNA型鑑定そのものが個人識別に有効であることには科学的根拠があり、その専門分野において一般に承認されているといえるけれども、鑑定資料が微量しか得られない場合、あるいは汚染され、混合している場合など、収集された鑑定資料に量的、質的な問題を伴う犯罪捜査において、本件のように科警研のPCR法によりヒトの第一染色体MCT118部位を増幅して行われたDNA型鑑定（すなわちMCT118法を用いたDNA型鑑定）については、未だ専門

分野において一般的承認を得ているということはできず、信頼性に問題がある、というのである。

　検討するに、一定の事象・作用につき、通常の五感の認識を超える手段、方法を用いて認知・分析した判断結果が、刑事裁判で証拠として許容されるためには、その認知・分析の基礎原理に科学的証拠があり、かつ、その手段、方法が妥当で、定型的に信頼性のあるものでなければならない。

　関係証拠によれば、以下の事実が認められる（〈証拠・略〉）。

　DNA型判定は、細胞核中の染色体内にある遺伝子の本体であり、2つの紐を組み合わせたような、螺旋構造を持つDNA（デオキシリボ核酸）の、それぞれの紐に相当する部分に様々な順序で並んで結合している4種の塩基の配列に、個体による多型性があることを応用した個人識別の方法である。

　本件DNA型鑑定で用いられたMCT118法は、ヒトの第一染色体のMCT118部位に位置する、特定の塩基配列（反覆単位となる塩基対は16個）の反復回数の多型性（反覆回数が人により様々に異なること）に注目し、この部分（ミニサテライト、VNTRとも呼ぶ。）をPCR法で増幅し、その増幅生成物につき、右の塩基配列の反覆回数を分析するものである。この方式では、まず、検査資料の細胞から蛋白質等を除去してDNAを抽出し、次に、これを加熱してDNAの2本の鎖を解離させ、特定の塩基配列を持った2種類の試薬（プライマー）をMCT118部位に結合させて同部位を探し出したうえで、PCR法によりその部位を複製して増幅する。そして、反応混合物から分離した増幅生成物をゲル上で電気泳動にかける。このとき、既知塩基数のDNA断片混合物をDNA型判定用の指標（サイズマーカー）として隣接レーンに加えておく（本件鑑定では123塩基ラダー・マーカーを用いた。以下、123マーカーという。）。そうすると、短い（反覆回数の少ない）DNAほどゲルの網目をすり抜けて早く動き、長い（反覆回数の多い）ものほど遅くなる。このようにして、反覆回数の多いものから少ないものへ、順に縦に一列に並び、帯状のバンドパターンが生ずる。これを画像解析装置で分析し、マーカーとの対比で増幅生成物の結合塩基数を求め、ミニサテライト部分の特定塩基配列の反覆回数を算出する。MCT118部位のミニサテライトでの反覆回数は、本件鑑定当時、123マーカーを用いて13回から37回までの25通りが経験的に知られており（当審弁93号証によれば、その後、12回、38回の反覆回数を持つものもあることが判明している。）、染色体は父母それぞれに由来するから、一個人につき2つのDNA型が読み取られ、例えば、反覆回数16回と26回の遺伝子対を持つ個人のDNA型は、16-26型と表示する。その2個の対立する遺伝子型の組み合わせでは、各25通りずつとすると325通りに、各27通りずつとすると378通りに、理論上分類できることになる。

　このMCT118法は、科警研のスタッフによって開発された方法で、DNA資料が微量の場合でも（新鮮な血液から精製する場合、型判定に必要なDNAは約2ナノグラム程度で足りる。）、PCR増幅により比較的短時間で型の検出ができること、増幅するミニサテライトのDNA分子量が小さいため正確に増幅でき、異型率が高く、したがって異同識別能力が高いこと、DNA型分析結果の再現性が高いことなどの特長のために、犯罪捜査に有用な方法であるとされている。

　また、原審及び当審証人向山明孝、当審証人坂井活子の各供述によれば、現在では、本件で用

いられたMCT118法による型判定の検査試薬キットが市販されていて、大学などの専門機関が右キットを購入し、分子生物学、遺伝生化学などを修学した者がマニュアルにしたがって作業をすれば、同方式による型検出ができる段階にまでなっているというのであり、右各供述に当審で取調べた関係書証を併せみると、右MCT118法によるDNA型鑑定は、一定の信頼性があるとして、専門家に受容された手法であることが認められる。

そして、本件DNA型鑑定を担当した右向山は、平成4年3月末まで科警研の法医第二研究室長を務め、法医血清学の専門家として研究、鑑定等の業務に携わり、DNA型判定の研究をしてきた者であり、同じく向山を補佐して共に右鑑定を担当した坂井活子は、主任研究官として、昭和61年からDNA型判定の研究を続けてきた者であって、両名とも、多数のDNA型判定を経験し、また、同判定に関する論文も著すなど、DNA型判定に必要な専門的知識、技術と豊富な経験を持っていることが認められ、本件の鑑定作業に特段の遺漏があった事跡は窺われない。

　b　DNA型鑑定の作業の在り方

所論は、次のように主張する。

犯罪捜査の一環としてのPCR法によるDNA型の異同識別の鑑定は、時間経過に伴う資料の変性・劣化を避けるとともに、DNA資料の混同の危険を防止し、鑑定作業に当たる者の意図的工作の疑いを回避して、鑑定結果の信頼性を確保するために、まず、現場資料について、できるだけ速やかに、DNA型鑑定を行ってその結果を出しておき、この鑑定結果と、後に被疑者等から採取した資料について行われるDNA型鑑定の結果とを比較対照することによって行なわれることが、必須であるのに、本件では、現場で押収された被害者の半袖下着に精液斑が付着していることが判明した時点では、直ちに遺留精液のDNA型鑑定をすることなく、精液斑の付いた右半袖下着を常温で保管しておき、本件被告人が被疑者として絞り込まれ、そのDNA型鑑定資料（精液の付着したティッシュペーパー）が得られた段階で、はじめて両資料についてDNA型判定と、その異同識別の鑑定を行なっている。このような鑑定方法は禁忌すべきである。剰え、本件では、右DNA型鑑定の作業の際に、現場資料として用いた精液斑2個については、第三者による追試がほとんど不可能な状況にあり、これは鑑定の正確性についての事後検証の機会を予め奪ったものであって、許し難い。要するに、向山、坂井両名が実施した本件DNA型鑑定は、非科学的で信頼性に乏しく、証拠能力が否定されなくてはならない。

検討するに、本件において、事件発生の翌日に発見された被害者の半袖下着に精液が付着していることが、間もなく（約1か月以内）捜査官に判明したが、右精液斑についてDNA型判定は試みられず、その約1年後に被告人のDNA型判定の資料（被告人のものと思われる精液が付着したティッシュペーパー）が得られて更にしばらく経って、初めて、科警研において、両者のDNA型の異同比較の判定が行われたこと、被害者の半袖下着に付着していた精液斑のDNA型については、科警研の判定作業のために精液斑7個のうち2個から採取したDNA資料のすべてが費消されたことなどのために、右と同一の精液斑について追試はほとんど不可能な状況にあることは、関係証拠に徴し、所論の指摘するとおりであると認められる。

当審証人向山、同福島康敏の各供述、原審検甲65号証ないし72号証等によれば、被害者の半袖

下着に付着していた精液斑につき、科警研にDNA型の鑑定が嘱託されたのは、事件発生から1年数か月経てからであるが、それまで右下着は乾燥させたうえでビニール袋に入れて、常温で保管されていたのであり（ちなみに、警察庁が科警研と協議の上、都道府県警察の科学捜査研究所が行うPCR法によるDNA型鑑定について、運用の統一を図り、信頼性を確保するため、平成4年4月に刑事局長通達として各都道府県警察本部長宛に発したガイドライン、「DNA型鑑定の運用に関する指針」（以下、指針という。）には、DNA型鑑定資料の保存にあたっては、凍結破損しない容器に個別に収納し、超低温槽（マイナス80度Ｃ）で冷凍保存するなど、資料の変質防止等に努めるべきことが謳われている。当審検3号証（同弁15号証に同じ）、同弁12号証）、その間、時の経過によりDNA型判定に必要な精液斑中の精子のDNAのある程度の量が変性、破壊したであろうことは、察するに難くない。しかし、当審証人向山の供述によれば、精子のDNAは強固な蛋白質プロタミンにより保護されており、血液の場合に比べて、DNAの変性の点では、精子のDNAはかなり安定しているのであって、本件被害者の下着が、相当期間、乾燥した状態で常温下におかれ、超低温下で保管していなかったからといって、本件DNA型鑑定の信頼性を損なうような事態とはいえないというのであり、また、DNAが変性してしまうと、分断されて低分子化してしまい、MCT118部位の塩基配列が型判別に必要な量だけ増幅できず、型判定ができない結果になるはずであるが、本件の場合、PCR増幅を行ったうえ、所定の過程を履践して、確実にDNAの型判定ができたこと自体、精液斑の精子のかなりのDNAが変性しないで残存していたことを意味するというのである。そして、DNA型判定は、当初から対照資料の異同識別に用いることを目的としており、血液型判定などに比して、相当に複雑な作業過程を経るものであるから、すべての対照資料に対し、同一の環境、条件の下で型判定の作業を行うことが信頼性を確保するうえでも好ましい旨の同証人の供述は、所論の論難にもかかわらず、首肯できる（前掲指針が、DNA型鑑定は、原則として、現場資料と対照するための資料がある場合に実施すべきことを謳っているのも、このような趣旨と解される。）。

　また、所論は、被害者の半袖下着の精液斑についてDNA型判定の追試ができない事態にあることを指摘して、本件DNA型鑑定の信頼性は疑わしく、延いては、その証拠能力を否定すべきであるというのであるが、原審及び当審証人向山の供述、同人及び坂井活子作成の平成3年11月25日付鑑定書（原審検甲72号証）によれば、被告人の精液が付着しているティッシュペーパーからは比較的変性の少ない相当量のDNAを抽出・精製できたため、MCT118法による型判定とHLA　DQα型判定の2つのDNA型の判定作業を行ったが、右下着の精液斑2個から採取した資料からは極く少量のDNAが抽出・精製されたに止どまり、MCT118法による型判定の作業で全量を消費してしまったため、HLA　DQα型判定の作業は行うことができなかったというのであって、そこには、追試を殊更に困難にしようとする作為は窺われない。一般に、鑑定の対象資料が十分あれば、鑑定作業を行った後、追試等に備えて、変性を予防しつつ残余資料を保存しておくのが望ましいことは言うまでもないが、犯罪捜査の現場からは、質、量とも、限られた資料しか得られないことの方がむしろ多いのであるから、追試を阻むために作為したなどの特段の事情が認められない本件において、鑑定に用いたと同一の現場資料について追試することができな

いからといって、証拠能力を否定することは相当ではない。

　c　被告人が投棄したごみ袋収集の違法性

　所論は、本件DNA型鑑定は、現場資料との異同比較の資料として、被告人が投棄したごみ袋の中のティッシュペーパーに付着していた精液を用いて行なわれたが、捜査官がこのようなごみ袋を収集して内容物を犯罪捜査に用いることは、ごみとして焼却処分されるものと了解して投棄した被告人の意思に反する事態であり、捜査官の任意捜査活動として許される範囲を逸脱し、個人のプライバシーを著しく侵害するものとして違法であるといわなければならず、また、本件の捜査では、被告人以外にも、投棄したごみ袋を捜査官に開披され内容物を見分されてしまった者が少なからずあったであろうから、このような、広範囲の、著しいプライバシー侵害を伴う捜査方法を将来にわたって抑止するためにも、本件ティッシュペーパーを証拠資料に用いることは禁止しなくてはならず、これと一体をなす本件DNA型鑑定の結果も、違法収集証拠そのものとして、証拠能力が否定されなくてはならない、と主張する。

　検討するに、関係証拠によれば、平成2年11月初めころ、本件の被疑者として被告人が捜査の対象に浮かび、同年12月初めから捜査員がほとんど連日にわたりその行動を密かに観察していたが、本件ティッシュペーパー5枚は、翌平成3年6月23日、捜査員が福居町の被告人の借家付近で張り込み中に、被告人がビニール袋を右借家に程近いごみ集積所に投棄したのを認め、午前10時10分ころこれを拾得して警察署へ持ち帰り、内容物を見分して発見したものであって、警察官が特定の重要犯罪の捜査という明確な目的をもって、被告人が任意にごみ集積所に投棄したごみ袋を、裁判官の発する令状なしで押収し、捜査の資料に供した行為には、何ら違法の廉はないというべきである。

　（2）まとめ

　このように検討してくると、DNA型判定の手法として、MCT118法は、科学理論的、経験的な根拠を持っており、より優れたものが今後開発される余地はあるにしても、その手段、方法は、確立された、一定の信頼性のある、妥当なものと認められるのであり、したがって、DNA資料の型判定につきMCT118法に依拠し、専門的知識と経験のある、練達の技官によって行われた本件DNA型鑑定の結果を本件の証拠に用いることは、許されるというべきである。

　本件DNA型鑑定に証拠能力を認めた原判断に誤りはなく、論旨は理由がない。

2　本件DNA型鑑定の証拠価値

　（1）所論とその検討

　所論は、本件DNA型鑑定の結果を、被告人と本件犯行の結び付きの証拠に用いることについて、証拠価値の問題点を指摘するので、その主な点について判断を示しておく。

　a　123マーカーのDNA型判定用指標としての適格性

　所論は、本件DNA型鑑定で用いられた123マーカーには致命的な欠陥があり、本件で得られた16-26という型判定は、MCT118部位の塩基配列の実際の繰り返し回数を示したものではないから、正しいDNA型判定とはいえず、正しい型判定をするには、アレリック・マーカーを用いなければならないが、本件半袖下着を用いての再鑑定はもはや事実上不可能なので、結局、この

ような鑑定の結果は信用できない、というのである。
　しかしながら、当審証人向山明孝、同坂井活子の各供述に、当審弁94号証を併せみると、平成3年8月から12月にかけて2回のDNA型鑑定（原審検甲72号証、78号証）が行われた当時は、MCT118法でDNA型判定をする際の指標として利用できるものは、123マーカーしかなく、これを使っていたが、その後アレリック・マーカーが開発され、同マーカーは、MCT118法で塩基配列の反覆回数を直接に読み取ることのできる指標であり、反覆回数と型番号が一致し、型分類も細分化されるので、型判定にはより適していることから、現在では指標としてアレリック・マーカーを使うようになったこと、しかし、ポリアクリルアミドゲルを泳動担体に使って電気泳動をかけ、指標として123マーカーを用いる型判定（本件型鑑定でもこの方法が採用された。）は再現性がよく、安定した検査結果が得られる方法であること、123マーカーとアレリック・マーカーとは、ポリアクリルアミドゲル上での移動に規則的な対応が認められるので、従前から行われていた123マーカーを用いたMCT118法のDNA型の型番号とアレリック・マーカーによる型番号の相互対応は可能であること、がそれぞれ認められる。したがって、123マーカーを用いたMCT118法で得られる型番号は、そのままMCT118部位の塩基配列の反覆回数そのものを表しているとは、必ずしも言えない場合もあるが、異同識別のため対照すべき複数のDNA資料について、123マーカーを用いた型判定作業が同一条件下で行われる限り、異同識別に十分有効な方法であることに変わりはないと認められる。
　してみれば、所論指摘のマーカーの優劣の点は、本件DNA型鑑定の判定結果の信用性を否定ないし減殺するものではないというべきである。
　　b　被害者の半袖下着の発見状況と鑑定に必要なDNAの質量
　所論は、被害者の半袖下着は、渡良瀬川の水中に没し、かつ、泥だらけの状態で発見されたため、付着した精液はそのほとんど全てが離脱してしまった状態であったはずであり、本件鑑定資料は量的にDNA型鑑定に必要な精子数に足りなかった可能性があり、したがって、本件DNA型鑑定の結果の証明力には疑問があるというのである。
　検討するに、本件半袖下着について、精液付着の有無を鑑定した当審及び原審証人福島康敏の供述によれば、精液の物体検査は、予備検査としてSM試薬を対象物に軽く噴霧し、陽性反応のあった部分の斑痕について顕微鏡検査を行うが、これには、斑痕の一部を切り取り、これに生理食塩水を加えて浸出液を作り、さらにその一部を取り出して顕微鏡で検査する、したがって、顕微鏡下で観察される精子の量は、その精液斑の一部に付着している精子の数パーセントにすぎないから、顕微鏡で観察された精子数が微量であっても、斑痕全体に付着している精子は、その何百倍も多いと言える、精子は、女性器内では運動性を発揮するが、空気中や水中に出るとすぐ死んでしまうので、本件半袖下着に付着した精子も、水中において自ずから離脱はしない、また、本件半袖下着は木綿であり、化繊などと比べて精液が繊維の奥深くまで入り込むので、流水中でも非常に離脱しにくい状態にあったと考えられるというのであり、当審証人向山の供述によれば、流水中では、下着からある程度の精液が自然に流出することは当然考えられるが、精液は粘性が高く、また、本件半袖下着は木綿製で短繊維の細かなものであるから、これに粘性の高い精液が

付着した場合、意識的に洗うなどして、強力な作用を加えない限り、比較的短時間、水中にあった程度ではかなりの量が繊維内に残存すると考えられる、一般的に全く正常なDNAの場合、2ナノグラムあればMCT118法でDNA型の判定は可能であるところ、本件鑑定ではDNA型が確実に判定されたことなどを考慮すると、少なくとも30ナノグラム程度のDNAは残存していたと思われるというのである。

そうすると、本件半袖下着には、相当量の精子が付着していたものと認められ、鑑定に当たった者が、右下着から本件DNA型鑑定に必要な精子量を採取できたことに疑問の余地はない。

　c　精液斑の付着した半袖下着の保存状態

所論は、微生物等によるDNAの分解や汚染を考慮に入れると、精液斑の付着した本件半袖下着が常温で保管されていたことは、保存方法に問題があり、しかも、本件DNA型判定は、精液が下着に付着してから1年数か月も経過して行われたものであるから、鑑定結果には疑問がある、というのである。

そこで検討する。前記福島証言によれば、本件半袖下着には、精液検査や血液型検査に一番影響を及ぼす腐敗やかびの発生は、肉眼上認められなかったし、精液斑についても鑑定可能な大きさであったこと、また、前記向山証言及び関係証拠によれば、MCT118部位は、ヒトの第一染色体上の比較的短い部位であるが、この部位の特定の塩基配列を増幅するPCR法プライマーの接合部位に関し、研究者のこれまでの報告によると、ヒト以外の動植物とか微生物では、このプライマーが接合するような塩基配列は見付かっておらず、その意味で、右プライマーは、ヒトのDNAのみを増幅する、ヒト特異的なものであること、科警研でDNA型鑑定を導入するにあたり、いろいろな対象について実験をしたが、サルやイヌなど、ヒト以外のDNAについての増殖は認められなかったこと、精液は、血液等とは異なり、DNAそのものがこれを保護する強固な蛋白質（プロタミン）で保護されており、室温下でのDNAの変性の問題に関しては、時間の経過に対しても比較的安定していること、これまでの実験結果によれば、細菌・微生物が混入しても、ＤＮＡ型に変化をきたすことはなかったこと、がそれぞれ認められる。

したがって、本件鑑定資料が、採取時に水に浸かり、泥で汚染されていたことや、鑑定着手までにかなりの時間、常温下で保管されていたことが、本件DNA型鑑定の信用性に影響を及ぼすことはないと認められる。

　d　鑑定結果の作為性

所論は、本件DNA型鑑定は、その経緯に照らし、本件半袖下着に付着していた精子のDNA型と本件ティッシュペーパーに付着していた精子のDNAの型の合致を目指して行なわれた可能性があり、誤謬率の検討がなされず、かつ、型判定について目隠しテストが実施されなかったこととあいまって、その証拠価値には疑問がある、というのである。

しかしながら、本件半袖下着の精液斑を用いたDNAの型判定が直ちに単独では行われず、被告人が投棄したごみ袋のティッシュペーパーに付着した精液が得られてから、これと一緒にDNA型判定の作業が行われた理由については、先に検討したとおりであり、経時によるDNAの変性の影響を受けなかったことについても、先に見た通りであると認められる。また、型判定

の作業が常法に従って行われている以上、目隠しテストが行われなかったことをもって、その証明力を云々するのは相当ではない。関係証拠を検討しても、向山、坂井両名が行った本件DNA型の判定と異同識別の鑑定作業が、両資料のDNA型の合致を意図して作為的に行われたと疑うべき証跡はない。所論は失当である。

　e　DNA型の出現頻度

　所論は、本件のようなDNA型鑑定において、犯人のDNA型と被告人のDNA型が合致すると判定されても、指紋の場合のように決定的な一致ではなく、血液型と同様に、被告人と犯人がDNA型において同一グループに属することを意味するに過ぎず、また、本件鑑定当時明らかにされていた日本人のMCT118型の出現頻度の統計的数値は、その後、母体となるデータが増加するにつれて変化しており、その証明力を過大視することは許されないと主張する。

　検討するに、本件で行われたMCT118法によるDNA型鑑定が、指紋のように個人識別の決定的方法たり得ないことは、染色体の特定部位の特定塩基配列の反覆回数の多型性に注目し、マーカーを指標にして読み取られた反覆回数に見合う型番を比較対照するという、その手法の成り立ち自体から明らかである。そして、科警研の発表によれば、本件鑑定当時、123マーカーを用いて判定した16-26型の出現頻度は0.83パーセントであったが、その後のデータ量の増加に伴い頻度の統計値が増したことも、所論指摘のとおりである。

　しかし、原判決は、そのような出現頻度の変動を当然の前提としたうえで、「同一DNA型の出現頻度に関する数値の証明力を具体的事実認定においていかに評価するかについては慎重を期す必要がある。しかしながら、この点を念頭に置くにせよ、血液型だけでなく、325通りという著しい多型性を示すMCT118型が一致したという事実が一つの重要な間接事実となることは否定できない」と判断している（なお、その後に研究が進み、378通りになったことは、前述した。）のであって、右判示は、原審及び当審で取調べた関係証拠に照らし、相当として首肯できる。原判決が、本件DNA型判定の合致の事実を過大に評価した旨の論難は当たらないというべきである。

　関係証拠によれば、MCT118法によるDNA型と血液型との間には、相関関係は存在しないとされているから、MCT118法により、被害者の半袖下着の精液斑の精子のDNA型と被告人のDNA型がいずれも16-26型と判定されて合致し、その両者の血液型が、いずれもABO式がB型、ルイス式がLe（a－b＋）（分泌型）と判定されて合致した事実は、両者の結び付きを吟味するうえで、重要な積極証拠として評価することができるというべきである。

　（2）まとめ

　以上、原判決が採用した本件DNA型鑑定の証拠価値をめぐる所論指摘の主要な問題点について検討したが、所論が本件DNA型鑑定について指摘するその余の問題点もあわせ、逐一検討しても、本件DNA型鑑定の証拠評価に関し、原判決に訴訟手続の法令違反、事実誤認の廉はなく、論旨は理由がない。

3　その余の客観証拠

　a　本件陰毛鑑定について

所論は、毛髪により、個人識別ができるか疑問であること、本件毛髪鑑定の現場資料が陰毛1本に過ぎないこと、これが犯人の陰毛であるとは断定はできないことなどの問題点を指摘して、その鑑定結果は信用できないというのである。

　関係証拠によれば、毛髪の形態比較、成分比較などで、不特定多数の中から個人を識別することは、特段の事情がある場合を除き、困難であると認められる。

　しかし、被害者のパンツに付着していた陰毛（以下、本件陰毛という。）が発見された経緯にかんがみれば、これが犯人に由来する可能性は高いといえる。そして、鑑定結果によれば、本件陰毛と被告人の陰毛は、いずれもABO式血液型でB型と判定されたこと、元素分析検査の結果がよく類似していることなどの事実が認められるのであるから、これらの事実は、少なくとも本件陰毛が被告人に由来する可能性と矛盾するものではなく、その余の積極証拠とあいまち、被告人を本件犯行に結び付ける支えの証拠ということができる（原審検甲89号証、90号証）。

　所論は、本件陰毛の血液型の鑑定作業が、被告人が被疑者として特定され、被告人の陰毛が得られた後になって、これと一緒に行われたことに不審を唱えるのであるが、現場からは、本件陰毛とともに精液斑の付着した被害者の半袖下着が押収されたことを考えると、捜査当初の段階で、犯人の血液型の判定には右精液斑を用い、陰毛については、これがヒトの陰毛であることの確認（原審検甲80号証、81号証）にとどめ、血液型を検査しなかったことに特段の問題があるとは言えない。論旨は理由がない。

　b　福島鑑定人の精神鑑定

　所論は、要するに、本件の犯行現場の状況などに照らすと、犯人は、わいせつ行為目的で被害者を誘拐し、殺害したもので、幼女に対して性欲を抱き、殺害した幼女の遺体にさえ欲情を感じるという、極めて倒錯した小児性愛嗜好の者であることは明らかであるが、被告人には、その種の性癖、嗜好は一切なく、借家にアダルトビデオやポルノ雑誌などを所有し、ダッチワイフを持ってはいたが、その中にはいわゆるロリコンものはなく、幼児に対するいたずらなど問題行動が指摘されたこともなく、捜査員が長期間被告人の行動を観察していた間にも、被告人が幼女に声をかけたことはなかったのであって、幼女に特別の性的嗜好は持たないから、本件犯行の動機を欠き、犯人であるはずはない、というのである。

　検討するに、被告人が持っていたポルノ類の中には、性的に未成熟な子供を取り扱った、いわゆるロリコンものはなかったこと、長く保育園、幼稚園の送迎用バスの運転手として働きながら、職場においても、近所の人からも、幼児に対する問題行動を特に指摘されたことはなく、また、1年間に及ぶ捜査員の行動確認でも、幼児などに声を掛けるなどの不審な行動は観察されなかったことは、所論指摘のとおりである。

　しかし、上智大学文学部心理学科教授で、医師でもある当審証人福島章の供述、同人作成の精神状態鑑定書（原審職権3号証）によれば、被告人は、知的能力が通常よりやや劣り（精神薄弱限界域）、家族には親密な感情を持っていて、依存的であるが、人格の発達が未熟で、衝動に対して抑制力が弱く、他と情緒的な人間関係を形成することは困難であり、社会的に適応する能力に乏しく、劣等意識が強く、また、かって［ママ］結婚しても性交がうまくいかなかった経験な

どのために、性と攻撃性に関し強いコンプレックスを抱いており、成人女性に近付いて気持を通じ合うことができず、成人異性とまともに男女関係を結ぶことができないため、その代用として、被告人にとって扱いが安易な、幼女にその性的関心を向ける、代償性の小児性愛ともいうべき性的倒錯があり、本件はそのような性愛衝動を動機に犯されたというのであり、その余の関係証拠から認められる被告人の知的能力、性向、職場等における対人関係、ダッチワイフなどの性具を借家に置き、週末に使用していた習慣的な行動などとも考え併せると、幼女を殺害してその遺体を愛撫し、自慰行為を行って射精したという本件犯行も、そのような観点から無理なくその意味を理解することができる。したがって、平素は、自慰行為の補助手段として、成人女性のアダルトビデオや写真集、性具などを用いており、また、周囲の者がその屈折した性的倒錯に気付かず、捜査員による長期の行動観察でも幼女への声掛け行動などが見られなかったからといって、被告人について、本件犯行の動機を否定することはできない。

　所論は、福島鑑定人の鑑定は、被告人が本件の犯人であることを前提にして、その精神状態を解釈してみせたものに過ぎないと論難するのであるが、同鑑定人は、被告人が原審公判廷で犯行を認めている段階で、犯人であることを前提に精神鑑定を命ぜられたのであり、鑑定を受命後、自ら面接問診した際にも、被告人は犯行を素直に認めていたのであるから、同鑑定人が、本件犯行を被告人の精神状況を知るうえでの重要な問題行動としてとらえ、精神状況の鑑定に当たり、判断の資料としたのは当然である。当審における同鑑定人の証言及び同鑑定人作成の前記鑑定書により認められる本件鑑定の経過、鑑定方法について、特段の問題があるとは認められないし、精神医学者として、犯罪者の精神状況につき学識と鑑定経験の豊富な同鑑定人が、裁判記録や被告人との面接の内容、心理テストの結果等を総合して、被告人を代償性の小児性愛者と判定したのは、被告人が犯人であるとの前提に立つとき、十分納得できる相当な判断であると認めることができる。論旨は理由がない。

＊　＊　＊

第三　結論

　以上、詳細な所論にかんがみ、記録を精査し、当審で取調べた証拠を検討したが、被害者の半袖下着に付着していた犯人の精液を資料にして判定されたABO式血液型、ルイス式血液型の2種の血液型ばかりでなく、MCT118法によるDNAの型が、被告人のそれと合致すること、被告人の性向、知的能力、生活振り、本格的事情聴取の初日に早くも被告人が自白し、捜査官の押し付けや誘導などがなかったことを被告人自身認めながら、犯人であればこそ述べ得るような事柄について、客観状況によく符合する具体的で詳細な供述をしたことなど、本件の関係証拠を総合すれば、被告人の原審の審理後半以降当審にいたる犯行否認の供述にもかかわらず、被告人が被害者真実をわいせつ目的で誘拐して殺害し、遺棄したことを認定するについて、合理的疑いを容れる余地はないというべきである。原判決に理由齟齬、訴訟手続の法令違反、事実誤認はなく、原判決は相当であるとして肯認できる。

　よって、刑事訴訟法396条により、本件控訴を棄却することとし、当審における未決勾留日数の算入につき平成7年法律第91号による改正前の刑法21条を、当審における訴訟費用を負担させ

ないことにつき刑事訴訟法181条1項但書をそれぞれ適用して、主文のとおり判決する。
（裁判長裁判官　髙木俊夫、裁判官　岡村稔、裁判官　長谷川憲一）

判　例

最2小決平12・7・17刑集54-6-550（足利事件上告審決定）

　弁護人佐藤博史外6名の上告趣意のうち、憲法37条3項違反をいう点は、記録を精査しても、一審弁護人の弁護活動が被告人の権利保護に欠ける点があったものとは認められないから、前提を欠き、その余は、憲法違反、判例違反をいう点を含め、実質は単なる法令違反、事実誤認の主張であり、被告人本人の上告趣意は、事実誤認の主張であって、いずれも刑訴法405条の上告理由に当たらない。

　所論にかんがみ、職権で判断する。

　記録を精査しても、被告人が犯人であるとした原判決に、事実誤認、法令違反があるとは認められない。なお、本件で証拠の一つとして採用されたいわゆるMCT118DNA型鑑定は、その科学的原理が理論的正確性を有し、具体的な実施の方法も、その技術を習得した者により、科学的に信頼される方法で行われたと認められる。したがって、右鑑定の証拠価値については、その後の科学技術の発展により新たに解明された事項等も加味して慎重に検討されるべきであるが、なお、これを証拠として用いることが許されるとした原判断は相当である。

　よって、刑訴法414条、386条1項3号、平成7年法律第91号による改正前の刑法21条により、裁判官全員一致の意見で、主文のとおり決定する。

（裁判長裁判官　亀山継夫、裁判官　河合伸一、裁判官　福田博、裁判官　北川弘治、裁判官　梶谷玄）

質問5-1
　鑑定資料が全量消費されるなどして追試が不可能な鑑定結果に証拠能力を認めるべきか。鑑定人が意図的に追試を困難にしたかどうかで結論を分けるべきか。

質問5-2
　足利事件控訴審判決は、福島鑑定を被告人有罪の証拠として採用したのか。

質問5-3
　いわゆる「プロファイリング」（精神科医あるいは犯罪心理学者による犯人像についての鑑定意見）を証拠として許容できるか。

質問5−4
　科学的証拠や専門家証言の許容性の基準は、事実認定者が職業裁判官である場合と素人である場合あるいはその双方である場合とで異なるべきか。

II ポリグラフ

判　例

広島高判昭56・7・10判タ450-157（サンダルとポリグラフ事件）

　各論旨は、いずれも要するに、「原判決は昭和51年4月30日付起訴状記載の公訴事実と同一の事実を認定し、被告人が橋本に対する住居侵入、強姦致傷事件の犯人であるとしているが、誤りであって、被告人は無実である。このことは被告人の原審公判廷における供述等によって明らかであり、原判決が有罪認定の補足説明の項でとくに証明力の高い証拠としている（1）捜査段階における被告人の自白、（2）警察犬による現場遺留のサンダルに関する臭気選別の結果、（3）被告人に対するポリグラフ検査の結果には、いずれも証拠能力がなく、仮に、証拠能力はあるとしても、証明力が極めて低いものであって、これを個別的に検討し、更に他の証拠をも併せ総合して評価してみても、到底被告人を本件の犯人と認めるに足りないものである。したがって、原判決は、証拠能力のない証拠を採用、挙示した点において訴訟手続の法令違反を犯したものであり、そうでないとしても、証拠の評価若しくは取捨選択を誤って事実を誤認したものであって、これが判決に影響を及ぼすことは明らかであるから破棄を免れない。」というに帰着する。

　そこで、記録を調査し、当審における事実取調べの結果をも加えて検討したところ、当裁判所は、原判示日時場所において、原判示のような住居侵入、強姦致傷事件が発生したことは明白であるけれども、その犯人が被告人であるとの点についてはその証明が十分といえず、被告人を有罪とした原判決には事実の誤認があるとの結論に達した。弁護人らの論旨及び検察官の答弁にかんがみ、順次、当裁判所の判断を示すこととする。

＊　＊　＊

第一　捜査段階における被告人の自白の証拠能力及証明力について。

＊　＊　＊

第二　警察犬による臭気選別結果の証拠能力及び証明力について。

＊＊＊

第三　ポリグラフ検査結果の証拠能力及び証明力について。

　この点に関する論旨は、要するに、「原判決は、被告人に対するポリグラフ検査の結果、つまり、広島県警察本部刑事部犯罪科学研究所長作成の「検査結果について（回答）」と題する書面及び「検査鑑定書の送付について」と題する書面（鑑定書添付）の証拠能力を肯定したうえ、被告人と犯人との同一性の認定に関する客観的証拠として、その証明力は相当高度である旨説示しているが、誤りである。すなわち、ポリグラフ検査結果の正確性は一般的に必ずしも高いものとはいえないうえ、本件におけるポリグラフ検査は、形式的に被告人の承諾を得て行われているものの、その際被告人に検査を拒否できる旨を告知した形跡がなく、右承諾が被告人の真意に基づくものとはいえないので、黙秘権侵害の疑いがあり、しかも、当時の被告人の心身状態の不正常や検査内容の不合理性等にかんがみ、検査結果の正確性が十分に保証されているとも認め難いので、前記各書面には証拠能力がないものというべきである。仮に、証拠能力があるとしても、その結論は『本事件に対する認識がやや有ると考えられる』という程度であるから、その証明力はかなり低いものというほかない。」というのである。

　そこで、記録を調査し、当審における事実取調べの結果を加えて検討するに、関係証拠、とりわけ、原審及び当審における証人吉川昭満及び被告人の各供述によれば、ポリグラフ検査の原理及び本件検査の経過等について次の事実が認められる。すなわち、

　（１）ポリグラフ検査とは、一般に、心身ともに正常な者が意識的に記憶に反して真実を覆い隠そうとすると、精神的動揺をきたし更に、生理的変化ないし身体的反応を惹起することに着目して、被疑者等の被検者に対し、被疑事実に関係のある質問をして回答させ、その際の被検者の呼吸、血圧脈博、皮膚電気反射に現われた反応（生理的変化）を特別の科学的器械（ポリグラフ）の検査紙に記録させたうえ、これを観察分析して、被検者の被疑事実に関する回答の真偽あるいは被疑事実に関する認識の有無を判断しようとするものであって、検査者が心理学や生理学上の知識を有するとともに、訓練と経験に基づく高度の技術を有する者であること、器械が一定の規格に合った製品で、使用の際に信頼できる状態にあること、被検者の心身状態が正常であることが、ポリグラフ検査の前提となるが、これらの条件が充たされている限り、検査の結果はかなり正確なものと認められている。

　（２）本件ポリグラフ検査の検査者である吉川昭満は、広島県警察本部刑事部犯罪科学研究所に所属する警察技術吏であり、昭和42年10月ころ、約１か月間、警察庁科学警察研究所において心理学、生理学などの基礎的知識及びポリグラフ検査の技術を習得し、その後前記犯罪科学研究所において先任の技術吏員らから同検査の実務を指導され、同44年４月以降、同研究所において、ポリグラフ検査の責任担当者として、年間40件位の同検査を実施してきている。

　（３）本件検査に使用された器械は、全国の警察関係者が統一して使用している竹井機器の製作にかかる竹井KT-1型（昭和48年）であり、本件検査に先立ち、あらかじめ正常に作製していることが確認されている。

（4）被告人は、先に判示したような事情（前記第一の（3）、（4））で、昭和50年10月2日朝、勤務先からパトロール・カーに乗せられて呉警察署に出頭し、司法警察員（渡利）からA子に対する強制猥せつ事件につき事情聴取を受けたのち、午後からポリグラフ検査を受けてもらいたい旨言われてこれを承諾し、同日午後1時ころより、同警察署内に準備された小部屋において、検査者吉川昭満からポリグラフ検査の器械を示されながら、検査の趣旨やその原理、事件の概略についての説明を受け、改めて被検者となることを承諾して承諾書に署名捺印したうえ、約1時間に亘り本件検査を受けたものであって、捜査中は外部的影響や刺激を防止するため、部屋の外に見張りを置くなどの措置がとられた。

（5）吉川は、本件ポリグラフ検査の終了後、自己の知識、経験に基づいて検査紙の記録を分析し、その結果を広島県警察本部刑事部犯罪科学研究所長名義の「検査結果について（回答）」と題する書面にまとめたが、のちに、右検査の経過及び結果を詳細に記載した鑑定書を作成して右研究所長に提出し、同所長において、これに「検査鑑定書の送付について」と題する書面を添えて呉警察署長に送付した。

以上（1）ないし（5）の事実が認められる。

このような事実によれば、現行のポリグラフ検査の結果は、一般的にかなり高い正確性が認められるので、検査の経過及び結果を記載した書面については、刑事訴訟法321条4項の「鑑定書」に準じてその証拠能力の存否を検討するのが相当であると解されるところ、本件ポリグラフ検査において黙秘権の侵害等の手続的違法がなかったことは明らかであり、又、右検査にはその正確性を担保する前提条件（検査者の知識、技能、経験、器械の性能、被検者の心身状態）も充足されていたものと認められるから、検査者である吉川が自ら右検査の経過及び結果を記載した前掲各書面の証拠能力はこれを肯認すべきものである。尤も、関係証拠によれば、ポリグラフ検査において被検者に現われる皮膚電気反射の反応については、その科学的信頼性に疑問があるとの批判が存し、又、被検者に対する質問と分析の方法として、緊張最高点質問法（犯行に関する特定の事実についての認識の有無を判定しようとするもの）の正確性は明らかであるが、対照質問法（犯行全体についての供述の真偽を判定しようとするもの）の正確性は疑わしい、との見解があることが認められるけれども、そうであるとしても、これらをもって直ちにポリグラフ検査の結果の一般的正確性を全面的に否定すべき理由とすることは相当でなくこれらの点は、ポリグラフ検査結果の信頼性若しくは証明力を具体的に検討、評価する際に考慮すれば足りるものと解される。

所論は、まず、「本件ポリグラフ検査は、形式的には被告人の承諾を得て行われているものの、その際検査を拒否できる旨の告知がなされておらず、右承諾が被告人の真意に基づくものとはいえないので、黙秘権を侵害した点において違憲違法である。」というのである。しかし、前示（4）のとおり、被告人は、本件ポリグラフ検査に際して、その趣旨や原理につき検査者から十分な説明を受けたうえ、被検者となることを承諾したものであって、任意な承諾であることは明らかであり、たとえ、検査者において検査拒否の権利（自由）がある旨明言しなかったとしても、これをもって右承諾が真意に基づかないものとはいえないから、この点の所論は到底採用で

きない。

次に所論は、「本件検査当時、被告人の心身状態は、正常でなかったから、検査結果の正確性には疑問がある。」というのであるが、少なくとも前示（４）の事実関係による限り、被告人の心身状態が、被検者となるのに適さない程度に異常若しくは不健全であったとは到底認められないのであって、呉警察署への出頭時の状況、取調べの状況その他記録上窺われる被告人の性格、健康状態などを参酌しても、いまだ、所論のような事情は認め難く、この点の所論は理由がない。

更に所論は、「本件検査の内容、とくに、質問表の作成や質問の仕方には合理性がないので、結果の正確性が保証されていない。」というのである。なるほど、本件検査における質問の構成を具体的に検討してみると、第一質問で対照質問法をとり、橋本に対する強姦致傷の犯行に関する具体的な事実（例えば、炊事場の窓が侵入口であること、犯人は女の人を殴ったりしたこと、現場に鋏や紐を忘れてきたことなど）を質問の中に折り込みながら、後の緊張最高点質問法による質問（例えば、第４、７、12など）において、この具体的事実を裁決質問としている点など質問構成に不適切なものがみうけられる。しかし、これは、本件検査結果の信頼性若しくは証明力を評価する際に考慮すべきものであり、かつ、それで足りるものであって、このような質問構成上の部分的不適切を理由に、本件検査結果の証拠能力まで否定するのは相当でないから、この点の所論も採るを得ない。

その他本件ポリグラフ検査の結果（これを記載した前記各書面）につき、その証拠能力を否定すべき具体的事由はないから、原判決が、刑事訴訟法321条4項により本件ポリグラフ検査の結果を記載した前記各書面の証拠能力を認めたことに誤りはなく、この点に関する論旨は理由がない。

そこで、進んで、本件ポリグラフ検査結果の証明力について検討するに、前掲各書面（「検査結果について（回答）」と題する書面及び「検査鑑定書の送付について」と題する書面—鑑定書添付—）とこれに関する証人吉川昭満の原審及び当審における各供述によれば、本件検査結果の結論は、要するに、「橋本に対する強姦致傷事件についてなされた13個の質問のうち、８個の質問につき陽性反応をわずかに示しているので（１個の質問については判定不能、４個の質問については認識の有無不明）、本事件に関する認識がややある、と考えられる。」というものにすぎないのであるから、これを全面的に採用するとしても、本件検査結果の証明力は必ずしも高度なものではない。のみならず、先に、右結果の証拠能力に関する判断の項で説示したように、本件検査の質問構成には不適切と思われるものとみられるので、陽性と判定されている８個の質問に対する反応の中にも、そのままには評価できないものが存することは否定できず（例えば、第７質問関係第12質問関係）、更に、陽性反応を示したとされている中には、比較的信頼性が乏しいと批判されている皮膚電気反射だけが反応を示した場合も含まれることが窺われるのであって、これらの諸点を併せ考えると、本件ポリグラフ検査の結果の証明力はむしろかなり低いものといわざるを得ない。

したがって、原判決が本件検査結果の証明力を「相当高度」と判示したことは誤りというほかないが、この点に関する論旨は、右評価の誤り等に基因する事実誤認の主張に帰着するので、こ

れに対する判断は後にゆずることとする（なお、仮に、ポリグラフ検査の結果、検査紙に顕著な陽性反応が記録された場合であっても、それは、せいぜい被検者の自白の信用性を高めたり、否認供述の信用性を低め、弾劾するものにすぎないと解され、それだけで犯罪事実を証明するものではないと考えるのが相当であるから、原判決は、本件検査結果を「被告人と犯人との同一性の認定に関する客観的証拠」であるかの如く説示している点においても、証拠の証明力を誤ったものというべきである。）。

第四　以上、第一ないし第三において検討したところによれば、本件において強姦致傷事件が発生した事実は明らかであり、被告人は捜査段階において右犯行を自白しているのであるが、その内容には不合理、不自然な点もみられるので、その信用性は必ずしも高いものといえず、現場遺留のサンダルについてなされた警察犬による臭気選別の結果はある程度信頼できるものの、なお全面的に措信するには疑問が残り、又、被告人に対するポリグラフ検査の結果の証明力は極めて低いものといわざるを得ないのであって、これらを併せてみても、やはり被告人を本件の犯人と認めるには不十分である。

*　*　*

（裁判長裁判官　干場義秋、裁判官　荒木恒平、裁判官　堀内信明）

> **質問5−5**
> 体調不良あるいは精神状態が不安定な者に対してなされたポリグラフ検査結果の証拠能力を認めるべきか。不適切な質問がなされた場合はどうか。

> **質問5−6**
> ポリグラフ検査の陽性反応が顕著であっても「せいぜい被験者の自白の信用性を高めたり、否認供述の信用性を低め、弾劾するものにすぎないと解され、それだけで犯罪事実を証明するものではないと考えるのが相当」というのは正しいか。

III 犬の臭気選別

判 例

最1小決昭62・3・3刑集41-2-60（警察犬カール事件）

　弁護人上田國廣の上告趣意は、憲法31条違反をいう点を含め、実質は単なる法令違反、事実誤認の主張であって、刑訴法405条の上告理由に当たらない。

　なお、所論にかんがみ、警察犬による本件各臭気選別の結果を有罪認定の用に供した原判決の当否について検討するに、記録によると、右の各臭気選別は、右選別につき専門的な知識と経験を有する指導手が、臭気選別能力が優れ、選別時において体調等も良好でその能力がよく保持されている警察犬を使用して実施したものであるとともに、臭気の採取、保管の過程や臭気選別の方法に不適切な点のないことが認められるから、本件各臭気選別の結果を有罪認定の用に供しうるとした原判断は正当である（右の各臭気選別の経過及び結果を記載した本件各報告書は、右選別に立ち会った司法警察員らが臭気選別の経過と結果を正確に記載したものであることが、右司法警察員らの証言によって明らかであるから、刑訴法321条3項により証拠能力が付与されるものと解するのが相当である。）。

　よって、刑訴法414条、386条1項3号、刑法21条により、裁判官全員一致の意見で、主文のとおり決定する。

　（裁判長裁判官　佐藤哲郎、裁判官　角田禮次郎、裁判官　高島益郎、裁判官　大内恒夫、裁判官　四ツ谷巖）

判 例

京都地判平10・10・22判時1685-126（極楽院放火事件一審判決）

第一　はじめに

本件公訴事実は、

「被告人は、革命的共産主義者同盟全国委員会（中核派）に所属するものであるが、同派に所属する氏名不詳者と共謀の上

第一　平成5年4月19日午後7時30分ころから同25日午前3時30分ころまでの間、京都市左京区大原来迎院町540番地所在の宗教法人三千院境内の同法人所有の往生極楽院（木造板葺平屋建、床面積82.8平方メートル）において、樹脂製容器2個にガソリン及び灯油の混合油、同容器1個に灯油を入れ、これに電池を電源としてスイッチを入れれば、時限の到来により点火用ヒーターに通電して発熱させるなどの方法で着火炎上させる発火装置を施した火災びん3個をスイッチを入れて設置し、同年4月25日午前3時37分ころ、同装置を発火させて火を放ち、同建物の天井及び板壁の一部（約2.5平方メートル）を焼燬し、もって火炎びんを使用するとともに、現に人の住居に使用せず、かつ、人の現在しない同建物の一部を焼燬した

第二　平成5年4月19日午後7時30分ころから同25日午前3時30分ころまでの間、同市山科区厨子奥花鳥町28番地所在の宗教法人青蓮院大日堂境内の同法人所有の資材倉庫（木造トタン葺平屋建、床面積19.23平方メートル）において、同所に積み上げられていた角材の下に樹脂製容器にガソリン及び灯油の混合油を入れ、これに電池を電源としてスイッチを入れれば、時限の到来により点火用ヒーターに通電して発熱させるなどの方法で着火炎上させる発火装置を施した火炎びん1個をスイッチを入れて設置し、同建物を焼燬しようとしたが、時限の到来により点火用ヒーターに通電したものの、前記樹脂製容器が容解せずに着火炎上しなかったため、その目的を遂げなかったものである。」というものである。

＊　＊　＊

第七　警察犬による臭気選別結果の検討

一　右臭気選別結果の本裁判上の位置付け

これまで検討してきた結果では、滋賀アジトから押収された水溶紙等の文書類、本件各犯行に使用された時限式発火物の特徴及び三千院僧侶らの目撃証言等を個々に判断しても、また、これらの証拠を単純にあるいは有機的に総合しても、被告人を本件各犯行の犯人と認定することはできず、さらに、被告人・弁護人のアリバイ主張も被告人の無罪（有罪であることは勿論）の決め手となり得ないことが明らかである。そうすると、本件各公訴事実の存否は、各犯行現場に遺留された発火物及びその他の証拠物に被告人の臭気が存在したといえるか否か、すなわち、本件臭気選別結果の証拠能力又は証明力に懸かっているといえる。

＊　＊　＊

三　本件臭気選別の実施状況及び選別結果等

1　指導手の経歴、選別犬の能力及び選別現場の状況等

（1）指導手竹本昌生の経歴や資格等

竹本証言及び警察官作成の捜査報告書（検967）によると、本件臭気選別を実施した竹本は、昭和23年に警察犬の訓練士となり、昭和25年にライトマン京都警察犬訓練所を開設して現在同所

の所長をしており、同42年から継続して京都府警との間で警察犬嘱託契約を結んでいる。その間昭和48年には私的団体である社団法人日本警察犬協会から警察犬の訓練士としては最高位の一等訓練士正の資格を得ている。同人は、昭和45年には、現在警察の犯罪捜査等に広く利用されている移行臭による臭気選別方法を考案している。

また、同人は、日本国内で頻繁に催されている各種の警察犬競技会で、同人が訓練した警察犬を率いて輝かしい成績を上げているほか、実際の犯罪捜査においても犯人検挙に繋がる成果を上げている。

したがって、竹本は、警察犬の訓練士としては、国内の第一人者と認められ、臭気選別の実施者として、必要な知識（学問的知識というより経験に基づく実務的な知識）と経験を十分有する指導手ということができる。

（２）選別犬（使役犬）の能力等

本件の臭気選別に使用された警察犬は、竹本が繁殖して訓練してきた嘱託警察犬のマルコ・フォム・ライトマン（マルコ）とペッツオ・フォム・ライトマン（ペッツオ）であるところ、竹本証言及び警察官作成の捜査報告書（検968）等によると、その経歴等は次のとおりである。

なお、右警察犬は、いわゆる各都道府県警察が自ら所有し、鑑識課の警察犬係等が訓練し常時出動に備えて警察内の犬舎に飼われている直轄警察犬と異なり、竹本が民間の所有者から訓練を委託され、その後必要な検査に合格して、京都府警本部長との間で、毎年嘱託警察犬として嘱託されてきた犬である。

① マルコは、昭和62年５月に竹本のラインマン京都警察犬訓練所で出生した血統書付きの雄のシェパードで、生まれて約６か月後から竹本が所有者の依頼でライトマン警察犬訓練所に引き取って訓練してきた犬である。

平成２年度から毎年竹本と京都府警の間で同警察の嘱託警察犬としての契約を結んでいる（なお、同契約は京都府警が毎年実施している嘱託犬検査に一度の誤持来もなく合格することが条件である。）。

この間、マルコは、平成元年、同３年、同４年には社団法人日本警察犬協会京都支部主催の京都チャンピオン決定競技大会の臭気選別部門で優勝している（しかし、マルコは、社団法人日本警察犬協会主催の全日本訓練チャンピオン決定競技会では余り捗々しい成績は上げていないようである。）。

また、本件までに多くの臭気選別経験を有し、竹本の証言では、実際の犯罪捜査で犯人の検挙及び逮捕された被疑者の無罪証明に成果を上げたということである。

マルコは、本件の各選別当時６歳で、竹本は、人間では42歳前後の壮年に相当し、一般には最も臭気選別能力が発揮できる年齢である旨証言している。

② ペッツオも、昭和62年10月に竹本のライトマン京都警察犬訓練所で出生した血統書付きの雄のシェパード犬で、生後間もなく竹本が所有者の依頼でライトマン京都警察犬訓練所に引き取って訓練している犬でもある。

平成３年度の京都府警の嘱託警察犬候補となり、翌年平成４年度から毎年竹本と京都府警の間

で同警察の嘱託警察犬としての契約を結んでいる。その間、平成4年に社団法人日本警察犬協会主催の全日本訓練チャンピオン決定競技会で4位に入賞している。

　ペッツオも臭気選別経験を有し、実際の犯罪捜査で成果を上げているということである。

　ペッツオは、本件の各選別当時5歳で、竹本は、人間では壮年に相当し、これまた最も臭気選別能力が発揮できる年齢である旨証言している。

　竹本は、いずれも自分の訓練犬の中でも特に臭気選別能力がすぐれ、本件各選別実施時、体調もすぐれ、選別意欲・選別能力がよく保持されており、およそ誤持来は一切考えられない旨証言している。

　（3）選別現場の状況

　榊証言並びに警察官各作成の実況見分調書及び同調書の計測数値を一部訂正した捜査報告書（検341、343）によると、本件臭気選別は、いずれもライトマン京都警察犬訓練所付属施設である同訓練場内で実施された。

　同所は、周囲は樹木が茂り、閑静な住宅地であり、普段の竹本の警察犬の訓練場である。

　選別台の大きさ（大きさや距離の表示はいずれも約）は、幅18センチメートル、長さ1メートル80センチメートル、高さ22センチメートルで、台には直径2センチメートルの穴が35センチメートル間隔で5個均等に空けてある。実験時には、選別台中央の穴から西側方向10メートルの地点が訓練士と犬の待機位置であり、同位置には原臭台を置いている。選別台の南側55センチメートルに表示板が置かれ、その都度原臭、対照臭、誘惑臭等の位置を表示する。選別台中央の穴から9.6メートル東側に三脚に固定したカメラがあり、そこに府警の捜査官（補助者を含めて2名）が立って撮影するとともに、北東11.2メートルに三脚に固定してビデオカメラが設置され、同じく府警の捜査官（同じく補助者を含めて2名）がビデオの撮影を行う。

　鑑識補助者（対照臭を選別台に並べ変え、表示板を操作し、竹本に原臭を届けたりして本件選別を手伝う役目。概ね府警の鑑職課員が担当）は、犬の選別時においては、選別台中央の穴からほぼ南側5.2メートルの場所で待機し、記録係の榊その他の捜査官は、右選別台中央の穴からほぼ南東7.0メートルで待機して観察している。なお、鑑識補助者を含めて選別に参加したり見学している捜査官の総数は15名ないし20名程度である。これらの状況は、概略、別紙訓練場見取図のとおりである。

　2　選別に使用した臭気について——臭気の採取、移行臭の作成・保管状況等

　（1）三千院事件の原臭の作成・保管等について

　岩崎、澤森及び榊の各証言、警察官各作成の捜査報告書、写真撮影報告書、実況見分調書及び領置調書（検2ないし6、34、37、40、48、49、53、337）によると、次の事実が認められる。

　①　北東部の時限式発火物1個及び北西部の時限式発火物2個については、捜査官が、いずれも4月25日に布製手袋を用いて各扁額の裏から取出し、ダンボール箱に各別に入れて領置し、府警内に保管し、同月27日捜査官が布製手袋をはめて、名時限式発火物全体を被っていた燃え残りのフェルト（燃えてすす状に変色しているものの、形はほとんど保存されている。）を1点づつ取り出し、各時限式発火物の実況見分後、これらフェルトを各別のビニール袋に入れて保管し、

5月18日、捜査員が手袋を付けピンセットを用いて（以下、移行臭の作成については、捜査官は手袋を付け、ピンセットを用いているので、この記載は省略することもある。）、無臭布各18枚と共に二重のビニール袋に入れて密封して、府警本部内の金属製保管庫に入れて保管した。

② ［ママ］北東部の時限式発火物のフェルトと無臭布の入った分については、捜査官が、5月28日18枚の右無臭布（検察官は、フェルトに付着している臭気が移行していると考えている。そこで以下、この種の布を「移行臭」ということもある。）を取り出し、右フェルトの中に新しい無臭布12枚を入れて二重のビニール袋に入れて密封し、府警本部内の金属製保管庫に入れて保管し、6月14日右12枚の移行臭を取り出して二重のビニール袋に入れて密封し、府警本部内の金属製保管庫に入れて保管し、後記6月21日の臭気選別の直前にビニール袋を開封し、内移行臭6枚を同臭気選別に使用した。また、捜査官は、6月14日移行臭12枚を取り出した後、北東部のフェルトを新しい18枚の無臭布と共に二重のビニール袋に入れて密封して、府警本部内の金属製保管庫に入れて保管し、7月16日右18枚の移行臭布を取り出し、二重のビニール袋に入れて密封して、府警本部内の金属製保管庫に入れて保管し、後記7月26日の臭気選別の直前にビニール袋を開封し、移行臭11枚を同臭気選別に使用した。

③ 北西部上下の各時限式発火物の各フェルトと無臭布の入った分については、捜査官が、6月14日18枚の移行臭を取り出し、各別に二重のビニール袋に入れて密封して、府警本部内の金属製保管庫に入れて保管し、後記8月9日の臭気選別の直前にビニール袋を開封し、移行臭各5枚を同臭気選別に使用した。

（2）大日堂事件の原臭の作成・保管等について

榊証言、警察官各作成の捜査報告書、実況見分調書及び領置調書（検67、75ないし81、83、93、95、104、105、113、118、337）等によると、次の事実が認められる。

① 8月11日、大日堂事件の時限式発火物が資材倉庫で発見された（一部通電して溶解している部分はあるものの、未発火につきほぼ完全な形。）。捜査官は発見現場で、手袋を付け、ピンセットを用い、同組成物を包んでいる黒色包装紙、白色厚紙、内部のプラスチックケース入りの時限部・アルミケース入りの発火部及びガソリン等の入ったペットボトルからできている引火部に分離し、各別に二重のビニール袋に入れて密封し、これらを別々のダンボール箱合計4個に入れて領置し、同日これを府警本部に搬入して保管した。

捜査官は、8月12日右資材倉庫において、手袋を付け、ピンセットを用いて、目隠し棒2本をそれぞれ二重のビニール袋に各別に入れて採取し、それぞれ密封して領置し、同日これを府警本部に搬入して保管した。

② 捜査官は、8月12日右黒色包装紙、白色厚紙、時限部・発火部及び目隠し棒2本を、それぞれ無臭布各30枚と共に二重のビニール袋に各別に入れて密封し、ダンボール箱に入れて府警本部に保管し、翌13日中の留置物を抜き、移行臭各30枚を再び二重のビニール袋に各別に入れて密封し、同所に保管した。そして、8月27日の臭気選別の直前に、右黒色包装紙、白色厚紙、時限部・発火部及び目隠し棒2本のうちの資材倉庫出入口からみて手前側（以下、同趣旨で目隠し棒2本について、手前、奥の記載で特定する。）の各移行臭各30枚の入った各ビニール袋を開封し

て、それぞれ5枚を取り出し、同臭気選別に使用した。

　残り、各25枚の入ったビニール袋をそれぞれ密封して、府警本部内の金属製保管庫に入れて保管し、9月24日の臭気選別の直前に、右黒色包装紙及び目隠し棒奥の移行臭の入った各ビニール袋を開封して、それぞれ移行臭5枚を取り出し、同臭気選別に使用した。

　③　捜査官は、10月3日大日堂資材倉庫において押し込み棒を発見して手袋を付けて押収し、直ちに同所で、押し込み棒の先端部及び元部の各端から約40センチメートルのところまでそれぞれビニール袋を被せ、各袋に無臭布12枚を入れ、さらに、もう1枚ビニール袋を被せて二重にして密封し、大日堂境内で自動車内に置き、ヒーターで車内を30度ないし40度に維持して30分間放置後、留置物を抜き取り、残った移行臭各12枚をビニール袋に入れて密封し、府警本部内の金属製保管庫に入れて保管し、11月24日の臭気選別の直前に、各ビニール袋を開封して、それぞれ移行臭5枚を取り出し、同臭気選別に使用した。

　(3)　対照臭の作成・保管等について

　①　5月31日の臭気選別に使用した被告人の登山帽から作成した移行臭の作成・保管状況について、その詳細は必ずしも明らかでないが、関係証拠により次の事実は認めることできる。

　滋賀県警が、平成3年9月22日滋賀アジトから変装用具の一つとして被告人着用の本件登山帽を押収し＊＊＊、これを京都府警が更に押収し、同物件から移行臭を作成した事実が認められる。なお、被告人が同帽子を着用していたことは、同年9月13日滋賀アジト摘発以前に内偵中の警察官が現認している。同帽子からの移行臭の作成については、平成5年5月18日同帽子と共に18枚の無臭布をビニール袋に入れて密封し、府警本部内の金属製保管庫に入れて保管し、5月28日登山帽だけを抜き取り、5月31日の臭気選別の直前にビニール袋を開封して、移行臭10枚を取り出し、同臭気選別に使用した。

　②　次に、榊、中川各証言及び警察官各作成の捜査報告書（検42、45、47、51、52、57、67、337）によると、以下の事実が認められる。

　ア　捜査官は、平成5年6月19日三千院事件で前進社を捜索し、被告人が当時素足で履いていた合成皮革製の短靴を差し押さえた。捜査官は手袋を着用して右短靴を直ちにビニール袋に入れて下鴨警察署に持ち帰り、同所で、手袋を付けピンセットを用いて、短靴の片方ずつを無臭布各24枚と共に各別の二重のビニール袋に入れてそれぞれ密封して同所に保管した。

　イ　捜査官は、6月21日の臭気選別の直前に、右側の短靴及び移行臭の入ったビニール袋を開封し、移行臭4枚を取り出し、同臭気選別に使用した。

　ウ　捜査官は、7月14日左側の短靴及び移行臭の入ったビニール袋を開封し、短靴だけを抜き取り、同ビニール袋を再度密封し、7月26日の臭気選別の直前に、そのビニール袋を開封し、移行臭13枚を取り出し、同臭気選別に使用した。

　エ　捜査官は、7月14日被告人の短靴の片方ずつを無臭布各24枚と共に各別の二重のビニール袋に入れてそれぞれ密封して、下鴨警察署に保管した。

　7月21日各短靴だけをそれぞれ抜き取り、移行臭各24枚だけを右二重のビニール袋に入れたまま再度密封して保管した。

捜査官は、8月9日の臭気選別の直前に、右側短靴の移行臭の入ったビニール袋を開封して、移行臭8枚を取り出し、同臭気選別に使用した。捜査官は、8月27日の臭気選別の直前に、左側の短靴の移行臭の入ったビニール袋を開封して、移行臭16枚を取り出し、同臭気選別に使用した。

オ　捜査官は、8月17日川端警察署で被告人の短靴の片方ずつを無臭布各24枚と共に各別の二重のビニール袋に入れてそれぞれ密封した上、同警察署の庭に駐車し、車内温度を30度ないし35度に維持した自動車内に1時間放置した後、それぞれのビニール袋を開封して各短靴だけをそれぞれ抜き取り、移行臭各24枚だけを右二重のビニール袋に入れたまま再度密封して下鴨警察署に保管し、同月27日府警本部内に保管替した。

捜査官は、9月24日の臭気選別の直前に、右側短靴の移行臭の入ったビニール袋を開封して、移行臭8枚を取り出し、同臭気選別に使用し、残りの移行臭の入ったビニール袋を再度密封し、府警本部の金属製保管庫に入れて保管した。

捜査官は、11月14日の臭気選別の直前に、右各短靴の移行臭の入ったビニール袋を開封して、右側短靴の移行臭布8枚、左側短靴の移行臭4枚をそれぞれ取り出し、同臭気選別に使用した。

（4）誘惑臭の作成・保管等について

榊証言及び警察官各作成の捜査報告書（検46、50、54、64、70、106、107、114、337）によると、次の各事実が認められる。

①　捜査官は、平成5年5月27日府警刑事部鑑識課員内立元昭他4名の冬服製帽を各別のそれぞれ無臭布12枚と共にビニール袋に入れて保管し、3時間後各製帽を抜き取り、そのまま移行臭だけを保管し、5月31日の臭気選別の直前に、右ビニール袋を開封して、移行臭合計42枚を取り出し、同臭気選別に使用した。

②　捜査官は、6月19日機動隊員佐藤正夫ら5名の各右足用短靴をそれぞれ別の無臭布各18枚と共にビニール袋に入れて密封して保管し、同月21日の臭気選別の直前に、右各ビニール袋を開封して、移行臭合計26枚を取り出し、同臭気選別に使用した。

③　捜査官は、7月19日機動隊員大石仁ら5名の各短靴をそれぞれ別の無臭布各7枚と共にビニール袋に入れて密封し、1時間加熱して靴を抜き取った後は移行臭の入った各ビニール袋をダンボール箱に入れて保管し、同月26日の臭気選別の直前に、右各ビニール袋を開封して、移行臭合計21枚を取り出し、同臭気選別に使用した。

④　捜査官は、8月5日機動隊員中林昭実ら4名の各短靴をそれぞれ無臭布各40枚と共に各別にビニール袋に入れて密封し、1時間加熱して靴を抜き取った後は移行臭の入った各ビニール袋をダンボール箱に入れて保管し、同月9日の臭気選別の直前に、右各ビニール袋を開封して、移行臭合計42枚（なお、当日は右移行臭合計109枚を使用）を取り出し、同臭気選別に使用した。

⑤　捜査官は、8月23日機動隊員中林昭実ら4名の各短靴をそれぞれ無臭布各40枚と共に各別にビニール袋に入れて密封し、1時間加熱して靴を抜き取った後は、移行臭の入った各ビニール袋をダンボール箱に入れて保管し、同月27日の臭気選別の直前に、右各ビニール袋を開封して、移行臭合計84枚を取り出し、同臭気選別に使用した。

⑥　捜査官は、9月22日機動隊員中林昭実ら5名の各短靴をそれぞれ無臭布各35枚と共に各別

にビニール袋に入れて密封し、5分間加熱して靴を抜き取った後は、移行臭の入った各ビニール袋を保管し、同月24日の臭気選別の直前に、右各ビニール袋を開封して、移行臭合計60枚を取り出し、同臭気選別に使用した。

⑦　捜査官は、10月28日機動隊員中林昭実ら5名の各短靴をそれぞれ無臭布各30枚と共に各別にビニール袋に入れて密封し、5分間加熱して靴を抜き取った後は、移行臭の入った各ビニール袋を保管し、11月4日の臭気選別の直前に、右各ビニール袋を開封して、移行臭合計63枚を取り出し、同臭気選別に使用した。

（5）なお、佐達証言及び警察官作成の捜査報告書（検293）によれば、移行臭作成の際に使う無臭布は、府警本部庶務の方で晒木綿の反物を購入し、同鑑識課員が、これを大体15センチメートル×20センチメートルに裁断し、約2時間洗濯機で水洗いして脱水し、日陰干しをして、その後ビニール袋に保管し、必要に応じて取出して使用していた事実が認められる。

臭気（原臭、対照臭及びこれらの移行臭）の保管方法が適正であったことを確認するため、多くの検証的臭気選別が実施されている。その内容については後述する。

3　本件臭気選別の実施方法及び判定基準について

前示の選別実施要領を含めて榊、竹本及び佐達各証言並びに警察官作成の捜査報告書（検391）等を併せると、次の事実（なお、一部証言を引用する場合もある。）が認められる。

（1）臭気選別の実施に当たっては、府警本部警備課又は所轄の警察署から府警本部の鑑識課に依頼があり、同課が窓口となって竹本と日程等の調整を行う。選別のプログラムの作成は、主として右警備課等と鑑識課で協議して行う。竹本は、原臭、対照臭として何を使用するか等の詳細は聞かないことにしている旨証言している。

（2）本件各臭気選別では、まず竹本が前記ライトマン警察犬訓練所内の犬舎からマルコ又はペッツオを連れ出し、近接する訓練場までの間に排便をさせたりしながら当日の犬の体調を観察する。その後、訓練場で本選別を開始する前に予備選別を行い、犬の選別意欲、本選別能力がよく保持されていることを確認し、本選別を実施する。竹本は、右予備選別には犬のウオーミングアップ的な要素も含まれている旨の証言もしている。予備選別ではいわゆるゼロ選別は実施しない。予備選別で誤持来があれば、即刻選別を中止する。原則として、5回の予備選別のうち、3回正しい持来（したがって、2回の不持来は許される。）があれば、その時点で直ちに本選別に移行する。

各選別には立会人が立会い（立会人は多く消防士等の公務員であるが、警察関係者も混ざっている。）、選別前に各臭気の保存状態を確認したり、選別実施時においては現場で監視している。

（3）本選別及び予備選別とも、次の方法による。

選別時の補助者、捜査官の配置等は前示のとおりである。

選別補助者のうち、選別台上に対照臭（以下、場合により「本臭」又は単に「本」ともいう。）を設置する鑑識課員は大体特定されており、同人が選別台の横に設置してある表示板を操作して対照臭や誘惑臭を並べる位置を決定し、その表示に従って他の鑑識課員と分担して順次選別台上にこれらの移行臭を配置する。選別台に配置する対照臭及び誘惑臭の配置場所は、手袋をした府

警本部の鑑識課員等の選別補助者の判断により、ピンセットを使用して選別台上の5つの穴に適宜配置し、配置完了までの間、指導手及び警察犬は前記選別台から約10メートル離れた場所で待機し、移行臭の配置時は選別台に背を向けて立ち（警察犬の異なる行動については、後に検討する。）、選別台のどの穴に対照臭が配置されたか警察犬も指導手も知り得ない状況下で実施する（この点も後に検討する。）。

予備選別においては、当日の担当者が、配列が終わった段階で竹本のもとに原臭（この際は対照臭と同一）を届け、その後竹本の指示で選別を始める。本選別においては、選別の当初に予め竹本の下に原臭を届けて置き（竹本と警察犬の位置の横に原臭台が置かれてある。）、各選別の都度移行臭の配置がすんだ段階で、右担当者が竹本に対し、「お願いします。」などと声を掛け、配列が終わったことを知らせ、選別に移行する。

本選別に際しては、必ず最低1回は対照臭を配置しないゼロ選別を取り入れる。本選別の判定基準としては、ゼロ選別を含めて1回でも誤持来があれば、選別を中止する。5回ないし6回の各選別で3回以上対照臭を持来し、ゼロ選別を含めて4回以上正解がなければ、同臭性ありとしない。持来したと言うためには、犬が、くわえた移行臭を竹本の元まで確実に届けることが必要であり、竹本は、自分と犬との約束事として、犬が移行臭を自分の手元まで届けた場合、同所で犬と若干の引っ張り合いを行って同布を受け取ることになっている旨証言している。

選別結果は、榊がメモし、後日報告書を作成する。判定に迷うような場合は、鑑識課員及び竹本とも相談して決める。

その他、京都府警でも、ほぼ別紙選別実施要領に従って臭気選別を実施している。

（4）本件臭気選別で臭気の保管等に使用したビニール袋のメーカー及びサイズ等は、検391添付の一覧表のとおりであるが、警察官作成の捜査報告書（検292）に記載のとおり、それぞれの選別において、「原臭布」「対照臭布」「誘惑臭布」にどのビニール袋が使われたかは明らかではない。したがって、同一選別で使用した「対照臭布」「誘惑臭布」を保管していたビニール袋のメーカーやサイズが異なっていた可能性は否定できない。

4　選別結果等

＊　＊　＊

四　本件臭気選別の検討

＊　＊　＊

3　当裁判所の判断

（1）序論

当裁判所は、以下のとおり、当事者の主張を踏まえながら前掲最高裁判例を参考にし、本件証拠を検討した結果、被告人・弁護人主張のとおり、臭気選別にはそれ自体に内在する問題があり、本件臭気選別固有の問題点も存在し、関係各証拠（警察官作成の捜査報告書（検41、50、55、63、68ないし74、107、110、115、250、252、253、259、264、269、272、277、278、286、338、340、398）並びに公判廷における臭気選別結果に言及した榊及び竹本の各証言部分、以下、用語上他と混同のおそれがない範囲で総合して「本件臭気選別結果」又は単に「臭気選別結果」という。）

については、証拠能力まで否定することは相当でないが、（前掲被告人・弁護人の証拠排除の申立ては却下する。）、証明力は当然低いと考えざるを得ず、本件で被告人の有罪認定の決め手や有力な証拠とすることは出来ないと判断した。

（２）本件臭気選別結果の不自然性について

① 本件Ａ関係選別では一度の誤持来もないだけでなく、ほとんど完璧な選別が行われている。しかも、別紙写し添付の検250の一覧表を見てみると、ほとんどマルコもペッツオも予備選別の段階では５回の選別のうち２回の不持来を繰り返し、辛うじて本選別に移行しながら、本選別では突如極めて高い正解率を上げている。竹本は、予備選別には犬のウオーミングアップ的な意味もあると主張するが、わずかなウオーミングアップでこのような成果が上がるのも不自然である。本選別には毎回ゼロ選別が含まれており、より困難な選別であるのに結果は逆である。さらに、不思議なことは、８月27日の選別（⑥の選別）では、大日堂事件での初めての重要な選別で、当初マルコを選別犬として準備を行ったが、マルコが予備選別に合格しなかった結果、急遽ペッツオを引出し選別を行わせている。しかし、この時の予備選別ではペッツオは誤持来はもとより１回の不持来もない。この時はペッツオは本選別でも完璧である。竹本の証言によると、この際予備選別の前に練習的な選別も行ったが、そこでも不持来はなかったというものである。

なお、選別実施要領によると、「本選別は、予備選別においてすべてが正解であった警察犬を使役して実施すること。」（第三の８）になっており、前記のとおりＡ関係選別のほとんどで右要領に反する本選別が実施されているおそれがある。もっとも、不持来は回数に入れないとの解釈のようであるが、選別実施要領の文章からは若干疑問である。

② 三千院事件の現場遺留品に対する選別結果について

同現場遺留品のうち、時限式発火物を包んでいた各フェルト（地）が原臭に使われていることは前記のとおりであり、右フェルトが燃焼の過程で非常な高温に曝され、仮にフェルトに人の臭いが付いていたとしても、その実体である脂肪酸が分解したり、蒸発してしまっているのではないかとの弁護人の指摘がある。

これについても、検250の一覧表から明らかなように、ほぼ完全な臭気選別結果が出ているところである。

⑤の模擬発火物を使ったシミュレーション実験だけでは十分納得できない。もともと、検察官の主張は、同実験選別は、消火器を使った消火活動が臭気選別結果に影響を及ぼさないことを確認するためのものであり、高温・燃焼した物品になお犬が選別できるほどの臭気（脂肪酸）が残存しているか否かを判別する実験ではなかったはずである。検58ないし61の各捜査報告書によると、右実験においては、発火から消火までの時間が２秒、５秒、８秒と極めて短い。しかるにＣ証言、検１の捜査報告書及び検３の実況見分調書によると、実際の事件現場では、発火から消火まで相当な時間（少なくとも数分間）経過しており、火はかなりの勢いで広がっており、炭化測定でも北東部では板壁に穴が開くほど燃焼が進んでおり、発火物自体の燃焼度も実験とは相当異なっていると認められる。

③ 大日堂事件の現場遺留品に対する選別結果について

ア　関係証拠によると、被告人・弁護人所論のとおり、現場の資材倉庫は、犯行発覚前又は同発覚当時、日常的に屋根から雨漏りがしており、風雨に吹き曝され、そのため床面には水がたまり、かなり荒れた状況が窺える。おそらく、同倉庫の中は雨の度に濡れたり、その後乾いたりを繰り返し、全般にかなり湿気を含んだ状態であったと推測できる。本件遺留品は、このような状況のなかに約4か月間放置されていたのであり、右遺留品に人の臭いが付着していたとしても、犬による臭気選別ができるほどの臭気が残存していたかどうか疑問である。

前掲⑯で模擬発火物を使った実験選別が実施されている。しかし、その実験の際には、関係証拠によって明らかなように、資材倉庫の入口全体にベニヤ板が張られ、中が風雨に曝されない状態に保たれていたもので、同実験も必ずしも十全ではない。

イ　次に押し込み棒に関して、⑧の選別結果によると、その先端部及び元部それぞれから被告人の臭気が検出されている。関係証拠によると、押し込み棒は事件直後から現場に存在したことは証明されている。しかし、その発見経過は、前認定のとおり、捜査官が、犯行推定時から5か月半経過した10月3日発見したものである。しかも、実況見分の結果、角材が積まれた状態で腕を伸ばして時限式発火物を設置することが不可能であることが判明し、資材倉庫入口付近にあった角材に目をつけ、臭気選別を実施したところ、うまい具合に被告人の臭気が検出されたというもので、いささか話ができすぎている。しかも、被告人は右時限式発火物を押し込む際、不用心にも素手であったと考えざるを得ない。他方、右角材のほか現場のいかなる場所からも被告人の指紋等は一切採取されていない。また、被告人が仮に前記押し込み棒に触ったとしても、単時間であったと推察される（特に、先端部は、せいぜい棒の確認と押し込む時、短時間接触しただけと推測される。）のに、選別可能な程度に被告人の臭気が付着していたというのも疑問の残る点である。

ウ　本件発火物の発見者は、前認定のように、当時京都五山の送り火の見物のための観覧席を組み立てていたD並びに同人を手伝っていた長男のEら子供達である。しかも、Dの証言によると、実際にはEら子供達が第一発見者で、右Eが運び出し、中を開けたのも同人であると認められる。Dも触ったかもしれないが、主に同発火物に触ったのはEと認められる。しかし、⑨、⑩の選別結果によると、何故か父親のDの臭気は検出され、息子のEの臭気は検出されていない。これも疑問の残る点である。

エ　⑤の臭気選別では、模擬発火物を使ったシミュレーション実験のほか、本選別Ⅳ、Ⅴで混合臭による実験選別が実施されている。そのⅤは、警察官5名がそれぞれ15分間履いた靴下からの移行臭を原臭とし、うち1名の警察官の靴からの移行臭を対照臭とし、右原臭、対照臭の作成に関係していない4名の警察官の靴からの移行臭を誘惑臭として臭気選別実験を行った結果、マルコは、1回は対照臭を選別しながら、他の4回はすべて不持来で、同臭性ありの結論が出ていない。まさに単純な選別であり、マルコは予備選別を経て、その他の本選別を無難にこなしながら、何故この選別だけこのような結果になるのか疑問である。混合臭の選別が困難であるというなら、臭気選別の多くは、多数の者が触った遺留品の中から、犯人の臭気を嗅ぎ分けるものであり、それは、混合臭の中からの選別である。これもマルコの選別能力に疑問の生じる点である。

（3）弁護人の本件臭気選別批判の検討結果
① 指導手について
　本件選別を担当した竹本の警察犬の訓練士及び臭気選別の実施者としての経歴や実績に問題はない。
　しかし、竹本は公判廷で、「一般的に警察から臭気選別を依頼された場合、事件の内容を尋ね、臭気の採取、保管又は移行臭の作成方法などの一般的な話くらいはするが、予め何を原臭、対照臭、誘惑臭にするかといった具体的な話はあえてしないことにしている、まして個々の選別時には自分は捜査官が選別台に臭布を配置しているとき、犬とともに選別台に背を向け見ないようにしているので、答えを事前に知り得るはずがない。」旨証言している。関係証拠によれば、竹本は、自らライトマン警察犬訓練所なる看板を掲げ、長年、警察犬の訓練を委嘱され、京都府警の鑑識課員の教育や相談及び京都府警から依頼された事件選別を行ってきており、被告人にとって公平な第三者といえないことはもとより、臭気選別についても捜査官と気楽に話のできる人物である。臭気選別の依頼を受け、その準備段階、実施の際に臭気の内容やそれぞれの臭気選別の目的について聞いたり、臭気選別実施方法について具体的な相談を受けることは当然考えられる。むしろ一切相談がないという方が不自然である。前掲警察官作成の各捜査報告書（選別結果報告書、例えば検55の写真47、49、検63の写真24、27、71、検264の写真21）並びに押収ずみのビデオの画像等から明らかなように、竹本は各選別の初めに、内容が表示されているビニール袋が置かれている近くに行っており、次にどのような原臭、対照臭、誘惑臭を用いて実験をやるかを知り得る状況にある（竹本は公判廷で、選別開始前に選別台近くに行く場合があることまでは否定しないが、選別内容を確認するためでなく、近くに煙草の吸殻入れがあるため、煙草を吸いに行っているだけである旨証言しているが、その状況から単に煙草を吸うだけの目的とは理解できない。）。
　したがって、その実験が持来目的のものか否かも当然知り得る状況にある。ビデオの画面等から明らかなように、各選別において、犬が持来目的の対照臭布をくわえあげた時には、その布を受け取る準備行為として、右手の原臭布を左手に持ち替え、ピンセットの収納行動を採り、その他の場合は犬に原臭を再確認するため収納行動はとらず、原臭を手に持ったまま犬の帰りを待っている。この点に関して、公判廷で、被告人から収納行動に移る時間が早すぎるなどと指摘され、自分は犬の「首の振り方」や「足の運び方」だけで正解か否か判ると証言しているが、その後の証言内容からみてもにわかに信用できない。要するに、竹本は、事前に各選別の目的及び各移行臭の配置について知っている疑いを払拭しきれない。
② 選別犬（使役犬）について
　マルコ及びペッツオの優れた選別能力については、検察官がるる主張し、その血統や過去の実績に関する多数の証拠も取り調べられている。しかし、竹本の証言によっても、マルコは、各競技会のうち、京都府の大会では、華々しい成績を上げながら全国規模の大会では何故か振るわない。また、ペッツオは、あえて比較すればマルコより選別能力は劣るということである。
　被告人・弁護人は、犬の選別能力は、単に選別結果のみで評価されてはならない。臭いに対し

て選別しているのではなく、「クレバー・ハンス」現象によって「優秀な選別結果」をおさめている危険があり、また犬の誤った訓練方法により、臭気の同一性以外の他の要素で選別する癖が付く可能性があり、選別犬の訓練過程について十分記録にとどめ、その開示が必要である旨主張している。しかし、本件において検察官からその点の主張・立証はほとんどなされていない。したがって、マルコ及びペッツオについては、その選別能力を判断できるだけの証拠が十分であるとはいい難い。弁護人ら指摘の竹本の著書「首輪をつけた捜査官」「犬の訓練百科」などに、対と誘の濃度を変える、対と誘の布に大小の区別を付ける、布を選別台の穴に差し込む強さに差をつける、対に犬の好むフードの臭いを付ける等して訓練していく方法を紹介している。しかし、その後、臭いの質で選別する能力を修得させる訓練過程は、同著書の中にも、発見できない。竹本は公判廷で、殊更「営業上の秘密」として明らかにしない。訓練過程で付いた癖はそのまま習性になる可能性は否定できない。この点でもマルコ及びペッツオの本件選別の信頼性について疑問が残る。加えて、マルコ、ペッツオは、ほとんど生まれたすぐから竹本がわが子のように育て訓練してきたもので、竹本には極めて懐いている犬であり、竹本だけにしか扱えない犬である。犬の迎合の危険性についても十分考慮する必要がある。

③ 選別方法について

「クレバー・ハンス」現象については、被告人・弁護人が縷々主張するところである。前認定のように本件各選別現場には、選別の目的、持来目的の対照臭の配置場所を知っている府警本部の多数の鑑識課員や警備課員が存在し、犬の選別状況を見守っている。しかも、その中にはカメラやビデオ撮影の者も含まれ、シャッターチャンスを窺っている。記録を取っている榊も勿論各選別の目的、移行臭の配列順序を予め知っている。前記のとおり指導手の竹本も各選別の目的、移行臭の配列順序を予め知っている可能性がある。選別実施現場で多数の関係者が、犬の選別状況を固唾をのんで観察している状況が窺える。このような状況下で客観的且つ公正な臭気選別を行うことは極めて困難である。弁護人は、本件で「クレバー・ハンス」現象を回避する方策が採られていないと主張しているが、当を得たものといわざるを得ない。このことは、選別実施要領自体の問題でもある。さらに、前掲選別状況を撮影した各ビデオを観察すると、すべての選別ではないものの、中には当日の対照臭の配列担当者だけが、半袖のシャツを着たり、対照臭の配列の際殊更丁寧に配置し見た目に大きくみせかけたりしている状況も窺える。

これなども、担当者が選別の目的を理解しているだけに選別結果に影響がないとは言い切れない。次に、前掲選別状況を撮影した多数のビデオを検討すると、鑑識課の補助者が選別台に移行臭を配置している段階で、選別実施要領では竹本と共に背面している筈の犬がしばしば選別台の方に顔を向けている状況が認められる。竹本は公判廷で、「犬が後ろ向きになるのは、指導手が後ろ向きになるから、左側に移り後ろ向きのような形になるだけで、配列を見せないために強いてそうしているわけではない。」「犬が記憶の原則としても、視覚で物を確認するという視的な判断力はない。」「犬が待機中に後ろを向くというのは、犬の癖によって違うが、マルコは非常に警戒心の強い犬なので、後ろの補助者がカタカタ、あるいは足音をジャカジャカという音に対して、警戒の意味で後ろを振り向いているだけで、決して場所を確認しようとか、誰が置いたか覚えよ

うとか、そういったことは一切ありません。」などと証言している。しかし、これが選別実施要領に反していることは明らかであり、競技会では減点の対象になる行為である（弁55「犬の訓練百科」）。これなどは、選別前に犬を隔離するとか、待機場所と選別台との間に衝立を置くなど方法はいくらでもあるはずである。

被告人・弁護人の批判をかわすのは困難である。

④　被告人・弁護人主張の濃度コントラスト論等について

些かこじつけの感もしないではない。しかし、竹本の選別犬の訓練に関する前記著書の内容、また、被告人・弁護人がまとめた別紙「各選別の濃度規定要因の対照表」を参考にし、関係証拠を子細に検討すると、移行臭作成の過程で対と誘の間には明らかな有意の差があり、同主張も無下に排斥し難いものがあるといえる。

（４）本件臭気選別結果の証拠能力、証明力

そこで、結論として本件臭気選別の証拠能力、証明力について判断する。

被告人・弁護人の主張にもかかわらず、訓練された警察犬が、犯行現場から逃走した犯人等の追跡、検挙（足跡追及）、隠匿されている麻薬、覚せい剤、爆発物の捜索・発見等で一定の成果を発揮し、犬の嗅覚能力が経験的にすぐれたものとして一般に承認されている上、本件選別に従事した指導手は自他共に認める臭気選別の第一人者であり、マルコ及びペッツオは、一応臭気選別の専門的持続的な訓練を経て必要な検査にも合格していること、当時両犬とも体調は良好であったこと、臭気の採取、保管並びに選別自体の実施手順や方法に問題はあるものの、他の裁判で証拠として認められた同種臭気選別と比較して著しい瑕疵があるとはいえず、証拠として最小限度の証明力（自然的関連性）を有し、さらに、警察犬による臭気選別方法は改善すべき点はあるにしても、犯罪捜査、犯罪立証の上で今後とも必要な証拠方法であることなども考慮すると、本件臭気選別結果に証拠能力を認めるのが相当である。

しかし、本件臭気選別については、前認定のような選別犬の訓練過程のデータの不足、引いては臭気選別能力に対する確たる信頼を置けないこと、加えて選別に使用した臭気（原臭）の問題、選別方法に不適切な点もあること及び選別結果の不自然性も考慮すると、選別結果に高度の信用性（証拠の証明力）を付与することはできない。

付言すれば、本件でマルコ、ペッツオが純粋に現場遺留品に残っていた犯人の臭気と被告人の臭気を同定したかどうかには疑問があり、被告人・弁護人指摘の他の要因から被告人の移行臭を選別したか、本件選別結果からみて、捜査官の何らかの作為が入った可能性を否定しきれない。

しかも、以下のような臭気選別に内在する問題もいまだ完全に解決されていない。

①　人の体臭が指紋のように千差万別である科学的な根拠がない。

②　犬がどのようにして人の体臭を識別しているのか、特に類似した臭気について、どの程度の識別能力があるのか明らかにされていない。

③　犬の指導手に対する迎合性

④　結果の正確性（犬が臭気が同一であると識別している根拠）についての科学的な検証が不可能であり、追試も著しく困難であるなど。

臭気選別結果は、その証拠能力、証明力の判断が極めて困難な証拠である。しかも、捜査機関だけで一方的に作成される証拠だけに、極めて作為の入りやすい証拠でありながら的確な反証の困難な証拠といえる。
　そうすると、警察犬による臭気選別方法が現在のような状態にあるかぎり、その結果に余り大きな信頼性を寄せることは抑制的であるのが相当である。その利用も他の証拠による犯人識別の補強的証拠あるいは犯罪捜査だけに限るべきであるとの主張にも考慮すべきものがある。
　（5）したがって、本件臭気選別結果も被告人の本件各犯行を証明するに足りない。むしろ、本件ではそれほど重要視できる証拠ではないというべきである。

第八　結語
　以上を総合すれば、警察犬による臭気選別によっても、被告人を各犯行の犯人と断定できず、同証拠とそれまで検討した各証拠とを単純にあるいはそれぞれ相補う形で有機的に総合しても、本件各公訴事実は、いずれも証明不十分であるといわざるを得ない。

＊　＊　＊

（裁判長裁判官　正木勝彦、裁判官　難波宏）

別紙　警察犬による物品選別実施要領
第一　目的
　この実施要領は、直轄警察犬及び嘱託警察犬（以下「警察犬」という。）による物品選別の手法を全国的に統一し、一定の水準の下に実施することを目的とするものである。
第二　定義
　この要領における用語の意義は、それぞれ次に定めるところによる。
　一　警察犬指導者等
　当該警察犬の指導者及び同指導者の補助をする者をいう。
　二　原臭
　物品選別の基となる臭いで、出発点において警察犬にかがせる臭気をいう。
　三　対照臭（布）
　選別台に配列した5点の臭気（布）のうち、誘惑臭を除く1点で、原臭と共通の臭いか否か警察犬に選別させる臭気（布）をいう。
　四　誘惑臭（布）
　選別台に配列した5点の臭気（布）のうち、対照臭（布）を除く偽臭気（布）4点をいう。
　五　声符
　音声による指示をいう。
　六　視符
　動作による指示をいう。
　七　移行臭
　人の臭気が付着していると思われる物品から、その臭いを無臭の布等に移行させた臭気をいう。

八　直付臭

無臭の布等を素手でもみ、又は顔をふくなどして人の身体から体臭を直接移行させた臭気をいう。

第三　実施方法

警察犬による予備選別及び本選別（以下「物品選別」という。）は、次の要領により行うものとする。

一　実施場所

物品選別の実施場所は、原則として訓練場とすること。ただし、やむを得ず犯罪現場等において実施する場合は、この限りでない。

二　選別台までの距離

警察犬の出発点から選別台までの距離は、原則として10メートルとすること。ただし、やむを得ない場合は、可能な限り10メートルに近い地点から出発させること。

三　使用臭気

原臭、対照臭及び誘惑臭に使用する臭気は、原則として移行臭又は直付臭を用い、次の点に留置すること。

（一）予備選別に使用する原臭、対照臭及び誘惑臭並びに本選別に使用する誘惑臭は、当該事件関係者及び警察犬指導者等以外の者の臭気を用いること。

（二）本選別において、遺留品等の物品は、

ア　原臭として使用しないこと。ただし、緊急又は特に必要と認める場合は、この限りでない。

イ　対照臭として使用しないこと。

（三）予備選別、本選別を問わず

ア　対照臭が移行臭の場合は、誘惑臭も同種の物品から採取した移行臭とすること。

イ　対照臭が直付臭の場合は、誘惑臭も対照臭の被採取者と概ね同年の者で、かつ、身体の同部位から採取した直付臭とすること。

四　配列物品

選別台に配列する物品は、対照臭布１点及び異なる臭気の誘惑臭布４点の計５点とし、物品選別の都度、配列物品及び配列位置を変えること。

五　立会人

物品選別には、証言能力を有する第三者の立会いを得て行こうと。

六　位置及び姿勢

警察犬指導者と警察犬の位置及び姿勢は、出発点において選別台に対して背面姿勢で待機し、選別台に物品配列が完了して補助者等の合図があった後に選別台に正対の上、物品選別を開始すること。

七　実施回数

物品選別の実施回数は、予備選別、本選別ともに３回とすること。

八　本選別に使役する警察犬

本選別は、予備選別においてすべてが正解であった警察犬を使役して実施すること。

九 留意事項
（一）警察犬指導者の警察犬に対する指示（声符及び視符）は、原臭をかがせるときの指示、出発させるときの指示及び帰路の体勢となって選別台から離れてからの指示のみとし、これ以外は特段の事情がない限り行わないこと。
（二）警察犬指導者が意図的に物品選別を操作したと疑われる動作は厳に謹み、客観性の確保に配意すること。
第四　報告書等の作成
　物品選別の実施結果を明らかにするため、図面及び写真を添付した物品選別実施結果報告書を作成すること。
　なお、物品選別の客観性及び信ぴょう性を担保するために必要と認める場合は、ビデオカメラ等による撮影にも配慮すること。
第五　遺留品等の取扱い及び保管・管理
一　取扱い
　警察犬による物品選別が予想される遺留品等の取扱いに当たっては、清潔な手袋を着装し、かつ、ピンセット類を使用する等して取扱者の臭気の付着を防止すること。
　二　保管・管理
遺留品等は、取扱責任者を指定して、他の臭気の混入のおそれがない専用の保管庫等に保管すること。

判　例

大阪高判平13・9・28臭気選別事件弁護団編『臭気選別と刑事裁判　イヌ神話の崩壊』96頁（現代人文社、2002年）（極楽院放火事件控訴審判決）
第２　捜査段階及び当審における警察犬による各臭気選別
＊　＊　＊
　２　当審が実施した臭気選別（検証）
　当審は、鋭く対立する被告人関係選別［捜査段階でなされた臭気選別］の評価にかんがみ、判断の一助とするために、検察官の請求に基づき、裁判所主導のもとに、検証として、一定条件下での警察犬の臭気選別能力を観察する実験を以下のとおり行った（以下、この検証を「当審選別検証」という。）。
　（１）準備作業
　①　原臭
　大日堂事件で犯人がさわって現場に置いたとされ、その後約３か月半ないし約５か月半後に発見された木片ないし角材（別紙Ⅰ「被告人関係選別一覧表」の番号５ないし７で原臭となっているもの）とそれぞれ材質、形状、大きさのほぼ同じ材木合計４本（別紙Ⅱ「当審選別検証一覧表」記載の材木Ａ、Ｂ、Ｃ、Ｄ、このうちＡとＢは角材対応、ＣとＤは木片対応）を準備した。

これらの材木の合計6か所（材木AとBについてはそれぞれ上部と下部）に裁判所職員合計20名（後にこれら臭気提供者にAからTのアルファベット記号を当てて区別した。）がそれぞれ分担して臭気を付着した（1か所に5人がそれぞれ1分間ないし3分間しっかり把持した混合臭）。その後、これらの材木を大日堂の資材倉庫に木片・角材が発見されたときとほぼ同じ位置・状態に設置し（平成12年12月5日）、90日後（平成13年3月5日）にこれを回収した。その後、これらをそれぞれ20枚の無臭布と共にビニール袋に同封し、同封期間を約1日とする6種類の移行臭布を作成し、これを原臭とした（後にこれらに1から6の数字を当てて区別した。以上の点につき、別紙Ⅱ「当審選別検証一覧表」参照）。

② 対照臭及び誘惑臭

前記の裁判所職員20名が靴下（同製品の新品を水洗いした上乾燥させたもの）をそれぞれ約6時間半履いた後、これを脱いで、それぞれ20枚の無臭布と共にビニール袋に同封し、同封期間を約1日とする20種類の移行臭布を作成し、これを対照臭ないし誘惑臭とした（前同様にAからTの記号を当てて区別した。別紙Ⅱ「当審選別検証一覧表」参照）。

③ 移行臭布作成の経過

前記①及び②の各移行臭布を作成するにあたっては、それぞれ事前に京都府警察本部の臭気選別に習熟した警察官から作業上の指導を受けた上、原則として裁判所書記官、職員及び裁判官が具体的作業をし、臭気付着、資材倉庫内における設置・回収、移行臭布の同封、材木・靴下の抜き取り、封印など基本的な作業の場では、作業をする者は、手袋を装着し、ピンセットを用いるなど他の臭気が付着しないようにできる限り慎重な方法を採った。また、これら基本的な作業の場には、検察官、弁護人、被告人のほか担当警察官が立ち会った。一連の作業に関し当事者から特段の異議は出ていない。

（2）検証

① 日時　平成13年3月22日午前10時開始

② 場所　京都府警察直轄警察犬訓練所

③ 実験担当者　前記竹本訓練士

④ 選別犬　アルノ・オブ・ベローブロニー号（ゴールデンレドリバー、雄、8歳）（以下、「アルノ号」という。）

⑤ 原臭布

前記（1）①の方法で作成したそれぞれ5人の混合臭からなる6種類の移行臭布（別紙Ⅱ「当審選別検証一覧表」の原臭番号1から6）

⑥ 対照臭布及び誘惑臭布

前記（1）②の方法で作成した靴下からの20種類の移行臭布（別紙Ⅱ「当審選別検証一覧表」記載の記号AからT）

⑦ 選別の方法

　a　以下の諸点を除いて基本的には被告人関係選別と同じである。選別の方法については、事前に検察官、弁護人に意見を聞く機会を設け、裁判所の取り決めた基本的な方針については、予

め検察官、弁護人に伝えた。

　b　合計15回の選別を実施した。

　c　当初3回は原臭と対照臭をそれぞれ一定のものに固定し、誘惑臭のみを毎回変化させ、その後の12回は1回毎に原臭及び対照臭を変えた。ただし、いずれの回についても、選別台に2つ以上の対照臭が並ばないようにし、また、適宜ゼロ回答を入れるようにした。

　d　裁判官等の裁判所関係者を含めた本検証に立ち会う関係者らが選別台の対照臭の有無やその位置については全く知らない状態にして（原臭、対照臭、誘惑臭の組み合わせを作成した当審裁判長は本検証に欠席した。）、弁護人の主張する「クレバーハンス現象」あるいは「関係者の指図、誘導」の疑いなどを排除するため、次のような方法を用いた。

　すなわち、当審裁判長において、事前に15回分の原臭、対照臭、誘惑臭の組み合わせを順番を定めた上で番号及び記号で1回毎1枚のカードに記入し、このカードは選別開始まで封筒に入れて密封し封印しておく（なお、数字と記号とからなる組み合わせは、それだけ見ても、対照臭の有無はもとよりどの記号が対照臭かも分からない。）。選別開始後は、隔離された別室の担当裁判所書記官が、選別の1回毎に前記カードの1枚を順番に取出し、その記号の組み合わせを他で待機する選別台配列担当裁判所書記官に伝達し、他方、手元で管理する原臭袋の中からその番号に対応するものを他で待機する運搬担当警察官に渡す。選別台配列担当裁判所書記官は、伝達された記号の対照臭布ないし誘惑臭布の入ったビニール袋5袋を配列台まで担当警察官5人に運ばせ、配列台の場でこれら臭布の配列を自らが裁量により適宜決め、これに従って担当警察官に配列させる。同じころ、原臭袋配置担当警察官は原臭布の入ったビニール袋を竹本訓練士のもとに運ぶ（ただし、第2回目、第3回目は、原臭袋の差し替えはしない。）。

　e　竹本訓練士については、さらに、選別台上の対照臭布の有無及びその位置を知る可能性を一切排するために、選別開始の合図まで、選別台が見えないように三方をベニヤ板で塞いだ囲いの中で選別台を背にアルノ号とともに待機した。

　f　裁判所関係者、検察官、関係警察官、弁護人及び被告人は、選別犬に影響を与えないような場所、位置で待機ないし立会いをするよう配慮した。

　⑧　選別の結果

　15回の選別の結果は、別紙Ⅱ「当審選別検証一覧表」記載の選別結果記載のとおりであった。選別犬は、対照臭布を1度もくわえることはなかった。

　3　当審選別検証に対する検察官の評価

　検察官は、次のような理由によって、当審選別検証の結果の証拠価値は低いと主張する。

　（1）犯人の心理等背景を認識し得ない第三者的立場である裁判所職員が興奮することなく1分間ないし3分間把持しただけであるから、臭気があまり付着していなかったことが考えられる。

　（2）被告人関係選別に用いた木片等は、梅雨の時期をはさんだ4月から8月までの臭気の保存にとって適度な湿気を含んだ季節に放置されていたのに対し、当審選別検証の材木については、臭気の保存にとって好ましいとはいえない12月から3月までの冬季の乾燥した季節に設置されたことから、設置期間中に臭気が飛散してしまったことが考えられる。

(3) アルノ号にとって、ずっと訓練し続けていた自分のテリトリーであるライトマン京都警察犬訓練所ではなく、環境も大幅に異なる京都府警察直轄警察犬訓練所で実施したことが影響した可能性もある。

(4) 通常の事件選別では、原臭及び対照臭を固定して3回から5回を1セットとして実施し、アルノ号も8歳になるまでこの実施方法で訓練を重ねており、同方法に慣れている状態であるのに、当審選別検証では、4回目以降、原臭と対照臭とを1回毎に変え、しかも、1人の臭気が原臭や対照臭になったり、誘惑臭になるなど役割を変えて登場する方法をとったため、犬を混乱させ、戸惑わせた可能性が考えられる。

検察官の以上の評価は、これをまとめると、①そもそも材木には、検証当時、選別犬が識別できる程に臭気が残存していなかった、②仮に一定の臭気が残存していても、当審選別検証における選別の方法が通常と異なったため選別犬が能力を発揮できなかった、との2点に尽きる。

4 当審選別検証の結果についての検討

そこで、当審選別検証の結果に関する検察官の上記主張について検討する。

(1) まず、検察官の上記主張の(1)についてであるが、犯人が本件の時限式発火物を設置した際の考えられる木片・角材の用途（目隠し用あるいは押し込み用）に応じてその把持状況を想像すれば、当審選別検証における材木の把持時間の3分間はもとより、1分間でもこれが短すぎるとは考え難い。また、竹本訓練士は、握れば数秒から10秒、つまんで1分間であれば、警察犬の選別が可能な臭気が付着する旨繰返し証言しているのであり、検察官の主張はこの竹本訓練士証言と矛盾する感がある。さらに、当審選別検証においては、裁判所職員が材木を把持するに当たっては、「両手で木材を握り込むようにして持ち上げていただき、できれば、もし自分が犯人であった場合に「捕まるかもしれない。見つかるかも知れない。」という手に汗握るような緊張感のある気持ちでしっかりと把持してください。把持時間は提供者によって、1分であったり、3分であったり、異なりますが、中間あたりで一度木材を握り直していただきます。」と神経を使った慎重な指示を行っているのである。被告人関係選別に比較して、当審選別検証における原臭の付け方等に特段の欠点があったと認めることはできない。

そうすると、当審選別検証における材木の把持時間や犯人と第三者との緊張感の違いなどを考慮しても、当審選別検証においては裁判所職員の臭気があまり付着していなかった旨の検察官の主張は当を得ているとは思えない。

(2) 次に、時間の経過による臭気の変化について考えるに、確かに、物の把持によって付着した人の臭気の発生源となる脂肪酸等の化学物質が時間の経過によって変化していくことが当然考えられ、当審選別検証の場合も、材木の約3か月間の設置により当初付着していた臭気がもはや残存しなくなっていた可能性もあり得ないことではない。しかしながら、大日堂事件の証拠品の木片・角材は、当審選別検証に用いた材木とほぼ同質、同形状、同じ大きさであるはもとより、同じ資材倉庫内で、しかも、それより長い期間（角材においては2か月以上も長く）放置されていたものである。また、検察官のいう放置した時節の違いも、大日堂事件の木片・角材が梅雨の後の夏の高温時を相当期間経過している点（角材に至っては10月まで）を加味すると、梅雨の時

期の湿気の多さなどを決定的に重視するのが適切とも思えない。なお、竹本訓練士は、同人の実験結果では、約９年前のものでも選別が可能であった旨証言するが、この証言を前提とするならば、当審選別検証における材木の約３か月間の設置の間に臭気が飛散してしまったとは考えにくいということになる。

　そうすると、被告人関係選別の場合と当審選別検証の場合とで、放置ないし設置期間中の臭気の変化に格別の差があったとは認めがたい。そして、仮に、検察官の主張のとおり、当審選別検証の材木に臭気が残っていなかったとすると、被告人関係選別における木片・角材にも犯人の臭気が残っていなかったのではないかという疑問が生じるのであり、この点、原判決が、大日堂に遺留された木片・角材について、長期間放置されていた点などを理由に「犬による臭気選別ができるほどの臭気が残存していたかどうか疑問である」と指摘して、被告人関係選別の結果を不自然と評価しているところ、この指摘は、それなりの合理性があり、にわかに排斥できないというべきである。

　（３）当審選別検証の行われた京都府警察直轄警察犬訓練所が、選別犬であるアルノ号が訓練を受けてきたライトマン京都警察犬訓練所とは異なった場所であって、同所とは環境も異なるところであることは検察官主張のとおりであるが、当審選別検証を京都府警察直轄警察犬訓練所で行うことについては、検察官の意見も採り入れた上でのことであり、また、なに故にアルノ号が訓練を受けてきたライトマン京都警察犬訓練所でなければ適切な選別を全くと言っていいほどに行うことができなかったかについての合理的な根拠が見当たらない。

　検察官の上記主張の（４）については、その内容等に照らして項を改めて検討する。

第３　当審選別検証における選別方法の評価及び被告人関係選別における選別方法に対する疑問
　１　原臭・対照臭の固定と変化
　当審選別検証における選別の方法が被告人関係選別におけるそれと最も大きく違う点は、検察官指摘のとおり、４回目以降は、原臭を基本的に１回ずつ別種類のものに変え、これに従って対照臭も１回毎に変わり、しかも、前の回の対照臭が次の回では誘惑臭にもなり得る点である（以下、これを「毎回変化方式」という。）。被告人関係選別では、犬の臭気選別に採用されている通常の方法と同様に、原臭を定めるとこれに対応する対照臭、誘惑臭についてもそれぞれ固定し（ただし、個々の臭布は１回毎に取り替える。）、これら原臭、対照臭、誘惑臭の組み合わせを１セットとしてこれを変更せず、選別台の配列だけを毎回変える方法で５回程度連続して犬に選別させる方式（以下、これを「セット固定方式」という。）を採っているのである。

　検察官は、警察犬は、セット固定方式により日常の訓練をしているので、毎回変化方式では混乱し戸惑うという（検察官は、当審選別検証に先立っても、当裁判所の毎回変化方式で実施するとの方針に対して、同様な意見を申し出て、その結果、当審選別検証では、当初の３回はセット固定方式に近いものとした。）。

　ところで、被告人関係選別はもとより、当審選別検証においても、犬の選別行動の一連の動作過程からは、１回毎にそれぞれ原臭と対照臭の同臭性を判断しているようにみえる。そうであれば、毎回変化方式によっても、同臭性の判断ができるはずであると考えられる。それなのに、な

ぜにセット固定方式でないと犬が対照臭の選別ができ難いのであろうか、はたして犬は、常に1回毎に原臭と対照臭との同臭性を判断して選別をしているのであろうか、何か別の識別根拠によって対照臭を持来しているのではなかろうかという疑問を禁じ得ない。この点、容易に思いつくのは、セット固定方式で選別する犬は、少なくとも2回目以降に関しては、1回目に選択した臭布を記憶していて、その記憶により同じものを持来しているのではないか、毎回変化方式では、その記憶が生かせないので、犬は混乱し戸惑うことになるのではないかということである。

　この点に関して、竹本訓練士は、当審選別検証の前に、当審証人として、「犬が原臭を確実に記憶し得たら、原臭、対照臭を1回毎に変えても選別できるのであって、アルノ号は選別犬として完成しており、その訓練もできている」旨供述し、現に、原審段階の平成7年11月30日の実験では、同訓練士は、「完成犬」であるとするマルコ号を使って、警察官延べ6名（実人員5名）の肌着からの移行臭を原臭、対照臭、誘惑臭のそれぞれに用い、順次原臭（対照臭）を変え、前回原臭（対照臭）としたものを次回には誘惑臭に入れる方法の毎回変化方式で6回実験選別を試み、6回とも正解の対照臭を持来させていることが認められる。しかしながら、この実験選別では、確かに、毎回原臭・対照臭は変わるが、どの回においても、原臭と対照臭は、ともに同じ物品（警察官の肌着）に同封された移行臭布であって、被告人関係選別のように、原臭が現場遺留品であり、他方、対照臭が被告人の靴であるといった物品の違いはない（以下、原臭布と対照臭布とが同一物品からの移行臭を「原対同一物品臭」、別個の物品からの移行臭を「原対異物品臭」ともいう。）。同実験のように、原臭布の臭いをかいだ後に選別台に向かう犬が、原対同一物品臭の対照臭布を識別することは、原対異物品臭の対照臭布を識別する場合と比べて、ずっと容易なことと考えられ、この方法ならば、訓練された選別犬が毎回変化方式でも正解を選別できるとしても理解し得る。

　しかしながら、原対同一物品臭の対照臭布の識別ができるからといって、犬が毎回変化方式によって、原対異物品臭の選別が常にできるかどうかは別問題であって、当審選別検証の結果は、この点の困難さを示したものとみることもできる（日本警察犬協会主催の「日本訓練チャンピオン決定競技会」においても、毎回変化方式による競技が行われるが、原対同一物品臭が用いられ、原対異物品臭による選別は行われていない。なお、竹本訓練士が毎回変化方式も訓練できていると証言するのに対し、検察官がセット固定方式にこだわっていて両者に矛盾があるようにみえるが、以上のような背景を考えると、竹本訓練士のいう毎回変化方式は原対同一物品臭を念頭に置き、検察官はこれと違って原対異物品臭の毎回変化方式を考慮していたと考えられるのであって、両者間の主張に特に矛盾があるわけではないと理解することができる。）。

　結局、原対異物品臭でしかも毎回変化方式による当審選別検証の結果は、セット固定方式による被告人関係選別の結果に対して、必ずしも1回毎に原臭と対照臭の同臭性を識別しているのではないのではないかという疑問を残し、これに万全の信頼を置くことをためらわせるものとなったといわざるを得ない。

　2　対照臭と誘惑臭との対比

　セット固定方式において、犬が2回目以降は、「原対同定」ではなく、前回持来した臭気の記

憶を保持していてそれと同じものを持来しているのではないかなどとの疑いは、それだけでは、同方式による第1回目の場合に対照臭を持来する説明にならないことはいうまでもない。

ところで、当審選別検証の結果は、15回の選別のうち第1回目はもちろん、相当長い休憩時間を置いた後の第4回目及び第10回目の選別においても持来することができなかったことを示しており、第1回目の選別をことごとく成功させている被告人関係選別と著しい差を見せている。

ここでは、被告人関係選別と当審選別検証とで異なる今ひとつの側面、すなわち、選別台上の対照臭と誘惑臭との同質ないし異質性の問題に眼を向けざるを得ない。

当審選別検証においては、裁判所職員の履いた靴下から移行臭を作成し、これが対照臭となったり誘惑臭となるなど、時に役割を変えつつ登場するが、いずれも同製品の靴下という点で素材が共通しているはもとより、移行臭布作成の同封期間やビニール袋などにおいても差等を設けておらず、対照臭もその中から偶然的に選ばれるに過ぎず、付着した臭気の質量に関して、対照臭だけが他の誘惑臭と比較して区別されることのない仕組みとなっている。これに対し、被告人関係選別の本選別においては、対照臭は、被告人の登山帽や靴であるのに対し、誘惑臭は機動隊員ら警察官の冬制帽や靴であって、警察官の冬制帽が官給品で同質の製品であることはもちろん、警察官の靴も官給品であって、同質の製品である可能性があり、誘惑臭についてはビニール袋での同封期間は一定しているのに対し、対照臭の同封期間は番号2を除いて誘惑臭のそれと異なっている。これらの点からして、被告人関係選別においては、誘惑臭の4点については、その物品に付着した臭気の質量に共通性が生じ、そうでない対照臭の1点との関係において、4対1となって、対照臭が際立つことになっていた疑いがある。

当審選別検証と被告人関係選別とのこのような違いに注目すると、弁護人が原審以来主張している濃度コントラスト論（単純に言えば、犬は対照臭と誘惑臭との間の臭気濃度の差から選別しているとの論）に基づく被告人関係選別に対する批判を一概に排斥できないものがある。すなわち、被告人関係選別においては、対照臭と誘惑臭との間には臭気の質量に差があり、いわば5点のうち1点だけ違ったものがある（なお、これは必ずしも臭気が最も濃いものには限らない。）ために、選別犬は、原臭と対照臭との同臭性に着目して選別しているのではなく、対照臭と誘惑臭の間の違いに着目して持来した可能性がないとはいえない。これに対して、当審選別検証では、対照臭と誘惑臭との間に1点だけ臭気の質量が他と違っているといった差がないために、持来することができなかったのではないかとの疑いを否定することはできない。

3　記憶的ないし習癖的選別の疑い

別紙Ⅰ「被告人関係選別一覧表」の番号2以下において、対照臭とされたのは、いずれも押収された一足の被告人の靴からの臭気である（なお、被告人の靴は、対照臭としては用いられているものの、原臭としては全く使われていない。）。同一の日に何回も本選別を重ねた番号4から7までの選別作業においてはもちろんのこと、日を置いて実施される場合でも、選別犬は、何度も何度も繰り返し出てくる被告人の靴の臭気をよく記憶し、関心を高めていたとみる余地がある。

さらに言えば、あからさまな暗示や誘導は認められないものの、迎合性の強い犬が、被告人の靴からの対照臭を持来することを繰り返すうちに、竹本訓練士や周囲がこれを持来することを期待

していると感じ取っていた可能性もないとは言い切れない。そうした習癖的かつ迎合的な持来が、第1回目の選別に現れていないという保証はない。

　被告人関係選別において、犬がこのような記憶と迎合的本能から選別していたとすれば、対照臭につき全く「記憶」の生じる機会のなかった当審選別検証において、犬がついに持来ができなかったことも説明可能ということとなる。

第4　小括

　以上検討したところに、原審及び当審で取り調べた関係証拠から認められる諸事情を加えて総合すると、被告人関係選別については、その証拠能力を否定することはできないとしても、少なくとも、本件各事件の現場に遺留された各証拠品に被告人の臭気が付着していたとする点の証明力において、検察官の所論にもかかわらず、自ずと限界があり、被告人が本件各事件の実行犯であるとする点の証拠としては信用性が高いとはいえず、本件に関する警察犬の臭気選別の結果をもってしては被告人の犯人性の根拠とすることはできないといわざるを得ない。

＊＊＊

［その余の証拠を検討しても被告人が本件実行犯であることについて到底合理的疑いを入れる余地のない確信にまでは至らず、原判決に事実誤認はない。］

（裁判長裁判官　豊田　健、裁判官　伊東武是、裁判官　永渕健一）

［編者注：氏名表記を一部変更した。］

質問5－7

　人の臭気が万人不同かつ終生不変であることが証明されないのに、犬の臭気選別結果に証拠能力を認めるのは正しいか。

質問5－8

　臭気の管理や対象臭・誘惑臭の作成方法に疑問がある場合や「カンニング」や「クレバー・ハンス現象」が認められる場合に、犬の臭気選別結果に証拠能力を認めるのは正しいか。

IV 問題

問題5−1　太郎の臭気選別
　太郎は30歳の男性である。彼は、特別な教育や訓練を受けたことは一切ないが、世界中を旅して各地のマリファナを吸引した経験が1000回以上あり、その経験に基づいて、マリファナをその外見や臭いで識別し、産地を言い当てることができる。マリファナ密売組織の捜査をしていた警察は、組織のアジトから押収した乾燥大麻を太郎に見せたうえ、吸引させた。太郎は「うん、これはコロンビア産だ」と言った。
　被告人等が問題の大麻をコロンビアから密輸したことを証明する証拠として、太郎の鑑定意見を許容することはできるか。

問題5−2　プロファイリング
　精神医学者であり、犯罪心理学の著作もある山田教授は、検察庁の嘱託を受けて、一件記録を精査した上、記録から伺える犯人像は被告人の人物像と一致するとの鑑定書を作成した。この鑑定意見に証拠能力はあるか。

問題5−3　マダム高山の事件簿
　占星術の専門家として名高く、各界の著名人を顧客にもつことでも知られているエリザベート高山は、銭形警部から意見を求められた。彼女は迷宮入り事件の記録を熟読したうえ、こう言った。「犯人は、てんびん座で血液型はＢ型よ。間違いない！」。てんびん座でＢ型の山田太郎が殺人罪で起訴された。
　エリザベート女史の鑑定意見に証拠能力は認められるか。

問題5−4　神判

　エリザベートの息子、マイケル高山は占星術のほか、古今の悪魔儀式や神判の研究を重ねてきた。銭形から殺人の容疑者を逮捕したので来てくれと言われ、警察署に赴いたところ、加藤健太郎（30歳）がいた。マイケルは加藤を地下の霊安室に連れて行き、被害者の遺体と対面させた。マイケルは加藤に説明した。「中世以来の伝統的な神判をこれから執り行います。被告人は神に祈りを捧げたうえ被害者の遺体に手をのせます。被告人が真犯人であれば、被害者の致命傷となった傷口から鮮血が流れ出してきます。無実であれば何も起こりません。さあ、加藤さん、用意はよろしいですか」。加藤は目を瞑り何ごとか囁いたが、すぐに首を振り、「嫌だ。僕はこんなことやりたくない！」と言って、その場を出て行こうとした。マイケルはこの「儀式」の結果加藤が犯人に違いないとの意見を抱いた。

　マイケル高山はこの儀式の一部始終と自分の意見を証言できるか。

第6章 証人尋問

紛争解決手段としての裁判が発明されて以来数千年の間、証人尋問は事実認定のための主要な方法であり続けた。科学技術が進歩し事実を発見し識別する革新的技術が次々に登場する現代においても、証人尋問が裁判における主要な事実発見装置であることは変わりがない。遠い将来はいざ知らず、当分の間この状態は続くであろう。

　しかし、言うまでもなく証人は人である。人の認知能力は甚だ不完全であり、その上さらに、人は利害や打算や偏見で行動するという特質を持っている。実際のところ、このあまりにも不完全な証拠に大幅に頼らざるを得ないという現実が、証拠法上のさまざまな工夫を生み出し、ルールを形作ってきたのである。

　それと同時に、巧みな尋問が事実認定者を惹き寄せあるいは証人の虚構を白日の下にさらけ出して、人の命や自由、財産を救うというドラマをも生み出すのである。このことも裁判の発明以来繰り返されてきたことであり、これからも証人尋問の技術は公判に携わる法律家の必携であることは変わらないだろう。

　証人尋問の手続で最近になって大きく変わったことが一つある。平成12年の刑訴法改正で「遮へい措置」や「ビデオリンク」というやり方が認められた。改正法施行以降、検察官はこの方式を頻繁に要請し、裁判所はこれを受け入れている。証人の「精神の平穏を著しく害されるおそれ」などの要件を法律は定めているが、実務においてこの要件が厳密に審査されているようには見受けられない。証人がそれを求めるならば裁判所は躊躇なくこの措置を認めている。

　性犯罪の被害者などが法廷で被告人や傍聴人の面前で尋問を受けることによって精神的苦痛を受けることを防止しようとするのがこの立法の目的であるが、他方で刑事被告人は対立する証人に対して「審問する機会を充分に」与えられることになっている（憲法37条2項）。また、遮へい措置やビデオリンクという装置の存在は、被告人が危険な犯罪者であるという「有罪シグナル」にならないだろうか。犯罪被害者の精神的平穏と被告人の公正な裁判を受ける権利との調整はどうあるべきなのだろうか。

I 交互尋問

　刑事訴訟法は、証人尋問の順序について「裁判長又は陪席の裁判官が、まず、これを尋問」し（刑訴法304条1項）、その後で検察官、被告人又は弁護人が尋問する（同条2項）のを原則とし、例外的に「適当と認めるときは、検察官及び被告人又は弁護人の意見を聴き」この順序を変更することができるとしている（同条3項）。しかし、今日この規定は死文と化している。証人尋問は、ほとんど全ての例において、尋問を請求した当事者がまず尋問し（主尋問）、次いで、相手方が尋問し（反対尋問）、さらに請求当事者（再主尋問）、相手方（再反対尋問）というように交互に尋問が行われ、最後に裁判長や陪席裁判官が補充的な尋問をする（補充尋問）という順序で行われる。

　昭和32年改正刑事訴訟規則は、この当事者双方による尋問（交互尋問）を規制する詳細なルールを定めた（刑訴規則199条の2〜199条の13）。これらは単なる技術的な規定ではなく、証拠法上の重要な原則に基づいている。当事者双方の法律家や裁判官はこれらの規定を十分に理解し、実践することが期待されている。これらの規則をルーズに運用することが許されると、証拠法の規制が形骸化する危険があるのである。

1 概観

証人尋問

浦和地裁平成2年（わ）第452号強姦致傷等被告事件

［強姦事件における被害者に対する尋問。被告人らは居酒屋で家出した女子大生と出会い、その後ラブホテルに行き、その女性とセックスをした。女性は、被告人らに無理やり自動車に乗せられ、首を締められたり、「騒ぐな」と脅されたと証言し、被告人らは、そのような事実を否定し、ホテルに行くのもセックスしたのも合意の上だったと言っている。以下の資料は公判速記録の一部をそのまま再現したものである。但し、氏名表記などは変更した。］

検察官：自宅を出たのは何時ころでした。

証人：午後11時半過ぎだったと思います。

検察官：自宅を出るについては、何か身の回りのものを持って出たわけですか。

証人：はい。

検察官：荷物はどんなものがありましたか。

証人：ボストンバッグに衣服を詰めまして、それからショルダーバッグ、あとリュックサックを背負っていました。

検察官：持って行ったものは、身の回りの洋服とかそういうものですか。

証人：はい。

検察官：所持金は幾らもって出ましたか。

証人：1万2000円ぐらいだったと思います。

検察官：1万円だけは、別にしておいたんですか。

証人：いいえ、同じお財布の中に入れておきました。

検察官：財布に入れて、リュックサックに入れてたんですか。

証人：はい。リュックサックのチャックのところに入れておきました。

検察官：ところで、あなたは自宅を出たということなんですが、その晩は、どこへ行くつもりだったんですか。何か決まった行き先というか、行くあてはあったんですか。

証人：与野市の大戸に親戚が住んでおりまして、そこに行こうかなとも思いましたけれども、夜遅くだったために、親戚のうちに迷惑を掛けるなと思ったり、大学の近くの一人暮しの友達のところに行こうかとも思ったりもしました。

検察官：家を出てから、あなたはこのJR北浦和駅の改札口の……。

弁護人：異議あります、誘導です。

裁判長：そこのところ、異議があれば認めます、誘導をやめてください[1]。争いがなければいいですけれども[2]、弁護人が異議を出された以上はやめてください。

検察官：家を出て、まずどこへ行きましたか。

証人：北浦和駅の改札口の横にあるベンチに座っていました。

注1）　主尋問においては原則として誘導尋問は許されない。規則199条の3第3項本文。
注2）　規則199条の3第3項但書2号。

検察官：ずっとそこに居たんですか。

証人：それから、そこを出て、西口の公衆電話の隣のベンチで座っていました。

検察官：与野市大戸にある親戚とか、それから大学の女友達、そういうようなところにはすぐには行かなかったんですか。

証人：はい。

検察官：どうしてですか。

証人：親戚のうちには、夜迷惑を掛けると思いましたし、友達は、まだ５月になって大学生活が始まって、そんなに、仲が良いと言っても、それほど深く仲がよかったわけじゃないので、言いずらかったです。

検察官：そうしているときにあなたは、あなたの中学時代の……。

弁護人：異議あります、誘導です。

裁判長：そこのところは、実質的に争いがあるんですか。

弁護人：争いがありますし、証人の口から語らせていただきたいと思います。

裁判長：それでは、そういうことですから。

検察官：そうしているときに、あなたはだれかと会いましたか。

証人：はい。

検察官：だれと会いました。

証人：中学時代のテニス部の副部長だった先輩に会いました。

＊　＊　＊

検察官：いわゆる、つかまれた手を振り払おうとしたんですか。

証人：そうです。

検察官：そうしているときに、どういうことがありましたか。

証人：山田が帰ってきました。

検察官：で、山田はあなたに対して、何か言いましたか。

証人：何してんの、行こうよって勧めて、私の背中を押しました。

検察官：行こうよというのは、どこへ行こうというんですか。

証人：「ロイヤルホスト」です。

検察官：それであなたは、どうしたんですか。

証人：それで、車に乗りました。

検察官：車の助手席に乗り込んだんですか。

証人：はい、そうです。

検察官：山田が戻ってきて、そのように言ったことから、助手席に乗るようになったのはどうしてなんですか。

証人：……。

検察官：それまでは、２人だけではいやだからと言って乗らなかったでしょう。

証人：はい。

検察官：それが、乗るようになったのは、どうしてなんですか。
証人：「ロイヤルホスト」だったらいいと思ったからです。
検察官：2人では嫌だけれども、3人なら、……。
弁護人：異議あります。証人は既に答えていますし[3]、明らかに誘導です。
裁判長：誘導しないでください。

*　*　*

検察官：あなたのからだを触ったりなんかは、しませんか。
証人：しました。
検察官：どこをさわったんですか。
証人：首にキスしたり、唇にキスしたり。
検察官：あなたは、それに対して、どうしたんですか。
証人：胸とかを手で隠して逃げようとしました。
検察官：これに対して山田は何か言いましたか。
証人：逆らっていることに対して「言うことを聞いたら、可愛がってやる」と言いました。
検察官：そのほかに何か言ってませんでした。
証人：……「大きな声出すな」と言いました。
検察官：なめてるのかよ、というようなことを言わなかったですか。
弁護人：異議あります。誘導です。
裁判長：誘導ですね。
検察官：いえ、記憶を喚起するためです[4]。
弁護人：記憶を失っているという証拠が全くありません。
裁判長：裁判所も、そう思いますよ。もう少し尋問の方法を考えてください。

*　*　*

弁護人：車を移動して3人であなたに聞こえないように何か話していたとおっしゃいましたね。
証人：はい。
弁護人：あなたは5月18日、事件の3日後ですけれども、警察の取り調べを受けてますね。
証人：はい。
弁護人：そのときも、そんな話をしてますか。
証人：してると思います。
弁護人：7月2日に検察官に調書を取られてますね。
証人：はい。
弁護人：それで、事件のことを細かく聞かれてますね。
証人：はい。
弁護人：そのときも、そんな話してますか。
証人：………記憶していたことは、全部話したつもりです。
弁護人：いや、今日のあなたの話によると、車が少し走って、あなたの聞こえないところに車

注3）　既にした尋問と重複する尋問も原則として禁止される。規則199条の13第2項2号。
注4）　規則199条の3第3項但書3号。

が行ってから、3人で何か話していたとおっしゃってましたね。

証人：はい。

弁護人：そういう話は、警察ではしてないんじゃないですか。

証人：………。

検察官：警察ではしたと、そう言ってますが。

裁判官：そう答えてますね。

弁護人：その記憶は間違いじゃないですか。

証人：間違えてません。

検察官請求番号甲3の証人の司法警察員に対する供述調書（平成2年5月18日付）を示す。

弁護人：5月18日に、あなたが警察に行って取調べを受けたことは間違いないですか。

証人：はい。

弁護人：いま示している調書は、そのときに作られたものに間違いないですか。

証人：はい。

弁護人：かなり分厚いですけれども、いかがですか。

証人：はい。

弁護人：末尾に署名指印をしたのはあなたですか。

証人：はい。

弁護人：この中に、鉄橋の場面で、あなたが車を降りて、山田君が坂下君を乗せて走り去っていった場面がありますが、8丁裏ですが、そこに、「そこで私と乙の2人が車から降りたのですが」とありますね、この乙というのが木村君で、甲というのが山田君のことですね。

証人：はい。

弁護人：そこが該当する場面だと思うんですが、そこに目を通していただいて、あなたが今日証言したように、車を走らせて3人で話をしたということが書いてありますか。

証人：車を走らせたとは書いてません。

弁護人：7月2日に検察官から取調べを受けたわけですね、

証人：はい。

検察官請求証拠番号甲9の証人の検察官に対する供述調書（平成2年7月2日付）を示す。

弁護人：これもかなり分厚いですけれども、これがそのときに作られた調書に間違いないですね。

証人：はい。

弁護人：末尾の署名押印を見てください。これはあなたがしたものですね。

証人：はい。

弁護人：この調書も、あなたが自分の述べたことがすべて書かれているものですね。

証人：はい。

弁護人：鉄橋の場面は10丁表のようですが、確認してください。

証人：はい。……間違いありません。

弁護人：そこに、3人が車を走らせて、聞こえないように話をしていたと書いてありますか。
証人：………ありません。

* * *

弁護人：中央病院の駐車場であなたは助手席に乗り、山田君がドアを閉めたとおっしゃいましたね。
証人：はい。
弁護人：ドアを閉めたのはあなたではないですか。
証人：………。
弁護人：記憶がよみがえりませんか。
証人：………。
弁護人：この自動車はツードアで、後ろの方からはドアは閉められない、ドアが遠くて届かないと思うんですけど、いかがですか。
証人：………。
弁護人：ドアを閉めたのは助手席に座っていたあなたではないですか。もし記憶がなければ結構です。
証人：思い出せません。
弁護人：先程あなたは、車の中で首を締められたとおっしゃいましたね。
証人：はい。
弁護人：その締め方は、山田君が右手で、あなたの首に右腕を回すような感じで締めた、ちょうど肘の内側があなたの首の辺りに来るわけですか。
証人：はい。
弁護人：あなたは警察官と検察官の区別は分かりますね。
証人：はい。
弁護人：そういう話を、7月2日に検察官に調べられたときにも話してますか。
証人：はい。
弁護人：同じように、話してますか。
証人：話していると思います。
弁護人：間違いないですか。
証人：………記憶していることは全部言ってます。
弁護人：今日の証言と同じように話してますか。
証人：…………………言っていると思います。
検察官請求甲9の証人の検察官に対する供述調書（平成2年7月2日付）を示す。
弁護人：先程見てもらった調書ですが、21丁裏の部分を見て下さい。
証人：はい（調書を見る）。
弁護人：「片腕で締められた」と書いてありますか。
証人：書いてありません。

弁護人：「両腕を私の両肩口のところに出してきて、肩から首の辺りを後ろから抱くような感じで」と書いてありますね。
証人：はい。
弁護人：つまり、あなたは今日の証言と違う話を検察官にしているんですね。
証人：…………。
裁判官：調書にはそう書いてあるそうですけれども、その調書の内容と今日述べたことと、どっちが正しいんですか[5]。
証人：…………。
裁判官：いいんですよ、人間というのは記憶がいつも完全じゃないんですから。
証人：調書の方が、記憶が新しかったので……。
裁判官：だけれども、その調書の段階でそういうふうに述べたという記憶があるんですか。
証人：………あります。
弁護人：「両腕で」というふうに述べたんですね。
証人：…………はい。
弁護人：それで、あなたは調書の方が記憶が新しいから調書の方の供述の方が正しいと思うとおっしゃるわけですね。
証人：…………一番正しいのは警察の時に話したことだと思います。
弁護人：警察では「右腕を回して」と言ってるんですよ。今日のあなたの証言と同じように言ってるんです。それが正しいということですか。
証人：………警察の方がその直後だったので、警察のが一番正しいと思います。
弁護人：検察官の調書よりも警察官の調書の方が正しいとおっしゃるんですね。
証人：はい。
弁護人：首を締められたことなんか、なかったんじゃないですか。
証人：ありました。
弁護人：山田君はあなたの座っている助手席の背もたれに手を持たせ掛けるようにしていただけじゃないんですか。
証人：いえ、違います。
弁護人：そして、その手が時々、あなたの肩に触れたということではないんですか。
証人：締めました。
弁護人：あなたは「首を締められた」ということについて最初から言ってますか。
証人：警察で言ってます。
弁護人：あなたは５月18日付で告訴状というのを自筆で書いてますね。
証人：はい。
弁護人：その中に「首を締められた」ということを書いたかどうか、覚えていますか。
証人：…………書いたと思います。
平成２年５月18日付証人の告訴状を示す。

注5）　裁判長は、必要と認めるときは、何時でも、訴訟関係人の尋問を中止させ、自らその事項を尋問することができる。ただし、当事者の尋問権を侵害してはならない。規則201条。

弁護人：これはすべてあなたの字ですよね。

証人：はい。

弁護人：5月18日に書いたんですね。

証人：はい。

弁護人：「首を締められた」と書いてありますか。

証人：…………書いてません。

証人尋問

浦和地裁平成3年（わ）第208号業務上過失致死被告事件

　［業務上過失致死事件。被告人は自動車を暴走させ、歩道上を自転車で通行していた男性を撥ねて死亡させた。被告人は事件直前に知人とすし屋で食事をしていた場面からまったく記憶がないという。彼女は事件の3、4日前から風邪をこじらせ風邪薬を服用していたが、その薬とアルコールの作用によって病的酩酊状態にあったというのが弁護人の主張である。しかし、検察官が請求する被告人の供述調書には事故に至る経過が詳細に記載されている。弁護人はこの供述調書の証拠能力を争っている。以下は、被告人を取り調べた警察官に対する証人尋問である。但し、氏名表記などは変更した。］

　検察官：証人の勤務先、職務内容は何ですか。

　証人：埼玉県大宮警察署交通2課第2係長で、職務内容は交通事故の捜査です。

　検察官：証人は平成3年4月1日午後6時38分ころ武蔵野駅前で被告人が起こした交通事故の捜査を担当したことがありますか。

　証人：はい。

　検察官：事故当日の4月1日に被告人の供述調書を作成しましたか。

　証人：はい。

　検察官：その際、被告人に対して供述拒否権を告げましたか。

　証人：告げました。まず、罪名として業務上過失致死ということ、それは優しく言えば、自動車を運転中間違えて相手の方を殺してしまったということ、その次に、これからいろいろ聞きますけど、言いたくなければ言わなくても結構ですよということで、終わります。

　検察官：被告人はその日風邪をひいているということを述べていましたか。

　証人：聞いてません。

　検察官：証人は取調べに際して被告人に対して「とぼけるな」とか「いい年をして」と怒鳴ったことがありますか。

　証人：ありません。

　検察官：「ふてぶてしい」などと言って怒鳴ったことがありますか。

　証人：ありません。

　検察官：被告人は事故当日の4月1日に自分が車を運転して事故を起こしたということを認め

ていましたか。

　証人：認めていました。

　検察官：4月2日にも取調べをしましたか。

　証人：はい。

検察官請求証拠番号乙1（平成3年4月2日付被告人の供述調書）を示す。

　検察官：この供述調書はあなたが作成したものですか。

　証人：はい。

　検察官：この調書というのは、被告人が述べたことを書いたのですか、それとも警察官が作り上げたことを被告人に署名させたのですか。

　証人：いえ、違います。私は事件のことは全然分かりませんから、被告人が言わなければ何もわかりませんので、被告人の言っているようなことを書いております。

　検察官：言っているようなことといって、言っていること自体を………。

　証人：言っていることです。そうじゃないと、こちらは書けませんから。内容は分かりませんから。

　検察官：被告人はその供述内容について何か意見を言ってましたか。いや、違うとか。

　証人：いや、言ってないと思います。それに書いてある通りだと思います。

　検察官：要するに、被告人はその記載内容を認めているのですね。

　証人：そういうことです。認めなければ署名押印しないと思います。

　検察官：車の鍵のことですが、車の鍵の受け渡しのことで、被告人は何か言っておりましたか。

　証人：駐車場で高橋という男から預かったと言っていました。

　検察官：どこの駐車場ですか。

　証人：寿司屋です。

　検察官：「いずみ寿司」ですか。

　弁護人：異議あります。これ以上供述調書の中身について尋問するのは、この証人の立証趣旨に明らかに反します[6]。まだ許容性について判断していない調書の中身を顕出することになりますので、明らかに不適当な尋問です。

　裁判官：取調べ内容の具体性はいいんだけれども、事件の内容にはなるべく及ばないように避けて、具体的にどういう取調べ方法をしたかということに絞ってください。だからその意味で全く触れてはいけないというわけではないです。

　検察官：この車の鍵のことで、被告人を認めさせるために「汚い奴らと飲んだんだからしょうがないだろう」などと言ったと、被告人がこの法廷で述べておりますが、そういうことを被告人に言った覚えがありますか。

　証人：言っていません。汚いという意味がわかりません。

＊＊＊

　弁護人：あなたは交通事故の捜査全般、すなわち実況見分だとか被疑者、参考人の取調べは相当数経験されているわけですか。

注6）　主尋問は「立証すべき事項及びこれに関連する事項」について行う。規則199条の3第1項。

証人:そうです。

弁護人:一般論をまず聞きたいんですけれども、交通事故で被疑者が特定されたとしますね、その場合、事故直後に、かなり早い段階で被疑者立会いで実況見分をやる場合が多いと思うんですが、いかがですか。

証人:一般の事故はそうですね。

弁護人:例外的に運転者が立会いをしないで他の人が立会うというようなことはあるんですか。

証人:ないですね。1件もないです。

弁護人:運転者がいる場合は、運転者を立会わせて実況見分をやるのが鉄則と考えていいですね。

証人:はい。

弁護人:本件の交通事故では、事故直後あなたが自宅から警察署に呼ばれた段階で既に運転者は特定されていましたか。

証人:はい。

弁護人:その日のうちに運転者すなわち被告人を立ち合わせて実況見分はやられましたか。

証人:やりませんでした。

弁護人:あなたの言う鉄則からはずれたやり方をされたわけですね。

証人:酔っ払っていたからじゃないですか。

裁判官:ですから、鉄則と外れているんですねという質問です。それに対して答えてください。

証人:わかりました。はい。

弁護人:すなわち、被告人は当時現場であなたたち捜査官に説明できるような状態ではないと、あなたたちは判断したのですね。

証人:…………。

弁護人:質問の意味がわかりますか。

証人:だいたいわかりますね。ただ、実況見分をその日にしなかったということですね。

弁護人:質問に答えてください。

証人:だから、実況見分をその日にしなかったということです。

弁護人:しなかった理由は、当時の被告人の状態が、あなたたちに事故の状況を説明できるような状態じゃないとあなたたち捜査官は判断したからではないですか。

証人:そうです。

弁護人:あなたとしては被告人から話を聞いた段階で、この人は事故のことをあんまり覚えていないんだなと、考えたのではありませんか。

証人:結構良く知っていました。

弁護人:事故のことをあなたに説明できたんですか。

証人:できました。

弁護人:説明できるなら現場で説明することもできるはずですよね。

証人:もちろんできると思います。

弁護人：それをしなかったということは、説明できなかったからではありませんか。
　証人：結論的にはそうなると思います。
　弁護人：そうするとあなたの答えが良く分からないんだけれども、あなたに対しても事故の状況をよく説明できなかったからと考えてよろしいですね。
　証人：いや、できました。
　弁護人：そうすると、先程の答えの意味がわからないんですけれども、良く説明できないから実況見分に立ち会わせられなかったんじゃないですか。
　証人：そういうことと、いろいろあるんですけれども、そういうことではないですね。なんで実況見分をやらなかったかということを質問されていると思うんですね。
　弁護人：ええ、そうです。
　証人：それはなんでと言われますと、そのときに実況見分をしなかったということは、すぐにできなかったからですね。
　弁護人：できなかったのは被告人が説明できるような状態ではなかったからではないかという質問です。
　証人：いや、そんなことないです。
　弁護人：じゃ、何なんです。
　証人：いろいろな理由がありましてね。できなかったからです。
　弁護人：当時の被告人は事故のことについて記憶がはっきりしていましたか。
　証人：はい、結構はっきりしていました。
　弁護人：どこで運転して、どこでぶつかって、どういうようなことになったかということを、全部説明できましたか。
　証人：大体の自動車の運転した経路、どこから乗り出して、どこでぶつかって、どういうふうになったという程度を聞いたと思います。古い話ですから、忘れていますけれども、たぶんその程度のことを聞いています。
　弁護人：それらについて記憶がないということはなかったんですか。
　証人：ある程度答えていましたですね。
　弁護人：覚えていないとは言わなかったですか。
　証人：言ってなかったですね。
　弁護人：何かあなたの方から説明して、初めて本人がそうだったんですかと思い出したようなことはなかったですか。
　証人：ないです。
　弁護人：全然ないですか。
　証人：はい。
　弁護人：全部被告人の方から答えたんですか。
　証人：そうです。私の方は分かりませんから。
　弁護人：そうすると、その供述調書には被告人が全部覚えていることをそのまま割とはっきり

と述べていたということになりますか。

証人：そうです。

被告人の平成3年4月1日付証人作成の被告人の供述調書を示す。

弁護人：これはあなたがその日、つまり4月1日に被告人から供述を録取した供述調書に間違いありませんか。

証人：はい、私の字です。

弁護人：最初から最後まであなたの字ですか。

証人：そうです。

弁護人：じゃ、あなたはこの供述調書には被告人の全く述べていないことを書いたわけですね。

証人：被告人の言ったことを書いています。

弁護人：言ってないことを書いたんじゃないですか。

証人：そんなことないです。

検察官：弁護人、具体的に聞いてください[7]。

弁護人：まず覚えていることを聞いているんです。その上で誘導します。いかがですか。
私は被告人の言ったことを書いております。何を言ったかは今は具体的には分かりません。
要するに、先程のあなたの話しだと、事故の状況をかなりはっきり述べたということでしたね。

証人：そうです。

弁護人：この供述調書の2丁裏6行目以下を読みますと、「進行中、警察官に自転車をはねましたねと質問されましたが、進行中のことはわかりません。自動車を運転していたこともわかりません。大宮警察署に来てから、自動車を運転中、自転車をはね、その人に大怪我をさせて死亡させたと聞かされ、その次に街路灯に衝突して動けなくなったということを聞き、驚いているところです。」そう書いてありますね。

証人：はい、これは被告人の言うとおりです。

弁護人：被告人はあなたにそう言ったんですか。

証人：そのようなことを言ったから私が書いたと。

弁護人：そうすると、先程のあなたの証言は嘘ですね。

証人：うそじゃないと思います。

弁護人：うそでしょう。だってはっきり事故のことを述べたとあなたは言ったじゃないですか。

証人：私も1年もたっているから、どういうことを書いたか忘れていますから。

弁護人：忘れていたのに、あなたは忘れたことを覚えているようにこの法廷で証言したんですか。

証人：忘れていたから………それ以外に言う方法がないですよ。

弁護人：ちょっと待ってください。あなたは宣誓の上でいま証言しているんですよ。いいですか。

証人：わかります。

弁護人：忘れていることを忘れていると言わないで、違うことを言うということは、それは嘘

注7）　尋問はできる限り個別的かつ具体的でなければならず、議論にわたる尋問は原則的に禁止される。規則199条の13第1項、同条2項3号。

を付いたことになりますよ。
　証人：じゃないです。うそと違います。
　検察官：異議を述べます。供述調書の録取部分を示しているのは刑訴規則に違反します。
　弁護人：異議に対する意見を述べますが、規則199条の3の4項で、主尋問の際に誘導のため証人に対して供述録取書を朗読することは違法とされています。これは主尋問において供述録取書に書いてある記載内容の真実性を立証するために誘導すること、したがってそれは誘導尋問の一種として禁止しているのでありまして、反対尋問の際に供述録取書を弾劾供述の一種として朗読することは許されております。それは通説でもありますし、判例も認めていることであります。
　検察官：だから、規則199条の11で言っているわけです。
　裁判官：ですから、それは今言ったようなことで、法律上は理由にならない。異議は却下します。
　弁護人：もう1回話を元にもどしますが、4月1日のあなたの取調べのときに、被告人は事故のことについて記憶があったんですか、なかったんですか。
　証人：ありました。
　弁護人：そうすると、さっき読んでもらいましたね、4月1日の調書を、あれでは私の見る限りでは……。
　証人：説明されてないですね。
　弁護人：全く事故のことについて覚えがないと、警察官から説明されて驚いていますというようなことが書いてありますよね。
　証人：ええ、書いてありました。
　弁護人：それは本人が説明できないから、あなたがああいうふうに書いたのではありませんか。
　証人：全部できないから、書いたというんじゃないですね。私ももう1年経っているから、どういうことであれを書いたかというのは分かりませんけれども、全部できないから書いたという意味じゃないです。
　弁護人：運転中のことは覚えていないと言っているではありませんか。
　証人：ちょっと忘れましたですね。
　弁護人：自転車をはねたことも、大怪我させたことも、死亡させたことも、それから街路灯に衝突して動くことができなくなったということも、警察から聞いて驚いている、そういう内容ですよね。
　証人：そうですね、いま見せてもらったのはその通りです。
　弁護人：とすれば、事故のことについて何も覚えていないのに等しいのではありませんか。
　証人：違うと思います。
　弁護人：じゃ、何を覚えているということなんですか。
　証人：よく覚えていると思います。
　弁護人：そういう供述をしたんですか。
　証人：しました。

弁護人：じゃ、なぜ調書に書いてないですか。
証人：書くときそうなったのです。私は押し付けませんから。

2　書面の朗読・提示

参照条文

規則199条の3第3項～第5項、199条の4第2項、第3項、199条の10、199条の11

判　例

東京高判昭36・6・15東京高刑時報12-6-102（調書朗読事件）

［傷害被告事件。］又原判決は証人大石昌子こと飯塚昌子の供述を事実認定の証拠として挙示しているのであるが、記録に徴すれば右大石昌子は昭和34年9月30日の原審第2回公判廷において証言し、その後同35年11月16日公判廷外である葛飾簡易裁判所で証言しているので原判決は右両証言を証拠としたとも解されるが前記公判廷における供述が原判決判示事実を認定するに欠くことのできない内容を有するに徴すれば、原判決は少くとも右証人の右公判廷の供述を証拠としたものと解せられる。ところが右公判廷における右証人の供述は、これを右公判期日の公判調書中の右証人大石昌子の尋問調書に徴すれば、同証人が検察官の問に対し、本件事件のあった当時の状況については思い出せない旨答えるや、検察官は右大石昌子の司法警察員に対する供述調書中事件当時の模様について述べた部分を一段落づつ逐一読み聞けその都度警察官にはかように述べているが間違ないかと問い右証人において「間違ありません」と答えた供述で、殆んど司法警察員に対する同証人の供述を問の形で引き写した観を有するものであることが認められる。被告人以外の者の司法警察員に対する供述調書は、供述者が死亡、所在不明等特に限られた場合の外は証拠能力ないものとして証拠とすることが許されないものであるのに、前記の如き証人尋問の方法による証人の供述を証拠とすることは、本来許されない司法警察員に対する被告人以外の者の供述調書を証拠とするに等しいから、右の如き尋問方法による証人の供述も亦証拠とすることを許さない証拠能力のないもの云わなければならない。してみれば原審が前記公判廷における証人大石昌子の供述を採用して本件判示事実認定の証拠に供したのは採証の法則に違背した訴訟手続の法令違反ありというべく、右証人の証言が前記の如く原判決判示事実認定に関する最も重要な証拠と認められるものであることに鑑みれば、右違反は判決に影響を及ぼすことが明らかであって、原判決は此の点において破棄を免れない。論旨は理由がある。

（裁判長裁判官　岩田誠、裁判官　渡辺辰吉、裁判官　秋葉雄治）

判　例

東京高判昭40・7・29下刑集7-7-1352（メモ事前閲読事件）

本件控訴の趣意は、被告人の弁護人山近道宣提出の控訴趣意書に記載されているとおりであるから、これを引用する。

所論は先ず、原判決には判決に理由を付さず、又は理由にくいちがいがある違法があるといい、原判決が罪証に供した証拠中証人原仁一、同富樫正勝、同鏡四郎、同川崎三千男らの各証言〔速度違反の測定係が当時の速度違反取締の状況を証言したもの〕は、いずれも証拠能力がなく、これらの証言を除外するときは、爾余の原判決挙示の証拠によっては、原判示事実を認定することはできないからであるというのである。

　よって按ずるに、所論の各証人は本件違反の取締に当った警察官であるが、速度違反の取締に当った警察官が、取締後1年以上もたった後裁判所に証人として喚問され、取締当時の実情について証言する場合、自然の記憶のままでは正確な証言ができないため、当時作成しておいたメモとか捜査報告書等の記載の助けをかりて、当時の記憶を喚起させた上この記憶に基づいて証言をするということは許されるべきであり、それをメモとか捜査報告書に記載された事実を記憶にすりかえて記憶と称して証言したものに過ぎないから、真正な記憶に基かない証言で、単なる意見とか主張とかに過ぎず、従って証拠能力がないなどと攻撃し得べき限りではなく、本件における右各証人の証言も正に前段説明の如き場合で、各証人はメモとか捜査報告書に基いて真正な記憶を喚起し証言をしたものと認めるに妨げないから、各証人の証言を原判決が罪証に供したことは相当で、何ら理由不備の原因を提供すべきものではないから、右理由不備の主張は理由がない。

＊　＊　＊

（裁判長裁判官　井波七郎、裁判官　小俣義夫、裁判官　宮後誠一）

判　例

大阪高判昭58・2・22判時1091-150（調書事前朗読事件）

第一　控訴趣意第二点の（１）（訴訟手続の法令違反の主張）について

　論旨は、要するに、原判決は、その証拠の標目に「第6回及び第7回公判調書中の証人東郷四支枝の各供述部分」を挙示しているが、同証人は、原審公判廷において証言をする直前に、検察官から事前準備のための呼出を受け、その際同人の検察官に対する供述調書2通を全文読み聞かされているところ、右の如き検察官の事前準備の方法が許されないことは、公判廷における証人尋問について書面の朗読を排斥し（刑事訴訟規則199条の3第4項）、供述録取書面を示すことを禁止し（同規則199条の11第1項）ている刑事訴訟規則の規定からみて明らかであり、検面調書を読み聞かせておいてさせた同証人の前記公判廷における各供述には証拠能力がないと解すべきであるのに、右証拠を有罪の認定に供した原判決には、判決に影響を及ぼすことが明らかな訴訟手続の法令違反がある、というのである。

　よって案ずるに、所論指摘の如く、証人の尋問方法に関し、刑事訴訟規則199条の3第4項は、主尋問において誘導尋問が許される場合であっても書面の朗読はこれを避けるように注意しなければならないと定め、同規則199条の11第1項は、記憶喚起のため証人に提示することができる書面の中から供述録取書面を除外していることにかんがみれば、証人尋問そのものではなく証人に対する事前準備の際であっても、実質的に右各規定に違反するような準備方法をとることは、

不当であるといわざるを得ない。しかしながら、不当な誘導尋問によってなされた証言も、そのことから直ちに証拠能力を否定されるのではなく、当該誘導尋問の方法いかんにより伝聞法則を潜脱すると認められるような事態を招来する場合には、証言の証拠能力は否定されるべきであるが、そのような事態を招来するものでない場合には、その証言の証明力に影響を及ぼすことのあるのは格別、証言の証拠能力に消長をきたすことはないと解するのが相当であるが、書面の朗読ないし提示によってなされた事前準備の後になされた証言の証拠能力もこれと同様に解すべきであって、その事前準備によって、例えば、証人に供述録取書面の内容を暗記させてその通りに証言させるなど伝聞法則を潜脱すると認められるような事態を招来しない限り、その事前準備の後になされた証言の証拠能力を否定すべきではないと考える。

　これを本件についてみるに、原審証人東郷四支枝の各供述及び同人の検察官に対する各供述調書（昭和45年10月23日付、昭和46年6月28日付及び同年7月23日付）によれば、同人は、原審第6回公判期日（昭和48年2月13日）及び同第7回公判期日（同年3月17日）に証人として召喚され、同人が介助看護婦として立会した昭和44年7月10日発生の本件医療事故について証言したこと、同人は、右第6回公判期日の前日である昭和48年2月12日午後1時ころ約1時間半にわたって、大津地方検察庁において、公判立会検察官から証人尋問のための事前準備ということで、同人の同検察官に対する供述調書2通（前記昭和46年6月28日付及び同年7月23日付）と本件に関連して提起された民事訴訟の公判廷における同人の証人尋問調書を、いずれも検察事務官を介して何らの付加説明もなく全文読み聞かされたこと、同検事からは「これで間違いないですか」と聞かれたのみで右事前準備を終了したこと、及び公判廷において右事前準備について質問された同証人は、右事前準備によって必ずしも捜査段階における供述に迎合しなければならないという感じは受けず、現在の記憶を述べなければならないと思ったと供述し、現に、同人の公判廷における供述内容には、被告人の本件当日の行動についての目撃状況等の重要な点について捜査段階における供述と実質的に異なる部分が含まれていることの各事実が認められるところ、右各事実によれば、供述録取書面を全文読み聞かせるという検察官の本件における事前準備の方法は不当であるといわざるを得ないが、本件事前準備の方法が伝聞法則を潜脱すると認められるような事態を招来したものとは考えられず、したがって原審証人東郷四支枝の公判廷における各供述は証拠能力を有するものと解すべきであるから、これを肯定して罪証に供し［た］原判決に所論の訴訟手続の法令違反はないといわなければならない。論旨は理由がない。

＊　＊　＊

（裁判長裁判官　石松竹雄、裁判官　緒賀恒雄、裁判官　安原浩）

質問6−1
　メモ事前閲読事件の事案で、証人となった警察官に「記憶喚起のために」当該警察官が作成した捜査報告書を示して尋問することは許されるか。尋問中に示すのと、尋問前に示すのとで違いがあるか。

質問6−2
　証人の記憶が曖昧な部分について証人の記憶を喚起するために必要であるとして書面の提示の許可（刑訴規則199条の11第1項）を求められた裁判長は、どのような点を考慮して許否を決定すべきか。

質問6−3
　反対尋問の際に、証人が法廷外でなした自己矛盾供述を朗読して尋問することは許されるか。

質問6−4
　反対尋問の際に、証人の警察官調書の中にある自己矛盾供述を証人に示して尋問することができるか。また、示すに当たって裁判長の許可を求める必要があるか。

3 「回復した現在の記憶」と「過去の記憶の記録」

文 献

髙野隆「証人尋問における書面や物の利用」日本弁護士連合会編『法廷弁護技術』（日本評論社、2007年）137、152～159頁

　記憶喚起のための書面の提示は、証人の記憶を喚起させて、証人に回復した現在の記憶（present recollection revived）に基づいて証言させることを目的とする。証人は書面の内容を証言しているのではなく、書面という刺激によって回復した現在の記憶に基づいて証言しているのである。したがって、書面は証拠となることはないし、したがってまた、示される書面が証拠能力を持つ必要もないのである。

　しかし、書面を見せても証人が記憶を回復しない場合がある。そして、記憶は蘇らないが、その書面を作成した当時は記憶が鮮明であり、その書面は当時の記憶を正確に記録しているという場合もある。コモンローでは、そのような場合に、その書面自体が伝聞例外として証拠に採用されることがある。「過去の記憶の記録」（record of past recollection）と呼ばれる伝聞例外である。

　これが認められるためには、次の4つの条件を作成者自身が証言しなければならない——①その出来事について証人が直接の知識を有していること、②その書面が出来事の当時かそれに近接したときに、かつ、明確かつ正確な記憶を持っているうちに作成されたこと、③証人が現在その出来事の記憶を失っていること、そして、④証人がその文書の正確性を保証すること、がそれである[8]。

　日本の制定法はこの例外について明言していない。刑訴法323条3号は、「特に信用すべき情況の下に作成された書面」を伝聞例外としている。最高裁判所は、同号の書面は前2号の書面（戸籍謄本や商業帳簿など）「と同程度にその作成並びに内容の正確性について信頼できる」ものをさすのであり、「単に心覚えのため書き留めた手帳」はこれに当たらないとしている[9]。ある地裁判例は、銀行の支店次長の「営業店長日誌」について、業務上の資料とする目的で作成されたものであり、その日の業務の要点などを、当日か遅くとも翌朝に主観を交えることなく箇条書きにしたものであり、「その作成目的、作成方法に照らし、誤りの入り込む余地が少なく、高度の信用性がある」として、323条3号に該当するとしたが、それと同時に、同様の地位にある者の「三年当用日記」については、業務上の出来事も記載されているが、私的な事項や主観的な所感や意見が随所に記載されていることから、「個人的な心覚えのため」のものに過ぎないとして、323条3号該当性を否定した[10]。ストーカー規制法違反の事件で、被害女性とその勤務先の同僚が、被告人がかけてきた電話やファクシミリについて、その受信日時や内容等をその直後か間がない時期に記録したノートや一覧表について、その作成経過から見て「その過程に恣意が入り込んだと疑うべき事情はない」として、323条3号該当性を認めた地裁判例もある[11]。このように判例は、

注8）　McCormick, [Evidence], §279. 連邦証拠規則もこの例外を認めている。FRE §803 (5).
注9）　最3小判昭31・3・27刑集10-3-387、389。但し、刑訴法321条1項3号の「特に信用すべき情況の下に作成された」書面にあたると言う（同前、390）。作成者が召喚不能であり、その記述が犯罪事実の存否の証明に不可欠である場合には、証拠能力が認められる。この事案は、メモの作成者が行方不明であり、したがって「過去の記憶の記録」の前提事実を証言できないケースであった。
注10）　東京地決昭53・6・29判時898-8、10～11。
注11）　東京地判平15・1・22判タ1129-265、266～267。

作成者自身の証言によって個別的に323条3号の要件を立証することを認めているが、学説の中には、本号の書面は類型的に高度の信用性が認められるもの——証人尋問をするまでもなく特信情況が認められるもの——でなければならないとして、これを否定する見解がある[12]。しかし、323条1号2号の書面についても、その要件が証人尋問によってはじめて立証される場合があるのであって[13]、むしろ、作成経過等について相手方に反対尋問の機会を与えたうえで、判断する方が公正であろう。

記載の信頼性という観点から見て、業務に関する記入と私的な「心覚え」とを区別する合理性はない。むしろ他人に閲覧させることを予定せずに純粋に私的な経験として記載されたものの方が信憑性が高いということも可能である。わが国においても、記憶が鮮明なときに証人自身が作成あるいは確認したメモについては、英米法の「過去の記憶の記録」と同じ条件で、刑訴法323条3号の書面として証拠能力を認めても良いと考える[14]。

日弁連が編纂した「被疑者ノート」への記入——取調日時・取調官の氏名・取調事項・取調方法・取調官の態度など——は、取調べの直後に記入された正確な記録であることを被告人が法廷で供述するならば、「過去の記憶の記録」として、刑訴法322条1項または323条3号の「特に信用すべき情況の下に作成された」書面として証拠能力を付与されて良いと考える。

公判前整理手続が行われる事件——裁判員裁判では必ず行われる（裁判員法49条）——では、「やむを得ない事由」がない限り公判前整理手続終了後は新たな証拠調を請求できないことになっているが（刑訴法316条の32第1項）、証人尋問の際に証人が記憶を失っている事項について、記憶喚起のためにメモを提示したがなお記憶が蘇らないという場合に、尋問中あるいは尋問後にこのメモを証拠調べ請求することは許されるだろうか。私は許されると考える。証人尋問請求した当事者は、証人に事実を確かめるなどして適切な尋問準備をしなければならないとされている（刑訴規則191条の3）。しかし、この尋問準備が公判前整理手続終結までに行えるとは限らない。証人の採用決定がなされてから公判期日までの間に証人テストが行われ、そのときに証人が記憶を失っていることが判明するというケースが多いのではないだろうか。また、前述のように、公判廷で記憶喪失が起り、メモを示しても回復しないということもありえる。そもそもメモの証拠調べの必要性は、公判廷で記憶喚起に失敗したときにはじめて生じるのであるから、あらかじめ伝聞証拠であるメモの証拠調べ請求をしておくというのは、不必要な重複立証を奨励することになる。公判が開始された後はこのような証拠の取調べ請求すら許されないというのでは、立証の機会の喪失を恐れる当事者は、最初から多量の証拠書類を請求することになるであろう。公判前整理手続終了後にはこのようなメモの証拠請求すら許されないのだとしたら、検察側証人が検察

注12）　松尾浩也『刑事訴訟法（下）（新版）』（弘文堂、1993年）65頁；同監修『条解刑事訴訟法（第3版）』（弘文堂、2003年）725頁。

注13）　2号に関して、留置人出入簿の証拠能力に関する浦和地判平元・10・3判タ717-244。文書が「業務の通常の過程において作成された」かどうかは作成者等を尋問しなければわからないであろう。公務員の証明文書であっても、その作成の真正が争われたら、証拠申請者は作成者等を尋問して文書の真正を立証するべきである。

注14）　同旨の見解として、栗本一夫『新刑事証拠法（改訂版）』（立花書房、1950年）124～125頁；江家義男『刑事証拠法の基礎理論（改訂版）』（有斐閣、1952年）118、218、220～221頁；田中和夫『新版証拠法』（有斐閣、1959年）375頁；長岡［哲次］「書面等を示しての尋問」判タ676-4（1988年）9頁。323条3号の適用を認めるが、証人の記憶喪失は要件とならないという見解として、小野［慶二「メモの証拠能力」河村澄夫他編『刑事実務ノート（第1巻）』（判例タイムズ社、1968年）］101頁；石井一正『刑事実務証拠法（第4版）』（判例タイムズ社、2007年）196～197頁。証人が記憶喪失を理由に証言を拒否する場合は刑訴法321条4号の供述不能の要件を満たすという考え（最1小決昭29・4・20刑集8-7-1217）に立ち、同号の要件でメモの証拠能力を認める見解として、栗本一夫『実務刑事証拠法』（立花書房、1960年）103頁。この見解の下では、メモは「特に信用すべき情況の下に」作成されたものであり、かつ、「犯罪事実の存否の証明に欠くことができないものであるとき」に限り証拠能力を持つことになる。

官調書と異なる証言をしたときに刑訴法321条1項2号後段に基づく検察官調書の証拠請求をすることも許されない——検察官はあらかじめ証言内容を予測して、事前に2号後段の書面の証拠請求までしておかなければならない——ということになろう。しかし、「公判前」の手続をそこまで肥大化させることには賛成できない。

　証人が提示された書面によって回復した自己の記憶に基づいて証言しているのか、それとも、記憶が蘇らないにもかかわらず提示された書面の内容を証言しているに過ぎないのかは、尋問の際に明確に区別されなければならない。そのためには、記憶喚起のために書面を提示した後、記憶が回復したかどうかを必ず問い、証人がそれを肯定したら次の質問をする前に書面を証人の面前から引き上げることが必要である[15]。

　　検察官：あなたが現場に到着したとき、現場には誰がいましたか。
　　証人（警察官）：被告人とその彼女の佐藤花子と鈴木太郎がいました。
　　検察官：それだけですか。
　　証人：他にもいたように思うのですが、思い出せません。
　　検察官：他に人がいたことは確かなのですか。
　　証人：はい。
　　検察官：その人物が誰か思い出せないのですか。
　　証人：はい。
　　検察官：証人の記憶を喚起するために証人作成の平成21年6月2日付捜査報告書を示すことをご許可下さい。弁護人には書面を開示済みです。
　　裁判官：弁護人、ご意見は。
　　弁護人：異議ありません。
　　裁判官：提示を許可します。
　　検察官：この書面が何か判りますか。
　　証人：はい、私がその日に作成した捜査報告書に間違いありません。
　　検察官：それでは、この報告書の2ページ目の「現場到着時の状況」の部分を黙読してください[16]。
　　証人：（黙読する。）
　　検察官：この書類を見て、現場に誰がいたかについてあなたの記憶は蘇りましたか。
　　証人：はい、蘇りました。
　　検察官：それでは書類をお返し下さい。（書面を受け取る。）現場にいたのは誰ですか。
　　証人：被告人と佐藤花子、鈴木太郎のほか、佐藤和子と田中健一がいました。

　尋問者が証人に記憶の回復の有無について尋ねなかったり、あるいは、書面を引き上げないまま尋問を続けようとするときは、相手方は、証人が記憶に基づかずに書面の内容を証言している

注15）　STEVEN LUBET, MODERN TRIAL ADVOCACY: ANALYSIS AND PRACTICE, 2D ED., (NITA, 1997), at 50; THOMAS A. MAUET, TRIAL TECHNIQUES, 6TH ED., (Aspen Publishers, 2002), at 147.
注16）　提示されている捜査報告書は証拠になっていないので、声を出して朗読することは許されない。PETER L. MURRAY, BASIC TRIAL ADVOCACY (Maine Law Book Company, 1995), at 149. 刑訴規則199条の3第4項も、主尋問における誘導尋問の方法として書面を朗読することを禁じている。

ことを指摘する異議を申し立てることができる。また、相手方は、反対尋問において、証人が本当に現在の記憶に基づいて証言したのかどうかを確認するための尋問をすることができる。そして、その際に、主尋問において提示された書面の内容を法廷に顕出する尋問をすることもできる。この場合、証人に書面を示すために裁判長の許可を得る必要はない。なぜなら、この場合の提示は、主尋問で証人に示された書面の同一性やその性質を明らかにするためのもの（刑訴規則199条の10第1項）であって、証人の供述に何らかの影響を及ぼそうとするものではなく、また、書面の内容の真実性を立証しようとするものでもないからである。

　　弁護人：あなたが現場に到着したときにいた人物の名前をもう一度言ってください。
　　証人：被告人と佐藤花子、それからえーと、鈴木太郎、えーと……。
　　弁護人：他には。
　　証人：思い出せません。
　　弁護人：さっきあなたは捜査報告書を示されて「記憶が蘇った」と言いましたね。
　　証人：はい。
　　弁護人：本当は、記憶は蘇っておらず、捜査報告書に書いてある名前をその場で覚えて証言しただけではありませんか。
　　証人：いいえ、そんなことはありません。
　　弁護人：検察官が提示した平成21年6月2日付捜査報告書を示します。「現場到着時の状況」の欄を見てください。
　　証人：はい。（見る。）
　　弁護人：ここに「現場に到着した際にいた人物は、被疑者山田太郎、佐藤花子、鈴木太郎、佐藤和子と田中健一の5名であった」と書いてありますね。
　　証人：はい。
　　弁護人：先ほど検察官に示されてあなたが黙読した箇所はこの部分ですね。
　　証人：はい。

　書面を提示しても記憶が回復しない場合は、その書面を「過去の記憶の記録」として証拠請求するかどうかを検討し、請求するという判断をしたときは、証拠能力を獲得するための尋問をすることになる。

　　弁護人：あなたは平成21年3月12日に逮捕されたのですね。
　　被告人：はい。
　　弁護人：そして、身柄を拘束されたまま4月2日に起訴されたのでしょうか。
　　被告人：そのとおりです。
　　弁護人：その間警察官や検察官の取調べを何日の何時から何時まで受けたか覚えていますか。
　　被告人：毎日のように取調べは受けていましたが、正確な日付や時刻は思い出せません。

弁護人：取調官から言われたりされたりしたことは覚えていますか。

被告人：○○刑事に怒鳴られたりしたことや△△検事から調書の束を投げつけられたことなどは覚えていますが、あまりにもいろいろなことがあったので、全部は覚えていません。

弁護人：記憶喚起のために被告人作成の「被疑者ノート」を示すことをご許可ください。

裁判官：検察官ご意見は。

検察官：異議ありません。

裁判官：許可します。

弁護人：（「被疑者ノート」を示す。）これが何かわかりますか。

被告人：はい、弁護士さんから差し入れていただき、私が毎日留置場で付けていたノートです。

弁護人：これを読んで、あなたが留置場にいた間の取調べの日時や取調官の言動の記憶がすべて蘇りますか。

被告人：いいえ、あまりにも出来事が多すぎてすべてを思い出すことはできません。

弁護人：このノートへの記入は全てあなたがしたのですか。

被告人：はい。

弁護人：いつ記入しましたか。

被告人：取調べが終わって留置場に戻ったらすぐにその日の取調べの時刻や取調官から言われたことを記入しました。

弁護人：毎日欠かさず付けましたか。

被告人：はい。

弁護人：記憶が新鮮なうちに書きましたか。

被告人：はい。留置場に戻って直ぐですから、はっきりと覚えているうちに書きました。

弁護人：覚えているとおりに正確に書きましたか。

被告人：もちろんです。

弁護人：いまあなたの前にあるノートの内容は、あなたが記入した当時のままですか。

被告人：はい、弁護士さんが「何も付け加えてはいけないし、削ってもいけない」と言われたので、全部そのままです。

法　令

連邦証拠規則612：記憶喚起のために使用された書面

　刑事事件について合衆国法典第18編3500項（18 USC §3500）[17]に別段の規定がある場合を除き、証人が次のいずれかの方法で証言のために記憶を喚起するために書面を用いるときは、相手方は、公判審理にその書面を提出させ、それを閲覧し、それに関して証人を反対尋問し、そして、証言に関連する部分を証拠として提出する権利を有する。

（１）証言している間に用いられる場合、または、

注17）　いわゆるジェンクス法のことである。同法は連邦の刑事事件について訴追側証人の供述の証拠開示請求権を認めたジェンクス判決 Jenks v. United States, 353 U.S. 657 (1957) の射程範囲を規制する目的で制定された。政府側証人の供述を被告人に開示する時期を主尋問終了後とすることを定めている。したがって、訴追側証人に対して記憶喚起のために提示された「書面」のうち、当該証人の供述を記載した書面については、訴追側は主尋問が終わるまで開示を遅らせることができる。この場合、裁判所は、被告人側の要請によって、開示された供述を検討するために必要な期間休廷を宣言することができる。18 USC §3500 (c).

（2）証言の前に用いられる場合、但し、裁判所が裁量により司法の利益のために必要であると決したとき。

　その書面が証言された事項と無関係な事項を含むと主張されたときは、裁判所はその書面を非公開で（in camera）審査し、無関係な部分を削除して、残余の部分を相手方に開示するよう命じなければならない。異議申立てにもかかわらず開示されなかった部分は記録に保存され、上訴された場合には上訴裁判所が利用できるようにしなければならない。本規則に基づく命令に従って書面が提供または開示されなかったときは、裁判所は正義が要請する如何なる命令であれ命じなければならない。但し、刑事事件において訴追側が命令に従わないときは、その命令は、証言を証拠から排除すること、または、裁判所が裁量によって司法の利益がそれを求めると決したときは、審理の無効宣言（declaring a mistrial）でなければならない。

> **質問6−5**
> 催眠術によってよみがえった記憶に基づいて証言することは許されるか。

4　意見・推測

参照条文

刑訴法156条、刑訴規則199条の13第2項3号、4号

判　例

最大判昭24・6・13刑集3－7－1039（「骨子において相違はない」事件）

［昭和22年勅令第1号（公職追放該当者の政治活動の禁止）違反事件］
　辯護人小玉治行の上告趣意第5點及び辯護人島田武夫、小玉治行、平尾東策、龜山愼一の上告趣意第3點、第8點、並に辯護人鍛冶利一の上告趣意第5點について。
　原判決はその理由のなかで、被告人は昭和23年4月2日辻嘉六方に同人の病氣見舞旁々立寄ったところ、同人不在であったため同家應接間で同人の事實上秘書同様の事をして居り且知合の下澤秀夫と會談する裡、談期せずして政治上の問題に言及した際右下澤秀夫に對し「大瀧君一派の日本自由黨7、8名は終いには行くところがなくなって仕舞う、此際親父（辻嘉六の事）が口を利いて民主自由黨に復歸する様にしたらよいではないか、そうすれば彼等の面目も立つではないか云々」等の意見を開陳しかつ暗に右代議士大瀧龜代司等の民主自由黨［へ］加盟斡旋方について辻嘉六に對する傳言方を慫慂し因て右下澤秀夫をして辻嘉六の靜養先において同人に其の旨傳言させ以て政治上の活動をしたものであると判示している。そこで原判決が右判示事實を認定した擧示の證據の一つである原審第5回公判における證人下澤秀夫の供述を原審記録について調べると次の通りである。
　裁判長は證人下澤に對して「證人は檢事に對し4月2日辻邸で大久保が殘留組はこの儘では困るから、辻に復黨方の口を利いて貰う様に頼んでくれと申したのに對し、證人はそれは駄目だろうと云ったら、大久保は君までその様なことを云っては駄目ではないかと云って、傳言方を大久保が證人に頼んだ様に申して居り、法廷ではその時の話は四角四面の話ではなく大久保は頼んだのではないが、私はその様なことを辻におせっかいに傳えたと申しているが、これでは檢事廷の證言と法廷の證言では全然違うではないか」と尋ねたところ、右下澤は「事實は法廷で證言した通りであります」「おやぢでも口を利いたらいいではないか、そうすれば大瀧等の面目も立つと云う話をしたのでそれで私はおやぢに話して見ようと云う氣になったのです」と述べた。（記録768丁）。次に右下澤は檢察官の尋問に對し「檢事廷の證言は嘘という譯ではないが、公判廷で申したことが正しいのであります」「公判廷の證言は檢事廷の證言と骨子に於ては相違ないということであります」と答えた。（記録770丁）そこで、裁判長は右證人の意見にも拘らず同人に對し「再度訊ねるが證人は檢事廷と法廷に於ては全然違う様に證言して居るが、只今檢事廷も法廷も同じである様なことを申しているがどうか」と念を押したところ右下澤は「檢事廷ではああだこうだと訊ねられて種々申上げている中にあの様な調書になったのですが、檢事廷でもあの通りに

申したのではなく結局種々申している中にあの樣な文章にされたのであり、法廷で申したことが正しいのであります」（記録771丁）と述べたのである。

以上尋問の經過を見ると原審第5回公判における下澤秀夫の供述は結局原判決が證據として擧示する第一審第3回公判における同人の供述を裏付けしたに歸するのである。

然るに原判決には前記第5回公判における同人の供述は證據として次の通りに摘錄されている。

「檢事廷ではああだこうだと訊ねられて種々申上げている中にあの樣な調書になったのですが、檢事廷ではあの通り申したのではなく結局申している中にあの樣な文章にされたのであり法廷で申した事が正しいのであります（記録771丁）然し檢事廷における證言は別に嘘を申し上げたという譯ではないのであります、只骨子においては違いがないと思うのであります（770丁）兎に角4月2日辻邸で大久保が大瀧等の殘留組はこの儘では困るから辻に復黨方の口を利いて貰う樣に頼んで吳れと申したかどうかについては大久保から傳えて吳れとは申しませんが親父でも口を利いたらいいではないかそうすれば大瀧等の面目も立つという趣旨にとれる話をしたので夫れで自分は親父に話して見ようという氣になったのであります（記録768丁）との旨の供述」

右原判決摘錄の下澤秀夫の供述は、前揭原審記錄の丁數で明なように、右下澤が原審第5回公判で尋問に應じて陳述した順序（記録丁數、768、770、771）とは逆（丁數771、770、768）になっていて、その間右下澤の「檢事廷における證言は別に嘘を申し上げたという譯ではないのであります、只骨子においては違がないと思うのであります」。という陳述を挿入している。しかしこの陳述は同人が實驗した事實でも實驗した事實によって推測した事項でもなく（舊刑訴第206條[18]）、同人の意見の表示に過ぎないものであって、證據にとれないものである。兩者が相違しているか否かは裁判所が裁斷するところである。仍て裁判長は最後に此の點を指摘し再度尋ねたのであった。然るに原判決はその證據説明中にかような證人の意見に過ぎない陳述をも挿入しそれを「然し」という言葉で接續して、その前後の供述の順序を變えて、記錄に現はれた供述とは違った趣旨の摘錄をしている。原審第5回公判で裁判長自らも前後2回に互って「全然違う」と云った「法廷における下澤の證言」即ち原判決が證據として擧示する第一審第3回公判調書中における下澤の供述及び前記原審第5回公判における同人の供述と「檢事聽取書中における同人の供述」とは互に相反する證據である。前者は被告人大久保が大瀧代議士等の民主自由黨［へ］の加盟斡旋方の傳言を證人下澤に頼んだのではないという事實であり、後者は右加盟斡旋方の傳言を證人下澤に頼んだという事實である。かかる相容れない事實から、「大久保が暗に（下澤に）傳言方を慫慂し因て（下澤をして）その旨傳言させた」と判示事實を積極的に認定したのは證據上の理由において齟齬あるものとは言はなければならない。

從って論旨はその理由があって原判決は破毀を免れない。

よって爾餘の論旨に對する判斷を省略し刑訴施行法第2條舊刑訴法第447條同第448條ノ2に從い主文の通り判決する。

右は裁判官全員の一致した意見である。

（裁判長裁判官　塚崎直義、裁判官　長谷川太一郎、裁判官　澤田竹治郎、裁判官　霜山精一、裁判官　栗山茂、裁判官　眞野毅、裁判官　小谷勝重、裁判官　島保、裁判官　齋藤悠輔、裁判

注18）　編者注：旧刑訴206条「証人ニハ其ノ実験シタル事実ニ因リ推測シタル事項ヲ供述セシムルコトヲ得。［第2項］前項ノ供述ハ鑑定ニ属スル故ヲ以テ証言タルノ効力ヲ妨ケラルルコトナシ」。

官　藤田八郎、裁判官　岩松三郎、裁判官　河村又介、裁判官　穂積重遠）

判　例

最2小判昭26・3・30刑集5-4-731（「強盗の自白をした印象」事件）

　被告人小林時弁護人村上信金の上告趣意第2点について。

　原判決が、その事実認定の証拠として、本件発生当時烏山警察署の司法主任としてその捜査に当った渡辺一三に対する原審における証人訊問調書中の同人の供述記載を挙示していることは、所論のとおりである。

　ところで、原判決は右供述を証拠として挙示するにあたり「その隙に小林は相手に痛いめをあわせ品物を取って逃げてしまおうと考え持っていた匕首で肩に斬付けたが相手は騒いで逃げた[。]小林も下の方に逃げたが人が来たので引返し自転車につけてあった品物をとって逃げたという様にいっており」との供述に引続いて、「品物を強奪すべくやったというように印象に残っている」との供述を附加しているので、右原判決引用の供述記載を一見すると、同証人は被告人が警察において本件強盗の犯意を自白した結果、該自白に基いて本件事案は強盗なりとの印象を得たものの如く、原審において供述したものであり、原判決も亦かかる趣旨の供述として之を証拠としたものの如く認められる。

　ところが記録について、前記訊問調書を調べて見ると原判決摘録の犯意を自白したという部分の末尾の方は小林が「品物をとって逃げたと言う様に申していたと記憶します」となっており、しかも該供述部分の直前（記録521丁裏以下）には、原判決も挙示するように「小林は被害者を見かけ品物が欲しいと思ったので話しかけ自分の家に行ってくれれば全部買うといって連立って来たがその間自分の家ではいい暮しをしている様な自慢話をしたが家に連れて行くとばれるので離れて逃げてしまおうと考え云々」との供述があり、又その直後（記録252丁裏以下）には裁判長から「証人の小林に対する聴取書（同証人が本件捜査の当時作成した聴取書を指す）によると品物を取って逃げるためにやったと言う様になって居ない様だが」と問われ且右聴取書中の該当部分（記録80丁裏以下）を読みきかされたのに対し、証人は「その様に申していたと記憶します」と答えて居り、更に「始めから取る気なら同方向に逃げる必要はなかったでしょう[。]私は小林の言う通りに調書をとった様に記憶します」と述べている。そして、右聴取書中には被告人が強盗の犯意を自白したような供述記載は全くない。して見ると、結局、被告人が犯意を自白した様に記憶すると言う証人の原審における供述部分は極めて不確かな記憶の供述であって、しかも、それはその直後に裁判長から聴取書を読みきかされ、前記のとおり訂正したものと認めるのを相当とする。従って、以上の各供述は不可分の供述であるから、訂正前の供述のみを取って証拠とすることはできないばかりでなく、他方において原判決が摘録する「品物を強奪すべくやったというように印象に残っている」との供述部分は、前の供述とは別に、証人訊問の最後において裁判長から「念のため、今一度訊くが、証人が作成した聴取書には品物をとろうとして傷けたと言う様になっていないのだがその点はどうか」と問われたのに対して答えたものであり（記

録255丁裏）、しかも、該供述に引続いて証人は更に「意見書もその様に扱ったという様に記憶します」と述べているのであるが、同証人の作成した意見書（記録1丁以下）には、その末尾に「強奪したるものなり」との文言が使用されているものの、事実の記載としては単に「買取る意思なく嘘言を弄した事より一撃を加えて逃走せんと……所持の匕首を以て同人の頸部を刺突し」と記載されているに止まり、品物をとらうとして傷付けた旨の記載のないことはまさに所論のとおりである。従って、右「印象に残っている」云々の証人の供述部分は被告人が証人に対してしたという前記自白の供述とは全く関係のない、単なる捜査官の意見の陳述に外ならないこと極めて明かであるから、かかる供述はこれを証拠とすることは到底許されない。蓋し、右は本件強盗の犯意があったか否かと言う事実に関するものでありかくの如き事実は裁判所が適法な証拠に基いて認定すべきものであることは勿論であるからである。

　以上の次第であるから、原判決がその事実認定の証拠として原審証人渡辺一三の前記供述を採用したことは違法であり、しかも原判決の証拠説明を通覧するに、右供述は原判決が被告人の本件所為を強盗傷人なりと認定した決定的な証拠の一として之を挙示したものであることを十分に窺えるから、右の違法は判決に影響なしと言うことはできない。従って本点論旨はその理由があり他の論旨につき説明するまでもなく、原判決は破棄を免れない。

　よって刑訴施行法2条、旧刑訴447条、448条の2に従い主文のとおり判決する。

　この判決は全裁判官の一致の意見である。

　（裁判長裁判官　塚崎直義、裁判官　霜山精一、裁判官　小谷勝重、裁判官　藤田八郎）

弁護人村上信金の上告趣意
第二点　原判決は証拠説明中に、10個の証拠を挙示している。

　その第四に「当審証人渡辺一三の証人訊問調書中の供述記載」があって其の末尾に、「品物を強奪すべくやったというように印象に残っている」とあるが、原判決は右に続く重要な而して右と不可分と思われる供述記載を無視抹殺しているのである。即ち右訊問調書を見ると、「答　品物ヲ強奪スベクヤツタト言フヨウニ印象ニ残ツテ居リマス。意見書モ其ノ様ニ扱ツタト言フ様ニ記憶シテ居マス。」となっている。然るに意見書は第1点に掲記したように、「逃走セントシテ」となっている。それから又原判決に引用された右供述記載の中に、「7時半頃現場に来たがそのとき被害者は右側に小林は左側におり東南方下の方に見える白壁の土蔵を指さしてあれが村一番の物持だと説明し被害者が止ってその方を見たその隙に小林は相手に痛いめをあわせ品物を取って逃げてしまおうと考え持っていた匕首で肩に斬付けたが相手は騒いで逃げた小林も下の方に逃げたが人が来たので引返し自転車につけてあった品物をとって逃げたという様にいっており」とあって、被告人に強盗の犯意のあったこと及びそれが生じたのは犯行現場に来てからだという供述記載である。加之被告人が証人に対し右のことを述べたとしているのである。

　ところが右訊問調書を見ると、「問、証人ノ小林ニ対スル聴取書ニヨルト品物ヲ取ツテ逃ゲル為メヤツタト言ウ様ニハナツテ居ナイ様ダガ」（中略）「答、私ハ小林ノ言ウ通リニ調書ヲ取ツタ様ニ記憶シマス」とある。更に第一審における同証人に対する訊問調書の末尾には、「問、証人

ハ先程加藤刑事部長ノ報告ニヨレバ被告人ハ証人ニ対シ強盗傷人ノ事実ヲ自白シタヨウニ申述ベテ居ルガ被告人ハ最初カラ本件ノ風呂敷包ヲ強取スル意思ガアツタトノコトダツタカ」「答、ハイ、正シク風呂敷包ヲ取ルタメニ傷害ヲ与エタノダトノコトデアリマシタ」「問、左様ナ意思ハ何時生ジタト言ツテ居タカ」「答、左様ナ詳シイコトマデ聞キマセンデシタ」とある。

是に因て之を観れば、原判決の右の証拠は証人の実験した事実と無関係な意見の供述記載であるか或は、想像に基いた供述記載であり、もしそうでないとしても実験則上、容認できない証拠であるといわなければならない。従て原判決の採証は違法である。（大正6年11月21日大審院判決「判決録23輯1298頁」昭和24年6月13日大法廷判決「判例第3巻7号1039頁」）

判　例

最3小判昭29・3・2裁判集刑93-59（「ワイセツな感想」事件）

［ストリップ・ショウの踊り子と興業主が公然わいせつ罪で起訴された。被告人等は本件踊りは猥褻ではなく娯楽芸術であるなどとして争った。］

［弁護人山崎信義の上告趣意］第三点について。

所論は、法令違反の主張に過ぎないから刑訴405条の上告理由に当らない。そして本件のような演技が公然猥褻の行為に当るかどうかを判断する資料としてこれを観覧した証人を取り調べる場合、証人が観覧によって生じた感想を述べることは、事案の性質上証人の実験した事実のうちに当然包含されるのであって、これを証人の意見又は根拠のない想像ということはできない。従って原判決になんら採証法則の違反はない。

その他記録を調べても刑訴411条を適用すべき事由は認められない。

よって同408条により裁判官全員一致の意見で主文のとおり判決する。

（裁判長裁判官　井上登、裁判官　島保、裁判官　河村又介、裁判官　小林俊三、裁判官　本村善太郎）

弁護人山崎信義の上告趣意

　第一点　原判決が本件の踊りを猥褻と認定したのは裁判所の恣意的独断的認定であって何等人をして納得せしむべき根拠なきものである。

即ち被告人等は終始本件の踊りが芸術であることを主張しているのに対し第一、二審共に被告人等の主張に対し何等の判断を為さず頬被りの儘直に本件の踊りを猥褻と断定している。併し芸術と猥褻との相違並にその相関々係については色々の考え方があり得ると思ふが、弁護人は之を芸術性を猥褻性という言葉に置替え芸術性が高ければ猥褻性が減少し猥褻性が強ければ芸術性が減少する意味に於て両者の相関々係を考えるべきであると信ずる。而して本件のストリップショウは娯楽芸術であるから演技者が観衆に滑けい感乃至エロ気分を与えんとする意図と観衆が之を観賞する能力とを如実に評価してその娯楽芸術性の程度を正確に把握すべきである。

丸山が数ケ月間に亘って各地に本件の踊りを公開し、その間一度も警察当局から注意を受けた

ことがなかった事は一件記録上明瞭であり、丸山自ら何等悪意を有せず観衆に娯楽を与えんとするひたむきな意図の下に本件の踊りを公演し来つ［ママ］たものである。一方一部の観衆を除く大部分の観衆は何等性的嫌悪の感を生ぜず本件踊りの筋を理解し酔女の酔態を踊りに仕組んだものとして拍手喝さいして本件の踊りを観賞したのである。従って原判決が一部警察官や16、8歳の未成年者の証言のみを採用し之に裁判官の個人的な感情を交えて本件の踊りを猥褻と認定したのは採証の法則を誤ったものである。

＊＊＊

　第三点　原判決は本弁護人控訴趣意第三点について云々感想の供述部分あることは所論の通りであるといい乍ら、しかもそれはたんなる意見又は根拠のない想像ではなく云々自己の実験した事実に基ずいて推測した事項を供述したものであるから証拠力があるとされたが感想というのは何処迄も自己の感じ方感情の動きをいうのであって刑訴156条の推測した事項というのは推理によって導かれる事実をいい感想とは全く数個の範ちゅうに属する。感想は何処迄も感想であって事実認定の証拠力なきものであり、之を証拠とした原判決は採証の法則に誤まりがあり到底破きを免れない。

> **質問6－6**
> 意見と推測はちがうか。

> **質問6－7**
> 証人が意見や推測を述べられないのはなぜか。

証人尋問

さいたま地裁平成12年（わ）第748号等殺人等被告事件

　検察官（星）：証人は、佐藤さんに出されるコーヒーにはガムシロップのほかに何が入っていると思っていましたか。

　弁護人（松山）：異議あります。意見を求める尋問です。証言の基礎がありません。

　裁判長：何が入っていると言うと、もう入っている前提になるから。

　検察官（星）：証人は、佐藤さんのテーブルのラブスターの瓶のコーヒーにガムシロップ以外のものが入っているかどうか、分かることはありましたか。

　主任弁護人（髙野）：異議があります。意見ないし推測を求める尋問です。証言の基礎は全くありません。

　検察官（岡山）：事実を聞いております。証人が分かることがあるかどうかを事実を聞いています。

　主任弁護人（髙野）：そういう聞き方をすれば、この証人は自分が直接体験した以外の事実を

答えるわけです。今までの証言に表れているのは，このコーヒーということと、それから瓶がベタベタしていたので中にガムシロップが入っていることが分かったというだけであります。それ以外のものが中に入っていることについて、この証人が自分の経験で知り得るという事実が何も出ていないわけです。その段階で何が入っているか知っているのかと聞けば、他人から聞いたことないし、あるいは捜査機関から知り得た情報あるいはマスコミから知り得た情報、その他の知識に基づいて証言する危険があるわけです。ですから証言の基礎がないと申し上げているのです。

　裁判長：しかし、経験の第一歩を聞き始めるのに、何か気付いたことはあるかと言って聞かなければ始まらないんではないですか。

　主任弁護人（髙野）：そういう尋問をなされていないんではないですか。

　検察官（星）：今までより基礎が出ていると思って聞いたつもりというか。

　裁判長：いや、今までは出ていないですよ。それは。

　検察官（岡山）：今の裁判官のおっしゃられた趣旨で聞いているわけです。

　主任弁護人（髙野）：それは詭弁だと思います。つまり意見ないし推測だという異議が出た以上、その段階でその異議についての判断をすべきだと思うんですけど。

　裁判長：では、棄却します。

　主任弁護人（髙野）：今までの中で、その基礎が出ていないということがはっきりしているわけですから、まず基礎となる事実、この証人が例えばそのコーヒーを味見したのかどうかとか、そういうことをまず聞くべきであって、そうでなければ中身について聞く前提がないわけです。

　裁判長：棄却しますが、今の意見をふまえて聞き方を工夫してください。

　検察官（星）：コーヒーの中に何が入っているか、分かることはありましたか。

　証人：分かります。

　検察官（星）：どういうことだったんですか。

　証人：八木さんが飲むんじゃないと言っていたので、もしかしたら毒が入っているんじゃないかなと思っていました。

　検察官（星）：で、そのコーヒーと焼ちゅうを佐藤さんに飲ませるということは、いつまで続いていましたか。

　証人：平成7年1月まで，佐藤さんに飲まさせているのを私は見ていました。

　検察官（星）：平成7年1月までしか見ていないのはどうしてですか。

　証人：私は平成7年1月に一時フィリピンへ帰っていたからです。

　検察官（星）：佐藤さんのコーヒーですが、先ほどの証人の証言ですと、ガムシロップがたくさん入っていたんですよね。佐藤さんにとって甘くなかったんですかね。

　弁護人（松山）：異議あります。佐藤さんの体験した味覚についてこの証人が答える資格はありません。

　検察官（星）：では、聞き方を変えます。佐藤さんは甘すぎるということは言っていましたか。

　証人：いいえ、彼は何も言っていませんでした。

　検察官（星）：証人は、どうして佐藤さんが甘いと言わないと思いましたか。

証人：普通の人なら、甘すぎますねと言うと思いますが、彼の場合は一切、そういうようなことを口から出しませんので、もしかしたら、彼の味の力が鈍っているんではないかなと、私は思っていました。

検察官（星）：味の力というのは味覚ということでいいですか。

証人：そうです。

検察官（星）：味の力というのは味が分かる能力という意味ですよね。証人が味の力がもしかしたら鈍いんではないかと思ったのは、何か理由になる事実というか、体験があったんですか。

証人：彼は幾ら辛いキムチを食べても、辛い、辛いと言わないしお漬物におしょうゆを掛けて漬物を食べ終わって、お皿にまだおしょうゆが残っていたら、そのまま残ったおしょうゆを飲んでいたので、何かこの人の味の力が鈍っているんじゃないかなと思っていました。

検察官（星）：証人は佐藤さんがおしょうゆを飲んだとき、佐藤さんに何か聞きましたか。

証人：しょっぱくないのと、私は彼に聞いていたのです。

検察官（星）：佐藤さんは何と答えていましたか。

証人：しょっぱくないと、答えていました。

質問6−8

上の例で「証言の基礎がない」という異議の法令上の根拠は何か。

II 宣誓

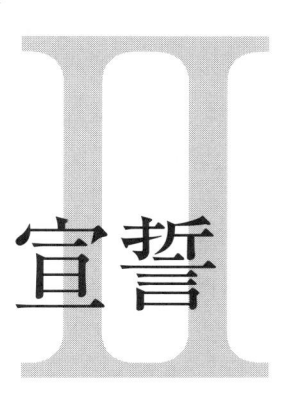

参照条文

刑訴法154条、155条、刑訴規則116～120条

判　例

大判大13・7・12刑集3-571（「宣誓なき証言」事件）

事實

＊＊＊

　［村民を二分する選挙に端を発した怨恨による現住建造物放火事件］之カ審理中被害者前田乙ヲ證人トシテ訊問スルニ際リ同證人ノ供述ハ自己ノ財産上ニ重大ナル損害ヲ生スル虞アルモノト認メ宣誓ヲ爲サシメスシテ訊問シ其ノ供述ヲ證據ニ採用シタルモノトス

上告理由

　辯護人熊谷直太、梅村大、森吉三郎、平泉長助、田中八治郎、蛸井文藏上告趣意書第二點原判決ハ原審第一回公判調書中證人前田乙ノ供述記載ヲ採テ「被告人カ役場派ニ同情ヲ有スル點竝ニ村農會總代選擧ニ付非役場派ニ於テハ同派ノ得票ニ屬スル有效投票三票ヲ無效ト決セラレタルヲ不法ナリト爲シ之ニ對シ異議ヲ申立テタル點」ヲ認定スルノ資料ニ供シタリ仍テ記録ヲ閲スルニ原審第一回公判調書中證人前田乙取調ノ部分ニ「裁判長ハ證人トシテ呼出シタル前田乙ヲ入廷セシメ訊問スルコト左ノ如シ云云裁判長ハ證人ニ對シ問證人ハ第一審ニ於テ公訴ニ附帶セル損害賠償ノ私訴ヲ提起シタルカ該事件ハ却下セラレタルカ答左樣テス茲ニ於テ裁判長ハ證人ノ供述カ自己ノ財産上ニ重大ナル損害ヲ生スル虞アルモノト認メ宣誓ヲ爲サシメスシテ訊問ヲ爲スコト左ノ如シ云云」トアリ然レトモ證人ハ本件犯罪ノ被害者ニシテ被告人ニ對シ損害賠償ノ權利ヲ有シ得

ヘキ立場ニ在リ故ニ其ノ供述ナルモノハ此ノ權利ヲ確認セシメ得ヘキ資料ト爲ルノ虞アルハ格別其ノ權利ノ存在ヲ否定シ自己ノ財産上損害ヲ生セシムルカ如キ虞アルヘキ筈ナシ故ニ該證人ハ本件犯罪ニ因リ生シタル損害ニ付直接ノ利害關係ヲ有スル者ナルコトハ勿論ナルモ刑事訴訟法第二百二條[19]ニ所謂財産上重大ナル損害ヲ生スヘキ虞アル供述ヲ爲スヘキ立場ニ在ルモノト謂フコトヲ得ス從テ之ニ對シ宣誓ヲ爲サシメ責任アル供述ヲ求ムヘキモノナルニ係ラス原審ハ法律ヲ曲解シ採證ノ法則ニ違背シタリ而テ該證人ノ供述ハ犯行ノ動機ヲ認定シ引イテ犯罪自體ヲ認定スルニ付重要ナル證據トシテ採用セラレ原判決ニ影響ヲ及ホスコト明白ナレハ斯ル違法ノ證據ヲ以テ犯罪事實ノ認定ニ供シタル原判決ハ此ノ點ニ於テ亦破毀セラルヘキモノト信ス

判決理由

原審公判調書中證人前田乙ニ關スル部分ヲ調査スルニ原審カ論旨ニ掲クルカ如キ事由ヲ以テ同證人ニ宣誓ヲ爲サシメスシテ訊問シタルコト所論ノ如シ然リ而シテ第一審裁判所ニ於テ右前田乙カ本件公訴ニ附帶シテ提起セル損害賠償ノ私訴ヲ却下シタル數多ノ日時ヲ費スニ非サレハ其ノ審判ヲ終結シ難キモノト認メタルニ由ルコト第一審公判調書ノ記載ニ照シテ明ナルノミナラス其ノ私訴ノ請求ノ原因タル事實ハ本件被告ノ放火行爲ニ因テ前田乙所有ノ家屋其ノ他ノ財物ヲ燒燬セラレタリト云フニ在ルコト私訴状ノ記載ニ徴シテ瞭然タリ又前田乙ノ所有ニ係ル判示家屋ハ被告ノ放火行爲ニ因テ燒燬セラレタルコト原判決ノ判示スル所ナレハ前田乙カ證人トシテ其ノ事實ヲ供述スルハ自ラ同人カ被告ニ對シ損害賠償ノ請求權アルコトヲ明ニシ自己ノ財産上ニ利益ナル結果ヲ來スヘキ關係ニコソアレ毫モ同人ノ財産上ニ重大ナル損害ヲ生スル虞アルモノニ非サルコト明ナリ從テ同人ハ宣誓資格ヲ有スル者ナルヲ以テ證人トシテ宣誓ヲ爲サシムヘキ場合ナリシニ拘ラス原裁判所カ之ヲ爲サシメサリシハ所論ノ如ク違法タルヲ免レス證人訊問ニ關シ此ノ違法アル以上ハ其ノ供述ハ證言タルノ效力ヲ有スルモノニ非サレハ原判決カ之ヲ證據ニ採用シタルハ不法ナリ或ハ曰ン宣誓資格アル證人ヲ宣誓ヲ爲サシメスシテ訊問シタルトキト雖其ノ證言ハ當然證據力ナキモノニ非スシテ之カ取捨ハ專ラ事實裁判所ノ職權ニ屬スト然レトモ法ヲ按スルニ刑事訴訟法第百九十六條ニハ證人ニハ宣誓ヲ爲サシムヘシ但シ別段ノ規定アル場合ハ此ノ限ニ在ラストアリテ其ノ宣誓ヲ爲サシメスシテ訊問スヘキ場合ハ同法第二百一［條］第一項又宣誓ヲ爲サシメスシテ證人ヲ訊問スルコトヲ得ル場合ハ同法第二百二條ニ規定スル所ナリ即チ第二百一條第一項ハ法律上證人ニ宣誓ヲ爲サシメサル場合[20]ヲ限定シ第二百二條ハ證人ニ宣誓ヲ爲サシムヘキヤ否ヲ事實裁判所ノ裁量ニ任セタル場合ヲ明定シタルモノニシテ之ヲ前示第百九十六條ノ規定ニ對照スルトキハ叙上第二百一條第一項及第二百二條ニ該當スル場合ノ外ハ證人ニハ必ス宣誓ヲ爲サシムヘキ法意ナルコトヲ窺知スルニ難カラス加之現行刑事訴訟法カ證人宣誓方式ニ關シテ舊刑事訴訟法ノ規定ヲ改メ極メテ莊重嚴肅ナル方式ヲ以テシタルハ蓋シ證人ヲシテ肅然心ヲ正シ良心ニ從ヒ眞實ヲ述ヘシメ之ニ確固タル證據力ヲ附與セントスル趣旨ニ外ナラサルヘク且刑事訴訟法第二百一條第一項ニ掲クル者宣誓ヲ爲シタルトキト雖其ノ供述ハ證言タルノ效力ヲ妨ケラルルコトナシトノ同條第三項ノ特別規定存在スルニ徴スルトキハ宣誓資格アル證人ヲ宣誓ヲ爲サシメスシテ訊問シタルトキハ其ノ證言ハ勿論公判調書又ハ豫審調書ニ於ケル其ノ記載部分モ亦證據力ヲ有スルモノニ非スト論定スルヲ立法ノ精神ニ適合シタル正當ノ解釋ト爲ササルヲ得ス是ヲ以テ原判

注19)　編者注：旧刑訴202条「証人ノ供述証人若ハ之ト第186条第1項ニ規定スル関係［配偶者等の親族］アル者ノ恥辱ニ帰シ又ハ其ノ財産上ニ重大ナル損害ヲ生スル虞アルトキハ宣誓ヲ為サシメスシテ之ヲ訊問スルコトヲ得」。

注20)　編者注：16歳未満の者、宣誓の本旨を理解しない者、被告人と共犯関係にある者などが列挙されている。

決カ所論證人前田乙ノ供述ヲ證據ト爲シタルハ其ノ不法ナルコト前段説示ノ如シト雖原判決カ其ノ證言ヲ援用セルハ專ラ被告ノ本件犯罪ノ動機ニ關スル事實ヲ證明スル一端ニ供シタルニ止リ犯罪ノ構成要件タル事實ヲ證明スルノ資料ト爲シタルモノニ非サルコト判文上疑ナキ所ナレハ該不法ハ原判決ニ影響ヲ及ホササルコト明白ナリト認ムルヲ以テ原判決ヲ破毀スルノ理由ト爲スヲ得ス論旨理由ナシ

> **質問6−9**
> 複数の証人を横に並ばせて、声を揃えて宣誓書を同時に朗読させる方式で宣誓をすることは適法か。

III 公開・立会い・反対尋問・対決

1 期日外尋問

判　例

最大判昭25・3・15刑集4-3-371（刑務所尋問事件）

　弁護人関田政雄上告趣意第一点について。
　憲法37条2項は、刑事被告人の証人審問権を保障した規定である。されば、裁判所が諸般の事情からその必要を認めて証人を裁判所外に召喚し又はその現在場所で尋問する場合には合理的に可能なかぎり、被告人にも証人尋問に立ち会う機会を与えてその審問権を尊重しなければならないことは言うまでもない。しかし、同条には「すべての証人」とあるけれども、それは被告人が喚問を欲するすべての証人を意味するのではなく、裁判所が必要を認めて尋問を許可した証人について規定しているものと解すべきである（昭和23年（れ）第88号同年6月23日当裁判所大法廷判決）と同様に、「証人に対して審問する機会を充分に与へ」るという規定の解釈にもおのずから合理的な制限が伴うのであって、裁判所が証人を裁判所外で尋問する場合に被告人が監獄に拘禁されているときのごときは、特別の事由なきかぎり、被告人弁護の任にある弁護人に尋問の日時場所等を通知して立会の機会を与え、被告人の証人審問権を実質的に害しない措置を講ずるにおいては、必ずしも常に被告人自身を証人尋問に立会わせなくても前記憲法の規定に違反するものではないと解すべきである。
　本件記録によると、被告人の弁護人は、原審第1回公判において飯田政夫を証人として申請し、原審は、右証拠申請を採用して証人飯田政夫に対する証拠調を姫路少年刑務所において受命判事により行う旨を決定し、その証拠調の期日及場所を被告人及弁護人に通知している。そして受命判事は、弁護人立会の下に同証人を前記刑務所において尋問し、原審は、第2回公判におい

てその証人尋問調書の要旨を被告人に告げ意見弁解の有無を問うたところ、被告人は「何等ありません」と答えているのであって、所論のように被告人が同証人を公判廷に喚問して被告人との対決を求めたことも、弁護人が被告人を姫路に連行して証人尋問の立会を請求して被告人の審問権の行使を求めたことも、これを認むべき何らの形跡がない。されば、原審の右証拠調は、憲法の所論規定及び刑訴応急措置法12条に違反するものではないから論旨は理由がない。

* * *

よって、旧刑訴446条刑法21条に従い主文の通り判決する。

以上は裁判官全員一致の意見である。

（裁判長裁判官　塚崎直義、裁判官　長谷川太一郎、裁判官　澤田竹治郎、裁判官　霜山精一、裁判官　井上登、裁判官　栗山茂、裁判官　眞野毅、裁判官　小谷勝重、裁判官　島保、裁判官　斎藤悠輔、裁判官　藤田八郎、裁判官　岩松三郎、裁判官　河村又介、裁判官　穂積重遠）

弁護人関田政雄上告趣意

　第一点　原判決は証拠調の手続に重大なる違法がある。

　被告人は昭和23年11月9日神戸地方裁判所姫路支部に於て贓物運搬罪の認定を受け懲役1年2ヶ月の判決を受けたるも被告人としては贓物運搬の認定すら不服として控訴申立をなしたるものである。然るに立会検事は公訴事実の陳述に於て窃盗被告事件を維持し立証として飯田政夫の訴訟記録の取寄せと同人の証人訊問の請求をなした［。］飯田政夫の陳述は本件の被告人を窃盗の主犯となし同人は単に本件被告人の命のままに動いたに過ぎぬといふにあった。本件の被告人は飯田政夫の陳述は寝耳に水の如く自分としては贓物運搬すら承服出来ぬ況んや窃盗の如きは全然身に覚えなきことであるから若し飯田政夫が左様な陳述をなし居るものならば本法廷に呼び出して自分と対決させてもらひたいと要求した。よって弁護人としても飯田政夫を証人として申請し是非同証人を召喚して被告人の充分なる訊問権を行使せしめられんことを懇請した。然るに裁判所は証人召喚の手続をとらず同証人を姫路少年刑務所に於て訊問すると決定した。弁護人は本証人の証人尋問は被告人の罪状認定上重大なる証人であり被告人の懇請もあるのであるから被告人を姫路に連行して証人訊問に立会せられたいとの請求を為したるに拘はらず裁判所はこれをも却下して受命判事をして同刑務所に於て訊問を為さしめたるものである。斯くの如きは憲法第37条刑訴応急措置法第12条の被告人の証人に対する反対訊問権を奪ふものであって違法である。

　殊に本件の場合被告人の陳述と証人の証言との間に根本的なる食ひ違いが予想せられ同証人の証言に依って被告人は身に覚えなき無実の罪に陥ちるやも知れざる重大問題の伏在せる場合、被告人が言葉をつくして対決を希望するにかかはらず被告人を立会はせしめずして証人訊問をなしたる原審の証拠調べは甚だしき違法あるものと言はねばならぬ。

判　例

最3小決昭43・6・25刑集22-6-552（信濃川岸証人尋問事件）

[被告人及び弁護人の上告趣意は刑訴法405条の上告理由にあたらない。]
　なお、記録によれば、原審は、第3回公判において弁護人申請の証人7名を来る昭和42年5月13日午前9時小千谷簡易裁判所において尋問する旨決定して告知しながら、同月12日小千谷市高梨町1535番地信濃川岸に臨み、勾留中の被告人が不出頭のまま、出頭した検察官および弁護人の意見を聴いたうえ、職権で新たな証人佐藤佐一、同水内忠次を同日、同川岸において、同岡秀太郎を翌13日小千谷簡易裁判所においてそれぞれ尋問する旨決定して、その尋問を施行しているが、控訴裁判所が事実の取調として行なう場合であっても、あらかじめ被告人に証人の氏名、立証趣旨すら知る機会を与えることなく、公判期日外において職権をもって証人尋問を決定して施行することは、検察官および弁護人が立ち会い、かつ、異議がないとしても、訴訟法上許されないものと解すべきである。しかし、原判決が認定、判示するところは、右3証人の尋問調書を除いても、原判決が掲げるその余の証拠によってこれを認定することができるから、右の違法は、判決に影響を及ぼさないものと認められる。
　よって、刑訴法414条、386条1項3号、刑法21条、刑訴法181条1項但書により、裁判官全員一致の意見で、主文のとおり決定する。
　（裁判長裁判官　松本正雄、裁判官　田中二郎、裁判官　下村三郎、裁判官　飯村義美）

弁護人高垣憲臣の上告趣意
　第一点　控訴審判決には法令の違反がある。
　（B）　刑事訴訟法157条は被告人に証人調に立会の権利を規定しているがその第1項に曰く「検察官被告人又は弁護人は証人の訊問に立ち会うことが出来る」とあります[。]
　控訴裁判所は昭和42年3月1日第3回公判に於て（記録710丁）
　左記証人を同年5月13日午前9時小千谷簡易裁判所に於て証拠調をする旨を決定した
　証人水内峰治、渡辺キセ、岡与一郎、井上昇一、五十嵐昭三、大塚信次郎、渡辺ハル」と記録され
　処が控訴裁判所は同年3月1日の公判廷で証人調を（前記証人）指定告知した証人調の期日の前日たる昭和42年4月12日新潟県小千谷市高梨町1,535信濃川川岸で法廷を開き（記録723丁）
　職権で佐藤佐一、水内忠次
の両名を証人として昭和42年5月12日午後3時30分小千谷市高梨町1,535信濃川川岸において、また
　岡秀太郎
を証人として昭和42年5月13日午後1時20分小千谷簡易裁判所においてそれぞれ訊問を決定した。
　茲に於て調書に基き精査するに以上3人の証人調決定をした信濃川川岸に開いた5月12日の法廷の期日の指定告知は調書によっては知ることが出来ない、すくなくとも上告人は昭和42年3月1日の第3回公判には証人調期日としては同年5月13日小千谷簡易裁判所に於ける証人水内峰治以下7名だけである。

刑事訴訟法157条の解釈上第3回公判日たる3月1日に指定した以外に証人調をするならば之を被告人たる上告人に右期日の指定告知することは当然の次第と存ずる処である。
　右証人（水内忠次、佐藤佐一、岡秀太郎）の訊問に対し上告人は証人訊問に立会はない旨の明示の意思表示を致したことがなく右に関しては裁判書にも何等の記載もない、全く刑事訴訟法157条に違反致している。又、憲法に於ても37条2項前段に被告人はすべての証人に対し審問する機会を充分に与えられている。
　いかに憲法上機会を充分に与えられていても機会期日を指定告知されなければ審問することが出来ない。
　憲法37条2項とか刑事訴訟法175条［ママ］を綜合して裁判所は前述3人の証人訊問の期日を上告人に指定告知しなかったことは奈辺よりするも法令違反と解する次第である、要之に裁判所が職権を以って昭和42年5月12日の証拠調をなし上告人に昭和42年5月12日の証拠調に立会うの機会を告知しなかったことは刑訴法157条各項に違反し上告人の刑事訴訟法上の権利の制限に外ならない、被告人の弁護人が右の証拠調に立会ったとしても被告人は固有の権利を喪失するものでない、孰々記録を考究するに奈辺にも昭和42年5月12日の期日の告知を上告人になし得る機会を窺知することが出来ない、成程昭和42年5月12日の信濃川川岸に於ける証人決定の期日には上告人の弁護人は出頭しては居た、乍然被告人たる上告人は出頭していないのであるから刑事訴訟法157条の第1項上告人の立会権、第2項通知に関する件並同項但書の件第3項尋問権等に関し是れ等の意思表示を弁護人に代行を委任した事実はないこと明瞭である、即ち右証拠調に不立会不尋問の意思表示を裁判所に明示していないのであるから裁判所は職権に依る証拠調であっても当然上告人の如き一審で無期懲役刑を言渡されている重罪犯の如きに対しては慎重の態度で処置すべきものと信ずる。
　前述の通り法令の違反があるから破毀を免れざるものである。
　第二点　控訴審判決には憲法違反がある。
　憲法第37条2項前段に「刑事被告人はすべての証人に対して審問する機会を充分に与えられ」と規定されている。
　此の点に違反する点がある、控訴裁判所は昭和42年5月12日信濃川川岸に法廷を開いて証人佐藤佐一、同水内忠次の証拠調を信濃川川岸で訊問することを同月同日と決定し又証人岡秀太郎を証人として小千谷簡易裁判所で昭和42年5月13日午後1時訊問する決定をしたが右5月12日の期日の開廷は被告人に対し何等指定告知する処がなかった（記録を調査するもなし）公判其他証拠調等の期日は被告人に通知すべきものなることは法律に規定されている（参照刑訴法273、同157条）従って上告人は右佐藤佐一と水内忠次証人の信濃川川岸に於ける証人訊問に立会うことも右の証人達を訊問することも出来なかった（参照刑訴法157条各項）是れ即ち控訴裁判所の刑事訴訟法の解釈に関し失当なる見解によって蒙った上告人の本件事犯に於ける不利益である、従って上告人は憲法37条2項前段「刑事被告人はすべての証人に対して審問する機会を充分に与えられなかった」からその機会を失したものであるから控訴裁判所に対し右の通り憲法違反があるから本件判決の破棄を求むる次第であります＊＊＊。

判 例

東京高判平6・2・10判タ854-299（「横須賀は組員が多い」事件）

　本件控訴の趣意は、弁護人岡本清一、同富田孝三提出の控訴趣意書に、これに対する答弁は、検察官淡路竹男提出の答弁書にそれぞれ記載されたとおりであるから、これらを引用する。
　控訴趣意中訴訟手続の法令違反の主張について
　所論は、要するに、原判決は、本件公訴事実につき被告人を有罪（懲役1年4月、4年間執行猶予、付保護観察）と認定したが、原審の訴訟手続には、原判示第二の事実（以下、「本件」という。）の審理に当たり、被告人の立会権及び証人尋問権を奪って、証人Tの期日外の尋問を実施し、その尋問調書を証拠として取り調べた点において、憲法37条2項、刑訴法157条に違反し、判決に影響を及ぼすことが明らかな法令違反があるというのである。
　記録によると、本件公訴事実は、暴力団Y組幹部の地位にある被告人が、同組幹部のNと共謀の上、組員のTが、覚せい剤事犯で有罪判決を受けたため組から脱退したいと申し出たのに対し、川崎市内のマンションにある組事務所において、こもごも「シャブやったんだから、けじめをつけて指を詰めろ。」などと怒号し、その身体等に危害を加えかねない気勢を示して脅迫したというものであるが、被告人は、捜査段階からNとの共謀及び脅迫の事実を否認しており、また、Nは事件後所在不明となっているため、その審理に当たっては、被害者Tの供述が極めて重要な意味を持つものと認められる。
　そこで、右Tの証人尋問の経過をみると、以下の事実が認められる。
　1　原審は、平成5年5月27日の第3回公判において、右Tの証人尋問を決定し、7月1日の第4回公判期日に召喚したが、右期日前の6月24日、同証人から担当検察官に対し、組を抜けるため所在を隠して働いていること、被告人の面前で証言することは致し方ないが、Nも逮捕されていないうえ、横須賀には組員も多く、出頭の際待ち伏せされるおそれもあるので、裁判所外の別の場所で尋問してもらいたい旨の連絡がなされ、同証人は第3回公判期日には出頭しなかった。
　2　7月1日の第4回公判において、検察官から、Tの申し出た諸点を要約したうえ、尋問事項書を添えて、公判期日外の証人尋問の請求がなされ、弁護人からも右の請求に異議はない旨の意見があり、原審は、同月6日、T証人を同月27日午前10時京都地方裁判所で取り調べる旨決定し、右決定は同月7日弁護人及び被告人に通知された。
　3　ところが、同月16日弁護人から、右決定に対し、右Tの証人尋問を期日外で行う具体的必要性はなく、また、被告人の護送困難な遠隔地を尋問場所とし、被告人の立会なくして尋問を実施することは、憲法37条2項、刑訴法157条1項に違反し、被告人の立会権、証人尋問権を奪うものであるから、同証人に対する期日外の尋問を取消し、尋問を横須賀支部で行うよう求めた異議申立書が提出された。原審は、検察官の意見を聴いたうえ、同月19日弁護人の指摘する諸点についていずれも理由がないとして、右異議の申立を棄却し、弁護人は、これに対し、同月23日特別抗告を申立てた（右特別抗告は、同年8月19日不適法として棄却されている。）。
　4　原審は、決定通り同月27日京都地方裁判所において、弁護人、被告人不在のままTの証人

尋問を実施し、同年8月19日の第5回公判において、弁護人の異議申立を棄却してTに対する尋問調書を取り調べた。

5　右尋問調書は、原判決上本件の有罪認定の証拠として挙示されている。

右の事実に照らすと、本件事案の性質並びに主犯格の共犯者が未逮捕であることなどの事情に鑑み、暴力団を脱退しようとして所在を隠している証人が、組構成員の多数いる横須賀支部に出頭し、証言することに不安を抱くことは充分理解できるところであり、期日外尋問に異議はない旨の弁護人の意見を聴いたうえ、その旨の決定をした原審の措置に何らの違法はないと認められる。

その後弁護人が、右決定の取消を求め異議の申立を行った理由は必ずしも定かではないが、弁護人が異議申立書で指摘する、尋問の期日及び場所の決定前に、証人の住所の連絡がなかったとか、尋問場所の打合せがなかったとかの主張は、いずれも適法に行われた期日外尋問の決定を取り消すべき事由に当たるとはいいがたい。かえって、裁判所書記官作成の電話聴取書によれば、期日外尋問の通知の2日後の7月9日、弁護人から、右期日には弁護人のみが立会い被告人は立ち会わない旨の連絡がなされている事実も認められるところである。したがって、すでになされた期日外尋問の取消を求める弁護人の異議申立を棄却した原審の措置にも違法はない。

しかしながら、弁護人の異議申立は期日外尋問自体の取消を求めているものではあるが、その理由として述べるところは、T証人の重要性に鑑み、右尋問への被告人自身の立会いと、尋問の権利を強く求めていることが明らかであり（前記7月9日の弁護人からの連絡は、法廷等被告人の面前でなされたものではなく、前認定のその後の経過をも併せ考えると、被告人の真意を十分に反映していたかについて疑問がなくはない。）、少なくとも右異議申立の時点においては、被告人自身の立会い、尋問の意思が明確にされているのであるから、裁判所としては、異議申立を棄却する以上、尋問場所への被告人の身柄の押送手続をとるなどして、上記の権利の行使に遺漏のないよう配慮する必要があったものといわなければならない。この点を看過し、単に弁護人の異議申立を棄却したのみで、被告人及び弁護人を立ち会わせることなく期日外尋問を実施した原審の措置は刑訴法157条1項に違反するもので、その結果得られたTに対する尋問調書は証拠能力を欠くという他はなく（なお、弁護人が立ち会わなかったことについては、裁判所がその立会権を奪ったものということはできず、原審の措置が憲法37条2項に違反するものとはいえない。）、したがって、原審が弁護人の異議を棄却して、右尋問調書を取り調べ有罪認定の証拠に供したことには、訴訟手続の法令違反があるものというべきである。そして、記録によれば、右Tに対する尋問調書を除外した他の証拠によって被告人の有罪を認定することは困難であると認められるから、右の違法は判決に影響を及ぼすことが明らかである。論旨は理由がある。

よって、弁護人のその余の論旨につき判断するまでもなく、刑訴法397条1項、379条により原判決を破棄し、原審において改めて被告人に立会いの機会を与えてTに対する尋問を行わせたうえ本件につき判決させるため、同法400条本文により、本件を原裁判所である横浜地方裁判所に差し戻すこととし、主文のとおり判決する。

（裁判長裁判官　小林充、裁判官　竹崎博允、裁判官　小川正明）

質問6－10
この判決が「横須賀は組員が多い」といった証人の不安を理由とする期日外尋問の決定を適法としたことは正しいか。

2　公判前の証人尋問

判　例

最大判昭27・6・18刑集6-6-800（公判前尋問事件）

　弁護人加藤謹治の上告趣意について。
　憲法37条2項の規定は、刑事被告人に対し、受訴裁判所の訴訟手続において、すべての証人に対して審問する機会を充分に与えられ、又、公費で自己のために強制的手続により証人を求める権利を保障した規定であって、捜査手続における保障規定ではないと解するのが相当である。そして、刑訴228条の規定は、前2条の規定とともに、同197条1項に基き規定された検察官の強制捜査処分請求に関する法律規定であって、受訴裁判所の訴訟手続に関する規定ではなくて、その供述調書はそれ自体では証拠能力を持つものではない。されば、刑訴法が同228条2項において、「裁判官は、捜査に支障を生ずる虞がないと認めるときは、被告人、被疑者又は弁護人を前項の尋問に立ち会わせることができる。」と規定して、同条の証人尋問に被告人、被疑者又は弁護人の立会を任意にしたからといって、前記憲法の条項に反するものではない。刑訴法は、受訴裁判所の訴訟手続に関する規定として右228条等の規定にかかわらず更に刑訴320条の規定を設け前記憲法の条項に基く刑事被告人の権利を充分に尊重しているのである。そして、本件第一審の訴訟手続においては、被告人及び弁護人の前記刑訴228条に基く尋問調書を証拠とすることに同意したものであること記録上明白であるから、刑事被告人の前記憲法上の権利を尊重した右刑訴320条所定の同326条に規定する場合であるというべく、従って、第一審の採証手続に何等の違憲違法をも認めることができない。それ故、所論は、全くその理由がない。
　よって裁判官全員一致の意見を以って刑訴408条により主文の如く判決する。
　（裁判長裁判官　田中耕太郎、裁判官　沢田竹治郎、裁判官　霜山精一、裁判官　井上登、裁判官　栗山茂、裁判官　真野毅、裁判官　小谷勝重、裁判官　島保、斎藤悠輔、裁判官　藤田八郎、裁判官　岩松三郎、裁判官　河村又介、裁判官　谷村唯一郎、裁判官　小林俊三、裁判官　本村善太郎）

弁護人加藤謹治の上告趣意
　原判決は弁護人の論旨第1点の（三）について「刑事訴訟法第228条に基く裁判官の証人尋問については本条第2項の特別規定があるのであるから刑事訴訟法第157条の準用はなく即ち被告人被疑者又は弁護人の立会権は原則として存在しないものと解すべきである。よってたとえ右の尋問調書が所論の手続を履践しなかったとしても、それは毫も違法ではない〔」〕と判示していますが、成程刑事訴訟法第228条の解釈からすれば違法でないにしても、右の条文は日本国憲法第37条第2項に所謂「刑事被告人はすべての証人に対して審問する機会を充分に与えられ」る趣旨に反し違憲であると思料致します。（滝川幸辰、海野普吉、島田武夫、鈴木勇共編新刑事訴訟法解説243頁参照）蓋し被告人、被疑者又は弁護人の立会なくして公判前に証人調をなし右証人

が後日公判廷で之と異る供述をなした時は刑事訴訟法第321条第1号により際限なく被告人の人権を圧迫し旧法の予審制度の復活と同じ状態になり、折角憲法第37条第2項で保障されている国民の権利が剥奪される虞が多分にあるからであります。若し夫被疑者や被告人の面前では供述の自由を奪われる証人がありと致しましても一応客観的立場に立つ弁護人丈には立会を認めても差支なきに不拘敢て弁護人迄にも立会権が原則としてないとする刑事訴訟法第228条第2項は違憲であると思料致します。特に被害者も被告人の減刑を希望して居るような（150丁表151丁表）本件に於きましては当然被告人なり弁護人に立会を許可しても可然と思料致しますのに被告人にも弁護人にも通知せずして公判前の証人調をなし被告人に反対尋問の機会を与えませんでしたことは正に違憲であると思料致します。

判　例

最2小判昭35・12・16刑集14-14-1947（「後から反対尋問」事件）

　被告人後藤秀生、同後藤守の弁護人清源敏孝、同木下方一、同諸富伴造の上告趣意第一点について。

　所論は被告人後藤秀生の爆発物等不法所持の事実に対する証拠とされた裁判官吉田誠吾の証人菅忠愛に対する尋問調書は、刑訴227条、228条により、被告人および弁護人に審問の機会を与えずに作成されたもので、憲法37条2項に違反し、無効であり、これを証拠とした原判決は憲法37条2項に違反するというのである。

　しかし、憲法37条2項の規定が反対尋問の機会を与えない証人その他の者の供述を録取した書類は絶対に証拠とすることは許されないという意味を含むものでないことおよび刑訴228条2項において、同条の証人尋問に被告人、被疑者又は弁護人の立会を任意にしたことが右憲法の条項に反するものでないことは、当裁判所判例（昭和23年（れ）第833号同24年5月18日大法廷判決、集3巻6号789頁および昭和25年（あ）第797号同27年6月18日大法廷判決、集6巻6号800頁）の示すところである。そして記録によれば、証人菅忠愛は第一審第5回、第14回および第15回公判廷において、又原審第14回公判廷において尋問され、被告人側の反対尋問にさらされ、しかも原審においては所論の尋問調書につき尋問を受けているのであって、これを証拠とした原判決が憲法37条2項に違反するものでないことは当裁判所判例（昭和25年（し）第16号同年10月4日大法廷決定、集4巻10号1866頁）により明らかである。

＊　＊　＊

　被告人後藤秀生の上告趣意第一点について。

　所論中証人菅忠愛に対する裁判官の尋問調書が被告人又は弁護人を立会わせず、これらの者に審問の機会を与えずに作成されたことを以て憲法37条に違反するとの論旨は、弁護人清源敏孝外2名の上告趣意第一点と同旨に帰し、当裁判所の判断も右上告趣意に対すると同様である。又原判決が公平な裁判所の公開裁判ではない旨の違憲の主張については、公平な裁判所の裁判とは、組織構成において偏頗のおそれなき裁判所の裁判をいうものであって（昭和22年（れ）第171号

同23年5月5日大法廷判決、集2巻5号447頁）、所論の如き事由を以て原判決が公平な裁判所の裁判でないということはできず、かつ記録を調べると、所論菅忠愛の証人尋問調書は第一審第21回公判廷において適法な証拠調べがなされており（記録第6冊3丁参照）、その他原審ならびに第一審の訴訟手続に公開の原則に違背した点は認められないのであって、公開裁判でないとの違憲の主張は前提を欠くものというべきである。なお、所論中刑訴227条、228条の規定そのものが憲法37条に違反するとの主張の理由のないことは弁護人清源敏孝外2名の上告趣意第1点について説明したとおりであり、その他は単なる訴訟法違反の主張であって、刑訴405条の上告理由に当らない。刑訴227条の規定による証人尋問については同228条2項により特に被告人、被疑者又は弁護人を立会わせる場合の外これらの者にその通知をする必要はないものと解すべきである。

* * *

よって、刑訴414条、396条により主文のとおり判決する。

この判決は証人菅忠愛に対する裁判官の証人尋問調書に関する憲法37条2項違反の各論旨につき、裁判官奥野健一の補足意見があるほか裁判官全員一致の意見によるものである。

裁判官奥野健一の補足意見は次のとおりである。

憲法37条2項の「刑事被告人はすべて証人に対して審問する機会を充分に与へられ」るとは、反面において被告人に審問する機会を十分与えられない証人の証言及びその供述調書によって有罪とされないということを保障したものと解する。そして「審問する機会を充分に与へる」ためには、原則として証人の供述の際に、被告人を立ち会わせ、反対尋問の機会を与えることを要するものと解するのが当然である。

しかし、証人尋問の際に被告人に反対尋問の機会を与えなかった場合でも、後の公判期日において、その証人が再び尋問され、その際に曩にした証言部分について、被告人側に反対尋問の機会が十分与えられているならば、結局反対尋問の機会が与えられたことになるから、曩の証人の証言又はその供述調書を証拠とすることは必ずしも違憲であるということはできないと考える。本件において証人菅忠愛は第一審第5、第14及び第15回公判廷において、また原審第14回公判廷において尋問され、被告人側の反対尋問にさらされ、しかも原審において所論の尋問調書につき尋問を受けていることは記録上明白であるから、この意味において憲法37条2項違反の所論は採るを得ない。

（裁判長裁判官　小谷勝重、裁判官　藤田八郎、裁判官　池田克、裁判官　河村大助、裁判官　奥野健一）

* * *

被告人後藤秀生、同後藤守の弁護人清源敏孝、同木下方一、同諸富伴造の上告趣意

第一点　原判決は被告人後藤秀生に対し爆発物取締罰則第3条違反の事実を認定しその証拠として検第97号裁判官吉田誠吾の証人菅忠愛に対する尋問調書を摘示した。然しながら右尋問調書は昭和27年6月17日証人菅忠愛に対し刑事訴訟法第227条、同第228条により作成されたもので、これは被告人、弁護人に審問の機会を与へず作成されたもので証拠とすることの出来ないものを証拠とし有罪としたのであるから憲法第37条第2項前段に違反し無効のものである。

憲法第37条第2項は「刑事被告人はすべての証人に対して審問する機会を充分に与へられる権利を有する」と規定するが、その法意は証言が証拠とされるすべての証人に対し直接に審問する機会を与へられる権利を有する意で、このことは当然に被告人に審問の機会が与へられない証人の証言は証拠とされないことを意味する。換言すれば「被告人又は弁護人の面前でなされる証人の供述でなければ証拠にとれない」とする直接審理の原則を定めたものと解される。（最高裁昭23、7、19、刑集2巻8号952頁）然るに刑事訴訟法第226条、同第227条は公判中心主義、直接審理主義の例外として捜査の段階において刑事訴訟法第223条第1項による参考人が（1）出頭又は供述を拒んだ場合、（2）取調官に対し任意の供述をした者が公判期日において圧迫をうけ、前にした供述と異る供述をするおそれのある場合に限り第1回公判期日前に検察官は裁判官にその者の証人訊問を請求することが出来る旨を規定した。而して刑事訴訟法第228条第2項は「裁判官は捜査に支障を生ずるおそれがないと認めるときは被告人、被疑者又は弁護人を右の訊問に立会させることが出来る」と規定したがこの規定は被告人又は被疑者若しくは弁護人は原則として立会権を有しないことを定めた趣旨と解される。然らば刑事訴訟法第226条、同第227条、同第228条によって作成された書面は被告人又は被疑者若しくは弁護人の立会なくして為されたものに限り、憲法第37条第2項に違反して証拠能力なきものであることは法理上当然のことである。ところがこの供述は刑事訴訟法第321条第1項第1号によってその作成過程の信用性等に関りなく証拠能力を有するのであるから刑事訴訟法の右規定は違憲の法律といはねばならない。本件の場合にこれを見るに証人菅忠愛は当時高等学校を卒業し大学の受験準備中であった未成年者であり、訊問した裁判官吉田誠吾は判事補となって間のない20才台の裁判官であり、且証人菅忠愛は当時被告人と共犯の疑を以て逮捕され拘留中であった。検察官は「証人が公判期日において圧迫をうけて前にした供述と異る供述をするおそれがある」と疏明して請求しているが、右の疏明は単に抽象的になされたのみで具体的な資料は何も示されていない。凡そ犯罪において被告人又は第三者から圧迫があって公判期日に証人が供述をひるがへすかもしれないという抽象的おそれはいかなる犯罪についてもいへることであって特に本件において特別の具体的事情があったならその資料が挙示さるべきであるに拘らずそれがなされていない。要するに刑事訴訟法第226条以下に基いて作成される裁判官調書なるものは右の様な信用性を全く顧慮せず完全に証拠能力を認められるものであって、憲法第37条第2項違反のものであるから本件の場合吉田裁判官調書を証拠とした原判決は当然破棄せらるべきであると信ずる。

＊　＊　＊

被告人後藤秀生の上告趣意

＊　＊　＊

　第一点　原判決は、起訴前の裁判官の証人訊問調書を証拠としているが、これは憲法第37条の違反である。

　判示検第97号の裁判官吉田誠吾の菅忠愛に対する証人訊問調書は、当事者の立会及び反対訊問等、基本的な権利を与えないで作成されたものであるので、法律の定める手続さえ経ておらず、

証拠とすることができないものである。右訊問には、被告人、弁護人共に立会せておらない。それのみか、証人の氏名及び訊問の期日と場所等を当事者に対して、告知する義務を定めてあるが、吉田判事はこれにも違反して全く知らしていない。それは判事と検事のみのなれあいによって、秘密裏に行われたものである。刑事訴訟法第227条に定める裁判官の証人訊問をするときは、被告人、被疑者、又は弁護人を、その訊問に立会せることができる旨、第228条に規定してある。このような規定は、その相手方に対して、当然、その立会を請求できる権利を認めているものと解さねばならない。何故なら憲法第37条には、すべて刑事事件においては、被告人は、公平な裁判所の迅速な公開裁判を受ける権利を有する。刑事被告人は、すべての証人に対して、審問する機会を充分に与えられ、又公費で自己のために強制手続により証人を求める権利を有する旨、保障してあるからである。更に刑訴法第157条においても、証人訊問に当事者が立会って訊問をする権利が明記されてある。したがって同条2項には、証人訊問の日時及び氏名と場所は、あらかじめ当事者にこれを通知しなければならない旨の義務規定がある。それは当然に、この通知がなければ、拘禁中の被告人等には、その訊問の立会を請求することは実質的に不可能であるから、その点の救済的な規定であるものと解せられる。従って、本調書は法定の手続に違反している。然るに原裁判所は、以上の如く、法律に違反して作成された証人訊問調書を、違法に証拠とした。
＊＊＊本調書は、以上の如く、憲法に違反し、刑訴法に違反して作られた秘密裁判の結果である。もしも、現行の刑事訴訟法において、右の本調書の成立とその証拠能力を認めているとするならば、それは必然、刑訴法第227条及び第228条の法律の規定そのものが、憲法第37条に違反するものと確信する。更に本調書を作成した右裁判は、憲法第82条に違反するものといわねばならない。即ち、同条には、『政治的犯罪又は憲法第3章で保障する国民の権利が問題となっている事件の対審は、常にこれを公開しなければならない』と裁判の公開を義務づけてある。本件が、右に該当することは左記によって明らかであろう。原審における検事論告及び各立証趣旨においても「本件は被告人ら日本共産党員が、民族解放民主革命政権を確立する目的でなした云々」と各所で述べているところである。もちろん、これは、合法政党の当然の権利による政治活動を不当に弾圧するために、共産党を国民から切りはなす目的をもって、捏造された政治的陰謀による事実無根の主張であることは、控訴趣旨書の第一点で証明したとおりである。したがって本件の全ての裁判は、これを絶対に公開しなければならないものである。以上の理由により、本調書は、憲法第37条に違反するものであって、これを証拠とした原判決は、当然、破棄されるべきものと確信する。刑事訴訟法第227条及び第228条の規定は、憲法第37条に違反するものであり、この点においても原判決は、とうてい破棄をまぬがれないものと信ずる。

＊＊＊

質問6-11
公判前尋問事件の判断と「後から反対尋問」事件の判断とは矛盾するか。

質問6-12
「後から反対尋問」事件で奥野健一裁判官が述べている「曩にした証言部分について、被告人側に反対尋問の機会が十分与えられている」場合とはどのような場合か。証人が公判廷で公判前尋問で述べたことと異なる証言をした場合に、従前証言に対して十分な反対尋問をすることができるか。

質問6-13
被告人と弁護人の立会いなしに公判前の証人尋問が行われ、かつ、公判廷では当該証人に対する尋問が行われなかった場合（例えば証人が死亡したり、国外に滞在している場合）に、刑訴法321条1項1号に基づいてその証言調書を証拠に採用することは許されるか。

3　被告人の退廷

判　例

最大判昭25・3・15刑集4-3-355（女工強姦事件）[21]

　弁護人鍛冶利一の上告趣意第一点について。

　本件第一審第1回公判調書を調べてみると、裁判長は、証人尾辻陽子に対して、「今度の事件について証人として取調べをするが、穐原がここにいては言い難いか」と問うたところ、尾辻が「はい」と答えたので、裁判長は、被告人に命じて同証人の訊問が終了するまで退廷させた上で、同証人に対し逐一訊問したこと所論の通りである。しかし沢田弁護人はこの証人訊問の間終始立会っていたのみならず、裁判長の訊問終了後、右の証人に対して十分補充訊問をしている。そして右補充訊問が終った後、裁判長は被告人を入廷させ被告人に対し右証言の要旨を告げて意見を訊ねたところ、被告人は、「無理に関係したのではない」旨を答えた。被告人は更らに裁判長から、「証人に聞き度いことがあるか」と問われて、「別にありません、関係後陽子と話したのは……………。他に陽子に尋ねたいことも又言い度いこともありません」と述べている。

　右のように第一審公判においては、裁判所は証人訊問中被告人を退廷させたけれども、訊問終了後被告人に証言の要旨を告げて、証人訊問を促がしたのであり（それにも拘らず、被告人自ら訊問しなかったのである）、且つ弁護人は終始訊問に立会い、自ら補充訊問もしたのであるから、これを以て、憲法37条第2項に反して、被告人が証人に対して審問する機会を充分に与えなかったものということはできない。

　尤も第二審に於ては、被告人及び弁護［人］から、尾辻陽子を証人として申請したのに対し、裁判所はこれを却下しながら、第一審第1回公判調書中の同人の供述記載を証拠として採用している。しかし同人の供述については、既に第一審において、訊問する機会を被告人に与えられていること前記の通りであるから、第二審において重ねてその機会を与えることをしないでこれを証拠にとっても、刑訴応急措置法12条1項又は憲法37条2項に違反するものではない。

　論旨は、憲法37条2項について独自の解釈を下し、証人の供述は、それが供述される際に被告人の反対訊問にさらされたものでなければ、これを証拠に採ることができないという見解を前提として、証人尾辻陽子の供述には被告人の反対訊問の機会が与えられていないから、これを証拠に採用した原判決は、憲法の右規定に違背すると主張している。しかし憲法の右条項は、所論のような要請を含むものではなく、所論の証言については、第一審第1回公判に於て、反対訊問の機会を被告人に与えられているものと認むべきこと前記の通りである。それ故論旨は採用することができない。

＊　＊　＊

　以上の理由により旧刑訴446条に従い主文の通り判決する。

　この判決は裁判官全員一致の意見によるものである。

　（裁判長裁判官　塚崎直義、裁判官　長谷川太一郎、裁判官　沢田竹治郎、裁判官　霜山精一、

　注21）　編者注：刑訴法304条の2（昭和33年法律108号）が制定される以前の判例である。同条の合憲性を肯定した判例として最2小判昭35・6・10刑集14-7-973。

裁判官　井上登、裁判官　真野毅、裁判官　小谷勝重、裁判官　斎藤悠輔、裁判官　藤田八郎、裁判官　岩松三郎、裁判官　河村又介、裁判官　穂積重遠）

弁護人鍛冶利一の上告趣意
　第一点　原判決は憲法第37条第2項に違反する。
　原判決は第二事実として「右工場に出入するうちに同年10月頃から同工場女工尾辻陽子（当時16年）と知合になったが昭和22年1月2日右工場の講堂で素人演芸会が催され女子寄宿舎には女工が皆不在になるのを好機として同所で尾辻陽子と情交関係を結ばうと考え同日午後1時30分頃右寄宿舎第2寮第9号室に行きその室に残っていた女工平田ひろ子に頭痛がするといふて寝床をとってもらって寝た、そして同日午後零時30分頃附近を通りかかった工員平川時正にたのんで尾辻陽子を呼寄せ同女が被告人の寝ている所に来ると枕元に坐らせ情交を求めたところ拒絶されたので無理にでも姦淫しようとして同女の左の手足をとらえて寝床の中に引込み、俺が嫌いか、俺は二見で一番強い、俺のいふことをきかんとどんな目にあふかわからんぞといふて脅迫したが尚拒絶して寝床から出ようとしたので力任せに引入れ同女が声をあげて救を求めたのでその口を塞ぎ、同女を押付けて強いて姦淫し同女の陰部に処女膜及処女膜基底部に達する裂傷を負はした」との事実を認定し其証拠として「第一審第1回公判調書中証人尾辻陽子の供述として判示傷害の部位程度を除き判示に照応する被害顛末の記載」を挙げた、上告人は犯罪事実を否定して居るのであるから前示尾辻陽子の第一審証言が原審判示の有罪事実を支持する唯一の証拠である。
　依て右証人訊問を見るに「裁判長は被告人に対し本証人の訊問が終了する迄退廷すべきことを命じ退廷させ」（150丁裏）訊問したのであって、右証人の訊問に際しては被告人に証人訊問の機会を与えてゐない。
　憲法第37条第2項は、刑事被告人はすべての証人に対して審問する機会を充分に与えらるべき旨を規定する、すべての証人に対して審問する機会を充分に与えられることを基本的人権として保障したことは、此の保障が実行されなかった証拠は有罪認定の証拠としてならないといふことを意味する。
　同項の母法である米国憲法修正第6条についても同様の解釈が与えられている。
　其れは人権保障の制度として人権保護状［ママ］、適法手続の法理と共に米英法の3大金字塔であるが、ここでは反対訊問と云ふ形で実効が発揮される。
　反対訊問の目的は相手方の証人に対し、其人格、当該事件への利害関係、偏見の有無、観察能力、記憶力などを吟味して不利な証言の効力を弱め進んでは其矛盾、遺脱、秘匿などを追及し、その証人が嘘をいっていること又到底信ずるに足りないことを立証するのみならず、更に有利な証言をも引出さんとするにある。
　被告人の反対訊問を経ない証言は相手方の設問に対する応答を示すに止まり其応答が正しいか否かの試練が被告人により為されて居ないから、被告人に防禦権行使の機会を与えない一方的な証言であり斯くて証拠として許容すべからざることとなるのである。
　何故証人について被告人に訊問の機会を与えることを重要視するかと云ふに、証言は其れが述

べられる時に証拠として形成されるのであって訊問をする際の立会者、訊問者の態度、発問の内容等によって証言も異なって来る、真正の事実を知って居る者が立会して居れば事実と違った供述をすることが制約され、発問者の一方的な圧力が制されれば自由に真正の事実を述べる可能性が多いし、或発問者が不必要であるとし或は都合が悪いとして触れない点の発問によりそれ迄の供述が根拠を失う等、対立訊問者のあることが真正な証言を形成するのに必要であり被告人の防禦に欠くべからざることとなるのであって、これは証言が為される時（供述録取書或は供述代用書類として形成される時）に保障されてこそ其目的を達し得るからである。

　此点に付 5 月24日の読売新聞、日本経済新聞の左記記事は弁護人をして益々此論旨の正しい事を確信させた［。］

　「総司令部渉外局23日発表、マッカーサー元師は第 8 軍々事委員会が元陸軍中尉加藤哲太郎に対して下した死刑の判決を却下し再裁判を行ふよう命じた、加藤は昭和20年 7 月新潟捕虜収容所から脱走した米人捕虜を銃剣で突殺すよう命じ、自分も突いたとの容疑によって起訴されたものである、マ元師の判決却下理由は戦犯裁判に対する最高司令官の指令によって要請されている通り。

　証拠を事前に被告に提示しなかったことは被告加藤の権利を損し軍事委員会が不十分な証拠を受理したことになる。

　との理由にもとづいてなされたものである。

　加藤は 3 年間にわたって日本警察および占領軍当局によって捜査されていたが裁判のわずか数週間前に逮捕されたもので第八軍審査当局は右判決を承認したものである。」

　先般第二東京弁護士会 3 階で横浜の戦犯裁判弁護人をしていた某米国弁護士の講演を聴いたが、それによると軍事委員会の裁判を米国で行はれる刑事訴訟手続と同じだと思っては困る、あれは結局軍事委員会の裁判であって、米国で行われているのはもっと民主的なものだ、とのことであった。

　然るに民主的でないといわれる軍人の裁判で米国人は、被告人に防禦の機会を与えなつ［ママ］かった証拠では有罪の裁判をしてはならないという民主々義的証拠原理、被告人の人権を尊重しなければならないといふ事を、それが仮令同胞を虐殺したとせらるる旧敵国人である被告人に対しても忘れないのである、新憲法の下文民のする裁判が軍人のする裁判より非民主的であってよいのか［。］

　実際は尾辻陽子と上告人は相愛の仲であったが寮長等がきいて騒ぎ出し告訴手続をとらせた為若年の陽子は真実を述べることが出来ず強ひて姦淫された様に陳述したもので、帰郷に際しては上告人に恋文を送り、証人として姫路へ来たときは上告人方に宿泊しているのである、例へば陽子の証言中に

　「問、帰る時に友達に托して手紙を秋原に渡したことはないか、答、そんなことはしておりませんただ秋原さんに姉さんに帰るからと云ってくれと言伝けした丈です、問、秋原は送りに来たか、答、はい、弁当を持って来てくれました、問、姉にも知らせたのは、答、姉さんが私を妹のように可愛がってくれましたので黙って帰るのも悪いと思い知らせました（158丁）問、郷里へ

帰ってから秋原に手紙を送ったことがあるか、答、世話になったお礼の手紙を一度丈出しました（159丁）問、それは誰が出したのか、答、警察で調べを受け出すように云はれ人に書いて貰って出したのです（160丁）問、その時秋原が俺がここにゐて悪いなら何処かへ行くと言ふと証人は行かずにここにいて下さいといったのと違ふか、答、いった様に思います（161丁）」

　尾辻忠一の証言に「問、姫路の裁判所へ証人が行った時秋原の家へ幾晩泊ったのか、答、２晩泊りました（212丁）」

とある、それのみでなく上告人と陽子は正式に結婚したのである、上告人方は姫路方であり陽子は都城市であって陽子は一旦親許へ帰ったが相互の愛情は変らず上告人方へ嫁入った次第で（戸籍抄本参照）陽子は上告人の無罪を心から祈っている（上申書参照）［。］

　原審が上告人に訊問の機会を与へなかった陽子の第一審証言を証拠として有罪を認定したのは上記憲法の規定に違背し破毀を免かれない［。］

＊　＊　＊

4　傍聴人の退廷

判　例

最2小決昭35・7・11裁判集刑134-425（警察官退廷事件）

　本件特別抗告の理由は、別紙特別抗告申立書記載のとおりであるが、所論高松地方裁判所裁判長の措置は特定の傍聴人に対する刑訴規則202条に基く裁判長の訴訟指揮上の処分に過ぎず、裁判の対審の公開禁止をもって目すべきものではなく、右の処分は、裁判長が、被告人らは特定の傍聴人の面前で充分な供述をすることができないと思料し、その供述をする間、その傍聴人を退廷させたものであり、しかもその傍聴人が警察官であるという社会的身分や職業のみによって裁判傍聴の自由を奪う如き差別的待遇をなしたものとは認められないから、所論憲法82条及び14条違反の主張は、結局実質においては、被告人らが本件特定の傍聴人の面前では充分な供述をすることができないと思料した裁判長の職権調査に属する認定を非難し、且つ、刑訴規則202条の解釈適用の誤りを主張するに帰し、また本件の処分は公判審理の進行程度が既に被告人らの罪状認否の陳述をなす段階に至った時間においてなされたものであるから、所論引用の大阪高等裁判所決定の事案とはその内容を異にし、判例違反の主張は前提を欠くものというべく、該処分及びこれに対する検察官の異議申立を棄却した原決定を非難する論旨はすべて特別抗告適法の理由とはならない。

　よって刑訴434条、426条1項により裁判官全員一致の意見で主文のとおり決定する。
　（裁判長裁判官　小谷勝重、裁判官　藤田八郎、裁判官　河村大助、裁判官　奥野健一）

高松地方検察庁検事正代理検事栗本義親の特別抗告申立

　被告人大林浅吉外3名に対する公務執行妨害、傷害、住居侵入、器物毀棄被告事件（別紙1、起訴状写参照）は、目下高松地方裁判所合議部に係属中であるが、昭和35年5月11日第4回公判において、被告人の罪状認否を行う直前、弁護人から裁判長に対し、警備係警察官（私服）が傍聴席に在廷しており、これは裁判の公正を害するものと認められるから、その退廷を命ぜられたい旨の要求がなされ、その主張の要旨は「警備係警察官は従来から労働運動を弾圧しており、本日傍聴席にいる警察官も単なる裁判傍聴のためではなく労働運動弾圧のための警備情報収集の目的で在廷しているものと思われる。従って警察官の傍聴は被告人に心理的圧迫を加え、被告人が充分な供述ができない虞れがあるから傍聴警察官につき傍聴の目的を問い質した上、退廷を命ぜられたい。」趣旨のものであった。

　これに対し検察官は「警察官は正当に傍聴券を入手し静粛に裁判を傍聴している以上、その身分が警察官であり、公務として傍聴しているのであったにしてもその警察官たるの身分の故をもって退廷せしめることは不当である。」旨主張した。

　裁判長は、合議の末、傍聴席に向い、警察官は起立して貰いたいと発言し、傍聴席にいた警察官2名が起立するや、裁判長は右両名に対し、裁判長の訴訟指揮として「一般的には警察官が公

判傍聴することは差支えないが、本日の公判は被告人の認否の段階であり、特に被告人に自由に発言させなくてはならぬから認否の段階に限り警察官は退廷して貰いたい。これは刑事訴訟規則第202条による命令である。」として退廷命令を発した。

これに対し、検察官は、直ちに右命令が刑事訴訟規則第202条の趣旨に反するものであるとして、異議の申立をしたところ、裁判長は右異議の申立を理由なしとして棄却したものである。
（別紙2、第4回公判調書写参照）

しかしながら裁判長のなした前記命令及び検察官の異議の申立を棄却した原裁判所の決定は、次に述べるとおり憲法第82条、第14条に違反することはもちろん、高等裁判所の判例に背反する極めて違法な命令及び決定であると認められるから到底破棄を免れないものと思料する。

　一　原決定及び命令は、憲法第82条の裁判公開の規定に違反する。

そもそも裁判公開の原則は、裁判の公正を担保し、国民の基本的権利を保障するものであり、これによって裁判に対する国民の監視を行い、裁判の適正な運用が保障されることは贅言を要しないところである。

裁判公開の原則は、憲法が明示する如く、特定の場合を除いて、公開の停止は、公の秩序又は善良な風俗を害する虞れがある場合に限り極めて慎重な手続を経て行わなければならないものとされている。

この原則は、またその結果として傍聴の自由を保障しているものと考えられる。従って、この傍聴の自由を制限するには司法の適正な運営上特に必要とされる場合に限られることはいうを俟たず、公判審理に際し、特定の傍聴人を退廷せしめるについては裁判所法第71条、刑事訴訟法第288条等の法廷秩序維持のための規定又は刑事訴訟規則第202条によらなければならないのである。しかして右刑事訴訟規則第202条によれば、被告人その他所定の者が特定の傍聴人の面前で充分な供述をすることができないと思料するときは、その供述をする間、その傍聴人を退廷させることができる旨裁判長の訴訟指揮権を規定しているが、同条の解釈適用は傍聴の自由との関係において厳格慎重になされなければならない。

翻えって、本件については当該警察官は正当に傍聴券を入手し静粛に在廷していたものであり、右警察官は、本件被告事件発生当時警備活動に従事していたが、被告人等の捜査取調には全然関与しておらず、警察官の傍聴により被告人が充分な供述をなし得ないような特別な事情は認められず、裁判の公正が害せられる虞れは毫も存しないのである。

しかるに弁護人は、警備警察官は労働運動を弾圧のための警備情報収集の目的で在廷しているのであるから、これは裁判の公正を害し、被告人に対し心理的圧迫を与えるものであるから退廷を命ぜられたいとの、抽象的、独断的偏見の主張をなし、裁判長は、傍聴警察官に対し、刑事訴訟規則第202条所定の要件の有無について何等具体的調査をもなさずして、直ちにこれを採用し、被告人等においてその警察官の傍聴する面前で充分な供述ができないと思料される特別な理由がないにもかかわらず、本人の公判は被告人の認否の段階であり、特に被告人に自由に発言させたいとして退廷命令を発し、検察官の異議申立にもかかわらず、この申立を理由なしとして棄却したのである。

裁判長の本件命令及び決定は、明らかに刑訴規則第202条の解釈適用を誤った不当の措置であり、ほしいままに傍聴の自由に制限を加え、ひいては公開裁判についての憲法第82条に違反するものと言わざるを得ない。
　二　原決定及び命令は憲法第14条に規定する法の下の平等の原則に違反する。
　いうまでもなく憲法第14条は、法の下に於ける国民平等の原則を明らかにしたものであり、人種、宗教、性別、職業、社会的身分等の差異により差別的処遇をしてはならないという原理を規定したものである。
　従って、裁判傍聴の自由についても、何人も職業、社会的身分等により差別されることがない保障を有する。
　ところが本件退廷命令は、前記のように傍聴席で警察官が2名居ることを確めたのみで、それ以上の事実を調査することなく、右退廷命令が発せられたのであり、右命令は、特に肯認すべき理由がないのにかかわらず、警察官が法廷に傍聴していること自体をもって直ちに裁判の公正が害せられるものと断じたもので、警察官たる職業のみによって差別的処遇をなしたものと言わざるを得ないのであって。憲法第14条に違反するものと思料する。
　三　原決定及び命令は高等裁判所の判例に違反する。
　原決定は、公開法廷に傍聴人として在廷していた警察官を退廷せしめた点につき、昭和34年3月10日大阪高等裁判所が、被告人岩尾覚外14名に対する裁判官忌避申立却下の裁判に対する即時抗告事件につき言渡した決定（下級裁判所刑事裁判例集昭和34年度第1巻第3号607頁）の趣旨と相反する判断をなしている。
　右大阪高等裁判所の決定は、「被告事件の捜査に関係した警察官がその被告事件の公開法廷に傍聴人として在廷していることは、それ自体、なんら審理の妨害など法廷の秩序を害するものでないことは勿論であり、又そのため一概に裁判の公正が害せられるという筋合のものでもないと解するから、これに対し前記のような裁判長の職権を発動して退廷させる処置をとることは適当でなく、又かりに被告人等においてその警察官の傍聴する面前で充分な供述ができないという首肯すべき特別の理由があるとしても、右被告人等の供述の段階にいたらない前にその警察官を退廷させ被告人等の供述以外の公判手続についても傍聴させない処置をとることは、前記刑事訴訟規則（第202条）の規定などに照し許されないところである……」としている。
　右特示のように警察官が公開法廷に傍聴人として在廷するということは、それ自体裁判の公正を害するということにならないことはいうまでもなく、本件警察官は静粛に傍聴していたのであり、また、前叙のように被告人等に対して心理的圧迫を加え、被告人をして充分な供述をなさしめないような特別な理由もないのみならず、その理由の有無につき全然具体的な調査はなされていないのである。
　弁護人が主張するように、労働運動弾圧のため在廷しているとの抽象的な主張は、到底これを肯認するによしなく、本件傍聴人多数のうち、私服警察官僅か2名在廷したことのみをもって、直ちに被告人の供述に不当な影響を与え、ひいては裁判の公正を害するとは到底考ええられないのである。

然るに本件につき裁判長は、前記の如く刑事訴訟規則第202条の解釈を誤り、警察官の在廷によっては被告人等が充分な供述をし得ないと独断し、退廷命令を発し、これに対する検察官の異議申立に対し原裁判所が棄却決定をなしたことは、前期高等裁判所の判例に相反する判断をしたものと認められる。

5　遮へい措置・ビデオリンク

判　例

最 1 小判平17・4・14刑集59-3-259（一宮強姦事件）

　［26歳の女性に全治7日間を要する顔面擦過傷等を負わせ（傷害）、その4時間後にその女性を強姦した（強姦）という訴因。被告人はいずれの訴因も否認。一審は女性の証人尋問の際にビデオリンクに加え、女性と被告人、女性と傍聴人との間に遮へい措置を採った。一審弁護人がそれに反対したかどうかは不明。一審有罪。懲役4年10月。被告人控訴。控訴趣意は、審判公開規定（刑訴法377条3号）に違反し、かつ、被告人の反対尋問権を侵害して得られた女性の供述は証拠能力がなく、これを採用した原審は判決に影響を及ぼすべき訴訟手続の法令違反があるというもの。原審（名古屋高判平16・6・29）は次のように述べて控訴を棄却した。

　本件は被告人が、かつて自分と交際していた女性と駆け落ちをした友人への恨みを晴らそうとして、刑務所を満期出所してまもなく、その友人を尋ねた際、初対面であるその妻に暴行を加えて傷害を負わせ、さらに強姦に及んだとされる事案であること、被告人は、捜査段階から、傷害及び強姦の事実を争っており、証人には、被害を受けた際の具体的状況はもとより、被害を受けるに至った経緯、事情等について、詳細な供述が求められるものと予測されたこと、証人は本件の被害者であり、被告人からの報復を恐れていることなどを併せ考えると、証人にとっては、被告人の面前で供述することや、被告人や傍聴人から見られた状態で供述することは、心理的圧迫を受け、精神の平穏を著しく害されるおそれがあるというべきである。そうだとすると、ビデオリンク方式に加え、証人像が映し出されたモニターと被告人、同モニターと傍聴人との間に遮蔽措置を施す方法により証人尋問を行った原審の措置は正当であって、審判の公開規定に反する余地はない。また、本件証人尋問には、被告人の弁護人も立ち会っていたことも併せ考えると、なんら被告人の証人尋問権を侵害するような事情はないというべきである。証人尋問手続が違法であるとして、その供述を事実認定に用いたことを論難する所論は、前提を欠くものであって、採用できない。刑集59・3・279〜280。

　被告人が上告。上告趣意は、遮へい措置・ビデオリンクを規定した刑訴法157条の3、4は公開裁判を保障した憲法82条1項、37条1項及び証人審問権を保障した憲法37条2項前段に違反するというもの。］

　1　弁護人濱田広道の上告趣意のうち、違憲の主張について

　所論は、刑訴法157条の3、157条の4は、憲法82条1項、37条1項、2項前段に違反する旨主張する。

　刑訴法157条の3は、証人尋問の際に、証人が被告人から見られていることによって圧迫を受け精神の平穏が著しく害される場合があることから、その負担を軽減するために、そのようなおそれがあって相当と認められるときには、裁判所が、被告人と証人との間で、一方から又は相互に相手の状態を認識することができないようにするための措置を採り、同様に、傍聴人と証人と

の間でも、相互に相手の状態を認識することができないようにするための措置を採ることができる（以下、これらの措置を「遮へい措置」という。）とするものである。また、同法157条の4は、いわゆる性犯罪の被害者等の証人尋問について、裁判官及び訴訟関係人の在席する場所において証言を求められることによって証人が受ける精神的圧迫を回避するために、同一構内の別の場所に証人を在席させ、映像と音声の送受信により相手の状態を相互に認識しながら通話することができる方法によって尋問することができる（以下、このような方法を「ビデオリンク方式」という。）とするものである。

　証人尋問が公判期日において行われる場合、傍聴人と証人との間で遮へい措置が採られ、あるいはビデオリンク方式によることとされ、さらには、ビデオリンク方式によった上で傍聴人と証人との間で遮へい措置が採られても、審理が公開されていることに変わりはないから、これらの規定は、憲法82条1項、37条1項に違反するものではない。

　また、証人尋問の際、被告人から証人の状態を認識できなくする遮へい措置が採られた場合、被告人は、証人の姿を見ることはできないけれども、供述を聞くことはでき、自ら尋問することもでき、さらに、この措置は、弁護人が出頭している場合に限り採ることができるのであって、弁護人による証人の供述態度等の観察は妨げられないのであるから、前記のとおりの制度の趣旨にかんがみ、被告人の証人審問権は侵害されていないというべきである。ビデオリンク方式によることとされた場合には、被告人は、映像と音声の送受信を通じてであれ、証人の姿を見ながら供述を聞き、自ら尋問することができるのであるから、被告人の証人審問権は侵害されていないというべきである。さらには、ビデオリンク方式によった上で被告人から証人の状態を認識できなくする遮へい措置が採られても、映像と音声の送受信を通じてであれ、被告人は、証人の供述を聞くことはでき、自ら尋問することもでき、弁護人による証人の供述態度等の観察は妨げられないのであるから、やはり被告人の証人審問権は侵害されていないというべきことは同様である。したがって、刑訴法157条の3、157条の4は、憲法37条2項前段に違反するものでもない。

　以上のように解すべきことは、当裁判所の判例（最高裁昭和24年（れ）第731号同25年3月15日大法廷判決・刑集4巻3号355頁、最高裁昭和24年（れ）第1873号同25年3月15日大法廷判決・刑集4巻3号371頁、最高裁昭和26年（れ）第2518号同30年4月6日大法廷判決・刑集9巻4号663頁、最高裁昭和29年（あ）第1400号同31年12月26日大法廷判決・刑集10巻12号1746頁、最高裁昭和29年（秩ち）第1号同33年2月17日大法廷決定・刑集12巻2号253頁）の趣旨に徴して明らかである。

*　*　*

　よって、［刑事訴訟］法408条、181条1項ただし書、刑法21条により、裁判官全員一致の意見で、主文のとおり判決する。

　（裁判長裁判官　島田仁郎、裁判官　横尾和子、裁判官　甲斐中辰夫、裁判官　泉德治、裁判官　才口千晴）

判　例

コイ対アイオワ Coy v. Iowa, 487 U.S. 1012 (1988)

　スカリア判事が法廷意見を告げた。

* * *

Ⅰ

　1985年8月、上訴人は、同月はじめころに彼の隣家の裏庭でキャンプしていた13歳の少女2人に性的な暴行を加えたという容疑で逮捕され、訴追された。少女らによると、彼女らが寝ている間に犯人はテントに侵入してきたが、ストッキングをかぶり彼らの目に向けて懐中電灯を照らし、彼を見るなと脅した。いずれの少女も犯人の人相を供述することができなかった。1985年11月、公判開始に際して州政府側は、成立したばかりの1985年5月23日制定法[22]＊＊＊に基づいて、被害者証人が閉鎖回路テレビを通じてあるいは衝立の後ろから証言することを認めるよう申し立てた。公判裁判所は、少女が証言する間上訴人と証人との間に大きな衝立を設置することを認めた。照明を調節することによって、上訴人は証人をぼんやりと認識できるが、証人は彼を全く認識できないようにされた。

　上訴人は衝立の使用に強く異議を述べたが、その第1の根拠は第6修正の対決権である。その装置は被害者証人が証言する際に感じる不安を軽減するかもしれないが、それこそまさに刑事被告人に面と向かっての対決（face-to-face confrontation）の権利を与えている第6修正が問題にしている点である、と上訴人は主張した。彼はまた、その手続は彼を有罪であるかのように見せかけるので無罪の推定に反するから、彼のデュープロセスの権利も侵害されたと主張した。公判裁判所はいずれの憲法上の主張をも排斥したが、陪審に対して衝立から有罪を連想してはならないと説示した。

　アイオワ州最高裁判所は上訴人の有罪判決を承認した。同裁判所は、証人を反対尋問する機能は衝立によってなんら減殺されていないのであるから、対決権条項の侵害はないと述べて、上訴人の対決権に関する主張を退けた。同裁判所はまた、遮へいの措置はそれ自体予断をもたらすものではないと述べてデュープロセスの主張も排斥した。

* * *

Ⅱ

　第6修正は刑事被告人に「自己に不利益な証人と対決する」権利を与えている。この文言は「色あせた羊皮紙の上にも載っている」California v. Green, 399 U.S. 149, 174 (1970) (Harlan, J., concurring) のであり、その血筋は西欧の法文化の始まりにまで遡ることができる。ローマ法にも対決権が存在したことを示すものがある。ローマの総督フェストゥスは彼の捕虜パウロを如何に処するかを論じた際にこう述べた。「いかなる者であれ被告人が告発人と面と向かって対面し、訴追について防禦する機会を与えられないままに彼を処刑するというのは、ローマ人のやり方ではない」（使徒行伝25：16）。イングランドにおいてはある種の対決権が陪審の権利よりもずっと

注22）　編者注：同法910A.14には次の規定がある：「裁判所は、子供が証言する間、当事者を隣室内または衝立若しくは鏡の背後に隔離して子供が当事者を見聞できないようにすることができる。但し、当事者が子供の証言を見ること及び聞くことを妨げてはならない。当事者が隔離されたときは、裁判所は、当事者とその弁護人が証言の間相談できることを確保する措置をとらなければならず、また、当該子供に対して証言中当事者が子供を見聞できることを知らせなければならない。」

前に認められていたと言われている。Pollitt, The Right of Confrontation: Its History and Modern Dress, 8 J. Pub. L. 381, 384-387 (1959).

　当裁判所の対決権条項との出会いのほとんどは公判廷外供述の許容性について、あるいは、反対尋問の範囲の制限に関するものであった［引用判例は省略］。その理由は、州政府が言うようにこれらが対決権条項の必須の要素だからという訳ではなく、むしろそれとは正反対に、これらの要素が対決権条項に含まれるかどうかについて少なくとも疑問の余地があった（それゆえに訴訟で争われた）からである。これに対して、ハーラン裁判官が指摘したように、「単純な英語の問題として」少なくとも同条項は「公判に登場して証言するすべての人と面と向かって会う権利」を含むのである。California v. Green, supra, at 175. 単純なラテン語の問題としても、「対決する」"confront" という言葉は、接頭辞 "con-"（「対立」や「反対」を意味する "contra-" から来る）と名詞 "frons"（額）とに由来するのである。だからシェイクスピアはリチャード2世にこう言わせて「対決」と言う言葉の原義を説明しているのだ。「しからば彼らをわれらの前に呼び出せ。顔と顔、しかめ面としかめ面を付き合わせ。われら自ら告発人と被告人が自由に話すのを聞こう……」（『リチャード2世』第1幕第1場）。

　したがって、対決権条項が被告人に事実認定者の前に現れる証人と面と向かって会う権利を保障していることについてわれわれが疑問を提起したことは一度もなかった。See, Kentucky v. Stincer, 482 U.S. 730, 748, 794-750 (1987) (Marshal, J., dissenting). 例えば、共同被告人の前科によって盗品である政府財産を受け取ったという犯罪の構成要素を立証することが許されるかという問題を扱ったカービー対合衆国 Kirby v. United States, 174 U.S. 47, 55 (1899) において、われわれは同条項の機能をこう説明した。「基本的に証人によってのみ証明できる事実は、……公判廷で被告人と対決し、裁判中彼がその様子を見ることができ、反対尋問をする機会が与えられ、かつ、公判や刑事事件の手続を規定する確立したルールによって認められたあらゆる方法によってその証言を弾劾することができる証人によってでなければ、被告人に不利益に認定することができないのである。」同様に、ダウエル対合衆国 Dowell v. United States, 221 U.S. 325, 330 (1911) において、われわれはフィリピン権利章典の規定を第6修正と実質的に同じものと説明し、それは「被告人に対して、証人によって証明できる事実に関するかぎり、公判において被告人が面と向かって会うことができ、彼のいるところで証言し、かつ、反対尋問の機会を与えられた証人によってのみ証明されるという権利を保障したものである」と解釈した。より最近において、われわれは「公判において証人と文字通り『対決する』権利」を「対決権条項が増進しようとする価値の中核」であると説明した。California v. Green, supra, at 157. そして前開廷期、ペンシルバニア対リッチーPennsylvania v. Ritchie, 480 U.S. 39, 51 (1987) の相対多数意見は、「対決権条項は、刑事被告人に2種類の保護を提供している。すなわち、彼に不利益な証言をする証人に物理的に対面する権利と、そして、反対尋問を行う権利である」と説示した。

　証人と被告人との対面を保障する第6修正は見た目と現実の双方にかかわる目的に奉仕する。この意見は、被告人と告発人との対面を「刑事訴追における公正な裁判にとって必須のもの」Pointer v. Texas, 380 U.S. 400, 404 (1965) とみなさしめる人間の本質に深く根ざした何かがある

ことを示す、古代にまで及ぶ引用句を参照することで敷衍することができる。昔において真実だったものは現代においても真実である。アイゼンハワー大統領は、かつて面と向かっての対決を彼の故郷カンサス州アビリーンの規則として説明したことがある。彼は言った、アビリーンでは「反対する相手とは誰とでも対面しなければならない。背後からこっそり彼に襲い掛かり、彼にダメージを与えるなんてことはできない。憤慨した市民から罰を受けることなしには。……この国では、あなたを嫌いな人、あなたを非難する人は誰でも、あなたの目の前に立たなければならない。彼は陰に隠れてそうすることはできないのだ」と。Press release of remarks given to the B'nai B'rith Anti-Defamation League, November 23, 1953, quoted in Pollitt, supra, at 381.「私の目を見てそれを言いなさい」というフレーズは今でも普通に用いられる。公正さのために必要なことについてのこうした人間的感覚を前提にすれば、対決の権利は、「公正さを認知しうるだけではなくそれを現実のものとしうる刑事司法制度を確立することに貢献している」のである。Lee v. Illinois, 476 U.S. 530, 540 (1986).

　公正さにとって対決は必須であるとの認識が幾世紀にもわたって続いたのは、そこに多くの真理があるからである。「事実を歪曲しあるいは誤認することによって多大の損害を及ぼすだろう相手を見据えて話を繰り返さなければならないとしたら、その証人はそれまでと非常に異なった感情を抱くであろう。彼は今まさにその相手がどのような人間であるかを知ることができるのである。」Z. Chafee, The Blessings of Liberty 35 (1956), quoted in Jay v. Boyd, 351 U.S. 345, 375-376 (1956) (Douglas, J., dissenting).「面と向かって」うそをつくことは、常に、「背後から」うそをつくよりも困難である。前者の場合、たとえ嘘が述べられたとしても、しばしばそれはあまり説得的には語られない。勿論、対決権条項は、証人に被告人をみつめることを強制してはいない。彼はわざと目をそらすかもしれない。しかし、事実認定者はその意味を自ら判定することができる。こうして、面と向かっての対面の権利は、よりしばしば議論にのぼる、そしてより分明でない対決権条項のもうひとつの構成部分、すなわち告発者を反対尋問する権利と同等の目的に奉仕するのである。いずれの権利も「事実認定手続の尊厳を確保する」のである。Kentucky v. Stincer, 482 U.S., at 736. 州政府は、自分が非難しようとする人のいる前に立つことが証人に及ぼす深刻な影響を否定することはできないであろう。なぜなら、これこそまさに本件の異常な手続を正当化すると主張されている「トラウマ」の危険性を示すものとして挙げられている現象に他ならないからである。残念ながら面と向かっての対面は真実の強姦被害者や被虐待児を困惑させるかもしれない。しかしそれと同時に、それは偽りの告発者を困惑させそれを打ち砕くかもしれない。あるいはまた、児童が悪意ある大人のコーチを受けたことを明らかにするかもしれない。憲法の保障には何がしかのコストが伴うというのは自明の理である。

Ⅲ

　残された問題は、本件において対決の権利は実際に侵害されたのかということである。問題の衝立は被害者証人が証言している間上訴人を見ることがないようにするために特別に用意されたのであり、記録によればこの目的は達成されたようである。被告人の対面の権利をこれ以上明白

にあるいはひどく侵害している事態を想像することは難しい。

　州政府は、ここで問題となる対決の利益は性的虐待の被害者を守る必要性によって凌駕されていると言う。これまでわれわれが対決権条項に基づく権利は絶対的なものではなく、他の重大な利益のために譲ることがありえることを示唆してきたことは事実である。しかしながら、それらの事例で問題となった権利は、同条によって厳密に明示された権利ではなく、合理的に推認できると主張された権利、すなわち、反対尋問の権利、公判廷外の供述を排除する権利、そして、公判以外の手続きにおいて対面する権利である［引用判例は省略］。如何なる推認が合理的かを決定する際に他の重要な利益をも考慮しなければならないと判示することと、他の重要な利益に照らして条項の削ることのできない文字通りの意味──「法廷に登場し証言するすべての者に面と向かって会う権利」California v. Green, 399 U.S., at 175 (Harlan, J., concurring) ──に対する例外を認めることができると判示することとは、同じではない。けれども、例外があるかどうかは、また別の機会に検討することになるだろう。それがどのようなものであれ、例外が認められるのは重要な公共的利益を推進する必要がある場合に限られる［引用判例省略］。州政府は、本件においてそのような必要性が制定法によって確立されていると主張する。すなわち、制定法によって立法的にトラウマが推定されると言うのだ。しかしながら、われわれの先例によれば、対決権条項のもっとも字義通りの権利ではなく、そこから通常推認されるに過ぎない諸権利への例外においてすら、その例外が「わが法制に確固として根付いたもの」でない場合には、一般的に認められる種類の事情を超える何かがその制定法を支えていることが必要なのである［引用判例省略］。1985年に成立したアイオワの制定法が作った例外を確固として根付いたものということはほとんど不可能である。本件証人たちが特別の保護を必要としたことを示す個別の事情は認められていないのであるから、考えられるいかなる例外によっても本件有罪判決を承認することはできない。

＊　＊　＊

　上訴人のデュープロセス違反の主張を検討する必要はない。彼の憲法上の面と向かっての対決の権利が侵害されたのであるから、われわれはアイオワ州最高裁判所の判決を破棄し、この意見と矛盾のないようにさらに手続を進めるために本件を差し戻す。

　以上のように決定された。

質問6−14
日本国憲法37条2項は合衆国憲法第6修正と同様に「対決権」を保障しているか。

質問6−15
　刑訴法が規定する遮へい措置やビデオリンク実施の要件はどのような方法で認定されるべきか。全く証拠を取り調べずに検察官や証人の要請だけに基づいて遮へい措置やビデオリンクを実施することは許されるか。

質問6−16
遮へい措置やビデオリンクの措置に対して異議申立てができるか。

質問6−17
　法律上の要件が存在しなかったにも関わらず、遮へい措置ないしビデオリンクによってなされた証言は証拠能力があるか。遮へい措置等を施して証人尋問を実施した後になって、要件がないことが分かった場合、裁判所はどうするべきか。

6　犯罪被害者等の匿名化

参照条文

刑訴法290条の2、291条第2項、295条第2項～第5項、299条の2、299条の3、305条第3項

文　献

「証言女性に非難の手紙」（日本経済新聞2005年5月12日夕刊）

　札幌地裁で開かれた暴行事件の公判で目撃証言した女性の住所が被告の男に伝わり、拘置中だった男から女性に、証言を非難する内容の手紙が届いていたことが12日、分かった。女性は報復を恐れて男に住所を伝えないことを条件に証言しており、札幌地検は同日までに女性に謝罪した。

　札幌地検によると、検察側調書の弁護側への開示によって、弁護士を通じて伝わった可能性があるという。刑事訴訟法上、開示の際、住所を被告に知られないよう配慮を求めることができる。同地検の向井壮次席検事は「伝えないように弁護士に求めたかどうか担当検事の記憶があいまいで、このような事態になったことは遺憾だ。今後、要請した場合は文書で記録を残したい」としている。

　男は札幌市内の公園で別の女性の腹部を殴ったとして昨年8月に暴行罪で起訴され、今月11日に懲役4月の実刑判決を受けた。約9カ月間の拘置期間を刑に算入したため、既に服役を終えたとみなされ、同日釈放された。目撃した女性は今春、法廷に立ち、男に見られないようついたてを立てた上で証言した。

法　令

犯罪被害者等の権利利益の保護を図るための刑事訴訟法等の一部を改正する法律（平成19年6月27日法律第95号）

　第1条　刑事訴訟法（昭和23年法律第131号）の一部を次のように改正する。

＊＊＊

　第290条の次に次の1条を加える。

　第290条の2　　裁判所は、次に掲げる事件を取り扱う場合において、当該事件の被害者等（被害者又は被害者が死亡した場合若しくはその心身に重大な故障がある場合におけるその配偶者、直系の親族若しくは兄弟姉妹をいう。以下同じ。）若しくは当該被害者の法定代理人又はこれらの者から委託を受けた弁護士から申出があるときは、被告人又は弁護人の意見を聴き、相当と認めるときは、被害者特定事項（氏名及び住所その他の当該事件の被害者を特定させることとなる事項をいう。以下同じ。）を公開の法廷で明らかにしない旨の決定をすることができる。

　一　刑法第176条から第178条の2まで若しくは第181条の罪、同法第225条若しくは第226条の

２第３項の罪（わいせつ又は結婚の目的に係る部分に限る。以下この号において同じ。）、同法第227条第１項（第225条又は第226条の２第３項の罪を犯した者を幇助する目的に係る部分に限る。）若しくは第３項（わいせつの目的に係る部分に限る。）若しくは第241条の罪又はこれらの罪の未遂罪に係る事件

二　児童福祉法第60条第１項の罪若しくは同法第34条第１項第９号に係る同法第60条第２項の罪又は児童買春、児童ポルノに係る行為等の処罰及び児童の保護等に関する法律第４条から第８条までの罪に係る事件

三　前２号に掲げる事件のほか、犯行の態様、被害の状況その他の事情により、被害者特定事項が公開の法廷で明らかにされることにより被害者等の名誉又は社会生活の平穏が著しく害されるおそれがあると認められる事件

２　前項の申出は、あらかじめ、検察官にしなければならない。この場合において、検察官は、意見を付して、これを裁判所に通知するものとする。

３　裁判所は、第１項に定めるもののほか、犯行の態様、被害の状況その他の事情により、被害者特定事項が公開の法廷で明らかにされることにより被害者若しくはその親族の身体若しくは財産に害を加え又はこれらの者を畏怖させ若しくは困惑させる行為がなされるおそれがあると認められる事件を取り扱う場合において、検察官及び被告人又は弁護人の意見を聴き、相当と認めるときは、被害者特定事項を公開の法廷で明らかにしない旨の決定をすることができる。

４　裁判所は、第１項又は前項の決定をした事件について、被害者特定事項を公開の法廷で明らかにしないことが相当でないと認めるに至つたとき、第312条の規定により罰条が撤回若しくは変更されたため第１項第１号若しくは第２号に掲げる事件に該当しなくなつたとき又は同項第３号に掲げる事件若しくは前項に規定する事件に該当しないと認めるに至つたときは、決定で、第１項又は前項の決定を取り消さなければならない。

＊　＊　＊

第291条第１項の次に次の１項を加える。

２　前条第１項又は第３項の決定があつたときは、前項の起訴状の朗読は、被害者特定事項を明らかにしない方法でこれを行うものとする。この場合においては、検察官は、被告人に起訴状を示さなければならない。

＊　＊　＊

第295条第２項の次に次の１項を加える。

３　裁判長は、第290条の２第１項又は第３項の決定があつた場合において、訴訟関係人のする尋問又は陳述が被害者特定事項にわたるときは、これを制限することにより、犯罪の証明に重大な支障を生ずるおそれがある場合又は被告人の防御に実質的な不利益を生ずるおそれがある場合を除き、当該尋問又は陳述を制限することができる。訴訟関係人の被告人に対する供述を求める行為についても、同様とする。

＊　＊　＊

第299条の２の次に次の１条を加える。

第299条の3　　検察官は、第299条第１項の規定により証人の氏名及び住居を知る機会を与え又は証拠書類若しくは証拠物を閲覧する機会を与えるに当たり、被害者特定事項が明らかにされることにより、被害者等の名誉若しくは社会生活の平穏が著しく害されるおそれがあると認めるとき、又は被害者若しくはその親族の身体若しくは財産に害を加え若しくはこれらの者を畏怖させ若しくは困惑させる行為がなされるおそれがあると認めるときは、弁護人に対し、その旨を告げ、被害者特定事項が、被告人の防御に関し必要がある場合を除き、被告人その他の者に知られないようにすることを求めることができる。ただし、被告人に知られないようにすることを求めることについては、被害者特定事項のうち起訴状に記載された事項以外のものに限る。

第305条第２項の次に次の一項を加える。

３　第290条の２第１項又は第３項の決定があつたときは、前２項の規定による証拠書類の朗読は、被害者特定事項を明らかにしない方法でこれを行うものとする。

＊　＊　＊

附則　（平成19年６月27日法律第95号）　抄
（施行期日）
第１条　　この法律は、公布の日から起算して１年６月を超えない範囲内において政令で定める日から施行する。ただし、次の各号に掲げる規定は、それぞれ当該各号に定める日から施行する。

一　第１条（刑事訴訟法第292条の２の改正規定に限る。）並びに次条及び附則第６条（裁判員の参加する刑事裁判に関する法律（平成16年法律第63号）第58条の改正規定に限る。）の規定　公布の日から起算して20日を経過した日

二　第１条（刑事訴訟法第290条の次に１条を加える改正規定、同法第291条第１項の次に１項を加える改正規定、同法第291条の２及び第295条の改正規定、同法第299条の２の次に１条を加える改正規定並びに同法第305条、第316条の23、第321条の２第２項及び第350条の８の改正規定に限る。）及び第３条の規定　公布の日から起算して６月を超えない範囲内において政令で定める日

＊　＊　＊

（検討等）
第９条　　政府は、この法律の施行後３年を経過した場合において、この法律による改正後の規定の施行の状況について検討を加え、必要があると認めるときは、その結果に基づいて所要の措置を講ずるものとする。

第10条　　政府は、被害者参加人（第１条の規定による改正後の刑事訴訟法第316条の33第３項に規定する被害者参加人をいう。以下同じ。）の委託を受けた弁護士の役割の重要性にかんがみ、資力の乏しい被害者参加人も弁護士の法的援助を受けられるようにするため、必要な施策を講ずるよう努めるものとする。

IV 証人適格・証言能力

　証人となることができる資格のことを証人適格と言い、証言をするのに必要な能力のことを証言能力と言う。証言拒絶権や秘匿特権は、証人適格・証言能力のある人が、一定の具体的な理由に基づいて証言を拒むことができる特別の権利を持つという意味である。前者がなければ後者は問題とならない。この意味で両者は異なる概念である。それでは証人適格と証言能力はどう違うのか。前者はどちらかと言うと個人の身分や立場に着目したコンセプトであるのに対して、後者は個人の能力に着目した概念であると言えよう。しかし、具体的にどう違うのかは微妙である。英米の証拠法では証言能力（competency of witness）という用語でいずれの場合も論じられている。

　初期のコモンローにおいては、訴訟の当事者や訴訟の結果に金銭的な利害関係のある人、当事者の配偶者など様々な証人不適格事由があった。しかし時代とともにその数は減じていき、現在ではあらかじめ証言能力のない人という範疇を認めず、訴訟当事者や被告人にも証言能力が認められるに至っている。マコーミックによれば、

　　　要するに、証言能力は、観察し、記憶し、表現するとともに、真実を語る義務を理解する最低限の能力を保持することに他ならない。証人の能力に疑問が生じたときの究極の問題は、証人の知覚、記憶あるいは叙述の能力が余りにも少ないので、彼の証言を聞くのに時間を使う価値がないと合理的な陪審は信じるかどうか、ということである。証言能力についてのこのテストは最小限の信用性を要求するに過ぎない。証人の信用性への疑問は、陪審に証言を聞くことを許容しその信用性を評価することを認める方向で解決される傾向にある。精神的障害の証拠は、通常、証人を証言台から退けるというよりは、証言の信用性を減殺するという効果をもたらす。しかしながら、極端なケースでは、規則403［法律的関連性の定義規定］の下で、ある証人の証言が、陪審を誤導するとか混乱をもたらすとか不公正な偏見というような危険性を根拠に排除されることもありえ

る。McCormick on Evidence (5th ed., 1999), §62.

　連邦証拠規則は「本規則が別に定める場合を除いて」全ての人に証言能力があることを宣言している（FRE601）。同規則によれば、証人は必ず宣誓しなければならず（同603）、また、「個人的な知識」（personal knowledge）のある事項についてのみ証言できる（同602）。日本法でも原則として全ての人に証言能力がある（刑訴法143条）。そして個人的知識（実験）は証言の要件とされている（同法156条）。しかし、日本法では宣誓は必ずしも証言の必要条件とはなっていない。宣誓の意味を理解できない証人は宣誓なしに証言することができるし（同法155条）、宣誓をしない証人は虚偽の陳述をしても偽証罪に問われない（刑法169条）。

1　精神障害者

判　例

最3小判昭23・12・24刑集2-24-1883（分裂病証人事件）

　被告人等三名弁護人原田茂、被告人松本徠吉弁護人杉山賢三、被告人原田三雄弁護人三宅正太郎、小林直人、被告人本多力男弁護人福井房次の各上告趣意は末尾添附の書面記載のごとくであって、これに対する当裁判所の判断は次のとおりである。

＊　＊　＊

　弁護人福井房次の上告趣意第二点について。
　精神病者であっても症状によりその精神状態は時に普通人と異ならない場合もあるのであるから、その際における証言を採用することは何ら採証法則に反するものではなく、要は事実審の自由な判断によってその採否を決すべきものである。されば、仮りに被告人松本徠吉の精神状態に異状があったとしても原審がその供述を措信することができるものと判断してこれを証拠に引用したからとて違法ではない。所論は結局原審の事実認証［ママ］を主張するに帰するので日本国憲法の施行に伴う刑事訴訟法の応急的措置に関する法律第13条第2項により上告の適法な理由とならないから採用することができない。

＊　＊　＊

　よって、最高裁判所裁判事務処理規則第9条第4号刑事訴訟法第446条に従い主文のとおり判決する。
　以上は裁判官全員の一致した意見である。
　（裁判長裁判官　長谷川太一郎、裁判官　井上登、裁判官　河村又介）

被告人本多力男弁護人福井房次上告趣意
　第二点　被告人本多力雄ノ犯罪事実ハ相被告人松本徠吉、同原田三雄ノ三名ガ共謀ノ上昭和二十二年七月十七日午後十一時四十分頃神奈川県足柄下郡下中村原二十八番地勝亦寅蔵方ニ於テ同人ヲ脅迫シ金品ヲ強取シタリト認定セラレタルモノナリ然ルニ被告人本多力男ハ右徠吉ヲ右寅蔵方ヘ道案内ヲ為シタルニ過ギズシテ強盗ノ犯意ナク従ツテ相被告人等ト通謀ヲ為ス由モナシ然ルニ原審ハ右徠吉ガ被告人本多ト強盗ノ通謀アリト言フ陳述ヲ真実ト誤信シテ前記ノ如キ事実認定ヲ為シタルモノナルガ右徠吉ハ精神病者（精神分裂病）ナル為メ原審ニ於テ右徠吉ノ弁護人杉山賢三ヨリ精神鑑定ノ申請ヲ為シタルニ原審ハ之ヲ却下シテ審理ヲ終結シタルモノナル処右徠吉ハ保釈中更ニ傷害罪ヲ犯シ目下横浜地方裁判所小田原支部ニ於テ審理中ナルガ右徠吉ヲ診断シタル医師ハ精神分裂病ト診断シタリ（診断書ハ松本徠吉ノ弁護人杉山賢三提出ノ上告趣意書ニ添附スルモノヲ援用ス）斯ノ如キ精神病者ガ被告人本多ト通謀アリト自供シタルヲ信ジテ之ヲ理由ニ被告人本多力男ヲ強盗ノ共同正犯者トシテ処断シタルハ其ノ判決ノ理由ニ大ナル齟齬アリテ刑事訴訟法第四百十条第十九号後段ニヨリ上告ノ理由アリ依テ原判決ハ破毀セラルベキモノナリ＊＊＊

2　幼児

判　例

最2小判昭23・4・17刑集2-4-364（子ども証人事件）

　［弁護人中野峯夫の上告趣意書］第3点は「原審の採証には違法がある。即ち証拠として採用すべからざるものを採用して事実認定に供して居るのである。＊＊＊（2）原審証人板垣義春の供述を証拠として採用したのは違法である。板垣義春は当時数へ年11年の幼童である。満9歳余りの子供である。刑事訴訟法第201条第1号に「16歳未満ノ者」に「宣誓ヲ為サシメズシテ之ヲ訊問ス」ることを許した[23]のはもう少し大きくなって事の善悪是非を識別する能力知識ある者を指して居るのである。9つや10の子供を問題にして居るのではない。小学校の2年生、3年生にそんな知識判断能力はない。斯くの如き頑是ない子供の供述は全然証拠価値なきものと云はねばならない。それにも拘らず之を採用した原判決は不法である。＊＊＊」というのであるが

　＊＊＊所論（2）の原審証人板垣義春が原審における取調べを受けた当時11年（昭和12年3月生）の小学児童であったことは同証人訊問調書の記載から明かであるが、この程度の年齢の者は絶対に証人たる資格がないとはいえないのであって、同調書記載の同証人の供述内容から見ても同人は本件強盗の被害当時の状況について、詳細に記憶しているその実験事実を順序良く訊問に答へて陳述報告しているのであって、事理を弁識する能力を備えていた者と認めるべく、かかる年齢の証人の供述を証拠として採用するか否かは事実審たる原審の自由になし得るところであるから、原審が同証人の右証言を判断の資料に供したとて無効の証拠を罪証に供した違法があるということはできない。＊＊＊

　よって刑事訴訟法第446条に従い、主文のとおり判決する。

　以上は裁判官全員の一致した意見によるものである。

　（裁判長裁判官　霜山精一、裁判官　栗山茂、裁判官　小谷勝重）

判　例

京都地判昭42・9・28下刑集9-9-1214（「ぼうずのおっちゃん」事件）

（罪となるべき事実）

　被告人は、京都市南区東九条南松ノ木町40番地に妻子と一緒に居住し、義弟にあたる黄金石の世話でくず拾いなどをして働き、その後、昭和41年4月ころ妻が三男を連れて家出してからは、残る二児を育てながら生活しているものであるが、

　第1、同年12月28日正午ころ、前記自宅前の通路に近所の杉本B子（当時4年）が姉A子とともに通りかかる姿を認めるや、右B子に対し、エッチごっこをしようなどといって同児を自宅に

注23）　編者注：旧刑訴法201条1項「証人左ノ各号ノ一ニ該当スルトキハ宣誓ヲ為サシメズシテ之ヲ尋問スヘシ。
　　　　　一　十六歳未満ノ者
　　　　　二　宣誓ノ本旨ヲ解スルコト能ハサル者
　　　　　三　現ニ供述ヲ為スヘキ事件ノ被告人ト共犯ノ関係アル者又ハ其ノ嫌疑アル者
　　　　　四　第百八十六条第一項ノ規定ニ関係アル者ニシテ証言ヲ拒マサル者
　　　　　五　第百八十八条ノ場合ニオイテ証言ヲ拒マサル者
　　　　　六　被告人ノ雇人又ハ同居人」
　　　　現行刑訴法は旧法第2号の場合を除いて宣誓を要求している（154条、155条）。

連れこみ、奥4帖半の部屋において、同児が13歳未満の少女であることを知りながら、同児のズロースを引きおろしたうえ、その陰部を手指でもてあそび、陰部に陰茎をあてるなどしてわいせつの行為をし、よって同児に対し、治療約12日間を要する外陰部ビランの傷害を負わせ、

第2、同42年1月1日午後9時ごろ、右杉本B子の父親である杉本正二こと文永植（当時42年）から、前記のようにB子にいたずらしたことを難詰され、警察まで同行を求められて赴く途中、同区東九条北松ノ木町8番地先路上において、いきなり手拳で右文永植の顔面を1回殴打し、よって同人に対し、治療約6日間を要する口内粘膜擦過創の傷害を負わせ
たものである。

＊　＊　＊

（幼児の証言能力およびその供述の信憑性）

前掲証拠のうち、証人杉本B子、同杉本A子に対する各尋問調書を検するに、判示第1の犯行当時、被害者杉本B子は当時4年の幼児であり、犯行の目撃者である杉本A子は当時8年の小学校3年生であって、いずれも右犯行後約3ケ月を経過した昭和42年3月30日の質問供述にかかるので、その証言能力の有無ならびにその供述の信憑性について検討し、当裁判所が、これを証拠に供したゆえんを明らかにする。

（1）証言能力について

おもうに、わが刑事訴訟法は、原則として何人にも証人適格を認め、年令などによる特別の制限を設けていない。したがって、その証言能力については、個別具体的に裁判所の自由判断に委ねられているものと解せられる。そして、いわゆる証言能力とは、証人が、自己の過去において経験した事実を、その記憶にもとづいて供述しうる精神的な力にほかならないというべきであるから、幼児らの証言能力についても、その有無は単に供述者の年令だけによって決すべきではなく、供述の態度および内容等をも具体的に検討し、その経験した過去の出来事が、供述者のもつ理解力、判断力等によって弁識しうる範囲内に属するものかどうかを十分考慮に入れて判断する必要があるといわなければならない。

これを証人杉本B子、同杉本A子についてみるに、前記各尋問調書によって明らかなように、右両名が、経験したという事実は、「姉妹2人が手をつないで一緒に歩いていたところ、B子がぼうずのおっちゃんといわれている男のため、その家に連れ込まれたうえ、下着をずらされて陰部をもてあそばれた。」という異常ではあるが、ごく単純な出来事であって、8歳の小学生はもちろん、4歳程度の幼児といえども十分これを理解しうる範囲内のものということができる。また、同女らの検察官、弁護人或いは裁判官の質問に対する応答内容や、その供述態度などを仔細に観察すると、後に詳述するように、その表現内容はいずれも子供らしい稚拙な言葉使いであるが、極めて具体的であって、質問内容を理解し、ほぼこれに即応した答弁を行っており、その内容には何らの不自然さも認められない。以上のような諸点に加えて、もともと本件のような出来事が、幼児らにとって極めて異常なものといえるだけに、事件当時の情況も強く印象づけられていると考えられるから、事件後僅か3ケ月程を経過したにすぎない本件供述時の記憶にも相当の信頼がおけるわけで、一般的にみて問題を生ずる点は殆どなく、右幼児らの証言能力はいずれも

これを認めるのが相当である。
（2）供述の信憑性について
　証人杉本B子に対する尋問調書によると、問「ボウズのおっちゃんを知っていますか」答「知っている」問「B子ちゃんにそのおっちゃんが何かしましたか」答「B子のパンツを下し、だっこしてチンチンをなぶらはった」問「それからどうしましたか」答「それがすんでからB子のパンツを上げ外に待っていた姉ちゃん（A子）におんぶして貰い家に帰った」問「ボウズのおっちゃんはどうしたの」答「B子のチンチンを手でなぶり、それからおっちゃんのチンチンを出して合せようと云ってB子のチンチンに合せた、それでいたかったのでB子は泣いた」問「どうしてそんな事になったのですか」答「昼すぎ10円貰って姉ちゃんと菓子を買いに行き、帰りにおっちゃんがB子を抱いておっちゃんの家へ連れて行った」等の記載があり、また、証人杉本A子に対する尋問調書によると、問「お正月の少し前の日に坂の菓子屋へ昼すぎに30円持ってB子ちゃんと一緒に菓子を買いに行ったことがありますか」答「ある」問「その帰り道ボウズのおっちゃんの家の前を2人で通りましたね」答「通った」問「ボウズのおっちゃんに会いましたか」答「B子と2人で手を組んで歩いているとおっちゃんがいてB子を連れておっちゃんの家に帰った」問「それでA子ちゃんはどうしたの」答「私は走ってかくれ、おっちゃんの家の窓から中をのぞいていた」問「そしたらどうしたの」答「おっちゃんがB子を抱いてキスしたり、B子のチンチンをいらったりしていた」等の記載があって、その供述内容は、いずれも質問の趣旨を理解し、これに即応して、前後のよどみもなく整然と具体的に答えていることが明らかである。
　それに、本件犯行の数日後、右両名から前記のような事実を聞かされた両親である証人文永植、同杉本邦子が、それぞれの経緯について供述した各尋問調書の記載に照し合せると、B子ら両名の前記のような趣旨の供述は、いずれもその記憶にもとづく事実をそのまま述べているものと認めるべく、その間に、両親らの暗示による影響や、記憶違いや、虚言や、認識不足等の疑念をさしはさむべき余地は殆ど存しない。B子ら両名の供述の信憑性はかなり高く評価されるべきである。

＊　＊　＊

（裁判長裁判官　橋本盛三郎、裁判官　石井恒、裁判官　井筒宏成）

ノート

幼児の証言の信用性とその確保

　幼児の証言能力が肯定される場合でも、その信憑性を巡って深刻な争いが展開される例がある。著名な事件としては甲山事件（大阪高判平11・9・29判時1712-3［第2次控訴審判決（無罪確定）］）、板橋強制わいせつ事件（最判平元・10・26判時1331-145［無罪確定］）がある。幼児の証言については、現実と空想の区別をつける能力に欠ける、暗示を受けやすい、作話傾向があるなどの指摘が行われている。最近の供述心理学の研究によると、尋問の仕方が重要であり、誘導尋問や答えに対する否定的なフィードバックはできるだけ避け、オープン質問を活用することで、

幼児からある程度信憑性のある証言を引き出すことが可能であると指摘されている（ギスリー・グッドジョンソン（庭山英雄ほか訳）『取調べ・自白・証言の心理学』（酒井書店、1994年）123-129頁、仲真紀子「子供の面接──法廷における『法律家言葉』の分析」法と心理学１−１−80（2001年）など参照）。

3 裁判官・裁判員・弁護人・検察官

参照条文

刑訴法20条4号、26条1項、裁判員法17条6号

判例

東京高判昭27・6・26高刑集5-9-1467（検察官証人事件）

　菅野弁護人の控訴趣意第1点について。
　原審第8回公判調書によれば、右公判期日の公判廷に出席した検察官副検事伊東寿が、被告人の検察官に対する供述調書の任意性を立証するため、その作成者である自分自身の証人尋問を請求し、原審裁判官が、主任弁護人の意見を聴いた上、これを採用し、同公判廷において、右伊東寿検察官を証人として尋問したことは、論旨の指摘するとおりであるが、公判立会の検察官が右のような事実の立証のため、自分自身を証人に申請することそれ自体は何ら違法でなく、なお本件においては、右公判調書によって明らかなように、右伊東検察官が証人として採用せらるるや、直ちに検察官副検事野口敬三郎が右伊東検察官と交替して出席した公判廷において、右伊東検察官の証人尋問が行われたものであって、右訴訟手続には、所論のような法令の違反はないから、論旨は理由がない。

＊＊＊

（裁判長判事　中村光三、判事　河本文夫、判事　鈴木重光）

弁護人菅野勘助の控訴趣意
　第1点　原審第8回公判調書を調べたところによると本公判は昭和26年7月24日原審裁判所において裁判官浅野勝三、裁判所書記官佐野豊列席且つ検察官伊東寿出席の上公開開廷されていることが記載されている。従って検察官伊東寿は本件公判の原告として公訴権を維持する訴訟の当事者であることは謂うまでもない。然るに記録284丁を見ると、検察官は、被告人に対する検察官作成の供述調書の作成の任意性を立証する為めその作成者検察官副検事伊東寿の証人尋問を請求した。主任弁護人は、右証人を尋問することに同意し証拠調請求に異議がない旨述べ、裁判官は検察官の右請求を採用して伊東寿を証人として尋問する旨決定を宣した。とあってそれに引続いて検察官が入り替り右伊東寿に対する尋問が行われている。けれども公判立会の検事は前記にも述べたように、訴訟の当事者であって第三者ではない。証人は当事者以外の第三者でなければならないことは当然であるにも拘らず当事者が自ら自分を証人として尋問する資格がない、検察官一体の原則が認められるにしても、公判立会中の検察官はそれ自体当事者であるから、その者が自ら立会中自分を証人として尋問されたい旨の申請が許されないことは謂うまでもない。この点において右伊東寿を証人として尋問した公判手続は違法であるし、而も右伊東寿の証人として

の右供述が原審判決の証拠となって採用されているのであるから判決に影響すること明白であるから原審判決は破棄されねばならない。

判　例

大判昭 2・10・4 刑集 6-367（特別弁護人証人事件）

［私文書偽造同行使被告事件。公金横領を認める内容の手紙を偽造して検事局に郵送したという公訴事実］

上告理由

　　被告人上告趣意書第二点訴訟手續ノ違法ニ付テ＊＊＊（ハ）証人ハ訴訟ノ第三者タルヲ要スルハ刑事訴訟法ノ原則ナルハ学説ノ一致スル所ナリ然ルニ訴訟關係人タリシ特別辯護人タル持田乙カ豫審ニ於テ証人トシテ訊問ヲ受ケテ爲シタル其ノ証言ヲ第二審ニ於テ証拠ニ採用セルハ違法ナリ即チ証人持田乙ハ被告人ノ實父ニシテ大正十五年八月六日横濱地方裁判所豫審判事嶋津二郎ノ許可ヲ受ケ被告人ノ特別辯護人トナリ同月十六日鑑定人訊問ニ立會シ又同月二十五日ニハ必要トスル処分請求書ヲ嶋津豫審判事ニ提出スル等豫審中ヨリ既ニ訴訟手續ニ参加シ所謂訴訟關係人トナリ居リタルニ不拘同豫審到事カ特別辯護人タル持田乙ヲ同年九月十八日証人トシテ訊問シタルハ違法ニシテ其ノ證言ハ無效タルヘキモノナリ然ルニ第二審ニ於テ之ヲ證拠ニ採用シタル違法アリ＊＊＊

判決理由

　　＊＊＊（ハ）特別辯護人ト雖之ヲ證人トシテ訊問スルコトハ法ノ禁スルトコロニ非サルカ故ニ豫審判事カ所論特別辯護人持田乙ヲ證人トシテ訊問シタルハ不法ニアラス從テ原判決カ同證人ノ豫審調書中ノ供述記載ヲ採テ罪證ト爲シタレハトテ其ノ採證ニ不法アルコトナシ＊＊＊

> **質問6-18**
> 被告人を取調べ起訴した検事がその事件の公判を担当すること[24]に問題はないか。

法　令

ABA 法律家職務模範規則 3.7：証人となる法律家
Rule 3.7, ABA Model Rules of Professional Conduct

(a) 法律家は、以下の場合を除いて、自分が必要な証人となる可能性がある事件の事実審理において、代弁者として行動してはならない。
　　（1）その証言が争いのない事項に関するものであるとき
　　（2）その証言が当該事件においてなされた法的サービスの性格及び価値に関するとき、又は、

注24）　これまで一定規模以上の検察庁では、捜査を担当する検事と公判を担当する検事は原則として別であった。しかし、東京地検は、裁判員制度が適用される事件について捜査と公判を同じ検事が担当する「主任立会制度」を採用することに決めた。朝日新聞2005年9月23日朝刊37頁。

（3）その法律家を欠格とすることが依頼人に重大な困難をもたらすとき
（b）法律家は、規則1.7又は規則1.9が禁じる場合を除いて、同じ事務所の別の法律家が証人として喚問される可能性がある事件の事実審理において代弁者として活動することができる。

注釈
　（1）代弁者と証人の役割を兼ねることは、審判機関と相手方に不利益を及ぼす可能性があり、かつ、法律家とその依頼人との間の利益の相反をもたらす可能性がある。
　代弁者証人の規則
　（2）法律家が代弁者と証人を兼ねることによって事実認定者が混乱し又は誤導されるかもしれないとき、審判機関は適切な異議申立てをすることができる。相手方は、この役割の兼務が訴訟における当事者の権利を害するおそれがあるときは適切な異議申立てができる。証人は個人的な知識に基づいて証言することが要求されるのに対して、代弁者は他人の提供する証拠に基づいて説明したり陳述したりすることが期待されている。代弁者兼証人のなした陳述が証拠とみなされるべきか、あるいは、証拠の分析とみなされるべきかが、明確でない場合がありうるのである。
　（3）審判機関を保護するために、（a）項は、（a）（1）項から（a）（3）項が規定する場合を除いて、法律家が同時に代弁者と必要な証人とを兼務することを禁じている。（a）（1）項は、証言内容が争いのないものであるときには、二重の役割のもつ曖昧さは純粋に理論的なものにとどまることを考慮している。（a）（2）項は、証言が、その証言がなされる訴訟自体において提供された法的サービスの程度と価値に関するものであるときには、その法律家自身の証言を許すことで、新しい代理人によって第2の事実審理を開いてその論点を解決するという手間を省こうとするものである。更に言えば、このような情況では、裁判官が争点について直接的な知識を持っているので、当事者主義の手続によって証言の信用性をテストする必要性は少ない。
　（4）これら2つの例外のほかに、（a）（3）項は、依頼人の利益と審判機関や相手方の利益との調整が必要であることを認めている。審判機関が誤導される可能性があるかどうか、あるいは、相手方が不利益を被る可能性があるか否かは、事件の性質、その法律家の証言の重要性や予想される内容、そして、法律家の証言が他の証人の証言と矛盾する蓋然性によって決せられる。たとえこのような不利益が生じる危険があるとしても、その法律家を欠格とするかどうかを決めるためには、欠格が法律家の依頼人に及ぼす影響について正当な配慮がなされなければならない。一方又は双方の当事者がその法律家が証人になるだろうことを合理的に予測できたことは考慮に値する事実である。規則1.7、1.9及び1.10が規定する利益相反に関する原則は問題のこの側面に適用される余地はない。
　（5）法律家の事務所の別の法律家が必要な証人として証言するであろう事実審理において、法律家が代弁者として行動することによって、審判機関が誤導される可能性は少ないから、（b）項は、利益相反が生じうる情況を除いて法律家がそうすることを許している。

4　被告人

判　例

大決大15・9・13刑集5-407（共同被告人証人事件・戦前編）

［銀行取締役ら数名と銀行員らの共謀による粉飾決算、自己貸付、不正貸付などを内容とする背任、商法違反被告事件］

　第一審裁判所ハ右第一乃至第三ノ行爲ヲ同一公判手續二於テ審理シ第一回公判二於テ被告人全部ノ訊問ヲ終リ第二回公判二於テ全部ノ事件二付數名ノ證人ヲ訊問シタル後裁判所ハ職權ヲ以テ被告人忠右衛門二對スル第二、第三ノ公訴事實二付被告人岩城某ヲ證人トシテ訊問スル決定ヲ宣告シ同人ヲ證人トシ宣誓セシメ訊問ヲ爲シタリ此ノ場合二於テ裁判所ハ第一ノ公訴事實ノ審理又ハ岩城某二對スル審理ヲ分離スルノ決定ヲ爲サス又公判調書二徵スルモ分離ノ決定ヲ爲シタリト推知スルニ足ルヘキ記載ナシ而シテ第二審裁判所ハ岩城某ノ右證人トシテノ供述ハ第二審判決ノ証拠二採用セリ

上告理由

　辯護人川淵千藏、赤井幸夫上告趣意書第四點原判決ハ第一審公判調書二於ケル證人岩城某ノ証言ヲ引用シタリ然レトモ同人ハ原判決認定第一事實二付上告人ノ共犯人トシテ共二審理セラレ居リシモノニシテ亦判示第二ノ（二）ノ如キ事實アリトセハ同人ハ該事實二付テモ亦共犯タルヘク殊二當時第一事實ハ背任罪トシテ公判二繋屬セルモノナルヲ以テ第二ノ（二）事實モ亦之レト連續犯ノ関係二置カルヘキモノナリトス果シテ然ラバ右訊問事項ノ如キハ岩城某二對シ被告人トシテ訊問スルハ格別證人トシテ宣誓ノ上訊問シタルハ違法ナリ從テ右違法ノ訊問二依ル供述ヲ斷罪ノ資料二供シタル原判決ハ違法ナリ

決定理由

　被告人ハ供述ノ義務アルモノニ非サルニ反シ證人ハ眞實ヲ陳述スル義務ヲ有シ其ノ地位氷炭相容レサルモノナレハ同一訴訟手續二於テハ當該事件ノ被告人タル者ヲ以テ證人ト爲シ之ヲ訊問スルコトヲ得サルヤ言ヲ須ヒス而シテ此ノ理ハ數人ノ共同被告人アル場合二於テモ亦固ヨリ同一二シテ從テ共同被告人ハ苟モ訴訟手續ヲ分離シ以テ之ヲシテ當該訴訟二於ケル被告人タル地位ヨリ脱退セシメサル以上設令該被告人二全然關係ナク專ラ他ノ被告人ニノミ關スル公訴事實二付テモ猶之ヲ以テ證人ト爲スコトヲ得サルモノトス然ルニ第一審第二回公判調書ヲ査閱スルニ原判決二引用シタル所論證人岩城某ハ其ノ證人トシテ取調ヲ受ケタル當時上告人ト同シク本件二於テ共同被告人トシテ取調ヲ受ケ居リタルモノナルニ拘ラス第一審裁判所ハ訴訟手續ヲ分離スルコトナク直チニ同人ヲ證人トシテ訊問スヘキコトヲ決定シ之ヲ訊問シタルモノナルコト明白ナルヲ以テ其ノ訊問カ上告人ノミニ關シ右岩城某二全然無關係ナル事實二付行ハレタルト否トヲ問ハス該證人訊問ハ違法ナリト謂フヘク從テ原判決カ該證人訊問ノ結果ヲ引用シ斷罪ノ資料二供シタルハ亦違法二シテ原判決ハ破棄ヲ免レス而シテ該違法ハ本件事實ノ確定二影響ヲ及ボスヘキモノト認ム

> **判　例**

名古屋高判昭26・4・5高刑特報27-71（共同被告人証人事件・戦後編）

依って記録を調査するに、原審第3回公判調書の記載に依れば、原審は被告人金乙丕の贓物たる知情の点を調査する為め被告人朴鉄洙を証人として宣誓の上取調べたこと並右取調に際し審理を分離せずして之を為したことが明かであるが、翻って原審第2回公判調書の記載に依ると、右知情の点に就ては被告人両名共之を争って居ることが明認せられる。斯る関係の下に於て、相被告人を無条件で証人として尋問することが果して適法なりや否やに就て考察するに、刑事訴訟法第311条第1項に依れば「被告人は終始沈黙し、又は個々の質問に対し供述を拒むことができる」と規定せられてあって、この事は被告人の権利を保護せんとする新刑事訴訟法根本の精神なのである。然るに証人として尋問を受ける場合には、宣誓の趣旨に則り真実告白の義務を負担するのであるから前記法条に於て保障した被告人の権利は根本的に蹂躙せられることとなり、茲に甚だしい矛盾を招来するに至るであろう。或は証人となる被告人にとって全然利害関係の無い事項であるか又は事件を分離して利害関係を全然滅却した場合ならば格別、同一審理の下に於て、而も被告人に於て争っている事項に就て、之を証人として宣誓の上尋問し、真実の供述を強要することは到底法の許容しないところであると謂わなければならない。然るに原審は敢て右の手続を採ったばかりでは無く、原判決書の記載に依れば右被告人朴鉄洙の証言を引用して被告人金乙丕の罪証としたことが明であるから右は判決に影響すべき訴訟手続の違背があると謂うの外は無い。

［破棄差戻し］

＊　＊　＊

> **質問6-19**
> 弁論を併合したまま共同被告人を証人として尋問するのと、弁論を分離して証人尋問するのとで、証人となる被告人の権利保障の面で実質的にどのような違いがあるか。

> **判　例**

最1小決昭31・12・13刑集10-12-1629（分離して証人尋問事件）

［公職選挙法違反被告事件］弁護人市川三朗の上告趣意第一点は、単なる訴訟法違反の主張であり（共同被告人でも事件が分離された後他の共同被告事件の証人として証言することは差支なく、また、他の事件の証人としての証言が自己の犯罪に対して証拠となることはいうまでもない。）、同第二点は、事実誤認を前提とする単なる法令違反の主張であり、同第三点は、単なる訴訟法違反の主張であって、いずれも、刑訴405条の上告理由に当らない。

よって同414条、386条1項3号により裁判官全員一致の意見で主文のとおり決定する。

（裁判長裁判官　斎藤悠輔、裁判官　真野毅、裁判官　入江俊郎）

弁護人市川三朗の上告趣意

　第一点　原判決は第一審の犯罪事実並に之を認める証拠を引用し、更に被告人合津定之に対する犯罪事実に対して、原判示第三の事実を認め証拠に「一、合津定之の検察官に対する第1回乃至第3回供述調書一、原審第2回公判調書（記録第1冊43丁以下）中証人合津定之の供述」を加える外、とあって被告人合津の事実認定の証拠として「証人合津定之の供述」を証拠として挙示しているが我刑事訴訟法に於ては被告人は証人たり得ないと解すべく、証人は当該訴訟に関与しない第三者であって被告人は当事者であるから証人となり得ないことはいうまでもない、共同被告人も同様である。本件は被告人合津を共同被告人としての審理を分離した被告人五十嵐の証人として尋問を為したるもので、右の証人の供述調書を右被告人合津の断罪の証拠としたもので原判決は採証の法則を誤った違法があり判決に影響があるから破棄を免れない。

質問6-20
　被告人を他事件の証人として尋問してその証言調書を証拠採用するのと、被告人を自身の公判で証人尋問するのとで、どのような実質的な違いがあるか。

質問6-21
　被告人自身が黙秘権を放棄して宣誓の上で証言することを希望する場合に、これを認めない法令上の根拠は何か。

質問6-22
　被告人が公判廷で供述する場合に、「被告人」として供述するのと、「証人」として供述するのとで、その証拠価値に違いがあるか。

ノート

被告人自ら証言する権利（アメリカ法）

　古いコモンローの下では刑事被告人は民事訴訟の当事者と同様に証人となること（宣誓の上で法廷で供述すること）は認められていなかった。しかし、弁護人の援助を受ける権利も認められていなかったので、被告人は自らの主張を法廷で展開するのが常であり、この陳述は事実上証拠として取り扱われた。しかし、宣誓の上でなされた証言ではないから、虚偽の陳述をしても偽証罪で罰せられることはなかった。被告人の証言適格を否定する理由は、事件に対する利害関係が強度であるから、それを認めると偽証を誘発するからであるとされた。

　このルールはアメリカに受け継がれたが、まず、連邦がこのルールを捨て去り、それに州が追随した。19世紀終わりには殆どの州が、被告人自身に自ら宣誓の上で証言する権利を認めるようになった。連邦と全ての州がこの権利を承認したので、連邦最高裁判所はこの問題を検討する必

要がなかったが、1987年のロック対アーカンソーにおいて、この論点が浮上し、連邦最高裁は、刑事被告人には自分の利益のために証言台に立つ憲法上の権利があることを認めた。その根拠は（1）デュープロセスの保障（聴聞を受け証拠を提出する権利（right to be heard and to offer testimony）を含む公正な当事者主義の手続）、（2）第6修正の自己に有利な証人を召喚するために強制手続をとる権利（それは被告人自身が証言台に立つことを論理的に含むとされる）、そして（3）第5修正の自己負罪拒否の特権（その当然のコロラリーとして、被告人は自らの制約されない意思に基づいて証言する権利があるとされる）である（Rock v. Arkansas, 483 U.S. 44 (1987).）

V 秘匿特権・証言拒絶権

1　職務秘密

判　例

最大判昭27・8・6刑集6-8-974（石井記者事件）

［税務署職員の収賄事件について逮捕状が請求されたこととその内容が新聞報道されたことから、裁判所または検察庁の職員が秘密を漏えいした疑いが持たれ、その捜査のために検察官が記事を執筆した記者を刑訴法226条に基づき証人尋問請求した。記者は取材源の秘匿は新聞記者の義務であるとして証言を拒み、証言拒絶罪（刑訴法161条）で起訴された。一審二審とも有罪。被告人上告］

　弁護人岩田宙造、同芦苅直己の上告趣意第一点及び弁護人海野普吉の上告趣意第二点について。
　刑訴143条は「裁判所はこの法律に特別の定ある場合を除いては何人でも証人としてこれを尋問することができる」と規定し、一般国民に証言義務を課しているのである。証人として法廷に出頭し証言することはその証人個人に対しては多大の犠牲を強いるものである。個人的な道義観念からいえば秘密にしておきたいと思うことでも証言しなければならない場合もあり、またその結果、他人から敵意、不信、怨恨を買う場合もあるのである。そして、証言を必要とする具体的事件は訴訟当事者の問題であるのにかかわらず、証人にかかる犠牲を強いる根拠は実験的真実の発見によって法の適正な実現を期することが司法裁判の使命であり、証人の証言を強制することがその使命の達成に不可欠なものであるからである。従って、一般国民の証言義務は国民が司法裁判の適正な行使に協力すべき重大な義務であるといわなければならない。ところで、法律は一般国民の証言義務を原則としているが、その証言義務が免除される場合を例外的に認めているのである。すなわち、刑訴144条乃至149条の規定がその場合を列挙しているのであるが、なお最近

の立法としては、犯罪者予防更正法59条に同趣旨の規定を見るのである。これらの証言義務に対する例外規定のうち、刑訴146条は憲法38条1項の規定による憲法上の保障を実現するために規定された例外であるが、その他の規定はすべて証言拒絶の例外を認めることが立法政策的考慮から妥当であると認められた場合の例外である。そして、一般国民の証言義務は国民の重大な義務である点に鑑み、証言拒絶権を認められる場合は極めて例外に属するのであり、また制限的である。従って、前示例外規定は限定的列挙であって、これを他の場合に類推適用すべきものでないことは勿論である。新聞記者に取材源につき証言拒絶権を認めるか否かは立法政策上考慮の余地のある問題であり、新聞記者に証言拒絶権を認めた立法例もあるのであるが、わが現行刑訴法は新聞記者を証言拒絶権あるものとして列挙していないのであるから、刑訴149条に列挙する医師等と比較して新聞記者に右規定を類推適用することのできないことはいうまでもないところである。それゆえ、わが現行刑訴法は勿論旧刑訴法においても、新聞記者に証言拒絶権を与えなかったものであることは解釈上疑を容れないところである。論旨は、新聞は民主政治の下においては民衆の健全な判断の基礎となる材料を提供するものであるから、この意味において単に営利企業たるに止まらず、社会の公器たる性質を有するものである。そして、一切の表現の自由は憲法21条1項によって保障されているところであり、この表現の自由を達成するためには新聞記者の取材の方法も自由でなければならない。また、取材の自由を維持するためには取材源を秘匿する必要があるのであって、ここに取材源を秘匿することが新聞記者の倫理であり、権利であると考えられる理由がある。かく取材源を秘匿することは材料提供者に対する道義であるばかりでなく、実に新聞そのものの表現の自由を護る上において絶対に必要な手段となるものであって、これが世界共通の新聞倫理である。それゆえ、取材源の秘匿は表現の自由を保障した憲法21条1項により保護されなければならないから、新聞記者が取材源につき証言を拒絶する場合は刑訴161条にいわゆる「正当の理由」ある場合に該当するものといわねばならない。然らば、原判決が新聞記者の取材源につき証言を拒絶する場合を正当の理由に該らないものとしたのは表現の自由を保障した憲法21条に違反するものである、と主張するのである。

　しかし、憲法の右規定は一般人に対し平等に表現の自由を保障したものであって、新聞記者に特種の保障を与えたものではない。それゆえ、もし論旨の理論に従うならば、一般人が論文ないし随筆等の起草をなすに当ってもその取材の自由は憲法21条によって保障され、その結果その取材源については証言を拒絶する権利を有することとなるであろう。憲法の保障は国会の制定する法律を以ても容易にこれを制限することができず、国会の立法権にまで非常な制限を加えるものであって、論旨の如く次ぎから次ぎえと際限なく引き延ばし拡張して解釈すべきものではない。憲法の右規定の保障は、公の福祉に反しない限り、いいたいことはいわせなければならないということである。未だいいたいことの内容も定まらず、これからその内容を作り出すための取材に関しその取材源について、公の福祉のため最も重大な司法権の公正な発動につき必要欠くべからざる証言の義務をも犠牲にして、証言拒絶の権利までも保障したものとは到底解することができない。論旨では新聞記者の特種の使命、地位等について云為するけれども、憲法の右保障は一般国民に平等に認められたものであり、新聞記者に特別の権利を与えたものでないこと前記のとお

りである。国民中の或種特定の人につき、その特種の使命、地位等を考慮して特別の保障権利を与うべきか否かは立法に任せられたところであって、憲法21条の問題ではない。それゆえ、同条を基礎として原判決を攻撃する論旨は理由がない。

　弁護人岩田宙造、同芦苅直己の上告趣意第二点について。

　論旨は、刑訴146条及び147条がいずれも憲法38条1項の規定に基［づ］き設けられたものであることを立論の前提としているのである。そして、刑訴146条が右憲法の規定に基ずくものであることはすでに説明したとおりである。しかし、右憲法の規定にいわゆる「自己」というのは供述者本人に限定せらるべきであって、刑訴147条に規定する近親者を包含しない趣旨であると解すべきである。従って、刑訴147条の規定は憲法38条1項によって保障される範囲ではなく、証人と一定の身分関係ある者との近親的情誼を顧慮して証言拒絶権を与えることが立法政策上妥当であると認めたものに外ならないのである。然らば、所論違憲論のうち刑訴147条に関する部分は、その前提においてすでに失当である。

　次に、刑訴146条が憲法38条1項に基ずく規定であることは前記のとおりであるから、もし被疑者不特定の場合に刑訴226条により証人に証言を強制することが右刑訴146条の規定に違反するものであれば、それは同時に右憲法の条項に違反するものといえるであろう。しかし、証人自身が刑事訴追又は有罪判決を受ける虞があるかどうかは、その求められている証言の内容の如何により自ら判定し得べきことは原判決の説示するとおりであり、そしてこの事は本件の具体的の場合についてばかりでなく、一般論としても言い得るところである。従って、原判決が被疑者不特定のため刑訴146条による証言拒絶権を奪うことにならないと判示したことは固より正当であって、この点に関する所論はその理由がない。

　弁護人海野普吉の上告趣意第一点について。

　刑訴法は捜査については、原則として強制捜査権を認めていないのであるから、捜査官が捜査の目的を達するために証人尋問の必要ありと認めた場合には、刑訴226条に規定する条件の下に、検察官からこれを裁判官に請求すべきものとしているのである。そして、右の請求を受けた裁判官はこれを相当と認めた場合には、証人を尋問することができるのであり、召喚を受けた証人が証言義務を負担するものであることはいうまでもないところであって、本案被疑事件が尓後の捜査の結果犯罪の嫌疑十分ならずとして不起訴処分となり、或は本案被告事件が後日罪とならず又は犯罪の証明なしとして無罪となっても、その証拠調手続が遡って違法無効となるものでないことは疑のないところであるから、証人は被疑事実が客観的に存在しないことを理由として証言を拒むことを得ないものといわなければならない。従って、検察官が刑訴226条により裁判官に証人尋問の請求をするためには、捜査機関において犯罪ありと思料することが相当であると認められる程度の被疑事実の存在があれば足るものであって、被疑事実が客観的に存在することを要件とするものではないことは、原判決の説示するとおりである。固より捜査機関が犯罪ありと思料すべき何等の根拠もないにかかわらず、故意に架空な事実を想定して捜査を開始し、刑訴226条により証人尋問の請求をしたとすれば、それは明らかに捜査に名を藉る職権の濫用であるといわなければならない。しかし、本件において原判決は次のとおり判断しているのである。すなわち、

松本市警察署司法警察員が昭和24年4月24日松本簡易裁判所裁判官に対し松本税務署員関伊太郎に対する収賄等被疑事件について逮捕状を請求し、翌25日午前10時頃逮捕状の発付を得たが、同日午後3時頃朝日新聞松本支局の記者被告人石井清が同署捜査課長会田武平に対し関伊太郎に対する逮捕令状が発付になった旨を告げて、事件が如何に進展したかを聞きに来たこと、同人は知らない旨を答えたが、右の如く逮捕状発付の事実が外部に洩れた気配があったので、予定を変更して同日午後9時これを執行したこと、ところが翌26日附朝日新聞長野版に該逮捕状請求の事実と逮捕状記載の被疑事実が掲載され、その文面の順序等が逮捕状記載と酷似していたことは、第一審でなされた証拠調の結果により明らかに認め得る事実である。そして、逮捕状の請求、発付の事実が執行前に外部に漏洩するときはその執行を困難ならしめ、ひいては捜査に重大な障害を与えるものであるから、当該逮捕状の請求、作成、発付の事務に関与する国家公務員たる職員については、右は明らかに国家公務員法100条にいわゆる職員の職務上知得した秘密に該当するものといわなければならない。然らば、以上の事実とその他の証拠を綜合すると、捜査機関において松本簡易裁判所及び同区検察庁の職員中の何人かが職務上知得した秘密を第三者に漏洩した国家公務員法違反罪の嫌疑が生じたものとして捜査を開始するを相当と認められる十分の理由があるものであるというのであって、所論の如く右被疑事実が単に噂に止まって疑の程度には達しないものであるということはできないのみならず、前示被疑事件につき捜査上必要ありと認めてなされた本件証人尋問の請求が検察官の職権濫用によるものであることは、全然これを認めることができないのである。従って、原判決が本件証人尋問の請求を刑訴226条に違反するものでないと判断したことは固より正当であり、その間何等所論の如き違憲の点があるとはいえないのである。また論旨は、刑訴226条が原判決の如く判断し得る旨を規定したものとするならば、同条もまた憲法13条に違反すると主張する。しかし、原判決の判断の正当であることは前記説明のとおりであって、所論の如き理由から刑訴226条の規定を違憲であるということはできないから、論旨は到底採用することができない。

* * *

なお、本件については刑訴411条を適用すべきものとは認められない。
よって刑訴408条により主文のとおり判決する。
右は裁判官全員一致の意見である。
裁判官長谷川太一郎は退官につき評議に関与しない。
（裁判長裁判官　田中耕太郎、裁判官　沢田竹治郎、裁判官　霜山精一、裁判官　井上登、裁判官　栗山茂、裁判官　真野毅、裁判官　小谷勝重、裁判官　島保、裁判官　斎藤悠輔、裁判官　藤田八郎、裁判官　河村又介、裁判官　谷村唯一郎）

判　例

最3小決平18・10・3民集60-8-2647（NHK記者事件）

抗告代理人松尾翼、同松本貴一朗、同青木龍一の抗告理由について

＊＊＊

2　記録によれば、本件の経緯等は次のとおりである。

（1）エフエルピー・ジャパン有限会社（以下「FLPJ」という。）は、健康・美容アロエ製品を製造、販売する企業グループの日本における販売会社である。抗告人アロエ・ベラ・オブ・アメリカ・インクは、上記企業グループの合衆国における関連会社であり、その余の抗告人らは、FLPJ の社員持分の保有会社、その役員等である。

（2）日本放送協会（以下「NHK」という。）は、平成9年10月9日午後7時のニュースにおいて、FLPJ が原材料費を水増しして77億円余りの所得隠しをし、日本の国税当局から35億円の追徴課税を受け、また、所得隠しに係る利益が合衆国の関連会社に送金され、同会社の役員により流用されたとして、合衆国の国税当局も追徴課税をしたなどの報道をし（以下「本件 NHK 報道」という。）、翌日、主要各新聞紙も同様の報道をし、合衆国内でも同様の報道がされた（以下、これらの報道を一括して「本件報道」という。）。相手方は、本件 NHK 報道当時、記者として、NHK 報道局社会部に在籍し、同報道に関する取材活動をした。

（3）抗告人らは、合衆国の国税当局の職員が、平成8年における日米同時税務調査の過程で、日本の国税庁の税務官に対し、国税庁が日本の報道機関に違法に情報を漏えいすると知りながら、無権限でしかも虚偽の内容の情報を含む FLPJ 及び抗告人らの徴税に関する情報を開示したことにより、国税庁の税務官が情報源となって本件報道がされ、その結果、抗告人らが、株価の下落、配当の減少等による損害を被ったなどと主張して、合衆国を被告として、［合衆国アリゾナ州地区連邦地方裁判所］に対し、本件基本事件［損害賠償請求］の訴えを提起した。

（4）本件基本事件は開示（ディスカバリー）の手続中であるところ、上記連邦地方裁判所は、今後の事実審理（トライアル）のために必要であるとして、平成17年3月3日付けで、二国間共助取決めに基づく国際司法共助により、我が国の裁判所に対し、上記連邦地方裁判所の指定する質問事項について、相手方の証人尋問を実施することを嘱託した。

（5）上記嘱託に基づき、平成17年7月8日、相手方の住所地を管轄する原々審において相手方に対する証人尋問が実施されたが、相手方は、上記質問事項のうち、本件 NHK 報道の取材源は誰かなど、その取材源の特定に関する質問事項について、職業の秘密に当たることを理由に証言を拒絶した（以下「本件証言拒絶」という。）。

（6）原々審は、抗告人ら及び相手方を書面により審尋した上、本件証言拒絶に正当な理由があるものと認める決定をし、抗告人らは、本件証言拒絶に理由がないことの裁判を求めて原審に抗告したが、原審は、報道関係者の取材源は民訴法197条1項3号所定の職業の秘密に該当するなどとして、本件証言拒絶には正当な理由があるものと認め、抗告を棄却した。

3　民訴法は、公正な民事裁判の実現を目的として、何人も、証人として証言をすべき義務を負い（同法190条）、一定の事由がある場合に限って例外的に証言を拒絶することができる旨定めている（同法196条、197条）。そして、同法197条1項3号は「職業の秘密に関する事項について尋問を受ける場合」には証人は証言を拒むことができると規定している。ここにいう「職業の秘密」とは、その事項が公開されると、当該職業に深刻な影響を与え以後その遂行が困難になるも

のをいうと解される（最高裁平成11年（許）第20号同12年3月10日第1小法廷決定・民集54巻3号1073頁参照）。もっとも、ある秘密が上記の意味での職業の秘密に当たる場合においても、そのことから直ちに証言拒絶が認められるものではなく、そのうち保護に値する秘密についてのみ証言拒絶が認められると解すべきである。そして、保護に値する秘密であるかどうかは、秘密の公表によって生ずる不利益と証言の拒絶によって犠牲になる真実発見及び裁判の公正との比較衡量により決せられるというべきである。

　報道関係者の取材源は一般にそれがみだりに開示されると報道関係者と取材源となる者との間の信頼関係が損なわれ将来にわたる自由で円滑な取材活動が妨げられることとなり、報道機関の業務に深刻な影響を与え以後その遂行が困難になると解されるので、取材源の秘密は職業の秘密に当たるというべきである。そして、当該取材源の秘密が保護に値する秘密であるかどうかは、当該報道の内容、性質、その持つ社会的な意義・価値、当該取材の態様、将来における同種の取材活動が妨げられることによって生ずる不利益の内容、程度等と、当該民事事件の内容、性質、その持つ社会的な意義・価値、当該民事事件において当該証言を必要とする程度、代替証拠の有無等の諸事情を比較衡量して決すべきことになる。

　そして、この比較衡量にあたっては、次のような点が考慮されなければならない。

　すなわち、報道機関の報道は、民主主義社会において、国民が国政に関与するにつき、重要な判断の資料を提供し、国民の知る権利に奉仕するものである。したがって、思想の表明の自由と並んで、事実報道の自由は、表現の自由を規定した憲法21条の保障の下にあることはいうまでもない。また、このような報道機関の報道が正しい内容を持つためには、報道の自由とともに、報道のための取材の自由も、憲法21条の精神に照らし、十分尊重に値するものといわなければならない（最高裁昭和44年（し）第68号同年11月26日大法廷決定・刑集23巻11号1490頁参照）。取材の自由の持つ上記のような意義に照らして考えれば、取材源の秘密は、取材の自由を確保するために必要なものとして、重要な社会的価値を有するというべきである。そうすると、当該報道が公共の利益に関するものであって、その取材の手段方法が一般の刑罰法令に触れるとか取材源となった者が取材源の秘密の開示を承諾しているなどの事情がなく、しかも、当該民事事件が社会的意義や影響のある重大な民事事件であるため当該取材源の秘密の社会的価値を考慮してもなお公正な裁判を実現すべき必要性が高く、そのために当該証言を得ることが必要不可欠であるといった事情が認められない場合には、当該取材源の秘密は保護に値すると解すべきであり、証人は、原則として、当該取材源に係る証言を拒絶することができると解するのが相当である。

　4　これを本件についてみるに、本件NHK報道は、公共の利害に関する報道であることは明らかであり、その取材の手段、方法が一般の刑罰法令に触れるようなものであるとか、取材源となった者が取材源の秘密の開示を承諾しているなどの事情はうかがわれず、一方、本件基本事件は、株価の下落、配当の減少等による損害の賠償を求めているものであり、社会の意義や影響のある重大な民事事件であるかどうかは明らかでなく、また、本件基本事件はその手続がいまだ開示（ディスカバリー）の段階にあり、公正な裁判を実現するために当該取材源に係る証言を得ることが必要不可欠であるといった事情も認めることはできない。

したがって、相手方は、民訴法197条1項3号に基づき、本件の取材源に係る事項についての証言を拒むことができるというべきであり、本件証言拒絶には正当な理由がある。
　以上によれば、所論の点に関する原審の判断は、正当として是認することができる。論旨は採用することができない。
　よって、裁判官全員一致の意見で、主文のとおり決定する。
（裁判長裁判官　上田豊三、裁判官　藤田宙靖、裁判官　堀籠幸男、裁判官　那須弘平）

> **質問6-23**
> 　記者の取材源秘匿の可否について民事訴訟と刑事訴訟とで区別されるべきか。

> **質問6-24**
> 　報道機関に所属していない個人が著作のための取材をしたことに関して取材源の秘匿ができるか。

2　自己負罪拒否特権

判　例

最 3 小決昭28・9・1刑集 7-9-1796（「偽証罪の虞があるから証言拒否」事件）

　本件特別抗告の理由は、末尾添附別紙記載のとおりで、これに対する当裁判所の判断は次のとおりである。
　原決定は要するに、所論証拠調に関する異議の申立に対し、「刑事訴訟法第146条に所謂刑事訴追を受ける虞あるときは、証人が証人台に立った時を基準として、証人の過去に属する経験事実を述べるに当り、その内容自体に刑事訴追を受ける虞のある事実を包含する場合をいうのであって、証人が真実を述べようとしている場合に偽証罪の訴追を受ける虞ありとして、証言を拒否し得ないものと解する」と判示して右申立を棄却したものである。そして右法文にいう「刑事訴追を受ける虞あるとき」とは、証言の内容自体に刑事訴追を受ける虞のある事実を包含する場合をいうものであることは、当裁判所昭和25年（あ）第2505号同27年8月6日大法廷判決（判例集6巻8号974頁以下参照）中刑訴146条の解釈に関する説示の趣旨に徴し明らかであるから、これにより原決定の前記判示は正当であることがわかる。しかもかかる刑訴法上の解釈が憲法38条1項との関連において許されるものであることは、右判例の趣旨に徴し明白であるから、結局原決定には所論の如き憲法違反若しくは憲法の解釈を誤った違法はない。本件抗告はそれ故理由がない。
　よって刑訴434条、426条1項により裁判官全員一致の意見で主文のとおり決定する。
　（裁判長裁判官　井上登、裁判官　島保、裁判官　河村又介、裁判官　小林俊三、裁判官　本村善太郎）

弁護人高橋徳、同一松定吉、同菊地三四郎、同柏木薫、同恒次史朗、同森山邦雄の特別抗告申立理由
　原決定は憲法第38条第1項の違反があるか又は同条項の解釈を誤った違法がある。即ち宇都宮地方裁判所に於ける頭書被告事件に付証人田野辺健司は被告人菊畑同小野沢に対する公訴事実第二同渡辺に対する同第八（3）、同小滝に対する同第十（10）、同石塚に対する同第十七（4）、同安生に対する同第十八（2）の各事実を立証するための証人として昭和28年3月27日同裁判所に於いて尋問を受けたものであるところ
　検事　それでは会議の模様を初めから順序に話して下さい。
　答　先程申上げた通り広間で上林さんから概算渡の話を聞いた訳です。
　検事　その外にもあったですね。
　答　それは申上げられません。
　検事　上林から概算渡の話があったほかにも何か話があったのぢやないですか。
　答　それは申上げられません。
　裁判長　何か述べられない理由があるんですか。

との質問に対し

　真実を供述するときはさきに自己が検事から取調べられた際検事に依って録取された供述調書の内容と相違するところがあるかもしれぬから偽証罪の疑により刑事訴追を受ける虞がある。

　との理由を申立てて右質問に対する供述を拒否した。これに対し原裁判所は同証人に対し供述を拒否出来ない旨を告げて供述を命じたので弁護人より異議を申立てたところ別添原決定謄本に示された理由に依り右異議申立を却下する旨の決定を言渡した。然しながら右決定は次の理由に依って憲法第38条第1項に違反しているか又は同条項の解釈を誤った違法があるものとはいねばならない。

　抑々憲法第38条第1項は、何人も自己に不利益な供述を強要されない。と規定する、これは自己負罪の強制禁止を規定している大原則である。而して右原則に基いて刑訴第146条は、何人も自己が刑事訴追をうけ又は有罪判決をうける証言を拒むことができる。と規定している。これは前記憲法上の要請に基き証人に対して重ねて自己負罪を強制し得ない旨を定めたものであって、証人が尋問について証言することにより自己について公訴提起の資料を提供することから保護する趣旨の規定である。ところで本件に於いては証人田野辺健司はさきに検事によって供述調書を作成されているところから原審公廷に於いて真実を供述すると、右供述調書の内容と相違する箇所を生ずることを慮り検察官から偽証罪の嫌疑で訴追される虞があるとの理由で証言を拒否したのである。蓋し検事が公判廷に於ける証人の供述がさきに録取した供述調書の内容と相違するのを以て直に偽証なりとし、尋問終了と同時に偽証罪の現行犯として逮捕した事例は一、二に止まらず、これに依ってみれば本件に於いて証人田野辺健司が前記の如き理由で証言を拒否したのは相当といはねばならない。

VI 問題

問題6−1 「見張り」

殺人死体遺棄被告事件。道路に面した駐車場に停めた車のトランクの中で被害者の頚部を圧迫して殺害したとして、実行犯3名を含む共謀共同正犯ということで7名が起訴されている。被告人は現場となった駐車場でAとともに「見張り」をしたとされている。検察側証人として登場したAの証人尋問が行われた。

検察官：クラウンのトランクのあたりで「やっちゃえ」という声がしたとき、あなたはどこで何をしていたのですか。
　A：クラウンの前の方で、道路を行き交う車を見ていました。
検察官：道路の方を見て何をしていたのですか。
　A：まあ、見張り、みたいな……。
検察官：そのとき、被告人の姿を見かけましたか。
　A：クラウンの近くにいたような気がしますね。
検察官：「近く」って、どの辺りですか。
　A：うーん、助手席側のドアの横のあたりかなあ。
検察官：すると、道路の方を見ていたあなたは、そのとき、後ろを振り向いて被告人を見たと言うことになるのですか。
　A：はい、そうです。一瞬ですが、そちらの方を見たと思います。
検察官：あなたの位置と被告人の位置はどのくらいですか。
　A：2メートル半くらいでしょうか。
検察官：被告人は立っていましたか、座っていましたか。
　A：立っていました。

検察官：どのくらいの時間被告人の姿を見たのですか。
Ａ：一瞬です。
検察官：被告人がどちらを向いていたか分かりますか。
Ａ：分かりません。
検察官：あなたは見張りをしていたんですよね。
Ａ：はい。みたいな……。
検察官：被告人は何をしていると思いましたか。
弁護人：異議あります。＊＊＊＊。

弁護人の異議の理由の骨子とそれに対する検察官の反論の骨子を述べよ。
あなたが裁判官だとして、異議をどう裁定するか。結論とその理由を述べよ。

問題6－2　ちかん裁判

　25歳の大学院生山田花子は、満員の通勤電車の中で背後から臀部を触られるという痴漢の被害に遭った。花子は加藤太郎の腕を掴んで駅員に突き出し、駅員の通報で駆けつけた警察官は太郎を東京都迷惑防止条例違反の現行犯として逮捕した。その翌日花子は警察に被害届を出したが、本件の捜査を担当する高橋一郎警部補は、警察署内の１室で花子に痴漢被害にあった当時の状況を、彼女に擬したマネキンと犯人役の警察官を使って再現させ写真に撮った。それが以下の写真である。

　検察官は山田花子を証人申請した。検察官は、証人は被告人と対面するのを嫌がっておりまた傍聴人の前で証言すると十分な証言ができないおそれがあるとして、被告

人及び傍聴人と証人との間に遮へい措置を施すべきであるとの意見を述べた。弁護人はそれに反対した。

（１）あなたが裁判官だとして、あなたは山田花子の尋問の際に遮へい措置を採るか、採らないか。その結論と理由を述べよ。

　検察官の主尋問において、次のような問答がなされた。
　検察官「その男はどのようにしてあなたのお尻に触ったんでしょうか。」
　花子「事件の翌日に警察署で詳しく述べました。確か、その時に髭を生やした優しい刑事さんがマネキンをつかって、私の言うとおりのことを再現してくれました。」
　この答えを聞いて検察官は高橋一郎警部補の写真撮影報告書に添付された前掲の写真を持って証人に示そうとした。弁護人は異議を述べた。

（２）弁護人の異議の理由の骨子とそれに対する検察官の反論の骨子をそれぞれ３行以内で述べよ。
　あなたが裁判官だとして、あなたはこの異議に対してどう裁定するか。その結論と理由を述べよ（行数制限無し）。

　山田花子に対する弁護人の反対尋問では次のやり取りがなされた。
　弁護人「男は左手で尻に触ったと言うことですが、間違いありませんか。」
　花子「はい、間違いありません。その左手を私は鷲づかみにしました。」
　弁護人「右手ではありませんか。」
　花子「いいえ、左手です。」
　この答えを聞いて弁護人は高橋一郎警部補の写真撮影報告書に添付された前掲の写真を持って証人に示そうとした。検察官は異議を述べた。

（３）検察官の異議の理由の骨子とそれに対する弁護人の反論の骨子をそれぞれ３行以内で述べよ。
　あなたが裁判官だとして、あなたはこの異議に対してどう裁定するか。その結論と理由を述べよ（行数制限無し）。

第7章 伝聞

刑事訴訟法320条1項はこう定めている――「第321条乃至第328条に規定する場合を除いては、公判期日における供述に代えて書面を証拠とし、又は公判期日外における他の者の供述を内容とする供述を証拠とすることはできない」。この規定はわが国において「伝聞法則」を採用することを定めた規定であると理解されている。戦後の国会に刑事訴訟法改正案を提出した政府も同条が英米における「伝聞証拠の禁止に関する証拠法上の原則」を念頭においた規定であることを明言している（昭和23年5月31日第2回国会衆議院司法委員会における木内曽益法務長官の説明、同会議録23号8頁）。

しかし、法律には「伝聞」という言葉は登場しない。したがって、その定義規定もない。この規定が英米法の伝聞法則を定めたものだとすれば、証拠とすることができないのは「書面」や「供述」だけに限られないであろうし、また、321条ないし328条に規定する場合以外の全ての場合に証拠排除されるわけでもないであろう。われわれが英米の伝聞法則の意味とその背後にあるポリシーを学ばなければならない理由がそこにある。けれども、わが法は英米の伝聞法則を――その例外も含めて――丸ごと承継したと言えるかは大いに疑問である。そもそも、イギリスとアメリカで伝聞法則の内容が同じというわけでもない。わが法の解釈はあくまでもわが法の条文に即したものでなければならない。けれども、わが国の証拠法の条文は非常に簡略なものである。条文解釈だけで実務上生じる問題のすべてを解決できるようにはなっていない。

日本国憲法は刑事被告人に「すべての証人に対して審問する機会を充分に与え」るべきことを規定した（37条2項）。伝聞証拠は、公判廷外の供述であるから、被告人による反対尋問を行う機会が保障されていない証拠である。このような証拠、とりわけ訴追の当事者である捜査官が作成した供述録取書を証拠とすることは憲法のこの規定に違反しないのか。

昭和24年の大法廷判決以来最高裁判所は、憲法37条2項は「**喚問した証人**につき、反対訊問の機会を充分に与えなければならない」と言う意味であって（最大判昭24・5・18刑集3-6-789。強調は引用者）、したがって法廷外で作成された供述調書を証拠とすることは憲法違反にならないと繰返し判示している。しかし、この最高裁判例には批判が強い。平成7年には「憲法37条2項が被告人に証人審問権を保障している趣旨にもかんがみ」て、証人が供述不能の場合にその検察官調書の証拠能力を認めた刑訴法321条1項2号前段を限定的に解釈する判例が現れた（最3小判平7・6・20刑集49-6-741）。そもそも昭和24年大法廷判決の憲法解釈の根拠は不明であるが、伝聞法則と憲法の関係について本格的な再検討をする判例がそろそろ現れても良さそうなものである。

I 伝聞とは何か

1 なぜ伝聞は許容されないのか

文 献

マコーミック『証拠法（第5版）』第245節（McCormick on Evidence, 5th ed., §245 (1999)）

　証言の価値は、証人の認知、記憶、叙述そして誠実という要素に依拠する。（1）**認知**。証人はその語る出来事を認知したのか？　そして、それは正確な認知なのか？　（2）**記憶**。証人はその認知に基く正確な印象を保持したか？　（3）**叙述**。証人の言葉はその印象を正確に伝えているか？　（4）**誠実**。証人は、いかなる程度であれ、意図的に嘘の証言をしていないか？

　これらの要素に関して証人自身が最善の努力をするように仕向け、そして、これらの要素に付随しうる不正確さをさらけ出すために、英米の伝統は、証人が証言をするに際して通常要求されるものとして、3つの条件を発展させてきた。すなわち、宣誓すること、公判廷に居ること、そして反対尋問を受けることの3つがそれである。伝聞禁止のルールは、これらの理想条件への服従を目指すものであり、そのいずれか1つの条件が欠ける場合に、伝聞への異議が提起されることになる。

　伝聞状況には2人の「証人」が登場する。第1の証人は3つの理想条件の全てに従って証言するのだが、その内容は単に第2の「証人」が話したことを報告するだけである。第2の「証人」は、公判廷外の供述者であり、理想条件に従わないままに決定的な情報を含む供述をするのである。

　宣誓。伝聞に対してもっとも早くからなされていた非難であり、かつ、現在に至るまで裁判例のなかでしばしば繰り返されてきたのは、伝聞供述をする法廷外の供述者は、在廷の証人が行う

宣誓の厳粛さなしに語りあるいは書くのが普通であるという異議である。宣誓はたぶん次の2つの点で重要である。儀式上のあるいは宗教上のシンボルとして、それは真実を話すことへの特別の責任感を引き出す。そしてまた、それは証人に偽証に対する刑事罰の危険を印象付ける。裁判所での宣誓（oath）やこれに代わる厳粛な確約（affirmation）は、これらの前提条件を必須のものとする。ウィグモアは宣誓の要請は偶然のものであり、本質的なものではないと言い、その根拠として宣誓の下での伝聞供述が排除されることをあげている。しかし、宣誓が伝聞禁止ルールの唯一の要件ではないという事実は、それが重要でないことを証明するものではない。同様に、宣誓がかつて持っていたような力をいまは持っていないという事実は、それがもはや重要ではないことを意味するものでもない。今では宣誓に代えて確約（affirmation）が認められることが多くなったが、宣誓（あるいは確約）の要請はいまでも揺るぎないものである。

　公判廷にいること。長きにわたって主張され続けているもう1つの異議は、法廷外の供述者について、その信憑性に光を当てるはずの、その証言態度を観察する機会がないということである。さらに、法廷外の供述者に対しては、法廷の厳粛さや公衆の面前で辱めを受ける可能性によって感銘を与えるということも殆どない。そして、証言が向けられる人物がそこにいることによって偽証はより困難になるだろう。

　そしてさらに、証人の在廷は、証人が法廷外供述を語る際につきものの不正確さを消し去る。また、話された言葉を報告することには、観察した出来事を記憶に基いて再生することにつきまとう過誤の可能性を超える、特有の過誤の危険性がある。このような不正確さが伝聞の弱点の1つなのである。しかし、ウィグモアが指摘するように、全ての伝聞がこの危険にさらされているというわけではない。書かれた供述が公判廷に提出され、合理的な正確さをもって、それが本物であり変造されていないことをテストするということは可能である。さらに、モーガンが述べているように、例えば、口頭契約の成立や口頭名誉毀損を証明する場合のように、非伝聞目的で話し言葉を法廷で報告する場合にも、同様の誤報告をする危険が伴う。いずれの主張も決定的とは言えない。さらに、書面と口頭の伝聞との間に一般的な区別をつけることもできない。

　反対尋問。その法廷外供述が報告されることになる当の供述者は在廷せず、不在の供述者に対して相手方はいかなる方法でも反対尋問をすることはできないというのが、今日受け入れられている主要な伝聞排除の正当化根拠である。早くも1668年に、「相手方が供述者を反対尋問できない」との理由で伝聞が退けられた。裁判所はこれが伝聞法則の基本的な存在理由であることを強調している。ベンタムが指摘したように、反対尋問こそは、イングランドの裁判制度の際立った特徴であり、陪審裁判制度の名声にもっとも貢献したものであった。彼はそれを「証言の正確性と完全性を保障するもの」と呼んだ。伝聞に欠けているこの保障の本質は、大法官ケント卿の次の言葉に示されている。「伝聞証言というものはその本質的部分において、自力で払拭することのできない疑惑と困難とにつきまとわれている。『伝聞を述べる者は、細部を語り、全ての疑問に応答し、困難を解決し、矛盾を調和し、疑念を説明し、曖昧さを取り払うという責任を負わない。彼はただ自分はそう言われたのだという単純な供述によって自らの身を守るだけであり、全ての責任を今は亡きあるいは不在のその発言者の肩に負わせるのである』」。ウィグモアのたぶん

最も有名な発言であろうが、彼は反対尋問をこう表現した――「疑いようもなく、真実の発見のためにこれまでに発明された最も偉大な法的装置」であると。

　許容される伝聞。高名な裁判官たちが伝聞の「内在的な弱点」について語っているのであるが、伝聞のもつ信頼性の低さは容易に誇張されがちである。伝聞は、それ自体の性質に照らして、司法手続においていかなる信頼にも値しないというわけではない。そうではないことは、伝聞法則に対する多数の例外に基づいて、裁判所が繰り返し伝聞証拠を採用していることによって実証されている。本来許容性のない伝聞であっても相手方の異議がないために採用されたならば、当然それは判断の資料とされうるのであり、さらに、それが信用に値するとみなされるならば、評決や事実認定を支えるに十分なものとなる。さらに、伝聞は相当の嫌疑（probable cause）を証明するために広く利用されているし、より一般的に言えば、われわれの知識の多くは伝聞の形でもたらされるのである。

　伝聞証拠といってもその信頼性の程度は千差万別であり、ただの噂話から信頼できる観察者の宣誓供述書に至るまで、様々であって、その信憑性のレベルは最高度のものから最低のものにまで至る。証言や情況証拠には、いずれも、人間の知覚、記憶、叙述そして誠実さにおける脆弱さに起因する、信用性の程度の広いばらつきが認められるのであるが、それらは、一般的な証拠排除のルールの対象とはなっていない。許容性のルールを伝聞の信用性の多様さに適合させる努力は、証拠法を自由化する動きの主要な動機づけの１つとなっている。

　しかしそれでもなお、証言は公開の法廷で、宣誓の下でなされ、かつ、反対尋問にさらされなければならないということ、すなわち、伝聞排除ルールの目的については、広範囲の支持が存在している。そのポリシーを実現する手段として証拠を排除するルールの運用のなかに、問題が横たわっているのである。

文　献

トライブ「三角形で考える伝聞」（Laurence H. Tribe, Triangulating Hearsay, 87 HARV. L. REV. 957 (1974), pp958-969.）

Ⅰ　供述三角形

　伝聞の基本的な問題点は、法廷内における即時的な反対尋問の対象とはされなかった行為や発言（act or utterance）から、その行為や発言が指し示すと思われる出来事へと至る、信頼に値する推認の連鎖を作り出すことに伴う問題点である。典型的には、ここで必要とされる推認の連鎖の第１の連結は、その行為や発言からそれが表明しあるいは示唆すると考えられる認識（belief）への連結である。この連結は、行為や発言をした人（陳述者）がその行為や発言をしたときに本当は何を考えていたのかを見るために彼／彼女の頭の中に「旅をする」ことだと考えると分かりやすい。第２の連結は、陳述者に想定された認識からその認識をもたらした出来事など何らかの意味でその認識へと繋がる外部的な出来事に関する結論（conclusion）へと至る連結である。この連結は、陳述者の頭の中から外へと旅だって、陳述者の中に想定された認識と証明の

対象となる外的現実とを比べようとするものということができる。

　事実認定者は、法廷で証人が証言するときにはいつでもこのような推認の連鎖を利用しているに違いない。けれども、その行為や発言が法廷内でなされず、あるいは宣誓の下で行われず、あるいは、その態度を事実認定者が観察することができず、あるいはまた、推認の連鎖の過程に含まれうる不正確さを探るために代理人が即時に反対尋問を行うことができなかったときには、この推認の連鎖の過程は、特に疑わしいものと長い間みなされて来た。この不正確さは通常供述に伴う4つの弱点に帰せしめられる。すなわち、多義性、不誠実、欠陥のある知覚、そして、誤った記憶、である。こうした法廷外の行為や発言にともなう不実の可能性は、英米の司法制度をして、特別の理由がない限り、その潜在的な証拠価値にも関わらずそれを伝聞として排除させるに至った。

　関連する要素を組み合わせた初歩的な幾何学図形を使ってこれをすべて図式的に説明する単純な方法が存在する。その図形は「供述三角形」（Testimonial Triangle）と呼ぶことができる。推認の経路を図案化し、それぞれの経路で遭遇する問題を機能的にグループ分けすることで、供述三角形は、伝聞問題が生じる場面を特定するのを容易にし、かつ、伝聞禁止規則に対する諸例外が適切かどうかの判断をするのを容易にする。

　その図形は次のとおりである。

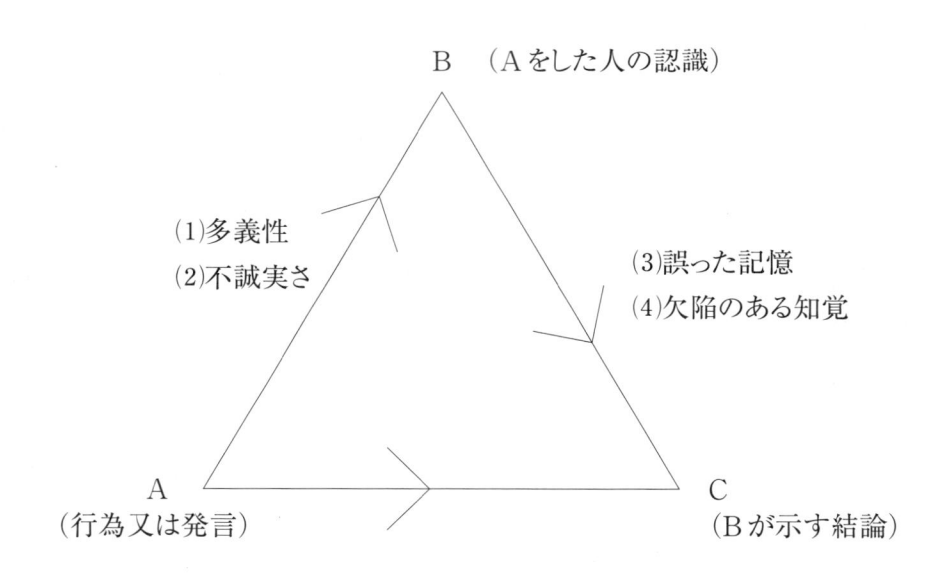

```
                    B　（Aをした人の認識）


      (1)多義性                    (3)誤った記憶
      (2)不誠実さ                   (4)欠陥のある知覚



   A                                              C
  （行為又は発言）                              （Bが示す結論）
```

　この図形を使って事実認定者が通る推認の経路を辿ってみると、まず、われわれは陳述者（X）の行為又は発言を表わす左下の角（A）からはじめる。経路はわれわれを上方の角（B）に導くが、これはXの行為や発言が示唆する彼の認識を表している。そして、われわれはXの認識が示唆する外的な現実を表す右下の角（C）へと導かれる。「A」が「B」を経由して「C」を証明するのに用いられるときには、伝統的な伝聞の問題が存在するのであり、その使用を認める特別

の理由がない限り、適切な異議申立てがなされればその行為や陳述を証拠として使用することは禁止される。

　供述の4つの弱点がどこで、どのように推認過程を妨害するかを示すのは勿論簡単にできる。「A」から「B」すなわち陳述者の認識に至る過程では、（1）多義性と（2）不誠実さという障害を取り除かなければならない。「B」から「C」すなわち外的な事実に至る過程では、さらに（3）誤った記憶と（4）欠陥のある知覚という障害を取り除かなければならないのである。

　「A」から、「B」を経由せずに直接「C」に行くことができる場合は、伝聞問題は生じない。但し、事実認定者の結論の有効性が潜在的に「B」を通る経路に依存しているときは別である。例えば、1971年にアムチトカで行われた核実験に関して政府が充分な安全策を講じたかどうかが訴訟上の争点だとする。当時の原子力委員会議長ジェームズ・シュレジンガーが「アンカレッジ郊外のエルメンドルフ空軍基地での会見で記者に対し、アラスカ州知事ウィリアム・E・イーガンの招待に応じて、自分の妻と娘たちを［アムチトカの核実験現場に］連れて行くつもりだと答えた。イーガンは同実験に強く反対している。」この情況を前提にして、「A」すなわち議長が実験現場に家族を同伴するとの言明から「C」すなわち実験現場は相当程度に安全であったという結論に至る旅路は一見純粋に「情況的」なものに見えるが、実際にはこの旅路は議長の頭の中を通らざるを得ないのである。なぜなら、この旅路は「B」すなわち彼が家族とともに実験現場に近づく意思があるという認識を経由するものだから。議長の行動には危険への恐怖を払拭したいという意図が見えるのであり、したがって、彼の行為は実験の安全性への真の認識を表明したものとは言えない可能性があるという点で、「A」から「B」への旅程には多義性と不誠実さの問題が含まれうる。そして、「B」から「C」への旅程にも、彼が関連する全てのデータを正確に記憶しておらず、またそもそも最初からデータを正確には知らなかったのではないかという問題があり、したがって実験の安全性についての彼の認識は、たとえ「A」から「B」への旅程が安全に敢行されたとしても、証明予定の事実を反映していないのではないかという可能性がある。それゆえに、三角形の左右両方の脚のうえに、行為「A」と同時に行われるべき反対尋問によって曝されるべき供述の弱点が存在するのである。

　これとは対照的に、事実認定者の推認が直接「A」から「C」へ向うことができる場合は、伝聞の弱点は生じない。例えば、「私は話せます」という法廷外の供述は、陳述者が話す能力をもっていることを証明するためには非伝聞証拠として許容される。というのは、それは推認が問題となりうる供述の中身ではなく、彼が話しているという事実であり、その事実に関しては供述の多義性や誠実さ、あるいは記憶や知覚は問題とならないからである。

2　伝聞かどうか

法　令

連邦証拠規則801（a）（b）（c）：供述、供述者、伝聞

　（a）**供述**　「供述」とは、（1）口頭または書面による陳述、あるいは（2）人の非言語的行動であり、その人が陳述であることを意図して行われる行動のことである。
　（b）**供述者**　「供述者」とは、供述をする人のことである。
　（c）**伝聞**　「伝聞」とは、供述者が公判または審問において証言する際に行う供述以外の供述であり、陳述された事柄が真実であることを証明するために証拠として提出されるものを言う。

判　例

最2小判昭30・12・9刑集9-13-2699（米子強姦致死事件）

　［被告人及び弁護人の上告趣意はいずれも刑訴法405条の上告理由に当たらない。］
　職権により調査すると、第一審判決は罪となるべき事実として「被告人は最初の妻に小供を置いて死なれ、その後2度も妻を娶ったがいずれも生別し、数年来鰥暮をしているものであるが、第1、かねて米子市戸上38番地未亡人富子こと山形春子（当時数へ年35才）と情を通じたいとの野心を持っていたところ、昭和23年5月1日午後7時30分頃鳥取県西伯郡境町から自宅への帰途、米子市観音寺地内米川堤防道路上において右山形春子に出会うや同女を姦淫すべく決意し、同女を道路下の畑や田等のある所に連れ込み同所の入江忠雄所有の田地（米子市観音寺字五反田699番地）において何かの拍子で倒れた（或は格闘の結果倒れたかも知れない）同女の頸部を手で扼して強いて同女を姦淫しようとして右頸部扼圧の結果同女を間もなくその場で窒息死亡させ（強姦既遂の点についてはその証明が十分でない）」との強姦致死の事実を認定し、その証拠として幾多の証拠の標目を挙示しこれを総合して右事実を認める旨判示している。そして第二審判決は右第一審判決を支持する理由を詳細に説示しているのであるが、［被告人が乗った列車の発着時刻などの証拠から見て、犯行直前に被告人が春子と出会うことは不可能だった可能性がある。］

＊　＊　＊

　次に、［死後経過時間に関する鑑定書等によると］他により確実な証拠の存しない限り、山形春子の死亡時は少くとも5月1日午後10時以後と推認するを相当とせざるをえない。従って、第一審判決認定の死亡時間との間に数時間の離齬あるものというべきである。
　さらに、第一審判決は、被告人は「かねて山形春子と情を通じたいとの野心を持っていた」ことを本件犯行の動機として掲げ、その証拠として証人米原豊の証言を対応させていることは明らかである。そして原判決は、同証言は「春子が、同女に対する被告人の野心にもとずく異常な言動に対し、嫌悪の感情を有する旨告白した事実に関するものであり、これを目して伝聞証拠であるとするのは当らない」と説示するけれども、同証言が右要証事実（犯行自体の間接事実たる動

機の認定）との関係において伝聞証拠であることは明らかである。従って右供述に証拠能力を認めるためには刑訴324条２項、321条１項３号に則り、その必要性並びに信用性の情況保障について調査するを要する。殊に本件にあっては、証人米原豊は山形春子の死の前日まで情交関係があり且つ本件犯罪の被疑者として取調べを受けた事実あるにかんがみ、右供述の信用性については慎重な調査を期すべきもので、これを伝聞証拠でないとして当然証拠能力を認める原判決は伝聞証拠法則を誤り、引いて事実認定に影響を及ぼすものといわなければならない。

以上要するに、第一審判決が、被告人に本件強姦致死の犯行を認めたことが正当であるかどうかは疑問であり、第一審判決にはその判決に影響を及ぼすべき重大な事実の誤認を疑うに足る顕著な事由があって、同判決及びこれを維持した原判決を破棄しなければ著しく正義に反するものといわなければならない。よって刑訴411条３号、413条に則り原判決及び第一審判決を破棄し、本件を第一審裁判所である鳥取地方裁判所に差戻すべきものとし、主文のとおり判決する。

この判決は全裁判官全員一致の意見である。

（裁判長裁判官　栗山茂、裁判官　小谷勝重、裁判官　藤田八郎、裁判官　谷村唯一郎、裁判官　池田克）

弁護人佐藤哲郎、同小野孝徳の上告趣意

＊＊＊

第３点　原判決は伝聞証拠をそのまま他の証拠と綜合して犯罪事実を認定した違法があり且つ右に基き判決に影響を及ぼすべき重大な事実の誤認をなしたもので破棄せらるべきものである。

（１）原判決は第一審判決が判示せる犯罪事実をそのまま維持して被告人は山形に対し判示場所に於て山形に出遭うや「姦淫すべく決意し」たと判示しているがこれを認定する何ら直接の証拠はなく只被告人が判示の如く「かねて山形と情を通じたいとの野心を持っていた」との事実と他の証拠（之の証拠も何ら直接本件の姦淫とは全然関係のない情況証拠とも云ひ得ない程度の間接の証拠にすぎない）を綜合して右姦淫の意思を推認しているにすぎなく、然も右「野心を持っていた」との事実のみが右被告人の強姦の犯意を推断せしめる重大な要点となっていることは本件記録全体を通じ、＊＊＊明らかであるところ右「野心を持っていた」との事実を証明するものは証人米原豊の第一審に於ける証言中（記録145丁以下）「２人が話ししたところ山形が『自分は米子の方で勤めているが厭になった』というので私はどうしてかと問うたところ山形は『大塚につけられていけない』と云ひ何処から出て来るかと尋ねると『大きな松と小さい松との境目少し下の方に下った処米川土手のコンクリートの石段がありその石段より少し上の方草叢や木が生えた新開川の方から出て来た。それで自分はおそろしく飛んで帰った』と云っておりました。」「その他に聞いたことはないか」「月日は判然と憶えませんが山形は私に『大塚という人はどういう人か』と尋ねるので私は目の大きい歯は金歯の顔は長い大きい人だと云うと山形は『あの人はすかんわ、いやらしいことばかりするんだ』といっておりました」「それは何時頃のことか今判然り判らないと云うが考え出して下さい」「昭和23年２、３月頃ではないかと思います」「その外に聞いた話はないか」「その外は別に記憶しておりません」とある部分の山形より聞いたと称する

被告人に関する山形の話だけが唯一のもので他に被告人が山形に野心を持っていたとの事実を証明する証拠はないのであるが右唯一のものである米原の証言は所謂伝聞証言であって之を判決の基礎となるべき証拠とするには刑事訴訟法第324条第2項、同第321条第1項第3号の制限があり右米原の証言は右制限により許されたる範囲を越脱しているもので証拠としてその適格を欠くものである。

（2）所謂伝聞証拠を証拠とするには其の必要性と情況信用性の2つの要件、即ち「当該伝聞供述の内容をなす元の供述者から重ねて公判廷で証言を得ようとしてもそれが不可能な場合で、しかも犯罪事実の存否の証明のために必要である場合には特にその供述が不正確又は不信用の危険のないものであることが保障される条件が揃った場合に限って之を証拠とすることができる」（最高裁判所昭和25年（う）第275号第3小法廷[1]）のであって、然も新刑事訴訟法の下にあっては極めて厳格に解さるべきものであるところ本件に於ける右米原の証言に就て検討するに、先づ右米原の証言自体は米原も山形とは同女が、「死ぬまで」関係をつづけていた男で本件に於ける容疑者として1度は検挙されたことがあり、然も山形から被告人の事を聞いたと称する日時は米原の証言よりすれば本件犯行の行はれたと推定される前日の4月30日（5月1日に犯行のあったことは米原の熟知せるところなるも山形と鉄道官舎であったときは昭和23年4、5月頃と証言していることよりみて明らかである）でありいかにも作為的に窺はれその信憑性は極めて疑はしきものであり又原判決は右伝聞証言が「春子が同女に対する被告人の前叙の如き野心に基く異常なる言動に対し嫌悪の感情を有する旨告白した事実に関するものであり」として伝聞証拠にあらずとしているが一般に伝聞証拠として事件前の感情の発言に就いては之を信用されるものとしてはいるが右は肉体の苦痛に伴う「いたい」とか「あつい」とかの発突的な、然も理性をさしはさまない自然な生理感情の発言であるときに限られているものであって、右判示の云う如く「嫌悪の感情」の前提たる被告人の「前叙の如き野心に基く異常なる言動」が果してあったかどうかの如き事態まで右その範囲を広げるべきではない。況してや右証言の基礎となっている「米子にゆくのはいやになった」理由は単に被告人との関係に於てなされたとのみ、みらるべきでなく却って山形の妹たる木下寿枝の証言（160丁以下）、角田正太郎の証言（223丁以下）並に浅中平治の証言、米原豊の証言を綜合すれば当時山形は米子市の十字屋に勤めていたが余り収入がないのでタイプを習い他に就職を求めていた状態であったこと、又山形が被告人でなくその土地一体に就て「スケベ」な人が多いと云っていたこと、並に山形は生活上の理由からむしろ「積極的に妾を志願するが子供を養育する程金を呉れる」人がなく、従って関係せる男が数人あったこと、並に右男の中には少くとも浅中の如く米子市に在住していた者があり、又米原も関係のあった男で、然も米子市に勤めその帰途に於て密会していた事実のあったこと等が窺知され、山形をめぐる経済上並に其の性生活関係に於ては極めて複雑な事情があったことは察するに難からず、更に前述の如く米原が聞いたと称する鉄道官舎に於ける密会の際は既に同日の午前10時頃翌5月1日浅中と皆生温泉に行く事を既に約束していた事情にあり、かかる事実を綜合するならば右山形の述べたと称する供述は極めて「不正確又は不信用の危険」がなかったということは保証出来ず伝聞証拠の採用において以上の如き事態を看過して被告人が山形に対し「かねてからの野心」があった

注1）　編者注：該当する最高裁判例は見当たらない。引用されている判例は札幌高判昭25・7・10高刑集3-2-283と思われる。

ことを容易に認定せる原判決は正に伝聞証拠の採用の原則を誤り且右に基き被告人の姦淫の意思を断定した重大なる事実の誤認があったものと断定せざるを得ないものである。

＊　＊　＊

> **質問7－1**
> 　原判決が米原証言を「伝聞証拠であるとするのは当らない」と言ったのはなぜか。最高裁がその判断を退けて「伝聞証拠であることは明らかである」と言ったのはなぜか。

判　例

最1小判昭38・10・17刑集17-10-1795（白鳥事件上告審判決）

　［訴因（殺人及び同幇助）は次のとおり。「被告人村上は、＊＊＊白鳥〔一雄　札幌市警察本部警備〕課長を殺害しようと決意するに至り、札幌市内において宍戸均、鶴田倫也、佐藤博と右殺害を謀議し、これに基づき、佐藤博において＊＊＊輪崎寿太郎方付近路上で、所携のブローニング拳銃を用いて白鳥課長を射殺した。被告人村手は、＊＊＊白鳥課長殺害実行の資とするものであることを知りながら同課長動静調査をし、被告人村上等の右殺害行為を容易ならしめて幇助した。」[2]

　16、被告人両名の弁護人秋山昭一、同石島泰、同金綱正己、同佐藤義弥、同関原勇、同竹沢哲夫、同根本孔衛の上告趣意第1点について。

　所論は、原判決は、刑訴320条、324条に違反し、証拠能力がない伝聞供述を証拠として採用しており、憲法31条、32条、37条2項に違反する旨主張するが、その実質は単なる法令違反の主張に帰し、刑訴405条の上告理由に当らない。（伝聞供述となるかどうかは、要証事実と当該供述者の知覚との関係により決せられるものと解すべきである。被告人村上が、電産社宅で行われた幹部教育の席上「白鳥はもう殺してもいいやつだな」と言った旨の志水尚史の検察官に対する供述調書における供述記載《第一審判決証拠番号〔224〕》は、被告人村上が右のような内容の発言をしたこと自体を要証事実としているものと解せられるが、被告人村上が右のような内容の発言をしたことは、志水尚史の自ら直接知覚したところであり、伝聞供述であるとは言えず、同証拠は刑訴321条1項2号によって証拠能力がある旨の原判示は是認できる。次に、被告人村上が門脇の家の2階か村手の下宿かで、「白鳥課長に対する攻撃は拳銃をもってやるが、相手が警察官であるだけに慎重に計画をし、まず白鳥課長の行動を出勤退庁の時間とか乗物だとかを調査し慎重に計画を立てチヤンスをねらう」と言った旨の証人高安知彦の第一審第38回公判における供述《同〔228〕》、被告人村上が佐藤直道の寄寓先で「共産党を名乗って堂々と白鳥を襲撃しようか」と述べた旨の証人佐藤直道の第一審第40回公判における供述《同〔236〕》等は、いずれも被告人村上が右のような内容の発言をしたこと自体を要証事実としているものと解せられるが、被告人村上

注2）　川添万夫『最高裁判所判例解説（刑事篇）昭和38年』（法曹会、1964年）154〜155頁。

が右のような内容の発言をしたことは、各供述者の自ら直接知覚したところであり伝聞供述に当らないとした原判示も是認できる。次に、追平雍嘉が1月22日佐藤博宅を訪問した際、佐藤博が白鳥課長を射殺したのは自分であると打ち明けた旨の証人追平雍嘉の第一審第36回公判における供述《同〔233〕》は、佐藤博が白鳥課長を射殺したことを要証事実としているものと解せられ、この要証事実自体は供述者たる追平雍嘉において直接知覚していないところであるから、伝聞供述であると言うべきであり、原判決がこれを伝聞供述でないと判示したのは誤りであるが、右供述は刑訴324条2項、321条1項3号による要件を具備していることが記録上認められ、従って右刑訴の規定により証拠能力を有することは明らかであるから、原判決がこれを証拠としたことは、結局違法とは認められない。また、同じ機会に、佐藤博が「村上委員長が2、3日ならいてもいい、2、3日なら安全だから」と言った旨の証人追平雍嘉の供述《同〔233〕》は、被告人村上が佐藤博に対し右の如き発言をしたこと自体を要証事実としているものと解せられ、供述者たる追平雍嘉は原供述者佐藤博よりこれを聞知しているのであるから、伝聞供述であるが、刑訴324条2項、321条1項3号所定の要件を具備し、従って証拠能力を有するものと認められることは、原判示のとおりである。次に、証人高安知彦の第一審第38回公判における供述《同〔228〕》中、円山の警察官射撃場における拳銃の射撃訓練に関する部分は、鶴田、宍戸らが円山の警察官射撃場で拳銃の射撃訓練をしたことを要証事実としているものと解せられるが、供述者高安知彦は、自ら体験せず鶴田倫也または宍戸均から聞知した事実を述べているのであるから伝聞供述であり、しかも原供述者が二者択一的であることは所論のとおりである。しかしながら、原供述者が二者択一的であっても、原供述者の範囲が特定の両者に限定されている以上、所在不明等の事由さえなければ証人として各これを尋問し、反対尋問を行なうことができるのであるから、伝聞供述の原供述者が二者択一的であるというだけの理由で、その供述が証拠能力を有しないものとはいえない。しかして、右伝聞供述が刑訴324条2項、321条1項3号所定の要件を具備し、従って証拠能力を有するものと認められることは、原判示のとおりである。）

* * *

（裁判長裁判官　入江俊郎、裁判官　下飯坂潤夫、裁判官　斎藤朔郎）

* * *

被告人等の弁護人秋山昭一、石島泰、金綱正巳、佐藤義弥、関原勇、竹沢哲夫、根本孔衛の上告趣意第1点

　原判決は採証の法則を誤り憲法第32条、第31条に違反する。

　1、原判決は青柳弁護人等の控訴趣意第1点の如く伝聞供述である。(20)(224)(226)(227)(228)(230)(233)(236)(240)(241)——但し(228)(236)については村上被告人の発言内容に関する部分——を伝聞供述に当らないとしているが、判断を誤り結局憲法第37条第2項並びに刑事訴訟法第324条、第320条に反し証拠として採用した憲法第31条違反がある。伝聞証拠とは証明しようとする事実を直接的に知覚した者の供述を内容とする他の者の当該法廷における供述、または、原体験者の供述を記載した書面を証拠とする場合であることは原判決の云う如くである。

この排斥される理由は反対尋問権の確保並びに直接審理主義の要請にあり、いずれも証拠の不正確性、不真実性を含む資料を裁判の場から排除することを目的とする。伝聞供述排斥の理由が証拠の正確性、真実性の担保であるから、原供述者の直接的に知覚した事実が立証しようとした事実即ち要証事実である場合に適用される。伝聞証拠であるか否かは要証事実が何であるかを明白にしそれとの関連で始めて判断し得るものである。原判決は前記各証拠について証人等が自己の直接見聞した体験に基き供述をなしたもので伝聞法則の適用をうける余地がないものであると判示する。しかし、原判決は原供述者が自ら直接体験し知覚した事実について他人に語ったことから、直接にその内容たる事実を認定している。その内容の真偽とは無関係な他の事実の立証のためにしているのでない。例えば第一審判示第２の（７）の罪となるべき事実について証拠説明中、白鳥課長を殺害すべく決意した証拠により、村上被告人が幹部教育の席上「白鳥はもう殺してもいいやつだな」と言ったこと（224）佐藤直道に会った際に、同人に対し、「共産党を名乗って堂々と白鳥を襲撃しようか」と述べたこと（236）、「政治的な意味で人を殺すことは非常にむずかしいことだ」と述べたこと（226）。「白鳥課長に対する攻撃は拳銃をもってやるが、相手が警察官であるだけに慎重に計画し、まず白鳥課長の行動を出勤退庁の時間とか乗物だとかを調査し、慎重に計画を立てチヤンスをねらう」と述べたこと（228）また、宍戸均が「白鳥課長を殺害することは大衆から浮き上らぬのに、佐藤直道は浮上ると云っている。同人は日より見を起している」旨述べたこと等を認定しているが、それを聞いた第三者が供述したものである。これらのことから、その供述内容である殺意を真実であるとする推理に役立てる場合は伝聞法則の適用をみなければならない。また、佐藤博が追平雍嘉に対して白鳥課長殺害犯人は自分である旨打ち明け、犯行の状況を詳細に語っていたこと（233）を佐藤博が白鳥課長を殺害したものと認定する証拠に使用している。福岡高等裁判所昭和25年５月29日判決は「判決の証拠標目中に裁判官の被告人金光一に対する尋問調書及び検察官の金光一に対する供述調書を揚げていることは原判決によって明らかであるが記録によると後者の供述調書は検察官が犯罪捜査の為金光一を取調べた際作成されたもので前者の尋問調書は検察官が右取調後公判期日前に刑訴法第227条による請求をした結果裁判官が金光一を証人として尋問し作成されたもので、いずれもその供述の内容の中には原審が有罪と認定した事実中被告人等が本件平和丸によって朝鮮に密航するのである旨を金光一が被告人朴相温から聞知した事実を包含し居ることは右２個の調書の記載によって明らかである。即ち右２個の調書は所謂伝聞を伝聞した証拠に外ならない」（高等裁判所刑事特報11号127頁）と判示している。このことは人の言葉がその言葉の中で主張されている事実の真実であることの証拠に提供された場合は、直接の証拠とは云えず反対尋問によって吟味を受けて真実性を確保しなければ証拠となし得ないとする伝聞法則の真髄を表わしたと云える。通常伝聞供述が伝聞法則の適用をうけない場合とされるのは、（１）名誉毀損罪における誹毀の言語、恐喝罪における恐喝の言語等係争事実そのものの一部をなす供述、（２）自己矛盾の供述を証人の供述の証明力を争う為に用いる場合、（３）行為そのものでは不正確なものを言葉により正確性をもたせる所謂言語的行為、（４）所謂情況証拠として使用された言葉に大別し得られる。右（４）の情況証拠即ち間接事実について、情況証拠一般について伝聞証拠が許される趣旨ではなく、情況証拠として

使用された言葉とは原供述者の心理的、精神的状態を推理し得る間接事実としての言葉であり、その伝聞供述の内容の真偽とは一応無関係でなければならない。この意味でも原判決が前記証拠により直接聞知したこと、或いはその供述内容を間接事実と認定していると解しても伝聞法則の適用のない場合と解することは誤りと云える。また、証人等が直接聞知したと称する供述がなされたことを間接事実と認定し結局その供述内容の事実を事実なりと二段の推理をしているので伝聞供述でないと云うのであれば、これは明らかに伝聞供述の内容そのものを要証事実とするものであり、供述内容と無関係にその供述のなされたこと自体を立証しようとするものではない。そのように解するとすれば伝聞法則排斥の趣旨は全く失われ、伝聞供述に非ずとされる範囲は無限に拡大され、不真実性が包蔵されその不真実性を明るみに引出すため反対尋問が必要であるとする憲法の規定の目的が喪失せざるを得ない。此の点、原判決が前記各証拠の伝聞部分を採用したのは刑事訴訟法第320条の解釈を誤り、憲法第37条第2項並びに第31条に違背する違法があり、この違法は判決に影響を及ぼすこと明らかであるから破棄は免れない。

＊　＊　＊

3、原判決は第一審証拠（233）中佐藤博が村上被告人の「2、3日なら居てもいい」「2、3日なら安全だ」の言葉を追平雍嘉に話した部分を再伝聞でないとしているが、前記（1）の趣旨より明らかに再伝聞であり、証拠能力はないと解すべきである。此の点原判決は刑事訴訟法第324条、第320条の解釈を誤り憲法第37条2項、第31条に違反し、この違法は判決に影響を及ぼすこと明らかである。

4、原判決は第一審証拠（20）中、宍戸均又は鶴田倫也の円山警察官射撃場における射撃訓練に関する部分に関し、原供述者が二者択一であり乍ら証拠能力を認定しているが、これを証拠に採用したのは刑事訴訟法第324条、第320条に違背し、憲法第37条、第31条に違反する。原判決は右に関する部分を伝聞供述であり原供述者が二者択一的であることを認め、「原供述者が二者択一的であっても原供述者に対する反対尋問がいちじるしく困難であるというわけではないから、伝聞供述の原供述者が二者択一的であるというだけの理由でその供述は証拠能力を有しないとは云えない」と判示する。しかし伝聞証拠排斥の理由は1、で述べた如く、反対尋問権の保障と直接審理主義の要請に基いている。原判決は原供述者が二者択一的であるとしても原供述者に対する反対尋問がいちじるしく困難でないとしているが、伝聞には虚偽不正確が当然に存在し、それを反対尋問で吟味し、その虚偽、不正確な供述を真実、正確なものとして初めて証拠に採用し得るので、原供述者が確定されていてもその供述は信用されないというところに伝聞法則が適用をみるのである。ましてや原供述者が択一の場合は供述そのものも著しく信用を措けないことと、誰を反対尋問の対象とすべきかのその行使が制限される。原判決は原供述者が二者択一ならば、その両者を法廷に呼出して反対尋問が出来るので困難ではないと云うのであらう。しからば三者或いは四者択一の場合及びそれ以上の場合はどうであらう。また原供述者が全く不明なる場合はどうであらう。二者択一或いは三者択一ならば許されるが、それ以上は反対尋問権の行使が著しく困難になるから許されないと解することになるであらうか。原供述者が誰であるか多数になればなるほどその供述が真実なされたものか供述内容を正確に伝えているかは疑問とならざるを得

ない。そこで信用性のない証拠には証拠能力を与えず法廷に提出することも出来ないとする制度の趣旨からかかる原供述者の二者択一的な伝聞には証拠能力をないとしなければならない。また、これを直接審理主義の要請から考察しても、事実を直接知覚し体験しているものが、裁判官の面前で直接供述するのが最良証拠であり、伝聞供述は原則として許されず、まして原供述者が何人であるかが確知できない場合は証拠能力がないものとしなければならない。此の点、原判決は証拠能力のない証拠を採用し刑事訴訟法第324条、第320条の解釈を誤り憲法第37条2項第31条に違背する違法があり、この違法は判決に影響を及ぼすこと、明らかであるから破棄は免れない。

> **質問7－2**
> 最高裁は、志水検察官調書、高安証言、佐藤証言については、原供述者（被告人）から聞いた事実が真実であることではなく、原供述者がそのような内容の「発言をしたこと」が要証事実であるとしているが、それはなぜか。

> **質問7－3**
> 最高裁は、他方で、迫平証言などについては原供述者の発言する事実が真実であること（佐藤博が白鳥課長を殺害した事実）を要証事実であるとしている。なぜここでは「発言したこと」を要証事実とすることができないのか。そもそも、要証事実が「発言したこと」なのか「発言の内容が真実であること」なのかを判断する指標は何か。

3　自白・不利益事実の承認

> **質問7-4**
> 被告人の自白を内容とする供述調書あるいは第三者の法廷証言は伝聞証拠か。刑訴法322条1項や324条1項は「伝聞例外」規定か。

法　令

連邦証拠規則801（d）（2）：相手方当事者の自認

＊＊＊

（d）伝聞に該当しない供述
　以下の供述は伝聞ではない。

＊＊＊

　（2）相手方当事者の自認。一方の当事者に不利なものとして申請された供述であり、かつ、それが
　（A）当事者自身としてまたは代表者の資格においてなされたものであるとき、または、
　（B）当事者がそれが真実であることを受容しまたは信じていることを宣言する供述であるとき、または、
　（C）当事者によって供述する権限を与えられている者がその事項についてなした供述であるとき、または、
　（D）当事者の代理人または被用者がその関係の継続中にその代理権または雇用関係に属する事項について行った供述であるとき、または、
　（E）当事者の共謀者が共謀の過程でそれを推進するためになした供述であるとき。
　（C）項にいう供述者の権限、（D）項の代理または雇用やその範囲、（E）項にいう共謀の存在やそこへの供述者や当事者の参加を立証するためには、当該供述の内容を考慮することができるが、それのみでは足りない。

> **質問7-5**
> なぜ「相手方当事者の自認」は伝聞ではないのか。

判　例

最2小決昭32・9・30刑集11-9-2403（船舶放火詐欺事件）

被告人南の上告趣意は、事実誤認、被告人両名の弁護人中村登音夫の上告趣意は、原審で主張も判断もない事項であるばかりでなく、証拠能力のない旨の単なる刑訴法違反の主張であって何れからしても不適法な上告理由であるところ、所論山本の捜査機関に対する供述調書（否認）は刑訴322条に該当しないとはいえないし（本件が犯罪によるものであることは否定しているが本件船舶沈没事故があったという外形的事実を承認した点では不利益であり、且つ任意性は争われていない。）、その他相被告人の供述調書は、公判廷における夫々の供述と大綱においては一致しているが、供述調書の方が詳細であって、全く実質的に異らないものとはいえないのであるから、同321条1項2号の要件をも満たしているということができるから、刑訴法上の違反も存しない。また記録を調べても刑訴411条を適用すべきものとは認められない。
　よって同414条、386条1項3号、181条により裁判官全員一致の意見で主文のとおり決定する。
　（裁判長裁判官　小谷勝重、裁判官　藤田八郎、裁判官　河村大助、裁判官　奥野健一）

＊　＊　＊

弁護人中村登音夫の上告趣意

＊　＊　＊

　しかしながら第一審判決の引用する右無効な証拠以外の各証拠もこれを精討すると其の証拠中には多くの証拠能力を欠くものを含み原判決が云うように到底判決に影響のない違法とはいえないものである。即ち第一審判決が事実認定の資料として挙示している。（1）被告人山本竹千代の検察官に対する第1、2回、司法警察官片岡秀清に対する同月16日附第5回各供述調書、（2）被告人山本岩吉の検察官に対する供述調書、（3）被告人南春重の検察官に対する第1、2回の供述調、書各証拠について検討して見ると之等の証拠を取調べた第一審5回公判調書の記載に依ると検察官の之等の証拠の取調請求に対し、「被告人竹千代及び上田弁護人は右供述調書を証拠とする事には同意しない旨取調については然る可くと述べた」と記載されており被告人山本竹千代において之等の供述調書を証拠とすることに不同意を表明したことが明かとなっている。而して右（1）被告人山本竹千代に対する検察官並司法警察官に対する供述調書は被告人山本竹千代については被告人の同意がないのであるから刑事訴訟法第322条第1項に規定する要件を備へて始めて証拠能力を有するものであることは自明のところである。然るに被告人山本竹千代は第一審公判廷において、本件公訴事実に対して自己が原審相被告人山本岩吉等と放火を協議した事実はないこと、保険金の受領についても全く失火による焼沈と考えて受領したものであると極力事実を否認しているのであるが、右検察官に対する第1回第2回司法警察官に対する第5回各供述調書を記録に依り検討して見ても其の供述内容は右公判廷における供述と異りなく第322条第1項に規定する被告人に不利益な事実の承認を内容とするものではないのである。従って之等の供述調書は被告人山本竹千代に関する限り証拠能力がないものといわねばならない。
　又右（2）及（3）の原審相被告人山本岩吉被告人南春重の検察官に対する供述調書は被告人山本竹千代に対する関係においては刑事訴訟法第321条第2項［ママ］に定める書面であることは御庁昭和26年（あ）第2591号同28年7月7日第3小法廷判決の明示するところであるから同条

同項に定める要件を具備しない限り不同意を表明する被告人山本竹千代に対しては証拠能力のないことは明らかである（前示判決の判旨）。記録を精査すると原審相被告人山本岩吉は公判廷において終始検察官の面前における供述調書の記載と全く同一の主張をしておるのであり、被告人南春重も右証拠の取調を行った第5回公判迄は（後には供述を翻へして事実を否認しているが）検察官の面前調書の記載と同様事実を認め、之と相反したが実質的に異った供述をしていなかったのであるから（同項に規定する他の要件のないことはいうまでもない）之等の証拠は被告人山本竹千代に対する関係においては孰れも証拠能力がないものである。以上の如く右（1）乃至（3）の証拠についてはいづれも証拠能力のないものであるに不拘これを看過し被告人山本竹千代の不同意に拘らず輒く之を証拠として採用したことは全く採証の法則に違背した不法があり、特に右（3）の証拠の採用については前示最高裁判所の判例に違反するものである。

原審第二審判決が前記の如く、原審相被告人山本岩吉の第一審第4回公判調書の供述記載が無効の証拠と認定し、之を採用した第一審判決に採証の法則違背ありとなしながら之を除いても他の証拠により優に犯罪事実を認定し得るとなし第一審判決を維持しているのは原審判決も亦前示各証拠の無効なことを看過し判例を無視した不法を犯しておるものであるばかりでなく原判決の認める原審相被告人山本岩吉の第一審第4回公判調書の供述記載が採用できない以上右本論旨掲記の各証拠特に被告人山本岩吉の検察官面前調書を証拠とするに非ずんば他の証拠のみでは到底第一審判決の挙示する犯罪事実はこれを認容し得ないものであることは記録上明瞭なところと信じ、果して然らば原判決は前示最高裁判所の判例に違反する判断をなしたに帰し破棄を免れないか少くとも判決に影響を及ぼすべき法令の違反があり刑事訴訟法第411条に則り破棄すべきものと信じる。尚、被告人南春重についても被告人山本竹千代と不可分の関係あるものとしての判例である以上同様之を破棄すべきものと信じる。如上の理由により原判決を破棄し相当の御裁判を求める次第である。

> **質問7−6**
> 殺人事件の裁判で「自分も犯行に加わったが、主犯はAだ」という被告人の手紙を、被告人自身が刑訴法322条1項に基づいて証拠請求することができるか（浦和地決昭58・5・25判時1097-160参照）。

ノート

「相手方の自認」と「利益に反する供述」

連邦証拠規則は「相手方の自認」を**伝聞ではない**とする一方で、「利益に反する供述」（statement against interest）は、供述者が利用不能の場合には**伝聞例外**として許容されるとしている。

連邦証拠規則804（b）（3）：

　利益に反する供述。供述をした当時において、供述者の金銭的または財産的利益に対立するがゆえに、あるいは供述者に民事上または刑事上の責任を課する傾向を持つがゆえに、あるいは供述者の他者に対する請求を無効にするがゆえに、供述者の立場にある合理的な人であればそれが真実であると信じない限りなさないであろう供述。供述者を刑事上の責任にさらし、かつ、被告人を免責する供述は、それを補強する状況が供述の真実性を明らかに示すのでない限り許容されない。

　言うまでもないことだが、「相手方の自認」は供述者（相手方）が利用可能であっても証拠として採用される。この違いは何に由来するのか。「相手方の自認」が許容される理由と「利益に反する供述」が許容される理由は、同じなのだろうか、それとも違うのだろうか。

4　精神状態の供述

> 判　例

東京高判昭58・1・27判タ496-163（山谷手配師襲撃事件）

［日雇い労働者の組合の幹部である被告人らが共謀の上、対立する手配師を襲撃して監禁し、暴行を加え怪我を負わせたうえ、慰謝料の名目で金銭を脅し取ったという監禁、監禁致傷、恐喝等被告事件。事前共謀の有無が主要な争点。］

弁護人高田昌男、同平野和己、同長谷一雄、同的場徹、同井上智治、同安田好弘、同内山成樹連名の控訴趣意（以下「連名控訴趣意」という）第5　訴訟手続の法令違反を主張する点について

所論は、要するに、原判示第2の恐喝の事前共謀認定の一根拠とした久留メモの立証趣旨は、同メモの存在というに過ぎないところ、証拠物でも書面の意義が証拠となる場合は、証拠書類に準じて証拠能力の存否を判断すべきであるが、同メモは単に心覚えのために書き留めたメモであるから、刑訴法323条3号の要件を具備した書面とは認められず、原審証人久留が作成したものであるから、同法321条1項3号の供述者死亡等の要件に該当しない。更に、同メモ中の「しゃ罪といしゃ料」なる記載部分は、桂某から久留が戦術会議の結果を聞いてこれをメモしたもので、再伝聞証拠であるから、同メモの恐喝の事前共謀の事実認定に関する証拠能力を判断するためには、桂某と久留間の伝聞性につき吟味を必要とするところ、桂某が死亡等により公判廷で供述し得ないとする証拠及び特信情況についての証拠が存在しないから、伝聞証拠である同メモの証拠能力は否定されるのにかかわらず、金員喝取の共謀を認定する証拠とした原判決は採証法則を誤ったもので、判決に影響を及ぼすことの明らかな訴訟手続の法令違反がある＊＊＊というのである。

そこで検討する。

所論のメモについて

原審は、原判示第2の事実全部を認定する証拠として、押収してあるノート（抄本）1冊＊＊＊（以下「久留メモ」という）を用いている。ところで、記録によれば、右久留メモは、検察官が原審第5回公判期日において、立証趣旨として、戦術会議及び犯行準備等に関する記載のあるメモの存在として取調の請求をし、弁護人は異議がない旨の意見を述べ同公判期日において直ちに採用決定され、証拠調が行なわれていることが明らかである。所論は、久留メモについては、検察官の立証趣旨はメモの存在というに過ぎないところ、証拠物でも書面の意義が証拠となる場合は証拠書類に準じて証拠能力を判断すべきであるから、原判決が右メモにつき、金員喝取の共謀を認定する証拠として用いているのは、採証法則を誤ったものであると主張する。しかしながら、前示のように、久留メモの立証趣旨については、戦術会議及び犯行準備に関する記載のあるメモの存在とされていたのであり、所論のように単にメモの存在とされていたわけではない。本件においては、所論のごとく、メモの存在のみを立証趣旨として取り調べても意味をなさないのであって、原審における訴訟手続を合理的に解釈するかぎり、検察官は、本件犯行の事前共謀を

立証するものとして右のメモの証拠調請求をし、弁護人の異議がない旨の意見を経て、裁判所がこれを取り調べたものと解すべきである。もっとも、原審が、久留メモの証拠能力につき、どのように解していたかについては、記録上必ずしも明らかにされていない。すなわち、それは、いわゆる供述証拠ではあるけれども、伝聞禁止の法則の適用されない場合であると解したのか、あるいは、伝聞禁止の法則の例外として証拠能力があると解したのかは明らかではないのである。おそらくは、原審第5回公判期日において、久留メモについての弁護人の意見を徴するに際し、同意、不同意の形でなく、証拠調に対する異議の有無の形において、その意見を徴している点をみるときは、原審としては、久留メモについては、伝聞禁止の法則の適用されない場合と解していたことが推測できるのである。人の意思、計画を記載したメモについては、その意思、計画を立証するためには、伝聞禁止の法則の適用はないと解することが可能である。それは、知覚、記憶、表現、叙述を前提とする供述証拠と異なり、知覚、記憶を欠落するのであるから、その作成が真摯になされたことが証明されれば、必ずしも原供述者を証人として尋問し、反対尋問によりその信用性をテストする必要はないと解されるからである。そしてこの点は個人の単独犯行についてはもとより、数人共謀の共犯事案についても、その共謀に関する犯行計画を記載したメモについては同様に考えることができる。もっとも、右の久留メモには、「(25) 確認点―しゃ罪といしゃ料」との記載が認められるが、右の久留メモが取調べられた第5回公判期日の段階では、これを何人が作成したのか、作成者自身が直接確認点の討論等に参加した体験事実を記載したものか、再伝聞事項を記載したものか不明であったのである。しかし、弁護人請求の証人久留満秀の原審第13回公判期日における供述によれば、原判示69の会に加入している久留は、昭和55年9月27日夜、当時同会に加入していた桂某より、中野、酒井の両名が飯場の手配師に腕時計と金を取られたことにより、同会及び原判示山日労・山統労の三者が右飯場に対し闘争を取り組むことになり、同月25日の右三者会議で確認された事項のあること等を初めて聞き、右聞知した25日の確認点をノートに「(25) 確認点―しゃ罪といしゃ料」と書き留めたことが明らかとなったのである。すなわち、右の公判期日の段階においては、久留メモの右記載部分は、原供述者を桂某とする供述証拠であることが明らかとなったのである。前記のように、数人共謀の共犯事案において、その共謀にかかる犯行計画を記載したメモは、それが真摯に作成されたと認められるかぎり、伝聞禁止の法則の適用されない場合として証拠能力を認める余地があるといえよう。ただ、この場合においてはその犯行計画を記載したメモについては、それが最終的に共犯者全員の共謀の意思の合致するところとして確認されたものであることが前提とならなければならないのである。本件についてこれをみるに、久留メモに記載された右の点が共犯者数名の共謀の意思の合致するところとして確認されたか否か、確認されたと認定することができないわけではない。したがって、確認されたものとすれば、久留メモに記載された右の点に証拠能力を認めるべきは当然であろう。のみならず、確認されなかったとしても、久留メモに記載された右の点は、以下の理由によって、その証拠能力を取得するものと考える。すなわち、久留メモのうち、右の記載部分は、同月25日の三者会議において、これに出席した桂某が、謝罪と慰謝料を要求する旨の発言を聞き、これを久留に伝え、久留が更に右メモに記載したものであるから、原供述者を桂某とする再伝聞供述で

あると解しなければならない。したがって、この点を被告人らの共謀の証拠として使用するためには、当然に弁護人の同意を必要とする場合であったのである。しかしながら、右の久留メモについては、前記のように、原審第5回公判期日において、検察官の証拠調請求に対し、弁護人は異議がない旨の意見を述べており、更に、原審第13回公判期日において、久留メモ中の右の記載部分が再伝聞供述であることが明らかとなった時点においても、弁護人は先の証拠調に異議がない旨の意見の変更を申し出ることなく、あるいは、右証拠の排除を申し出ることもなく、また、桂某を証人として申請し、その供述の正確性を吟味することもしていないのである。このような訴訟の経過をみるときは、久留メモの右記載部分については、弁護人として桂某に対する反対尋問権を放棄したものと解されてもけだしやむを得ないのであって、結局、久留メモを原判示第2の恐喝の共謀を認定する証拠とした原審の訴訟手続に法令違反があると主張する所論は、その余の点につき判断するまでもなく、採用することができない。

＊　＊　＊

（裁判長裁判官　船田三雄、裁判官　櫛淵理、裁判官　中西武夫）

> **質問7-7**
> 　山谷手配師襲撃事件が、久留メモの証拠能力を認めるには「最終的に共犯者全員の共謀の意思の合致するところとして確認されたものであること」が必要であるとしたのはなぜか。

> **質問7-8**
> 　人の意思、計画を記載した文書は、その意思や計画を立証する証拠としては伝聞証拠ではない（「伝聞禁止の法則の適用はない」）というのは正しいか。

法　令

連邦証拠規則803：伝聞例外　供述者の召喚不能がなくとも認められるもの

　以下の場合は、供述者を証人として利用することが可能であっても、伝聞法則によって証拠排除されることはない。

　（1）**現在の印象**　ある出来事や状態を知覚している間またはその直後に、その出来事や状態を描写しまたは説明する供述。

　（2）**興奮した発言**　供述者が驚愕すべき出来事や状態によってもたらされた興奮のストレスの影響下にいる間になした、その出来事または状態に関する供述。

　（3）**供述時点の精神的、情緒的または肉体的状態**　供述の当時に存在した供述者の精神、情緒、感覚、または肉体の状態（例えば、意図、計画、動機、目的、精神的感覚、痛み、身体的健康）の供述。但し、供述者の遺言の執行、取り消し、同一性または条項に関する場合を除き、記

憶されまたは信じられた事実を証明するためにその記憶や信念に関する供述を用いる場合を含まない。

> **質問7−9**
> 山谷手配師襲撃事件で、問題のメモの立証趣旨が次のいずれであるかによって結論に差が生じるか──①「襲撃計画の存在」、②「9月25日ころに共謀が成立したこと」、③「襲撃が行われたこと」。

文 献

光藤景皎「伝聞概念について」同『刑事証拠法の新展開』（成文堂、2001年）248〜263頁

4　精神状態の供述

　＊＊＊伝聞か非伝聞かの延長上にある困難な問題が、（供述者の供述時の）精神状態の供述（state-of-mind declaration）である。この供述の（証拠としての）関連性は供述者の真摯性及び叙述能力に依存するけれども、知覚及び記憶に依存しないという特色をもつ。このことから、わが国では、精神状態の供述を非伝聞として扱う傾向が優勢であるが、合衆国ではこれを一般的には伝聞例外として扱っている。連邦証拠規則803条3号は次の如く規定する。

　　原供述者の証言が可能であるかどうかにかかわらず、次の伝聞供述は、伝聞法則により排除されない。原供述者の供述時の精神状態・感情、感覚または身体的状態（意図・計画・動機、構想、心理的感情、痛み及び身体的健康状態）についての供述。ただし、記憶ないし意識については、それが原供述者の遺言の執行、取消し、同一性確認または時期に関する場合を除いては、記憶しもしくは意識した事実を立証するために用いることは許されない。

（1）ところで、精神状態の供述が、伝聞例外とされる理由の第1はそれが知覚・記憶問題を含んでいないことである。第2は、必要性である。実体法上、主観的要件として一定の精神状態の存在が要求される場合がかなりあるが、精神状態に関する主要な証拠の一つを閉め出すのは賢明でない、という考えにもとづく。もっとも、その者の行動から精神状態を確認する場合もあり、また人々は人のことばよりも人の行動にもとづいて精神状態を判断しがちなので、「必要性」も決定的理由とまで［は］いえない。第3は、供述時の（すなわち現在の）精神状態についての供述は大概、自然発生的（spontaneous）なものだから、真摯であるという考えである。もっとも、供述時の精神状態の供述の殆どが熟慮的というよりも自発的（無意識的）であると考えうるとくべつの理由はない、という意見もある。

（2）精神状態の供述は、これを3つの場面に分けて考えるのが、適当であろう＊＊＊。

　［1］精神状態が争点である場合の精神状態の供述

　実体法上の請求から、紙面に権利証または遺言状としての効力を与える意思などが、訴訟の争

点となる場合がある。この場合、精神状態が、事前または事後の行為を推論する根拠となる証拠としてではなくて、訴訟原因または抗弁事由がそれに依存している効力発生事実（an operative fact）として証明されることが求められているのである。＊＊＊

　精神状態の供述の特信性の保障は、身体的状態についての供述と同様に、供述の任意性とおそらく真摯であることにもとづいている。このことは、供述時にそのときの精神状態を述べるという趣旨でなければならないこと、また真摯だとみえる情況のもとでなされたものでなければならないということで担保されてきた（ただし遺言事件では、遺言人の以前の精神状態についての供述を許しているのが例外である）。以前の時期の精神状態について、供述者が証言するよう求められても、それは明確且つ真実でありそうにもないからである。もっとも、精神状態についての、いくらか前後にずれた時期での供述を、精神状態の「継続性」を論拠に認める場合もある。たとえば、恐喝事件における被害者の畏怖の精神状態について考えよう。財物交付の時点での「恐ろしい」という精神状態の供述が許容されるのはいうまでもない。財物交付の時ではないが、そのすぐあとで、まだ持続している恐怖感についての供述も、これを許容する傾向にある。それは、精神状態が継続していること、及びある時の精神状態についての供述は、別の時点の精神状態の推論をサポートするという仮定にもとづいているのである。訴追側は、財物交付のすぐ前の恐喝被害者の供述を、その後の時点での被害者の精神状態を証明するために用いてもよいし、あるいは、財物交付のわずかに後の被害者の供述を、それ以前の交付時の被害者の精神状態を証明するために用いてもよい、とされる。許されるための基準は、供述者の精神状態は2つの時点で同じであったと推論することを許すほど、時間的に近接していたかということとなろう。マコーミックは、供述が、時間的近接性などのあらゆる事情を考慮して、重要時点でも同じく存在している蓋然性のある精神状態を反映していることを「継続性」の要件として要求するのが合理的だとしている。

　伝聞（そしてその例外）とみるか、非伝聞とみるか、むずかしいのは、供述者の精神異常（insanity）を示唆する供述である。これについてマコーミックの考えを聞こう。曰く、責任能力または責任無能力の証明の主な源泉は、当該人物の彼の周囲に対するノーマルなまたはアブノーマルな反応を示す行為である。行為が言語によるかよらないかは重要ではない。それは周囲に対する反応として提出されるのであって、供述内容を証明するために提出されるのではないからである、と。これはウィグモア以来、供述の情況証拠的利用の典型とされてきたし、またわが国でも通説となっている。＊＊＊

　これに対しアレンは、たとえばジョーンはサムが「自分はキング・ジョージだ」というのを聞いたという供述は、サムが、キング・ジョージだと本気で思っていると推論しうるときのみ、証拠として関連性を有すると述べている。＊＊＊もちろん、伝聞例外として許容されることにはなる。これにいますぐ、明確な解答を出すことに躊躇を覚えるが、「自分はキング・ジョージだ」とか「自分はヘンリー8世だ」という誰がみても異常と思われる例を中心に議論されるから、情況証拠説（非伝聞説）が有力なのであろう＊＊＊。異常か否かどちらとも思われるようなことばが発せられた限界的な場合を考えると、また精神異常が仮装された場合を考えると、やはり本気

でそういう発言をしたかを吟味してみる必要がある場合もあるだろう。そういう意味で、私は、「伝聞例外」に分類したい＊＊＊。

　［2］その後の行為を推論するための精神状態の供述

　［1］で、精神状態の供述が、その精神状態が争点であるときは、原供述者の精神状態を証明するためには、（非伝聞としてであれ、伝聞例外としてであれ）許容されることが分かった。問題は精神状態の供述がその後の行為を証明するためにも許容されうるかである。たとえば、Yを殺害する意図を示すXの陳述は、その意図と、そしてまたXが実際にその後Yを殺害したことも証明するために、許容されうるかが問題となる。表明された意図が実際に抱かれていることより、表明された意図が実際実行されるであろうことは、蓋然性は低いとみざるをえないのに、なぜ意図の供述に関連性が認められるのか。それは、意図をもった者が、その意図をもたなかった者よりも、それをやったということはよりありそうだ、ということに関連性が認められる理由があるようだ（推論Ⅱ）。そこには、ある人についての強い感情は比較的短い時間には変りそうにないという仮定が媒介項としてあるのである。この供述に許容性の認められてきた理由の第2は、原供述から供述時に存在した精神状態の推論は、原供述者の真摯性及び叙述の信頼性に依存するが、供述者の知覚や記憶には依存しないことである（推論Ⅰ）。＊＊＊精神状態の供述は、推論Ⅱをするには大変弱い証拠なので、合衆国でも長い間この種の証拠価値は認められなかった。これが認められるに至った嚆矢は、1892年の連邦最高裁のヒルモン事件判決［Mutual Life Insurance Co. v Hillmon, 145 U.S. 285 (1892)］であった。これは被保険者ヒルモンの妻による保険金支払請求訴訟において生じた。主たる争点はヒルモンが実際に死亡したかどうかであった。カンサス州のクルークド・クリークで発見された死体はヒルモンの死体であるとの原告側の主張に対し、被告側は、ウォルターズという男がヒルモンに同行したこと及びクルークド・クリークで発見された死体は、ウォルターズの死体であると主張した。被告側は、ウォルターズが1879年3月5日かその頃妹に手紙を書き、その中で、「自分は、ヒルモンという男と3月5日ごろウィッチタを立つ［ママ］つもりだ」と述べたという妹の証言を証拠として提出した。連邦最高裁は、伝聞だとの異議を斥けて、この証言を証拠として許容したが、その理由は概略次の如きものであった。すなわち、

　　本件の手紙が証拠として資格をもつのは、……他人によって書き手に伝達された事実を叙述するものとしてでもなく、また彼が実際にウィッチタを出立した証拠としてでもなくて、他の証拠により彼が出立したことが示されている時点のすこし前に、彼には出発する意図があり、かつ、ヒルモンと一緒に出かけるという意図があったことの証拠として資格を有するのである。それは、彼が出立したこと及び彼がヒルモンと一緒に出立したことの双方を、このような意図の証明がなかったであろう場合よりもよりありそうなものにした。

この判決はウォルターズの意図の供述から、他人すなわちヒルモンの意図及びヒルモンのその後の行動についての推論をも許すものではないかとの懸念をよびおこし、その点（すなわち判例の射程距離について）について激しい批判をうけたが、ウォルターズの意図の供述が、ウォルタ

ーズのその後の行為の立証のため許容されるという範囲では、その後の判例・立法を指導することとなった。この間の事情については、小早川・前掲論文［小早川義則「精神状態の供述」名城法学32-2-1（1983）］（23頁以下）が詳しく、本稿はそれに何も付け加えるものはない。いまでは、供述者の計画・意図についての公判廷外供述は、時間的間隔（供述と行為の間の）の通常の制限に服すること、そして（精神状態の供述のすべてに共通であるところの）の［ママ］真摯とみられるものであることを条件として、計画・意図が供述者によって実行されたことを証明するために、証拠として許容されている（前掲連邦規則803条3号参照）。

　この型の精神状態の供述についての問題点を簡単に述べておこう。①供述者の精神状態の供述が、他の者のその後の、供述者との共同行動を立証するために用いられる危険があること。ヒルモン事件を例にあげると、Wの意図の供述が、その後にWがウィッチタを立った［ママ］ことの証明に用いられるだけでなくて、Hも一緒に立った［ママ］という証明に用いられるような場合がそれである。Wの供述がHはクルークド・クリークへ行く計画であったという立証趣旨で用いられるなら、その立証趣旨は必然的にWの知覚と記憶に依存している。そしてWの供述がHが行うと計画したことについてのWの知覚と記憶にもとづいた供述として許容されるなら、伝聞法則は完全に切り崩されるであろう。あるいは、Wの意図は、「Hが自分に同行するときにのみ旅行するつもりだ」という趣旨であるとするならば、Wによるその意図の供述は、「Wに同行するHの決心」という起るか起らないかわからぬ出来事の発生に条件づけられた、信用性の乏しい証拠でしかないことになろう。もし、ある計画の実行が、それを実行する供述者の持続的意思や能力を必要とするだけでなく、誰か他の者の意思や能力を必要とするならば、その計画が完成される可能性はかなり小さくなるからである。連邦証拠規則の制定過程において下院司法委員会は、「ヒルモン原理を限定し、原供述者の意図の供述は、他の者の将来の行為ではなく、原供述者の将来の行為を立証するためにのみ許容されるよう規則（803条3号）を解釈運用するように」（小早川訳、前掲論文72頁）と意思表明をしたが、それは、冒頭に述べた懸念に対処せんとしたものといえよう。わが国でも、合衆国判例にならい意図の供述［を］将来の行為の立証に用いた判例も散見されるが、それをこえて供述者の意図の供述を他の者のその後の共同行為の立証に用いることは、右に挙げた危険を伴うことに十分留意すべきである。

　②合衆国の判例において、供述者の意図の供述が同人のその後の行為の立証のため用いられたのは、表明された意図が特定の行為を特定の時に行うという具体的なものであったことに注目する必要がある。マコーミックは、このような「特定性」がない場合、それは単に証明力を減じるだけでなくて、その一般性のゆえに、かえってそれは性格証拠（合衆国では訴追側はかかる証拠を提出しえない［連邦証拠規則404参照］）の性格を帯びることになると警告している。

　③後の行為を証明するための精神状態の供述の許容性の問題は、これらの供述がそれだけでその行為が行われたという認定を支えるための十分性の問題とは全く別の問題であることである。意図の供述それ自体は、後の行為の認定を支えるのに十分ではない。したがって、意図の供述は、後の行為を証明すべき他の証拠の補強証拠として許容されると言われてきたが、それは合理的である、とマコーミックは言っている。

[3] 過去の出来事を証明するための精神状態の供述

(一) ヒルモン判決の射程距離の問題として、供述者の精神状態の供述が、（暗黙裡に）過去の出来事についてのその者の知覚と記憶に依拠する場合も許容するのかどうかが、不分明であった。ヒルモン判決から40年後の1933年連邦最高裁は、シェパード事件判決〔Shepard v. United States, 290 U.S 96 (1933)〕にお［い］て、意図の供述と記憶についての供述を峻別し、過去の出来事の記憶についての供述は証拠として許容できないことを明らかにした（小早川前掲論文50頁以下に詳しい）。これはシェパード医師によるその妻に対する謀殺被告事件であるが、その訴訟において被告側のシェパード夫人が自殺の意図をもっていたという立証に対し、これを反駁するための訴追側から申請された証拠の許容性にかかるものであった。訴追側証拠は、シェパード夫人が、病床についたのち、その看護婦に「ドクター・シェパードが私に毒を盛った」と語ったというものであった。連邦最高裁は、その供述は、[夫人が自殺志向を有していなかったという]精神状態の供述として不許容であると判示したが、法廷意見でカードーゾ判事は次のように述べた。

> ヒルモン判決は、裁判所がそれを越えようとは思わなかった吃水線を記している。それを契機にかなりの量の批判と注釈がなされてきた。将来に光を投げかける意図の供述は過去を後向きに指し示す記憶についての供述からきびしく区別されてきた。もしこの区別が無視されるならば、伝聞法則は、崩壊するか、もしくはほとんど崩壊するであろう。今問題となっている供述は後向きであり、前向きのものではない。少なくともこのことをそれは明瞭に示している。それは過去の行為について語ったものであり、より重要なことだが、それは話し手でない他の者によりなされた行為について語ったものである。

言わんとするところは、もし裁判所が過去の出来事についての供述を、それは精神状態を証明するだけだという理由で許容するならば、伝聞法則は崩壊するであろうということである。

運邦証拠規則803条3号の但書が、「記憶ないし意識（belief）については、それが原供述者の遺言の執行、取消し、同一性確認または時期に関する場合を除いては、記憶し意識した事実を立証するために用いることは許されない」としたのは、立法上このことを明らかにしたものといえよう。遺言事件の場合が除外されたのは、事実をよく知っていたまたはその知識をもつ唯一の者即ち遺言人の喚問不能と、その者が直接的知識をもつこと並びに欺罔の動機が一般的に欠如していることという特信性によるのである。その他では、記憶についての供述は、それは精神状態の供述だということで許容されることはない。＊＊＊

シェパード夫人の上記供述は、彼女の「生きようとする意思」を立証する範囲をこえて、シェパード夫人はその夫の与えた毒物により死にかけているとの証拠として利用される危険を排除できない。＊＊＊［その証拠としての信憑性は］原供述者の知覚・記憶に依拠するものであり、そうなるとまさに伝聞証拠である。

(二) 往々問題がおこるのは、殺人の被害者によって、事件前なされた告発的供述に関してである。もし、供述が単に畏怖の表現、たとえば「自分はDが怖い」にすぎないならば、伝聞問題

は含まれていないようにみえる。マコーミックの次の指摘は重要である。曰く、しかし、これでは許容性の問題は解決しない。被害者の精神状態が事件の争点であることを示すものは何もないので、その供述の申請人の目的は、その精神状態の存在から、それ以上の事実を推論する歩みを促すことであるにちがいない。畏怖の存在からなされる推論は、Ｄのある行為、おそらく虐待あるいは脅迫が、畏怖の念をひきおこす原因となったということである。その証拠には無理に人を説得する可能性や偏見を抱かせる性格があり、また推論は、相対的に弱くかつ推測的な性格をもつ。これらすべてが、関連性の問題としての許容性にとって反対の理由となるのである、と。

　実際には、「Ｄが自分を脅迫している」という被害者の供述——それから怖れが推論される——という形をとるか、あるいは、「Ｄが自分を脅迫したので怖い」という供述の形式をとるか、そのいずれかが普通なのである。そうであれば伝聞証拠であることは明らかである。この意味で最判昭30・12・9（刑集9巻13号2699頁に示された判断）は、妥当であったと思われる。

5　結びに代えて

＊＊＊

（3）私は、精神状態の供述＊＊＊につき伝聞説に傾くが、それが立証上「必要性」がある場合のあることを否定することができない。さりとて、かかる供述に真摯性、叙述の正確性についての伝聞危険を否定することもできない。それなら伝聞例外と考えるほかないが、原供述者が被告人の場合を除いては、刑訴法321条1項3号（324条2項）にしかその（許容性のための）根拠条文を求めることができない。しかし、同条項は、原供述者の公判廷での利用不能を要件としており、精神状態の供述の証拠としての特色に対応できない。この点が松本一郎教授や田宮裕教授が非伝聞説を採られる根底にあるのではないかと推測される。それにも拘らず、私は伝聞（そしてその例外）と考えるべきだと思う。というのは、非伝聞とした場合、裁判所が関連性その他を適当に考慮して、採否を決定することになるだろう。その場合、当事者とくに被告側には、その証拠の採否について同意するか否かの意見を聴取される機会（あるいは権利）すら与えられないことになろう。精神状態の供述のもつ叙上の問題性に照らし、右の機会の附与はぜひとも必要であると考える。そうなると伝聞例外として許容する場合の根拠規定が再び問われることになる。原供述者が被告人の場合には、刑訴322条1項・324条1項でその証拠能力が判断されることになる。もっとも、精神状態の供述＊＊＊に証拠能力を認める理由は、それが自然発生的でそれ自体として、信用性の情況的保障が認められやすい点にあるのだから、322条1項から供述録取書の類いは除かれるべきである。主として324条1項によることになるが、被告人は証人に果たして自分がそんなことを言ったかどうか、尋問することができる（したがって再伝聞は許されない）。問題は、原供述者が被害者その他の第三者である場合である。刑訴321条1項3号・324条2項が問題となるが、最大の難関は「供述不能」の要件＝必要性の要件であるが、原供述者の当時の精神状態を、その時のその者の供述（ことば）を用いることなく証明しようとするのは困難であるし、賢明でもない。ここに「必要性」を認めることができる。その上で、ことばが自然発生的であったとか特信性の要件が整えば、324条2項により証拠能力を認められうる場合もあるだろう。

原供述者の供述がそれ自体として自然発生的な供述（ことば）で、再現不能と思われる場合に限り321条1項3号で許容されるといえようか。321条1項3号の「必要性」の要件をゆるめることには、いぜんとして躊躇をおぼえざるをえない。それでも、精神状態の供述であれば「非伝聞」として安易に証拠能力を認めるよりは、ベターであろう。

II 憲法と伝聞法則

憲法37条2項は「刑事被告人は、すべての証人に対して審問する機会を充分に与へられ［る］」と定めている。ごく初期の最高裁大法廷判決は、供述書を採用しながら、その供述者を尋問するためになした被告人側の証人申請を却下するのは憲法37条2項に違反するとした（最大判昭23・11・5刑集2-12-1479）。すなわち、憲法37条2項は、自己に不利益な供述をする者を法廷に喚問し尋問する権利を保障していると言うのである。

では、供述者に対する反対尋問はいつ保障されなければならないか。供述がなされるそのときその場に被告人が立ち会い、反対尋問の機会が与えられなければならないのか、それとも、供述者が後で法廷に出頭し被告人がその人を尋問する機会を持つならば、以前に法廷外で作成されたその人の供述は証拠能力を持ちうるのか。最高裁判所は後者の立場をとった（最大判昭24・5・18刑集3-6-789）。

供述者が死亡その他の理由によって法廷に出廷できず、したがって事後的な反対尋問もできない場合はどうか。刑事訴訟法は、このような場合にも、一定の要件を充足すれば法廷外供述を証拠とすることを認めている。これらの規定は憲法37条2項に違反しないか。最高裁判所は、繰り返し違反しないと述べている。その理由として、最高裁は、憲法37条2項は「裁判所が尋問すべきすべての証人に対して被告人にこれを審問する機会を充分に与えなければならないことを規定したもの」であると言う（最大判昭27・4・9刑集6-4-584）。「裁判所が尋問すべきすべての証人」とは何か。現実に法廷に登場した証人に対して反対尋問の機会を与えれば憲法の要求は満たされるというのであれば、伝聞排除法則は憲法37条2項の保障とは全く無関係なルールだということになるだろう。

アメリカの連邦最高裁は、第6修正（対決権条項）と伝聞法則との関係について、100年以上にわたってケースごとに憲法判断を積み重ねてきた。最近も、クロフォード対ワシントン Crawford v. Washington, 541 U.S. 36 (2004) において、連邦最高裁は、伝聞法則と第6修正との

関係の問題に正面から取り組み、これまでの先例の枠組みを根底から捉えなおす判断を示した。クロフォード判決は、捜査官の尋問や予備審問での供述に代表される「証言的伝聞」（testimonial hearsay）[3]は、①証人喚問が不能であり、かつ、②供述の際に反対尋問の機会が与えられているのでない限り、これを証拠として採用することは第6修正に違反するとした。

これまでアメリカでは捜査機関が取調べによって得た供述は、たとえ供述者が死亡したり喚問不能であっても証拠として採用されることはまずなかったし、証人が捜査官に対する供述と異なる証言をしたからと言って捜査段階の供述が実質証拠として使われることはあり得なかった。これに対して証人の予備審問調書については、弁護人が予備審問において反対尋問を行ったことを捉えて伝聞例外として許容しても違憲ではないとされていた。クロフォード判決は、これらの先例を確固とした枠組みのなかで捉えなおすものということができる。

わが最高裁も伝聞法則と憲法の関係を肯定する説示をしたことがある。昭和27年の大法廷判決は、刑訴法320条は「憲法の条項に基づく刑事被告人の権利を充分に尊重している」と、伝聞法則と憲法との関係を直接的に明言した（最大判昭27・6・18刑集6-6-800）。しかし、その後はむしろ、伝聞例外規定の問題を「単なる法令違反の主張」として退けるのが主流になった。10年ほど前に日本の最高裁の一つの小法廷が伝聞法則と憲法との関係をほんの少しだけ意識した先例を出したことがある。最高裁第3小法廷平成7年6月20日判決は、証人の喚問不能さえあれば検察官調書の証拠能力を認める刑訴法321条1項2号前段が違憲であるとの主張を昭和24年大法廷判決を引用するだけであっさりと退けたが、同号の適用範囲を「手続的正義の観点」から限定する解釈を示した。

憲法37条2項が被告人に証人審問権を保障している趣旨にもかんがみると、検察官面前調書が作成され証拠請求されるに至った事情や、供述者が国外にいることになった事由のいかんによっては、その検察官面前調書を常に右規定により証拠能力があるものとして事実認定の証拠とすることができるとすることには疑問の余地がある。

ここで判決が言う「憲法37条2項が被告人に証人審問権を保障している趣旨」とはなんだろうか。我が国の裁判所が伝聞例外規定と憲法との関係を本格的に検討するときは訪れるのだろうか。

判　例

最大判昭23・11・5刑集2-12-1479（証人却下違憲判決）

弁護人池邊甚一郎上告趣意第一点について。

所論第二審たる和歌山地方裁判所の第1回公判において、弁護人から釜野信子及び黒越清太郎を証人として申請したるところ、裁判所は之が申請を却下したことは、右公判調書によって明らかである。然るに同裁判所は右却下した釜野信子及び黒越清太郎両人提出の各始末書を証拠として採っているのである。右は明らかに刑訴応措急置法第12条第1項の規定に違反し[4]、延いて憲

注3）　業務記録や臨終の際の供述（dying declaration）のような伝統的な伝聞例外は「非証言的伝聞」（non-testimonial hearsay）と言って区別される。

注4）　編者注：刑訴応急措置法12条は次のように規定している。「証人その他の者（被告人を除く。）の供述を録取した書類又はこれに代わるべき書類は、被告人の請求があるときは、その供述者又は作成者を公判期日において尋問する機会を与えなければ、これを証拠とすることができない。但し、その機会を与えることができず、又は著しく困難な場合には、裁判所は、これらの書類についての制限及び被告人の憲法上の権利を適当に考慮して、これを証拠とすることができる。」

法第37条第2項に違憲の判決と言わねばならぬ。蓋し、憲法第37条第2項によれば「刑事被告人は、すべての証人に対して審問する機会を充分に与へられ、、、る権利を有する」と規定しているのであって、刑訴応急措置法第12条第1項は右憲法第37条第2項の内容を実現するため設けられた規定であること、換言すれば、刑訴応急措置法第12条第1項は憲法第37条第2項の規定そのものに淵源して設けられた規定であることは明かと言わねばならぬ。尤も、第二審裁判所の第1回公判期日において前示証人申請が却下せられた後第2回公判期日においては刑訴第353条後段の場合である、15日以上開廷しなかったことによって、第1回公判期日と同一構成の裁判所において公判手続が更新されており、而して右更新後の公判期日においては重ねて前示証人の申請はなかったのであるが、右は弁護人としては同一構成による裁判所に対し重ねて前に却下された証人申請を繰返しても、再び却下せられるものと考えるのは寧ろ当然とすべきである。従って右更新後の公判期日において証人申請がなかったからとて、上示証人申請を却下しながら遂に始末書を証拠に採った第二審の措置は、前示刑訴応急措置法並びに憲法の各条項に違反するものと解するを相当とする。而して、原上告審に提出されたる上告趣意書第4点には「云々釜野信子黒越清太郎ヲ、、、、証人トシテ喚問セラレ度旨ノ申請ヲ為シタリ、、、之等ノ証人ヲ喚問シ或ハ証拠物ニ付キ取調ヲ為スノ必要ナルハ明カナリ然ルニ原審裁判所ハ之レカ証拠ニ付キ何等取調ヲ為ササルモノニシテ審理ヲ尽ササル違法アリト云ハサルヲ得ス」との主張ありて、右主張の内容には、証人申請を却下しながら始末書を証拠に採ったのは違法なりとの主張を包含するものと解すべく、而してその違法の内容は、前示刑訴応急措置法並びに憲法の各条項の違反に帰着するものなるに拘わらず、原上告審は「証拠調の範囲は刑事訴訟法第342条のごとき特別の規定ある場合を除き裁判所の自由に決し得べきところであるから所論の各証人を原裁判所が取調べなかったことをもってその審理手続に違法ありというを得ない」として之を排斥したのは、憲法第37条第2項に違反した違憲の判決であって、従って結局上示第二審の措置を違憲にあらずと為したるに帰着するものであるから、論旨はこの点において理由あり。

仍て爾余の論旨に対する説明を省略し、刑訴第447条、第448条の2第1項に従い主文のとおり判決する。

この判決は、斎藤裁判官を除く他の裁判官全員の一致した意見である。

［斎藤悠輔裁判官の反対意見は省略］

（裁判長裁判官　塚崎直義、裁判官　長谷川太一郎、裁判官　澤田竹治郎、裁判官　霜山精一、裁判官　井上登、裁判官　栗山茂、裁判官　眞野毅、裁判官　小谷勝重、裁判官　島保、裁判官　齋藤悠輔、裁判官　藤田八郎、裁判官　岩松三郎、裁判官　河村又介）

弁護人池邊甚一郎の上告趣意

第一點　原審判決ハ被告人ノ請求アルニモ拘ラズ始末書ノ作成者ヲシテ公判期日ニ於テ被告人ニ訊問スル機会ヲ与ヘザリシ裁判ヲ是認シタ違法アリ（一）原審判決ノ是認シタル第二審裁判ニ付被告人ハ詐欺ノ犯意ヲ否認スル処ニシテ辯護人ハ其真相ヲ明カニスル為其始末書ノ作成者タル山本肇、釜野信子、黒越清太郎ヲ證人トシテ喚問シ被告人ニ訊問スル機会ヲ与ヘンガ為證拠ノ申

請ヲ為シタル然ルニ第二審裁判所ニ於テ之レガ申請ヲ却下シタリ（二）抑モ證人其他ノ者ノ供述ヲ録取シタ書類又ハ之ニ代ルベキ書類ハ被告人ノ請求アルトキハ其供述又ハ作成者ヲ公判期日ニ於テ訊問スル機会ヲ被告人ニ与ヘナケレバ之ヲ證拠トスルコトガ出来ナイ事ハ日本国憲法ノ施行ニ伴ウ刑事訴訟法ノ応急的措置ニ関スル法律第十二条ニ厳トシテ之ヲ命ズル処ナリ（三）然ルニ第二審裁判所ガ如斯證人申請ヲ却下シタルニ拘ラズ該始末書ヲ證拠トシテ採用シ有罪ノ判決ヲ為シ原審判決ハ之ヲ是認シタリ然レ共明カニ日本国憲法ノ施行ニ伴ウ刑事訴訟法ノ応急的措置ニ関スル法律第十二条ノ規定ニ反スルモノニシテ到底破毀ヲ免レザル違法アリト云ハザルヲ得ズ

＊　＊　＊

判　例

最大判昭24・5・18刑集3-6-789（検事聴取書合憲判決）

　辯護人鍛冶利一、同笠原寿生上告趣意第二點について。
　しかし、憲法第37條第2項に、刑事被告人はすべての證人に對し審問の機會を充分に與えられると規定しているのは、裁判所の職権により、又は訴訟当事者の請求により喚問した証人につき、反對訊問の機會を充分に與えなければならないと言うのであって、被告人に反對訊問の機會を與えない證人其他の者（被告人を除く。）の供述を録取した書類は、絶對に證據とすることは許されないと言う意味をふくむものではない。従って、刑訴應急措置法第12條において、證人其他の者（被告人を除く。）の供述を録取した書類は、被告人の請求があるときは、その供述者を公判期日において訊問する機會を被告人に與えれば、これを證據とすることができる旨を規定し、檢事聴取書の如き書類は、右制限内において、これを證據とすることができるものとしても、憲法第37条第2項の趣旨に反するものではない。
　論旨は公判において被告人に反對訊問の機会を與えたとしてもその訊問の結果を證據となし得るに止り、檢事聴取書其ものは被告人に反對訊問の機会を與えて作成したことにはならないから、これを證據とすることはできないと主張するのであるが、右主張は、憲法第37條第2項は被告人に反對訊問の機會を與えない證人の供述録取書は絶對に證據とすることは許されないことを意味すると言う、独自の見解に基くものであるから、採用できない。檢事聴取書は、いわば、原告官たる検事が作成したものであるが、他の書類と同様一の訴訟資料として、公判において被告人に讀聞けられるものであり、もし被告人に不審不満の點があれば、憲法上の權利として、公費でしかも強制手續によって其供述者の喚問を請求し、充分反對訊問をなし、其内容を明らかにすることができるのであるから、裁判官の自由なる心證により、これを證據となし得るものとするも、被告人の保護に缺くるところはない、唯無制限にこれを証拠となし得るものとすれば、憲法第37條第2項の趣旨に反する結果を生ずる恐れがあるから、刑訴應急措置法第12條により、被告人の權益確保につとめているのであって、右措置法の規定は憲法第37條第2項の旨を承けたものであり、たがいに杆格するものではなく、これを無効とすべき理由はない。従って原判決において檢事聴取書を證據として、被告人に有罪を言渡したとしても、何等違法はない。論旨は理由がない。

＊＊＊
　よって刑事訴訟法施行第２條、旧刑事訴訟法第446條により、主文の通り判決する。
　以上は裁判官全員一致の意見である[5]。
（裁判長裁判官　塚崎直義、裁判官　長谷川太一郎、裁判官　沢田竹治郎、裁判官　霜山精一、裁判官　井上登、裁判官　栗山茂、裁判官　真野毅、裁判官　小谷勝重、裁判官　島保、裁判官　斎藤悠輔、裁判官　藤田八郎、裁判官　河村又介）

辯護人鍛冶利一同笹原壽生の上告趣意
＊＊＊
　第二點　原判決ハ第一（一）事實ノ證據トシテ五味辰藏、春日榮一、吉野一郎、土沢亀三郎ニ對スル各檢事聽取書中ノ供述記載ヲ挙示シタカ右聽取書ハ何レモ上告人ニ對シテ反對訊問ノ機會ヲ與ヘス作成サレタ證人ノ供述録取書類テアル憲法第三七條第二項ニヨレハ刑事被告人ハスヘテノ證人ニ對シテ審問スル機會ヲ充分ニ與ヘラレ、又公費テ自己ノタメニ強制的手續ニヨリ證人ヲ求メル權利ヲ有スル、凡ソ犯罪事實ヲ認定シ有罪ノ判決ヲスルニハ證據ニ基ツカナケレハナラナイ、而シテ證據ハ職權主義ニヨリ裁判官カ自由ナル意見ニヨッテ取調ヘタモノニヨルノハ名ハ公益ノ為メ公平無私ニ職權ヲ行使シテ證據ヲ取調ヘル建前テアルケレドモ裁判官モ人間テアリ主觀的ニハ公平無私テアッテモ現實ニハ其意見或ハ證據ニヨリ其方向ニ取調カ進メラレルコトモアリ客觀的ニ常ニ不偏テアルトハ言ヘナイ、又原告官テアル檢事カ一方的ニ取調ヘタ聽取書ヲ證據トスルコトトナレハ又其檢事ノ有罪意見ヲ前提トシテ取調カ進メラレル虞カアリ被告人ノ防禦權ハ無視サレルコトニナル、故ニ被告人防禦ノ機會ヲ與ヘタ證據ノミカ公判手續ニ於テ被告人ノ有罪ヲ斷スル證據タリ得ルコトトシナケレハナラナイ、コレカ被告人ハ総ヘテノ證人ニ對シ審問ノ機會ヲ與ヘラレルヘキテアルトスル理由テアル、総ヘテノ證人ニ對シテ審問ノ機會ヲ與ヘラルヘキテアルト言フコトハ被告人ニ反對訊問ノ機會ヲ與ヘナカッタ證人ノ供述ハ證據トシテ許容サレナイコトヲ意味スル、同項ハ米國憲法修正第六條ト同趣旨ノ規定テアルカ米國憲法ノ解釋モ同様テアル

　反對訊問ノ目的ハ相手方ノ證人ニ對シ其人格、當該事件ヘノ利害関係、偏見ノ有無、觀察能力、記憶力ナトヲ吟味シテ不利ナ證言ノ効力ヲ弱メ進テハ其矛盾、遺脱、秘匿ナトヲ追及シソノ證人カ嘘ヲイッテイルコト、又到底信スルニ足リナイコトヲ立證スルノミナラス更ニ有利ナ証言ヲモ引出サントスルニアル、被告人ノ反對訊問ヲ経ナイ證言ハ相手方ノ訊問ニ對スル應答ヲ示スニ止マリ其應答カ正シイカ否カノ試練ヲ経テイナイカラ被告人ニ防禦權行使ノ機會ヲ與ヘナイ一方的ナ證言テアリ斯クテ反對訊問ノ機會ヲ與ヘナイ證言ハ證據トシテ許容スヘカラサルコトトナルノデアル刑訴應急措置法第一二條ニヨレハ、證人ノ供述ヲ録取シタ書類ハ被告人ノ請求カアルトキハ作成者ヲ公判期日ニオイテ訊問スル機會ヲ被告人ニ與ヘナケレハコレヲ證據トスルコトカテキナイ旨ヲ規定シ、作成者ヲ公判期日ニ訊問スル機會ヲ與ヘレハ（請求カナケレハ与ヘナクテモ）證據トスルコトカ出来ルコトトナッテイルカ、スヘテ證人ニ付テハ被告人ニ反對訊問ノ機會ヲ與ヘナケレハナラナイコト憲法ノ保障スルトコロテアッテ、證人ヲ訊問スル以上、被告人ニ反

注5）　編者注：この判例を引用して伝聞例外規定の合憲性を肯定した最高裁判例として、最大判昭27・4・9刑集6-4-584（刑訴法321条1項2号前段）、最3小判昭30・11・29刑集9-12-2524（同法321条1項2号後段）、最1小判昭35・9・8刑集14-11-1437（同法321条3項）、最3小判平7・6・20刑集49-6-741（同法321条1項2号前段）。

對訊問ノ機會ヲ與フヘキハ当然テアリ、反對訊問ノ機會ヲ與ヘタコトハ其訊問ノ結果ヲ證據トスルコトヲ得ルニ止マリ之トハ全ク別箇ノ檢事聽取書ヲ被告人ニ反對訊問ノ機會ヲ與ヘテ作成サレタコトト為シ得ルモノデハナイ、反對訊問ノ機會ヲ與ヘスニ作成サレタコトニ変リハナイカラ之ヲ證據トシテ許容スル理由ハ生シナイノデアル故ニ反對訊問ノ機會ヲ與ヘナイ證人ノ供述録取書類ヲ證據トナシ得ル旨ヲ規定シタ點ニ於テ刑訴應急措置法第一二條ハ憲法第三七條第二項ニ違背シ無効テアル

判　例

クロフォード対ワシントン Crawford v. Washington, 541 U.S. 36 (2004)

スカリア判事が法廷意見を告げた。

申立人マイケル・クロフォードは、彼の妻シルビアをレイプしようとしたとされる男を刃物で刺した。公判において州政府は、申立人に反対尋問の機会がなかったにもかかわらず、問題の刃傷沙汰の様子を警察官に説明するシルビアの供述を録音したテープを再生して陪審に聞かせた。ワシントン州最高裁判所は、シルビアの供述が信用できるものだとの決定を経て、申立人の有罪判決を支持した。本件で問われているのは、この手続が「すべての刑事裁判において、被告人は、……証人と対決する権利を有する」という合衆国憲法第6修正に則ったものと言えるかどうかである。

I

1999年8月5日、ケネス・リーはアパートの自室で刺された。その日の夜、警察は申立人を逮捕した。申立人とその妻シルビアにミランダ警告を行った後、刑事は彼らをそれぞれ2回取り調べた。その結果申立人は、リーがシルビアをレイプしようとしたことに驚いて、シルビアと共にリーを探しに出掛けたことを告白した。2人はリーのアパートの自室で彼を見つけた。そこで喧嘩がはじまりリーは胴体を刺され、申立人は手を切った。

申立人は、その喧嘩について以下のように説明した。

「問：では、あなたは［リーの］手に何かが握られているのを見ましたか？」

「答：そう思いますが、はっきりしません。」

「問：じゃあ、なぜそう思うの？」

「答：最初に彼が何かを取りに行ったのを見たのは確かなんです。彼は、手を伸ばしたり、手もとや物をいじくったりして……とにかく、多分、彼が何かを抜いて、私がそれを掴んで手を切ったんだと……でもはっきりしないんです。と、とにかく頭が真っ白で、こんなことが起こるなんて。あの、とにかく、記憶がめちゃくちゃで、後から思い返しても意味が分からないんです。」

シルビアの供述は、喧嘩に至る経緯については申立人の供述とほぼ一致するものの、喧嘩そのものについての供述は違っているように見える。特に、申立人がリーに攻撃する前にリーが武器

を抜いたのかどうかについてはそうだった。

「問：ケニーは反撃するために何かしましたか？」
「答：（無言の後）彼がポケットに手を入れて……何か……何だかは分かりませんが。」
「問：それは彼が刺された後だよね？」
「答：彼はマイケルがやってくるのを見て、そして手を上げて……胸を広げて、彼は手を殴ろうとしたか何かをしに行ったのかも（聞き取れない）。」
「問：分かった。もうちょっと大きな声で話してくれ。」
「答：はい、彼は頭の上に手を振り上げて、おそらくマイケルの手に振り下ろそうとしたのでしょう。それから彼は手を……右手を右のポケットに入れ……一歩下がり……マイケルが前進して彼を刺し……それから彼の手はまるで……何て言えばいいんでしょうか、手を広げて……手を広げて倒れて……それから私たちは逃げたのです（掌を暴漢に向けて両手を広げる様子を説明しながら）。」
「問：オーケー、手を広げて立っているというのは、ケニーのことを言っているんだよね？」
「答：ええ。刺された後のことですが、そうです。」
「問：その時点で、彼の手の中に何かあるのを見たのか？」
「答：（無言の後）いいえ。」

　州政府は、申立人を暴行罪と殺人未遂罪で起訴した。公判で、彼は正当防衛を主張した。シルビアは、州法上の夫婦間特権を理由として証言しなかった。これは、配偶者が他方の配偶者の同意なしに証言することを一般的に禁止するものである。ワシントン州では、この特権は、伝聞例外として許容される法廷外供述については適用されない。そこで、州政府は、テープに録音されたシルビアの警察に対する供述を、正当防衛ではなかったという証拠として申請した。シルビアが申立人をリーのアパートに連れて行き、暴行を幇助したことを認めている点を指摘して、州政府は、刑事上の利益に反する供述としての伝聞例外に該当すると主張した。

　これに対して申立人は、州法の規定にかかわらず、この供述証拠を採用することは、合衆国憲法第6修正の「自己と対立する証人と対決する」という憲法上の権利を侵害すると主張した。オハイオ対ロバーツにおいてわれわれがなしたこの権利の説明によれば、供述に「充分な『信用性の徴候』」があるならば、召喚不能な証人の供述を刑事被告人に不利益な証拠として採用することは禁止されない。Ohio v. Roberts, 448 U.S. 56 (1980). この基準を満たすためには、証拠は「堅固に根付いた伝聞例外」に該当するか、「個別的な真実性の保証」がなければならない。本件の公判裁判所は、後者の根拠に従って証拠を採用したのであるが、真実性の根拠として以下の点を挙げた。シルビアは、責任逃れをしているのではなく、むしろ正当防衛または「正当な報復行為」を行ったという夫の供述を補強しようとしていること、彼女は目撃証人として直接の知識を有していること、事件から間がない時の供述であること、そして彼女は「中立的な」法執行官から尋問を受けていたこと、がそれである。検察側はそのテープを陪審に聴かせ、最終弁論で「正当防衛を完全に否定する」「破壊的な証拠」であると主張したのである。陪審は、申立人を暴行

罪で有罪とした。

　ワシントン州控訴裁判所は、有罪を破棄した。控訴裁判所は、シルビアの供述が個別的な真実性の保証があるかどうかを決定するために9つ要素からなるテストを採用し、次のようになぜそれがないのかを説明した。すなわち、その供述は彼女の以前の供述の1つと矛盾すること、それは数ある質問の中の特定の質問に対してなされたものにすぎないこと、そして刺傷事件のどこかの時点で目をつぶっていたことを彼女が認めていることである。控訴裁判所は、シルビアの供述は申立人の供述と「相互にかみ合うように」一致しているから信用できるのだという州政府側の主張を検討し、これを否定した。裁判所によれば、二つの供述は、リーが刺されるところまでの出来事については一致しているものの、申立人の正当防衛の主張について決定的な場面で異なっている。つまり、「［申立人の］供述では、彼がリーを刺したとき、リーは手に何かを持っていたというのに対し、シルビアの供述では、リーは刺された後になって何かをつかんでいたというのである。」

　ワシントン州最高裁判所は、シルビアの供述は堅固に根付いた伝聞例外にはあたらないものの、真実性の保証は存在するとして、全員一致で控訴審判決を破棄して一審の有罪判決を支持した。曰く、「相被告人の自白が被告人の自白内容とほぼ同一である（すなわち、相互にかみ合っている）場合、その供述は信用できるものと言えるのである。」と。裁判所は以下のように説明する。

　　「控訴裁判所は、2つの供述を矛盾するものと結論したが、よく検討してみると、2つの供述は重なり合っていることが認められる。……クロフォード夫妻の供述は、いずれもリーが武器をつかもうとしていた可能性を示唆するが、またどちらの供述もともにそれがいつ起こったのか定かではないというのである。さらに、2つの供述は、マイケルがどのようにして手を切ったのかについてあいまいであり、そのために裁判所はリーがいつ武器を持ったのか疑問を抱くことになった。この点で両者は重なりあう。マイケルもシルビアもリーが武器を持っていて、マイケルは単にそれから身を守っただけなのだ、とはっきりとは述べていない。そして両者の供述に見られるこの欠落こそが、それらを相互にかみ合ったものにし、シルビアの供述を信用できるものにしている。」

　われわれは、州政府がシルビアの供述を採用したことが対決権条項に違反するのかどうかを決定するため、上告受理申立てを認めた。

Ⅱ

　合衆国憲法第6修正は、次のとおり定める。「全ての刑事事件において、被告人は、自己に対立する証人と対決する……権利を有する。」われわれはこの基本的な手続的保障は連邦および州のいずれの刑事手続にも適用されると判示した。Pointer v. Texas, 380 U.S. 400 (1965). 上述のとおり、ロバーツは、召喚不能な証人の公判廷外供述は、充分な信用性の徴候があれば——すなわち「堅固に根付いた伝聞例外」にあたるかあるいは「個別的な真実性の保証」がある場合であれば——証拠として許容されると判示した。申立人は、このテストは対決権条項のもともとの意味からはずれており、再考すべきであると主張する。

A

　本件は、憲法の文言だけからは解決できない。被告人と「対立する証人」というのは、公判で実際に証言する証人を意味するのだとか、その人の供述が公判で証拠に申請された場合を意味するのだとか、またはその中間のどれかを言うのだと、もっともらしく読むこともできるだろう。そこで、この条項の意味を理解するためにわれわれはその歴史的背景に遡らなければならない。

　訴追者と対決する権利は、ローマ時代にさかのぼることができるコンセプトである。Coy v. Iowa, 487 U.S. 1012 (1988); Herrmann & Speer, Facing the Accuser: Ancient and Medieval Precursors of the Confrontation Clause, 34 Va. J. Int'l L. 481 (1994). しかしながら、建国当時におけるそのコンセプトの直接の根拠は、コモンローであった。刑事裁判における証人の証言方法に関しては、イングランドのコモンローと大陸法とは長きに渡り違ったものだった。コモンローの伝統は、反対当事者によるテストにさらされた法廷での生きた証言によるというものである。これに対して、大陸法は司法官による密室での審問に対して寛容である。

　そうは言っても、イングランドはときおり大陸法の要素を受け容れてきた。治安判事や他の官吏が公判の前に被疑者や証人を尋問したのである。それらの尋問調書は、公判証言の代わりに読み上げられることがあり、その結果、「『彼の訴追者』すなわち彼に対立する証人を自分の面前に連れて来いという囚人の要求が繰り返された。」J. Stephen, History of the Criminal Law of England 326 (1883). しかし、それらの要求は拒否されることもあった。

　16世紀のメアリー女王の治世に制定された2つの法律の下で、公判前の尋問は通常の手続きになった。メアリー女王時代の保釈法と拘禁法は、重罪事件では治安判事が被疑者と証人を尋問したうえ、その結果を裁判所に告知することを要求した。この尋問のもともとの目的が公判において許容性のある証拠を作成することにあったのかどうかは疑わしい。いずれにしても、いくつかの事件ではそれらの尋問調書が証拠として採用され、その結果として大陸法が採用されたような形になったのである。

　もっとも悪名高い大陸式の尋問手続が行われたのが、16世紀と17世紀の著名な政治裁判であった。その1つが、1603年のサー・ウォルター・ローリーの反逆罪裁判であった。D. Jardine, Criminal Trials 435 (1832). ローリーの共犯者とされたコブハム卿は、枢密院における尋問や手紙の中で、ローリーの関与を認めた。ローリーの公判廷において、それらが陪審員の前で読み上げられた。ローリーは、コブハム卿は自己保身のために嘘をついていると主張した。「コブハムは間違いなく王の言いなりである。私を釈放すると彼のためにならないのだ。彼は私を訴追することで恩恵を得ようとしているのだ」と。コブハムが供述を翻すかも知れないと考えて、ローリーは裁判官たちに彼を召喚するよう要求した。「コモンローにおける証明は証人と陪審によるのだ。コブハムをここに連れてきて、彼に話をさせなさい。私を訴追する者を私の面前に立たせなさい……」と主張したのである。How. St. Tr., at 15-16. 裁判官たちはこれを拒否し、ローリーの抗議にもかかわらず、彼は「スペイン式の異端審問」によって審理され、陪審によって有罪とされ死刑を宣告されたのである。

　ローリー裁判の判事の1人は、後に「サー・ウォルター・ローリーの有罪宣告のときほど、イ

ングランドの正義が貶められ傷ついたことはない」と後悔した。一連の立法措置や司法上の改革を通じて、イングランドの法は、対決権を発展させ、それによってこうした権利侵害を制限してきた。例えば、反逆罪法は、罪状認否において証人に被告人と「面と向かって」対決することを要求した。一方で、裁判所は、証人が本当に出廷できないという場合にだけ尋問調書の採用を認めるという、比較的厳格な召喚不能ルールを生み出した。いくつかの権威ある文献は、被告人の自白は被告人自身に対してだけ採用できるのであって、共犯者に対しては許容されないとした。

　繰り返し問われた問題の1つは、召喚不能な証人の公判前の尋問調書が証拠として認められるかどうかは、被告人が反対尋問の機会を有していたかどうかにかかっているのか、ということであった。1696年、王座裁判所は、広く報道された軽罪事件である王対ペインにおいて、この問題に対して肯定的な回答をした。裁判所は、たとえ証人が死んでしまったとしても、「それが市長（mayor）の前で採取されるときに被告人が在席しておらず、彼の反対尋問の利益が失われたのであればその供述調書は許容されない」と判示したのである。King v Paine, 5 Mod. 163, 87 Eng. Rep. 584. 同じ問題は、サー・ジョン・フェンウィックに対する私権剥奪法裁判における悪名高い手続においても詳細に議論されている。フェンウィックの弁護人は、どこかに連れ去られてしまった証人の供述調書を、反対尋問の機会がなかったことを理由に排除するよう求めたのである（ポーイスの発言「彼らが申請したのは、グッドマン氏の宣誓供述調書であるが、サー・ジョン・フェンウィックもまた彼の代理人も、立ち会うことができず、反対尋問をする機会もなかったものである。従って証拠として認められない……。」Fenwick's Case, 13 How. St. Tr. 537, 591-592）（シャワーの発言「自分に不利な供述調書は、供述人がたとえ海外にいるのだとしても、本人または代理人に立会って反対尋問する機会が与えられないのでなければ、読み上げてはならないのである……。われわれの憲法は、人にその告発者と対面する権利を保障しているのである。」id., at592）しかしながら、コモンロー上の手続的規則は、議員の私権剥奪手続には適用されないという数名の意見が述べられた後、その供述調書は僅差の投票で許容された。ある議員は採用に賛成しながら、この証拠は通常であれば許容されないことを認めている（ウィリアムソンの発言 id., at 604-605. 大蔵大臣の発言 id., at 604-605）。フェンウィックは有罪となってしまったが、その手続は「一般の意識の中に反対尋問権を保障することの重要性をしっかりと焼き付けた」のである（Wigmore §1364, at 22）。

＊＊＊
B

　紛争の的となる取調べの実務は植民地においても行われた。例えば、18世紀の初頭には、ヴァージニアの参議会が「特定の個人に対立する証人を相手方の立会いなしに（ex parte）尋問する委任状を秘密裡に発行した」総督を非難した。参議会は「被告人は、彼を非難する人物と対決し、自分を弁護することが許されなかった」と主張した。アメリカ独立革命の10年前、イングランドは印紙税法違反の管轄権を海事裁判所に認めたが、これはコモンローというよりは大陸法の手続に則ったものだったので、法廷外証言録取書や密室での裁判官による尋問調書が普通に使われた。植民地の代表者は「古来からの限界を超えて海事裁判所の管轄を広げることによって」印紙税法

は彼らの権利を侵害していると言って抗議した。ジョン・アダムスは、とある有名な海事事件で、ある商人を弁護してこのように言った。「質問状（interrogatories）での尋問は、大陸法によってしか行われない。質問状は、コモンローにはなく、イギリス人やコモンロー弁護士は、質問状に対して憎悪とは言わないまでも嫌悪感を抱いている。」

アメリカ独立革命時代の権利宣言の多くは対決権を保障している。しかしながら、合衆国憲法草案には規定されていなかった。マサチューセッツ州の憲法承認会議において、エイブラハム・ホームズは、この権利が規定されていないことに対して、この欠落こそが大陸法の実務をもたらすとして異論を唱えた。彼はこう述べた。「訴訟手続はまだ定まっていない。……［被告人に］証人と対決し、反対尋問をする権利が保障されるかどうかも、まだ決まっていない。……われわれは、議会に対して、司法制度をスペインにおけるある種の審判──すなわち糾問手続──よりも少しでも良いものにする権限を与えなければならない」と。同様に、ある高名な反連邦主義者は、フェデラル・ファーマー（連邦農夫）という匿名で、陪審裁判の権利の欠落を批判する中で「書証」の利用について次のように批判した。「証人の反対尋問、それも一般的には事実認定者の前での反対尋問、ほど重要なものはない。書証は、ほとんど役に立たないのである。書証はしばしば相手方の立会いなしに獲得されたものであり、真実発見につながることが極めて少ない。」第1回連邦議会は、これに対して、対決権条項を草案に入れることで応え、これが第6修正になったのである。

初期の州の判例は、このコモンロー上の権利の本来の理解に光を当てる。州対ウェブ State v. Webb, 2 N.C. 103 (1794)（per curiam）は、第6修正の制定のわずか3年後に、供述調書は被告人が立会いのうえで取られたものでなければ証拠採用されないと判示した。緩やかな解釈をするイギリスの学説を否定して、裁判所は「何人も反対尋問を行う機会を与えられない供述によって不利益を受けることはないというのは、自然の正義に基づくコモンローのルールである」と判示した。

同様に、州対キャンベル State v. Campbell, 30 S.C.L. 124 (1844) において、サウスカロライナ州最高裁判所は、被告人の立会いなしに検視官が録取した証言録取調書を排除した。同裁判所はこう説示する。「この問題をコモンローの確立したルールによって解決するならば、反対意見は存在しないだろう。なぜなら、証人の死亡にもかかわらず、そして尋問をした裁判所がいかに権威のあるものであるかにかかわらず、場所の威厳や証言の重要性にかかわらず、そのような証言録取調書は、相手方の立会いのないもの（ex parte）であり、それゆえに、まったく許容性がないのである。」州憲法によって黙示的に保障されている「不可欠な条件」の1つは、「被告人と対決し、彼によって直接に尋問を受けた証人の証言によってのみ被告人は有罪とされる」ということである、と。

＊＊＊

Ⅲ

この歴史は、第6修正の意味に関する2つの解釈を支持する。

A

第1に、対決権条項が防止しようとしている主たる害悪は、大陸法における刑事手続、特に相手方の立会いなしに取られた供述調書を被告人に不利益な証拠として利用することであった。それはつまり、ローリーの事件のような悪名高い反逆罪裁判で英国が採用した実務であり、メアリー制定法が招来した実務であり、イングランド法が対決権を提唱することで阻止しようとした実務であり、建国時代の弁論で非難された実務だったのである。第6修正は、このことを踏まえて解釈されるべきである。

　したがって、対決権条項は法廷証言にしか適用されないという見解、そして公判で証拠申請された法廷外証言に適用されるかどうかは「その時に採用されている証拠法」に依存するという見解を、われわれは再度否定する。法廷外供述に関する規制を証拠法にゆだねることは、対決権条項を無力にするものであり、もっとも甚だしい糾問手続ですらも排除する力を奪ってしまうことになるだろう。結局のところ、ローリーは、法廷でコブハムの自白を読んだ人に対決する自由は完全に認められていたのである。

　このことはまた、伝聞証拠の全てが第6修正の核心にある考慮と関係するわけではないことが示唆される。不注意に又聞きした発言は信用性が低く、伝聞法則によって排除されるべき格好の候補であるが、対決権条項が防止しようとする大陸法の弊風とは類似していない。他方、相手方の立会いのない尋問は、近代の伝聞法則の下では時として許容されることもありえるが、憲法起草者たちがそれを容認することはないだろう。

　このことは、対決権条項の文言に反映されている。対決権条項は、被告人に対立する「証人」——つまりは、「証言をする」人——に適用される。「証言」(testimony) とは、典型的には、「ある事実を証明する目的でなされる厳粛な発言または確言」である N. Webster, An American Dictionary of the English Language (1828)。政府の役人に対して正式な供述をした訴追者は、証言をしたことになるのであり、この意味では、知り合いに気楽に話したような人は証言をしたことにはならないのである。このように、憲法の文言は、コモンロー上の対決権の背後にある歴史がそうであったように、ある特定のタイプの法廷外供述に対して重大な懸念を反映しているのである。

　この「証言的な」("testimonial") 供述の核心部分には、さまざまな形態がある。「相手方の立会いのない法廷証言やそれと機能的に同視できるもの、すなわち宣誓供述書や身柄拘束下の供述、被告人が反対尋問できなかった証人の従前証言、これと同様の、供述者が訴追に使用されることを予想して行う公判前の供述」、「宣誓供述書や証言録取書、従前証言あるいは自白のような、正式の供述記録 (formalized testimonial materials) に記録された裁判外供述」、「客観的な証人であれば自分の供述が後の公判で使われると合理的に信じるような環境でなされた供述」。これらの形態はすべて、共通の核となる部分を持っており、その周りのさまざまな抽象レベルにおいて対決権条項の適用領域を定義している。正確な表現はさておき、いくつかの供述はどの定義にも入ってくる。例えば、予備審問においてなされた相手方の立会いのない証言がそうである。

　取調べの過程で警察官が採取した供述は、狭い基準でさえ証言的であるといえる。警察の取調べは、イングランドの治安判事の尋問と驚くほど似ている。両者とも宣誓のうえでの供述ではな

いが、宣誓を欠いていることは決定的ではない。コブハムの尋問は宣誓なしになされたが、ローリーの裁判は長い間対決権侵害の典型例とされてきた。メアリー制定法の下では、証人は通常宣誓を要されたが、被疑者は宣誓しなかった。しかし、ホーキンスなどが、宣誓のない自白はその自白者以外に対する証拠としては許容されない、とわざわざ注意したのである。

尋問者が治安判事ではなく警察だからといって変わりはない。メアリー制定法の下で尋問を行っていた治安判事は、われわれが今日理解している治安判事とは異なり、捜査と訴追を本来の職務としていた。イングランドには19世紀に至るまで専門の警察組織というものがなかった。だから、現在警察が行っているような捜査機能を他の政府の役人が行っていたというのは驚くべきことではない。政府の役人が証言的証拠を作成するのに関わっているということは、その役人が警察官か治安判事かには関係なく、同じ危険をもたらすのである。

要するに、第6修正が証言的伝聞のみを対象とするものではないとしても、それを第一の対象としているのであり、そして法執行官による取調べは、この範疇に当然に含まれるのである[6]。

B

歴史上の記録は、また、第2の命題を裏付ける。憲法起草者たちは、公判廷に出頭しない証人の証言的供述は、彼が証言できないという事情があり、かつ、被告人が事前の反対尋問の機会を与えられていたのでない限り、証拠として許容されないと考えていたのである。第6修正の文言は、裁判所によって際限なく対決の要請に対する例外が作られることを認めてはいない。むしろ、「彼に対立する証人に対決する……権利」というのは、コモンローの対決権のことを言うのであり、憲法起草の時に確立していた例外しか認めないと解するのがもっとも自然であろう。先述のイングランドの先例が明らかにしているように、1791年当時のコモンローにおいては、公判廷に出頭しない証人の証言は、証言が不可能でありかつ事前の反対尋問の機会が保障されてはじめて証拠として許容されたのである。第6修正は、それゆえ、それらの制限を取り込んだのである。同じ基準を適用したおびただしい数の初期の州の先例は、この原理がこの国においてもコモンローの一部として受け入れられたことを示している。

史料からわれわれが読み取ったところによれば、事前の反対尋問の機会は、証言的供述を許容するための単なる十分条件ではなく、その必要条件である。この要請は決定的であり、信用性を確立する一方法に過ぎないというものではないことを史料は示しているのである。このことは、首席判事が言うように、伝聞証拠の「排除の一般的ルールにも常に例外がある」ことを否定するものではない。いくつかの伝聞例外は1791年までには確立していた。しかしながら、**刑事**事件における被告人に対立する証拠として**証言的**供述を許容するための例外が主張されたという証拠は、殆どないのである[7]。ほとんどの伝聞例外は、その本質からいって証言的でない供述であった。例えば、商業記録や共謀を推進する過程の供述がそれである。われわれは、これらの例から憲法起草者たちが従前の証言にも例外が適用されると考えていたとは思わないのである。

注6）　原文注：われわれは、「取調べ」（interrogation）という言葉を、法学上の用語というよりは日常会話的な意味で使っている。「証言的」（testimonial）という言葉の定義がさまざまでありえるように、「取調べ」についても人はさまざまな定義を思いつくであろう。われわれは本件においてそのうちの一つを選択する必要はない。警察の意図的な質問に意識的に答えたシルビアの録音供述は、どのような定義にもあてはまるからである。

注7）　原文注：1つの例外が臨終の際の供述（dying declarations）である。刑事伝聞法則の一般的ルールとしてこの例外が存在することに争いはない。臨終の際の供述の多くは証言的でないであろうが、明確に証言的である供述であっても許容する法的典拠がある。第6修正が臨終の際の証言的供述の例外を取り込んだかどうかを本件で判断する必要はない。もしこの例外が歴史的根拠に基づいて許容されるとしても、それは別個の問題である。

IV

　当裁判所の判例法は、これらの2つの原則と大幅に一致している。例えば、リーディングケースである初期の判例では、死亡した証人の従前の公判証言が問題となった。Mattox v. United States, 156 U.S. 237 (1895). 供述の許容性を認めるに際して、われわれは、被告人が、最初の公判において証人と対決する十分な機会を与えられていたという事実に依拠した。「憲法的保障の実質は、被告人が証人と面と向かいかつ彼に反対尋問の試練を受けさせるという利益を一度与えたことで、確保された。これこそが、いかなる場合にも奪うことのできない権利であると法は規定している……。」

　その後の当裁判所の判例は、**マトックス**の判旨に沿うものであり、従前の公判または予備審問での証言は、被告人に反対尋問の十分な機会が与えられたときに限り許容されると判示しているのである。See Mancusi v. Stubbs, 408 U.S. 204 (1972); California v. Green, 399 U.S. 149 (1970); Pointer v. Texas, 380 U.S. 400 (1965); cf. Kirby v. United States, 174 U.S. 47 (1899). たとえ被告人がそのような機会を保障されたとしても、政府側が証人の召喚不能を証明しなければ証言は排除された。See, Barber v. Page, 390 U.S. 719 (1968); cf. Motes v. United States. 178 U.S. 458 (1900). 同様に、われわれは、被告人が反対尋問の機会を与えられなかった共犯者の自白を排除した。See, Roberts v. Russell, 392 U.S. 293 (1968); Bruton v. United States, 391 U.S. 123 (1968); Douglas v. Alabama, 380 U.S. 415 (1965). 反対に、われわれは、問題となる伝聞供述が証言的でない場合には、事前の反対尋問の機会よりも信用性に関する要素を考慮している。Dutton v. Evans, 400 U.S. 74 (1970).

　われわれの最近の判例でさえ、結果的には、この伝統的な線に沿っている。オハイオ対ロバーツ Ohio v. Roberts 448 U.S. 56 (1980) は、被告人がその証人を尋問した予備審問での証言を許容した。前述のリリー対バージニア Lilly v. Virginia 527 U.S. 116 (1999) は、被告人が反対尋問のテストをする機会を有していなかった証言的供述を排除した。そしてボアジェイリー対合衆国 Bourjaily v. United States 483 U.S. 171 (1987) は、従前の反対尋問は不可欠の要請ではないという、より一般的なテストを適用して、FBIの情報提供者にそれと知らずにしてしまった供述を許容した。

　州が依拠するリー対イリノイ Lee v. Illinois 476 U.S. 530 (1986) も、これに反している訳ではない。同事件でわれわれは、共犯者の自白を採用しようとする州の試みを**退けた**のである。州は、その自白が被告人の自白と「相互にかみ合っている」から許容されると主張した。しかし、われわれは、その主張の前提を否定して、「両供述の食い違いがとるに足りないとはいえない場合、相被告人の自白を許容することはできない」と判示した。被上告人は「この判示を論理的に解釈すると、両供述の食い違いがとるに足りない場合は、相被告人の自白は許容される、ということになる」と主張する。しかし、これは可能な解釈のひとつに過ぎないのであり、必然的にそうなるというものではなく、われわれはそのような解釈は採らない。もし、**リー**が、「相互にかみ合う自白」という伝聞例外──当裁判所のそれまでの判例にはなかった新たな伝聞例外──を正式に宣言するものだとするならば、このようなあいまいな方法では行わなかっただろう。＊＊＊

このように、われわれの先例は、憲法起草者たちの理解——公判に出頭しない証人の証言的供述は、供述者が利用不能でありかつ被告人が従前の反対尋問の機会を有していた場合に限って、許容されるという理解——に忠実であり続けているのである[8]。

V

われわれの諸判決の結論は対決権条項が本来意味するものに概ね忠実であったが、その理由付けはそうではなかった。**ロバーツ**は、全ての伝聞証拠の許容性は、それが「堅固に根付いた伝聞例外」に該当するか、または「個別の真実性の保証」があるかどうかによって決せられる、と判示した。このテストは、上述した歴史的原則から２つの点ではずれている。第１に、それは過度に広範である。これは伝聞が相手方の立会いのない供述かどうかにかかわらず、同じ方法による分析を行う。そのために、対決権条項の中心的な関心から遠く離れた事例において、緻密な憲法的審査をもたらすことが多い。他方で、このテストは過度に狭い。相手方の立会いのない供述であっても、単に信用性があるというだけで、それを許容してしまうのである。この柔軟な基準は、しばしば、典型的な対決権侵害の事例に対しても防禦できない。

当裁判所のメンバーや研究者の中には、われわれが従来の見解を見直して、対決権条項の本来の意味をより正確に反映するようなものにするべきであると提案する者がいた。彼らの提案は２つある。１つめは、証言的供述についてだけ対決権条項を適用し、その他の供述については伝聞法則に任せる——そうすることで、上記の過度な広範性を排除できる——というものである。２つめは、事前の反対尋問の機会がなかった証言的供述を完全に排除する——そうすることによって、上記の過度の狭隘さを排除できる——というものである。

ホワイトでは、われわれは第１の提案を検討したうえでその採用を拒否した。本件におけるわれわれの分析結果は、同事件の判旨に疑問を投げかけるものではあるが、本件において**ホワイト**を覆すのかどうかについて決着をつける必要はない。なぜなら、シルビア・クロフォードの供述はいかなる定義によっても証言的であるからである。本件は、しかしながら、まさに第２の提案にかかわらざるを得ないのである。

A

証言的供述が関わる場合には、第６修正の保護を、証拠法という気まぐれなルールに委ねるのが憲法起草者の意図であったとは、考えられない、ましてやそれを「信用性」という無定形な概念に委ねることなど考えられない。これまで取り上げた先例や権威ある文献の中に、一般的な信用性の例外なるものをコモンローの規則の中に認めるものは何一つ存在しない。裁判官が信頼できるとみなす供述は許容するという考えは、対決権という考えと根本的に相容れないのである。なるほど、対決権条項の究極の目的は証拠の信用性を確保することである。しかし、それは手続的にこれを保障するのであって、実体的な保障ではない。対決権条項が命じているのは、証拠が信用できることではなく、信用性が特定の仕方で——反対尋問の厳しい試練によって——テストされることなのである。対決権条項は、信頼できる証拠の好ましさ（この点については殆ど反論はない）だけではなく、どうしたら信用性をもっとも良く決定できるかという問題に対する見識

注8）　原文注：＊＊＊最後に繰り返しになるが、証人が反対尋問のために公判廷に出頭する場合は、対決権条項は、彼の従前の証言的供述を使用することに全く何の制約も及ぼさないのである。＊＊＊対決権条項は、証人が公判廷に現れて従前供述を防御したり説明したりする限り、その供述を許容することを禁止しないのである（また対決権条項は陳述された事実が真実であることを証明する以外の目的で証言的供述を使用することを禁止しない。）。

を反映しているのである。Cf. Blackstone, Commentaries, at 373（「証人に対するこの公開の尋問は……真実の選別に一層の貢献をする。」）；M. Hale, History and Analysis of the Common Law of England 258 (1713)（対立当事者によるテストは「真実をより一層良く抽出する」）.

　ロバーツのテストは、裁判官の信用性判断のみに基づいて、対審手続による審査を経ない証拠を陪審員が聞くことを許す。これによって、憲法に規定された信用性判断の方法が、全く異質の方法に置き換えられてしまうのである。この点で、異議申立の欠如が信用性評価の代替手段となるという対決権条項の例外とは大きく異なる。例えば、非違行為による権利剥奪のルール（当裁判所が認めるところである）は、本質的に衡平の見地から対決権を剥奪するのである。これは、信用性を決定するための代替手段ではない。

　ローリーの裁判にはまさにロバーツが認めた信用性判断の方法が登場する。ローリーが繰り返し証人との対決を求めたのに対し、検察側は今日ロバーツが使う議論の多くをもって答えたのである。すなわち、コブハムの供述は自己負罪的なものであること、その供述は興奮状態でなされたものではないこと、そしてそれらは「恩赦の期待や約束から導き出された供述ではない」ことであった。判事たちが彼に死刑を宣告する前にこれらの要素を適切に判断しなかったというところが、憲法起草者のローリー裁判に対する唯一の非難の対象であるというのはありそうもないことである。問題はそこにあるのではなく、ローリーがコブハムと法廷で対決して反対尋問をし、コブハムの嘘を追及することを判事たちが認めなかったことにあるのである。

　供述が明らかに信用できるから対決の必要はないというのは、被告人は明らかに有罪であるから陪審裁判は要らないというのと似ている。これは第6修正が規定するところではないのである。

B

　他の裁判所においては、ロバーツの遺産が、一般的な信用性の例外を否定した憲法起草者の見識が正しかったことを立証している。一般的な信用性の例外の枠組みは、あまりに予測不可能で、典型的な対決権侵害に対してさえ有効な保護を与えることができないのである。

　信用性というのは、全くの主観とは言わないまでも、不定形なコンセプトである。供述が信用できるかどうかには無数の要素がある。本件において控訴裁判所が採用した9つの要素の比較衡量がその典型例である。ある供述が信用できるとみなされるかどうかは、裁判官がどの要素を考慮し、それぞれの要素にどのくらい重点を置くかによって大きく左右される。正反対の事実に同様の重要性を付与する裁判所もある。例えば、コロラド州最高裁判所は、被告人を巻き込む供述が「詳細である」からその供述は信用できるとしている一方で、第4巡回区控訴裁判所は、他人の関与を示す部分が「あっさりしている」から供述は信用できるとしている。ヴァージニア州控訴裁判所は、証人が拘禁されて訴追の対象となっているから信用できるとした（そのために供述は証人自身の刑事上の利益に一層明確に反したものになる）。他方で、ウィスコンシン州控訴裁判所は、証人が拘禁されて**おらず**、犯罪の嫌疑を受けていなかったからその供述は信用できるとした。最後に、コロラド州最高裁判所は、供述が問題の出来事の「すぐ後に」なされたものであるから信用できるとした。しかし、同裁判所は、別の事件では、2年が経過したのだから供述は信用できるとしている。

ロバーツテストの救い難い害悪は、しかしながら、その予測不可能性にあるのではなくて、対決権条項が明確に排除しようとした証言的供述を許容してしまう、そのあからさまな威力にあるのである。**リリー**における相対多数意見が、被告人を犯罪に巻き込む共犯者の自白が**ロバーツ**テストに合格することなど「ほとんど不可能」であると予想したにもかかわらず、いくつもの裁判所が日常的にそのような自白を採用し続けている。最近のある調査によると、**リリー**以降、上訴裁判所は70件のうち25件、つまり3分の1以上の割合で、共犯者の捜査機関に対する供述を許容している。また、いくつもの裁判所が、反対尋問の機会が全くなかったにもかかわらず、**ロバーツ**を引用して他の種類の明らかに証言的な供述を許容しているのである。

傷口に塩をぬることになるが、供述を証言的なものにしているまさにその要素をとらえて、反対尋問を経ていない供述が信用できるとしてそれを許容してしまう裁判所もある。上述したように、証人が被疑事実について拘禁されている最中に警察に供述したという事実に依拠して、つまりこの事実によって供述が刑事上の利益に反することがより明確になるので信用性が増すという理論に依拠する裁判所もある。また、以前の供述が裁判手続において宣誓のうえでなされたという事実にあたりまえのように依拠する裁判所もある。供述が、証言録取的な方法でなされたということは、対決権問題の解決策ではなくて、対決権の要請を最も喫緊のものにするのである。欠けている唯一の安全装置がまさに対決権条項が要請するものであるときには、対審手続に通常備わっている他の安全装置のほとんどがその供述に伴っていることを指摘するだけでは十分ではない。

C

ロバーツの欠陥は、本件におけるこれまでの手続の中にはっきりとあらわれている。シルビア・クロフォードは、彼女自身が事件の被疑者となりうる段階で、警察に拘禁された状態で供述した。実際に、彼女は、解放されるかどうかは「捜査の進捗状況による」と告げられた。刑事からしばしばなされた誘導尋問に対して、彼女はリーが刺されたことに夫が関与していると述べ、少なくとも彼の正当防衛の主張を弱める供述をした。にもかかわらず、地裁は、彼女の供述が信用できる理由をいくつか挙げてそれを許容した。これを覆した州控訴裁判所は、彼女の供述が信用できないほかの理由をいくつか挙げた。そして最後に、州最高裁判所は、彼女の供述が相互にかみ合った性質を持っているとの1点に依拠して、下級裁判所が考慮した点を全て無視した。本件はこのようにして、ロバーツの予測不可能性と一貫性のなさを身をもって示しているのである。

それぞれの裁判所は、また、反対尋問が省略されても問題ないという前提に立っている。例えば事実審裁判所は、シルビア・クロフォードが事件を直接目撃したのであるから彼女の供述は信用できるとした。しかし、シルビアはある時点で「目を閉じて」喧嘩の一部を「実際は見ていない」、「ショック状態であった」と警察に述べているのである。また事実審裁判所は、シルビアが「法執行官で、だから中立的な、決して彼女の利益を増進したり被告人に不利に真実を捻じ曲げたりしない者から尋問を受けている」と述べている。「中立的な」官憲によって採られたものだから、相手方の立会いのない一方的な供述であっても刑事被告人に不利益な証拠として許容されるという話を聞かされたら、憲法起草者はびっくりするだろう。しかし、たとえ捜査官の動機に

ついての裁判所の見立てが正しかったとしても、それは彼女の置かれた状況についてのシルビアの認識について何も語りはしないのである。反対尋問だけが、そこを明らかにできるのである。

州最高裁判所は、両供述の相互にかみ合った性質——つまり、両者はリーが武器を持っていたか否か、そしてそれはどの時点か、についていずれも不明確である——に決定的な重要性を付与している。両方の供述ともに**同じように不明確である**という判示は受け入れがたい。申立人の供述が不明確であるのは、彼が自分の記憶に疑いを持っているという点についてだけなのである。「答：全てのことが始まる直前、彼が何かを取りに言ったのを見たことは間違いないと思います……。しかし自信はありません。」一方、シルビアの供述は、本当の意味ではっきりしない。なぜなら、鍵となる出来事の時間的な順序の詳細が誘導尋問の中で——「問：ケニーは反撃するために何かしましたか？」——前提となってしまっているからである。更に、シルビアは、リーが刺された後には手に何も持っていなかったとはっきり述べているが、これについては申立人には質問されていない。

検察官がシルビアの供述が不明確であるという裁判所の見解に同調していないことは明らかである。検察官は、シルビアの供述が「［申立人の］正当防衛の主張を完全に覆す」「破壊的な証拠である」と言っているのである。陪審員が、検察官と裁判所のどちらの見解に立ったのか、われわれは知る由もない。反対尋問の必要性が否定されるどころか、両供述の「相互にかみ合う」不明確さこそが、真実発見のために両供述がテストされることを一層必須のものとしているのである。

われわれが、**ロバーツ**に則って単純に「信用性の諸要素」を検討し、シルビアの供述は要件を満たさない、と判断して本件を解決することは十分に可能であった。しかし、本件は、下級審の結論があまりにも説得的でないために、裁判官の裁量を制限するための憲法解釈についてわれわれの側にも基本的な誤りがあったことを明らかにしたという点で非常に珍しいケースであると考える。更に、われわれ自身が供述の信用性を分析してワシントン州最高裁判所の決定を覆すということは、第6修正が非難するところを、避けるのではなくて、永続させてしまうのである。憲法は、刑事裁判における供述の信用性を決定する手続を規定しているのであり、州裁判所はもちろん、われわれも、自ら考案した方法をそれに代替させる権限をもっていないのである。

本件における下級裁判所が、信用性を判断するのに真摯に取り組んできたということは間違いない。しかしながら、憲法起草者たちは、それでは満足しないであろう。彼らは、他の官憲たちと同様に、裁判官も、人々の権利を保護することについていつも信頼できるとは限らないということを知っていたのである。恐怖のジェフリーズ卿のような例はそんなに遠い記憶ではない。彼らは、裁判官に過度の裁量を与えることを嫌った。絶対的な憲法の保障を限界のない比較衡量テストに置き換えることは、憲法起草者の制度設計にそむくのである。あいまいな基準は濫用の危険を伴う。本件のようなありふれた暴行罪の訴追においてそれは小さな関心事かも知れないが、憲法起草者たちは、ローリー事件のような政治的事件、最高位に属する裁判官の中立性すら危うい重大事件、をも想定していたのである。そのような事件で**ロバーツ**が意味のある保護を提供すると想像することは難しい。

非証言的伝聞（nontestimonial hearsay）が問題となるときは、州政府に対して、**ロバーツ**がしたような、伝聞法則の発展における柔軟さを認めることは、憲法起草者の企図と全く矛盾しない。また、そのような供述を全て対決権条項の精査の対象からはずすというアプローチも採りうるであろう。しかしながら、証言的供述（testimonial evidence）が問題となるときには、第6修正は、コモンローが要請するもの、すなわち召喚不能と従前の反対尋問の機会と、を命ずるのである。「証言的」という言葉の包括的な定義を決めることは他日に期したい。他にどのような場合をカバーするかは別として、少なくとも予備審問、大陪審、前の公判、警察の取調べにおける供述はこれに含まれる。これらこそは対決権条項が対象とした権利侵害の危険を伴う現代の実務である。

　本件では、申立人にはシルビアを反対尋問する機会がなかったにもかかわらず、州は彼女の証言的供述を許容してしまった。これだけで第6修正違反を認定するのに十分である。**ロバーツ**と異なり、われわれは、記録を読み返して信用性の徴候を探し出すことはしない。証言的供述が問題となる場合において、憲法上の要求を満たす信用性の徴候は、憲法が実際に規定しているものしかない。それは、対決である。

　ワシントン州最高裁判所の判決は破棄され、本意見と矛盾のない範囲で更に審理すべく、事件を差し戻す。
　上記のとおり判示する。
　［岩佐政憲氏（早稲田大学大学院法務研究科2007年修了者）と共訳］

Ⅲ 伝聞例外

1　裁判官面前調書（321条1項1号）

判　例

最3小判昭57・12・17刑集36-12-1022（被告人質問調書事件）

［被告人は町長。訴因は職員採用に関する収賄事件。贈賄側被告人が自らの公判でなした供述を録取した被告人質問調書の許容性が争われた。］

　弁護人加藤尭、同加賀谷殷の上告趣意第1点は、憲法37条2項違反をいうが、その実質は、刑訴法321条1項1号の解釈適用の誤りをいう単なる法令違反の主張であり、同第2点は、事実誤認の主張であって、いずれも同法405条の上告理由にあたらない。

　なお、刑訴法321条1項1号の「裁判官の面前における供述を録取した書面」には、被告人以外の者に対する事件の公判調書中同人の被告人としての供述を録取した部分を含むと解するのが相当である。

　よって、刑訴法414条、386条1項3号により、裁判官全員一致の意見で、主文のとおり決定する。

　（裁判長裁判官　横井大三、裁判官　伊藤正己、裁判官　木戸口久治、裁判官　安岡満彦）

弁護人加藤尭、同加賀谷殷の上告趣意
第1点　原判決には憲法に違反する判断があり破棄を免れない。
　一、原判決は他事件における被告人質問調書（謄本）について、刑事訴訟法321条1項1号書面としての証拠能力を認める判断をなしたが、右は憲法37条2項に違反するものである。
　二、原判決が証拠能力を認めた理由の要旨は、法文上右同号に該当する書面は宣誓したうえで

の供述に限定されていないこと、同条1項1号書面と2号書面を比較したうえで1号書面に宣誓を要求すると2号書面より厳格となること、我が国では宣誓の効力が余り期待できないのが実情であること等を理由として宣誓しないでなされた他事件の被告人調書も右同号の証拠能力を有すると解すべきであると言うのである。

三、1 刑訴法321条は、刑事訴訟における伝聞証拠の証拠能力排除の大原則の例外規定であるから、これを厳格に解すべきものであることは法解釈の大前提でなければならないものと思料され、単に法文上に記載されていないからと言ってこれを拡大解釈して証拠能力を認めるべきではない。

　　2 同号の裁判官面前調書に該当する供述録取書には、他事件の公判準備調書若しくは公判調書中の証人の供述部分、併合前の別事件についての公判準備調書又は公判調書中の証人の供述部分、民事事件の公判調書又は証人尋問調書、証拠保全手続（刑訴法179条）による証人尋問調書、少年保護事件における裁判官の面前における証人の陳述録取書（法律実務講座刑事編第8巻証拠法（1）1909頁）があるが、主として使用されるのは同法226条、227条による裁判官の証人尋問調書であるとされる（前同書）。

　　3 これらの文書が証拠能力を認められ憲法37条2項に反しない理由としてはいずれも裁判官の面前で宣誓された証人尋問という厳格な手続によりなされたことによる信用性の状況的保障が相当程度に認められることが一つの根拠と解されている（右同書、高田卓爾刑事訴訟法（青林書院新社）240頁）。

　　4 これに比し、刑事被告人は無制限な黙秘権が保障され偽証罪の制裁もないことからその供述時の心情や利害得失により自己の刑事公判廷において必ずしも真実を述べるとは限らないのであり、それがまして別件のそれとなれば更に信用できないものとなることは明らかであり、これを前掲の供述録取書と比べた時その信用性は極端に低いものと言わざるを得ないものである。

　　5 このように信用性の高いものと極めて低いものとを同一の範疇で論ずることは逆に高い信用性を保持している証拠の価値の低下につながる問題であり、到底法の容認するところではない。

四、1 また原審は宣誓の効果を否定する判断を示しているが宣誓は司法の分野のみならず国会その他の各機関で広く実行され重要な存在意義を持っていることは改めて指摘するまでもなく、人権に最も深く関わりを持つ司法機関においての宣誓につき、自らこの重要な制度や効力を否定することは裁判の否定でもある。

　　2 宣誓の実行性をあげさせるのは司法の責任であり裁判所の役割も極めて重要であると考えるものであり、この宣誓による証人尋問の結果に大きな意味を持たせ、それとは異る被告人質問との間に一線を画することこそ真の裁判であると確信する。

五、以上の次第で他事件の被告人質問調書について刑訴法321条1項1号書面としての証拠能力を認めた原判決は違法であり憲法37条2項に反するものである。

原判決：仙台高秋田支判昭56・8・25

しかしながら、刑訴法321条1項1号の「裁判官の面前における供述を録取した書面」とは、当該事件において作成されたものであると他事件において作成されたものであるとを問わないものと解すべきであることは、最高裁判所昭和29年11月11日第1小法廷決定（刑集8巻11号1834頁）の示すとおりであり、また、同条1項1号の書面が宣誓のうえなされた供述を録取した書面に限られるか否かについては、同条1項1号にいう「裁判官の面前における供述を録取した書面」を文字どおり解した場合、その中には、例えば、他事件の被告人の供述を録取した公判調書、他事件の被告人の勾留質問調書などのように宣誓をしないでなされた供述を録取した書面が多く存することが明らかであるのに、法文上同号に該当する書面は宣誓のうえなされた供述を録取した書面に限定されていないこと、同条1項1号と2号の各前段は、「裁判官の面前における供述を録取した書面」と「検察官の面前における供述を録取した書面」に対し同一要件のもとに証拠能力を与えているが、もし、1号の書面が宣誓のうえなされた供述を録取した書面に限られたとすると、「裁判官の面前における供述を録取した書面」が「検察官の面前における供述を録取した書面」に比し証拠能力の点でより厳格な要件を要求されることになって明らかに不合理であり、同条1項1号後段の場合にのみ「裁判官の面前における供述を録取した書面」が宣誓のうえなされた供述を録取した書面に限られるものと解するとしても、その場合、裁判官の面前において宣誓をしないでした供述を録取した書面を同条1項2号の「検察官の面前における供述を録取した書面」に含ませるにはあまりにも法文に反するし、同条1項3号の書面に含ませると、「裁判官の面前における供述を録取した書面」が同条1項2号の「検察官の面前における供述を録取した書面」よりも厳格な証拠能力を要求されることになって不合理であること、我が国では宣誓のもつ効果はあまり期待できないのが実情であるから、裁判官の面前における供述の信用性の情況保障は、公正な裁判官の面前で供述がなされたことのみによって認めても不合理とはいえないことなどの諸事情を考慮すると、同条1項1号の書面は、宣誓のうえなされた供述を録取した書面に限らず、宣誓をしないでなされた供述を録取した書面をも含むものと解するのが相当であ＊＊＊〔る。〕

質問7−10

被告人と弁護人に立ち会いの機会を与えずに行われた公判前証人尋問調書を刑訴法321条1項1号で証拠採用して良いか。公判前尋問事件（本書273頁）との関係をどう考えるべきか。

質問7−11
　別事件の被告人を証人申請したところ、その証人が黙秘権を行使して証人喚問に応じなかった場合（あるいは召喚に応じたが、全ての質問への答を拒んだ場合）に、刑訴法321条1項1号によって当該別事件の被告人質問調書を証拠として採用することは許されるか。

質問7−12
　法は証拠能力を認める要件として「供述者の署名若しくは押印のあるもの」であることを要求している（321条1項柱書）が、裁判官面前調書（同項1号）の場合もこれは要求されるか（刑訴規則38条6項、39条2項、45条1項、52条の5第1項、52条の15第2項参照）。

2　検察官調書（利用不能）（321条1項2号前段）

判　例

最大判昭27・4・9刑集6−4−584（妻が証言拒絶事件）

　［団体等規制令（昭和24年政令第64号）10条3項による法務総裁の出頭要請に従わなかったとして同令違反で起訴された者と、彼をかくまったということで犯人蔵匿罪で起訴された者が併合審理された事件。犯人蔵匿で起訴された被告人の妻が証人喚問されたが、夫が有罪判決を受けるおそれがあるとして刑訴法147条によって証言を拒否した。検察官はこの妻が犯人蔵匿罪の被疑者として検事調べを受けた際に作成された検察官調書を刑訴法321条1項2号前段に基づいて証拠請求した。裁判所は証拠採用し、控訴審もそれを認めた。被告人上告。］

　青柳弁護人等上告趣意第5点について。

　一件記録によると、原審の是認した第一審判決がその判示第2事実認定の証拠として所論の山口久児子の検察官に対する供述調書を採用していること、並びに右山口久児子が検察官の請求により第一審裁判所において証人として尋問せられた際本件公訴事実の存否に関する重要な事項につきその証言を拒絶したため、被告人において右調書記載の同証人の供述につき反対尋問の機会を得られなかったことは、論旨の指摘するとおりである。

　しかし、憲法37条2項は、裁判所が尋問すべきすべての証人に対して被告人にこれを審問する機会を充分に与えなければならないことを規定したものであって、被告人にかかる審問の機会を与えない証人の供述には絶対的に証拠能力を認めないとの法意を含むものではない（昭和23年（れ）833号同24年5月18日大法廷判決判例集3巻6号789頁以下参照）。されば被告人のため反対尋問の機会を与えていない証人の供述又はその供述を録取した書類であっても、現にやむことを得ない事由があって、その供述者を裁判所において尋問することが妨げられ、これがために被告人に反対尋問の機会を与え得ないような場合にあっては、これを裁判上証拠となし得べきものと解したからとて、必ずしも前記憲法の規定に背反するものではない。刑訴321条1項2号が、検察官の面前における被告人以外の者の供述を録取した書面について、その供述者が死亡、精神若しくは身体の故障、所在不明、若しくは国外にあるため、公判準備若しくは公判期日において供述することができないときは、これを証拠とすることができる旨規定し、その供述について既に被告人のため反対尋問の機会を与えたか否かを問わないのも、全く右と同一見地に出た立法ということができる。そしてこの規定にいわゆる「供述者が……供述することができないとき」としてその事由を掲記しているのは、もとよりその供述者を裁判所において証人として尋問することを妨ぐべき障碍事由を示したものに外ならないのであるから、これと同様又はそれ以上の事由の存する場合において同条所定の書面に証拠能力を認めることを妨ぐるものではない。されば本件におけるが如く、山口久児子が第一審裁判所に証人として喚問されながらその証言を拒絶した場合にあっては、検察官の面前における同人の供述につき被告人に反対尋問の機会を与え得ないことは右規定にいわゆる供述者の死亡した場合と何等選ぶところはないのであるから、原審が所論

の山口久児子の検察官に対する供述調書の記載を、事実認定の資料に供した第一審判決を是認したからといって、これを目して所論の如き違法があると即断することはできない。尤も証言拒絶の場合においては、一旦証言を拒絶しても爾後その決意を翻して任意証言をする場合が絶無とはいい得ないのであって、この点においては供述者死亡の場合とは必ずしも事情を同じくするものではないが、現にその証言を拒絶している限りにおいては被告人に反対尋問の機会を与え得ないことは全く同様であり、むしろ同条項にいわゆる供述者の国外にある場合に比すれば一層強き意味において、その供述を得ることができないものといわなければならない。そして、本件においては、山口久児子がその後証言拒絶の意思を翻したとの事実については当事者の主張は勿論それを窺い得べき証跡は記録上存在しない。それ故論旨は理由がない。

＊＊＊

よって刑訴408条刑法21条に従い主文のとおり判決する。
この判決は裁判官全員一致の意見によるものである。
（裁判長裁判官　田中耕太郎、裁判官　沢田竹治郎、裁判官　霜山精一、裁判官　井上登、裁判官　栗山茂、裁判官　真野毅、裁判官　小谷勝重、裁判官　島保、裁判官　斎藤悠輔、裁判官　藤田八郎、裁判官　岩松三郎、裁判官　河村又介、裁判官　谷村唯一郎、裁判官　小林俊三、裁判官　本村善太郎）

［弁護人青柳盛雄らの上告趣意］第5点　原判決は刑事訴訟法第321条第2号の規定を不当に拡張解釈し、憲法第37条第2項によって保障された被告人の基本的人権を蹂躙する過誤を犯している。すなわち、原判決は、第一審判決が公判廷において刑事訴訟法第147条の規定に基づき合法的に証言を拒絶した山口久児子の検事に対する供述調書を証拠として有罪を認定したのは適法であるとし、その理由として刑事訴訟法第321条第2号に規定されている「公判準備若しくは公判期日において供述ができないとき」という条件について「法は供述者が死亡、精神若しくは身体の故障、所在不明若しくは国外にいる場合を挙げているのであるが、這は制限的に非らずして例示的なりと解すべきを相当とし、右の如く供述者たる山口久児子が証言を拒否した場合の如きを包含する。」と述べている。しかしながら、憲法第37条第2項は刑事被告人はすべての証人に対して審問する機会を充分に与えられる権利を有する旨規定し、被告人の反対尋問に曝らされていない供述を有罪認定の証拠とすることを禁止し、刑事訴訟法第320条以下は憲法の右規定の精神を具体化するために厳格な制限規定を設けているのであって、これらの制限規定はその明文通り厳格に守らなければならないものである。すなわち、これらの制限条項は単に例示的なものにすぎないから拡張解釈によってこの制限を緩和することが可能であるというような解釈論を許してはならないのである。けだし、もしかかる態度が許されるとするならば、憲法がいわゆる伝聞証拠によって有罪を認定し無辜を罰するに至る封建的、専制的、非民主的な裁判をこの世界から排除しようとしたその善良なる民主的企図を、法律解釈の口実によって、完全に裏切り、日本の裁判をして再び過去の軍国主義的、封建的、専制的な暗黒裁判に舞い戻らしめる結果を承認することになり、明らかに裁判が進歩に反逆し人類の幸福を犠牲にして一部特権階級の横暴な権力を維

持するためにのみそのファッショ的役割を演ずることを黙認するものであって、不合理であり、不正義であるからである。

　これを本件についてみても、もし原判決のいうように、刑訴法第321条第2号所定の条件を拡張解釈するならば、被告人の反対尋問に曝らされず、検事が非公開の場所において一方的に聴取した供述内容がそのまま被告人に不利益な証拠として使用されることを無制限に許す結果となり、かかる不合理が法律の制限規定を無視して敢行されるのを黙認するに帰するであろう。すなわち同条の規定は、明らかに「供述することができないとき。」とあり、証人として証言する義務があり（証言拒否権のない）、且つ不法に証言を拒否する意思のない者が死亡しまたは精神の故障のために供述出来なくなったばあい、或はかかる義務があり且つ供述する意思のある者が身体の故障または所在不明若しくは国外にいるため供述ができないばあいを指しているのであって裁判所が証人の証言拒否にあって、その「供述を聴くことができないとき」までを含む意味ではない。もし原判決の見解のように、かかるばあいをもふくむ法意だとの拡張解釈を認めるとすれば証人が証言を拒否する権利がないにもかかわらず、不法に証言を拒否したため裁判所がその供述を聴くことができないばあいもまたこれにふくまれるとの拡張解釈を承認せざるを得ない結果となり、かくて被告人は証人の違法行為のために反対尋問に曝らされなかったその者の供述を不利益な証拠として使われるという不合理を甘受しなければならなくなるであろう。拡張解釈が、いかに不合理であり、不正義であるかは、これによってみてもきわめて明瞭である。大体証言拒否権をもっている者が公判期日等に証言を拒絶したばあい、その者が検察官に述べた供述調書を証拠に用いようとすること自体が不合理である。公判廷でさへ堂々と証言を拒否できる権利をもっている者が、検察官の面前で、被疑者または被告人の有するような黙秘権のないために供述拒否権を告げられず、つねに事実上強制的に供述させられた内容が、そのまま被告人に不利益な証拠として使われると解釈するのは、刑訴法が第147条を設けた趣旨を完全に裏切るものであり、法律体系の一貫性を紊るものといわなければならない。かかるばあいを被告人と共犯関係にある者が被疑者または被告人として検察官の面前で供述したばあいの供述調書を被告人に不利益な証拠として使用することが可能なばあいがあると解釈すると同一の論拠に立って論ずるのは根本的に誤である。けだし、後者は黙秘権を告げられた後の供述であるに反し、前者は前述の通り供述拒否権なく事実上強制的に供述されたものであるからである。また、後者が被告人に不利益な証拠として使用されることが認められたばあいにおいても、それは憲法第38条第3項の解釈上本人の自白として取扱われ補強証拠なしには使用され得ないとされているに反し、前者についてはかかる制限が認められないことも考慮されなければならない。

　これを要するに、原判決は証拠として使用してはならない供述調書に証拠能力を認めた第一審判決を弁護することによって憲法違反を犯したものである。

判　例

最3小判平7・6・20刑集49-6-741（タイ人管理売春事件）

一　上告趣意に対する判断
　弁護人下村幸雄、同花房秀吉、同原滋二の上告趣意のうち、刑訴法321条1項2号前段の規定について憲法37条2項違反をいう点は、刑訴法の右規定が憲法37条2項に違反するものでないことは、当裁判所の判例（最高裁昭和26年（あ）第2357号同27年4月9日大法廷判決・刑集6巻4号584頁）とするところであるから、所論は理由がなく、その余は、違憲をいう点を含め、実質は単なる法令違反、事実誤認の主張であって、刑訴法405条の上告理由に当たらない。

二　職権判断
　所論にかんがみ、タイ国女性13名の検察官の面前における各供述を録取した書面（以下「本件検察官面前調書」という。）の証拠能力について、職権により判断する。
　1　本件検察官面前調書は、検察官が、退去強制手続により大阪入国管理局に収容されていたタイ国女性13名（本件管理売春の事案で被告人らの下で就労していた者）を取り調べ、その供述を録取したもので、同女らはいずれもその後タイ国に強制送還されているところから、第一審において、刑訴法321条1項2号前段書面として証拠請求され、その証拠能力が肯定されて本件犯罪事実を認定する証拠とされたものである。
　2　同法321条1項2号前段は、検察官面前調書について、その供述者が国外にいるため公判準備又は公判期日に供述することができないときは、これを証拠とすることができると規定し、右規定に該当すれば、証拠能力を付与すべきものとしている。しかし、右規定が同法320条の伝聞証拠禁止の例外を定めたものであり、憲法37条2項が被告人に証人審問権を保障している趣旨にもかんがみると、検察官面前調書が作成され証拠請求されるに至った事情や、供述者が国外にいることになった事由のいかんによっては、その検察官面前調書を常に右規定により証拠能力があるものとして事実認定の証拠とすることができるとすることには疑問の余地がある。
　3　本件の場合、供述者らが国外にいることになった事由は退去強制によるものであるところ、退去強制は、出入国の公正な管理という行政目的を達成するために、入国管理当局が出入国管理及び難民認定法に基づき一定の要件の下に外国人を強制的に国外に退去させる行政処分であるが、同じく国家機関である検察官において当該外国人がいずれ国外に退去させられ公判準備又は公判期日に供述することができなくなることを認識しながら殊更そのような事態を利用しようとした場合はもちろん、裁判官又は裁判所が当該外国人について証人尋問の決定をしているにもかかわらず強制送還が行われた場合など、当該外国人の検察官面前調書を証拠請求することが手続的正義の観点から公正さを欠くと認められるときは、これを事実認定の証拠とすることが許容されないこともあり得るといわなければならない。
　4　これを本件についてみるに、検察官において供述者らが強制送還され将来公判準備又は公判期日に供述することができなくなるような事態を殊更利用しようとしたとは認められず、また、本件では、前記13名のタイ国女性と同時期に収容されていた同国女性1名（同じく被告人らの下で就労していた者）について、弁護人の証拠保全請求に基づき裁判官が証人尋問の決定をし、その尋問が行われているのであり、前記13名のタイ国女性のうち弁護人から証拠保全請求があった1名については、右請求時に既に強制送還されており、他の12名の女性については、証拠保全の

請求がないまま強制送還されたというのであるから、本件検察官面前調書を証拠請求することが手続的正義の観点から公正さを欠くとは認められないのであって、これを事実認定の証拠とすることが許容されないものとはいえない。

5　したがって、本件検察官面前調書を刑訴法321条1項2号前段に該当する書面として、その証拠能力を認め、これを証拠として採用した第一審の措置を是認した原判断は、結論において正当である。

よって、刑訴法408条により、裁判官大野正男の補足意見があるほか、裁判官全員一致の意見で、主文のとおり判決する。

裁判官大野正男の補足意見は、次のとおりである。
一　本件の基本的問題は、出入国の公正な管理を目的とする入国管理当局による退去強制の執行と、公共の福祉の維持と個人の基本的人権の保障とを全うしつつ事案の真相を明らかにすべき刑事裁判の要請とを、いかに調整するかにある。

出入国管理の行政上の必要が常に優先することになれば、犯罪の証明に必要な外国人を行政処分によって退去強制した場合でも、「国外にいる」ことを理由として、証拠法上の例外である伝聞供述を採用し、被告人の証人審問権が行使される機会を失わせることになり、手続的正義に反する結果になりかねない。しかし、他方、その外国人が被告人の証人審問権の対象となる可能性があるということを理由に不確定期間その者の収容を続けることも、当該外国人の人権はもとより、適正な出入国管理行政の見地からみても、妥当とはいえない。

入国管理当局による出入国の公正な管理という行政上の義務と刑事裁判における公正の観念及び真相究明の要請との間に調整点を求めることが必要である。

二　法廷意見は、手続的正義、公正の観点から、検察官において当該外国人がいずれ国外に退去させられ公判準備又は公判期日に供述することができなくなることを認識しながら殊更そのような事態を利用した場合はもちろん、裁判官又は裁判所が証人尋問の決定をしているにもかかわらず当該外国人が強制送還されてその証人尋問が不能となったような場合には、原則としてその者の検察官面前調書に証拠能力を認めるべきものでないとすることによって、出入国管理行政上の義務と刑事司法の要請に一つの調整点を示すものである。

三　もとより、被告人の証人尋問権の保障の趣旨からすれば、右調整は必ずしも十分ではない。特に、被疑者に国選弁護人制度が法定されず、現実に被疑者に弁護人がつくのは1、2割にすぎないと推量される今日の現状よりすれば、証拠保全手続に頼ることは至難であろう。また、起訴後といえども、弁護人が速やかに検察官から証拠開示を受け、収容中の外国人につき証拠保全を請求することの要否を早急に判断することも決して容易ではない。

検察官についても、犯罪の証明に欠くことのできない外国人について、その供述の信用性を確保するため、第1回公判期日前に証人尋問を行おうとしても、現行法制上、困難な問題がある。

今日のように外国人の出入国が日常化し、これに伴って外国人の関係する刑事裁判が増加することを刑訴法は予見しておらず、刑訴法と出入国管理及び難民認定法には、これらの問題につい

て調整を図るような規定は置かれていない。このような法の不備は、基本的には速やかに立法により解決されるべきである。

しかしながら、現に生じている刑事司法における困難を放置しておくことは許されず、裁判所、検察官、弁護人ら訴訟関係者の努力と相互の協力により、でき得る限り退去強制される外国人に対する証人尋問の機会をつくるなど、公正の観念に基づく真相究明を尽くしていくほかはないと考えるものである。

（裁判長裁判官　大野正男、裁判官　園部逸夫、裁判官　可部恒雄、裁判官　千種秀夫、裁判官　尾崎行信）

質問7-13
「収容」以外の方法で不法残留外国人の公判廷への出頭を確保する方法はないか。

質問7-14
検察官が第1回公判前の証人尋問を行おうとする際の「現行法制上、困難な問題」（大野補足意見）とは何か。平成16年法律62号による改正後の刑訴法227条によって、退去強制が予想される者について証人尋問請求をすることは可能か。

判　例

バーバー対ページ Barber v. Page, 390 U.S. 719 (1968)

マーシャル裁判官が当裁判所の意見［全員一致］を告げた。

＊　＊　＊

申立人とウッズは強盗の罪で訴追され、予備審問手続では同じ弁護人パークス氏の弁護を受けていた。予備審問が行われている間に、ウッズは自己負罪拒否特権を放棄することに同意した。するとパークスはウッズの弁護人を辞任したが、申立人の弁護を続けた。その後ウッズは［予備審問で］申立人に罪を負わせる証言をした。他の共同被告人の弁護士はウッズの反対尋問を行ったが、パークスはやらなかった。

およそ7ヶ月後に申立人の公判が始まったとき、ウッズは、オクラホマの公判裁判所から約225マイル離れたテキサス州テキサカーナにある連邦刑務所に収監されていた。州政府は、ウッズは法域外にいるので証言不能であるという理由で、彼の予備審問での証言の速記録を申立人に対する証拠として申請した。申立人は、それは不利益な証人と対決する彼の権利を侵害するとして異議を申し立てた。異議は棄却され速記録は採用されて、陪審に向けて朗読された。陪審は有罪の評決をした。上訴されたがオクラホマ州刑事上訴裁判所は有罪を承認した。

次に申立人は、ウッズの証言速記録を申立人の公判で使用することは、連邦憲法第6及び第14修正に違反するものであり、彼の連邦憲法上の対決権を侵害するとして、連邦人身保護の申立て

をした。彼の主張は地方裁判所で否定され、第10巡回区控訴裁判所も、1人の裁判官が反対意見を表明したものの、上訴を退けた。われわれは上告受理を認め、申立人の対決権侵害の主張を検討した。そして、われわれは原判決を取消す。

　何年も前に当裁判所はこう述べた。「[第6修正の対決権条項]の第1の目的は、……法廷外証言録取書や一方的な宣誓供述書が法廷での尋問や反対尋問に取って代わることで、証人の記憶をテストしその良心を篩いにかける機会や、さらには、陪審と対面させることで彼らが証人を見て証言台での彼の態度やその証言の有り様に基づいて彼が信ずるにたる人物かどうかを判断できるようにする機会を被告人から奪ってしまうことのないようにすることである」と。*Mattox v. United States, 156 U.S. 237, 242-243 (1895).* また最近において、当裁判所は、第6修正の対決権は第14修正を通じて州にも適用されると判示したが、その際にこう述べた。「多分、対決と反対尋問の権利がこの国の憲法上の目標である公正な裁判にとって必須かつ基本的な要件であるとの信念を表明すること以上に、当裁判所やその他の裁判所の意見が一致する課題は殆どないだろう」と。*Pointer v. Texas, 380 U.S. 400, 405 (1965). See also Douglas v. Alabama, 380 U.S. 415 (1965).*

　確かに、証人が利用不能でありかつ彼が同じ被告人に対する以前の司法手続で証言しその被告人による反対尋問の対象となった場合に、対決の要請に対する例外が伝統的に認められている。例えば前掲のマトックス対合衆国がそうである（最初の公判で証言した証人が2度目の公判の前に死亡した）。この例外は、やむを得ない必要性に基づくものであると説明され、そして、当初可能であった反対尋問権によって対決の要請の背後にある目的は実質的に満たされるとして正当化されてきた。Wigmore, Evidence §§1395-1396, 1402 (3d ed. 1940); C. McCormick, Evidence §§231, 234 (1954).

　本件において州は、ウッズは公判当時法域外にいたのであるから「利用不能」であった、そして、申立人は実施しなかったとしても予備審問の際に反対尋問権は保障されていたという根拠に基づいて、証言録の採用はこの例外に当たるのだと主張している。＊＊＊

　はじめに、州はウッズがオクラホマ州外の刑務所にいると言うだけで、彼の公判廷への出頭を確保するための努力を全く行った形跡がないことをわれわれは指摘したい。これまでのところ多くの裁判所と解説者たちが、「公判裁判所の召喚状はその法域外では強制力がないから彼を強制的に出頭させることはできない。したがって証言を求める当事者は諦めるしかない」という理屈で、証人が法域内に存在していないというだけで対決権を奪うに十分な根拠となると論じてきた。Wigmore, Evidence §1404 (3d ed. 1940).

　過去においてその理論がいかに正確なものであったとしても、州と州の間あるいは州と連邦政府との間における協力の増進によって、今日その理論は刑事法の分野においては有効性をほとんど失いつつあることが明らかである。例えば、連邦政府に身柄を拘束されている証人予定者の場合、連邦法典28編2241（c）（5）項によって、連邦裁判所は州の訴追権者の申立てにより証言のための人身保護令状（writ of habeas corpus *ad testificandum*）を発行することができる。加えて、州裁判所が発行した証言のための人身保護令状にしたがって連邦刑務所に服役中の囚人が州

の刑事裁判で証言することを許すというのが合衆国矯正局の方針である。

　本件において州当局はウッズが申立人の公判に出頭できるようにするために上述のような措置を利用する努力を全くしなかった。控訴裁判所の多数意見は、州は連邦当局の裁量を求めなければならず、州にはそのような要請をする義務はないという理由付けをしているようである。しかし、指名裁判官オルドリッジがその反対意見の中で指摘しているように、「拒否される可能性は、実際に要請して拒絶されることと同じではない。」要するに、対決に対する例外の適否を判断するという目的において、訴追当局が証人の公判への出頭確保のために善意の努力（good-faith effort）をしたのでない限りは、その証人は「利用不能」とは言えないのである。本件では州は記録が示す限りこのような努力をしていない。ウッズが証言のために出頭しなかった唯一の理由は、州が彼の出頭を求めなかったからである。対決権はそれほど軽く処理されてはならないだろう。

　州は、予備審問で反対尋問しなかったことで申立人はウッズと対決する権利を放棄したのだと主張する。この主張は支持できない。申立人は彼の公判が開かれるときにウッズが連邦刑務所にいることなど予想していなかった。のみならず、たとえウッズの拘禁を予測しえたとしても、彼は州がウッズを公判に出廷させる努力を全くしないことを予想し得なかったのである。このような情況の下で反対尋問をしなかったことが後の公判での反対尋問権の放棄にあたると言うのは、当裁判所の放棄の定義──「知りえた権利または特権を意図的に断念しあるいは捨て去ること」Johnson v. Zerbst, 304 U.S. 458, 464 (1938); Brookhart v. Janis, 384 U.S. 1, 4 (1966) ──と決して適合しない。

　更にいえば、仮に申立人の弁護人が予備審問でウッズを実際に反対尋問していたと仮定しても、本件においては同じ結論に達していたであろう。対決権は基本的に公判での権利である。それは、反対尋問の機会とともに陪審が証人の態度を観察する機会をも含むのである。予備審問は公判と比べて事件の実体を探求することが通常の場合非常に少ないのであり、それはその機能が被告人を公判に付するに足るだけの相当の嫌疑があるかどうかを決定するという制限されたものだからである。証人が実際に利用不能であることが示された場合に、予備審問で証人を反対尋問する機会をもったことが対決条項の要請を満足させると判示することが正当化されることがあるかもしれないが、既に指摘したように、本件はそのような事案ではない。

3　検察官調書（自己矛盾）（321条1項2号後段）

判例

最2小決昭58・6・30刑集37-5-592（「証言→調書→証言」事件）

〔訴因は、損害保険会社の支社長が、自己の債務の返済に充てるつもりであることを秘して、返済する意思も能力もないのにあるように装い、「お客を紹介してもらうために、銀行に2000万円の通知預金をしてやらねばならない。」「担保には会社の通知預金証書を差入れますから。1か月以内に返済します。」などと嘘を言って、現金1500万円の交付を受けてこれを騙取ししたという詐欺事件。被告人は会社のための借り入れであり、返済の意思もあったとして争った。一、二審有罪、被告人上告。〕

　弁護人森部節夫の上告趣意のうち、判例違反をいう点は、刑訴法405条にいう「判例と相反する判断をした」というためには、その判例と相反する法律判断が原判決に示されているのでなければならないところ（最高裁昭和26年（れ）第1206号同27年5月13日第3小法廷判決・刑集6巻5号744頁、同昭和28年（あ）第193号同30年2月18日第2小法廷判決・刑集9巻2号332頁、同昭和35年（あ）第397号同37年12月25日第3小法廷判決・刑集16巻12号1731頁、同昭和36年（あ）第2378号同38年9月12日第1小法廷判決・刑集17巻7号661頁各参照）、原判決は所論の点につき法律判断を示していないから、所論は前提を欠き、その余は、事実誤認、単なる法令違反、量刑不当の主張であって、いずれも刑訴法405条の上告理由にあたらない。

　なお、記録によれば、昭和56年11月4日の原審第3回公判期日において本件詐欺の被害事実につき壺山宗慶の証人尋問が行われたのち、昭和57年1月9日検察官が同人を右事実につき取り調べて供述調書を作成し、同年6月1日の第8回公判期日及び同年7月13日の第9回公判期日において再び同人を右事実につき証人として尋問したところ、右検察官に対する供述調書の記載と異なる供述をしたため、検察官が刑訴法321条1項2号の書面として右調書の取調を請求し、原審はこれを採用して取り調べた事実が認められる。このように、すでに公判期日において証人として尋問された者に対し、捜査機関が、その作成する供述調書をのちの公判期日に提出することを予定して、同一事項につき取調を行うことは、現行刑訴法の趣旨とする公判中心主義の見地から好ましいことではなく、できるだけ避けるべきではあるが、右証人が、供述調書の作成されたのち、公判準備若しくは公判期日においてあらためて尋問を受け、供述調書の内容と相反するか実質的に異なった供述をした以上、同人が右供述調書の作成される以前に同一事項について証言をしたことがあるからといって、右供述調書が刑訴法321条1項2号にいう「前の供述」の要件を欠くことになるものではないと解するのが相当である（ただし、その作成の経過にかんがみ、同号所定のいわゆる特信情況について慎重な吟味が要請されることは、いうまでもない。）。したがって、壺山宗慶の検察官に対する供述調書は、同号にいう「前の供述」の要件を欠くものではない。

＊　＊　＊

（裁判長裁判官　牧圭次、裁判官　木下忠良、裁判官　塩野宜慶、裁判官　宮崎梧一、裁判官　大橋進）

弁護人森部節夫の上告趣意
（詐欺事件関係）
第１点　原判決は、刑事訴訟法施行後の控訴裁判所たる高等裁判所の判例と相反する判断をしているので、判例違反の違法がある。
　一、原判決は審理中において、壺山宗慶の昭和57年１月９日付検面調書を刑事訴訟法第321条［１項］第２号の書面として、証拠の取調をなしているが、これは以下の理由から判例に違反するものである。
　すなわち、この検面調書が作成される以前に壺山は証人として公判廷に出廷しており、控訴審における第３回公判廷において同証人は、「融資金の使途は条件にはならない」「通知預金にするということは重視しなかった」「被告人がその金を他の借金の返済に充てるという場合でもかまわない」という趣旨の証言を行なっている。
　右証言は、壺山証人の第８回、第９回公判における供述内容と同一趣旨である。
　仙台高判昭和26年６月12日特報22号58頁は公判廷における証言後に検察官面前調書が作成され、右調書作成後更に供述者を公判期日において尋問し、その者が検面調書と実質的に異なった供述をした事案において、次の通り判示し、右検面調書の証拠能力を否定している。
　すなわち、
　「……右供述調書の供述はすべて、右２回の公判期日における供述よりも後になされたもので、換言すれば右供述調書記載の供述は右各公判期日における供述よりも前のものではない。而してかくのごとき供述調書は刑訴321条１項２号の規定によっては証拠能力を獲得し得ないものと解するのを相当とする。原審検察官および原審としては、証人Ａが昭和26年１月８日原審第６回公判期日において右供述調書記載の供述と実質的に異なった供述をしたので、右供述調書は前記法条によって証拠能力を獲得したものと認められるが、既にその前に前段説示のごとき経緯が存する以上、その後更に供述者が公判期日において同一事件について供述をしても、もはや刑訴321条１項２号の適用はないものと解するを相当とする。」
　本件は正に、右の仙台高裁の事例と同様の例にあたる。右判例に照らせば、仮に、検察官面前調書と控訴審における第８回、第９回公判における供述とが「実質的に異なった」ものであったとしても、検面調書作成以前に右の如き公判廷の証言があるので、刑訴法第321条１項２号の要件中、公判準備又は公判期日における供述に対し「前の供述」であるとの要件を欠き、同条項により証拠能力を認めることができない。
　よって、壺山の検面調書の証拠調を行なった原判決は、判例に違反しており破棄を免れない。
第２点　原判決には判決に影響を及ぼすべき法令違反がある。
　一　「判例違反」の項でも述べたが、壺山の検面調書の証拠調をしたことは、刑訴法第321条１項２号に違反している。

更に、右検面調書には特信性も存しない。

すなわち、第9回公判廷における証言第25ないし27項においてあらわれているように、右の検面調書は状況的な流れを一切無視して小間切れに聞いていって作成したものである。「借金の支払いに使うことが判っていたならば貸したりはしない」という調書の記載部分も「第三者が金を、小林が金を貸してくれと飛び込んできたら貸したのか」という問いに対して「絶対に貸さない」ということで調書ができているのである。ここには山本治彦の仲介であることを捨象して問いが発せられ、この答えが出されているのである。

このように一事が万事、前後の脈絡を無視して問いが発せられ、答えが出されているのであり、このようにして作成された調書に特信性ありとはいえない。

そして、原判決の判示中には明確にしていないもの、右調書の記載内容を原審が斟酌したことは明白といわねばならない。よって、右の検面調書の証拠調をなしたことは判決に影響を及ぼすべき法令違反である。

＊　＊　＊

よって、これらの調書を証拠調した原判決には判決に影響を及ぼす法令適用の誤りがあり、破棄されねばならない。

判　例

最3小判昭30・1・11刑集9-1-14（受供与者検察官調書事件）

［訴因は公職選挙法違反（饗応と現金供与）。一審有罪。控訴審において被告人は、有罪の証拠となった受供与者らの検察官調書は任意性がなく特信情況もないとして争った。控訴審は「右各調書はそれ自体によりその任意性を認められるのみならず供述者の各原審公判廷における供述に徴すれば検察官より強制された事実がないことを明言しているのであって原審は右の事情により各其の任意性を確かめ得たと認めるのが相当である特に原審が任意性を調査しなかったと思われる証左はない右の点につき原審には何等刑事訴訟法第325条に違反し引いて憲法に違反した違法はない次に所論引用の各供述調書は前示の如く任意性のあること及び調書それ自体の内容並びに他の証拠と対照上刑事訴訟法第321条第1項第2号所定要件を具備していること明白であって同条所定の信用すべき特別事情の存すること勿論である原審には右の点につき何等刑事訴訟法及び憲法に違反する違法はない」として、公訴棄却。被告人上告。］

［弁護人の上告趣意］第2点について。

刑訴321条1項2号は、伝聞証拠排斥に関する同320条の例外規定の一つであって、このような供述調書を証拠とする必要性とその証拠について反対尋問を経ないでも充分の信用性ある情況の存在をその理由とするものである。そして証人が検察官の面前調書と異った供述をしたことによりその必要性は充たされるし、また必ずしも外部的な特別の事情でなくても、その供述の内容自体によってそれが信用性ある情況の存在を推知せしめる事由となると解すべきものである。このことは既に当裁判所再三の判例の趣旨とするところであり（昭和26年（あ）1111号同年11月15日

第1小法廷判決・刑集5巻12号2393頁)、原判決の判断もこれと同趣旨に出るものであるから、原判決には何ら理由の不備又は判断の遺脱なく、所論は理由がない。

＊＊＊

よって同408条により裁判官全員一致の意見で主文のとおり判決する。
（裁判長裁判官　井上登、裁判官　島保、裁判官　河村又介、裁判官　小林俊三、裁判官　本村善太郎)

弁護人牧野良三、同大竹武七郎の上告趣意

＊＊＊

第二、原審において副島次郎弁護人は、第一審判決が幸田竜之助外16名及び永島藤七郎外6名の検察官に対する供述調書を証拠として採用したことを不当とし、その理由として、刑事訴訟法第321条は証拠能力に関する規定であって、理論上、信憑力の問題に先行する、しかるに判例の中には、検事調書の内容自体とその他の証拠に徴し検事調書の内容を措信すべきものと認むるときはこれを証拠として採用しても差支ないと云っているものがあるが、これは理論上不当である旨主張している（同控訴趣意書第4点）しかるに原判決は検事調書の内容それ自体並びに他の証拠と対照上刑事訴訟法第321条第1項第2号の要件を具備しているものと認めるから第一審判決が検事調書を証拠として採用したことは違法でない趣旨の判決をしている。しかしながらこれでは副島弁護人の主張している刑事訴訟法第321条第1項第2号の解釈は当然誤りであるということを前提にして判決しているのであって、その主張が何故に誤りであるかということを少しも判示していない。原判決は判断遺脱理由不備であると云わねばならぬ。

判　例

札幌地判平15・2・27判タ1143-122（拓銀特別背任事件一審判決）

［被告人甲野と乙野は北海道拓殖銀行の元頭取、被告人丙野は不動産業等を営むA社とB社の代表取締役。3人が共謀して、自己または第三者の利益を図る目的で拓銀からA社B社に不正融資を行ったという特別背任事件。］

第4　証拠能力に対する判断

＊＊＊

5　丙山冬男の検察官調書
（1）相反性
　丙山の検察官調書と公判供述との間に検察官主張のとおりの相反部分の存することは弁護人も争わないところで明らかである。
（2）特信性
　丙山が、Aグループに対する融資に関し、整理回収機構から、被告人乙野、丁山及び乙田らとともに1億円の損害賠償請求訴訟を提起され、現在民事訴訟において請求棄却を求めて争ってい

ることは、同人の自認するところであるが、このような状況や、被告人甲野及び同乙野がかつての上司であり、刑事被告人としての両名の立場を慮る理由のあることに照らせば、丙山が、公判廷において、自己及び両被告人に不利益となるおそれのある事柄について、その供述を回避したり、有利となる事実を誇張して供述したりするおそれが存すると認められる。しかし、丙山は、公判廷において、丁田検事から取調べを受けた状況等について、概ね、「平成11年3月2日に逮捕されたが、なぜAグループを担当した役員中で自分だけが逮捕されたのか釈然としない気持ちでいた。同月4日の弁解録取の際、丁田検事から、『丙山さん、きちんと事実を話すと情状酌量の余地があるんだよ。』などと言われ、釈放してもらえるのかなという気持ちを抱いた。同月6日に弁護人であった桶谷弁護士と接見したが、そのとき、同弁護士から前日に丁田検事や癸田主任検事と面談し、その際、両検事から、『丙山さんについては、対応いかんによっては釈放の余地がある。』などと言われたことを告げられた。その後、同月9日ころから、本格的な調書ができあがってくるようになり、丁田検事から調書に署名するよう求められたところ、最初は署名を拒んだり訂正を求めるなどしていたが、丁田検事が訂正に応じなかったことや、釈放されたいという気持ちから、結局、調書に署名してしまった。また、桶谷弁護士から、『あなたが直接検事さんに本当に釈放してくれるのかどうか聞いてみなさい』。と指示を受けたので、同月9日ころから、丁田検事に対し、3回くらい、調書に署名した後などに、『本当に出していただけるんですね。』とストレートな形で確認したところ、『心配しないで結構です。方針そのものは変わっていません。ただ、6人の検事の合議制によってあなたの釈放が決まるので今は何とも言えませんけれども、当初の方針は変わっていません。私だって良心があるんですよ。』などと言われたことから、取調べ期間の後半ころからは、丁田検事の印象を悪くしないため、最終的には言われるままに署名をしてしまった。同月23日には、丁田検事から、勾留質問の際にした否認供述を撤回して自己図利目的を認めることを内容とした調書に署名するよう求められ、これに対しては訂正を求めたが、『丙山さん、悪いようにはしない。上司に対して丙山さんが全て認めたということの方があなたにとっても非常にプラスになることなんだ。とにかくこれについては絶対訂正しない方がプラスになることなんだ。』などと言われたことから、これで全てが終わるんだという気持ちになって署名した。」などと、丁田検事から自己の供述と処分とを絡めた話が持ちかけられた旨供述している。また、丙山の勾留当初の段階で、弁護人を務めていた和田弁護士も、概ね丙山の前記供述を裏づける供述をしている。これに対し、丁田検事は、公判廷において、「桶谷弁護士と面談した際、癸田検事が、『それぞれの立場に応じた責任がありますので、それに従って適正な処分をしたい。そのためにも、ぜひ、先生の方でも、丙山さんに本当のことをしゃべるように伝えてください。』などと言ったことはあるが、丙山の処分に絡んだ発言をしたことはなかった。取調べの際、丙山に対し、対応いかんによっては釈放の余地があるなどと言ったことはない。」などと供述し、丙山及び和田弁護士の公判供述を否定している。

　丙山の前記公判供述は、記憶の一部に混乱は認められるものの、その内容は、詳細かつ具体的で、特に、丙山が述べる丁田検事の言動は迫真性に富み、丙山が自ら虚偽の事実を創作したことはにわかに断じ難い。また、丁田検事は、利益誘導があったことを否定するものの、他方で、丙

山が起訴されるか否かに関心を抱いているようだったので、利益誘導があったと疑われないように注意をしていたとしながら、桶谷弁護士との面談の際、「最終的な対外的な交渉事とか」があるとして、主任検事である葵田検事を立ち会わせたほか、丙山から度々自己の処分のことを尋ねられたことを認めた上、その際の対応について、「丙山さんのほうから、私どうなるんですかというような趣旨の質問がありまして、そのときに、私からは言えないし、分からないと、だから、弁護人と相談してください。ただ、現在の捜査状況は桶谷先生と私どもが面会した状況で進んでいるから、その点では安心してください。私にもと言ったのか検察庁にもと言ったのかははっきりしませんが、そういう意味での良心はありますからという趣旨のことは言いました。」などと供述している。

　ところで、丙山は、被告人甲野及び同乙野と異なり、本件起訴に係る犯罪事実に関し、告発がなされていない上、両被告人と比べて、その地位が劣位にあった者で、そのため、逮捕されたことに釈然としないものを感じるとともに、不起訴を期待しうる立場にあった者である。そういう立場にある者に対し、「それぞれの立場に応じた責任があり、それに従って適正な処分をしたいので、本当のことを話して欲しい。」など伝えれば、それがどういう趣旨に理解されるか、検察官には当然予想できるはずである。そして、丁田検事は、丙山からの質問に対し、前記のとおり答えたと供述した上、重ねて「良心がある」と話した趣旨について問われると、「嘘をつかないとか、そういう趣旨ですけれども。」「うちらもその方針にのっとってというか、立場、立場に基づいた責任というところで処理をするということです。」と供述し、実質的には、丙山との間に、その供述と処分とを絡めた取引があったことを認める供述をしている。

　以上説示したところによると、丙山の捜査段階の供述は、利益誘導により得られた疑いを到底払拭することはできないから、同人の検察官調書は、いわゆる特信性を有せず、その証拠能力は否定されるべきである（なお、丙山は、平成11年3月4日に行われた弁解録取の際、被告人甲野及び同乙野の自己図利目的を認める供述をしていたことが認められるが、逮捕される前にはこれを否認していた上、翌5日の勾留質問において、被告人甲野及び同乙野の自己図利目的を含めて再び否認に転じたことに照らせば、丁田検事等の働きかけと丙山の供述との間に因果関係がないとはいえず、同人の検察官調書は、いずれも丁田検事等からの利益誘導によるものというべきである。）。

* * *

［被告人らの図利目的を否定して無罪を言い渡した。］
　（裁判長裁判官　小池勝雅、裁判官　中山大行、裁判官　河畑勇）

［控訴審は検事の事実誤認の控訴を容れて、原判決破棄、有罪を言い渡した。しかし、丙山検察官調書の証拠能力を否定した点については原審を是認した。札幌高判平18・8・31判タ1229-116。被告人上告］

判 例

大阪高判平10・12・9判タ1063-272（「仰山いますね」事件）

［暴力団の組員である丁野（実行犯）と丙野及び被告人が共謀して、対立する暴力団の組員を拳銃で射殺したという殺人、銃刀法違反事件。共謀の有無が争点。］

二　控訴趣意中、訴訟手続の法令違反の主張について

1　論旨は、原判決は、共犯者とされる丁野太郎の各検察官調書を刑訴法321条1項2号後段の書面として採用し、証拠として挙示しているけれども、右検察官調書には同法321条1項2号の要件である特信性が認められないから証拠能力がないのに、これを証拠として採用し、罪証に供した原判決の訴訟手続には判決に影響を及ぼすことの明らかな法令違反がある、というのである。そこで、記録を調査して検討するに、丁野の各検察官調書に特信性を認めて罪証に供した原判決の訴訟手続には何ら違法の点はない。所論は、丁野は、取調べ検察官から「自分のことだけ言ったらいいんや、他の人は関係あらへん。」と言われて自分の思いを正直に話したところ、検察官によって、さも丙野や甲野に伝えたこと、あるいは全員で話し合ったことにすり替えられたものであって、丁野は、公判廷で述べるように、捜査段階から一貫して全て自分の一存でやった単独犯行である旨供述していたものであるから、検察官調書には特信性がない、と主張する。丁野は逮捕当初は単独犯行である旨供述していたが（なお、逮捕、勾留事実は丙野こと丙次郎（以下、丙野という。）との共謀）、その後、丙野のほか本件の共犯者である甲野三郎、被告人についても共謀関係を認める公訴事実に沿う供述をするに至り、公判廷では再び単独犯である旨供述している。そこで、まず公判廷での供述についてみると、丙野、甲野、被告人はいずれも暴力団寺村組の組員で、丙野、甲野は共に若頭補佐、被告人は甲野の兄弟分であり、丁野は戊野組組長を見届け人として丙野から杯をうけた同人の若衆という関係にあるところ、丁野は原審での被告人質問において、暴力団を辞める気はないと供述しており、将来、組に復帰することを考えている丁野としては、組幹部である共犯者やその関係者の面前では共犯者らに不利益な事実については供述しにくいところ、丁野の公判廷における供述は、被告人としてのものも、丙野らの公判における証人としてのものも、いずれも共犯者や多数の戊野組関係者の面前でのものであること（原審第3回公判期日の被告人質問の際、検察官から、傍聴席に戊野組の者がいるかと聞かれて「仰山いますね。」と答えている。）、丁野は、原審第1回公判期日においては、本件犯行に使用したけん銃及び実包は丙野から貰ったものであると供述しながら、その後この点について黙秘するなど供述に変遷があるばかりでなく、共犯者の言動についての供述には曖昧な点が多いことからすれば、丁野の公判廷における供述にはその信用性を著しく低下させる状況が存するものといえる。これに対して検察官調書は、いかに丁野にとって単独犯行より暴力団幹部らとの共謀による犯行とした方が罪責が軽くなるとはいえ、自分の親分が所属する暴力団の幹部や自分の親分について、敢えて虚偽の事実を構えて罪に陥れるとは考えがたいこと、当初単独犯と供述していたことも、右の丁野と共犯者らとの関係からすれば親分らを庇ったものとして理解できること、また、丁野は逮捕の2日後には弁護人を選任しており、そのような状況で取調べを受けている時に、所論の

ように検察官が丁野の供述をすり替えて調書化し、それに丁野が異論を述べないなど考えられないことからすれば、検察官調書には信用性に疑いを抱かせるような状況は存しない。以上によれば、丁野の各検察官調書に特信性を認め、証拠として採用した点に違法はない。所論は採用できない。論旨は理由がない。

2　論旨は、仮に、丁野の各検察官調書に特信性が認められるとしても、証拠能力が認められるのは相反部分に限られるのに、各検察官調書の全部を証拠として採用し、罪証に供した原判決の訴訟手続には法令違反がある、というのである。ところで、刑訴法321条1項2号後段により証拠能力が認められる範囲については、法文上は検察官の面前における供述を録取した書面とするのみであるが、相反する供述部分若しくは実質的に異なった供述部分（以下、相反部分という。）以外の検察官調書中の供述記載は公判準備若しくは公判期日における供述と重複した証拠であり、伝聞証拠にその例外として証拠能力を付与するための要件である必要性を欠くことになるから、同号後段［に］より証拠能力の認められるのは相反部分及びこれと密接不可分な部分に限られると解するのが相当である。そこで、記録を検討すると、原判決は、丁野の各検察官調書の全部について証拠能力を認めて証拠として採用し、これを罪証に供していることは明らかである（丁野の各検察官調書中には相反部分及びこれと密接不可分な部分以外の供述記載があるところ、公判調書上証拠として採用したのは相反部分及びこれと密接不可分な部分に限る旨の記載はなく、また、丁野の各検察官調書の全部を証拠として採用したことについての弁護人の異議に対してなんら理由を述べることなくこれを棄却している上、原判決が丁野の各検察官調書を相反部分に限ることなく証拠として摘示していることからすれば、相反部分以外の部分を相反部分の特信性等証拠能力判断のために限定して証拠調したものとは認められない。）。してみると、原判決の訴訟手続には法令違反があるが、相反部分及びこれと密接不可分な部分以外の部分を除く丁野の各検察官調書のほか原判示の各証拠によれば原判示事実は優に認めることができるから、右の法令違反は判決に影響を及ぼすことが明らかであるとはいえない。論旨は理由がない。

* * *

四　よって、刑訴法396条、刑法21条を適用して、主文のとおり判決する。
（裁判長裁判官　河上元康、裁判官　瀧川義道、裁判官　飯渕進）

質問7-15
公判証言に現れていない事項が検察官調書に現れている場合、「相反性」があると言えるか。

質問7-16
公判証言よりも検察官調書の供述を「信用すべき特別の情況」とは、結局、何だろうか。

> **質問7-17**
> 裁判所が「特信情況がある」と言って検察官調書を証拠として採用しながら、判決文のなかでその供述を信用できないと言って排斥するのは自己矛盾か。

> **質問7-18**
> 弁護人の面前でなされた供述を録取した書面を検察官調書と同様の条件で証拠とすることができるか。公証人作成の宣誓供述書（公証人法58条の2）はどうか。

> **質問7-19**
> いわゆる「共犯者の自白」を刑訴法321条1項2号で証拠採用することに問題はないか。

法　令

連邦証拠規則801（d）（1）：証人の従前供述

（d）伝聞に該当しない供述

以下の供述は伝聞ではない。

（1）証人の従前供述。供述者が公判または審問において証言し、その供述に関して反対尋問を受け、かつ、その供述が（A）彼の証言と相反するものであり、公判、審問その他の手続又は証言録取手続において、偽証の罰の対象となるべき宣誓の下でなされたものであること、あるいは（B）彼の証言と符合するものであり、最近の捏造、不当な影響または動機によるとの明示または黙示の非難に反論するために提出されるもの、あるいは（C）人物の同一性を供述するものであり、その人物を認知した後になされたもの。

法　令

連邦証拠規則804（b）（3）：利益に反する供述

（b）伝聞例外　以下の供述は、供述者が利用不能のときは伝聞法則によって排除されない。

＊　＊　＊

（3）利益に反する供述　供述のときにおいて、供述者の金銭的または財産上の利益に反することにより、または、彼を民事または刑事の責任の対象とする傾向を持つことにより、若しくは、彼の他者に対する請求を無効にすることにより、彼と同じ立場に立つ合理的な人であればそれを真実と信じない限り供述しないであろうと考えられる供述。供述者に刑事責任を負わせかつ被告人に罪を帰せしめる傾向を持つ供述は、当該供述の真実性を明確に示す補強的状況（corroborating circumstances）がない限り許容されない。

4　検証調書・実況見分調書（321条3項）

判　例

最1小判昭35・9・8刑集14-11-1437（実況見分調書事件）

　［弁護人の上告趣意］第3点は、原審で主張判断のない事項に関するものであるばかりでなく、刑訴321条3項所定の書面には捜査機関が任意処分として行う検証の結果を記載したいわゆる実況見分調書も包含するものと解するを相当とし、かく解したからといって同条項の規定が憲法37条2項前段に違反するものでないことは当裁判所大法廷判例（昭和24年5月18日宣告、刑集3巻6号789頁参照）に照らし明かであるから、原判決には所論憲法の解釈を誤ったかきんありとは云えず、所論は採用できない。

＊　＊　＊

　よって、同408条により裁判官全員の一致で主文のとおり判決する。
　（裁判長裁判官　下飯坂潤夫、裁判官　斎藤悠輔、裁判官　入江俊郎、裁判官　高木常七）

弁護人大浜高教の上告趣意

＊　＊　＊

　第3点　原判決は司法警察員作成の実況見分調書を被告人の反対尋問にさらせば証拠能力あるものと誤信しこれを証拠として公訴事実を認定した第一審判決を維持し自らもこれを証拠として控訴を棄却し憲法第37条第2項前段の解釈を誤ったものである。
　第一審の記録によれば検察官は実況見分調書を刑事訴訟法第321条第3項の手続を経れば証拠能力があるものとして法廷に顕出し第一審において裁判所はこれを証拠として採用していること明白である。然しながら刑事訴訟法第321条第3項は捜査機関の検証調書について規定したにとどまり、実況見分については何ら規定していないのみならず、検証は裁判官の令状によって行うという形式をとるものであることにより、観察、記述を意義的［ママ］にし、正確にする機能をいとなむに反し、実況見分には必ずしもこの保証がない。実況見分も検証調書に含まれるとするならば私人がその見聞を記録したものも同様に取扱わねばならなくなる。通説も一般私人の作成したものにまでは証拠能力を認めていないのである。第321条第3項の書面の範囲を明確にするためには検証に限るのが妥当であり実況見分の場合はその書面を見ながら口頭で供述させる方法をとるべきである。（刑訴規則第199条の1［11の誤りか］）従って、憲法第37条第2項前段の例外規定である刑事訴訟法第321条第3項に違反した第一審判決を支持し自らもこれを証拠として控訴を棄却した原判決にはとりもなおさず憲法第37条第2項の解釈を誤ったものというべきである。

> **質問7-20**
> 弁護人またはその補助者が作成した実況見分調書を321条3項と同等の条件で証拠とすることはできるか。

判　例

大阪高判昭63・9・29判タ694-183（「やらせ実況見分」事件）

［窃盗（侵入盗）被告事件。事実誤認の主張を退けた上での職権判断］

　四　なお、職権をもって調査するのに、原判決が本件罪となるべき事実を認定する証拠として司法警察員作成の実況見分調書を挙示していることは、原判決書の記載に徴し明らかであるが、右実況見分調書の証拠能力には以下に述べるような疑問があり、結論として、原審の当該訴訟手続は法令違反のそしりを免れない。

　すなわち、右実況見分調書は大阪府堺東警察署所属の司法警察員巡査部長Cが昭和62年10月10日（被告人の逮捕当日）の午後3時30分ごろから午後4時30分ごろにかけて、被害者Dと被告人の両名を立ち会わせたうえ実施した実況見分の結果を記載したものとされているが、被告人及び証人Bの原審及び当審公判廷における各供述、D及びCの原審公判廷における各証言を総合すると、C巡査部長は同月10日被告人及びA方隣人を立ち会わせて第1回目の実況見分を、ついでその4、5日後にDを立ち会わせて第2回目の実況見分をそれぞれ実施し、その結果を1通の実況見分調書にまとめて記載したものであることが認められ、したがって、本件実況見分調書には、実況見分を実施した日時及び立会人の氏名の記載において真実に反するもののあることが明白であるばかりでなく、その被害者方現場の状況に関しても、いまだ現場保存のなされている第1回目の実況見分時の状況としながら、実際はその後現場が清掃・復旧等された第2回目の実況見分の際の状況や、後日被害状況を再現したにすぎない状態等が明確に区別されることなく混然記載ないし写真撮影されている有様であって（たとえば、同調書では、「侵入か所の仏間の床の間には祭壇が祭られ、畳の上には硝子の破片さらに木製サイドボードの棚及び抽き出しが開けられ、物色した痕跡が認められた」として実況見分調書別添写真5、6、7を参照とし、かつ、「この時立会人被害者Dは、この部屋も荒らされておりますが、何も盗まれておりませんと指示説明した」となっているが、このときDが立ち会って指示説明していないことは前示のとおりであるし、添付の写真5、6、7には硝子の破片らしきものの存在は全く認められないうえ、前示B証言によれば、この仏間に落ちていたはずの硬貨の存在の記載ないし写真の撮影もなく、また、D証言による同仏間祭壇白木の台の下に置かれていた鞄が引っ張り出され、ファスナーが開けられていた状況についての記載も全くなく、かえって同鞄は白木の台の下に納められている状況《記録50丁、前示写真5》となっているのである。また、被害現場である書斎の状況に関しても、立会人のDが、「この小物入れの抽き出しの中に入れていた硬貨が盗まれ無くなっている」旨指示説明したと記載され、写真撮影もなされているが、同女の証言では右の立会は第2回目のときで、し

かも同女は本件硬貨の入っていた正確な保管場所を知らず、単にＣ巡査部長に言われてそのように指示する形をとったにすぎないものであるほか、書斎における同硬貨の散乱状況、とくにその状況写真は、第２回目の実況見分時に犯行直後の状態を適宜再現させて写真撮影を行ったもので、同調書記載のごとく犯行直後の状態をありのままに撮影したものではない疑いの濃いものである。）、到底実況見分の結果が正確に記載されているものとは認めがたい。そうすると、そのように数回に分けて実況見分が行われた場合に、必要に応じてその実況見分の結果を、各見分の経過及び結果等を正確に判別できる方法を用いて１通の実況見分調書にまとめて記載することが許されないものではないとはいえ、そのように重要な部分において現実に行われた実況見分の状況に合致しない虚偽の記載や、２回の実況見分の結果が判然と区別されず、ただ１回の実況見分の状況であるかのごとく混然一体として表示されている同実況見分調書にあっては、もとよりそれが刑訴法321条3項にいう真正に作成されたものというに由なく、これを証拠とすることはできないものというべきである。

してみると、同調書の採用・取調べに対し特段異議の申立てがなされていないことを考慮に容れても、これを証拠に採用し罪証に供した原審の訴訟手続には法令に違反した非違があるというのほかないが、本件においては前示のように右実況見分調書を除外してもその余の証拠によって原判示事実を認めることができるので、右の違法は結局判決に影響を及ぼさず、原判決破棄の理由とはならない。

＊＊＊

（裁判長裁判官　石田登良夫、裁判官　角谷三千夫、裁判官　石井一正）

判　例

大判昭 8・7・6 大審院刑集 12-1135（自宅放火事件）

＊＊＊

辯護人横田眞一本間誠治上告趣意書第二點原判決ハ豫審判事ノ検証調書ヲ採テ断罪ノ資料ト爲シ其ノ調書中被告人ノ申立タル「自分ハ家計困難ナルヨリ自己所有ノ建物ニ附シアル火災保険金ヲ得ル爲自宅ニ放火センコトヲ企テ本年（昭和七年）四月一日夜子供等ト共ニ就寝シタルカ翌四月二日午前一、二時頃自宅内ノ風呂ニ入リタル後炬燵炉ノ上ニ掛ケ置キタル娘ウメノ襦袢及腰巻ヲ炬燵内ノ火中ニクヘ寝床ニ立帰リタルモ更ニ起キ出テテ炬燵ノ様子ヲ見タル所火カ燃エ居ラサリシヨリ他ニ放火セント思ヒ自宅台所ノ東北隅ノ薪入箱内ノ焚付用ノ木ノ葉ニ燐寸ヲ以テ放火シタル旨ヲ陳述シ」トアル部分ヲ採テ被告人ノ犯罪行爲（特ニ決意ノ時期並時間及放火場所）ヲ認定シタリ然レ共検証調書中ニ於ケル被告人ノ供述ハ訴訟法上何等ノ效力ナク証拠力ナキモノニシテ唯検証ニ必要ナル手段例ヘハ検証ノ地點目的物ノ状態ニ付指示陳述シタル範圍ニ於テノミ証拠力ヲ有スルニ過キス之ニ關聯ナキ事項例ヘハ本件ノ犯罪行爲ノ陳述ノ如キハ検証調書ニ記載アルモ之ヲ採テ断罪ノ資料ト爲スハ採証ノ法則ニ反シ不法ナリト謂ハサルヘカラス何トナレハ検証ハ五官ノ作用ニ依リ事物ノ状態ヲ認識スル証拠調ニシテ事物ノ状態カ証拠トナルヘキ場合ニ検証ヲ

爲スヘキモノニシテ他ノ鑑定証人又ハ被告人訊問ト根本的ニ性質ヲ異ニスルモノナリ從テ刑事訴訟法ハ其ノ施行方法ニ付テモ各別ニ之ヲ規定セルノミナラス其ノ書類作成ニ付テモ嚴ニ之ヲ区別シ被告人、証人、鑑定人ノ訊問調書ハ之ヲ讀聞カサシメ又供述者ヲシテ署名捺印セシメサルヘカラサルモ（法第五十六條）検証調書ニ付テハ敢テ之ヲ求メス（法第五十七條）換言スレハ検証手續ニ於テ証人又ハ被告ヲ立合ハシメ検証ノ本質ニ反セサル限リ陳述ヲ爲サシメテ之ヲ調書ニ記載スルコトハ法ノ禁セサル所ナルモ若シ検証ノ手段ニ必要ナル範圍ヲ超エテ之等ヲ訊問セントセハ別ニ刑事訴訟法第五十六條ノ手續ニ依リ調書ヲ作成セサルヘカラサルモノトス之カ手續ヲ履踐セスシテ爲シタル検証調書ノ供述ヲ証拠ト爲スハ不法ナリト信ス仮リニ百歩ヲ讓リ検証調書ニ於ケル被告人証人等立會人ノ供述ヲ証拠ト爲シ得ヘシトスルモ如斯場合ニハ刑事訴訟法第五十六條ニ則リ裁判所書記ヲシテ之ヲ供述者ニ讀聞カサシメ且供述者ヲシテ署名捺印ヲ爲サシメサルヘカラス何トナレハ法カ調書ノ作成ニ供述者ノ協力ヲ必要ト爲シタルハ其ノ記載ノ正確ヲ保證セシムルニ在リ若シ之ヲ缺如スルトキハ果シテ記載ノ内容ガ供述ト一致スルモノナリヤ否ヤ判明セサルヲ以テナリ如上ノ手續ヲ經サル調書ノ供述ハ証拠力ナキコト火ヲ見ルヨリモ明白ニシテ＊＊＊

　案スルニ検証調書ニ於ケル被告人ノ供述記載ハ其ノ供述カ検証ノ場所又ハ目的物ノ位置形態其ノ他ノ性状ヲ指示説明セル部分ナルニ於テハ之ヲ証拠資料トシテ援用スルヲ妨ケスト雖検証ノ機會ニ於テ被告人カ検証物ニ直接關係ナクシテ犯罪事實ニ關シ爲シタル陳述ヲ証拠資料ト爲スハ検証ノ性質目的ニ鑑ミ採証ノ法則ニ照シ妥當ナリト謂フヲ得ス本件ニ於ケル検証調書中ノ所論被告人ノ陳述ハ直接検証物又ハ検証場所ニ關スル陳述ニアラサルヲ以テ之ヲ原判決ニ証拠トシテ引用セルハ妥當ヲ欠クノ嫌アリト雖仮ニ此証拠ヲ除外スルモ判示被告人ノ行爲ハ原判決ノ舉ケタル他ノ証拠ヲ綜合シテ之ヲ認定スルニ足ルヲ以テ原判決ニ所論ノ如キ違法アリト爲スヲ得ス論旨ハ結局理由ナシ

＊　＊　＊

判　例

最2小判昭36・5・26刑集15-5-893（「指示説明は実況見分の一部」事件）

［オート三輪車で歩行者と衝突し2人を即死、2人に怪我を負わせたという業務上過失致死傷事件。過失の有無が争点］

　弁護人石井麻佐雄、同森武市の上告趣意第1点及び第2点について。

　（一）捜査機関が任意処分として行う検証の結果を記載したいわゆる実況見分調書も刑訴321条3項所定の書面に包含されるものと解するを相当とすることは昭和35年9月8日第1小法廷判決（刑集14巻11号1437頁）の判示するところである。従って、かかる実況見分調書は、たとえ被告人側においてこれを証拠とすることに同意しなくても、検証調書について刑訴321条3項に規定するところと同一の条件の下に、すなわち実況見分調書の作成者が公判期日において証人として尋問を受け、その真正に作成されたものであることを供述したときは、これを証拠とすることができるのであるから、これと同旨に出た原判示（控訴趣意第1点についての判断前段）は正当で

ある。所論引用の福岡高等裁判所判例は、司法警察員作成の実況見分書を証拠とすることができる事由を「被告人の同意」のみに限定しているわけではなく、該実況見分書の供述者（作成者）が公判期日において証人として尋問を受けたことをも「被告人の同意」と並んで「これを証拠とすることもできる事由」の一つに掲げているものと解すべく、結局前記第一小法廷判決及び本件原判決と同趣旨に帰するのであるから、所論判例違反の主張は失当である。

（二）捜査機関は任意処分として検証（実況見分）を行うに当り必要があると認めるときは、被疑者、被害者その他の者を立ち会わせ、これらの立会人をして実況見分の目的物その他必要な状態を任意に指示、説明させることができ、そうしてその指示、説明を該実況見分調書に記載することができるが、右の如く立会人の指示、説明を求めるのは、要するに、実況見分の一つの手段であるに過ぎず、被疑者及び被疑者以外の者を取り調べ、その供述を求めるのとは性質を異にし、従って、右立会人の指示、説明を実況見分調書に記載するのは結局実況見分の結果を記載するに外ならず、被疑者及び被疑者以外の者の供述としてこれを録取するのとは異なるのである。従って、立会人の指示説明として被疑者又は被疑者以外の者の供述を聴きこれを記載した実況見分調書には右供述をした立会人の署名押印を必要としないものと解すべく（昭和5年3月20日大審院判決、刑集9巻4号221頁、同9年1月17日大審院判決、刑集13巻1号1頁参照）、これと同旨に出た原判示（控訴趣意第1点についての判断後段）は正当である。

（三）そうして、刑訴321条3項が憲法37条2項前段に違反するものでないことは前掲昭和35年9月8日第1小法廷判決の判示するところであって、既にいわゆる実況見分調書が刑訴321条3項所定の書面に包含されるものと解される以上は、同調書は単にその作成者が公判期日において証人として尋問を受け、その真正に作成されたものであることを供述しさえすれば、それだけでもって、同条1項の規定にかかわらず、これを証拠とすることができるのであり、従って、たとえ立会人として被疑者又は被疑者以外の者の指示説明を聴き、その供述を記載した実況見分調書を一体として、即ち右供述部分をも含めて証拠に引用する場合においても、右は該指示説明に基く見分の結果を記載した実況見分調書を刑訴321条3項所定の書面として採証するに外ならず、立会人たる被疑者又は被疑者以外の者の供述記載自体を採証するわけではないから、更めてこれらの立会人を証人として公判期日に喚問し、被告人に尋問の機会を与えることを必要としないと解すべきである。

原判決の維持した第一審判決は所論実況見分調書を単に「司法警察員の実況見分調書」そのものとして証拠に引用しているに止まり、同調書中の被告人及び田野和三郎の各供述記載を特に摘出して採証しているのでないことは、同判文に照し明白であるのみならず第一審裁判所は右田野和三郎を公判廷および検証現場で証人として取り調べ被告人側に反対尋問の機会を与えているのであるから、所論違憲の主張は前提を欠く失当である。

* * *

よって同408条により裁判官全員一致の意見で主文のとおり判決する。

（裁判長裁判官　池田克、裁判官　河村大助、裁判官　奥野健一、裁判官　山田作之助）

弁護人石井麻佐雄、同森武市の上告趣意
　第1点　原判決は憲法第37条第2項に違反するから破棄を免れない。
　（一）　原判決は、第一審判決が採用した司法警察員辻川俊雄作成の昭和34年2月17日付実況見分調書中に被告人及び田野和三郎の供述が記載されており同人等の署名捺印がないことについて「……実況見分に立会した者が実況見分の目的のため必要な現場の指示、説明をなす場合、その供述部分は実況見分と一体として証拠となるものであるから右供述部分に限って供述者の署名押印を要しないのである。」と述べ、このような署名押印のない供述の記載された実況見分調書を証拠として採用しても違法ではないとする。　（二）　憲法第37条第2項は被告人にすべての証人に対する反対尋問権を保障し、このため刑事訴訟法第320条は公判期日における供述に代えて書面を証拠とすることを原則的に禁止し、ただ同法第321条乃至第328条に定める要件を具備するものについてのみ書面を証拠とすることを許している。ところで原判決は本件実況見分調書は右証拠とすることのできる書面のうち刑事訴訟法第321条第3項の規定と同一の条件のもとに証拠能力を認めている。しかし本件実況見分調書にその作成者で見分者である司法警察員辻川俊雄の実況見分の記載の外、被告人及び田野和三郎の供述がこれらの者の指示説明として記載されている。実況見分調書は本来実況見分者が外界の事象を認識した結果を記載した書面である。そこで見分者が実況を見分する際に見分者以外の者を立会せ現場の指示説明をさせた場合その指示説明の内容が同一の調書中に記載されてもそれは見分者以外の者の認識した結果であって見分者の認識とは理論上異なるのであるから証拠法上もまた別個に考慮しなければならない。それにもかかわらず原判決のように立会人の供述は実況見分と一体となっているとし同調書が刑事訴訟法第321条第3項と同一条件のもとに証拠能力を有するものと解すると被告人は、実況見分者に対してしか反対尋問権を行使することができず見分者以外の者の供述については同人に対し尋問をする機会が与えられないから被告人は前記憲法の保障する証人に対する反対尋問権を喪うこととなる。そこで実況見分調書中見分者以外の者の供述記載については刑事訴訟法第321条第1項第2、3号又は第322条第1項の規定する要件を具備する場合にはじめて証拠として採用でき従ってその供述者の署名押印を要するものと解すべきところ原判決はこの点を顧慮することなく単に実況見分と一体として証拠となると判断したのは憲法第37条第2項に反する違法がある。
　第2点　原判決には高等裁判所の判例に反する違法乃至判決に影響を及ぼすべき法令の違反があり破棄を免れない。
　（一）　原判決は第一審判決が被告人の弁護人が証拠とすることに同意しない司法警察員巡査部長辻川俊雄作成の実況見分調書（昭和34年2月17日付）を証拠に採用したことについて弁護人の主張を排斥し「……作成者辻川俊雄が原審において証人として取調べを受け右実況見分調書が真正に作成され、かつその記載内容にも真実に相違するところのない旨を証言していることが明瞭である。司法警察員作成の実況見分調書は、いわゆる任意捜査の方法として作成されるものであるが、強制捜査の方法として作成される検証調書とその本質を異にするものでないから右検証調書についての刑事訴訟法第321条第3項に規定するところと同一の条件のもとに実況見分調書もまたこれを証拠となし得るものである。」となし、右実況見分調書を証拠とした第一審判決は適

法であるとする。　（二）　しかしながら刑事訴訟法第321条第3項にいわゆる「検察官検察事務官又は司法警察員の検証の結果を記載した書面」には司法警察員作成の実況見分調書は含まれないと解すべきである。すなわち第1に同項は「検証の結果を記載した書面」と定めており、文理上捜査機関のなす検証を指していることは明瞭である。そして第2に検証の結果を記載した書面には同条第1項の規定するような厳重な要件を必要としないで証拠能力が認められる理由は「検証」そのものが厳格な条件と方式のもとになされることを前提としているからである。（横井大三著新刑事訴訟法逐条解説113頁、野木新一、宮下明義、横井大三共著新刑事訴訟法概説166頁、平野竜一著刑事訴訟法―法律学全集―216頁参照）そこで実況見分調書が検証調書とその内容において外界の事象の認識を記載したものである点において共通であっても法が証拠能力を認めた理由が前記の通りである以上検証調書に関する第321条第3項の規定を実況見分調書に適用又は準用する余地なきものである。従って前記実況見分調書について被告人又は弁護人の同意がなければ右同項を根拠に証拠として採用することができない。　（三）　福岡高等裁判所昭和25年11月8日の判決（高等裁判所刑事判例集第3巻第4号615頁）は検察官から実況見分書の証拠調申請がなされこれに対し弁護人から異議申立があったにかかわらずこれの証拠調をなした事案につき、「右の実況見分書の供述者が公判期日において証人としての訊問を受けた事跡もなく被告人においてこれを証拠とすることに同意した事跡も認められないのであるから右の実況見分書はこれを証拠とするに由なく従ってこれが証拠調を遂行したのは違法であるというの外ない」と判断し同意なき実況見分書の証拠調を違法としておるのである。　（四）　しかし原判決は、右判決と異なる見解により前記（一）のように被告人の同意のない本件実況見分調書も証拠として採用できるとしたのは違法であり、また、刑事訴訟法第321条第3項の解釈を誤って適用した法令違反があり、この違反は判決に影響を及ぼすこと明らかであるから破棄しなければ著しく正義に反する。

＊　＊　＊

判　例

最2小決平17・9・27刑集59-7-753（ちかん再現事件）

　弁護人西嶋勝彦の上告趣意は、単なる法令違反、事実誤認、量刑不当の主張であって、刑訴法405条の上告理由に当たらない。

　なお、所論にかんがみ職権で判断する。

　1　記録によれば、以下の事実が認められる。

　（1）　本件の第1審公判において、検察官は、第1審判決判示第1の事実に関し、立証趣旨を「被害再現状況」とする実況見分調書（第1審検第2号証。以下「本件実況見分調書」という。）及び立証趣旨を「犯行再現状況」とする写真撮影報告書（第1審検第13号証。以下「本件写真撮影報告書」という。）の証拠調べを請求した。

　（2）　本件実況見分調書は、警察署の通路において、長いすの上に被害者と犯人役の女性警察官が並んで座り、被害者が電車内で隣に座った犯人から痴漢の被害を受けた状況を再現し、これ

を別の警察官が見分し、写真撮影するなどして記録したものである。同調書には、被害者の説明に沿って被害者と犯人役警察官の姿勢・動作等を順次撮影した写真12葉が、各説明文付きで添付されている。うち写真8葉の説明文には、被害者の被害状況についての供述が録取されている。

本件写真撮影報告書は、警察署の取調室内において、並べて置いた2脚のパイプいすの一方に被告人が、他方に被害者役の男性警察官が座り、被告人が犯行状況を再現し、これを別の警察官が写真撮影するなどして、記録したものである。同調書には、被告人の説明に沿って被告人と被害者役警察官の姿勢・動作等を順次撮影した写真10葉が、各説明文付きで添付されている。うち写真6葉の説明文には、被告人の犯行状況についての供述が録取されている。

（3） 弁護人は、本件実況見分調書及び本件写真撮影報告書（以下併せて「本件両書証」という。）について、いずれも証拠とすることに不同意との意見を述べ、両書証の共通の作成者である警察官の証人尋問が実施された。同証人尋問終了後、検察官は、本件両書証につき、いずれも「刑訴法321条3項により取り調べられたい。」旨の意見を述べ、これに対し弁護人はいずれも「異議あり。」と述べたが、裁判所は、これらを証拠として採用して取り調べた。

第1審判決は、本件両書証をいずれも証拠の標目欄に掲げており、これらを有罪認定の証拠にしたと認められる。また、原判決は、事実誤認の控訴趣意に対し、「証拠によれば、一審判決第1の事実を優に認めることができる。」と判示しており、前記控訴趣意に関し本件両書証も含めた証拠を判断の資料にしたと認められる。

2　前記認定事実によれば、本件両書証は、捜査官が、被害者や被疑者の供述内容を明確にすることを主たる目的にして、これらの者に被害・犯行状況について再現させた結果を記録したものと認められ、立証趣旨が「被害再現状況」、「犯行再現状況」とされていても、実質においては、再現されたとおりの犯罪事実の存在が要証事実になるものと解される。このような内容の実況見分調書や写真撮影報告書等の証拠能力については、刑訴法326条の同意が得られない場合には、同法321条3項所定の要件を満たす必要があることはもとより、再現者の供述の録取部分及び写真については、再現者が被告人以外の者である場合には同法321条1項2号ないし3号所定の、被告人である場合には同法322条1項所定の要件を満たす必要があるというべきである。もっとも、写真については、撮影、現像等の記録の過程が機械的操作によってなされることから前記各要件のうち再現者の署名押印は不要と解される。

本件両書証は、いずれも刑訴法321条3項所定の要件は満たしているものの、各再現者の供述録取部分については、いずれも再現者の署名押印を欠くため、その余の要件を検討するまでもなく証拠能力を有しない。また、本件写真撮影報告書中の写真は、記録上被告人が任意に犯行再現を行ったと認められるから、証拠能力を有するが、本件実況見分調書中の写真は、署名押印を除く刑訴法321条1項3号所定の要件を満たしていないから、証拠能力を有しない。

そうすると、第1審裁判所の訴訟手続には、上記の証拠能力を欠く部分を含む本件両書証の全体を証拠として採用し、これを有罪認定の証拠としたという点に違法があり、原裁判所の訴訟手続には、そのような証拠を事実誤認の控訴趣意についての判断資料にしたという点に違法があることになる。

しかし、本件については、前記の証拠能力を欠く部分を除いても、その余の証拠によって第1審判決判示第1の事実を優に認めることができるから、前記違法は、判決の結論に影響を及ぼすものではない。
　よって、刑訴法414条、386条1項3号、181条1項ただし書により、裁判官全員一致の意見で、主文のとおり決定する。
（裁判長裁判官　滝井繁男、裁判官　津野修、裁判官　今井功、裁判官　中川了滋、裁判官　古田佑紀）

質問7－21
　参考人や被告人が「被害再現（犯行再現）」をした状況を記録した実況見分調書や写真撮影報告書の要証事実が実質的にも「被害再現状況（犯行再現状況）」と認められる場合があるか。あるとすればどのような場合か。

質問7－22
　プロの裁判官は立証趣旨に応じて心証をコントロールすることができ、「再現状況」という立証趣旨で採用した証拠で「再現された犯罪の存在」について心証をとってしまうことはない、という意見は正しいか。

質問7－23
　被告人の再現状況を撮影した写真について、供述者である被告人の署名押印がなくても刑訴法322条が適用されうるというのは正しいか。

5　業務記録（323条2号）

判　例

浦和地判平元・10・3判時1337-150（留置人出入簿事件）

1　留置人名簿、留置人出入要請書及び留置人出入簿の各証拠能力について

　証人Ｉ、同Ｆ、同Ｊ及び同Ｋの供述によれば、被告人が本件で留置された埼玉県武南警察署における各書面の作成手続は以下のとおりである。

　まず、留置人名簿は、被疑者留置規則（昭和32年8月22日、国家公安委員会規則第4号）に基づき作成されるもので、被疑者が留置場に留置される場合の総括的な書面であり、特に最初の留置日時が記入される。捜査官が被疑者を留置しようとした場合には、予め被疑者氏名、逮捕日時、留置要請者等を書いた名簿用紙を留置主任官のところに持参し、次長及び署長の決裁を受けた上で、捜査官が連行した被疑者を留置場控え室で看守が受け取り、身体検査、所持品検査を実施したあと、被疑者を留置場に入れ、その際に留置日時を記入、押印する（もっとも、次長等の決裁はそのあとに受ける場合もある。）。そして、右名簿は被疑者が移監等で留置場から出た時点で、簿冊に編綴され、留置管理課に保管される。

　次に、留置人出入簿は同じく被疑者留置規則に基づき作成される書面で、出入のあった留置人全員について、1日毎に、看守が出場順に留置人氏名、出場時間、連行場所等を記入して押印し、入場の際も時間を記入・押印する。翌朝、留置主任官らの決裁が行われ、一年毎に簿冊に編綴され、留置管理課で保管される。

　留置人出入要請書は、埼玉県被疑者留置細則（昭和53年11月29日、警察本部訓令第21号）に基づき作成される書面で、捜査官が留置人の出入を留置管理課に要請する際に、予め用紙に要請者の氏名、留置人氏名、連行場所等を記入し、捜査主任官の決裁を受けた上で、留置主任官に提出し、右留置主任官から受け取った看守が実際に被疑者を留置場から出場、入場させる際にその日時を記入して押印する。その後、留置主任官が決裁し、簿冊に編綴され、留置管理課に保管される。

　以上のとおりである。これによると、右各書面は、権限ある行政機関が定めた規則に基づき、その定める手続に従って、被疑者の留置管理等の衝に当たる警察職員が必要に応じ作成するもので、右各書面中特に被疑者の留置場からの出し入れ時刻は、組織上捜査とは明確に区別された留置担当者（看守）が、出し入れの都度、機械的に正確に記載し、複数の上司の決裁を受けることとされていたものであって、武南署においては、現実にも、右の要領で記載されていたと認められ、右各書面の記載ないし体裁上、偽造ないし虚偽記入を疑わせるような不自然な状況は認められない（また、3種の書面は、その内容が相互に一致しており、そのことによっても記載の正確性が客観的に担保されている。）。そして、留置人名簿、留置人出入簿等に関する右のような所定の作成手続及び武南署における現実の記載方法、更にはその記載の体裁・内容等に照らすと、右各書面中少なくとも留置人の出し入れ時刻に関する部分は、信用性の情況的保障が特に強く、刑

訴法323条2号所定の「業務の通常の過程において作成された書面」として、その証拠能力を肯定することができる。弁護人は、右各書面の記載の内容、現実の記載方法及び決裁の実情等に照らし、これが、同号所定の書面にあたることはあり得ない旨力説するが、その指摘にかかる諸点は、当裁判所の結論を左右するものではないと認められる。

＊ ＊ ＊

（裁判長裁判官　木谷明、裁判官　木村博貴、裁判官　水野智幸）

6　特に信用すべき情況の下に作成された書面（323条3号）

判　例

最3小判昭31・3・27刑集10-3-387（「タンスの中のメモ」事件）

［密造たばこを買い受けたというたばこ専売法違反被告事件。第一・二審とも、（1）昭和25年7月10日頃約3500本、（2）同年7月16日頃約3700本、（3）同年8月13日頃約5900本をいずれも10本11円ないし12円代金合計約15700余円で買受けたとの事実を認定して、被告人を有罪（罰金）とした。］

　弁護人奥村文輔の上告趣意第1点について。

　記録によると、第一審では本件メモを他の鄭斗七の手紙とともに証拠物として取り扱い、これが証拠調の方法は、このメモを「展示」しその内容を「朗読」しているのであるから、これらの手続からみれば右メモを「書面の意義が証拠となる証拠物」として取り扱っていること明らかである。そして、証拠物であっても書面の意義が証拠となる場合は、書証に準じて証拠能力があるかどうかを判断すべきものであることはいうまでもない。原審は、右メモを刑訴323条3号の書面に当るものとして証拠能力を認めたのであるが、同号の書面は、前2号の書面すなわち戸籍謄本、商業帳簿等に準ずる書面を意味するのであるから、これらの書面と同程度にその作成並びに内容の正確性について信頼できる書面をさすものであることは疑ない。しかるに、本件メモはその形体からみても単に心覚えのため書き留めた手帳であること明らかであるから、右の趣旨によるも刑訴323条3号の書面と認めることはできない。してみれば、本件メモに証拠能力があるか否かは、刑訴321条1項3号に定める要件を満すかによって決まるものといわなければならない。ところで、本件においては記録により明らかなとおり、鄭斗七は逃亡して所在不明であって公判期日において供述することができないものであるし、本件メモの内容は被告人劉の犯罪事実の存否の証明に欠くことができない関係にあるものと認められるのであるから、もし本件メモが鄭斗七の作成したもので、それが特に信用すべき情況の下にされたものであるということができれば、右メモは刑訴321条1項3号により証拠能力があることとなる（刑訴321条1項3号の供述書には署名押印を要しないことについては、すでに当裁判所昭和28年（あ）5444号同29年11月25日第1小法廷決定、集8巻11号1888頁に判示されたとおりである）。そこで記録を調べてみると、本件メモは専売監視が裁判官の捜索押収令状によって鄭斗七方を捜索した際同家のタンスの中から発見されたものであり、千竜岳の専売監視に対する昭和26年1月27日附犯則事件調査顛末書によると、右メモは夫鄭斗七のものだと思うと述べられているので、かかる状況の下においては右メモは鄭斗七が使用していたものであり、同人の意思に従って作成されたものと認めることができる。そして、本件メモが前記のような経過によって発見され、鄭斗七の意思に従って作成されたものと認め得ること及びその形体、記載の態様に徴すれば、本件メモは鄭斗七の備忘のため取引の都度記入されたもので、特に信用すべき情況の下に作成されたものと認めるのを相当とする。

　されば原審が本件メモを証拠としたことは結局において適法であるということができる。そし

て、原判決が証拠とした、被告人劉の検察官に対する各供述調書によれば、被告人は右メモの記載に応ずる供述をしているので、右メモは被告人の自白を補強する証拠となるから、原判決は被告人の自白だけで有罪としたものではないので、所論違憲の主張はその前提を欠く理由がない。

＊＊＊

よって刑訴408条により裁判官全員一致の意見で主文のとおり判決する。
（裁判長裁判官　島保、裁判官　河村又介、裁判官　小林俊三、裁判官　本村善太郎、裁判官　垂水克己）

弁護人奥村文輔の上告趣意
　原判決破棄の上相当の御裁判を求めます。
　第1点　原判決は第一審判決を破棄自判して被告人を有罪に処した。而して其の証拠として被告人のたばこ5000本を買受けたという自白を除いては、（イ）相被告人千竜岳の第一審の第一回公判調書の供述記載と、（ロ）押収に係るメモ1冊（証第8号）の記載によって右自白の数量以上であるたばこ1万3110本について有罪の証拠ありと判示された。しかし乍ら第一審第1回公判調書に於ける千竜岳の供述内容では決して被告人が判示の日判示の製造たばこを鄭斗七より買受けた事を推認すら出来る資料はない。只わずかに、裁判官の問　このメモは誰が書いたものか、千竜岳の答　それは私の家にあったものですが中は誰が書いたものか私には判りません、との供述によって検乙第8号（メモ1冊）が千竜岳（鄭斗七の妻方）にあった事を証することが出来るにすぎない。又押収に係るメモ（証第8号）1冊の記載それ自体は

　　杉山
　　7月10日　　3500本　　4200円
　　7月16日　　3700本　　4440円
　　8月13日　　591コ　　杉山へ

とのみ記載されているにすぎないから製造たばこ買受の数量及び代金が判示の如きものであるという事は判らない（この点に於て原判決は8月13日（原判示（三））の買受数量及び代金が判示の如きものであることは判らないと判示している。弁護人の論旨第2点に対するもの）。そこで以下かかるメモ（証第8号）を判示犯罪事実の証拠とすることは出来ない事について卑見を述べ、結局原判決は憲法第38条第3項の保障を無視して被告人に有罪を言渡した違憲の判決であるから破棄を免れないと主張する。
　原判決が証拠として引用した押収のメモ1冊（検乙第8号）は第一審検察官より証拠物としてその取調を請求したのに対し、弁護人は関連性なしと主張して取調請求に異議を申立てたに拘らず原審は該異議を却下して、これについて証拠調をしたことは第一審第1回公判調書の記載により明かである。而して右の「メモ」には作成者の署名捺印なきはもとより原審相被告人千竜岳の供述によっても僅かに「千竜岳の家にあったもの」であることが明かにせられた丈けで「誰が」「何の必要のために」「何時」書いたものか又その内容も「如何なる意味」を表明しているのか全く「メモ」だけでは判らないのみならず、このメモが「特に信用すべき情況の下に作成された書

面」であるとは見ることは出来ない。原判決はその理由の第1段に於て「該メモは……全く自己の備忘のためその都度記入したものと認むるを相当とするから……刑事訴訟法第323条第3号によって証拠となしうるものと謂うべし」との見解を示しているが原判決に於ては「誰が」「何を」書いたか「特に信用すべき情況の下に作成」されたかに関しては何等審究せず且つ記録全体を通じても之を明かにする資料はない。「米法によれば当該事項の起った時又はその時に近接して作成されたものであり、且証人がそのメモに記載されている事実は今覚えていないがその記載は正確であると言う事を証言し得る場合で、且つそのメモは証人自身の業務上の慣行により作成され且つ保管されていたものに限りメモそれ自体に証拠能力を認めている。我が国に於てもメモにつき米法と同様に解すべきである」（栗本一夫昭和25年改訂版新刑事証拠法125頁）されている。即ち斯るメモ自体について証拠能力を認める為にはそのメモの作成者自身によって作成の動機、理由、目的、内容が説明される事を要求しこれを以て「特に信用すべき情況の下に作成された」ものとされているのである。しかるに本件メモは前述の通り僅かに相被告人千竜岳の証言によって同人の家にあったものだとのみ判明したのみで、同証人は中は誰が書いたものか私には判りませんと証言し内容不知を以て答え其の筆蹟が主人鄭斗七のものであるとは言っていない。まして右メモが本件煙草の取引に関し作成されたものとは証言していない。又原審記録に顕われた凡ての証拠によっても之を明かにすることは出来ない。英法に於ても或る文書が有効な為には文書に署名した証人の1人が喚問せられることを要し、かかる証人を見出し得ない時には少くとも其の筆蹟が証明せられることを要するもの（司法資料286号ケニイ英国刑事法要論123頁）とされている。蓋しこれも同一法理に基くものであって該メモの筆蹟が鄭斗七の筆蹟であるとの証明さえもない。本件メモを特に信用すべき状況の下に同人によって作成されたものとして証拠能力ありとした原審判決は証拠の価値判断を誤りよって事実を誤認したものであると同時に法律上証拠に供することの出来ない（証拠能力のない）メモを断罪の資料に供した違法がある。証拠能力のない証拠は補強証拠にすらなし得ないのであるのみならず5000本以上については自白さえない。しからば原審判決は結局証拠とする事の出来ない書証並びに判示事実に照合しない千竜岳の証言内容を以て直ちに判示事実の証明ありとしたことに帰着し、自白以外に何等の証拠のない事実に対し有罪を言渡したものであって日本国憲法第38条第3項に違反した違憲の判決であるから破棄を免れない。

> **質問7−24**
> 刑訴法321条1項3号の「特に信用すべき情況」と323条3号の「特に信用すべき情況」とは同じなのか異なるのか。

判　例

東京地決昭53・6・29判時893-8（ロッキード事件児玉・小佐野ルート証拠決定）

第二　田中哲二作成の営業店長日誌（甲（二）9）について

一　本項及び後記第三、第四においてその証拠能力を検討する各証拠は、いずれも証拠物（甲（二））として取調請求がなされたものであるが、性質上「証拠物中書面の意義が証拠となるもの」（法第307条）に属し、かつ、その立証趣旨に照らし、いずれも伝聞法則（法第320条第1項）の適用を受けるものと解すべきである。従って、法第321条ないし第323条のいずれかによって証拠能力を認められることが、その採用の要件となる。

　二　証人田中哲二の当公判廷における供述（手続関係記録第2冊369丁以下）によれば、本件営業店長日誌は、同人が昭和45年5月から同49年3月までの間北海道拓殖銀行築地支店次長の職に在った当時、同人の業務上の資料とする目的で作成していたものの一部であって、同人が欠勤した日の分等数日分程度の脱漏はあるものの、略々毎日、その日の業務の要点（とくに、後日にまたがる懸案事項、重要な顧客の来行事項、貸出しその他顧客からの申込事項等）を、当日終業後又は遅くともその翌朝に、主観を交えることなく個条書き式に記載したものであることが認められ、その作成目的、作成方法に照らし、誤りの入り込む余地が少なく、高度の信用性があるものと認められる。

　もっとも、同証人の供述によれば、同行における営業店長日誌なるものは、以前は同行の事務処理規程上支店長が作成し、支店長交替の際には必ず引継ぐべき備付帳簿の一つとされていたのであるが、業務簡素化のため廃止されたものであり、同人は、従前の営業店長日誌用の簿冊を利用し、支店次長としての同人の業務上の個人的な備忘録として記録し、他人の校閲を受けることもなく、転勤に際しては私物として持ち歩いていたものであることが窺われ、これらの事情からすると、本件営業店長日誌は、通常その記載内容が作成者以外の者の目に触れる機会が多く、それらの者の業務活動の基礎ともなるという関係で、その記載内容の正確性が客観的にも担保されている法第323条第2号所定の業務過程文書に該当すると解するにはいささかの疑念の余地なしとしない。

　しかし、個人的目的（但し、私生活上のものでなく業務上のものである。）で作成され公開性がないという一点を除けば、本件営業店長日誌は、前示作成目的及び作成方法に照らし、まさに右業務過程文書に比肩すべき高度の信用性の情況的保障を有するものと認められ、法第323条第3号所定の「特に信用すべき情況の下に作成された書面」に該当すると解するのが相当であり、同号によってその証拠能力が認められる。

第三　南善一作成の三年当用日記（甲（二）8）について
　一　法第320条第1項は、被告人以外の者の供述代用書面（供述書及びその者の供述を録取した書面）の証拠能力を原則として否定し、法第321条以下にその例外となるべき場合が規定されている。そして、その例外的場合の最も基本的形態として法第321条第1項第3号所定の書面があり、その特則に該る場合として同項第1、2号、同条第2項ないし第4項、第323条各号所定の書面については、その作成時の情況及び書面自体の性質に応じ、その証拠能力を認めるための要件が漸次（必ずしも条項排列の順序と一致するものではないが）緩和されている。法第323条各号所定の書面は、かかる伝聞証拠禁止の例外の重層的構造の頂点に位するものとして、反対尋問を経ることなく無条件にその証拠能力が肯認されているのであって、かかる事情に鑑み、同条

第３号所定の「前二号に掲げるものの外特に信用すべき情況の下に作成された書面」とは、その作成時の情況及び書面自体の性質において前二号に掲げる書面と同程度の高度の信用性の情況的保障を有する書面を指称するものと解すべきである。

　二　証人南善一の当公判廷における供述（手続関係記録第２冊324丁以下）によれば、本件三年当用日記は、北海道拓殖銀行築地支店長の地位にあった同人が個人的な心覚えのため記載していたものであって、支店長としての業務上記載していたという性質のものでなく、自席の事務机に入れておいて毎日前日の体験を記載していたが、２、３日後に記載したこともあるというのであり、提示にかかる右日記の記載内容を披見しても、その記述には日本語、中国語、ロシア語が入り混じり、銀行における業務上の出来事も記載されている反面全く私生活に関する事項の記述や主観的な所感、意見等が随所に記載されているといった情況であって、到底これを以て法第323条第１号、第２号所定の書面に準ずる性質の書面と解するを得ず、その証拠能力の有無は専ら法第321条第１項第３号所定の要件を充足するか否かによってこれを決すべきである。

　ちなみに、検察官は、本件三年当用日記の証拠能力を認むべき根拠として法第323条第３号を掲げるに止まるが、裁判所としては、立証趣旨の範囲を逸脱しない限り、当事者の申立てた根拠法条に拘束されることなく、証拠能力の有無を判断すべきものと解するのが相当である。蓋し、証拠能力の有無の判断は証拠に対する法的評価の一場面であるのみならず、ほんらい、証拠調を請求するには、証拠物たる書面について言えば、あらかじめ相手方にこれを閲覧する機会を与えたうえ（法第299条第１項）、その標目を記載した書面を差し出し（規則第188条の２第２項）、証拠と証明すべき事実との関係を具体的に明示して（規則第189条第１項）すれば足り、証拠能力を認むべき根拠につき具体的な主張、疎明を行なうことは、もしそれを怠るときは事実上不利益な判断を受けるおそれのあることは格別、証拠調請求の方式とはされていないからである。

　三　法第321条第１項第３号所定の書面については、供述者が死亡その他の事由により公判準備又は公判期日において供述することができないことが、その証拠能力を認めるための要件の一つとされているところ、証人南善一は当公判廷において同一立証事項に関し供述をしているのであるから、右要件に欠けることが明らかである。もっとも、同証人は、本件日記に記載した事項については現在の記憶を殆ど喪失しており、当該記載を示されても現在の記憶を回復できないというのであって、記憶喪失による供述不能の一場合と評価し得るのではないかとの疑問を生ずるが、同証人は、日記に書いてあるからそういう出来事があったのだと思う、当時は正確に記載した旨述べて記載中の符号、略語等について詳細に説明しているのであるから、公判期日において供述不能なのではなくて前の供述と実質的に異なる供述（同項第２号参照）をしているに過ぎないものと認められ、これを証人が記憶喪失を理由として証言を拒否した事例（最高裁判所昭和29年７月29日第１小法廷決定、集８巻７号1217頁）と同視することはできない。

　四　果して然らば、本件三年当用日記は法第323条第３号所定の書面に該当せず、また、法第321条第１項第３号所定の書面としては、その証拠能力を認むべき要件を欠くことが明らかであって、証拠として採用すべき限りでない。

＊　＊　＊

(裁判長裁判官　半谷恭一、裁判官　松澤智、裁判官　井上弘通)

> **質問7−25**
> 「個人的な心覚え」と「業務上の記載」とで記載の信用性に差異を設ける理由は何か。それは正しいか。

7　過去の記憶の記録

文　献

髙野隆「証人尋問における書面や物の利用」日本弁護士連合会編『法廷弁護技術』（日本評論社、2007年）137、152〜159頁。

＊本書第 6 章249〜253頁参照。

法　令

連邦証拠規則803（5）：記録された記憶

伝聞例外　供述者の利用不能がなくとも認められるもの

　以下の場合は、供述者を証人として利用することが可能であっても、伝聞法則によって証拠排除されることはない。

＊＊＊

（5）記録された記憶　証人がかつて知識を有していたが現在は十分かつ正確に証言できるだけの記憶がない事項に関する覚書または記録であって、その事項の記憶が新鮮なときに、かつ、その知識を正確に反映させるべく証人が作成しまたは承認したもの。かかる覚書や記録は、証拠として許容された際には、朗読することができるが、相手方が申請しない限りそれ自体を裁判所に提出することはできない。

> **質問7−26**
> 　日本法において「記録された記憶」を伝聞例外として許容することはできるか。できるとすればどの条文が根拠となるか。

> **質問7−27**
> 　「記録された記憶」として許容される証拠について、連邦証拠規則が「朗読することができるが、……裁判所に提出することができない」としているのはなぜか。

8　その他の供述録取書面（321条1項3号）

判　例

最大判平7・2・22刑集49-2-1（ロッキード事件丸紅ルート上告審判決）

第一　被告人榎本敏夫の弁護人木村喜助の上告趣意（同弁護人外4名連名の上告趣意書）第1点及び同弁護人の上告趣意（同弁護人外1名連名の上告趣意書）並びに被告人檜山廣の弁護人宮原守男、同森本脩、同志村利昭の上告趣意第1点及び第2点について

　右各上告趣意は、アーチボルト・カール・コーチャン及びジョン・ウイリアム・クラッターに対する各嘱託証人尋問調書の証拠能力を肯定した原判決を論難するが、本件嘱託証人尋問調書を除いても、原判決の是認する第一審判決の挙示するその余の関係証拠によって、同判決の判示する本件各犯罪事実を優に認定することができるから、所論は、原判決の結論に影響を及ぼさない主張というべきである。

　しかしながら、所論の重要性にかんがみ、本件嘱託証人尋問調書の証拠能力の有無について、以下判断を示すこととする。
本件嘱託証人尋問調書の証拠能力を肯定した原判決は、是認することができない。その理由は、以下のとおりである。

　一　本件嘱託証人尋問調書は、第一審裁判所において、刑訴法321条1項3号に該当する証拠能力を有する書面として取り調べられ、本件各犯罪事実を認定する証拠として挙示されているものであるところ、原判決及びその是認する第一審裁判所の昭和53年12月20日付け決定によれば、その作成の経緯は、次のとおりである。

　東京地方検察庁検察官は、東京地方裁判所裁判官に対し、被告人檜山廣外2名に対する贈賄及び氏名不詳者数名に対する収賄等を被疑事実として、刑訴法226条に基づき、当時アメリカ合衆国に在住したコーチャン、クラッターらに対する証人尋問を、国際司法共助として同国の管轄司法機関に嘱託してされたい旨請求した。右請求に際して、検事総長は、本件証人の証言内容等に仮に日本国法規に抵触するものがあるとしても、証言した事項について右証人らを刑訴法248条により起訴を猶予するよう東京地方検察庁検事正に指示した旨の宣明書を、また、東京地方検察庁検事正は、右指示内容と同じく証人らを同条により起訴を猶予する旨の宣明書を発しており、東京地方裁判所裁判官は、アメリカ合衆国の管轄司法機関に対し、右宣明の趣旨をコーチャンらに告げて証人尋問されたいとの検察官の要請を付記して、コーチャンらに対する証人尋問を嘱託した。これを受けた同国の管轄司法機関であるカリフォルニア州中央地区連邦地方裁判所は、本件証人尋問を主宰する執行官（コミッショナー）を任命し、まず、コーチャンに対する証人尋問が開始されたが、その際、コーチャンが日本国において刑事訴追を受けるおそれがあることを理由に証言を拒否し、クラッターらも同様の意向を表明し、前記検事総長及びその指示に基づく東京地方検察庁検事正の各宣明によって日本国の法規上適法に刑事免責が付与されたか否かが争われたところから、右連邦地方裁判所ファーガソン判事が、コーチャンらに対する証人尋問を命じ

るとともに、日本国において公訴を提起されることがない旨を明確にした最高裁判所のオーダー又はルールが提出されるまで本件嘱託に基づく証人尋問調書の伝達をしてはならない旨裁定した。そこで、検事総長が改めてコーチャンらに対しては将来にわたり公訴を提起しないことを確約する旨の宣明をし、最高裁判所は検事総長の右確約が将来にわたり我が国の検察官によって遵守される旨の宣明をし、これらが右連邦地方裁判所に伝達された。これによって、以後コーチャンらに対する証人尋問が行われ、既に作成されていたものを含め、同人らの証人尋問調書が順次我が国に送付された。

　二　右のような経緯にかんがみると、前記の検事総長及び東京地方検察庁検事正の各宣明は、コーチャンらの証言を法律上強制する目的の下に、同人らに対し、我が国において、その証言内容等に関し、将来にわたり公訴を提起しない旨を確約したものであって、これによって、いわゆる刑事免責が付与されたものとして、コーチャンらの証言が得られ、本件嘱託証人尋問調書が作成、送付されるに至ったものと解される。

　三　そこで考察するに、「事実の認定は、証拠による」（刑訴法317条）とされているところ、その証拠は、刑訴法の証拠能力に関する諸規定のほか、「刑事事件につき、公共の福祉の維持と個人の基本的人権の保障とを全うしつつ、事案の真相を明らかにし、刑罰法令を適正且つ迅速に適用実現することを目的とする」（同法1条）刑訴法全体の精神に照らし、事実認定の証拠とすることが許容されるものでなければならない。本件嘱託証人尋問調書についても、右の観点から検討する必要がある。

　1　（一）　刑事免責の制度は、自己負罪拒否特権に基づく証言拒否権の行使により犯罪事実の立証に必要な供述を獲得することができないという事態に対処するため、共犯等の関係にある者のうちの一部の者に対して刑事免責を付与することによって自己負罪拒否特権を失わせて供述を強制し、その供述を他の者の有罪を立証する証拠としようとする制度であって、本件証人尋問が嘱託されたアメリカ合衆国においては、一定の許容範囲、手続要件の下に採用され、制定法上確立した制度として機能しているものである。

　　（二）　我が国の憲法が、その刑事手続等に関する諸規定に照らし、このような制度の導入を否定しているものとまでは解されないが、刑訴法は、この制度に関する規定を置いていない。この制度は、前記のような合目的的な制度として機能する反面、犯罪に関係のある者の利害に直接関係し、刑事手続上重要な事項に影響を及ぼす制度であるところからすれば、これを採用するかどうかは、これを必要とする事情の有無、公正な刑事手続の観点からの当否、国民の法感情からみて公正感に合致するかどうかなどの事情を慎重に考慮して決定されるべきものであり、これを採用するのであれば、その対象範囲、手続要件、効果等を明文をもって規定すべきものと解される。しかし、我が国の刑訴法は、この制度に関する規定を置いていないのであるから、結局、この制度を採用していないものというべきであり、刑事免責を付与して得られた供述を事実認定の証拠とすることは、許容されないものといわざるを得ない。

　　（三）　このことは、本件のように国際司法共助の過程で右制度を利用して獲得された証拠についても、全く同様であって、これを別異に解すべき理由はない。けだし、国際司法共助によっ

て獲得された証拠であっても、それが我が国の刑事裁判上事実認定の証拠とすることができるかどうかは、我が国の刑訴法等の関係法令にのっとって決せられるべきものであって、我が国の刑訴法が刑事免責制度を採用していない前示のような趣旨にかんがみると、国際司法共助によって獲得された証拠であるからといって、これを事実認定の証拠とすることは許容されないものといわざるを得ないからである。

2 以上を要するに、我が国の刑訴法は、刑事免責の制度を採用しておらず、刑事免責を付与して獲得された供述を事実認定の証拠とすることを許容していないものと解すべきである以上、本件嘱託証人尋問調書については、その証拠能力を否定すべきものと解するのが相当である。

      ＊＊＊

よって、同法414条、396条により、主文のとおり判決する。

この判決は、判示第一につき、裁判官大野正男の補足意見、＊＊＊があるほか、裁判官全員一致の意見によるものである。

判示第一についての裁判官大野正男の補足意見は、次のとおりである。

私は、本件嘱託証人尋問調書の証拠能力を否定する法廷意見に同調するものであるが、その理由とするところについて、私の見解を補足しておきたい。

一 右嘱託証人尋問は、刑訴法226条、228条に基づき、国際司法共助として実施されたものであるが、法廷意見の指摘するとおり、我が国の法律においては、共犯者に刑事免責を与えることにより自己負罪拒否特権を消滅させて証言を強制することを認める規定は存しない。

このように、刑事免責を与えて自己負罪拒否特権を消滅させた上証言を強制する手続は、アメリカ合衆国では合憲合法とされているが、我が国の刑訴法は、そのような規定を設けず、これを採用していないのであって、適法とすることはできない。しかしながら、嘱託を受けて証人尋問を行うのはアメリカ合衆国の裁判所であるから、嘱託証人尋問は、受託国である同国で認められた合法的手続で実施されることになるのは当然である。もっとも、受託国においてされる捜査資料収集手続が、嘱託国である我が国の憲法に違反し、あるいは法律の明文の規定に反するような重大な違法があると評価される場合には、そのような方法による捜査資料収集手続を嘱託することは許されず、そのような方法によって収集された資料は違法収集証拠としてその証拠能力を否定され（最高裁昭和51年（あ）第865号同53年9月7日第1小法廷判決・刑集32巻6号1672頁参照）、それに基づいて収集された証拠も原則として証拠能力がないと解すべきである。

そこで、本件嘱託証人尋問にそのような重大な違法が存するといえるかどうかを検討すると、刑事免責による証言強制の許否は、日米両国の法制度のずれから生じている問題であって、前記のとおり、我が国の刑訴法はこの制度を採用していないため、我が国内では行うことができないものの、憲法に違反するとまで解することはできず、我が国の裁判官による嘱託に基づきアメリカ合衆国の裁判官又はその命ずる者によって実施されている点において司法上の統制を受けているということができ、捜査機関が国際的犯罪の捜査資料を収集するために、アメリカ合衆国において合法として行われた強制捜査手続について、重大な違法があるものということはできない。

二　しかしながら、捜査の端緒ないし捜査資料の収集として右のごとき嘱託証人尋問をし得るということと、その結果得られた資料を我が国の刑事裁判上事実認定の証拠とすることができるということとは別個の問題であり、異なった観点からの考察が必要である。

手続の公正と証人に対する被告人の審問権を尊重すべき刑事裁判の本質的機能を考えるとき、本件嘱託証人尋問調書の証拠としての許容性は、以下の二点において否定されるべきである。

一は、刑事免責を与えることによって自己負罪拒否特権を消滅させて証言させるというような我が国において認められていない制度によって得られた資料を、我が国の裁判において事実認定の証拠として採用することは、明文の規定によらないで、我が国内においても刑事免責制度を認めるのと同様の結果を招来することになりかねず、公正の観念に反する。この点は法廷意見の述べるところであり、私も同意見である。

二は、本件嘱託証人尋問調書を事実認定の証拠とすることについては、被告人の反対尋問権及び対審権の保障という面から、問題があるといわざるを得ない。

本件嘱託証人尋問は、東京地方検察庁の検察官の申請に基づく東京地方裁判所裁判官の嘱託により、被疑者及び弁護人の立会いなしに、すなわち、その審問を受けることなしに、カリフォルニア州中央地区連邦地方裁判所において、東京地方検察庁の検察官が列席して行われている。また、本件において、証人とされたコーチャン、クラッターはいずれも、もともと来日の意思を有せず、我が国の裁判所に証人として出廷する意思のないことを明示していた。

嘱託証人尋問の根拠となる刑訴法228条2項は、第1回公判期日前の証人尋問に被告人、被疑者又は弁護人を立ち会わせるかどうかを裁判官の裁量にゆだねている。この規定が、反対尋問権を保障した憲法37条2項に反しないとされるのは、反対尋問権は受訴裁判所の訴訟手続における保障であって捜査手続における保障ではなく、刑訴法228条は検察官の強制捜査処分請求に関する規定であって、受訴裁判所の訴訟手続に関する規定ではなく、その供述調書はそれ自体では証拠能力を持つものではないからであるとされている（最高裁昭和25年（あ）第797号同27年6月18日大法廷判決・刑集6巻6号800頁）。

しかし、前記両証人について、我が国の法廷において、被告人及び弁護人がこれに対質して反対尋問をする機会がないことは、嘱託した当時からあらかじめ明らかであったのである。もっとも、嘱託証人尋問に際しては、証人の依頼した弁護士である代理人が在廷していたが、これは証人の法的利益擁護のためであって、場合によっては共犯者たる証人と利害が対立することのある被告人の法的利益を擁護するためのものではないから、これをもって反対尋問権の保障に資するものであるとは到底いえない。

このように、当初から我が国の法廷における被告人、弁護人の審問の機会を一切否定する結果となることが予測されていたにもかかわらず、その嘱託証人尋問手続によって得られた供述を我が国の裁判所が証拠として事実認定の用に供することは、伝聞証拠禁止の例外規定である刑訴法321条1項各号に該当するか否か以前の問題であり、公共の福祉の維持と個人の基本的人権の保障とを全うしつつ事案の真相を明らかにすべきことを定めている刑訴法1条の精神に反するものといわなければならない。

＊＊＊

（裁判長裁判官　草場良八、裁判官　園部逸夫、裁判官　中島敏次郎、裁判官　可部恒雄、裁判官　大西勝也、裁判官　小野幹雄、裁判官　三好達、裁判官　大野正男、裁判官　千種秀夫、裁判官　高橋久子、裁判官　尾崎行信、裁判官　河合伸一）

判　例

最 2 小決平12・10・31刑集54- 8 -735（角川コカイン密輸事件上告審判決）

〔大手出版社の代表者が側近の従業員や恋人と共謀のうえ、ロサンゼルスからコカインと大麻を密輸しようとした、また、薬物購入のために会社の資金をロサンゼルスの銀行口座に送金したという麻薬及び向精神薬取締法違反、関税法違反及び業務上横領被告事件。従業員池田らにコカインを売り渡したというロサンゼルス在住の日本人中島が作成した宣誓供述書の証拠能力が争われた。一審判決（千葉地判平 8・6・12）は次のように述べてその証拠能力を認めた。

　証人千田恵介の供述、中島宣誓供述書の形式によれば、被告人に対するコカイン密輸入事件に関し日本国政府からアメリカ合衆国政府に対し司法共助の要請が行われたこと、検察官千田は、この要請事項の執行（ロサンゼルス在住の中島の供述を得ること）の立会いのため、ロサンゼルスに赴き、ロサンゼルス郡検事局に呼出を受けて出頭した中島に対して、同検事局の捜査官 2 名（うち 1 名は日本語の聴取ができる。）の立会いの下に、千田が主として質問を行い、右捜査官らも補充的に質問して本件に関する事情を聴取し、その聴取内容を、千田が日本文に記載して起案し、その内容について中島に確認させ、同人の申出により幾つかの訂正を経て内容を確認した上、千田が日本文の読み聞かせをしたこと、その後、同国公証人の前で再度中島が右書面の内容を読んで内容を確認し、更に千田が右書面を中島の前で日本語で朗読し、中島がその内容が真実である旨の宣誓をして署名指印し、「宣誓供述書」と題する書面が作成されたことが認められる。

　右の事実によれば、右書面は、アメリカ合衆国における所定の手続により適法に作成されたものと認められるところ、右書面は中島の作成した供述書であるから、その証拠能力については、刑事訴訟法321条 1 項 3 号書面に該当するか否かを検討することで足りるものと考える。

　関係各証拠によれば、中島はロサンゼルスに在住する者であり、池田に対しコカイン及び大麻を有償で譲り渡したという嫌疑がかかっているのであるから、同人が公判準備若しくは公判期日において供述することができないこと、その供述が犯罪事実の存否の証明に欠くことができないものであることは明らかである。ところで、右書面は、アメリカ合衆国の公証人の前で宣誓した上で作成されたものであり、内容に虚偽がある場合には、同国において偽証罪の制裁を受けるという効果を伴うものと解せられるが、このような効果を持つ宣誓をさせたことが供述強制に当たるとはいい難い上、中島の黙秘権を侵害したものともいえないことは明らかである。関係各証拠を検討しても、千田検察官やロサンゼルス郡検事局の捜査官らが中島に供述を強制したり不当な影響力を与えたことはうかがわれず、供述の特信性に欠けるところはないものと考える。

　右のとおり、中島宣誓供述書については、その証拠能力が認められるのみならず、その供述内

容についても、前記一5に認定したとおり、別件刑事事件担当の弁護人である弁護士らがアメリカ合衆国に渡航して作成した中島供述書（弁16）とその供述内容において基本的に符合しているのであり、信用性も十分であると認められる。

二審（東京高判平11・3・1）も次のように述べて一審の結論を支持した。

二　中島の宣誓供述書

1　根拠法令

所論は、中島の宣誓供述書は公証人の面前で宣誓したという認証文言を欠いている点でカリフォルニア州法に違反する不適法な文書であるから、刑訴法321条1項3号により証拠能力を認めることはできないと主張する。

しかしながら、この宣誓供述書は、日本からアメリカ合衆国への捜査共助の要請に基づき合衆国法典28篇1782条及び1746条に従って作成されたものであって、カリフォルニア州法に基いて作成されたものではない。

そして、右の1782条b項は、捜査共助につき、アメリカ国内にいる者に対し、外国の裁判手続に使用するために本人が受入れる方法により何人に対しても任意に証言をし、又は供述書を提出することを許容し、また、1746条は、本人が偽証罪の制裁の下で供述が真実であることを誓う旨を記載して署名した供述書は証拠上宣誓供述書と同様の効力を有することを規定している。

そこで、右の宣誓供述書の作成経過をみると、中島は、虚偽の供述をすれば偽証罪に問われる虞があることを告げられてそのことを認識しながら、アメリカ側の2名の捜査官及び日本の検察官の質問に対して任意に供述し、日本の検察官が供述を聞き取って記載した書面の内容を自ら確認し、公証人の面前でそれを読んだ上、末尾に「うそを言えば偽証罪で処罰される事を承知の上で上記が真実であると正しいことを言明します」と自ら記載し、署名したのであるから、その供述書は、合衆国法典上宣誓供述書と同様の効力をもつ適法なものというべきである。

2　供述の任意性

所論は、中島は黙秘権を告知されず、偽証罪の制裁の下に供述をせざるを得なかったのであるから、その供述は強制によるものというべきであると主張する。

しかしながら、原審証人千田恵介の証言によると、事情聴取を始める前にアメリカの捜査官であるジミー・サコダから中島に黙秘権を告げられたことが明らかに認められる。また、偽証罪の制裁の下に行う供述が強制によるものということはできず、その他中島の供述の任意性に疑いを生じさせる証跡は認められない。

3　中島に対する刑事免責

所論は、中島が捜査官から黙秘権を告知されておらず、供述書作成後も逮捕されずに日本に入国していることからすると、日米捜査当局により同人に刑事免責が付与されていた疑いが強いと主張する。

しかしながら、原審証人千田恵介の証言によると、すでに判示したとおり事情聴取を始める前に中島に黙秘権が告げられたことが明らかであり、また、中島に対し刑事免責を付与した事実のないことが明らかである。さらに、中島に対しては当時既に逮捕状が出ており、当審証人松島暁

の証言によると、中島自身現在でも日本で逮捕されることがあり得るとの認識を持っていることが認められる。そうすると、中島に対し刑事免責が付与されていた事実のないことは明らかというべきである。

4　中島の供述の特信性

所論は、中島に対しては当初から反対尋問の機会が予定されていなかったこと、アメリカ合衆国の公証人制度が日本のそれとは異なり社会的評価が低く、公証人の関与が書面の信用性を高めることにはならないこと、その証拠能力を認めることは刑事免責を与えて得られた供述を録取した書面の証拠能力を否定した最高裁判決（最高裁平成7年2月22日大法廷判決・刑集49巻2号1頁）の趣旨に反することからすれば、中島の宣誓供述書には刑訴法321条1項3号所定の特信性は認められないと主張する。

しかしながら、刑訴法321条1項3号は、反対尋問の機会が与えられない供述書であっても所定の要件を充たせば証拠能力が認められると規定している。そして、本件の供述書の内容は、先に事実誤認の論旨に対する判断で示したとおり、動かし難い証拠と照応しているばかりか、自分に不利益な事実を率直に述べており、極めて信用性は高い。しかも、後に坂本の弁護人や当審の弁護人により事実上反対尋問に替わる質問を受け、その際の供述が供述書として同じ規定により証拠として採用されているが、その結果に照らしても、宣誓供述書の供述の信用性は少しも揺らいでいない。また、所論が指摘する最高裁判例は、刑事免責を付与した上での供述についてのものであって、事案を異にしている。原審がこの供述書の供述に特信性を認めたことに誤りはない。

5　結論

その余の所論を検討しても、中島の宣誓供述書の証拠能力を否定すべき理由を見出すことはできない。］

弁護人濱崎憲史、同濱崎千恵子の上告趣意のうち、判例違反をいう点は、事案を異にする判例を引用するものであって、本件に適切でなく、その余は、憲法違反をいう点を含め、実質は単なる法令違反、事実誤認、再審事由、量刑不当の主張であって、適法な上告理由に当たらない。

なお、所論にかんがみ、職権で判断する。

原判決の認定によれば、中島茂男の宣誓供述書は、日本国政府からアメリカ合衆国政府に対する捜査共助の要請に基づいて作成されたものであり、アメリカ合衆国に在住する中島が、黙秘権の告知を受け、同国の捜査官及び日本の検察官の質問に対して任意に供述し、公証人の面前において、偽証罪の制裁の下で、記載された供述内容が真実であることを言明する旨を記載して署名したものである。このようにして作成された右供述書が刑訴法321条1項3号にいう特に信用すべき情況の下にされた供述に当たるとした原判断は、正当として是認することができる。

よって、刑訴法414条、386条1項3号により、裁判官全員一致の意見で、主文のとおり決定する。

（裁判長裁判官　河合伸一、裁判官　福田博、裁判官　北川弘治、裁判官　亀山継夫、裁判官　梶谷玄）

弁護人濱崎憲史、同濱崎千恵子の上告趣意

第八、上告理由三、「憲法違反、判例違反及び訴訟手続の法令違反」

一、中島宣誓供述書の証拠能力（判例違反、憲法違反）

1、判例違反

（1）、原判決は、ロッキード判決について、刑事免責を付与した上での供述に関するものであり、本件とは事案を異にすると判示した。

しかし、本件でも「非公式な免責」（Informal Immunity）が付与されているというべきであり、軽々に「事案を異にする」という一言で論ずべきではない。

米国に於ける「刑事免責」制度の運用は、①制定法に基づき付与される場合と、②制定法に基づかず「非公式な免責」が付与される場合の2通りがある。

①は、捜査・訴追側に非協力的な者に対し、自己負罪拒否の特権を剥奪する替わりに刑事免責を付与した上、証言拒否に対して法廷侮辱罪による制裁を課して証言を強制するものであるが、②は、「協力的な証人」に対して何らかの約束の下に証人の協力を取りつける方法として運用されており、我国に於てもあり得ないことではない。我国の最高裁判所は、ロッキード判決に於て、右②の刑事免責を除外する趣旨であったとは思われない。①、②いずれの方法による刑事免責も、我国の刑事訴訟手続上区別して取り扱われなければならない合理的な理由は全くないからである。

（2）、最高裁判所は、我国に、法制度として刑事免責制度が取り入れられていないことを理由に証拠能力を否定したが、何故、それが証拠能力を否定する理由になったのであろうか。あるいは、何故、我国には制定法による刑事免責制度が取り入れられないのであろうか。

端的に言って、刑事免責を付与した上での共犯者の自白には、刑事免責を付与した結果、自白の証明力を担保する「自己に不利益な事実」の告白という要素が欠落することになり、通常の証言と異なって、信用性に疑問があり、実体的真実の発見という観点からみて「虚偽の自白」を誘発する危険性があり、その必要性を国民が納得するに至っていないというのが大きな理由の一つであると思われる。

米国に於ける2通りの「刑事免責」の運用のうち、①と②を比較してみると、②の場合、供述者が捜査・訴追側に迎合し、自らの罪の軽減・免除を求めて共犯者・被告人に罪を転嫁する危険は①の場合よりも大きいというべきであり、現に、中島は「警察、特にFBIに対して気を遣っていて、その了解なり承認がないと生活もなかなかうまくいかない」（原審第8回公判に於ける弁護人の小口克己速記録6丁裏）、「2人（ロスアンジェルス郡検事局捜査官ジミー・サコダとFBI捜査官スティーブン・オダ）に逆らっては生きていけない」（一審第26回公判に於ける坂元の弁護人大木丈史速記録18丁裏）と述べ、「話すのはいいが、どの部分まで供述書にしたらいいか確認したい人がいる」（同11丁裏）と述べ、ジミー・サコダに確認した上で「供述書」の作成に応じている。このような経過は、①の運用による刑事免責があった場合以上に、②の運用による刑事免責があった場合の供述の方がはるかに捜査官に迎合することを示すものであり、①より②の方が証明力の点に於てもより問題が多く、実体的真実発見の見地からみて、①以上に証拠能力が否定されて然るべきである。更に、重要なことは米国に於ける刑事免責制度も、決してその

証言によって罪を裁かれる共犯者・被告人の「反対尋問権」を奪ってはいないということである。
　反対尋問権の保障に関しては、右ロッキード判決に於て、「被告人の反対尋問権及び対審権の保障という面から、問題があるといわざるを得ない」旨の大野正男裁判官の補足意見が付されている。
　刑事免責が付与された上での供述が、我国の法廷で証拠として申請される場合、常に被告人の反対尋問権が奪われた形で出てきており、この点は我国の刑事訴訟手続に於て、証拠能力の有無を判断する場合、決して忘れられてはならない問題であり、極めて重要な判断基準として重視すべきである。即ち、刑事免責を付与した上での「共犯者の自白」は本質的に共犯者に責任を転嫁する危険があり、虚偽の自白を誘発する危険がある為、人権保護の観点のみならず、実体的真実の発見という観点からも、刑事免責を付与されていない場合以上に反対尋問権の保障がより厳格に守られなければならないというべきである。
　このような観点からみると、原審の判断はあまりにも表面的であり、形式的であり、安易に過ぎると言わなければならない。
　（3）、原審は、中島に黙秘権が告げられたことをもって、刑事免責を付与した事実のないことは明らかであるとしているが、黙秘権の告知は、前記①の「非協力的な証人」に対する制定法に基づく刑事免責が付与されていないということを示すにとどまり、②の「協力的な証人」に対する非公式の刑事免責がなかったことを示すものではない。形式的に「黙秘権を告げる」ことと、事実上、非公式な刑事免責が付与されることとは全く別の問題であり、現実の捜査では、両者が同時に存在し得るのである。特に、本件の場合のように水面下で司法取引が為された場合、「黙秘権の告知」の事実のみが表面的に現れるということは、「隠蔽」の為の単なる糊塗策に過ぎないことが強く伺われる。
　原判決は、また、日本でも逮捕状が出ていることを理由に「刑事免責が付与されていた事実のないことは明らかである」というが、逮捕状をとっても、事実上逮捕せず、刑事免責を付与することは容易であり、場合によっては逮捕した後に事実上の刑事免責を付与することすら可能である。本件では、経過からみて、中島が「国外」にいることを利用して、司法取引による刑事免責が行われたという他はない。また、「刑事免責」も本件で問題なのはむしろ中島が永住権を得て居住している米国内に於ける「刑事免責」であって、これが「虚偽の自白」の引き金となるのである。
　日本国内で逮捕状が出ていることは、米国に対し犯罪者の引渡しを求め、実際に逮捕しない限り、中島の本件公判廷への任意の出頭を妨げ、被告人の反対尋問権を奪う原因にこそなれ、刑事免責、事実上の訴追免除がなかったことの理由にはならない。ましてや、日本で逮捕状が出ていることは、米国に於ける「刑事免責」の有無とは何の関係もないことである。
　現に中島は、米国内に於て、同種前科があるにもかかわらず、何の刑事処分も受けていない。米国に於けるコカイン研究の権威と思われる、ロジャー・ワイス、ハーバード医大助教授、スティーブン・ミリン、同医大教授の共著になる「コカイン」（星和書店）によると、米国では、「わずかでもコカインを売れば、初回であっても99年間の懲役を宣告される州もあります」（254頁）と

言われる程の「重罪」でありながら、中島は処罰されていないのである。司法取引の結果、刑事免責があったことは、むしろ事実経過が立証していると断言しても過言ではあるまい。

（4）、日本国内に於ても逮捕状が出されてはいるものの、中島は少なくとも本件が東京高裁で審理されている間の平成8年〜9年に2回日本に帰国しているが、逮捕もされずに、何の問題もなくアメリカに帰っている。これは我国に於ても、刑事免責が付与された結果であるというべきである。

（5）、右のロッキード判決にいう「刑事免責」は、我国の検察官及び最高裁の「宣明」があった場合に限らず、我国の検察官・捜査官、米国の検察官・捜査官による「非公式の刑事免責」があった場合を除外する何らの正当な理由もなく、むしろ、反対尋問権の保障という観点からのみならず、実体的真実発見の観点からみてもロッキード判決のケース以上に証拠能力を否定すべき要素が強いというべきである。尚、米国の捜査官ジミー・サコダは、当時、ロスアンジェルス郡地方検事局の捜査官であり、検事局に所属する者であった（中島宣誓供述書に記載された肩書きによっても明らか）。

一、二審に於ては米国に於ける中島の「逮捕」あるいは取調・捜査の状況・経過について十分に審理が尽くされていないが、米国に於ても、我国に於ても、少なくとも刑事免責を付与されていた可能性は極めて高いといわなければならない。よって、原審の判断は、平成7年2月22日のロッキード大法廷判決（刑集49巻2号1頁）に違反するものというべきである。

2、「特信性」について（憲法違反、判例違反）

（1）、憲法違反

中島については、平成5年7月若しくは8月、千葉県警の捜査官が接触を開始した当初より「逮捕」の可能性をもって心理的強制を加え、始めから被告人側の「反対尋問」を避ける方法を採って、捜査に「協力」させた形跡が伺われる。

従って、「公共の福祉の維持と個人の基本的人権の保障とを全うしつつ、事案の真相を明らかに」することを規定した刑事訴訟法第1条、ひいては憲法第37条第2項に違反する不正義・不公正な手段であり、その一事をもってしても、「中島宣誓供述書」の証拠能力は否定されて然るべきである。

原審は、検察官の主張（弁論要旨24頁）をそのまま採用して、坂元の弁護人や原審の弁護人による「事実上反対尋問に替わる質問を受け」「宣誓供述書の信用性は少しも揺らいでいない」というが、先に検討したとおり、宣誓供述書の信用性は大きく揺らいでいるというべきであり、また、「事実上の反対尋問に替わる供述書」というが、中島は、刑事免責や司法取引を伺わせる供述については、供述書上徹底した削除を求めているのであり、弁護人らも中島の「署名拒否」を恐れて遠慮したことが明らかであって、2通の「供述書」は到底「反対尋問に替わる」程に突っ込んだ供述を記載することは不可能であった。

（2）、判例違反

中島は、自己に不利益な事実については、前記のとおり、現実に「刑事免責」を受けているという他はなく、その見返りに、「角川」を引っ張り込んだというべきである。「角川関与」を臭わ

せる供述部分は、まさに自らの刑事免責を受ける為であったという他はあるまい。「共犯者の自白」とはこのような特殊な危険性を持つものである。このような情況は「特に信用すべき情況」とは言えないはずである。

　最高裁第２小法廷判決昭和41年７月１日、刑集20巻６号537頁は、刑事免責そのものでないが、それに伴う供述の証拠能力を否定している。事案は、贈収賄被疑者の弁護人に対し、検察官が、検挙前に金も返していることだし、自白して改心の意を示せば起訴猶予も十分考えられるから被疑者を説得したらどうかと申し向けたケースであるが、「起訴猶予になることを期待してした自白は、任意性に疑いがあるものとして、証拠能力を欠くものと解するのが相当である」と判示した。本件中島「宣誓供述書」は正にこの事案に該当するというべきであり、中島「宣誓供述書」の証拠能力を認めた原審の判断は右の判例に違反するものというべきである（参考、警察学論集第30巻第10号、青柳文雄「刑事免責の研究」６頁「三　刑事免責の下での供述の証拠能力、証明力」）。

＊　＊　＊

　４、「根拠法令」について（略）
　５、我国の刑事訴訟法に基づく根拠法令について
　（１）、また、本件「宣誓供述書」は、前記第四、六（原審検察官の「弁論要旨」に対する反論）で述べたとおり、我国の検察官によって作成されたものであって、米国捜査官によって作成されたものではなく、「米国内法に基づく、宣誓供述書と同等の効力を有する書面」ではない。また、我国の刑事訴訟法に照らせば、321条１項３号書面ではなく、２号書面である検察官面前調書として検討すべき「供述録取書」というべきである（東京高裁昭和36年（ウ）1585号、昭和40年３月15日判決、いわゆる「ラストボロフ」事件［高刑集18-2-89］）。

　本件「宣誓供述書」を、２号書面として検討する場合、供述者が「国外にいるため公判準備若しくは公判期日に於て、供述することができないとき」の要件を充たしているか否か、慎重に判断すべきである。「ラストボロフ」調書については２号書面として証拠能力だけは認められた。しかし、証明力については、「（ラストボロフは）反対尋問を受けることを拒絶する意思であったと解する他はない。そのような意思の下になされた供述は、甚だ無責任な供述ともいえるわけであって、これに強力かつ十分な証明力があろうとは、到底考えられない。

　ラストボロフの供述は反対尋問に耐えないようなものを含んでいるのではないかとの疑問を払拭できない」という理由で、証明力を否定している。右の理由は、まさに、本件にストレートに妥当すると言えよう。しかし、三浦事件では、17名の米国居住者が我国の法廷に召喚されている。現在では、ラストボロフ事件当時と国際環境が異なり、地球は狭くなっており、供述者が国外にいるだけでは足りず、可能な手段を尽くしても公判準備若しくは公判期日に出頭させることができないことを要するというべきであり（昭和48年４月26日東京高刑10判・昭和46年（う）第998号、高裁刑集26巻２号214頁）、可能な手段を尽くさない場合は「証拠能力」についても、否定されるべきである。

　昭和55年３月５日、「日本国とアメリカ合衆国との間の犯罪人引渡しに関する条約」が成立し、

本件に於て、捜査官、検察官は、同条約に基づき、中島の引渡しを米国に請求することができるようになったが、それを行っていない。また、中島は「国外」にいたが、甲第279、244号証にある通り1984年から1992年までの間に度々出入国を繰り返していたし、弁護人の調査（弁護士法23条照会）の結果、池田逮捕後も次のとおり、いずれもソウル経由で広島空港から日本に入出国していることが判明した。

（イ）、平成8年（1996年）12月31日入国 JL966便
　　　　平成9年（1997年）　1月4日出国 OZ161便
（ロ）、同年（1997年）　5月14日入国 OZ162便
　　　　同年（1997年）　5月23日出国 OZ161便
　　※ OZ は韓国アシアナ航空

従って、中島は、本件控訴審係属中、少なくとも2度帰国していることは明らかであり、捜査官・検察官が「逮捕の意思」を有し、手を尽くせば、逮捕することも、我国の公判廷に出頭させることも可能であったはずである。

中島は、「我国の公判廷に於て、供述することができない」のではなく、捜査官・検察官は、逮捕する意思も、米国にその引渡しを求める意思すらもなかったし、検察官も「我国の公判廷における中島の供述」を望まず、原審も積極的に証人として採用しようとせず、これ程疑惑のある対処の裏にある事情を解明しようとしなかっただけである。また、一審に於て一旦中島の証人採用が認められたが、同人は出頭せず、これに替る米国法典1782条（a）項に基づく司法共助要請の手続きもとられていない。このような状況は「可能な手段を尽くした」とは到底言えず、それ以上に、被告人のみを有罪とする目的のため、中島には事実上の刑事免責を与えるという、片手落ちの不公正な手続というべきであり、「任意性」に疑問があるだけでなく、手続的正義の観点からも公正さを欠くものであって、証拠能力は否定されるべきである（最判平7・6・20刑集49巻6号741頁）。

質問7－28

逮捕状が発行されている人物を逮捕しないまま出国させ、その滞在国で被告人や弁護人の立ち会いなしに宣誓供述書を作成することは、供述不能状態を「殊更利用しようとした」場合（タイ人管理売春事件〔本書377頁〕）と言えるか。

9 再伝聞の場合

法令

連邦証拠規則805：伝聞中の伝聞

　伝聞に含まれている伝聞は、供述のそれぞれの部分が本規則の定める伝聞例外に適合する場合は、伝聞法則によって排除されることはない。

判例

最3小判昭32・1・22刑集11-1-103（「検事調書の中の伝聞」事件）

　［弁護人の上告趣意］第4点について＊＊＊。

　所論は被告人伊藤の検察官に対する供述調書中の被告人山畑から同人外3名が関口直之助方に火焔瓶を投げつけて来たということを聞いたとの被告人伊藤の供述は、伝聞の供述であるから刑訴321条1項2号により証拠とすることはできず、又公判期日において反対尋問を経たものではないから、同324条によっても証拠とすることはできない。然るにこれを証拠とすることは憲法37条2項に違反するというに帰する。

　しかし、原審が弁護人の論旨第6点に対する判断において説示する理由によって、刑訴321条1項2号及び同324条により右供述調書中の所論の部分についての証拠能力を認めたことは正当である。そして、これが反対尋問を経ない被告人伊藤の供述の録取書であるからという理由で、憲法37条2項によって証拠とすることが許されないものではないことは当裁判所の判例の趣旨に徴して明らかである（昭和23年（れ）第833号同24年5月18日言渡大法廷判決、刑集3巻6号789頁、昭和23年（れ）第1069号同25年9月27日言渡大法廷判決、刑集4巻9号1775頁参照）。又右伝聞の供述の原供述者に対する反対尋問権について考えるに、この場合反対尋問をなすべき地位にある者は被告人山畑であり、反対尋問をされるべき地位にある原供述者もまた被告人山畑であるから、結局被告人山畑には憲法37条2項の規定による原供述者に対する反対尋問権はないわけである。従ってその権利の侵害ということもありえないことは明白である（被告人山畑は、欲すれば、任意の供述によってその自白とされる供述について否定なり弁明なりすることができるのであるから、それによって自らを反対尋問すると同一の効果をあげることができるのである）。

＊＊＊

（裁判長裁判官　島保、裁判官　河村又介、裁判官　小林俊三、裁判官　垂水克己）

＊＊＊

弁護人佐藤義弥、同為成養之助、同青柳盛雄、同大塚一男、同上田誠吉、同岡林辰雄、同小沢茂、同柴田睦夫、同松本善明、同金網正己および被告人田中正雄の弁護人池田輝孝の上告趣意

＊＊＊

第4点　原判決は判決に影響を及ぼすべき法令の違反があり、原判決を破毀しなければ著しく正義に反する。

原判決は控訴趣意書第6点に於て第一審に於ては被告人伊藤徳次郎の検察官に対する供述調書中被告人伊藤が「山畑から山畑、杉山、大谷、三浦正也の4人で関口方へ火焔瓶を投げつけてきたという話を聞いた。」旨の供述記載により右4名の放火未遂を認定したことに対し被告人以外の者の供述中被告人の供述をその内容とするもの又は被告人以外の者の供述を内容とするものの証拠能力はその者が公判準備又は公判期日に於て供述したものだけが刑事訴訟法第324条により認められているにすぎず被告人以外の者の被告人の供述をその内容とするもの、又は被告人以外の者の供述を内容とする検察官に対する供述録取書は刑事訴訟法により証拠能力を認められないにも不拘、之を証拠として採用した違法があるという控訴理由に対し左の如くのべている。「なるほど刑事訴訟法第324条は被告人以外の公判準備又は公判期日に於ける供述で被告人又は被告人以外の供述を内容とするものの証拠能力について規定するが、検察官に対する供述調書中に現われている伝聞事項の証拠能力につき直接規定はない。しかし供述者本人が死亡とか行方不明その他刑事訴訟法第321条各号規定の事由があるとき、その供述調書に証拠能力を認めたのは、公判準備又は公判期日に於ける供述にかえて書類を証拠とすることを許したものに他ならないから、刑事訴訟法第321条第1項第2号により証拠能力を認むべき供述調書中の伝聞に亘る供述は公判準備又は公判期日における供述と同等の証拠能力を有するものと解するのが正当である」となし、更につづけて「換言すれば検察官供述調書中の伝聞でない供述は刑事訴訟法第321条第1項第2号のみによって証拠能力が決められるに反し、伝聞の部分については同条の他同法第324条が類推適用され、従って同条により更に同法第322条又は第321条第1項第3号が準用された証拠能力の有無を判断すべきであり、伝聞を内容とする供述はそうでない供述よりも証拠能力が一層厳重な制約を受けるわけであるが、検察官に対する供述調書中の伝聞に亘る供述なるが故に証拠能力が絶無とは云えない。[」]

右の理由で第一審の手続を適法としたのであるが、右の論旨は誤っていると思う。刑事訴訟法第321条第1項により一定の場合には供述調書に証拠能力が付与せられているけれども、その場合は厳密に制限せられて居るのであり、原判決の如く刑事訴訟法第321条で公判準備又は公判期日における供述にかえて書類を証拠とすることが許されているからとてそれとは別の事例である。本件の場合も公判期日における供述に代えて供述調書を証拠にすることは違法でないという論旨は全然論理の法則をあやまっている。控訴の趣意は供述調書を証拠にしたということ自体を非難しているのでなく、正しく刑事訴訟法第321条、其他の条文に当らないにも不拘、供述調書を証拠に採用したことを非難しているからである。原判決の理由は全然理由になっていない。即ち、刑事訴訟法第321条が一定の場合に供述調書の証拠能力を認めたことは何故に同条に無関係の場合に伝聞にわたる供述調書を公判準備又は公判期日における供述と同等の証拠能力を有すると解すべきかが問題であるが、之に対し原判決は何らの解答を与えていない。「換言すれば」と更に続けてのべてある部分も供述調書の場合に公判期日又は公判準備と同様の証拠能力を認め刑事訴訟法第324条が何故に準用さるべきかの理由はわからない。尚、判決は後の方で「すでに刑事訴

訟法第321条によって証拠能力があると認められた供述調書の一部分たる伝聞事項のみについて、反対訊問をすることは、実質的に殆ど無意味であり、又被告人山畑やその弁護人が反対尋問をしようとさえすれば、被告人伊藤は原審公判廷に出頭していたのであるから、いつでも適当な時期に反対尋問をする機会は十分あったわけで反対尋問権の確保を保障し得ないことを憂うる必要はない」とのべているが、之が供述調書中の伝聞事項についても亦、刑事訴訟法第324条が準用されるという理由であるらしく見える。

　＊＊＊刑事訴訟法は一定の場合にのみ伝聞証拠に証拠能力を付与している。従って法に認められない例外をみだりに作ることは許されない。刑事訴訟法第321条［１項２号］の前段の場合に之と同規すべき場合に拡張解釈が判例上認められている。然し右の拡張解釈も法文と同規すべき場合に限られているのであり、法文と反対の場合に迄拡張解釈することが許されているわけではない。刑事訴訟法第324条は被告人以外の者の公判準備又は公判期日における供述について規定しているが刑事訴訟法は本来公判準備又は公判期日における供述と捜査の過程の供述と対立的にさせているのであって、公判準備又は公判期日の供述を検察官の面前の供述の場合に準［用］することは、法の趣旨に著しく反する。むしろ刑事訴訟法第324条は、公判準備又は公判期日外の被告人以外の者の供述は許さないということを裏から規定したものと解するのが自然であり、又唯一の正しい解釈であると思う。従って刑事訴訟法第324条に被告人以外の者の公判準備又は公判期日における伝聞の供述を許しているからという理由で之をその以外の検察官面前の伝聞の供述も本条の準用により証拠能力があるとなし、本件被告人４名に放火未遂を認定した原判決は少くとも被告人山畑に関する部分については判決に影響を及ぼすべき法令違反があり、原判決は破毀せられなければ著しく正義に反するものと思料する。

＊　＊　＊

IV 同意

判　例

最1小決昭53・6・28刑集32-4-724（退廷命令で同意擬制事件）

［弁護人の上告趣意は適法な上告理由に当たらない。］

　なお、所論にかんがみ職権により判断すると、刑訴法326条2項は、必ずしも被告人の同条1項の同意の意思が推定されることを根拠にこれを擬制しようというのではなく、被告人が出頭しないでも証拠調を行うことができる場合において被告人及び弁護人又は代理人も出頭しないときは、裁判所は、その同意の有無を確かめるに由なく、訴訟の進行が著しく阻害されるので、これを防止するため、被告人の真意のいかんにかかわらず、特にその同意があったものとみなす趣旨に出た規定と解すべきであり、同法341条が、被告人において秩序維持のため退廷させられたときには、被告人自らの責において反対尋問権を喪失し（最高裁昭和27年（あ）第4812号同29年2月25日第1小法廷判決・刑集8巻2号189頁参照）、この場合、被告人不在のまま当然判決の前提となるべき証拠調を含む審理を追行することができるとして、公判手続の円滑な進行を図ろうとしている法意を勘案すると、同法326条2項は、被告人が秩序維持のため退廷を命ぜられ同法341条により審理を進める場合においても適用されると解すべきである。そうすると、第一審裁判所が本件において所論各書証を証拠として採用した措置に違法はないとした原判断は、結論において相当である。

　よって、刑訴法414条、386条1項3号により、裁判官全員一致の意見で、主文のとおり決定する。

　（裁判長裁判官　本山亨、裁判官　岸盛一、裁判官　岸上康夫、裁判官　藤崎萬里）

＊　＊　＊

被告人四戸純一の弁護人後藤昌次郎の上告趣意

＊　＊　＊

　第3点　原判決は憲法37条1項、2項、同76条3項に反する。
　一、刑訴法320条は憲法37条2項に基いて伝聞禁止の原則を定める。同326条1項はその例外として、検察官及び被告人が証拠とすることに同意した書面又は供述の証拠能力を定め、2項で「被告人が出頭しないでも証拠調を行うことができる場合において、被告人が出頭しないときは前項の同意があったものとみなす」と定めている。しかし、法286条の2で被告人不出頭のまま公判手続を行う場合又は法341条にあたるとして被告人が退廷させられたまま審理を行う場合には、右326条2項の同意擬制ができない。341条につき同旨の次のような東京高裁判例（昭和42年7月27日、高刑集20巻1号514頁以下）がある。
　「公判期日に出頭した被告人が秩序維持のため裁判長から退廷を命ぜられたときは、いわゆる軽微事件たると否とを問わずその陳述をきかないで判決をすることができ（同法341条）、この場合においては、被告人が公判期日に出頭していないまま当然判決の前提となるべき証拠調を含む審理を遂行することができるとしても、斯様に一旦は公判期日に出頭し、その秩序維持のため裁判長から退廷を命ぜられて退廷した被告人は、同法326条1項の同意、不同意を含む被告人としての訴訟上の諸権利を行使する意志を抛棄しているのではないことが窺われるから、これを前述の如く証拠調を含む事件の審理全般を裁判所に一任する意志に出たものと認められる正当な理由がなく公判廷に出頭しない者と同日に論ずることは失当であるというべく、少くとも同法321条1項にいわゆる「被告人以外の者が作成した供述書又はその供述を録取した書面」に関する限り殊にそれが当該公判期日において、退廷命令以前には未だ取調請求がなされず、従ってその取調決定のなされる事が全く予想されない場合には、当該被告事件がいわゆる軽微事件であると否とに拘りなく、同法326条2項の規定は適用されないものと解するのが相当である。」
　法286条の2の場合も、同様に解すべきである。とくに本件の場合、第2点・六で述べたように被告人らには出頭の拒否すべき正当な理由があったのだからなおさらのことである。
　昭和28年9月、刑事訴訟法の一部を改正する法律の解釈運用に関する全国刑事裁判官会同において、当時の横川敏雄最高裁刑事局第二課長は「法326条の同意、これをあったものとみなすことができるかどうか、これは私たちとしては疑問ではないかというふうに考えております。同意というのはやはり積極的に証拠能力を付与するような結果になりますので、同意があったとまで推定すること、すなわち、同意を要する書面を被告人不在の間に全部同意がないまま証拠調とすることができるものかどうか、この点については疑問があるのではなかろうか。」「この法286条の2の規定の趣旨でありますが、正当な理由がなく出頭を拒否し、監獄官吏による引致を著しく困難にしたときは、その期日の公判手続を行うことができる。といいますのは、その日だけの公判期日の手続、すなわち、あらかじめ定められた公判期日の手続を行うことができる。次回に続行する場合には、また召喚いたしまして、またそういう事情があれば、その次回期日の手続ができるということになり、各期日ごとに、やはり、慎重にやらなければならない、という趣旨にできているわけであります。それで、書面等について同意がなければ全然証拠にできないようなものを、その期日に休んだからといって、書面を出して、それをすぐその場で証拠にしてしまうと

いうことは、この条文の趣旨からいってすこし行き過ぎでないか。……大体、被告人の出頭を要しないでやれる罰金等の事件を、この2項は予想してできているので、この法286条の2ができたために、こちらの方を今までの解釈を拡げてこれにのせていくというのは、多少疑問があるのではないか」と答えていることに注意されたい（刑事裁判資料89号91項以下）。

　二、第一審は、第8回公判において、検察官請求証拠目録甲（一）のうち、1、3、4、6ないし18、20ないし22、32ないし34、43ないし45、63ないし78、79ないし89、甲（二）のうち4、5、18、31、40、44、45、61、62、63、73、81、95、114、121の各書面を、第9回公判において右甲（一）のうち55ないし57、及び検察官請求証拠目録（乙）のうち1ないし63（但し42、43、60ないし63を除く）の各書面を、第11回公判において検察官請求証拠目録甲（五）のうち1ないし6（但し5を除く）の各書面をそれぞれ法326条2項により同意ありたるものとみなして証拠調をしているが、右は明らかに法320条、326条2項に反し、従って、憲法37条2項に反する。

　三、原判決は、「控訴趣意書第5点について」において、右の反論を述べ、「原審が検察官申請の前記各書証に対する被告人・弁護人らの意見が不同意であることを予想し、その作成者ないし供述者を尋問しても、被告人・弁護人らによる反対尋問が行われる可能性はなく、実質的な証人尋問は期待できない状況にあったこと、他方前記各証人尋問の結果、被告人らの各公訴事実に対する罪責がほぼ明らかとなっており、云々」と判示しているが、反対尋問権に対する驚くべき無理解、被告人らに対するおそるべき偏見を露呈したものである。けだし、書証に対する意見が不同意と予想されるということは、反対尋問権行使の意志が当然に予想されるということにほかならないからである。にもかかわらず、このことから反対尋問権を否定する結論を導く原判決の論旨は、憲法37条2項に対する無理解を露呈するものである。だからこそ、被告人・弁護人の側からする反証を全く考慮することなく、検察側の立証だけで、「被告人らの各公訴事実に対する罪責がほぼ明らかとなっており」と云う恐るべき判断を下してはばからないのである。これが一体、裁判官の判断に価するであろうか。少くとも、公平な裁判所の判断といえるであろうか。これで一体裁判官としての良心があるといえるだろうか。もし言えるとするならば、憲法37条1項の「公平な裁判所」、同76条3項の裁判官の「良心」は空文に等しいであろう。

　　　　　　　　　　　　＊　＊　＊

判　例

最2小判昭27・12・19刑集6-11-1329（「被告人は否認・弁護人は自認」事件）

　第二審判決は　一、仲田牧二の盗難被害顛末書　一、司法巡査並びに検察事務官の仲田牧二に対する各供述調書　一、司法警察員の宮野正に対する供述調書謄本　一、検察事務官の荒井守三に対する供述調書謄本（及び他の2つの証拠）により被告人に対する判示犯罪事実を認定し、原判決も亦右第一審判決挙示の証拠によれば第一審判決の事実認定に誤りはないと判断している。然るに記録によれば第一審における訴訟手続の経過は弁護人池谷四郎の上告趣意第1点に主張するとおりであって、被告人は公訴事実を全面的に否認していることが認められる。然るに第一審

裁判所は公訴事実を全部認めている弁護人（国選）に対してのみ、検察官申請の前記各書証の証拠調べ請求について意見を求め、その請求に異議がない旨の答弁を得た上直ちに右各書証の取り調べをしているのである（記録10、12丁）。ところで本件のごとく被告人において全面的に公訴事実を否認し、弁護人のみがこれを認め、その主張を完全に異にしている場合においては、弁護人の前記答弁のみをもって、被告人が書証を証拠とすることに同意したものとはいえないのであるから、裁判所は弁護人とは別に被告人に対し、証拠調請求に対する意見及び書類を証拠とすることについての同意の有無を確めなければならないものと解しなければならない。然らば、第一審裁判所が以上の手続を経ず弁護人の証拠調請求に異議がない旨の答弁だけで前記各書証を取り調べた上これを有罪認定の資料としたことは訴訟手続に違法があるものといわざるを得ない（なお本件において右各書証は刑訴321条乃至328条の規定により公判期日における供述にかえて書面を証拠とすることのできるいずれの場合にもあたらない）。しかもこれらの書面は第一審判決があげる有罪認定の資料としては極めて重要なものであるから、右の違法は同411条1号に該当するものというべくこの点において原判決及び第一審判決はとうてい破棄を免れない。

　よって、被告人及び弁護人の上告論旨に対する判断を省略し、同413条により主文のとおり判決する。

（裁判長裁判官　霜山精一、裁判官　栗山茂、裁判官　小谷勝重、裁判官　藤田八郎、裁判官　谷村唯一郎）

弁護人池谷四郎の上告趣意
　第1点　第一審裁判所は被告人が冒頭に公訴事実を否認している（第1回公判調書、記録第7丁）にも拘らず「裁判官は弁護人に対し検察官の証拠調請求につき意見を求めたところ弁護人は異議なき旨を述べた」（記録第11丁）とあり結局弁護人の同意は得たが被告人の同意を得ることなしに検察官提出の書面を証拠に採用して判決を宣告したのであるが、これは明に刑事訴訟法第326条に違反して居り破毀せられねばならぬと考える。
　第2点　第一審裁判所第1回公判調書によると「裁判官は、検察官並に弁護人に対し反証の取調請求其他の方法により証拠の証明力を争うことができる旨を告げたところ検察官並に弁護人は他に主張立証はありません「（記録第15丁）との記載があり、全然被告人に主張の機会を与えていない。本件の如く被告人が犯罪事実を否認しているにも拘らず弁護人が「公訴事実は全部認むる旨」（記録7丁）を陳べている如き事案に於ては被告人と弁護人とが各審理を受ける方針が正反対であるから、被告人に対し其機会を与えることは特に必要を痛感するものであり、第一審裁判所は刑事訴訟法第308条及刑事訴訟規則第204条に違反して公判審理を遂行したもので判決は破毀せらるべきものと信ずる。

* * *

判 例

大阪高判平8・11・27判時1603-151（同意で否認台無し事件）

　論旨に対する判断に先立ち職権をもって案ずるに、記録によると、本件公訴事実は、「第一　法定の除外事由がないのに、平成8年2月24日ころから同年3月4日ころまでの間、大阪府下若しくはその周辺において、フェニルメチルアミノプロパン又はその塩類を含有する覚せい剤若干量を自己の身体に摂取し、もって、覚せい剤を使用し、　第二　みだりに、同月4日午後10時8分頃、大阪市西成区萩之茶屋1丁目7番7号路上において、フェニルメチルアミノプロパン塩酸塩を含有する覚せい剤結晶約0.311グラムを所持したものである。」との覚せい剤取締法違反の事実であるところ、

　①被告人は、原審1回公判期日における被告事件に対する陳述において、公訴事実第一につき、覚せい剤を使用した事実はない、公訴事実第二につき、覚せい剤を所持していたことは間違いないが、それが覚せい剤であるとの認識はなかった旨陳述し、弁護人は、被告人の述べたところと同じであると述べた。［②］次いで検察官は、冒頭陳述において、公訴事実第二に関する被告人の弁明内容につき、大要、「被告人は、警察官から職務質問され所持品の提示を求められた際、本件覚せい剤が在中するポリ袋を足元に投棄するのを警察官らに現認され、覚せい剤所持で現行犯人逮捕された。被告人は逮捕後の弁解録取や勾留質問の際には本件覚せい剤所持の事実を認めていたが、勾留された後は、付近の公衆電話台の上にあった千円札数枚を拾い上着ポケットに入れていたが、本件覚せい剤はその二つ折れになっていた千円札に挟まっていたもので、警察官に職務質問を受けた際に始めて気付いたと弁解し、覚せい剤所持の犯意を否認している」ものであることを明らかにした。③弁護人は各公訴事実についての検察官請求証拠に全部同意し、原審裁判所は検察官請求の全証拠を採用して取調べ、弁護人及び検察官双方から被告人質問がなされ、そして、原判決は、これら証拠に基づいて各公訴事実を認定し、被告人を有罪としたことが明らかである。

　ところで、被告人が公訴事実を否認している場合には、検察官請求証拠につき弁護人が関係証拠に同意しても、被告人の否認の陳述の趣旨を無意味に帰せしめるような内容の証拠については、弁護人の同意の意見のみにより被告人がこれら証拠に同意したことになるものではないと解される。

　本件の場合、被告人は原判示第二の覚せい剤所持の事実につき、覚せい剤であることの認識はなかった旨具体的に争っており、前記の弁解内容に照らし、被告人の否認の陳述の趣旨を無意味に帰せしめるような内容の証拠、すなわち、公訴事実第二の覚せい剤所持の事実に関する証拠の中、被告人に覚せい剤であるとの認識があった旨の立証に資する司法巡査作成の現行犯人逮捕手続書（原審検察官請求証拠番号1）、被告人を現行犯逮捕した警察官であるA及びBの各検察官調書（同番号8、9、10）については、右弁護人の同意の意見によって被告人の同意があったとすることはできず、従って、被告人の意思に沿うものか否か確認することなく、直ちにこれら証拠を同意書証として取調べ事実認定の資料とした原判決には、刑訴法326条1項の適用を誤った

違法があるものと言うべきである。そして、これら証拠を除いては原判示第二事実は認定することができず、且つ、原判決は原判示第一及び第二の各事実を併合罪の関係にあるものとして1個の刑を科しているから、原判決は全部破棄を免れない（なお、被告人は原判示第一の覚せい剤自己使用の事実についても、前記のように否認しているが、具体的主張のないその否認態様等にかんがみ、弁護人が、同意した被告人の尿に関する鑑定書（同番号18）を含む関係証拠は、右否認の陳述の趣旨を無意味に帰せしめるような内容の証拠ではないから、弁護人の同意の意見のみで、被告人の同意があったものとしたことに違法・不当はない。）。

＊＊＊

（裁判長裁判官　田崎文夫、裁判官　久米喜三郎、裁判官　小倉正三）

判　例

福岡高判平10・2・5判時1642-157（否認と同意は矛盾せず事件）

　所論は、要するに、原審裁判所は検察官請求の各書証について原審弁護人から証拠とすることについて同意する旨の意見を徴しただけで右各書証を取り調べこれを有罪認定の資料としているが、被告人は本件公訴事実［覚せい剤の自己使用］を否認していたのであるから、検察官が証拠調べ請求をした各書証について弁護人が同意したとしても、これとは別に被告人に対し右書証を証拠として取り調べることについて同意するか否かを確認すべきであり、被告人の同意が得られた書証についてのみこれを取り調べ同意の得られない書証についてはこれを取り調べるべきではないというべきである。しかるに、原審裁判所はそのような措置に出ておらず、かかる訴訟手続きは刑事訴訟法326条に違反しており、右法令違反が判決に影響を及ぼすことは明らかである、というのである。

　そこで検討すると、刑事訴訟法326条1項は「被告人が証拠とすることに同意した書面」については伝聞証拠であっても証拠とすることができる旨を規定しているところ、右の同意は弁護人がその包括代理権に基づき被告人を代理してこれをすることができるものであり、それが被告人の明示した意思に反する等の特段の事情が認められない限り、弁護人の同意をもって被告人の同意とみなして妨げないものと解するのが相当である。これを本件についてみると、記録によれば、原審第1回公判において、被告人及び弁護人は、被告事件に対する意見陳述としていずれも公訴事実を否認する旨述べ、検察官が被告人の尿の差押状況、尿の鑑定結果、被告人の身体の注射痕の状況、被告人宅等の捜索差押状況及びその結果、被告人の犯行当時の生活状況、行動範囲等を内容とする各書面並びに被告人の否認供述を内容とする被告人供述調書更に前科関係書類等の取調べを請求し、弁護人の同意を得て原審裁判所がこれらを取り調べたこと、その際、被告人は弁護人が右各書証の取調べに同意する旨陳述したのに対しなんら異議を唱えず、また、裁判所が証拠として取り調べる旨の決定をしたことに対しても異議等を申し立てなかったことが認められるのであって、右のような訴訟の経過並びに取調べ請求にかかる書証の立証趣旨、立証事項等にかんがみるならば、原審裁判所が特に被告人本人に対して書証の取調べに同意するか否かを確かめ

ることなく被告人の否認調書を含む検察官請求の各書証を弁護人の同意のもとに取り調べたことをもってその訴訟手続きが法令に違反したものとはいうことはできない。被告人は、後になって尿の同一性や鑑定結果の信用性等を争うに至っているが、当初は女性から精力剤だと言われて白っぽい粉を飲まされたがそれが覚せい剤であったのかも知れない旨弁解し覚せい剤使用の犯意の有無だけを争おうとしていたもののように窺われ、被告人、弁護人の訴訟に臨む基本的態度がこの点にあったとすれば、右各書証を取り調べた時点において、被告人が犯罪事実を否認することと弁護人が検察官請求書証を全て同意することとが必ずしも矛盾しているといえない。

＊　＊　＊

（裁判長裁判官　神作良二、裁判官　岸和田羊一、裁判官　古川龍一）

V 供述書類の非伝聞的利用

1　供述の「証明力を争うため」の証拠（328条）

判　例

最2小判昭43・10・25刑集22-11-961（八海事件第2次上告審判決）

　二　弁護人青木英五郎の上告趣意について
　所論は、憲法37条2項違反をいう点もあるが、その実質は単なる訴訟法違反の主張であり（原審昭和39年8月28日公判準備期日における証人岩井武雄の尋問終了後に作成された同人の検察官調書を、右証人の証言の証明力を争う証拠として採証した原判決の説示は、必ずしも刑訴法328条に違反するものではない）、その余の所論は、事実誤認、単なる訴訟法違反の主張であって、適法な上告理由にあたらない。

＊＊＊

　［刑訴法411条3号にもとづき原判決を破棄して無罪自判］
　（裁判長裁判官　奥野健一、裁判官　草鹿浅之介、裁判官　城戸芳彦、裁判官　石田和外、裁判官　色川幸太郎）

判　例

東京高判昭54・2・7判時940-138（「公には出さない」事件）

　二　次に論旨は、検察官請求にかかる甲野花子の司法警察員に対する昭和52年11月24日付供述調書を刑訴法328条の書面として取り調べた原審の措置には、訴訟手続の法令違反がある、というのである。

よって検討するに、記録によれば、前記甲野花子作成の弁護人宛の供述書が刑訴法328条書面として取り調べられた後の公判期日において、検察官から、右供述書の後に作成された所論指摘の供述調書を右同条の書面として取調請求し、原審はその取調をしたこと、右供述調書には、弁護人提出の右供述書の作成経過等に関し、「原審で証言した後丙山弁護人から上申書を書いて欲しいとの申出があり、喫茶店で同弁護人と会い同人が自分の話を聞きながら作成した供述書に署名した。その中には事実と違うことがかなり書かれていて、自分の本心と全く異る内容の供述書であり、自分は同弁護人に対し偽証罪になると困ると言ったが、同弁護人が、『これは私が裁判のときにあなたに質問するメモにする、公には絶対に出さないんだ』と言うので、早く裁判が終ってほしいという願いもあって、右供述書に署名した。自分が公判廷で証言したことは真実である。」との趣旨の記載があること、が認められる。

　右によれば、検察官請求の右供述調書は、弁護人請求の供述書によって一旦減殺された甲野花子の原審証言の証明力を回復する内容のものであり、検察官もその趣旨のもとに同供述調書の取調を請求したものであることは公判調書の記載上明らかである。

　ところで刑訴法328条の弾劾証拠とは、供述証拠の証明力を減殺するためのもののみでなく、弾劾証拠により減殺された供述証拠の証明力を回復するためのものをも含むものと解するのが相当である。けだし、同法328条には「……証明力を争うためには、これを証拠とすることができる。」とあり、規定の文言上証明力回復のための証拠を除外すべき根拠に乏しいばかりでなく、右のように解することがすなわち攻撃防禦に関する当事者対等・公平という刑訴法の原則、さらに真実の究明という同法の理念にもよく適合するからである。同条の弾劾証拠を証明力減殺のためのものに限定する所論の見解には賛同できない。

　なお所論は、仮に証明力を回復するための弾劾証拠が許容されるとしても、検察官請求の供述調書は、結果的に甲野花子の原審証言の証明力を増強する趣旨をも含むものであるから、いずれにしても同調書は刑訴法328条の書面としての適格性を欠くと主張する。

　しかし、本件において、検察官が、いったん減殺された甲野花子の原審証言の証明力を回復する趣旨のもとに同人の前記供述調書の取調を請求したものであることは前記のとおりであり、同調書の取調により事実上同人の原審証言の証明力が増強される結果となったとしても、これによる不利益は前記のような内容の弾劾証拠を提出した被告人の側において甘受すべきものであって、このことのゆえに右調書の刑訴法328条書面としての適格性を否定すべきいわれはない。

　それゆえ、右調書を同条の書面として取り調べた原審の措置には、何ら訴訟手続の法令違反のかどはなく、論旨は理由がない。

＊　＊　＊

（裁判長裁判官　岡村治信、裁判官　小瀬保郎、裁判官　南三郎）

判　例

大阪高判平2・10・9判タ765-266（証明力増強証拠事件）

控訴趣意第一の二（訴訟手続の法令違反の主張）について

　論旨は、要するに、原審裁判所は、A作成の現行犯人逮捕手続書並びにAの司法警察員及び検察官に対する各供述調書（以下、これらをあわせて「A調書」という）につき、検察官の請求に基づいて、Aの公判証言の証明力を増強するための刑訴法328条該当の証拠として採用し取り調べたものであるが、もともと伝聞証拠禁止の法理によって証拠能力を有しない証拠を証明力増強のための証拠として取り調べることは伝聞法則を潜脱する脱法行為を認めるに等しく、同条もかかる場合を容認する趣旨とは解せられないので、この点において原審裁判所の訴訟手続には法令違反があり、右違反が判決に影響を及ぼすことは明らかであるから原判決は棄却を免れない、というのである。

　そこで、所論の点に関するA調書の証拠調べの経緯をみるに、記録によると、原審第8回公判期日において、弁護人がAの公判証言の証明力を弾劾するための証拠として、また、検察官がA調書がAの公判証拠と矛盾するものではなく、かえって供述内容の一貫性があるとしたうえ、このことを明らかにしAの公判証言の証明力を増強するための証拠として、それぞれ刑訴法328条に基づきその取調べを請求したこと、原審裁判所は第9回公判期日において、検察官及び弁護人双方の右請求を容れてA調書を採用し、これに対し弁護人から、A調書が証明力増強の証拠として採用されたことにつき、所論のような事由のほか、同一のA調書を一方ではAの公判証言の証明力を減殺する証拠として、他方ではその証明力を増強する証拠として同時に採用するのは矛盾していることを理由に異議の申立てがなされたが、これを棄却し、結局、検察官及び弁護人双方の立証趣旨のもとにA調書の取調べがなされるに至ったこと、が認められる。

　しかしながら、ある証人の公判証言の証明力を増強するため、その証人が捜査段階においても同旨の供述をしていること、すなわちその証人の供述内容が捜査段階から一貫していることを明らかにする目的をもって、その立証趣旨が刑訴法328条の「証明力を争う」場合に当たるとして、本来証拠能力を有しないその証人の捜査官に対する供述調書を同条の書面として取り調べることが許されるとすれば、事実上伝聞法則の潜脱を容認するのと等しいのであるから、そのような立証趣旨のもとに、その証人の捜査段階における供述調書を取り調べることは許されないというべきである。

　そうとすれば、右のような立証趣旨のもとに検察官請求のA調書を刑訴法328条の書面として取り調べた原審裁判所の訴訟手続には法令違反があるといわなければならないが、原判決はA調書を原判示事実を認定する理由として説示等において援用しておらず、また、原判示事実は原判決がこれを除いて挙示する証拠によって優に認定することができるのであるからその違法は判決に影響を及ぼすことが明らかなものとはいえず、結局、論旨は理由がない。

＊＊＊

（裁判長裁判官　右川亮平、裁判官　阿部功、裁判官　鈴木正義）

2 「供述経過」の立証

> **判　例**

東京地判平16・5・28判時1873-3（ゼネコン汚職事件鹿島ルート第一審判決）

（犯罪事実）

　被告人Aは、土木、建築等建設工事の請負等を業とする鹿島株式会社代表取締役副社長の職にあった者、被告人Bは、同社常務取締役建設総事業本部関東支店長の職にあった者、Cは、茨城県知事として、同県職員を指揮・監督し、同県が発注する各種公共工事に関し、請負業者選定のための指名競争入札の入札参加者の指名、発注予定価格の決定、請負契約の締結等の職務を統括管理していた者であるが、被告人両名は、共謀の上、平成4年12月22日、東京都千代田区平河町《番地略》所在の都道府県会館内において、Cに対し、同県が発注した県立植物園温室新築工事等を同社が受注するに際し、指名競争入札の入札参加者に指名されるなどの好意ある取り計らいを受けたことに対する謝礼の趣旨及び将来同県が発注する予定の小山ダム建設工事、県庁舎新築工事、県立医療大学新築工事等について指名競争入札の入札参加者に指名されるなどの好意ある取り計らいを受けたいとの趣旨の下に現金2000万円を供与し、もって、Cの上記職務に関し賄賂を供与した。

＊　＊　＊

第2　Cの各検察官調書等の証拠能力

一　問題の所在等

（1）問題の所在

　ア　検察官は、Cの検察官調書のうち9通（甲書129～137）について、刑訴法321条1項2号後段に基づき取調べを請求した。

　イ　これに対し、弁護人は、Cの後記のような公判供述に基づき、Cの捜査段階の自白が任意性に欠けるとともに公判段階の供述よりも特に信用すべき情況の下でされたものでないこと、すなわち、Cの検察官調書等は、Cの供述に基づくものではなく、検察官が押し付けて作成したものであり、特に平成5年8月18日（以下、第2及び第3の各項において、同年中の捜査状況については、「平成5年」の表記を省略する。）以降の検察官調書は、検察官の偽計に基づく違法な取調べにより、CがL₁検事に対する心底からの恐怖感に基づく精神及び思考の錯乱の中で重大な錯誤に陥った末に誤信させられ、その影響の下に作成されたものであって、いずれも任意性はもとより特信性がないことは明らかであるから、検察官請求に係るCの前記検察官調書9通にはいずれも証拠能力がない旨主張する。すなわち、

　（ア）本件でCの取調べを担当した東京地方検察庁特別捜査部（以下「東京地検特捜部」という。）所属のL₁検事は、Cが7月23日の突然の逮捕により大きなショックを受けて頭が混乱した状態にあるのに付け込んで、①Cに対し、ゼネコンからもらった政治献金の一覧表を書かせた上、これらが賄賂であると決め付けて、捜査を引き延ばすと脅す一方、正直に話せば線引きをして全

部は起訴しないと利益誘導し、②Cが交際していた女性について、うそを付いたら全部プライバシーをばらす、Cが保有する多額の財産について、国税当局に全部取り上げさせる、県庁職員を洗いざらい調べるなどと言って脅し、③「金をもらったような気がするというのは、どこでいつもらったか分からなくても、金をもらった記憶がある、金をもらったということだ。」という特異な記憶論を押し付けるなど、強引な取調べを行って、虚偽内容の自白調書等に署名指印させるなどした。

(イ) 株式会社間組(以下「間組」という。)のM_1会長からの一連の収賄事件(以下、間組幹部からの収賄事件を「間ルート」又は「間ルート事件」という。)について、8月13日に行われた起訴後の勾留質問で、Cが事実を否認するや、L_1検事は、「あなたのことはもう絶対に許さない。私だけではない。あなたのことは、本部の者も皆、うそ付きだと言って怒っている。総長もあなたのことをうそ付きだと言って怒っている。もうこれからは、どんな小さな罪でも、あなたの罪は徹底的にやる。女のこともばらす。」と激しい口調で叱責して、Cを恐怖で震え上がらせ、Cをして、L_1検事を恐れる余り、記憶にないことまで認めざるを得ない心境に追い込み、自分の言うがままの上申書を作成させ、供述調書に署名指印させていった。

(ウ) さらに、L_1検事は、同月17日、Cが本件当時に行った割引債券の新規購入(新たに割引債券を購入すること)や買い増し(既に保有している割引債券に現金を足して額面の大きな割引債券に乗り換えること。以下「買い増し」という。)の原資が被告人Aから受け取った現金であったという虚偽の事実を伝えることにより、Cを偽計して誘導し、誤信したCをして、被告人Aから2000万円を受け取ったとする内容の自白調書(乙物8)の作成に応じさせた。ところが、その夜に記憶を喚起したCから、上記割引債券の新規購入等の原資は、大都工業株式会社(以下「大都工業」という。)顧問のO及び日本建炉工業株式会社(以下「日本建炉工業」という。)会長のN_1から受け取った現金で賄ったから、被告人Aからは1000万円もの大金をもらっていないとして、調書の訂正を求められるや、Cが上記割引債券を新規購入したのはその日の午前中で、OやN_1と会ったのはその日の午後であったという虚偽の事実を繰り返し伝えて偽計し、その反論を封じることによって、翌18日以降も、被告人Aから2000万円を受け取ったことを認める自白調書(乙物67、69等)の作成に応じさせた。

(エ) L_1検事は、9月7日、Cに対し、当時のCの弁護人が捜査情報をマスコミに発表することを批判して、その解任を勧める不当な干渉を行うことにより、その弁護人を交替させており、捜査における適正手続を逸脱する不当極まりないものである。

(オ) L_1検事は、その後も、Cが自己の意に沿う供述をしないと、Cに対し、「全部起訴する。求刑は極刑にする。」、「あなたの体中を錐で刺してやりたい気持ちだ。」などと言って脅迫し、引き続き自己の意向に沿った自白調書の作成に応じさせていったものである。

ウ そこで、以下、検察官請求に係るCの前記検察官調書9通(甲書129〜137)の任意性、特信性の有無について検討することとする。

(2) 特信性の判断資料として請求されたCの検察官調書等の証拠能力

ア 検察官の証拠請求

検察官は、Cの上記検察官調書9通（甲書129～137）の特信性立証のために、以下の証拠の取調べを請求した。
　（ア）非供述証拠としての請求
　　①上記検察官調書9通を含むCの捜査段階における一連の検察官調書55通（乙物1～21、42、44～46、48～51、53～55、58～62、67～72、74、76、77、79、80、83、86～91。ただし、乙物1、42、79はいずれも抄本。甲書129は乙物4、甲書130は乙物61、甲書131は乙物6、甲書132は乙物7、甲書133は乙物12、甲書134は乙物83、甲書135は乙物17、甲書136は乙物18、甲書137は乙物20とそれぞれ同一である。）、弁解録取書2通（乙物47、84）及び勾留質問調書2通（乙物52、85）並びにC作成名義の上申書等の書面13通（乙物43、56、57、63～66、73、75、78、81、82、92）
　　②清水ルートにおけるCの被告人質問調書20通（乙物22～41）
　（イ）刑訴法321条1項1号後段に基づく請求　清水ルートにおけるCの被告人質問調書4通（甲書125～128）
　イ　Cの一連の検察官調書等の非供述証拠としての証拠能力
　（ア）弁護人は、Cの上記検察官調書等72通（乙物1～21、42～92）及び清水ルートにおける上記被告人質問調書20通（乙物22～41）を非供述証拠として取り調べることは、伝聞法則の潜脱に当たり、弁護人の反対尋問権を侵害するものであるから、上記検察官調書等及び被告人質問調書はいずれも非供述証拠としても証拠能力がない旨主張する。
　（イ）しかしながら、上記検察官調書等及び被告人質問調書はすべて、非供述証拠として請求されたものであり、Cの供述経過のみが立証趣旨とされている。しかも、上記各被告人質問調書がCの清水ルートにおける供述を録取したものであることは、当裁判所に顕著な事実であり、また、上記検察官調書等についても、本件におけるCに対する一連の被告人質問によって、そのいずれも、Cが自ら署名指印し又は作成したものであることが明らかとなり、関連性が立証されるとともに、Cの捜査段階における供述経過も具体的に立証されている。さらに、本件被告人質問の際には、本件弁護人だけでなくCの弁護人からも、Cの上記検察官調書等の信用性を弾劾する趣旨からの詳細な質問がされ、また、上記被告人質問調書についても、後にみるとおり、その供述経過について質問する機会が十分あったのである。このように、上記検察官調書等及び被告人質問調書により、Cの捜査段階における供述の真実性まで立証される余地はなく、その供述経過については、反対尋問が十分に尽くされ、あるいは少なくともその機会が十分あったのであるから、上記検察官調書等及び被告人質問調書を非供述証拠として採用しても、弁護人の反対尋問権を何ら侵害することにはならないし、伝聞法則に反しないことも明らかである。したがって、弁護人の上記主張は理由がない。

＊　＊　＊

（裁判長裁判官　中谷雄二郎、裁判官　杉山愼治、裁判官　田岡薫征）

質問7−29

　捜査官の作成した供述録取書を「供述経過」を立証趣旨として証拠請求することは「非供述証拠としての請求」であるという理解は正しいか。

VI 問題

問題7−1　次の証拠は伝聞証拠か

（1）　高野さんが山田さんに対して名誉毀損を理由に起こした民事訴訟における加藤さんの証言：「山田さんが○月×日喫茶店『早稲田ロー』で『高野って知能指数が低く、短足で、服装もダサいうえに、臭い』と大声で言っていました」。

（2）　劇団が手抜きの芝居をしたとして興行主が劇団を訴えた。劇団側は、観客の1人だった山室さんを証人申請した。山室さんの証言：「観客は拍手喝采していました」「帰りの道すがら何人かの観客が『とても良かった』『ブラボー』と言っていました」。

問題7−2　実況見分調書

覚せい剤取締法違反事件の捜査の過程で、警察官は被告人の自宅の実況見分を行った。その際に立会人（被告人の同居人）が台所の収納棚を指差して、「ここに覚せい剤の粉末のようなものが入ったビニール袋があるのを見たことがあります」と言った。警察官はその場面を次頁のように写真撮影して、この写真を含む実況見分調書を作成した。検察官は、この実況見分調書を「犯行現場の状況」を立証趣旨として、証拠請求した。弁護人は不同意の意見を述べた。検察官は刑訴法321条3項に基づきこの実況見分調書の真正を立証する趣旨で同調書を作成した警察官の証人申請をした。弁護人はそれに異議を述べた。

弁護人の異議の理由の骨子とこれに対する検察官の反論の骨子を述べよ。また、あなたが裁判官だとして、異議に対してどのような裁定を下すか。その結論と理由を述べよ。

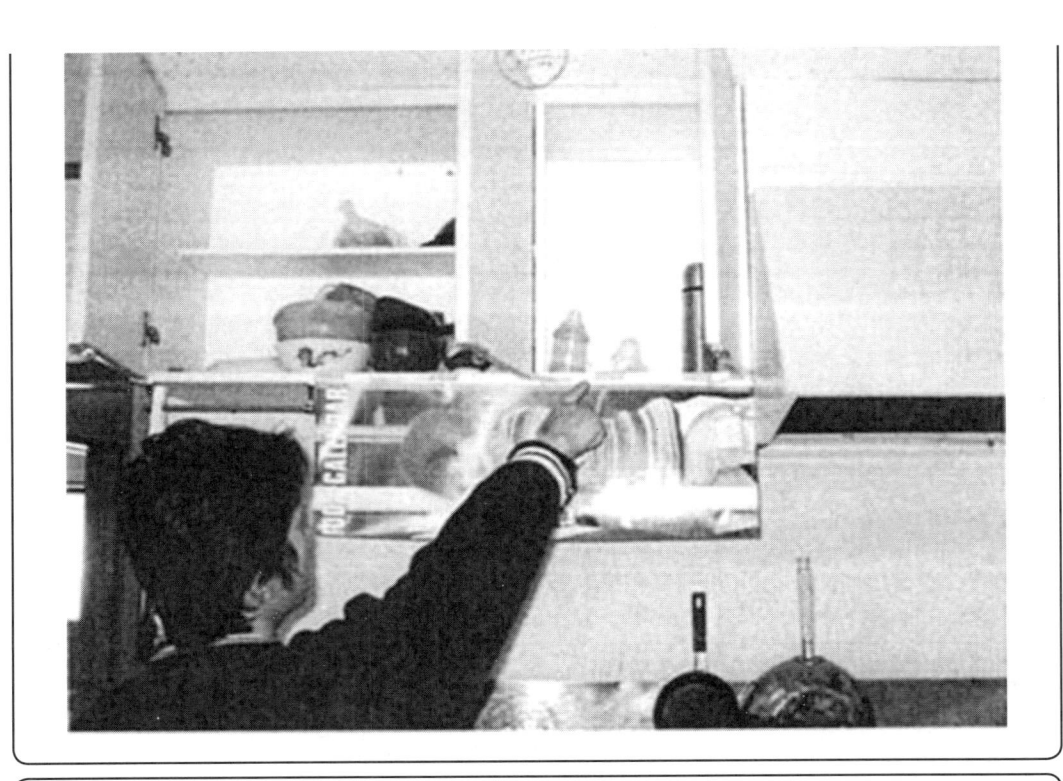

問題7−3　忘れっぽい証人

　ショッピングモールでハンドバッグをひったくられた山本花子（77歳）は、軽度の認知症と診断されていた。事件直後に警察署で加藤巡査部長の取調べを受けた際には、犯人の人相や服装などを詳しく供述し、呈示された10人の青年の写真の中から被告人の写真を選び出した。その3週間後に高山検察官の取調べを受けたときには、花子は犯人の人相等について一部忘れていると述べ、「加藤刑事には記憶どおり話しました」と付け加えた。しかし検事に写真を示されても選ぶことはできなかった。公判開始時には花子は事件のことをすっかり忘れていた。公判において、検察官は、高山検事が作成した山本花子の調書を刑訴法321条1項2号前段を根拠に請求し、さらに、写真面割の際の花子の様子を記録した加藤巡査部長の捜査報告書を刑訴法321条3項に基づいて証拠請求し、それと同時に、この捜査報告書の作成の真正を立証する趣旨で加藤巡査部長の証人申請をした。

　この証拠請求に対する弁護人の異議の理由の骨子とそれに対する検察官の反論の骨子を述べよ。あなたが裁判官だとして、異議をどう裁定するか。結論とその理由を述べよ。

問題7−4　フィリピンパブ傷害事件

　フィリピンパブで客同士の喧嘩がありVが重傷を負い数時間後に死亡した。警察官が110番通報で駆けつけると、フィリピン人のホステスAが現場にいた。彼女には在

留資格がないことが分かった。警察はAを出入国管理及び難民認定法違反の容疑で逮捕したが、喧嘩の件についても参考人として彼女を取り調べた。話しを渋るAに向かって警察官Bが「ちゃんと話をすれば国に帰してやる」と言ったところ、Aは「甲がVをウィスキーのボトルで殴るのを見た」と話した。この供述に基づいて甲が逮捕され、その翌日検察官CはAを取り調べて警察官に対する供述と同じ内容の供述調書を作成した。Aはこの取調べの翌日に釈放され、入国管理局に出頭し、退去強制処分を受けて、出国した。甲は傷害致死罪で起訴された。公判で検察官はC検事が作成したAの供述調書を刑事訴訟法321条1項2号前段に基づいて証拠請求した。

（1） 弁護人は、この検察官調書の証拠採用を阻止するためにどのような主張ができるか。その内容を簡潔に述べよ。

（2） 検察官は、弁護人の主張に対してどのような反論ができるか。その内容を簡潔に述べよ。

（3） 裁判官は、この検察官調書の証拠採否についてどのような判断をすべきか。その結論と理由を述べよ。

問題7−5　リバーサイドホテルⅠ

加藤幸一は平成17年10月30日朝東京近郊のビジネスホテル「リバーサイド」203号室で絞殺死体となって発見された。山田太郎が加藤殺害の犯人として起訴されたが、山田は犯行を否認した。加藤幸一は事件前日の午後11時ころ妻花子の携帯電話に次のメッセージを送っていた。「これからまだ一仕事あります。リバーサイドホテルで山田氏と会わなければなりません。」検察官は、このメッセージを証拠請求した。

弁護人の異議の理由の骨子とそれに対する検察官の反論の骨子を述べよ。また、あなたが裁判官だとしてどのような裁定を下すか。結論とその理由を述べよ。

問題7−6　リバーサイドホテルⅡ

問題7−5の事件で、検察官は加藤の妻花子を証人申請した。検察官は、生前の加藤が妻に「山田からつけねらわれている。しつこい奴だ」と言っていた事実を立証するつもりである。

弁護人の異議の理由の骨子とそれに対する検察官の反論の骨子を述べよ。また、あなたが裁判官だとしてどのような裁定を下すか。結論とその理由を述べよ。

自白

第 8 章

憲法38条1項は「何人も、自己に不利益な供述を強要されない」と言っている。これは合衆国憲法第5修正に範をとった規定であり、黙秘権（right to remain silent）あるいは自己負罪拒否特権（privilege against self-incrimination）を定めたものとされている。黙秘権というのは単に「自己に不利益な供述」を「強要されない」権利ではない。憲法の英訳文（"No person shall be compelled to testify against himself."）を参照すると理解し易いと思うが、それは「有利」「不利」に関係なく、自己の犯罪事実に関して対立当事者の証人となること（相手方に供述を提供すること）を強制されない権利である。歴史的には近世イギリスで行われていた職権宣誓（oath ex officio）——宗教裁判や反逆罪の裁判で宣誓の上で（偽証罪の威嚇の下で）被告人を尋問する手続であり、宣誓を拒否する者に対しては拷問が用意されていた——に対抗する権利（「何人も自らを弾劾することを強制されない」"nemo tenetur prodere seipsum"）として生成された。

これとは別にコモンロー上のルールとして、犯罪の自白は自発的になされたものに限り証拠として使用できる（任意性に疑いがある自白は証拠能力がない）という法則（自白法則）がある。黙秘権と自白法則はどのような関係に立つのか。

ウィグモアによれば、両者は歴史的にも別のものとして生成されたのであり、黙秘権は供述するかしないかの選択の自由権であるのに対して、自白法則は供述した内容が供述者の自発的意思によるものかどうかを問うものである、という。レヴィは、このような二分説には歴史的根拠はなく、黙秘権は職権宣誓とともに、拷問などによる不任意自白を抑止するものとして発展してきたという。ラングバインらによると、黙秘権が行使可能な権利として定着したのは、刑事被告人に弁護権が保障されるようになった18世紀以降であり——自白法則はそれ以前から存在した——、ウィグモアと違う意味で、黙秘権と自白法則は別物だという。

アメリカ連邦最高裁は1897年のブラム判決（Bram v. United States, 168 U.S. 532 (1897)）において、警察の取調べにおける自白の任意性の問題は黙秘権の問題に他ならないと言って両者を融合してしまった。ウィグモアがこの判決を手厳しく批判したのは言うまでもない。その後ブラム判決は誤りであるというのが定説となっていた。ところが、70年後の1966年、連邦最高裁はミランダ判決（Miranda v. Arizona, 384 U.S. 136 (1966)）において、ブラム判決を蘇らせ、それを進化させた。警察の取調室においても黙秘権（供述するかどうかの選択の自由）が保障されなければならないのであって、そのためにはいくつかの手続的保障が実践されなければならない、と。ミランダ判決は、ブラムのように自白法則と黙秘権を融合すると言うのではなく、むしろ、両者が別物であることを意識しつつ、警察の取調室において自白法則の適用よりも前に黙秘権法理が適用されることを要求した訳である（だから、ミランダの権利を放棄した被疑者がその後取調室の中で暴行、脅迫、偽計、約束などによって自白をした場合には、それは任意性のない自白として証拠排除される）。

黙秘権が供述に関する選択の自由だとして、その自由を実質的に保障するためにどのような手続が必要なのか。最高裁大法廷の接見指定合憲判決（最大判平11・3・24民集53-3-514）は「基本的には捜査の実情等を踏まえた上での立法政策の問題に帰する」といい、弁護人との接見交通権の保障がなくても黙秘権を侵害したことにはならないとした。最高裁は「基本的には」と

いう前置きをしているので、どんな手続でも良いといっているのではなく、憲法の保障する「最低ライン」があり、それ以下の手続は憲法違反だという可能性がないわけではないだろう。

アメリカ連邦最高裁のミランダ判決も「立法政策」を認めている。「この判決は決して憲法の拘束服（a constitutional straitjacket）を作ろうという訳ではなく、われわれにはそのような意図はない」と言っている。しかし、それに続けて、「少なくとも訴追を受ける者に彼らの沈黙する権利を知らしめかつその権利を行使する継続的な機会を保障する効果的な他の方法が示されない限りは、以下の安全装置（safeguard）が遵守されなければならないと考える」と述べて、取調べ拒否権、弁護人立会い権、それらの権利の告知義務などのルールを設定した。

わが国では、アメリカの場合と異なり、黙秘権が警察の取調室内で適用されることについては最初から自明のことのように語られていた。しかし、わが国においては、取調べ受忍義務（取調室にとどまって捜査官の尋問を受ける義務）を課した取調べを行っても、黙秘権を侵害した（供述するかしないかの自由を侵害した）ことにはならないということになっているので、捜査の過程において黙秘権侵害という事態を想定することがほとんど不可能である。そのかわり、一定の場合に取調べを行うこと自体が違法であるという法理が生成されている。「余罪取調べ」「別件逮捕勾留下の自白」「起訴後の取調べ」などの場面がそれである。

黙秘権にしても自白法則にしても、そして、わが国における違法拘禁下の自白の法理にしても、一定の場合に自白の証拠能力を否定するという証拠排除のルールとして機能している。このルールと証拠物に関する排除法則とはどのような関係に立つのか。その捉え方の違いは具体的な証拠採否の場面でどのような違いをもたらすのか。これらの問題に答えるためには、次章で検討する排除法則の根拠や趣旨を十分に踏まえておく必要がある。

I 黙秘権と取調べ受忍義務

　刑事訴訟法198条1項はこう定めている。「検察官、検察事務官又は司法警察職員は、犯罪の捜査をするについて必要があるときは、被疑者の出頭を求め、これを取り調べることができる。但し、被疑者は、逮捕又は勾留されている場合を除いては、出頭を拒み、又は出頭後、何時でも退去することができる。」

　同項但書が身柄を拘束されていない被疑者に取調べを拒否する権利（出頭拒否権及び退去権）を認めていることは明らかである。そしてこの権利が憲法上の権利である黙秘権（憲法38条1項）を実質的に保障しようとする趣旨であることも明らかであろう。問題は被疑者が逮捕勾留されている場合である。但書の文章が「逮捕又は勾留されている場合を除いては」となっていることを根拠として、捜査実務は、身柄拘束されている被疑者は取調べ受忍義務（取調室への出頭滞留義務）を負うという前提で運用されている。しかし、但書の文章をそのように理解するのは立法者の意思だろうか。さらに、身柄拘束を受けている被疑者に取調べ受忍義務を課すことは黙秘権を保障した憲法に違反しないのだろうか。

　捜査実務の法律解釈を前提とした場合であっても、公訴提起された後の「被告人」に取調べ受忍義務を課した取調べを行うことが許されるか、は別問題である。さらに、逮捕勾留の対象となっていない「余罪」についてまで取調べ受忍義務が課されても良いのかという問題がある。

　ところで「取調べ受忍義務を課した取調べ」とそうでない取調べ（任意の取調べ）との差異はどこにあるのだろうか。もしも、この差異があいまいであるならば、取調べ受忍義務があるかないかを議論すること自体無意味になってしまうであろう。

1　取調べ受忍義務

判　例

最大判平11・3・24民集53-3-514（接見指定合憲判決）

［検察官による接見指定が違憲違法だとして提起された国賠訴訟の上告審。接見指定制度（刑訴法39条3項）は憲法違反だという上告理由に対する判断を示した中間判決］

　なお、所論は、憲法38条1項が何人も自己に不利益な供述を強要されない旨を定めていることを根拠に、逮捕、勾留中の被疑者には捜査機関による取調べを受忍する義務はなく、刑訴法198条1項ただし書の規定は、それが逮捕、勾留中の被疑者に対し取調べ受忍義務を定めているとすると違憲であって、被疑者が望むならいつでも取調べを中断しなければならないから、被疑者の取調べは接見交通権の行使を制限する理由にはおよそならないという。しかし、身体の拘束を受けている被疑者に取調べのために出頭し、滞留する義務があると解することが、直ちに被疑者からその意思に反して供述することを拒否する自由を奪うことを意味するものでないことは明らかであるから、この点についての所論は、前提を欠き、採用することができない。

　　　　　　　　　　　　＊　＊　＊

三　刑訴法39条3項本文の規定と憲法38条1項

　所論は、要するに、憲法38条1項は、不利益供述の強要の禁止を実効的に保障するため、身体の拘束を受けている被疑者と弁護人等との接見交通権をも保障していると解されるとし、それを前提に、刑訴法39条3項本文の規定は、憲法38条1項に違反するというのである。

　しかし、憲法38条1項の不利益供述の強要の禁止を実効的に保障するためどのような措置が採られるべきかは、基本的には捜査の実状等を踏まえた上での立法政策の問題に帰するものというべきであり、憲法38条1項の不利益供述の強要の禁止の定めから身体の拘束を受けている被疑者と弁護人等との接見交通権の保障が当然に導き出されるとはいえない。論旨は、独自の見解を前提として違憲をいうものであって、採用することができない。

　四　以上のとおりであるから、刑訴法39条3項本文の規定は、憲法34条前段、37条3項、38条1項に違反するものではないとした原審の判断は正当であり、原判決に所論の違法はなく、本件上告理由第2点の論旨はいずれも理由がない。

　よって、裁判官全員一致の意見で、主文のとおり判決する。

（裁判長裁判官　山口繁、裁判官　園部逸夫、裁判官　小野幹雄、裁判官　千種秀夫、裁判官　尾崎行信、裁判官　河合伸一、裁判官　遠藤光男、裁判官　井嶋一友、裁判官　福田博、裁判官　藤井正雄、裁判官　元原利文、裁判官　大出峻郎、裁判官　金谷利廣、裁判官　北川弘治、裁判官　亀山継夫）

判　例

ミランダ対アリゾナ　Miranda v. Arizona, 384 U.S. 436 (1966)

　ウォレン首席裁判官が以下のとおり当裁判所の意見を告げた。

　本件は、アメリカ刑事司法の概念の根源に係わる問題を提起している。すなわち、個人を犯罪の嫌疑により訴追するに際して、社会が合衆国憲法と調和すべく遵守しなければならない制約とは何かということである。詳しく言えば、我々は、警察における身柄拘束下の取調べ（custodial police interrogation）の対象となった個人から得られた供述の許容性の問題、並びに憲法第5修正の下での自己負罪拒否の特権を確実にする手続の必要性の問題とを扱っているのである。

＊　＊　＊

　我々の判旨は引き続く頁の中で明瞭に理解されるだろうが、以下のように要約することができる。すなわち、検察官は、自己負罪拒否の特権を確保するのに効果のある手続的安全装置（procedural safeguards）を用いたことを示さない限り、被告人に対する身柄拘束下での取調べの結果得られた供述を、帰罪的なもの（inculpatory）であれ弁解的なもの（exculpatory）であれ、使用することができない。身柄拘束下での取調べとは、拘禁されあるいはいかなる方法においてであれ行動の自由を奪われた後に、法執行官によって開始された質問のことを意味する。用いられるべき手続的安全装置について言えば、被疑者に黙秘権を知らしめかつそれを行使する継続的な機会を確保するための他の十分効果的な手段が用意されない限り、以下の方法が必要である。いかなる質問にも先立って、被疑者に対しては、彼が沈黙を保つ権利を有すること、彼のいかなる供述も彼に不利益な証拠として使用されうること、そして、私選あるいは官選の弁護人の在席を求める権利があること、が告げられなければならない。被告人は任意に、熟慮の上でかつ理性的に（voluntarily, knowingly and intelligently）行われるという条件の下で、これらの権利を有効に放棄することができる。しかし、取調べのいかなる段階においても、話をする前に弁護士と相談したい意向を何らかの方法で彼が示したときは、被疑者を質問することは許されない。被疑者が弁護人と相談した上で質問されることを承諾しない限りは、単に彼が質問に答えあるいは自ら供述したという事実のみによって、それ以上の質問への回答を拒否する権利を奪われることはないのである。

＊　＊　＊

　身柄拘束中の取調べの性格や状況に対する理解が今日の我々の判決にとって重要である。かかる取調べ中に発生する事態を説明することの困難さは、我が国において取調べが外界から遮断された場所で広範に行われているという事実に由来する。有名な大統領委員会による議会へのウィッカーシャム委員会報告（Wickersham Report）を始めとする、1930年代に行われた広範な実証的研究によると、警察官による暴力や拷問が当時盛大に行われていたことが明らかである。これらの研究の後、長らくの間に裁判所が扱った一連の事件において、警察官は、自白を強要するために、肉体的蛮行——殴打、つるし上げ、鞭打ち——に訴え、あるいは密室内での執拗で長時間にわたる取調べに訴えている。1961年の公民権委員会は、「警察官の中には今だに自白を得る

ために物理的な力に訴える者がいる」ことを示す多くの証拠を発見した（1961 Comm'n on Civil Rights Rep., Justice, pt. 5, 17）。肉体的蛮行や暴行は、残念ながら、過去の出来事ではないし、国中から消えてなくなった訳でもない。ごく最近、ニューヨーク州のキングスカウンティーにおいて、警察官は、第三者に罪を負わせる供述を獲得する目的で、取調べ中の参考人を激しく殴り、蹴り、その背中に火の点いたタバコの吸いさしを押し付けた（People v. Portelli, 15 N.Y. 2d 235, 205 N.E. 2d 857, 257 N.E.S. 2d 931, 1965）。

　上に挙げた例は、疑いなく今日では例外的な出来事ではあるが、考慮に値するほどに広範囲に行われているのである。身柄拘束下の取調べに対する適切な制限——上述の諸判決が推進するような——が設けられない限り、このような取調方法が近い将来消滅するという保証はどこにもない。300年以上前に下されたウィッカーシャム委員会報告の結論は、依然として当を得たものである、すなわち、

　　事実を獲得するために拷問（the third degree）が必要であるという主張に対して、現英国司法卿（Sankey卿）の次の言葉を以て適切に答えることができよう。『些少の悪をもって大いなる善を為すということを認めることはできない。＊＊＊違法あるいは不当な手段によって正当な結果を得たからといって、正義を為したということはできない』。拷問の使用は、法執行官による重大な違法行為であるのみならず、虚偽の自白をもたらす危険があり、さらに、警察官や検察官の客観的証拠を探索する熱意を弱めさえするのである。報告書中でニューヨークの検察官が述べているように、『それは安易な方法であり、警察官を怠惰にしかつその想像力を失わせる』のである。あるいは、もう1人の官憲が述べているように、『拳（fists）を用いれば、知恵（wits）を用いることがなくなる』のである。我々は本報告書中に表明されている結論に賛成である。すなわち、『拷問は、警察を野蛮にし、囚人を社会に対して頑なにし、そして司法運営に対する公衆の支持を低める』」（Ⅳ National Commission on Law Observance and Enforcement, Report on Lawlessness in Law Enforcement 5, 1931）。

　我々はここで、現代の身柄拘束下の取調べの実務が肉体的というよりは心理的な傾向を持っているということを再度強調したい。かつて我々が指摘したように、「チェンバース対フロリダ（Chambers v. Florida, 309 U.S. 227）以来、強要（coercion）が肉体的のみならず精神的にも行われうるものであり、被告人の血のみが憲法に反する取調べの唯一の証左というわけではないということを当裁判所は理解してきた」（Blackburn v. Alabama, 361 U.S. 199, 206 (1960)）。取調べは依然として外界から遮断された場所で行われている。外界からの遮断は秘密をもたらし、そして秘密は、取調室の中で何が行われているかについての我々の知識に空白をもたらすのである。しかしながら、過去の成功例を引用しまた種々の技法を推薦している警察関係の手引書や教科書の中に、現在の警察実務に関する有益な情報源を見出すことができる。このような教科書類は法執行機関によってガイドとして使用されている。これらの教科書が身柄拘束下の取調べを通じて供述を獲得するために現在用いられている方法のうち最も啓蒙的かつ効果的な手段を公然と提供するものであることを注意する必要がある。これらの教科書やその他の情報を考慮することによって、我が国において広く観察される手続を説明することが可能である。

手引書は警察官に対して次のように説く。「取調べを成功させるための第1の心理的条件は外界からの遮断（privacy）——取調べを受ける者と1対1になること——である」。この技法の効果は次のように説明される。

可能なかぎり、取調べは取調官の事務室か、少なくとも彼自身が選択した部屋で行われるべきである。被疑者はすべての心理的優位を取り去られなければならない。自宅の中では、被疑者は自信を持ち、憤慨し、頑なでいることができる。自宅の壁の内側では、彼は自己の諸権利をより敏感に認識するし、自分の無分別や犯罪行為を話すことをためらい易い。さらに、彼の家族や友人が付近にいるときには、彼らの存在が心理的な援助を提供することになる。捜査官の事務所においては、これらの利点のすべてを捜査官自身が手中にすることができるのである。その雰囲気が法の力の不可侵性を暗示する。

孤立と不慣れな環境を際立たせるために、手引書は警察官に、被疑者の有罪に自信があるという様子を誇示し、ただ細部を確認することにだけ関心があるという素振りをするように指示している。被疑者の有罪は、動かしようのない事実として前提にされる。取調官は被疑者が罪を犯したのか否かを訊ねて失敗に終わるより、彼が罪を犯した理由を追及するように話題を導くべきである。他の男たちと同じように、取調べを受ける者は家族生活上の悩みを持ち、不幸な少年時代を送り、酒を飲み過ぎ、女性への満たされない欲望を持っているであろう。捜査官は、当該犯罪の道徳上の深刻さを最少限に評価し、被害者や社会を非難するよう教えられる。これらの技法は、自分の供述は警察官が既に知っていると思われる事実——すなわち彼が有罪であること——を念入りに仕上げる以外の何物でもないのだという心理的状態に被疑者を追い込むことを企図している。これに沿わない説明は受けつけられず、あるいは思いとどまらせられる。

こうして教科書は捜査官が備えるべき重要な資質が我慢強さと忍耐であることを強調する。

* * *

手引書は、最初の自白を得るために被疑者の行為について法的な弁解が与えられるべきことを提案する。例えば報復的な殺人が疑われる場合、取調官は次のように言う。

ジョー、きみはこの男を撃つ目的で捜していた訳ではないだろう。私の考えでは、君は奴が何かしでかすかも知れないと思って、それで拳銃を持って行ったんだ。＊＊＊つまり君自身の身を守るためにね。君は奴がどうしようもない人間だということを知っていた。君に会った時、奴は君に無礼で口ぎたない事を言った、そして君に向けて銃を引くようなしぐさをしたのだろう。その時こそ君は自分の生命を守るために行動しなければならなかったのだ。そういうことなんだよな、ジョー。

こうして撃ったことを認めさせた後、取調官は、正当防衛による弁解を否定すべき状況証拠に言及するよう教えられるのである。

* * *

上述のテクニックが功を奏しない場合、教科書は、ある程度の敵意を示すべく方向転換することを勧める。しばしば用いられる戦術は「友好−非友好作戦」あるいは「マットとジェフ作戦」と呼ばれるものである。

このテクニックにおいては、2人の捜査官が用意される。マット。彼は情け容赦のない捜査官であり、取調べを受ける者が有罪であることを知っており、時間を少しでも無駄にしたくないと考えている。彼は1ダースもの人間をこの種の犯罪のために刑務所に送ったし、被疑者をも最高刑期で送り込むつもりである。他方、ジェフは明らかに心優しい男である。彼には家族があり、また、彼の兄弟にも似たような事件に巻き込まれた古傷を持つ人がいる。ジェフはマットと彼の戦術を非難し、そして、被疑者が協力するならば彼が放免されるよう取り計らう意図がある。しかし彼はいつまでもマットを抑えておくことができない。被疑者は素早く決断したほうが身のためである。このテクニックは、マットが彼の役割を演ずる間、双方の捜査官を在席させることによって応用される。ジェフは静かに待機し、マットの戦術のいくつかに異議を唱えるのである。ジェフが協力を申し出るときにはマットは席を外している。

　取調官たちは時として詐術によって自白を引き出すことを教えられる。このテクニックは、犯人の同一性の確認（identification）が必要な犯罪や連続して行われた犯罪において非常に効果的である。同一性の確認の場合、取調官は質問を一時休止して被疑者をラインナップのなかの一群の男たちの中に置く。「証人あるいは告訴人（必要があれば事前に指導しておく）はラインナップを観察したうえで、自信をもって被疑者を犯人として指摘するのである。」そして「あたかも被疑者の有罪に疑問の余地がないかのように」取調べが再開されるのである。このテクニックの1つのバリエーションとして「逆ラインナップ（reverse lineup）」と呼ばれるものがある。

　被疑者はやはりラインナップの中に置かれる。しかし今回は、複数の偽物の証人か被害者が彼を別の犯罪の犯人であると指摘するのである。被疑者は絶望して、誤った訴追から逃れるために捜査中の犯罪を自白することが期待される。

　手引書は、また、出来事を完全に話そうとしない被疑者とか、弁護士や親族を求める被疑者をいかに扱うかということについて警察に教示する。捜査官は彼に黙秘権があることを承認する。「これには通常、被疑者の抵抗を非常に弱める効果がある。まず第1に、彼は取調官が自分に対して不利益な反応をするだろうという期待を裏切られる。第2に黙秘権の承認は、被疑者に取調官の表面上の公正さを印象づける。」

　しかし、この心理的な条件付けの後で、被疑者の供述拒否が帰罪的な意味合いを持っていることを指摘するように警察官は教えられるのである。

　ジョー、君には黙秘権がある。それは君の特権であり、私には君からその権利を奪おうなどという考えは毛頭ない。もし君がこの権利を留保したいのなら、それはそれで結構だ。しかし、ちょっと考えてみてくれ。もしも君が私の立場で私が君の立場だとして、君が私を呼び出してこの件を尋ねたとき、私が君に『あなたの質問には答えたくありません』と言ったらどうだろう。君は私が何か隠していると思うだろう、そしてそれは多分正しいだろう。君がそう言えば私だってそう考えなきゃならないし、他の連中もそう思うだろう。だから、ここに座って全てのことを話し合おうじゃないか。

　このモノローグが正確に用いられれば、当初の供述拒否を維持する者は稀であると言われる。

　被疑者が親族や弁護士と話し合うことを希望する場合には、次のような助言が与えられている。

取調官は、被疑者に対して、他人を事件に巻き込む前にまず取調官に真実を話すべきことを暗示するように応答するべきである。要求が弁護士の場合は、取調官は、そのような専門的サービスのために彼と彼の家族にかかる経費を節約すること、とりわけ彼が無罪ならなおさらそうであることを提言することができる。取調官はまた、『ジョー、私は真実を探しているだけなんだ。もし君が真実を話してくれれば、それで終わりさ。この位のことは君1人でできるだろう』と付け加えることもできる。

　これらの代表的な取調べのテクニックの例から見て、手引書に書かれまた実務上観察される取調べの条件は明瞭である。要するにこういうことである。隘路を塞ぎ外部からの援助を遮断するためには、被疑者と1対1になることが重要である。有罪を確信しているという気配が抵抗の意志を弱める。被疑者は警察官が彼に語らせるべく予め用意しておいた物語を確認するに過ぎない。我慢強さと忍耐、そして時には情け容赦のない質問が用意される。自白を獲得するために取調官は「所期の目的を達成しうる地点まで、彼自身と彼の獲物を導くように忍耐強く作戦を展開せねばならない。」通常の方法では必要とされる結果が得られない場合、警察は虚偽の法的助言を与えるなどの詐欺的策略に訴える。被疑者を常に不安定な状態にしておくこと、例えば、彼やその境遇への心配につけ入ることが重要である。そうして警察官は、彼が憲法上の権利を行使しないように、説得し、騙し、あるいは丸め込むのである。

　蛮行すなわち拷問（"third degree"）や上述した各種の技法がたとえ用いられなくとも、身柄拘束下の取調べ（custodial interrogation）という事態そのものが、個人の自由に重い制約を課し、また個人の弱さにつけ入るのである。＊＊＊

　このような取調べ環境が、個人を捜査官の意思に屈服させる目的で生み出されたものに他ならないことは明白である。この環境は自ら脅迫のバッジを着けている。確かにこれは肉体的脅迫ではない。しかし等しく人間の尊厳を破壊するものである。現今の外界から遮断された取調べ（incommunicado interrogation）の実務は、我が国において最も大切にされてきた原理の1つ、すなわち、人は自らを罪に陥れる供述を強制されないということ、と敵対する。身柄拘束状態に内在する強制の要素を払拭するに十分な保護的措置が採られない限り、被告人から獲得されたいかなる供述も真に自由選択の産物ということはできない。

　以上のことから、我々は自己負罪拒否の特権と警察での身柄拘束下の取調べとの間に密接な関連があることを十分認識しうる。

＊　＊　＊

　今日、第5修正の特権が刑事裁判手続以外でも適用され、自己負罪を強制されない自由があらゆる意味において制約を受ける場面で個人を保護するものであることに疑問の余地はない。我々は、適切な安全装置がない限り、被疑者や被告人に対する身柄拘束下の取調べ手続それ自体に個人の抵抗の意思を弱め供述を強要する強制的圧力が内在するという結論に達した。

　この圧力を減殺し自己負罪拒否の特権を行使する十分な機会を保証するためには、被告人は自己の諸権利について十分かつ効果的な告知を受けなければならず、その権利の行使は十分に尊重されなければならない。

議会や州がこの特権を保護すべくその創造的な規則制定権能を行使して考案する代替的措置の内容を予測することは不可能である。したがって、現在の取調べ手続に内在する強制について、憲法が特定の解決策への執着を要求していると言うことはできない。この判決は決して憲法の拘束服（a constitutional straitjacket）という訳ではなく、我々にはそのような意図はない。そうすることは改善への健全な努力を阻害するであろう。我々は、議会や州が、刑罰法規の実効性を高めつつ個人の権利を擁護するより効果的な方策を探る努力を続けることを奨励するものである。しかしながら、少なくとも被疑者に沈黙する権利を知らしめかつその権利を行使する継続的な機会を保証する効果的な他の方法が示されない限りは、以下の安全装置が遵守されなければならないと考える。

　まず第1に、身柄を拘束された者が取調べを受ける場合、初めに彼が黙秘権を有することを明確で疑問の余地のない用語で知らされなければならない。この特権を知らない者に対しては、それを知らしめるために——それは権利行使に関する知的判断を下すのに必要な第1の要件である——警告（warnings）を発することが必要である。さらに重要なのは、このような警告が取調べ環境に内在する圧力を克服するのに絶対に必要な条件であるということである。明示的であるか黙示的であるかに拘らず、自白が得られるまで取調べが続けられるとか、犯罪の嫌疑を前にして沈黙すること自体が咎められるべきであり陪審員がそれを知れば災いを招くであろうというような取調官の悪意の態度に屈服するということは、知的水準が低いとか恐るべき無知であると言って済まされることではない。さらに、警告は、被告人が特権を行使することを選ぶならば取調官はそれを了解する用意があることを示さなければならないのである。

　第5修正の特権は我が憲法規範のシステムにおいて非常に基本的なものであり、特権が行使できることを十分に警告するという手段は非常に単純なものであるから、我々は個々の事例について被告人が警告なしに彼の権利を知っていたか否かを審査しないのである。年齢、教育程度、知的能力あるいは過去における官憲との接触等の情報に基づいてなされた被告人の知識の評定は、単なる推測以外の何物でもない。警告は疑問の余地のない事実（a clear-cut fact）である。さらに重要なのは、被告人の個人的背景がどんなものであれ、取調べに際しての警告はその圧力を克服し、彼が時期を失することなく自由に特権を行使できることを確実に知らしめるうえで欠くことのできないものであるということである。

　黙秘権の告知は、いかなる供述も法廷において不利益に使用されうるという説明を伴うものでなければならない。この警告は、特権を知らせたうえさらにそれを放棄した結果を知らせるために必要なのである。特権に対する真の理解とその知的な行使は、これらの結果を了解して初めてなしうるのである。のみならず、この警告は個人をして彼が当事者主義のシステム（the adversary system）の一局面に直面しているのだということ——彼の周囲の人々は彼の利益のためだけに行動しているのではないということ——をより鋭敏に気付かせるであろう。

　身柄拘束下の取調べをめぐる環境は、単に取調官から特権を知らされたに過ぎない者の意思の上に素早くのし掛かってくるであろう。それゆえ、取調べに弁護人を在席させることは、今日我々が示したシステムの下で第5修正の特権を保護するために欠くことのできないものである。

我々の狙いは、個人の沈黙と供述の選択権が取調べの全過程を通じて侵害されないことを確実にすることにある。やがて取調べを開始するだろう人物から1度警告を受けたからと言って、権利についての知識を最も必要とする人々にとって上述の目的を達成させるのに十分ということはできない。取調官からの単なる警告だけではこの目的を達成するに不十分である。単なる黙秘権の告知は「常習犯や職業的犯罪者を利するだけである」ということを検察官側の人々自身が主張している（全国地方検事協会の法廷の友《amicus curiae》としての準備書面）。弁護人によって予め与えられた助言でさえ、密室の取調べによって容易に打ち敗かされてしまうのである。したがって、第5修正の特権を保護するための弁護人の必要性というのは、取調べの前に弁護人と相談する権利のみならず、被告人が望むならば取調べの間弁護人を在席させる権利をも包含するのである。

　取調べにおける弁護人の在席は、また重要な副次的機能を持つ。被告人が取調べに対して供述する途を選んだ場合、弁護人の援助が虚偽の危険性を減殺するのである。弁護人が存在することによって、警察官が自白の強要を行なう蓋然性は減るだろうし、それにも拘らず強要が行なわれたならば弁護人はその事実を法廷で証言することができよう。弁護人の存在は、被告人が警察に対し十分正確な供述をし、またその供述が検察官によって公判廷に正しく伝えられることを保障する手だてとなろう。＊＊＊

　取調べの前に予め弁護人を請求しなければならないものではない。そのような請求は弁護人を在席させる権利を確実にするだろうがしかし、弁護人を請求しなかったからといってその権利を放棄したことにはならない。この判決に示された警告が与えられた後でないかぎり、弁護人を在席させる権利はいかなる意味でも放棄されたと解することはできない。自らの権利を知らず、それゆえ自ら請求できない被告人こそ弁護人を最も必要とする人物であろう。＊＊＊

　カーンリー対コクラン（Carnley v. Cochran, 369 U.S. 506, 513 (1962)）において、我々はこう判示した。「弁護人の援助が憲法上の要請であるとき、弁護人を付する権利が個人の請求の有無に左右されるものではないということに異論はない」。この命題は、取調べに際して被告人の第5修正の特権を保護するために弁護人を付するという文脈においても等しく当てはまるのである。公判廷に置ける弁護人の役割と取調べにおけるそれとは異なるが、この相違は請求が必要かどうかという問題とは関係がない。

　したがって、取調べのために拘束された者は、この判決に示されている特権擁護のシステムの下で弁護士と相談しかつ取調べ中彼を同席させる権利を有することを明確に知らされなければならないと我々は考える。黙秘権の告知並びに供述が不利益な証拠として使用されうることの告知と並んで、この告知は取調べの絶対的要件である。個人がこの権利を知っていたことを示すいかなる状況証拠もこの告知に取って替わりうるものではない。このような告知を通じてのみ、被告人が確実にこの権利を知っていたことを確認しうるのである。もしも個人が弁護人の援助を求める意向を取調べの前に示したならば、彼が現に弁護人を持っていないかあるいは弁護人を雇う力がないことを理由にこの要請を無視したり拒否したりすることは許されない。個人の財政的能力はここで問題となる権利の範囲と何らの関係もない。憲法で保障された自己負罪拒否の特権は

すべての個人に適用されるのである。この特権を保護するための弁護人の必要性は裕福な者にも貧乏人にも等しく存在するのである。実際問題として、これらの憲法上の権利が弁護人を雇うことができる者にのみ享受されるとすれば、この判決の意味は殆どなくなるであろう。過去において我々が扱った自白に関する事件の大多数と同様、本件も弁護人を雇う資力のない者の事件である。捜査官憲は貧しい被告人に援助の手を差しのべる必要はない。しかし彼らは司法運営において貧困を利用してはならない義務を負っているのである。＊＊＊公判あるいは上訴段階での状況と異なり取調べの段階では資力ある者に弁護人が認められ貧しい者にはこれが拒否されるということを支持しうる理屈はない。

　さらに取調べを受ける者にこのシステムの下での権利の内容を完全に知らせるためには、弁護人と相談する権利があるというだけでなく、無資力の者は弁護人を選任してもらう権利があるということも告知される必要がある。この付属的告知がなされないならば、弁護人と相談する権利の告知は単に弁護人が既にいるかあるいはこれを雇う財力があるならば弁護人と相談しても良いという趣旨に理解されてしまいかねない。弁護権（a right to counsel）の告知は、貧しい者――最もしばしば取調べを受ける者――に対して、彼もまた弁護人の在席を求める権利があるのだという知識を与えるような表現でなされるのでなければ、空虚なものになるだろう。黙秘権並びに弁護権一般の告知とともに、無資力者に対するこの権利の効果的かつ明示的説明がなされることによって初めて、真実彼が権利行使しうる立場にいることが保証されるのである。

　以上の告知がなされた後の手続は明白である。取調べの前あるいは取調べ中のどの段階であれ、個人が黙秘したい旨をいかなる方法でも示したならば、取調べは中止されなければならない。この時彼は第5修正の特権を行使する意思を表明したことになるのである。特権を援用した後に得られた供述は強制の産物以外の何物でもない。質問自体を中止させる権利がないならば、身柄拘束下の取調べという状況は、特権発動後も個人に供述をさせるべく作用するだろう。もしも個人が弁護人を求める旨述べたならば、弁護人が現れるまで取調べは中止されなければならない。その際、弁護人と相談し、かつ引き続くすべての質問の間弁護人を在席させる機会が与えられなければならない。もしも個人が弁護人を得ることができず、しかし警察に供述する前に弁護人を得たい旨を示したならば、警察官は彼の黙秘するという決断を尊重しなければならない。

　このことは、一部において提案されているような、各々の警察署が「留置場付き弁護人（station house lawyer）」を常置させ被拘禁者の相談にあたらせるべきであるということを意味するものではない。そうではなく、それは、警察が取調べを企図するときは、彼らは被疑者に対し弁護人を得る権利があること及び自ら獲得できないときは取調べの前に彼のために弁護人が用意されるであろうことを知らしめなければならないということを意味するのである。捜査活動を遂行する合理的な期間弁護人を付与すべきでないとの結論に捜査官憲が達した場合、その間彼らが被疑者を取調べない限り、彼らは第5修正の特権を侵害することなしに被疑者に弁護人を付与しないことができる。

　弁護人の在席なしに取調べが続行され供述が得られた場合、政府は被告人が熟慮のうえで理性的に（knowingly and intelligently）自己負罪拒否の特権並びに私選や官選の弁護人を得る権利

を放棄したことを示す重い責任を負担することになる。当裁判所は常に憲法上の権利の放棄に関して高度の立証の基準を設定してきた。我々はこの基準が身柄拘束下の取調べにも当てはまることを改めて表明するものである。取調べが行われる孤立した環境を設置しているのは政府であり、また、外界から遮断された取調べの間に告知がなされたことを示す確かな証拠を入手しうるのも政府であるから、この立証責任はその肩に担わされるのが正当である。

供述する意思がありかつ弁護人を欲しない旨の明示的な供述がなされ、その後ほどなく供述がなされたときは放棄があったと解することができる。しかしながら、警告が与えられた後被告人が単に沈黙したということや最終的に自白が獲得されたという単純な事実から、有効な放棄がなされたことを推定することはできない。カーンリー対コクラン（Carnley v. Cochran, 369 U.S. 506, 516 (1962)）における次の一節はここでも妥当する。

　　沈黙の記録から放棄を推測することは許されない。記録中において、被告人が弁護人の付与を申出られながら、理性的に熟知のうえで（intelligently and understandingly）この申出を拒否したことが示されなければならない。それに満たないものは放棄ではない。

　＊＊＊さらに、身柄拘束下の取調べが関係する場合において、取調べ前に個人がいくつかの質問に答えあるいは彼自身についていくつかの情報を提供したとしても、彼が取調べにあたって黙秘権を発動したならば特権が放棄されたと解する余地はないのである。

被告人が権利を放棄したとする捜査官憲の証言がいかなるものであれ、供述がなされる前の長期間の取調べや外界と遮断した拘禁（incommunicado incarceration）は被告人が有効に諸権利を放棄しなかったことの強力な証拠である。このような状況下では、最終的に個人が供述したという事実は、取調べの強制的影響力がついに彼を供述に追い込んだという結論と符合する。それは、特権の任意的な放棄という観念といかなる意味でも矛盾する。さらに言えば、被告人が脅され、詐されあるいは丸め込まれて放棄したことのいかなる証拠も、勿論、彼が特権を任意に放棄しなかったことを意味するのである。権利の告知と放棄の要請は第5修正の特権にとって基礎的なものであり、現実の取調べ手続のための事前の儀式ではない。

　　　　　　　　　　　　　　　＊　＊　＊

本件で度々なされた議論は、取調べに対する社会の要請はこの特権よりも重いというものである。＊＊＊何人も自己に不利益な証人となることを強制されないとの第5修正の規定が政府権力と直面した個人の権利を憲法が規定したものにほかならないことを我々の今までの議論は明らかにしている。この権利は減縮されてはならない。＊＊＊

個人が彼の特権を行使したいと欲するとき、彼はそうする権利があるのである。これは捜査官憲が決めるべきことではない。弁護人は彼自身が事件を調査する機会を得るまで依頼人に警察官に何も供述しないようアドバイスすることができるし、警察官のいかなる尋問にも依頼人と同席する意向を示すこともできる。そうすることによって、弁護人は彼が学んだ良き専門家としての判断（the good professional judgment）を実践しているにすぎないのである。このことは弁護

人を法執行に対する脅威と考える理由にはならない。彼は自ら誓約した職務——できる限り依頼人の権利を擁護すること——を遂行しているに過ぎないのである。この職責を全うすることによって、弁護人はわが憲法の下での刑事司法の運営において重要な役割を演じているのである。

ノート

刑訴法198条1項但書の立法過程

　日本政府（司法省）は敗戦とほとんど同時に刑事訴訟法の改正作業に着手した。司法省は1947年10月成案を得て、これをGHQに提出し、GHQ民政局はこれを半年かけて研究した。そして、1948年3月から5月にかけて、日本側当局者とGHQとの間で累次にわたる協議会が催され、その協議に基づいて同年5月28日政府の改正案（「刑事訴訟法を改正する法律案」）が衆議院に上程された。このGHQと司法省との協議は、政府案に対してGHQ側が問題と考える点とそれに対する考え方を要約した「プロブレム・シート」に基づいて進められた。

　GHQに提出された政府案172条はこう定めていた——「検察官、検察事務官又は司法警察職員は、犯罪の捜査をするについて必要があるときは、被疑者を呼び出し、且つこれを取り調べることができる」（最高裁判所事務総局刑事局編『新刑事訴訟法制定資料』〔1952年〕25頁）。要するに、現在の198条1項のうち、但書が全部欠落した条文であった。これに対してGHQのプロブレム・シートは次のような提案を行った。

　　検察官や警察官は、いかなる状況の下においても、被告人であれ被疑者であれ、個人に質問への答えを強要してはならない。検察官または司法警察官のいかなる尋問においても、尋問を受ける個人は、何時でも、答弁を拒否することができ、かつ、**逮捕されている場合を除いて**、退去することができる。

　　No procurator or police official may, under any circumstances whatsoever, compel a person, whether an accused, a suspect, or otherwise, to answer questions. At any time in the course of any examination by a procurator or judicial police official, the person questioned may refuse to give answers and may withdraw *if not under arrest*.（前掲書の付録12～13頁。強調は引用者。）

この後に国会に提出された政府の改正案198条1項は現行法と同文である。政府は同項但書について「自白の追求を防止し、憲法第38條第1項の趣旨に従い、被疑者の人権を保障するため、特に規定を設けたもの」と繰り返し説明した（第2回国会衆院司法委員会議事録23号、同参院司法委員会議事録34号）が、「逮捕又は勾留されている場合を除いては」の意味についての説明は特になく、また、それについて質問する議員もいなかった。

　このような経過に照らすと、同項但書の趣旨は、憲法38条1項の黙秘権を保障するために、当初の政府案になかった、取調べのための出頭を拒否し取調べ中何時でも退去できる権利を明記する点にあったことが明らかであろう。そして、「逮捕又は勾留されている場合を除いては」というフレーズは、逮捕勾留されている場合は留置場にとどまらなければならないこと（自由に帰宅

できないこと）を意味していたに過ぎないと解釈することが可能であろう。この解釈は、刑訴法223条2項が参考人取調べにも198条1項但書を準用していることからも裏付けられる。198条1項但書が逮捕勾留されている者の取調べ受忍義務を肯定しているのだとすれば、参考人はたまたま逮捕勾留されているというだけで他人の犯罪に関して捜査官の取調べを受ける義務を課せられることになるが、それが不合理であることは明らかである。平野龍一は黙秘権を根拠に同様の解釈論を展開した。

　この規定に基づいて、拘置監にいる被疑者は、検察官等の要求があれば、取調室まで出頭する義務があり、取調がすむまで、そこに留る義務があるものと解されている。しかし、これでは、供述の義務はないと言っても、実質的には供述を強いるのと異ならない。この規定は、出頭拒否・退去を認めることが、逮捕または勾留の効力自体を否定するものではない趣旨を、注意的に明らかにしたにとどまる。したがって、検察官は、拘置所の居房から取調室へ来るように強制することはできないし、一度取調室へ来ても、被疑者が、取調をやめ居房へ帰ることを求めたときは、これを許さなければならない。

（平野龍一『刑事訴訟法』〔有斐閣、1958年〕106頁）

　実務は、しかし、逮捕・勾留された被疑者は捜査官の取調室に出頭し留まる義務があるという前提で運用されている。重大事件では逮捕勾留期間中連日（休日なしに）朝から晩まで取調べが行われるのが普通になっている。この実務はなかなか変りそうにない。

質問8−1

　接見指定合憲判決は「身体の拘束を受けている被疑者に取調べのために出頭し、滞留する義務があると解することが、直ちに被疑者からその意思に反して供述することを拒否する自由を奪うことを意味するものでないことは明らかである」と言った。他方、ミランダ判決は「身柄拘束下の取調手続それ自体に個人の抵抗の意思を弱め供述を強要する強制的圧力が内在する」と言った。どちらが正しいか。

2 余罪と取調べ受忍義務

判 例

浦和地判平2・10・12判時1376-24（三郷放火事件）

四 被告人が逮捕されるまでの経緯

＊＊＊

　関係証拠を総合すれば、被告人が吉川警察署に逮捕されるまでの経緯は、概ね次のとおりであったと認められる。

　1　9月7日午後1時35分ころ丁原小学校の正門付近で被告人と別れたCは、＊＊＊同日午後2時半ころ、D方の火災の発生を知り、Dと連絡を取り合ったりしたあと帰宅したが、その後、夜になって訪ねてきたDからの情報などで、放火の犯人が被告人ではないかと考えるに至り、同様の考えを抱いていたDとともに小岩のE方へ向かった。ところが、同人方には、既に被告人が来ていたので、DとCは、同所において、D方への放火の件をしつこく追及したが、被告人が容易にこれを認めないので立腹して、その腹部や背部等を殴打するなどの暴行を加え、パスポートを取り上げてしまった。そして、D、C及び被告人の3名は、その晩、結局、E方に泊まった。

　2　翌8日早朝、被告人は、E方をこっそり抜け出した上、来日パキスタン人に仕事を斡旋している実力者Kと連絡をとって、同人に事情を説明するなどし、同日午後5時過ぎころ、同人とともに、再びE方を訪ねた。

　3　ところが、E方において、DとCから、「被告人がDのアパートに放火した」旨聞かされたKは、被告人が、懸命に否認しているにもかかわらず、被告人の方が嘘をいっているものと考え、被告人の臀部を棒で殴打した上、その股や足首のあたりに火のついた煙草を押しつけて火傷させるなどしたため、こらえきれなくなった被告人は窓から逃走した。

　4　被告人が、8月末まで働いていた三郷市内の丙川化工所に裸足で逃げ込んだところ、同社の社長は、言葉はよくわからないまでも、仲間にいじめられた旨身振り手振りで訴えながら真新しい火傷の跡を見せる被告人に同情し、履物（サンダルと靴）を与えた上、当夜の夜間勤務員の1人に加え、翌9日午前8時ころ仕事が終了したあと、従業員の宿舎に泊めてやった。

　5　右宿舎でしばらく休んだ被告人は、親戚のFが自分のことを心配しているのではないかと考え、同日午後5時過ぎころ、再びE方に戻った。

　6　E方には、まだDやCらがいたが、被告人は、Eに現金18万円入りの財布を取り上げられ、他方、Dらは、その属するパキスタン人グループの中心人物であるLらと電話で連絡をとった。そして、駆けつけたLから、Dの家に放火したのだろうと追及された被告人が、遂にマッチで放火したとの事実を認めた上、Lの足に自分の額を押しあてて謝罪するに至ったため、Lは、Fが被告人から取り上げていた被告人の所持金の全部をDに渡した。

　7　その後、同日午後10時ころ、DとCは、L運転の車で被告人を吉川警察署に連れて行き、「この男が自分のアパートに放火したといっているから調べて下さい。」と片言の日本語で訴えた。

そこで、当直の警察官は、最も利害関係の薄く、日本語の比較的堪能なＬに通訳を頼んで事情を聴取したが、放火の事実につき被告人を逮捕するに足りるだけの供述を得るに至らなかったため、パスポートの提示により発覚した出入国管理及び難民認定法違反の事実により、ひとまず被告人を逮捕し、右逮捕及びこれに引き続く勾留期間中に放火の事実について被告人を本格的に取調べることとした。

* * *

五　取調べの経過の概要等

* * *

　証拠に基づき被告人に対する取調べの経過を概観してみると、被告人が９月９日に不法残留の事実で逮捕されたのちの取調べの経過の概要は、概ね次のとおりであったと認められる。すなわち、

　１　９月９日、吉川警察署で当直をしていたＲ警部は、放火の事実については、後刻本格的な取調べを行うことを前提として、被告人をひとまず不法残留の事実により現行犯逮捕した上、被告人を放火の犯人として警察に連れてきた者の一人であるＬの通訳で、被告人から弁解を聴取した。翌10日、当直から事件を受け取ったＳ警部補は、同日午前中、不法残留の事実につき簡単な取調べを行った。なお、９月10日の段階で、警察では、被告人を警察に突き出してきたＤの供述や本件火災直後に現場で被告人を見かけたというＧの供述を得ていたところから、本件出火の原因は、被告人の放火によることはほぼ間違いないとの見通しをたてた。

　２　吉川警察署から身柄の送致を受けた浦和地方検察庁のＱ検事は、Ｔの通訳により、同月11日、被告人から弁解を聴取して弁録を作成したのち、浦和地方裁判所に対し、勾留を請求し、同地方裁判所裁判官による勾留状の発付を得た。

　３　Ｓは、９月13日にも被告人の取調べを行った結果、不法残留の事実の関係での取調べをほぼ終了し、本件放火の関係で、被告人から事情の聴取を始めたところ、被告人は、当初自分はやっていないと否認していたが、布団の上にマッチを投げて火をつけたとの簡単な供述が得られたため、その旨の供述調書を作成した。

　４　13日限りで不法残留の事実に関する取調べを終えた吉川警察署は、当初の予定どおり残りの勾留期間を使って本件放火の取調べを行うこととし、９月16日、まず刑事課のＪ警部補が、本件放火の嫌疑により被告人の取調べを本格的に始めた。右取調べに対し、被告人は、当初自分はやっていない旨供述していたが、Ｊの追及により、窓からマッチを投げ入れて放火した旨供述するに至り、Ｊが、窓からマッチを投げ入れても火事にはならないとして目の前で火をつけたマッチを投げて見せたりしても、それ以上の供述をしなかったばかりか、取調べの途中で、自分はどうなるのだとか、Ｄらによって暴行を受けたり差別されたなどということばかりを話すため、取調べが一向に進展せず、また、一旦窓からマッチを投げて火をつけたと供述したのちにおいても、取調べの端々で、自分は放火はしていないと犯行を否認する供述をしていた。

　５　９月18日も、Ｊが、被告人の取調べを行ったが、16日と同様話が横道にそれ、取調べが思うように進展しないことに焦慮したＪは、参考人として吉川警察に出頭して来ていたＤやＣと被

告人を会わせ、同人らの影響力により合理的な自白を得たいと考え、同日夕刻、D及びCを取り調べていた吉川警察署の刑事課の大部屋に被告人を連れて行き、通訳人Uをも交えて、D及びCの両名を母国語（ウルドゥ語）で面談させた結果、被告人からアフターシェイブローションによる放火の自白を得たので、その旨の員面を作成した。

　6　9月19日、Q検事も、被告人を本件放火の嫌疑で取り調べた。

　7　9月20日、被告人は、不法残留の事実で浦和地方裁判所に公訴を提起された。

　8　翌21日9時20分、吉川警察署の前記Pは、本件放火の嫌疑により得ていた通常逮捕状を執行し、直ちに被告人から弁解を聴取した。

　9　9月22日、本件放火の嫌疑により被告人の身柄の送致を受けたQ検事は、直ちに被告人から弁解を聴取して弁録を作成したのち、浦和地方裁判所に対し、勾留を請求し、同地方裁判所裁判官から勾留状の発付を得たが、勾留質問の段階では被告人は犯行を否認した。

　10　9月30日からは、警察の取調べと平行して、Q検事の取調べも始まった。同検事の取調べの際にも、被告人は、時々本当は放火はしていないと犯行を否認する趣旨の供述をしていたが、「では、なぜ警察では自白したのだ」との追及を受け、その後は、ほぼ9月18日のJの取調べの際の自白と同旨の供述をするに至った。その後、右勾留の期間は10日間延長され、被告人は、延長後の勾留期間の満了する10月11日、前記現住建造物等放火の公訴事実により公訴を提起された。

*　*　*

一〇　別件逮捕・勾留と自白の証拠能力

*　*　*

　前記のとおり、当裁判所は、違法な別件逮捕・勾留の範囲につき、検察官とはやや見解を異にするものであるが、仮に違法な別件逮捕・勾留に関し検察官の定義に従った場合であっても、右別件による身柄拘束を利用して行う本件についての取調べの方法に一定の限界があると解すべきことは、また、別個の問題であって、適法な別件逮捕・勾留中の本件についての取調べが無条件に許容されることにはならない。これは、逮捕・勾留について、我が刑事訴訟法が、いわゆる事件単位の原則をとることにより、被疑者の防禦権を手続的に保障しようとしていることから来る当然の帰結である。

　別件で適法に勾留されている被疑者に対する余罪の取調べがいかなる限度で許されるかについては、これまでも種々の角度から論ぜられてきたが、当裁判所は、右余罪の取調べにより事件単位の原則が潜脱され、形骸化することを防止するため、これが適法とされるのは、原則として右取調べを受けるか否かについての被疑者の自由が実質的に保障されている場合に限ると解するものである（例外として、逮捕・勾留の基礎となる別件と余罪との間に密接な関係があって、余罪に関する取調べが別件に関する取調べにもなる場合は別論である。）。刑事訴訟法198条1項の解釈として、逮捕・勾留中の被疑者には取調べ受忍義務があり、取調べに応ずるか否かについての自由はないと解するのが一般であるが（右見解自体に対する異論にも傾聴すべきものがあるが、ここでは実務を強く支配している右の見解に従って論を進める。）、法が、逮捕・勾留に関し事件単位の原則を採用した趣旨からすれば、被疑者が取調べ受忍義務を負担するのは、あくまで当該

逮捕・勾留の基礎とされた事実についての場合に限られる（すなわち、同項但書に「逮捕又は勾留されている場合」とあるのを、「取調べの対象となる事実について逮捕又は勾留されている場合」の趣旨に理解する）というのが、その論理的帰結でなければならない。もしそうでなく、一旦何らかの事実により身柄を拘束された者は、他のいかなる事実についても取調べ受忍義務を負うと解するときは、捜査機関は、別件の身柄拘束を利用して、他のいかなる事実についても逮捕・勾留の基礎となる事実と同様の方法で、被疑者を取り調べ得ることとなり、令状主義なかんずく事件単位の原則は容易に潜脱され、被疑者の防禦権の保障（告知と聴聞の保障、逮捕・勾留期間の制限等）は、画餅に帰する。従って、捜査機関が、別件により身柄拘束中の被疑者に対し余罪の取調べをしようとするときは、被疑者が自ら余罪の取調べを積極的に希望している等、余罪についての取調べを拒否しないことが明白である場合（本来の余罪の取調べは、このような場合に被疑者の利益のために認められた筈のものであり、現実に行われている余罪の取調べの大部分も、かような形態のものである。）を除いては、取調べの主題である余罪の内容を明らかにした上で、その取調べに応ずる法律上の義務がなく、いつでも退去する自由がある旨を被疑者に告知しなければならないのであり、被疑者がこれに応ずる意思を表明したため取調べを開始した場合においても、被疑者が退去の希望を述べたときは、直ちに取調べを中止して帰房させなければならない。

　右のような見解に対しては、刑事訴訟法223条2項が参考人の取調べに関し、同法198条1項但書を準用していることを根拠に、そもそも、法は、人が身柄を拘束されているか否かによって取調べ受忍義務の有無を決しているのであり、身柄拘束の根拠となる事実の如何によって右義務の存否が左右されるいわれはないという議論がある。確かに、参考人については、取調べの対象となる事実に関し身柄を拘束されているという事態が考えられないわけであるから、法198条1項但書にいう「逮捕又は勾留されている場合」を、前記のとおり「取調べの対象となる事実について逮捕又は勾留されている場合」の趣旨に理解するときは、右準用規定に関する限り「逮捕又は勾留されている場合を除いては」という除外規定が、実質的に機能する場面は存在しないことになる。しかし、そのことを理由に、逆に、198条1項但書にいう「逮捕又は勾留されている場合」の意義を、文字どおり、「いやしくも何らかの事実について逮捕又は勾留されている場合」の趣旨に理解すべきであるとするのは、まさに本末を転倒した議論であるといわなければならない。法198条1項の解釈は、本来、同条の立法趣旨や令状主義なかんずく事件単位の原則等刑事訴訟法の底を流れる基本的考え等を合理的に勘案して決せられるべきものである。もちろん、かくして導かれた同条の解釈を同条を準用する他の規定にあてはめた場合に著しい不合理が生ずるときは、遡って前記のような同条の解釈の当否自体が問題にされることもあり得るが、参考人の取調べについて法198条1項但書を準用する223条2項の解釈としては、取調べの対象となる事実につき身柄を拘束されているということの考えられない参考人について、「逮捕又は勾留されている場合を除いては」という除外規定に該当する場合が事実上存在しない結果、参考人は、逮捕又は勾留されている場合であると否とにかかわらず、常に出頭拒否及び退去の自由を保障されていると解することによって、何らの不都合は生じないし、むしろその方が人権保障を強化した刑事訴

訟法の解釈として合理的であると考えられる。従って、法223条2項が198条1項但書を準用していることは、同項但書の前記のような解釈の何らの妨げになるものではないというべきである（もっとも、立法技術の問題としては、223条2項において、198条1項但書を同条3項ないし5項と一括してそのまま準用するのではなく、参考人は、取調べにあたり常に出頭拒否及び退去の自由を有する旨明記する方が賢明であったと思われるが、いずれにしても瑣末な立法技術の問題であって、このような点を論拠として被疑者の取調べ受忍義務の範囲を論ずるのは相当でない。）。

最後に、検察官が、放火の事実は、第一次逮捕・勾留の基礎とされた不法残留の生活状況の一部として一連の密接関連事実であるから、第一次逮捕・勾留中に放火の事実について取り調べることは許されるとしている点について検討する。右見解は、いわゆる狭山事件上告審決定（最2決昭和52・8・9刑集31・5・821）に依拠するものと思われるが、そもそも右決定が、甲事実による別件逮捕・勾留中の被疑者に対し、これと社会的事実として一連の密接な関連がある乙事実につき、甲事実の取調べに付随して取り調べることを違法でないと判示した趣旨は、両事実の間に、乙事実に関する取調べがすなわち甲事実に関する取調べにもなるという密接な関連性があることに着目したためにほかならず、右決定の事案はまさに右論理の妥当する事案なのである。しかるに、本件における別件と本件との間には、そのような密接に関連性は認められない。なぜなら、その関連性は、本件たる放火罪は、別件たる不法残留の事実の継続中に犯されたもので、放火の動機に不法残留中の生活状況が関係し得るという程度のものに止まるのであって、逆に、放火の事実の取調べが、不法残留の事実の動機、態様等を解明するためにいささかでも役立ち得るとは到底考えられないからである（のみならず、仮に放火の事実と不法残留の事実との間になにがしかの関連性があるとしても、第一次逮捕・勾留中における放火の事実に関する取調べが、別件たる不法残留の事実の取調べに「付随して」行われたというようなものではなかったことは前記＊＊＊認定の取調べ経過に照らして明らかであろう。）。

ところで、本件において、被告人の取調べにあたった吉川警察署の警察官及び浦和地方検察庁のQ検事は、余罪取調べに関する前記のような限界を全く意に介することなく、別件逮捕・勾留中においても、本件たる放火の事実について、別件の不法残留に関する取調べの場合と同様、被告人に取調べ受忍義務があることを当然の前提として取調べを行ったことが明らかであって、当然のことながら、被告人に対し、前記のような意味において、本件たる放火の事実については取調べを受ける義務がない旨告知したことはなく、被告人自身も、かかる義務がないということを知る由もなかったと認められる（のみならず、右取調べの方法は、犯行を否認する被告人に対し、目撃者がいるといって自白を迫り、被告人が一旦マッチを投げて放火したと供述するや、その方法では火事にならないから他の方法だろうと執拗に供述を迫るなど、取調べ受忍義務がある場合として考えてみても、明らかに、妥当を欠くものであったと認められる。）。従って、本件第一次逮捕・勾留中になされた本件放火に関する取調べは、明らかに許される余罪取調べの限界を逸脱した違法なものであり、これによって作成された被告人の自白調書は、証拠能力を欠き、また、その後の第二次逮捕・勾留は、右証拠能力のない自白調書を資料として請求された逮捕状、勾留状に基づく身柄拘束であって、違法であり、従ってまた、その間に作成された自白調書も証拠能

力を欠くと解すべきである。

＊＊＊

（裁判長裁判官　木谷明、裁判官　大島哲雄、裁判官　鈴木桂子）

判　例

大阪高判昭59・4・19高刑集37-1-98（神戸まつり事件）

　そこで、被告人Ｔに対する阪急タクシー事件［タクシーに対する暴力行為、威力業務妨害］を被疑事実とする第一次逮捕・勾留期間中に、被告人Ｆに対するみなとタクシー事件及び三宮自交タクシー事件［同前］を被疑事実とする逮捕・勾留期間中に、本件殺人の事実［前記暴動の現場付近で警察の輸送車両を動かして報道関係者を轢殺したとの事実］について被告人両名を取り調べ、これに関する不利益事実の供述を得た取調方法が適法であるか否かについて検討する。

　（一）一般に甲事実について逮捕・勾留した被疑者に対し、捜査官が甲事実のみでなく余罪である乙事実についても取調べを行うことは、これを禁止する訴訟法上の明文もなく、また逮捕・勾留を被疑事実ごとに繰り返していたずらに被疑者の身柄拘束期間を長期化させる弊害を防止する利点もあり、一概にこれを禁止すべきでないことはいうまでもない。しかしながら、憲法31条が刑事の手続に関する適正性の要求を掲げ、憲法33条、34条及びこれらの規定を具体化している刑事訴訟法の諸規定が、現行犯として逮捕される場合を除いて、何人も裁判官の発する令状によらなければ逮捕・勾留されないこと、逮捕状・勾留状には、理由となっている犯罪が明示されなければならないこと、逮捕・勾留された者に対してはただちにその理由を告知せねばならず、勾留については、請求があれば公開の法廷でその理由を告知すべきことを規定し、いわゆる令状主義の原則を定めている趣旨に照らし、かつ、刑事訴訟法198条1項が逮捕・勾留中の被疑者についていわゆる取調受忍義務を認めたものであるか否か、受忍義務はどの範囲の取調べに及ぶか等に関する同条項の解釈如何にかかわらず、外部から隔離され弁護人の立会もなく行われる逮捕・勾留中の被疑者の取調べが、紛れもなく事実上の強制処分性をもつことを併せ考えると、逮捕・勾留中の被疑者に対する余罪の取調べには一定の制約があることを認めなければならない。とくに、もっぱらいまだ逮捕状・勾留状の発付を請求しうるだけの証拠の揃っていない乙事実（本件）について被疑者を取り調べる目的で、すでにこのような証拠の揃っている甲事実（別件）について逮捕状・勾留状の発付を受け、同事実に基づく逮捕・勾留に名を借りて、その身柄拘束を利用し、本件について逮捕・勾留して取り調べるのと同様の効果を得ることをねらいとして本件の取調べを行う、いわゆる別件逮捕・勾留の場合、別件による逮捕・勾留がその理由や必要性を欠いて違法であれば、本件についての取調べも違法で許容されないことはいうまでもないが、別件の逮捕・勾留についてその理由又は必要性が欠けているとまではいえないときでも、右のような本件の取調べが具体的状況のもとにおいて実質的に令状主義を潜脱するものであるときは、本件の取調べは違法であって許容されないといわなければならない。

　（二）そして別件（甲事実）による逮捕・勾留中の本件（乙事実）についての取調べが、右の

ような目的のもとで、別件の逮捕・勾留に名を借りその身柄拘束を利用して本件について取調べを行うものであって、実質的に令状主義の原則を潜脱するものであるか否かは、①甲事実と乙事実との罪質及び態様の相違、法定刑の軽重、並びに捜査当局の両事実に対する捜査上の重点の置き方の違いの程度、②乙事実についての証拠とくに客観的な証拠がどの程度揃っていたか、③甲事実についての身柄拘束の必要性の程度、④甲事実と乙事実との関連性の有無及び程度、ことに甲事実について取り調べることが他面において乙事実についても取り調べることとなるような密接な関連性が両事実の間にあるか否か、⑤乙事実に関する捜査の重点が被疑者の供述（自白）を追求する点にあったか、客観的物的資料や被疑者以外の者の供述を得る点にあったか、⑥取調担当者の主観的意図がどうであったか等を含め、具体的状況を総合して判断するという方法をとるほかはない。

（三）これを本件についてみるに、前記第一、一において認定した事実から明らかな以下の諸事由、すなわち①被告人Tの第一次逮捕・勾留事実である阪急タクシー事件、被告人Fの逮捕・勾留事実であるみなとタクシー事件及び三宮自交タクシー事件は、犯罪事実自体からただちに逮捕・勾留の理由又は必要性がないと断定しうるほど軽微な事件ではないけれども、本件殺人の事実と比較して、その法定刑がはるかに軽いのはもとより、その罪質及び態様においても大きな径庭のある軽い犯罪であるだけでなく、昭和51年度神戸まつり開催期間中に発生した一連の事犯の捜査にあたった捜査官の関心は、既述の事情から、主として本件殺人の事実の解明に向けられていたこと、②そして、本件殺人の事実の捜査については、本件輸送車を押した人物を写真等の客観的資料で特定するだけでは足りず、本件輸送車を押したことが判明した被疑者について、さらに殺意を認めるための前提事実としてこれを押した方向に西原記者が昏倒している事実を認識しながらあえてこれを押し続けたということを証明する証拠が収集されなければならないが、この点を裏づける客観的証拠は非常に乏しく、いきおい被疑者の供述に頼らざるをえなかったため、捜査は困難を極め、現に前記のように逮捕被疑者155名のほとんど全員に無作為的に本件殺人の事実に関するポリグラフ検査を実施するというような状況であったこと（なお捜査の結果殺人罪として処理しえたのは、被告人両名を含む少年3名のみであったが、そのうち被告人両名以外の少年は、家庭裁判所において少年の供述に信用性がないとして不処分決定がなされている。）、③被告人両名は、いずれも逮捕当時少年であり、前科前歴は皆無で身元も安定しておるうえ、逮捕前すでに右各逮捕・勾留事実を認め、その旨の概略的な供述を録取した調書も作成され、その供述を裏づける客観的証拠である写真も存在していたのであって、これらの点よりみると、被告人両名を右各逮捕・勾留事実について逮捕・勾留する理由と必要性は、けっして高度のものではなく、在宅取調べによって捜査目的の達成が可能であったとも考えられること、④しかも、右各逮捕・勾留事実と本件殺人の事実とは、右神戸まつり開催中に発生した一連の事犯の一部であるという程度の広い意味では社会的関連性を有しないとはいえないが、罪質、被害者、犯行時刻、場所を異にし、右各逮捕・勾留事実の取調べをすすめることが本件殺人の事実についての取調べにもつながるというような密接な関連性は存在せず、前者についての取調べは後者についての取調べのきっかけを提供するという程度の関係にあるにすぎないのであって、現に被告人両名に対す

る右各逮捕・勾留事実についての取調べは手早くすまされ、本件殺人の事実は、それらとは別個の事実として取調べがなされていること、⑤また、被告人両名は、逮捕前から本件輸送車を押したことのあった事実自体は争っていなかったから、捜査の重点は、客観的資料の収集というより、被告人両名から、人が倒れていたことを認識しながらその方向に、したがって人を轢過することを認識しながら本件輸送車を押し続けたか否かについての供述を得ることにおかれていたこと（なお、この点は、被告人Tが小島警部補に対しては、本件輸送車を押しはじめてから倒れている西原記者に気づいたが、同車右後輪で同記者を轢くまで一貫して同車を押し続けた旨供述しながら、検察官の取調段階に至って同車を押しはじめたという時点以後同被告人が同車から離れている事実を示す写真の存在が覚知されたため、これに符合するように、いったん同車を押しはじめた後、割り込んできた他の男にはじき出されるようにして同車を離れ、その後再び同車にへばりついて押したと供述が変更されたと認められることや、被告人Fが、捜査官に対し、本件輸送車の前部正面から後方に向けて同車を押していた際人が倒れているという声を聞いただけで、その倒れている位置その他の具体的状況を一切聞知していないのに、場合によっては倒れている人を轢いてしまうかもしれぬと思って同車を押し続けた旨飛躍のある供述をしていることにもあらわれている。）、⑥さらに、被告人Tの第一次逮捕・勾留期間、被告人Fの逮捕・勾留期間中の取調時間の大半が本件殺人の事実についての取調べに費されているところ、被告人両名の取調べを担当した小島警部補、藤原巡査部長の両名とも、右各逮捕の当初から右各期間を本件殺人の事実の取調べに積極的に利用しようという意図を有していたこと、以上の諸事由を踏まえて、さらに関係証拠を検討すると、被告人両名に対する右各逮捕・勾留は、その理由又は必要性が欠けているとまでは断定しえないとしても、そしてまた右逮捕・勾留期間中においては、それぞれその逮捕・勾留事実についても被告人両名の取調べがなされているけれども、その各期間中の取調時間の大半が用いられた被告人両名に対する本件殺人の事実についての取調べは、これを実質的にみれば、もっぱらまだ逮捕状・勾留状の発付を請求しうるだけの証拠の揃っていない本件殺人の事実について被告人両名を取り調べる目的で、すでにこのような証拠の揃っていた右各逮捕・勾留事実について逮捕状・勾留状の発付を受け、同事実に基づく逮捕・勾留に名を借りて、その身柄拘束を利用し、あたかも本件殺人の事実について司法審査を受け逮捕状・勾留状の発付を受けたと同様の状態のもとで、同事実ことにその殺意に関する不利益事実の供述を追求したものであるということができる。これに加えて、被告人Tについては、第一次逮捕・勾留に続いて、本件殺人の事実等に基づく逮捕状・勾留状の請求発付がなされ（第二次逮捕・勾留）、実質的な逮捕・勾留のむし返しが行われた（もっとも、それは前記準抗告決定の限度で司法的抑制を受けた。）こと、被告人Fについては、その取調べに際し捜査官の意図を察知されないようにするため、あたかも本件殺人の事実については、殺人罪として処理することを目的とした取調べをしないかのような詐言が用いられ、同被告人の防禦権行使が妨げられた疑いが濃厚であることなどの諸事情をも併せ考えると、右各逮捕・勾留期間中における被告人両名に対する本件殺人の事実に対する取調べは、具体的状況に照らし、実質的に憲法及び刑事訴訟法の保障する令状主義を潜脱するものであって、違法で許容されえないものといわなければならない。

三　別表（一）（二）記載の各供述調書の証拠能力について

　（一）捜査官が、被告人Ｔに対する第一次逮捕・勾留期間、被告人Ｆに対する逮捕・勾留期間中に、被告人両名を本件殺人の事実について取り調べて作成した各供述調書＊＊＊は、前記のようにその取調べに存する違法性が令状主義の潜脱という重大なものであって、司法の廉潔性の保持及び将来における同様の違法な取調方法の抑制という見地から、違法収集証拠としてその証拠能力は否定されるべきである。

　（二）被告人Ｔに関する＊＊＊各供述調書は、同被告人に対する第二次勾留期間中に、捜査官が本件殺人の事実について同被告人を取り調べて作成したもの、同被告人に関する＊＊＊各供述調書は、同被告人に対する家庭裁判所の観護措置決定が、同裁判所の検察官送致決定に伴って勾留とみなされた期間内に、捜査官が本件殺人の事実について同被告人を取り調べて作成したものであり、被告人Ｆに関する＊＊＊各供述調書は、同被告人が家庭裁判所の観護措置を受けている間に、捜査官が少年鑑別所に赴き本件殺人の事実について同被告人を取り調べて作成したものであるが、いずれも、被告人Ｔの第一次逮捕・勾留及び被告人Ｆの逮捕・勾留中に同被告人らを本件殺人の事実について取り調べて各供述調書（第一次証拠）を作成した捜査官ないしこれと一体と認められる捜査機関が同様の捜査目的で同一事実につき同被告人らを取り調べて作成した供述調書（第二次証拠）である。そして第一次証拠が、前記のように憲法及び刑事訴訟法の保障する令状主義を実質的に潜脱して被告人両名を取り調べた結果得られたという重大な違法性を帯びるものである以上、右のような捜査機関が、第一次証拠の収集時から実質上継続して身柄を拘束されている被告人両名を取り調べて作成したこのような第二次証拠も、特段の事情のない限り、第一次証拠と同様の違法性を承継するものと解するのが、司法の廉潔性の保持と将来における違法捜査の抑制という目的にも合致し、正当であると考えられ、本件では右各供述調書を証拠として許容すべき特段の事情も認められないので、第二次証拠である右各供述調書の証拠能力も、すべて否定すべきものと解する（なお、被告人Ｔに関する＊＊＊各供述調書は、前記準抗告審決定によって、同被告人に対する第二次勾留による身柄の拘束が本件殺人の事実の取調べに利用されてはならない旨指摘されながら、右勾留期間内にあえて同被告人を右事実について取り調べて作成したものであって、実質的な逮捕・勾留のむし返しにより法定の身柄拘束期間の制限を潜脱してなされた取調べの結果獲得されたという違法性をも帯びているものと考えられる。）。

＊　＊　＊

（裁判長裁判官　石松竹雄、裁判官　石田登良夫、裁判官　安原浩）

> **質問8－2**
> 　三郷放火事件と神戸まつり事件はいずれも身柄拘束中の余罪取調べの範囲や方法の限界について判断したものであるが、その判断基準は異なる。どのように異なるのか。いずれの基準が優れているか。

3　起訴後の取調べ

判　例

福岡地判平15・6・24判タ1143-192（「取り分けた覚せい剤」事件）

（犯罪事実）

　被告人は、氏名不詳者と共謀の上、覚せい剤を本邦に輸入しようと企て、みだりに、平成15年1月26日、覚せい剤であるフェニルメチルアミノプロパンの塩酸塩を含有する結晶7895.71グラム＊＊＊については営利の目的で、上記同様の覚せい剤76.22グラム＊＊＊については営利の目的なく、スーツケース内に隠匿携帯し、中華人民共和国香港国際空港で、日本航空754便に搭乗するに当たり、上記スーツケースを同航空会社従業員に対し、福岡市にある福岡空港までの機内預託荷物として運送委託し、同日午後6時27分ころ、福岡市博多区大字上臼井字屋敷《番地略》の福岡空港に到着し、そのころ、情を知らない同空港関係作業員をして、上記スーツケースを航空機内から機外に搬出させて本邦内に持ち込み、もって上記各覚せい剤を本邦内に一括輸入するとともに、同日午後6時59分ころ、同市博多区大字青木《番地略》の福岡空港税関支署入国旅具検査場で、入国に伴う通関検査を受けるに際し、関税定率法上の輸入禁制品である上記各覚せい剤を隠匿したまま、その情を秘してこれを輸入しようとしたが、同税関支署係員に発見されたため、密輸入の目的を遂げなかった。

＊＊＊

（証拠排除）

1　問題点

　被告人は、本件覚せい剤のうち、76.22グラム（平成15年押第75号の4はその鑑定残量。以下「取り分けた覚せい剤」という。）については、第2回公判期日の被告人質問まで営利目的を否定していた。しかし、その後、検察官は、第2回公判期日の被告人質問終了後に被告人を取り調べ、取り分けた覚せい剤についても営利目的を認める内容を含む、平成15年4月29日付け検察官調書（乙29号証。以下「本件検察官調書」という。）を作成した。

　そこで、このような被告人質問施行後に作成された検察官調書に証拠能力が認められるかが問題となる。

2　起訴後の被告人に対する捜査官の取調べの適法性に関する最高裁決定

　起訴後の被告人に対する捜査官の取調べについては、最高裁昭和36年（あ）第1776号同年11月21日第3小法廷決定・刑集15巻10号1764頁（以下「昭和36年決定」という。）が、かっこ内の判断ではあるが、「刑訴197条は、捜査については、その目的を達するため必要な取調をすることができる旨を規定しており、同条は捜査官の任意捜査について何ら制限をしていないから、同法198条の「被疑者」という文字にかかわりなく、起訴後においても、捜査官はその公訴を維持するために必要な取調を行うことができるものといわなければならない。なるほど起訴後においては被告人の当事者たる地位にかんがみ、捜査官が当該公訴事実について被告人を取り調べること

はなるべく避けなければならないところであるが、これによって直ちにその取調を違法とし、その取調の上作成された供述調書の証拠能力を否定すべきいわれはなく、また、勾留中の取調べであるのゆえをもって、直ちにその供述が強制されたものであるということもできない。本件において、第一審判決が証拠に採用している所論被告人の検察官に対する昭和35年9月6日付供述調書は、起訴後同年9月7日の第1回公判期日前に取調がなされて作成されたものであり、しかも、右供述調書は、第一審公判において、被告人およびその弁護人がこれを証拠とすることに同意している。したがって、原判決には所論のような違法は認められない。」と判示している。

ところで、昭和36年決定によると、起訴後の被告人に対する捜査官の取調べが許容される条件としては、①第1回公判期日前の取調べであること、②被告人及び弁護人が証拠とすることに同意していることの2要件が必要であるかのようにも理解されるところである。

しかし、その後、弁護人が、起訴後第1回公判期日前に被告人を取り調べて作成した検察官調書は違法な手続によって収集された証拠として排除されるべきである旨主張した事案（第一審千葉地裁昭和55年6月24日判決・判時993号21頁）において、最高裁昭和56年（あ）第551号昭和57年3月2日第2小法廷決定・裁判集225号689頁（以下「昭和57年決定」という。）は、「所論引用の最高裁昭和36年（あ）第1776号同年11月21日第3小法廷決定・刑集15巻10号1764頁は、起訴後においても、捜査官はその公訴を維持するために必要な取調を行うことができることを認めたものであり（記録によれば、所論起訴後における被告人の取調が本件公訴を維持するために必要なものであったことが明らかである。）、起訴後においては被告人の当事者たる地位にかんがみ、捜査官が当該公訴事実について被告人を取り調べることはなるべく避けなければならないことを判示してはいるが、それ以上に、起訴後作成された被告人の捜査官に対する供述調書の証拠能力を肯定するために必要とされる具体的な要件を判示しているとは解せられない」と判示した。

この昭和57年決定によると、昭和36年決定の上記①及び②の各要件は不要であるとも解されるが、昭和57年決定は、上記のとおり起訴後第1回公判期日前の取調べの事案であることからして、その判例の射程距離は、起訴後第1回公判期日前の捜査官の取調べに関する事案に限定して②の要件を不要としたものであると理解するのが相当である。

したがって、起訴後第1回公判期日後の被告人に対する捜査官の取調べに関する最高裁の判例はなく、むしろ、昭和36年決定及び昭和57年決定が、「起訴後においては、被告人の当事者たる地位にかんがみ、捜査官が当該公訴事実について被告人を取り調べることはなるべく避けなければならない」と重ねて判示していることにかんがみると、被告人に対する起訴後第1回公判期日後の取調べを無条件で全面的に許容しているとは到底解されない。

3　裁判所の判断

本件は、平成15年3月26日、第1回公判期日において、検察官の請求による証拠調べが行われたが、冒頭陳述終了後、検察官は、取り分けた覚せい剤についても営利目的で輸入したものとして起訴していること、被告人が覚せい剤を取り分けたのは運んだものが覚せい剤であることを関係者に確認させるためであると釈明した。その後、同年4月24日、第2回公判期日において弁護人の請求による証拠調べと被告人質問が行われ、弁護側立証も終了し、同年5月15日の第3回公

判期日において、論告と弁論が行われる予定であった。ところが、検察官は、被告人質問が終了した第2回公判期日後の同年4月29日に、否認している共犯者を起訴するためには被告人の供述が必要である旨を被告人に告げてその協力を求め、被告人自身の本件被告事件に本件検察官調書が提出されることを説明することなく、また、弁護人の立ち会いや同意を求めることもなく、被告人を被疑者として取り調べた上で、それまでの被告人の捜査段階及び公判段階での供述と相反する内容の本件検察官調書、すなわち、取り分けた覚せい剤についても被告人に営利目的があったことを認める旨の本件検察官調書を作成し、その供述調書を第3回公判期日において証拠として請求し、弁護人がこれに同意したため、裁判所は証拠として採用決定の上で取り調べた。

そうすると、本件検察官調書は、公判における被告人質問の後に、被告人質問によって更に明白になった捜査の不備を補完するために、弁護人の援助を受ける権利を与えることなく作成されたものであることが明らかである。このような検察官の取調べは、被告人の防御権を奪い、憲法37条1項、3項の精神を没却し、被告人の当事者としての地位を侵害するものであるのみならず、従前公判期日で行われた被告人質問を全く無意味ならしめ、刑事訴訟法の当事者主義や公判中心主義にも反するものであることが明らかであると言わなければならず、このような取調べの結果作成された本件検察官調書には証拠能力は認められない。

以上より、本件検察官調書は、証拠能力がないことが判明したので、本件被告事件の証拠から排除されるべきものと認め、職権により刑事訴訟規則207条を適用して、本件被告事件の証拠として取り調べた本件検察官調書を排除する。

* * *

（裁判長裁判官　陶山博生、裁判官　國井恒志、裁判官　古賀英武）

質問8-3
「取り分けた覚せい剤」事件は第1回公判の前か後かを判断基準の1つとしているが、これは正しいか。

質問8-4
「取り分けた覚せい剤」事件は弁護人が取調べに同意したにもかかわらず、証拠能力がないとして証拠排除したが、この判断は正しいか。

判　例

大阪高判昭43・12・9判時574-83（退去権不告知調書排除事件）

控訴趣意第5点（訴訟手続の法令違反の主張）について

（一）論旨は先ず、原判決は、被告人の司法警察職員に対する供述調書全部を原判示各事実を認定する証拠としているのであるが、右のうち、昭和39年9月20日付以外のもの、すなわち同年

9月29日以降に作成された7通の各供述調書は、いずれも本件起訴（同月28日）後に作成されたものである。しかして、刑事訴訟法が当事者主義的訴訟構造をとる以上は、被告人は公訴の提起後は検察官と対立し、対等の訴訟主体であって、もはや捜査官による取調の客体もしくは証拠資料獲得の手段又は対象とはなりえないものであり、したがって、刑事訴訟法197条の任意捜査にも一定の限界があるのであって、このことは、刑事訴訟法198条も被疑者の取調に関する規定であって、被告人の取調に関する規定ではないことからも窺うことができる。したがって、本件起訴後に司法警察職員によって作成された被告人の供述調書はいずれも証拠能力を有しない。原判決が右証拠能力のない各供述調書を証拠にかかげたのは訴訟手続の法令違反がある、というのである。

　よって案ずるに、刑事訴訟法197条は、捜査についてはその目的を達するため必要な取調をすることができる旨を規定しており、同条は捜査官の任意捜査について何ら時期的制限をもうけていないし、現行刑事訴訟法は当事者主義的、弾劾主義的訴訟構造を基盤としながらも、捜査に関してはなお多分に糾問主義を残しており、刑事訴訟法198条は捜査官に犯罪捜査のために必要があるときは、相手方当事者となるべき被疑者の取調をする権限を与えている。しかしながら、捜査官が起訴後にも被告人の取調をすることができるか否かについては規定がないので、この点については、現行刑事訴訟法の全体系ないし訴訟構造に立脚して考究するほかはない。ところで、検察官が治安の責に任ずる者として公益的性格を有し、さらに公訴を提起し、その維持にあたる国家機関であることはもちろんであるが、他方、現行刑事訴訟法は当事者主義、弾劾主義を基調としており、検察官も一方の訴訟当事者としての性格を有する以上、任意捜査の時期、方法にもおのずから一定の限界があるのであって、起訴後の被告人を被疑者のときと全く同様に取り調べることができると解することはできない。元来、検察官としては公訴を維持するに足る証拠があるとの確信がなければ、公訴を提起することは許されないのであるから、検察官が公訴を提起した以上、原則としてさらに捜査をする必要がなく、せいぜい、より一層公訴の維持を確実ならしめるために必要な補充的捜査をなせば足りる筈である。また、検察官によって起訴された被告人は、被訴追者として単なる被疑者よりも不利益な立場に立たされると同時に、明確に一方の訴訟当事者として検察官と対等の地位に浮び上るのであるから、第1回公判期日以前といえども、早速、検察官による弾劾に対して自己を防禦する準備活動にとりかからねばならない。検察官（ないし捜査官）が、公訴を提起した後、なおも、このような性格を帯びた相手方当事者たる被告人を証拠資料獲得の手段とし、被告人に対して当該公訴事実に関する取調に応ずることを要求し、被告人自身に［ママ］不利益な供述を引き出そうとするがごときことは、本来必要性に乏しいうえ、刑事訴訟法の当事者主義的、弾劾主義的訴訟構造に反するだけではなく、被告人の訴訟当事者としての防禦権を侵害するものであって、裁判の公正を害するおそれがあるといわねばならない。ただ、当事者主義、弾劾主義といえども、被告人が自らその防禦権を放棄することまでも禁止するものではないと解するので、被告人が全く任意（自発的に近い程度に）に検察官（ないし捜査官）のもとに出頭してその取調に応ずる場合にかぎって、これを取り調べることが許されるものと解するのが相当である。従って、検察官（ないし捜査官）が起訴後において被告人を当該

公訴事実に関して取り調べうるのは、被告人が自ら供述する旨を申し出て取調を求めたか、あるいは、取調のための呼出に対し、被告人が取調室への出頭を拒み、または出頭後いつでも取調室から退去することができることを十分に知ったうえで、出頭し、取調に応じた場合にかぎられるのであって、このことは、被告人がたとえ勾留されている場合においても異なるところはない。そうだとすれば、検察官（ないし捜査官）が起訴後に被告人を当該公訴事実に関して取調べようとするときは、被告人が、取調室への出頭を拒み、または出頭後いつでも取調室から退去することができる旨を十分に知っていたことを認めうる特段の事情がないかぎり、あらかじめ被告人に対してその旨を告知することを要するものと解すべきである（もっとも、刑事訴訟法にはこのような告知義務を定めた規定はないが、捜査官が起訴後に被告人を取り調べることができる旨を定めた規定もないのであるから、現行刑事訴訟法の全体系ないし訴訟構造をとおして考究するほかはなく、その結果、このように解すべき必然性があると考える）。そして、以上に述べたところに違反する被告人の取調は違法であり、これによって作成された供述調書は、現行刑事訴訟法の訴訟構造に反し、かつ被告人の防禦権を侵害するものであって、法の適正な手続を保障する憲法31条に違反するものであるから、証拠能力を有しないものと解すべきである。そこで、本件記録を調査するに、原判示各事実について昭和39年9月28日公訴の提起があったことは明白であるところ、原判決は、被告人の司法警察職員に対する供述調書全部を証拠として採用しているが、そのなかには起訴後に作成された昭和39年9月29日付、同月30日付、同年10月1日付、同月5日付、同月6日付及び同月7日付（2通）の計7通の供述調書が含まれていることは、所論指摘のとおりである。しかるに、記録を精査しても、司法警察職員が起訴後に被告人を取り調べるにあたり、被告人が取調室への出頭を拒み、または出頭後いつでも取調室から退去することができる旨を十分に知っていたことを認めうる特段の事情が認められないのにかかわらず、あらかじめ、被告人に対してその旨を告知し、被告人がその旨を十分承知のうえで、取調室に出頭してその取調に応じたことは、これを認めがたいので、右各供述調書は証拠能力を有しないものというほかはなく、これを証拠として採用した原裁判所の訴訟手続には法令の違反があるといわなければならない。しかしながら、後段説示のごとく、右各供述調書を除外しても、事実認定に影響を及ぼさないものと考えられるので、右訴訟手続の法令違反は、判決に影響を及ぼすことが明らかであるとは考えられない。論旨は理由がない。

＊＊＊

（裁判長裁判官　中田勝三、裁判官　佐古田英郎、裁判官　梨岡輝彦）

> **質問8−5**
> 　出頭拒否権・退去権を告知する必要性について、起訴前の任意取調べの場合と起訴後の取調べとで差異を設ける理由はあるか。

判 例

東京地決昭50・1・29判時766-25（弁護人不立会い調書却下事件）

　被告人谷津の当公判廷における供述および本件記録によれば、本件供述調書は、被告人に対して兇器準備集合罪、公務執行妨害罪により公訴が提起された日である昭和47年6月3日以降のいまだ弁護人が選任されていない段階での取調によって作成されたものであることが認められる。ところで、現行刑訴法には、被告人を当該起訴事実について取り調べることを禁止した明文はないが、そのことをもってただちに、いわゆる起訴後の取調が起訴前の被疑者の取調と同じ要件の下で許容されると解することはできない。けだし現行刑訴法は、当事者主義を基調としているところ、公訴の提起によって、被告人は訴訟の当事者としての主体的な地位にたつのであって、その変化に伴い、ことがらの性質上、刑訴法197条1項本文の認める捜査官の任意捜査の方法時期等も一定の制約をうけることは避けられないというべきである。

　そこで、その方法について検討すると、被告人は、公判廷においては、当事者として弁護人の立会のもとで供述する権利があり、かつこの権利は当事者としての地位にとって基本的なものというべく（憲法37条3項参照）、したがって、被告人である以上は被疑者段階とは異なり、右権利の保障は原則として公判廷外での捜査官による任意捜査についても及ぶものと解するのが相当である。すなわち、被告人が任意に取調に応ずる場合でも、本件のように、任意的弁護事件でいまだ弁護人が選任されていない場合は、捜査官が被告人に対して弁護人選任権を告知したのみでは十分でなく、さらに、弁護人の選任を希望するならば弁護人の選任がなされた後その立会の下で取調を受ける権利があることをも告知する必要があり、そのうえで、被告人が弁護人の立会は必要でない旨を明示して取調に応じた場合等の特別の事情のない限り、捜査官が弁護人を立ち会わせることなく当該被告事件について取調をすることは、訴訟の当事者としての被告人の本質的権利である、弁護人の弁護を受ける権利を奪うことになり、被告人に対する任意捜査の方法として許されないものというべきである。

　したがって、捜査官にとっては本件事案の性質・態様に照らし被告人の供述調書を作成する必要性が全くなかったとはいえないにしても、本件供述調書の作成に際して、弁護人の立会がなかったのはもちろんのこと、被告人が取調に際して弁護人の立会は必要でない旨明示的に表示したこと等前記特別の事情の存在を認めるに足る証拠もないから、結局本件供述調書は違法な取調によって作成された疑いが強く、公判において証拠とすることに同意されていないことにも照らすと、証拠能力に疑問があり採用することができないので、本件請求を却下することとする。

　（裁判官　鬼塚賢太郎、裁判官　小出錞一、裁判官　和田朝治）

質問8－6

「公訴の提起によって、被告人は訴訟の当事者としての主体的な地位にたつ」という理解は正しいか。起訴される前の被疑者は「訴訟の当事者」ではないのか。

II 違法拘禁と自白の証拠能力

1　不当に長く拘禁された後の自白

判　例

最大判昭23・7・19刑集 2 - 8 -944（控訴審自白事件II）

　辯護人渡邊綱雄、同尾山万次郎の上告趣意について。
　本件事案の内容は、被害者上條喜甲が、昭和22年 1 月 7 日午後 5 時50分頃、山梨縣北巨摩郡日野春村長坂上條1158番河西食肉店の軒先に、自轉車を置いて、店内で主人の河西義政等と雑談していた間に、その自転車のハンドルに吊しておいた白木綿製肩掛鞄 1 個（現金1500圓、中央銀行長坂支店預金通帳 1 冊、黒皮二ツ折札入レ 1 個、木綿黒足袋 1 足及びニューム製飯盒 1 個在中）を何者かに窃取せられた。一方、被告人は、それからわづか十分位たった同日午後 6 時頃、そこから、 5 町と離れていない同所2313番地ラジオ商坂本覚方で、そこの家人と対談中、盗難に気が付いて、すぐに犯人捜索に出かけて被告人の跡を、途中から追跡して来た河西義政の密告によって、そこえ出かけて来た警察官に調べられたところ、被告人の所持品の中から、右金品そっくり在中のままの肩掛鞄が発見せられたという事案である。そこで、被告人はその時以来警察署に同行せられ、同月16日檢事の強制処分の請求に基いて翌日勾留せられ、同月25日被告人に対する右の窃盗被告事件として甲府區裁判所に公判請求、同公判は 2 月27日、 3 月20日と 2 回開かれたが、被告人は当初以来、本件犯行の否認をつづけ、自分はその日午後 6 時頃、同村長坂上條須田商店前通りで20歳から25歳まで位の 1 人の陸軍払下ようの外套を着た一面識もない通りがかりの青年から、汽車賃に困っているから買ってくれといわれて、そのいい値のままに金30円で問題の鞄を買取ったものであると弁解しているのである。そこで甲府區裁判所は第 2 回公判期日に証人として前記河西義政を訊問した後、 3 月25日被告人に対し有罪の判決を宣告し、被告人は之に対して

控訴の申立をなし第二審甲府地方裁判所では、同年5月5日第1回公判を開いて被告人を訊問したところ、被告人は初めて遂一本件の公訴事實を自白した。これより先き、被告人の辯護人から、保釋の申請が出ていたが、同裁判所は同日結審すると共に、保釋の決定をした。被告人は實に前後109日にわたる拘禁の後に釋放せられ、次で同裁判所は同月12日右被告人の自白を證拠にとって、被告人に對して有罪の判決をした。以上が記録の上で認められる、大略本件事案の内容と経過である。この内容と経過から考えて、本件被告人に對する拘禁は、辯護人の主張するように、果して不當に長いものというべきであるか、どうか、を考察する。

本件犯罪の内容は前述べた通りで、事實は単純であり、数は1回、被害者も被疑者も各々1人で、被害金品は全部被害後直ちに回復せられて、現に證拠品として押収せられているほとんど現行犯事件といってもよいほどの事件で、被告人の弁解も終始一貫している。被告人が果して、本件窃盗の眞犯人であるかどうかはしばらくおいて、事件の筋としては、極めて簡単である。被告人が勾留を釋かれたからといって、特に罪證湮滅のおそれのある事件とも考えられない。又、被告人は肩書のように、一定の住居と生業とを有し、その住居には、母及び妻子の6人の家族があり、尚、相当の資産をもっていることは、記録の上で十分にうかがわれる。年齢も既に46歳である。かような情況から考えて、被告人が逃亡する危険もまづないと考えなければならぬ。とすれば、ほかに、特段の事情のうかがわれない本件においては、被告人に對して、あれ程長く拘禁しておかなければならぬ必要は、どこにもないのではないか。ただ被告人が犯行を否認しているばかりに、――言葉をかえていえば被告人に自白を強要せんがために、勾留をつづけたものと批難せられても、弁解の辞に苦しむのではなからうか。以上各般の事情を綜合して、本件の拘禁は、不當に長い拘禁であると、断ぜざるを得ない。しかして、第二審裁判所が、この拘禁の後に、はじめてした被告人の自白を證拠として、被告人に對し、有罪の判決をしたことは、前に述べたとおりであるが、不當に長い拘禁の後の自白を證拠にとることは、憲法第38條第2項の厳に禁ずるところである。

従って、かかる不當に長い拘禁後の自白を有罪の證拠とした第二審の判決及びこれを是認した原判決は共に憲法第38條第2項に違反した違法がある。従って論旨は理由がある。本件再上告は、憲法違反を理由とするものであるから、再上告として適法であることは当裁判所の示すところである。（当裁判所昭和22年（れ）第188號事件昭和23年7月7日判決参照）

よって、裁判所法第10條第1號刑事訴訟法第447條第448條ノ2第1項にしたがい、主文のとおり判決する。

右は、齋藤裁判官を除く裁判官全員の一致した意見である。［斎藤裁判官は、憲法81条の「処分」には裁判所の行為は含まないとして、最高裁に対する再上告は不適法だと言う。］

（裁判長裁判官　三淵忠彦、裁判官　塚崎直義、裁判官　長谷川太一郎、裁判官　沢田竹治郎、裁判官　霜山精一、裁判官　井上登、裁判官　栗山茂、裁判官　眞野毅、裁判官　庄野理一、裁判官　小谷勝重、裁判官　島保、裁判官　齋藤悠輔、裁判官　藤田八郎、裁判官　岩松三郎、裁判官　河村又介）

辯護人渡邊綱雄同尾山万次郎の上告趣意

　第一點　辯護人等ハ東京高等裁判所ニ對シテ第二審ニ於ケル被告人ノ自白ハ不當ニ長ク抑留若クハ拘禁サレ苦痛ニ堪エナイ結果ニ其クモノデ其ノ任意ニ因ルモノデナイカラ之ヲ重要ナ證據トシテ被告人ニ領得ノ意思アルモノト認メルコトハ出来ナイ、然ルニ第二審判決ハ之ヲ殆ンド唯一ノ證據トシテ斷罪ノ資料ト為シタノハ法律ノ規定ニ違背スルモノデアルト主張シタノデアリマス。然ルニ同裁判所ハ「本件事案ニ付テノ以上ノ様ナ捜査並檢察ノ状況及ソノ後ノ審理進展ノ模様ニ鑑ミルトキハ被告人ノ抑留若クハ拘禁ノ期間ハ本事案ニ付テハ不當ニ長イモノトハ言ヒ難ク又被告人ノ自白モ不當ニ長ク拘禁サレタ後ノ自白トハイフコトヲ得ナイ、従ツテ公開法廷ニ於ケル右自白ヲ證據ノ一部トシテ採用シタ原判決ニ何等ノ不法ガナイカラ辯護人ノ本論旨ハ理由ガナイ」ト上告ヲ棄却サレマシタ。右ノ御見解ハ勾留更新ノ決定ヲスルニ當ツテ、何等其ノ理由ヲ示サナイデ慣行的ニ「勾留ヲ継続スル必要アリト認ム」ト言フ不動文字ヲ以テ勾留ヲ更新サレタ裁判官諸公ニ取ツテハ五ケ月ニ亘ル被告人ノ拘禁ハ敢テ不當ニ長イモノデナク又其ノ自白モ長ク拘禁サレタ後ノ自白ト認メ得ナイデアリマセウ。然シ民主憲法第三十八條ハ罪刑法定主義ヲ遺憾ナク實現シテ人權ヲ保障スルニハ手續法的規定ノ形式ニ於テ行ハナケレバナラナイト言フ實際上ノ必要ニ基キ規定サレタモノデ、刑事訴訟法ノ應急措置ニ関スル法律第十條ハ右憲法ノ規定ニ淵源スルコトハ上申スル迄モナイノデアリマス。ソコデ本事案ニ於テ被告人ノ五ケ月ニ亘ル拘禁ノ期間ガ果シテ不當ニ長イモノカドウカ、又其ノ自白モ不當ニ長ク拘禁サレタ後ノ自白デアルカドウカニ付テハ被告人ノ利益ニ解スベキデアルト思料シマス。然ルニ東京高等裁判所ハ前示ノ通リ、被告人ノ不利益ニ解シ上告ヲ棄却サレタノハ憲法及刑事訴訟法ノ應急措置ニ関スル法律ノ根本精神ニ背戻スルモノデアリマス。

　第二點　従来ノ被告人ノ多数ハ警察官又ハ檢事ノ取調ニ当リ自白ヲシタ後公判ニ附セラレテカラ自白ノ事實ヲ否認スルノガ一般的傾向デアリマス。然ルニ本事案ニ於ケル被告人ハ警察官及ビ檢事ノ取調ニ對シ窃盗事件ノ犯人タルコトヲ否認シタ許リデナク、第一審公判ニ於テモ其ノ罪責ヲ否定シ續ケタノデアリマス。所ガ抑留若クハ拘禁後約五ケ月ヲ経過シタ五月五日第二審裁判所ノ公判廷デ突如トシテ窃盗事實ヲ自白スルニ至ツタノデアリマス。右ノ如ク本件被告人ノ自白ガ一般的傾向ニ反スルノハ、被告人ハ窃盗犯人デナイカラ捜査、檢察、及ビ最初ノ公判デ其ノ事實ヲ否認シ續ケタノデアリマスガ余リニ拘禁ガ長イノデ其ノ苦痛ニ堪エズ身柄ヲ釋放シテ欲シイト言フ心情カラ止ムナク第二審公判廷デ虚偽ノ事實ヲ自白スルニ至ツタモノト見ルベキデアリ、又其ノ自白ヲ不當ニ長ク拘禁サレタ後ノ自白トイハナケレバナリマセン。然ルニ東京高等裁判所ハ前示ノ如ク解シテ上告ヲ棄却サレタノハ憲法及ビ刑事訴訟法ノ應急措置ニ関スル法律ニ違背スルノデアリマス。

判　例

最大判昭23・6・23刑集2-7-715（控訴審自白事件Ⅰ）

〔住居侵入強盗事件。原審（2審）は公判における被告人の自白を証拠の一つとして、有罪を

認定して被告人に懲役7年の有罪判決を言渡した。被告人上告。〕

被告人川島已之吉辯護人高安安壽上告趣意第2點について。

憲法第38條第2項において「不當に長く抑留若しくは拘禁された後の自白はこれを證據とすることができない」と規定している趣旨は、単に自白の時期が不當に長い抑留又は拘禁の後に行われた一切の場合を包含するというように形式的、機械的に解すべきものではなくして、自白と不當に長い抑留又は拘禁との間の因果関係を考慮に加えて妥当な解釈を下すべきものと考える。さればといって、（1）不當に長い抑留又は拘禁による自白であることが明かな場合すなわち自白の原因が不當に長い抑留又は拘禁によること明かである場合を包含することは當然であるが、かかる場合のみに限ると解することは、被告人に對する保護としては餘りに狭きに失する嫌がある。次に、（2）不當に長い抑留又は拘禁によるか否かが明かでない自白の場合すなわち自白の原因が不當に長い抑留又は拘禁であるか否かが不明である場合をも包含するものと解すべきである。なぜならば、かかる自白に證據力がないとするために、被告人は常に因果関係の存在を立證することを要するものとすれば、それは被告人に難きを強ゆるものでむしろ酷に過ぎることとなり被告人の人権を保護するゆえんではないからである。それ故、かかる因果関係の不明な自白は、因果関係の存することが明白な自白と共に、おしなべて證據力を有しないと解すべきである。しかしながら、（3）既に第一審公判廷においてした自白をそのまま第二審公判廷においても繰返している場合が往々存するのであるが、第一審公判廷における自白當時には未だ不當に長い抑留又は拘禁が存しなかったときはその自白は前記條項に包含されないことは勿論、引續きその自白を繰返している第二審公判廷における自白當時には仮に不當に長い抑留又は拘禁が實存していたとしてもこの自白は、特別の事情がない限りその原因が不當に長い抑留又は拘禁によらないことが明かと認められるから、前記條項に包含されないものと解すべきである。言いかえれば、自白と不當に長い抑留又は拘禁との間に因果関係の存しないことが明かに認め得られる前記場合においては、かかる自白を證據とすることができると解釋するを相當と考える。

さて、本件において原判決が證據として採った被告人の自白は、昭和22年6月19日原審第2回公判廷においてなされたものであるが、被告人は昭和21年11月20日勾留に附せられ既に昭和22年1月28日第一審第2回公判廷において同様の自白をしている。本件は最初4名の共同被告があり相當複雑な事件で又相被告人の不出頭、病気、延期申請等の事由で審理が延びたのであって、必ずしも不當に長い拘禁の後に原審自白がなされたとはいえないのであるが、仮にそう言い得るとしても、前記のごとく第一審公判廷における自白がなされた當時においては不當に長い拘禁は實存しなかったのであるから、結局前記解釋の示すとおり本件原審の自白は前記條項に該當しないものである。されば論旨は理由がない。

* * *

よって、裁判所法第10條第1號、刑訴第446條に従い主文のとおり判決する。

この判決は、裁判官全員の一致した意見であって、眞野裁判官の起草したものである。

（裁判長裁判官　塚崎直義、裁判官　長谷川太一郎、裁判官　澤田竹治郎、裁判官　霜山精一、裁判官　井上登、裁判官　栗山茂、裁判官　眞野毅、裁判官　庄野理一、裁判官　島保、裁判官

齋藤悠輔、裁判官　藤田八郎、裁判官　岩松三郎）

> **質問8-7**
> 不当に長い抑留拘禁後の自白が証拠排除されるのはなぜか。

> **質問8-8**
> 罪証隠滅や逃亡を「疑うに足りる相当な理由」（刑訴法60条1項2号、3号、89条4号）がないにもかかわらず、被疑者・被告人を拘禁した後になされた自白は証拠排除されるべきか。

ノート

「不当に長い抑留」とは何か

　憲法38条2項は「不当に長く抑留……された後の自白」の証拠能力を否定している（刑訴法319条1項も同文）。「抑留」の公定英訳文（"arrest"）が示すとおりそれは「逮捕」を意味する。そうするといったい「不当に長い抑留（逮捕）」（"prolonged arrest"）とはいったい何を意味するのだろうか。

　この条文のもとになったのは「3月6日要綱」第34の「長期ノ逮捕若ハ拘禁ノ後ニ為シタル自白ハ証拠ト為スヲ得ザルコト」にあるが、内閣法制局は「『長期ノ逮捕』ハ意味ヲ成サズ」と言い、GHQとの交渉を担当していた佐藤達夫は「シバリッパナシナルベキカ」と訝った（佐藤達夫（佐藤功補訂）『日本国憲法成立史（第3巻）』〔有斐閣、1994年〕246頁）。

　このフレーズの起源は合衆国最高裁判所が1943年に下したマクナブ対合衆国事件の判決（McNabb v. United States, 318 U.S. 332 (1943)）にある。同判決は、「被逮捕者を直ちに（immediately）に司法官憲のもとに引致しなければならない」と定めた連邦法に違反して、警察が逮捕後14時間にわたって被疑者を裁判官に引致せずに取調べて獲得した自白を証拠排除した（憲法的刑事手続研究会編『憲法的刑事手続』〔日本評論社、1997年〕［小坂井久］465頁）。日本国憲法が予定している逮捕（抑留）は、「短期間の身柄拘束」という意味ではなく、個人の身体を捕捉して司法官憲の前に届ける手続を意味しているのである。この手続を不当に長引かせて獲得された自白の証拠能力を否定するというのが憲法38条2項の趣旨である。

　アメリカの連邦法は、1946年の改正で「直ちに」を「不必要に遅滞することなく」（without unnecessary delay）に改めたが、連邦最高裁は、逮捕後裁判官への引致手続をとらずに30時間警察留置場にとどめておいた間になされた自白（Upshow v. United States, 335 U.S. 410 (1948))、同じく8時間留置した間にとられた自白（Mallory v. United State, 354 U.S. 449 (1957)）の証拠能力を、連邦法違反を理由に否定した。

　日本の刑事訴訟法のもとでは、司法警察員は逮捕の時から「48時間以内に」被疑者の身柄を検

察官に送致する手続をとらなければならず（203条1項）、検察官は被疑者を受け取った時から「24時間以内に」（自らまたは検察事務官が逮捕したときは逮捕の時から「48時間以内に」）起訴または勾留請求しないときは被疑者を釈放しなければならない（204条1項、205条1項、2項）。この規定を根拠にして、わが国では、逮捕された被疑者をすぐに裁判官の前に引致せずに、警察の留置場に2日間ほど置いておいてから裁判官に勾留請求するという実務が行われており、この2日間に警察官らが被疑者の取り調べを行い自白を得ることが行われている。この慣行は憲法に適合しているだろうか。

　さらに、わが国においては、逮捕から72時間以内にいったん司法官憲のまえに引致された被疑者が、勾留決定後も引き続き警察の留置場に留め置かれ、勾留期間（10日ないし20日）を通じて取調べの対象となっている。これが許されているために、「不当に長い抑留」を禁じた憲法は実際上無意味なものになっている。現代の実務家も憲法の規定を「意味ヲ成サズ」と考え、これを無視しているわけであるが、その主要な理由は、憲法起草者が想定した「逮捕」の概念と実務家のそれとの間に大きな齟齬があり、それを埋める作業が60年以上にわたって行われてこなかったところにある。

2　違法拘禁と自白の証拠能力との関係

判　例

最1小判昭25・9・21刑集4-9-1751（「勾留状はあるのか」事件）

　弁護人飯田信一上告趣意について。
　しかし、勾留が不法であるということだけでは原判決に対する適法な上告理由となし難く、また、不法勾留中の聴取書であるということだけではこれを無効と解すべき理由がないから、所論は採用し難い。しかのみならず、本件詐欺事件に対する適式な勾留状は記録中に現存するから（記録204丁参照）、所論一は全く当らないし、また、所論二はその前提において採ることができない。
　よって旧刑訴446条に従い主文のとおり判決する。
　この判決は裁判官全員の一致した意見である。
　（裁判長裁判官　齋藤悠輔、裁判官　澤田竹治郎、裁判官　岩松三郎）

弁護人飯田信一の上告趣意
　一、本件記録に依ると被告人は昭和23年4月8日価格統制令違反被疑事実につき広島地方裁判所裁判官により勾留状を発せられ同日広島刑務所に勾留されたのであるが右統制令違反被疑事実については公訴提起さるるに至らず右勾留状は日本国憲法の施行に伴ふ刑事訴訟法の応急措置に関する法律第8条第5号に依り同月17日効力を失ひ被告人は釈放せらるべきであった処右同日本件詐欺被疑事実取調のため同裁判所裁判官の訊問を受け勾留せらるることとなり即日右事実につき公判請求されたのである而るに本件記録中右詐欺事件について被告人を勾留する旨の勾留状が見当らない刑事訴訟法（改正前）第91条に依ると被告人の勾留は勾留状を発して之を為すべきであり同法第97条第1項には勾留状には被告事件被告人の氏名及住所を記載し裁判長之に記名捺印すべく同法第109条によると勾留状を執行したときは之に執行場所及年月日時を記載すべきであるが勾留状がなければ果して右法律の定める手続によったものかどうか判らず憲法第31条に違反するものといはねばならぬ。
　二、前記訊問調書及同年6月4日の勾留更新決定の存する処から4月17日に詐欺事件のため被告人を勾留した事が推定される様であるが人権の保障を強調した憲法の規定及之に基づき制定された前記応急措置法の精神から勾留に関する手続は慎重に之を為すことを要求され前記刑事訴訟法中の勾留状の発布手続規程は強行法規と解さねばならず本件詐欺事件につき勾留状がないことは右強行規程に反し刑事訴訟法第409条の法令違反となる。而して原判決に於て被告人の犯意を認定する唯一の証拠となった被告人に対する聴取書は前記の如く不法の勾留中に作成されたもので無効であり従って犯意の証明がないことになるので右法令違反は判決に影響を及ぼすこと明白であると信ずる。

判 例

東京高判昭60・4・30判タ555-330（「のぞき」誤認逮捕事件）

弁護人の控訴趣意第四について

　論旨は、要するに、本件現行犯逮捕は違法であり、したがって原判決が、被告人の供述調書は不法拘禁中に得られた違法収集証拠であるから排除すべきであるとの原審弁護人の主張を排斥し、被告人の検察官に対する供述調書（自白）を証拠として有罪を認定したのは、訴訟手続の法令違反であるという趣旨に解される。

　そこで、原審記録を調査し、当審における事実取調べの結果を参酌して検討する。関係証拠＊＊によれば、被告人が逮捕された経緯は、既略次のようであったと認められる。

　東京都目黒区○○2丁目3番9号に所在するアパートＺ荘（鉄筋コンクリート3階建）2階203号室に居住する独身女性甲女（昭和24年11月3日生）は、昭和56年8月4日午前1時40分過ぎころ、隣家205号室の犬が激しくほえるので、浴室の窓の透き間から外の廊下（共用の通路）の方を見て「どなた」と聞くと、のぞき込むようにしていた男の顔が見え、その男（以下犯人という。）は「部屋を間違えたのかな」と言って右（北）隣り（205号室）の方に寄った様子だった。同女は警察に電話をしようかと迷ったが、結局5分位して110番に電話して不審な男がのぞいていた旨を届け、犯人の特徴として頭髪が薄く、身長が160から165センチメートル、年齢35歳位である旨、白いワイシャツの襟を見た旨を告げた。付近を警ら中のパトロールカー目黒1号に乗務中の警察官Ｄ、同Ｅは、同日午前1時48分ころ通信指令室から「のぞき」として右事件についての無線指令を傍受し、同アパート付近を走行中、同アパートから約248メートル離れた○○2丁目7番18号付近で前方左側を前方（同アパートから離れる方向である西）へ向かって歩いていた被告人の姿を認め、追尾した。これより先、右無線指令を受けたパトカー目黒2号に乗務中の警察官Ｂは、直ちに甲女方へ赴き、同女から更に犯人の人相着衣を聞き出し、そこへ目黒1号のＥから無線で照会があったので、聞いたことを伝えた。被告人を追尾していた目黒1号では、被告人の特徴（前頭部の髪が薄く、白半そでシャツ着用、サンダルばき、なお事後に判明したところでは、運動靴着用のままでの身長161センチメートル、当時33歳）が伝えられた犯人の人相着衣等と酷似していたので、Ｚ荘から約513メートル離れた○○3丁目12番14号先の交差点付近でＥが被告人を呼び止め車から降りて職務質問をし、被告人はアパートへ行った事実を否認したが、任意同行を求めて被告人をパトカーに乗せ、Ｄが運転し、一方通行等の関係で回り道してＺ荘から約52メートル離れた○○2丁目3番12号先の交差点まで連れ戻した。一方Ｂは、甲女を目黒2号に乗せて同交差点に至り、被告人を路上に立たせて同女に見せたところ、同女は「遠くですのであまりはっきりわかりませんが」と言いながらも、被告人が犯人であることを肯定したので、Ｄが同所で被告人を住居侵入の現行犯人として逮捕した。その時刻は午前2時ころであったと推認される。

　原判決は、右逮捕手続は刑事訴訟法212条1項の現行犯人の逮捕として適法であると認めている。しかし、右の事実によれば、本件逮捕の際警察官にとって客観的に確実であったことは、

110番による被害者甲女の届け出の時刻に近接した深夜の時期に、前記のように伝えられた犯人の人相着衣にほぼ一致する特徴をもつ被告人が被害者方から約250メートル離れた所を歩いていたということだけであって、本件犯罪の存在及びその犯人が被告人であるという特定については、すべて被害者の記憶に基づくいわゆる面通しを含む供述に頼っていたのであるから、犯行を現認したのと同一視できるような明白性は存在しなかったといわなければならない。したがって、逮捕当時の被告人を同条1項の現行犯人ということはできない。

原判決は、前記認定をしながら、また、かりに同条1項に定める現行犯人に該当しないとしても、少なくとも同条2項1号にいう準現行犯人にあたることは明らかであると説示する。しかし、被害者甲女は、犯人の顔を目撃後、玄関の扉を開けて犯人を確認することすらしておらず、全く犯人を追いかけていない。警察官が連れて来た被告人を犯人と認めたからといって、これを「追呼」と解することはできない。また本件では、警察官が被害者と連繫して犯人を追呼したと見ることもできない。犯行現場と被告人との連続性が欠けているからである。原判決は、「犯行を目撃した被害者が、額のはげ上がった身長160ないし165センチメートルの白い半そでシャツを着た男という極めて特徴のある人物像を適確に把握し、警察に通報して犯人の逮捕を依頼し」たものと判示しているが、右の人物像が極めて特徴のあるものであるとは思われないし（なお、警察官Bは甲女から白い半そでシャツと聞いたと証言するが、同女は白ワイシャツと言ったと思われ、半そでシャツと言ったことは認められない。そでは見えなかったのである）、被害者がこれを適確に把握したということは、被告人が犯人であることを前提としなければ言えないことである。そうしてみると、被告人は犯人として追呼されていた者とはいえないし、逮捕当時警察官にとって客観的な証拠等に基づく被告人が犯人であることの明白性は存在せず、誤認逮捕のおそれがないとはいえない状況であったのであるから、被告人は準現行犯人にもあたらないというべきである。したがって、本件逮捕は令状によらない違法な逮捕であるというほかはない。

被告人は右のようにして逮捕され、目黒警察署に引致されたが、警察では犯行を否認していた。しかし、翌8月5日検察官に送致され、検察官の取調べを受けると犯行を自白し、右自白を内容とする供述調書が作成された。検察官は同日在庁略式命令を請求し、同日略式命令（罰金1万円、仮納付命令付）が発付送達され、被告人は釈放された。被告人は翌6日右罰金を仮納付したが、その翌日7日正式裁判を請求した。公判では公訴事実を終始否認している。

以上の事実によれば、被告人の検察官に対する右自白は、違法な逮捕抑留中の自白である。このような自白は、右逮捕抑留の影響を受けていないと認めるべき特段の事情がない限り、人権保障の見地から有罪認定の証拠に供することが許されないものとすること、その意味で証拠能力を否定するのが相当であるが、前記経緯によれば、そのような特段の事情は認められず、被告人の原審及び当審公判における供述を参酌すると、むしろ被告人は検察官に対し否認すると更に10日も拘禁を続けられると考えて自白したものと推測されるのであるから、被告人の検察官に対する供述調書は証拠能力を欠くものというべきである。なお、被告人は原審第20回公判で右調書を証拠とすることに同意していることが認められるから、原裁判所が同期日にこれを取り調べたこと自体は不適法と言い難いが、右同意は任意性を争わないという程度の趣旨と解され、被告人及び

原審弁護人がその証明力を争っていたことは明らかであるのみならず、原審弁護人は弁論の中でこれを不法拘禁中に採取された証拠であり排除すべきものであると主張しているのであるから、右同意があるからといって、その証拠能力を認めることは相当でない。

したがって、原判決が被告人の逮捕手続を適法と認め、被告人の検察官に対する供述調書を有罪認定の証拠として使用したのは、逮捕の違法性に関する判断を誤った結果訴訟手続において法令に違反したもので、本件の証拠関係に照らすと、その違反が判決に影響を及ぼすことは明らかである。論旨は理由があり、原判決は、弁護人のその余の論旨（事実誤認の主張）について判断するまでもなく、破棄を免れない。

＊＊＊

（裁判長裁判官　小野慶二、裁判官　安藤正博、裁判官　長島孝太郎）

3 別件逮捕・勾留

判 例

最2小決昭52・8・9刑集31-5-821（狭山事件）

　所論は、同［昭和38］年5月22日付逮捕状による被告人の逮捕及びこれに引き続いて行われた勾留は、専ら、逮捕状を請求するだけの証拠の揃っていない強盗強姦殺人、死体遺棄（「本件」）について取調をする目的で、証拠の揃っている軽微な犯罪である窃盗、暴行、恐喝未遂（「別件」）の罪名で逮捕、勾留したものであり、更に、同年6月16日付逮捕状による被告人の再逮捕及びこれに引き続いて行われた勾留は、既に同年5月23日から同年6月17日まで別件の逮捕・勾留によって取調をした被疑事実と同一の被疑事実である「本件」について再び逮捕・勾留をするものであるから、右各逮捕・勾留及びその間の被告人に対する取調は、刑訴法の手続に違反し、憲法31条、33条、34条、36条、37条1項、38条1項2項に違反するものであるところ、右の如く令状主義を潜脱した違法、違憲の「別件」の逮捕・勾留及び「本件」の再逮捕・勾留中に得られた証拠により犯罪事実を認定した原判決は、刑訴法の手続に違反し、かつ、憲法に違反する、というのである。

　そこで、所論違憲主張の前提である「別件」の逮捕・勾留及び「本件」の逮捕・勾留を含む一連の捜査手続が刑訴法の手続規定に違反した違法なものであるかどうかについてみるに、記録によると、捜査官は、被告人に対する窃盗、暴行、恐喝未遂被疑事件について、同年5月22日逮捕状の発付を得て翌23日被告人を逮捕し、被告人は同月25日勾留状の発付により勾留され、右勾留は同年6月13日まで延長され（第一次逮捕・勾留）、検察官は、勾留期間満了の日に、同被疑事件のうち窃盗及び暴行の事実と右勾留中に判明した窃盗、森林窃盗、傷害、暴行、横領の余罪の事実とについて公訴を提起し（右余罪については、あらためて勾留状が発せられた。）、右恐喝未遂被疑事件については、処分留保のまま勾留期間が満了したこと、被告人に対する右被告事件の勾留に対し弁護人から同月14日保釈請求があり、同月17日保釈許可決定により被告人は釈放されたが、これに先だち、捜査官は、同月16日被告人に対する強盗強姦殺人、死体遺棄被疑事件について逮捕状の発付を得て、同月17日被告人が保釈により釈放された直後右逮捕状により被告人を逮捕し、被告人は、同月20日勾留状の発付により勾留され、右勾留は同年7月9日まで延長され（第二次逮捕・勾留）、検察官は、勾留期間満了の日に、強盗強姦、強盗殺人、死体遺棄の事実と処分留保のままとなっていた前記恐喝未遂の事実とについて公訴を提起したものであること、が認められる。

　ところで、被告人に対する強盗強姦、強盗殺人、死体遺棄、恐喝未遂被告事件（以下「本事件」という。）の捜査と第一次逮捕・勾留、第二次逮捕・勾留との関係について考察するに、記録によると、その経過は次のとおりである。すなわち、

　本事件は、同年5月1日午後7時30分ころ中田栄作方表出入口ガラス戸に二女善枝の身分証明書が同封された脅迫状が差し込まれ、同女の通学用自転車が邸内に放置されていたのを間もなく

家人が発見して警察に届出たのが捜査の端緒となったのであるが、長女登美恵が、脅迫状に指定された日時、場所に身の代金に擬した包を持って赴き、犯人と言葉を交わしたところ、犯人は他に人がいる気配を察知して逃走し、犯人逮捕のため張り込み中の警察官が犯人を追ったが逮捕することに失敗した。そのため、埼玉県警察本部及び狭山警察署は、重大事件として同月3日現地に特別捜査本部を設けて捜査を開始し、同日犯人の現われた佐野屋附近の畑地内で犯人の足跡と思われる3個の足跡を石膏で採取したほか、警察官、消防団員多数による広域捜索（山狩）を実施し、同日善枝の自転車の荷掛用ゴム紐を、翌4日農道に埋められていた善枝の死体をそれぞれ発見し、死体解剖の結果、死因は頸部圧迫による窒息死であり、姦淫された痕跡があり、死体内に残留されていた精液から犯人の血液型がＢ型（分泌型—排出型）であることが判明し、また、死体とともに発見された手拭及びタオルは犯人の所持したもので犯行に使用されたものと推定されたが、一方、善枝の所持品のうち鞄、教科書、ノート類、チャック付財布、三つ折財布、万年筆、筆入及び腕時計が発見されなかった。そのころ、石田一義経営の豚舎内から飼料攪拌用のスコップ1丁が同月1日夕方から翌2日朝にかけて盗難に遭ったことが判明していたのであるが、同月11日右スコップが死体発見現場に近い麦畑に放置されているのが発見され、死体を埋めるために使用されたものと認められるところ、石田方豚舎の番犬に吠えられることなく右スコップを夜間豚舎から持ち出せる者は、石田方の家族か、その使用人ないし元使用人か、石田方に出入りの業者かに限られるので、それらの関係者20数名について事件発生当時の行動状況を調査し、筆跡と血液型とを検査するなどの捜査を進めた結果、元石田方豚舎で働いていたことのある被告人の事件当日の行動がはっきりしないほか、脅迫状の筆跡と被告人の筆跡とが同一又は類似するとの鑑定の中間報告を得て、被告人が有力な容疑者として捜査線上に浮んだのである。

　以上の捜査経過でも明らかなように、事件発生以来行われてきた捜査は、強盗強姦殺人、死体遺棄、恐喝未遂という一連の被疑事実についての総合的な捜査であって、第一次逮捕の時点においても、既に捜査官が被告人に対し強盗強姦殺人、死体遺棄の嫌疑を抱き捜査を進めていたことは、否定しえないのであるが、右の証拠収集の経過からみると、脅迫状の筆跡と被告人の筆跡とが同一又は類似すると判明した時点において、恐喝未遂の事実について被害者中田栄作の届書及び供述調書、司法警察員作成の実況見分調書、中田登美恵の供述調書、被告人自筆の上申書、その筆跡鑑定並びに被告人の行動状況報告書を資料とし、右事実に竹内賢に対する暴行及び高橋良平所有の作業衣一着の窃盗の各事実を併せ、これらを被疑事実として逮捕状を請求し、その発付を受けて被告人を逮捕したのが第一次逮捕である。また、捜査官は、第一次逮捕・勾留中被告人から唾液の任意提出をさせて血液型を検査したことや、ポリグラフ検査及び供述調書の内容から、「本件」についても、被告人を取調べたことが窺えるが、その間「別件」の捜査と並行して「本件」に関する客観的証拠の収集、整理により事実を解明し、その結果、スコップ、被告人の血液型、筆跡、足跡、被害者の所持品、タオル及び手拭に関する捜査結果等を資料として「本件」について逮捕状を請求し、その発付を受けて被告人を逮捕したのが第二次逮捕である。

　してみると、第一次逮捕・勾留は、その基礎となった被疑事実について逮捕・勾留の理由と必要性があったことは明らかである。そして、「別件」中の恐喝未遂と「本件」とは社会的事実と

して一連の密接な関連があり、「別件」の捜査として事件当時の被告人の行動状況について被告人を取調べることは、他面においては「本件」の捜査ともなるのであるから、第一次逮捕・勾留中に「別件」のみならず「本件」についても被告人を取調べているとしても、それは、専ら「本件」のためにする取調というべきではなく、「別件」について当然しなければならない取調をしたものにほかならない。それ故、第一次逮捕・勾留は、専ら、いまだ証拠の揃っていない「本件」について被告人を取調べる目的で、証拠の揃っている「別件」の逮捕・勾留に名を借り、その身柄の拘束を利用して、「本件」について逮捕・勾留して取調べるのと同様な効果を得ることをねらいとしたものである、とすることはできない。

更に、「別件」中の恐喝未遂と「本件」とは、社会的事実として一連の密接な関連があるとはいえ、両者は併合罪の関係にあり、各事件ごとに身柄拘束の理由と必要性について司法審査を受けるべきものであるから、一般に各別の事件として逮捕・勾留の請求が許されるのである。しかも、第一次逮捕・勾留当時「本件」について逮捕・勾留するだけの証拠が揃っておらず、その後に発見、収集した証拠を併せて事実を解明することによって、初めて「本件」について逮捕・勾留の理由と必要性を明らかにして、第二次逮捕・勾留を請求することができるに至ったものと認められるのであるから、「別件」と「本件」とについて同時に逮捕・勾留して捜査することができるのに、専ら、逮捕・勾留の期間の制限を免れるため罪名を小出しにして逮捕・勾留を繰り返す意図のもとに、各別に請求したものとすることはできない。また、「別件」についての第一次逮捕・勾留中の捜査が、専ら「本件」の被疑事実に利用されたものでないことはすでに述べたとおりであるから、第二次逮捕・勾留が第一次逮捕・勾留の被疑事実と実質的に同一の被疑事実について再逮捕・再勾留をしたものではないことは明らかである。

それ故、「別件」についての第一次逮捕・勾留とこれに続く窃盗、森林窃盗、傷害、暴行、横領被告事件の起訴勾留及び「本件」についての第二次逮捕・勾留は、いずれも適法であり、右一連の身柄の拘束中の被告人に対する「本件」及び「別件」の取調について違法の点はないとした原判決の判断は、正当として是認することができる。従って、「本件」及び「別件」の逮捕・勾留が違法であることを前提として、被告人の捜査段階における供述調書及び右供述によって得られた他の証拠の証拠能力を認めた原判決の違憲をいう所論は、その前提を欠き、その余の所論は、単なる法令違反の主張であって、いずれも適法な上告理由にあたらない。

＊＊＊

（裁判長裁判官　吉田豊、裁判官　岡原昌男、裁判官　大塚喜一郎、裁判官　本林譲、裁判官　栗本一夫）

判　例

浦和地判平2・10・12判時1376-24（三郷放火事件）
一〇　別件逮捕・勾留と自白の証拠能力

＊＊＊

そこで、まず、第一次逮捕・勾留の適否について考えるに、被告人の所持していたパスポートの記載からして、被告人に関する不法残留罪の嫌疑は明白であったこと、不法残留罪は改正前の出入国管理及び難民認定法においても、その法定刑が「３年以下の懲役若しくは禁錮又は30万円以下の罰金」であって、必ずしも軽微な犯罪とはいえないこと、被告人が住居が不安定でしかも無職の外国人であって、身元が安定していなかったことをも考慮すれば、第一次逮捕・勾留が逮捕・勾留の理由や必要性を全く欠き、それ自体で違法・不当なものであったとまでは認められない。しかし、他方、捜査当局による被告人の第一次逮捕・勾留の主たる目的が、軽い右別件による身柄拘束を利用して、重い本件放火の事実につき被告人を取り調べる点にあったことも明らかである。すなわち、不法残留罪は、近年外国人の不法就労が社会問題となって以来、当地方裁判所管内では公判請求される例が多いが、その法定刑等からみて、いわゆる重大犯罪とはいえず、逮捕・勾留の法律上の要件があっても、必ずしも身柄の拘束をしなければならないものではない上、そもそも、これらの者について、刑事手続を発動するか行政手続（強制退去手続）のみで済ますか自体も、当局の裁量に属する事項と解されているのであって、現に本件においても、吉川警察署は、被告人を放火の犯人として突き出してきた被害者Ｄやその友人のＣについて、両名がいずれも不法残留者であり、特にＤは、自宅のアパートが燃やされてしまった関係で、住居が安定しておらず、勤め先も解雇されていることを知りながら、右両名を逮捕したり、被疑者として取り調べたりしていないのである（なお、当裁判所管内以外の地域の中に、不法残留罪については原則として刑事手続を発動せず、行政手続のみで処理しているところがあることは、当裁判所に顕著な事実である。）。右の点に加え、被告人が別件により逮捕されるに至った経緯（放火の犯人として突き出されたことを契機とすること）及びその後の取調べの状況（前記第六の五記載のとおり、不法残留罪に関する取調べは、勾留請求後、請求日を含む当初の３日間で実質上すべて終了し、残りの勾留期間は、ほぼ全面的に放火の取調べにあてられていること）等を総合すれば、捜査当局が、本件たる放火の事案につき、未だ身柄を拘束するに足るだけの嫌疑が十分でないと考えたため、とりあえず嫌疑の十分な軽い不法残留罪により身柄を拘束し、右身柄拘束を利用して、主として本件たる放火につき被告人を取り調べようとする意図であったと認めるほかなく、このような意図による別件逮捕・勾留の適法性には問題がある。

　もっとも、検察官は、いわゆる別件逮捕・勾留として自白の証拠能力が否定されるのは、「未だ重大な甲事件について逮捕する理由と必要性が十分でないため、もっぱら甲事件について取り調べる目的で、逮捕・勾留の必要性のない乙事件で逮捕・勾留した場合」（以下、「典型的な別件逮捕・勾留の場合」という。）に限られる旨主張している。確かに、違法な別件逮捕・勾留の範囲については、右のように説く見解が多いことは事実である。しかし、右見解にいう「もっぱら甲事件について取り調べる目的」を文字どおり、「乙事件については全く取り調べる意図がなく、甲事件だけを取り調べる目的」と解するときは、違法な別件逮捕・勾留というものは、そもそも「逮捕・勾留の理由・必要性が全くない事件について身柄拘束した場合」と同義となって、わざわざ「違法な別件逮捕・勾留」という概念を認める実益が失われてしまう。なぜなら、捜査機関が、いやしくも乙事件で被疑者を逮捕・勾留した場合に、右事件について被疑者の取調べを全く

しないということは事実上考えられないからである。また、逮捕・勾留の理由・必要性の概念には幅があるので、実質的にみて軽微と思われる犯罪であっても、捜査機関から、右事実につき捜査の必要性があると主張されれば、逮捕・勾留の理由・必要性が全くないと言い切るのは容易なことではないであろう。しかし、過去の経験に照らすと、いわゆる別件逮捕・勾留に関する人権侵害の多くは、もし本件に関する取調べの目的がないとすれば、身柄拘束をしてまで取り調べることが通常考えられないような軽微な別件について、主として本件の取調べの目的で被疑者の身柄を拘束し、本件についての取調べを行うことから生じていることが明らかである。そして、このような場合であっても、捜査機関が、未だ身柄拘束をするに足りるだけの嫌疑の十分でない本件について、被疑者の身柄を拘束した上で取り調べることが可能になるという点では、典型的な別件逮捕・勾留の場合と異なるところがないのであるから、このような「本件についての取調べを主たる目的として行う別件逮捕・勾留」が何らの規制に服さないと考えるのは不合理である。しかし、他方、それ自体で逮捕・勾留の理由も必要性も十分にある別件についての身柄拘束が、たまたま被疑者に重大な罪（本件）の嫌疑があるが故に許されなくなるというのも不当な結論であり、そのような結論を導く理論構成は適当でない。当裁判所は、以上の検討の結果、検察官主張の違法な別件逮捕・勾留の定義中、「もっぱら甲事件」とあるのは、「主として甲事件」と、また、「逮捕・勾留の理由と必要性がない乙事件」とあるのは、「甲事件が存在しなければ通常立件されることがないと思われる軽微な乙事件」とそれぞれ読み替える必要があると解する。すなわち、当裁判所は、違法な別件逮捕・勾留として許されないのは、前記のような典型的な別件逮捕・勾留の場合だけでなく、これには「未だ重大な甲事件について被疑者を逮捕・勾留する理由と必要性が十分でないのに、主として右事件について取り調べる目的で、甲事件が存在しなければ通常立件されることがないと思われる軽微な乙事件につき被疑者を逮捕・勾留する場合」も含まれると解するものである。このような場合の被疑者の逮捕・勾留は、形式的には乙事実に基づくものではあるが、実質的には甲事実に基づくものといってよいのであって、未だ逮捕・勾留の理由と必要性の認められない甲事実に対する取調べを主たる目的として、かかる乙事実の嫌疑を持ち出して被疑者を逮捕・勾留することは、令状主義を実質的に潜脱し、一種の逮捕権の濫用にあたると解される。そして、右のような見解のもとに、本件について検討すると、吉川警察署は、被告人を警察に突き出してきたDやCが不法残留者で、特にDについては、逮捕・勾留の要件が明らかに存在していると思われるにもかかわらず、両名に対する刑事手続を発動せず、不法残留の事実について何らの捜査を行っていない（もちろん、逮捕・勾留もしていない）ことからみて、被告人についても、もし放火の嫌疑の問題がなかったならば、不法残留の事実により逮捕・勾留の手続をとらなかったであろうと考えられるのに、主として、未だ嫌疑の十分でない放火の事実について取り調べる目的で、不法残留の事実により逮捕・勾留したと認められるのであるから、本件は、まさに当裁判所の定義による違法な別件逮捕・勾留に該当する場合であるといわなければならない。

　従って、本件における被告人の身柄拘束には、そもそもの出発点において、令状主義を潜脱する重大な違法があるので、右身柄拘束中及びこれに引き続く本件による身柄拘束中に各作成され

た自白調書は、すべて証拠能力を欠くと解するのが相当である。

＊＊＊

（裁判長裁判官　木谷明、裁判官　大島哲雄、裁判官　鈴木桂子）

判　例

東京地決平12・11・13判タ1067-283（千駄木強盗事件）
主文
　一　被告人の検察官調書（乙第53号証）及び警察官調書（3通。乙第50号証ないし第52号証）をいずれも取り調べる。
　二　取調済みの被告人の警察官調書4通（乙第7号証ないし第10号証）をいずれも本件証拠から排除し、弁護人からの証拠調べに関するその余の異議申立てをいずれも棄却する。
　三　取調済みの引当たり捜査報告書（甲第50号証）を本件証拠から排除する。
理由
（当事者の主張）
　被告人の捜査段階における供述調書47通（乙第7号証ないし第53号証。以下、括弧内の甲乙の番号は検察官請求証拠番号を示す。）の証拠能力に関する弁護人の主張は、要するに、被告人の捜査段階における自白は、一部（乙1ないし4）を除き、違法な別件逮捕勾留期間中若しくはその影響の下に得られたものであるか、又は取調官からの偽計、暴行、脅迫、利益誘導、黙秘権の不告知、弁護人選任権の侵害等の違法な取調べにより強要された任意性を欠くものであるから、証拠能力を欠くというのであり、これに対する検察官の反論は、要するに、被告人に対する逮捕勾留及び取調べに違法はなく、被告人の自白はすべて任意によるものであるというのである。
（当裁判所の判断）
一　本件捜査の経過等について
　関係各証拠及び本件記録によると、本件捜査の経過等として、以下の事実が明らかである。すなわち、
　1　強盗致傷事件の発生とその後の捜査状況（被告人逮捕に至るまで）
　（一）平成11年6月25日午後4時50分ころ（以下「平成11年」の表記は省略する。）、東京都文京区千駄木〈番地略〉所在の千駄木〇〇△△号室の株式会社××（以下「××」という。）本部事務所内に3人組の強盗が押し入り、同社役員（以下「甲野」という。）の首をつかんでナイフを近付けるなどして金員を強取しようとしたが、同社従業員関口悟（以下「関口」という。）が同所を訪れたため、金員を盗らずに逃走した。関口が逃げる犯人らを追いかけたところ、犯人の1人が、サバイバルナイフで関口の左胸部等を突き刺すなどし、犯人らはそのまま逃走した。その際、甲野が全治約10日間を要する頭頸部圧迫による多発挫創等の、関口が全治約2週間を要する左胸部、左大腿部刺創の各傷害をそれぞれ負った（以下、右各強盗致傷事件を「××事件」という。）。

（二）（１）甲野は、直ちに110番通報して、同日中に警察に被害届（甲20）を提出し、翌26日には、甲野（甲24）及び関口（甲32）の各警察官調書が作成された。甲野及び関口は共に、犯人の１人は以前××の従業員であったG（以下「G」という。）であると特定したが、他の２人については特定に至らなかった（なお、甲野は７月31日付け警察官調書（甲26）及び９月14日付け検察官調書（甲28）において、関口も同月13日付け検察官調書（甲35）において、それぞれ被告人が犯人の１人であったかどうかははっきりしないなどと供述している。）。

　（２）６月28日、警視庁駒込警察署（以下「駒込署」という。）内に××事件の捜査本部（以下「捜査本部」という。）が設置され、警視庁刑事部国際捜査課で外国人による凶行事件等の捜査を担当していた鈴木某警部（捜査主任官。以下「鈴木警部」という。）、田中一郎警部補（以下「田中警部補」という。）、渡辺二郎巡査部長（以下「渡辺巡査部長」という。）らも派遣された。

　（３）捜査本部では、甲野及び関口の各供述に基づき、Gの逮捕状を取ったものの、その所在を把握することができず、その余の犯人２名については、特定すらできない状態が続いていた。

２　旅券不携帯事件による被告人の逮捕勾留及びその期間中の捜査状況

　（一）被告人逮捕の状況

　７月８日午後１時25分ころ、中国人と称する匿名の男から、駒込署に電話で、「××で強盗をした犯人の１人は、自分が知っている中国福建省連江出身の男である。その者は、身長173センチくらい、体格中肉、髪金色に染めている27、8歳の男であり、ＪＲ池袋駅周辺でブラブラしているから捕まえてほしい。」との情報が寄せられた。

　そこで、右情報に基づき、駒込署所属の警察官らが、同日午後２時ころからＪＲ池袋駅構内において見当たり捜査を実施していたところ、同日午後３時10分ころ、右情報にある特徴に酷似した中国人風の男（被告人）が、山手線の電車から降車し、早足で何度も後ろを振り返るなど不振な行動をしているのを発見して、身分確認のために、池袋駅西口交番へ任意同行を求め、人定事項について職務質問を行った。被告人は、被告人のものと認められる顔写真の貼付された「A」名義の外国人登録証明書を所持していたが、「自分の名前は『A′』であり、旅券等の身分証明書は持っていないし、所持していた外国人登録証明書は友人から預かったもので、自分とは関係ない」旨申し立てた。警察官らは、身元確認のため、被告人を駒込署に任意同行し、A及びA′名での外国人登録の有無について照会した結果、いずれも該当のないことが判明し、被告人を追及したところ、被告人が、「日本で金を稼ぐため密入国してきたから旅券は所持していない」旨申し立てたため、同日午後４時ころ、被告人を出入国管理及び難民認定法違反（旅券不携帯）の現行犯人として逮捕した（以下、右現行犯逮捕の基礎となった事件を「旅券不携帯事件」という。）。

　（二）その後の捜査状況（旅券不携帯事件による勾留期間延長まで）

（１）被告人の取調べには、前記のとおり警視庁刑事部国際捜査課から捜査本部に派遣されていた田中警部補が当たることになった。

（２）ア　田中警部補は、逮捕当日に、旅券不携帯事件に関する弁解録取書（甲200・１丁。以下、同事件関係の書類は、特記する場合を除き、同書証内にその写しが綴られている。）を作成したほか、被告人の住居地の引当たりをした上、被告人の取調べを行って、「パスポートも外国

人登録証明書も持っていない、日本には、他人名義のパスポートを使って密入国してきた、自分は、半月前から住居地（東京都板橋区大山金井町〈番地略〉所在のコーポＥ※※号室）で、通称Ｂという中国人と一緒に暮らしている」旨録取された警察官調書１通（本文５丁）を作成した。

　また、捜査本部では、同日中に、右住居地の捜索差押許可状の発付を得て、翌９日（捜索差押調書の捜索差押の日時に関する記載は誤記と認める。）に捜索を実施して、被告人が写っている写真２葉を発見、押収した。

　　イ　田中警部補は、同月９日、被告人の身上経歴、日本への入国の経緯・状況、入国後の生活等について被告人の取調べを行い、警察官調書２通（９丁及び本文６丁）を作成した。右各調書には、「本年１月中旬ころ、蛇頭に作ってもらった『Ｃ』名義の香港旅券を使用して、香港の空港から飛行機に乗って大阪にある空港に到着したが、右旅券は同行してきた蛇頭の男に入国後取り上げられた」、「逮捕されたときに所持していたＡ名義の外国人登録証明書は、仕事をするのに、必要であったため、Ｄという中国人に頼んで作ってもらった偽物の外国人登録証明書であり、貼られている顔写真も自分のものではない」などと録取されている。

　また、捜査本部では、同日、被告人が逮捕時に所持していた携帯電話２台のうち１台のレンタルサービス申込書を入手し、「Ｃ」名義で契約されたものであることが判明した。

（３）ア　同月10日、被告人は、東京地方検察庁に送致されて、検察官の取調べを受け、「旅券不携帯の事実はそのとおり間違いない。逮捕された時持っていた外国人登録証は、友達から借りたもので、自分のものではない。」などと記載された検察官調書（１丁）に署名指印し、同日、東京地方裁判所に勾留請求された。

　　イ　なお、右検察官送致の際、駒込署の捜査主任官である四方田某課長から、担当検察官である東京地方検察庁所属の伊藤三郎検事（以下「伊藤検事」という。）にあてて、「今後の捜査等に関する連絡」と題する書面が捜査記録とともに送られているが、右書面には、「旅券不携帯については事実を認めているが、本邦入国の方法等再調べの必要がある。」などと記載されているほか、「余罪関係・その他参考事項」として、「当署管内において６月25日発生した中国人３名による強盗致傷事件の容疑者と認められる者である、７月13日に心理鑑定を予定している、その関係で事件に関する取調べ等は一切行っていない、他の共犯者２名については所在不明で逃走中であるが、うち１名は、逮捕状の発付を得ている、被告人の身分特定のため勾留をお願いする」旨記載されている。

　　ウ　翌11日、東京地方裁判所裁判官が被告人に対する勾留状を発付したが、同日及び翌12日に、被告人の取調べは行われていない。ただし、同月11日には、平成10年12月ころから平成11年４月ころまでの間被告人と付き合いがあり、被告人に仕事を紹介したりアパート（前記住居地）を紹介したりしていた者の供述調書が作成され、翌12日には、被告人の所持していた外国人登録証明書が偽造されたものであると判明した旨の報告書が作成されている。

（４）同月13日、警視庁科学捜査研究所所属の心理研究員により、××事件の詳細に関する被告人の認識の有無について判断するための心理鑑定（いわゆるポリグラフ検査）が実施され、その可能性があるとの結果（甲205）が得られて、同日中に捜査本部に口頭でその旨報告された。

(5) ア 田中警部補は、同月13日から勾留満期である同月19日までの間、連日被告人の取調べを行い、その取調べ時間は、1日6時間30分ないし9時間44分と相当長時間（ただし、同月16日は検察官の取調べがあったため55分間）に及んでいる（以下、取調べ時間は、取調べのための出房から入房までの時間をいう。）が、供述調書としては、同月15日付け（8丁）及び同月18日付け（4丁）が作成されているのみである。

イ このうち同月15日付け調書には、「前回、今年の1月下旬ころ日本へ来たと話したが、これは勘違いで、実際は、昨年の11月下旬か12月初旬に来日した。使用した旅券は、蛇頭に用意してもらった中国語読みで『C′』名義のものである。漢字は記憶していないが、『C』あるいは『C″』と書くはずである。来日後しばらくは、友人のアパートで世話になり、その後、同年12月初旬ころ、ペンキ屋のアルバイトを始め、その社長の用意してくれたアパート（前記コーポE※※号室）で暮らすようになったが、2、3か月で辞め、その後は、逮捕されるまで、池袋や蒲田に住んでいる友人の所で寝泊まりしていた。友人のアパートの番地等は覚えていないし、友達の名前も言うことはできない。今年の6月ころ、偽造の外国人登録証明書を使い、腕時計を池袋の質屋に2回ほど質入れしたことがある。」などと録取され、同月18日付け供述調書には、逮捕された際に所持していた携帯電話2台のうち1台は被告人自身が「C」名義でレンタルを受けた物であることなどが録取されている。

ウ また、同月16日には、伊藤検事が旅券不携帯事件及び不法入国の嫌疑（以下「不法入国事件」という。）について被告人を取り調べたが、供述調書は作成されなかった。

(6) ア この間、東京都大田区長作成の同月9日付け回答書（同月13日捜査本部入手。以下、この項中の括弧内の月日は捜査本部の入手日を示す。）により、A′及びA名での外国人登録のないことが、法務省入国管理局作成の同月12日付け回答書（同月13日）により、A′及びA名での出入国記録（EDカード）のないことが、同局作成の同月13日付け（同日）及び日本航空株式会社東京支店作成の同月14日送付（同日）の各回答書により、「C」名での出入国記録はないが、「C″」と称する者が平成10年11月25日JAL702便で関西国際空港から入国し同年12月1日JAL735便で東京国際空港から出国した旨の出入国記録等のあることが、東日本入国管理センター作成の7月15日付け及び法務省入国管理局作成の同月16日付け各回答書（いずれも同月18日）により、A′及びA名での退去強制歴並びに被告人の退去強制歴のいずれもないことがそれぞれ明らかとなった。

イ また、捜査本部は、同月17日、被告人の母親から、被告人の戸口簿の写しの送付を受けている（乙6）。

(7) ア そして、同月16日、駒込署所属の照井辰己警部補は、退去強制歴の有無について東日本入国管理センターに指紋照会中であり、C名義の査証申請書類の取寄せについても外務省領事移住部に照合中であるが、いずれも回答未了であること、被告人の親族に送付を依頼した戸口簿等が到着未了であることなどを指摘し、旅券不携帯事件の裏付け捜査が未了であることを理由として、勾留期間の延長を要請する旨の捜査報告書を作成している。

イ これを受けて、伊藤検事は、同月19日、旅券不携帯事件だけでなく不法入国事件につ

いても併せて捜査を行う必要があること、戸口簿の送付が未了であり、被告人の人定が特定できていないこと、Ｃ名義の旅券及び外国人登録証が未発見であること、被告人が４月ころ以降の居住先及び収入源に関する具体的供述を拒んでおり、その所持する偽造外国人登録証の入手先や時期、使用状況等についての供述を得て、その生活実態を解明する必要があること、退去強制歴の有無の照会に対する回答やＣ名義での査証申請書類の取寄せが未了であることなどを理由として、東京地方裁判所裁判官に対して勾留期間の延長を請求し、７月19日に、翌20日から10日間の勾留期間の延長が認められた。

(三) 旅券不携帯事件による勾留期間延長後の捜査状況

（１）ア　勾留期間の延長後も、被告人に対する取調べは続き、同月20日に６時間50分、21日に９時間35分、22日に８時間35分、23日に７時間15分、24日に６時間10分、26日に６時間23分、27日に６時間15分とほぼ連日、相当長時間に及ぶ取調べが続けられた（ただし、同月25日は、日曜日で取調べが行われず、同月28日は、午前中に××事件に関する引当たり捜査が行われたため、取調べは午後のみの２時間52分にとどまっている。）。

イ　この間、旅券不携帯事件及び不法入国事件の関係で作成された供述調書は、中国の母親から送られた戸口簿の写しが自分のものであることを確認する内容の同月24日付け警察官調書（本文３丁）１通のみであるし、検察官による被告人の取調べは一度も行われていない。

ウ　また、同月22日、駒込署で被告人の同房者である中国人が被告人から強盗をやったことを打ち明けられたと供述している旨の情報入手報告書が作成され、翌23日には、外務省領事移住部作成の同月21日付け回答書により、Ｃ名義による査証発給の事実のないことが判明している。

（２）ア　なお、同月23日には、伊藤検事と捜査本部の鈴木警部らとの間でその後の捜査方針に関する打合せが行われ、その際、鈴木警部らからは、被告人の供述に変化がなく、最近の交友関係や居住関係について十分な供述が得られず、取調べが難しい状況にあること、××事件について、前記のような心理鑑定の結果及び被告人が強盗への関与をほのめかせた旨の同房者の供述は得られたが、被告人は頑なに否認する供述を続けていること、被告人の余罪としては、被告人が６月３日に質店で腕時計を質入れする際に、偽造された「Ａ」名義の外国人登録証を身分証明書として提示行使したという偽造有印公文書行使の嫌疑（以下「偽造公文書行使事件」という。）があることについて報告があった。

イ　そこで、伊藤検事は、鈴木警部らに対し、被告人の交友関係を洗うなどして、Ｃ名義の偽造旅券の発見に努めること、被告人の不法入国事件を裏付けるべき証拠が集まらない場合は、当時の証拠収集状況に照らし、××事件で逮捕することは無理であるとして、偽造公文書行使事件で再逮捕することとし、10日間の勾留期間中に捜査を遂げることなどを指示した。

（３）ア　同月24日の夕方、被告人が××事件への関与を自白するに至り、「私がやった悪い事」と題する書面（乙54）を作成して、犯行の日時・場所、共犯者の氏名・人数、犯行の態様等について自書したほか、共犯者２名を特定し、その使用する携帯電話の番号について録取された、被疑罪名を強盗致傷とする同日付け警察官調書（乙７・本文４丁）が作成されている。

イ　同月25日は、日曜日で取調べは行われず、同月26日から、取調べが再開されたが、被

告人は、同月24日ころから、日本に入国したのは、飛行機ではなく船による旨供述するようになった。
　　　ウ　伊藤検事は、同月26日以降、被告人が××事件について自供したことのほか、被告人が船で入国したとの供述を変えず、その内容もあいまいなものであるとの報告を受けて、翌27日ころ、旅券不携帯事件の処分は保留し、偽造公文書行使事件で再逮捕する方針を固め、捜査本部に対し、その旨伝えるとともに、偽造公文書行使事件による勾留期間中は、同事件に関する一通りの捜査が終わるまで××事件については積極的に触らないよう指示した。
　　　エ　同月27日、被告人が「自分のやった悪い事で思い出した事」と題する書面（乙55。以下、乙54、55について「上申書」という。）を作成し、その中で、××事件を敢行する前にF（後にF′と判明）の指示でマニキュアを買いに行ったが、マニキュアではないビンを買ってしまい、Fに怒られたこと、××の事務所のあるビルの外階段からそのビンを捨てたことなどについて自書しているほか、××事件の共犯者と知り合った経緯、犯行の謀議及び準備の状況、犯行前後の行動、犯行態様等について詳細な供述が録取された、被疑罪名を強盗致傷とする警察官調書（乙8・12丁）が作成されている。
　　　オ　さらに、同月28日午前には、被告人の供述したマニキュア様のびんの購入先や投棄場所について被告人の引当たり捜査が行われ、翌29日付けで引当たり捜査報告書（甲50）が作成されている。
　　　カ　なお、田中警部補は、××事件について取り調べる際に、同事件について取り調べることや、改めて供述拒否権や弁護人選任権について告知することはしていない。
（４）そして、同月29日、被告人は、旅券不携帯事件について処分保留のまま釈放されると同時に、偽造公文書行使事件で再逮捕された。
３　その後の捜査状況等
（一）偽造公文書行使事件による逮捕勾留期間中の捜査状況等
（１）偽造公文書行使事件による逮捕後、8月5日までは、専ら同事件についての取調べが行われたが、被告人は、同事件については、逮捕当日から一貫して事実を認め、8月5日までに、警察官調書3通（7月29日付け・乙1・8丁、同月30日付け・乙2・9丁、8月2日付け・乙3・本文6丁）及び検察官調書1通（同月5日付け・乙4・本文6丁）がそれぞれ作成されている。
（２）この間、××事件に関する取調べが行われていたことはうかがわれないが、伊藤検事による取調べ後である同月6日に、1時間45分にわたり同事件等に関する取調べが行われ、被告人が同事件の共犯者の1人であると供述していたFことF′（以下「F″〔〕」という。）の人定についての警察官調書1通（乙9・本文4丁）が作成された。
（３）被告人は、偽造公文書行使事件の勾留満期である8月9日に、同事件につき偽造公文書行使罪で起訴された。
（二）偽造公文書行使事件の起訴から××事件による逮捕までの捜査状況
（１）その後、8月10日、F″が旅券不携帯の罪で現行犯逮捕され、同月12日、××事件の犯行現場に残されていた指紋の1つがF″の指紋と一致することが確認され（甲46。ただし、捜査本部

入手は翌13日)、さらに、同月19日には、甲野からF″が犯人の１人であることは間違いないと思う旨（甲27）の、関口からもF″は犯人の１人に似ている旨（甲34）の各供述が得られ、F″自身も、同月25日には、被告人及びGと共に××事件を敢行した旨自供するに至り、同日付けで警察官調書２通（甲53、54）が作成された。
（２）一方、被告人に対する××事件の取調べは、偽造公文書行使事件による起訴後も断続的に続けられ、同月12日には、４時間30分の取調べがあり、その際、事件当日に××事件の現場に最寄りの地下鉄千駄木駅の改札口でビデオテープに録画された人物から被告人、F″及びGを特定するなどした警察官調書（乙10・本文５丁）が作成されたほか、同月19日に１時間34分、20日に２時間11分、23日に２時間48分、24日に３時間12分、26日にも４時間28分程度の取調べが行われた。
(三)　××事件による逮捕から起訴までの捜査状況等
（１）被告人は、同月30日、F″と共に、××事件で逮捕され、その後、９月１日に勾留、同月11日に10日間の勾留期間延長が認められた後、同月20日、同事件で起訴されている。
（２）その間、同事件に関しては、被告人の８月31日付け（乙11・９丁）、９月２日付け（乙12・４丁）、同月３日付け（乙13・本文13丁）、同月４日付け（乙14・10丁）、同月５日付け（乙15・本文７丁）、同月６日付け（乙16・６丁）、同月10日付け（２通。乙17・９丁、乙18・本文４丁）、同月12日付け（乙19・本文10丁）、同月15日付け（乙20・３丁）の各警察官調書及び同月14日付け（２通。乙21・本文４丁、乙22・本文15丁）、同月16日付け（乙23・31丁）の各検察官調書並びに被告人の立会いにより同月14日付けで引当たり捜査報告書（甲51。同月７日引き当たり）及び実況見分調書（甲66。同月12日実況見分）がそれぞれ作成されている。
(四)　××事件による起訴後の捜査状況等
（１）被告人は、××事件による起訴後、被告人、F″らが７月３日に長野市内で敢行したとされる住居侵入、強盗致傷事件（以下「長野強盗事件」という。）及び６月13日に同市内で敢行したとされる住居侵入、窃盗事件（以下「長野窃盗事件」という。）について取調べを受け、長野強盗事件については11月10日に、長野窃盗事件については平成12年１月11日にそれぞれ起訴された。
（２）そして、長野強盗事件については、警察官調書22通（乙24ないし45。いずれも謄本）及び検察官調書４通（乙46ないし49）が取調済みであり、長野窃盗事件については、検察官から警察官調書３通（乙50ないし52）及び検察官調書１通（乙53）の証拠調べが請求されている。

二　被告人の自白の任意性について

＊　＊　＊

〔偽計、利益誘導、暴行などに関する被告人の主張をことごとく退けた。中国の母親から送られてきた戸口簿の写しと封筒に刑事が火をつけて「事実を認めないのは母さんに対して親不孝だ」と言った事実については、焦げた封筒などの物証があり、被告人の主張どおり認めたが、その時期は「自白を開始した後」であって、自白の任意性に影響しないと述べた。また、黙秘権が告げられなかった等という被告人供述は信用できないとした。さらに、８時間を超す取調べが度々あったとしても被疑事実の重大性等に照らし被告人の供述の任意性に及ぼすものとはいえな

いとした。〕
三　別件逮捕勾留の適否について
1　弁護人の主張は、要するに、被告人に対する旅券不携帯事件及び偽造公文書行使事件による逮捕勾留はいずれも、専ら××事件の取調べを目的として行われた違法なものであるから、同事件に関する被告人の自白調書17通（乙7ないし23）はいずれも、違法な別件逮捕勾留期間中又はその影響の下に得られたものであるというのである。

そこで以下、被告人の右自白調書が得られた取調べの適否について判断するについて、旅券不携帯事件及び偽造公文書行使事件による逮捕勾留の理由及び必要性の問題とその逮捕勾留期間中における被告人の取調べ状況等を中心とする捜査のあり方の問題とを分けて検討することとする。

2　逮捕勾留の理由及び必要性等の検討
（一）旅券不携帯事件による逮捕勾留について
（1）逮捕勾留の理由及び必要性

旅券不携帯事件の逮捕勾留の基礎となった被疑事実は、被告人が7月8日に駒込署において旅券を携帯していなかったというものであるところ、右事実は、法定刑が10万円以下の罰金とされる出入国管理及び難民認定法違反の罪（同法76条、23条1項）に該当するもので、それ自体軽微とまではいえない。しかも、前認定のとおり、被告人は、逮捕当時「A」名義の外国人登録証明書を所持していたが、右証明書は他人から預かったもので、自分のものではない旨述べていて、その人定が明らかではなかったこと、被告人自身、当初から、旅券を所持していないのは本邦に不法入国したためである旨供述していたところ、被告人が有効な旅券又は乗員手帳を所持しないで本邦に入国したという前掲不法入国事件（同法違反）は旅券不携帯事件と密接な関連性が認められるから、旅券不携帯事件の逮捕勾留期間中に不法入国事件について取り調べることも許容されることからすると、被告人を旅券不携帯事件により逮捕勾留する理由及び必要性のあったことは明らかである。

（2）勾留期間を延長すべきやむを得ない事由

ア　旅券不携帯事件の勾留期間の延長請求は、前認定のとおり、主として被告人の人定の裏付け捜査及び不法入国事件の捜査の必要性にあったところ、右勾留期間延長の裁判時はもとより勾留延長期間の満了時においても、不法入国事件の裏付け捜査が未了であったといえるから、勾留期間を延長すべきやむを得ない事由が引き続き存在したことは否定できない。

イ（ア）しかしながら、捜査本部は、右勾留期間延長前の7月19日までに、被告人の戸口簿を入手するなどして、被告人の人定を中心とする旅券不携帯事件の裏付け捜査をほぼ遂げていたこと、一方、不法入国事件について、被告人は、「C」又は「C″」名義の偽造旅券で飛行機で本邦に入国した旨供述していたところ、捜査本部は、同日までに、被告人が所持していたA名義の外国人登録証が偽造されたものであり、A′、A及びCによる出入国記録及び退去強制歴並びに被告人自身の退去強制歴はないが、C″名による出入国記録及び飛行機の搭乗記録はあるとの捜査資料を入手していたこと、さらに、右勾留期間延長後の同月23日には、C名による査証発給の事実がない旨の捜査資料を入手し、翌24日ころから、被告人が、本邦に入国したのは飛行機で

はなく船による旨供述するようになり、その後もその供述を変えなかったこと、そのため、主任検事の伊藤検事は、同月23日には、不法入国事件で捜査が進展しない場合に備えて捜査本部に対して、偽造公文書行使事件で再逮捕する方針を指示し、同月27日ころには、旅券不携帯事件の処分は保留し、偽造公文書行使事件で再逮捕する方針を固めたことはいずれも前に認定したとおりである。

　　　(イ) ところで、被告人を不法入国事件で起訴するためには、被告人の自白の補強証拠として、不法入国の事実を裏付けるべき客観証拠の入手が不可欠であるところ、飛行機で入国した場合は、偽造旅券上の査証の記載や偽名による出入国記録が客観証拠となるのに対し、船で入国した場合は、右のような客観証拠を入手することが困難であることは、伊藤検事もその証言で認めるとおりである。

　　　(ウ) そして、前記アでみたような捜査の進展状況に照らすと、被告人の不法入国を裏付けるべき証拠としては、被告人の自白以外には、被告人が有効な旅券を所持していないとの事実のみであり、しかも、同月19日までに捜査本部が入手した捜査資料によれば、Ｃ名による出入国記録はなく、また、Ｃ″名による出入国記録及び飛行機の搭乗記録はあるものの、入国記録に加えて右入国後の出国記録もあるというのであり、「Ｃ」又は「Ｃ″」名義の偽造旅券で入国したとする被告人の供述の信用性自体に疑問が生じているのである。さらに、同月23日に、Ｃ名義の査証発給のない事実が判明し、翌24日には、被告人が入国方法が船であったと供述を変えたため、不法入国事件による立件がほぼ絶望的となり、伊藤検事も、同月23日には、不法入国事件で立件できない場合に備えて、偽造公文書行使事件で再逮捕する方針を指示せざるを得ない状況に追い込まれていたということができる。

　　　(エ) そうすると、勾留延長期間の満了時まで、不法入国事件の裏付け捜査が未了であったことを理由として、勾留期間を延長すべきやむを得ない事由が一応存したこと自体は否定できないとしても、勾留期間延長の必要性は、延長当初から決して高いものではなく、その後の被告人の供述の変更に伴って著しく低下し希薄化していったものと認められる。

(二) 偽造公文書行使事件による逮捕勾留について

　偽造公文書行使事件の逮捕勾留の基礎となった被疑事実は、被告人が6月3日に東京都豊島区内の質店において「Ａ」名義の偽造された外国人登録証明書を提示して行使したというものであるが、右事実は、法定刑が1年以上10年以下の懲役刑に相当する重大事犯である上、関係各証拠によれば、右事実については、被告人が旅券不携帯事件による逮捕時に、「Ａ」名義の外国人登録証明書及び同名義の質札を所持していたことを端緒とし、同事件の取調べ中に発覚したものであり、7月16日には、質店店主からの事情聴取を終え、さらに、同月19日には質店の遺留指紋の1つが被告人のものと一致することまで判明していたことが認められる。しかしながら、偽造公文書行使事件について被告人の起訴・不起訴の処分を決するには、犯行［の］動機、状況等について被告人から更に事情を聴取するなど捜査を尽くす必要があったことが認められるのであり、被告人について同事件による逮捕勾留の理由及び必要性があったことは明らかである。

(三) 以上のとおり、旅券不携帯事件及び偽造公文書行使事件による被告人の逮捕勾留にはそれ

それ理由及び必要性が認められ、また、旅券不携帯事件の勾留期間の延長についても延長すべきやむを得ない事由の存在を否定できないから、右の諸点に関する限り、旅券不携帯事件及び偽造公文書事件による逮捕勾留に違法はないということができる。
3　捜査のあり方等からの検討
(一)　旅券不携帯事件による逮捕（7月8日）から勾留期間延長（勾留満期は同月19日）まで
(1)　まず、旅券不携帯事件による逮捕から勾留期間延長までの捜査の進展状況についてみるに、旅券不携帯事件及び不法入国事件の関係では、前認定のとおり、各関係機関への捜査関係事項照会が行われたほか、被告人の自称住居地への捜索差押及び引当たり捜査、被告人の所持していた携帯電話のレンタルサービス申込書の入手及び同じく被告人の所持していた外国人登録証の真偽の確認、被告人の元雇用主の取調べ、被告人の戸口簿の取り寄せ等が行われ、被告人の供述調書としては、7月8日付けで弁解録取書（1丁）及び警察官調書1通（本文5丁）、同月9日付けで警察官調書2通（9丁及び本文6丁）、同月10日付けで検察官調書1通（1丁）、同月15日付けで警察官調書1通（8丁）、同月18日付けで警察官調書1通（4丁）がそれぞれ作成されている。
(2)　ア　これに対し、××事件の関係では、7月13日に心理鑑定が実施されているが、被告人の供述調書等は作成されていない。

　　　イ　この点、被告人は、公判段階において、逮捕の翌日から、犯行現場に指紋が残っているとかGが逮捕されてすべて認めているなどと言われて、専ら××事件について取調べを受けた旨供述するけれども、右公判供述がそのまま信用することが困難なものであることは前にみたとおりである。

　　　ウ　一方、田中警部補は、被告人の取調べを担当することになった際、上司から、旅券不携帯事件及び不法入国事件を立件できるようにするとともに、××事件についても並行して調べるように指示されたが、7月20日までは、専ら不法入国事件の立件を目的として取調べを行っており、××事件当日である6月25日の行動については、被告人の日本での生活状況、稼働状況を明らかにする趣旨で聴いたにすぎない旨証言し、伊藤検事も、旅券不携帯事件の配点を受けた際、別件逮捕勾留であるとのそしりを受けないようにする必要があると考えたことから、××事件の捜査主任官を務めていた鈴木警部に電話して、まずは不法入国事件の捜査を最優先に進めるべきこと、××事件についての取調べは不法入国事件を立件するのに必要な生活痕跡を洗い出す限度にとどめ、専ら××事件について聴くような調べ方はしないことなどを指示し、鈴木警部も、当然そのつもりであると返事していた旨証言している。

　　　エ　もっとも、田中警部補も、心理鑑定が実施された7月13日以降は、被告人の生活状況を明らかにする趣旨とはいえ、Gの顔写真のA4版コピーを取調室の机の上に置いて調べたことを認めている。また、同日から勾留満期である同月19日までの被告人の取調べ時間は、前認定のとおり、検事調べのあった同月16日を除き、連日6時間30分ないし9時間44分と長時間に及んでいるが、この間に作成された被告人の供述調書が同月15日付け（8丁）及び同月18日付け（4丁）の2通にとどまっており、前記(1)でみたような他の捜査の進展状況とも対比すると、次第に取調べの力点が××事件に関する事情聴取に移行していったことがうかがわれるのである。

（3）しかしながら、同月16日に、伊藤検事が旅券不携帯事件及び不法入国事件について被告人を取り調べているほか、同月18日には、不法入国事件に関する被告人の供述調書が作成されるとともに、捜査本部がA´及びA名による退去強制歴並びに被告人自身の退去強制歴に関する各捜査関係事項照会回答書を入手していることも考慮すると、旅券不携帯事件による逮捕から勾留期間延長までの間は、被告人に対する××事件の取調べは、あくまで旅券不携帯事件及び不法入国事件の取調べに付随し、これと並行して行われている程度にとどまっていたものといえるから、その間の××事件の取調べに違法があるとはいえない。

（二）旅券不携帯事件による勾留期間延長（7月20日）から偽造公文書行使事件による逮捕（同月29日）まで

（1）ア　次に、旅券不携帯事件による勾留期間延長から偽造公文書行使事件による逮捕までの捜査の進展状況についてみるに、旅券不携帯事件及び不法入国事件の関係では、前認定のとおり、7月23日に、外務省領事移住部から、C名義による査証発給がない旨の回答書（同月12日照会）を得たにとどまり、関係各証拠を総合しても、積極的な捜査が行われた形跡はうかがわれない。

　　　イ　この点、伊藤検事は、7月23日、鈴木警部に対し、C名義の旅券の発見に努めるよう指示した旨証言し、田中警部補は、勾留期間延長後も、被告人の友人の所在捜査等必要な裏付け捜査をしていた旨証言するが、旅券不携帯事件の一件記録（甲200）によっても、捜査本部において右旅券の発見のために積極的に捜査したり、被告人の友人の所在捜査等必要な裏付け捜査をしていたことをうかがわせる資料はほとんどなく、かえって、前認定のとおり、同月14日に「C」名による出入国記録のないことが判明し、同月24日には、被告人が「C」名義の偽造旅券で不法入国したとする前言を翻し、船で入国したと供述するに至っていて、C名義の旅券を発見する意味は失われ、不法入国による立件も絶望的となっていたのである。

（2）ア　右勾留期間の延長後も、前認定のとおり、被告人に対する取調べは続き、同月20日に6時間50分、21日に9時間35分、22日に8時間35分、23日に7時間15分、24日に6時間10分、26日に6時間23分、27日に6時間15分と、日曜日であった同月25日を除き、ほぼ連日、相当長時間に及ぶ取調べが続けられた（ただし、同月28日は後期の引当たり捜査が行われたため、取調べは午後のみ2時間52分にとどまっている。）。

　　　イ　この間、旅券不携帯事件及び不法入国事件の関係で作成された供述調書は、中国の母親から送られた戸口簿の写しが被告人に関するものであることを確認する内容の同月24日付け警察官調書（本文3丁）1通のみであり、検察官による被告人の取調べは一度も行われていないのに対し、××事件の関係では、警察官調書2通（同月24日付け・本文4丁、同月27日付け・12丁）及び上申書2通（同月24日付け、同月27日付け）が作成されているほか、同月28日午前に実施された引当たり捜査について同月29日付けの捜査報告書1通（甲50）が作成されている。

　　　ウ　そして、前記（1）認定のような当時の捜査の進展状況に右イ認定のような被告人による上申書作成や被告人の供述調書の作成状況、引き当たり捜査実施の事実、前認定のとおり、7月13日、心理鑑定により被告人が××事件について認識している可能性のあることが判明し、同月22日には、被告人が同房者である中国人に強盗をやったと打ち明けていたことが明らかにな

っており、更には、前記二で検討したことからも明らかなとおり、被告人は、自ら積極的に××事件について自供したものではなく、頑強に否認を続け、自白を開始した後も、警察官が怒りや苛立ちから戸口簿の写しの入った封筒に火を着けるほどまでに、取調べに抵抗を続けていたことも考慮すると、前記ア認定の取調べ時間中に、被告人の不法入国事件に関する取調べも入国方法も確認する程度に若干行われたことがうかがわれるものの、その大半は、××事件の取調べに費やされたものであることが容易に推認できるのである。

　　エ　この点、田中警部補は、被告人が××事件を自供する3日くらい前からは、同事件について「大分」聴いた旨認める一方、勾留期間延長後も不法入国立件に向けて、被告人が逮捕後に所持していた携帯電話の契約関係や偽造外国人登録証の入手経路等について被告人の取調べを行った旨証言するが、これらの点に関する被告人の供述調書は作成されておらず、戸口簿については、7月17日に既に到着していたのに、同月24日に至るまでその内容を確認する調書すら作成されていない状況に照らすと、被告人を不法入国事件立件に向けて取り調べていた旨の右田中証言をそのまま信用することは困難である。

　　オ　また、伊藤検事は、7月26日、鈴木警部から、被告人が××事件を自供した旨の報告を受けて、再度被告人を不法入国事件で取り調べるよう指示した旨証言している。ところが、田中警部補は、被告人が、同月24日ころの取調べで、船で入国したようなことを述べるに至ったが、その関係の供述調書を全く作成していないし、××事件関係の調書や上申書を作成中であったので、船で入国したと述べている点について、詳しくは聞いていないとまで証言している。しかも、伊藤検事自身、捜査本部から、被告人が実は船で入国した旨述べるに至り、その後もその供述を変えず、その内容もあいまいなものであるとの報告を受けて、自ら被告人を取り調べることもなく、不法入国事件による起訴を断念したことは、前認定のとおりである。

（3）ア　以上のとおり、旅券不携帯事件による勾留期間の延長後は、被告人に対して前記（2）ア認定のように、ほぼ連日、相当長時間に及ぶ取調べが続けられており、しかも、その大半が××事件の取調べに費やされていたのに対し、不法入国事件に関しては、被告人を若干取り調べた点を除けば、捜査本部が積極的に捜査を行った形跡がなく、同月24日までに、不法入国による立件が絶望的となるような状況に陥っていたこと、さらに、被告人は、××事件について、頑強に否認を続けて、自白した後も、取調べに抵抗を続けていたことがうかがわれるのである。

　　イ　そして、旅券不携帯事件による勾留期間延長から偽造公文書行使事件による逮捕までの間の右のような捜査のあり方からすると、右期間中における××事件の取調べは、旅券不携帯事件による逮捕勾留期間中に許された限度を大きく超えているのに対し、本来主眼となるべき旅券不携帯事件ないし不法入国事件の捜査は、ほとんど行われない状況にあったというべきであるから、右勾留期間延長後は、旅券不携帯事件による勾留としての実体を失い、実質上、××事件を取り調べるための身柄拘束となったとみるほかはない。したがって、その間の身柄拘束は、令状によらない違法な身柄拘束となったものであり、その間の被告人に対する取調べも、違法な身柄拘束状態を利用して行われたものとして違法というべきである。

　　ウ　この点、検察官は××事件について、被告人の日本における生活痕跡等を示すという

意味で旅券不携帯事件と密接に関連する事実であり、同事件の逮捕勾留期間中にも広く取り調べることができる旨主張するが、同事件は、旅券不携帯事件との関連性があるとはいえず、不法入国事件とも、不法入国後の生活状況として関係するにすぎないものであって、関連性は希薄というほかないから、検察官の右主張はその前提を欠くものである。

　　エ　そして、前記イで指摘した旅券不携帯事件による勾留期間延長から偽造公文書行使事件による逮捕までの間の被告人取調べの違法は、憲法及び刑訴法の所期する令状主義の精神を没却するような重大なものであり、かつ、右取調べの結果得られた供述調書を証拠として許容することが、将来における違法な捜査の抑制の見地からも相当でないと認められる以上、右期間中に得られた被告人の供述調書、すなわち、7月24日付け（乙7）及び同月27日付け（乙8）各警察官調書並びにその間に被告人を同事件に関し現場に引き当たりをして得られた同月29日付け捜査報告書（甲50）の証拠能力はすべて否定されるべきものと解するのが相当である。

（三）偽造公文書行使事件による逮捕（7月29日）から同事件による起訴（8月9日）まで

（1）前認定のとおり、伊藤検事は、7月27日ころ、鈴木警部に対して、偽造公文書行使事件による勾留期間中は、同事件に関する一通りの捜査が終わるまで××事件については積極的に触れないように指示し、現に、偽造公文書行使事件による逮捕後、8月5日までは、専ら同事件についての取調べが行われて、××事件に関する取調べは控えられており、偽造公文書行使事件に関する検事調べが終わった後の同月6日に、××事件について1時間45分取調べが行われ、本文4丁の警察官調書（乙9）が作成されている。したがって、右期間中の××事件についての取調べは、偽造公文書行使事件の取調べに付随し、これと並行して行われている程度にとどまるといえるから、その間の××事件の取調べ自体に違法があるとはいえない。

（2）しかしながら、右警察官調書が得られた8月6日の取調べは、前判示のように違法と解される身柄拘束（以下「本件違法勾留」という。）が終了してから8日間を経た後のものとはいえ、前認定のとおり、本件違法勾留期間中と同じ田中警部補が行ったものであり、その内容も、被告人が右期間中から××事件の共犯者として供述していたF″の人定に関するものであるから、右警察官調書における被告人の供述は、本件違法勾留期間中における違法な取調べの影響下にあり、それまでに得られた被告人の同事件に関する自白と一体をなすものとして、その違法を承継するものと解するほかはない。したがって、右警察官調書（乙9）も、本件違法勾留期間中に得られた2通の各警察官調書（乙7、8）と同様の趣旨において、その証拠能力を欠くものと解するのが相当である。

（四）偽造公文書行使事件による起訴（8月9日）から××事件による逮捕（8月30日）まで

（1）ア　前認定のとおり、被告人に対する××事件の取調べは、偽造公文書行使事件による起訴後も断続的に続けられ、8月12日には、本文5丁の警察官調書（乙10）が作成されたほか、同月19日、20日、23日、24日及び26日にも取調べが行われている。そして、××事件の共犯者とされるF″に対する前認定のような捜査の進捗状況と対比すると、F″に対する捜査の進展に応じて、被告人に対する取調べも随時行われていたことがうかがわれる。

　　イ　とはいえ、右一連の取調べは、前認定のとおり、21日間に7日と断続的で、取調べ時

間も1日当たり最大で4時間30分、平均すると約3時間10分と比較的短時間である。

しかも、田中警部補の証言によると、そのころの取調べにおいて、被告人が供述を渋ったり、取調べに抵抗を示すことのなかったことが認められる。したがって、右取調べは、被告人が任意に応じていたものということができ、しかも、偽造公文書行使事件の審理を何ら阻害するようなものではなかったから、それ自体に違法のないことは明らかである。

(2) ア　しかしながら、前記警察官調書（乙10）が作成されたのは、本件違法勾留が終了してから14日間を経た8月12日であり、しかも、前認定のとおり、同月10日には、××事件の共犯者とされるF″が逮捕されたとはいえ、右警察官調書が得られた取調べは、本件違法勾留期間中と同じ田中警部補が行ったものであり、その内容も、事件当日に同事件の現場に最寄りの千駄木駅の改札口でビデオテープに録画された人物から被告人並びに同事件の共犯者とされるF″及びGを特定するなどしたものであるから、右警察官調書における被告人の供述もまた、本件違法勾留期間中における違法な取調べの影響下にあり、それまでに得られた被告人の同事件に関する自白と一体をなすものとして、その違法を承継するものと解されるのである。したがって、右警察官調書（乙10）も、本件違法勾留期間中に得られた2通の各警察官調書（乙7、8）と同様の趣旨において、その証拠能力を欠くものと解するのが相当である。

イ　もっとも、前認定のとおり、8月12日に、××事件の犯行現場に残されていた指紋の1つがF″の指紋と一致することが確認され（甲46）、さらに、同月19日には、甲野から、F″が犯人の1人であることは間違いないと思う旨（甲27）の、関口からも、F″は犯人の1人に似ている旨（甲34）の各供述が得られ、F″自身も、同月25日には、被告人及びGと共に××事件を敢行した旨自供するに至り、同日付けで警察官調書2通（甲53、54）が作成されるなど、被告人の同事件への関与については、被告人の自白から独立した客観証拠が順次収集され、固められていっており、同月19日以降の取調べは、このような客観証拠を参照し援用しながら行われたことがうかがわれるのであって、右取調べについては本件違法勾留期間中の違法な取調べの影響が次第に薄らぎ希薄化していったものとみられるのである。

(五) ××事件による逮捕（8月30日）から起訴（9月20日）まで

(1) ××事件の逮捕状請求及び勾留請求の際には、被告人の同事件への関与を裏付けるべき疎明資料として、被告人の前掲警察官調書4通（乙7ないし10）に加え、前記（四）の（2）イ掲記の各客観証拠が提出されたことがうかがわれるところ、このうち被告人の警察官調書4通はいずれも、前記（二）ないし（四）で判示したとおり、証拠能力を欠くものではあるが、これらから独立した右各客観証拠によっても、被告人の同事件への関与を十分裏付けることができる上、同事件の事案の重大性、証拠の収集状況、被告人の供述状況等に照らすと、逮捕勾留の理由及び必要性も十分認められる以上、同事件による逮捕勾留は、本件違法勾留の影響の点を除けば、何ら違法はないというべきである。

(2) そこで、本件違法勾留の違法ないしその期間中の取調べの違法が××事件による逮捕勾留ないしその間の取調べの適否に及ぼす影響について検討することとする。

ア　まず、××事件による逮捕勾留期間中の取調べに対する本件違法勾留期間中の取調べ

の影響についてみるに、前記（四）の（2）で判示したとおり、被告人と同事件との結び付きを裏付ける客観証拠が順次収集され固められていったことに伴い、その影響が次第に薄らぎ希薄化していったものと認められる。したがって、同事件による逮捕勾留期間中に得られた被告人の供述は、前掲各警察官調書（乙7ないし10）と一体をなすものとまでは認められず、その違法を承継するとしても、その程度は証拠能力を否定すべきほどの重大なものとはいえないのである。

　　イ　次に、本件違法勾留により、実質上は、既に被告人が××事件について相当期間勾留されていることの影響についてみるに、本件全証拠を子細に検討しても、旅券不携帯事件による逮捕勾留が、専ら××事件を取り調べる目的で、旅券不携帯事件の勾留に名を借りその身柄拘束を利用して、××事件につき勾留して取り調べるのと同様の効果を狙ったもの、すなわち、積極的に令状主義を潜脱しようとしたものとまでは認められない。しかも、伊藤検事は、旅券不携帯事件の勾留期間中、被告人の自白が概括的なものにとどまり、共犯者の身柄が確保されていないことなどから、直ちに××事件で逮捕しない方針を固めていた旨証言している上、前記（四）の（2）イでみたような捜査の進展状況をも合わせ考慮すると、同事件による逮捕は、前掲客観証拠が順次収集され固められていったことが決め手となったとうかがわれるのである。さらに、本件違法勾留終了から同事件による逮捕までに1か月余りの期間が経過していること、右アでもみたとおり、本件違法勾留期間中の取調べの影響は、偽造公文書行使事件の起訴後に次第に薄らぎ希薄化していったものと認められることも考慮すると、××事件による逮捕勾留については、逮捕勾留の蒸し返しに当たるとまではいえないということができる。

（3）したがって、××事件による逮捕勾留及びその期間中の取調べに違法があるとはいえないほか、他にその間の取調べに違法があることをうかがわせる状況も存在しない以上、その間に得られた被告人の供述調書はすべて証拠能力を有するものと解するのが相当である。

四　結論

　以上の次第で、検察官から証拠調べ請求のあった被告人の検察官調書（乙53）及び警察官調書（4通、乙50ないし52）はいずれも、任意性が認められるから、採用して取り調べることとし、弁護人からの証拠調べに関する異議申立てのうち、取調済みの被告人の警察官調書4通（乙7ないし10）に関する部分は理由があるから、刑訴規則205条の6第2項により右各証拠をいずれも本件証拠から排除し、その余の部分は理由がないから、同規則205条の5によりいずれも棄却し、取調済みの引当たり捜査報告書（甲50）は、証拠とすることができないものであるから、同規則207条により職権で本件証拠から排除することとし、主文のとおり決定する。

（裁判長裁判官　中谷雄二郎、裁判官　伊藤雅人、裁判官　福家康史）

質問8−9

　三郷放火事件による違法な別件逮捕勾留の基準と千駄木強盗事件による基準はどう違うか。いずれの基準が妥当か。

質問8−10
　千駄木強盗事件は旅券不携帯の被疑事実による逮捕・勾留の理由と必要性を認めているが、その判断は正しいか。

質問8−11
　同事件は旅券不携帯による身柄拘束中に判明した偽造公文書行使の事実による再逮捕・勾留の理由と必要性も認めているが、この判断は正しいか。

質問8−12
　他の証拠の積み重ねにより違法取調べの影響が「希薄化」するというのは正しいか。

判　例

最3小判昭58・7・12刑集37−6−791（神戸三角関係放火事件）

　一　弁護人藤巻三郎の上告趣意、弁護人栗坂諭の上告趣意一（2）、（5）、弁護人杉田亮造の上告趣意第1点、第3点は、憲法11条ないし13条、31条、33条、34条違反をいうが、その実質は、別件逮捕中に捜査官が得た自白を資料として発付された本件の逮捕状による逮捕中の勾留質問の違法及び右自白を資料として発付された勾留状による勾留中に行われた消防職員の質問調査の違法をいい、ひいてそれら質問の結果を録取した各調書の証拠能力を争う、単なる法令違反の主張であって、適法な上告理由にあたらない。
　なお、所論にかんがみ、職権をもって次のとおり判断を加える。
　（一）勾留質問は、捜査官とは別個独立の機関である裁判官によって行われ、しかも、右手続は、勾留の理由及び必要の有無の審査に慎重を期する目的で、被疑者に対し被疑事件を告げこれに対する自由な弁解の機会を与え、もって被疑者の権利保護に資するものであるから、違法な別件逮捕中における自白を資料として本件について逮捕状が発付され、これによる逮捕中に本件についての勾留請求が行われるなど、勾留請求に先き立つ捜査手続に違法のある場合でも、被疑者に対する勾留質問を違法とすべき理由はなく、他に特段の事情のない限り、右質問に対する被疑者の陳述を録取した調書の証拠能力を否定すべきものではない。
　（二）また、消防法32条1項による質問調査は、捜査官とは別個独立の機関である消防署長等によって行われ、しかも消防に関する資料収集という犯罪捜査とは異なる目的で行われるものであるから、違法な別件逮捕中における自白を資料として本件について勾留状が発付され、これによる勾留中に被疑者に対し右質問調査が行われた場合でも、その質問を違法とすべき理由はなく、消防職員が捜査機関による捜査の違法を知ってこれに協力するなど特段の事情のない限り、右質問に対する被疑者の供述を録取した調書の証拠能力を否定すべきものではない。
　なお、消防法32条1項は、消防署長等が当該消防署等に所属する消防職員をして質問調査を行

わせることを禁じた趣旨ではなく、また同法35条の2第1項は、放火又は失火の罪で警察官に逮捕された被疑者に対し、事件が検察官に送致された後に、消防署長等が検察官等の許諾を得て同法32条1項による質問調査を行い、あるいは消防署等に所属する消防職員をしてこれを行わせることを禁じた趣旨ではないと解すべきである。

（三）したがって、原判決認定の事情のもとで作成された裁判官の勾留質問調書及び消防職員の質問調書の証拠能力を肯定した原判決の判断は相当である。

* * *

裁判官伊藤正己の補足意見は次のとおりである。

私も、法廷意見と同じく、本件において、裁判官の勾留質問調書及び消防職員の質問調書の証拠能力を肯定した原審の判断は、正当として是認できると考えるものであるが、本件は、いわゆる違法収集証拠の排除に関して問題を提起しているものであるから、ここに若干の見解を示して、補足意見としておきたい。

記録に照らせば、被告人は、本件現住建造物等放火罪を理由とする逮捕、勾留に先き立って、住居侵入罪を理由として逮捕されているが、この逮捕は、裁判官が適法に発付した逮捕状によって行われたものであったとはいえ、その真の目的が、当時いまだ逮捕状を請求するに足りる資料のなかった本件現住建造物等放火事件について被告人を取り調べることにあり、住居侵入事件については、逮捕の必要性のなかったことが認められる。したがって、右逮捕は、憲法の保障する令状主義を潜脱して強制捜査を行った、いわゆる違法な別件逮捕にあたるものというべきであり、これによって収集された自白は、これを違法収集証拠として裁判の資料から排除するのが、適正手続の要請に合致し、また将来において同種の違法捜査が行われることを抑止し、司法の廉潔さを保持するという目的からみて相当であると考えられる。

ところで、このような違法収集証拠（第一次的証拠）そのものではなく、これに基づいて発展した捜査段階において更に収集された第二次的証拠が、いわゆる「毒樹の実」として、いかなる限度で第一次的証拠と同様に排除されるかについては、それが単に違法に収集された第一次的証拠となんらかの関連をもつ証拠であるということのみをもって一律に排除すべきではなく、第一次的証拠の収集方法の違法の程度、収集された第二次的証拠の重要さの程度、第一次的証拠と第二次的証拠との関連性の程度等を考慮して総合的に判断すべきものである。本件現住建造物等放火罪を理由とする逮捕、勾留中における、捜査官に対してされた同罪に関する被告人の自白のように、第一次的証拠の収集者自身及びこれと一体とみられる捜査機関による第二次的収集証拠の場合には、特段の事情のない限り、第一次的証拠収集の違法は第二次的証拠収集の違法につながるというべきであり、第二次的証拠を第一次的証拠と同様、捜査官に有利な証拠として利用することを禁止するのは、将来における同種の違法捜査の抑止と司法の廉潔性の保持という目的に合致するものであって、刑事司法における実体的真実の発見の重要性を考慮にいれるとしても、なお妥当な措置であると思われる。したがって、第一審判決及び原判決が、その適法に認定した事実関係のもとにおいて、捜査官に対する被告人の各供述調書の証拠能力を否定したことは適切なものと考えられる。

しかしながら、本件勾留質問は、裁判官が、捜査に対する司法的抑制の見地から、捜査機関とは別個の独立した職責に基づいて、受動的に聴取を行ったものであり、またこれに対する被告人の陳述も任意にされたと認められるのであるから、その手続自体が適法であることはもとより、この手続に捜査官が支配力を及ぼしたとみるべき余地はなく、第一次的証拠との関連性も希薄であって、この勾留質問調書を証拠として許容することによって、将来本件と同種の違法捜査の抑止が無力になるとか、司法の廉潔性が害されるとかいう非難は生じないと思われる。（なお、ここにもいわゆる自白の反覆がみられるのであるが、一般に、第二次的証拠たる自白が第一次的証拠たる自白の反覆の外形をもつ場合に、第一次的証拠に任意性を疑うべき事情のあるときは、証拠収集機関の異同にかかわらず、第二次的証拠についてもその影響が及ぶものとみて任意性を疑うべきであるとしても、本件において、第一次的証拠につき、その収集が違法とされ、これが排除されたのは、前記のとおり、任意性には必ずしも影響を及ぼさない理由によるものであるから、単に自白反覆の故をもって、直ちに第二次的証拠を排除すべきものとすることは適切でない。）
　また、消防機関は、捜査機関とは独立した機関であり、その行う質問調査は、効果的な火災の予防や警戒体制を確立するなど消防活動に必要な資料を得るために火災の原因、損害の程度を明らかにする独自の行政調査であって、犯人を発見保全するための犯罪の捜査ではないから、消防機関が右行政目的で行った質問調査が、捜査機関によって違法に収集された第一次的証拠を資料として発付された逮捕状、勾留状による被疑者の身柄拘束中に、当該被疑者に対して行われたとしても、そこに捜査と一体視しうるほどの密接な関連性を認めて、その質問に対する任意の供述の証拠能力を否定すべきものとする必然性のないことは、裁判官による勾留質問の場合と同様である。もとより、捜査機関が、その捜査の違法を糊塗するためにとくに消防機関に依頼し、これに基づき、消防官が、捜査官においてすでに違法に収集した証拠を読み聞かせるなどして質問をし、これに沿うようその供述を誘導して録取するなど、消防機関の質問調査を捜査機関による取調べ又は供述録取と同一視すべき事情があるときは、その調書の証拠能力を否定することが相当とされる。しかし、本件においては、そのような事情があるとはいえない。
　以上のように右勾留質問調書及び消防官調書は第一次的証拠との関連の程度が希薄であることに加え、本件の事案も重大であり、右各調書は証拠としても重要であること等を総合考慮すれば、これらの証拠能力を否定することは、違法収集証拠の排除の目的を越えるものであるというべきであるから、これらの調書を裁判の資料とした措置には、所論の違法があるものとはいえない。
　（裁判長裁判官　伊藤正己、裁判官　横井大三、裁判官　木戸口久治、裁判官　安岡滿彦）

一審判決：神戸地判昭52・7・1刑集37-6-855
第二　当裁判所の判断
一　本件捜査の概要
　当裁判所が取調べた関係各証拠その他本件記録上明らかな事実によれば次の事実が認められる。
（一）被告人が別件の住居侵入罪で逮捕されるまでの経緯
　兵庫警察署浜田警部補外7名は同署で勤務中、昭和48年3月14日午前2時13分ころ、神戸市兵

庫区会下山町3丁目5番地付近で火災が発生したとの通報を受け（兵庫消防署においては同日午前2時12分ころ覚知）、現場に急行したが、右火災は同所付近の木造家屋等8棟（延べ床面積約414平方メートル）を全・半焼及び部分焼して（合計焼損面積約322平方メートル）同日午前2時37分ころ鎮火した。

　同警察署では、同日直ちに火災現場付近において、出火場所及び出火原因に関する聞込み、内偵を開始したところ、右会下山町3丁目5番地大岡アパート居住者らから、同日午前2時ころ、同番地所在のブリキ職人浜田喜市方（木造平屋建トタン葺家屋で同家屋の西側約22平方メートルは作業場、東側約9平方メートルは同人の娘で判示の浜田純子の居室兼寝室となっているもの）から火が吹き出ているのを目撃した等の情報を得て、出火場所は右浜田方と推定し、同日午前10時50分から午後3時50分までの間、右浜田方焼失家屋及び付近一帯につき浜田純子を立会人として実況見聞を行ったところ同女の居室は床の一部を残すのみで完全に焼失しており、他の場所に比べて焼燬の程度が著しかったので、同居室を発火場所と断定するに至った。

　そこで、同警察署では本件火災を浜田純子に対する失火事件として捜査活動を開始することとし、同日中島巡査部長において同女を同警察署に任意同行のうえ取調べたところ、同女は本件火災当夜は友人の津田京子方に宿泊していて不在であった旨供述したので、右津田京子から事情聴取したところ、右宿泊の事実のないことが判明した。そのため、同警察署では右浜田純子の挙動に不審を抱き、翌15日、塚田刑事において再び同女を取調べたところ、同女は、「同月13日は午後8時から午後11時までクラブ『月世界』で働き、閉店後姉勢子も含め友人らと飲酒した後、愛人の前田勇と一緒に姉勢子のアパート、同市同区山王町2丁目7番地所在の清山荘に寄り、その後右前田とホテル『ニューダイヤ』に投宿した」、「前回津田京子方へ宿泊したと述べたのは、愛人の前田勇とホテルに投宿した事実を隠すためである旨供述したので、同日古垣刑事が右浜田勢子から事情を聴取したところ、同女から「3月13日午後11時純子と三宮の喫茶店で待合わせ、友人ら13名と加納町のナイトレストラン『トランパン』で飲酒した後、純子とその愛人前田勇の3人で午前2時ころ清山荘に寄り、午前3時ころまでお茶を飲んでいた」旨の右純子の供述とほぼ合致する供述を得た。さらに、同日河本巡査部長において純子の父浜田喜市から事情聴取するとともに、塚原刑事において右浜田方の焼失家屋の火災保険につき捜査したところ、浜田喜市は郵政省の災害保険に13口加入しており、支払保険金が130万円となっていることが判明したものの、本件火災の出火原因は依然として不明であったため、その後も聞込み、内偵を続けるうち、右純子は前記前田勇のほかに被告人とも交際があり、被告人に多額の遊興費を使わせているらしいとの情報を得たので、河本巡査部長において同月22日同女に対し三度び任意出頭を求めて取調べたところ、（1）昭和47年深夜前田勇を自宅に案内したのを被告人に目撃され、駐車中の右前田の外車ムスタンクのタイヤをパンクさせられたことがある、（2）同年末の深夜、同女が1人で前記居室に就寝中、被告人が無断で室内に入ってきたことがある、（3）同女は被告人と交際していた3年間を通じ、合計700万円位の金額を遊興費として被告人に使わせたうえ、本件火災前夜である昭和48年3月13日には、クラブ『月世界』の領収証を渡す約束で被告人に金35万円を都合させたのに、その約束を破って前記前田勇とホテルに投宿した、（4）被告人が同月18日同女方

を訪れた際、同女に対し、35万円の領収証を受取ることになっていた晩に同女は約束を果さなかったので同女を探しまわっていると、同女が男と腕を組んで姉勢子方に入るところを見て腹が立ち、2人とも自動車でひき殺してやろうかと思ったと話した等の供述を得た。他方同月30日、塚原刑事が前田勇から事情聴取したところ、同人から浜田純子、同勢子の右各供述に合致する供述を得た。

ここにおいて、兵庫警察署は、あらたに被告人に対する放火の嫌疑を抱くに至ったが、火災当夜被告人を火災現場付近で目撃した者もなく、逮捕状を請求するに足る資料は収集できなかった。

そこで、同年4月25日、森警部補は浜田純子から、被告人が昭和47年11月中旬ころ同女方に無断で侵入した旨の供述を得て、住居侵入の被害調書を作成し、昭和48年4月27日水政迪富警部において、右住居侵入の嫌疑（被疑事実の要旨は「被疑者は昭和47年11月14・5日の午前1時ころ神戸市兵庫区会下山町3丁目5番地ホステス浜田純子26歳方に故なく無錠作業場出入口から奥四畳間寝室に侵入したものである」というもの）により神戸地方裁判所裁判官に対し、被告人に対する逮捕状の発付を請求し、同日その発付を得た。そして、右逮捕状により、同署司法巡査金井宏美は昭和48年5月1日午前8時30分被告人方において被告人を逮捕し、同日午前9時25分被告人を兵庫警察署へ引致した。

（二）被告人の身柄拘束状況及び供述調書作成状況

（1）本件火災捜査の主任担当官であった兵庫警察署捜査係巡査部長中島勇は、被告人が同署に引致されるや直ちに金井巡査を立会筆記者として住居侵入罪につき取調を開始し、約1時間これに費やして右住居侵入についての被告人の供述調書1通（11枚綴りのもの）を作成したが、他方、被告人を同署に引致する前の同日午前9時には、すでに、同署水政刑事一課長名によって、被告人を浜田方への放火被疑事件の被疑者としてポリグラフ検査にかけるべく右検査依頼手続がとられており、右ポリグラフ検査は被告人の承諾を得たうえ同日午前9時40分から同日午後零時零分までの約2時間20分に亘り、同署刑事一課取調室において本件放火被疑事件の捜査主任同課警部補森勝次立会の下、兵庫県警察技術吏員浜永裕により実施され、同日午後1時30分には、陽性の反応が認められた旨の検査結果の回答がなされた。同日午後3時ころからは前記中島巡査部長により、被告人と浜田純子との交際状況、本件火災当夜のアリバイ等につき取調べが行われ、午後5時半ころ被告人の夕食のため取調を一旦中止されたが、その後さらに午後6時ころから午後10時半ないし11時半ころまで、直接本件放火の事実につき取調べが続けられ、この間に被告人は本件放火事件を自白するに至り、同日午後10時半ないし11時半ころから翌2日午前2時半ころにかけて本件放火事件の調書1通（30枚以上に及ぶもの）が作成された。

（2）同月2日、同署警部水政迪富は本件放火事件に関する被告人の右自白調書を疎明資料に供して、神戸地方裁判所裁判官に対し、被告人に対する現住建造物放火罪の逮捕状の発付を請求し、同日右逮捕状の発付を得た。同日は右中島巡査部長により、午前8時ころから住居侵入罪の取調べが行われ、昼ころまでの間に住居侵入罪を被疑事実とする調書1通（被告人の身上関係のみを録取したもので5枚綴りのもの）が作成されたほかは取調はなく、午後零時20分には、被告人は警部補森勝次により住居侵入罪の関係で釈放を告げられ、現にその措置がとられたが、捜査

官から食事を済ませて帰るように勧められ、兵庫警察署において用意された昼食を取り終えたところ、あらかじめ発付を得ていた本件放火罪の逮捕状に基づき、同日午後１時40分同署において逮捕され、同日午後１時50分ころ森勝次警部補により弁解録取書（「只今読んで聞かせてもらったとおりです、間違いありません」と記載されている）が作成された。

（３）同月４日午前11時45分ころ、本件放火罪につき、被告人は神戸地方検察庁に送致され、同庁において検察官により弁解録取書（「そのとおり間違いありません」と記載されている）が作成された後、神戸地方裁判所裁判官に対し被告人の勾留請求がなされた。その結果、同日、同裁判所裁判官により、同裁判所勾留訊問室において、被告人の勾留質問が行われ、勾留質問調書（「事実はそのとおり間違いありませんが、布団に火をつけて直ぐ外に出たので燃え上ったことは知りませんでした」と記載されている）作成のうえ、本件放火罪について勾留場所を兵庫警察署附属代用監獄と指定する勾留状が発付され、右勾留状は同日午後２時30分同裁判所内で執行され、同日午後２時50分被告人は右代用監獄に勾留された。

（４）同月６日、兵庫消防署消防司令補向田淳は、上司の中隊長消防司令南猛から本件火災につき被告人の質問調書をとるよう指示を受け、消防吏員の制服を着用のうえ、兵庫警察署２階の刑事一課第二取調室に赴き同所において、手錠を外された被告人に対し、消防署の向田である旨並びに火災の原因及び程度を調べるので素直に言ってほしい旨を告げて、本件質問調査に入り、右調査は同日午後零時40分から午後２時５分まで行われ、その間に前掲の質問調書１通が作成された。なお右取調室は、刑事一課の執務室の南側奥に位置し、本件質問調査中はドアが開放された状態にあり、被告人の方からは執務中の警察官の姿が見えていたこと、本件質問調査開始の当初10分ないし30分位の間、同署警察官が１名同席していたことが認められるが、質問調査の途中で口を挟む等調査自体に関与した形跡はなく、その他、右の事実を超えて同署司法警察職員が本件質問調査に不当な影響を及ぼしたと考えられるような事実は窺われない。

（５）同月12日、被告人の勾留期間が10日間（同月23日まで）延長され、この間に、司法警察職員に対する供述調書７通（同月９日付、同月10日付、同月12日付２通、同月15日付、同月16日付及び同月19日付）及び検察官に対する供述調書２通（同月11日付及び同月21日付）が作成されたが、いずれも本件放火の事実を自白したもの又は右自白を前提にした関係事実の供述を録取したものと推察される。

なお、同月10日には弁護人藤巻三郎が、同月14日には弁護人栗坂諭が各選任されているが、右弁護人らがそれぞれ被告人と接見した際にも、被告人は本件放火の事実を認めていたものと窺える。

（６）同月23日、被告人は本件放火罪につき起訴され（住居侵入罪については起訴されていない）、翌24日、本件放火の犯行後の行動及び径路などにつき、司法警察職員に対する供述調書１通が作成された後、同月25日兵庫警察署代用監獄から神戸拘置所へ移監され、同月31日神戸地方裁判所裁判官の保釈許可決定により保釈された。

二　被告人の各供述調書等の証拠能力

（一）被告人の司法警察員に対する昭和48年５月１日付供述調書（検察官請求証拠目録請求番号

37）

　被告人は，前記のとおり昭和48年5月1日住居侵入罪で逮捕されたものであるが、まず、右逮捕の理由及び必要性について検討するに、

　（1）被告人は浜田純子及び同女の家族と親しい間柄であったこと、即ち、(1) 被告人と同女との交際期間は3年に及んでおり、住居侵入の犯行日とされる昭和47年11月中旬までに限ってもすでに2年以上に亘っていたこと、(2) その間両者の間には肉体関係も結ばれ結婚の話も出ていたこと、(3) 被告人は殆んど毎週同女の勤めるクラブに通いつめて同女を指名し、合計700万円を超える遊興費を使っていたほか、同女に懇請されるまま70万円を超える金銭の贈与もしくは貸与をしていたこと、(4) 被告人は深夜、自分の車に同女を乗せて何十回となく同女方まで送り届けていたこと（家の中にもたびたび入っている）、(5) 被告人は同女方から100メートル足らずの場所に住む同女の両親の家にもしばしば出入りし、食事を一緒にしたり、両親が面倒を見ている同女の子供を映画に連れていくなど同女の家族とも親しくなっていたこと、

　（2）同女方家屋は道路に面した西側に出入口があり、西入口のガラス戸には当初から施錠の設備がなく、また作業場と同女の寝室との境のガラス戸にも鍵がついておらず、何時でも出入りが自由であったこと、

　（3）住居に立ち入った当夜の状況についても、同女の居室に入ってから同女と10分位会話をしており、続いて右居室に現われた同女の弟ともゴルフの話をするなど平穏であったこと

　（4）前記逮捕状記載の住居侵入の犯行日以後においても、被告人と同女との交際は従来と同様に継続していたこと、

　（5）前記逮捕状記載の住居侵入の犯行日以後5ケ月以上もの間、同女からは何らの被害届もなされていないこと、もっとも前記のとおり昭和48年4月22日に至り被害調書の作成がなされてはいるが、右は本件放火事件の捜査の過程において同女が被告人との関係を問われた際、たまたま供述した事柄を調書化したにすぎないこと、

　（6）逮捕状請求時には、被告人の氏名、年令、住居、職業等は明らかになっていたこと

　等の事実が右逮捕状請求の時点で認められ、以上の諸事情に照らすと、前記のような住居侵入の被疑事実については、その犯罪の嫌疑さえも極めて薄く（前記のとおり起訴もされていない）、かかる被疑事実により被告人を逮捕する理由も必要もなかったといわざるを得ない。

　次に、右住居侵入事件による逮捕についての捜査官側の意図・目的を考察するに、

　（1）捜査当局は、右の諸事情の殆んど全部を知悉していたこと（この点は本件放火事件捜査の主任担当官であった中島巡査部長の認めるところである）

　（2）前記捜査の概要、特に5月1日の取調べ状況に照らせば、捜査当局は当初から本件放火事件で被告人を取調べその自白を得る意図・目的を有していたこと

　等が認められ、以上を総合すれば、住居侵入罪による被告人の逮捕は、捜査機関において、本件たる放火事件につき未だ逮捕状を得るだけの資料がないため、すでに5ケ月以上も経過した軽微な住居無断立入りの事案を、ことさらに刑事事件として取上げ、本件放火事件の取調べの便宜を図ったことは明らかである。

このように、未だ逮捕状を得るだけの資料がない本件（重大犯罪）を取調べる目的で、ことさらに別件（軽微な事件）の逮捕を利用する関係を別件逮捕と呼ぶが、別件自体に逮捕の理由と必要性がある場合は格別（この場合には別件と併行して本件を取調べることは一概に否定できないのであって、本件の取調べが任意の取調べか否か、別件と本件の関連性の有無及び程度、別件につき取調べが終了しているか否か等を検討して判断すべきである）、本事案の如く、別件自体につき逮捕の理由及び必要性が認められず、専ら本件についての取調べを企図しながら、この意図を秘して逮捕状の発付を得た場合には、たとい逮捕状が発付されても、結局令状によらない逮捕とみるべきであり、かような逮捕は憲法に保障する令状主義を潜脱するものとして、他の要素を考えるまでもなく、違法な別件逮捕に該るというべきである。

　そして、かかる違法な別件逮捕中に本件を取調べることは、本件についても令状主義が潜脱されたことになるから違法であり、かような取調べにより作成された供述調書は、違法な身柄拘束下において、しかも、捜査機関が積極的にそれを意図しかつ利用して採取したものであるから、適正手続に違背して収集された証拠即ち違法収集証拠として、証拠能力を有しないものと解するのが相当である。

　以上の次第であるから、右５月１日付供述調書は、任意性の有無を判断するまでもなく、証拠能力がない。従って、当裁判所は、検察官からの右供述調書の取調請求を却下したわけである。

（二）　被告人の司法警察員に対する昭和48年５月９日付、10日付、12日付２通、15日付及び19日付供述調書計６通並びに検察官に対する同月11日付、21日付供述調書計２通

　被告人は、別件の住居侵入罪につき、昭和48年５月２日午後零時20分に一旦釈放されたが、兵庫署から一歩も外へ出ないうちに、同日午後１時40分本件放火罪により再び逮捕され、同月４日勾留、同月12日勾留延長がなされたことは前述のとおりであるが、右逮捕勾留の適否及びその間に作成された供述調書の証拠能力を検討するに、前記捜査の概要のとおり、本件の逮捕勾留の各請求の際に、違法収集証拠たる前記５月１日付供述調書が疎明資料として提出されているところ、右供述調書を除けば、本件放火事件につき被告人を逮捕勾留するだけの疎明資料が存しなかったことは明らかである。（因みに、右供述調書以外に本件逮捕勾留請求時までに収集されていた主な証拠は、火元が浜田方であることを裏付ける近隣居住者の各供述調書及び３月24日付実況見分調書のほかは、僅かに前記浜田純子、同勢子、前田勇の各供述調書のみであり、犯行当夜の被告人の行動を立証する目撃者らの供述調書はいずれも５月４日以降に作成されている。）

　このように、違法な別件逮捕中に作成された自供調書を除けば、本件につき逮捕勾留が認められないような場合には、たとい令状の発付があっても、これに基づく本件の逮捕勾留は依然として違法な身柄拘束というべく、従って、捜査官がかかる違法な身柄拘束状態を利用して作成した供述調書は、前同様に違法収集証拠として証拠能力を否定するのが相当である。

　よって、当裁判所は冒頭掲記の各供述調書を証拠能力なしとして、それらの取調請求を却下したわけである。

（三）　被告人の司法警察員に対する昭和48年５月24日付供述調書（起訴後の供述調書）

　被告人が起訴されたのは同年５月23日であるから、右５月24日付供述調書は起訴後に作成され

たものであることが明らかである。ところで、捜査機関による起訴後の（被告人の）取調は、当事者主義の訴訟構造に反しかつ被告人の防禦権を侵害するものであるから、原則として許されないが、その危険がない場合即ち、被告人が自発的に取調べを求めたとき、又は被告人が取調べ室への出頭を拒むことができること及び出頭してもいつでも退去できることを充分知ったうえで取調べに応じたときには例外的に許容されるものと解すべきであるが、本事案においては、もともと被告人は違法な身柄拘束状態のまま起訴されたのであって、身柄拘束の違法性は公訴提起という一事によって直ちに適法なものになるとは解しえないから、右5月24日付供述調書は依然捜査官が違法な身柄拘束を利用して作成したものというべきである。従って、起訴後の取調一般の問題として、例外的に許容される場合に該るか否かを検討するまでもなく（もっとも、本件において被告人が自発的に取調べを求めた形跡はなく、又、出頭拒否権、退去権を充分告知されていた形跡はない。）、前同様違法収集証拠として証拠能力を否定するのが相当である。

　よって、当裁判所は検察官からの右供述調書の取調請求も却下した次第である。

（四）ポリグラフ検査鑑定書

　前記のとおり、本件ポリグラフ検査は違法な別件逮捕中に、右違法な身柄拘束状態を利用して実施されたことが認められ、又、ポリグラフ検査自体が被検査者に対する質問をもとに生理的変化を通じて現われる被検査者の心理的動揺を探知するものであり、右検査結果の反応は被検査者の供述に類似する性質を有すると解されるから、たとい本件ポリグラフ検査実施の際、被告人の承諾を得ていたとしても、右ポリグラフ検査鑑定書も、前同様に違法収集証拠としてその証拠能力を否定するのが相当で、排除すべきものである。

　なお、弁護人は、検察官から第12回公判において取調請求のあった右鑑定書（立証趣旨は「ポリグラフ検査の結果特異反応が現われた事実」）に対し、同公判において同意しており、当裁判所もこれを刑訴法326条の同意書面として採用のうえ取調べを済ませたものであるが、同鑑定書は前記のような強度の違法性を有する違法収集証拠であるから、弁護人の「同意」があったからといって、その違法性が治癒され証拠能力を有するものと解するのは相当でない。

（五）被告人の裁判官に対する供述調書（勾留質問調書）

　本件勾留質問調書は、第1回公判期日における証拠の認否の際弁護人の同意があり、これについて被告人からの反対の意思表示もなかったので、刑訴法326条の同意書面として同期日に取調べたものではあるが、弁護人は最終弁論において、右同意は過失に基づくものである旨述べたうえ、あらためて本件勾留質問調書の証拠能力を争うので検討する。

　本件放火事件による被告人の逮捕勾留が違法であることは前述したとおりであるが、そのことと、勾留質問自体の適否及び勾留質問調書の証拠能力の問題とは別異に考えなければならない。なるほど、5月2日の本件逮捕が違法である以上、同月4日の勾留質問に至るまでの身柄拘束もまた違法というべきであるが、裁判官の行う勾留質問は、単に、同法60条1項各号の該当事由調査のために被疑事実に関する弁解等を聞くに止まらず、逮捕手続が違法か否かをも併せて審査し、もって将来に向って被疑者の身柄拘束を続けることの適否を審査する独自の手続であって、捜査官の行う犯罪検査のための取調べとは明らかにその本質を異にするものである。従って、違法な

身柄拘束中の被疑者に対して勾留質問を行うことは何ら違法ではなく、たまたま逮捕手続の瑕疵を看破しえず、そのため違法な身柄拘束状態を是正することなく勾留状を発付したとしても、勾留の裁判が準抗告審で取消されることになるのは格別、勾留質問そのものが違法となるものではない。

而して、勾留質問調書は、右のように捜査とは別個独立の手続において、裁判官に対してなされた被疑者の供述を裁判所書記官が録取した書面であるから、違法収集証拠には該らないと解するのが相当である。

又、勾留質問手続の過程についても、神戸地方裁判所においては（1）同裁判所にある令状係に受付手続をすると、同所待合室で勾留質問の順番を待つことになっているが、右待合室の壁面には勾留質問手続の説明書が掲示されていること、（2）勾留質問室内で裁判官が着席する机の上には、「裁判官」と記載した三角形の表示札が常置されていること、（3）同質問室には、手錠を外された被疑者のみが入り、同行してきた捜査官の立入りは禁止されていること、（4）勾留質問中は出入口のドアを閉め、被疑者が外部の影響、特に捜査官の影響を受けないようにしていること等の事実が従来からの慣行として存し（右諸事実は当裁判所に顕著である。）、本件においても、前記勾留質問調書に任意性を疑わしめるような事情は何ら存しない。

以上の次第であるから、本件勾留質問調書は、弁護人の同意の効力如何にかかわらず同法322条1項により証拠能力を有するものである。

(六) 被告人の消防司令補向田淳に対する供述調書（質問調書）

消防機関の行う火災原因調査は、火災の原因及び損害を明らかにすることによって、将来の火災予防と消防施策上の参考資料を得るという行政目的のために行われるものであり（消防法1条等参照）、犯罪の捜査とは明確にその目的を異にする。現行法上消防吏員が特別司法警察職員とされず、又火災に関する犯罪捜査権を付与されていないのはそのためである。

ところで、「放火及び失火絶滅」は、消防機関の基本的任務であると同時に、個人の生命、身体及び財産の保護並びに犯罪の予防に当る（警察法2条）警察機関の責務でもあり、「放火及び失火絶滅」という共同目的のためには消防吏員及び警察官は互に協力しなければならない（消防法35条の4第2項）から、現実に発生した火災が放火又は失火の疑のある場合には、相互に情報を交換し調査結果を提供し合う等、それぞれの業務に便宜を与えることはありうるが、右の協力義務は、消防吏員は消防吏員として、警察官は警察官としてその本分を守ることが前提とされているのであって、消防吏員が右の本分を超えて警察官の権限を行使すること等を認めたものでないことは明らかであるから、右のような相互協力義務があるからといって、直ちに、消防吏員の行う火災原因調査活動と警察官の行う犯罪捜査活動とを同一視することはできない。

従って、消防機関が収集した資料が、後に犯罪事実立証の為めに用いられることになった場合、右資料が適正手続に違反して収集された違法収集証拠に該るというためには、捜査官が自ら証拠収集を行うことが違法として禁止される場合に（1）捜査官がこれを潜脱する目的でことさらに消防吏員を利用して証拠収集に当らせ、その結果を積極的に犯罪捜査に流用したとか、（2）消防吏員が本来の行政目的を離れ、捜査官と一体となり積極的に犯罪捜査に当った等特段の事情が

存しなければならないと解すべきところ、なるほど本事案において、捜査官が本件放火事件について身柄拘束中の被告人を取調べて供述調書を作成することは違法として許されない場合に該当することは前述のとおりであるが、(1) 被告人はすでに5月1日に本件放火事件につき相当詳細な自白をしていたのであるから、同月6日に行われた本件質問調査の段階で、捜査官がことさらに消防吏員を利用して被告人の自白を得る必要はなく、また、当初の検察官の立証計画を示す検察官請求証拠目録中にも本件質問調書は含まれていなかったのであるから、捜査官が当初から本件放火事件立証のために消防官をして被告人の質問調査に当らせたとは考えられないこと、(2) 消防司令補向田淳はその質問調査権に基づき（消防法の明文は、質問調査を含む火災原因調査を消防長又は消防署長の権限としているが、調査の性質上、現実には一般の消防職員がこれに従事する必要があるので、これらの者が消防長等の補助機関として消防機関の内部規程等によって定められた事務分掌に従い、その指揮監督のもとに火災原因調査の実施に当っているのが通例であり、神戸市においても昭和23年9月1日制定の同市消防局訓令甲20号「火災原因損害調査規程」5条で実際の調査に当る調査員の選任を規定しており、向田淳が右調査員として質問調査権を有することは明らかである。）独自の行政目的のために被告人の質問調査を行ったものであり、同人を含む消防機関において、行政目的を離れてことさらに犯罪捜査に協力した形跡は窺えない（質問調査開始時に捜査官が暫時同席していた事実はあるが、未だ捜査官と一体となって調査に当ったとはいえない。）こと等からすれば、右にいう特段の事情はこれを認めることはできず、結局本件質問調書は違法収集証拠に該当しないといわざるを得ない。

　次に、本件質問調書の任意性を検討するに、前記のとおり、本件質問調査は、消防司令補向田淳が自己の身分及び調査目的を明らかにし被告人もこれを了知のうえで行われ、5頁に亘りびっしり書き込まれた質問調書が約1時間25分の間に作成されている事情に照らせば、被告人の方から素直に供述していたものと推測され、他方、取調方法としても、取調べ室のドアが開放され執務中の警察官の姿が見えたこと及び質問調査の開始時に警察官が同席していたこと以外には、特段の事情は認められないから、本件調書は任意性に欠けるところはないというべきである。

　もっとも、被告人が5月1日本件放火につき自白した際、任意性を疑わしめる事情が存するならば、右の事情が本件質問調査においても影響を及ぼし、同調書の任意性をも疑わしめることにもなりかねないので、5月1日付供述調書の任意性につき検討を加えるに、なるほど、第20回公判調書中の被告人の供述部分によれば、すべての取調べを通じて最も不本意な取調べは5月1日のものであることが推測されるところではあるが、右取調べは違法な別件逮捕を利用した取調べであるというに止まり、取調べの態様そのものについて、特に任意性を疑わしめる程の事情は窺えない。即ち、

　(1) 右5月1日の本件放火事件についての取調べは同日午後6時ころから翌2日の午前2時半ころまで及んだ事実は認められるが、実質的な取調べ自体は同月1日の午後10時半ないし11時半までであり、その後の時間は専ら調書の作成に費されていたこと（調書の枚数は30枚以上に及んでいる）、被告人は一旦本件放火事件につき供述をはじめるや、自らかなり長時間に亘って継続的な供述をしていること、右調書には被告人の供述したことがそのまま記載されていること

（この点は被告人も第16回公判で認めるところである）等に照らすと、取調時間が右のように深夜に及んだとしても、未だ自白の任意性を疑わしめるものとはいえない。

（2）被告人は、第20回公判において、両手錠をはめられたまま取調べを受け、しかも、うず高く積まれた調書を示されながら、「これだけ調べがついているのだ、嘘をつくなら半年でも1年でもぶち込んでやる」と言われた旨供述し、他方、取調べに当った中島刑事は右事実を否定しているところ、第16回公判における任意性に関する被告人質問の劈頭に、主任弁護人から「君は放火についても一貫して被疑事実を認めているが、任意に認めたのか、意思に反して認めたのか」と尋問されたのに対し、被告人は「（放火事件に関する）第1回（第1回目の供述調書作成）の時は、私がしやべって（警察官が）書いたものですが、2回目以降は警察官が最初のものに対して、警察官がしやべって書いたものです」と述べ、さらに続いて同弁護人から「任意に自白したのは間違いないか」と確認されたのに対し、「自由ではありません。住居侵入で逮捕されて、それからポリグラフ検査を受け……」と述べるに止まる（もっともその後の弁護人の尋問に対し第20回公判での供述と同趣旨の供述をしてはいる）のであって、第16回公判の被告人の右供述に照らすと、第20回公判における被告人の右供述部分は、にわかに措信しがたい。

（3）本件取調べの際には前記のとおりポリグラフ検査結果の回答がなされていたのであるから、第16回公判において被告人が供述しているように、捜査官が右検査結果を被告人に告げて自白を促すこともありうるところであるが、右検査結果の回答は単に「陽性の反応が認められた」という概括的な結論のみであって、未だ各質問毎の特異反応を示すポリグラフ検査鑑定書は作成されておらない段階であり、被告人の言い分を前提にしても、単に口頭で検査結果を告げて自白を促されたにすぎず、捜査官が検査記録を示してくわしく説明しながら自白を執拗に促す場合とは異なり、自白の任意性を疑わせるものではない。以上の次第であるから、本件質問調書は任意性を疑わせる事情はなく、刑訴法322条1項により証拠能力を有するものである。

> **質問8−13**
> 任意性に疑いのある自白を勾留裁判官の前で繰り返す場合と任意性はあるが違法逮捕中の自白を勾留裁判官の前で繰り返す場合とで、取扱いを異にする理由は何か。それは正しいか。

4　宿泊を伴う取調べ

判　例

最2小決昭59・2・29刑集38-3-479（高輪グリーンマンション事件）

　一　弁護人加藤満生、同猪狩庸祐、同沼尾雅徳（以下「弁護人ら」という。）の上告趣意第1点の一［は］＊＊＊すべて適法な上告理由にあたらない。

（職権判断）

　1　第一審判決及び原判決の認定するところに記録を併せると、被告人に対する本件取調べの経過及び状況は、おおむね次のとおりである。

　（1）昭和52年5月18日、東京都港区高輪2丁目1番24号高輪グリーンマンション405号室の本件被害者瀬川とく子方において、被害者が何者かによって殺害されているのが被害者の勤め先の者によって発見され、同人の通報により殺人事件として直ちに捜査が開始され、警視庁捜査一課強行犯二係を中心とする捜査本部が所轄の高輪警察署に設置された。犯行現場の状況等から犯人は被害者と面識のある者との見通しのもとに被害者の生前の交友関係を中心に捜査が進められ、かつて被害者と同棲したことのある被告人もその対象となっていたところ、同月20日、被告人は自ら高輪警察署に出頭し、本件犯行当時アリバイがある旨の弁明をしたが、裏付捜査の結果右アリバイの主張が虚偽であることが判明し、被告人に対する容疑が強まったところから、同年6月7日早朝、捜査官4名が東京都大田区大森北3丁目41番5号所在の野尻荘（被告人の勤め先の独身寮）の被告人の居室に赴き、本件の有力容疑者として被告人に任意同行を求め、被告人がこれに応じたので、右捜査官らは、被告人を同署の自動車に同乗させて同署に同行した。

　（2）捜査官らは、被告人の承諾のもとに被告人を警視庁に同道した上、同日午前9時半ころから2時間余にわたってポリグラフ検査を受けさせた後、高輪警察署に連れ戻り、同署4階の3.3平方メートルくらいの広さの調べ室において、1名（巡査部長）が主になり、同室入口付近等に1ないし2名の捜査官を立ち会わせて被告人を取り調べ、右アリバイの点などを追及したところ、同日午後10時ころに至って被告人は本件犯行を認めるに至った。

　（3）そこで、捜査官らは、被告人に本件犯行についての自白を内容とする答申書を作成させ、同日午後11時すぎには一応の取調べを終えたが、被告人からの申出もあって、高輪警察署長宛の「私は高輪警察署で瀬川さんをころした事について申し上げましたが、明日、さらにくわしく説明致します。今日は私としても寮に帰るのはいやなのでどこかの旅館に泊めて致だきたいと思います。」と記載した答申書を作成提出させて、同署近くの日本鋼管の宿泊施設に被告人を宿泊させ、捜査官4、5名も同宿し、うち1名は被告人の室の隣室に泊り込むなどして被告人の挙動を監視した。

　（4）翌6月8日朝、捜査官らは、自動車で被告人を迎えに行き、朝から午後11時ころに至るまで高輪警察署の前記調べ室で被告人を取り調べ、同夜も被告人が帰宅を望まないということで、捜査官らが手配して自動車で被告人を同署からほど近いホテルメイツに送り届けて同所に宿泊さ

せ、翌9日以降も同様の取調べをし、同夜及び同月10日の夜は東京観光ホテルに宿泊させ、右各夜ともホテルの周辺に捜査官が張り込み被告人の動静を監視した。なお、右宿泊代金については、同月7日から9日までの分は警察において支払い、同月10日の分のみ被告人に支払わせた。

（5）このようにして、同月11日まで被告人に対する取調べを続行し、この間、前記2通の答申書のほか、同月8日付で自白を内容とする供述調書及び答申書、同月9日付で心境等を内容とする答申書、同月10日付で犯行状況についての自白を内容とする供述調書が作成され、同月11日には、否認の供述調書（参考人調書）が作成された。

（6）捜査官らは、被告人から右のような本件犯行についての自白を得たものの、決め手となる証拠が十分でなかったことなどから、被告人を逮捕することなく、同月11日午後3時ころ、山梨市から被告人を迎えに来た被告人の実母らと帰郷させたが、その際、右実母から「右の者御署に於て殺人被疑事件につき御取調中のところ今回私に対して身柄引渡下され正に申しうけました」旨記載した高輪警察署長宛の身柄請書を徴した。

（7）捜査本部ではその後も被告人の自白を裏付けるべき捜査を続け、同年8月23日に至って、本件殺人の容疑により前記山梨市の実母方で被告人を逮捕した。被告人は、身柄を拘束された後、当初は新たなアリバイの主張をするなどして本件犯行を否認していたが、同月26日に犯行を自白して以降捜査段階においては自白を維持し、自白を内容とする司法警察員及び検察官に対する各供述調書が作成され、同年9月12日、本件につき殺人の罪名で勾留中起訴された。

2　右のような事実関係のもとにおいて、昭和52年6月7日に被告人を高輪警察署に任意同行して以降同月11日に至る間の被告人に対する取調べは、刑訴法198条に基づき、任意捜査としてなされたものと認められるところ、任意捜査においては、強制手段、すなわち、「個人の意思を制圧し、身体、住居、財産等に制約を加えて強制的に捜査目的を実現する行為など、特別の根拠規定がなければ許容することが相当でない手段」（最高裁昭和50年（あ）第146号同51年3月16日第3小法廷決定・刑集30巻2号187頁参照）を用いることが許されないことはいうまでもないが、任意捜査の一環としての被疑者に対する取調べは、右のような強制手段によることができないというだけでなく、さらに、事案の性質、被疑者に対する容疑の程度、被疑者の態度等諸般の事情を勘案して、社会通念上相当と認められる方法ないし態様及び限度において、許容されるものと解すべきである。

3　これを本件についてみるに、まず、被告人に対する当初の任意同行については、捜査の進展状況からみて被告人に対する容疑が強まっており、事案の性質、重大性等にもかんがみると、その段階で直接被告人から事情を聴き弁解を徴する必要性があったことは明らかであり、任意同行の手段・方法等の点において相当性を欠くところがあったものとは認め難く、また、右任意同行に引き続くその後の被告人に対する取調べ自体については、その際に暴行、脅迫等被告人の供述の任意性に影響を及ぼすべき事跡があったものとは認め難い。

4　しかし、被告人を4夜にわたり捜査官の手配した宿泊施設に宿泊させた上、前後5日間にわたって被疑者としての取調べを続行した点については、原判示のように、右の間被告人が単に「警察の庇護ないしはゆるやかな監視のもとに置かれていたものとみることができる」というよ

うな状況にあったにすぎないものといえるか、疑問の余地がある。

すなわち、被告人を右のように宿泊させたことについては、被告人の住居たる野尻荘は高輪警察署からさほど遠くはなく、深夜であっても帰宅できない特段の事情も見当たらない上、第1日目の夜は、捜査官が同宿し被告人の挙動を直接監視し、第2日目以降も、捜査官らが前記ホテルに同宿こそしなかったもののその周辺に張り込んで被告人の動静を監視しており、高輪警察署との往復には、警察の自動車が使用され、捜査官が同乗して送り迎えがなされているほか、最初の3晩については警察において宿泊費用を支払っており、しかもこの間午前中から深夜に至るまでの長時間、連日にわたって本件についての追及、取調べが続けられたものであって、これらの諸事情に徴すると、被告人は、捜査官の意向にそうように、右のような宿泊を伴う連日にわたる長時間の取調べに応じざるを得ない状況に置かれていたものとみられる一面もあり、その期間も長く、任意取調べの方法として必ずしも妥当なものであったとはいい難い。

しかしながら、他面、被告人は、右初日の宿泊については前記のような答申書を差し出しており、また、記録上、右の間に被告人が取調べや宿泊を拒否し、調べ室あるいは宿泊施設から退去し帰宅することを申し出たり、そのような行動に出た証跡はなく、捜査官らが、取調べを強行し、被告人の退去、帰宅を拒絶したり制止したというような事実も窺われないのであって、これらの諸事情を総合すると、右取調べにせよ宿泊にせよ、結局、被告人がその意思によりこれを容認し応じていたものと認められるのである。

5 被告人に対する右のような取調べは、宿泊の点など任意捜査の方法として必ずしも妥当とはいい難いところがあるものの、被告人が任意に応じていたものと認められるばかりでなく、事案の性質上、速やかに被告人から詳細な事情及び弁解を聴取する必要性があったものと認められることなどの本件における具体的状況を総合すると、結局、社会通念上やむを得なかったものというべく、任意捜査として許容される限界を越えた違法なものであったとまでは断じ難いというべきである。

6 したがって、右任意取調べの過程で作成された被告人の答申書、司法警察員に対する供述調書中の自白については、記録上他に特段の任意性を疑うべき事情も認め難いのであるから、その任意性を肯定し、証拠能力があるものとした第一審判決を是認した原判断は、結論において相当である。

＊＊＊

よって、刑訴法414条、386条1項3号、刑法21条により、主文のとおり決定する。この決定は、裁判官木下忠良、同大橋進の意見があるほか、裁判官全員一致の意見によるものである。

裁判官木下忠良、同大橋進の意見は、次のとおりである。

われわれは、多数意見一の（職権判断）の項につき、同項1に判示されている事実関係のもとにおいて、被告人を四夜にわたり捜査官の手配した宿泊施設に宿泊させた上、前後5日間にわたって被疑者としての取調べを続行した点に関して、第一審判決が、単に右宿泊の「妥当性につき問題となりうる点が存する」とし、原判決が、右の間被告人は「警察の庇護ないしゆるやかな監

視のもとに置かれていたものとみることができる」としているのは的確な判断とはいい難いと考えるものであり、多数意見が、被告人に対する右のような取調べも、任意捜査の方法として必ずしも妥当とはいい難いとしながら、結局、社会通念上やむをえなかったものというべく、任意捜査として許容される限界を越えた違法なものであったとまでは断じ難いとし、右取調べの過程で作成された被告人の答申書、司法警察員に対する供述調書中の自白につき任意性を肯定し証拠能力があるとした第一審判決を肯認した原判断を是認している点については、同調することができない。その理由は次のとおりである。

　まず、多数意見が、任意捜査においては、強制手段を用いることが許されず、また、任意捜査の一環としての被疑者に対する取調べについては、なお、社会通念上相当と認められる方法ないし態様及び限度において許容されるとする点には、異論をはさむものではない。

　しかしながら、右のような観点から、本件の任意捜査段階における被告人に対する取調べについてみるに、本件の記録上、被告人が捜査官らによる取調べあるいは捜査官の手配した宿泊施設への宿泊を明示的に拒否した事実は認められず、右宿泊については、むしろ被告人から申し出たものであることを示す答申書すら作成提出していることが認められることは、多数意見の指摘するとおりであるが、これらの点から、右取調べが任意のものであり、宿泊も被告人の自由な意思に基づくものと速断することはできないと考えられる。すなわち、被告人は、任意同行後、先に自ら高輪警察署に出頭して無実を弁明するためにしたアリバイの主張が虚偽のものと決めつけられ、本件の犯人ではないかとの強い疑いをかけられて厳しい追及を受け、場合によっては逮捕されかねない状況に追い込まれていたものと認められる上、多数意見も指摘しているとおり、被告人の住居たる野尻荘は高輪警察署からさほど遠くはなく、深夜であっても帰宅できない特段の事情も見当たらず、被告人から進んで捜査官に対し宿泊先の斡旋を求めなければならない合理的な事由があったものとも認め難いのみならず、捜査官が手配したのはいずれも高輪警察署に近い宿泊施設であって、第1日目は捜査官らが同室したも同然の状態で同宿し被告人の身近かにあってその挙動を監視し、その後も同宿こそしなかったもののホテルの周辺等に張り込み被告人の動静を監視していたほか、同警察署との往復には警察の自動車が使用され、捜査官が同乗して送り迎えがなされており、昼夜を問わず捜査官らの監視下に置かれていたばかりでなく、この間午前中から夜間に至るまでの長時間、連日にわたって本件についての追及、取調べが続けられ、加えて最初の3日間については宿泊代金を警察が負担している（記録によれば、被告人は宿泊代金を負担するだけの所持金を有していたことが窺われる。）のであって、このような状況のもとにおいては、被告人の自由な意思決定は著しく困難であり、捜査官らの有形無形の圧力が強く影響し、その事実上の強制下に右のような宿泊を伴う連日にわたる長時間の取調べに応じざるを得なかったものとみるほかはない。捜査官が被告人を実母に引き渡すにあたって身柄請書なるものを徴しているのも、被告人が右のような状態に置かれていたことを端的に示すものといえよう。

　このような取調方法は、いかに被告人に対する容疑事実が重大で、容疑の程度も強く、捜査官としては速やかに被告人から詳細な事情及び弁解を聴取し、事案の真相に迫る必要性があったとしても、また、これが被告人を実質的に逮捕し身柄を拘束した状態に置いてなされたものとまで

は直ちにいい難いとしても、任意捜査としてその手段・方法が著しく不当で、許容限度を越える違法なものというべきであり、この間の被告人の供述については、その任意性に当然に影響があるものとみるべきである。

　さらに、われわれは、被告人に対する本件のような取調方法も任意捜査として違法とまではいえないことになると、捜査官が、事案の性質等により、そのような取調方法も一般的に許容されるものと解し、常態化させることを深く危惧するものであり、このような捜査方法を抑止する見地からも、本件任意捜査段階における被告人の供述は、違法な取調べに基づく、任意性に疑いがあるものとして、その証拠能力を否定すべきであり、これが憲法31条等の精神にそうゆえんのものであると考えるものである。

　してみると、被告人に対する右のような取調方法につき違法はないとして、その間の被告人の自白の証拠能力を肯定した第一審判決及びこれを是認する原判決は、右取調状況に関する事実の認定、評価を誤りひいては法令の解釈適用を誤った違法があるものといわなければならない。しかしながら、記録に徴すると、右のような状態の解消した後、2か月余を経て被告人が逮捕されて以後の勾留中の自白については、多数意見1の（7）に掲記のような自白の経過にも照らし、右任意捜査段階での違法状態の影響下においてなされたものとは認められず、他に特段の任意性を疑うべき証拠も認め難く、その証拠能力を肯定することができるものというべきところ、右強制捜査段階の自白及びその余の関係証拠のみによっても、第一審判決の判示する罪となるべき事実を肯認することができるものと認められるから、前記違法は、結局、判決に影響を及ぼさず、原判決及びその是認する第一審判決を破棄しなければ著しく正義に反するものとはいえない。

（裁判長裁判官　宮崎梧一、裁判官　木下忠良、裁判官　塩野宜慶、裁判官　大橋進、裁判官　牧圭次）

判　例

東京高判平14・9・4判時1808-144（ロザール事件）

　三　違法収集証拠の論旨について
　所論は、要するに、原判決は、被告人の上申書（自白・乙3）、検察官調書（自白・乙4、6）について、まず、自白法則を問題とした上で任意性を肯定し、次いで、違法収集証拠排除の一般原則を検討し、捜査に違法があったとしながら違法は重大なものではないとしてこの排除法則を適用せず、結局、上記証拠（乙3、4、6）の証拠能力を認めたけれども、本件逮捕前の捜査は、9泊10日もの宿泊を伴う取調べをした実質的な強制捜査であって、違法の程度は重大であり、任意性もないから、上記上申書（乙3）はもとより、逮捕状執行後に作成された検察官調書（乙4、6）の証拠能力も否定されるべきであるから、これを肯定して証拠として採用した原判決には判決に影響を及ぼすことが明らかな訴訟手続の法令違反があるなどと主張する。

（1）本件捜査の経緯等
　関係証拠によれば、被告人が本件で任意同行されたのち、自白するまでの捜査の経緯について

は、以下のとおり認定できる。＊＊＊

①被告人は、フィリピン国籍を有する外国人であり、日本国籍を有するＡ（ただし、本件当時の氏名）と平成３年に婚姻し、平成５年に長女を出産していたものの、本件被害者であるＣと親しくなって本件当時はＡと別居し、千葉県松戸市内に住む被害者方に同棲していた。被害者は妻Ｄ子と結婚していたけれども、当時、同女は被害者方から出て別居していた。

②平成９年11月10日午前８時30分ころ、被告人が被害者方近くに位置する乙山病院（たまたまＡに預けていた長女の喘息が悪化して同児を入院させていた病院）に駆け込んで被害者の救助を求めたため、病院関係者らが被告人の案内で被害者方に赴いたところ、ベッドで血まみれになって倒れ一見して死亡していると分かる被害者を発見したことが端緒になって、本件殺人事件が発覚し、捜査が開始された。現場の室内の状況や死体損傷状況等にかんがみ、犯人は被害者に何らかの関係を有する周辺者の可能性が高いと判断した警察官らは、現場近くの自動車内で被告人から簡単に事情を聴取した後、同日午前９時50分ころ、重要参考人として更に詳しく事情聴取（取調べ）するため被告人を松戸警察署に任意同行した。その際、被告人は被害者のいる救急車に乗りたいなどと述べたが、邪魔になるだけである旨説明され、捜査に協力する気持ちもあって、任意同行に応じた。

③警察官は、10日以降17日まで被告人を参考人として警察署で取り調べた。被告人は、Ａが犯人であるかのような供述をしたこともあって、11日には被告人及びＡに対して書面の承諾を得てポリグラフ検査が実施された。Ａに対しても、10日以降在宅のまま連日参考人としての取調べがなされた。17日夕刻、被告人の着衣に被害者と同じ型の血痕が付着している内容の鑑定結果がもたらされたため、被告人に対する嫌疑が濃厚となり、翌18日からは、警察官は、被告人を参考人から被疑者に切り替えて取り調べ始めた。被告人は、翌19日午後になって、本件犯行を認めて上申書（乙３）を作成した。被告人は、同日午後９時32分通常逮捕され、翌20日検察官に送致され、同月21日勾留され、勾留延長を経て同年12月10日本件殺人罪で起訴された。被告人は、検察官送致になった11月20日、検察官の弁解録取に対し自白して自白調書（乙４）が作成されたが、同日のうちに否認に転じて否認調書（乙５）が作成され、翌日の裁判官の勾留質問でも否認したものの（乙２）、同月24日に再び自白し（乙６）、その後は再び否認に転じている。

④警察は、11月10日の任意同行以降、警察署において連日朝から夜まで被告人を取り調べたが、夜間は被告人を帰宅させず、最初の２日は被告人の長女が入院していた病院に、同女の退院に伴いこれに次ぐ２日間は警察が手配した警察官宿舎の婦警用の空室に、その後の５日間は松戸市内のビジネスホテルに被告人をそれぞれ宿泊させた。被告人からは宿泊斡旋要望の書面などは出されていない。

（２）宿泊を伴う取調べの必要性（当初の２泊）について

確かに、被告人は殺人という重大事件の重要参考人であり、捜査当局としては、被害者の死体発見の状況、被害者や被告人の被害前の行動状況、被害者・被告人各夫婦をめぐる紛争の内容等の多くの事項について事案の真相を解明するために、被告人から事情を緊急、詳細に聴取する必要性が高かった事情が認められ、その事情聴取に複数日を要する状況にあり、被告人を任意同行

した翌日以降も（連日かどうかは別としても）在宅のまま事情聴取する必要性があったと認められた。ところが、本件は、被告人の同棲相手がその同棲住居で殺害された事案であって、現場の保全等の観点からは、被告人を犯行場所である住居に帰すわけには行かないこと、そうかといって夫のA方については、被告人は同人と別居中で、同人を本件の犯人であるかのように述べており、現に同人も重要参考人として在宅で事情聴取を受けていたから、同人方に帰すのも相当ではなかったこと、被告人がホテル等に宿泊するだけの金銭も持っていなかったことからすると、最初の2日間の宿泊については、やむを得ない措置であり、宿泊先を探すための時間も必要なことから、長女のいた病院の病室にとりあえず同宿させたのは相当であったと認められる。

（3）宿泊先の有無等（その後の宿泊）について

関係証拠によれば、当時、被告人には互いに行き来していたI子及びJ子というフィリピン人の友人がおり、同人らは離婚や子供の問題で従前から被告人の相談に乗っていたことが明らかである（両名の原審各供述）。したがって、本件当時被告人が同人ら方に宿泊できる可能性は十分にあったものと認められる。

警察官である原審証人大川通尚は、「被告人は宿泊するところがない、頼る相手もいないということなので、警察の官舎でいいかと確認を取った」「17日までに被告人の友人等に連絡を取ったことはない」「被告人は友達のところに行って泊まるというような話もなく……仕方なく泊まってもらった」などと供述し（原審第12、13回公判346、347、374、389丁）、警察官である原審証人山村幹雄は、被告人の希望する友人に預けるという措置については「話を聞いていく中で、泊まるところについて、自分からこうしたい……ということは一切なかった」旨（原審第14回公判409丁）「今夜泊まるところは警察で用意するからいいかと尋ねた」旨（400ないし403、422丁）供述し、同じく警察官である原審証人赤沼力も、「18日の調べの際、被告人に泊まるところがあるかと聞いたら、ないと答えた、泊まりたい場所があるのに言い出せないでいるふうなことはなかった」旨供述する（原審第15回公判440、441丁）ところ、捜査官が被告人に宿泊できる友人宅があるかどうかを尋ねれば、被告人は当然前記I子、J子らの名前を出したと思われるし、また、I子は、本件をニュースで知って心配してすぐ警察に連絡したところ、2、3回来た警察官から被告人が病院にいることを聞いたというのであり（I子の原審供述、185丁）、また、J子は、事件後まもなく警察官が話を聞きに家に来たというのであり（J子の原審供述）、上記両名の平成9年11月30日付けの検察官調書（甲57、58）も存在していること（警察官が接触したのは当然もっと前であると推認できる）、J子は、検察官調書抄本（甲58）において、「警察官が、私とK子さんが友達だったことを誰かに聞いたものと思いますが、確か11月12、3日ころ、突然私の家にK子さんのことを調べに来ました」と述べていること、被告人も、Cの家に帰りたいと警察官に申し出たが、断られた（原審第9回公判・266丁、当審第13回公判）、それで友人のI子のところに泊まりたいと言い出したら、それも断られた（当審第13回公判）、また、警察の官舎に泊まることについて承諾を求められたことはなく、指示に従うしかなかった（原審第17回公判、584丁）などと供述していることも併せ考えれば、捜査官らは、11月12、3日ころには、既に被告人が宿泊することができる可能性のある親しい友人を有していることを把握したものと認められる。そ

うすると、被告人が泊まる友人もいないというので、仕方なく宿泊してもらった、あるいは、被告人に泊まるところがあるか聞いたとの前記大川、赤沼供述部分は、到底そのまま信用しがたく、捜査官らは、被告人に宿泊できる可能性のある友人がいるのを知りながら、その友人に関して真摯な確認、検討もしないまま、被告人に対し警察の方で用意した場所に宿泊するよう指示し、被告人がこれにやむなく従ったものと認められる。被告人が自ら望んで警察宿舎やビジネスホテルに宿泊したとは到底認められない。また、前記被告人の当審供述にかんがみ被告人の方から特定の友人の名前を挙げて宿泊の希望を申し出たことがなかったことも必ずしも断じがたい。

なお、被告人は、警察官の手配した警察官宿舎やビジネスホテルに宿泊することについて明確に反対の意向を示していないと認められるけれども、被告人が帰宅したい気持ちを有していたことは、幼い長女が病気上がりの状態にあり、Ａも事情聴取を受けていたから、長女のことが心配であったこと、当初着替えもできなかったこと、3日間風呂に入れなかったことなどから推認できるのであって、被告人が外国人の女性であるという比較的弱い立場にあったことなどから、気丈に反対の自己主張ができなかったと見るべきである。

（4）監視・取調時間

宿泊先では、最初の2日間の病院では、病室出入口付近に警察官複数を配置し、婦警用の部屋では、仕切り戸の外された続きの部屋に婦人警察官複数を配置して同宿させ、ビジネスホテルでは、室外のロビーのようなところに婦人警察官複数を配置して、いずれも被告人の動静を監視した。被告人は、警察署内ではもちろん、宿泊先の就寝中も含めて常時監視されており、トイレに行くにも監視者が同行し、カミソリの使用が許されてもすぐ取り上げられ、電話は掛けることも許されず（被告人は、警察宿舎に電話が設置されていたけれども、使用を許されなかった旨供述〈原審第17回公判571丁〉しており、これを否定するに足りる証拠はない）、10日間外部から遮断された。捜査官は、被告人は被害者の話になると泣くなど、動揺しており、自殺のおそれがあったので、動静を確認していた旨説明している。ビジネスホテルの宿泊費用は警察が負担した。朝晩の宿泊場所と警察署との往復は、警察の車で送迎した。

警察官作成の「準抗告申立に対する事実確認報告書」（弁4・抄本。原本は記録に編綴）添付の「任意同行・動静確認・事情聴取状況表」によると、11日から19日までの間の宿泊場所を出発した時刻は、早くて午前8時零分、遅くて午前9時20分で、8時台が7回であり、10日から18日までの間の宿泊場所に帰着した時刻については、早くて午後9時20分、遅くて午後11時40分で、9時台が2回、10時台が2回、11時台が5回ある。警察署にいるときは、昼食時、夕食時の休憩を除いてほとんど取調べに充てられ、連日午前9時過ぎないし10時過ぎころから午後8時30分ころないし11時過ぎころまで長時間の取調べがあった。食事は取調室で与えられ、費用は警察が負担した。

（5）本件取調手続の違法性及びその程度

以上のように、本件においては、被告人は、参考人として警察署に任意同行されて以来、警察の影響下から一度も解放されることなく連続して9泊もの宿泊を余儀なくされた上、10日間にもわたり警察官から厳重に監視され、ほぼ外界と隔絶された状態で1日の休みもなく連日長時間の

取調べに応じざるを得ない状況に置かれたのであって、事実上の身柄拘束に近い状況にあったこと、そのため被告人は、心身に多大の苦痛を受けたこと、被告人は、上申書を書いた理由について、ずっと取調べを受けていて精神的に参ってしまった、朝から夜まで取調べが続き、殺したんだろうと言い続けられ、耐えられなかった、自分の家に帰してもらえず、電話などすべて駄目で、これ以上何もできないと思ったなどと供述していること、被告人は、当初は捜査に協力する気持ちもあり、取調べに応じていたものと思われるが、このような長期間の宿泊を伴う取調べは予想外のことであって、被告人には宿泊できる可能性のある友人もいたから、被告人は少なくとも3日目以降の宿泊については自ら望んだものではないこと、また、宿泊場所については、警察は被告人に宿泊できる可能性のある友人がいることを把握したのに、真摯な検討を怠り、警察側の用意した宿泊先を指示した事情があること、厳重な監視については、捜査側は被告人に自殺のおそれがあったと説明するが、仮にそのおそれがあったとしても、任意捜査における取調べにおいて本件の程度まで徹底して自由を制約する必要性があるかは疑問であること等の事情を指摘することができるのであって、他方、本件は殺人という重大事件であり、前記のように重要参考人として被告人から事情を緊急、詳細に聴取する必要性が極めて強く、また、通訳を介しての取調べであったため時間を要したこと、被告人は自宅に帰れない事情があったことなどの点を考慮するとしても、本件の捜査方法は社会通念に照らしてあまりにも行き過ぎであり、任意捜査の方法としてやむを得なかったものとはいえず、任意捜査として許容される限界を越えた違法なものであるというべきである。

（6）証拠能力について

　本件上申書（自白・乙3）は、任意取調べの最後の日に被告人が作成した書面であって、上記事情に照らせばこの任意取調べの結果得られたものである。また、検察官調書（自白・乙4、6）は、任意取調べに引き続く逮捕、勾留中に獲得されたものであるが、捜査官は被告人の着衣に被害者と同型の血痕付着が判明しても直ちには被告人を逮捕せず、2日後に上記被告人の上申書（自白）を得て通常逮捕したものであり、逮捕状請求に際してはこの上申書も疎明資料として添付されていること（逮捕状請求書中の「被疑者が罪を犯したことを疑うに足りる相当な理由」欄にこの上申書の記載がある。17冊602丁）などからすると、本件上申書が有力な証拠となって逮捕、勾留の手続に移行したと認められ、本件検察官調書（乙4、6）はその過程で得られた証拠である。また、被告人にとっては、直前まで上記のような事実上の身柄拘束に近い状態で違法な任意取調べを受けており、これに引き続き逮捕、勾留中の取調べに進んだのであるから、この間に明確な遮断の措置がない以上、本件検察官調書作成時は未だ被告人が違法な任意取調べの影響下にあったことも否定できない。そうすると、本件自白（乙3、4、6）は、違法な捜査手続により獲得された証拠、あるいは、これに由来する証拠ということになる。

　そして、自白を内容とする供述証拠についても、証拠物の場合と同様、違法収集証拠排除法則を採用できない理由はないから、手続の違法が重大であり、これを証拠とすることが違法捜査抑制の見地から相当でない場合には、証拠能力を否定すべきであると考える。

　また、本件においては、憲法38条2項、刑訴法319条1項にいう自白法則の適用の問題（任意

性の判断）もあるが、本件のように手続過程の違法が問題とされる場合には、強制、拷問の有無等の取調方法自体における違法の有無、程度等を個別、具体的に判断（相当な困難を伴う）するのに先行して、違法収集証拠排除法則の適用の可否を検討し、違法の有無・程度、排除の是非を考える方が、判断基準として明確で妥当であると思われる。

　本件自白（乙3、4、6）は違法な捜査手続により獲得された証拠であるところ、本件がいかに殺人という重大事件であって被告人から詳細に事情聴取（取調べ）する必要性が高かったにしても、上記指摘の事情からすれば、事実上の身柄拘束にも近い9泊の宿泊を伴った連続10日間の取調べは明らかに行き過ぎであって、違法は重大であり、違法捜査抑制の見地からしても証拠能力を付与するのは相当ではない。本件証拠の証拠能力は否定されるべきであり、収集手続に違法を認めながら重大でないとして証拠能力を認めた原判決は、証拠能力の判断を誤ったものであるといわざるを得ない。したがって、原審には訴訟手続の法令違反があり、原判決がこの証拠に依拠して犯行に至る経緯・動機、犯行態様等を認定し、被告人を有罪とした以上（自白を除いても有罪を認定できるとの記載もない）、この誤りが判決に影響を及ぼすことは明らかである。論旨は理由がある。

　そこで、その余の論旨に対する判断を省略し、刑訴法379条、397条1項により原判決を破棄し、同法400条ただし書に従い、以下、自判する。＊＊＊［状況証拠によって被告人を犯人と認定して有罪判決を言い渡した。］

（裁判長裁判官　中西武夫、裁判官　林正彦、裁判官　木村烈）

III 取調べ手続の違法と自白の証拠能力

1 黙秘権の告知

判　例

最3小判昭25・11・21刑集4-11-2359（黙秘権不告知事件）

　弁護人太田耐造同玉沢光三郎上告趣意第1点について。
　憲法第38条は、裁判所が被告人を訊問するに当り予め被告人にいわゆる黙秘の権利あることを告知理解させなければならない手続上の義務を規定したものではなく、従ってかような手続をとらないで訊問したからとて、その手続は違憲とは言い得ず、刑訴応急措置法第10条1項[1]に違反するものでないことについては、当裁判所の判例とするところである（昭和22年（れ）第101号昭和23年7月14日大法廷判決）。そして、この理は捜査官の聴取書作成についても異るところのないことは右判例の趣旨から窺われる。されば、原審並びに検察事務官がその取調に際し被告人に黙秘権のあることを告知しなかったからとて所論のような違法はなく、またこれらの取調に基く被告人の供述が任意性を欠くものと速断することもできない。
　それゆえ、論旨は理由がない。

* * *

（裁判長裁判官　長谷川太一郎、裁判官　井上登、裁判官　島保）

弁護人太田耐造同玉沢光三郎上告趣意
　第1点　原判決は憲法第38条及び刑訴応急措置法第10条に違反するものと思料する。被告人又は被疑者はその取調にあたり、供述の義務はなく常に黙秘権供述拒否権を有することは憲法第38条及び刑訴応急措置法第10条の明定しているところであるから、捜査官及び裁判官は被疑者又は

注1）　日本国憲法38条と同文の規定であり、供述拒否権告知に関する規定（現行刑訴法198条2項）はなかった。

被告人に対し、供述を強制することのできないのは勿論飽くまでも自発的意思にもとづく任意且つ自由な供述に終始するよう留意すると同時に、被告人又は被疑者に対しては新憲法下国民の権利として黙秘権供述拒否権の保障されたことを諒知せしめる何等かの適当な措置を講じた上供述を求めるよう配慮する義務があると考える。何となれば被告人又は被疑者は裁判官若しくは捜査官の面前において取調を受ける場合、永年の慣習情勢により心理的強制乃至圧迫を感じて只々懼れ畏み、或は供述の義務があると誤信して不本意ながらも不利益な供述をすることは経験則上明かなところであるから、黙秘権供述拒否権を有することにつき特段に注意を喚起しない限り、任意の供述に終始することは極めて困難であって、憲法及び刑訴応急措置法の前記条項は有名無実に帰する虞がないとしないからである。＊＊＊

> **質問8－14**
> 黙秘権（憲法38条1項）をどのような方法で保障するかは立法政策の問題である（接見指定合憲判決〔本書447頁〕）というのは正しいか。

判　例

浦和地判平3・3・25判タ760-261（いわき覚せい剤事件）

＊　＊　＊

四　被告人の警察官に対する供述調書の任意性について

　1　取調べの経過に関する被告人の供述の要旨は、概ね、弁護人が、最終弁論において、詳細に指摘しているとおりであるが＊＊＊、念のため要点を掲げておくと、まず、黙秘権、弁護人選任権の告知状況に関するそれは、

　（1）警察官の取調べ（弁解録取の手続を含む。）においては、取調べ期間中、黙秘権を告げられたことは一度もなかった。

　（2）警察官からは、弁護人選任権も告げられていない。Hからは、9月1日に上尾署で、「弁護士は必要ないな。」「いらないな。」「頼まないな。」などと言われただけである。

　（3）もっとも、9月2日の検察官（P副検事）の弁解録取及び9月8日の検察官（M検事）の取調べにおいては、黙秘権及び弁護人選任権の告知を受けた。

　（4）接見禁止はついていなかったのに、しばらくは母に手紙も書かせてもらえず、「書かして下さい。」と頼んでも、「今は忙しいから。」と言われ、封筒や便せんをもらえなかった。

　（5）起訴される少し前に、ようやく母に電話することを許された。母は、私が覚せい剤をやっていると思い込んでいたので、「やっていないし、尿からも出ていない。」と訴えると、Gが受話器をとって、「お母さん、弁護士頼んでも今回は駄目ですよ。」「終るまでに100万以上かかるし、助からないですから。」と言って、電話を切ってしまった。

　というものであり、次に、取調べ状況及び供述調書作成状況に関するそれは、

（6）逮捕当日、上尾署へ押送される車中及び上尾署において、警察官から「否認するな。」「否認するんだったら面倒見ない。」「今回は検事が怒っているからよく謝れ。」「今回は、5月の件も起訴する。」「どうせこの件で否認しても、前の尿から出ているから、それで起訴するから。」「どっちみち、今度は2つを起訴されて重くなる。」「否認したら重くなる。」「どんなにしても実刑だ。」などと言われた。

（7）9月1日、逮捕の現場においても、Hの取調べの際も、譲受けの事実を否認したが、Hは、ほとんどこちらの事情を聞かないまま、しかも、私の述べたこととはちがう事実を記載し、読み聞けもしないで署名指印を求めた。自分は、Aが捕まればわかることと思い、撤回する力もなかったので、言われるまま署名指印した。

（8）9月7日、Hの取調べの際、タバコを吸わせてもらっていたが、やってきたGに、吸っているタバコを取り上げられて消されてしまい、その際、プラスチック製の定規で頭をはたかれた。当日の調書についても、読み聞けはなかった。

（9）9月8日、M検事は、頭から私が嘘をついていると決めつけ、何か言おうとしても、「いいから、いいから、そうむきにならないで。」と言って弁解を聞かず、警察調書をめくりながら調書を作成した。調書は読み聞かせてもらったが、検事が弁解を全然受けつけてくれなかったので、警察と検事はつるんでいると思ってあきらめ、署名指印した。右調書にも、私が実際言っていないことがいくつも挿入されている。

（10）Gは、調書は作成していないが、10日間位の間に3回位私を取り調べ、「認めれば1年位ですむ。」「どっちみち起訴されるから認めろ。」「検事さんも、認めれば1年位で済ましてくれると言っている。」「俺はお前のことを思って言っているんだ。」「母親が認めろと言っている。」「いわきに帰って来たら再逮捕があるから、こっち（上尾市）で全部終らせて、上尾署から刑務所に行かせてくれというようなことを母親が言っている。」「母親は、私（被告人）がいなくても、一家だんらん夕食をおいしく食べている。」などと言って自白を迫った。

（11）運動の時にも、タバコは吸わせてもらえず、便秘薬の箱にマジックで、「梅毒、アホ、馬鹿、うそつき、死ね」などと書かれ、仮歯が取れてしまったので、歯医者に連れていって欲しいと頼んでも、連れていってもらえなかった。

（12）また、Gには、「お前が否認するんだったら、お母さんをこっちまで呼んで調書を取る。」「お前が認めるんだったら、お母さんも大変だから向うに行って調書取るけど。」「認めないんだったら、近所、私の周りの人に、調べて歩く。」「親がかわいそうだろう。」「俺たちは、別に構わないんだから。」などとも言われた。

などというものである。

＊　＊　＊

［取調べ経過に関する捜査官の証言と被告人の供述の信憑性を検討し、捜査官の証言は信用できず、被告人の供述の方が信用できるとの結論に達した。］以上の検討によると、被告人に対する上尾署捜査員の取調べは、被告人の供述するような違法・不当な方法で行われた疑いがあるといわなければならず、その結果作成された員面は、いずれも、任意性に疑いがあるものとして、

証拠能力を否定されるべきである。

8　もっとも、右の結論に対しては、当裁判所の事実認定を前提としても、法律論として、なお異論を唱える向きがあるかもしれない。例えば、（1）黙秘権の告知の欠如については、黙秘権を告知しなかったからといって、直ちに自白の任意性を疑うべきではなく、特に、被告人が、既に刑事裁判の経験を2度も有し、被疑者に黙秘権があることを知悉していたとみられる本件では、右告知の欠如は、供述の任意性に影響せず、また、被告人に対し、9月2日には、検察官及び裁判官から黙秘権告知が適切に行われているのであるから、少なくとも、同日以降に作成された員面については、黙秘権不告知が供述の任意性に影響することはあり得ないとする反論が考えられ、また、（2）弁護人選任権の不告知については、被告人の供述に現れたHの言によっても、不十分ながら弁護人選任権の告知がされたとみるべきであるということのほか、黙秘権の場合と同様、被告人が右権利を知悉していたこと及び検察官による右権利の告知による瑕疵の治癒などが主張され得ると思われる。更に（3）被告人の供述に現れた捜査官のその余の言動は、必ずしも適当ではないにしても、このことから直ちに供述の任意性に影響を及ぼす程のものではないとの見方とか、（4）このような取調べにもかかわらず、被告人は、9月2日以降は、被疑事実である覚せい剤譲受けの事実を否認しているのであるから、少なくとも、右否認供述と取調官の前記の言動との間に因果関係はないとの見解なども、あり得ないではないと思われる。

9　そこで、以下、これらの見解についての検討を示しておくと、まず、反論（1）については、確かに、黙秘権の告知がなかったからといって、そのことから直ちに、その後の被疑者の供述の全ての任意性が否定されることにはならないが、被疑者の黙秘権は、憲法38条1項に由来する刑事訴訟法上の基本的、かつ、重要な権利であるから（同法198条2項）、これを無視するような取調べが許されないことも当然である。そして、刑訴法は、捜査官による被疑者の取調べの必要と被疑者の右権利の保障の調和を図るため（すなわち、取調べによる心理的圧迫から被疑者を解放するとともに、取調官に対しても、これによって、取調べが行きすぎにならないよう自省・自戒させるため）、黙秘権告知を取調官に義務づけたのであって、一般に、右告知が取調べの機会を異にする毎に必要であると解されているのは、そのためである。従って、本件におけるように、警察官による黙秘権告知が、取調べ期間中1度もされなかったと疑われる事案においては、右黙秘権不告知の事実は、取調べにあたる警察官に、被疑者の黙秘権を尊重しようとする基本的態度がなかったことを象徴するものとして、また、黙秘権告知を受けることによる被疑者の心理的圧迫の解放がなかったことを推認させる事情として、供述の任意性判断に重大な影響を及ぼすものといわなければならず、右のような観点からすれば、本件において、被告人が、検察官や裁判官からは黙秘権の告知を受けていることとか、これまでに刑事裁判を受けた経験があり黙秘権の存在を知っていたと認められることなどは、右の結論にさして重大な影響を与えないというべきである。

10　次に、前記反論（2）について考えるのに、被疑者の弁護人選任権は、刑訴法30条に基づく、やはり基本的、かつ、極めて重要な権利であるが、特に、身柄拘束中の被疑者のそれは、憲法34条によって保障された憲法上の権利でもあって、最大限に尊重されなければならない。そし

て、刑訴法は、身柄拘束中の被疑者の弁護人選任権の右のような重要性にかんがみ、捜査官が被疑者を逮捕したり逮捕した被疑者を受け取ったときなどには、その都度必ず被疑者に弁護人選任権がある旨を告知させることとし（203条1項、204条1項）、更に、特定の弁護士を知らない被疑者に対しては、弁護士会を指定して弁護人の選任を申し出ることをも認めるとともに、右申出を受けた捜査機関に対し、弁護士会への通知義務をも定めるなどして（209条、78条）、被疑者の右権利行使に万一の支障の生じないように配慮しているのである。従って、右権利の告知は、当然のことながら、明確に、かつ、わかり易い表現でされなければならず、いやしくも、被疑者に右権利行使を躊躇させるようなニュアンスを感じさせるものであってはならない。そのような観点からみる限り、Hが被告人に告げたとされる「弁護士は必要ないな。」「いらないな。」などという言葉が、弁護人選任権告知の意味を持ち得ないことは明らかであろう。また、捜査官による右権利の不告知は、黙秘権不告知の場合と同様、当該捜査官に被疑者の弁護人選任権を尊重しようという気持がなかったことを推認させる。そして、本件においては、現実にも、被告人の弁護人選任の動きを積極的に妨害するような（又は、そう思われても仕方のない）不当な言動があった疑いのあることは、前記（四1（5）、6）のとおりである。このようにみてくると、被告人に対し、検察官や裁判官からは弁護人選任権の告知があったこと及び被告人が右権利の存在を現に知っていたことを考慮しても、Hら警察官の右権利不告知及びその後の言動は、被告人の警察官に対する供述の任意性を疑わせる重大な事由であるというべきである。

11　次に、前記反論（3）に対する再反論は、いっそう容易である。被告人の供述に現れたHやGらの言動の中には、前記四1（12）のように、明らかに被告人に対する脅迫とみられるものもある上（被告人が、母親の信頼を裏切る結果となったことを心苦しく思っていたことは容易に推察されるから、そのような被告人にとって、母親が更に上尾署まで呼び出されて取り調べを受けるという事態は、かなりの心理的重圧であったと思われるし、更に、近所の人の取調をも行われるということは、堪え難いことであったであろう。）、同1（6）（10）の母親の言を伝えるものは、偽計にあたる疑いが強い。その他、右（6）（10）記載のその余の一連の言動は、それが文言どおりの意味では、直ちに脅迫、偽計にあたらないとしても、被疑者を不当に落胆させ、また、事実を認めれば本当に刑を軽くしてもらえるのではないかと思い込ませる効果を有する、甚だ適切を欠くものであったといわなければならず、前記脅迫、偽計とみられるしょうよう行為とあいまち、供述の任意性に重大な影響を及ぼすというべきである。

12　最後に、前記反論（4）について考えると、確かに、被告人は、9月2日の取調べ以降、警察官に対しても検察官に対しても、自らの譲受けの事実を否認する供述をしているが、AをB方に案内したのは、覚せい剤の譲受けを希望するAをBに紹介してやるためであったとする点で、譲受けの事実の認定上も不利益に働き得る事実を認めたとされているのであり、右供述が、前記のような警察官の違法・不当な一連の取調べによって引き出されたものであるから、右供述と警察官の言動との間には、もとより因果関係の存在を否定することができないというべきである。

13　以上、詳細に検討したとおり、右反論（1）ないし（4）は、いずれも前記7記載の結論を左右するものではあり得ない。従って、被告人の警察官に対する各供述調書は、前記7記載の

とおり、いずれもその任意性に疑いがあるというべきである。

＊　＊　＊

（裁判官　木谷明）

> **質問8－15**
> 　黙秘権や弁護権の不告知あるいは不十分な告知を理由として、直ちに（供述の任意性の問題を検討するまでもなく）、自白の証拠能力を否定することはできるか。

2　調書の読み聞かせ

判　例

最 3 小決昭28・1・27刑集 7 - 1 -64（読み聞け省略事件）

［従業員の給与から所得税額と失業保険料を源泉徴収等して控除しながらこれらを納付しなったということで会社とその元代表取締役 2 名が起訴された所得税法違反、失業保険法違反被告事件。被告人らは給与から所得税等を控除した事実はないとして争った。一審有罪。被告人控訴。控訴趣意の 1 つとして、有罪の証拠として採用された元社長らの検察官調書は調書の読み聞かせの手続を経ずに作成されたものであって証拠能力がないのに採用した手続違反があると主張した。二審（名古屋高金沢支判昭25・10・31）は次のように述べて控訴を棄却した。「被告人大谷米一に対する副検事作成の第 1 回、第 2 回各供述調書、被告人鍵田信重に対する副検事作成の供述調書が任意に為された供述に基ずいて作成せられたものではないとの事実は本件記録並びに原裁判所において取調べられた証拠に徴するも之を認めがたく却って右供述調書の内容を検討すれば詳細に当時の事情を供述して居り、諸般の事情を参酌するに毫も強要に依り為された供述とは認めることが出来ない。のみならず原審第15回公判調書の記載に依れば被告人大谷米一、鍵田信重は副検事の取調べを受けた際同副検事に対し任意に供述し、同検事は立会の検察事務官に対し被告人等の供述を声を上げて口授し、これを調書に録取せしめ、被告人等は其の内容を熟知し、誤なきことを認めて之に署名押印したものであり、右被告人等の自白が任意になされ、その調書は真正に作成された事実が認められる。」被告人らが上告。］

［弁護人高見之忠、同古屋東、同深井龍太郎の上告趣意］第 6 点について。

　検察官が供述調書を作成する際にこれを供述者に読み聞けねばならないことは、刑訴198条 4 項、223条 2 項の規定しているところであるが、この手続が仮にとられなかったにしたところでその一事を以って、供述調書が直ちに証拠能力を失うものではなく、同322条321条の要件を満たす限りこれを証拠とすることができるものといわねばならない。この点に関する原判決の判断は結局において正当である。

＊　＊　＊

［他の理由により破棄自判、一部無罪］

（裁判長裁判官　井上登、裁判官　島保、裁判官　河村又介、裁判官　小林俊三、裁判官　本村善太郎）

弁護人高見之忠、同古屋東、同深井龍太郎の上告趣意
＊　＊　＊

　第 6 点　原審判決は違法な証拠に基いて判断した法令の違法があり破毀を免れない。原審判決は其の理由摘示の証拠に於て、被告人大谷米一に対する副検事作成に係る第 1 回、第 2 回の供述調書及被告人鍵田信重に対する副検事作成に係る供述調書を援用している。

一、然し乍ら昭和24年11月28日附原審第15回公判調書中深井弁護人は裁判官に告げ被告人大谷米一に対し 問 被告人の検察官に対する昭和24年1月20日付供述調書に付てその供述当時の状況は、答 その日は私が東京へ上京する為汽車の切符を買ってゐた日でありまして取調べが遅くなりましたのでその旨検事さんに申上げましたら、検事さんは時計を前に置いて時間一杯に取調べが終りました。問 供述調書に証人の署名捺印があるが、其の日の調書は出来てその読聞があったか、答 時間がなかったので読聞はありませんでした。 問 それで署名捺印丈けしたのか、答 左様であります。（中略） 問 同じく昭和24年1月28日の供述調書に付てその供述当時の状況は、答 此の時は課長制、参与制の問題を主として述べました。 問 調書が出来てから読聞があったか、答 書記の方が用紙を逆に書き出したので後から書いて置くと言って署名捺印丈けしました。（中略）検察官は裁判官に告げ被告人大谷米一に対し 問 調書は取調をした検事が読上げてそれを書記が書いたか、答、左様であります。（中略） 古屋弁護人は裁判官に告げ被告人鍵田信重に対し（中略） 問 調書の読聞があったか、答 ありません。然し私分の調書は蓮本の調書で「その通りか何うか」と言ふ様にして調べられたと思ひます。（中略）検察官は裁判官に告げ被告人鍵田信重に対し 問 被告人を取調べた時は火鉢の所で調べて任意に供述したのではなかったか、答 左様であります。問 検事が声を上げて言ふのを書記が書いたのか、答 左様であります。とあるが以上の点から見て前記供述調書を録取した検事に於て声を上げて言ふのを書記が書いたにすぎない供述調書であって、録取した調書を被告人に閲覧させ又は読聞かせて誤りがないかどうかを問ふことなく署名捺印せしめた調書であることは亦明白である。

二、右の如く検事に於て声を上げて言ふのを書記が書いたことは当然であって、声を上げないで何も言はない検事の言ふ事を書記が書くことが出来ない。検事が声を上げて言って初めて書記が書くことが出来、その声を聞いてゐた事は被告人とても否認出来ないところであらう。又この声を上げたのも、或は机が非常に大きく離れて居た為書記に判りやすくする為に行はれたかも知れないが、何れにせよこの様に声を上げて言ふのを書記が書いたとしてもこれが為め録取した調書を被疑者に閲覧させ又は読み聞かせて、誤りがないかどうかを問ふたものとは言ひ得ないこと亦理の当然である之言はねばならぬ。裁判官の検察官に対し、供述調書は読聞かせてゐるかの釈明を求めたことに付き、検察官は「読聞かせてゐる心算であります」との答は、この間の事情を真に良く物語ってゐるものと言はねばならない。

三、原審第15回公判調書中、弁護人は何れも前記供述調書の取調に付いては大谷、鍵田被告人に付き刑事訴訟法第322条に依り其の取調べに不同意を申立て、立山重工業株式会社に関しては刑事訴訟法第321条第1項第2号但書に依り証拠能力を否認した。その理由は前記の如く極めて不法な手続の上作成せられた供述調書である以上、本件供述調書は大谷、鍵田両被告人にとってはその任意性なきものと疑はるるに足る十分な理由があり、立山重工業株式会社にとっては被告人以外の供述調書であって、公判期日に於ける供述よりも検事に対する供述調書を信用すべき特別の情況が存しないものと言はねばならない。斯る場合刑事訴訟法第319条、第322条、第321条、何れの場合に付ても証拠能力なしとせらるべきのみならず刑事訴訟法第198条の規定に違反した不法の供述調書である事亦明白である。

四、斯る供述調書をたやすく採用し之を原審判決認定の資料とすることは違法であって原審判決は破毀を免れないものと信ずる。

＊　＊　＊

IV 自白の任意性

　憲法38条2項は、「強制、拷問若しくは脅迫による自白又は不当に長く抑留若しくは拘禁された後の自白は、これを証拠とすることができない」と規定している。ここで「強制」「拷問」「脅迫」とか「不当に長く抑留若しくは拘禁された」というのは、自白が本人の自発的な意思によってなされたものではない場合を例示したものであると理解されている。つまり、ここにあげた以外の方法で自白が獲得された場合であっても、その方法が自白の任意性を失わせるようなものであるときには、その自白を証拠とすることができない。刑事訴訟法も「強制、拷問又は脅迫による自白、不当に長く抑留又は拘禁された後の**自白その他任意にされたものではない疑いのある自白**は、これを証拠とすることができない」と定めている（319条1項。なお322条1項参照）。

　任意性に疑問のある自白を証拠から排除するルールはコモンロー以来の証拠法則である。この法則はアメリカに渡って憲法上の原則として定着し、そして、第2次世界大戦後の日本の憲法に引き継がれた。任意性に疑いのある自白の証拠能力を否定するのは、いまでは世界標準となったといっても良い。しかし、任意性に疑いのある自白が証拠から排除される理由は何なのかについては、幾つかの考え方がある。1つは、そのような自白の信憑性には疑問があるので、証拠能力がないという考え方である。2つ目は、そのような自白は、個人の黙秘権——供述するかしないかについての選択の自由——を侵害するので、黙秘権を保護するためにこのような自白は証拠から排除されなければならないという。3つ目の考え方は、拷問や脅迫などの方法を用いる取調べは違法であり、このような違法捜査を止めさせるためにはそのような方法で獲得された証拠を排除するルールが必要なのだと説明している。日本の裁判所は、この3つの理由付けのどれか1つで全てを説明しようと言うのではなく、事件の具体的な内容に応じて説明の仕方を選択しているように見える。

　拷問すなわち暴力によって自白を強要することは決して過去の歴史的出来事というわけではない。法律家であるはずの検察官が自白を獲得するために被疑者に暴力を振るうということも、現

に行われている（デビッド・T・ジョンソン〔大久保光也訳〕『アメリカ人のみた日本の検察制度』（シュプリンガー・フェアラーク、2004年）341〜350頁）。

　脅迫すなわち自白しないと不利益を被るぞと脅して自白を得ることもそれほど珍しいことではない。浦和地裁平成3年11月11日の決定は、18歳の少年に向かって「絶対少年院にいれてやる」「否認すると逆送で刑務所に行って、5、6年は入ることになる」と脅しをかけて執拗に自白を迫ったというケースについて、「違法・不当な言動で威迫を加え」て得た自白であるから証拠能力はないと言った（浦和地決平3・11・11判タ796-272）。

　しかし、任意性が疑われる自白の類型は暴行・脅迫による自白に限られるわけではない。

1　徹夜の取調べ

判　例

最3小決平1・7・4刑集43-7-581（徹夜取調べ事件）

一　上告趣意に対する判断

　弁護人由岐和広の上告趣意第1点のうち、被告人に対する取調手続の違法を理由として違憲をいう点は、実質において単なる法令違反の主張であり、被告人の自白の任意性がないことを理由として違憲をいう点は、記録を調べても、自白の任意性を疑うに足りる証拠は認められないから、所論は前提を欠き、同第2点は、事実誤認の主張であって、適法な上告理由に当たらない。

二　職権による判断

　1　原判決の認定及び記録によると、被告人に対する本件取調べの経緯及び状況は、次のとおりと認められる。

　（1）本件捜査は、昭和58年2月1日午後8時48分ころ、当時アパートの被害者方居室が約10日間にわたり施錠されたままで被害者の所在も不明である旨の被害者の妹からの訴え出に基づき、警察官が被害者方に赴き、被害者が殺害されているのを発見したことから開始されたものであるが、警察官は、右妹から被害者が1か月ほど前まで被告人と同棲して親密な関係にあった旨聞き込んだので、事案の重大性と緊急性にかんがみ、速やかに被告人から被害者の生前の生活状況や交遊関係を中心に事情を聴取するため、被告人方に赴いて任意同行を求め、これに応じた被告人を同日午後11時過ぎに平塚警察署に同行した。

　（2）警察官は、まず、被告人から身上関係、被害者と知り合った経緯などについて事情を聴取した後、1名が主になり、他の1名ないし2名が立ち会って、同日午後11時半過ぎころから本格的な取調べに入り、冒頭被告人に対し本件捜査への協力方を要請したところ、被告人がこれに応じ、「同棲していたので知っていることは何でも申し上げます。何とか早く犯人が捕まるように私もお願いします。」と述べて協力を約したので、夜を徹して取調べを行い、その間、被告人の承諾を得てポリグラフ検査を受けさせたり、被告人が最後に被害者と別れたという日以降の行動について一応の裏付け捜査をしたりしたが、翌2日午前9時半過ぎころに至り、被告人は、被害者方で被害者を殺害しその金品を持ち出した事事について自白を始めた。

　（3）そこで、警察官は、その後約1時間にわたって取調べを続けたうえ、午前11時過ぎころ被告人に犯行の概要を記載した上申書を作成するよう求め、これに応じた被告人は、途中2、30分の昼休み時間をはさみ、被害者と知り合ってから殺害するまでの経緯、犯行の動機、方法、犯行後の行動等を詳細に記載した全文6枚半に及ぶ上申書を午後2時ころ書き上げた。

　（4）ところが、右上申書の記載及びこの間の被告人の供述は、被害者名義の郵便貯金の払戻しの時期や被害者殺害の方法につきそれまでに警察に判明していた客観的事実とは異なるものであったほか、被害者を殺害する際に同女の金品を強取する意思があったかどうかがはなはだ曖昧なものであったため、警察官は、右の被告人の供述等には虚偽が含まれているものとみて、被告

人に対し、その供述するような殺人と窃盗ではなく、強盗殺人の容疑を抱き、その後も取調べを続けたところ、被告人が犯行直前の被害者の態度に憤慨したほか同女の郵便貯金も欲しかったので殺害した旨右強取の意思を有していたことを認める供述をするに至ったことから、更に上申書を作成するよう求め、これに応じた被告人は、午後4時ころから約1時間にわたって、右の旨を具体的に記載した全文1枚余の「私がみどりを殺した本当の気持」と題する上申書を書いた。

（5）その後警察官は、逮捕状請求の準備に入り、右2通の上申書をも疎明資料に加え、午後7時50分当時の被告人の自白内容に即した強盗殺人と窃盗の罪名で逮捕状を請求し、逮捕状の発付を得たうえ、午後9時25分被告人を逮捕し、その後間もなく当日の被告人に対する取調べを終えた。そして、同月3日午後2時30分に検察官送致の手続がとられ、同日勾留請求がなされ、同月4日午前11時23分勾留状が執行された。

（6）被告人は、勾留質問の際に強盗の意思はなかったと弁解した以外は、その後の取調べにおいても終始強盗の意思を有していたことを認める供述をし、一方、同月7日の取調べまでは、前記被害者名義の郵便貯金の払戻しの時期や被害者殺害の方法につき虚偽の供述を続けていたが、同日の取調べにおいてこれらの点を訂正し、その後は公訴事実に沿う自白を維持し、同月22日、本件につき強盗致死等の罪名で勾留中起訴された。

2　右の事実関係のもとにおいて、昭和58年2月1日午後11時過ぎに被告人を平塚警察署に任意同行した後翌2日午後9時25分に逮捕するまでの間になされた被告人に対する取調べは、刑訴法198条に基づく任意捜査として行われたものと認められるところ、任意捜査の一環としての被疑者に対する取調べは、事案の性質、被疑者に対する容疑の程度、被疑者の態度等諸般の事情を勘案して、社会通念上相当と認められる方法ないし態様及び限度において、許容されるものである（最高裁昭和57年（あ）第301号同59年2月29日第2小法廷決定・刑集38巻3号479頁参照）。

右の見地から本件任意取調べの適否について勘案するのに、本件任意取調べは、被告人に一睡もさせずに徹夜で行われ、更に被告人が一応の自白をした後もほぼ半日にわたり継続してなされたものであって、一般的に、このような長時間にわたる被疑者に対する取調べは、たとえ任意捜査としてなされるものであっても、被疑者の心身に多大の苦痛、疲労を与えるものであるから、特段の事情がない限り、容易にこれを是認できるものではなく、ことに本件においては、被告人が被害者を殺害したことを認める自白をした段階で速やかに必要な裏付け捜査をしたうえ逮捕手続をとって取調べを中断するなど他にとりうる方途もあったと考えられるのであるから、その適法性を肯認するには慎重を期さなければならない。そして、もし本件取調べが被告人の供述の任意性に疑いを生じさせるようなものであったときには、その取調べを違法とし、その間になされた自白の証拠能力を否定すべきものである。

3　そこで本件任意取調べについて更に検討するのに、次のような特殊な事情のあったことはこれを認めなければならない。

すなわち、前述のとおり、警察官は、被害者の生前の生活状況等をよく知る参考人として被告人から事情を聴取するため本件取調べを始めたものであり、冒頭被告人から進んで取調べを願う旨の承諾を得ていた。

また、被告人が被害者を殺害した旨の自白を始めたのは、翌朝午前9時半過ぎころであり、その後取調べが長時間に及んだのも、警察官において、逮捕に必要な資料を得る意図のもとに強盗の犯意について自白を強要するため取調べを続け、あるいは逮捕の際の時間制限を免れる意図のもとに任意取調べを装って取調べを続けた結果ではなく、それまでの捜査により既に逮捕に必要な資料はこれを得ていたものの、殺人と窃盗に及んだ旨の被告人の自白が客観的状況と照応せず、虚偽を含んでいると判断されたため、真相は強盗殺人ではないかとの容疑を抱いて取調べを続けた結果であると認められる。

　さらに、本件の任意の取調べを通じて、被告人が取調べを拒否して帰宅しようとしたり、休息させてほしいと申し出た形跡はなく、本件の任意の取調べ及びその後の取調べにおいて、警察官の追及を受けながらなお前記郵便貯金の払戻時期など重要な点につき虚偽の供述や弁解を続けるなどの態度を示しており、所論がいうように当時被告人が風邪や眠気のため意識がもうろうとしていたなどの状態にあったものとは認め難い。

　4　以上の事情に加え、本件事案の性質、重大性を総合勘案すると、本件取調べは、社会通念上任意捜査として許容される限度を逸脱したものであったとまでは断ずることができず、その際になされた被告人の自白の任意性に疑いを生じさせるようなものであったとも認められない。

　5　したがって、本件の任意取調べの際に作成された被告人の上申書、その後の取調べの過程で作成された被告人の上申書、司法警察員及び検察官に対する各供述調書の任意性を肯定し、その証拠能力を認めた第一審判決を是認した原判決に違法があるとはいえない。

三　結論

　よって、刑訴法414条、386条1項3号、181条1項但書、刑法21条により、主文のとおり決定する。

　この決定は、裁判官坂上壽夫の反対意見があるほか、裁判官全員一致の意見によるものである。

　裁判官坂上壽夫の反対意見は、次のとおりである。

　私は、本件取調べが社会通念上任意捜査として許容される限度を逸脱したものであったとまでは断ずることができないとし、その際になされた被告人の自白の任意性に疑いを生じさせるようなものであったとも認められないとする多数意見には、賛成することができない。

　多数意見が、本件のような長時間にわたる被疑者に対する取調べは、たとえ任意捜査としてなされるものであっても、特段の事情のない限り容易に是認できるものではないとする点については、全く異論はない。また、本件の任意取調べにおいては、徹夜で取調べをした点について、警察官が取調べの冒頭被告人から進んで取調べを願う旨の承諾を得ていたことから、自白開始後の取調べが長時間に及んだ点について、警察官が自白を強要し、あるいは令状主義の要請を潜脱するなどの不法な意図のもとに取調べを続けた結果ではなく、事案の真相を解明するため取調べを続けた結果であることなど特殊な事情が認められることも、多数意見が指摘するとおりであろう。

　しかしながら、本件の任意取調べは、午後11時半過ぎころから翌日午後9時25分に逮捕するまでの約22時間にわたり、被告人に一睡もさせず、途中2、30分程度の休憩を3回位はさんだのみ

で、ほぼ間断なく行われたというものであって、そのことだけをみても、長きに過ぎるとの感を否めない。

しかも、徹夜の取調べについては、被告人は、その間ポリグラフ検査を受けていることからしても、取調べのかなり早い段階から実質的には被疑者の立場に置かれ、警察官から追及を受けていたのではないかと推測される。そして、被告人は、右のような徹夜の取調べを経た後、午前9時半過ぎころには、客観的状況に照らし不自然な内容であったにせよ、ともかく殺人というそれ自体重大な犯行を自白しているのである。さらに、自白をした後の取調べについては、それが被告人の意思に反して強制されたものであったとまでは認め難いとしても、被告人が積極的に取調べに応じたものではなく、いったん自己の犯行であることを認めたことから、次には強盗の意思はなかったとの主張を受け入れてもらう必要もあって、やむをえず取調べに応ぜざるをえない状態に置かれていたものとみるべきである。

なお、本件任意取調べは、当初参考人に対する事情聴取として始められ、取調べが進むうちに被告人に対する容疑が濃くなってきたものと認められるが、その間に刑訴法198条2項の供述拒否権の告知がなされたのかどうか、なされたとしていつなされたのかということが、記録上明らかではない。被疑者に対し供述拒否権を告知することの重要性にかんがみると、本件任意取調べの適法性を判断するに当たっては、本来この点も重要な判断要素となるべきものと考える。

しかし、右の点を措いても、前記の諸事情を考慮すると、本件の長時間、連続的な取調べが被告人の心身に与えた苦痛、疲労の程度は、極めて深刻、重大なものであったと考えられるのであって、遅くとも被告人が殺人と窃盗の自白をした段階で、最小限度の裏付け捜査を遂げて直ちに逮捕手続をとり、取調べを中断して被告人に適当な休息を与えるべきであったと思われる。

そうしてみると、本件任意取調べは、いかに事案が重大であり、被告人に対する容疑も濃く、警察官としては事案の真相を解明する必要があったとしても、また、多数意見が指摘するような特殊な事情があったことを考慮に入れても、許容される限度を超え違法なものであったというほかはなく、そのような取調べの間になされた被告人の自白については、その任意性に疑いがあるものというべきである。

結局、原判決が、本件任意取調べの際になされた自白の任意性に疑いがないとし、さらに、その後の取調べの過程でなされた自白の任意性を検討するに当たって被告人が本件任意取調べの際にした自白の影響を考慮する必要がなく、他に自白の任意性に疑いを挟むべき証跡がないとして、それらの任意性を肯定したのは、本件取調べの状況に関する事実の認定、評価を誤り、ひいては法令の解釈を誤った違法があり、その違法は判決に影響を及ぼし、原判決を破棄しなければ著しく正義に反すると認められる。

（裁判長裁判官　伊藤正己、裁判官　安岡滿彦、裁判官　坂上壽夫、裁判官　貞家克己）

> **質問8－16**
> 被疑事実の重大性を考慮して自白の任意性の有無を判断することは正しいか。

2　手錠をしたままの自白

判　例

最 2 小判昭38・9・13刑集17-8-1703（両手錠事件）

　弁護人小林正基の上告趣意第 1 点は、憲法38条 2 項違反を主張する。すでに勾留されている被疑者が、捜査官から取り調べられるさいに、さらに手錠を施されたままであるときは、その心身になんらかの圧迫を受け、任意の供述は期待できないものと推定せられ、反証のない限りその供述の任意性につき一応の疑いをさしはさむべきであると解するのが相当である。しかし、本件においては、原判決は証拠に基づき、検察官は被告人らに手錠を施したまま取調を行ったけれども、終始おだやかな雰囲気のうちに取調を進め、被告人らの検察官に対する供述は、すべて任意になされたものであることが明らかであると認定しているのである。したがって所論の被告人らの自白は、任意であることの反証が立証されているものというべく、所論違憲の主張は、その前提を欠き、その余は単なる法令違反の主張にすぎない。＊＊＊

　（裁判長裁判官　奥野健一、裁判官　山田作之助、裁判官　草鹿浅之介、裁判官　城戸芳彦、裁判官　石田和外）

弁護人小林正基の上告趣意
一、上告趣意第 1 点について
　原審判決は憲法第38条第 2 項の規定に違反しているから、原判決は破棄せらるべきものである。（ 1 ）憲法第38条第 2 項は「強制、拷問若しくは脅迫による自白又は不当に長く抑留若しくは拘禁された後の自白は、これを証拠とすることができない」と規定している。（刑事訴訟法第319条第 1 項にも同趣旨の規定がある）。しかして、本件において証拠として採用せられている各被告人についての検察官に対する供述調書はいずれも両手錠を施したまま供述せしめたものであって、この事実は原審公判における証人田草川英明の供述並びに各被告人の供述に照して明白な事実である。かかる取調方法による自白は憲法第38条第 2 項にいわゆる強制による自白に該当し、証拠として採用すべきでないのに、原判決はこれを証拠として採用した違反がある。（ 2 ）原判決は理由において「しかし手錠を施されたまま検察官の取調を受けたからといって、それだけでは直ちに供述に任意性がないとは解されないこと勿論であり、被告人等の検察官に対する供述調書中の記載はいずれも一貫性があるばかりでなく、当審における証人田草川英明の供述によっても手錠を施したまま取調を行ったけれども、終始おだやかなる雰囲気の中に取調を進め、何ら強制を加えなかったことが認められるから、被告人等の検察官に対する供述はすべて任意になされたものであることが明かであり、被告人等の当審公判廷におけるその任意性を争うが如き供述はいずれも首肯できない」と述べて第一審判決に違法がないと断定している。しかしながら、この判断は事実を誤ったものといわねばならない。即ち被告人等は山梨県の奥地における純朴小心な者達であり、未だ曾って警察官や検察官の取調べや勾留などを受けたことのない者達であるから、取

調べの際、両手錠のままという事実はいたく被告人等に対し精神的恐怖や圧迫を加えていたことはその実相でありこれこそ強制による供述と認むべきものである。しかるに原判決が証人田草川英明の証言から、その取調べが終始おだやかなる雰囲気の中に進められたといっているが、全く他人事であるから、このような実相とかけ離れ且つ冷言をもって判断することができるが、社会一般人の円満なる常識によって判断する場合は、これを強制にわたったものでないということは、全くけん強附会の判断というべきである。従って、原判決が任意性につき問題はないとする点については首肯し難い。（3）そもそも、任意というのは、当該自白をするについて虚偽の供述をするおそれのある状況が存しなかったこと、および供述の自由を侵害するような違法、不当な圧迫を加えられなかったことを指すものであると解すべきであるから、この判断に従えば本件において検察官が被告人等の取調に際して、両手錠のまま取調べに当ったという点において、供述の自由を侵害するような不当な圧迫が加えられたものと認めることができるから、この供述書は憲法第38条第2項の規定によって証拠として採用し得ないものであることは明白である。即ち本弁護人は自白の任意性については、虚偽排除の見地と相並んで、人権擁護の見地からも、その自白の任意性を理解すべきものと考えるが故に、本件の如き検察官の両手錠を施したままの取調べによる供述は不当に人権を侵害した結果による自白とし任意性のないものと判断するを正当と信ずるものである。（4）殊に、両手施錠のまま取調べを受ける場合においても、愚連隊等の不良従業や麻薬犯その他の兇悪犯人等の取調べと、本件の如き純朴小心な農民等が取調べを受ける場合とでは、彼此全くその様相を異にし、本件被告人等の場合の如きは施錠そのものによって、既に大きな心理的恐怖感や圧迫感を受けていることは明からであると認められる。よって、また、その任意性の判断にあたっても、一般的見解にのみ捉わることのないよう事実の真相の把握を誤らないような判定がなさるべきである。

* * *

判　例

最2小決昭52・8・9刑集31-5-821（狭山事件）

　所論は、被告人は、片手錠を掛けられたまま連日連夜苛酷な取調を受けたものであって、かかる取調によって得られた自白には任意性がない、というのである。記録によると、被告人が片手錠をかけられたまま取調を受けた事実を認めることができる。しかし、片手錠による場合は両手錠による場合に比して、一般的に心理的圧迫の程度は軽く、記録にあらわれた被告人に対する取調状況を併せ考察しても、自白の任意性を疑わせる状況はみあたらない。

* * *

3　約束による自白

判　例

最2小判昭41・7・1刑集20-6-537（検事の伝言事件）

　弁護人司波実の上告趣意第1点のうち、判例違反をいう点について。

　論旨は、原判決が、被告人の司法警察員および検察官に対する各供述調書の任意性の有無について、被告人に賄賂を贈った国富祺一郎の弁護人である弁護士岡崎耕三が、「昭和36年8月28日岡山地方検察庁において本件の担当検察官である三笠検事に面談した際、被告人のため陳弁したところ、同検事より、被告人が見えすいた虚構の弁解をやめて素直に金品収受の犯意を自供して改悛の情を示せば、検挙前金品をそのまま返還しているとのことであるから起訴猶予処分も十分考えられる案件である旨内意を打ち明けられ、且つ被告人に対し無益な否認をやめ卒直に真相を自供するよう勧告したらどうかという趣旨の示唆を受けたので、被告人の弁護人である弁護士楠朝男を伴って児島警察署へ赴き留置中の被告人に面接し、『検事は君が見えすいた嘘を言っていると思っているが、改悛の情を示せば起訴猶予にしてやると言っているから、真実貰ったものなら正直に述べたがよい。馬鹿なことを言って身体を損ねるより、早く言うて楽にした方がよかろう。』と勧告したところ、被告人は、同弁護士の言を信じ起訴猶予になることを期待した結果、その後の取調べ即ち同日第2回目の取調べから順次金品を貰い受ける意図のあったことおよび金銭の使途等について自白するに至ったものである。」旨の事実を認定したうえ、「自白の動機が右のような原因によるものとしても、捜査官の取調べそれ自体に違法が認められない本件においては、前記各供述調書の任意性を否定することはできない。」と判示したのが、所論引用の昭和29年3月10日福岡高等裁判所判例（高裁刑事判決特報26号71頁）に相反するというのである。

　よって案ずるに、右福岡高等裁判所の判決は、所論の点について、「検察官の不起訴処分に附する旨の約束に基く自白は任意になされたものでない疑のある自白と解すべきでこれを任意になされたものと解することは到底是認し得ない。従って、かかる自白を採って以て罪証に供することは採証則に違反するものといわなければならない。」と判示しているのであるから、原判決は、右福岡高等裁判所の判例と相反する判断をしたこととなり、刑訴法405条3号後段に規定する、最高裁判所の判例がない場合に控訴裁判所である高等裁判所の判例と相反する判断をしたことに当るものといわなければならない。そして、本件のように、被疑者が、起訴不起訴の決定権をもつ検察官の、自白をすれば起訴猶予にする旨のことばを信じ、起訴猶予になることを期待してした自白は、任意性に疑いがあるものとして、証拠能力を欠くものと解するのが相当である。

　しかしながら、右被告人の司法警察員および検察官に対する各供述調書を除外しても、第一審判決の挙示するその余の各証拠によって、同判決の判示する犯罪事実をゆうに認定することができるから、前記判例違反の事由は、同410条1項但書にいう判決に影響を及ぼさないことが明らかな場合に当り、原判決を破棄する事由にはならない。

*　*　*

（裁判長裁判官　奥野健一、裁判官　草鹿浅之介、裁判官　城戸芳彦、裁判官　石田和外）

> **質問8−17**
> 約束による自白といわゆる「司法取引」「答弁取引」とはどう違うのか。

> **質問8−18**
> わが国において「司法取引」「答弁取引」を制度として認めることは妥当か。どのような内容の制度なら良いか。

判　例

ブレイディ対合衆国　Brady v. United States, 397 U.S. 742 (1970)

［任意性のない自白は許容性がないというのは17世紀以来のイギリスのコモンロー上の原則であり、暴行、脅迫、偽計と並んで、約束による自白は任意性のない自白の一類型とされてきた。連邦最高裁判所は、1897年のブラム対合衆国において、このコモンロー上の原則を第5修正（自己負罪拒否特権）の適用場面であると宣言して、こう述べた。「自白が許容されるためには、自由かつ任意のものでなければならない。すなわち、それは、いかなる種類のものであれ脅迫や暴力によって引き出されたものであってはならないし、また、**直接的なものであれ間接的なものであれ、いかに些細なものであれ、約束によって獲得されたものであってはならない**し、さらに、いかなるものであれ不適切な影響力の行使によって得られたものであってもならない。……囚人がいかなるものであれ脅迫や約束の影響を受けている場合には自白は決して証拠に採用することはできない（Bram v. United States, 168 U.S. 532 (1897), at 542-543. 強調は引用者）。その73年後、連邦最高裁はブレイディ対合衆国において、有罪答弁を前提にする司法取引が約束による自白に該当するのではないかという問題に直面した。加重誘拐罪の有罪答弁をして30年の刑に服しているブレイディが、自分が有罪答弁をしたのは、陪審公判で有罪となった場合死刑の可能性があるのでそれに対する恐怖からであって、答弁は不任意であるから無効であると主張した。裁判所はこれを次のように述べて退けた。］

ブレイディが公判審理を受けなければより軽い刑を受けることを法が約束していたとしても[2]彼の答弁は強制されたものではないという我々の判旨はブラム判決と矛盾するものではない。ブラム判決は、1人で弁護人に代理されることもないままに、拘禁されている被告人の自白を取り扱ったのである。そのような状況の下においては、たとえ穏やかな寛刑約束であっても自白を排斥するに十分であるとされた。それは、その約束がそれ自体違法な行為だからと言うのではなく、そのような局面におかれた被告人は、誘引に対して余りにも過敏であり、また、彼らに及ぼしうるその影響力は余りにも大きすぎてそれを無視することはできないうえに、その評価は非常に困難となるからである。しかし、ブラム判決もその後の判例も、寛刑約束がもたらしうる強制のイ

注2）　加重誘拐罪を規定する連邦法は陪審が勧告する場合に限り死刑を科すことができると定めていた。すなわち、陪審公判を受けて有罪となれば死刑の可能性があるが、有罪答弁で有罪となれば死刑の可能性はなくなる。

ンパクトが弁護人の存在とその助言によって解消することはないと判断したことはない。ミランダ対アリゾナ（1966年）が、警察署がもたらしうる強制的雰囲気は弁護人の存在やその他の安全装置によって対処されることができない、と判示したわけではないのと同じように。

　ブレイディの状況はブラムのそれとはまったく異なる。ブレイディははじめ無罪答弁をしていたが、有罪答弁に変更する前に当局者と面と向かったうえで脅迫や約束を受けたというわけでもない。彼には有能な弁護人がおり、公判審理と有罪答弁とを比較してその利害得失を評価する十分な機会を持っていた。一見ありえそうだが実際には非現実的な利益に衝動的にも無思慮にも反応してしまう危険もなかった。彼の有罪答弁は公開の法廷で、有罪答弁に関する法の要請に鋭敏と思える判事の面前でなされた。ブレイディの答弁は、ブラムの自白とは異なり、任意であった。

4　偽計による自白

判　例

最大判昭45・11・25刑集24-12-1670（切り違い尋問事件）

　弁護人前堀政幸の上告趣意のうち、憲法違反を主張する点について。

　所論は、第一審判決の事実認定に用いられた被告人の司法警察員に対する供述調書（昭和40年11月9日付警部補福島信義作成）中の被告人が妻貞子と共謀して本件拳銃および実包を所持した旨の自白は、刑訴法319条1項の「その他任意にされたものでない疑のある自白」にあたり、証拠とすることができないものであるのにかかわらず、右自白に任意性があるとした原判決の判断は、憲法38条1、2項の解釈を誤り、憲法31条にも違反するというのである。

　よって検討するに、原判決が認定した所論供述調書の作成経過は、次のとおりである。すなわち、当初伏見警察署での取調では、被告人の妻貞子は、自分の一存で本件拳銃等を買い受けかつ自宅に隠匿所持していたものである旨を供述し、被告人も、本件拳銃は妻貞子が勝手に買ったもので、自分はそんなものは返せといっておいた旨を述べ、両名共被告人の犯行を否認していたものであるところ、その後京都地方検察庁における取調において、検察官増田光雄は、まず被告人に対し、実際は貞子がそのような自供をしていないのにかかわらず、同人が本件犯行につき被告人と共謀したことを自供した旨を告げて被告人を説得したところ、被告人が共謀を認めるに至ったので、被告人を貞子と交替させ、貞子に対し、被告人が共謀を認めている旨を告げて説得すると、同人も共謀を認めたので直ちにその調書を取り、更に同人を被告人と交替させ、再度被告人に対し貞子も共謀を認めているがまちがいないかと確認したうえ、その調書を取り、被告人が勾留されている伏見警察署の警部補福島信義に対し、もう1度被告人を調べ直すよう指示し、同警部補が被告人を翌日取り調べた結果、所論主張の被告人の司法警察員に対する供述調書が作成された、というのである。

　思うに、捜査手続といえども、憲法の保障下にある刑事手続の一環である以上、刑訴法1条所定の精神に則り、公共の福祉の維持と個人の基本的人権の保障とを全うしつつ適正に行なわれるべきものであることにかんがみれば、捜査官が被疑者を取り調べるにあたり偽計を用いて被疑者を錯誤に陥れ自白を獲得するような尋問方法を厳に避けるべきであることはいうまでもないところであるが、もしも偽計によって被疑者が心理的強制を受け、その結果虚偽の自白が誘発されるおそれのある場合には、右の自白はその任意性に疑いがあるものとして、証拠能力を否定すべきであり、このような自白を証拠に採用することは、刑訴法319条1項の規定に違反し、ひいては憲法38条2項にも違反するものといわなければならない。

　これを本件についてみると、原判決が認定した前記事実のほかに、増田検察官が、被告人の取調にあたり、「奥さんは自供している。誰がみても奥さんが独断で買わん。参考人の供述もある。こんな事で2人共処罰される事はない。男らしく云うたらどうか。」と説得した事実のあることも記録上うかがわれ、すでに妻が自己の単独犯行であると述べている本件被疑事実につき、同検

察官は被告人に対し、前示のような偽計を用いたうえ、もし被告人が共謀の点を認めれば被告人のみが処罰され妻は処罰を免れることがあるかも知れない旨を暗示した疑いがある。要するに、本件においては前記のような偽計によって被疑者が心理的強制を受け、虚偽の自白が誘発されるおそれのある疑いが濃厚であり、もしそうであるとするならば、前記尋問によって得られた被告人の検察官に対する自白およびその影響下に作成された司法警察員に対する自白調書は、いずれも任意性に疑いがあるものといわなければならない。

しかるに、原判決は、これらの点を検討することなく、たやすく、本件においては虚偽の自白を誘発するおそれのある事情が何ら認められないとして、被告人の前記各自白の任意性を認め、被告人の司法警察員に対する供述調書を証拠として被告人を有罪とした第一審判決を是認しているのであるから、審理不尽の違法があり、これを破棄しなければいちじるしく正義に反するものというべきである。よって、その余の上告論旨について判断するまでもなく、刑訴法411条1号により原判決を破棄し、さらに審理を尽くさせるため、同法413条本文により本件を原裁判所に差し戻すこととし、裁判官全員一致の意見で、主文のとおり判決する。

（裁判長裁判官　石田和外、裁判官　入江俊郎、裁判官　草鹿浅之介、裁判官　長部謹吾、裁判官　城戸芳彦、裁判官　田中二郎、裁判官　岩田誠、裁判官　下村三郎、裁判官　色川幸太郎、裁判官　大隅健一郎、裁判官　松本正雄、裁判官　飯村義美、裁判官　村上朝一、裁判官　関根小郷）

5　反復自白

判　例

最 2 小判昭32・7・19刑集11-7-1882（八丈島事件）

　職権を以て調査するに、原審は「被告人両名共謀の上昭和21年4月4日頃の夜、石野ヨメ（明治14年1月生）方に侵入し、同家3畳間で同女を仰向けに押倒し、被告人小崎は起上ろうとする同女の咽喉部を右手で押えつけ、被告人山本をして同女の足部等を押えさせ乍ら其の場で姦淫し、次で被告人山本は小崎に替って右ヨメを姦淫し、更に被告人小崎は再度に亘って同女を姦淫した後、有合せの真田紐を以て右ヨメの頸部を緊縛し、因って、同女をして間もなく窒息死に致らしめたものである」との犯罪事実を認定し、その証拠として、被告人両名の原審公判廷における各供述、被告人小崎勇に対する検事の聴取書、同被告人に対する強制処分における予審判事の訊問調書中の各供述記載、及び被告人山本勝に対する検事の聴取書、同被告人に対する強制処分における予審判事の訊問調書、同被告人に対する予審第5回訊問調書中の各供述記載のほか、多くの証拠を掲げているのである。そして右被告人両名の検察官及び予審判事に対する右各供述にして、任意性と信憑性を有するものであるならば、原判示事実はその挙示する証拠で認められるのであるが、もし、右各供述にして任意性に疑いがあり、信憑性の乏しいものであるとすれば、右各供述以外には、被告人両名を以て本件の犯人であると認めるに足る証拠は存しないのである。

　そこで被告人両名の検察官及び予審判事に対する各供述の任意性及び信憑性の有無について検討しなければならない。まず記録について、被告人に対する取調の経過を調査すると、被告人両名は、昭和21年7月6日本件容疑者として相前後して八丈島警察署に連行されたまま、令状によらないで留置されたのであるが、被告人小崎は同月23日まで、被告人山本は、同月31日まで、取調を受け、被告人小崎に対しては12回にわたり、被告人山本に対しては6回にわたり、同署捜査主任渡部定義の聴取書がそれぞれ作成されている。その聴取書によると、被告人小崎は、第1、2回聴取書においては自己の単独犯行を認めていたが、第3回聴取書においては被告人山本との共同犯行を認めており、又、被告人山本は第1回聴取書において被告人小崎との共同犯行を認めている。そして、被告人小崎に対しては同月24日以後、被告人山本に対しては8月1日以後、何等の取調も行われた形跡がないのに、令状によらない不法留置は、そのまま継続されていたのであって、同月29日被告人両名の身柄が警視庁本庁留置場に移されると、同日、東京刑事地方裁判所検事局検事田中良人は、住居侵入強姦致死の罪名で同裁判所予審判事に対し起訴前の強制処分として被告人両名の訊問、勾留を請求し、翌30日、予審判事は被告人両名に対していわゆる勾留訊問を行った上、勾留状を発して被告人両名を東京拘置所に勾留したのであるが、同予審判事の訊問調書によると、被告人両名は、それぞれ強制処分請求書記載の被疑事実を読み聞けられて、その通り相違なき旨の答弁をしたことが記載されている。そして、被告人小崎は、同年9月6日、被告人山本は同月7日、それぞれ右田中検事の取調を受けたが、同検事の各聴取書によるといずれも本件犯行を自白しているのである。かくて、被告人両名に対しては、同月7日同検事より予

審請求がなされたのではあるが、被告人小崎は、それまでの自白を全面的にひるがえすに至り、予審及び第一、二審公判を通じ犯行を否認しており、被告人山本は、予審の第1、3、4回の訊問調書においては犯行を否認し、同第2、5回の訊問調書においては犯行を自白するというように、否認と自白とが相交錯しているのであるが、第一、二審の公判を通じ、終始本件犯行を否認しているところである。

ところで、被告人両名が、八丈島警察署における取調に対し本件犯行を自白するに至った経緯は、後記のとおり、それぞれ異なる事情に因るものであることを認めざるを得ない。

被告人小崎についていえば、予審及び第一、二審公判において同被告人の陳述したところを要約すると、「八丈島警察署では、昭和21年7月6日朝連行されてから、武道場に連れて行かれ、後ろ手に縛られて坐らされ、午後3時頃まで大鹿、峰岸両巡査から調べられた。渡部、内田両警察官もまわりにいた。大鹿、峰岸両巡査は、お前はヨメ婆さんを強姦して殺したろう、皆わかっているのだから白状しろといって、かわるがわる自分のふくらはぎを素足で蹴ったり、突きころばしたり、手掌で頬を殴ったり、拳固で頭を殴ったりして拷問したが、その日は兎に角否認しとおした。ところが、渡部警察官の聴取書は7月6日付で2通ある。それによると、自分が同日自白したように記載されているが、それらは、いずれも同月8日に述べたことで、聴取書も6日に作成されたものではない。8日は、朝2、3時間と午後3時頃から夜9時頃まで、6日のときと同様、武道場で後ろ手で縛られて坐らせられ、大鹿、峰岸両巡査から調べられた。渡部、内田両警察官等は、そのときも自分のまわりにいた。それで、どうしても白状しなければ警視庁へ連れて行って電気仕掛で痛い目をさせながら調べるといって、白状しろと蹴ったり殴ったりした。自分は大鹿、峰岸両巡査に打たれて倒れ、ころげまわって逃げたが、そのとき着ていた襯衣とズボン（昭和23年押第1158号の6、7）が破れ裂けた。渡部主任も靴で自分の頭を蹴った。それで自分は、とてもこれではたまらないから、丁度、その日の午後署長が来て立会ったので、署長に自分を犯人にしてくれといった。そのようにいった意味は、最初自分は潔白であり無罪だと思い、そのことをいったが取り上げてもらえず、拷問で殺されるのではないかと心配し、自分が犯人として述べれば、この心配も避けられると考えたからである。ところが、署長は何で犯人になりたいのか、そのわけをいえといい、これに対して答えないでいると、また攻められたので、これ以上打たれたり蹴られたりしては身体がもたないと思い、聴取書に書いてあるように身に覚えのない嘘の自白をしたのである。自分は、その日の拷問で両股が青くなって硬くなり、痛いので動けなくなった。留置場へ帰るのに歩くことができず、巡査に背負われて留置場へほうり込まれたほどである。その後、八丈島警察署での50余日にわたる留置生活から身柄を東京に送られ、8月29日警視庁に留置されて1泊したが、そのとき、朝鮮人の同房者から何んで此処に来たかと聞かれ、本当のことを云って否認すると、また打たれるかとおそろしいので、八丈島警察署で云ったとおりを云えば間違いないと思い、そのように云った。その翌日（8月30日）予審判事から取り調べられたときも、またその数日後、検事局で検事から取り調べられたときも、島で拷問された恐怖が加っていて心にもない自白をしたのである」というのである。

右のような被告人小崎の主張については、予審においてはもとより、第一審及び原審において

も、取調に当った警察官その他必要な証人を喚問して取調をしている。そしてこれらの証人の取調の結果によると、証人峰岸演二に対する予審判事の第2回訊問調書中には、同証人の供述として、「7月6日山本勝を署長官舎で調べた結果、大体同人が小崎勇と共謀して石野ヨメを強姦し死に至らしめたという心証を得たので、午後4時頃から小崎を署の道場で約2時間にわたり調べた。その際、横ビンタを喰わしたことはあるが、太股を踏んだようなことはない。その翌日か翌々日も、再び同人を道場に入れて調べた。この時も、横ビンタを喰わしたにとどまり太股を蹴ったことはない。右2回にわたって、同人を道場に坐らせ両手を後ろ手で縛ったことは間違いない」との旨の記載があり、証人大鹿春仁に対する予審判事の第2回訊問調書中には、同証人の供述として、「7月6日山本勝を署長官舎で調べた結果、署長はじめ取調に当った者は大体小崎、山本の両名が石野ヨメを強姦して死に至らしめたという心証を得たので、午後3時過頃から署の道場で小崎を調べた。署には調室の設備がないので道場を用いたのであるが、逃亡を防ぐため後手に縛り坐らせた。その時、私も峰岸部長も、手で小崎にビンタを喰わしたり、胸を押したようなことはあるが、太股を蹴ったようなことはない。お示しの襯衣及びズボン（昭和21年押第531号ノ6、7）は、はっきりした記憶はないが、小崎が着ていたものに間違いないと思う」との旨の記載がある。又、証人奥山憲（昭和22年4月浅沼頼雄と結婚し浅沼憲となのっている）に対する予審判事、第一審裁判所及び原審受命判事の各訊問調書中には、同証人の供述として、「私は、その日（7月6日）朝、警察署の留置場の前の廊下を掃除していると、小崎勇が連れて来られて道場で調べを受けた。その時は静であったが、午後3時過ぎ、私が署の上の方に在る自分の家に帰り、間もなく署の方に降りて来たとき、道場からワーワーと隣り近所にも聞えるような子供のような大きな声が聞えて来た。私は、その声が気持が悪かったので、午後4時少し前に家に帰った」という趣旨に帰する記載があり、証人奥山武道に対する第一審裁判所及び原審受命判事の各訊問調書中には、同証人の供述として、「私が山へ行っての帰りに、警察の演武場の横を通ったら、人の泣声がしたので立ちどまったことがある。それは、その日の朝小崎が引張られて行ったし、小崎の声に似ていた」という趣旨に帰する記載があり、更に、証人菊地ハルカに対する第一審裁判所及び原審受命判事の各訊問調書中には、同証人の供述として、「私の住居は、警察署の通用門と向いの道をへだてたところにある。夏頃（昭和21年）署の武道場の方から怒鳴り声と違う苦しさの余りに出た声を聞いたことがある。私は変だと思い、外に出てみた。すると、小崎という声を聞いた」という趣旨に帰する記載がある。

　以上各訊問調書の記載は、いずれも右被告人小崎の陳述の真実性を裏づけるに足るべき資料であって、これによれば、八丈島警察署においての被告人小崎の自白は、暴力による肉体的苦痛を伴う取調の結果されたものであり、同被告人の任意に基くものとは到底認めることができないものというべく、さればこそ、被告人を有罪とした第一審判決及び原判決もこれを証拠として採用しなかったものと認められるのである。

　しかるに、原判決は前記のように同被告人に対する起訴前の強制処分による予審判事の訊問調書及び検事の聴取書を証拠としている。なるほど、同被告人が右予審判事及び検事の取調を受けたのは八丈島警察署ではなく、身柄が東京に移されてから後であり、かつ、警察の取調を受けお

わってから相当の日数を経過した後のことでもあり、同被告人もまた原審公判において、検事からも予審判事からも直接強制を加えられなかったと供述していることでもあるから、警察における自白に任意性を認め得ないからといって、直ちに右予審判事及び検事に対してなした自白までも任意性を欠いたものとすることは勿論できないのである。しかしながら、被告人は強制処分としての適法な勾留がなされる直前まで、相当長期間に亘り令状によらない警察留置を受けていたばかりでなく、その間に前叙の如く自白を強要されていたものである以上は、たとえ、予審判事及び検事において被告人の取調にあたり細心の注意を払ったものとしても、被告人が予審判事による勾留訊問の際になした自白及びその直後に検事に対しなした自白が、その直前まで継続していた警察の不法留置とその間の自白の強要から何等の影響も受けずになされた任意の自白であると断定することは到底できないものというべく、その他、予審判事及び検事が取調をなした時期が終戦の翌年のことであって、未だ刑訴応急措置法さえ制定されていなかった昭和21年9月当時のことであるという本件の特殊事情等をも併せ勘案するならば、その自白の任意性については、疑を懐かざるを得ないものといわなければならないのである。

［被告人山本は精神遅滞者であり、その取調べ経過から見て捜査官に迎合した疑いがあり、その自白には信憑性がない。］

よって弁護人の上告趣意についての判断を省略し、刑訴施行法3条の2、刑訴411条3号に則り原判決を破棄し被告人両名を無罪とすべきものとし、主文のとおり判決する。

この判決は、裁判官栗山茂、同谷村唯一郎を除く裁判官全員一致の意見によるものである。裁判官栗山茂、同谷村唯一郎は、退官につき合議に関与しない。

（裁判長裁判官　小谷勝重、裁判官　藤田八郎、裁判官　池田克）

判　例

浦和地判平3・3・25判タ760-261（いわき覚せい剤事件）

五　被告人の検察官に対する供述調書の任意性について

1　一般に、被疑者の警察官に対する供述調書の任意性に疑いがあるときは、検察官において、被疑者に対する警察官の取調べの影響を遮断するための特段の措置を講じ、右影響が遮断されたと認められない限り、その後に作成された検察官に対する供述調書の任意性にも、原則として疑いをさしはさむべきである。なぜなら、一般の被疑者にとっては、警察官と検察官の区別及びその相互の関係を明確に理解することは難しく、むしろ両者は一体のものと考えるのが通常であり（本件被告人は、これまでの経験により、両者の関係を一応理解していたとみられるのに、検察官の態度から、両者は「つるんでいる」と考えたという。）、特に、被疑者が、検察官への送致の前後を通じ、起訴前の身柄拘束の全期間中、代用監獄である警察の留置場に身柄を拘束されている本件のような事案においては、単に取調べの主体が警察官から検察官に交代したというだけでは、警察官の取調べによって被疑者の心理に植えつけられた影響が払拭されるとは考えられず、右影響を排除するためには、検察官による特段の措置（例えば、被疑者の訴えを手がかりに調査

を遂げて、警察官による違法・不当な言動を発見し、警察官に対し厳重な注意を与えるとともに、身柄を拘置所へ移監するなどした上で、被疑者に対し、今後は、そのような違法が行われ得ない旨告げてその旨確信させ、自由な気持で供述できるような環境を整備することなど）が必要であると考えられるからである。

　2　そこで、右の見解のもとに、本件におけるM検事の取調べの態度・方法について検討するのに、まず、同検事は、警察段階と異なり、被告人に対し、黙秘権及び弁護人選任権は、これを告知したと認められるが、右は、法律上要求される当然の義務を尽くしたというにすぎず、これだけでは、前記の意味における特段の措置を講じたことにならないのは、当然のことである。そして、同検事は、その取調べを行った当時、警察官が前記のような違法・不当な言動に出ていることに気付いておらず、これを是正すべき措置を何ら講じていないのであるから、そのことだけから考えても、被告人の検察官に対する本件各供述調書の任意性を肯定することは困難であるといわなければならない。

　3　のみならず、被告人の供述によると、同検事は、警察の調書をめくりながら取り調べ、被告人が事実がちがうと訴えても、「いいから、いいから、そうむきにならないで。」などといって、まともに取り合ってくれなかったとされている。もっとも、右の点につき、同検事は、これを否定するとともに、むしろ、警察の調書は予めメモを取り、これを頭に入れておいた上で、右調書を離れて、被告人に事実関係を順次確認しては、その都度調書にまとめていったものであり、「警察で何か不満とか、殴られたり蹴られたりとか、調べが強かったということはないか。」とも聞いている旨証言している。当裁判所は、かりに同検事が、右のような取調べ方法をとったとしても、結局のところ、警察の違法を探知・是正することができなかった以上、検察官調書の任意性に関する結論に変りはないと考えるものであるが、同検事の右証言は、①前回（平成元年5月）の事件で、被告人の尿中から覚せい剤が検出されながら、結局、被告人を起訴に持ち込めなかった点で同検事が悔しい思いをしていた旨認めていること、②前回の事件を含む一連の捜査の経緯に照らし、同検事は、本件に関し被告人が虚偽の弁解を言い張っていると確信していた疑いが強いこと、③同検事は、せいぜい1、2時間以内の取調べ時間中、所用で中座したり電話で取調べを中断したことがたびたびあった旨認めており、取調べが落ち着いた雰囲気のもとに行われたものでなかったと認められるのに、右取調べにおいて作成された供述調書は、実質16枚又は9枚というかなりの分量のものであること、④9月8日付検面の冒頭には、被告人の警察段階の供述に変遷があるのに、「詳しいことは、刑事さんに話して調書に取ってもらったとおりです。」との記載があること、⑤取調べ状況に関する被告人の供述は、前記三記載のとおり、全体として、信用性が高いと認められることなどの諸点に照らし、これを全面的に信用することはできず、少なくとも、同検事の取調べ方法が、被告人の弁解に謙虚に耳を傾け、警察での取調べにおいて違法・不当な手段が用いられていないかどうかを真剣に聞き出そうとする態度に欠けるものであったことは、これを否定すべくもないと考えられる。

　4　以上の理由により、当裁判所は、被告人の検察官に対する各供述調書も、その任意性に疑いがあるものとして、証拠能力を否定されるべきであると解する。

＊　＊　＊

（裁判官　木谷明）

V 補強法則

1 公判廷における自白

判 例

最大判昭23・7・29刑集2-9-1012（ヤミ米事件）

　辯護人岡本共次郎の再上告趣意は「第二審の山形地方裁判所刑事部では、その判決理由で被告人は農業を營む者で米穀の生產者であるが、法定の除外事由がないのに（第一）營利の目的で（一）昭和21年度檢查粳玄米10俵を統制額から超過した代金で賣渡し、（二）同21年9月30日前同粳玄米2俵を統制額から超過して讓渡し、（第二）前記業務に關し昭和21年9月末頃から同22年2月末頃までに昭和21年度自家生產粳精米1石5升を薪柴等と交換讓渡したと判示して、その證據として被告人が、その公判廷で述べた判示と同趣旨の申立を採って被告人の所爲は食糧管理法竝びに物價統制令違反であるとして處罰した。よって右判決に對し、被告人は、右判決は、犯罪事實を認定するのに、被告人の公判の供述を唯一の證據とした明かに憲法第38條第3項に違反するもので、違法の判決であると、原審仙臺高等裁判所に上告した。然るに原審判決では、公判廷における供述を、唯一の證據としても、憲法第38條第3項に違反するものではない。右憲法の條項は、公判廷以外に於て被告人が自白した場合を云うので、公開の公判廷に於て被告人が何等の拘束を受けないで自由に意見を述べ得る場合は含まないとの理由で右上告の申立を棄却した。然れども右憲法の條項には何等の制限がないのみならず、公判廷に於ても被告人は被告人の身分として必ずしも自由に意見を述べ得るものではない。それは公判廷でもまたその他の場合でも變りない。要するに原判決は憲法の條項を誤解した違法の判決である。」と謂うにある。

　自白の問題は、日々の裁判の現實において最も重要な憲法問題の1つである。憲法第38條第3項には、「何人も、自己に不利益な唯一の證據が本人の自白である場合は、有罪とされ、又は刑

罰を科せられない」と定めている。この規定の趣旨は、一般に自白が往々にして、強制、拷問、脅迫その他不當な干渉による恐怖と不安の下に、本人の眞意と自由意思に反してなされる場合のあることを考慮した結果、被告人に不利益な證據が本人の自白である場合には、他に適當なこれを裏書する補強證據を必要とするものとし、若し自白が被告人に不利益な唯一の證據である場合には、有罪の認定を受けることはないとしたものである。それは、罪ある者が時に處罰を免れることがあっても、罪なき者が時に處罰を受けるよりは、社會福祉のためによいという根本思想に基くものである。かくて眞に罪なき者が處罰せられる危險を排除し、自白偏重と自白強要の弊を防止し、基本的人權の保護を期せんとしたものである。しかしながら、公判廷における被告人の自白は、身體の拘束をうけず、又強制、拷問、脅迫その他不當な干渉を受けることなく、自由の状態において供述されるものである。しかも、憲法第38條第1項によれば、「何人も自己に不利益な供述を強要されない」ことになっている。それ故、公判廷において被告人は、自己の眞意に反してまで輕々しく自白し、眞實にあらざる自己に不利益な供述をするようなことはないと見るのが相當であろう。又新憲法の下においては、被告人はいつでも辯護士を附け得られる建前になっているから、若し被告人が虚偽の自白をしたと認められる場合には、その辯護士は直ちに再訊問の方法によってこれを訂正せしめることもできるであろう。なお、公判廷の自白は、裁判所の直接審理に基くものである。從って、裁判所の面前でなされる自白は、被告人の發言、擧動、顏色、態度並にこれらの變化等からも、その眞實に合するか、否か、又、自發的な任意のものであるか、否かは、多くの場合において裁判所が他の證據を待つまでもなく、自ら判斷し得るものと言わなければならない。又、公判廷外の自白は、それ自身既に完結している自白であって、果していかなる状態において、いかなる事情の下に、いかなる動機から、いかにして供述が形成されたかの經路は全く不明であるが、公判廷の自白は、裁判所の面前で親しくつぎつぎに供述が展開されて行くものであるから、現行法の下では裁判所はその心證が得られるまで種々の面と觀點から被告人を根堀り葉堀り十分訊問することもできるのである。そして、若し裁判所が心證を得なければ自白は固より證據價値がなく、裁判所が心證を得たときに初めて自白は證據として役立つのである。從って、公判廷における被告人の自白が、裁判所の自由心證によって眞實に合するものと認められる場合には、公判廷外における被告人の自白とは異り、更に他の補強證據を要せずして犯罪事實の認定ができると解するのが相當である。すなわち、前記法條のいわゆる「本人の自白」には、公判廷における被告人の自白を含まないと解釋するを相當とする。

　さらに、證據價値論の見地から觀察してみよう。（一）強制、拷問、若しくは脅迫による自白又は不當に長く抑留若しくは拘禁された後の自白は、證據能力を有しない（憲法第38條第2項）。かかる種類の自白は、憲法上は全く信用力がなく全面的に證據價値を否定せられておるから、これを證據として斷罪科刑することはできない。（二）その他の自白は、公判廷におけるものも又公判廷外におけるものも、等しく證據能力を有するが、證據價値にはおのずから差等が存する。その中公判廷外における自白は、強制、拷問若しくは脅迫による自白であるか否かが一般的に不明であり、前述の理由によって證據價値が比較的少いものであるから、その自白の外に適當なこれを裏書する補強證據が必要となる譯である。（三）これに反し、公判廷における自白は、前に

詳述した理由によってその證據價値が比較的多いものであるから、その自白が被告人に不利益な唯一の證據である場合においてもこれを證據として斷罪科刑することができていい譯である。

　往昔の裁判には、斷罪に被告人の自白を必要條件とし、自白がなければ、處罰ができなかった時代がある。かかる制度の下においては、必然的に被告人の自白を強要するために拷問が行われるに至ることは當然であり、今日なお諸國に殘存する多種多樣の拷問器が如實にこれを實證している。この弊害を救うために、（イ）所罰には必ずしも自白を必要條件としなくなり、（ロ）被告人には自白を強要せられない沈默の特權が認められ（憲法第38條第1項）、（ハ）拷問等による自白には、證據能力が認められなくなり（同條第2項）、かくて裁判手續の上に拷問等が漸次排除せられていったのである。されば、同條第3項の解釋として、拷問等によらざることが明白である公判廷の自白に、一般的、抽象的により多くの證據價値を認め獨立證據性を認めると共に、拷問等によったか否かが不明である公判廷外の自白に、一般的、抽象的により少き證據價値を認め補強證據を要するものと解することは、豪も拷問と自白の歷史に背反するところはなく、現行法制の下においては極めて合理的な妥當な解釋であると言わなければならない。又、或る時代においては、證人の供述も半證據（ハーフ・プルーフ）の價値しかなく、2人の證人の供述が合致して初めて獨立證據價値を有した。米國憲法第3條第3項に、「何人も同一の犯行に對する2人の證人の證言又は公開の法廷における自白がなければ、叛逆罪によって處罰をうけることがない」とあるのもこの流を汲むもので、米國の叛逆罪においては證人1人の供述は半證據の價値しかないが、被告人の公判廷における自白は、それだけで獨立證據の價値を認められている。或は、「罪がない者でも色々複雜な原因から任意に自己に不利益な供述をすることがある」から、自白が唯一の證據である場合には處罰できないという者があるが、これは誤りである。この論法をもってすれば、「證人でも色々複雜な原因から任意に（故意に）被告人に不利益な供述をすることがある」から、證人の供述が唯一の證據である場合にも處罰できないという結論とならなければならない。しかし、わが憲法は明らかに證人の供述は唯一の證據であっても獨立證據の價値を認め斷罪し得るものとしている。これに對し、憲法第38條第3項においては、被告人の自白が唯一の證據である場合には處罰できないものとしている。それ故、同項の意義は證人の供述と被告人の自白の價値を何故に區別しているかの理由を深く究めることによってのみ真に理解され得る關係にある。そして、この區別は、畢竟被告人の自白には拷問等の加わるおそれが濃厚であるに反し、證人の供述にはかかるおそれが濃厚でないという一點に要約することができる。されば、拷問等の加わらない公判廷の自白に一證人の供述と同樣に獨立證據性を認めることは、現行法制の下においては、理の當然であると言うことができよう。證人の供述にも、被告人の自白にも同時に内在し得る不安（例えば色々の複雜な原因から任意に不利益な供述をすること）が、被告人の自白に内在することを理由として被告人の自白に獨立證據性を否定せんとするは、證人の供述に獨立證據性を認めているわが憲法の下においては、他に特別の立法なき限り到底是認することができない。それ故、被告人の自白に獨立證據性を否定し、補強證據を必要とする場合は拷問等の加わったか否かが不明である場合、すなわち公判廷外の自白に限られるのである。

　さればと言って、公判廷における被告人の自白があったとしても、容易に直ちにこれを證據と

して断罪し去ることは、早計であり固より許さるべきことではない。裁判の任に当る者は、飽くまで自由心證の下に自白の任意性、眞實性につき自由心證を形成し得た場合においてのみ、断罪し、科刑し得るものであることを深く戒心しなければならぬ。自白規定を設けた憲法の精神もまたここにあると確信する。

　本件第二審判決は、公判廷における被告人の自白を證據として断罪したものであって、上述するがごとく違法はなく、原審上告審の判決もこれを是認したものであって、違法を認めることはできない。論旨は、それ故に理由がない。

　以上の理由により、刑事訴訟法第446條に従い主文のとおり判決する。

　この判決は、裁判官齋藤悠輔の補足意見、裁判官塚崎直義・同澤田竹治郎・同井上登・同栗山茂・同小谷勝重の各少數意見を除き、その他の裁判官一致の意見によるものである。

裁判官齋藤悠輔の補足意見

　憲法第38條第3項並びに刑訴應急措置法第10條第3項は、有罪又は科刑手續における司法の作用に對し、個人の自由權を保障するため、自白すなわち強制、拷問若しくは脅迫による自白又はこれに準ずべき自白に該らない全く任意になされた供述の證據としての價値を制限した規定であって、公共の福祉を維持するため、個人の自由を制限した規定ではない。それ故、同條項は、刑事々件を終局的に決定する本案訴訟手續において、事件に對し原告、被告の兩當事者間就中被告人において異議すなわち爭いある場合の規定であって、異議も爭いもなく、裁判所も亦これを相當と認め得るがごとき場合には、適用のない規定と解することができる。蓋しかかる場合には、訴訟上個人の自由權を何等害するものではなく、却て、事件の證明を要求しない個人の自由意思に合致し、無用の手續と費用とを省くことができるからである。

　そして被告人は、事件を終局的に決定する公平な裁判所の公開法廷においては、身體の拘束を受けず、自己に不利益な供述を強要されず、辯護人又は輔佐人立會補助の下に訴訟上檢察官と全く對當の獨立した人格者たる當事者として、事件に對し、自由に防禦辯解を爲し、すべての證人に對して審問する機會を充分に與えられ、又、公費で自己のために強制手續により證人を求める權利を有する。それ故被告人の公判廷における自白は、一面、經驗事實の報告的訴訟行爲として、一種の人的證據であると共に、他面、自己に不利益な原告官の事件に對する主張を認めて、これが證明を要求しない意思を表示した當事者的訴訟行爲と見ることができるから、前述の爭なき場合と言うことができる。從って裁判所が右のごとき被告人の意思表示たる公判廷における自白にして、被告人の眞意に出で且つ眞實に合致するものと認めるときは、前記條項の適用から除外される例外のものと解しても毫も、該條項を設けた立法趣旨に反するものではなく、寧ろ、國民を獨立した人格者として尊重し、責任ある自由と權利とを保障した憲法（第13條、第12條參照）の根本精神にも適合するとするのである。

　然るに、被告人の公判廷における自白を、單に證據としてのみ觀察し、公判外における自白（例えば刑法第42條、第80條、第93條、第170條、第173條）よりも常にその成立において確實であり、價値において眞實に富むが故に、前記條項より除外すべしとする論は、前記條項が證據の

能力、すなわち成立に關係なく、證據價値そのもののみを制限した趣旨に反し、それ自體矛盾と撞著と強辯とを包藏する不完全な說たるを免れない。

また、單に自白の往々危險と弊害とを伴うことのみを恐れて、公判廷における自白も公判外のそれと同じく、常に必ず同條項の自白に包含せられるとする論は、抑も同條項が、司法に對する個人の自由權を保障した規定であることを看過した形式論で、個人の人格を無視し、當事者の自由意思に反して、その要求せざる無用の訴訟手續を強行せんとするものに外ならない。若しそれ、公益上疑わしき公判廷の自白を採るべからずとするならば、事件を終局的に決定する公平な裁判所の自由裁量に一任して何等妨げあるを見ないのである。

裁判官塚崎直義の少數意見

　經驗の敎うる所によれば、被告人の自白はその公判廷に於けるものであっても、常に必ずしも眞實に合するものとは限らない。搜查官に對する不實の自白が因となって、公判廷に於ても、從前の供述をその儘に繰返すことがある。小心な被告人中に往々これが實例を見る。又公判廷に於ける被告人の供述は形式的には何等威迫強要の加えられしことなき自由なものであるにしても、實際上は訊問者の態度並びに訊問の方法如何によっては誘導歪曲せられ、又本人の感違いによって意外に事實に相違する自白をなすことがあるものである。それ故に人權尊重のために、100人の有罪者を逸するも1人の無辜の罪人なからしむるの態度を國家の採るべき所とするならば、憲法第38條第3項の規定は、これを制限的に解すべきではない。

　なお、被告人中には稀に、義理恩義に羈絆せられ（博徒間の被告事件に時々見受くるところである）又は自己の犯せる重大犯罪を隱祕せんがために、或は自己の惡名を後世に殘さんとの企圖の下に（この種類似の事件は大正末期にあった）故意に他人の犯罪を引受けて自白する者すらある。これ等は固より自ら好んで刑罰を招くものであって、此の如き者は裁判所の誤判に對して不服を唱うべき權利はないであろう。然しながら、國家は飽くまで正義顯現の義務を有すべきものとすれば、被告人の不利益に歸すべき誤判を絶無ならしむるの趣旨に於て憲法第38條第3項の「本人の自白」の中には公判廷の自白もこれを包含するものと解すべきである。かく解することこそ、眞に新憲法の大精神に添う所以である。

裁判官澤田竹治郎の少數意見

　日本國憲法が基本的人權の尊重と保障とについて、萬全を期していることは、第3章國民の權利及び義務の題下に第10條乃至第40條の31箇條に及ぶ多くの規定を設けていることでも明かである。特に檢察裁判の職に在る者の不法不當な權限行使による基本的人權の侵害をいかに日本國憲法が重大視して、これを徹底的に根絕せんとしているかは、第31條乃至第39條の9箇條14項に亘る周到精緻な規定を設けていることからも明かにうかがわれる。日本國憲法がかように基本的人權を極度に尊重し保障し、その侵害に對し異常に敏感であり、潔癖であるのは、同法が英米の憲法理論を基調としていることによるのであることはいうまでもない。日本國憲法が英米の憲法理論を基調としていることは、その體裁、內容からもわかるが、制定の由來經過からも明かなとこ

ろである。ところが基本的人權を尊重し保障するというからには、當然に罪ある者の免れることがあっても、罪のない者は１人でも罪し刑してはならないという原則が確立されなければならないわけである。なぜなれば、罪のない者が罪せられ刑せられるということは、いうまでもなく基本的人權の典型的な重大な侵害である。そしてこの侵害を看過することはいうまでもなく、基本的人權の尊重、保障を全面的に否定することを容認するものといわねばならぬからである。故に基本的人權の尊重と保障とを基礎的原則とする英米の憲法はいうまでもないが、この憲法理論を基調とし基本的人權の尊重と保障とを基礎原則としていることにおいて、英米憲法と毫も逕庭のない日本國憲法が、罪なき者は１人でも罪せられ、刑せられてはならないとする原則を肯定せなければならぬのは、當然の筋合である。そこで日本國憲法のこの原則を實踐に移すためには、少くとも被告人に反證の提出とか、證據に對する辨明とかの機會を充分に容易に且つ確實に與えることと裁判官に被告人に不利益な證據の採否と價値判斷とに愼重の態度をとらせることに重點がおかるべきであることは、多言を要しない。されば、日本國憲法第37條、第38條はかかる罪のない者は、１人たりとも罪し刑してはならぬとする原則を實踐に移すために設けられた規定であって、殊に第38條は裁判官の證據調についての自由心證主義に對して、右原則の確保に必要とする最少限度の制限を規定し、よって裁判官の證據調に關する態度の愼重を要望する法意にでたものであることはいうをまたぬ。特に被告人に不利益な證據が唯一つしかない場合には、若しその證據が眞實に反し、證據價値のないものであるとしたら、その證據のみで斷罪科刑すると、右原則を畫餅に歸せしむる結果が必ずおこるのは、火を見るより明かであるから、被告人に不利益な證據が一つしかない場合には、この證據に對する裁判官の價値判斷の如何によって重大の結果をおこすことがないとは限らぬから、裁判官の自由心證に一任するよりも證據として採用することを許さぬのが安全であって、かような證據の代表的なものは、本人の自白であるとの法意から、同條第３項が設けられたのであると確信する。換言すれば、唯一の不利益な證據が本人の自白であるというのに、これのみを證據として罪を斷じ、刑を科すことを裁判官に許すとしたとして、それでも日本國憲法の罪なき者は、１人たりとも罪し刑することをしてはならないという原則に觸れる結果がおこらない、卽ち罪なき者は、絕對に罪せられ刑せられることがないというには、少くともこの唯一の證據である本人の自白に對する裁判官の證據價値の判斷に寸毫の誤謬がない絕對に正確なものだということが必然の條件であることはいうをまたぬ。しかし本人の自白だからといって、その價値判斷にかような正確さを裁判官に期待し得る理由も根據もない。むしろ、かようなことは裁判官には不可能に近い難事であるといわねばならぬから、日本國憲法としては、かような困難のことを裁判官に求めることのかわりに、本人の自白を證據として被告人を罪し刑することを裁判官にさせないという立法態度にでるのが當然であると考えられる。しかのみならず、日本國憲法が裁判官の自由心證に信賴して、被告人の自白のみを證據として斷罪科刑することを容認すると、とかく自白強要の弊害を釀成し、それがために、新に基本的人權の侵害がおこることはさけられないのである。それ故に、基本的人權の尊重に懸命である日本國憲法としては、この自白強要の弊害を根絕する態度をとらねばならぬのである。この見地からしても、日本國憲法としては本人の自白のみを唯一の證據としては斷罪科刑することを裁判官にさせないとする外

に道がないのである。かような解釋をすると、不利盆な唯一の證據である本人の自白が、公判廷におけるものであると、公判廷外におけるものであるとを問わないといわなければならぬ。なぜなれば、公判廷における本人の自白に限って、裁判官の證據價値の判斷に誤りが絕對にないとか、これのみを證據として斷罪科刑することを容認しても自白強要の弊害が絕對におこらないとかいうことは、實際上からも亦理論上からも到底肯定されないところであるからである。この規定をかように解釋をすると、罪を犯した者を罪し刑することのできないという不都合がおこるとか、日本國憲法が裁判官の職權行使に對して全幅の信賴感をおかないということを裏書することとなるとかの非難はおこり得る。しかし日本國憲法が基本的人權の尊重と保障とを高調し、その當然の結果である罪なき者は１人たりとも、罪し刑してはならないという原則を嚴守しそれを實踐に移すためには、實際上罪の免れる者のできる不都合のおこることも亦裁判官の威信に多少の暗影を投ずることになることも當然さけられないことであるから、日本國憲法としては、これらの非難は固より豫期もし、甘受もするところであろうと信ずる。

裁判官井上登の少數意見

　私も初めは多數說（我々の合議における多數說で、公判廷における被告人の自白は、憲法第38條第３項、日本國憲法の施行に伴う刑事訴訟法の應急的措置に關する法律第10條第３項の「自白」に含まれないとする說以下同じ）に合流していたのである。それは右各法條は英米の思想に基いてできた規定だから、その解釋には、英米法の思想、實例を充分參酌すべきだと思い、アメリカの實例や、ギルテイの答辯の思想を頭に置いて考えていたからである。しかしその後何といつても我が國刑事訴訟法は、ギルテイの答辯というものを認めていないことは明かだし、又一般的には認諾判決を認めて居る民事訴訟でも、人の身分關係等重要事項については、これを許さないこと等から見て、我が法制の下では、ギルテイの思想を以て解釋することは止めなければいけないと考え直すに至った。

　そしてギルテイの觀念を取り除いてしまっては、多數說は以下に述べる文理上の無理を押し切って、これを支持するに足るだけの根據がないように思う。右各法文には、何等の制限もなく單に「自白」とあって、公判廷の自白を除外するような趣旨を汲み取り得べき字句は全然ない。その外、他のどの條文を見ても、右の如き除外例を認むべき法文上の根據は少しも見當らない。多數說の主たる根據は、公判廷においては被告人は全然身體の拘束を受けず、拷問、脅迫その他不當な干涉を受けないから、その自白は他の自白と價値が違うというにある。しかし前記各法條の第３項は、もともと拷問、脅迫等の不當な干涉の認められない自白に關する規定である。不當な干涉による自白は同法條第２項によって、證據能力がないのである。これは自白以外に補強證據があっても何でもそんなことに關係なく、頭から證據にとれないのである。それ故補強證據があれば、證據にとっても宜しいという第３項は、不當の干涉の認められない自白のみについての規定である。不當の干涉の認められない自白でも、他に補強證據がない限り、自白だけで斷罪してはいけないというのが、右規定の趣旨である。そうして見ると、公判廷の自白は、不當の干涉を受けないでなしたものだから、補強證據がなくても宜しいという多數說の根據は、頗る薄弱とな

らざるを得ない。尤も公判廷外の自白については、實際上不當の干渉があった場合でも、これを認むべき資料がないため、公判裁判所にはそのことがわからず證據に採られることがないとは限らない。だから、それだけで斷罪するのは危險である。然るに公判廷においては、被告人は身體の拘束を受けず拷問その他不當の干渉を受けないことは確かだから、その自白については右のような危險が少いというのが、多数説の1つの根據である。それは、たしかにそうである。然し公判廷の自白については、不當の干渉がないことが確かだといっても、それは只、被告人が公判廷に居る間だけのことであり、且外形だけのことである。公判の前後及び心理的にはどんな干渉を受けて居るかわからない。例えば、今茲に公判に出る前に拷問によって自白をした被告人があると假定する。かかる被告人は公判廷においても「公判で否認をすると、公判が濟んで留置場え歸ってから、また、どんなひどい目に遇わされるかもしれない」といったような恐怖心から、或は又「どうせ一度自白してしまった以上、公判廷で否認して見たところで、最早やなんにもなるまい」といったような諦めから、心にもない自白を續けることがないとはいえない。尚、又子分が親分の罪を背負い、或は會社の下役が重役から多額の金を貰って、その罪を引受けるというが如き例もないではない。かくの如き場合には、傍聽席から、親分や重役の目が光って居る場合も無論あるであろう。從って公判廷における自白でも、不當の干渉によるものが必ずしも無いとはいえない。虛僞の自白があり得ることは勿論である。固より公判廷の自白については、少くとも外形上不當の干渉が無いことは確かであり、又辨護人の補助もある。加之公判裁判所の裁判官が、直接審理をするのであるから、その眞僞を判斷し易いことも、公判外の自白とは大分違う。（尤も第二審の裁判について第一審公判における自白も多数説にいう「公判廷の自白」の中に入るものとすれば、右直接審理の點は駄目になる。）從って多数説にもそれ相應の理由はある。私も敢てそれを否定するわけではない。只、それだけではまだ（前記の如く公判廷の自白にも虛僞のものが相當あり得ることが考えられる以上）法文上何等根據がないに拘わらず、公判廷の自白を除外する趣旨と解するに足る充分の根據とは思えないのである。尚、又これは全く私一個の推測であるが、多数説の背後には次のような實際上の理由が潜在して居るのではなかろうか。即ち眞の犯人が捕えられ、自白までして居るに拘わらず補強證據がないと、それだけで無罪にされ釋放されてしまう。これは兇惡犯人の非常に多い我が國現今の社會狀勢上甚だ憂慮すべきではないかということである。これは全く重大なことで、非常に考えさせられるところである。戰後急激に増加した犯罪の數に對し、科學的搜査に關する施設は勿論警察檢察陣營の量においても、決して充分とはいえない我が國の現狀において、犯人檢擧の任に當る人々の勞苦は誠に言語に絕するものがあるであろう。そして數多き犯罪について、一々自白の外に必要な補強證據を揃えるということは、實に容易ならぬことであろう。しかし何といっても、これによって解釋をきめるわけには行かぬことだし、憲法の趣旨は百人の犯人を逸しても、1人の無辜を罰するなというにあることは明かであるから、この趣旨は尊重されなければなるまい。（尚、補強證據といっても、犯罪事實の全部に亘ってこれを必要とするわけではないから、如何なる程度のものを必要とするかについての解釋如何によっては、今吾々が憂える程の困難は生じないかも知れないとも思う。）要するに、憲法の法文が無制限に自白といって居て、公判廷の自白を除外する趣旨の字句が全然無い

こと及び前に書いたような第2項との關係から見て、多數說は文理上相當無理だと思はれるし、それを押し切って公判廷の自白を含まぬものと解するに足るだけの根據はないように私には思われるのである。これが上來書いてきたところでもわかると思うが、私が多數說に對して相當の同情を持ちながら、これに贊同できない理由である。

裁判官栗山茂の少數意見
　「何人も、自己に不利益な供述を強要されない」という默秘の特權は、普通法の原則であり、又合衆國憲法（修正條項第5項）及び州憲法の採用している原則である。しかし日本國憲法の特色は第38條でこの原則だけ規定しないで、第2項と第3項とがことさら附加されていることである。そればかりでなく、我が刑事裁判上の自白は英米法の自白とは本質に於て異るものである。卽ち日本國憲法第38條は、英米法に由來するけれども、同一の解釋を許されないことを看過してはならないものである。
　默秘の原則は、當初は宗敎上及び政治上の反抗者（國王にとっては犯人である）を保護するのが目的であり、眞實を隱す手段として糾問卽ち訊問に對し默秘をする特權として發達したものである。しかし、この原則が認められた政治上の理由がなくなり、自由が確立され拷問が不法となっても、猶且この特權を偏重せしめては、徒に罪ある者を保護する弊を生ずるのであった。從って罪ある者を罪があるとするためには、本人が默秘の特權をすてて、任意に自己に不利益な供述をした場合には、その自白は證據能力があるとするのが合理的である。そればかりでなく、被告人が誰からも強要されないで、自由にした供述である以上、それが唯一の證據であっても裁判官の自由心證によって、それだけでも有罪とできるという解釋をとりうるわけである。けれども凡ての裁判官が最も賢明な者ばかりでなく、又裁判官が自由心證主義に隱れて獨斷に陷り、眞實の水準を低きに求めないとは誰も保證ができないものである。國家としてはこの自由心證の弊を防ぐために、自白が唯一の證據であるときは、それだけで斷罪科刑しえないと一律に制限するのが安全である。日本國憲法はかかる默秘の特權の解釋を制定法や裁判所に一任することを避けて、第38條第2項と第3項とを設けて基本的人權の保障とした點に於て特色があるのである。卽ち同條第二項は強要された自白が、眞實に合すると否とを問はず一律に證據能力を否定したものである。その反面で默秘の特權を偏重することを避けて、自白の任意性を肯定したものである。これと同時に同條第三項は自白の任意性を偏重することを避けて、自白證據價値の如何を問はず自白が唯一の證據であるときは、一律にそれだけで斷罪科刑しえないとしたのである。何れも公の利益の爲めに設けた制限である。
　多數意見は英米法の公判廷の自白（卽ち有罪の答辯）が自白の任意性と相反するものでない以上、我が裁判の公判廷の自白も同樣に取扱って差支えないと解するようである。けれども有罪の答辯の制度は英法の刑事裁判制度それ自體として古くから存在するもので、「スチュアード」朝に至って確立された默秘の特權も、この制度を前提として發達し解釋されているのである。同一裁判制度を採っていない我が國裁判の公判廷の自白とはその本質に於て異るものがある。英米法のいわゆる有罪の答辯は證明の拋棄であって、審理の終結を意味するものである。而もこの自白

は裁判所が本人に默秘の特權があることを認識させ且本人が自白の法律上の效果を認識した上のことである。我が國刑事裁判の自白は證明の拋棄でもなく、それで審理を終結せしむる建前のものでもなく、ただ證據の１つに過ぎないものである。恰も英米法で無罪の答辯をして審理を受けている被告人が自白の法律上の效果を認識もしないでする供述を裁判官が自由心證の名の下に、それが唯一の證據でもそれだけで有罪とし科刑しうるというのと同一結果となるものである。卽ち我が刑事裁判の公判廷の自白は英米法の有罪の答辯ではないのである。多數意見が引用している合衆國憲法第３條第３項「何人も、同一の犯行に對する２人の證人の證言又は公開の法廷における自白がなければ、叛逆罪によって處罰されない。」という條項は、元來英國「チュウダー」の初期から叛逆罪の名の下に、被告人に證人と對質もさせず、又本人の自白もないのに處刑した專政に對する保障として出來たものであって、歐洲大陸で發達した法定證據主義の產物ではない。若しこの條項を法定證據主義で解釋すれば、２人の證言で完全な１つの法定證據になるに反し、被告人も亦證人として自己に不利益な供述をするのであるから、被告人の公判廷の自白は半分の價値の法定證據であって、他の證據で補强しなければ、完全な證據として被告人を有罪とすることができないという結論に達し、多數意見の論據をくつがえすことになるのである。紐育州刑事訴訟法第395條はこの流を汲んでいるものとさえ言はれているものである。

　多數意見は、證人の供述に獨立證據性を認める以上、被告人の自白に獨立證據性を否定すべきでないとするのである。しかし、證人の供述が被告人に不利益な唯一の證據であっても、被告人には證人を審問する充分な機會が與えられるのである。（憲法第37條第２項）被告人の利益を擁護する點から又供述の眞實性を認識しうる點から言っても、被告人が反對訊問をした不利益な證人の供述（それは原則として宣誓の下でされ且取消ができない）と被告人が自白としての法律上の效果を認識しないでした自己に不利益な供述（英米法の有罪の答辯ですら、裁判所の許可をえて取消しうるものである）との何れかで斷罪するとすれば、前者は彈劾の制度により、後者は糺問の制度によって眞實を發見するものである。兩者の間に公正の觀念から見て格段の差があることは否みえない。

　多數意見は、公判廷の自白は强制に基かない事實が顯著であり、公判廷外の自白はその事實が明かでない爲め證據價値が少いから補强を要するというのである。しかし、公判廷の自白にして證據能力があっても、證據價値のないものと、少いものと又多いものとがある。次に公判廷外の自白でも、例えば被告人が第一審の公判廷で自白をしたけれども第二審たる當公判廷で否認する場合或は他の裁判で證人として自己に不利益な供述をしたことがあったが、當公判廷で否認する場合の如き、何れも强制に基かない事實が顯著である。しかし多數意見によっても、これ等の自白は補强を必要とするものである。憲法第38條第３項は、證據能力がある證據の價値判斷について（自白のうちには、それだけで充分有罪とすることができるものもあるであろうが）その價値の如何を問はず公の利益のために、一律に補强を必要としたものであること前述したところである。多數意見は自白の證據能力と證據價値との問題を混同している嫌いがある。證據能力の有無は補强を許されない。證據價値の輕重にして初めて補强の問題が生ずるのである。

　最後に多數意見は、公判廷の自白に補强を必要とするには、他に特別の立法を要するというの

である。しかし前に指摘したように、日本國憲法第38條は合衆國憲法のように、默秘の原則（第1項）だけを規定していないのである。その第3項は「何人も、自己に不利益な唯一の證據が本人の自白である場合には」と言って、公判廷の自白と否とを區別していない以上、凡ての自白を含ませるのに、これ以上の文句を要しないし、又これ以外に特別な立法を要しないことは明かである。然るに多數意見は、第3項の本人の自白には、公判廷の自白を含まないとして、同項を制限的に解釋せんとするのであるが、憲法上認められている國民の特權は、その利益に解すべきものであって、その不利益に解すべきものでないことは、憲法解釋の根本原則でなくてはならぬと信ずる。

　憲法第38條第3項が、單に何人も、自己に不利益な唯一の證據が本人の自白である場合には、有罪とされ又は刑罰を科せられないと規定したのは、理由があるのである。それは如何なる性質の而して如何なる程度の證據で本人の自白を補強すべしとすることについて、自白の性質上一般的に規準を設けるのは至難の業であるから、これ以上別段の定めをするのを避けたものである。從って裁判官は、自白に應じて、その都度經驗に則して、如何なる性質の、而して如何なる程度の證據を以て、補強すべきかを判斷すべきものと解すべきものである。

　以上の理由により、本件第二審判決及びこれを是認した原審判決は、何れも憲法第38條第3項に違反せるものであって、破毀を免れないものである。

裁判官小谷勝重の少數意見
　糺問訴訟時代においては、自白は證據の王と稱して、尊重せられ、その結果、有罪判決は被告人の自白か又は直接犯罪事實を實驗した信賴すべき2人以上の證人を必要とする立法すら設けられた。しかし、重大犯罪は通常他人の確知し得べき情況下では行われないから、自然自白偏重となり、延いて拷問の弊を生じ、遂に拷問適法主義にまで發展した。19世紀以降漸次この制は發止せられたが、未だ糺問主義を蟬脫せず、被告人は訴訟法上眞實供述の義務を有し虚言の罰が科せられた。被告人が完全に糺問の客體から免かれて、彈劾主義の下訴訟主體たる地位の確立されたのは近世のことに屬する。而して以上糺問主義の弊より被告人を救う手段として所謂沈默の特權を之に附與されるに至ったことは、歴史上明らかな事實であろう。而して私の解するところでは、我が舊憲法下においては、被告人は止だ沈默の自由があったに止まったものと解するが、新憲法は基本的人權の一種として、實に之を保障するに至ったものである。卽ち憲法第38條第1項は、この特權の宣言であり、同條第2項はこの特權の侵害された自白に對する證據能力否定の規定であり、同條第3項は第2項の自白以外の一切の自白、卽ちこの特權の拋棄及び特權の侵害された恐れのある自白に對する證據價値の制限の規定と解せられるのであって、第1項は特權の宣言と憲法上の保障、第2、3項はこの特權の效果に對する憲法上の保障と信ぜられる。

　先ず問題の核心に入るに先立ち、問題解明の基本理念として前提して置かねばならぬ事項がある。それは憲法本條は刑事訴訟の實體的眞實發見主義や自由心證主義の對象となるものではないことである。蓋し、若し實體的眞實發見主義の對象となるものならば、第2項の自白でも眞實の自白は勿論あり得るのであり、況んや、第3項の自白亦素よりと謂わねばならぬ。又自由心證主

義の對象となるものならば、憲法は勿論刑訴應急措置法上においても、かかる規定を設けずとも、現行刑事訴訟法其のままでよいのであって、すべて裁判官の心證判斷の問題に之を委すれば足るのである。然るに憲法にこの條項を措いた所以は、即ち冒頭所述の如く、本案は實に糺問主義と拷問適法主義とによる國家權力によって虐たげられた人民の長い苦難と尊き犠牲とからなる嚴肅なる歷史的背景に基づく所產であって、刑事訴訟主義等の對象物ではなく、實に近世民主主義の經驗と理念とによる基本的人權に關する問題なのである。而して、憲法本條各項のそれの地位は既に概說したとおりである。問題の核心に入ろう。即ち憲法第38條第3項の唯一の自白の中には公判廷における自白が這入るか、否かの點である。公判廷外の自白と公判廷における自白との差異は、多數論の主張するとおりに、成る程前者における自白は、その形成の過程が裁判所に不明であるが、後者におけるそれは裁判所において自由の狀態において述べられたものであって、從って、一應その形成過程は裁判所に明らかになったものである點については、差異のあることは之を諒承する。而してこの差異は、多數論主張の如く重要なる差異であることも之を認むるに躊躇しない。しかしそれは裁判所の自由心證上における價値の範圍を1步も出ない問題であって、自白そのものの本質上の差異の問題でもなく、又その自白の動機原因上の差異でもない。抑々自白（一應裁判外の自白に限定する）の證據價値を制限したのは、外界の力即ち不當の干涉が影響を與えているかも知れないとの考え方からである。それが明白であれば第2項で證據能力がないが、不當の干涉の證明は、之を舉げることの殆んど至難の業であることは、永きに亙る人類の經驗である。從って第2項自白の原因の證明せられたときは證據能力がないが、之が證明のない場合と雖も、以上の影響を受けているかも知れないとの危險があるから、之が證據が唯一の自白である場合には、その證據價値に制限を加えて被告人を保護するの安全に越すものはないのである。次に公判廷における自白は成る程その供述自體には、公判廷だけとしての觀察では、右外界の力は直接には關係していないように認められるかも知れない。しかし多年の經驗と實際は既に公判廷に出頭するまでの或る時期或る場所で爲した自白を、公判廷においてもその儘之を續けねばならない場合或は續ける場合若しくは續け得ることは爭うことのできない事實に屬する。このことは一旦自白したら容易に之を飜えすこと、否、飜えしても之が裁判所の心證を得るまでの證明を舉げることの至難の業であることが、主たる原因であると謂わねばならぬ。果して然らば、自白の動機原因に至っては公判廷の內外を區別する確かな理由とは殆んどならないのである。從って亦自白の危險性は公判廷の內外の異なるによって少しも解決されないのである。若し夫れ自由心證を楯として公判廷の內外により區別をするならば、公判廷外の自白においても、それが眞實との裁判所の心證を構成するに足るものならば、この唯一の自白を證據に採れないと謂う理由はないのである。刑事訴訟の極致は、一の無幸を出さないと同時に、一の無罪も出さないことにあると一應は言えるのである。しかし之は所詮不可能事なのである。裁判官は全能でなく又審理の手續及び證據法上各種の制約を受けねばならないからである。從って矢張り刑事訴訟の理想は無罪を出すとも寃なからしむることに存する。憲法は長い歷史上の經驗に基ずいて刑事被告人に沈默の特權を與え且つ之を保障し之が侵害の結果の無效を宣言し更に疑わしき自白の採證を制限し、以って假令無罪出ずるとも寃なきを期しているものと謂うべきである。この憲法の精神に鑑みる

とき、私は自由心證の下公判廷の內外に依って區別せんとする多數說には左袒することを得ないものである。

以下多數說の主張せらるる所論中、4、5の點について私の意見を述べる。

（一）被告人は公判廷では、何等身體の拘束を受けないと謂うけれども、被告人は第一審においては多く拘禁中のものであって、從って公判廷で身體の拘束を受けないとは、止だ審理の行われている時間だけであって、一度審理終らば彼を待てるは獨り施錠捕繩のみでなく、囹圄のそれである。かかる狀況を以って自由の環境とは言えないのである。のみならずこの環境のみに因っても自白形成の原因とならないとは何人も之を保障し得ないであろう。

（二）又多數說は、沈默の特權あるもの輕々に自己に不利益な自白を爲さずと見るのが相當であり、從ってその自白は自由心證の對象と爲すに足ると謂うけれども、沈默の特權あり、況んや所謂身體の拘束も受けず、強制、拷問、脅迫その他不當の干涉も受けていないに拘わらず、進んで自己に不利益な供述を爲すが如きは、そこにはそれ相當の理由ありと判斷するのも亦大いに理由ありと謂わねばならぬ。如かず、かかる唯一の自白以外證據なき場合においては、之を自由心證の對象外と爲すの勝れるに如かないと思考するものである。又アレイメントの制度下において、無罪の答辯を爲したる被告人が、後、證人として供述するに當り自白したる場合の如き、辯護人は直ちに再訊問の方法に依り法律上有效に之を取消し得んも、我が刑事訴訟制下においては、被告人の爲したる自白を辯護人が再訊問によって之を有效に取消し得る何等法律上理論上の根據はない。矢張り一旦爲したる自白は調書に記載され、取消せばその記載も亦爲されるに止まるのであって、結局自白を爲したと同一の結果となるものと思考する。

（三）公判廷の自白は直接審理に基ずくから、裁判所は被告人の發言、擧動、顏色、態度等の變化からも自白の眞否及び任意のものであるか否かを判斷し得るけれども、公判廷外の自白は、既に完結されたものであってその經路は不明であると謂うのであるが、それは問題の解決點を自由心證主義のみにおいたか、又は自由心證主義の觀點から見ての證據價値の差等であって、根本に唯一の自白の場合には自由心證主義を否定すべきか否かの根本問題の解決とはならないのである。若し夫れ自由心證主義を適用すべしと謂われるならば、獨り公判廷の自白のみに限定する理由は立たないものと信ずる。

（四）多數說は、その理念の基礎を自由心證主義に措かれて、すべて之から見た證據價値の比較論に終始せられているものと解せらるるところであるが、この點抑々私の反對せざるを得ないところである。卽ち本問題の根柢は、基本的人權の保障から觀た自白の本質論にあるものと信ずるのである。若し夫れ多數說の主張せらるる比較價値論からすれば縷述の如く要するに問題の焦點は憲法本條第2項以外の自白であって、しかもそれが自由心證に依って眞實と認められるか否かに存するものと認められるから、若しそうだとすれば、本條第3項の自白を獨り公判廷の自白に限定する理由を發見し得ないのであって、換言すれば第2項以外の自白であって自由心證に依り眞實の自白と認め得らるる限りは、公判廷の自白と然らざる自白との間に多數說の茲に論ずる證據價値及びその比較に、何等の差等も優劣もないものと謂わねばならぬものと私は思料する。

（五）拷問と自白の歷史については、先きに私が一瞥を與えたところであり、その他の議論は

依然證據價値の比較論である。證據價値の多少は自由心證主義から來るものであって、少しも根本問題と認めらるる自白そのものの本質論には觸れてはいないのである。

（六）多數說は自白と證言との比較價値論を展開され、その結論として１人の證言で有罪とせられるならば、拷問等の加わらない公判廷の自白に一證人の供述と同樣に獨立證據性を認めることは、現行法制の下においては理の當然であると謂うのであるが、この論旨には私は全面的に反對を表せざるを得ない。なぜならば、被告人は有罪無罪の巖頭に立っている刑事被告人であり、沈默の特權があり、不當なる干涉下の自白は證據能力自體が否定され、又多くの場合拘束せられているのに對して、證人には絕對に沈默の特權なく、否、原則として進んで眞實を陳述せねばならぬ義務があるのであり、更に被告人は證人に對し充分なる審問權を有するところであって（憲法第37條第2項）しかも證人は被告人に不利益な證言を爲すにおいては、その心證上の價値は、被告人の自白に對するものとは自から差異の存するところであり、本質的にも自由心證上にも兩者の證據價値は全く異るものである。

（裁判長裁判官　塚崎直義、裁判官　長谷川太一郎、裁判官　澤田竹治郎、裁判官　霜山精一、裁判官　井上登、裁判官　栗山茂、裁判官　眞野毅、裁判官　小谷勝重、裁判官　島保、裁判官　齋藤悠輔、裁判官　藤田八郎、裁判官　河村又介）

ノート

刑訴法319条２項、３項の制定過程

　刑事訴訟法319条２項は「公判廷における自白であると否とを問わず」自白が唯一の証拠であるときは有罪とされないと定め、同条３項はこの自白には、「起訴された犯罪について有罪であることを自認する場合を含む」と規定した。これらの規定を提案した趣旨について政府委員は次のように説明している。

　　　新憲法は自白を唯一の証拠として有罪の認定をしてはならないことを規定しております。この点につきましては、最高裁判所の判例によって、公判廷における自白にはこの憲法の規定は適用されないということになっているのでありますが、仮に憲法の解釈が判例の言う通りであったといたしましても、公判廷における自白だけで有罪の判決をすることは危険であり、又実際にも、公判廷における自白以外に、犯罪事実の存否に関し全く他に証拠となる資料のない事件は殆んどないので、実務の上においても判例の解釈通りにしなければならない必要もないので、憲法の解釈は判例によるとしても、法律では公判廷における自白であっても、それだけでは有罪とされないことを明らかにしたわけであります。＊＊＊これに関連し、英米に行われている罪状認否、即ち公訴事実について有罪か無罪かを尋ね、有罪の申立があれば、証拠調べに入らず、そのまま判決の申渡しを行い、無罪の申立があった場合に初めて証拠調を行うという、いわゆるアレインメントの制度は、その純粋な形のものは、その申立が自白でなく、民事訴訟法の認諾

的性質を持つものであるといたしましても、認諾ということは刑事裁判の本質に反するばかりでなく、自白だけでは有罪の認定をしてはならないという憲法の規定の精神にも反しますので、今回の改正ではアレインメントの制度は採用しないことにいたしたのであります。(木内曾益政府委員の発言、第2回国会衆議院司法委員会会議録23号7頁)

　刑訴法施行後、最高裁判所は「当裁判所の解釈するところによれば憲法第38条第3項は判決裁判所の公判廷外の自白について規定したものであり、前記新刑訴の規定はさらに憲法の趣旨を一歩前進せしめて前記公判廷外の自白の外に公判廷の自白についても補強証拠を要する旨を規定したものであってその間何等抵触するところはない」と述べて、従来の判例を変更しないことを宣言した(最大判昭24・6・29刑集3-7-1150、1151〜1152頁)。

2　補強の範囲

判　例

最 1 小判昭24・4・7 刑集 3 − 4 −489（贓物故買事件）

　辯護人加藤博隆上告趣意について。
　論旨は、原判決では被告人が盗品であることを知っていたこと、すなわち贓物である情を知っていたことを認定するについて、被告人に對する司法警察官代理の尋問調書中の供述記載及び被告人に對する檢事の聽取書中の供述記載のみを證據としているから、これは憲法第38條第3項に違反し、自己に不利益な唯一の證據が本人の自白である場合に有罪とされたと主張するのである。しかしながら、原判決は、決して論旨主張のような認定の仕方をしているのではない。原判決が被告人の犯罪事實を認定するについては、原判決に列擧している諸々の證據を總合して認め得るとしたのである。本件で問題となっている贓物故買罪の犯罪構成要件たる事實は、（1）取引の目的物が贓物であること、（2）贓物である情を知って取引すること、（3）有償取引によって取得することである。そして、各具體的の事件においては、被告人の自白と補強證據と相待って、犯罪構成要件たる事實を總體的に認定することができれば、それで十分事足るのである。犯罪構成要件たる各事實毎に、被告人の自白の外にその裏付として常に補強證據を要するというものではない。そもそも、被告人の自白の外に補強證據を要するとされる主なる趣旨は、ただ被告人の主觀的な自白だけによって、客觀的には架空な、空中樓閣的な事實が犯罪としてでっち上げられる危險——例えば、客觀的にはどこにも殺人がなかったのに被告人の自白だけで殺人犯が作られるたぐい——を防止するにあると考える。だから、自白以外の補強證據によって、すでに犯罪の客觀的事實が認められ得る場合においては、なかんずく犯意とか知情とかいう犯罪の主觀的部面については、自白が唯一の證據であつても差支えないものと言い得るのである。それ故に，原判決の事實認定には、何等の違法もなく、論旨は採用することができない。
　よって舊刑訴第446條に従い主文のとおり判決する。
　　この判決は裁判官全員の一致した意見である。
　　（裁判長裁判官　眞野毅、裁判官　齋藤悠輔、裁判官　岩松三郎）

辯護人加藤博隆上告趣意
　原審判決は（1）昭和23年3月30日頃田内晉五郎方に於て、中瀬太助から、同人等がその頃同郡形原町大字形原字北戸甫井織布業近藤直助方工場內から窃取した綿絲13丸及び銀ガム織物約45ヤールを盗品であることを知りながら、代金10萬圓で買受けて贓物の故買を爲し（2）同年4月3日頃前記田内晉五郎方に於て中瀨太助から、同人が前記壁谷源市方から窃取した綿布約345ヤール（58反）を盗品であることを知りながら代金5萬3千圓で買受けて贓物の故買を爲したものと認定しその證據として（1）被告人田内善治郎の第二審公判廷に於ける供述（2）被告人田内善治郎に對する昭和23年4月25日附司法警察官代理の訊問調書中の一部供述記載（3）同人に對

する昭和23年4月28日附檢事の聽取書中の一部供述記載（4）第一審相被告人山田市郎に對する第一審第1回公判調書中の一部供述記載（5）近藤直助提出の盜難被害屆中の一部記載（6）被告人春日井仲次の原審公廷に於ける供述（7）壁谷源市提出の盜難被害屆中の一部記載の各證據を採用して犯罪事實を認定した。右の內山田市郎の供述は「同人が中瀨太助と共に窃盜をし、その品を中瀨が被告人田內善治郎に賣った」といふだけであり、又春日井仲次の供述は「中瀨太助が窃取した品を盜品であることを知りながら中瀨と共に自轉車で田內晉五郎宅に運んだ」といふ趣旨に過ぎぬものである。近藤直助、壁谷源市の各盜難屆は兩人が田內善治郎買受の品を窃取されたことを立證するに過ぎぬものである。從って此等の證據からは實際は盜品であったものを被告人田內善治郎が中瀨太助から買受けたことが認められるだけでその翌日中瀨から盜品である事情を知って被告人田內が取引をしたといふ證據にはならない。然るに原審判決では被告人の犯意を認定する證據として、取引の相手方中瀨太助が盜品なることを告げたとか、或は盜品であることを推定できるような情況で取引がなされたといふような證據を何一つ擧けていない。唯之に關して被告人自身の警察官の訊問調書檢事の聽取書及被告人の公廷の供述を證據に擧けているに過ぎない。然るに原判決に明記されている如く公廷に於ては被告人は盜品であることを知っていた點を否認している。憲法第38條第3項には何人も自己に不利益な唯一の證據が本人の自白である場合には有罪とされ、又は刑罰を科せられないと規定し、日本國憲法施行に伴う刑事訴訟法の應急的措置に關する法律第10條第3項にも同樣の明文がある。勿論公廷に於ける被告人の自由な自白が證據となし得ることは從來の判例で明かであるが本件のように公廷に於ける被告人の自白がなく單に警察官訊問調書檢事の聽取書に於ける被告人の自白が唯一の證據である場合は正に前記憲法並に刑訴應急措置法に規定の唯一の證據が本人の自白である場合に該當すること明かである。若し「被告人が贓品たるの事情を知っていたか否か」の犯意の點には無關係で單に被告人が買受けた品は中瀨等が盜んだものであったことを立證し得るに過ぎない他の證據を羅列し以て被告人の自白が唯一の證據でないと云ふなれば詭辯も甚しいものと申さねばならない。又若し斯樣な認定が許されるなれば憲法の明文は死文化するであらう。以上の次第であるから原判決は法令に違反した判決であってその違反の結果は判決に影響を及ぼすこと明かであるから破毀を免れない。

判 例

最3小判昭24・7・19刑集3-8-1348（「被害屆と自白で有罪」事件）

被告人兩名辯護人利重節の上告趣意第3點について。

　いわゆる自白の補強證據というものは、被告人の自白した犯罪が架空のものではなく、現實に行われたものであることを證するものであれば足りるのであって、その犯罪が被告人によって行われたという犯罪と被告人との結びつきまでをも證するものであることを要するものではない。所論の強盜盜難被害屆によれば，現實に強盜罪が行われたことが證せられるのであるから、たといその犯人が被告人であることまでがこれによって判らなくても補強證據として役立つのである。それゆえ、原判決は被告人の自白を唯一の證據として有罪を認定したものではないから所論は理

由がない。(その他の判決理由は省略する。)

よって、舊刑訴法第446條に從い主文の通り判決する。

以上は、裁判官全員の一致した意見である。

(裁判長裁判官　長谷川太一郎、裁判官　井上登、裁判官　島保、裁判官　河村又介、裁判官　穂積重遠)

辨護人利重節の上告趣意

第3點　原判決は第4の犯罪事實を認めた證據として被告人福本正彦の原審原公廷における供述と、佐野ゆう作成名義の強盗盗難被害屆と題する書面の記載とを綜合したと判示してゐる然るに佐野ゆう作成名義の右書面の記載を調査するに強盗盗難の被害情況が記載せられてはあるが其の記載により直ちに被告人福本正彦の所爲であることは未だ以て斷定せられない程度の記載である。その被告人福本正彦の所爲であったことは一に該被告人の供述のみに據らなければならないことは一件記録に徵して明かである、從つて此の第四の事實を認めた所以のものは一に被告人福本正彦の原審公判廷に於ける供述記載によったもので佐野ゆう作成名義の強盗盗難屆書は右被告人本人の自白の證據力(證據價值)を補強する價值を有するものとは考へられない、果して然らば原判決は被告人の不利益な唯一の自白を採って有罪と認定した判決であるから憲法第38條第3項及び刑訴應急措置法第10條第3項に違反し破毀せらるべきものと謂はなければならない。(その他の上告論旨は省略する。)

判　例

最1小判昭42・12・21刑集21-10-1476(無免許運転事件)

弁護人元村和安の上告趣意は、憲法38条3項違反を主張するが、判決裁判所の公判廷における被告人の自白が、同条項にいわゆる「本人の自白」に含まれないことは、当裁判所大法廷判決(昭和23年(れ)第168号同年7月29日、集2巻9号1012頁。昭和26年(れ)第2495号同27年6月25日、集6巻6号806頁)の明らかにするところであり、本件においては、第一審公判廷において被告人が自白しているのであるから、所論は理由がない。

その余の論旨は、憲法31条違反を主張する点もあるが、実質は、すべて単なる法令違反、事実誤認、量刑不当の主張であって、刑訴法405条の上告理由に当らない。(原判決は、道路交通法64条、118条1項1号のいわゆる無免許運転の罪について「無免許という消極的身分の如きその主観的側面については、被告人の自白だけでこれを認定して差支えないと解するのが相当」であると判示し、被告人が免許を受けていなかった事実については、補強証拠を要しない旨の判断を示している。しかしながら、無免許運転の罪においては、運転行為のみならず、運転免許を受けていなかったという事実についても、被告人の自白のほかに、補強証拠の存在することを要するものといわなければならない。そうすると、原判決が、前記のように、無免許の点については、[被告人]の自白のみで認定しても差支えないとしたのは、刑訴法319条2項の解釈をあやまった

ものといわざるを得ない。ただ、本件においては、第一審判決が証拠として掲げた坂本光弘の司法巡査に対する供述調書に、同人が被告人と同じ職場の同僚として、被告人が運転免許を受けていなかった事実を知っていたと思われる趣旨の供述が記載されており、この供述は、被告人の公判廷における自白を補強するに足りるものと認められるから、原判決の前記違法も、結局、判決に影響を及ぼさないものというべきである。）

　よって、刑訴法408条により、裁判官全員一致の意見で、主文のとおり判決する。
　（裁判長裁判官　長部謹吾、裁判官　入江俊郎、裁判官　松田二郎、裁判官　岩田誠、裁判官　大隅健一郎）

弁護人元村和安の上告趣意
　一、第一審判決は、被告人が本件事故当時公安委員会の運転免許を受けていなかったという事実を認定するにつき、被告人の自白を唯一の証拠として、被告人を無免許運転につき、有罪としたものであるが、原判決は右第一審判決を正当とし、右事実については補強証拠を要しない旨判示した点において、憲法第38条第3項の解釈を誤り、刑事訴訟法第405条第1号に該当する。
　無免許の事実は無免許運転の罪の最も重要な構成要件事実であり、右のような要件事実についてすら補強証拠を要しないとする原判決の立場を貫くことは、憲法第38条第3項の規定を全く無視する結果を生ずるのみならず、右のような事実は、現在においては、実務上容易に立証できるものである。

3　共犯者の自白

判　例

最大判昭24・5・18刑集3-6-734（「ハーフ・プルーフ」判決）

　辯護人三宅正太郎の上告趣意第1點について。
　所論は、共犯者又は共同被告人の供述は、それだけでは被告人の自白を補強する證據とすることはできないと主張する。そして、また共犯者又は共同被告人の供述をもって、被告人の自白を補強する證據と認め得るがためには、共犯者又は共同被告人の供述自體が他の證據により補強されており、かつその供述自體と他の證據を共に證據説明中に擧示していなければならぬと主張するのである。しかしながら、共同審理を受けていない單なる共犯者の供述は、各具體的事件について自由心證上の證據價値の評價判斷の異るべきは當然であるが、ただ共犯者たるの一事をもって完全な獨立の證據能力を欠くものと認むべき何等實質上の理由はない。また、かく解すべき何等法令上の根據も存在しないのである。憲法第38條第3項及び刑訴應急措置法第10條第3項の規定を援引して、かかる解釋を主張することも是認するを得ない。次に、共同審理を受けた共同被告人の供述は、それぞれ被告人の供述たる性質を有するものであってそれだけでは完全な獨立の證據能力を有しない。いわば半證據能力（ハーフ・プルーフ）を有するに過ぎざるもので、他の補強證據を待ってここにはじめて完全な獨立の證據能力を具有するに至るのである。しかし、その補強證據は、必ずしも常に完全な獨立の證據能力を有するものだけに限る必要はない。半證據能力の證據を補強するに半證據能力の證據をもってし、合せてここに完全な獨立の證據能力を形成することも許されていいわけである。されば、ある被告人の供述（自白）を共同被告人の供述（自白）をもって補強しても、完全な獨立の證據能力を認め得ると言わねばならぬ。それ故、前述の論旨は、理由がない。
　さらに、所論は、本件のごとき殺人の場合には、殺意についても、實行行爲についても、致死の結果についても、すべて被告人の自白は、他の證據によって補強されなければならぬと主張するのである。しかしながら、憲法第38條第3項において被告人本人の自白に補強證據を必要としている趣旨は、被告人の主觀的な犯罪自認の供述があっても、それが客觀的に犯罪が全然實在せず全く架空な場合があり得るのであるから、大體主として客觀的事實の實在については補強證據によって確實性を擔保することを必要としたものと解せられるのである。だから、被告人の自白と補強證據と相待って全體として犯罪構成要件たる事實を認定し得られる場合においては、必ずしも被告人の自白の各部分につき一々補強證據を要するものとは考えられない。のみならず、本件においては前段説明のとおり被告人の自白は、共犯者及び共同被告人の供述その他原判決擧示の諸證據によって十分補強されていることが肯認されるのである。論旨は、それ故にすべて採用することを得ない。

＊＊＊

　被告人片山喜代八の辯護人三宅正太郎の上告趣意第1點についての裁判官齋藤悠輔の意見は次

のとおりである。〔省略〕

＊　＊　＊

　よって舊刑訴第446條に從い主文のとおり判決する。
　この判決は、前示裁判官齋藤悠輔の補足意見を除くの外裁判官全員の一致した意見によるものである。
　裁判官庄野理一は退官につき合議に關與しない。
　（裁判長裁判官　塚崎直義、裁判官　長谷川太一郎、裁判官　澤田竹治郎、裁判官　霜山精一、裁判官　井上登、裁判官　栗山茂、裁判官　眞野毅、裁判官　齋藤悠輔、裁判官　藤田八郎、裁判官　岩松三郎、裁判官　河村又介）

被告人片山喜代八辨護人三宅正太郎上告趣意
　第1點　原判決は憲法第38條第3項の解釋を誤り斷罪した違法がある。
　原判決の證據說明を見ると被害者林秀治、山本豐安の創傷の部位及び死因の點、西本儀八郎の創傷の部位程度の點を除く判示の事實は原審被告人片山喜代八、中筋三幸、吉廣數政、笠松榮一、野口繁、第一審相被告人伊藤正の供述を記載した豫審訊問調書、關係人奧野福次郎の陳述を記載した檢事の聽取書、豫審判事代理判事の檢證調書が綜合されて認定され、被害者の創傷の部位程度及び死因認定の資料としては、鑑定人岡野錦彌及び花岡堅吉の各鑑定書、醫師荒瀨進の檢案書、被害者西本儀八郎の豫審訊問調書が擧げられている。要するに、共犯者又は共同被告人の原審公判外における自白と見られる供述を中心として、これをめぐる若干の證據によって、斷罪しているのであるが、果して原審の斷罪は憲法第38條第3項又はその引寫しである日本國憲法の施行に伴う刑事訴訟法の應急的措置に關する法律（以下應急措置法という）第10條第3項の解釋上正當であるか。元來、被告人の自白は普通人の想像しているよりも、はるかに信じがたいものであり、そこに、幾多の噓僞や作爲が織り込まれていることも珍らしいことではない。自白を過信することは、眞實を發見する立場から見て往々非常に危險な道を行くものであることは、既に、我々の常識である。又自白は取調の對象となっている犯罪の最もよく知っているはずの犯人と目されている被告人の口から述べられるものであるがために、その證明力は、ややもすると、不當に重視されてその結果は自白の誘導强要となって現はれ、從來、多くの弊害を生んだことは、我々の過去の經驗が物語っている。こうした自白の持つ缺陷を是正し、自白に伴う弊害を防止するために刑事訴訟法は、被告人が自白したときでも、なほ、他の證據を取調べなければならないという原則を揭げ、その自白が他の證據で確證されることを要求しているのではあるが、他面、自由心證主義を肯定して、他の證據を取調べた結果、裁判官が自白を信じるに足りるという心證を得れば自白だけで斷罪できるものとしているために他の證據の取調は、とかく形式に流れ、その本來の趣旨をふみにじられる虞がないとはいへないのである。そして自由心證に關する刑事訴訟法第337條の規定が、從來、ともすれば裁判官の專斷を醸成する溫床と化する傾向がなかったとは、誰も保證できなかったと思う。こうした刑事訴訟法の規定が人權の確立を目的とする新憲法の下で修正されなければならないのは當然であって「何人も、自己に不利益な唯一の證據が本人の自

白である場合には、有罪とされ、又は刑罰を科せられない」と規定した憲法第38條第3項又は應急措置法第10條第3項は、その一つの現はれであり、これによって裁判官は、假令心證を得ても、自白だけで斷罪することを禁じられたのである。しかし、同條項が自白の證據能力や證據價値を否定したものでないことはいふまでもないことであって、その措辭において、消極的表現法を用いてはいるけれども、その實質は被告人の自白に基いて罪を斷じる場合には、その自白は他の證據によって確證されたものでなければならないということと、すこしも差異はないのである。次の結論は同條項の解釋上疑のないものと思う。

＊　＊　＊

一、起訴されなかった共犯者の犯罪事實を認める供述も亦、被告人の自白と同様な欠陷を持ち、弊害を伴うものであることはいうまでもないのであるが、かかる共犯者に特有な事情として注目されなければならないのは、かかる共犯者はその動機はともあれややもすれば當局者の意をむかへるために、被告人に不利な事實を誇張し被告人に有利な事實を隠蔽しようとする積極的意圖の看取される場合が、必ずしも稀ではないことである。この心理的動きが、前述の欠陷や弊害と結びつくとき、如何なる内容の供述が組立てられるかは想像するにかたくないのである。英米法が他の證據による確證を要求しかかる確證のない證言の危險性について裁判官に陪審に對する警告義務を負擔させ、更に確證されない共犯者の證言に基いてなされた有罪の評決を取消すべきものとしていることもその理由がないのではない。憲法第38條第3項又は應急措置法第10條第3項の規定は、かかる共犯者の供述に付て、直接觸れてはいないけれども、その類推解釋として英米法と同様にかかる供述が證明力を持つためには、すくなくとも、その重要な部分に付て、他の證據により確證されなければならないとすることは、必ずしも同規定の立法趣旨から逸脱するものではなく、却ってその趣旨を一層徹底させ人權の保障に資する所以であると思う。従って確證されない供述は被告人の自白を確證すべき効力を有しないものと解すべきは當然である。

二、共同被告人の自白は他の共同被告人の自白を確證する効力を有するか、いいかへれば共同被告人の自白は相互に他の共同被告人の自白を確證し、相より相まって、共同被告人全部を斷罪する資料となり得るかは次に考究を要すべき問題である。元來、共同被告人は、共犯の訴追を受けている關係からして、訴追された犯罪をある者は肯定しある者は否定するにもせよ、とにかく共同して訴追者に對さなければならないという。その意味では共通の立場に置かれているものであって共同被告人間には、本來、互に他の共同被告人を糾彈してその有罪を立證し合う關係は存在しないはずである。英米法はこの理論的立場を一貫して、前にも述べたように共同被告人に、共同被告人である限り他の共同被告人に對して、訴追者側の證人となる能力を否定し、共同被告人の自白は、他の共同被告人との關係においては、證明力はもとより、證據能力さえないことにしている。わが憲法第38條第3項又は應急措置法第10條第3項の規定は、この點について明確な解答を與えていないのであるが、刑事訴訟法の採用している證據法の基本的構造、すなわち原則として如何なるものにも、證據能力を是認している立前から推すならば共同被告人の自白が他の共同被告人との關係において、證據能力さへ持ち得ないという英米法的結論を引出すことは不可能であると思う。然らばその證明力は如何に解すべきであるか、先ず次の諸點が考慮されなけれ

ばならない。

　一、憲法第38條第3項又は應急措置法第10條第3項は被告人の自白の證明力に關して、刑事訴訟法第337條の自由心證主義を制限した規定であること。

　二、同條項は被告人の自白の證明力の有無を他の證據による確證に依存させ被告人の自白は、その確證のない限り、それ自體獨立して本人を斷罪する資料となり得ない性質のものであることを明らかにしていること。

　三、この性質はその被告人が偶々共同被告人という地位に立ったからといって、變るべきものでもなく、又、他の共同被告人の自白とこれを確證すべき關係に置かれたからといって影響を受ける筋合のものでないこと。蓋し共同被告人の自白も各人各別に觀察するならば被告人の自白であり、又、稍比喩的な見方であるが、共同被告人を一團として觀察するならば各共同被告人の自白が綜合されたものは、中味は複數であってもその一團の單一な自白と解せられ依然として被告人の自白というに變りないこと。

　これらの諸點を考慮して、憲法第38條第3項又は應急措置法第10條第3項の規定の類推解釋を試ろみ、本項冒頭の設問に臨むならば共同被告人の自白も亦、共犯者の供述と同樣に他の證據によって確證されない限り、他の共同被告人の自白を確證する效力を有しないものと解すべきである。

　蓋し他の證據による確證なしには、本人を斷罪することさえ許されないものが、他の共同被告人との關係においては、その確證なしに100パーセントの證明力を發揮してその共同被告人を斷罪し得るということは全く不合理というべきである。このように共同被告人の自白は確證なしには、他の共同被告人の自白を確證する效力を持たないとするならば、こうした共同被告人の自白をいくら集めてみても、それだけで、共同被告人の全部を斷罪できないことはいうまでもない。

　前段述べた共同被告人の自白の效力は、その自白が公判廷でなされたものであると、公判廷外でなされたものであると、いいかえれば、裁判官の面前における口頭の自白であると、豫審調書その他の證據書類に記載された自白であるとによって、毫も左右さるべきものではない。このことは、憲法第38條第3項又は應急措置法第10條第3項が單に被告人の自白とだけいって、公判廷の內外を區別していない點から見ても明らかである。又自白が共同被告人の關係が存續している間になされたものであるならば、その後共同被告人關係が解消されたとしても、前段の結論には影響がないと解すべきである。

　さて、以上說明してきた法理に基いて本件を具體的に檢討すべき段階に到達したのであるが、その前提として被告人の自白は如何なる場合に他の證據によって確證されたものということができるか、に付て一考してみたい。

　これは犯罪類型の異なるに從って差異のあることはいうまでもないが、今本件で問題となっている殺人罪に例をとるならば、被告人の自白中すくなくとも殺意に關する部分、殺人の實行行爲に關する部分、致死の結果に關する部分に付て他の證據による確證が必要であるといわなければならない。何故ならば、殺人罪は殺意を以て人に有形無形の力を加え死の結果を生ぜしめることによって成立するものだからである。從って、

一、殺意が確證されず、被告人と致死の結果を結びつける實行行爲も致死の結果も確證されないとするならば、被告人の自白は多分に疑がわしく殺人罪として處斷することはできない。

二、殺意と實行行爲とが確證されても致死の結果が確證されないならばこれ亦同前である。

三、殺意と致死の結果とが確證されても、實行行爲が確證されないならば致死の結果を被告人に歸する自白は同前、疑惑の眼で見られなければならない。

四、實行行爲と致死の結果が確證されても、殺意が確證されないならば、傷害致死罪を以て處斷するは格別殺人罪に問うことはできない。

五、實行行爲又は致死の結果だけが確證された場合も同前である。

或は說をなして、殺意、實行行爲、致死の結果の中いずれか一が確證されれば十分であって、法は自白だけによる斷罪を禁じたまでであり、そのいずれかの部分に對する確證があれば、法の要求は充足されるというものもあろうが、かかる說者は自由心證主義の夢を醒めきらず、憲法第38條第3項又は應急措置法第10條第3項がこれを制限した眞意を理解しないものというべきである。

原判決は被告人片山喜代八を殺人犯として處斷する證據として、同被告人の自白（殺意の點に付ては自白ありといい得るが、かなり疑問がある）と目される供述を記載した豫審訊問調書を證據說明の冒頭に揭げ、これを確證すべき證據として、關係人共同被告人等の豫審調書、鑑定書、檢證調書等を引用していることは本論旨冒頭に摘示した通りである。

この中、中筋三幸は原審第2回公判期日においてその審理を分離されたのであるが、原判決の引用している同人の自白は、被告人片山喜代八と共同被告人關係にあった豫審におけるものであり、又伊藤正は第一審で服罪したのであるが、引用されている同人の自白（この證據は第2點で論じている通り虛無のものである）は、被告人片山喜代八と共同被告人關係にあった豫審におけるものであるから、彼等と、原審における共同被告人吉廣數政、笠松榮一、野口繁との自白は、いずれも共同被告人の自白であり、前述の法理に照せば、他の證據によって確證されない限り、被告人片山喜代八の自白を確證すべき効力を有しないのである。

被告人片山喜代八及右共同被告人等の供述を確證すべき證據を原判決の擧示しているものの中に求めるならば、殺意の點について關係人奧野福次郎の陳述があるようであるが、同人の陳述は後述の通り確證すべき證據としての能力を持たないものであるから、結局殺意の點に付ては確證されていないというべきである。實行行爲の點に付ては、原判決中これを確證すべき證據は一つも擧示されていない。わずかに證人西本儀八郎の供述中に「判示暴行に因り」という言葉が見出されるのであるけれども、同證言は、同證人の創傷の部位程度の說明として引用されたもので共同被告人の供述の確證として引かれたものではない。致死及び傷害の結果については鑑定人岡野錦彌及び花岡堅吉の鑑定書、醫師荒瀬進の檢案書、證人西本儀八郎の豫審訊問調書がある。然らば被告人片山等の自白中確證されているものは、致死の傷害の結果に關する部分であり實行行爲及殺意の點に付ては、全く確證されないものと解すべきである。

關係人奧野福次郎の陳述は、被告人片山喜代八の自白中殺意の點を確證すべき證據として引用されているようであるが、その陳述の內容は必ずしも殺意を確證するに足るものとは認めがたい

ばかりでなく、同人は原判決の引用している陳述に従へば被告人片山喜代八その他の共犯者が殺人の謀議をなす際、集合場所として自己の家屋を同人等に提供したものであり、しかも、右陳述が原判決の解しているように被告人片山等の殺意を証明するに足りるものとすれば、同人等は被告人片山等の意圖を知りつつ家屋を提供して同被告人等の犯行を容易ならしめたものであって、本件殺人罪の幇助者といわざるを得ない。とすれば、同人は前述した起訴されない共犯者であってその供述は他の證據によって確證されない限り、被告人片山等の供述を確證すべき證據となり得ないのである。しかも同人の陳述を確證すべき證據は原判決中に舉示されていない。これを要するに被告人片山喜代八の自白中他の證據によって確證されているものは、致死の結果に關する部分だけであって、殺意及び實行行爲に關する部分は全く確證がないというべく假に百歩を讓って證人西本儀八郎の證言は實行行爲の點を確證すべき證據であるとしても、なほ、殺意の點については何等の確證すべき證據が存在していないのである。然らば被告人片山喜代八を殺人罪によって處斷した原判決は全く失當であり、その過誤の原因は自白偏重の舊套を墨守して憲法第38條第3項又は應急措置法第10條第3項の規定の趣旨を正解しなかったためであって破毀さるべきである。

* * *

判 例

最大判昭33・5・28刑集12-8-1718（練馬事件）

弁護人青柳盛雄外12名の上告趣意第2点について。

憲法38条2項は、強制、拷問若しくは脅迫による自白又は不当に長く抑留若しくは拘禁された後の自白は、これを証拠とすることができないと規定して、かかる自白の証拠能力を否定しているが、然らざる自白の証拠能力を肯定しているのである。しかし、実体的真実でない架空な犯罪事実が時として被告人本人の自白のみによって認定される危険と弊害とを防止するため、特に、同条3項は、何人も、自己に不利益な唯一の証拠が本人の自白である場合には、有罪とされ、又は刑罰を科せられないと規定して、被告人本人の自白だけを唯一の証拠として犯罪事実全部を肯認することができる場合であっても、それだけで有罪とされ又は刑罰を科せられないものとし、かかる自白の証明力（すなわち証拠価値）に対する自由心証を制限し、もって、被告人本人を処罰するには、さらに、その自白の証明力を補充又は強化すべき他の証拠（いわゆる補強証拠）を要するものとしているのである。すなわち、憲法38条3項の規定は、被告人本人の自白の証拠能力を否定又は制限したものではなく、また、その証明力が犯罪事実全部を肯認できない場合の規定でもなく、かえって、証拠能力ある被告人本人の供述であって、しかも、本来犯罪事実全部を肯認することのできる証明力を有するもの、換言すれば、いわゆる完全な自白のあることを前提とする規定と解するを相当とし、従って、わが刑訴318条（旧刑訴337条）で採用している証拠の証明力に対する自由心証主義に対する例外規定としてこれを厳格に解釈すべきであって、共犯者の自白をいわゆる「本人の自白」と同一視し又はこれに準ずるものとすることはできない。け

だし共同審理を受けていない単なる共犯者は勿論、共同審理を受けている共犯者（共同被告人）であっても、被告人本人との関係においては、被告人以外の者であって、被害者その他の純然たる証人とその本質を異にするものではないからである。されば、かかる共犯者又は共同被告人の犯罪事実に関する供述は、憲法38条2項のごとき証拠能力を有しないものでない限り、自由心証に委かさるべき独立、完全な証明力を有するものといわざるを得ない。

＊　＊　＊

　同第1点後段、同第3点ないし第5点並びに弁護人藤井英男外1名の上告趣意第4点について。
　共犯者又は共同被告人の犯罪事実に関する供述は、被告人本人に対し独立、完全な証明力（証拠価値）を有するものであることは、前点で説明したところである。そして、原判決の維持した第一審判決は、共謀の点については、共謀を否認した被告人に対する関係においては共同被告人のこの点に関する自白を独立証拠とし、また、共謀を是認した被告人本人に対する関係においてはこの点に関する各自の自白を相互に補強証拠とし、爾余の点については、挙示の証人の各供述、回答書、鑑定書、口頭弁論調書謄本の各記載、押収品の存在等を証拠とし、かくて、これらの証拠を綜合して判示犯罪事実全体を認定したものであって、その認定は右証拠によって肯認することができる。されば、所論はすべて採るを得ない。

＊　＊　＊

　よって同408条により裁判官真野毅、同小谷勝重、同藤田八郎、同小林俊三、同河村大助、同奥野健一の少数意見を除く裁判官全員一致の意見で主文のとおり判決する。

　裁判官真野毅、同小谷勝重、同藤田八郎、同小林俊三、同河村大助、同奥野健一の少数意見は次のとおりである。
　弁護人青柳盛雄外12名の上告趣意第2点、第3点、弁護人藤井英男外1名の同第4点について。
　憲法38条2項は、「強制、拷問若しくは脅迫による自白又は不当に長く抑留若しくは拘禁された後の自白は、これを証拠とすることができない」と定め、同3項は、「何人も、自己に不利益な唯一の証拠が本人の自白である場合には、有罪とされ、又は刑罰を科せられない」と定めている。これによって警察官、検察官、裁判官が自白偏重の弊に陥ることを防止せんと期しているのである。この趣旨から考えると、自白の内容が、被告人である自白者自身の犯罪事実であると同時に、共同審理を受けている他の共犯者（共同被告人）の犯罪事実である場合においては、当該自白のみで自白者を処罰できないとされる以上、その自白だけで犯罪事実を否認している他の共同被告人を処罰することは、もちろん許されないものと解するを相当とする。もしそうでないとすれば、自白者たる被告人本人はその自白によって有罪とされないのに、同一犯罪事実を否認している他の共同被告人は却って右同一自白によって処罰されるという不合理な結果を来たすことになる。そればかりでなく、1人の被告人に対してその自白だけでは有罪とされないことを好餌として自白を誘導し、その自白によって他の共同被告人を有罪とするため、それを利用する不都合な捜査が行われる弊害を生ずるおそれがないとは言えない。これでは、憲法が自白偏重の悪弊を防止しようとする意義を没却することになる。

一般に共同被告人は、互に他の被告人に刑責を転嫁し、または自己の刑責を軽減しようとする傾向があるのが通例であるから、一被告人の供述だけで他の共同被告人の罪責を認めることは、人権保障の上においてはなはだ危険であるといわなければならない。
　昭和24年5月18日大法廷判決（昭和23年（れ）77号、集3巻6号737頁）は、これらの趣旨に基き、共同被告人の供述はそれぞれ被告人の供述たる性質を有するものであって、それだけの証拠では独立して他の共同被告人の罪責を認めることはできないという立場を採った。そして、この立場に立ちつつ、ある被告人の自白がある場合には、共同犯行に関する他の被告人の供述をもってこれを補強する証拠とすることはできると認めたのである。すなわち、1人の共同被告人の供述は、それだけを証拠として他の被告人の罪責を認めるには足りないけれども、他の被告人の自白がある場合には、その補強証拠とすることはできるという意義にほかならない。したがって、他の被告人の自白がない場合には、その被告人を中心として考えれば、本来補強証拠の問題を生ずる余地のないことは理の当然であり、1人の共同被告人の供述だけを証拠として犯行を否認している他の被告人の罪責を認めることはできないという意義を含んでいることは明らかである。そして、その後の大法廷判例もこれに従い、小法廷判例もこれに従っている（昭和24年（れ）409号、同25年7月19日大法廷判決、集4巻8号1465頁、昭和24年（れ）1614号、同26年8月28日第3小法廷判決、集5巻9号1811頁、昭和30年（あ）861号、同年9月29日第1小法廷判決、集不登載）。

判　例

最1小判昭51・2・19刑集30-1-25（「共犯者の自白調書で有罪」事件）

　弁護人中本照規、同田宮敏元、同辺見陽一連名の上告趣意第1点は、憲法38条3項違反をいうが、共犯者の供述を、右憲法の規定にいう「本人の自白」と同一視し、又はこれに準ずるものとすべきでないことは、当裁判所の判例（昭和29年（あ）第1056号同33年5月28日大法廷判決・刑集12巻8号1718頁）とするところであるばかりでなく、本件については、原判決が共犯者の供述のみによって被告人の本件犯罪事実を認定したものでないことは、原判決が掲記する証拠の標目自体によっても明らかであるから、所論は採用することができない。

　　　　　　　　　　　＊　＊　＊

　よって、刑訴法408条により、主文のとおり判決する。
　この裁判は、裁判官下田武三の意見及び裁判官団藤重光の反対意見があるほか、裁判官全員一致の意見によるものである。

　裁判官下田武三の意見は、次のとおりである。
　わたくしは、自白の証明力を制限し、被告人に不利益な唯一の証拠が本人の自白である場合には、有罪としないものと定めた憲法38条3項の根本趣旨に徴すれば、同条にいう「本人の自白」には、共犯者の自白も含まれると解するを相当とするものと考える。けだし、当局者による自白

強要の対象となり、又は、当局者に対し迎合自白をするおそれは、共犯者の場合と被告人本人の場合とで、なんら差異がないのみか、時として、却って共犯者について、そのおそれが一層強い場合すらありうると考えられるからである。わたくしは、この点に関する一般論としては、団藤裁判官の反対意見に同調するものであり、その理由の詳細については、同裁判官の意見を援用する。ただ、わたくしは、本件の場合については、原判決挙示の物的証拠と証人の証言は、共犯者川東仙太郎の自白を補強するに十分なものがあると認めて差支えないと考えるので、結論としては、本件上告を棄却すべしとする多数意見に賛成するものである。

　裁判官団藤重光の反対意見は、次のとおりである。
　憲法38条３項は「何人も、自己に不利益な唯一の証拠が本人の自白である場合には、有罪とされ、又は刑罰を科せられない」と規定しているが、ここにいう「本人の自白」の中に共犯者の自白が含まれるかどうかについては、はげしい論争のあるところである。私見によれば、この規定が、自白の偏重を避けて誤判を防止する趣旨である以上、本人の自白と共犯者（必要的共犯者を含む。以下、同じ。）の自白とのあいだに区別はないはずである。自白強要のおそれという見地からみて共犯者の全員について差異がないばかりでなく、誤判の危険という観点からすれば、共犯者甲の自白を唯一の証拠として共犯者乙を処罰することは、本人の自白を唯一の証拠としてこれを処罰することと比較して、むしろ、その危険はまさるともおとらない。共犯者は、動機はともあれ、ややもすれば当局者の意をむかえるために、自分の相棒に不利な事実を誇張し有利な事実を隠蔽しようとする積極的意図のみとめられる場合がかならずしも稀ではないといわれる。共犯者の自白を唯一の証拠として処罰することを許すのは、憲法38条３項の趣旨を没却するものといわなければならない。

　そればかりではない。共犯者中の１人が自白をし他の１人が否認をしていて、しかも、他に補強証拠がないという事案を想定するときは、反対説においては、自白をした者は自分の自白しかないから無罪となり、否認をした者は共犯者の自白があるから有罪となるという結果になる。自白をしたものが有罪、否認をしたものが無罪というのならばまだしも、自白をした者が無罪、否認をした者が有罪というのは、はなはだしく非常識な結論である。

　しかも、共犯者は、もともと、なるべく合一的に法律関係が確定されるべき性質のものである。たとえば告訴不可分（刑訴法238条）や公訴時効の停止（同法254条２項）に関する規定はこれを端的に示すものであるが、関連事件の管轄（同法９条１項２号）、訴訟費用の連帯負担（同法182条）などに関する規定にも、その趣旨がうかがわれる。なお、共同被告人に関する種々の規定——上告審における判決の破棄（同法401条、414条）、死刑執行期間（同法475条２項但書）など——も、間接には同様の趣旨によるものと考えてよい。かように、法がなるべく法律関係の合一的確定をはかっているところの共犯について、ちぐはぐな解決、しかも非常識ともいえるような形での解決をみちびくような解釈をとることは、とうてい正当とはおもわれない。かようにして、わたくしは、憲法38条３項の「本人の自白」の中には、当然に共犯者の自白をも含むものと解するのである。「本人の」という字句に拘泥する形式的な文理解釈論は、この際、論外といわなけ

ればならない。

　多数意見のいうとおり、当裁判所の昭和33年5月28日大法廷判決・刑集12巻8号1718頁の多数意見は、右のような私見とは反対の結論を採用している。その判示するところによれば、「憲法38条3項の規定は（中略）自由心証主義に対する例外規定としてこれを厳格に解釈すべきであって、共犯者の自白をいわゆる『本人の自白』と同一視し又はこれに準ずるものとすることはできない」とされているが、基本的人権に関する憲法の規定が刑事訴訟法上の原則である自由心証主義の「例外規定」だからという理由で厳格に解釈されなければならないというのは、事柄の軽重をあやまるものというべきではあるまいか。のみならず、刑事訴訟法における自由心証主義はもともと事実認定を合理的ならしめるためにみとめられているものであり、これをさらに合理的なものにするために設けられたのが憲法38条3項（なお、刑訴法319条2項、3項）の規定なのである。後者を制限的に解釈しなければならない理由は、どこにもない。この大法廷判決に真野、小谷、藤田、小林、河村大助、奥野各裁判官の反対意見が付せられたのは当然であって、その後、この大法廷判決にしたがった小法廷判決がいくつか出ているが、その中には高木裁判官（昭和35年5月26日第1小法廷判決・刑集14巻7号898頁）および田中二郎裁判官（昭和45年4月7日第3小法廷判決・刑集24巻4号126頁）の反対意見が現われている。わたくしは、これらの各裁判官の反対意見にくみするものであり、前記大法廷の判例は変更されるべきものと考える（なお、私見の詳細については、団藤・新刑事訴訟法綱要・7訂版・285頁以下、同・「共犯者の自白」斉藤金作博士還暦祝賀・現代の共犯理論・昭和39年・所収）。

　いま本件についてみるのに、原判決の援用する証拠のうち、主要なものは本件受供与者として被告人の必要的共犯者であった川東の供述調書であって、他の証拠がはたして川東の自白を補強するに足りるものであるかどうかは、はなはだ疑わしく、前記のような見地に立って被告人を有罪とするためにはさらに審理を尽すことを要するものといわなければならない。

　よって、わたくしは、原判決を破棄し事件を原審に差し戻すのを相当と考えるものである。

　（裁判長裁判官　藤林益三、裁判官　下田武三、裁判官　岸盛一、裁判官　岸上康夫、裁判官　団藤重光）

判　例

最1小判昭51・10・28刑集30-9-1859（「3人の共犯者が自白」事件）

　弁護人森山喜六の上告趣意第1点は、憲法38条3項違反を主張するが、当裁判所大法廷判決（昭和23年（れ）第112号同年7月14日・刑集2巻8号876頁、昭和23年（れ）第167号同年7月19日・刑集2巻8号952頁、昭和29年（あ）第1056号同33年5月28日・刑集12巻8号1718頁）の趣旨に徴すると、共犯者2名以上の自白によって被告人を有罪と認定しても憲法38条3項に違反しないことが明らかであるから、共犯者3名の自白によって本件の被告人を有罪と認定したことは、違憲ではない。のみならず、原判決がその基礎とした第一審判決の証拠の標目によると、共犯者らの自白のみによって被告人の犯罪事実を認定したものでないことも、明らかである。所論は、

これを採用することができない。同弁護人のその余の上告趣意は、単なる法令違反、事実誤認の主張であって、刑訴法405条の上告理由にあたらない。

＊＊＊

　よって刑訴法408条により、主文のとおり判決する。

　この判決は、弁護人森山喜六の上告趣意第1点に関する裁判官下田武三、同岸盛一、同岸上康夫、同団藤重光の各補足意見があるほか、裁判官全員一致の意見によるものである。

　裁判官下田武三の補足意見は、次のとおりである。
　わたくしは、当裁判所の昭和49年（あ）第321号同51年2月19日第1小法廷判決（刑集30巻1号25頁）に付した意見において、共犯者の自白も憲法38条3項にいう「本人の自白」に含ましめ、その証明力を制限的に評価することを相当とすべき旨の見解を述べたのであるが、本件の場合には、共犯者が3人おり、その3人が別個、独立に行った自白の内容が一致するというのであるから、その3人の自白は互いに補強し合って強い証明力を有するに至ったものと認めて差し支えなく、したがってこれを証拠として被告人を有罪としても、憲法38条3項に違反することにはならないものと考えるのである。そして、その理由の詳細については、団藤裁判官の補足意見に同調する。

　裁判官岸盛一、同岸上康夫の補足意見は、次のとおりである。
　共犯者の自白が憲法38条3項にいう「本人の自白」に含まれないと解すべきことについては、当裁判所の昭和49年（あ）第321号同51年2月19日第1小法廷判決（刑集30巻1号25頁）の多数意見において述べたとおりであって、その見解は今日においても改める必要を認めない。そして、この見解によるときは、被告人の自白がなく、共犯者1名の自白しかない場合であっても、被告人を有罪とすることが許されるのであるから、本件のように、被告人の自白がなく、共犯者2名以上の自白がある場合には、右の共犯者らの自白を証拠として被告人を有罪としても、憲法38条3項に違反するものでないことは、いうまでもない。
　そもそも憲法38条3項が「本人の自白」を唯一の証拠として有罪とすることを禁止し、補強証拠の存在を必要としているのは、自白の偏重により誤判を招くことを防止する趣旨なのであるから、本人とは独立した共犯者の自白があって、それにより本人の自白の信用性が認められるならば、本人を有罪としても、憲法の趣旨にすこしも反するものではない。共犯者の自白が相互に補強証拠となりうるのは、この意味において、むしろ当然のことなのである。
　共犯者の自白のみによって被告人を有罪とすることを認めず、補強証拠の存在を必要としている外国法制もあるが、それは、憲法38条3項の趣旨とは異なり、共犯者による無実の他人の巻きこみを防止することに主眼があるのであるから、そのような法制のもとでは、たとえ2名以上の共犯者の自白があるときでも、右の危険を排除することのできるような独立の補強証拠がない限り、被告人を有罪とすることが許されないと解するのが、自然な帰結であろう。しかし、右のような法制のもとにおける法理を憲法38条3項の解釈に持ち込むことは、その本来の趣旨にそわな

いばかりでなく、自白した共犯者らは相互に自白が補強されて有罪とされるのに、被告人は自白していないため処罰を免れるという不均衡をもたらすこととなり、妥当ではない。われわれが、共犯者の自白は「本人の自白」に含まれないとする従来の当裁判所の判例の立場をとりながら、自由心証主義の合理的な運用により誤りのない事実認定を期するという解釈方法を選ぶのも、このような点を考慮したからにほかならないのである。

　裁判官団藤重光の補足意見は、次のとおりである。
　わたくしは、当裁判所の昭和49年（あ）第321号同51年2月19日第1小法廷判決（刑集30巻1号25頁）におけるわたくしの反対意見の中で述べたとおり、共犯者の自白も憲法38条3項にいわゆる「本人の自白」に含まれ補強証拠を要すると解する者である。問題は、共犯者の自白が相互に補強証拠となるかどうかである。
　おもうに、1人の被告人のばあいには、その者の自白がいくつあっても、それらが相互に補強証拠となりうるものでないことは、あまりにも当然である。これに反して、共犯者の自白は、いうまでもなく、各別の主体による別個・独立のものである。2人以上の者の自白が一致するときは、たといそれが共犯者のものであろうとも、誤判の危険はうすらぐことになるから、相互に補強証拠となりうるものといわなければならない。ことに、本人も共犯者もともに自白しているようなばあいには、共犯者の自白が本人の自白を補強するものと考えて、本人を有罪とすることができるものというべきである。ただ、本件のように、本人の自白がないばあいに、共犯者2人以上の自白だけで本人の有罪をみとめてよいかどうかについては、右の見地以外に、さらに他の観点からも考察を加えなければならない。けだし、共犯者の自白に補強証拠を必要とすることは、アメリカ合衆国の諸州の法制にみられるところであるが（たとえば、1970年ニュー・ヨーク州刑訴法60・22条1項参照）、そこでは、2人の共犯者の証言があっても、なお、補強証拠を要するものと解されているからである。しかし、こうした法制の背景には、イギリスにおける同様の実務慣行以来の歴史的な沿革があるのであって、その主眼は、共犯者による誤った他人の巻きこみを防止することに置かれている。だから、このばあいに補強証拠が必要とされるのは、一般のばあいのように罪体についてではなく、被告人と犯罪との結びつきの点についてなのである。このような法制は、それなりに合理性をもつものというべきであろうが、こうした沿革をもたないわが国の法制において、憲法38条3項の解釈としてそのままの結論を導くことは困難だといわなければならない。わたくしが、共犯者の自白も「本人の自白」に含まれ補強証拠を必要とするものと解するのは、英米法制を参照しながら、可能なかぎりで、これに近い取扱いをわが憲法38条3項の解釈論にも持ちこもうとする意図をもつものであるが、そこには一定の限界がある（団藤・「共犯者の自白」斉藤金作博士還暦祝賀・現代の共犯理論・昭和39年・693頁以下、ことに701－703頁参照）。わたくしは、2人以上の共犯者の自白は相互に補強し合うものであって、否認している本人をこれによって有罪とすることは、憲法38条3項に反するものではないと解するのである。
　なるほど、所論のいうとおり、検挙された者が自分に有利な扱いをしてもらうために、捜査官

の誘導や暗示に迎合して、他の者を渦中に巻きこむような、心にもない供述をする危険がないとはいえないであろう。だからこそ、わたくしは、共犯者の自白も「本人の自白」に含まれると解するのである。しかし、だからといって、共犯者の自白が相互に補強証拠にならないとまでいうのは、行きすぎである。2人以上の共犯者の自白があるばあいにも、所論のいうような事態がないとはいえないが、それは事実認定にあたっての自由心証の問題として、また、極端なばあいには捜査官の違法な誘導等による自白という観点から証拠能力の問題として、解決されるべきことである。

本件では、共犯者3名のほぼ一致した自白があって、これによって被告人の犯罪事実を認めるのに足りるのであり、しかも、共犯者らの自白だけによって被告人の犯罪事実が認定されたのではないのであるから、いずれにしても論旨は理由がないというべきである。わたくしは、多数意見が従来の大法廷判決の趣旨を援用している点には賛成しがたいが、その点を除いては、多数意見に同調する。

（裁判長裁判官　岸上康夫、裁判官　下田武三、裁判官　岸盛一、裁判官　団藤重光）

法　令

連邦証拠規則801（d）（1）：証人の従前供述

（d）伝聞に該当しない供述。

以下の供述は伝聞ではない。

（1）証人の従前供述。供述者が公判または審問において証言し、その供述に関して反対尋問を受け、かつ、その供述が（A）彼の証言と相反するものであり、公判、審問その他の手続又は証言録取手続において、偽証の罰の対象となるべき宣誓の下でなされたものであること、＊＊＊

法　令

連邦証拠規則804（b）（3）：伝聞例外；供述者が利用不能の場合；利益に反する供述

＊　＊　＊

（b）伝聞例外

以下の供述は、供述者が利用不能のときは伝聞法則によって排除されない。

＊　＊　＊

（3）利益に反する供述。供述のときにおいて、供述者の金銭的または財産上の利益に反することにより、または、彼を民事または刑事の責任の対象とする傾向を持つことにより、若しくは、彼の他者に対する請求を無効にすることにより、彼と同じ立場に立つ合理的な人であればそれを真実と信じない限り供述しないであろうと考えられる供述。供述者に刑事責任を負わせかつ被告人に罪を帰せしめる傾向を持つ供述は、当該供述の真実性を明確に示す補強的状況（corroborating circumstances）がない限り許容されない。

文　献

小早川義則『共犯者の自白』（成文堂、1990年）297〜318頁

第8章　問題点の検討
第3節　共犯者供述の偏重と誤判

＊＊＊

一　共犯者供述の危険性

　共犯者供述の危険性はわが国でも一般に認識されているが、アメリカ法制をわが国に持ち込むことには依然根強い抵抗があるように見受けられる。例えば、板倉宏教授は、補強証拠の要否に関してであるが、次のようにいう。

　「(アメリカの)公判では、法廷での供述が重視される。共犯者の自白のみで有罪にすることに慎重でなければならないとか、補強証拠を必要とするというのは、事実審理が素人の陪審員によって行われる場合——それが原則——を前提にしているものといってよく、検察官が公訴提起について全体として極めて厳正で、職業的裁判官が事実認定をし、しかも実際上、司法警察員や検察官にした供述と法廷における供述と喰い違った場合、前者の方がむしろ信用される場合が多い日本の裁判に、そのままあてはめることは、早計である。」

　たしかに刑事裁判の仕組みも実体刑法上の概念も文化も違う日本にアメリカ法を「そのまま持ち込むことは妥当でない」が、他方、共犯者と称する者の供述とりわけ公判廷外の自白の不信用性はむしろ普遍的なものと思われ、少なくとも日米において共通に認識されているものであるだけに、この問題について日本法の独自性を強調する右の見解にはやや問題があるように思われる。＊＊＊さしあたり、以下の諸点を指摘しておきたい。

　第一に、アメリカでは最近までいわゆる自己側証人弾劾禁止の法則のため「寝返り証人」の弾劾が禁止されていたことに留意する必要がある。同法則を廃止し、かつ以前の不一致供述を実質証拠として許容した連邦証拠規則の下では訴追側の重要証人が法廷で供述を変えたためそれと矛盾する以前の供述の許容性が争われる事例が少なくないことに照らし考えると、重要証人が法廷で供述を変えるのは日米に共通に見られる現象であるにもかかわらず、法制度の差異にすぎなかった点を看過し、これを日本人の国民性と称して日本法に独自な検察官面前調書の必要性を強調することにはやや疑義があり、いずれにせよ、法廷での供述よりも捜査段階での供述の方を信用する日本の裁判にむしろ問題があるように思われるのである。

　第二に、職業裁判官は法解釈の専門家であっても経験科学の専門家ではないという考えはさておくとして、英米法では裁判官であれば共犯者の供述の真贋を見抜きうるというような見解は見当らないことである。例えば、やや文脈は異なり、いわゆる写真面割りに関する事案であるが、連邦最高裁のマーシャル裁判官は、警察官の誠実、献身に対する尊敬の念はいささかも揺らぐことはないと強調したうえで「われわれはすべて、人間の性質としての弱点を共有しており、これが問題の根源である」と述べて思い込みの危険性を強調している。このような人間の能力の限界への認識が英米法の根底には脈々として流ており、法技術的な問題については格別、裁判官であ

ればかような弱点を免れうるといういわば不遜な考え方は英米法とは無縁で、そしてかかる視点は陪審制度の有無とはかかわりのない本質的な事柄に属することといえよう。

　第三に、十分に反対尋問を経た法廷証言であればまだしも、共犯者の公判廷外の自白は密室で作成された「作文」であることである。わが国における供述調書は原供述の逐語的録取ではなく、そのほとんどが供述者の原供述を捜査官が聴取しこれを要約して録取したものである。かつては、このような捜査官による要約調書の作成方法の問題点が正面から論議されたが、「現在では、要約調書の形式は、捜査官の調書作成方式として定着し、裁判官の側からもこれを違法ないし不当視する意見をほとんどみない」のが現状である。谷口正孝前最高裁判事は「およそ筋道の通らない自白調書を作成するがごとき捜査官がどこにいるのか」と喝破するが、共犯者の公判廷外の自白は捜査官の思い込みと「共犯者」の利害とが完全に合致するところにその危険性があるだけに、「作文」の危険性は本人の自白調書の比ではないといってよい。

＊　＊　＊

二　逆転無罪判決

　共犯者が共同被告人のまま、あるいは証人として公開の法廷で被告人に不利な供述(証言)をした場合には、それが真実であれば通常、被告人と犯罪との結びつきを示す証拠が他に存在するであろうし、また仮にそれを裏付ける他の証拠がないとしても、「本人の自白」の場合とは異なり被告人の反対尋問は十分に保障され、かつ裁判官も直接その供述態度等を観察できるから、共犯者供述の危険性はなお残るとしても、明文規定がない以上、純然たる証人の場合と同様にその信用性の評価を「裁判官の自由な判断」に委ねてよいというのは理解できる。ところが、共犯者が供述を翻した場合には、ほとんど直ちに捜査段階での検察官面前調書が伝聞例外として証拠採用されるが、法廷証言とは異なり、それは密室で作成された「作文」であり、しかも以前に作成された調書の供述内容に関する反対尋問は「やりにくく、成功する度合は低いのが普通」といわれる。とすると、補強証拠がないにもかかわらず、このようないわば「全面的かつ効果的な反対尋問」が期待し難い検察官面前調書だけで被告人を有罪として差支えないとした場合、誤判の危険性は高まり「自由心証主義の合理的な運用」だけではそれに対処しえないのではないかとの疑念を払拭できない。以下の3事例は、かような危険性を示す好個の素材を提供している。

　まず、下級審判例であるが、札幌高裁昭和55年11月11日判決は、大量の覚せい剤を所持していたXの入手先についての自白に基づき被告人Yがほぼ3年後に逮捕され否認のままで起訴されたが、XはYの公判では第三者Cから本件覚せい剤を譲り受けた旨供述を翻した事案につき、Yから覚せい剤を譲り受けた旨の「Xの検察官に対する供述調書等の信用性に欠けるところはない」としてYを有罪とした原判決を破棄し、右供述部分は「その信用性が乏しく、これらの供述調書のみに基づいてYが右の各譲渡行為をしたと断定するにはなお合理的な疑いが残る」として逆転無罪の判決(確定)を言い渡した。

　本件では、Yの逮捕直後にはじめてXは検察官等に対し、覚せい剤の真の入手先はYではなくCである旨供述を変更し(ただし供述調書は作成されなかった)爾来一貫して右供述を維持したが、それ以前にCが死亡していたため「Cの死亡の事実を知っていた」かどうかをめぐる推論が

判決に微妙に影響したようである。ただ、Yをかばうため死亡したCに責任をなすりつけたという可能性は否定できないが、それとは逆に、きわめて親密な関係にあったというC死亡の事実を知ってはじめてXが真実を供述するに至ったと考えることも十分に可能であること、そしてYは別件の覚せい剤譲渡については同時に有罪判決の言渡しを受けていることは指摘しておくに値しよう。

次に、最高裁（第3小法廷）昭和59年4月24日判決および同（第1小法廷）昭和60年12月19日判決は、いずれも対立抗争中の暴力団組長Hをけん銃で射殺した殺人の実行行為者Xの被告人Yからけん銃等を交付された旨の検察官面前調書のみでYが殺人教唆等で有罪とされたという同種事案につき、重大な事実誤認の疑いを理由に原判決を破棄差し戻し、あるいは重大な事実誤認を理由に原判決を破棄自判しYに逆転無罪の判決を言い渡した。

後者の破棄自判の事案では、第一審の山口地裁岩国支部昭和56年12月2日判決は、X検面調書の信用性を全面的に肯定し、被告人YをXの背後にいて同人にHの殺害を指示した者と認定し、Yに懲役12年を言い渡した。これに対し、第二審の広島高裁昭和58年6月23日判決は、Xの検面供述中、Yから「けん銃の交付を受けたとする供述部分には合理的な疑いをさし挟む余地がある」として、Yに殺人の共謀共同正犯を認定した第一審判決を破棄したが、「（電話でこれから）Hの殺害を実行する旨話したところ、Yからしっかりやれといわれて、（犯行現場に赴くための）レンタカー借受代等として5万円を受け取った」旨の供述部分は十分措信しうるとして、控訴審において予備的に追加された訴因に基づき、Yに殺人帮助の事実を認定し懲役1年6月を言い渡した。

ところが、最高裁第1小法廷は「X検面調書の内容は……被告人YがXにHの殺害を指示してけん銃を交付し、その犯行を容易ならしめるため、Xと共に犯行現場の下見をし、一方、Xは自己に犯行を指示したYに対し、Hを殺害するについてレンタカーを用いる心積もりである旨その計画を明かして、自らの決意が固いことを報告し、YはXの求めに応じて同人にレンタカーの借賃を交付するという経過をたどっているのであり、全体として、H殺害の指示に始まる一連の相関連する1個の事態の推移に関するものである。従って、X検面調書のうち、YからHの殺害を指示されたという、YとH殺害を結びつける供述の中核をなす部分の信用性に合理的な疑いがあるというのであれば、特段の事情のない限り、これと密接に関連する爾余の供述の信用性にも重大な疑惑の生ずることは明らかである（原判決がX検面調書の一部を信用できない理由としてあげる諸点は、むしろXに対しH殺害を指示した者は合田一家の幹部であり、Xは、その者に累を及ぼさないよう、Yを背後者に仕立て上げる供述をした疑いを抱かせるものといいうる。）」と説示したうえで、「被告人Yに対し殺人ないしは殺人帮助の事実を認定するための直接証拠であるX検面調書の証拠価値には多くの疑問」があり、第一審判決および原判決はそれぞれ証拠の価値判断を誤り、ひいては重大な事実誤認をした疑いが顕著であるとしてこれを破棄し、Yに逆転無罪を言い渡した。

前者の破棄差戻しの事案では、第一審の福井地裁昭和54年2月15日判決は「被告人Yが教唆者であることを認めた（X）検察官調書には他の情況証拠に照らし高度の信用性が認められ……Y

の判示教唆行為を認める結論に達せざるをえない」としたうえで、「公判廷においては自己の犯行を否認し、虚偽の供述を繰り返すなど本件に対する反省の念はいささかも窺われない」としてYに懲役20年を、そしてXには「4人の実行行為者のリーダー格として本件に及んだ責任は重大であり、また、公判廷においてもYをかばう態度に終始し、反省の念は必らずしも充分ではない」として懲役15年を言い渡した。これに対し、第二審の名古屋高裁金沢支部昭和56年4月14日判決は、控訴審においてはじめて主張されたYのアリバイ主張をごく簡単に退けたうえで、「Xの供述内容の変更はその変更の都度より多くの真実を含むものになって行く傾向にあることを優に看取することができ（る）」「その供述内容の変更は新事情の説明が加わるに従い……より自然で合理性の強いものに発展してゆくことが明らかである」「Xの供述がその変更の度ごとにより正しい真相に近づいてゆく傾向を有していることを十分看取できる」「Xの供述の変動過程に認められる漸時的真実性への傾斜傾向にも照らして検討するに」Xの検察官に対する供述調書の記載は「その大綱において十分措信できる」として、Yの本件控訴を棄却した。しかし、Xについては、「共犯者らが犯行後もそれぞれやくざ社会の仁義を守り、犯行の背景事情の詳細を明らかにすることを拒み……やくざ渡世人としての生活を昂然として継続して行こうとする」のに対し、「兇行の敢行を痛恨してその愚を悟り、やくざ生活から足を洗うことを決意し、後に公判廷で翻えしたとはいえ自己の経験した犯罪の全貌を卒直に供述して悔悟の意を表した」のに、Xら実行行為者を「等しく懲役15年の刑に処した原判決の量刑は右犯行後の情状を無視した点で共犯者間の刑の均衡を失し」たとして、この点に関する第一審判決を破棄し、Xに懲役13年を言い渡した。

ところが、最高裁第3小法廷は「X検面調書の信用性は必ずしも確固不動のものであるとまではいいがたいのであって、例えば有力なアリバイ立証などがあれば、右の諸事情と相俟って、被告人Yが教唆者であるとするその核心部分の信用性まで根底から覆りかねないということができよう」と説示したうえで、アリバイの成否について詳細な判断を示し、この点に関する「原審の審理判断は粗略の感を免れず」「YのXに対する殺人教唆等についての唯一の直接証拠であるX検面調書についてその証拠価値に疑問を容れる余地がないとはいえず、Yのアリバイの成否については幾多の疑問が残されている」として、審理不尽、重大な事実誤認の疑いを理由に、原判決を破棄差し戻した。

本件差戻審の名古屋高裁金沢支部昭和60年12月19日判決は、右最高裁判決が指摘した点につき調査した結果、X検面調書については「種々の問題があり、その信用性に疑いが残るとの結論に達した」として、被告人Yを無罪とした。ちなみに、裁判長は判決言渡しの後「大変長い間ご迷惑をかけました」と述べてYに頭を下げ、そしてその後、暴力団幹部ら4人が本件殺人教唆等の真犯人として逮捕されたという。

三　自由心証主義の限界

このようにみてくると、「自由心証主義の合理的な運用」によって共犯者の自白の危険性に対処するにはやはり限界があり、判例は再考を要するように思われる。現実の訴訟においては、判決に掲げうる証拠は共犯者の自白以外になくても、それ以外の表現しえない法廷の印象をも加えて、裁判官が被告人を有罪と確信する場合が少なくないといわれるが、いずれにせよ右の各事例

では、「共犯者」は被告人の公判では被告人以外の第三者が真犯人である旨供述を変えたため、被告人の犯行関与を直接立証する証拠は公判廷外で作成された「共犯者」の検察官面前調書のみといってよく、したがってその信用性いかんが争われ、そしてこの点に関する裁判官の評価が大いに異なったことは否定できない。被告人はいずれも暴力団組織に所属し、かつ「共犯者」に近い人物であるため捜査当局が疑いを抱いたことにはそれ相当の理由があるなど、多くの共通点のあることも興味深いが、このような共犯者の検察官面前調書が刑訴法321条1項2号後段の規定により証拠採用され、その信用性の評価が裁判官の自由心証に委ねられたところ、この点に関する評価が大いに異なったという事実は、とりわけこれが被告人に「不利益な唯一の証拠」であるだけに看過できないのである。

　もっとも、右事例はいずれも、共犯者の公判廷外の自白だけで被告人を有罪とした原判決を疑わしいとして上級審が破棄差し戻しないし破棄自判したため「無辜の被告人を処罰する危険」は回避されたわけで、厳密には誤判とはいえないが、共犯者供述の客観的事実との符合による慎重な信用性の吟味を強調した昭和43年（1968年）の八海事件第三次上告審判決の教訓は生かされなかったこと、そして被告人有罪の決め手というべき「共犯者」の検察官面前調書に対する裁判官の評価が相反し「信用性に欠けるところはない」「信用性に疑いがある」と真二つに分れたという事実は厳粛に受けとめる必要がある。むろん、評価の誤りないし相違は共犯者の自白の場合に限られるわけではないが、とくに捜査段階での共犯者の自白の危険性とその真贋の見極めの至難なことはここに露呈されているといって差支えあるまい。とりわけ最高裁の右2判決についてはその緻密で透徹した論理の展開には驚嘆のほかないが、他方、すべての裁判官に例外なくこのような緻密な推論ないし事実認定を期待し難いことは否めず、いずれにせよ、まったく同一の「共犯者」の検察官面前調書の信用性に対する職業裁判官の評価がこれほど異なるということはまことに脅威――各判決文を直接参照されたい――というべきであって、共犯者の検察官面前調書だけで被告人を有罪とすることは自由心証主義の限界を超えているように思われる。問題は、現行法の解釈論として、これをどのように構成するかである。

第4節　共犯者の自白と伝聞例外

　現行刑訴法は伝聞法則を採用し321条以下に伝聞例外を規定するが、321条1項2号のいわゆる検面調書については実務上は解決済みのものとして取り扱われているものの、前段についてはなお違憲論が有力で、後段についても比較的容易に「特信情況」を認め証拠能力を肯定することには批判が強い。一方、共犯者の自白については一律に、もっぱら憲法38条3項の「本人の自白」に含まれるかという証明力の問題とされ、共犯者の検察官面前調書についても、とくにその証拠能力を個別的に問題にするというのではなく、一般的な伝聞例外の枠組の中でこれを肯定したうえで、もっぱら補強証拠の要否という観点から立論されているのである。しかし、すでに詳論したように、共犯者の自白の危険性ないし不信用性を認識しつつ、これを容易に伝聞例外とするところに問題がある。

＊＊＊

一　2号前段

*　*　*

　2号前段は、1号書面（裁判官面前調書）の場合とまったく同様に、原供述者の「供述不能」だけで検察官面前調書に証拠能力を認める。このように裁判官と検察官とをいわば同視する前段の規定については、検察官は客観義務を負うとはいえ訴追者であり、裁判官とは異なり公平な第三者的立場にいないし、検察官に対する供述は宣誓による担保もなく被告人側の立会権もない、したがって信用性の情況的保障に著しく欠けていることなどを理由に、憲法37条2項に違反するとの見解が有力に主張されているが、「信用すべき情況」がある場合に限定すれば違憲の疑いを免れるとする見解も有力で次第に賛同者を得つつある。これに対し、判例は、2号前段を合憲とするばかりか、刑訴法321条1項各号の供述不能の理由を制限的列挙ではないとし、証人が証言拒否権を行使した場合や相被告人が黙秘権を行使した場合のほか、証人の記憶喪失の場合などについても、供述することができない場合にあたるとする。このように判例、学説は、原供述者や供述内容等を個別化することなく一律に2号前段の合憲性を肯定しあるいは否定するが、少なくとも共犯者の検察官面前調書については、「供述不能」というだけで伝聞例外とすることには頗る疑問がある。

　共犯者の検察官面前における供述を録取した書面は、供述者本人の宣誓による担保もなく被告人側の立会権もまったく認められない外部から隔離された密室の取調室において作成されたものである。しかも、わが国では必ずしも十分に認識されていないが、単独犯の自白の場合とは異なり、自己の有罪を認めつつ同時に被告人――誰でもよい――を自己の犯罪にまきこむ共犯者の自白は一見、供述者本人の利益に反する供述であるようにみえてその実むしろ供述者本人の利益に適うことなのである。したがって刑事上の利益に反する供述を伝聞例外としても共犯者の自白はこれに該当しないというこのようなウィグモアの綿密な分析は、身柄拘束中の共犯者の自白は「当局に迎合したいとしてなされたものと考えてよい」との連邦証拠規則諮問委員会の指摘とともに、われわれにとっても決して無縁なことではなく、むしろ取調べの可視性に乏しいわが国に一層妥当するといってよかろう。連邦証拠規則第804条が「証人として利用不能」を定義して、原供述者の証言拒否や記憶喪失の場合などもこれに含まれるとしているところからわが国ではこれを誤解する向きもままあるようだが、信用性の情況的保障のある「臨終の供述」や「利益に反する供述」などに限定して「利用不能」というだけで伝聞例外とするにとどまることをあわせて指摘しておかねばなるまい。

　このようなアメリカ法の態度は「信用すべき情況」がある場合に限定すれば2号前段の合憲性は肯定しうるというわが国における近時の有力説を彷彿させて興味深いが、いずれにせよ、信用性の情況的保障に著しく欠けている共犯者の検察官面前における自白を「供述不能」というだけで直ちに伝聞例外としてその証拠能力を肯定することは共犯者供述の危険性ないし不信用性を認めている判例の立場とも矛盾するわけで、憲法37条2項の証人審問権に違反する疑いが濃厚であるというべきであろう。*　*　*

二　2号後段

２号後段は、１号書面の場合のように単に「異った供述」をしただけでは足りず、「前の供述と相反するか若しくは実質的に異った供述」をし、かつ前の供述を「信用すべき特別の情況」が存する場合に検察官面前調書に証拠能力を認める。２号後段についても当初、当時の英米法を下敷にして憲法37条２項に違反するという見解が有力に主張されていたが、判例はこれを合憲とし、学説は一般に、特信情況の要件を厳格に解しつつ、事後ではあるが反対尋問をなしうることを前提にやはり合憲とする。このように判例、学説はいわば近時のアメリカ法を先取りした形で、一律に２号後段の合憲性を肯定するが、共犯者の供述が類型的に疑わしいことは一般に認められていることからすると、共犯者が公判廷すなわち被告人の面前で供述を翻した場合に直ちに、自己矛盾の供述としてその検察官面前調書に証拠能力を認めることについてはなお検討の余地がある。
　共犯者が被告人の面前でも被告人に不利な供述を維持して被告人側の反対尋問の風雪に耐えたというのであれば、その証拠能力を認めることに何ら支障はない。ところが共犯者の検察官面前調書は、繰り返し指摘したように、宣誓による担保もなく外部から隔離された密室の取調室において作成されたもので、被告人をまきこむ点においてむしろ共犯者自身の利益に適う内容が記載されているのであって、しかも調書の供述内容に関する事後の反対尋問は必ずしも容易ではないのである。
　この点、米連邦証拠規則第801条（ｄ）（１）（Ａ）が以前の不一致供述を実質証拠として許容しつつ、いわば特信情況の存する「正式手続における宣誓下の証言」に限定し、捜査機関に対する供述を一般に除外したことは注目されてよい。
　事後の反対尋問でも伝聞性を払拭できるというのであれば、不一致供述の存在自体に疑問がない以上、その相手方いかんを問わずそれをすべて実質証拠として許容するのが論理的であり、しかも「時間的により早くなされた供述の方がより信用できる」という一面は否定できない。それにもかかわらず、宣誓下のものに限定すれば偽証罪で訴追されるおそれがあるため証人が後に供述を翻すことは稀となり実際上の意義に乏しいとの有力な反対意見を退けて「宣誓下の証言」に限定したことは、現実に公判で争われる不一致供述のほとんどは「微妙で時には厳しい圧力のある情況下でなされたもの」であり、これが不一致供述の許容性の範囲を限定した理由であるとのワインシュタイン判事の指摘とともに注目されるのである。宣誓による担保を重視したこともさることながら、訴追機関の面前における供述はいわゆる強制的雰囲気の下になされたもので信用性に乏しく事後の反対尋問の実効性も期し難いとしてこれを除外し、許容性の範囲を厳格に特信情況の存する不一致供述に限定したものと考えて差支えなく、わが国の学説の問題意識と共通するわけで興味深い。このほか、事後ではあるが反対尋問が可能であるから合憲性に欠けるところはないとする以上、反対尋問の要件は厳しくならざるを得ないわけで、両供述に関する反対尋問および再尋問の必要性を強調し、そして少なくとも一度は「全面的かつ効果的な反対尋問」の機会を被告人に与えなければ証人対審権を侵害したことになるとのアメリカ法の態度は、われわれにとっても有益な視点を提供しているように思われる。
　いずれにせよ、共犯者が被告人の公判で従前の供述を翻した場合に、特信情況の存在を肯定し直ちに検察官面前調書に証拠能力を認めるのは妥当ではなく、まず被告人側の反対尋問権が十分

に保障される必要があるわけで、被告人側に反対尋問の機会を与え、その間の事情がるる明らかにされた後で証拠としての採否を決定すべきである。ただ、被告人側の事後の反対尋問は被告人に有利に供述（証言）する共犯者に対しては困難であり、また共犯者の検察官面前調書は一般に信用性の情況的保障に欠けているとしても、それは証明力の問題として別途考慮すべきことであって、共犯者が公判廷に出頭して供述し、そして現に両供述に関して被告人側の反対尋問に曝されている以上、伝聞例外として以前の不一致供述に証拠能力を認めても憲法37条2項の証人審問権に違反しないと解するのが相当というべきであろう。

第5節　共犯者の自白と補強証拠

　わが国の判例、学説は一般に、公判廷におけると否とを区別せず、共犯者の自白は憲法38条3項にいう「本人の自白」に含まれるかどうかを問題にしているが、共犯者の法廷証言については格別、共犯者の公判廷外の自白についてはさらに憲法37条2項の証人審問権の観点から別途、補強証拠の要否を検討する余地があるように思われる。

　そこで以下、共犯者の公判廷における供述（証言）と共犯者の公判廷外の自白とに分けて、憲法38条3項および憲法37条2項の観点から補強証拠の要否について考えてみたい。

一　共犯者の法廷供述（証言）

　共犯者の自白と「本人の自白」とを同視する積極説もその内部においては種々の見解に分れるが、反対尋問の効果を必ずしも重視しないところに共通点がある。しかし、共犯者が公判廷で被告人に不利な供述（証言）をした場合には、被告人の反対尋問は十分に可能で、裁判官も両者の供述態度等を直接観察できるから、共犯者が反対尋問の風雪に耐え、そして裁判官が被告人有罪の心証を得たというのであれば、純然たる証人の場合と同様に、それを「唯一の証拠」として被告人の有罪を認定しても、少なくとも憲法38条3項に直接違反するとはいえまい。むろん、その場合でも自白偏重のおそれと誤判のおそれは残るが、共犯者の法廷供述（証言）があり、かつ被告人に十分な反対尋問の機会が与えられている限り、明文規定のない以上、「本人の自白」だけで被告人を有罪とすることを禁ずる憲法38条3項は共犯者の法廷証言に警告ないし補強証拠を不可欠とする英米法制とはその趣旨、沿革をまったく異にするから、それはまさに職業裁判官の「合理的な自由心証」に委ねることで足りると解するほかないという消極説の批判はその限りにおいて的を射ていることは否定できないからである。

　しかしながら、さらに翻って考えてみると、両者が異質なものであることは認めざるを得ないが、他方、わが法は英米法におけるようなアレインメントの制度を採用せず、自白禁忌の態度をより明確にしていることも否定できない。憲法38条3項の「本人の自白」に公判廷における自白が含まれるかについては争いがあるものの、刑訴法319条2項は「公判廷における自白であると否とを問わず」それだけでは被告人を有罪とすることはできないと規定し、このことを明らかにしているのである。英米法で共犯者の法廷証言につき補強証拠ないし共犯者の警告を不可欠とするのは、たとえ公判廷で被告人側の徹底的な反対尋問に曝されたとしても、他人に責任を転嫁するという共犯者供述の危険性は払拭できないということにつきる。被告人本人の自白は一般に信

用できるが、共犯者の供述はおよそ信用できず被告人側の反対尋問だけではその固有の危険性を除去するに十分ではないというのである。ところが、わが法は、このように危険きわまる共犯者供述よりも一般にはるかに信用性の認められる被告人本人の自白について、たとえ裁判官が被告人有罪の心証を得たとしても他に独立の補強証拠がない限り被告人の有罪を認定できないとして自由心証主義を規制しているのである。とすると、わが法が被告人本人の自白については補強証拠を不可欠としつつ、同時にそれよりもはるかに信用性に欠ける共犯者供述についてはその評価を裁判官の自由な判断に委ねているというのはまさに自家撞着というほかなく「全く考えらない」態度であると評して差支えあるまい。

　このようにみてくると、両者の異質性を強調するあまり、明文規定のないことから直ちに共犯者の自白は「本人の自白」に含まれない、したがって補強証拠を要しないと結論する消極説には論理の飛躍があるように思われる。むろん、共犯者には反対尋問が可能であるという構造上の相違は無視できないから、両者をいわば完全に同視して共犯者供述の補強証拠能力をも一切否定する見解は相当とは思われないが、少なくとも共犯者１人の供述を文字通り「唯一の証拠」として被告人を有罪とすることは認められないとする見解は現行法上も十分に可能な立論であるように思われるのである。わが国では英米におけると同様に共犯者供述の危険性それ自体は異論なく十分に認識されており、反対尋問の存在を強調する見解も「その評価は極めて慎重でなければならない。通常は、被告人が犯人であることについて共犯者の自白を裏づける他の証拠がない限り、その認定は、自由心証主義に反する不合理なものといわなければならない。ただ、つねに形式的に補強証拠が必要だというわけではない、というにとどまる」と指摘しているのである。ただ、「本人の自白」には公判廷における自白を含まないとする立場からは、共犯者であっても被告人本人の場合と同様に公平な第三者的立場にいる裁判官が親しくその供述態度を観察できるから、共犯者の公判廷における供述だけで被告人を有罪としても憲法には違反しないとの反論もありうるであろうが、仮に憲法38条3項は公判廷の自白には関知しないとの立場に立っても、そのことから直ちに共犯者の法廷供述についても同様であると断定できないのは、両者の異質性から直ちに共犯者の自白は「本人の自白」に含まれないとの結論が導き出せないのと同じである。

　いずれにせよ、共犯者の自白は「本人の自白」とは異質であることは認めざるを得ないが、より信用できる「本人の自白」についても自白偏重による自白強要の弊に陥ることを避け万一にも起り得る誤判を防止しようとする憲法38条3項および刑訴法319条2項の趣旨に照らし考えると、少なくとも共犯者１人の法廷証言を「唯一の証拠」として被告人の有罪を認定することには重大な疑義があるといわなければならず、その限りにおいて憲法上の明文規定を拡張して解釈適用することはあながち不可能とはいえず、団藤博士の主張は、現行法の解釈としても十分に可能な立論であるといえよう。

二　共犯者の公判廷外の自白

　共犯者が公判廷すなわち被告人の面前で以前の供述を翻した場合には通常、その検察官面前調書が特信性ありとして証拠採用されることになる。むろん、この場合にも被告人に反対尋問の機会が与えられるが、共犯者が公判廷で被告人に不利な供述を維持し、そして被告人側の徹底した

反対尋問に曝された場合であっても共犯者供述の危険性は残り「その評価は極めて慎重でなければならない」ことからすると、反対尋問の効果は一層期待し難いわけで、しかも被告人に有利に供述する共犯者に対する反対尋問は困難で、以前に作成された調書の供述内容に関する事後の反対尋問は「やりにくい」のである。共犯者の検察官面前調書を「唯一の証拠」として被告人を有罪とすることは憲法38条3項に直接違反する疑いが濃厚であるが、共犯者の法廷供述の場合とは異なり、さらに憲法37条2項の観点からもその合憲性を再検討する必要がある。

　共犯者の公判廷外の自白であっても「本人の自白」とはいえず、両者はやはり異質なものであることは認めざるを得ないが、憲法38条3項および刑訴法319条2項の趣旨は、まさに共犯者の公判廷外の自白にあてはまることも否定できないのである。田宮教授が、共犯者の公判廷外の自白には「本人の自白」に準じて補強証拠を不可欠と解すべきと主張し、そして最高裁内部の少数意見が、捜査当局による自白強要のおそれと捜査当局に対する迎合自白のおそれは共犯者の場合と被告人本人の場合とで差異はなく、むしろ共犯者の場合に一層強いと指摘するのも同旨のものといえよう。共犯者の検察官面前調書はいわば強制的雰囲気の密室で作成されたもので宣誓による担保もなく、しかも被告人をまきこむことは共犯者にとって不利益ではなくむしろその利益に適うことなのである。アメリカ法では共犯者の自白は利益に反する供述ではないとしても、日本法では利益に反する供述であると解すべきであって、したがってその信用性に欠けるところはないとはいえまい。他人をまきこむことによって自己の責任を軽減ないし転嫁したいというのはとりわけ犯罪者に共通する心理であって、さらに捜査当局が疑いを抱いている被告人をまきこむことで厳しい取調べを回避できるという利点のあることも無視できない。先の事例でも示されているように、被告人ならやりかねない——ここに陥穽がある——という捜査官の予断と共犯者の利害とが一致するところに共犯者供述の危険性がある。むろん、公判廷で供述を翻した共犯者に対しては、供述不能の場合とは異なり、事後にせよ反対尋問が可能であるから証拠能力を否定することは相当でないが、被告人に有利に供述する共犯者に対する反対尋問は奏功し難く、そして以前に作成された調書の供述内容に関する事後の反対尋問は容易でないことはわが国でも一般に指摘されていることを考えると、このような検察官面前調書だけで被告を有とることは、共犯者の法廷供述の場合よりもさらに一層違憲の疑いがある。したがって、2人以上の共犯者の検察官面前調書があっても、事態の本質に何ら異なるところはないから、それらを相互に補強証拠として否認している被告人本人を有罪とすることについても重大な疑義があるが、少なくとも特段の補強証拠なしに共犯者1人の検察官面前調書を「唯一の証拠」として被告人を有罪とすることは憲法38条3項に違反するというべきであろう。

　さらに、このように信用性の情況的保障に欠け、事後の反対尋問の奏功も期待し難い共犯者の検察官面前調書だけで被告人の有罪を認定することは憲法37条2項にも違反する疑いがある。わが国の学説が、自己矛盾の供述を実質証拠として許容する規定につき、事後ではあるが反対尋問をなしうるとしてその合憲性を肯定した限りにおいてアメリカにおける議論を先取りしていたといえようが、その後の議論の展開が十分でない。この点、近時のアメリカ法の動向は、共犯者の供述の証拠能力を厳格に解する平野博士の所説とともに、あらためて参酌してしかるべきと思わ

れる。平野博士は、必ずしも明確に憲法37条2項を正面に据えたものではないが、共犯者の供述録取書に関するわが国の実務の取扱いでは「被告人の反対尋問権は全く保障されない。したがって、まず、供述をした被告人の有罪を確定させ、その後に証人として喚問する外はない」と主張する。この見解——イギリスにおける実務慣行に酷似する——は、共犯者の自白と被告人本人の自白とを峻別しつつ、被告人の反対尋問権の保障を強調する点において、証人対審権の観点から共犯者の公判廷外供述の許容性の範囲を限定するアメリカ法の問題意識と軌を一にするものとして注目される。とりわけ、身柄拘束中の共犯者の自白は一般に利益に反する供述とはいえず、このような「信用性の微憑」に欠ける共犯者の自白を伝聞例外として被告人に「決定的に」不利益な証拠として許容することは修正第六条の証人対審権に違反するとの視点もさることながら、事後の反対尋問は十分でないとして共犯者の捜査機関に対する自白を除外して「正式手続における宣誓下の供述」に限定し、そして少なくとも一度は「全面的かつ効果的な反対尋問」の機会を被告人に与えない限り以前の不一致供述を実質証拠として許容することは証人対審権に違反するとのアメリカ法の態度は、被告人の反対尋問権の実質的保障ないし証人対審権を強調して、共犯者の自白の許容性の範囲を限定したものとして注目されるのである。

VI 取調べ状況についての証明

文　献

本江威憙「取調べの録音・録画記録制度について」判タ1116-4（2003年）6～8頁

1　真実に迫る取調べの実情

　この問題を検討するに当たっては、何よりも、捜査における取調べの実情を十分に把握し、理解することが不可欠である。

　現実の取調べにおいて、罪を犯している被疑者が真実を語るに至るまでには、プライドや差恥心、刑罰を受けることに対する不安・恐れ、何とか刑罰を免れることができないかという打算、自らの犯行に対する反省・悔悟などといった考えが心の中で渦巻く心理状態の中で、真実をすべて供述しようという気持ちと、なお否認を続けようという気持ちとの間で揺れ動きながら、取調官と様々なやり取りをするものである。その過程で、事件との関係の有無・濃淡が様々な供述、虚実入り交じった供述をしたり、覚悟を決めて、犯行に及んだこと自体は認めながら、その詳細については、自分に少しでも有利になるようになお虚偽の供述をすることもあれば、ひととおりの自白をしながらも、なおためらう気持ちから供述調書への録取は拒否することもある。

　このような被疑者から真実を吐露する供述を得るには、取調官が被疑者との間で信頼関係を構築し、被疑者の良心、真情に訴えかけ、真実を語るように説得することが不可欠である。誰であっても、一方的に、非難・叱責されるだけでは、自分に不利なことを供述しようとはしないであろうし、どのような犯罪にも理由や動機がある。取調官は、例えば、被疑者の生い立ち、境遇、家庭環境等を理解し、同情し、あるいは、事案によっては、事件の背景となった事情や他の関係者の行動等に触れながら、被疑者の心情や行動に理解を示すこともある。逆に、取調官が、自らの生い立ち、生き様をさらけ出し、1人の人間として被疑者に訴えかける必要があることもある。その中で、被疑者の気持ちを解きほぐしつつ、被疑者が真実の供述をすることができない様々な

事情を理解し、これを取り除こうとする。また、その一方で、取調官は、様々な角度から、被疑者に発問をし、その供述に、矛盾点等があれば、それを追及し、虚偽の弁解が通用しないことを感得させるのである。

その間の両者のやりとりは、まさに、生の人間同士のぶつかり合いである。その過程で、被疑者が取調官に対し、親しみを感じ、共感し、信頼感を覚え、少しでも尊敬の念を生じた時に、真実を吐露する供述がなされるのである。

2　取調べによる真相解明の困難化

ア　今述べたような真実に迫る取調べは、仮に、そのやりとりがすべて録音され、将来の公判で明らかにされるとしたら、被疑者も取調官も、取調べにおける一言一句が将来公判で再生されることを意識せざるを得ないことになる。そのような状況においては、被疑者が真実を述べることを期待することはもはやできないであろう。

犯人がほとんど物的証拠を残さなかった事件、被害者が死亡し、他に事件を知る者がほとんどいない事件、組織的・計画的に実行され、証拠の隠滅工作等の行われた事件など、犯人から真実の供述が得られなければ、その真相解明ができない事件は、現実に少なからず存在する。取調べの困難化は、このような事件の検挙・摘発を激減させるであろう。

イ　また、取調官と被疑者の間の信頼関係を構築し、また、取調官が被疑者に対し様々な形で説得を行う過程では、面者の極めて私的な事柄に触れることもあるし、時には、第三者の秘密に関わる内容に及ぶこともある。被疑者にとって、絶対に人には聞かれたくない内容の話をすることもままあるし、取調官としても、公になるという前提ではなし得ない、極めて私的な話をすることもあるのである。

このような会話は、その性質上、およそ録音には馴染まない性格のもの、記録が残ることが分かっていればなされ得ない性格のものである。

捜査以外の場面であっても、誰しも、友人等から秘密の話をきくときや、自らの悩み事等を誰かに打ち明けるときには、他の者に聞かれずに話ができるような時と場所を求めるであろう。ましてや、打ち明ける内容が犯行の自白であるとすれば、いきなり多数の者の前でこれを打ち明けるという心理状態になることは極めて稀であり、ほとんどあり得ないのではないか。これは、素朴ではあるが、経験に裏打ちされた、多くの捜査官の実感であろう。

会話内容が録音されていたとしても、その全容が必ずしも公判で明らかにされるとは限らないという点を理由として、録音されていることを前提としてもなおこのような会話がなされ得るという指摘もあるが、そのような見方は、この種の会話の性格を理解しない空論であり、到底賛成しがたい。

ウ　また、実際に取調べが困難になる具体的な例として、以下のような場合もある。

例えば、暴力団関連の事件などにおいて、取調べにおいては任意に自白しながらも、組織による報復を恐れて供述が調書に録取されることを拒む被疑者は、しばしば見られるところである。また、共犯者の中で最初に自白した者であっても、自分が最初に自白した事実が分からないようにして欲しいとして、供述調書の作成を拒んだり、供述調書の作成時期だけは他の共犯者よりも

遅くするようにして欲しいと希望する者もいる。さらに、公判提出を前提として供述調書にも署名し、その供述調書による事実認定が行われることも納得していながら、ただ、衆人環視の公判廷では立場上否認せざるを得ない被告人も現実にいる。

　このような事例は、捜査の実務に携わる者であれば、組織犯罪その他の様々な共犯事件でしばしば経験していることであるが、捜査段階における供述の状況が生の形で公判で再生されることが予想される、録音記録制度の下では、このような立場の被疑者が取調官に対して真実の供述をすることは、およそあり得ないことであろう。これは、この種の事件の捜査にとって致命的な問題である。

　エ　さらに、単独で重大事犯に及んだ被疑者であっても、例えば、被害者に対する申し訳ないという気持ちから罪を認めなければと思いつつ、犯行の動機・きっかけが非常に破廉恥なものであるため、あるいは、犯行の過程において恥ずべき行為に及んでしまったため、人にはそのことを知られたくはない、特に妻や子どもにはどうしても知られたくないという気持ちが一方にあって、真実を述べられないということもある。被疑者のそのような両様の気持ちを感じ取った取調官としては、まさに様々な形で説得を試み、被疑者としても、取調官を信頼するようになれば、つらい事柄を徐々に受け入れていくことができるのである。取調べの過程を録音録画することとすると、このような被疑者も、そのように、自分として知られたくない動機・行為を自ら語っている状況をいきなり公にし、それを最も知られたくない人にも知られることを覚悟しなければ供述してはならないということになる。これは、真実の供述に至る被疑者の心理状態を全く無視した制度といわざるを得ない。

3　取調べの全過程の開示の可能性

　ア　取調べの録音記録制度をとっても、任意性を疑わせる事情がない限り、関係者のプライバシー等に関わる部分や前述のような様々なやりとりが公開されることはないという指摘もあるが、そのような保障が存在しないこともまた明らかである。

　被告人が極めてプライベートな事柄等を自らの言葉で語ったという事実は、被告人が捜査官に心を開いていたことを端的に示すものであって、自白の任意性を裏付ける有力な一事情というべきである。したがって、例えば、被告人側が、録音された捜査官の片言隻句をとらえて任意性を争ったような場合、前記のようなプライベートな事柄等を語っている部分を証拠とすることは十分に考えられ、特に、そのような会話が自白に至る重要な契機となっている場合には、そのような部分を取り調べる必要性が高いとも言える。

　また、自白の任意性及び信用性を争う理由として、特定の日時の取調べではなく、取調べ全体として精神的圧力を感じたとか、取調べ全体を通じて誘導が行われた結果、供述に変遷が生じたなどと主張されることもある。このような事案では、取調べの全過程の録音が存在する以上、その大部分を検証するほかないであろう。

　そして、そのような可能性がある以上、捜査官としては、プライバシーに関わる会話等を通じて被疑者を説得することはできないこととなり、被疑者においても、捜査官に対して胸襟を開いた話をすることはできないであろう。その結果、取調べにおいて、捜査官が被疑者と信頼関係を

構築して真相に迫るという捜査手法はもはや断念せざるを得ないこととなるのである。

　イ　さらには、録音記録の公判での取調べに限らず、録音記録が証拠開示されることによる影響も考慮しなければならない。現在、司法制度改革の一環として、証拠開示の在り方についても検討が進められているところであるので、具体的な証拠開示のルールがどのようなものとなるかについては、今後の検討を待たなくてはならないが、少なくとも、供述調書の任意性、信用性が争点となれば、録音記録も、その全体が弁護側に開示されることとなる可能性が高いであろう。

　そうだとすると、たとえ公判で取り調べられなくとも、被疑者や取調官としては、弁護人等の関係者が録音記録全体を視聴することを意識せざるを得なくなり、胸襟を開いた会話はなし得なくなるものと考えられる。

　特に、先に述べたような、暴力団関連事件などの被疑者は、録音記録が弁護人に開示され得るとすると、組織関係者も、それを視聴することとなる可能性があるものと考えざるを得ないであろうから、この点からも、録音記録制度の下では、このような立場の被疑者が取調官に対して真実の供述をすることは、およそなくなってしまうものと考えられる。

文　献

デイビッド・T・ジョンソン（指宿信・岩川直子訳）「風向きを知るのにお天気キャスターは要らない――日本における取調べ録音／録画について合衆国と韓国から学ぶこと」法と心理 5 - 1 -57（2006年）58〜72頁

　Ⅱ　合衆国における取調べ録音／録画

＊　＊　＊

A　動向

　アメリカでの取調べ録音の要請は、テープレコーダの歴史とほぼ同時期に始まる（Drizin and Reich 2004: 620）。既に75年前に有名な Wickersham 委員会の「法執行機関における無法性に関する報告書」（1931）において、警察による戦略として広く用いられている拷問を抑制するために、「取調べ中に正確に何が起きたかを記録することが不可欠である」と論じられている（Drizin and Reich 2004: 622）。録音の必要性を最初に明確に指摘したのは警察自身で、1940年のことであった。取り調べに関してこれまでに公表された中で、もっとも初期のマニュアルのひとつにおいて W.R. Kidd は、「録音装置が入手可能な場合は音声の録音を、そうでない場合は速記用タイプライターを通して、取調べの逐語的記録を求め」ている（Leo 2005: 27）。その後の数十年間に、多くの改革者が Wickersham と Kidd と同じ意見を表明したが、大きな変革には至らなかった。

　アメリカにおける録音／録画の要請は、3つの主要な動機によって突き動かされてきた。それらは、警察の行き過ぎた取調べを防ぐことで虚偽の自白のリスクを減らす必要性、自白証拠の自発性と信頼性に関して調査官による正確な評価を可能にすることで、司法の運用を向上させる必要性、さらには警察とその警察が働く地域社会の関係を強化する必要性である（Drizin and Reich 2004: 621）。録音へのプロセスは長期にわたる「氷河期」を経て（Drizin and Reich 2004:

639)、1990年代にはその動向に大きな弾みがかかるのである。以下に、取調べ録音／録画がアメリカで義務化され習慣化されるまでの、過去数年間の大きな流れを簡単に示そう。いまだに改善の余地は多く残されているものの、「多くが成し遂げられた」(Drizin 2004)。

　現在、5つの州で、「何らかの形式で拘禁中の尋問の記録を州全体のレベルで行っている」(New Jersey Supreme Court 2005)。これに加えて、他の多くの地域でも、少なくともある種の犯罪に関しては録音／録画を義務付けるか、又は、録音／録画が習慣的に行われている。まず、録音／録画を採用している5つの州について考察してみよう。

・アラスカ州は、1985年以降、すべての重罪と家庭内暴力事件について録音／録画を義務付けている（州最高裁の命令による）。
・ミネソタ州は、1994年以降、重罪に限らず、すべての刑事事件において取調べの録音／録画を義務付けている（州最高裁の命令による）。
・メイン州は、2004年に、州法執行機関は取調べを録音／録画するよう、文書による規定の採択を義務付ける法律を制定し、次の年には、メイン州刑事司法アカデミーは最低限の基準を採用し、メイン州警察長官らは録音／録画政策のモデルを制定した。
・イリノイ州は、2005年7月18日付ですべての殺人事件における取調べの録音／録画の義務化を開始した（死刑に関する州知事の諮問委員会による勧告に準じて制定された法による）。
・マサチューセッツ州の最高司法裁判所は（2004年に）、被告の録音されていない供述が証拠として採用された場合は、請求に基づいて陪審員に指示を与えることを義務付けた。その指示は、被告の供述は「特別の注意」を払って評価されるべきであると陪審員に告げなければいけない。

　これらに加えて、他の5つのアメリカの州とコロンビア特別区でも取調べ録音／録画に大きな発展が見られた。

・ニュー・メキシコ州は、2006年から、すべての重罪事件で、「合理的に可能な場合」は取調べを録音／録画するよう警察に義務付ける法律を制定した。
・ニュージャージー州は、不法目的侵入罪から謀殺罪までの範囲の「前提犯罪（predicate crimes）」については、尋問全体を録音／録画することを義務付けることとなった（拘禁中の尋問録音／録画に関する特別委員会の州最高裁に対する勧告による）。これは殺人犯罪に関しては2006年1月1日から、その他の前提犯罪の場合には2007年1月1日から実施される。
・ロード・アイランド州は、終身刑が課される犯罪（謀殺、故殺、強姦、強盗、放火、児童に対する性的虐待）に関する取調べ録音／録画については、2005年6月に州上院が法案を通過させており、義務化の方向にあると見受けられる（Milkovits 2005）。
・ウィスコンシン州最高裁は、「将来的には、少年に対するすべての拘禁中の尋問については、可能な場合には録音／録画を、また、勾留場所で尋問が行われる場合には例外なく録音／録画すること」を最近義務付けている（Wisconsin v. Jerrell, 7 July 2005）。それから2ヶ月以内に、ウィスコンシン州議会は成人の重罪事件についても録音／録画を義務付ける立法を動議として提出した。この動議は民主党知事のジム・ドイルによって支持された。ロード・アイランド同様、この法案も制定される見込みである。(US State News 2005)

・テキサス州では、検察が、供述を刑事裁判上の証拠として請求する場合は、録音／録画を義務付けている。テキサス州法（1981）は尋問全体の録音／録画を義務付けてはおらず、裁判で用いられる供述のみについての義務化ではあるが、オースチン、コーパス・クリスティ、ヒューストン、サン・アントニオなどを含む多くの地域の警察は取調べ全体を録音／録画している。

・ワシントンD.C.では、ほぼすべての状況における凶悪な犯罪について、取調べのビデオ録音を義務化した。（2003年のワシントンD.C.議会の条例による）

　アメリカでの録音／録画への動向は、他の多くの地域へと広まってきている。録音／録画の国家的概略に関するもっとも包括的な研究は、元イリノイ州北地区の合衆国連邦検事で、現在はシカゴの法律事務所、Jenner & Block LLPでシニア・パートナーを務めるトーマス・P・サリバンによって行われたものであろう（Sullivan 2004a, 2004b, 2005a, 2005b, 2005c 参照）。サリバンは左派でも、法執行機関の利害に反する立場を取ろうとしているのでもないことは強調しておかなければならない。彼はかつて、アメリカでもっとも影響力のある検察官の1人であり、彼はいまだに「いくつかの例外を除いては、〔アメリカの〕警察は尊敬すべき存在であり、法を遵守している」と信じている。（Sullivan 2004a: 2）サリバンの研究によると、**41の州の260以上のアメリカの法執行機関**が「重罪の取調べにおいて、容疑者の拘禁中尋問全体を録音／録画している」。（Sullivan 2005c）サリバンは通常の調査テクニックを用いてこうした結果を得たのではない。彼の手法は、ミランダ警告の最初の言葉から、供述、あるいは自白の最後の言葉まで、**取調べ全体の録音／録画をとっていると彼が聞いた**、警察と保安官局のみを調査したのだ。サリバンの定義によれば、一定の種類の犯罪（たとえば殺人や強制わいせつなど）の取調べの50％以上で録音／録画されている場合にのみ、その警察局は録音／録画しているということになる。サリバンの研究はアメリカ全土の警察局すべてを網羅した一斉調査ではなく、また、半分以下のケースで録音／録画している警察局はカウントされていないために、実際に記録をとっている警察局の「本当の数」は、260よりもずっと多い（Sullivan 2004b: 25）。

　どれだけ録音／録画されているかは、アメリカの録音／録画への動向の強さを示す主要な尺度となる一方で、この改革に賛成の態度を表明したのは**誰**であるかもまた、注目すべきである。2004年にアメリカ弁護士連合会は、国家中の警察に対して取調べをビデオ撮影するように強く求める決議案を満場一致で採択した。（Drizin and Reich 2004: 640）イリノイ州、アリゾナ州、コネチカット州、ノース・カロライナ州の死刑に関する委員会も、同様の勧告をしている。2005年7月にウィスコンシン州最高裁が、州の法執行機関は青少年の拘禁中の取調べをすべて録音／録画するべきだと判断した際に、1人の裁判官はこの新しい規則には「明らかに成人も含まれる」とすら論じている。

　欠けのない「法と秩序」の信任状を有するアメリカの検察官もまた、録音／録画を支持している。彼らはそれが司法当局の妨げになるよりも、むしろ助けになることを認めているのである。一例を挙げれば、ロバート・モーゲンソーは1974年以来、7回にわたってマンハッタンの地方検事に当選しているが、その前には10年間、ニューヨーク南地区で連邦検事を務めた。アメリカ検察官の最古参として広く知られているモーゲンソーは、合衆国で「伝説的人物」あるいは「最高

の正義の象徴」とも呼ばれてきた（Toobin 2005）。彼はまた供述を記録するためのビデオ撮影利用における先駆者であり、それを（1990年の時点で）「過去20年間の法執行のなかで、もっとも意味のある発展」と呼んでいる（Drizin and Reich 2004: 645からの引用）。上記でその研究を概略したトーマス・サリバンのほかにも、著名な元検察官たちが取り調べの録音／録画を支持している。死刑に関するイリノイ州の知事諮問委員会でサリバンの共同議長であったスコット・トゥロー（2004）がその1人である。メリーランド州ではジャック・ジョンソン検察官がプリンス・ジョージ（ボルティモア市）の郡警察局に録音／録画の政策を採用するよう求めて圧力をかけている。フロリダ州では、ブラワード郡（マイアミ市）のマイケル・サッツ検察官がフォート・ローンダーデールの警察局とブロワード郡の保安官局に対して、録音／録画政策を採用するように強く求めている（Drizin and Reich 2004: 645）。ニューヨーク市では元警察官・検察官で、ブルックリンの地方検事職の選挙において、現職（チャールズ・ヘインズ）の対抗馬として立候補したアーノルド・クリスが、彼の選挙綱領の中軸に録音／録画の必要性を挙げている（Hicks 2005）。合衆国において取調べ録音／録画をもっとも熱烈に支持した検察官は、「ビデオ撮影は正義を実現する」と明白に確信していた、エヌバン郡（ミネソタ）地方検事のエイミー・クロブチャールかもしれない（Klobuchar 2002）。法学者については、アメリカにおける虚偽の自白問題の広がりについて異議をさしはさむ論文をいくつか執筆している保守派のポール・カッセルですら、裁判所が任意性と信頼性をよりよく判断するために、取り調べは録音／録画されるべきであると確信している。カッセルは（近年、連邦裁判官となった）また、ビデオ録画は、警察が自白を得る努力の妨げになることは**ない**と論じている（Cassell 1996; Cassell 1999）。

　合衆国の取調べ官を訓練する最大の機関である John E. Reid & Associates は、取調べ録音／録画に、並外れた絶大の支持を寄せている。今日に至るまで、Reid & Associates は10万人の警察官の尋問技能訓練にあたり、その技能の多くは自白を引き出すための巧みな操作とごまかしに頼っている（Leo 1996; Slobogin 2003）。1961年にはこのシカゴを拠点とする顧問会社のオリジナル・パートナー弁護士の1人であるフレッド・E・インバーは、取調室を公的な監視のために公開することに反対の意見を論じた（Inbau 1961）。それ以来、彼らが2004年に出版した尋問マニュアルの「ハウツー本」の第4版をも活用して、Reid & Associates は取り調べの録音／録画に激しく反対してきた。彼らの主張の理由は、カメラがあると容疑者に話をさせることが困難になる、というものであった。（Inbau et al 2004: 395）しかし、2005年2月に Reid & Associates は『面接と尋問の録音／録画のための実用的指針』というタイトルの本の執筆計画を公表し、驚くべき心境の変化を明らかにした。6ヶ月後にこの会社はさらに驚くべき公式発表をした。彼らは、インディアナポリスに基盤を置く通信技術会社であるワードシステムと、この会社の iRecord という取り調べ録音／録画のためのプロトタイプシステムを促進するというのだ。この会社が録音、録画のソフトウェアの使用法を顧客である警察に指導する際に、Reid 社の尋問技能訓練コースを採用することに同意することが、交換条件であった（Malarkey 2005）。アメリカにおける取調べ録音／録画の動向のリーダーの1人である、ノースウェスタン大学ロースクールのスティーブン・A・ドリジン教授によると、1960年代の初頭以降、警察を支配していた

Reid & Associates の理念に「急激な転換」があった。この会社の方針の変化は、市場の力の容認であったことが十分に考えられよう（Drizin 2005a, 2005b）。取調べ録音／録画は合衆国における成長産業となり、Reid & Associates もいまや、「負かすことができないなら、同調しよう」というアメリカ人の行動原理によって示されたアドバイスに注意を払った結果生まれる、その恩恵（と利益）を認めたように見受けられる。

＊　＊　＊

C　転向者

　合衆国における取調べ録音の福音は、ますます多くの警察による実施のみにあるのではなく、いったん録音／録画を開始すると、これによって彼らは不利益よりもむしろ益を得ると気づいた点にもあろう。その結果、多くのアメリカの警察が録音／録画主義の「転向者」となった。あるイリノイ州の警察官は、「我々が最初に［録音／録画を］始めたときは、私は『録音／録画中にしゃべる者などいるものか』と思ったものです。でも［被疑者たちは］それがそこにあるのを忘れていました……。私は最初、疑っていて、否定的でした。私は愚か者でした（Main 2005からの引用）」。反対に言えば、「いまだに録音／録画に反対し続けているアメリカの警察の大半は、ほぼ例外なく、録音／録画を試みたことのない者であろう。何年にも渡って取調べを録音／録画してきた警察がそれに関する疑いを表明しないにも関わらず、反対者は録音／録画に関する仮定の問題やその可能性について思いをめぐらせているのだ」（Sullivan 2004b: 18）。

　取調べ録音／録画に関するコスト・ベネフィットについて、2005年のニュージャージー州最高裁判決は、おそらくそれをもっとも包括的にまとめている。この中では、<u>取調べ録音／録画の12の主要な利点</u>について述べている。以下にそれを挙げる。

　1．録音／録画は取り調べ中に生じた事柄を正確で完全に提示するものである。（警察が取調べを最初から終わりまで記録した場合）

　2．録音／録画は判決をより信頼性のあるものとし（誤判の減少）、また、上級審による審査のために、より明白な記録を提供するものである。

　3．録音／録画は、ミランダ準則の許容性に関する申立や尋問の減少につながる。

　4．録音／録画が後に再検討された際に、当初、無関係と思われていた発言が時として、関連性を持つ場合があるため、録音／録画は貴重な捜査資料となる。

　5．録音／録画によって裁判件数が減り（より多くの被告人が有罪を認めるため）、また争われる公判前聴聞が減る。

　6．録音／録画は容認できない取調べ方法のリスクを減らす。

　7．録音／録画は警察官の信頼を保護し、高める。

　8．録音／録画は警察の時間の節約につながる。

　9．録音／録画によって、警察はメモを取るために中断する必要がなくなり、より効果的な尋問が可能となる。

　10．録音／録画によって、たとえ被疑者は自白をしてはいなくても、陪審は被疑者の返答に矛盾や変化を見て取ることが可能となる。

11. 陪審は被疑者の供述を聞く、あるいは、見ながら聞くことができるだけでなく、その態度を観察することもできるため、録音／録画は結果としてより完全な証拠としての事実状況を提供することとなる。

12. 録音は警察にとって、有益な訓練の助けとなる。

合衆国における取調べ録音／録画の説明の多くは、これがゼロ・サム解決法（一方の助けとなる事柄が、もう一方にとっては害となるため結果が相殺されること）ではないという点を強調している。録音／録画はむしろ、刑事裁判において、「正確な事実調査とより詳細な情報を得た上での判断に価値を置く、すべての人々の利益となるものである」（Leo 2005: 32）。これについては、以下に示す取り調べ録音／録画の<u>6つの効果</u>によって説明されよう（Leo 2005:）。

1. 録音／録画によって事実認定が促進される。
2. 録音／録画は正当性を欠いた州の権力をチェックする手段を提供する。
3. 録音／録画は法的権利を促進する。
4. 録音／録画は警察の価値ある手段である。
5. 録音／録画は時間と金銭の節約になる。
6. 録音／録画は取り調べのプロセスを専門化する。

録音への要請が始まった数十年前から、アメリカの警察は３つの主要な反対意見を表明してきたが、そのどれもが説得力を有してはいなかった。第１の、もっとも頻繁に聞かれる反対意見は、拘禁中の取り調べ録音／録画によって自白と有罪判決が減少する、というものである。こうした恐れは、経験上、根拠がないことを複数の調査が示している。トーマス・サリバンによる238の警察機関の分析では、「録音／録画装置の使用は被疑者がそれを知っていても、警察官が全面的な、また、個々の不利益な事実の自白を、罪を犯した被疑者から得ることの妨げにはならない」としている（Sullivan 2004b: 10）。実際に、アメリカの多くの状況下で、警察は「伝統的な（録音／録画していない）取調べ上で得るよりも、より多くの罪を証明するような情報を、録音／録画中の被疑者から得ることが可能である」（Sullivan 2004b: 12）。端的に言えば、合衆国での取り調べ録音／録画は、「［法執行機関が］、個々の不利益な事実に対する自白や、あるいは全面的な自白、または協力を得る手腕には影響を及ぼさない」（Sullivan 2004b: 19）のである。

取調べ録音／録画に対する第２の反対意見はコストの問題であるが、これもまた、根拠のない懸念である。サリバンの研究は、録音／録画にかかる出費と節約することになる費用の種類をまとめている。取調べ録音／録画が開始されれば、大半の出費は（機材、録音／録画のための部屋、技能研修）初期段階に発生し、機材がそろえられ、警察がその使い方を習得した後に、支出は減少する。それに対して、節約される費用――警察の権力乱用、強制、偽証に関する申し立ての減少、検察に対するより明確な証拠、公判前の証拠排除申立の減少など――は録音が続く限り継続する。サリバンが合衆国中の警官と交わした何百という会話の中で、「出費が負担であると語った者はほとんどおらず、また、出費が録音／録画を取りやめる正当な理由になると示唆したものは誰もいなかった」（Sullivan 2004a: 24）。さらに基本的な事柄としては、「［アメリカの警察の］多くは、コストがどうであれ、録音／録画が罪を犯した者に対する有罪判決を揺るぎないものと

し、無実の者の有罪判決を回避させてくれるのだから、拘禁中の取調べ全体の録音／録画は行われるべきであると確信している」（Sullivan 2004a: 23）。

　第3の、最後の反対意見は、陪審が警察の取り調べ戦術を目にして気分を害し、裁判上で州側を「罰」するのではないか、というアメリカの警察の恐れであった。サリバンの調査はこの「伝説」についても一掃している。取調べというのは醜悪になる可能性があり、目的は明確ではあるが、それにいたる工程には食指がまったくそそられないソーセージ作りと関連付ける者がいるほど、見苦しいものである。それにもかかわらず、アメリカの陪審員は取調べ中の警察のわめき声やごまかしの場面を見ても、めったに気分を害すことはない、とサリバンは述べている（Sullivan 2004a）。同様に、録音／録画を用いた被疑者取り調べのために国中の警察官の訓練に当たっている、ミネソタ州の警察主任、ニール・ネルソンは「陪審と裁判官は、拘禁中の取調べが朝飯前ではないと理解していることに、私ははっきりと気づきました。」と述べている（Wills 2005より）。サリバンはさらに調査の中で、録音／録画が「供述と自白を控える防御行動の数を劇的に減らす」ことを示している。これはもし、被告側の弁護士が、録音テープは陪審が異議を申し立てるような警察の行為を示していると確信するなら、起こりえないことである（Sullivan 2004a: 8）。録音／録画は警察を陪審の批判を受けやすい立場におく、というよりはむしろ、「威圧、ごまかし、偽証といったいわれのない申し立て」から警察自身を守るべき事態を回避してくれることのほうが多いのである（Sullivan 2004a: 16）。

　つまり、録音／録画に関するもっとも一般的なアメリカの反対意見は、入手可能な証拠によって論破される。取り調べの録音／録画は、この手法を取り入れてきたアメリカの警察局の圧倒的多数によって、彼らにとっての「効率的で強力な警察の武器」であることが実証されているのだ（Sullivan 2004a: 6）。**録音／録画方法**について現在の研究は、音声録音は優れているものの、ビデオ録画の方が勝るという点で一致している。また、取調べ全体（自白部分のみではなく）の録音／録画の重要性と、可能であれば、状況の全体像をつかむため、被疑者と取調官双方を複数のカメラで録画することの重要性についても示されている（Lassiter 2004）。実際にどう機材を用いようとも、鍵となるのは、録音／録画――スポーツ中継のテレビ画面上で行われるリプレイの警察版ともいえよう――は「［それを］用いたことのある事実上すべての警官が熱烈にその導入を支持するほど」警察に役立つものである、という事実である（Sullivan 2004a: 6）。これがアメリカの現実である限りは、警察における「転向者」は増え続ける一方である。

＊　＊　＊

Ⅲ　東アジアにおける取調べ録音
＊　＊　＊

B　韓国

　中国の例は興味深くはあるが、韓国の取調べ録音／録画の動向はそれ以上の注目に値する。それは単に、中国よりもさらに進んでいるというだけの理由ではなく、日本と韓国の刑事司法制度は類似性が大変に高いため、韓国の例を日本の録音／録画に対する反対意見の検証に用いることが可能だからである（Hongo 2003）。日本は1910年に韓国を併合し、1945年までは「日本の刑事

司法制度はこの国のあらゆるところで主流であった」(Chung 1982: 145)。多少の戦後の改革にも関わらず、韓国の刑事司法はいまだに多くの重要な点において、日本の刑事司法と類似点を有しつづけている。双方の制度において、尋問時間は長く、自白は「証拠の要」と見なされ、検察官は巨大な権力を有しており（韓国の検察は警察を統轄する力がより強いため、日本よりも韓国の検察のほうがより大きな権力を有している）、法曹界の規模は小さく、有罪判決は高率で、起訴が終わるまでは保釈の権利はなく、刑事訴訟手続きの重要な特徴的部分に関して改革の動きがある (Moon 1995; Cho 2002; Johnson 2004b; Johnson 2005)。これらの類似点にもかかわらず、韓国の検察は録音／録画には、対照する日本とはまったく正反対の態度ともいえる立場を取ってきた。実際、韓国の検察は、録音／録画運動の最前線とよばれてしかるべき、熱心な擁護者となっている。ここでは、こういった状況に至るまでの段階について述べる。

筆者は2005年6月に「韓国の司法制度改革のために合衆国と日本から得られる教訓」に関して講義をするためソウルを訪れた (Johnson 2005)。滞在中、韓国のいくつかの地域の検察は、もう2年近くにもわたって拘禁中の取り調べを録音／録画してきており、さらに、韓国ではアメリカよりも迅速に録音／録画が広まっていることを知った。この風潮の背後で、もっとも重要な原動力となった人物のひとりである Kim Jong-Ryal 検察官は、「今後2年間、もしくは3年以内には確実に、韓国のすべての検察官局で取調べ録音／録画が行われることになろう」と予言した（筆者が2005年6月15日に行ったインタビュー）。Kim 氏はさらに、録音／録画のより早期の実現に対する主要な障害は、機材と取調室の改築にかかる追加的な資金の必要であると断言した。これらのコストは高額ではないものの、今以上の予算を得るには「しばらく時間がかかる」とのことであった。2005年6月の時点では、Kim 氏によると「約70％」の韓国の検察は取り調べ録音／録画を支持しており、この数字は以下のIII章Cで説明する理由によって、このインタビューが行われる直前の数ヶ月間に著しく伸びた、ということであった。

韓国において、録音／録画に対するもっとも強い抵抗は、ビデオは証拠として認めるには「強烈すぎ」て「抵抗しがたい」と信じる裁判官と弁護士らによるものであった。つまりこれは、録音／録画によって警察の有利に偏りすぎ、したがって既に国家の利益に有利に働いている韓国の刑事裁判手続上、優位さの不均衡をより悪化させることになるという反対意見である (Cho 2002)。注目すべきことに、これは、録音／録画が警察にとってマイナスとなるという、日本における反対者たちからもっとも頻繁に聞かれる懸念とは、正反対である。韓国の裁判官の中には、現在の裁判で頻繁に見られるように、検察に進行を「牛耳られる」状態を続けるのではなく、裁判官がもっと「主導権」と「責任」を担いたいという願いから録音／録画に反対する者もまた、存在する（筆者の行ったインタビュー）。多くの法学者らがそうであるように、韓国の法曹界の一部分も、同様の理由から録音／録画に反対している (Weisbart 2005)。これらの3種類の「抵抗者」はすべて、検察が録音／録画を公平に、正確に行うことについて、不信の念を抱きすぎているのだ。より根本的な事柄は、これらの抵抗者すべては、韓国における裁判が（現在、頻繁に見られるように）検察の取り調べ結果を単に承認する儀式として機能するのではなく、真の判定が行われる場となり得るように、それが書面上に書かれたものであろうと、CDに録音された

ものであろうと、取調べで引き出された情報が、証拠としては排除されることを望んでいるのだ。こうした抵抗にも関わらず、韓国の検察庁は2004年に12の取調べ録音／録画室を、2005年の最初の6ヶ月にはさらに42を建設した。筆者が訪れたソウル南地区検察局には、最先端のデジタルカメラとレコーダーが備え付けられ、取調べと面接の様々な種類の手続きに従って操作されていた。韓国の検察は、この改革の成果としての録音／録画の効果を調べることに大変熱心である。その結果を、彼らは筆者に、これまでのところの録画された取調べと裁判の結果と対比し、要約した表として示してくれた。これまでのところ、録画はめったに被疑者による供述の妨げにはならない。2004年12月24日から2005年5月31日までにソウル南地区局で録音／録画された531件の取り調べのうち、カメラの存在が影響を与えていると見受けられた被疑者は2人だけで、そのうちの1人は、取調べがテレビ放映されるのかどうかを知りたがっただけであった（筆者が2005年6月に行ったインタビュー）。

　韓国の取調べ録音／録画に対する最初のステップは、2002年5月に、Kim Jong-Ryalが最高検察局において彼の上司に対して提議を提出したことに始まる。最初は「被疑者は口をつぐむだろうから、録音／録画すれば我々は困ったことになる」といったつめたい受け止められ方であったが、Kim氏は結局、原型となるモデルを作成する許可を得る。2003年4月に、取調べを録音／録画する最初の取調べ室が創設される。その2ヵ月後、38名の検察官からなる「科学捜査研究チーム」が組織される。Kim Jong-Ryalと彼の同僚であるBaek Seong-Min（現在はYonsei大学の法学教授）がその責任者であった。その後の数ヶ月間にこの研究チームは、英国、オーストラリア、ドイツ、香港、合衆国（シカゴ、ヒューストン、ニューヨーク市）に調査団をおくり、他国の異なった状況下で、録音／録画がどのように機能するかを学んだ。まもなく、この研究チームは拘禁中取調べ録音／録画に関する、世界最良の比較データバンクとも言えるものを作り上げた。これらの多様な地域で録音／録画の導入を駆り立てた状況としてKim Jong-Ryalは「この傾向はいずれにおいても驚くほど似通っている」と確信している。録音／録画は、誤判や公務員による違法行為が社会の関心を引き起こした際に、始められているのだ。

　2004年1月に、韓国の検察長官は、科学捜査調査チームの提案を認め、次の段階に進むこととなった。翌月に、10の検察局において試験的研究が始められた。2005年の6月までには、検察庁に54の取調べ録音／録画施設が創設され、韓国警察は、彼ら独自の録音／録画施設の設置方法について、検察に意見を求めていた。その直後に、警察は、2005年11月に警察自身による取り調べ録音／録画の試験的研究を開始する計画を発表し、彼らは既に、2006年に録音／録画を拡大するために必要な経費を確保した。

　韓国には約1500名の検察官が存在する。Kim氏によると、平均すると検察官2名に対して1台の録音室が必要である。韓国の検察官の多くは刑事事件の取調べには関わらないことから、検察庁は、被疑者の取り調べのために「普通の」部屋が400から500室（1部屋に付き＄10,000）、被害者、目撃者、又は対面インタビューのために「快適な」部屋が80から100室（10名の検察官に付き1部屋の割合で、1室に付き＄15,000）、そして、児童、女性、障害者、その他の「傷つきやすい」者の面接のために「特別な設備を備えた」部屋が55室（ひとつの検察庁の建物に付き

1部屋の割合で、1室に付き＄25,000）必要であると概算している。合計＄7,875,000の取調室の費用に加えて、Kim氏は、個々の取調室の電子装置に約＄3,500が必要である（655室×＄3500＝＄2,292,500）と見積もっている。彼は、CDのコストは1枚につきほんの「10セント」であると、付け加えている。「これは取るに足らない金額」である。つまり、検察庁の録音／録画改革にかかる総支出は約1千万ドルで、これはこの組織が時として個々の事件を調査するために支払う出費よりも少ない金額である。Kim Jong-Ryalは「コストはまったく問題ではない」としており、他の検察官も同意見である。（筆者が2005年6月に行ったインタビュー）

　筆者がソウルを発った数日後、ロッテ・ワールドホテルにおいて「捜査尋問の電子録音／録画に関する国際シンポジューム」が最高検察局によって開催された（2005年6月21—23日）。これを組織したのは最高検察局の検察官、Lee Yung-Sang氏であった。このシンポジュームにおいて、合衆国、オーストラリア、英国、台湾、韓国の法律の専門家らが、それぞれの地域においてどのように録音／録画が行われているかに関する情報を報告した（最高検察局2005）。発表者の中に欠けていたのは日本からの代表者であった。刑事司法において日本と韓国の検察官が果たす役割は類似しているにも関わらず、取調べ録音／録画に対しては、この2つの国が採用してきた態度は大変に異なっている。

VII 問題

問題8−1　日系ブラジル人殺人事件Ⅰ

　7月10日早朝、西早稲田市本町4丁目の児童公園で日系ブラジル人、カルロス・サトウ（30歳）の遺体が発見された。後頭部を鈍器のような物で強打され、頭蓋骨は陥没骨折しており、死因は外傷性硬膜下血腫であった。近隣住民への聞き込みによると、同日未明に児童公園付近でポルトガル語で言い争う数名の日系人男性が目撃されていた。

　同月11日、警察は、現場から2キロメートルほど離れた西早稲田市北町2丁目で雑貨店を営む日系ブラジル人アーネスト・タナカ（35歳）を職務質問した。旅券も外国人登録証も所持していなかったことから、警察はタナカを出入国管理及び難民認定法違反（旅券不携帯）[3]の容疑で現行犯逮捕した。タナカは、永住ビザを持ち妻子とともに5年余り現住所に居住し、雑貨店を営んでいる。警察は、タナカの人相や年恰好がサトウと口論していた日系人とよく似ていること、さらにタナカとサトウの間に金銭トラブルがあったという情報を得ていたことから、サトウ殺害の容疑者の1人としてタナカをマークしていた。

　同月13日、管轄地方裁判所の裁判官は入管法違反について勾留状を発布した。捜査官は同法違反については15日までに取調べを終え、16日からは連日サトウ殺しについての取調べを行った。タナカは容疑を否認していた。取調官は「君がサトウと一緒だったのを見た人がいる」「サトウの着衣から君の汗と同じ成分が見つかった」「素直に認めればブラジルに帰らせてやる」などと告げたが、これらはいずれも事実ではない。連日10時間以上の取調べがなされた。そして、逮捕から10日たった7月20日、アーネスト・タナカはこう述べた。

　「やったのはロベルトだ。僕じゃない。」

注3）　法定刑は10万円以下の罰金（入管法76条1号）。

タナカの供述によると、サトウに100万円ほど貸したが、約束の期日になっても返済されず、何度催促してもらちがあかないので、日系人仲間のロベルト・イトウに相談した。事件の日はサトウを公園に呼び出して3人で話し合っていた。そうしたところ、イトウとサトウが口論となり、イトウが金属バットでサトウを強打した、というのである。

　タナカは、イトウと共謀してサトウを殺害したという殺人の共謀共同正犯の訴因で起訴された。タナカは無罪を主張した。検察官はタナカの7月20日付警察官調書を証拠として請求した。この供述調書の証拠能力を検討せよ。

第9章 排除法則

違法に収集された証拠を排除する規則は、証拠の価値（関連性）とは無関係な——証明手続の信頼性の確保とは異なる——ほかのポリシーを貫くために証拠を排除するルールのひとつである。ウィグモアはこのような排除規則を「外的政策の規則」（Rules of Extrinsic Policy）と命名分類した。例えば、証言拒否権や黙秘権などの特権に基づく証拠排除のルールは、業務上の秘密や憲法上の特権の保護というような個別の政策に基づいて、証明力のある証拠を排除するのである。違法収集証拠排除のルールも、政府による違法行為を抑制し司法の尊厳を保持するという政策を貫徹するために、証拠価値に問題がないと思われる証拠を排除する。

　わが国の最高裁判所は違法があれば即排除するという立場をとらず、「令状主義の精神を没却するような重大な違法」がある場合に限って証拠排除を認めることにした。このような限定の背後には、排除規則によって排除される証拠は証明力に問題のないものであり、それを排除することはすなわち有罪の犯人を逃がすことに繋がるのであって、「事案の真相を明らかにし、刑罰法令を適正迅速に適用実現する」（刑訴法1条）という刑事裁判の目的と拮抗するという認識があることは明らかであろう。

　本章では、この排除法則の根拠とその適用範囲、適用の際の諸問題を検討する。

I 排除法則の趣旨

文　献

井上正仁『刑事訴訟における証拠排除』（弘文堂、1985年）7〜13頁

　法規に反して獲得された証拠も罪証に供することができるかという問題は、既に当初の大審院判例に現われている。

　それは、主に、非現行犯事件において無権限の検事または司法警察官吏によって行なわれた強制処分の結果として得られた証拠に関係しているが、その点で、大審院は、問題の証拠が違法な処分に関し作成された調書その他の報告的書面である場合と、それが違法な処分の過程で獲得された独立の証拠物である場合とを区別し、前者についてはその証拠能力を否定するのに対し、後者についてはこれを肯定するという態度を採った。

　まず、前者に関するものとしては、大審院明治26年12月18日判決がある。

　「警察官ハ非現行犯ニ在テハ検証及ヒ尋問調書ヲ作ルノ権能ナキ勿論ナリトス今盗難事件調書ヲ見ルニ……本件ハ非現行犯ナルニモ拘ラス警察官ハ其犯処ニ臨ミ検証調書ヲ作リタル……モノニシテ則違法ノ書面タルヲ免レス然ルニ原院ニ於テ右検証調書ヲ以テ断罪ノ証ト為シタルハ違法ノ裁判〔なり〕」［刑録明治26年263頁、266〜267頁］。

　また、大審院明治27年4月27日判決は、「第一審判決ニ於テ引用セラレタル医師ノ鑑定書ハ非現行犯ナル本件ニ於テ司法警察官カ徴シタルモノ……ナレハ以テ断罪ノ証拠ニ供シ得ヘカラサル違法ノ書類ナリ」という弁護人の主張を容れ、「原裁判所カ、……〔そ〕ノ鑑定書ヲ採テ断罪ノ証拠トナシタル第一審判決ヲ相当トシ……タルハ不法ナリ」として、原判決を破棄している［粋誌9巻84頁］。

　このほかに、同旨のものとして、非現行犯の場合に巡査の命令に基づき医師が作成した診断書を「違法ノ鑑定書」として斥けた大審院明治27年5月25日判決［刑録明治27年217頁］、非現行犯

事件に関し司法警察官が作成した検証調書を「職権外ニ作リタル無効ノ調書」と断じた同明治28年7月5日判決〔刑録1輯1巻46頁〕、それに、非現行犯事件にも拘らず検事が行なった検証およびその命令に基づく鑑定の結果作成された検証調書ならびに鑑定書を「無効」と判定した同明治28年11月7日判決〔刑録1輯4巻51頁〕などを挙げることができる。

これに対して、後者についても、明治20年代に既に2つの判例が存在した。まず、大審院明治27年5月24日判決は、予審判事が警察官に嘱託して虚偽貸借の証拠物件たる契約証書を押収させたという事案につき、次のように断じた。

「予審判事カ警察官ヲシテ之ヲ押収セシメタルハ違法ノ処分ヲ免カレサルモノトスルモ警察官ヲシテ更ニ調書等ヲ作成セシメタル場合ト異リ其押収ノ物件其レ自体ニテ既ニ証拠タルノ効力ヲ具備シ居レハ原院カ之ヲ以テ断罪ノ資ト為シタルハ不法ノ裁判ニアラス」〔刑録明治27年197頁、201頁〕

更に、大審院明治27年11月19日判決は、非現行犯事件にも拘らず憲兵によって押収された偽造の公所印につき、次のように判示している。

「押収物件ノ如キハ其物件自体カ証憑タルヘキモノナレハ押収手続ノ当否ニ依リ其効力消長ヲ来スヘキモノニアラス」〔刑録明治27年430頁、434頁〕

このように、既に明治20年代に判例の立場は確立していたといえるが、そのような立場はその後も堅持されている。例えば、右の前者の範疇に属するものとしては、非現行犯事件に関し司法警察官たる森林主事が行なった差押の結果を記載した実況書の証拠能力を否定した大審院（第一刑事部）明治38年5月1日判決を挙げることができる。

「実況書ニ記載セラレタル証拠物件ヲ差押ヘ……タル事実ハ明カニ捜査処分ノ範囲ヲ脱シ予審処分ニ属スル行為ヲ為シタルモノナレハ其行為ハ法律ニ背違シ其結果ヲ記載シタル同実況書ハ無効タルヲ免レス」〔刑録11輯461頁〕

このほかに、非現行犯事件において司法警察官がなした差押に関する書面を「違法ノモノ」として斥けた大審院（第二刑事部）明治40年1月21日判決〔刑録13輯25頁〕、ならびに、非現行犯事件に関し司法警察官たる林務官が作成した検証調書およびその付属図面を「法律上無効」とした同（第一刑事部）明治44年7月11日判決〔刑録17輯1433頁〕などが存在する。

他方、後者についても、例えば、大審院（第一刑事部）明治32年1月27日判決を挙げることができる。それは、非現行犯である誣告事件に関し巡査によって押収された被告人の手帳について、次のように判示した。

「仮令巡査カ違法ニ本件ノ手帳ヲ押収シタリトスルモ之レカ為メニ其手帳カ証拠力ヲ失フヘキ理由ナキヲ以テ押収ノ違法アルト否トニ論ナク苟クモ法廷ニ顕ハレタル物件ヲ採テ断罪ノ資料ト為スハ事実裁判所ノ職権ニ属ス」〔刑録5輯38頁、39～40頁〕

また、大審院（第二刑事部）明治43年2月21日判決も、非現行犯である堕胎事件に関し司法警察官によって共犯者の許から押収された鍼につき、同様の考え方を示している。

「従令論旨ノ如ク不法ニ押収セラレタリトスルモ苟モ該物件カ公廷ニ於テ適法ノ証拠調ヲ経タル以上ハ裁判所ハ之ヲ証拠トシテ採用スルモ違法ニアラス蓋シ物件ノ証拠力ハ其物件自体ニ存ス

ルカ故ニ其押収手続ノ適法ナルト否トハ因ヨリ之ヲ左右スルモノニアラサレハナリ」〔刑録16輯283頁、287頁〕

* * *

　同様の考え方は、非現行犯事件に関する無権限の処分以外の違法行為が問題となる場合にまで及ぼされているのである。例えば、大審院（第一刑事部）明治37年5月6日判決は、予審判事が夜間「衆人ノ出入スル場所」ではない住宅に臨み行なった夜間の捜索（旧々刑訴104条3項、78条3項違反）について、次のように判示した。

　「〔その〕家宅捜索ハ刑事訴訟法……ニ反シタル違法ノ処分ナルヲ以テ無効ナリ随テ右違法処分ニ基キ作製セラレタル家宅捜索書モ亦無効ナ〔り〕」〔刑録10輯996頁、999頁〕

　また、大審院（第一刑事部）明治41年12月22日判決は、法定の立会人の立会を欠く司法警察官による臨検（旧々刑訴147条、144条、92条2項違反）は無効の処分であり、その際作成された医師の診断書も無効であって、「適法ノ証拠タルヘキモノニ非ス」と断じている〔刑録14輯1153頁〕。

　他方、大審院（第二刑事部）明治32年4月11日判決は、所定の立会人を立ち会わせないで予審判事が行なった家宅捜索（旧々刑訴104条2項違反）について、次のように述べた。

　「仮令差押ヲ為シタル手続ニ瑕疵アリトスルモ之カ為メ差抑ヘタル書類其モノノ無効タルヘキ謂レナ〔し〕」〔刑録5輯4巻41頁、42〜43頁〕

　また、大審院（第一刑事部）大正2年11月28日判決も、同様の事案について、次のように断じている。

　「物件差押ノ違法ナルト否トニ拘ラス苟モ其物件ニシテ証拠力ヲ有スル以上ハ裁判所ハ之ヲ断罪ノ資料ニ供スルヲ妨ケス」〔刑録19輯1336頁、1340頁〕

　このように、大審院の判例は、違法、無効な処分の結果作成された調書その他の報告的書面は証拠として使用し得ないが、それ自体に固有の「証拠力」が存する物件は、それがたとえ違法な処分の結果獲得されたものであっても、罪証に供することができるという立場を、一貫して採ってきた。前者の場合には、作成行為、従ってまた、その前提とする処分なしには、その存在はあり得ない。しかも、それは、当該処分の経過およびその過程で得られた事実認識についての記述をその内容とする。それ故、その処分が無効、すなわち、法律上行なわれなかったも同然に看做されなければならないときには、調書その他の報告的書面も、法律上作成されなかったも同然に、看做されなければならず、また、内容的にも意義をなさないもの考えられなければならない。これに対して、後者は、処分以前に既に存在するものである。従って、証拠能力の有無は、その物件自体について問われるべきであって、それ自体に固有の「証拠力」が認められる限り、それは処分の有無に拘らず本来証拠たり得るものであるのだから、処分が違法、無効であるからといって、そのような資格を失うべき理由は存在しない。このように考えるのであろう。

　従って、報告的書面以外の物件でも、それ自体に固有の「証拠力」が存せず、当該処分を待って初めて証拠たり得るものである場合には、その処分が違法、無効であることを理由に排除されることになる。この点で、大審院（第一刑事部）明治40年2月26日判決は、予審終結決定を行なった判事が、公判手続において受託判事として検証をなし（旧々刑訴40条4号違反）、証拠物件

たる杉丸太に極印が打ち入れてあるかどうか、および、その極印の同一性を確かめた上、その極印のある部分を切り取ってこれを領置したという事案について、次のように判示している。

「其処分ハ法律上無効ニ帰シ之ニ依リテ得タル証拠ハ其自体ニ於テ独立ノ証拠力ヲ有スル証拠物件タラサル限リハ法律上証拠タルノ効ナキモノト謂ハサルヘカラス而シテ……右受託判事ノ送致ニ関ル証拠物件ハ独立シテ……証拠力ヲ有スルモノニ非スシテ受託判事ノ検証処分ト其判断トヲ俟テ始メテ証拠タルヘキモノナレハ該判事ノ処分ニシテ不法ナル以上ハ右物件ノミヲ以テ有効ノ証拠ト為スコトヲ得ス」［刑録13輯241頁、243～244頁］

以上にみたように、大審院の判例は、30年近くの間、一貫した態度を保ってきた。ところが、大正末以降になると、この問題を取り扱った判例はふっつりと跡絶えてしまう。少なくとも、公刊の判例集にみる限り、その事例は皆無である。しかし、これは、判例の立場の変化を意味するものでないのはもちろん、捜査実務の改善に因るものでもないであろう。むしろ、大正11年に制定された旧刑訴により捜査機関の強制処分権が拡大されたことの反映と見るべきであるように思われる。その下においては、警察官および検事は、現行犯事件以外にも、いわゆる「要急事件」について強制処分権を認められ、しかも、独自の権限が存在しない場合にも、予審判事の令状を得て押収や捜索を行なうことが可能となったために処分が違法とされる範囲が狭まり、また、処分の違法性を証明することが困難となったのである。

判　例

最3小判昭24・12・13裁判集刑15-349（匕首事件）

［刃渡り30センチの匕首を所持したという銃砲等所持禁止令違反事件。弁護人は、上告趣意の中で、旧刑訴171条によって現行犯が現在する住居内での捜索押収の権限が認められるのは検事または司法警察官のみであるところ、巡査作成の凶器捜査報告書によれば、本件短刀を押収したのはこの権限のない司法警察吏（巡査）であり、かつ、同巡査は保管者の承諾なしに強制的に短刀を押収した、そして、司法警察官たる警部補が押収した旨の記載がある押収調書には不自然な訂正箇所がいくつも見られ、これは後から捏造されたものである、などと主張した。その上で、刑訴171条「ヲ訓示規定ト称シ、之ニ違反スル行為ハ不適法ナルモ無効ニ非ズトセンカ捜査官憲ハ安ンジテ同法条ニ違反シタ強制処分ヲ行ッテ、ソノ結果タル訴訟資料ヲ有効ニ裁判所ニ提出デキルコトトナリ、憲法33条ノ保障スル基本的人権ハ有名無実ト化スルニ至リマス。＊＊＊従ッテ、カカル違法手続ニよって押収サレタ物件ガ証拠物トナルベカラザルコトハ違法手続ニヨリテ訊問サレタ訊問調書ガ証拠ト為スベカラザルト同一デアリマ［ス］」と述べた。］

記録綴込の押収調書によれば所論匕首は司法警察官警部補大畑清により伏見警察署において適法に押収されたことが明であり所論のように坂井巡査が不当に押収したものでないことがわかる。所論のような記載、文字訂正等があってもそれにより右押収が不適法のものであるとすることは出来ない、しかのみならず、たとえ押収手続に所論の様な違法があったとしても押収物件につき公判［廷］において適法の証拠［調］がなされてある以上（此のことは記録によって明である）

これによって事実の認定をした原審の措置を違法とすることは出来ない、押収物は押収手続が違法であっても物其自体の性質、形状に変異を来す筈がないから其形状等に関する証拠たる価値に変りはない、其故裁判所の自由心証によって、これを罪証に供すると否とは其専権に属する［。］論旨では訊問調書作成手続が［違法］の場合は其調書の証拠能力なしとする理論を援用して押収手続に違法ある場合の押収物件の証拠能力を否定しようとしているけれども、それとこれとは事柄の性質が違う、訊問調書は供述を記載するのであり、供述は訊問手続によって導き出されるものであるから、訊問手続の違法は供述の内容に影響を及ぼす虞があり、調書作成手続の如何により記載された内容の真偽（供述された通りに記載されたか否かについても）についての疑惑を生ずる虞がないでもない、しかし、押収物の場合は押収手続に所論のような違法があったとしてもそれにより物自体の形状性質等に何等影響を及ぼす虞はないからである。従って論旨は採用し難い。

＊＊＊

（裁判長裁判官　長谷川太一郎、裁判官　井上登、裁判官　島保、裁判官　河村又介、裁判官　穂積重遠）

判　例

最1小判昭53・9・7刑集32-6-1672（大阪覚せい剤事件）

（本件の経過）

一　第一審裁判所は、本件公訴事実中、第一審判決判示第一ないし第四の各事実につき被告人を有罪とし、懲役1年6月・3年間執行猶予に処したが、「被告人は、昭和49年10月30日午前零時35分ころ、大阪市天王寺区生玉町56番地先路上において、フエニルメチルアミノプロパン塩類を含有する覚せい剤粉末0.62グラムを所持した」との事実（以下「本件覚せい剤所持事実」という。）については、右日時場所において被告人から差し押えた物として検察官から取調請求のあった覚せい剤粉末（以下「本件証拠物」という。）は、警察官が被告人に対する職務質問中に承諾を得ないまま被告人の上衣ポケット内を捜索して差し押えた物であり、違法な手続により収集された証拠物であるから証拠能力はない、また、検察官から取調請求のあった本件証拠物の鑑定結果等を立証趣旨とする証人は、本件証拠物自体証拠とすることが許されないのであるからその取調をする必要はない、としてこれら証拠申請を却下し、捜査段階及び第一審公判廷における被告人の自白はこれを補強するに足りる適法な証拠が存在しないので、結局犯罪の証明がないことに帰するとして、被告人を無罪とした。

二　第一審判決全部に対し検察官から控訴の申立があったところ、原裁判所は、第一審判決中有罪部分につき検察官の控訴を容れ、量刑不当の違法があるとしてこの部分を破棄し、被告人を懲役1年の実刑に処したが、無罪部分については、次の理由で、検察官の控訴を棄却した。

（一）一般的に、警察官が職務質問に際し異常な箇所につき着衣の外部から触れる程度のことは、事案の具体的状況下においては職務質問の附随的行為として許容される場合があるが、さら

にこれを超えてその者から所持品を提示させ、あるいはその者の着衣の内側やポケットに手を入れてその所持品を検査することは、相手方の人権に重大なかかわりのあることであるから、前記着衣の外部から触れることなどによって、人の生命、身体又は財産に危害を及ぼす危険物を所持し、かつ、具体的状況からして、急迫した状況にあるため全法律秩序からみて許容されると考えられる特別の事情のある場合を除いては、その提示が相手方の任意な意思に基づくか、あるいはその所持品検査が相手方の明示又は黙示の承諾を得たものでない限り許されない。

(二) 本件においては、椎原巡査長と垣田巡査において、被告人が覚せい剤中毒者ではないかとの疑いのもとに、被告人に所持品の提示を求めてから被告人の上衣とズボンのポケットを外から触った段階までの右警察官の被告人に対する行為は、職務質問又はこれに附随する行為として許容されるが、被告人の上衣の左側内ポケットを外部から触ったことによって、同ポケットに刃物ではないが何か堅い物が入っている感じでふくらんでいたというに止まり、刃物以外の何が入っているかは明らかでない状況で、被告人の左側内ポケットに手を入れて本件証拠物を包んだちり紙の包みを取り出した垣田巡査の右所持品検査については、被告人の明示又は黙示の承諾があったものと認められず、他に所持品検査が許容される特別な事情も認められないから、警察官職務執行法(以下「警職法」という。)2条1項に基づく正当な職務行為とはいいがたく、右所持品検査に引き続いて行われた本件証拠物の差押は違法である。

(三) 右違法の程度は、憲法35条及び刑訴法218条1項所定の令状主義に違反する極めて重大なものであるうえ、弁護人は、本件証拠物を証拠とすることにつき異議をのべているのであるから、かかる証拠物を証拠として利用することは許されない。

(四) 本件覚せい剤所持の事実を認めるべき証拠としては、被告人の自白があるのみで、他に右自白を補強するに足りる適法な証拠は存在しない。

三 これに対し、検察官は原判決全部に対し上告を申し立て、被告人も原判決中破棄自判部分に対し上告を申し立てた。

(検察官の上告趣意第1点について)

一 所論は、要するに、本件証拠物の差押を違法であるとした前記原判決の判断は、警職法2条1項の解釈を誤り、最高裁判所及び高等裁判所の判例と相反する判断をしている、というのである。しかし、所論引用の判例は、いずれも本件とは事案を異にし適切でないから、所論判例違反の主張は前提を欠き、その余の所論は、単なる法令違反の主張であって、いずれも適法な上告理由にあたらない。

二 そこで、所論にかんがみ職権をもって調査するに、本件証拠物の差押を違法であるとした原判決の判断は、次の理由により、その結論において、正当である。

(一) 原判決の認定した本件証拠物の差押の経過は、次のとおりである。(1) 昭和49年10月30日午前零時35分ころ、パトカーで警ら中の垣田巡査、椎原巡査長の両名は、原判示ホテルオータニ附近路上に被告人運転の自動車が停車しており、運転席の右横に遊び人風の3、4人の男がいて被告人と話しているのを認めた。(2) パトカーが後方から近付くと、被告人の車はすぐ発進右折してホテルオータニの駐車場に入りかけ、遊び人風の男達もこれについて右折して行った。

（3）垣田巡査らは、被告人の右不審な挙動に加え、同所は連込みホテルの密集地帯で、覚せい剤事犯や売春事犯の検挙例が多く、被告人に売春の客引きの疑いもあったので、職務質問することにし、パトカーを下車して被告人の車を駐車場入口附近で停止させ、窓ごしに運転免許証の提示を求めたところ、被告人は正木良太郎名義の免許証を提示した（免許証が偽造であることは後に警察署において判明）。（4）続いて、垣田巡査が車内を見ると、ヤクザの組の名前と紋のはいったふくさ様のものがあり、中に賭博道具の札が10枚位入っているのが見えたので、他にも違法な物が入っているのではないかと思い、かつまた、被告人の落ち着きのない態度、青白い顔色などからして覚せい剤中毒者の疑いもあったので、職務質問を続行するため降車を求めると、被告人は素直に降車した。（5）降車した被告人に所持品の提示を求めると、被告人は、「見せる必要はない」と言って拒否し、前記遊び人風の男が近付いてきて、「お前らそんなことする権利あるんか」などと罵声を浴びせ、挑戦的態度に出てきたので、垣田巡査らは他のパトカーの応援を要請したが、応援が来るまでの2、3分の間、垣田巡査と応対していた被告人は何となく落ち着かない態度で所持品の提示を拒んでいた。（6）応援の警官4名くらいが来て後、垣田巡査の所持品提示要求に対して、被告人はぶつぶつ言いながらも右側内ポケットから「目薬とちり紙（覚せい剤でない白色粉末が在中）」を取り出して同巡査に渡した。（7）垣田巡査は、さらに他のポケットを触らせてもらうと言って、これに対して何も言わなかった被告人の上衣とズボンのポケットを外から触ったところ、上衣左側内ポケットに「刃物ではないが何か堅い物」が入っている感じでふくらんでいたので、その提示を要求した。（8）右提示要求に対し、被告人は黙ったままであったので、垣田巡査は、「いいかげんに出してくれ」と強く言ったが、それにも答えないので、「それなら出して見るぞ」と言ったところ、被告人は何かぶつぶつ言って不服らしい態度を示していたが、同巡査が被告人の上衣左側内ポケット内に手を入れて取り出してみると、それは「ちり紙の包、プラスチックケース入りの注射針1本」であり、「ちり紙の包」を被告人の面前で開披してみると、本件証拠物である「ビニール袋入り覚せい剤ようの粉末」がはいっていた。さらに応援の中島巡査が、被告人の上衣の内側の脇の下に挟んであった万年筆型ケース入り注射器を発見して取り出した。（9）そこで、垣田巡査は、被告人をパトカーに乗せ、その面前でマルキース試薬を用いて右「覚せい剤ようの粉末」を検査した結果、覚せい剤であることが判明したので、パトカーの中で被告人を覚せい剤不法所持の現行犯人として逮捕し、本件証拠物を差し押えた。

（二）ところで、警職法2条1項に基づく職務質問に附随して行う所持品検査は、任意手段として許容されるものであるから、所持人の承諾を得てその限度でこれを行うのが原則であるが、職務質問ないし所持品検査の目的、性格及びその作用等にかんがみると、所持人の承諾のない限り所持品検査は一切許容されないと解するのは相当でなく、捜索に至らない程度の行為は、強制にわたらない限り、たとえ所持人の承諾がなくても、所持品検査の必要性、緊急性、これによって侵害される個人の法益と保護されるべき公共の利益との権衡などを考慮し、具体的状況のもとで相当と認められる限度において許容される場合があると解すべきである（最高裁判所昭和52年（あ）第1435号同53年6月20日第3小法廷判決参照）。

(三)　これを本件についてみると、原判決の認定した事実によれば、垣田巡査が被告人に対し、被告人の上衣左側内ポケットの所持品の提示を要求した段階においては、被告人に覚せい剤の使用ないし所持の容疑がかなり濃厚に認められ、また、同巡査らの職務質問に妨害が入りかねない状況もあったから、右所持品を検査する必要性ないし緊急性はこれを肯認しうるところであるが、被告人の承諾がないのに、その上衣左側内ポケットに手を差し入れて所持品を取り出したうえ検査した同巡査の行為は、一般にプライバシイ侵害の程度の高い行為であり、かつ、その態様において捜索に類するものであるから、上記のような本件の具体的な状況のもとにおいては、相当な行為とは認めがたいところであって、職務質問に附随する所持品検査の許容限度を逸脱したものと解するのが相当である。してみると、右違法な所持品検査及びこれに続いて行われた試薬検査によってはじめて覚せい剤所持の事実が明らかになった結果、被告人を覚せい剤取締法違反被疑事実で現行犯逮捕する要件が整った本件事案においては、右逮捕に伴い行われた本件証拠物の差押手続は違法といわざるをえないものである。

　これと同旨の原判決の判断は、その限りにおいて相当であり、所論は採ることができない。
(検察官の上告趣意第3点について)

　一　所論は、要するに、本件証拠物の証拠能力を否定した原判決の判断は、憲法35条の解釈を誤り、かつ、最高裁判所及び高等裁判所の判例と相反する判断をしている、というのである。しかし、所論のうち憲法違反をいう点は、その実質において、証拠物の証拠能力に関する原判決の判断を論難する単なる法令違反の主張に帰するものであって、適法な上告理由にあたらない。また、最高裁判所の判例の違反をいう点は、所論引用の当裁判所昭和24年(れ)第2366号同年12月13日第3小法廷判決(刑事裁判集15号349頁)は、証拠物の押収手続に極めて重大な違法がある場合にまで証拠能力を認める趣旨のものであるとまでは解しがたいから、本件証拠物の収集手続に極めて重大な瑕疵があるとして証拠能力を否定した原判決の判断は、当裁判所の右判例と相反するものではないというべきであって、所論は理由がなく、高等裁判所の判例の違反をいう点は、最高裁判所の判例がある場合であるから、所論は適法な上告理由にあたらない。

　二　そこで、所論にかんがみ職権をもって調査するに、本件証拠物の証拠能力を否定した原判決の判断は、次の理由により、法令に違反したものというべきである。

　(一)　違法に収集された証拠物の証拠能力については、憲法及び刑訴法になんらの規定もおかれていないので、この問題は、刑訴法の解釈に委ねられているものと解するのが相当であるところ、刑訴法は、「刑事事件につき、公共の福祉の維持と個人の基本的人権の保障とを全うしつつ、事案の真相を明らかにし、刑罰法令を適正且つ迅速に適用実現することを目的とする。」(同法1条)ものであるから、違法に収集された証拠物の証拠能力に関しても、かかる見地からの検討を要するものと考えられる。ところで、刑罰法令を適正に適用実現し、公の秩序を維持することは、刑事訴訟の重要な任務であり、そのためには事案の真相をできる限り明らかにすることが必要であることはいうまでもないところ、証拠物は押収手続が違法であっても、物それ自体の性質・形状に変異をきたすことはなく、その存在・形状等に関する価値に変りのないことなど証拠物の証拠としての性格にかんがみると、その押収手続に違法があるとして直ちにその証拠能力を否定す

ることは、事案の真相の究明に資するゆえんではなく、相当でないというべきである。しかし、他面において、事案の真相の究明も、個人の基本的人権の保障を全うしつつ、適正な手続のもとでされなければならないものであり、ことに憲法35条が、憲法33条の場合及び令状による場合を除き、住所の不可侵、捜索及び押収を受けることのない権利を保障し、これを受けて刑訴法が捜索及び押収等につき厳格な規定を設けていること、また、憲法31条が法の適正な手続を保障していること等にかんがみると、証拠物の押収等の手続に憲法35条及びこれを受けた刑訴法218条1項等の所期する令状主義の精神を没却するような重大な違法があり、これを証拠として許容することが、将来における違法な捜査の抑制の見地からして相当でないと認められる場合においては、その証拠能力は否定されるものと解すべきである。

（二）これを本件についてみると、原判決の認定した前記事実によれば、被告人の承諾なくその上衣左側内ポケットから本件証拠物を取り出した垣田巡査の行為は、職務質問の要件が存在し、かつ、所持品検査の必要性と緊急性が認められる状況のもとで、必ずしも諾否の態度が明白でなかった被告人に対し、所持品検査として許容される限度をわずかに超えて行われたに過ぎないのであって、もとより同巡査において令状主義に関する諸規定を潜脱しようとの意図があったものではなく、また、他に右所持品検査に際し強制等のされた事跡も認められないので、本件証拠物の押収手続の違法は必ずしも重大であるとはいえないのであり、これを被告人の罪証に供することが、違法な捜査の抑制の見地に立ってみても相当でないと認めがたいから、本件証拠物の証拠能力はこれを肯定すべきである。

（三）してみると、本件証拠物の収集手続に重大な違法があることを理由としてその証拠能力を否定し、また、その鑑定結果等を立証趣旨とする証人もその取調をする必要がないとして、これら証拠申請を却下した第一審裁判所の措置及びこれを是認した原判決の判断は法令に違反するものであって、その誤りは判決に影響を及ぼしており、原判決中検察官の控訴を棄却した部分及び第一審判決中無罪部分はこれを破棄しなければ著しく正義に反するものと認める。

（結論）

よって、検察官の上告趣意中のその余の所論及び弁護人の上告趣意に対する判断を省略し、なお、本件覚せい剤所持の事実とその余の第一審判決及び原判決が有罪とした事実とは併合罪の関係にあるものとして公訴を提起されたものであるから、刑訴法411条1号により原判決及び第一審判決の各全部を破棄し、同法413条本文により本件を第一審裁判所である大阪地方裁判所に差し戻すこととし、裁判官全員一致の意見により、主文のとおり判決する。

（裁判長裁判官　岸上康夫、裁判官　岸盛一、裁判官　団藤重光、裁判官　藤崎萬里、裁判官　本山亨）

質問9-1
　大阪覚せい剤事件が設定した排除法則は憲法上のルールなのか、刑訴法上のルールなのか。それともそれ以外のルールなのか。

質問9-2
　証拠排除をもたらす場合を「重大な違法」に限定する理由は何か。それ――違法捜査を通常の違法と重大な違法に二分すること――は適切か。

質問9-3
　「令状主義の精神」とは関係のない違法捜査――弁護人との接見妨害、黙秘権侵害、おとり捜査など――の結果得られた証拠についても排除法則は適用されるか。適用の要件に差異はあるか。

質問9-4
　証拠物ではなく供述証拠についても排除法則は適用があるか。適用の要件や範囲に違いがあるか。

質問9-5
　ロザール事件控訴審判決（本書520頁）が排除法則を自白に適用するにあたり、「違法が重大であり、違法捜査抑制の見地から証拠能力を付与するのが相当でない」かどうかを基準としたことは、正しいか。

II 先行手続の違法・「毒樹の果実」法理

判　例

最2小判昭61・4・25刑集40-3-215（「枕許に警察官」事件）

　検察官の上告趣意は、＊＊＊刑訴法405条の上告理由に当たらない。
　しかしながら、所論にかんがみ職権をもって調査すると、原判決は以下の理由により破棄を免れない。
　一　原判決が認定する事実関係は、次のとおりである。
　奈良県生駒警察署防犯係の係長巡査部長中嶋忠彦、巡査部長小出雅康、巡査内浦俊雄の3名は、複数の協力者から覚せい剤事犯の前科のある被告人が再び覚せい剤を使用しているとの情報を得たため、昭和59年4月11日午前9時30分ころ、いずれも私服で警察用自動車（ライトバン）を使って、生駒市内の被告人宅に赴き、門扉を開けて玄関先に行き、引戸を開けずに「吉川さん、警察の者です」と呼びかけ、更に引戸を半開きにして「生駒署の者ですが、一寸尋ねたいことがあるので、上ってもよろしいか」と声をかけ、それに対し被告人の明確な承諾があったとは認められないにもかかわらず、屋内に上がり、被告人のいた奥8畳の間に入った。右警察官3名は、ベッドで目を閉じて横になっていた被告人の枕許に立ち、中嶋巡査部長が「吉川さん」と声をかけて左肩を軽く叩くと、被告人が目を開けたので、同巡査部長は同行を求めたところ、金融屋の取立てだろうと認識したと窺える被告人は、「わしも大阪に行く用事があるから一緒に行こう」と言い、着替えを始めたので、警察官3名は、玄関先で待ち、出てきた被告人を停めていた前記自動車の運転席後方の後部座席に乗車させ、その隣席及び助手席にそれぞれ小出、中嶋両巡査部長が乗車し、内浦巡査が運転して、午前9時40分ころ被告人宅を出発した。被告人は、車中で同行しているのは警察官達ではないかと考えたが、反抗することもなく、一行は、午前9時50分ころ生駒警察署に着いた。午前10時ころから右警察署2階防犯係室内の補導室において、小出巡査部

長は被告人から事情聴取を行ったが、被告人は、午前11時ころ本件覚せい剤使用の事実を認め、午前11時30分ころ右巡査部長の求めに応じて採尿してそれを提出し、腕の注射痕も見せた。被告人は、警察署に着いてから右採尿の前と後の少なくとも2回、小出巡査部長に対し、持参の受験票を示すなどして、午後1時半までに大阪市鶴見区のタクシー近代化センターに行ってタクシー乗務員になるための地理試験を受けることになっている旨申し出たが、同巡査部長は、最初の申し出については返事をせず、尿提出後の申し出に対しては、「尿検の結果が出るまでおったらどうや」と言って応じなかった。午後2時30分ころ尿の鑑定結果について電話回答があったことから、逮捕状請求の手続がとられ、逮捕状の発付を得て、小出巡査部長が午後5時2分被告人を逮捕した。

　二　原判決は、右のような事実認定を前提に、警察官3名による被告人宅への立ち入りは、被告人の明確な承諾を得たものとは認め難く、本件任意同行は、被告人の真に任意の承諾の下に行われたものでない疑いのある違法なものであり、受験予定である旨の申し出に応じることなく退去を阻んで、逮捕に至るまで被告人を警察署に留め置いたのは、任意の取調べの域を超える違法な身体拘束であるといわざるを得ないので、そのような違法な一連の手続中に行われた本件尿の提出、押収手続（以下、採尿手続という）は、被告人の任意提出書や尿検査についての同意書があるからといって、適法となるものではなく、その尿についての鑑定書の証拠能力は否定されるべきであるとする。

　そこで勘案するに、本件においては、被告人宅への立ち入り、同所からの任意同行及び警察署への留め置きの一連の手続と採尿手続は、被告人に対する覚せい剤事犯の捜査という同一目的に向けられたものであるうえ、採尿手続は右一連の手続によりもたらされた状態を直接利用してなされていることにかんがみると、右採尿手続の適法違法については、採尿手続前の右一連の手続における違法の有無、程度をも十分考慮してこれを判断するのが相当である。そして、そのような判断の結果、採尿手続が違法であると認められる場合でも、それをもって直ちに採取された尿の鑑定書の証拠能力が否定されると解すべきではなく、その違法の程度が令状主義の精神を没却するような重大なものであり、右鑑定書を証拠として許容することが、将来における違法な捜査の抑制の見地からして相当でないと認められるときに、右鑑定書の証拠能力が否定されるというべきである（最高裁昭和51年（あ）第865号同53年9月7日第1小法廷判決・刑集32巻6号1672頁参照）。以上の見地から本件をみると、採尿手続前に行われた前記一連の手続には、被告人宅の寝室まで承諾なく立ち入っていること、被告人宅からの任意同行に際して明確な承諾を得ていないこと、被告人の退去の申し出に応ぜず警察署に留め置いたことなど、任意捜査の域を逸脱した違法な点が存することを考慮すると、これに引き続いて行われた本件採尿手続も違法性を帯びるものと評価せざるを得ない。しかし、被告人宅への立ち入りに際し警察官は当初から無断で入る意図はなく、玄関先で声をかけるなど被告人の承諾を求める行為に出ていること、任意同行に際して警察官により何ら有形力は行使されておらず、途中で警察官と気付いた後も被告人は異議を述べることなく同行に応じていること、警察官において被告人の受験の申し出に応答しなかったことはあるものの、それ以上に警察署に留まることを強要するような言動はしていないこと、

さらに、採尿手続自体は、何らの強制も加えられることなく、被告人の自由な意思での応諾に基づき行われていることなどの事情が認められるのであって、これらの点に徴すると、本件採尿手続の帯有する違法の程度は、いまだ重大であるとはいえず、本件尿の鑑定書を被告人の罪証に供することが、違法捜査抑制の見地から相当でないとは認められないから、本件尿の鑑定書の証拠能力は否定されるべきではない。

　三　してみると、本件尿の鑑定書の証拠能力を否定した原判決は、法令の解釈適用を誤った違法があり、その違法は判決に影響を及ぼし、原判決を破棄しなければ著しく正義に反すると認められる。

　よって、刑訴法411条1号により原判決を破棄し、更に審理を尽くさせるため、同法413条本文に従い、本件を原裁判所である大阪高等裁判所に差し戻すこととし、主文のとおり判決する。

　この判決は、裁判官島谷六郎の反対意見があるほか、裁判官全員一致の意見によるものである。

　裁判官島谷六郎の反対意見は、次のとおりである。
　私は、本件における尿の鑑定書の証拠能力を肯定する多数意見には、賛成することができない。
　本件では、警察官らの被告人宅への立ち入り、警察署への任意同行及び同所での留め置きの点に違法がある。すなわち、第1に、被告人宅への立ち入りの点は、警察官らが被告人の承諾を得ないままその家に上がり、奥8畳間まで入って寝ていた被告人の枕許に立ち、被告人の肩を叩いて起床させたというのであるから、それは住居の不可侵の権利を侵し、私生活の平穏を害することはなはだしい行為である。第2に、警察署への同行の点は、警察官の身分と要件を明らかにしたうえで被告人の承諾を得たものでなく、起床したばかりの被告人が、枕許に立つ私服の警察官らを見て、取り立てに来た金融屋だと考え、自分も大阪へ行く用があるからと言って、警察官らの車に乗り込んだ疑いが濃いものであって、警察への同行を求められてこれに応じたものではなく、任意同行とは到底評価し得ないものである。第3の警察署に留め置いた点は、同日午後に行われるタクシー乗務員となるための試験の受験の申し出を無視して取調べを続行したというものであり、任意の取調べにおいては、警察官としては被取調者からの理由ある退去の要求は尊重し、それなりの対応をすべきであって、それを無視してよいものではなく、本件での警察官の所為は、退去の自由を認める任意の取調べの原則に悖るものとの非難を免れることはできない。そして、この留め置きの間に採尿が行われたのである。

　多数意見は、このような本件採尿までの手続及び採尿手続を違法であると評価はするのであるが、その結果得られた尿の鑑定書の証拠能力は否定すべきものではないとする。しかし、私はそのようには考えない。採尿に至るまでの経過に徴すると、本件警察官らの行為の違法性はまことに重大であって、それによって得られた証拠の証拠能力を肯定することは、このような違法な捜査を容認する結果になると思料する。

　とくに、警察官らが被告人の明確な承諾なしにその住居に立ち入った点は、重大である。警察官らは被告人の任意同行を求めるつもりで被告人宅に赴いたのであろうが、警察官らが赴いた午前9時半ころには、まだ被告人は就床中であった。警察官らははじめは屋外から声をかけたが、

これに対する応答がないまま住居に入り、被告人の寝室にまで立ち入ったのである。しかし、一応声はかけてあるのだから、応答がなくとも、私人の住居に立ち入ってよい、というものではない。居住者の明確な承諾を得ることなく、警察官が私人の住居に入り込むことは、許されない。これは憲法35条の明白な違反である。いかに捜査の必要があるといっても、警察官としてはそのような行動をとるべきでなく、被告人に任意同行を求めるのであるならば、それに相応した慎重な行動がなされるべきである。本件における警察官らの行動は、令状なしに私人の住居へ入るという重大な違法性を帯びているものである。しかも、その後の警察署への同行は任意同行といえないものであること、及び警察署への留め置きが違法であることは、前述のとおりである。このような状況においてなされた採尿は、それだけを切り離して評価すべきものではなく、被告人宅への立ち入り以降の一連の手続とともに全体として評価すべきものである。そして、全体として評価するとき、これらの手続には令状主義の精神を没却するような重大な違法があるといわざるを得ず、右の鑑定書を証拠として許容することは、違法な捜査の抑制の見地から相当でなく、その証拠能力は否定されるべきである。

よって、本件上告は、職権で破棄すべき理由はないので、棄却すべきである。
（裁判長裁判官　牧圭次、裁判官　大橋進、裁判官　島谷六郎、裁判官　香川保一）

判　例

最2小判平15・2・14刑集57-2-121（大津覚せい事件）

検察官の上告趣意のうち、判例違反をいう点は、事案を異にする判例を引用するものであって、本件に適切でなく、その余は、単なる法令違反の主張であって、刑訴法405条の上告理由に当たらない。

しかしながら、所論にかんがみ、職権をもって調査すると、以下のとおり、原判決のうち、覚せい剤使用に関する部分は是認することができるが、覚せい剤所持及び窃盗に関する部分は破棄を免れない。

1　原判決の認定及び記録によれば、本件捜査及びその後の経過は、次のとおりである。

（1）被告人に対しては、かねて窃盗の被疑事実による逮捕状（以下「本件逮捕状」という。）が発付されていたところ、平成10年5月1日朝、滋賀県大津警察署の警部補A外2名の警察官は、被告人の動向を視察し、その身柄を確保するため、本件逮捕状を携行しないで同署から警察車両で三重県上野市内の被告人方に赴いた。

（2）上記警察官3名は、被告人方前で被告人を発見して、任意同行に応ずるよう説得したところ、被告人は、警察官に逮捕状を見せるよう要求して任意同行に応ぜず、突然逃走して、隣家の敷地内に逃げ込んだ。

（3）被告人は、その後、隣家の敷地を出て来たところを上記警察官3名に追いかけられて、更に逃走したが、同日午前8時25分ころ、被告人方付近の路上（以下「本件現場」という。）で上記警察官3名に制圧され、片手錠を掛けられて捕縛用のロープを身体に巻かれ、逮捕された。

（４）被告人は、被告人方付近の物干し台のポールにしがみついて抵抗したものの、上記警察官３名にポールから引き離されるなどして警察車両まで連れて来られ、同車両で大津警察署に連行され、同日午前11時ころ同署に到着した後、間もなく警察官から本件逮捕状を呈示された。

（５）本件逮捕状には、同日午前８時25分ころ、本件現場において本件逮捕状を呈示して被告人を逮捕した旨のＡ警察官作成名義の記載があり、さらに、同警察官は、同日付けでこれと同旨の記載のある捜査報告書を作成した。

（６）被告人は、同日午後７時10分ころ、大津警察署内で任意の採尿に応じたが、その際、被告人に対し強制が加えられることはなかった。被告人の尿について滋賀県警察本部刑事部科学捜査研究所研究員が鑑定したところ、覚せい剤成分が検出された。

（７）同月６日、大津簡易裁判所裁判官から、被告人に対する覚せい剤取締法違反被疑事件について被告人方を捜索すべき場所とする捜索差押許可状が発付され、既に発付されていた被告人に対する窃盗被疑事件についての捜索差押許可状と併せて同日執行され、被告人方の捜索が行われた結果、被告人方からビニール袋入り覚せい剤１袋（以下「本件覚せい剤」という。）が発見されて差し押さえられた。

（８）被告人は、同年６月11日、「法定の除外事由がないのに、平成10年４月中旬ころから同年５月１日までの間、三重県下若しくはその周辺において、覚せい剤若干量を自己の身体に摂取して、使用した」との事実（公訴事実第１）、及び「同年５月６日、同県上野市内の被告人方において、覚せい剤約0.423ｇをみだりに所持した」との事実（公訴事実第２）により起訴され、同年10月15日、本件逮捕状に係る窃盗の事実についても追起訴された。

（９）上記被告事件の公判において、本件逮捕状による逮捕手続の違法性が争われ、被告人側から、逮捕時に本件現場において逮捕状が呈示されなかった旨の主張がされたのに対し、前記３名の警察官は、証人として、本件逮捕状を本件現場で被告人に示すとともに被疑事実の要旨を読み聞かせた旨の証言をした。原審は、上記証言を信用せず、警察官は本件逮捕状を本件現場に携行していなかったし、逮捕時に本件逮捕状が呈示されなかったと認定している（この原判決の認定に、採証法則違反の違法は認められない。）。

２　以上の事実を前提として、原審が違法収集証拠に当たるとして証拠から排除した被告人の尿に関する鑑定書、これを疎明資料として発付された捜索差押許可状により押収された本件覚せい剤、本件覚せい剤に関する鑑定書について、その証拠能力を検討する。

（１）本件逮捕には、逮捕時に逮捕状の呈示がなく、逮捕状の緊急執行もされていない（逮捕状の緊急執行の手続が執られていないことは、本件の経過から明らかである。）という手続的な違法があるが、それにとどまらず、警察官は、その手続的な違法を糊塗するため、前記のとおり、逮捕状へ虚偽事項を記入し、内容虚偽の捜査報告書を作成し、更には、公判廷において事実と反する証言をしているのであって、本件の経緯全体を通して表れたこのような警察官の態度を総合的に考慮すれば、本件逮捕手続の違法の程度は、令状主義の精神を潜脱し、没却するような重大なものであると評価されてもやむを得ないものといわざるを得ない。そして、このような違法な逮捕に密接に関連する証拠を許容することは、将来における違法捜査抑制の見地からも相当でな

いと認められるから、その証拠能力を否定すべきである（最高裁昭和51年（あ）第865号同53年9月7日第１小法廷判決・刑集32巻６号1672頁参照）。

（２）前記のとおり、本件採尿は、本件逮捕の当日にされたものであり、その尿は、上記のとおり重大な違法があると評価される本件逮捕と密接な関連を有する証拠であるというべきである。また、その鑑定書も、同様な評価を与えられるべきものである。

したがって、原判決の判断は、上記鑑定書の証拠能力を否定した点に関する限り、相当である。

（３）次に、本件覚せい剤は、被告人の覚せい剤使用を被疑事実とし、被告人方を捜索すべき場所として発付された捜索差押許可状に基づいて行われた捜索により発見されて差し押さえられたものであるが、上記捜索差押許可状は上記（２）の鑑定書を疎明資料として発付されたものであるから、証拠能力のない証拠と関連性を有する証拠というべきである。

しかし、本件覚せい剤の差押えは、司法審査を経て発付された捜索差押許可状によってされたものであること、逮捕前に適法に発付されていた被告人に対する窃盗事件についての捜索差押許可状の執行と併せて行われたものであることなど、本件の諸事情にかんがみると、本件覚せい剤の差押えと上記（２）の鑑定書との関連性は密接なものではないというべきである。したがって、本件覚せい剤及びこれに関する鑑定書については、その収集手続に重大な違法があるとまではいえず、その他、これらの証拠の重要性等諸般の事情を総合すると、その証拠能力を否定することはできない。

そうすると、原判決は、上記の点において判決に影響を及ぼすべき法令の解釈適用の誤りがあり、これを破棄しなければ著しく正義に反すると認められる。

＊＊＊

（裁判長裁判官　梶谷玄、裁判官　福田博、裁判官　北川弘治、裁判官　亀山継夫、裁判官　滝井繁男）

> **質問9−6**
> 　違法逮捕を利用して得られた尿の鑑定書はその後の捜索差押決定の証拠として使用できるのか。また、そのような鑑定書に基づいて発付された捜索差押許可状は適法なものと言えるか。

> **質問9−7**
> 　違法捜査が先行していても、その後の捜査が司法審査を経て発付された令状に基づいてなされたのであれば、適法となるという考え方は正しいか。

> **質問9−8**
>
> 大津覚せい剤事件で、発付済みの窃盗を被疑事実とする捜索差押許可状の執行のみによって覚せい剤を発見し押収することはできたか。これができたかどうかは、結論に影響を与えるか。

> **質問9−9**
>
> 大津覚せい剤事件で、警察官が逮捕状を携行せずに被告人を逮捕した事実を正直に逮捕状や捜査報告書に記載し、証言でもその点を認めていたとしたら、結論に差異を生じさせるべきか。

判　例

大阪高判昭52・6・28刑裁月報9−5・6−334（杉本町派出所爆破事件）

第一　検察官の控訴趣意について。

一　論旨は、原判決は、

「被告人は、

（一）昭和47年5月5日ころ、大阪市住吉区杉本町459番地所在の大阪市立大学教養部化学実験室において、同大学教養部長浅野啓三管理のガラス瓶入り硝酸カリウム等の薬品類約42キログラムを窃取し、

（二）治安を妨げ、人の身体財産を害する目的をもって、同年12月26日午前5時50分ころ、同区山之内町3丁目106番地所在の大阪府住吉警察署杉本町派出所において、かねてカーリットを主爆薬として製造した電気時限装置つきの爆発物1個を同所公かいに仕掛け、同日午前8時38分ころこれを爆発させて使用し、同警察署長警視稲葉盈実が管理し、現に人の住居に使用せず、かつ、人の現在せざる同派出所の天井、柱、壁等（修復見積金額約361500円）を破壊して建造物を損壊するとともに、右爆発に伴い飛散した鉄片などで、折から同派出所前の公衆電話室に居合せた武田節子（当48年）に対し、治療に2日間を要する右膝部外側切創の傷害を負わせ、日本電信電話公社所有の公衆電話室北側ガラス1枚（修復見積金額約11500円）を損壊し、さらに右派出所前の靴販売業井上ノブエ所有の金属製シャッター1枚及び陳列台ガラス1枚（修復見積額合計約16300円）を損壊し、もってそれぞれ公共の危険を生ぜしめ、

（三）昭和48年7月15日午前10時30分ころ、同区山之内町1丁目31番地アパート婦美屋荘東側空地において、山岡正和（当23年）に対し、同人がかねてから自己の交際中の葉山博子と深い間柄になったことに憤激し、同人の顔面を足げりし、さらに手拳で殴打したうえ、倒れた同人の腕や足を所携の鉄製パイプで数回殴打し、よって同人に対し加療約1か月を要する顔面打撲挫創、左尺骨骨折、両前腕打撲擦過創、両下腿挫創等の傷害を負わせ、

（四）治安を妨げ、人の身体財産を害する目的をもって、昭和47年11月下旬ころ、同区山之内

町１丁目31番地アパート婦美屋荘12号室において、鉄パイプに白色火薬又はカーリット及びパチンコ玉をつめ、起爆装置として硫酸入りガラスアンプル、雷管等を装填した爆発物である手投式鉄パイプ爆弾２個を製造し、昭和48年７月30日までの間、前同所、同区杉本町459番地所在の大阪市立大学教養部構内の器械体操部室及び同市天王寺区南河堀町43番地所在の大阪教育大学天王寺分校内の同大学本部学舎屋上等に右爆弾２個を隠匿して所持したものである。」
との公訴事実に対し、（一）の窃盗の事実、（二）の爆発物取締罰則違反（使用罪）・激発物破裂・傷害の事実及び（三）の傷害の事実については、おおむね公訴事実どおり認定し（ただし、（二）については爆発物取締罰則違反の「人の身体を害する目的」を除く）、「被告人を懲役６年に処する。」旨を言渡したが、（四）の爆発物取締罰則違反（製造・所持）の事実については、犯罪の証明がないとしてこれを無罪とした。

原判決が、右（四）の爆弾の製造、隠匿所持の事実（以下本件爆弾の製造、所持の事実という）を無罪とした理由は、これを要約すると、検察官が原審公判廷で取調べを請求した被告人の司法警察員及び検察官に対する各供述調書のうち、前記日の傷害の公訴事実に関するものを除くその余の調書は、すべて被告人の捜査官に対する自白が任意性を欠く疑いがあるので、その証拠能力を認め難く、本件爆弾の製造、所持の事実については、右の任意性を欠く疑いのある自白に基づいて発見押収した本件爆弾２個及びその製造に使用された薬品等の材料残部の各証拠物並びに右証拠物について、その所在場所と所在状況を明らかにする捜査官作成の検証調書及びその性質、数量を明らかにする大阪府技術吏員作成の鑑定書についても、右の任意性を欠く疑いのある自白に直接由来するものであるから、右自白の証拠能力が否定される趣旨に照らし証拠として使用することは許されず、その意味において証拠能力がないものと解するのが相当であるので、結局右事実については、法廷における被告人の自白以外に他に補強証拠がないことに帰し、有罪を認定することはできないというのである。

しかしながら、原審が本件爆弾の製造、所持についての被告人の捜査官に対する自白の任意性を否定したのは、司法警察員の被告人に対する取調状況に関する事実を誤認し、かつ、憲法38条２項、刑訴法319条１項の解釈適用を誤ったものであり、また、その結果として本件爆弾及びこれについて検証調書、鑑定書等の証拠能力までも否定したのは、刑訴法上の証拠法則についての解釈適用を誤ったものであって、そのため当然証拠能力が認められるべき証拠を罪証に供しなかった違法があり、右訴訟手続の法令違反は判決に影響を及ぼすことが明らかであるから、原判決は到底破棄を免れないというのである。

二　そこで記録を検討するに、

　１　原審における本件の証拠調手続の概要

検察官は、原審第３回公判廷において、本件爆弾２個の製造、所持の事実を立証するため、次のとおり証拠の取調べを請求した。

（１）大阪教育大学天王寺分校本部学舎屋上から押収した手投式鉄パイプ爆弾２個の関係で

① 右爆弾が隠匿されていた場所の状況に関する司法警察員無仏本太一作成の検証調書（検察官請求証拠目録（二）請求番号43）

②　右爆弾を発見したときの状況に関する司法警察員鵜川正博作成の検証調書（請求番号44）
③　右爆弾2個を差押えた状況に関する司法警察員鵜川正博作成の捜索差押調書（請求番号45）
④　爆弾の性質などに関し、大阪府警察本部警備部警備第一課長から大阪府警察科学捜査研究所長あて鑑定嘱託書（請求番号46）
⑤　右爆弾の性質についての大阪府警察科学捜査研究所技術吏員福田公郎作成の鑑定書（請求番号47）
⑥　右爆弾の構造等に関する司法警察員北野耕成作成の捜査復命書（請求番号48）
（2）大阪市立大学教養部構内から押収した右爆弾製造に使用された材料残部の関係で
⑦　材料残部を差押えた状況に関する司法警察員関本輝雄作成の捜索差押調書（請求番号54）
⑧　材料残部を写真撮影した状況に関する司法警察員飛田水義作成の鑑識結果復命書（請求番号55）
⑨　材料残部の性質等に関し、大阪府警察、本部警備部警備第一課長から前記科学捜査研究所長あて鑑定嘱託書（請求番号56）
⑩　材料残部の性質等についての前記科学捜査研究所技術吏員山野宏ほか1名作成の鑑定書（請求番号57）

　これに対し、弁護人は、前記⑤及び⑩の各鑑定書並びに⑥の捜査復命書については、いずれも不同意としたが、その余の書証についてはすべて証拠とすることに同意したので、原審は同意のあった各書証につき第6回公判廷ないし第7回公判廷においてそれぞれ証拠調べを行ない、また、不同意となった前記書証中⑤及び⑩の各鑑定書も第6回公判廷ないし第7回公判廷で各鑑定人を尋問のうえ、検察官から刑訴法321条4項により取調請求され、弁護人の異議もなかったので原審はこれらを証拠として採用、取調べを終えた。

　また、検察官は、原審第3回公判廷及び第7回公判廷において、本件の全公訴事実についての被告人の司法警察員及び検察官に対する供述調書（自白調書）の取調べを請求したところ、弁護人はすべての調書の任意性を争ったので、検察官において、被告人の自白の任意性を立証するため、被告人の取調べに当たった大阪府警察本部警備部警備第一課巡査部長斉藤昭七、同課司法巡査中川紀明及び検察官丸谷日出男を証人として申請し、被告人を取調べた当時の状況について証言を求めた。

　そして、原審は、公判期日外である昭和51年1月12日、前記公訴事実（三）の傷害の事実についての被告人の司法警察員及び検察官に対する供述調書の任意性を認めたが、その余の公訴事実についての被告人の司法警察員及び検察官に対する供述調書合計34通（（乙）検察官請求証拠目録（二））は、すべて任意性を欠く疑いがあるとして、その取調請求を却下する旨決定した（以下原審の証拠決定という）。検察官は、右決定に対し異議を申立てたが原審はその第25回公判廷において右異議申立をも理由がないとしてこれを棄却した。

　右のような証拠調手続の経過を経て、原審は、前記公訴事実（一）（二）については補強証拠の存在と法廷における被告人の自白とにより、公訴事実（三）とともに有罪を認定したが、（四）

の本件爆弾の製造、所持の公訴事実については、いったん適法に証拠調べをした前記①ないし⑤及び⑦ないし⑩の各書証についても、判決において前記のとおりこれらの証拠は、被告人の自白に直接由来するもので、任意性を欠く疑いのある自白の証拠能力が否定される趣旨に照らし、いずれも証拠とすることが許されず、その意味において証拠能力を欠くと判示して、罪証に供せず、被告人の公判廷における自白の補強証拠が存しないことを理由に無罪を言渡した。

2　本件爆弾2個の製造、所持の事実に関する自白に至る取調経過及び本件爆弾2個の捜索押収に至る経過

被告人は、昭和48年7月18日本件公訴事実⊖の傷害事件の容疑で通常逮捕され、同月20日大阪地方裁判所裁判官の発した勾留状により代用監獄大阪府住吉警察署留置場に勾留されたが、同月21日勾留場所を大阪拘置所に変更されて、同日より身柄は同拘置所に移監された。そして右勾留後同月25日までは、住吉警察署の司法警察員が右傷害事件につき被告人の取調べに当たっていたが、同月26日から大阪府警警備第一課勤務の巡査部長斉藤昭七が同巡査部長京楽千年及び同司法巡査中川紀明とともに右拘置所において被告人を取調べることとなり、同日午前9時30分ころからその取調べを開始したところ、同日午後4時ころには、右傷害事件について被告人が全面的に犯行を自白し、自白調書も作成された。次いで同巡査部長らは、上司から被告人が杉本町派出所爆破事件の容疑者の1人として捜査線上に浮んでおり同事件についても被告人を取調べるよう指示されたことから同日午後6時ころから公訴事実㈡の杉本町派出所爆破事件の取調べに入ったが、被告人は同事件については黙秘した。翌27日被告人が大阪地方検察庁で右傷害事件について検察官の取調べを受けた後、午後6時ころから、斉藤巡査部長らが同拘置所で引き続き右爆破事件について被告人を取調べたところ、午後8時50分ころに至って被告人は右事件につき犯行を自白したので、同巡査部長らは簡単な自白調書を作成し午後9時30分ころ同日の取調べを終えた。ところが、被告人は翌28日午前6時30分ころ、同拘置所内で母親や弟、友人らあての遺書を残して縊首自殺しようとして、タオルと風呂敷を連結し鉄格子に両端を結んで輪を作り両手で輪を広げ頭部をまさに入れようとしたところを拘置所職員に発見阻止されたため、自殺行為の実行に至らずに終った。同日午前9時30分ころから同拘置所に赴いた斉藤巡査部長らが被告人の取調べを開始したところ、それまで捜査当局側に全く知られておらず、かつ被告人に対し取調べも追及もしていなかったところの、杉本町派出所爆破事件とは別個の本件爆弾の製造、所持の犯行を犯したことをみずから明らかにし、現に大阪教育大学天王寺分校に右爆弾を隠匿所持しており、同所から右爆弾を早急に搬出処理するよう訴えた。そこで同巡査部長はとりあえず本件爆弾製造、所持の事実についての供述調書を作成したところ、被告人は引き続き杉本町派出所爆破事件の動機などについても供述したので、これについても供述調書を作成した。翌29日、被告人は、大阪市立大学内に爆弾製造に使用した薬品等の材料残部を隠匿している事実についても自白したので、同巡査部長らにおいて右事実についての供述調書を作成した。翌30日、警察は被告人の前記自白に基づいて大阪教育大学天王寺分校構内及び大阪市立大学教養部構内を捜索した結果、被告人の自白どおり天王寺分校から手投式鉄パイプ爆弾2個を、また、大阪市立大学から爆弾製造に使用した薬品等の残材料を発見押収した。なお、同日検察官は、前記傷害事件につき被告人を大阪地

方裁判所に公判請求し、警察は同日、被告人を右爆破事件で再逮捕して以後右事件について被告人に対する本格的な取調べが進められた。

3　原判決が引用する原審の証拠決定が被告人の捜査官に対する自白の任意性を否定した理由

原判決が引用する原審の証拠決定が、本件窃盗、杉本町派出所爆破及び爆弾の製造、所持の各事実に関する被告人の捜査官に対する自白は任意性を欠く疑いがあるとした理由の要旨は

（１）被告人は、７月26日午後６時ころから、斉藤巡査部長らによって、本件爆破事件について被疑者として取調べを受けたが、その際被告人は、傷害事件により拘束を受けているのに、爆破事件について令状なしに取調べを受けることを不当として、その取調べを拒否し、直ちに勾留の場所（監房のこと、以下同じ）に戻すよう要求するとともに、尋問に対しては黙秘する旨告げたのに対し、同捜査官らはそのまま同月27日及び翌28日の取調べを継続した。

（２）同捜査官らは、右取調べにおいて被告人に対し、

　イ　本件現場の爆弾の破片から指紋が顕出された。
　ロ　本件発生当時被告人と同棲していた女性が参考人として一切の事情を捜査官に供述した。
　ハ　本件について逮捕令状が出かかっている。
　ニ　被告人の弟が被告人の逮捕後、大阪教育大学天王寺分校や大阪市立大学に出入りしている。

旨述べて、本件について真実を供述するよう繰り返し求めたが、右イないしニの点はいずれも実在の事情とは認められない。

（３）同捜査官は、右取調べにおいて、被告人に対し、爆発物取締罰則９条の規定の解釈を示し、本件については、犯人の親族でも、罪証隠滅の罪の成立を免れず、その罪が成立すれば逮捕できることを説明するとともに、被告人が本件について自白するならば、被告人の親族に累が及ぶ事態が避けられる旨言って、黙秘を続けることをやめるよう説得した。

（４）被告人は、本件について本格的に自白を始めた同月28日以降は、右捜査官及び検察官の本件取調べに対し自白供述を渋滞させることなく、この間の右捜査官及び検察官の取調べは相前後して進行し、検察官の取調自体には、被告人の供述の任意性に対し消極的に作用する事情は皆無であったが、右警察における捜査官の取調べにおいては、捜査官は被告人に対し被告人が黙秘権を行使せず、自白を維持して反省の態度を示し続けることにより起訴及び公判審理の各段階で寛大処分を受け得るものである旨を、いわゆる内ゲバ殺人事件の被疑者が傷害致死事件として処理されて執行猶予になった例を引くなどして繰り返し説明した。

との事実が認められる。

そして、右の取調状況のうち、（１）については、当時被告人が本件の被疑者として、その身柄拘束の根拠となっていない本件の取調べのなされることを不当としてこれを拒否し、勾留の場所に戻すよう求めたことは正当な要求というべきであり、したがって、捜査官が右要求を無視して、そのまま被告人に対し本件の取調べを続行したことは、違法であることを免れない。

また、捜査官が本件について黙秘の被告人に対し、供述を求めるにあたり告げた事項のうち、前記（２）のイないしハの各事情が相互に関連して、被告人に対し本件についての有力な証拠が

すでに捜査官のもとに蒐集ずみであるとの印象を抱かせ、その印象を強化する性格のものであるから、右は同捜査官が被告人に与えるかかる効果を意図してなした偽計と断ぜざるを得ず、かかる欺罔的手段の被告人の心理に及ぼした影響は、前示の違法な身柄拘束の利用関係と相まち、優に強制に準ずる程度に達していたものと認められる。

　のみならず、これらの事項とともに、捜査官が被告人に告知した前記（2）のニの事情は、同（3）の説得内容と関連して、被告人をして自己の弟に爆発物取締罰則9条の罪により逮捕される事態が切迫しているものと誤信させるとともに、これを避けるためには、本件について黙秘の態度を解き、自白する外ないと決意させ自白に至らせたものの、被告人にその翌朝このことにより自殺を企図するまでの精神的煩悶を経験させたものであることが認められるから、右偽計は、被告人が本件について黙秘することをやめれば捜査官において、被告人の親族に対する追及を控えることを内容とする前示の暗黙の約束ないし利益誘導と相まち、被告人に対し高度の心理的強制を与え、加えて虚偽の自白を誘発するおそれが多分にあったものということができる。

　そうすると、被告人が同年7月30日以降本件によって逮捕勾留される前の段階でなした本件についての自白は、いずれも任意性を欠く疑いがあるものというべきである。

　さらに、右各自白後、これに引き続きなされた被告人の右捜査官及び検察官に対する各自白が前記（4）の事情下になされたものと認められる以上、前示前段階の取調の違法性の実質的影響を承継したものとして、そのすべてにつき、任意性を欠く疑いを免れないものである。

　というのである。

三　当裁判所の判断

　当裁判所は記録に基づき次のとおり判断する。

　1　まず第1に、原判決が引用する原審の証拠決定が任意性を欠く疑いがある事情として取りあげている各事実は、いずれも昭和48年7月26日、27日に斉藤巡査部長らが被告人を杉本町派出所爆破事件で取調べをした際の出来事であることに注意しなければならない。すなわち、被告人が同捜査官らから追及され、黙秘の態度を解くよう強く説得されていたのも、被告人が捜査官に対し身柄拘束の原因となっている公訴事実（三）の傷害事件とは別に令状なしに取調べを受けることの不当を訴えたのも、被告人が捜査官から有力な証拠がすでに捜査官のもとに蒐集ずみであるとの印象を抱かせられ、偽計による欺罔的手段により被告人が黙秘することをやめれば捜査官において親族に対する追及を控えることを内容とする暗黙の約束ないし利益誘導をされたというのも、すべて杉本町派出所爆破事件に関する取調べに際してであって、被告人が捜査官の偽計に欺され、被告人の親族に対する追及を免れるため捜査官の約束、利益誘導に乗って自白したとしても、そこで捜査官が取引として持ち出したものは、杉本町派出所爆破事件を自白することであるから、被告人が同事件につき自白しさえすれば親族に対する追及を免れることができるのであって、被告人が自己犠牲として虚偽の自白をするおそれがあったのは同事件に関してである。言葉をかえていえば、原判決が問題とする身柄拘束の違法な利用関係、偽計、暗黙の約束ないし利益誘導などの違法な手段と因果関係がある自白は、杉本町派出所爆破事件に関してであって、本件の爆弾の製造、所持の事実に関する自白との間には法律上の因果関係ありとは直ちには認めら

れない。

　そして、前記二の2で明らかにしたように、被告人は同月28日の日に、それまで捜査当局側に全く知られておらず、かつ、被告人に対し取調べも追及もされていなかった本件手投式鉄パイプ爆弾2個の製造、所持の犯行をみずから自発的に明らかにし、隠匿場所である大阪教育大学天王寺分校からの右爆弾の早期搬出処理を訴えたのである。その間の事情について、原審公判廷で、巡査部長斉藤昭七、司法巡査中川紀明は、「同月28日の日に被告人本人は早く肩の荷を軽くして欲しい。何もかも早く調べて欲しいということで、ほかにも爆弾があるので早く取り除いて下さいとみずから言い出し、もしも警察官がその爆弾を捜索に行ってそれが爆発してけが人を出してはいけないので、爆弾撤去について自分も行かせてくれと何回も頼まれた。こういうことは警察に任せなさいといって、その後爆弾撤去が無事に行ったことを告げると、被告人もありがとうございましたといって、ほっととしていた。」と証言し、これに対し、被告人は、原審第14回公判廷で、本件手投式鉄パイプ爆弾2個の製造、所持の犯行を自供するに至った同月28日の情況について、「この日午前9時か10時に取調べをはじめた。斉藤巡査部長は、自殺未遂に関して、もう馬鹿なことをするな。命を粗末にするな。これからが長いやないか。将来に希望を持て。お前の辛い気持はよくわかるけれども、しかし、そんなお前を調べんならん。お前も一寸くらいしんどかってもしんぼうしてくれ、といって慰めてくれて取調べを始め、杉本町派出所爆破事件の爆弾の材料はどこに隠してあるのかと、証拠品の所在場所を追及された。その時に、自分は実は教育大学と市大にこういうものがあるんだということで、本件手投式鉄パイプ爆弾2個を隠匿している事実を喋った。警察はまだ爆弾があるとまでは思っていなかったらしく、自分がそのことを喋ったので、爆弾を教育大学に隠匿している件で根掘り葉掘り聞かれ、先にその調書をとられた。警察が教育大学に捜索に行くということを聞いたので、自分をそこに連れて行ってくれ、わからん者が行ったら危ないからと言った。それは現場に連れて行ってもらったら、隙をみてその爆弾で警察官もろとも自爆してやろうというようなことを考えついて言った。」（記録1602丁、1607丁）と供述しているのであって、本件爆弾の製造、所持の事実に関して、被告人の方から積極的に自供したことが認められこそすれ、捜査官が偽計、約束、利益誘導等違法な手段を用いてこの件に関して自白を獲得したものとは認められないのである。

　原判決は、被告人の本件爆弾の製造、所持事実に関する自供は、自殺を企図するまでの精神的煩悶の下でなされたものであり、右精神的煩悶は、杉本町派出所爆破事件の取調べの際におけるものとはいえ、捜査官の被告人に対する自白強制、身柄拘束状態の違法な利用関係、欺罔的手段、暗黙の約束ないし利益誘導によってもたらされたものであるから、捜査官の違法な自白強制手段と本件爆弾の製造、所持事件の自供との間には因果関係があり、任意性に疑いがあることになるとするにあると考えられる。しかしながら、右は単に条件的因果関係があるにとどまり、杉本町派出所爆破事件につき自白せざるを得なくなれば必然的に本件手投式鉄パイプ爆弾の製造、所持をも自白せざるを得なくなるというような関連性は認められないのである。そして、被告人が自殺企図を持つに至ったのは、原審証拠決定三1（三）（（前記二3（3））で認定するように捜査官から爆発物取締罰則9条の規定により親族でも罪証湮滅の成立を免れず、逮捕できることを説

明され、被告人が杉本町派出所爆破事件を自供するならば、被告人の肉親に累が及ぶ事態が避けられる旨言われて、被告人としては救対関係者や同志らの示唆によって警察の取調べに対し完全黙秘を誓っていたのに、捜査官が追及する杉本町派出所爆破事件につき同志らの期待通り黙秘を貫こうとすれば、苦労をかけて来た母親や、弟にまで累が及ぶことになり、他方同事件を自白して肉親に迷惑がかからないようにしようとすれば同志の期待を裏切ることになるとして、その板ばさみになり、同月27日の取調べにおいては結局肉親にかける情が勝って、同事件を自白してしまったものの、同日の取調べが終わり監房に戻るや、再び肉親と同志のいずれの側に立つべきか心理的葛藤をくりかえして思い悩むうち、このような苦しい立場からの逃避として自殺企図が生じたものと推認される。被告人が自殺未遂後においてもなお精神の動揺があったとしてもそれは右心理的葛藤に基因するものであるから、そこでは肉親を犠牲にしてでも同志の期待に従いもとの黙秘の態度をとるべきか、あるいは肉親に累が及ばないようにすることを貫いて、前日自白してしまった杉本町派出所爆破事件について引き続き捜査官に自白し続けるかの二者択一を迫られて思い悩む点に被告人の苦悩があったと認められるのであって、被告人が捜査官の全く知らず、追及もされていなかった本件爆弾の製造、隠匿所持までもみずから進んで自供する必要に迫られたというような関係は生じてこないのである。そしてまた、自殺未遂という異常な事態自体から生ずる興奮、心神不安定状態が生じたことは容易に認められるけれども、前記二の2で明らかなように被告人の自殺未遂というのも自殺の実行未遂ではなく着手未遂にとどまるし、自殺未遂を発見阻止されてから当日の被告人の取調べが始まる約3時間の間に相当程度鎮静化したと認められるうえ、前記被告人や斉藤昭七、中川紀明の原審各供述に照らしても、被告人が本件爆弾の製造、所持の犯行をみずから供述するに至った時点においては、被告人の供述能力に何ら欠けるところはなく、かつまた心理的に追い詰められてやむなく右犯行を自供するに至ったというような情況も認められない。

　以上、原判決は、本件爆弾の製造、所持事件を単に杉本町派出所爆破事件の関係事件として一括して本件と称し、杉本町派出所爆破事件に関する自白に任意性に欠ける疑いがあるとした結論をそのまま本件爆弾の製造、所持事件に及ぼさしめているにすぎず、本件爆弾の製造、所持事件の自白についての任意性に疑いがある理由を十分認定判示しているとは認め難く、原判決のこの点に関する事実認定には誤認があるといわざるを得ず、右は判決に影響を及ぼすことが明らかである。論旨は理由がある。

　2　つぎに、原判決は、不任意の自白に基づいて発見押収された証拠物に関する書証について、いわゆる「毒樹の果実」排除の理論ないしはこれと共通する思考方法のもとに、その証拠能力を認め難いとするので、以下この点につき検討する。

　アメリカ合衆国においては、かねて違法に収集された証拠は「毒樹」として排除されるのみならず、それに基づいて得られた派生的第二次証拠（derivative evidence）もいわゆる「毒樹の果実」（the fruit of the poisonous tree）として排除されるべきではないかとして、その排除されるべき第二次証拠の範囲が問題とされて来たし、また西ドイツにおいては、人格権を侵害する手段によって違法に収集された証拠は、証拠の使用が禁止されるとともに、それに基づいて発見され

た派生的証拠の使用もまた禁止されるべきではないか、その波及効（Ferunwirkung）はいかなる範囲に及ぶかが問題とされ、とくに権衡の原則（Gruntsatz der verhältismäßigkeit）が強調されていることが注目され、わが国においても近時これらについて学説上しばしば論じられているところである。かように違法収集証拠の排除法則、その適用範囲、ことに「毒樹の果実」排除理論は、アメリカ合衆国において発展して来たものであるが、これをわが国に導入するにあたっては、その法理論面にのみ目を奪われるだけでなく、わが国の法制と、その背景となっているわが国社会の実情にも十分配慮を尽くし、わが国の刑事訴訟法との適合に配慮を払いつつ、その妥当する領域を確定していかなければならない。

　本件において「毒樹の果実」が問題となっているのは、不任意自白に由来して得られた派生的第二次証拠であるが、派生的第二次証拠の収集手続自体にはなんら違法はなく、それ自体を独立してみる時なんら証拠使用を禁止すべき理由はなく、ただ、そのソースが不任意自白にあることから不任意自白の排除効を派生的第二次証拠にまで及ぼさせるべきかが問題となるのである。そこでまず第1に「不任意自白なかりせば派生的第二次証拠なかりし」という条件的関係がありさえすればその証拠は排除されるという考え方は広きにすぎるのであって、自白採取の違法が当該自白を証拠排除させるだけでなく、派生的第二次証拠をも証拠排除へ導くほどの重大なものか否かが問われねばならない。違法に採取された自白の排除の中には、（1）憲法38条2項、刑事訴訟法319条1項の「強制、拷問又は脅迫による自白、不当に長く抑留又は拘禁された後の自白」のように虚偽排除の思想を背景に持ちつつも、むしろ人権擁護の見地から人権侵害を手段として採取された自白の証拠使用が禁止されるもの、（2）刑事訴訟法319条1項の「その他任意にされたものでない疑のある自白」のように、約束、偽計など主として虚偽排除の見地から虚偽の自白を招くおそれのある手段によって採取された自白の使用が禁止されるもの、（3）憲法31条の適正手続の保障による見地から自白採取の手続過程に違法がある自白の証拠使用の禁止が問題とされるもの、例えば他事件による勾留の違法な利用、黙秘権の告知・調書の読み聞けの欠如等がある。そこで考えると、自白獲得手段が、拷問、暴行、脅迫等乱暴で人権侵害の程度が大きければ大きいほど、その違法性は大きく、それに基づいて得られた自白が排除されるべき要請は強く働くし、その結果その趣旨を徹底させる必要性から不任意自白のみならずそれに由来する派生的第二次証拠も排除されねばならない。これに対して、自白獲得手段の違法性が直接的人権侵害を伴うなどの乱暴な方法によるものではなく、虚偽自白を招来するおそれがある手段や、適正手続の保障に違反する手段によって自白が採取された場合には、それにより得られた自白が排除されれば、これらの違法な自白獲得手段を抑止しようという要求は一応満たされると解され、それ以上派生的第二次証拠までもあらゆる他の社会的利益を犠牲にしてでもすべて排除効を及ぼさせるべきかは問題である。刑事訴訟法1条は、「公共の福祉の維持と個人の基本的人権の保障とを全うしつつ、事案の真相を明らかにし、刑罰法令を適正かつ迅速に適用実現することを目的とする。」と規定し、犯罪の解明、真実発見と人権あるいは適正手続の保障との調和を十分考慮に入れる必要があることを明らかにしている。この場合の虚偽自白を招くおそれのある手段や、適正手続の保障に違反して採取された不任意自白に基因する派生的第二次証拠については、犯罪事実の解明という

公共の利益と比較衡量のうえ、排除効を及ぼさせる範囲を定めるのが相当と考えられ、派生的第二次証拠が重大な法益を侵害するような重大な犯罪行為の解明にとって必要不可欠な証拠である場合には、これに対しては証拠排除の波及効は及ばないと解するのが相当である。もとより、この場合にあっても、当初から、計画的に右違法手段により採取した自白を犠牲にしても、その自白に基づく派生的第二次証拠の獲得を狙いとして右違法な手段により自白採取行為に出たというような特段の事情がある場合には、その自白採取手段の違法性は派生的第二次証拠にまで証拠排除の波及効を及ぼさせるものとなるであろう。けだし、さもなくばこれらの違法な自白獲得手段を抑止しようという要求は、右の実利の前に、実のあるものとはならなくなるからである。

　かような見地から本件をみるに、原判決が認定するように本件爆弾の製造、所持の犯行についての自白が約束、偽計、利益誘導、他事件の勾留の違法利用により獲得されたものとして任意性に疑いがあるものとされて、刑事訴訟法319条1項により証拠能力が否定されるにしても、本に右特段の事情はなく、かつ本件は爆弾の製造、所持事犯であって、爆発物取締罰則は公共の安全と秩序の維持という社会的法益と人の身体・財産の安全という個人的法益を保護するものであり、爆発物はその爆発作用そのものによって公共の安全をみだし又は人の身体財産を害するに足る破壊力を有する顕著な危険物であって、同罰則違反の罪は、公共危険罪に近い罪質をも具有する重大な犯罪（最高裁判所昭和36年（あ）1727号同39年1月23日第1小法廷判決刑集18巻1号1頁参照）であり、右自白獲得手段の違法性と本件爆弾の製造、所持事犯の法益の重大性を比較衡量するとき、右自白に基づく結果として発見押収された本件手投式鉄パイプ爆弾2個の捜索差押調書、検証調書、鑑定書等前記二の1に掲記する証拠（ただし⑥の捜査復命書は不同意とされて撤回されているのでこれが除かれることはもちろんである。）は排除されるべきではないと解するのが相当と認められる。そして、第2に、不任意自白という毒樹をソースとして得られた派生的第二次証拠に証拠の排除効が及ぶ場合にあっても、その後、これとは別個に任意自白という適法なソースと右派生的第二次証拠との間に新たなパイプが通じた場合には右派生的第二次証拠は犯罪事実認定の証拠とし得る状態を回復するに至るものと解せられる。しかるところ、被告人は原審公判廷において、終始本件手投式鉄パイプ爆弾を製造し、これを大阪教育大学天王寺分校に隠匿所持していた事実及び捜査官が同所で捜索押収して来た本件証拠物たる手沒式鉄パイプ爆弾2個が右対象物件であることを認めて来たのであり、右自白は公判廷における任意の自白であるから、右証拠物が当初不任意の自白に基づいて発見押収された派生的第二次的証拠であっても、原審公判廷における任意自白により犯罪事実認定の証拠とし得る状態を回復しているものと認められる。

　以上、原判決は、証拠能力に関する法令の解釈適用を誤ったものとして、訴訟手続に法令違反があることに帰し、右違反は判決に影響を及ぼすことが明らかである。論旨は理由がある。

＊　＊　＊

（裁判官　矢島好信、裁判官　吉田治正、裁判官　朝岡智幸）

> **質問9-10**
> 杉本町派出所爆破事件の設定した基準は、「枕許に警察官」事件の「同一目的」「直接利用」基準や大津覚せい剤事件がいう「密接な関連性」基準とはどう違うのか。

> **質問9-11**
> 杉本町派出所爆破事件が行った不任意自白の分類は正しいか。それは、不任意自白に基づいて発見された証拠の排除基準の設定に役立っているか。

> **質問9-12**
> 大阪高裁判決が言う「新たなパイプ」論の正当化根拠は何か。それは排除法則の趣旨と整合するか。

III 違法捜査と証拠収集の因果関係・「不可避的発見」の例外

判 例

札幌高判昭58・12・26刑裁月報15-11・12-1219（「桐の木箱」事件）

控訴趣意第1について

　所論は要するに、原判決が挙示する原判示第2の事実に関する証拠のうち、覚せい剤粉末は、憲法33条、35条所定の令状主義の精神に著しく違反する捜索の過程で発見、収集されたものであるから、右覚せい剤粉末及びこれに関連して作成された証拠書類の各証拠能力は否定されるべきであるのに、これらの証拠を被告人の自白に対する補強証拠として原判示第2の事実を認定した原判決には、訴訟手続に関する法令違反ないし事実誤認がある、というのである。

　そこで、記録を調査して検討すると、原判決挙示の関係証拠によると、警察官らが所論の覚せい剤粉末を発見、押収するに至った経緯、捜索、押収の状況等は、次のとおりである。すなわち、(1) 原判示の司法警察職員らは、吉田久美子から原判示第1の暴行の被害申告を受け、被告人が暴力団員であり、かつ犯行後所在をくらましていたことから、逃亡のおそれがあると判断し、札幌地方裁判所裁判官から、右暴行被疑事実により逮捕状の発付を受けて、昭和57年11月18日午前9時35分ころ、被告人を逮捕するため、被告人の当時の居所である原判示第2のフラワーコーポ204号室に赴いたこと、(2) 警察官らは、同居室内に入ったところ、被告人が内妻の竹内真智子とともにいたので、同9時40分ころ、右逮捕状を示して被告人を逮捕するとともに、その際、逮捕に伴う強制処分であるとして、居室内を捜索したところ、暴行被疑事件に関する証拠物は発見されなかったが、右逮捕の直後ころ、被告人が直前まで寝ていた布団の枕元の畳の上にあった桐の木箱及びその傍にあった紙袋の中から、覚せい剤の分量用などに使われる天秤棒式はかり一式、小型はさみ2丁、覚せい剤と思われる白色結晶性粉末少量が入ったビニール小袋、覚せい剤の注射用などに使われる注射器一式、ビニール小袋多数枚等が発見されたこと、(3) そこで、

警察官らは被告人に対して右各物件の所有関係などについて質問をしたところ、被告人は「他人から預っている」と述べたり又は「自分のものである」と述べたりしたので、被告人の同意を得て、覚せい剤試薬により右粉末を検査して陽性の反応を呈したのを確認したうえ、同9時57分ころ、被告人を覚せい剤所持の現行犯人と認めて重ねて逮捕するとともに、右各物件を覚せい剤取締法違反被疑事件の証拠物として差押え、同日午前10時5分ころ、被告人方居室内における逮捕、捜索等を終了したことなどを認めることができる。右捜索に従事した警察官である原審証人長谷部範世、同山中克己は、右捜索の目的について、暴行被疑事件に関して被告人が記載したメモ、日記、わび状の類が存在すると思われたほか、右暴行事件の背景事件に関連して被告人の内妻竹内真智子による覚せい剤使用の嫌疑が見込まれ、注射器等も存在すると思われたので、暴行事件の証拠として、メモ、日記、わび状、注射器等を発見、収集する目的で捜索を行った旨供述するが、右暴行の動機、態様が原判示第1のとおりであることなどを考えると、右のようなメモ、日記類などの存在を期待しうる状況にあったかどうか疑わしく、また、竹内真智子が使用した注射器等も、暴行事件に関する証拠として収集すべき実際上の必要性があったかどうか甚だ疑問であり、これに加えて、本件各証拠から認められる次のような捜索の状況、すなわち、警察官らは、被告人方において、居間、寝室、玄関、便所に至るまで捜索し、押入をあけてみたり、ストーブまわりを調べたり、「ぬいぐるみの犬」の飾り物を壊してその中を調べたり、更に押入内にあった8ミリわいせつフイルムとその映写機を持ち出してその任意提出を求めるという状況であったこと、更に、警察官らは本件暴行被疑事件の捜査を通じ吉田久美子らからの事情聴取により竹内真智子が被告人から覚せい剤を渡されるなどしていたとの嫌疑を抱いていた形跡のあることなどを考えると、警察官らは右暴行事件による被告人の逮捕の機会を利用し、右暴行事件の逮捕、捜査に必要な範囲を越え、余罪、特に被告人又は竹内真智子による覚せい剤の所持、使用等の嫌疑を裏付ける証拠の発見、収集を意図していたものと認められる。

　ところで、刑事訴訟法220条1項2号は、司法警察職員が被疑者を逮捕する場合において必要があるときは、逮捕の現場で捜索、差押をすることができる旨定めているが、その捜索、差押は、逮捕の原由たる被疑事実に関する証拠物の発見、収集、及びその場の状況からみて逮捕者の身体に危険を及ぼす可能性のある凶器等の発見、保全などに必要な範囲内で行われなければならず、この範囲を越え、余罪の証拠の発見、収集などのために行なうことが許されないことは多言を要しないところであるから、前述のとおり、警察官らが右覚せい剤粉末を発見した後、被告人を覚せい剤所持の現行犯人として逮捕し、かつ、右被疑事件に関する証拠物として覚せい剤粉末を差押えたとしても、それは違法な捜索の過程中に発見、収集された証拠物であるとの評価を受けることを免れないといわなければならない。

　そこで、更に進んで、右覚せい剤粉末及びこれに関連して作成された所論の証拠書類の証拠能力について考えてみると、右覚せい剤粉末に関する捜索は、違法のものではあるが、全くの無権限で開始されたものではなく、形式的には前記暴行被疑事実による逮捕に伴う強制処分として適法に開始されたものであること、また、差押を受けた覚せい剤粉末に限定していうならば、右は被告人が直前まで寝ていた布団の枕元の木箱の中にあったものであるから、警察官らにおいて右

暴行被疑事実により被告人を逮捕する際、これに伴う必要最小限の強制処分として被告人の身体にごく近接する範囲内を一通り捜索しただけで容易に発見することができたものであることなどを考えると、右覚せい剤粉末の発見、収集手続上の瑕疵は実質的に重大なものということはできず、このような場合、右覚せい剤粉末及びこれに関連して作成された証拠書類の証拠能力を否定することは相当でないというべきである。結局、原判示第2の事実につき、本件覚せい剤及びこれに関連する証拠書類の証拠能力を肯定し、その余の各証拠とともに被告人を有罪と認めた原判断は、その理由において首肯し難い点はあるが、結論において正当であり、原判決には判決に影響を及ぼすべき訴訟手続に関する法令違反ないし事実誤認があるとは認められない。論旨は理由がない。

*　*　*

（裁判官　渡部保夫、裁判官　横田安弘、裁判官　平良木登規男）

> **質問9−13**
> 　上記事件で捜査官が逮捕の際に被告人の寝ていた布団の枕もとの木箱の蓋を開けることは適法か。

> **質問9−14**
> 　「不可避的発見」の例外が認められる理由は何か。

IV 排除法則と同意

判 例

最大判昭36・6・7刑集15-6-915（早すぎた捜索事件）

　所論は＊＊＊いずれも上告適法の理由に当らない。

　職権により調査するに、＊＊＊［憲法］35条が右の如く捜索、押収につき令状主義の例外を認めているのは、この場合には、令状によることなくその逮捕に関連して必要な捜索、押収等の強制処分を行なうことを認めても、人権の保障上格別の弊害もなく、且つ、捜査上の便益にも適なうことが考慮されたによるものと解されるのであって、刑訴220条が被疑者を緊急逮捕する場合において必要があるときは、逮捕の現場で捜索、差押等をすることができるものとし、且つ、これらの処分をするには令状を必要としない旨を規定するのは、緊急逮捕の場合について憲法35条の趣旨を具体的に明確化したものに外ならない。

　もっとも、右刑訴の規定について解明を要するのは、「逮捕する場合において」と「逮捕の現場で」の意義であるが、前者は、単なる時点よりも幅のある逮捕する際をいうのであり、後者は、場所的同一性を意味するにとどまるものと解するを相当とし、なお、前者の場合は、逮捕との時間的接着を必要とするけれども、逮捕着手時の前後関係は、これを問わないものと解すべきであって、このことは、同条1項1号の規定の趣旨からも窺うことができるのである。従って、例えば、緊急逮捕のため被疑者方に赴いたところ、被疑者がたまたま他出不在であっても、帰宅次第緊急逮捕する態勢の下に捜索、差押がなされ、且つ、これと時間的に接着して逮捕がなされる限り、その捜索、差押は、なお、緊急逮捕する場合その現場でなされたとするのを妨げるものではない。

　そして緊急逮捕の現場での捜索、差押は、当該逮捕の原由たる被疑事実に関する証拠物件を収集保全するためになされ、且つ、その目的の範囲内と認められるものである以上、同条1項後段

のいわゆる「被疑者を逮捕する場合において必要があるとき」の要件に適合するものと解すべきである。

ところで、本件捜索、差押の経緯に徴すると、麻薬取締官等4名は、昭和30年10月11日午後8時30分頃路上において職務質問により麻薬を所持していた瀬上ミツヱを現行犯として逮捕し、同人を連行の上麻薬の入手先である被疑者有馬喜市宅に同人を緊急逮捕すべく午後9時30分頃赴いたところ、同人が他出中であったが、帰宅次第逮捕する態勢にあった麻薬取締官等は、同人宅の捜索を開始し、第一審判決の判示第一の（一）の麻薬の包紙に関係ある雑誌及び同（二）の麻薬を押収し、捜索の殆んど終る頃同人が帰って来たので、午後9時50分頃同人を適式に緊急逮捕すると共に、直ちに裁判官の逮捕状を求める手続をとり、逮捕状が発せられていることが明らかである。

してみると、本件は緊急逮捕の場合であり、また、捜索、差押は、緊急逮捕に先行したとはいえ、時間的にはこれに接着し、場所的にも逮捕の現場と同一であるから、逮捕する際に逮捕の現場でなされたものというに妨げなく、右麻薬の捜索、差押は、緊急逮捕する場合の必要の限度内のものと認められるのであるから、右いずれの点からみても、違憲違法とする理由はないものといわなければならない。

しかるに、原判決は、刑訴220条1項後段の規定によって行なう捜索、差押は、緊急逮捕に着手した後に開始することを要し、緊急逮捕に着手しないで捜索、差押を先に行なうことは許されないとすると共に、緊急逮捕の現場でする捜索、差押であっても、その対象となるべき証拠物件の範囲は、その逮捕の基礎である被疑事実に関するものに限られるべきものであって、他の犯罪に関するものにまで及ばないとし、第一審判決の判示第一の（二）の麻薬は、麻薬取締官等が被疑者有馬喜市を緊急逮捕すべく同人宅に赴いたところ、たまたま同人の不在のためその緊急逮捕に着手しないうちに同人宅の捜索を開始して差押えたものであり、その捜索、差押が殆んど終る頃になって帰宅した同人を逮捕したことが明らかであるから、かかる捜索、差押は違法といわなければならず、且つ、右被疑者につきその被疑事実とは別の麻薬所持なる余罪の証拠保全のためになされたものと解するのほかなき本件の捜索、差押は、この点においても違法たるを免れないところであって、要するに、本件捜索差押は、同条1項後段の規定に適合せず、且つ、令状によらない違法の捜索、差押であるから、憲法35条に違反するものといわなければならず、かかる違法の手続によって押収された右麻薬及びその捜索差押調書等は、証拠としてこれを利用することは禁止されるものと解すべきものとする。しかし、右は、憲法及び刑訴法の解釈を誤った違法があるものというべく、その違法は、判決に影響を及ぼすことが明らかであるから、原判決は破棄を免れない。

のみならず、第一審判決の判示第一の（二）の事実（昭和30年10月11日被告人宅における麻薬の所時）に関する被告人の自白の補強証拠に供した麻薬取締官作成の昭和30年10月11日付捜索差押調書及び右麻薬を鑑定した厚生技官中川雄三作成の昭和30年10月17日付鑑定書は、第一審第1回公判廷において、いずれも被告人及び弁護人がこれを証拠とすることに同意し、異議なく適法な証拠調を経たものであることは、右公判調書の記載によって明らかであるから、右各書面は、

捜索、差押手続の違法であったかどうかにかかわらず証拠能力を有するものであって、この点から見ても、これを証拠に採用した第一審判決には、何ら違法を認めることができない。されば原判決は、この点においても違法であって、破棄を免れない。

よって、刑訴410条本文、405条1号、411条1号により原判決を破棄し、同413条本文により、本件を大阪高等裁判所に差し戻すべきものとし、主文のとおり判決する。

この判決は、裁判官入江俊郎、同池田克、同垂水克己の補足意見、裁判官横田喜三郎、同藤田八郎、同奥野健一の意見及び裁判官小谷勝重、同河村大助の少数意見があるほか、裁判官全員一致の意見によるものである。

〔池田裁判官は緊急逮捕の合憲性について補足意見を述べ、入江裁判官がそれに賛同する意見を述べた。〕

裁判官垂水克己の補足意見は次のとおりである。

＊＊＊〔刑訴220条1項1号の「逮捕する場合」「逮捕の現場」は、現実に逮捕の着手行為若しくは少くとも逮捕のための被疑者の身柄捜索行為がなければならない。〕

三　違法な手段方法によって入手された証拠を裁判所は被告人の犯罪事実認定の資料に供することができるか。私は重大顕著に違法な手段によって入手された証拠を一資料としてなされた有罪判決は条理上破棄されなければならないと解するのを相当と考える。しかし、そうでない軽い違法手段によって入手した証拠を罪証に供した判決は破棄されるべきかぎりでない。判示の押収物は被疑者の身柄捜索に着手前に、すなわち、私見によれば違法に捜索、押収された物ではあるが、これについては直後に裁判官の逮捕令状を得ている以上（この令状は予め得た逮捕令状に比すれば右物件の捜索押収を正当とする上において一層有力なものといえよう）証拠能力はあるといえる。なお、証拠能力のない証拠物件、家宅捜索調書等であっても、被告人が自己の利益にこれを援用しようとした場合、その他これを証拠とすることに同意した場合には証拠能力を持つに至ると考えてよい。

裁判官横田喜三郎の意見は次のとおりである。

＊＊＊〔被疑者が不在で逮捕ができない場合は、「被疑者を逮捕する場合」「逮捕の現場」とはいえない。本件捜索差押は違法であり違憲である。〕

二　違法な捜索差押手続によって収集された証拠について

1　証拠物の証拠能力は、本来ならば、証拠物そのもの自体によって判断すべきで、その物を収集した手続が適法であるか違法であるかによって判断すべきではない。収集の手続が違法であれば、その違法については、違法な手続をとった者を処分し、それによって違法な手続の起こるのを防止するのが合理的である。証拠物そのものについては、それ自体として証拠能力をもつならば、それを認めるのが当然であって、それを収集した手続のいかんによって、証拠能力を動かすべきではない。＊＊＊

2　もっとも、違法な収集の手続が重大な弊害をもたらすもので、とくにそれを防止するため

に厳重な規定が設けられた場合は、おのずから別である。違法な手続によって、重要な権利が侵害され、重大な弊害が生じるような場合には、これをいっそう強力に防止するために、とくに厳重な規定を設けられることがある。このような場合には、違法な手続によって収集された証拠物の証拠能力を否定することもありうる。

　憲法第35条と、その趣旨に沿って定められた刑事訴訟法第220条とは、まさに、この趣旨の規定であると解される。憲法第35条は、国民の住居、書類及び所持品の安全を保障し、逮捕状による逮捕と現行犯による逮捕との場合を除いて、正当な令状がなければ、侵入、捜索及び押収を受けないことを定めている。これは国民の重要な基本的人権であるばかりでなく、旧憲法の時代の経験にかんがみて、新憲法はとくに強く保障することにした。そうしてみれば、これを侵害するような違法な手続によって、証拠物が収集された場合は、たんに違法な手続をとった者を処分するだけでなく、収集された証拠物の証拠能力を否定することが必要であり、実際においてそれが憲法の規定の趣旨であると解される。この規定の線に沿って定められた刑事訴訟法第220条についても、同じである。

　3　他方で、しかし、権利または法律上の保障は、別段の規定がないかぎり、それを享有する者が放棄することができる。刑事手続における被告人の権利を保障した憲法の諸規定を見るに、第38条は、強制、拷問または脅迫による自白と、不当に長い抑留または拘禁の後の自白とについて、これを証拠とすることを禁止している。このような自白については、被告人は憲法上の保障を放棄することができないわけで、かりに被告人がそれを証拠とすることに同意したとしても、裁判所は証拠とすることができない。これに反して、憲法第35条は、その規定に違反して捜索押収した物について、証拠とすることを禁止していない。そのことは、この規定に基く保障については、被告人が放棄することができることを意味するといわなければならない。

　実質的に見ても、これは十分に理由のあることである。社会の秩序を維持するために、不法な行為をした者を罰することは、法の使命であって、真実に不法な行為をした者は、これを罰することを法は要求する。これについて重要なことは、真実に不法な行為をしたかどうかを発見することである。この発見に役立つものは、本来証拠とすべきものであり、それによってはじめて、真実が発見され、真実に不法な行為をした者が罰せられ、引いては社会の秩序が維持される。それにもかかわらず、違法な手続によって収集された証拠について、証拠能力を否定することがあるのは、違法な手続による被告人の不利益と苦痛に対して特別な考慮を払うためである。それだけに、被告人がみずから証拠とすることに同意したならば、それをさまたげる理由はない。

　本件の場合について見るに、問題の麻薬は、物それ自体の性質、形状に変異を来たすものでなく、それ自体として証拠能力をもつものであり、それに関する捜索差押調書と鑑定書も、他の訴訟法上の要件をみたすかぎり、証拠とすることができる。第一審において、被告人もその弁護人も、これらの書類を証拠とすることに同意し、その同意の下に公判廷で適法な証拠調が行なわれた。この証拠調に対して、被告人側は、どのような異議も申し立てていない。このことは、被告人側で憲法第35条の保障を放棄したことを意味すると解しなければならない。すでに第一審で憲法の保障を放棄した以上は、上訴審になってその保障を主張し、右の書類の証拠能力を争うこと

は、もう許されないところである。

これによって見れば、結局において、本件の上告は理由のあるもので、原判決は破棄されなければならない。

　裁判官藤田八郎、同奥野健一の意見は次のとおりである。
　＊＊＊［「被疑者を逮捕する場合において」「逮捕の現場で」というのは時期的には逮捕と同時又は直前、直後を意味し、少くとも被疑者が現場に存することを必要とする。本件捜索差押は220条に適合せず、令状によらない捜索差押であるから憲法35条に違反するものといわざるを得ない。］
　次にかかる違憲の手続によって捜索押収された物件、その捜索差押調書等を断罪の証拠とすることが許されるかについて検討するに、たとえ捜索押収の手続が違憲違法であっても押収物件自体の性質、形状に変異を来す筈がないから証拠たる価値に変りはないとの判例（昭和24年12月13日最高裁判所第3小法廷判決）もあるが、われわれはこれに賛同し難い。けだし、捜索押収は犯罪の証憑の収集のため行われるものであって、憲法35条はこれに対する国民の住居、書類及び所持品についての安全を保障したものである。従って同条に違反して収集された物件が、たとえその手続が違憲であってもなお犯罪認定の証拠とすることが許されるものとすれば右憲法の保障は空文に帰するからである。捜査機関に対するその違反の制裁が他にあるかといって、かかる違憲な手続によって収集された物件に証拠能力を与える根拠とはなり得ない。
　違憲違法な手続によって収集された物件が証拠として利用することが許されない以上、当該捜索押収の手続を証する書類である捜索差押調書及びその押収物件に関する鑑定書もまた証拠として利用することは許されないものと解さなければならない。
　しかし、憲法上刑事手続における被告人の権利を保障する諸規定のうち、例えば憲法38条の強制、拷問、脅迫による自白又は不当に長く抑留若しくは拘禁された後の自白を証拠とすることを禁止する規定の如きは、たとえ被告人がこれを証拠とすることに同意したとしても証拠能力を生ずるものではないと解すべきものであるが、憲法35条の保障の如きは被告人において必ずしもこれを放棄することを許さないものと解すべき根拠はなく、同条に違反して押収された本件押収物件及びこれに関する書類についてこれを証拠とすることに被告人が同意し、捜索差押手続について何ら異議の申立をしない本件のような場合においてはその証拠能力を否定すべき限りではない。本件においては第一審において被告人側は本件捜索差押調書及び鑑定書を証拠とすることに同意し、その証拠調に対し何ら異議を申し立てていないことは本件記録によって明らかであるから、上訴審において捜索差押手続の違憲違法を主張して本件捜索差押調書及び鑑定書の証拠能力を争うことは許されないものというべきである。
　然らば結局本件上告は理由があり、原判決は破棄を免れない。

　裁判官小谷勝重、同河村大助の少数意見は次のとおりである。
　＊＊＊［「被疑者を逮捕する場合」「逮捕の現場」というのは、逮捕行為を行う際を意味し逮捕

行為の前後はこれを問わないが、逮捕行為との時間的場所的接着を必要とし、かつ被疑者が逮捕の現場に現在することを必要とするものと解すべきである。〕

二 従って、本件麻薬の捜索差押は憲法の保障する令状主義に違反し、被告人の住居及び財産の安全を侵害する重大な瑕疵を包蔵するものであるから、かかる違法な手続につき作成された捜索差押調書の証拠能力はこれを否定すべきである。また右の如く違法な手続によって押収された本件麻薬も本来証拠とすることのできないものであるから、これを鑑定した本件鑑定書もまたその証拠能力を否定せざるを得ない。けだし、法は公正な手続に基いて実体的真実の追求を許しているものであって、人権の保障は、まさに公正な手続の核心をなすものだからである。この意味において「押収物は押収手続が違法であっても物自体の性質、形状に変異を来す筈がないから、その形状等に関する証拠たる価値に変りはない」として、押収手続に違法ある場合の押収物件の証拠能力を肯定した昭和24年12月13日第3小法廷判決はその瑕疵の軽重を問わない趣旨であるならば、それには到底賛同することができない。

以上の如く本件捜索差押調書及び鑑定書は、ともにその証拠能力を否定すべきであり、従って又かかる証拠については証拠調の請求を許さないものと解すべきである。然るに本件第一審において被告人側は、本件捜索差押調書及び鑑定書を証拠とすることに同意し、その証拠調に関し何等の異議を申し立てていないから、かかる訴訟経過の下においては、上訴審において捜索差押手続の違憲無効を主張して本件捜索差押調書等の証拠能力を争うを得ないとの論がある。しかし検察官又は被告人が証拠とすることに同意した書面又は供述につき証拠能力が認められるのは、刑訴326条の場合に限られるのであって、同条は当事者の同意があれば敢えて伝聞証拠禁止の原則を固執する必要なく証拠能力を認めて差支えないとの趣旨に出でた規定であり、しかも当事者の同意があった場合においても、その書面が作成され、または供述のされたときの情況を考慮し相当と認めるときに限り、証拠とすることができるものとされているのである。従って、同条を汎く伝聞以外の理由により証拠能力を欠く証拠全般に及ぼし得ざることは明らかであって、特に本件捜索差押調書等の如く憲法35条に違反する捜索押収及びこれにより収集された押収物に関し作成された証拠書類については、たとえ被告人側の同意があったとしても、これを証拠とすることは許されないものと解すべきである。また本件のような違法な証拠の証拠能力を否定することは、国家権力の公正な発動を担保するためにも重要な意味をもつものであって、憲法に違反する証拠収取の弊害を防止することも考慮するの要あることは勿論である。されば後日被告人側の証拠とすることの同意により本件のような重大な瑕疵がいやされるものとするが如き見解には到底賛同することができない。

以上の理由により原判決の判断は結局正当に帰し、本件上告は棄却すべきものと思料する。

（裁判長裁判官　横田喜三郎、裁判官　小谷勝重、裁判官　島保、裁判官　斎藤悠輔、裁判官　藤田八郎、裁判官　河村又介、裁判官　入江俊郎、裁判官　池田克、裁判官　垂水克己、裁判官　河村大助、裁判官　下飯坂潤夫、裁判官　奥野健一、裁判官　高橋潔、裁判官　石坂修一）

判　例

大阪高判昭60・7・18刑裁月報17-7・8-653（兵庫ホテル事件）

　控訴趣意中、訴訟手続の法令違反並びに事実誤認の論旨（控訴趣意第一及び第二）について
　所論は、原審で取調べた本件覚せい剤（ポリ袋入り12袋）（押収番号略）（原審検察官請求番号13乃至24号）、被告人作成の右覚せい剤の任意提出書（同11号）、近畿地区麻薬取締官事務所神戸分室司法警察員麻薬取締官（以下麻薬取締官と略称する）作成の右覚せい剤の領置調書（同12号）、検察官作成の右覚せい剤の鑑定嘱託書（同25号）、兵庫県警察技術吏員作成の右覚せい剤についての鑑定書（同26号）、麻薬取締官作成の捜査報告書（同27号）、被告人の麻薬取締官に対する昭和59年1月25日付（同30号）同年1月31日付（同31号）各供述調書、被告人の検察官に対する昭和59年2月18日付（2通）（同32号及び同34号）、同年3月22日付（同33号）各供述調書の各証拠は、いずれもその収集過程に違法があり、したがって証拠能力を否定してこれを排除すべきであるのに、右各証拠を認定資料として原判示第一及び第二の各事実を肯認している原判決には、訴訟手続の法令に違反し、ひいては有罪の証拠のない事実を有罪と誤認した違法がある、というのである。
　よって、記録を調査し、当審における事実取調の結果も勘案して考察する。
一　本件捜査の経緯
　原審記録及び当審における事実取調の結果によると、本件は、当初神戸海上保安部司法警察員海上保安官（以下海上保安官と略称する）が、かねて覚せい剤事犯の容疑で着目していた原判示柴重行を、昭和58年12月2日兵庫県洲本市海岸通共同汽船桟橋に繋留中の客船の客室内で覚せい剤を所持していた容疑で現行犯逮捕するとともに、右覚せい剤を差押え、その鑑定嘱託をすると同時に柴重行を取調べたところ、右覚せい剤は被告人から買受けた旨の供述がなされたので、右海上保安官は、被告人の右柴重行に対する覚せい剤譲渡の被疑事実（本件原判示第一の事実）により神戸地方裁判所裁判官の発する逮捕状を得たうえ、その所在を捜査し、昭和59年1月6日神戸市兵庫区湊町路上で逮捕したこと、その際被告人と同行していた内妻の川崎タマから海上保安官が事情を聴取し、同女の案内で同市兵庫区浜崎通旅館「兵庫ホテル荘」金星11号室に赴いて、同室に隠匿されていた覚せい剤ポリ袋入り12袋（前記押収物件）を同女から任意提出を受けてこれを領置し、右覚せい剤の鑑定嘱託をし、右所持の被疑事実（本件原判示第二の事実）についても川崎タマ及び被告人の取調べを行ったが、その後海上保安官が右所持の被疑事実について取調べをするのは、その捜査権限に疑問があるとして麻薬取締官に捜査が引き継がれ、麻薬取締官において被告人の取調べがなされることとなったこと、他方、右譲渡の被疑事実については、被告人は右の如く通常逮捕されたうえ、同年1月8日前同裁判所裁判官の発する勾留状の執行を受け、同月27日まで勾留期間を延長されて、その間海上保安官及び検察官の取調べを受けたが、被告人の右譲渡の被疑事実（本件原判示第一の事実）についても同海上保安官に捜査権限があるか疑わしいとして、被告人に対する本件覚せい剤譲渡、同所持の被疑事実の捜査を担当していた神戸地方検察庁検察官は、同月27日被告人を処分留保のまま釈放したこと、そして、右所持の被疑事実

の取調べをしていた麻薬取締官において、引き続き被告人の身柄を確保するため、同日前同裁判所裁判官に逮捕状の発付を請求して被告人を通常逮捕したが、右逮捕についても、捜査権限のない前示海上保安官の捜査によって得られた証拠にもとづく請求であるので、これによって得られた逮捕状による逮捕は違法とされる余地があると判断されたため、右検察官は麻薬取締官に指示して即日被告人を釈放させるとともに、海上保安官が前示の如く川崎タマから任意提出を受けた本件覚せい剤ポリ袋入り12袋をも被告人に還付させたうえ、同日再び被告人から右覚せい剤を麻薬取締官に任意提出させてこれを領置する措置をとらせたこと、かくして、右釈放後任意捜査の形式で、右譲渡の事実につき検察官が被告人を取調べ、また右所持の事実については麻薬取締官及び検察官が川崎タマ及び被告人を取調べ、かつ、検察官において改めて右12袋の覚せい剤の鑑定嘱託をするなどしたうえ、被告人を右両罪により在宅のまま起訴したこと、そして原審第1回公判期日において、被告人及び弁護人は、所論の違法収集証拠として主張する前示の検察官請求番号11号乃至27号、30号乃至34号の各証拠について、これを証拠とすることに同意し、異議なく適法な証拠調がなされたことが認められる。

二　海上保安官の捜査権限

　ところで、海上保安官の犯罪捜査権については、海上保安庁法2条1項、海上保安庁組織規程11条3号、海上保安庁犯罪捜査規範2条8号に規定されているが、これによると、その犯罪捜査権は原則として海上における犯罪に限られ、陸上において行われた犯罪については、それが海上において始まり、又は海上に及んだ場合に限られるものとされているので、陸上で行われた犯罪であることが明らかな被告人の本件覚せい剤譲渡、所持の各犯行について海上保安官に捜査権限が及ぶか否かが問題とされる。そして、所論は本件各犯罪は右のいずれの場合にも当らないとしてこれを否定するのに対し、検察官は右のうちの譲渡事件は陸上で行われた犯罪が海上に及んだ場合に当るとしてこれを肯定し、右の所持事件も右柴の覚せい剤所持事件と関連しているので捜査権限があると主張する。

　前示の如く本件捜査は、柴重行の船舶内における覚せい剤所持の被疑事実についての捜査が端緒となり、その入手先の捜査から右柴に対する譲渡人としての被告人が判明し、右譲渡の事実のほかに本件覚せい剤所持の事実にも捜査が及んだものであり、この柴重行の海上犯罪である覚せい剤所持の事実と陸上犯罪である被告人からの同覚せい剤譲受事実とが右の「始まりもしくは及んだ」関係に立つことは明らかというべきであるが、これに対向する被告人の柴に対する譲渡事実が答弁補充書記載のようにこれと同列に解しうるか否かは疑問なしとしない。答弁補充書の、海上犯罪に「及んだ」譲受事実と広義の共犯（対向犯）関係に立つ譲渡事実についても捜査権があるとする見解、あるいは、右柴の所持する覚せい剤は、柴の被告人からの譲受け犯罪の結果（「及んだ」もの）であると同時に被告人から柴に対する譲渡犯罪の結果でもあり、従って右覚せい剤の存在は、陸上犯罪である同譲渡行為の結果が海上に「及んで」いるものとの見解も存するものとは考えられるが、前示海上保安庁法等が海上保安官の犯罪捜査権限をできるかぎり海上犯罪に限ろうとしている法意、並びに右の対向犯的関係にまで捜査権限を拡大すれば、更にこれと共犯関係にあるもの等にもその権限が及ぶのではないかというようなことにもなり、必要以上に

その権限が拡大されることになりかねないこと、更には、右譲渡事実を海上保安官において直接犯罪事実として捜査することが許されないとしても、譲渡人である被告人を右柴の覚せい剤所持事件、ひいてはその入手のための譲受事実の捜査のための参考人として取調べることは許容され、本来の海上犯罪である右所持事件の捜査上は格別支障ももたらされるものでないことなどを考慮すると、もともと陸上における犯罪である右譲渡の事実を直接の被疑事実として海上保安官にその譲渡人である被告人を逮捕、勾留して強制捜査することまで許容する必要はなく、海上保安官にはその捜査の権限はないものと解するのを相当とする。なお、被告人の覚せい剤所持の事実は、海上犯罪である柴重行の覚せい剤所持の事実とは関連性がなく、海上保安官に捜査権限のないことはいうまでもない。

従って、被告人の本件覚せい剤の譲渡（原判示第一の事実）及び所持（原判示第二の事実）の各被疑事実について、海上保安官によって行われた捜査ないし証拠の収集は捜査権限なくして行われた違法なものであるといわざるをえないので、次にこれら違法収集証拠の証拠能力について検討する。

三　本件収集証拠の証拠能力

（一）所論は、まず本件覚せい剤ポリ袋入り12袋（前示請求番号13号乃至24号）、右覚せい剤についての被告人作成の任意提出書（同11号）、麻薬取締官作成の領置調書（同12号）、検察官作成の鑑定嘱託書（同25号）兵庫県警察技術吏員作成の鑑定書（同26号）、麻薬取締官作成の捜査報告書（同27号）について、前示の如く違法に収集された証拠能力を欠くものであると主張しているところ、前示の捜査の経緯として説示した如く、右覚せい剤ポリ袋入り12袋は、当初捜査権限のない海上保安官が、本件覚せい剤所持の事実に関する証拠として、被告人の内妻川崎タマから任意提出を受けて領置したものであるが、その後右所持事実の捜査を海上保安官から引き継いだ麻薬取締官において、右は海上保安官が捜査権限がないのに収集した証拠ではないかとの疑念から、一旦被告人に還付したうえ即日その任意提出を受けて領置したものであり、その収集過程における違法性は、その後右の如き適法な押収とするための措置がとられたとしても完全に払拭されるものではなく、右の覚せい剤ポリ袋入り12袋及びこれと一体をなすものと考えられる同覚せい剤についての前示任意提出書（前同11号）、領置調書（同12号）は、いずれも右の限度で違法収集証拠の誹りを免れないものというべきである。

また、右鑑定嘱託書（同25号）、鑑定書（同26号）は、右の違法に収集された覚せい剤ポリ袋入り12袋についてなされたものであり、同覚せい剤についての鑑定嘱託及び鑑定はもともと海上保安庁における捜査時において既になされており、それが違法性を帯びたものではないかとの配慮から、検察官が更に同一内容の鑑定嘱託、鑑定の措置をとり直したものと思料されることなどに照らすと、これについてもやはり前示基本的欠陥を払拭できず、その証拠としての違法性の存在を否定できない。なお、さきの麻薬取締官作成の捜査報告書（同27号）についても、海上保安官の違法な捜査を引き継いだ麻薬取締官が右捜査において収集された資料にもとずいて作成されたものとして、同様欠陥を帯び違法収集証拠に該当すると思料される。

（二）次に、所論は、被告人の麻薬取締官に対する昭和59年1月25日付（前示請求番号30号）

同年1月31日付（同31号）及び検察官に対する同年2月18日付（2通）（同32号、同34号）、同年3月22日付（同33号）各供述調書も、いずれも違法収集証拠として証拠能力を否定すべきものであると主張しているところ、右の検30号の麻薬取締官に対する供述調書は、海上保安官の権限のない捜査を前提とした被告人に対する違法な逮捕及びこれにもとづく勾留中に作成されたものであり、同一内容の供述調書が既に海上保安官によって作成されていたこと、その余の検31号の麻薬取締官に対する供述調書、検32号乃至34号の警察官に対する各供述調書は、いずれも前説示の如く被告人を逮捕、勾留して取調べていた海上保安官の捜査権限に疑いが生じ、その取調べを前提とした麻薬取締官の取調べにも違法の疑いがもたれたので一旦被告人の身柄を釈放し、任意捜査に移った段階で作成されたものではあるが、右の逮捕、勾留中に、本件覚せい剤の譲渡及び所持について海上保安官、麻薬取締官あるいは検察官によって作成されたほぼ同内容の被告人の供述調書が存在しており、右の検31号乃至34号の各供述調書は実質的にみて右違法の疑いのある供述調書と同一のものであって、右の違法な逮捕、勾留中にえられた供述の影響を受け継いでいるものであり、その影響を遮断してあらたに捜査するという立場から作成され直されたものとは認められず、同様証拠収集の違法性を帯びているものであることを否定できない。

（三）右のとおり所論主張の検11号乃至27号、30号乃至34号の各証拠が、その収集過程における違法性を帯びているものであることは否定できないものの、その違法の程度は、前示譲渡事実については適式に裁判官による逮捕状及び勾留状の発付を得てその身柄の拘束を行ったもので、何ら令状主義を没却するような意図、行為によるものではないばかりか、所持事実の関係においても前示のように一応その違法を断つ努力を払っているものであって、その違法の程度は低く、しかも、前示の如く原審記録によれば、原審第1回公判期日において、被告人及び弁護人は右各証拠が右のような経過を経て取得されたものであることを知りながらこれを証拠とすることに同意し、異議なく証拠調がなされているものであることに徴すると、右各証拠は適法に証拠能力を取得したものと解すべく、その証拠能力を是認した原判決に所論のような訴訟手続の法令違反があるとは認められない。

所論は右各証拠の収集についての違法性が重大で、令状主義及び適正手続の精神を没却する程のものであるとして、たとえ被告人及び弁護人においてそれらのものを証拠とすることに同意したとしても証拠能力が是認されるものではないというのであるが、前説示のような本件捜査の経緯及び証拠収集の実状に照らすと、その違法性の程度、性質は前説示のように被告人、弁護人の右同意の効力を認めさせない程重大なものではないと認められる。

なお、所論は、右同意は、本件証拠の収集に関する解明が不十分な状態のもとになされたものであるから、そのような同意の効力は肯認できないというのであるが、原審記録によれば、本件捜査が海上保安官の前示柴重行に対する覚せい剤事犯容疑の捜査を端緒とし、さらに被告人に対する本件覚せい剤譲渡、所持の被疑事実に及び、海上保安官の捜査権限に関する疑念から、それが麻薬取締官に引き継がれ、捜査を担当した検察官においても右捜査権限に疑問を抱き、その処理の是正をはかりつつ証拠の収集がなされた過程などの大綱を明示されたうえで検察官から原審にその証拠の請求がなされ、同意もされていることが了知されるので、所論の点の不知の故に右

同意の効力が妨げられるものではない。

してみると、原判決に所論の如き訴訟手続の法令違反も、ひいて事実誤認の違法があるものでもない。論旨は理由がない。

＊　＊　＊

よって、刑事訴訟法396条、181条1項但書により主文のとおり判決する。
（裁判官　石田登良夫、裁判官　梨岡輝彦、裁判官　白川清吉）

> **質問9－15**
> 　被告人の同意と排除法則との関係について、兵庫ホテル事件の考え方は早すぎた捜索事件の法廷意見や各裁判官の意見とどう違うか。

> **質問9－16**
> 　違法な手続で取得された事実を知らなかったために、弁護人が証拠の取調べに同意してしまった場合はどうか。知らなかった原因によって差異があるか。

V 申立適格

判　例

東京地決昭55・3・26判時968-27（日テレニュースビデオ事件）

主文
　検察官申請の別紙記載のビデオテープは同立証趣旨記載の各事実に関し証拠として採用する。
理由
　一　検察官は、別紙記載のビデオテープ（以下「本件ビデオテープ」という。）は、警察官が磁気録画装置を使用し、日本テレビ放送網株式会社（以下「NTV」という。）において、昭和53年3月26日午後6時のニュースとして放映した画面等を、そのまま正確に録画したものであるところ、右ニュース画面には別紙立証趣旨記載のとおりの被告人らの犯行状況が映っており、関連性もあるので証拠として採用されたい旨主張し、これに対し、弁護人らは、本件ビデオテープは、NTVが本件現場で独自に取材して一般に放映したニュースを、警察官が磁気録画装置を使用してNTVに無断で録画したものであるから、報道機関の取材の自由等を侵すことになり、本件犯罪事実立証のための証拠として使用することは許されない旨主張し、その理由として挙げている法的根拠は（必ずしも明確でないが）、(1)本件ビデオテープは違法収集証拠であるから排除されるべきである、(2)本件ビデオテープを刑事裁判の証拠として使用することはいわゆる証拠禁止に該当して許されない、(3)いわゆる司法の廉直性の維持といった見地から、本件ビデオテープは証拠としての許容性がない、の3点であると思われる。
　そこで以下順次検討することとする。
　二　1　弁護人らは、警察官が本件犯罪事実立証のための証拠として使用する目的で、本件テレビニュースをNTVの承諾を得ないで録画したことは、実質的には本件テレビニュースの原フィルムを令状なくしてNTVから押収したと同視すべき行為であり、また、著作権法や憲法21条

に違反する違法な行為であるから、本件ビデオテープは違法収集証拠として排除されるべきであると主張する。しかし、一般に放映されているテレビニュースを磁気録画装置を使用して録画することが押収に該当しないことは多言を要しないところであり、また、法令により特に禁止された場合以外は、テレビニュースとして一般に放映されたものを、何人が受信し、録画しようとも、なんら違法視される筋合いのものではなく、捜査機関においてテレビニュース等を録画すること、それ自体が報道の自由や取材の自由を侵害するとは考えられないし、更に、本件テレビニュースが著作権法上の著作物に該当するとしても、捜査機関が捜査の目的又は刑事裁判に使用する証拠を収集する目的等でそれを録画することは、同法42条により許されているものと解されるから、以上いずれの観点からしても、本件ビデオテープが違法に収集されたものであるとは言い難い。また、仮に違法収集証拠であるとしても、被告人らにはその排除を申し立てる適格がないと解される。なぜなら、違法収集証拠が証拠として排除され得るのは、当の被告人に対する証拠収集手続に重大な違法があり、その収集の結果得られた証拠を利用してその被告人を処罰することが、正義の観念に反することを理由とするものと考えられるから、第三者の権利が侵害されることを理由に異議を申し立てることは許されないと解されるからである。本件の場合、弁護人らが主張する報道の自由、取材の自由及び本件テレビニュースの原フイルムの権利主体は、いずれも報道機関であるから、違法収集証拠であることを理由に本件ビデオテープの証拠排除を申し立てる適格が被告人らにないことは明らかである。

2　次に、本件ビデオテープを本件犯罪事実立証のための証拠として使用することは報道機関の有する広い意味での取材源秘匿権を侵害することになるから、証拠禁止に触れる証拠として排除されるかどうかについて判断するに、右取材源秘匿権の主体は報道機関であるから、これまた被告人らには右特権を理由として証拠排除を申し立てる適格がないと言わざるを得ない。

3　最後に、訴訟法上証拠能力が認められても、司法の廉直性を維持し、司法に対する国民の信頼を確保する必要がある場合には、裁判所として当該証拠の排除を必要とされる場合があり得ると考えられる。

そこで、本件ビデオテープを本件犯罪事実立証のための証拠として使用することが、報道機関の取材の自由を著しく侵害することになるかどうかを検討する。

まず、報道機関の報道は、民主主義社会において、国民が国政に関与するにつき、重要な判断の資料を提供し、いわゆる国民の「知る権利」に奉仕するものであるから、報道の自由は、表現の自由を規定した憲法21条の保障のもとにあることはいうまでもなく、また、このような報道が正しい内容をもつためには、報道のための取材の自由もまた、憲法21条の精神に照らし、十分尊重に値するものといわなければならない（最高裁昭和44年（し）第68号同年11月26日大法定決定・刑集23巻11号1490頁参照）。

しかし、右最高裁決定は本件と事案を異にしているので、右決定をそのまま本件に適用することはできない。すなわち、右決定は、報道機関が取材し、保管する未放映の部分を含む原フイルムにつき、裁判所が刑事訴訟法99条の提出命令を発し得るか否かに関する判断であるところ、本件の場合は、報道機関が一般に放映したニュースを、捜査機関において無断で録画したビデオテ

ープを犯罪事実立証のための証拠として採用できるか否かに関するものであるので、報道機関に対し強制的に証拠の開示を求めるものでない点、未放映の部分を全く含んでいない点、原フイルムではない点等において事案を異にするのである。したがって、弁護人らの「本件ビデオテープの採否にあたっては、審判の対象とされている犯罪の性質、態様、軽重及び取材したものの価値、公正な刑事裁判を実現するにあたっての必要性の有無を考慮するとともに、報道機関の取材の自由が妨げられる程度及びこれが報道の自由に及ぼす影響の度合その他諸般の事情を比較衡量して決せられるべきである。」との右決定を当然の前提にしての立論は、当裁判所として採り得ない見解であると言わざるを得ない。したがって、一般に放映されたニュース等を録画したビデオテープの証拠としての許容性については、右決定の趣旨を尊重しながらも、それとは別個に検討されるべき問題であると考える。

　ところで、テレビニュースの画像は報道機関の取材行為の結果得られた情報であるから、取材行為そのものとの直接の関係はない。しかし、報道目的で取材された報道が報道目的以外の刑事裁判の証拠として使用されると、以後取材に協力しないとか、取材を妨害する等将来の取材がしにくくなることは考えられないわけではない。かかる将来における自由な取材を確保するためには、報道機関が報道目的で、内密な信頼関係を通じて取材した場合の取材源やそういう関係を通じて得た報道の開示を強制されないことが必要である。したがって、報道機関に対し、取材源との内密な信頼関係（但し、社会通念上保護に値する場合に限る。）を通じて取材されたその取材源や情報の開示を強要することは、報道機関の有する取材権を侵害することとなるものと解される。（なお、付言すると、右のような検討の結果、報道機関の有する取材権を侵害すると認められた場合にも、それによって直ちに当該証拠が排除されるわけではなく、それに加えて、前記最高裁決定に判示されているような慎重な利益衡量をする必要があり、その結果取材権が公正な裁判の要請に優先すると認められた場合に初めて、司法の廉直性の観点からする当該証拠の排除が肯定されるべきものであると考える。）

　これを本件について見るに、本件テレビニュースは、成田空港の管理棟１階玄関ロビー及び16階管制室という外部からも十分観察可能な場所で、衆人環視のもとに行われた被告人らの犯罪の模様を撮影したものであって、取材対象との内密な信頼関係を問題にする余地はなく、その信頼関係が保護に値するものとは考えられないし、更に、本件ビデオテープに録画されている映像はすべて、NTVにおいて、昭和53年３月26日午後６時のニュースとして、一般に放映済みのものであって、NTVが、取材結果をどのように編集し公表するかの判断を下したうえで、自ら情報を公開したものであるから、情報の開示を強制されたものでないことも明らかである。したがって、本件ビデオテープを本件犯罪事実立証のための証拠として使用することは、なんら報道機関の取材権を侵すものではなく、また、司法の廉直性の観点からの証拠排除にも該当しないことはもちろんである。

　以上のとおり、弁護人ら主張の本件ビデオテープは証拠としての許容性がないとする法的根拠は、すべて理由がなく、本件ビデオテープを本件犯罪事実立証のための証拠として使用することは、許容されるものと言うべきである。

＊＊＊
（裁判長裁判官　花尻尚、裁判官　三上英昭、裁判官　山田公一）

> **質問9－17**
> 　東京地裁が被告人には取材の自由等に基づく証拠排除申立ての権限がないといいながら、「司法の廉直性を維持し、司法に対する国民の信頼を確保する必要がある場合には」職権で証拠排除できる場合がある、と言っているのは正しいか。

判　例

東京高判昭59・4・27高刑集37-2-153（ロッキード事件小佐野ルート二審判決）

＊＊＊

不起訴宣明による証言の取得と国内法との関係

　そこで、次に、わが国の国内法上右のような免責を与えて供述を取得することが適法であるか否かが問題となるが、「供述拒否権の侵害」の問題としては、その主体はコーチャンらであって、被告人はコーチャンらが右拒否権を行使する場合に反射的利益を受けるにすぎないから、被告人はコーチャンらに対する供述拒否特権の侵害の有無については、これを理由として本件証人尋問調書の証拠能力を争う適格は、原則として有しないと見られる。しかしながら、わが法制度上容認し難いような重大な人権の侵害を伴い、あるいは虚偽の供述を誘発する危険が高いなど、著しく不公正な方法によって右特権を失わせた場合は、その特権侵害によって得られた供述を証拠に使用される関係にある被告人は、違法捜査の抑制の観点または虚偽の証拠により処罰を受けるおそれがあるとの観点等から、その証拠の許容すべきでないことを主張することができると解すべきである。

　本件において弁護人側が、本件証人尋問調書を違法収集証拠であると主張しているのは、右の趣旨からであると解されるので、前記観点から検討を進めると、前記のような免責の付与による供述の強制は、事件関係者の一部の者に取引による自白ないし約束による自白をさせて不当に利益を与えるもので、わが国の司法制度の基本理念と相容れないという疑いがないとはいえない。しかしながら、個々の事件の具体的事情の下で特に合理的必要性があり、右のようにして証言を強制しても、特段に不公正感ないし虚偽供述誘発のおそれを生ぜしめない情況的保障のある例外的場合には、かような措置も訴追裁量権の高度の刑事政策的判断に基づく行使の範囲内であって、違法ではないと解すべきである。

　＊＊＊［「右嘱託尋問手続において、コーチャンらに免責を与えて証言を強制した手続に、わが法制度から見て許容し難いほどの「取引」に類似した不公正感ないし不公平感や、虚偽の供述を誘発する危険性があったとは認められない。そうすると、検察官による本件免責の付与は、高度の刑事政策的判断に基づく訴追裁量権の行使の範囲内であって違法ではなく、その結果作成さ

れた証言調書に、わが法制度上証拠として許容し難いほどの違法性があるとは認められないというべきである。」として、弁護人の控訴趣意を退けた。］

（裁判長裁判官　海老原震一、裁判官　和田保、裁判官　杉山英巳）

> **質問9－18**
> 単なる供述拒否権侵害の場合と、「著しく不公正な方法によって右特権を失わせた場合」とで、主張適格に差異を設ける理由は何か。

VI 問題

問題9-1 日系ブラジル人殺人事件 II

問題8-1「日系ブラジル人殺人事件 I」の続き。

警察は7月20日付のタナカの警察官調書に基づいてロベルト・イトウに対する殺人容疑による逮捕状を得て、彼を逮捕した。イトウを取調べたところ、彼は、サトウ殺しの実行犯であることを認めた。そして、こう言った。「サトウ殺しを持ちかけたのはタナカだ。タナカから金属バットを渡され、『これでやっちゃえ』と言われたのだ」。

イトウの供述に基づいて、現場から2キロほど離れたゴミの不法投棄場所から、金属バットが発見された。そこには、血痕と毛髪が付着しており、鑑定の結果サトウと同じDNA型であることが判明した。さらに、その金属バットからは、ロベルト・イトウとアーネスト・タナカのものと一致する指紋が検出された。

警察は、タナカに対する入管法違反による勾留の満期である7月21日、それまでに得られた証拠に基づいて、タナカを殺人容疑で逮捕するための逮捕状を請求した。同日、裁判所は逮捕状を発し、7月23日には勾留状も発行した。警察は再逮捕後連日平均5時間にわたってタナカをサトウ殺しの容疑で取り調べた。タナカは当初否認していたが、再逮捕から5日目に、「確かにバットをロベルトに渡した」と自白した。

タナカとイトウは殺人の共同正犯として起訴された。イトウは罪を認めたが、タナカは訴因を争った。2人の公判は分離された。タナカの公判で検察官は、捜査段階において作成されたタナカの自白調書と金属バット、そして、そこに付着した血痕、毛髪、指紋に関する鑑定書を証拠請求した。

（1）検察官の証拠請求に対する弁護人の意見の骨子を述べよ。
（2）弁護人の意見に対する検察官の反論の骨子を述べよ。

（3）あなたが裁判官だとして、上記証拠請求に対してどう判断するか。その結論とその理由を述べよ。

第10章 挙証責任・証明の程度

挙証責任（burden of proof）とは証拠調べを尽くした後「真偽いずれとも決し難いとき」不利益な判断を受ける当事者の地位を指すと言われる。しかし、問題は責任の帰属（誰が）だけではない。そもそも「真偽いずれとも決し難いとき」とはどのような状態を指すのか、逆に言うと、「真偽が決せられた」（証明できた）とはどのような状態を指すのか。証明の程度（どのように）の問題である。

証明のテーマ（何を）ごとに問題への回答は異なりうる。刑事裁判の究極のテーマである訴因（犯罪事実）については検察官が挙証責任を負い、その程度は「合理的な疑いを容れない」ものでなければならないといわれる。この結論には異論はないだろう。それでは、犯罪の成立を阻却する事実——違法性阻却事由（刑法35〜37条）、責任阻却事由（39条1項）、名誉毀損罪における事実の真実性（230条の2）など——や、刑の減免事由——自首（刑法42条）、心神耗弱（39条2項）など——はどうだろうか。被告人がこれらの事由が存在することを証明しない限り被告人は有罪となるのか、あるいは、検察官がこれらの事由の不存在を証明しない限り被告人は無罪となるのか、そして、いずれの場合も証明の程度はどこまで要求されるのか。

犯罪阻却事由や刑の減免事由（積極的抗弁 affirmative defense）について、「証拠提出責任」（burden of producing evidence）ということが言われる。たとえば、被告人が正当防衛の主張をした場合、正当防衛が成り立たないことについて検察官は挙証責任を負うが、被告人の方から正当防衛を基礎付ける一応の証拠を提出しない限り、検察官はその不存在の証拠を提出しなくとも、挙証責任を果したことになる、というような議論である。

犯罪の成否とは直接関係のない訴訟的な事実（例えば、自白が任意になされたこと）についてはどの程度の証明が必要なのか。法は「任意になされたものでない疑」がある自白は証拠能力がないと言っている（319条1項、322条1項）が、検察官はどの程度の立証をすれば任意性を立証したことになるのか。法文からすれば、検察官は、犯罪事実の立証と同じように、「合理的な疑い」を容れない程度に自白の任意性を立証しなければならないように思える。

法はさらに一定の訴訟的な事実について、特に「疎明」——「証明」よりも低い程度の立証であり、「一応確からしいという程度」の心証で足りると言われる——で足りることを定めている（刑訴法19条3項、206条1項、227条2項、376条2項、382条の2第3項、383条、刑訴規則138条3項、179条の4第1項）。

I 犯罪事実

　刑事被告人は起訴された犯罪について有罪を宣告されるまでは無罪と推定される権利を有する（世界人権宣言11条、市民的及び政治的権利に関する国際規約14条2項）。「犯罪の証明がないとき」は無罪の判決を言い渡さなければならない（刑訴法336条）。それではどの程度の証明があったら「犯罪の証明」があったといえるのか。これについては明文の定めはないが、非常に高度の蓋然性を証明することが必要であり、「合理的な疑い」が残る場合は証明があったとはいえず、無罪判決をすべきである、ということについては異論をみない。

判　例

最1小判昭48・12・13判時725-104（長坂町放火事件）

　弁護人田上宇平の上告趣意のうち、違憲（31条違反）をいう点は、実質は単なる法令違反の主張であり、判例違反をいう点は、所論引用の判例は事案を異にし本件に適切でなく、その余は、事実誤認の主張であり、弁護人堀内茂夫の上告趣意のうち、違憲（31条、35条違反）をいう点は、実質は単なる法令違反の主張であり、判例違反をいう点は、所論引用の判例はいずれも事案を異にし本件に適切でなく、その余は、事実誤認、単なる法令違反の主張であって、いずれも適法な上告理由にあたらない。

　しかし、所論にかんがみ、職権で調査すると、原判決は、刑訴法411条3号によって破棄を免れない。その理由は、以下に述べるとおりである。

　一、本件公訴事実の要旨は、「被告人は、山梨県北巨摩郡長坂町○○○××××番地所在木造平家建住宅兼店舗（建坪約115平方メートル）に居住し、夫太郎とともに食料品雑貨商を営んでいるものであるが、自宅周辺において昭和42年2月以降発生した火災につき、被告人又はその兄弟の犯行であるとの風評が流布され、被告人の弟五郎の内妻乙山月子の両親方にもその風評の伝

わっていることを知るや、自宅に放火して右風評を他に転じさせようと企て、昭和43年3月4日午前3時頃、夫太郎、長男初、長女花代の現に住居として使用する右自宅西北隅にある物置内において3段積の木箱上に中型マッチ箱約150個入りダンボール、蝋紙、みね俵を積み、これにマッチで点火して火を放ち、右建物天井に燃え移らせ、右天井約500平方センチメートルを焼燬したものである。」というのであり、第一審裁判所は、検察官提出の全証拠によっても本件火災が被告人の放火行為によるものと確信をもって認定することはできず、なおそこに合理的疑いを容れる余地があるとせざるをえないとして、被告人に対し無罪の言渡をしたが、原審は、本件出火が外部からの侵入者によってなされたと認めうる証拠がなく、かえって、内部の者の犯行でないと考えられないような出火の場所、時刻、放火材料、装置等からみると、放火犯人は被告人方内部の者と断定せざるをえないし、出火当時被告人方に現在した被告人以外の者については犯人と疑うに足りる事由は全くないことと、被告人には放火の動機および犯人と疑うべき事情があることなどを考えあわせると、本件は被告人の犯行と認めるに十分であるとして、第一審判決を破棄し、放火の動機を「自宅周辺において昭和42年2月以降発生した3回の火災につき、被告人またはその兄弟の犯行であるとの風評が流布され、弟甲野五郎や被告人自身も警察の取調を受け、とくに昭和43年3月3日夜五郎の内妻乙山月子から、被告人らがその叔父であり当時山梨県警察本部防犯少年課課長をしていた甲野太一に頼み、もみ消しを図ったとの噂が月子の両親方にも伝わったことを聞知し、興奮の末、自宅に放火しこれを焼燬して右風評を他に転じさせようと企て」と判示したほかは、前記公訴事実と同趣旨の事実を認定したうえ、被告人を懲役2年6月に処したのである。

　二、本件記録によると、被告人が肩書住居地所在の木造平家建住宅兼店舗に居住し、夫太郎とともに食料品雑貨商を営んでいたこと、昭和43年3月3日の夕食時に被告人は弟甲野五郎の内妻乙山月子から、同年2月4日の同部落の三井泰彦方火災が被告人もしくは弟五郎の放火によるものであり、しかも被告人は当時山梨県警察本部防犯少年課課長をしていた叔父の甲野太一に頼んで、これを失火としてもみ消してもらったとの風評が流布され、右風評が月子の実家である乙山正一方にも伝わっていることを聞き知ったこと、翌3月4日午前3時頃右家屋西北隅にある物置内において、3段に積まれた酒木枠の上に普通のマッチの4倍の大きさのマッチ箱が約150個位入っていたダンボール箱が置かれ、右マッチ箱の間にタバコ包装用蝋紙14、5枚がはさみこんであり、さらに右マッチ箱の上にみね俵（祝儀用の小型の俵）1個がのせられ、これらが燃え上って右物置の天井約500平方センチメートルを焼燬したこと、右火災が何者かの放火によるものであることは、いずれも証拠上明らかであって、以上の事実関係に関する限り被告人においてもほぼこれを争わないところであるが、本件火災が被告人の放火によるものであるとの点については、直接証拠の存しない本件にあっては、結局、情況証拠による判断にまつほかはないのである。

　三、そこで、原審が、本件火災を被告人の放火によるものと認めるに十分であると推断した理由について検討を加えることにする。

　まず、原判決が、情況証拠によって被告人を犯人であると断定した推論の過程は、その説示によると、次のようなものと解される。すなわち、①本件放火の犯人は被告人方内部の者と認めら

れること、②出火当時、被告人方にいた他の者については犯行の嫌疑が認められないから、残るのは被告人だけに絞られること、③ところが、被告人には、放火の動機となりうるものとして、(イ)当時既に改築することに決っていた本件家屋に出火の前々日に200万円の火災保険をかけたこと、(ロ)昭和42年2月以降被告人方付近で発生した3回の火災につき被告人またはその弟五郎の犯行ではないかとの風評が流布されていたので、被告人がこれを思い悩んでいたこと、などの諸事情が存し、さらに、被告人を犯人と疑うべき事情として、(イ)出火の前日頃、被告人は着物一揃を右五郎方に預けたこと、(ロ)出火当日の就寝にさいしての被告人の服装と出火後の被告人の行動について奇異に感じられる点があったことなどの理由から、本件火災を被告人の放火によるものと推認できる、というのである。

四、原判決が説示する犯人は内部の者であるとする点について。

(一) 原判決は、被告人が犯人であると認める有力な根拠として、本件火災発生当時、被告人方の戸締りが全部なされてあったことをあげている。

なるほど、《証拠略》によると、①本件火災発生の前日である3月3日午後8時頃小沢忠男が夜警小屋の鍵をとりに被告人方に行った際、店舗の外側ガラス戸は閉っており、カーテンが引いてあったが、南側のタバコショウケースの東側のガラス戸（店舗南側出入口）の所が1本だけカーテンが開いていたので、錠がかけられていないと思い、そこから中に入ったこと、②3月3日は日曜日で被告人方の店は休みであったが、田舎のこととて夕方部落の買物客がくることもあるので、店舗南側出入口のガラス戸1本だけを開けておいたこと、③同日午後8時頃被告人の夫賢二が夜警に出掛ける前に、店の戸締りを点検し、西側ガラス戸は全部差込錠がしてあり、ただ、錠のかからないガラス戸には太さ1センチメートル位の三角の棒をかって心張棒として外から入れないようにして南側出入口ガラス戸を開けて出たこと、④その後、午後9時か10時頃になって、被告人は、弟五郎が運転する軽四輪自動車でその内妻乙山月子の3人で高根町北割に行くことになり、店舗南側出入口から出たが、その際、被告人の弟十郎と長男初が右の出入口の所に行き、十郎がそこの鍵をかけたこと、⑤被告人が自宅に帰ったのは翌日午前零時少し前であったが、弟五郎の運転する軽四輪自動車から自宅のタバコ売場前付近で降りた際、被告人らが出た前記南側出入口のガラス戸をひっぱってみたところ、完全に鍵が締っていたので、安心して裏の勝手場東側出入口から入ったこと、⑥店舗の施錠は、平素被告人か夫太郎かのいずれかがするならわしであり、夕食後店の戸を開けておく個所は、タバコショウケース横のガラス戸（南側出入口）だけであるから、就寝の際は右の個所の鍵だけを点検する習慣であったこと、したがって、当日の晩も、被告人が右のガラス戸を外から点検しており、家の鍵は全部かかっているものと考えていたこと、がそれぞれ認められるので、右①ないし⑥の事実を総合すると、本件出火当時、少なくとも、被告人方の店舗部分は戸締りがしてあったものとみられないではない。とくに、心張棒をかける西側出入口のガラス戸については、3月3日午後6時30分頃、夫太郎がすでに戸締りしたつもりでいたところ、ここから仁科司郎が入って来たので、戸締りを忘れていたことに気付き、同人を送り出した後、戸締りをしたとうかがわれる証拠も存するので、右の出入口は、太郎が心張棒をかけたものと一応認めざるをえないように思われる。なお、前記勝手場東側出入口は、被告

人が帰宅したとき鍵をかけた旨を供述している。

　しかし、他方、記録によると、本件家屋における出入口、もしくは人の出入り可能な窓は12個所あるところ、そのうち本件火災発生時に、施錠等がなく人の出入りが可能であったと認められるのは、店舗西側の雨戸部分、店舗西側の心棒張［ママ］による戸締り部分および勝手場北側のガラス１本引戸部分の３個所であるが、店舗西側の雨戸部分は古タイヤで押えてあるだけで容易にこれを開けることができるとしても、その内側に豆炭や塩類等が積んであって、外部の者が侵入することは困難であると考えられるが、勝手場北側のガラス１本引戸は、開閉するとかたがた音がし、家人の寝室に近いこともあって、同所から侵入することは容易でないとはいえ、全くその可能性がないわけではなく、また、西側のガラス戸の戸締用の心張棒は強固なものではなく、天井、壁等をベニヤ板で張る際にそのあわせ目等をとめるために用いる細い棒であって、太さ約１センチメートル、長さ約58センチメートルにすぎないものであるから、外部から戸を開けようとして力を入れると外れ落ちる可能性があることを考慮にいれるときは、この出入口からも外部の者が絶対に侵入できないと断定することはできないのである。そして、右の心張棒については、被告人が、本件火災が鎮火した直後、放火材料としてつかわれたマッチ入りダンボール箱がくすぶっていたので出火場所からそのまま店舗内流し場に持ってきて、これに上から水道の水をかけ、前記の心張棒でその中味をつき崩したりしていた事実が存することからみると、被告人の夫太郎が夜警に出掛ける際、心張棒をかけ忘れたものか、あるいは他の原因により外れたものと考える余地もないではない。もっとも、被告人は、前記のように放火材料としてつかわれたマッチ入りダンボール箱の中味をつき崩すに用いた右の心張棒を発見した場所について明確な供述をしておらず、一審公判廷では、「足もとか冷蔵庫の台の上かで、それほど歩かないところで発見した。」旨を述べ、司法警察員に対しては、「冷蔵庫のうしろの調理台のところか、麹類陳列台の下の油の罐の上。」と述べているが、その供述内容に首尾一貫しない点もあるので、この供述によって心張棒は当時かけられてなかったと断定することは相当ではないであろう。しかし、だからといって、被告人が本件火災の鎮火後に、前記のように、放火材料であるダンボール箱の中味をつき崩すため西側出入口のガラス戸にかけてあった心張棒をとり外した事実を認めるに足るなんらの証拠も存在しないのである。

　以上要するに、本件家屋の戸締りの状況から、本件火災が外部からの侵入者による放火ではないと断定することには、なお疑問が残るといわざるをえない。

　(二) 原判決は、かりに、外部から犯人の侵入する可能性があるとしても、放火の場所、材料、方法等からみて、本件放火は外部侵入者によるものではなく、内部の者によるものと断定するほかない旨を説示している。

　なるほど、記録によると、本件出火場所は、南側店舗から入って物置１つを通り抜けた最も奥の西北隅の物置内であって、その物置の東側は４畳半の寝室であり、その間に３尺の高窓があること、店舗内には各種食料品、雑貨類の陳列台、陳列棚、冷蔵庫等が殆ど店舗内一杯に置かれ、２つの物置にはいずれもビール、ジュース、酒、木炭、塩等の商品や、その空箱類が雑然と積んであり、出火当時の照明としては、店舗内は消燈してあり、僅かに外燈の光が差し込んでいるの

みであって、勝手場と6畳の居間に各2燭光の電燈がつけてあったほか、物置には燈火がなく、真暗であったこと、出火場所である西北隅の物置に行くには、店舗内の冷蔵庫と麹類棚、流し台の間を通り、南側物置を通り抜けなければならないこと、しかも、同所は家人らが寝ていた寝室の隣であること等が認められるので、もし、外部侵入者ならば、家人に気付かれるおそれのある奥の物置まで侵入する危険をあえて冒す必要はなく、むしろ逃走の便宜を考えるならば侵入口近くを選ぶことが自然であると思われることは、原判決の説示するとおりである。しかし、反面、本件の出火場所は、外部の者が放火したことを装うためには、はなはだ不適当な場所なのであって、本件火災が、起訴状に記載されているような動機からの被告人の放火によるものとすれば、なぜ被告人がことさらに自ら疑いを招くような場所を選んだのか、その意図を理解することが困難であろう。

　さらに、本件放火の方法並びに材料の集め方についてみると、本件は、奥の物置内に3個積み重ねてあった酒類の空木枠の上に、中型マッチ150個位入りのダンボール箱を積み上げ、右マッチ箱の間にタバコ包装用の蝋紙14、5枚をはさみ、さらにマッチ箱の上にみね俵をのせて放火したものであることが証拠上明らかであるところ、右材料のうち、マッチ箱入りのダンボール箱は、前記心張棒のかかるガラス戸入口のすぐ左手にある南側物置の東側壁際にあるジュース木枠の上に置かれていたもので（その上に大豆袋が置いてあったか否かは証拠上必ずしも明らかでない。）、その箱の側面には「マッチ」と黒の太文字で書かれていたこと、蝋紙は、被告人方で販売しているタバコを包んであった包装紙であり、これを被告人が捨てずに店舗南西角のタバコショウケースの棚の中に入れてあったものであること、みね俵は、前記ガラス戸入口から入ってまっすぐ進んで突き当りの枠子の上に置いてあったものであること、そして右の放火材料はいずれも被告人方店舗内にあったものであることが《証拠略》により認められる。したがって、本件火災を外部侵入者の仕業だとすると、蝋紙とみね俵を集めるには暗い店内の陳列台の間を歩き廻らなければならず、また、ダンボール箱を見つけるためには北側物置にまで入っていかなければならないのであるから、これらの点からすると、本件火災を外部の者による放火と考えるのはいかにも不自然のように思われないでもない。しかし、他方、これを被告人の犯行と考えるとしても、内部の者でなければ容易に集めることが困難な放火材料を用いることは、直ちに本件火災は内部の者の放火によるものであるとの疑いを招くであろうことは誰しも考えつくところであるから、前同様、被告人が自ら疑いを招くような方法を採ったといわざるをえないこととなり、にわかに首肯しがたいところがある。

　また、原判決は、被告人方では、店舗部分を除く、居住部分および物置2室を取りこわし、改築する計画があり、既に大工との契約も終わり、同年3月中旬頃から着工の予定であったことが認められるから、物置を放火場所に選んだことは犯人がそれを知っている家人であることを疑うに足りる有力な事情である旨説示している。

　しかし、本件火災発生の2日後に被告人方が放火と思われる原因で全焼しており、しかも、その際の出火場所は改築予定部分にはいっていない店舗東側であったことからみると、それは一応外部の者の放火であると疑わざるをえないのであるが、この全焼事件と本件放火とが同一犯人に

よるものと考える余地もないではないのであるから、原判決の前記説示はやや短絡的な論法であるといわざるをえない。なお、記録にあらわれている、原審における検察官の控訴趣意書中に、右全焼事件も被告人と無関係ではないと思われるふしがあるとして、そのことと本件火災とが結びつくかのような所論がみられるが、全焼事件についての単なる主観的な疑惑から本件火災を被告人の犯行と推論することはとうてい首肯することができない。

　（三）原判決は、本件火災当夜は、小沢忠男、甲野太郎（被告人の夫）、三井泰彦、小沢和正の４名がその頃引き続いて発生した火災にそなえるための夜警の当審に当り、午前零時頃小沢忠男と甲野太郎が部落を見廻り、午前２時過ぎに同様三井泰彦と小沢和正が見廻りに出ており、しかも、夜警員が詰めていた部落公民館と被告人方の南側と西側とは全部見とおせる状況にあったから、夜警員の巡視の間隙を狙い、その詰所から見とおしのきく場所にある被告人方西側表ガラス戸を開けて外来者が侵入し放火するのは、極めて難事である旨を説示している。

　しかし、記録によれば、右の夜警員による警戒といっても、２時間おきに部落内を巡回していただけのものであり、また、右の見とおし状況についても、公民館の窓から夜警員が目を離さず被告人方を監視することができた状態であったとは認めることができず、ことに、夜間であることをも考えあわせると、原判決の前記説示にはにわかに首肯できないものがある。

　さらに、原判決は、心張棒のかかる西側ガラス戸は出火後も締っており（ただし、心張棒はかけていない。）、カーテンも全部引いてあったことが明らかであるから、もし、放火犯人が外部からの侵入者であったとすると、犯人は逃げ出すにあたってわざわざガラス戸を閉め、カーテンを引いて逃げたこととなり全く不自然である旨を説示するが、この点も一応はそのような思考が可能であることの反面、かりに外部からの侵入者があったとすれば、ガラス戸を開ければ、カーテンはそのままとして内部に侵入することもできるし、近くに夜警所があるので戸を開け放しにしなかったということも考えられないこともないが、いずれにせよ、右の事実の情況証拠としての価値を強度のものと評価することはできない。

　（四）以上要するに、原判決は本件家屋の戸締りのほか、放火の場所、材料、方法等の間接事実から本件火災を内部の者の放火によるものと断定したのであるが、右間接事実については反対解釈の可能性もあるばかりでなく、ことに、後に詳述するように、被告人を犯人と推断するについては、なお、幾多の疑問が残されており、原判決の指摘する本件発生後警察当局において近隣の変質者、前科者、怨恨関係者等放火犯人と疑われる多数の者を取り調べたが、いずれもアリバイ等があって放火犯人と疑うに足りる者のなかったという事実を考慮にいれても、右の疑問を払拭することはできない。

　なお、当夜被告人方で就寝していたのは、被告人のほかに、長男初（当時13年）、長女花代（当時11年）、および前日の３月３日に被告人方に近火見舞と墓参をかねて甲府市から来た被告人の弟甲野十郎（当時23年、左官職）の４人であったことが明らかであるが、被告人以外のこれらの者について放火の嫌疑が認められないことは原判決説示のとおりである。

　五、原判決が説示する放火の動機について。

　原判決は、（１）当時既に改築が決っていた本件家屋に、被告人は、出火の前々日に夫に内密

で火災保険をつけようとし、また逡巡する夫を説得して200万円の保険を付したこと、および（2）昭和42年2月以降被告人方周辺において発生した3回の火災につき、被告人またはその弟の犯行であるとの風評が流布され、弟甲野五郎や被告人自身も警察の取調を受け、とくに昭和43年3月3日夜五郎の内妻乙山月子から、被告人らが、その叔父であり当時山梨県警察本部防犯少年課課長をしていた甲野太一に頼み、放火のもみ消しを図ったとの噂が月子の両親方にも伝わっていることを聞知した被告人は、種々思い悩んだ末、自宅に放火しても右の風評を他に転じようと思いつめることが考えられること、の2点を有力な放火の動機である旨を説示している。

　しかし、（1）の事実については、本件が保険金騙取のための放火であるというならば、火災保険に加入することは、被告人の犯行と疑う重要な事実ともいえようが、それはともかくとして、当時被告人方家屋のある大久保部落には火災が頻発していたことが記録上うかがわれるので、これに備えて火災保険に加入することもあながち不合理とはいえず、さらに、その火災保険金額は、本件の直前に加入した200万円を含め、建物および商品について合計400万円余りであって、被告人方の家屋その他の動産の価格合計約700万円からすれば十分とはいえないから、本件家屋に火災保険をつけたからとて被告人がその家屋を焼失してもかまわぬと考えたとするには、なお疑問の余地があるし、さらに、被告人が右家屋を全焼させようとまでは考えていなかったとすることは、単なる想像の域をでないものというほかはない。

　また、（2）の事実についても、本件記録によると、被告人は、3月3日夕食のさい弟五郎の内縁の妻乙山月子から前記のような風評が伝わっていることを聞いてその出所を知ろうとし、月子の実家乙山正一方に噂を伝えたという北割の植松茂樹方に午後8時過ぎに電話をかけたが、同人不在のため目的を達することができなかったこと、そこで被告人は、さらに大久保部落の小沢勘重が植松茂樹と親戚関係にあることから、1人で小沢方に噂の出所を確かめに行ったところ、同人から覚えがないといわれて要領を得ずに帰宅したこと、同夜10時過頃になり、被告人は、北割の植松方に直接確かめに行くことを決意し、弟五郎、その内妻月子を伴ない、五郎の運転する軽四輪自動車で植松方に赴いたが、同家の燈火が消えていたため、近くの月子の実家である乙山正一方に行き、同人に会って噂について確かめたが、同人からもはっきりした事実を知ることができなかったので、再び植松方を訪ねようとしたが、右乙山正一からもう遅いから思いとどまるように言われてこれを断念し、翌4日午前零時頃帰宅したこと、がそれぞれ認められることは原判決説示のとおりである。したがって、右の経過に徴すると、被告人が前記の風評に憤激し、その出所を確認しようと奔走したことはうかがわれるが、他方、前記乙山正一方を訪ねた際、月子の実父である同人から、五郎と月子が別れる意思がないなら問題はない旨の話があり、かつ、同人が、五郎に対して一生懸命仕事をして稼ぐように励ました事実が証拠上認められる。そうだとすれば、風評の出所を確かめることは、さらに後日にゆづることもできるし、右風評のため弟五郎と月子との正式の結婚が破談になるのではないかとの懸念も解消したとみるのが相当であるから、当夜被告人が帰宅した際は格別興奮していた様子もみられなかったという《証拠略》は、これを措信することができる。したがって、原判決が説示するように、「被告人が意図した噂の出所を確認できず、心理的葛藤は鎮静されないまま。」であったとすることは疑問であり、さらに、

「自宅前で五郎夫婦と別れ、1人帰宅し床についたが、噂のことなど思い悩んでいたであろうと推測するのがむしろ女性の心理に合致すると思料される。」ものとしても、このことから直ちに、被告人が当夜自宅に放火してまでもこの風評を他に転じようと思いつめていたとみることには、なお疑問が残るといわなければならない。

六、その他原判決が説示する、被告人が犯人と疑われた事情について。

原判決は、（1）本件火災の前日頃、被告人が御召の着物一揃を弟五郎方に預けたこと、（2）出火当時被告人は、セーター、毛のズボン下、ズボン、靴下、ネッカチーフを着用し、口にマスクをかけて就寝していたことからみると、放火後の退避に備えていたものと推測できること、（3）本件火災を最初に発見した被告人が、寝床の中から長男初に対し、「物置の方が燃えている。見てみろ。」と促したことからみて、出火を予期していたものと認められること、および被告人は、弟十郎や子供を起こしただけで、長男初がホースを引いたり、ボールに水を汲んでかけたりしているのに、子供に促されるまでは水を運んでもいないこと、の3点を「被告人を犯人と疑うべき事情」としてげあている。

しかし、（1）の点については、なるほど、記録によると、被告人が3月3日朝、同人の御召一式を五郎方に預けた事実が認められるけれども、本件家屋の焼失による損害の甚大なのに比べれば、右の衣類を、その焼失に備えて搬出したものとみるには、火災による損害と衣類の価格とを比照しても、不合理であるばかりでなく、「近所の者が晴着を借りにくるので、それを断わるため弟五郎方に預けた。」旨の被告人の弁解も、不自然なものとして一概に排斥することはできない。現に、同じ年の2月中旬頃小沢輝文の妻杏子が被告人方に黒のハンドバックを借りに来た事実のあることも記録上うかがわれるところである。なお、その頃これと相前後して被告人の夫太郎が、長女花代の晴着一式、夏スカート、オーバーおよび長男初のズボン1本を右五郎方に運んでいる事実があるが、これについては、被告人は当初そのことを知らなかったのである。してみれば、被告人が自分の御召一式を五郎方に預けたという事実は、本件犯行と被告人との結びつきを肯定するに足りる有力な証拠とすることはできないといわざるをえない。

さらに、被告人は、3月2日夜にも、五郎に頼んで同人宅へ酒、ビール、醬油、菓子類、インスタントラーメン等を運んで預けているのであるが、それは、近く改築予定で大工数名が五郎方に寝泊りすることになっていたので、大工らに供するためのものであったという被告人の弁解は、《証拠略》にてらし信用できないものではない。

なおまた、原判決が本件放火の直接の動機を生じさせる原因であると判示しているいわゆる前記「もみ消し」の噂を被告人が乙山月子から聞いて知ったのは、3月3日の夕食時のことであるから、それ以前における被告人の前記各行動は、時間的関係からみても、本件放火に備えたものとみることは明らかに矛盾しているといわなければならないし、また、当審における検察官の主張のように、被告人が本件放火の確定的犯意をいだいたのは3月3日夜であるとしても、少なくとも3月1、2日頃には未確定的な犯意をいだいていたと認めることもできない。

（2）の点については、出火当時、被告人がセーターに毛糸のズボン下、靴下をはき、ネッカチーフをかぶり、口にマスクをかけて就寝していたことは被告人もこれを争わないところである

が、当時はまだ寒い季節であり、かつ、近隣に火事騒ぎが続いていたのであるから、右のような服装で就寝していたのは、身体の冷えるのを防ぐためと近隣に火災が発生した際直ちに避難できるためであって、前記小沢周次方の火災があった後は毎夜のことであったという被告人の弁解はあながち不合理とはいえず、現に、近隣の者で着のみ着のままで寝ていたものがあったことは、《証拠略》によっても認められるところである。

（3）の点については、なるほど、本件出火時に、被告人が長男初を起こした際、「物置の方が燃えている。見てみろ。」と言ったということが甲野初の検察官調書中に存するけれども、甲野十郎の検察官調書および被告人の検察官調書並びに右3名の第一審公判廷における供述によると、被告人が右のような言葉を発したことは認められず、証拠上はいずれとも断定しがたいところであるのみならず、被告人らが就寝していた部室の高窓から物置内の出火を発見することも極めて容易であるから、かりに被告人が右のような言辞を発したとしても、そのことから被告人が出火を予期していたと速断することはできないし、ごく短時間の出来事中で発せられた片言隻句によって重要な事柄を推認することには、とくに慎重な態度が要請されるものといわなければならない。

さらに、出火時から消火時までの被告人の行動状況についてみても、出火発見と同時に被告人はまず、長女花代を屋外につれ出したのち、長男初とともに消火活動をしたのであって、原判決の説示するように、被告人が率先して消火に従事していないからとて被告人が放火したのではないかとの疑いがある、とは必ずしも考えられないし、むしろ、被告人が犯人であるならば、率先して消火活動をして自己に嫌疑がかかるのを避けるのが通常であるともいえるのである。

七、原判決が証拠物として掲げているマッチ等入りダンボール箱内の蝋紙1包について。

（一）前記のように、本件火災を外部からの侵入者による放火と考えることには不自然と思われるふしがないでもないところ、他面、これを被告人の犯行と考えるとしても、内部の者でなければ容易に集めることが困難な放火材料を用いて、被告人が自ら疑いを招くような方法を採ったとすることにも疑問がもたれるのであるが、そのことは、放火材料の一つである蝋紙について一層の疑惑を深くさせるものであるのである。すなわち、本件火災の数日前である2月28日に発生した被告人宅付近の小沢周次方の放火にも蝋紙が材料として用いられていたため、タバコの販売をも兼ねていた被告人方にタバコ包装用蝋紙が存在していたことから、右小沢方の放火事件について被告人方が疑われ、被告人も、本件火災の取調べにあたった長坂警察署員によって、蝋紙の保存方法、数量等について取調べをうけていた事実があるほか、被告人は、知人の堀内のりえからも右小沢方の放火に蝋紙が使用されたことを聞知していたものであるところ、本件火災発生前の深更に帰宅したときの被告人の精神状態にとくに異様な点があったとは認められないことは前記のとおりであり、被告人の性格も勝気というだけで、とくに異状はなく、本件火災の直前頃まで部落の婦人会の役員をつとめていたこともあるというのであるから、その知能についても問題はなく、被告人が思慮分別に欠けるところがあるとは認められない。そうだとすると、前記小沢方の放火について、蝋紙が点火材料につかわれていたことから被告人姉弟が警察の疑惑を招いて取調べを受けていた矢先の本件放火において、被告人がまたもや蝋紙を点火材料の一つとして使

用したとすることは不可解であり、本件放火と被告人とを結びつけることには、なお、相当程度の疑いが残るものといわなければならない。

（二）次に、蝋紙１包が証拠物として警察官によって領置された手続上の過程をみるに、記録中の司法警察員仲沢幸男作成の昭和43年３月４日付実況見分調書によれば、同調書および添付写真の説明欄には、本件蝋紙が３月４日の実況見分時にダンボール箱内のマッチ箱の下から発見された旨の記載があるが、《証拠略》によると、実況見分時には右ダンボール箱の内部が水浸しになっていたため、中味をよく調べず、そのまま長坂警察署に持ち帰って保存し、その後３月11日にいたり、取調官の秋山実が改めて内部を調べた際、右の蝋紙を発見したものであるにもかかわらず、あたかも実況見分時に存在していたかのように記載し、かつ実況見分調書の作成日を３月４日に遡らせたことが認められる（なお、右記載部分については第一審の公判において証拠排除決定がなされている。）。ところで、放火被疑事件の捜査過程において、点火材料と疑われる物件を領置するにあたり、本件におけるように「４倍型『伊勢屋』名入広告用マッチ等残焼物入りダンボール一式」というような押収品目録の記載方法がとられたことをもって、一概にこれを違法視すべきものではない。しかしながら、本件にあっては、前記のように、数日前に発生した小沢周次方の放火に蝋紙が使用されていたことから被告人方の者の所為ではないかと疑われ、被告人と弟五郎が警察の取調べをうけていたという事実が存していたのであるから、領置の際に、なにをおいても右ダンボール内の内容物を点検して、本件についても蝋紙が点火材料として用いられていたかどうかを確かめるべきであったのである。現に、第一審における証人秋山実の供述によると、本件ダンボール箱が領置された日の１週間後に、同人がその内容物のなかから蝋紙を発見して非常に喜んだというほどであるから、蝋紙の存否が本件にとって重要な問題であることは捜査官においても十分了知していたはずである。もっとも、右ダンボール箱は、被告人が流し台で水をかけ棒でつついたため水浸しとなっていたので後日乾きをまって内容物を見分する意図であったというのであるから、証拠物の取扱いに慎重を期したものと認められるのではあるが、前記証人秋山実の供述によれば、本件実況見分の際にダンボール箱を見たとき、マッチの中央のところに紙の燃えたふちのようなものがあったということであるから、いかに水浸しになっていたとはいえ、蝋紙以外の点火材料の残存物は、みね俵とマッチ箱の燃え残りとであった本件ダンボール箱の内容を注意深く取り扱って調べるならば、即座に蝋紙の存否を確認することができたはずであり、現に、司法警察員矢崎博が本件蝋紙の発見状況を撮影した写真４葉でみられる蝋紙は、一見それと判断することができるほどの形状を保っている点からみても、一層その感を深くするのである。さらに、右の写真４葉を提出した経緯に関しても、これを現像、焼付して写真撮影報告書とともに検察官に送付する手続が遅延した事情について、前記証人秋山実と同矢崎博との間に供述のくいちがいがある点を考慮にいれるとき、本件蝋紙の証拠物としての証明力は相当程度に減殺されるものといわざるをえない。

八、「疑わしきは被告人の利益に」という原則は、刑事裁判における鉄則であることはいうまでもないが、事実認定の困難な問題の解決について、決断力を欠き安易な懐疑に逃避するようなことがあれば、それは、この原則の濫用であるといわなければならない。そして、このことは、

情況証拠によって要証事実を推断する場合でも、なんら異なるところがない。けだし、情況証拠によって要証事実を推断する場合に、いささか疑惑が残るとして犯罪の証明がないとするならば、情況証拠による犯罪事実の認定は、およそ、不可能といわなければならないからである。ところで、裁判上の事実認定は、自然科学の世界におけるそれとは異なり、相対的な歴史的真実を探究する作業なのであるから、刑事裁判において「犯罪の証明がある」ということは「高度の蓋然性」が認められる場合をいうものと解される。しかし、「蓋然性」は、反対事実の存在の可能性を否定するものではないのであるから、思考上の単なる蓋然性に安住するならば、思わぬ誤判におちいる危険のあることに戒心しなければならない。したがって、右にいう「高度の蓋然性」とは、反対事実の存在の可能性を許さないほどの確実性を志向したうえでの「犯罪の証明は十分」であるという確信的な判断に基づくものでなければならない。この理は、本件の場合のように、もっぱら情況証拠による間接事実から推論して、犯罪事実を認定する場合においては、より一層強調されなければならない。ところで、本件の証拠関係にそくしてみるに、前記のように本件放火の態様が起訴状にいう犯行の動機にそぐわないものがあるうえに、原判決が挙示するもろもろの間接事実は、既に検討したように、これを総合しても被告人の犯罪事実を認定するには、なお、相当程度の疑問の余地が残されているのである。換言すれば、被告人が争わない前記間接事実をそのままうけいれるとしても、証明力が薄いかまたは十分でない情況証拠を量的に積み重ねるだけであって、それによってその証明力が質的に増大するものではないのであるから、起訴にかかる犯罪事実と被告人との結びつきは、いまだ十分であるとすることはできず、被告人を本件放火の犯人と断定する推断の過程には合理性を欠くものがあるといわなければならない。

　九、前記のように、被告人が本件放火の犯人と疑う余地が全くないとはいえないけれども、上述したとおり、被告人を本件放火の犯人と断定することについては合理的な疑いが残るのであるから、これらの疑問点を解明することなく、前記各事実を総合して、本件放火と被告人との結びつきについて証明が十分であるとした原審の判断は、支持しがたいものといわなければならない。したがって、原判決は、証拠の価値判断を誤り、ひいて重大な事実誤認をした疑いが顕著であって、このことは、判決に影響を及ぼすこと明らかであり、これを破棄しなければ著しく正義に反するものと認められる。

　一〇、ところで、本件は、火災発生の日から５年余り経過し、しかも本件火災発生の２日後に被告人方家屋はなんぴとかの放火と疑われる火災のため全焼しているので、今後あらたな証拠が現われることはほとんど望みえない状況にある。現に、原審における事実の取調によっても、第一審の証拠調の結果に付加すべき何らの新証拠をうることができなかったという経過に徴しても、いまさら、本件を原審に差し戻し、事実審をくりかえすことによって事案の真相の解明を期待することは適切な措置であるとは思われない。とくに、本件においては、犯行と関連性があると認められる間接事実の存在については争う余地が少なく、核心は、情況証拠に対する評価とこれに基づく推論の過程にあることを考えあわせると、本件は当審において自判することによって決着をつけることが相当であると考えられるので、本件は、「疑わしきは被告人の利益に」の原則に従い、公訴事実につき犯罪の証明が十分でないとして、被告人に対し無罪の言渡をすべきもので

ある。
　よって、刑訴法411条3号により原判決は破棄し、同法413条但書、414条、404条、336条により、裁判官全員一致の意見で、主文のとおり判決する。
　（裁判長裁判官　岸盛一、裁判官　大隅健一郎、裁判官　藤林益三、裁判官　下田武三、裁判官　岸上康夫）

判　例

最1小決平19・10・16刑集61-7-667（高松郵便爆弾事件）

　弁護人吉田茂、同桑城秀樹の上告趣意のうち、判例違反をいう点は、事案を異にする判例を引用するものであって、本件に適切でなく、その余は、憲法違反をいう点を含め、実質は事実誤認の主張であり、被告人本人の上告趣意は、事実誤認の主張であって、いずれも刑訴法405条の上告理由に当たらない。
　なお、所論にかんがみ、職権で判断する。
　1　本件は、離婚訴訟中であった被告人が、妻の実母Aらを殺害する目的で、アセトン等から生成したトリアセトントリパーオキサイド（過酸化アセトン。以下「TATP」という。）相当量に、点火ヒーター、乾電池等を使用した起爆装置を接続して、これをファイルケースに収納し、更に同ケースを定形外郵便封筒内に収納するなどして、同封筒から同ケースを引き出すことにより上記起爆装置が作動して上記TATPが爆発する構造の爆発物1個（以下「本件爆発物」という。）を製造した上、定形外郵便物としてAあてに投かんし、情を知らない郵便配達員をしてこれを高松市内のA方に配達させ、Aをして同封筒から同ケースを引き出させてこれを爆発させ、もって、爆発物を使用するとともに、Aらを殺害しようとしたが、Aを含む3名の者に重軽傷を負わせたにとどまり、Aらを殺害するに至らなかったとして、爆発物取締罰則違反、殺人未遂に問われた事案である。
　2　第一審判決は、(1) 被告人は、本件爆発物の爆発事件（以下「本件爆発事件」という。）が発生する8日ほど前までに、自宅のパソコンからインターネットを利用して、TATPを含む爆発性物質の生成方法や起爆装置の製造方法等を記載したサイトにアクセスし、閲覧しており、実際にプラスチックケースに入った爆発性物質を取り扱っていた事実も推認できること、(2) 被告人は、本件爆発事件発生前に、本件爆発物に使われたとみられる分量のTATPを生成し得るアセトン等を購入していたほか、本件爆発物に使用された起爆装置の起爆薬など多数の構成部品と同種又は類似の物を新たに購入し、あるいは以前から入手しており、被告人方からは、TATPの成分が付着した金属粉末も発見されていること、(3) 本件爆発物を収納した封筒にちょう付されていた24枚の切手中9枚は、本件爆発事件発生の前日、長尾郵便局（香川県さぬき市所在）に設置された自動販売機から発行・発売されたものであるところ、被告人方から発見押収された切手3枚は、上記切手9枚の発行・発売の2分後に、同じ自動販売機から発行・発売されたものであること、(4) 同封筒にちょう付されていた差出人を示す紙片は、クレジットカード

会社のホームページの高松支店の地図付き案内ページを利用し、これをカラープリンターでラベルシートに印刷して作成されたものであるところ、被告人は、本件爆発事件発生の6日前に上記ホームページを閲覧していた上、被告人方からは上記印刷が可能なカラープリンター及び同種ラベルシートが発見されていること、(5)同封筒は、本件爆発事件発生の前日の一定の時間帯に高松南郵便局管内の投入口が比較的大きい郵便ポストに投かんされたものとみられるが、被告人は、上記の時間帯に、同郵便局管内の同封筒が投かん可能な郵便ポストの設置されている場所へ行っていることなどを総合すれば、被告人が本件爆発物を製造し、A あてに郵送したと認められるとした上で、本件爆発物の威力に関する被告人の認識や、本件爆発事件の発生当時、被告人には、妻との離婚訴訟をめぐって同女の実母である A らに対し殺意を抱き得る事情があったことなどに照らせば、被告人には、A に対する確定的な殺意及び本件爆発事件で負傷したその余の2名の者に対する未必的な殺意が認められるとした。そして、原判決も、第一審判決の上記判断を是認した。

3 所論は、上記(2)の点に関し、被告人が、その購入したアセトン等を他の使途に費消した可能性や、上記(3)の点に関し、上記封筒にちょう付されていたその余の切手中、少なくとも10枚を被告人が購入し得なかった可能性等を指摘して、原判決は、情況証拠による間接事実に基づき事実認定をする際、反対事実の存在の可能性を許さないほどの確実性がないにもかかわらず、被告人の犯人性を認定したなどという。

刑事裁判における有罪の認定に当たっては、合理的な疑いを差し挟む余地のない程度の立証が必要である。ここに合理的な疑いを差し挟む余地がないというのは、反対事実が存在する疑いを全く残さない場合をいうものではなく、抽象的な可能性としては反対事実が存在するとの疑いをいれる余地があっても、健全な社会常識に照らして、その疑いに合理性がないと一般的に判断される場合には、有罪認定を可能とする趣旨である。そして、このことは、直接証拠によって事実認定をすべき場合と、情況証拠によって事実認定をすべき場合とで、何ら異なるところはないというべきである。

本件は、専ら情況証拠により事実認定をすべき事案であるが、原判決が是認する第一審判決は、前記の各情況証拠を総合して、被告人が本件を行ったことにつき、合理的な疑いを差し挟む余地のない程度に証明されたと判断したものであり、同判断は正当であると認められる。

よって、刑訴法414条、386条1項3号により、裁判官全員一致の意見で、主文のとおり決定する。

（裁判長裁判官　泉德治、裁判官　横尾和子、裁判官　甲斐中辰夫、裁判官　才口千晴、裁判官　涌井紀夫）

> **質問10-1**
> 　長坂町放火事件は重大な事実誤認（刑訴法411条3号）を理由に原判決を破棄しているが、この破棄理由は正しいか。次の判例と対比せよ：最判昭45・7・31刑集24-7-597、最判昭57・1・28刑集36-1-67、最判昭59・4・24刑集38-6-2196。

> **質問10-2**
> 　最高裁が言う「反対事実の存在の可能性を許さないほどの確実性を志向したうえでの『犯罪の証明は十分』であるという確信的な判断」という証明基準は、「合理的な疑いを超える証明」の基準と同じか。

> **質問10-3**
> 　「合理的な疑いを超える証明」の基準は憲法の要請か。例えば、犯罪事実の証明は「証拠の優越」の程度で良いと法律で定めることは許されるか。

判　例

ウィンシップ判決　In re Winship, 397 U.S. 354 (1970)

〔12歳のウィンシップは更衣室に忍び込んで婦人の財布から112ドルを盗んだ窃盗の訴因でニューヨーク州家庭裁判所に送致された。同裁判所は、犯罪事実の証明は「合理的な疑いを容れない」程度のものでなければならないとの少年の主張を退けて、ニューヨーク州家庭裁判所法が定める「証拠の優越」基準を適用するとして、ウィンシップの非行事実を認定し、彼を施設に収容する（最低18ヶ月、その後毎年更新されて18歳の誕生日まで収容することが可能）との決定をした。州の上訴裁判所もこの決定を支持したので、少年は、この手続は合衆国憲法第14修正のデュー・プロセス保障条項に違反するとして上告受理の申立てをした。ブレナン裁判官による法廷意見。〕

　合理的な疑いの基準は、アメリカの刑事手続の機構のなかで必須の役割を演じている。それは事実誤認に基づく有罪認定の危険を減少するための第1の道具である。この基準は、「わが刑事法の運営の基礎に横たわる自明かつ初歩的な」基盤である無罪推定の原理に具体的な実質を付与するものである。ニューヨーク州控訴裁判所の反対意見が言うように、「もしも民事裁判で要求されるのと同程度の証拠で有罪を宣告され、何年も拘禁されるのだとしたら、犯罪の訴追を受ける人は、深刻な災厄に遭遇しているというべきであり、その災厄はまさに基本的な公正さの欠如というに値する。」

　合理的な疑いを容れない証明の要求がわが刑事手続において必須の役割を果しているのには、十分な理由がある。刑事訴追を受ける被告人は、彼にとって甚だしく重要な利益が危険に晒されているのである。すなわち、1つは有罪となった場合に自由を失うという可能性であり、もう1

つは有罪とされることによって確実に犯罪者の烙印を押されることである。それゆえに、すべての個人の名誉と自由に価値を認める社会においては、その個人が有罪であることに合理的な疑いが残っているときには彼を犯罪者として非難すべきではないのである。われわれがスパイサー対ランドール（Speiser v. Randall, 357 U.S. 513 (1958), at 525-526.）で述べたように、「訴訟には常に誤りの余地、事実を誤って認定してしまう可能性があり、いずれの当事者もそのことを考慮する必要がある。一方の当事者だけが非常に大きな価値——刑事被告人にとっての自由のように——を危険にさらしている場合、裁判の終結に際して事実認定者が合理的な疑いを容れない程度に彼が有罪であることを説得する＊＊＊責任を他方の当事者に負わせることを通じて、彼に対する過誤の余地が減少されなければならないのである。デュー・プロセスは、事実認定者に彼の有罪を確信させる＊＊＊責任を政府が果さない限り、何人もその自由を奪われてはならないことを命じている。」この目的にとって合理的疑い基準は必要なものである。というのは、それは「事実認定者に対して事実上の争点については主観的な確証の状態（subjective state of certitude）に達する必要があることを印象付ける」からである。

更に言えば、合理的な疑いの基準を採用することは、刑罰法の適用において地域社会が尊厳と自信を獲得するために必要なことである。無実の人が罰せられたかもしれないとの疑惑を人々に残すような証明の基準によって刑罰法の道徳的な力が弱められてしまうようなことがないということは、きわめて重要なことである。そしてまた、われわれの自由な社会においては、日常生活をおくるすべての個人が、政府が適切な事実認定者を究極的な確実さをもって彼の有罪を説得しない限り、個人を有罪と認定できないことについて、自信を持っていられるということが大切なのである。

合理的疑い基準の憲法上の地位についていかなる疑念をも残してはいけないので、われわれは明示的にこう判示する。デュー・プロセス条項は、刑事被告人に、訴追された犯罪を構成するのに必要な全ての事実を、合理的な疑いを容れない程度に証明されない限り、有罪を宣告されない権利を保障しているものである、と。

［犯罪を犯したことを理由に非行少年として訴追される少年も、大人と同様に、合理的な疑いを越える証明を要求する憲法上の権利を有している。破棄差戻し。］

質問10−4

「合理的な疑いを超える」程度の証明とは何か。法律を学んだことのない素人にもわかるように説明せよ。

文　献

裁判員法39条の説明例（2007年5月23日最高裁規則制定諮問委員会議事録参考資料）

過去にある事実があったかどうかは直接確認できませんが、普段の生活でも、関係者の話など

をもとに、事実があったのかなかったのかを判断している場合があるはずです。ただ、裁判では、不確かなことで人を処罰することは許されませんから、証拠を検討した結果、常識に従って判断し、被告人が起訴状に書かれている罪を犯したことは間違いないと考えられる場合に、有罪とすることになります。逆に、常識に従って判断し、有罪とすることについて疑問があるときは、無罪としなければなりません。

判　例

ケイジ対ルイジアナ　Cage v. Louisiana, 498 U.S. 39（1990）
　　無署名全員一致の法廷意見。
＊　＊　＊
　申立人はルイジアナの一審裁判所で第1級殺人罪について有罪を宣告され、死刑を言い渡された。彼はルイジアナ州最高裁判所に上訴し、上訴理由の1つとして、有罪を決定した公判審理で行われた合理的疑いに関する説示は憲法に照らして欠陥がある、と主張した。その説示の問題の箇所は次のとおりである。

　「被告人の有罪を構成するのに必要ないかなる事実あるいはいかなる要素についてであれ、皆さんが合理的な疑いを抱いたときには、その疑いの利益を被告人に与え、無罪の評決をすることが皆さんの義務となります。たとえ証拠が有罪の可能性を示しているとしても、それが合理的な疑いを超える程度に有罪を証明するものでなければ、皆さんは被告人を無罪放免しなければならないのです。しかしながら、この疑いは合理的なものでなければなりません。すなわち、それは現実の目に見える実質的な根拠によって裏付けられていなければならず、ただの気まぐれや推測によるものであってはなりません。それは証拠が満足すべきものではないことあるいは証拠の欠如という理由によって、皆さんの心の中に**重大な不確実性**（*grave uncertainty*）をもたらすような**疑問**でなければなりません。合理的な疑いは単なる可能な疑いではありません。**それは現実の実質的な疑問です**。それは理性ある人が深刻に考える疑問です。要求されているのは、絶対的な確実性でも数学的な確実性でもなく、**道徳的な確実性**（*moral certainty*）なのです。」（強調を付加した）

　ルイジアナ州最高裁判所は申立人の主張を退けた。同裁判所は、「重大な不確実性」や「道徳的な確実性」という語句の使用について、「文脈を離れてみると、それは必要な不確実性の程度を誇張し、陪審を混乱させるかもしれない」と述べる。けれども同裁判所は、「説示全体をみると」「通常の知性を備えた合理的な人ならば、『合理的な疑い』の意味を正しく理解できるであろう」と結論した。しかしながら、われわれは、問題の説示はウィンシップ判決が示した「合理的な疑いを超える」証明の要請とは対立するものであると考える。

　問題の説示を解釈するに際して、われわれは合理的な陪審員ならばその説示を全体としてどう理解しただろうかと考える。説示は、ある部分では、有罪を宣告するにはそれが合理的な疑いを超えて証明されなければならないと教示している。ところがその後で説示は、合理的な疑いを

「重大な不確実性」や「現実の実質的な疑問」と同一視してしまう。そして、必要なのは被告人が有罪であることの「道徳的な確実性」であると述べた。「実質的な」とか「重大な」という言葉が、それらが普通に理解されているところによれば、合理的疑いの基準の下で無罪放免を要請する疑いの程度よりも高度の疑いを示唆するものであることは、われわれには明白に思える。これらの説示が「道徳的な確実性」という言葉とともに考慮されるとき、合理的な陪審員がその説示はデュー・プロセス条項が要求するものよりも程度の低い証明によって有罪を認定することを認めているのだと解釈する可能性が出てくることは明らかであろう。

　よって、ルイジアナ州最高裁判所の判決は破棄され、事件は、この意見と矛盾しないように、さらなる手続のために差し戻される。

> **質問10－5**
> 　裁判員が参加する刑事裁判において、裁判官が評議室の中で裁判員に対して「合理的な疑いを超える証明」の意味について、合議によって判断を示し（裁判員法66条3項）あるいは説明すること（同条5項）に問題はないか。

> **質問10－6**
> 　多数決による有罪判決を認めることは「合理的な疑いを超える証明」の基準の要請に違反するか。

> **質問10－7**
> 　上訴裁判所が事実誤認を理由に無罪判決を破棄することは「合理的な疑いを超える証明」のルールに反するか。

II 積極的抗弁事実

判　例

最2小判平20・4・25裁判所時報1458-21（北区塗装店主傷害致死事件）

主文
　原判決を破棄する。
　本件を東京高等裁判所に差し戻す。
理由
　弁護人浦崎寛泰及び被告人本人の各上告趣意は、いずれも事実誤認、量刑不当の主張であって、刑訴法405条の上告理由に当たらない。
　しかしながら、所論にかんがみ職権をもって調査すると、原判決は、刑訴法411条1号、3号により破棄を免れない。その理由は、以下のとおりである。
第1　本件の事実関係等と原判断
1　原判決の認定及び記録によれば、本件の事実関係等は次のとおりである。
　（1）被告人は、発症時期が平成8年4月ころにさかのぼると見られる統合失調症により、平成14年2月ころからは、人のイメージが頭の中に出てきてそれがものを言うという幻視・幻聴や、頭の中で考えていることを他人に知られていると感じるなどの症状が現れるようになった。そのような異常体験の中でも、被告人が平成3年11月から平成6年4月まで稼働していた塗装店の経営者（本件被害者。以下「被害者」という。）が「ばかをからかってると楽しいな。」などと被告人をからかったり、「仕事で使ってやるから電話しろ。」などと話しかけてくる幻視・幻聴が特に頻繁に現れ、これに対し、被告人が、その呼び掛けに応じて被害者に電話をして再就職を申し出ると、同人からそれを断られ、またそのすぐ後に電話しろという声が聞こえたことから電話を掛けるということを繰り返すなどしたことがあった。被告人は、このような幻視・幻聴が続く中で、

被害者が自分のことをばかにしていると憤りを覚えるようになり、平成15年1月か2月ころには、酔った上、交際相手の女性の前で、被害者を殴りに行くなどと言い出し、同女にたしなめられて思いとどまったということがあった。

（2）被告人は、平成15年6月24日、朝から「仕事に来い。電話をくれ。」と言う被害者の声が聞こえ、新しく決まったアルバイト先に初めて出勤するために地下鉄に乗った際にも、頭の中に被害者の顔が現れ、何度も「こいつは仕事に行きたくねえんだ。」などと話す声が聞こえたため、被害者が被告人の仕事に行くのを邪魔しようとしていると腹を立て、被害者を殴って脅かしてやろうと思い、前記塗装店に向かった。しかし、被告人は、同店付近で被害者が現れるのを待っていたところ、頭の中に昔の知合いのホステスが出てきて、「純ちゃんが怒ってるから早く出てきなさいよ。」などと被害者に声を掛けている幻聴が聞こえるなどしたため、自分の行動が人に見られていると感じてその日は被害者を殴るのをやめ、そのまま帰宅した。その後、被告人は、本件当日である同月27日までの間、被害者や今まで働いた職場の者らが頭の中に頻繁に出てくる幻視・幻聴に混乱し、仕事に行く気になれず、自宅にこもっていた。

（3）同月27日も、被害者が頭の中に現れ、「仕事に来い。電話しろ。」と前記塗装店での仕事を誘う声が聞こえ、同塗装店に電話を掛けて呼出し音を1回させてからすぐ切るということを2回ほどしたが、被害者に対する腹立ちが収まらず、被害者を二、三発殴って脅し、自分をばかにするのをやめさせようなどと考え、同日午後6時ころ、自転車で自宅を出発し、上記塗装店から徒歩で約5分の距離にあって、被告人がパチンコに行く際に自転車をとめる場所で自転車を降り、そこから歩いて同塗装店に向かった。

（4）被告人が同塗装店の通用口から店内に入り、作業場、事務室を経て社長室に至ると、被告人を見た被害者がどうしたのかという感じでへらへら笑っているように思え、被告人は、被害者の顔面等を数発殴った上、店外に逃げ出した被害者を追い掛け、路上で更にその顔面を1発殴った。そして、あお向けに倒れた被害者を見て、ふざけてたぬき寝入りをしているのだと思い、その太もも付近を足で突くようにけった。しかし、通行人が来たのでそれ以上の暴行を加えることなく、その場を立ち去った。被害者は、被告人による上記一連の暴行により頭部を同店備品、路面等に打ち付け、よって、同年7月3日午後7時50分ころ、搬送先の病院において、外傷性くも膜下出血により死亡した（以下、被告人の被害者に対する上記一連の暴行を、「本件行為」又は「本件犯行」という。）。

（5）被告人は、本件行為後、交際相手の女性の家に行き、一緒に食事を取るなどした後、自宅に戻ったが、同年6月28日、被害者が重体であるという新聞記事を見るなどして怖くなり、自首した。

（6）なお、被告人は、精神科医の診療を受けていたが、統合失調症と診断されたことはなく、被告人の同居の実母、交際相手も、被告人が統合失調症等の精神疾患にり患していると疑ったことはなかった。

2　被告人の本件行為当時の精神状態については、原審までに、以下のような鑑定人ないし専門家の意見が証拠として取り調べられている。

（1）捜査段階でいわゆる簡易精神鑑定を担当した医師佐藤忠彦は、その作成に係る精神衛生診断書（以下「佐藤鑑定」という。）において、被告人は、本件行為当時、統合失調症による幻覚妄想状態の増悪期にあり、心神喪失の可能性は否定できないが、本件行為に至る行動経過は合目的的であり、かつ、著明な残遺性変化がないことなどから、是非弁別能力と行動制御能力を完全に喪失していたとはいい得ないとして、心神耗弱相当であるとの所見を示している。

（2）他方、第1審で裁判所から被告人の精神鑑定を命じられた医師坂口正道は、その作成に係る鑑定書及び公判廷における証言（以下「坂口鑑定」という。）において、被告人は、本件行為当時、統合失調症の激しい幻覚妄想状態にあり、直接その影響下にあって本件行為に及んだもので、心神喪失の状態にあったとする。そして、被告人が、一方で現実生活をそれなりにこなし、本件行為の前後において合理的に見える行動をしている点は、精神医学では「二重見当識」等と呼ばれる現象として珍しくはなく、本件行為に至る過程で、被告人が一定の合理的な行動を取っていたことと被告人が統合失調症による幻覚妄想状態の直接の影響下で本件行為に及んだことは矛盾しないという。

（3）また、原審で、医師保崎秀夫は、上記（1）（2）を含む検察官から提供された一件記録を検討した意見として、原審公判廷における証言及びその意見書（以下「保崎意見」という。）において、被告人の本件行為当時の症状は統合失調症が慢性化して重篤化した状態ではなく、心神耗弱にとどまるとの所見を示している。

（4）さらに、原審で裁判所から被告人の精神鑑定を命じられた医師深津亮は、上記（1）ないし（3）の各鑑定及び意見を踏まえ、さらに、被告人に対する診察や諸検査を行った上、その作成に係る鑑定書及び公判廷における証言（以下「深津鑑定」という。）において、次のように述べている。すなわち、被告人は統合失調症にり患しており、急性期の異常体験が活発に生じる中で次第に被害者を「中心的迫害者」とする妄想が構築され、被害者は被告人に対し様々なひぼう中傷や就職活動の妨害を働く存在として認識されるようになり、被告人において、それらの妨害的な行為を中止させるため攻撃を加えたことにより本件行為は生じたと考えられ、幻覚妄想に直接支配された行為とはいえないが、統合失調症が介在しなければ本件行為は引き起こされなかったことは自明である。被告人は、一方では「人に対して暴力を振るいけがさせたり、殺したりすることは悪いこと」との認識を有していたが、他方では異常体験に基づいて本件暴行を加えており、事物の理非善悪を弁識する能力があったということは困難であり、仮にこれがあったとしても、この弁識に従って行動する能力は全く欠けていたと判断される。

3　（1）第1審判決は、上記坂口鑑定に依拠し、本件行為は激しい幻覚妄想に直接支配されたものであり、被告人は本件行為当時心神喪失の状態にあったとして被告人に無罪を言い渡した。これに対し、検察官が控訴し、原判決は、被告人は心神耗弱にとどまるとして、第一審判決を事実誤認を理由に破棄し、被告人に対し懲役3年を言い渡した。

（2）原判決の理由の要旨は次のようなものである。すなわち、被害者を二、三発殴って脅し、自分をばかにするのをやめさせようなどと考えたという動機の形成、犯行に至るまでの行動経過、こぶしで数発殴ったという犯行態様、あるいは、通行人が来たことから犯行現場からすぐに立ち

去ったという経緯には、特別異常とされる点がなく、これらは、了解が十分に可能である。そして、「電話しろ。」という作為体験はあっても、「殴り付けろ。」という作為体験はなく、幻聴や幻覚が犯行に直接結び付いているとまではいえない。しかも、被告人は、本件犯行及びその前後の状況について、詳細に記憶しており、当時の意識はほぼ清明であるということができる上に、本件犯行が犯罪であることも認識していたと認められる。そして、犯行後に被告人が自首していること、被告人がそれなりの社会生活を送り、仕事をしようとする意欲もあったことなどの諸事情にも照らすと、被告人は、本件犯行時、統合失調症にり患していたにしても、それに基づく心神喪失の状態にあったとは認められず、せいぜい心神耗弱の状態にあったものというべきである。坂口鑑定及び深津鑑定は、いずれも採用することができない。

第2 当裁判所の判断

しかしながら、原判断は、是認できない。その理由は、次のとおりである。

1 坂口鑑定及び深津鑑定の評価について

(1) 被告人の精神状態が刑法39条にいう心神喪失又は心神耗弱に該当するかどうかは法律判断であって専ら裁判所にゆだねられるべき問題であることはもとより、その前提となる生物学的、心理学的要素についても、上記法律判断との関係で究極的には裁判所の評価にゆだねられるべき問題である（最高裁昭和58年（あ）第753号同年9月13日第三小法廷決定・裁判集刑事232号95頁）。しかしながら、生物学的要素である精神障害の有無及び程度並びにこれが心理学的要素に与えた影響の有無及び程度については、その診断が臨床精神医学の本分であることにかんがみれば、専門家たる精神医学者の意見が鑑定等として証拠となっている場合には、鑑定人の公正さや能力に疑いが生じたり、鑑定の前提条件に問題があったりするなど、これを採用し得ない合理的な事情が認められるのでない限り、その意見を十分に尊重して認定すべきものというべきである。

(2) この観点から坂口鑑定及び深津鑑定を見ると、両医師とも、いずれもその学識、経歴、業績に照らし、精神鑑定の鑑定人として十分な資質を備えていることはもとより、両鑑定において採用されている諸検査を含む診察方法や前提資料の検討も相当なもので、結論を導く過程にも、重大な破たん、遺脱、欠落は見当たらない。また、両鑑定が依拠する精神医学的知見も、格別特異なものとは解されない。そして両者は、本件行為が統合失調症の幻覚妄想状態に支配され、あるいは、それに駆動されたものであり、他方で正常な社会生活を営み得る能力を備えていたとしても、それは「二重見当識」等として説明が可能な現象であって、本件行為につき、被告人が事物の理非善悪を弁識する能力及びこの弁識に従って行動する能力を備えていたことを意味しないという理解において一致している。このような両鑑定は、いずれも基本的に高い信用性を備えているというべきである。

(3) しかるに、原判決は、両鑑定が、被告人に正常な精神作用の部分があることについて「二重見当識」と説明するだけでこれを十分検討していないとして、その信用性を否定している。しかし、両鑑定は、本件行為が、被告人の正常な精神作用の領域においてではなく、専ら病的な部分において生じ、導かれたものであることから、正常な精神作用が存在していることをとらえて、病的体験に導かれた現実の行為についても弁識能力・制御能力があったと評価することは相

当ではないとしているにとどまり、正常な部分の存在をおよそ考慮の対象としていないわけではないし、「二重見当識」により説明されている事柄は、精神医学的に相応の説得力を備えていると評し得るものである。また、原判決は、深津鑑定については、前提事実に誤りがあるとも指摘するが、当たらないものである。

そうすると、以上のような理由から前記（2）のように基本的に信用するに足りる両鑑定を採用できないものとした原判決の証拠評価は、相当なものとはいえない。

2　諸事情による総合判断について

（1）被告人が犯行当時統合失調症にり患していたからといって、そのことだけで直ちに被告人が心神喪失の状態にあったとされるものではなく、その責任能力の有無・程度は、被告人の犯行当時の病状、犯行前の生活状態、犯行の動機・態様等を総合して判定すべきである（最高裁昭和58年（あ）第1761号同59年7月3日第三小法廷決定・刑集38巻8号2783頁）。したがって、これらの諸事情から被告人の本件行為当時の責任能力の有無・程度が認定できるのであれば、原判決の上記証拠評価の誤りは、判決に影響しないということができる。そこで、更にこの観点から検討する。

（2）信用に値する坂口鑑定及び深津鑑定に関係証拠を総合すれば、本件行為は、かねて統合失調症にり患していた被告人が、平成15年6月24日ころから急性に増悪した同症による幻聴、幻視、作為体験のかなり強い影響下で、少なくともこれに動機づけられて敢行されたものであり、しかも、本件行為時の被告人の状況認識も、被害者がへらへら笑っていたとか、こん倒した被害者についてふざけてたぬき寝入りをしているのだと思ったなどという正常とはいえない、統合失調症に特有の病的色彩を帯びていたものであることに照らすと、本件行為当時、被告人は、病的異常体験のただ中にあったものと認めるのが相当である。

（3）他方において、原判決が説示するように、本件行為の動機の形成過程は、その契機が幻聴等である点を除けば、了解が可能であると解する余地がある。また、被告人が、本件行為及びその前後の状況について、詳細に記憶しており、その当時の意識はほぼ清明であること、本件行為が犯罪であることも認識し、後に自首していること、その他、被告人がそれなりの社会生活を送り、就労意欲もあったことなど、一般には正常な判断能力を備えていたことをうかがわせる事情も多い。

しかしながら、被告人は、同種の幻聴等が頻繁に現れる中で、しかも訂正が不可能又は極めて困難な妄想に導かれて動機を形成したと見られるのであるから、原判決のように、動機形成等が了解可能であると評価するのは相当ではないというべきである。また、このような幻覚妄想の影響下で、被告人は、本件行為時、前提事実の認識能力にも問題があったことがうかがわれるのであり、被告人が、本件行為が犯罪であることも認識していたり、記憶を保っていたりしても、これをもって、事理の弁識をなし得る能力を、実質を備えたものとして有していたと直ちに評価できるかは疑問である。その他、原判決が摘示する被告人の本件前後の生活状況等も、被告人の統合失調症が慢性化した重篤な状態にあるとはいえないと評価する余地をうかがわせるとしても、被告人が、上記（2）のような幻覚妄想状態の下で本件行為に至ったことを踏まえると、過大に

評価することはできず、少なくとも「二重見当識」によるとの説明を否定し得るようなものではない。

（4）そうすると、統合失調症の幻覚妄想の強い影響下で行われた本件行為について、原判決の説示する事情があるからといって、そのことのみによって、その行為当時、被告人が事物の理非善悪を弁識する能力又はこの弁識に従って行動する能力を全く欠いていたのではなく、心神耗弱にとどまっていたと認めることは困難であるといわざるを得ない。

3　結論

以上のとおり、本件記録に徴すると、被告人が心神耗弱の状態にあったとして限定責任能力の限度で傷害致死罪の成立を認めた原判決は、被告人の責任能力に関する証拠の評価を誤った違法があり、ひいては事実を誤認したものといわざるを得ない。これが判決に影響することは明らかであって、原判決を破棄しなければ著しく正義に反するものと認められる。

ところで、坂口鑑定及び深津鑑定は、統合失調症にり患した者の病的体験の影響下にある認識、判断ないし行動は、一方で認められる正常な精神作用により補完ないし制御することは不可能であるという理解を前提とするものと解されるが、これと異なる見解の有無、評価等、この問題に関する精神医学的知見の現状は、記録上必ずしも明らかではない。また、被告人は、本件以前にも、被害者を殴りに行こうとして、交際相手に止められたり、他人に見られていると思って思いとどまったりしているほか、本件行為時にも通行人が来たため更なる攻撃を中止するなどしており、本件行為自体又はこれと密接不可分な場面において、相応の判断能力を有していたと見る余地のある事情が存するところ、これをも「二重見当識」として説明すべきものなのか、別の観点から評価検討すべき事柄なのかについて、必ずしも明らかにはされていない。さらに、被告人は本件行為の翌日に自首するなど本件行為後程ない時点では十分正常な判断能力を備えていたとも見られるが、このことと行為時に強い幻覚妄想状態にあったこととの関係も、坂口鑑定及び深津鑑定において十分に説明されているとは評し難い。本件は、被告人が正常な判断能力を備えていたように見える事情も相当程度存する事案であることにかんがみると、本件行為当時の被告人の責任能力を的確に判断するためには、これらの点について、精神医学的知見も踏まえて更に検討して明らかにすることが相当であるというべきであり、当裁判所において直ちに判決するのに適しているとは認められない。

よって、刑訴法411条1号、3号、413条本文により原判決を破棄し、更に審理を尽くさせるため本件を原裁判所に差し戻すこととし、裁判官全員一致の意見で、主文のとおり判決する。

検察官總山哲　公判出席

（裁判長裁判官　古田佑紀、裁判官　津野修、裁判官　今井功、裁判官　中川了滋）

質問10-8
「統合失調症に罹患していた可能性があるが、確定診断はできない」という精神科医の鑑定書しかない場合に、無罪判決を言い渡すことができるか。

質問10-9
被告人を診察した精神科医が「統合失調症に罹患していたため心神喪失の状態にあった」との鑑定意見を提出した場合に、裁判官や裁判員が完全責任能力を肯定することは許されるか。

判 例

東京高判昭28・2・21高刑集6-4-367〔上告棄却：最判昭30・12・9刑集9-13-2633〕（「インチキブンヤの話」事件）

〔神道弁護人の控訴趣意〕第9点について、

　いわゆる名誉毀損罪における事実証明の要件及び効果について定めた刑法第230条の2の規定は、基本的人権を尊重し、個人の尊厳を維持高揚することを主眼とする新憲法の下における個人の名誉の保護と、一方において、同憲法の保障する思想良心の自由、表現の自由との調和点をなすものといいうるのであって、同条所定の要件の解釈並びにその要件を具備すると認むべきや否やの認定にあたっては、常にこの点に留意し、一方において言論の自由、批判の自由を強調するの余り、他面においてこれらの表現により不当に個人の名誉が侵害されることのないよう、適正な解釈運用に努むべきものである。従って、同条第1項にいわゆる「公共ノ利害ニ関スル事実ニ係ル」場合の意義、並びにこれに該当するものと認むべきか否かは、当該摘示事実の具体的内容、当該事実の公表がなされた相手方の範囲の広狭、その表現の方法等、右表現自体に関する諸般の事情を斟酌すると共に、一方において右表現により毀損され、又は毀損さるべき人の名誉の侵害の程度をも比較考量した上、以上の諸事情を参酌するもなお且、当該事実を摘示公表することが公益上必要又は有益と認められるか否かによりこれを決定すべきものと解するを相当とする。

　原判決がその理由、訴訟関係人の主張に対する判断、第一の（一）に引用する同判決理由、罪となるべき事実第3節第一の（一）に記載された記事は「インチキブンヤの話昭電事件に暗躍した新聞記者」と題するものであって、昭電事件につき各新聞社の幹部が相当のもみ消し料を貰っているらしいが、読売の竹内社会部長（読売新聞社社会部長竹内四郎の趣旨）もくさいと社内ではにらまれていると言う旨の記載があるのである。よって右記事が公共の利害に関するものと認められるか否かにつき判断すると、なる程新聞の発行は一面において公共性を有し、いわゆる大新聞と称せられるものの、言説行動が社会上重大な影響力をもつものであり、その新聞記者が社会的重大事件に関しもみ消し料を貰ってその執筆活動を左右にすると言うような事はこれを抽象的に言えば公共の利害に関するものと言えないではないが、本件記事の内容は上記のようなもの

であって、既にその表題において不当な侮辱的言辞を用いているばかりでなく、右記事の内容も不確実な漠然たる世間の噂、風聞をそのまま伝えているものであり、このような記事をこのような表現方法を以て公表することは世人への警告、犯罪その他の非行の予防鎮圧等社会を稗益する面において左程効果があるとは認められず反面においてかかる侮辱的表現により漠然たる風聞として公表されることによって前記記事に指摘された人が被る虞ある名誉の侵害の程度はかなり顕著なものがあると認められるので、このような事情を総合考察するときは判示の如き記事を摘示公表することは公益上必要又は有益とは認めがたいものというべく、従って、これを公共の利害に関する事実に係る場合には該当しないものと解するのが相当である。従って原審が前記訴訟関係人の主張に対する判断第一の（一）に判示したように判断したことは相当であって、論旨は理由がないといわねばならない。

同第10点について、

所論が引用する原判決理由罪となるべき事実第3節第一（二）に判示された記事について、その摘示された事実が真実であったことの証明がなく、却って右の如き事実がなかったことが認められることは原判決の判示したとおりであって、記録を調査するも原判決の右認定は何等事実を誤認したものとは認められない。

尤も原審における証人井浦浩一同小久保儀三郎同檜枝茂信の各供述によれば井浦が小久保等と会食したこと檜枝が小久保より金員を受領したことは認められるがこれを以て所論のように根本的な筋においては真実であったことの証明があり単に末端の事実においてのみ差異があるに過ぎないとは認めることはできない。

従って論旨は理由がない。

* * *

同第12点について、

所論引用の原判決理由罪となるべき事実第3節第二に判示された事実は「宇垣かつぎ出し」工作として昭和24年1月施行の総選挙の際に土屋亀一等の手を通じて宇垣名義の多額の陣中見舞金がばらまかれ鍛治良作外63名の者は1人当り10万円乃至20万円程度の宇垣名義の陣中見舞金をもらっているというのであって右事実が真実であることの証明はなく却って右の如き事実は存在しなかったことが認められることは原判決の示すとおりであって、この点に関し、原判決には事実誤認の違法はない。所論は目下再軍備問題が告訴人等の所属する自由党の手により実現しつつあることが前記記事の真実性を証明するものであると主張するが、所論のような事実はその有無に拘わらず判示記事の真実性を証明するものとなすに足りないことは論を俟たない。従って論旨は理由がない。

* * *

［布施弁護人の控訴趣旨］第6点について、

刑法第230条ノ2によれば、刑法第230条第1項の行為が公共の利害に関するものであり且専ら公益を図る目的に出たものと認められたときは裁判所は当該事実の真否の探究に入らなければならないのであって、この場合においては、裁判所は一般原則に従いその真否の取調をなすべきも

のである。そしてかかる取調の後その事実が真実であったことが積極的に立証された場合に初めて被告人に対して無罪の言渡がなされるのであって、取調の結果右事実が虚構又は不存在であることが認められた場合は勿論、真偽いずれも決定が得られないときは真実の証明はなかったものとして、被告人は不利益な判断を受けるものである。かくして裁判所がこの点について諸般の証拠を取調べ、真相の究明に努力したにも拘らず、事実の真否が確定されなかったときは、被告人は不利益な判断を受けるという意味において被告人は事実の証明に関し挙証責任を負うものと言うを妨げない。所論は叙上の見解と異る独自の見解であって採用し難い。原判決が真実性の挙証責任は被告人にあるとし、被告人は事実の真実性について立証を尽していないから不利益を負担しなければならないと説示したのは、裁判所が事実の真否を取り調べたがその取調の結果によれば、各記事に記載された事実が真実であったことは認められず却ってそれが存在しなかったものと認められ、被告人の挙証によっては右認定を覆すべき事実はこれを認めることができないから、事実の証明がなかったと言う不利益を被告人が負担しなければならないとの趣旨であるから、叙上説示したところと矛盾するものではなく、また原判決が事実の証明がなかったものと認めたことも記録に徴し何等不当とは認められないから論旨はすべて理由がない。

* * *

　以上述べたように本件に対する検察官並びに被告人等の控訴はいずれも理由がないからこれを棄却すべく刑事訴訟法第396条に従い主文のとおり判決する。
　（裁判長裁判官　谷中薫、裁判官　荒川省三、裁判官　堀義次）

判　例

最大判昭44・6・25刑集23-7-975（「和歌山時事」事件）

　弁護人橋本敦、同細見茂の上告趣意は、憲法21条違反をいう点もあるが、実質はすべて単なる法令違反の主張であって、適法な上告理由にあたらない。
　しかし、所論にかんがみ職権をもって検討すると、原判決が維持した第一審判示事実の要旨は、「被告人は、その発行する昭和38年2月18日付『夕刊和歌山時事』に、『吸血鬼坂口得一郎の罪業』と題し、得一郎こと坂口徳一郎本人または同人の指示のもとに同人経営の和歌山特だね新聞の記者が和歌山市役所土木部の某課長に向かって『出すものを出せば目をつむってやるんだが、チビリくさるのでやったるんや』と聞こえよがしの捨てせりふを吐いたうえ、今度は上層の某主幹に向かって『しかし魚心あれば水心ということもある、どうだ、お前にも汚職の疑いがあるが、一つ席を変えて一杯やりながら話をつけるか』と凄んだ旨の記事を掲載、頒布し、もって公然事実を摘示して右坂口の名誉を毀損した。」
　というのであり、第一審判決は、右の認定事実に刑法230条1項を適用し、被告人に対し有罪の言渡しをした。
　そして、原審弁護人が「被告人は証明可能な程度の資料、根拠をもって事実を真実と確信したから、被告人には名誉毀損の故意が阻却され、犯罪は成立しない。」旨を主張したのに対し、原

判決は、「被告人の摘示した事実につき真実であることの証明がない以上、被告人において真実であると誤信していたとしても、故意を阻却せず、名誉毀損罪の刑責を免れることができないことは、すでに最高裁判所の判例（昭和34年5月7日第1小法廷判決、刑集13巻5号641頁）の趣旨とするところである」と判示して、右主張を排斥し、被告人が真実であると誤信したことにつき相当の理由があったとしても名誉毀損の罪責を免れえない旨を明らかにしている。

しかし、刑法230条ノ2の規定は、人格権としての個人の名誉の保護と、憲法21条による正当な言論の保障との調和をはかったものというべきであり、これら両者間の調和と均衡を考慮するならば、たとい刑法230条ノ2第1項にいう事実が真実であることの証明がない場合でも、行為者がその事実を真実であると誤信し、その誤信したことについて、確実な資料、根拠に照らし相当の理由があるときは、犯罪の故意がなく、名誉毀損の罪は成立しないものと解するのが相当である。これと異なり、右のような誤信があったとしても、およそ事実が真実であることの証明がない以上名誉毀損の罪責を免れることがないとした当裁判所の前記判例（昭和33年（あ）第2698号同34年5月7日第1小法廷判決、刑集13巻5号641頁）は、これを変更すべきものと認める。したがって、原判決の前記判断は法令の解釈適用を誤ったものといわなければならない。

ところで、前記認定事実に相応する公訴事実に関し、被告人側の申請にかかる証人吉村貞康が同公訴事実の記事内容に関する情報を和歌山市役所の職員から聞きこみこれを被告人に提供した旨を証言したのに対し、これが伝聞証拠であることを理由に検察官から異議の申立があり、第一審はこれを認め、異議のあった部分全部につきこれを排除する旨の決定をし、その結果、被告人は、右公訴事実につき、いまだ右記事の内容が真実であることの証明がなく、また、被告人が真実であると信ずるにつき相当の理由があったと認めることはできないものとして、前記有罪判決を受けるに至っており、原判決も、右の結論を支持していることが明らかである。

しかし、第一審において、弁護人が「本件は、その動機、目的において公益をはかるためにやむなくなされたものであり、刑法230条ノ2の適用によって、当然無罪たるべきものである。」旨の意見を述べたうえ、前記公訴事実につき証人吉村貞康を申請し、第一審が、立証趣旨になんらの制限を加えることなく、同証人を採用している等記録にあらわれた本件の経過からみれば、吉村証人の立証趣旨は、被告人が本件記事内容を真実であると誤信したことにつき相当の理由があったことをも含むものと解するのが相当である。

してみれば、前記吉村の証言中第一審が証拠排除の決定をした前記部分は、本件記事内容が真実であるかどうかの点については伝聞証拠であるが、被告人が本件記事内容を真実であると誤信したことにつき相当の理由があったかどうかの点については伝聞証拠とはいえないから、第一審は、伝聞証拠の意義に関する法令の解釈を誤り、排除してはならない証拠を排除した違法があり、これを是認した原判決には法令の解釈を誤り審理不尽に陥った違法があるものといわなければならない。

されば、本件においては、被告人が本件記事内容を真実であると誤信したことにつき、確実な資料、根拠に照らし相当の理由があったかどうかを慎重に審理検討したうえ刑法230条ノ2第1項の免責があるかどうかを判断すべきであったので、右に判示した原判決の各違法は判決に影響を

及ぼすことが明らかであり、これを破棄しなければいちじるしく正義に反するものといわなければならない。

よって、刑訴法411条1号により原判決および第一審判決を破棄し、さらに審理を尽くさせるため同法413条本文により本件を和歌山地方裁判所に差し戻すこととし、裁判官全員一致の意見で、主文のとおり判決する。

（裁判長裁判官　石田和外、裁判官　入江俊郎、裁判官　長部謹吾、裁判官　城戸芳彦、裁判官　田中二郎、裁判官　松田二郎、裁判官　岩田誠、裁判官　下村三郎、裁判官　色川幸太郎、裁判官　大隅健一郎、裁判官　松本正雄、裁判官　飯村義美、裁判官　村上朝一、裁判官　関根小郷）

質問10-10
①「真実性の証明責任は被告人にあるが、被告人が真実と信じたことに相当の理由があるときは故意が阻却され無罪」という考え方と、②被告人には真実性の証明責任はないが、証拠提出の責任があるという考え方、あるいは、③被告人には真実性の証明責任があるが、その程度は、検察官の犯罪事実証明責任（合理的な疑いを超える証明）よりも軽いものであり、「証拠の優越」の程度で足りるという考え方とは実質的にはどう違うのか。

質問10-11
被告人による真実性の証明にも伝聞法則の適用があると考えるべきか。

判　例

広島高岡山支判昭28・11・10〔上告棄却：最3小決昭30・11・8刑集9-12-2382〕（大人びた少女事件）

小脇弁護人の控訴趣意第一点事実誤認の主張について、

しかし児童福祉法第60条第3項[1]によれば、児童を使用する者は、児童の年齢を知らないことを理由として、同条第1項第2項の規定による処罰を免れることができない。但し過失のないときは、この限りでない。と規定せられているのであって、同法第34条第1項第6号違反の罪は単に故意犯のみならず、年齢の点に関する過失犯もまた処罰する法意であることが明らかである。しかしてこの営利的な淫行を承認し、いわゆる接客婦として雇傭せられることを希望する婦女子がその希望を遂げるため、自己が既に制限年齢を超えているように雇主を欺いて、就職する事例の非常に多いことは、原審における証人中谷定雄の証言によってこれを窺知するに十分である。従ってこのような接客婦を雇入れるに当っては、単にその希望者の供述または身体の発育状況のみならず、さらに客観的な資料として戸籍抄本、または食糧通帳、若しくは父兄等について精確

注1）　現行法60条4項。

な調査をなすべき注意義務があるものといわねばならない。しかるに被告人はただ中野英子の身体の外観的な発育状況のみによって、同女が満18才以上に達しているものとして、叙上のような精確な調査は勿論のこと、中野本人に対して当然行うべき年齢調査の質問さえも行っていないのである。従ってたとえその所為に故意がなかったとしても、故意とほとんど区別し得ない程重大な過失があるものとなさざるを得ない。原判決がこれを故意犯として認定したことは、事実の認定を誤ったとの非難を免れないが、故意と過失とにつき法定刑の差異を設けていない児童福祉法第60条の法意及び本件過失の程度がきわめて重大なことよりして、右誤認は判決に影響を及ぼさないものと認められるので、論旨は結局理由がない。

＊ ＊ ＊

　よって刑事訴訟法第396条第181条に従い主文の通り判決する。

> **質問10－12**
> 　児童福祉法60条4項は児童の年齢を知らなかったことについて、「過失がないこと」の挙証責任を被告人に負わせたのか。過失の挙証責任を検察官に負わせたのか。

III 訴訟法上の事実

文　献

石井一正『刑事実務証拠法（第4版）』（判例タイムズ社、2007年）100～102頁

　自白調書の任意性の実質的挙証責任が、検察官にあることについては疑いがない。問題は、検察官が自白調書の取調べ請求をしようとするときには、いつでも前もって任意性の立証をしなければならないか、という点にある。まず、被告人側が自白調書につき証拠とすることに同意（法326条）したときは、任意性を争わない意思が含まれており、この意思から任意性に疑いがない状況を推認することができる。したがって他の証拠によってこの推認が破れない限り（大阪高判昭59・6・8高刑集37巻2号336頁参照）、検察官は任意性の立証をする必要がない（最判昭29・12・23刑集8巻13号2295頁参照）。証拠とすることには同意しないが任意性は争わない意思が明示されたときも同様に考えてよい。

　被告人側が自白調書の任意性を争って証拠とすることに同意しない場合は、任意性の立証が必要である。しかし、この場合でも、検察官がいきなり任意性に影響を及ぼす一切の事実の不存在を立証する方法は、あまりとられていない。実務上は、次のような順序によることが多い。

　まず、被告人側に任意性を争う具体的事実を主張させる。これは、争点をより明確にしようとするところに目的があるから、主張は、概括的、類型的でも足りる。たとえば、「暴行、脅迫による自白」、「約束による自白」というような具合である。

　右の主張に続いて、被告人質問（弁護人から先に質問することが多い）により、任意性に関する事情を明らかにさせる。被告人質問を実施してみると、主張されているような事実が認められなかったり、被告人主張の事実が存在したとしても、たかだか自白調書の信用性に影響を及ぼす程度にすぎないことが判明することも稀ではない。

　任意性に関する被告人質問の結果、被告人の供述が、まったくありえないような虚構の事実を

内容としていると考えられる場合は別として、一応任意性に影響を及ぼす事情を述べていると認められる限り、検察官は任意性を立証する証拠を提出しなければならない。

検察官は、取調べ担当者を証人尋問する方法により任意性の立証をするのが一般的であるけれども、自白の任意性は、前述のとおり、訴訟法上の事実であって自由な証明で足りるから、任意性の立証の方法に格別の制限はないわけである（最判昭28・10・9刑集7巻10号1904頁）。取調べ担当者の証人尋問に際し被告人側としては、被告人本人が具体的事実をあげて尋問してみる方法も反対尋問として効果的であるといわれている。

取調べ担当者の尋問のほかに、任意性の存否を判断するためさらに必要があれば、留置人出入簿、診断書、捜査日誌など傍証を取り調べる（検察官が取り寄せて提出するかあるいは被告人側から提出命令ないし取寄せ決定の申立てをする）こともあるし、自白調書そのものの提示を命じ（規則192条）、供述者の署名、捺印のみならず供述内容それ自体を任意性調査の資料とすることも実務上行われている（前掲最判昭28・10・9参照）。

また、弁解録取書、勾留質問調書を含む一切の被告人供述調書を提出させ、その供述経過を調べることも任意性判断の一つの方法である。取調べ状況を採取した録音テープがあれば、有力な資料であることはいうまでもない。

文　献

全国裁判官懇話会「自白の任意性をめぐる諸問題」判例時報1310-5（1989年）9〜12頁

　　（二）　任意性の審理において、挙証責任が事実上転倒した審理の行われる理由

　任意性の審理については、その形式的、実質的挙証責任が検察官にあるにもかかわらず、実務においては、法定の形式を備えた自白調書にその任意性についての強大な推定力を与え、まず被告人質問によって、詳細、具体的に強制、脅迫その他任意性を疑わしめる事実が立証された後、検察官が被告人側の訴える事情の不存在を立証するという、事実上挙証責任を転倒した扱いが行われるのが通常である。これが現在の刑事裁判の構造的な歪みと、それに関連する裁判官の姿勢に淵源するものと考えられること［捜査が自白調書の獲得を目標として行われること、被疑者段階の弁護人選任がなく、弁護側の証拠収集活動が不活発であること、公判審理が捜査結果の検証追認の場となっていること］は、前述したとおりであるが、更に技術的な視点から、転倒現象の原因として従来指摘されているものをまとめると、次のようなことになると思われる。すなわち、①任意性の立証とは、強制、脅迫その他任意性を疑わしめる事実（しかも、任意性を疑わしめる事実は甚だ応汎であり、何がそれに該当し何がそれに当たらないかの基準が明確にされていないことは、前述したとおりである。）が存在しないという消極的事実の立証であると理解されており、このような消極的事実を検察官が先に立証することは実際上困難であって、立証の的が絞れず、訴訟経済にも反する、②裁判官自身捜査の実情を知らないため、まず実際の体験者である被告人から取調の実情を聞いた上で、被告人の訴える取調における違法、不当な事実の存否を調べたいという任意性の審理に関する謙抑的な実務感覚が裁判官にある、③捜査官と被告人としか居

ない密室で行われる取調の状況についての被告人の公判供述には、種々の理由から虚偽や誇張の含まれることが考えられ、他方、捜査官も証人の適格性として基本的に要求される第三者性を備えているか疑問であって、違法、不当な取調をした捜査官を証人として調べても、不任意の自白の原因となるような取調方法を採ったという証言がなされることはまずなく（警察官は、一般的習性として、いささかでも間違いをしたことを決して認めない、といわれているＰ・デブリン著、児島武雄訳「警察・検察と人権」岩波書店・昭和35年・63頁）、このような実情のもとでは、捜査官証言よりも被告人の公判供述の方が、迫真性において明らかに勝るといった場合でなければ、実際上不任意の自白とは判断できないのであるから、被告人質問を捜査官証人の取調の前後どちらに行うかは本質的に重要な問題ではなく、被告人質問を先行させて争点を明確にし、その供述の情況に応じた審理方法を採るのが実際的である、ということなどに帰着するであろう。

　以上の説明から明らかなように、任意性の審理の実情は、まず自白調書についてその取調過程に違法、不当はなかったという強い推定がなされ、これに対し被告人の迫真力のある公判供述による揺さぶりが成功しない限り、その任意性を肯定する、という扱いが通常行われているといってよいであろう。しかし、取調が違法、不当であったということと、そのことを後の公判において被告人が迫真力をもって再現し得るということとは必ずしも一致しない。そしてこれは、被告人の記憶力、表現力及び取調の違法、不当を訴えようとする気力、並びに弁護人の熱意及び尋問（質問）技術に依存するのであるが、被告人がこのような能力を備えていることはむしろ稀な事例に属し、しかもかりに被告人と弁護人とが以上の要件を満たしていたとしても、弁護人と被告人との接見時間その他の諸要因のため、違法、不当の取調に関し自白の不任意の立証に成功するという保障はない。このような任意性の審理方法に対しては、従来から、任意性が証拠能力の問題であり任意性の挙証責任が実質的にも形式的にも検察官にあることに反し、その実態はセレモニーに過ぎず、裁判は捜査の結果の追認に堕しているなどの強い批判が加えられてきた。では自白法則、挙証責任の原則に沿った扱いを実現するには如何にすればよいのであろうか。問題は、任意性の審理において、何を調べ、どのような証拠資料が収集されねばならないのか、という点が明確にされていないところにあるように思われる。

　（三）任意性の審理の中心は、自白獲得過程（自白獲得過程の内容は後述するとおりであるが、被疑者の自白を引き出す直接的手段として用いられた取調官の言動は除外したものとしてこの語を用いる。また、司法警察職員の場合と検察官の場合の両者を含むことは勿論であるが、検察官の場合は、警察での自白が検察官のもとで維持再現される過程となることが多いのは当然である。）を主として情況証拠によって立証することにあるということが明確にされ、そのような扱いが確立されなければならない。

　（１）任意性の審理においては、まず自白獲得過程が明らかにされなければならない。自白の獲得を論じた捜査関係の論考によれば、被疑者の捜査官に対する態度は、①すべてを観念して事実を認める、②情況証拠があっても頑強に否認する、③自己保身のため一部を認め、重要な部分を隠す、④混乱して真実の供述と虚偽の供述との間を行ったり来たりする、以上４類型に集約できるといわれている（山崎裕人「『被疑者の取調べ』考」警察学論集28巻8号74頁）。そして、否

認の被疑者から自白を得る方法としては、まず捜査官において否認の原因（例えば、(a) 罪を免れたい、(b) 犯行の動機や背景となっている事情、例えば多額の借金のある事実を家族に知られたくない、(c) 証拠を隠滅しているので犯人とされることはないと思っている等）を把握し、人間関係的（例えば、道義心を覚醒させ、家族等に対する信用失墜の不安を和らげてやる。）、証拠関係的（例えば、有力証拠、状況証拠、共犯者の供述等を示す。）に、種々の方法で自白を迫るとされている（渡辺昭一「黙秘または否認した被疑者の自供に至る心理過程」捜査研究418号54頁以下、420号61頁以下）。また取調官には人間についての鑑識力、理解力、洞察力が要求されるが、事案及び被疑者の具体的状況に応じてそのような力量に裏付けられた人間理解の諸策を使い、被疑者を自白をせざるを得ない心理状態にさせることによって、力づくではなく合理的に自白を得ることができるともいわれている（渡部保夫「誤った捜査を防止するために」捜査研究435号32頁、38頁以下、438号37頁以下）。ということは、一定の素質を有する捜査官が、このような合理的な方法を正しく用いさえすれば、自白を得るために無理な手段を用いる必要はないということを意味する。そうだとすれば、①捜査官が被告人を犯人とした根拠、問題の時点までにおける捜査の実情及び収集されていた証拠、②捜査官は何が否認の原因であると考えていたか、③人間関係的、証拠関係的な取調の具体的方法、④捜査官は自白の動機をどう理解したか、等の諸点を明らかにすることによって、自白獲得過程を事後的に検証することが可能であり、当該自白が違法、不当な手段を介在させなければ得られなかった自白であるか否かを知ることができるはずである。このような視点からみた自白獲得過程を明らかにすること、それが自白の任意性の審理において何を調べるのかという問題に対する回答である。

　視点を変えて、捜査官証人の供述心理の面から考えてみると、被告人の取調に際して強制、脅迫その他任意性を疑わしめる手段が用いられたか否かの調査には、被告人を取り調べた捜査官の証言を欠かすことはできないが、およそ捜査官の口からそのような取調が行われたことを直接聞き出すことは不可能に近い。このような事柄に関して、捜査官は証人の基本的要件である第三者性を有しない。しかし、直接違法、不当な手段を用いて取調をしたか否かでなく、右のような自白獲得過程について証言を求める限りにおいては、捜査官といえども一定の第三者性を有するといってよいであろう。当事者化した証人に第三者性をもたせるには、証人を捉われのない彼の知覚の出発点（始発体験）に引き戻す必要があり、そうすることによって第三者性を帯びさせることができるといわれている（平田勝雅「証言における虚偽の構造について——とくに証人の当事者化に関連して——」司法研修所創立15周年記念論文集上巻278、279頁参照）ことは、ここにも当てはまると考えられる。そうだとすれば、任意性の審理の中心的対象が自白獲得過程でなければならないということは、捜査官証人から有効な証言を得るという面からも根拠づけられるということかてきよう。

　（2）次にどのような証拠資料が収集されなければならないのか、という点を検討してみよう。取調に強制、脅迫その他任意性を疑わしめる手段が用いられたか否かという点に関する直接証拠を求めることが困難であり、自白獲得過程を明らかにすることにより、当該自白がそのような違法、不当な手段を介在させなければ得られなかったものであるか否かを推認するのが、任意性審

理のあり方であるとすれば、その審理方法は、情況証拠（間接事実）による事実の認定という構造をもつといえるが、自白獲得過程そのものの認定も又、情況証拠によらざるを得ない。というのは、捜査官証人に第三者性をもたせるよう如何に努力しても、その口から自白獲得過程の真相をすべて引き出すことは困難であり、その証言に虚偽の混入するのを完全に防止することはできないし、一方被告人の公判供述に虚偽、誇張が含まれる可能性も十分あるのであるから、自白獲得過程を明らかにするには、単に捜査官証言と被告人の公判供述とを比較対照するだけでなく、第三者の証言、被疑者留置に関する各備付簿冊、捜査メモ等できるだけ多くの情況証拠を総合して判断するという方法を採らざるを得ないのである。このような立証過程においては、通常の犯罪事実及び量刑事情に関する証拠がほとんどすべて捜査官による取調とその調書化を経由しているのとは趣を異にし、捜査官による取調やその結果の調書化を経ていない、いわば第一次的証拠が多く収集され検討されなければならないのであって、そこに任意性の審理の複雑困難性があり、裁判所側の強力積極的な訴訟指揮が要請されるのである。われわれは、従来自白を得た直接的手段に関する直接証拠の取調に重点をおくことから脱却できず、捜査官証人からも被告人からも真実の供述を得ることが困難であるのに絶望し、セレモニー化した形式的な審理を行うだけに終わってはいないだろうか。

(四) 具体的審理方法

任意性の審理に関する以上の見解を踏まえ、以下、任意性については形式的にも実質的にも検察官に挙証責任があるという原則に忠実な具体的審理方法はどのようなものかを検討してみよう。

(1) 一般型

まず、①被告人側に、強制、脅迫その他任意性を疑わしめる手段を用いた取調がなされたことについての概括的主張をさせる。任意の自白であることについての形式的挙証責任も検察官にあるとはいっても、争点の明確化の要請上、被告人側に不任意であることの主張責任を負わせないわけにはいかない。しかし、被告人側が負担するのは、この争点明確化のための主張責任だけであって、もとより形式的実質的挙証責任を負うことはない。従来、主張責任、形式的挙証責任をどの限度まで被告人側が負うべきかを曖昧にしてきたといえるのではないだろうか。次に、②検察官が、捜査官証人、第三者証人（医師、同房者等）、被疑者留置規則に定められている簿冊類（留置人名簿、留置人金品出納簿、留置人接見簿、留置人出入簿、留置人文書発受簿、留置人診療簿、看守勤務日誌、なおこのほか、各府県等警察において、糧食簿、検索簿、文書閲覧閲読簿、勾留状等取扱簿、戒具使用指揮簿、糧食取扱簿等の備え付けを規定している。）、犯罪捜査規範に規定されている備忘録（いわゆる捜査メモは、これに当たると思われる。）その他の捜査報告書類等により、自白獲得過程を明らかにし、自白を得るために違法、不当な手段を介在させていないことを立証する。いうまでもなく、これらの簿冊類や備忘録等は、自白獲得過程を立証する証拠として検察官が提出すべきである。その不提出の効果については後出。③次いで、被告人質問等被告人側の反証を取り調べ、以上を総合して、任意性の存否について判断する。なお、その審理に際しては、後に任意性の判断の項において述べるように、捜査官が良質の自白を獲得しようとする努力をしたかどうかということが任意性判断のためにも有効な基準となるという観点に立

ち、そのような努力をした情況の有無を浮き彫りにさせるように留意しなければならない。

　前掲大阪高判［昭60・9・2刑裁月報17-9-747］では、「取調べ警察官から連日執拗な暴行、脅迫を受けたとする被告人の供述内容が、出入監の時間的状況や供述調書作成状況、各供述調書にみられる供述の変遷状況とよく合致し、しかも、極めて詳細かつ具体的であるとともに一審公判段階以来細部にわたるまで一貫性を保っているのに対し、捜査官の取調状況に関する供述は、自らの行った取調べの実情を積極的、具体的に明らかにしようとする態度に欠けるなどの状況がある」として、自白調書の任意性に疑いがあるとし、また、前掲津地判［渡部保夫「まぼろしの名判決」判時1210-19以下で引用］、東京地判［昭62・12・16判時1275-35］では、内容が結果的に虚偽であった鑑定書（血痕鑑定、犬の臭気選別結果に関する鑑定）を正しいものと信じた捜査官が、それをもって自白を迫った点等を問題にして任意性を否定しているが、これらの判決の内容から推測すると、これらの事案においては、実質的に右に述べたような審理方法ないしそれに近い審理方法が採られたように思われる。

（2）例外型

　自白の任意性に争いがあるのは、真摯な本格的な争いの場合だけでなく、単に自己の罪責を免れんがための否認の一態様（以下、為にする争いという。）に過ぎない場合のあることは、実務上多く経験するところである。しかし、被告人側には、主張責任はあっても挙証責任はないのであるから、為にする争いであると軽々に判断するのは慎むべきである。殊に、後記三2（一）（5）で述べるように、後に痕跡を残さない強制手段が用いられた場合、それが一見軽微なものに過ぎないという印象を与えがちであるため、これを軽く扱い、直ちに為にする争いであると判断しないように注意しなければならないであろう。とはいっても、それまでに取り調べた関係証拠によって容易に為にする争いであると判断できる場合も少なくはないし、また任意性について一審では争わず控訴審で初めて争う場合、（刑訴法382条の2の問題を別として）その主張自体から、一審で争わなかったことに合理的な理由のないことが認められることもある。このような場合においては、従来の実務で多くなされている被告人質問を先行させ、被告人側に主張責任だけでなく、形式的挙証責任を負わせる方法が適当であることもあり得よう。しかし、このような審理方法は、為にする争いの場合だけに例外的に行われるべきものであり、従来実務でこれを一般的な審理方法として定着させた点に問題があるといえよう。このような例外的な審理方法としては、被告人質問を先行させ、自白獲得過程については、検察官に釈明させ（前掲津地判では、警察官については証人調をしているが、検察官による取調の状況については、検察官の釈明ですませている。）、捜査官証人等の取調は補充的にする等柔軟な審理方法も考えられよう。

文　献

木谷明『刑事裁判の心』（法律文化社、2004年）57〜59頁

　（1）取調べ状況に関する立証というと、ともすると、被告人の言い分と捜査官の言い分が食い違って水掛け論になることが多いように思われる。そのような事態を回避するための方策とし

て、「捜査の可視化」の必要が叫ばれ出したが、その後かなりの年数が経過しているのに、法務・検察サイドの動きは鈍く、事態改善の動きは全くみられない。また、刑事裁判の実務においては、取調べ状況一覧表の作成等の工夫もされるようになったが、それすら検察官の協力がなかなか得られないというネックがあって、運用が定着したとはいえない状況である。

　しかし、刑訴法施行後既に50年以上を経過しながら、取調べ状況について、「言った言わないの水掛け論」を一〇年一日のように法廷で繰り返すというのは、何とも能のない話ではないか。私は、自白の任意性に関する立証がこのような隘路から抜け出せない理由は、前記のような水掛け論となって言い分が対立した場合、おおむね捜査官側の言い分が採用されて自白の任意性が肯定されるという現実が、法務・検察サイドに硬直した態度をとらせている点にあると考えている。そうであれば、この点についても、裁判所の責任が大きいといわなければならない。

　（２）ところで、私は、第一審の審理を担当していた当時、取調べの時間等の客観的な事実については留置人出入簿等の簿冊類を取り調べることによって客観的に認定する一方、取調官の具体的な言動については、当該取調官の証言と被告人の供述を対比することにより認定していた。しかるに、その後上級審で記録を読むようになると、「取調べ状況に関する被告人の供述には……のような不合理な点があるので、信用できない。」として、取調官の尋問もしないまま任意性を肯定しているものがかなり目についた。しかし、私は、このような判断の仕方には到底賛成することができない。もともと、取調べという異常な事態に直面させられた被疑者・被告人に完全な供述を期待すること自体が無理であって、その間に多少の思い違いや誇張があるのはある意味では当然のことである。したがって、被告人の法廷供述に多少の不合理や誇張が混在しているからといって、直ちに取調べ状況に関する供述全体の信用性を否定するというのは正しい採証の態度ではないというべきである。私は、取調べ状況に関する被告人の供述に多少の疑問があっても、このような論法ではねつけるという手法は一度もとったことがない。そして、被告人の供述するような事実の有無について必ず取調官の説明を求めるという方針を貫いた。

　（３）もちろん、そのような場合、被告人が供述する決定的な言動を取調官がそのまま認めることは希であった。

　しかし、否認していた被疑者が真に任意の自白に転じたのであれば、その自白に転じた契機について、取調官が合理的な説明をすることは容易な筈である。したがって、取調官を証人として取り調べる場合には、この点について明確な説明を求めるべきであり、もし取調官が、単に被告人のいう決定的な言動はしなかったと否定するだけで、被告人を、自白に転じさせた契機について説得力ある説明をしないのであれば、被告人の主張するような理由（それがよほど、不合理なものでない限り）により自白が導き出された疑いがあると認定するほかないと考えていた。いずれにしても、密室での取調べにより得られた自白の任意性について、被告人に事実上立証責任を負わせるような結果とならないよう、裁判所としては万全の意を用いるべきである。

　（４）この点をやや誇張したいい方で表現すれば、「取調べ状況について、被告人と取調官との間での水掛け論に持ち込まれた場合は、捜査官側の負けと割り切る必要がある。」ということである。これは、現在の実務を前提とすると、かなり大きな発想の転換であるが、取調べ状況の立

証に関する現在の実務を改善していくためには、現場の裁判官が思い切って考え方を変えていく必要があるのではないか。私自身は、実際の事件処理において、このような論法に近い論法で事実認定をし、自自の任意性を否定したことが何度かある。

> **質問10−13**
> 　証拠排除の要件としての「令状主義の精神を没却するような重大な違法があり、これを証拠として許容することが、将来における違法な捜査の抑制の見地からして相当でないと認められる場合」であるか否かについての挙証責任は検察官側にあるのか、被告人側にあるのか。その証明の程度はどの程度である必要があるか。

髙野　隆（たかの・たかし）

弁護士。早稲田大学法科大学院教授。
1956年生まれ。
1979年早稲田大学法学部卒業。1982年司法修習修了。1987年米国サザン・メソジスト大学ロー・スクール修了（LL.M）。
主な著作に、憲法的刑事手続研究会編『憲法的刑事手続』（分担執筆、日本評論社、1997年）、キース・エバンス『弁護のゴールデン・ルール』（翻訳、現代人文社、2000年）、『偽りの記憶―「本庄保険金殺人事件」の真相』（共著、現代人文社、2004年）、日本弁護士連合会編『法廷弁護技術』（分担執筆、日本評論社、2007年）など。

ケースブック刑事証拠法
2008年11月15日　第1版第1刷

編著者　髙野　隆
発行人　成澤壽信
編集人　北井大輔
発行所　株式会社現代人文社
　　　　〒160-0004
　　　　東京都新宿区四谷2-10八ツ橋ビル7階
　　　　Tel 03-5379-0307　Fax 03-5379-5388
　　　　E-mail henshu@genjin.jp（編集）　hanbai@genjin.jp（販売）
　　　　Web www.genjin.jp
発売所　株式会社大学図書
印刷所　星野精版印刷株式会社
ブックデザイン　Malpu Design（河村誠）
検印省略　Printed in Japan
　ISBN 978-4-87798-389-5 C3032

◎本書の一部あるいは全部を無断で複写・転載・転訳載などをすること、または磁気媒体等に入力することは、法律で認められた場合を除き、著作者および出版者の権利の侵害となりますので、これらの行為をする場合には、あらかじめ小社または著者に承諾を求めて下さい。
◎乱丁本・落丁本はお取り換えいたします。
©2008 Takashi Takano